3., vollständig überarbeitete Auflage

Susanne Asal, Meik Unterkötter

CHILE

mit Osterinsel

Inhalt

Themen

CHILE MIT OSTERINSEL

Die Highlights

Chile ist lang und schmal und bietet Abwechslung wie kein anderes Land. Heiße, trockene Wüsten, subtropische Strände und wilde Küsten, ewiges Eis und Gletscher, Vulkane, die Anden und blaue Gletscherseen – vielfältiger geht es kaum. Dazu kommen noch urbane Zentren mit reichlich Kultur.

1 SANTIAGOS SZENEVIERTEL

Lange im Schatten von Buenos Aires, entwickelt sich Chiles Hauptstadt zu einem echten Kreativzentrum. An den Häuserwänden der coolen Viertel Lastarría und Bellavista, im Barrio Italia oder im Barrio Brasil prangt viel frische Farbe: die Streetart von Santiago ist außergewöhnlich kunstvoll. Dazu gibt es tolle Cafés mit ebenso kreativer wie gesunder mediterraner Küche. Und am Abend Musik. Viel Musik. S. 153

2 VALPARAÍSO Was für eine Stadt! Steile Treppen führen durch ein buntes Häuserlabyrinth hinauf auf die Hügel über Chiles wichtigstem Hafen. Und an allen Ecken zeigen Streetart-Künstler ihr Können. S. 175

3 LA SERENA Der Badeort hat einiges zu bieten: 20 km Sandstrand, eine schön restaurierte Altstadt und dazu exzellente Ausflugsziele wie das mystische Valle del Elquí, die spektakulär gelegene Nachbarstadt Coquimbo und gleich mehrere Nationalparks. S. 227

2

3

3

4 VALLE DEL ELQUI Das Tal ist die wunderschöne Heimat von Literaturnobelpreisträgerin Gabriela Mistral. S. 233

5 VALLES DEL RÍO HUASCO Lust auf einsame Entdeckungen? Das traumhafte Tal hat man (noch) für sich allein. S. 245

6 CALDERA UND BAHÍA INGLESA Einsame Strände, Fossilien und dazu ein bisschen Hippie-Flair. S. 254

7 SAN PEDRO DE ATACAMA UND UMGEBUNG Das Oasendörfchen hat etwas Magisches und seine Umgebung ist einfach atemberaubend: Salare, Lagunen mit Flamingos, Wüstenlandschaften und schneebedeckte Vulkane. S. 286

5

6

7

8

8

8 IQUIQUE Die Lage von Chiles Boomtown zwischen dem Meer und einer riesigen Düne ist einzigartig. Viele kommen zum Surfen und Gleitschirmfliegen her, im Hafen warten Seelöwen auf einen Happen. S. 305

9 VULKAN PARINACOTA UND LAGO CHUNGARÁ Für eine der ganz großen Kompositionen der Natur muss man hoch hinaus: auf 4500 m. Die Ruhe dort oben ist ergreifend. S. 326

10 PUCÓN AM LAGO VILLARRICA Einfach schön, dieses Freizeitparadies: Raften, Trekken, Vulkane besteigen, Kajak fahren oder die Küche der Mapuche probieren. S. 345

11 PARQUE NACIONAL PUYEHUE Einzigartige Wanderwege durch dichte Wälder mit bunten Blumen – und immer wieder mit Blick auf Wasserfälle und Vulkane. S. 361

12 PARQUE NACIONAL VICENTE PÉREZ ROSALES Der älteste Nationalpark Chiles umfasst eine einzigartige Vulkanlandschaft, tiefe Wälder, Gletscherflüsse und dunkelblaue Seen. S. 370

13 ISLA DE CHILOÉ Entspannung pur. Auf der mystischen Insel mit ihren bezaubernden Landschaften scheint alles Böse fern. S. 374

13
13

14

14

14 CARRETERA AUSTRAL Eines der letzten Abenteuer der Erde: eine Straße zum Ende der Welt, 1200 km lang, eingebettet in kolossale Natur. S. 395

15 CALETA TORTEL Milchig-grün schimmert das Wasser der Gletscher in der Bucht. Zwischen den bunten Holzhäusern auf Stelzen ersetzen Stege und Treppen die Straßen. S. 420

16

16

16 PARQUE NACIONAL TORRES DEL PAINE Mal einen Puma sehen? Morgens hat man die besten Chancen im schönsten Nationalpark Chiles. S. 428

17 ORONGO Der ganze Zauber der Osterinsel an einem Ort: Rundblick über das endlose Meer, raue Felsklippen und geheimnisumwitterte Dorfruinen. S. 477

18 RANU RARAKU UND AHU TONGARIKI (Abb. Folgeseite) Ein unvergessliches Erlebnis: die 15 Moai-Statuen von Ahu Tongariki bei aufgehender oder untergehender Sonne erleben. S. 478

17

18

Reiseziele und Routen

Reiseziele

Wer eine Reise durch Chile macht, wird sie immer in Erinnerung behalten; zu überwältigend sind die Bilder auf den 5000 Kilometern zwischen Anden und Pazifik, als dass Mensch sie jemals wieder vergessen könnte.

Ungläubig wird man die erhabene Schönheit der Natur bestaunen: der Vulkane, Wüsten, Küsten, Oasen und Lagunen, der reißenden Flüsse und Wasserfälle; der Regenwälder und Kräuterteppiche, der blühenden Täler und schneebedeckten Andengipfel, der gigantischen Dünen und Gletscher, der exotischen Pflanzen- und Tierwelt, den permanenten Wechsel von Klimazonen, von staubtrockenem Wüstenklima bis zu polarem Frost, den ständigen Wandel von Vegetationszonen Landschaftsformen – Chile bietet eine Menge. Dazu genießt man die besten Meeresfrüchte der Welt – behaupten nicht nur die Chilenen.

Andenüberquerung

Chile ist ein Land, das die Erwartungen vieler Besucher deutlich übertreffen wird. Viele Landschaften sind etwas ganz Besonderes. Wirklich ans Herz legen sollte man aber jedem eine **Andenüberquerung**, vor allem in den extremen Höhen des Nordens ein unvergessliches Erlebnis. Und so einfach! Im Grunde kauft man sich nur ein Busticket (US$30–35), am besten für die Panoramasitze ganz vorne oben im Bus, und lässt sich gemütlich über das zweithöchste Gebirge der Welt kutschieren. Selbstfahrer müssen neben einigen Sicherheitsvorkehrungen auch die Öffnungszeiten der Grenzstationen beachten. Im Winter bleiben viele Pässe geschlossen. Infos: www.pasosfronterizos.gov.cl.

Sie sind übrigens ein sehr sympathisches Volk, die fast 20 Millionen Chilenen, die unter so unterschiedlichen Bedingungen leben wie die Menschen in kaum einem anderen Land. Über dem Norden strahlt 340 Tage im Jahr die Sonne, im tiefen Süden kann dagegen auch im Sommer mal ein Schneeschauer vom Himmel wirbeln; ein Drittel lebt in einer Megastadt mit sieben Millionen Einwohnern, manche auf 4500 m Höhe in der Wüste, andere in Fischerdörfern am Meer.

Die Distanzen sind groß, aber Inlandsflüge sind supergünstig (S. 78, Transport). Wer mehrere Flüge plant, kann sich den **South American Airpass** von LATAM zulegen, der aber schon vor Abreise im Ausland gekauft werden muss. Ein billiges Reiseland ist Chile grundsätzlich nicht, was aber auch Vorteile hat, denn fast alle Besucher sind sehr interessiert am Land, seiner Natur und seinen Bewohnern. Mit unseren Budget-Tipps lässt es sich auch über längere Zeiträume günstig reisen und viel für wenig Geld sehen und erleben.

Natur erleben

Chiles Natur ist wirklich unglaublich: unendlich scheinende Räume, die einen fast vor Ehrfurcht erstarren lassen. So groß, so ursprünglich und manchmal so unberührbar, dass sie sogar gefährlich werden können. Bei den World Travel Awards gewinnt Chile regelmäßig Preise als beste Destination für Natur -und Abenteuertourismus. Kein Wunder, dass sich bei einem Chile-Urlaub (fast) alles um die Natur dreht. Berg- und Vulkanbesteiger, Wanderer, Mountainbiker, Vogel- und Blumenliebhaber, Reiter, Kajakfahrer, Rafter, Sandboarder und Langustentaucher, alle finden ganz besondere Möglichkeiten vor, und das in unvergesslichen Landschaften.

? Fragen und Antworten

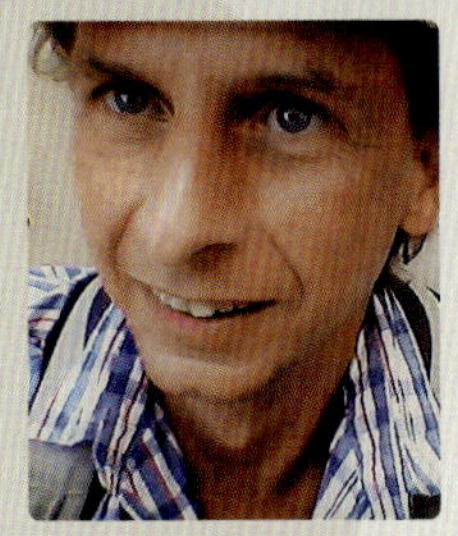

Meik Unterkötter hat für Stefan Loose, DuMont, den Mana-Verlag und National Geographic diverse Bücher über Argentinien, Brasilien, Chile, Peru und Buenos Aires geschrieben. Seit seiner ersten Reise durch Chile ist er begeistert von den überwältigenden Landschaften zwischen Anden und Pazifik. Wenn er nicht unterwegs ist, lebt er in Hamburg und Buenos Aires, wo er Besuchern auf privaten Stadtführungen gerne die argentinische Megastadt zeigt. Infos: www.buenosaires-insider.org.

■ Lohnt es sich, für zwei, drei Wochen nach Chile zu reisen?

Auf jeden Fall. Mit einem Nachtflug steigt man ganz einfach abends in Europa ein, bekommt Abendbrot, schläft ein wenig und steigt am nächsten Morgen schon am Pazifik aus. Auch mit kürzerem Zeitbudget wird man unvergessliche Reiseerfahrungen in einzigartigen Landschaften machen. Im Sinne der Nachhaltigkeit gilt natürlich immer die Devise: „Seltener fliegen, länger bleiben".

■ Norden oder Süden?

Ganz klar beides. Nur so lässt sich die unglaubliche Vielfalt Chiles begreifen. Im Norden sind die Landschaften unter strahlend blauem Himmel trocken, rau und archaisch, im Süden dagegen voller farbenfroher Vegetation, aber auch kühler. Lange Distanzen lassen sich mit den günstigen Airlines Jetsmart und Sky Airline überbrücken.

■ Was muss ich im Voraus buchen?

In der Hauptsaison (Jan/Feb) ist es sinnvoll, Unterkünfte oder besondere Touren in den populären Destinationen zu reservieren. Im Nationalpark Torres del Paine sind Reservierungen dann sogar vorgeschrieben. Wer mit einem eigenen Fahrzeug unterwegs ist, sollte die Fähren Patagoniens reservieren. Mit Gabelflügen, die kaum teurer sind, kann man auch Südamerikas Traumstädte Buenos Aires und Rio de Janeiro besuchen.

■ Kann ich mit öffentlichen Verkehrsmitteln reisen?

Die Qualität der Busse in Chile dürfte die beste in Lateinamerika sein. Sie sind günstig, zuverlässig und fahren außer auf der Carretera Austral fast überall häufig. Bei Tag kann man die wunderbaren Landschaften genießen, mit Nachtfahrten Geld sparen. Allerdings ist man mit einem Mietwagen deutlich flexibler und kann auch entlegenere Attraktionen auf eigene Faust erkunden.

Wandern

Für Wanderer (und Mountainbiker) liegen die landschaftlich spektakulärsten Ziele im Großen Norden in der Wüste bei **San Pedro de Atacama** (S. 286) mit den Sechstausender-Vulkanen und den **Valles del Río Huasco** (S. 245) sowie den Halbwüsten des Kleinen Norden im **Valle del Elqui** (S. 233).

Während die Strecken im trockenen Norden kürzer sind, da man dort ausreichend Wasser mitnehmen muss, kann man im feuchten Süden dank der vielen sauberen Bäche auch mehrtägige Wanderungen unternehmen. Malerisches Gelände finden Wanderer dort u. a. in den zahlreichen Nationalparks; im Kleinen Süden z. B. im **Parque Nacional Puyehue** (S. 361) mit Wäldern, Vulkanen und Wasserfällen oder im **Parque Nacional Chiloé** (S. 374) auf der gleichnamigen Insel, der bis zu den Dünen an der Pazifikküste reicht. Wunderbar ist auch der älteste Nationalpark Chiles, der **Parque Nacional Vicente Pérez Rosales** (S. 370) mit seinem smaragdgrünen See Lago Todos Los Santos, Gletschern, Quellflüssen und dichten Naturwäldern unter dem Vulkan Osorno.

■ Wie kalt kann es werden?

Außer im tiefen Süden sind die Temperaturen eigentlich überall recht angenehm. Nur auf großen Höhen, auch in der Atacama-Wüste, besonders nach Sonnenuntergang, wird es richtig kalt, das unterschätzen viele. Tendenziell gilt: je südlicher und je höher desto kälter.

■ Chile mit Kindern?

Ein klares Ja zur Kinderfreundlichkeit der Chilenen und dem Erlebnisfaktor für die Kids, besonders im Seengebiet. Was die bereisbaren Regionen angeht, sollte man die Distanzen zur Zivilisation bedenken, denn nur in den großen Städten ist die medizinische Versorgung okay, in den ländlichen Regionen hingegen eingeschränkt.

■ Komme ich auf dem Landweg nach Chile?

Nicht nur das, die Anreise von Argentinien oder Bolivien aus führt sogar über spektakuläre Andenpässe und ist in den modernen Reisebussen ein Augenschmaus. Von Peru aus ist es noch einfacher: Man kann sogar mit dem Zug von Tacna nach Arica fahren.

■ Ist Chile ein teures Pflaster?

Eine Billigdestination ist das Land nicht und das hat auch Vorteile. Respektlosigkeiten gibt es praktisch nirgends. Im Gegenteil: Fast alle Reisenden, die man treffen wird, haben Niveau und sind voller Interesse an Land und Leuten.

■ Ist das Land sicher zu bereisen?

Chile gilt als das sicherste Land Südamerikas und hat eine penible Polizei. Bei Dunkelheit sollte man in den Zentren und Hafengebieten der großen Städte aber dennoch achtsam sein.

■ Kann ich mein Smartphone benutzen?

Für ein paar Cent kauft man sich eine chilenische SIM-Prepaid-Karte zum Aufladen. Entel und Claro funktionieren wunderbar, sobald man besiedeltes Gebiet erreicht. In Hotels, Hostels und Cafés gibt es praktisch ohne Ausnahme WLAN, das in Südamerika Wifi heißt.

■ Muss ich Spanisch können?

Um durchs Land zu reisen, reicht Englisch. Viele jüngere Chilenen sprechen Englisch und helfen gerne. Für tiefere Kontakte mit Einheimischen sind Spanischkenntnisse natürlich deutlich von Vorteil.

Noch Fragen? **www.stefan-loose.de/globetrotter-forum**

Ein absolutes Highlight für Naturliebhaber aus aller Welt ist der **Parque Nacional Torres del Paine** (S. 428) im Großen Süden, einem expressionistischen Denkmal aus Granit und Gletscherlagunen. Man wird kaum genug bekommen von dieser Natur – die Gegensätze sind einzigartig in diesem langen, schmalen Land.

Bergsteigen und Vulkanwanderungen

Für Bergsteiger ist der mit 6893 m höchste Vulkan der Welt natürlich ein Highlight, der **Ojos del Salado** bei Copiapó (S. 259). Massenhaft gibt es Vulkane, die etwas niedriger, aber mindestens genauso schön sind wie die Vulkanlandschaften rund um **San Pedro de Atacama** (S. 286). Das Gute: Sie sind recht leicht zu erwandern. Man braucht eher Kondition als alpine Spezialkletterkenntnisse.

Der höchste Berg der Anden, der **Aconcagua** (6962 m) befindet sich zwar auf argentinischem Territorium, man kann ihn aber in wenigen Stunden von Santiago aus erreichen (S. 173). Hinzu kommen der **Gletscher Juncal** und der **Cerro Tres Hermanos** (S. 197). Auch der **Cajón del**

Maipo (S. 194) empfiehlt sich als Wandergebiet. Bei Pucón liegt der aktive Vulkan **Villarrica** (S. 343) „nur" 2847 m hoch, aber vom Gipfel hat man einen spektakulären Blick in den Krater mit spritzendem Magma! Schöne Herausforderungen stellen auch der Vulkan **Osorno** (S. 360) mit seinen Eiskathedralen im Innern und die **Dientes de Navarino** auf Feuerland (S. 448) dar.

Rad fahren und Reiten

Für Mountainbiker und Reiter finden sich gute Gebiete im **Seengebiet** des Kleinen Südens, besonders um **Pucón** (S. 345) und **Puerto Varas** (S. 366), aber auch in den fruchtbaren Tälern des **Valle del Elqui** (S. 233) sowie an den schier endlosen Stränden im benachbarten **La Serena** (S. 227) lässt sich herrlich ausreiten. Ebenso schöne Täler sind die **Valles del Río Huasco** (S. 245) bei **Vallenar** (S. 241), die praktisch noch frei von Touristen sind. Die Gegend um **San Pedrode Atacama** (S. 286) weit im Norden bietet herrliche Pfade in Wüstenlandschaften. Die nur nördlich von Coyhaique asphaltierte **Carretera Austral** (S. 396) im Großen Süden darf für sich beanspruchen, der Höhepunkt für abenteuerlustige Mountainbiker zu sein: Sie durchmisst verzaubernd wildes Gletscher- und Nebelwaldgebiet.

Rafting und Kajak fahren

Es gibt wohl kein Land auf der Welt, in dem die Fließgeschwindigkeit der Flüsse höher ist als in Chile. Auf nur wenigen Hundert Kilometern erreichen die zeitweise reißenden Flüsse aus den Höhen der Anden schon das Meer. Die Flüsse und Bäche des Kleinen Südens und Patagoniens haben es in den 1980er-Jahren zu Weltruf gebracht, sodass dort Rafter und Kajakfahrer voll auf ihre Kosten kommen, besonders auf dem Río Bío Bío, dem Río Futaleufú, dem Río Petrohué und dem Río Trancura: Von **Puerto Varas** (S. 366) aus kann man mehrtägige Kajaktouren in die Fjorde Patagoniens unternehmen, Aufwärmen in abgelegenen Thermalquellen inklusive. Spannende Raftingtouren gibt's auch schon auf dem Río Maipo nahe Santiago.

Surfen

Ausgezeichnete Gebiete mit konstanten Windbedingungen und 3–5 m hohen Wellen findet man z. B. bei **Pichilemu**, **Iquique** (S. 305), **Portofino** bei Chañaral (S. 261) oder **Arica** (S. 317) an der Grenze zu Peru. Karibisch warm ist das Wasser des Pazifiks allerdings nirgends an Chiles oft einsamer Küste.

Archäologie und Ethnologie studieren

Weniger bekannt ist vielleicht, dass man in Chile auch auf ethnologische und archäologische Reisen gehen kann. Im Norden an der Grenze zu Bolivien leben die Aymara, deren kleine Altiplano-Dörfer wie **Putre** (S. 324) traditionelles Landleben zeigen, praktisch seit Jahrhunderten unverändert. Im Süden leben die Mapuche, ein Volk, das die spanischen Konquistadoren nie besiegen konnten. Und auf der **Osterinsel** (S. 450) regt sich das indigene Erbe der Rapa Nui.

Im Norden Chiles sind neben den Aymara auch Quechua und Atacameños beheimatet. Ihre Vorfahren haben in der Wüste stumme Zeugen hinterlassen: verlassene Dörfer, geheimnisvolle Scharrbilder oder Geoglyphen und Steinritzungen bei **Arica** (S. 317), **Iquique** (S. 305) und **San Pedro de Atacama** (S. 286) und Mumien der Chinchorro – die besterhaltenen und ältesten der Welt, zu sehen im Museo Arqueológico bei **Arica** (S. 320). Der archäologisch interessante Norden hat aber auch indianische Festungen, sogenannte Pucará (auch Pukará), zu bieten, z. B. das **Pucará de Quitor bei San Pedro** (S. 291). Die im 15. Jh. eingefallenen Inka haben ein reiches Netz an Wegen angelegt (etwa 8000 km) und entlang dieser Handelswege *tambos* (Karawansereien) gebaut. Man kann die Überreste auf dem Weg **von Arica in den Parque Nacional Lauca** sehen (S. 326).

Den Sternen so nah!

Der Norden Chiles hat den klarsten Himmel der Erde. Die Tage und Nächte sind fast immer wolkenlos. Hinzu kommt die geringe Lichtverschmutzung in der Einsamkeit der Anden. So ist der Nachthimmel über der Atacama-Wüste

Frische Farbe: Streetart von einem anderen Stern

Überall auf der Welt gibt es mittlerweile sensationelle Streetart, aber was in Chile für Schätze an die Wände gemalt wurden, spielt in einer ganz eigenen Liga. Dass Santiago vor Kreativität nur so strotzt, beschrieb der Deutschlandfunk schon Anfang 2019. Seit dem Volksaufstand sind die vielen grandiosen Werke noch politischer geworden.

In Santiago sollte man sich durch die Stadtteile Bellavista, Lastarría und das Barrio Italia treiben lassen und die famosen Werke genießen. Auf den Hügeln von Valparaíso muss man schon einige Treppen steigen, aber es lohnt sich. Ganze Straßenzüge sind von herausragenden Arbeiten überzogen.

Auch im restlichen Land sollte man die Augen offenhalten. Selbst in eher rauen Hafenstädten wird man immer wieder von erstaunlich feiner Kunst an irgendeiner Wand überrascht. Und auch in einsamen Wüstenabschnitten kann auf den Straßen auf einmal Kunst auftauchen.

schon mit bloßem Auge ein unvergesslicher Anblick, denn die Zahl der Sterne, die man sieht, ist kaum zu erfassen.

Die einzigartigen geografischen und klimatischen Bedingungen sind der Grund, warum im Norden Chiles bei **La Serena** (S. 227), **Antofagasta** (S. 270) und **San Pedro de Atacama** (S. 286) mit Milliardeninvestitionen mehrere Dutzend Observatorien gebaut wurden. Einige dieser futuristischen Fenster in die Endlosigkeit des Universums kann man (nach Anmeldung) besuchen und dabei die Instrumente und Labore der Astronomen kennenlernen; darunter z. B. ALMA, das größte astronomische Projekt der Welt auf 5000 Metern Höhe in der Nähe von San Pedro de Atacama, dessen einzigartiges Teleskop aus 66 transportablen, ausrichtbaren Parabolantennen besteht.

Einwanderungsland Chile

Spannend sind die vielen Zeugen der Besiedlungsgeschichte, ob deutsch, britisch, spanisch oder kroatisch. Das Bier der Marke Kunstmann, der Blechkuchen, der in Chile tatsächlich *kuchen* heißt (Plural = *kuchenes*), die Architektur (z. B. die Schindeldächer im Süden) und der nach kroatischem Rezept gebeizte Schinken auf Feuerland. Chile war im 19. Jh. ein klassisches Einwandererland, was sich besonders an den Stadtbildern von **Iquique** (S. 305), **Valdivia** (S. 355), **Puerto Varas** (S. 366), **Frutillar** (S. 364) und **Punta Arenas** (S. 436) zeigt. Auch den Goldrausch hat es erlebt, bei Punta Arenas und auf **Feuerland** (S. 442). Der chilenische Karl May, Francisco Coloane (S. 500), hat viele Geschichten darüber geschrieben.

Koloniale Spuren sind in Chile eher rar. Es hat keine ausgeprägte Kolonialgeschichte vorzuweisen und als Erdbebenland auch unter zahlreichen Naturkatastrophen zu leiden gehabt. **La Serena** (S. 227) im Kleinen Norden verfügt über eine sehenswerte Altstadt. Das schönste Gebäude aus der Kolonialzeit dürfte zweifellos die Moneda (1812) sein, der Regierungspalast von **Santiago** (S. 158), der als Münzprägeanstalt von Joaquín Toesca entworfen wurde.

Weltkulturerbe in Chile

In Chile gibt es bislang sieben Unesco-Welterbestätten. Darüber hinaus stehen weitere spannende 17 Stätten in Chile für eine Nominierung zur Aufnahme in die Welterbeliste zur Debatte.
1995 wurde der Nationalpark Rapa Nui auf der **Osterinsel** (S. 450) wegen seines einzigartigen archäologischen Erbes in die Liste aufgenommen. Mehr als 800 monumentale Steinskulpturen, die Moai, stehen und liegen auf der kleinen Insel mitten im Pazifischen Ozean, die einer der entlegensten Lebensräume der Erde ist.
Im Jahr 2000 kamen die Holzkirchen der Insel **Chiloé** (S. 374) auf die Liste des Welterbes. Chiloé war über Jahrhunderte sehr arm und die Beschaffung von Eisen schwierig, sodass die bayrischen Jesuiten im 19. Jh. auf die lokale Holzbaukunst zurückgriffen: ohne Nägel, nur mit Holzverbindungen. Es gibt auf der Insel etwa 150 Kirchen und Kapellen, 16 davon wurden für die Liste ausgewählt. Seit 1993 besteht ein Verein, der sich um den Erhalt der Kirchen kümmert.
2003 wurde das Altstadtviertel von **Valparaíso** (S. 175) in die Liste aufgenommen, u. a. wegen des typischen Stadtbilds, der Standseilbahnen *(funiculares)* und weil es ein Zentrum der Globalisierungsanfänge im 19. Jh. darstellt. Bedroht ist das Stadtzentrum, dessen Häuser aus Fachwerk mit Holzfassaden bestehen, neben Termiten und Holzwürmern vor allem durch die maroden Gasleitungen: Im Februar 2007 forderte eine Gasexplosion etwa 20 Tote und zerstörte eine ganze Straße. Seit 2005 gehören auch die ehemaligen Salpeterorte **Santa Laura** und **Humberstone** (S. 315) zum Kreis des Welterbes, allerdings stehen sie auf der Roten Liste, da die meisten Gebäude in schlechtem Zustand sind. Seither wurde zumindest die Plaza in Humberstone renoviert; wohl auch, da man dort Dreharbeiten für eine Telenovela durchführte. Sehenswert sind neben der Plaza mit dem alten Theater auch die Ausstellungen, die der Geisterstadt Leben verleihen.
2006 kam die Anlage **Sewell** (S. 199) in der Nähe von Rancagua dazu: Es handelt sich um ein seit 1998 verlassenes Bergbaudorf, das 1904 von einer US-amerikanischen Firma gebaut wurde, auf 2100 m Höhe in den Anden liegt und im Winter häufig verschneit ist. CODELCO (die staatliche Kupferfirma) hat sich mit der Restauration des Dorfes beschäftigt. Die dazugehörige Mine heißt El Teniente und gilt als größte Untertage-Kupfermine: mehr als 2300 km Tunnelsysteme! Dem Publikum ist beides zusammen in einer Tagestour über verschiedene Anbieter zugänglich.
Im Jahr 2014 kam dann das Inka-Wegesystem **Qapaq Ñan** dazu, ein erstes länderübergreifendes Welterbe. Es erstreckt sich über 24 000 km von Posta (Südkolumbien) bis nach Mendoza in Argentinien und bis zum Fluss Maule in Chile. Entlang des Weges gibt es unzählige *tambos* (Raststationen für die Karawanen und Verwaltungssitze) und *chasquihuasis* (Raststationen der Chasqui-Läufer).
Die **Ausgrabungsstätten der Chinchorro-Kultur** (S. 320) bei Arica, wo die ältesten Mumien der Welt ausgestellt sind, wurden im Jahr 2021 in die Welterbeliste aufgenommen.

Von einem ganz anderen Kaliber ist die wunderbare Anlage von **Valparaíso** (S. 175), der originellsten Stadt Chiles. Begonnen hatte sie im 16. Jh. als kleiner Hafen, dann wurde ein Hügel nach dem anderen mit Wohngebieten überzogen. Über 40 bewohnte Hügel zählt Valparaíso heute – und jeder *cerro* besticht durch sein eigenes Aroma. Rau und ruppig, bezaubernd villenhaft, dazu das typische Hafen-Milieu, und eine lebhafte Kunstszene.

Literarisch verewigt sind die Salpeterstädte im Großen Norden, die einst in den gleißenden Wüsten für die Arbeiter errichtet worden waren. Zehntausende schufteten hier. Ein Bild von ihren Lebensbedingungen geben die beiden zur Besichtigung frei gegebenen **Oficinas Humberstone** und **Santa Laura** nur wenige Kilometer östlich von Iquique (S. 305). Absolut interessante Industriedenkmäler – sogar ein bisschen gespenstisch! Passende Lektüre dazu: *Wo der Vogel am schönsten singt* von Alejandro Jodorowsky. Der Norden war traditionell rot – und insofern dem Militärregime unter Pinochet ein Dorn im Auge.

Strände und heiße Quellen: Chile zum Entspannen

Abseits vom Mountainbiken, Kajak fahren und Vulkane erklimmen gibt es noch ein anderes Chile – und zwar eins, das die Chilenen ganz besonders zelebrieren. Stehen für den mitteleuropäischen Geschmack die außerordentlichen Naturschönheiten und Aktivitäten im Mittelpunkt einer Reise, lieben die *chilenos* einen langen Strand und einen guten Wein, dazu die heißen Thermalquellen, die der Vulkanismus dem Land beschert. Die Präkordillere ist von ihnen geradezu gesprenkelt. In der Region um die beiden **Seen Villarrica** und **Calafquén** liegen zahlreiche Thermen von spartanisch und rustikal bis gestylt und elegant (S. 350).

Chile hat endlos lange Sandstrände bis tief in die Zentralzone hinein, buchstäblich von **Arica** (S. 317) bis an die Küste von **Valdivia** (S. 355). Dass der Pazifik nur im äußersten Norden badefreundliche Temperaturen aufweist – geschenkt! Bis nach Sonnenuntergang wird mit unbändiger Freude geplanscht. Und wo es keine schönen Strände gibt, hat die Natur großzügig spektakuläre Küstengebirge geschaffen, an denen sich wunderbar Vögel beobachten lassen – am besten im Sonnenuntergang, wenn die Küstenkordillere im Minutentakt in anderen Farben leuchtet. Beliebt sind außerdem die Lavasandufer der wunderbaren **Seenplatte** im Kleinen Süden (S. 331), von denen aus der Blick immer wieder an den beeindruckenden Vulkanen hängen bleibt.

Dank seiner einzigartigen klimatischen Bedingungen und idealen Anbaubedingungen für kraftvolle komplexe Weine blickt Chile auf eine lange Weintradition zurück – die erst in jüngster Zeit auch touristisch aufgegriffen wird. Weingüter und Weinfeste konnte man zwar schon immer besuchen, mittlerweile hat sich aber ein eigener Tourismuszweig daraus entwickelt. Eine Vorreiterrolle nehmen hier die wunderschönen Täler **Valle de Colchagua** (S.199) und **Valle del Maipo** ein (S. 194).

Unbedingt probieren!

- **Cazuela** – der typisch chilenische Eintopf mit Kürbis, Kartoffeln und Fleisch
- **Chupe de Jaivas** – köstlicher Taschenkrebsauflauf
- **Empanadas** – ob mit Pino (Hackfleisch, Ei und Olive), Käse oder *ostiones* (Jakobsmuscheln) gefüllt, sind sie ein guter Happen, und in Chile beinahe eine volle Mahlzeit
- **Caldillo de Congrio** – Neruda schwärmte sogar in Gedichten von dieser Meeraalsuppe
- **Machas a la Parmesana** – mit Parmesankäse überbackene Venusmuscheln
- **Paila Marinera** – Fischsuppe: bekommt man in jedem Hafen kochend heiß serviert
- **Centolla** – für Feinschmecker: Königskrabbe
- **Cordero al Palo** – zünftiger Lammbraten auf patagonische Art
- **Alfajor** – süße Kekse mit einer Creme aus *manjar* (karamellisierter Milch), gibt es in vielen Varianten an jedem Kiosk
- **Inka-Cola** – die süße gelbe Nachspülbrause aus Peru

Reiserouten

Reisen ist nicht Rasen: Eine Menge Zeit muss man für die Fahrten von Ort zu Ort kalkulieren, aber kein Problem, denn die Strecken sind praktisch immer interessant, teils spektakulär. Und je länger die Anreise, umso schöner ist es, sich vor Ort immer einige Tage aufzuhalten, um Land und Leute richtig auf sich wirken lassen zu können. Wer mit gemietetem Wagen, Motorrad oder sogar Fahrrad unterwegs ist, sollte die Distanzen nicht unterschätzen.

Ganz Chile

■ drei bis vier Wochen

Um das gesamte Land entspannt zu bereisen, braucht man sicher einiges mehr an Zeit, aber hier ein Vorschlag für Reisende, die nicht mit Mietwagen, sondern mit Bussen und Inlandsflügen unterwegs sind und dabei die bedeutendsten landschaftlichen Highlights besuchen möchten:

Nach Ankunft in **Santiago** (S. 150) – vorzugsweise vormittags – geht es ab in die City, und dort am besten zu Fuß. Die Plaza de Armas, der klassizistische Präsidentenpalast La Moneda, der Mercado Central und die Aussichtsberge Cerro Santa Lucía und San Cristóbal bieten ausgiebig Besuchspunkte bis zum Abend. Am nächsten Tag bietet sich ein Ausflug an die Küste ins verrückt gelegene **Valparaíso** (S. 175) und die Nachbarstadt **Viña del Mar** (S. 183) an, wo man am Strand relaxen kann.

Je nach Jahreszeit fährt man zu Anfang und Ende des chilenischen Sommers zunächst in den Norden Chiles, weil der Süden von Oktober bis Dezember noch und von März bis Mai wieder recht kühl ist. Der Norden hingegen ist ganzjährig angenehm, nur in den Höhen der Berge ist es ganzjährig kalt.

Wer zunächst in den Süden fährt, macht sich per Bus oder Flug auf nach Temuco und weiter nach **Pucón** (S. 345) am Lago Villarica. Schon hier wartet eine Vielzahl sportlicher Aktivitäten: Rafting, Hydrospeed, Trekking oder die abenteuerliche Besteigung des aktiven Vulkans Villarica. Für Regentage gibt es zahlreiche Thermalbäder.

Auf dem Weg nach Süden kann man eine Reihe weiterer Nationalparks besuchen, die allesamt weniger besucht sind, aber mindestens genau so tiefe Natureindrücke hinterlassen wie z. B. der **Parque Nacional Puyehue** (S. 361).

Von **Puerto Montt** (S. 371) aus lässt sich in 2–3 Tagen die großartige Region erkunden: Tagesausflüge zur magischen **Isla Chiloé** (S. 374) und zu den **Petrohué-Wasserfällen** (S. 371) inklusive Bootstrip über den smaragdgrünen **Lago Todos los Santos**.

Wer unberührte Natur in völliger Abgeschiedenheit erleblen will, startet von Puerto Montt aus auf die **Carretera Austral** (S.396), braucht aber Zeit. Für den wilderen südlichen Teil der Traumstraße kann man von hier mit einem Flug nach **Coyhaique** (S. 405) abkürzen.

Für den tiefen Süden kann man entlang der Fjordküste ein Schiff nehmen (bis Puerto Natales 41 Std.) oder fliegt von Puerto Montt nach **Punta Arenas** (S. 436), die ehemals südlichste Stadt der Welt mit einer riesigen Pinguinkolonie in der Nähe. Dort steigt man einfach in einen Bus nach **Puerto Natales** (S. 424), von wo aus es in den weltbekannten Nationalpark **Torres del Paine** (S. 428) geht, um in grandioser Natur zu wandern, z. B. am Salto Grande, oder um mit einem Boot zum Grey-Gletscher zu fahren.

Jetzt wird es wärmer, denn es geht nach Norden; per Flugzeug (meist über Santiago) nach **Calama** (S. 282) und weiter nach **San Pedro de Atacama** (S. 286), dessen Naturwunder in der **Umgebung** eins der Highlights von ganz Südamerika sind. Dazu zählen das Tal des Mondes, das Tal des Todes, die Oasen, Geysire, Salzseen und Lagunen im Altiplano sowie die archäologischen Stätten der Atacameños, der frühen Wüstenbewohner. Allein 3–4 Tage sollte man hier einplanen.

Antofagasta (S. 270) ist eine raue Industriestadt, bietet aber großartige Panoramen über dem Pazifik. Die Fahrt von dort über die Küstenstraße nach **Iquique** (S. 305), zwischen dem Blau des Pazifiks und den Bergen der Küstenkordillere, wird unvergesslich bleiben. Wer noch Zeit hat, sollte weiter in den Norden, nach **Arica** (S. 317), und dann hochhinaus: zum **Parque Nacional Lauca** (S. 326) mit dem majestätischen **Vulkan Parinacota** (S. 326) am Lago Chungará, einem der höchsten Seen der Welt.

Zurück nach Santiago dauert es mit dem Bus etwa 30 Stunden oder – kaum teurer – mit dem Flugzeug zweieinhalb. Wer noch die **Osterinsel** (S. 450) besuchen möchte, sollte mindestens 3 Tage dranhängen.

Durch den Kleinen und Großen Norden

■ zwei bis drei Wochen

Aus der Metropole Santiago kommend führt die Ruta 5 oder Panamericana direkt nach Norden und erreicht nach 470 km **La Serena** (S. 227), das gemeinsam mit der Nachbarstadt **Coquimbo** (S. 223) eine Agglomeration von einer halben Million Menschen bildet. La Serena besitzt eine tolle Altstadt und riesige Strände, Coquimbo eine einzigartige Lage auf einer bergigen Halbinsel und das riesige Kreuz, aus dessen begehbaren Seitenarmen sich ein unvergesslicher Blick über die beiden Städte an einer schier endlosen Bucht bietet. Wer hier stoppt, sollte unbedingt ins wunderschöne und esoterisch angehauchte **Valle del Elqui** (S. 233) fahren.

Nach Bolivien oder Peru

Von Arica kann man mit dem Bus nach La Paz in **Bolivien** fahren. Diese Route führt vorbei an den Pallachatas, den schneebedeckten Vulkanen am Lago Chungará, wie auch am majestätischen Sajama in Bolivien. La Paz, der quirlige Regierungssitz Boliviens, wird noch am selben Tag erreicht. Von dort gibt es Anschluss nach Sucre, Oruro, Cochabamba, Santa Cruz und zum Titicaca-See oder per Flugzeug auch in die großen Städte der Nachbarländer.

Ab Arica kann man natürlich auch nach **Peru** weiterreisen: Man nimmt einfach ein Taxi, einen Bus oder die Bahn, um nach Tacna zu kommen. Die Wüstenstadt ist bekannt für ihre Märkte, dient meist aber nur als Zwischenstopp. Von dort aus geht es weiter nach Arequipa mit dem großartigen Colca-Canyon, nach Cusco und Lima oder hoch zum Titicacasee auf 3800 m.

Mindestens genauso schön sind die Täler 195 km weiter nördlich bei **Vallenar** (S. 241). Von dort geht es östlich ins **Valle del Carmen** (S. 245) und **Valle del Tránsito** (S. 248). Diese Täler sind noch völlig vom Tourismus verschont, aber voller freundlicher Menschen. Alle paar Jahre zwischen September und November ereignet sich von Vallenar bis **Copiapó** (S. 250) das klimatische Phänomen der blühenden Wüste.

Ab Copiapó sind Abstecher in die Hochanden zum **Parque Nacional Nevado Tres Cruces** (S. 259) mit der Laguna Verde und dem welthöchsten Vulkan Ojos del Salado möglich. Wem das zu hoch ist, findet an der Küste das nette Fischerstädtchen **Caldera** (S. 255) mit seinem reizvollen Flair, das zudem im winzigen Nachbarort **Bahía Inglesa** (S. 257) weiße Strände mit klarstem Wasser bietet. **Chañaral** (S. 261) ist Ausgangspunkt für Besuche des **Parque Nacional Pan de Azúcar** (S. 263), in dem es neben Seelöwen, Pinguinen und Mähnenrobben eine zauberhafte kleine Caleta gibt. Bis hierher reicht Chiles Kleiner Norden.

Taltal (S. 268) ist ein charmantes Fischerdörfchen in spektakulärer Lage, das einen Zwischenstopp lohnt, auch weil man hier großartig Vögel beobachten kann. **Antofagasta** (S. 270), die größte Stadt in Chiles Norden, ist nur 4 km breit, weil sie vom Pazifik und von gigantischen Felsflanken begrenzt wird. Sie zieht sich aber über eine Länge von 25 km und bietet spektakuläre Panoramen, vor allem nachts. **La Portada** (S. 277), ein aus dem Ozean ragender Kalkbogen an der nördlichen Steilküste, ist das Wahrzeichen der Stadt.

Landeinwärts geht es nach **San Pedro de Atacama** (S. 286), mit seinen spektakulären Landschaftsformationen ein Highlight ganz Südamerikas, oder über das verschlafene **Tocopilla** (S. 279) und die Küstenstraße Ruta 1 über 400 km immer am Pazifik entlang bis nach Iquique.

Entlang der kurvenreichen Strecke gibt es einsame Strände, einige Caletas und kleine Fischerdörfer. **Iquique** (S. 305) ist die Boomtown Chiles. Gute Strände, eine mit Palmen bestandene Promenade und Bausubstanz aus der Salpeterzeit machen sie zu einem beliebten Reiseziel. Hinzu kommt die spektakuläre Lage zwischen Pazifik und der höchsten Düne der Welt, die man

Nach Süd-Bolivien oder Argentinien

Anschlussmöglichkeiten von San Pedro de Atacama: Nach **Bolivien** werden 3–4-tägige Touren angeboten, die nicht unanstrengend sind, aber aufs Altiplano zu Bergseen mit Flamingos und dem weltbekannten Salar de Uyuni führen, den größten Salzsee der Erde. Von dort geht es entweder zurück oder weiter nach Potosí, Oruro und La Paz – oder nach Argentinien.
Man kann aber auch über den Pass Jama nach **Argentinien** weiterreisen, wo sich die wunderschöne Quebrada de Humahuaca nördlich von Jujuy bis zur bolivianischen Grenze zieht. Dort gibt es wunderbare Dörfer wie Tilcara, das magische Iruya, interessante archäologische Stätten und den Berg der sieben Farben in Purmamarca. Südlich von Salta, der wohl schönsten Stadt Argentiniens, findet man neben spektakulären Landschaften rund um Cafayate das höchste Weinanbaugebiet der Welt. Auch wenn Buenos Aires und die Iguazú-Wasserfälle weit sind, man kommt dort ganz einfach hin.

aus Osten kommend schwindelerregend hinabrauscht. Etwa 50 km von Iquique pfeift der Wüstenwind durch **Humberstone** und **Santa Laura** (S. 315), sehr sehenswerte Geisterstädte aus der Salpeterzeit, die zum Unesco-Weltkulturerbe erklärt wurden. Weiter landeinwärts – durch einen der trockensten Abschnitte der Atacama – landet man in der Oase Pica, in der massenhaft Zitrusfrüchte wachsen.

Nach **Arica** (S. 317), der Stadt des ewigen Frühlings an der Grenze zu Peru, sind es noch gut 300 km von Iquique aus. Die Stadt war über Jahrhunderte ein kultureller Schmelztiegel und beherbergt heute die ältesten Mumien der Welt. Reizvoll ist die Fahrt von hier ins 3500 m hoch gelegene **Putre** (S. 324), Ausgangsort für Expeditionen in die Hochanden, wo der Lago Chungará im **Parque Nacional Lauca** unter dem Bilderbuchvulkan **Parinacota** (S. 326) ruht.

Die Reise zu den weiteren Nationalparks und Naturdenkmälern ist anstrengender, denn die Schotterstraßen können oft sehr ruppig sein. Aber die Fahrt zur **Reserva Las Vicuñas** (S. 327), zum Salar de Surire und weiter zum Vulkan Isluga bis nach **Colchane** (S. 317) an der Grenze zu Bolivien, ist außergewöhnlich. Dort gibt es eine minimale touristische Infrastruktur. Indianische Bräuche und Essen, einsamste Landschaften unter Vulkanen, Lagunen, Darwin-Strauße und Lamas – alles wirkt sehr fremd und ein wenig wie im Traum. Von Colchane kann man nach Iquique zurück fahren.

Durch den Kleinen Süden

■ ab zwei Wochen

Der erste Streckenabschnitt von Santiago aus in Richtung Süden ist wenig aufregend. Bei Rancagua lohnt ein Abstecher zur Minenstadt und Weltkulturerbe **Sewell** (S. 199), und bei San Fernando ins Weintal **Valle de Colchagua** (S. 199), das sich dort ausbreitet.

Für Zwischenstopps bieten sich **Chillán** (S. 212), **Concepción** (S. 331), die zweitgrößte Stadt Chiles mit viel studentischem Leben, und **Los Ángeles** (S. 335) mit seiner angenehmen Atmosphäre an.

Exotisch wird es aber erst wieder in **Temuco** (S. 336), der Hauptstadt der 10. Region, der Araucanía, die das Herz des ehemaligen Siedlungsgebietes der **Mapuche** bezeichnet. Überall stößt man nun auf Spuren der Mapuche, ihre Küche und ihr Kunsthandwerk. Viele Begriffe aus ihrer Sprache Mapundungun erscheinen am Straßenrand: Ñielol, Malacahuello, Panguipulli. Es ist eine liebenswerte Region, halb wild, halb idyllisch. Waldwege fädeln sich an Seen entlang, umrunden eisgekrönte Vulkane, stürzen durch abschüssigen Nebelwald.

Bis hinunter nach **Puerto Montt** (S. 371) ist die Landschaft nun gespickt mit Seen, Bergen, Wäldern und Vulkanen und bietet beste Bedingungen für allerlei Aktivitäten: Wassersport wie Kajakfahren, an manchen Stellen sogar für Rafting, Schwimmen, Wandern, Trekking und Vulkanbesteigungen, Reiten und Radfahren. So hat sich das Seengebiet zu einem touristischen Höhepunkt des ganzen Landes entwickelt.

Villarrica (S. 343) am gleichnamigen See ist eher bodenständig, aber **Pucón** (S. 345) richtig schön und charmant, wenn auch zur Hauptsaison etwas voll. Grandiose Ausflugsmöglichkei-

ten bieten beide. Täglich kann man aufbrechen, um weitere Seen in der Nähe zu entdecken und an ihren Stränden zu relaxen. **Caburgua** (S. 248) und **Panguipulli** (S.353) an den gleichnamigen Seen, **Licán Ray** (S. 351) und **Coñaripe** (S. 351) am Lago Calafquén sind einfach zu erreichen, auch mit Bussen. In der Umgebung liegen auch mehrere Thermalbäder, darunter die **Termas Geométricas** (S. 352).

Jung, dynamisch und die Hauptstadt des Bieres in Chile ist **Valdivia** (S. 355). Auf stundenlangen Bootsausflügen oder einem Ausflug ins nahegelegene **Niebla** (S. 359) kann man die grandiose Lage der Stadt nahe am Pazifik erfahren.

Von **Osorno** (S. 360) aus gelangt man leicht in den **Parque Nacional Puyehue** (S. 361), der mehr Einsamkeit bietet als die Regionen nördlich und südlich. Von **Anticura** (S. 362) aus führen Wanderwege durch dichte Wälder und üppigste Vegetation zu Wasserfällen und Vulkanen. Neben entspannenden Thermen gibt es dort auch das kleine Skigebiet **Antillanca** (S. 362) zu entdecken.

Unter den Vulkanen Osorno und Calbuco liegt der größte Binnensee Chiles, der **Lago Llanquihue** (S. 364). Spuren deutscher Einwanderung finden sich im schön-verschlafenen **Puerto Octay** (S. 365) und in **Frutillar** (S. 364). Der Ort **Llanquihue** (S. 362) eignet sich am besten zum Entspannen. **Puerto Varas** (S. 366) ist ein bisschen altbacken und sehr touristisch, verfügt aber über die beste Infrastruktur und ist Ausgangspunkt für Ausflüge in den **Parque Nacional Vicente Pérez Rosales** (S. 370), Chiles ältesten Nationalpark, der mit den Wasserfällen von Petrohué und dem **Lago Todos los Santos** wahrlich ein optisches Highlight darstellt.

Nur 65 km sind es von **Puerto Montt** (S. 371) zur **Isla de Chiloé** (S. 374), dennoch wirkt die Insel wie eine andere Welt mit eigener Architektur und Kultur. Von der früheren Hauptstadt **Ancud** (S. 376) aus, die entspannt auf einer hügeligen Halbinsel ruht, kann man die Vulkane auf dem Festland in weiter Ferne sehen. In unmittelbarer Nähe leben Pinguinkolonien bei Puñihuil.

Die Inselhauptstadt **Castro** (S. 381) besticht durch ihre Lage und die typischen Pfahlbauten, die *palafitos*. Von all den berühmten Kirchen der Franziskaner auf dem Inselarchipel, die allesamt aus Holz, aber ohne einen einzigen Nagel gebaut sind, hat Castro fraglos die allerschönste. Nach Westen gelangt man in den **Nationalpark Chiloé** (S. 374) mit seinen dichten Wäldern aus Alercen, Zimtbäumen und Südbuchen, bunten Blumen und kilometerlangen samtweichen Stränden. Nur wenig weiter südlich findet sich das geniale Kunstprojekt **Muelle de las Almas** (S. 385) – der Steg der Seelen.

Von **Quellón** (S. 387) am Südende der Insel legen (wie von Castro aus) Fähren ab nach Chaitén an der **Carretera Austral** (S. 396), die man mit Auto unbedingt rechtzeitig reservieren sollte. Schon hier fühlt es sich an, als hätte man das Ende der Welt erreicht. Doch weit gefehlt, Chiles Süden reicht noch viel, viel weiter und das Abenteuer wird noch spannender.

Die Carretera Austral

■ 10 bis 14 Tage (für die gesamte Carretera)

Die Carretera Austral dürfte landschaftlich zu einem der Highlights auf dem ganzen Planeten zählen, denn viel schöner kann sich Mutter Natur wohl kaum zeigen. Individualreisende müssen flexibel sein und brauchen oftmals Geduld, denn Busse fahren unregelmäßig und selten. Wer das Abenteuer mit einem eigenen Fahrzeug erleben will, sollte definitiv gutes Material haben und einen Platz auf den Fähren rechtzeitig reservieren.

Start ist in **Puerto Montt** (S. 371). Nach einer Stunde erreicht man Caleta la Arena, wo die erste Fähre wartet. Von **Hornopirén** (S. 396) kann man mit einer weiteren Fähre in sechs Stunden direkt bis zur Caleta Gonzalo fahren, über Leptepu benötigt man zwei Fähren und Busse. Vorbei am Nationalpark Pumalin des verstorbenen North Face-Gründers Douglas Tompkins heißt der erste Zielort **Chaitén** (S. 400), der Verkehrsknotenpunkt auf der nördlichen Carretera, denn hier kommen auch die Fähren von der Isla Chiloé an.

Nur über einen Umweg erreicht man das erste Highlight der Carretera, denn der wilde Río Futaleufú bietet eines der besten Reviere für Rafting weltweit. Weitaus ruhiger, fast schon betörend, geht es im Dorf **Futaleufú** (S. 401) nahe der argentinischen Grenze zu. Südlich des von einer windigen Meseta-Landschaft umgebenen Pionierstädtchens **Villa Santa Lucía** (S. 395) beginnt der verwunschen anmutende dichte Nebelwald mit Baumfarnen, Alercen, Südbuchen und Bambushainen – die typische Landschaft der Carretera Austral, die von zahlreichen schneebedeckten Vulkanen überragt wird.

Für den Besuch des atemberaubenden **Nationalparks Queulat** (S. 405) mit dem hängenden Gletscher Queulat beim urigen **Puerto Puyuhuapi** (S. 403) sollte man sich Zeit lassen. Die Carretera Austral kurvt dann weiter in ihre rustikale Hauptstadt **Coyhaique** (S. 405), von wo aus es Flüge gibt.

Zum zweitgrößten See Südamerikas, dem **Lago General Carrera** (S. 412) mit seinen unglaublichen Blautönen, geht es vorbei am wild gezackten Cerro Castillo. An seinen Ufern liegen zahlreiche kleine Hafenstädtchen, die heute aber nicht mehr alle Hafenbetrieb haben. Straßen in die felsigen, dicht bewaldeten Regionen zu schlagen, war für die wenigen Menschen, die hier siedelten, viel zu aufwendig. In einigen dieser kleinen Ortschaften und ihrer Umgebung kann man wunderbar wandern, fliegenfischen, reiten, schwimmen und Rad fahren, z. B. in **Puerto Río Tranquilo** (S. 414) und **Chile Chico** (S. 417). Die geöffneten Tankstellen auf keinen Fall ignorieren, wenn man mit dem eigenen Wagen unterwegs ist. Benzin gibt es erst wieder in **Cochrane** (S. 419).

Ein Abstecher führt von hier in das anmutige, erst seit einigen Jahren mit einer Straße an den Rest von Chile angebundene **Caleta Tortel** (S. 420), in dem es keine Straßen gibt. Alles ist über Holzstege verbunden. Das Pionierstädtchen **Villa O'Higgins** (S. 422) unterhalb des Mosco-Gletschers bildet den aktuellen Endpunkt der Carretera Austral, die man bis hinunter nach Puerto Natales bzw. in den Parque Nacional Torres del Paine führen bzw. schlagen und sprengen will. Für die Weiterreise besteht die Möglichkeit, über Candelaria Mansilla hinüber nach Argentinien bis nach El Chaltén zu Füßen des Fitz-Roy-Massivs zu gelangen – es gibt organisierten Transport und Fähren, deren Fahrplan man unbedingt vorher auskundschaften muss, denn sie verkehren in dieser Einsamkeit nicht regelmäßig.

Klima und Reisezeit

Klima

Chile erstreckt sich über alle Klimazonen, von trocken-heiß im Norden bis stürmisch-eisig im Süden.

Wüste im Großen Norden

Die Atacama-Wüste beginnt nördlich von Copiapó und reicht bis zur Grenze mit Peru. Voll arid, so gut wie kein Niederschlag, täglich Sonne, aber Temperaturschwankungen von bis zu 35 °C im Binnenland und im Altiplano mit sehr kalten Nächten. An der Küste hingegen sind die Temperaturen milder und die Schwankungen geringer.

Steppe und Halbwüste im Kleinen Norden

Zwischen Santiago und weiter nördlich bis Copiapó semi-arid, fast ganzjährig überwiegend blauer Himmel, an der Küste durch den nachts aufziehenden Küstennebel vormittags häufig bewölkt. Geringe Niederschläge und milde Temperaturen, geringe Schwankungen.

Warm-gemäßigte Zone im Zentrum

Von Santiago bis Valdivia mediterran. Während der Bereich bis Talca dem Mittelmeerklima ähnelt (Sommer: heiß und trocken, Winter: feucht-kühl), ist der südliche Bereich bis Valdivia niederschlagsreicher: Es kann hier auch im Sommer regnen, die Temperaturen sind deutlich niedriger als weiter nördlich, im Winter ist es kühl, aber frostfrei.

Kühl-gemäßigte Zone im Kleinen Süden

Im Sommer sind die Temperaturen mild, im Winter gibt es oft Frost; besonders in den Höhenlagen auch Schnee. Die Küste ist regenreich (auch im Sommer), oft stürmisch; nur einige Gegenden im Windschatten haben weniger Niederschläge.

Patagonien und Feuerland im Großen Süden

Die patagonische Steppe, auch Pampa genannt, im Leebereich der Südanden, ist ein großes Gebiet, das riesige Teile Argentiniens miteinschließt. Warme, trockene Sommer, kalte und trockene Winter, geringe Vegetation, viel Wind.

Reisezeit

Klimatisch ist die beste Reisezeit für ganz Chile die Zeit von **Oktober bis April**, also Spätfrühling bis Frühherbst. Im Sommer gibt es aber zwei Einschränkungen: Zum einen fahren im Januar und Februar die Chilenen in ihren Jahresurlaub, dann sind einige Strände Zentral- und Nordchiles, Orte des Seengebietes, besonders Pucón, sowie viele Orte im großen Süden voller Besucher, was aber auch sehr amüsant sein kann. Zum anderen ist im Altiplano im Großen Norden (v. a. in San Pedro de Atacama und Putre) mit starken Gewittern zu rechnen (der sogenannte „Invierno Altiplanico“). Auch der Nationalpark Torres del Paine in Patagonien hat während der Sommermonate Hauptsaison, Unterkünfte müssen reserviert werden. Daher ist auch die Nebensaison, **Oktober bis Mitte Dezember** und **März bis April**, eine exzellente Reisezeit für ganz Chile, auch wenn man etwas wetterfester sein muss. Preise und Service sind besser und der Naturgenuss ist intensiver.

Der Norden kann auch im **Winter** bereist werden, mit immer noch angenehmen Tagestemperaturen, aber in den Bergen klirrend kalten Nächten. Selbst der Nationalpark Torres del Paine lohnt im Winter, denn hier fällt wenig Schnee, aber genug, um Pumas in die herbergsnahen Pampas zu treiben. Zum Wandern muss man dann gut ausgestattet sein (Winterschlafsack).

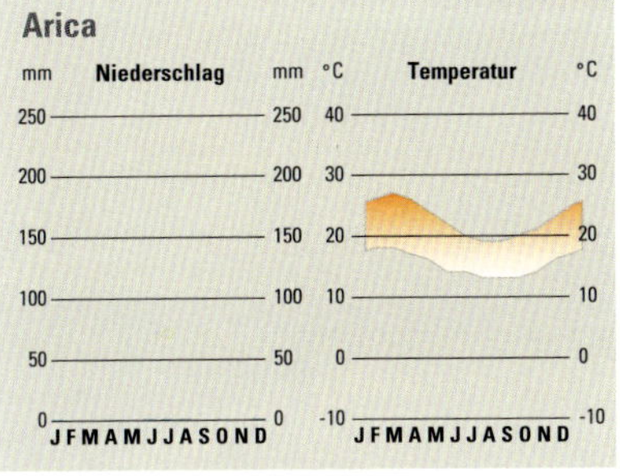
Arica
mm Niederschlag mm
°C Temperatur °C
J F M A M J J A S O N D

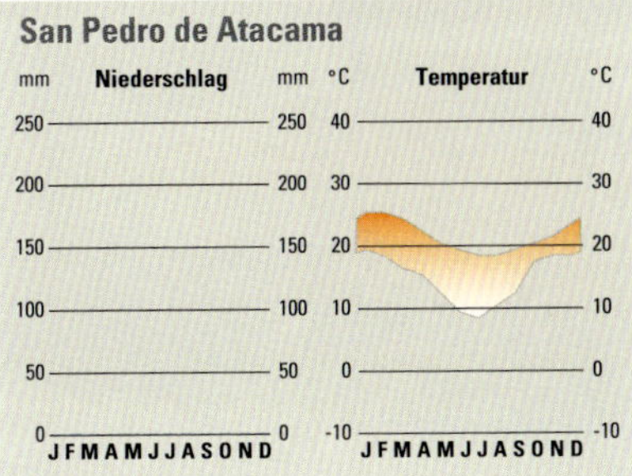
San Pedro de Atacama
mm Niederschlag mm
°C Temperatur °C
J F M A M J J A S O N D

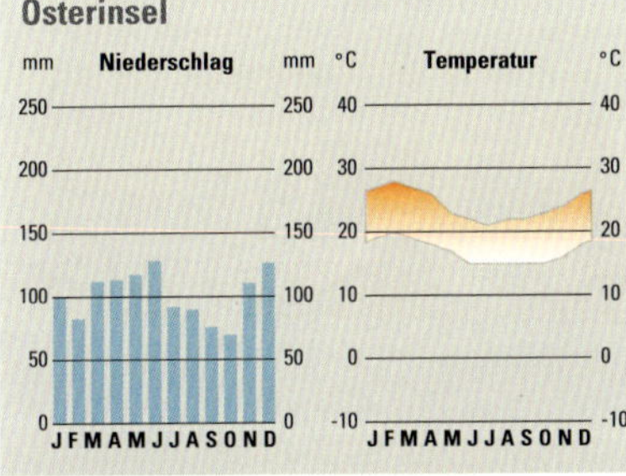
Osterinsel
mm Niederschlag mm
°C Temperatur °C
J F M A M J J A S O N D

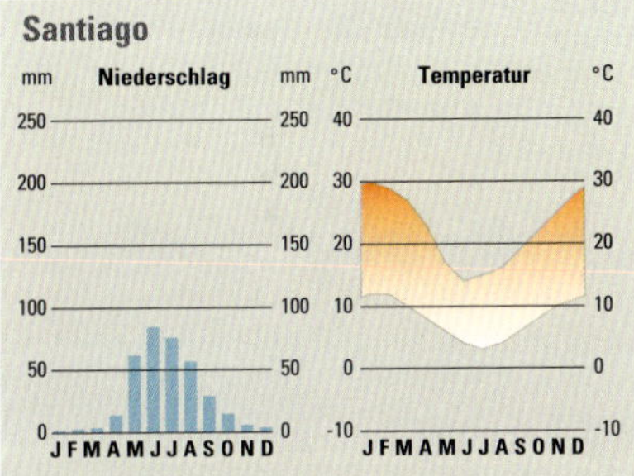
Santiago
mm Niederschlag mm
°C Temperatur °C
J F M A M J J A S O N D

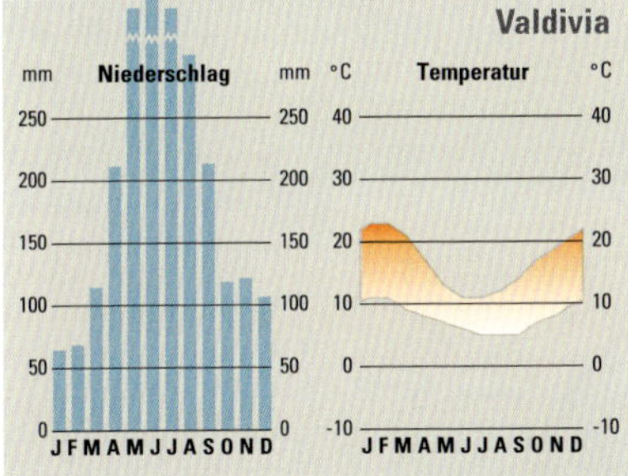
Valdivia
mm Niederschlag mm
°C Temperatur °C
J F M A M J J A S O N D

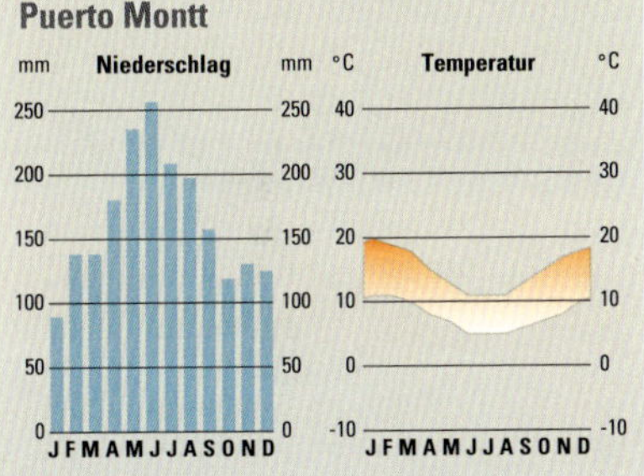
Puerto Montt
mm Niederschlag mm
°C Temperatur °C
J F M A M J J A S O N D

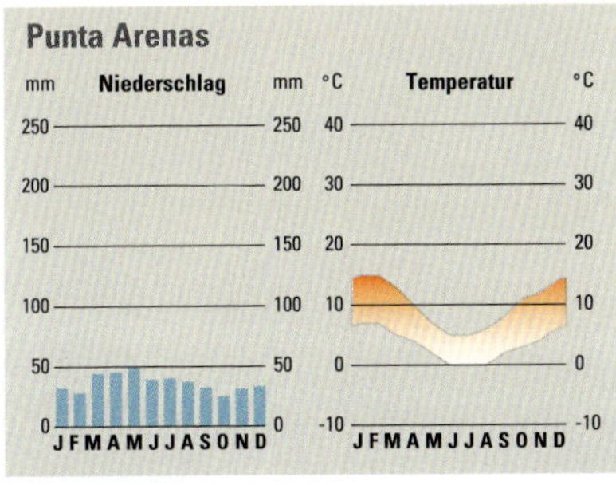
Punta Arenas
mm Niederschlag mm
°C Temperatur °C
J F M A M J J A S O N D

Arica
San Pedro de Atacama
Osterinsel
Santiago
Valdivia
Südpazifik
Puerto Montt
ARGENTINIEN
Punta Arenas

Reisekosten

Die günstigsten **Flugtickets** aus Europa beginnen preislich je nach Saison bei etwa 1200 €, die meisten liegen bei um 1000 € oder etwas darüber. Flüge innerhalb Chiles sind dank Jetsmart und Sky Airline sehr günstig, LATAM bietet besseren Service. Busse sind je weiter die Fahrt, desto günstiger, z. B. Santiago nach Antofagasta (1335 km, 17 Std., ab 34 €).

Tagesausflüge sind im Bus oder Kleinbus auf Englisch, manchmal Deutsch ab 35 € zu bekommen, im privaten Fahrzeug meist ab 70–80 €. Für Touren in entlegene Nationalparks in den Anden muss man deutlich mehr hinblättern.

Ein einfaches **Frühstück** (Toast, Marmelade, Tee) kann man ab 2 € bekommen, reichhaltiger im Restaurant kann es aber auch schon 5 € kosten. Beim **Mittagessen** gibt es Spannbreiten von 5 € (Menu) bis 15 € (3-Gänge-Menü). In Top-Restaurants kann **das Abendessen** bis zu 50 € kosten, in einem durchschnittlichen Restaurant liegt es eher bei 8–15 €.

Wer zeltet, muss mit 5–15 € pro Nacht rechnen, einfache **Unterkünfte** sind von 15–25 € im DZ zu bekommen. Ein solides Doppelzimmer mit Bad kostet ab 30 €. Wer mehr Wert auf Stil und Komfort legt, muss mit mindestens 50 € rechnen. In den Gegenden Torres del Paine, San Pedro de Atacama und auf der Osterinsel liegt das Preisniveau i. A. höher. Museen sind meist gratis oder kosten wenige Pesos. Der Eintritt in Nationalparks kostet abgesehen vom Torres del Paine (45 €) weniger als 10 €.

Senioren ab 65 Jahren bezahlen in Museen und Nationalparks in der Regel nur 50 % des Eintritts, Kinder unter 12 Jahren manchmal sogar weniger als 50 %.

Was kostet wie viel?

Im Supermarkt (wenn nicht anders angegeben):	
Wasser (1 l)	500–800 CLP (0,55–0,90 €)
Coca Cola (kleine Flasche)	700–1000 CLP (0,80–1,15 €)
Bier (0,5 l)	1000 CLP (1,17 €)
in einer Bar	3000–6000 CLP (3,50–7 €)
Tasse Instantkaffee (am Kiosk)	500–800 CLP (0,55–0,90 €)
Einheimisches Frühstück	ab 1700 CLP (2 €)
Einheimisches Mittagessen	ab 5500 CLP (6,50 €)
Einfaches Abendessen	ab 7500 CLP (8,50 €)
Hot Dog (am Imbisswagen)	1500–3000 CLP (1,70–3,40 €)
Regionalbus (50 km)	ab 2500 CLP (3 €)
Fernbus (700 km)	ab 18 000 CLP (21 €)
Fahrt mit der Metro	640–800 CLP (0,75–0,94 €)
Kleiner Mietwagen (pro Tag)	ab 28 000 CLP (31 €)
Diesel/Normalbenzin (1 l)	1050 CLP (1,22 €)/1300 CLP (1,50 €)
Eintritt Museen	meist frei
Eintritt Naturparks	3000–10 000 CLP (3,50–12 €)

◂ Patagonien at its best: Blick von der Laguna Azul auf die Torres del Paine

Travelinfos von A bis Z

Chile ist ein fortschrittliches, sicheres und in weiten Teilen hochentwickeltes Land mit sehr netten und freundlichen Menschen. Dennoch sollte man eine Reise mit begrenztem Zeitbudget gut planen, denn die Strecken sind weit. Im Januar/Februar ist Hochsaison und in den beliebten Orten könnten Unterkünfte knapp werden. Hilfreich ist auch, ein wenig die Sprache zu sprechen. Spanisch ist nicht sonderlich schwer zu erlernen, und schon mit ein paar Begriffen gewinnt man die Herzen der Menschen.

FÄHRE VON PUERTO YUNGAY NACH RÍO BRAVO © MEIK UNTERKÖTTER

Kurz und knapp

Flugdauer 17 Std. von Frankfurt

Einreise Die an der Grenze ausgestellte Touristenkarte berechtigt zu einem Aufenthalt von 90 Tagen (bis zur Ausreise aufbewahren).

Geld Währung ist der Chilenische Peso.

Smartphones In größeren Städten kann man SIM-Karten kaufen. WLAN (WiFi) gibt es praktisch in allen Ortschaften.

Zeitverschiebung Je nach Jahreszeit Festland 4–6 Std., Osterinsel 6–8 Std.

Inhalt

Anreise

Mit dem Flugzeug

Die meisten Verbindungen führen über Madrid oder São Paulo. Lufthansa fliegt von Frankfurt aktuell über São Paulo oder Buenos Aires. Mit Zwischenstopp beträgt die Flugzeit 17–20 Stunden.

Unbedingt ratsam ist ein Nachtflug, weil man ein wenig schlafen kann und ausgeruhter ankommt. Dabei kann man sich aussuchen, ob man von Madrid (Iberia, 13 1/2 Std. direkt), London (British Airways), Paris (Air France) oder Amsterdam (KLM) fliegen möchte, denn von all den großen europäischen Drehkreuzen heben allabendlich Flüge Richtung Südpazifik ab.

Wer früh bucht oder Angebote findet, kann schon Tickets unter 1000 € bekommen, im Normalfall ist man mit 1000–1200 € dabei (inkl. Steuern). Es kann auch lohnen, nach Flügen ab Madrid zu schauen und sich selbst einen preiswerten Zubringerflug zu organisieren. Die manchmal günstigen Angebote über die USA sollte man sich sparen, da dort die gesamte Immigrationsprozedur durchlaufen werden muss.

Wer in den Norden Chiles möchte, kann auch nach Lima in Peru fliegen. Die Landroute von dort über Cusco, den Titicaca-See und evtl. La Paz (Bolivien) ist wunderschön. Für Flüge nach La Paz sollte man die Höhe der Stadt auf 3600 m berücksichtigen.

Eine attraktive Anreise führt über Argentinien: Von Buenos Aires direkt (ab US$150) oder via Mendoza jeweils mit Blick auf die Anden von oben. Per Bus von Mendoza nach Santiago (7–8 Std., US$35).

Reiseveranstalter

Wer sich seine Reise zusammenstellen lassen möchte, findet viele kleine Reiseveranstalter, die sehr kompetent für Rundreisen in Chile sind. Dazu zählen:
Chile Central, 💻 www.chile-central.com
Chile Touristik, 💻 www.chiletouristik.co
Gateway-Lateinamerika, 💻 www.gateway-lateinamerika.de
Handmade Travel, 💻 www.handmade-travel.ch
Viventura, 💻 www.viventura.de
Wendy-Pampa-Tours, 💻 www.Wendy-Pampa-Tours.de

Von den größeren Reiseveranstaltern sind empfehlenswert:
Atambo Tours, 💻 www.atambo-tours.de
A&e Erlebnisreisen, 💻 www.ae-erlebnisreisen.de
Aventoura, 💻 www.aventoura.de
Karawane Reisen, 💻 www.karawane.de
Papaya Tours, 💻 www.papayatours.de

Für Ausflüge innerhalb Chiles ist **Denomades**, 💻 www.denomades.com, ein kompetenter Anbieter.

Eine halbe Stunde vor der Landung in Santiago von Europa oder Argentinien aus ist meist der höchste Berg der Anden sichtbar: der Aconcagua (6962 m). Manchmal wird es von freundlichen Piloten angesagt.

Der **Aeropuerto Internacional Arturo Merino Benítez** von Santiago de Chile liegt 18 km westlich des Stadtzentrums und trägt die Abkürzung SCL, 💻 www.nuevopudahuel.cl. Im Februar 2022 wurde das hypermoderne neue Termi-

Private Touren? Stopover in Buenos Aires?

Meik Unterkötter, der Autor dieses Buches, vermittelt kompetente deutsch- und englischsprachige Guides in ausgewählten Orten Chiles. Zudem bietet er private Stadtführungen in Buenos Aires an. Tourgäste können den Stadtplan beruhigt in der Tasche lassen und sich sicher fühlen. Gerne führt er Besucher auch in das verwirrende Wasserstraßenlabyrinth des Delta des Río Paraná und vermittelt zauberhafte Milonga-Abende in der Welthauptstadt des Tangos. Informationen unter 💻 www.buenosaires-insider.org.

Weniger fliegen – länger bleiben! Reisen und Klimawandel

Der Klimawandel ist vielleicht das dringlichste Thema, mit dem wir uns in Zukunft befassen müssen. Wer reist, erzeugt auch CO_2: Der Flugverkehr trägt mit einem erheblichen Anteil zur globalen Erwärmung bei. Wir sehen das Reisen dennoch als Bereicherung: Es verbindet Menschen und Kulturen und kann einen wichtigen Beitrag für die wirtschaftliche Entwicklung eines Landes leisten. Reisen bringt aber auch eine Verantwortung mit sich. Dazu gehört darüber nachzudenken, wie oft wir fliegen und was wir tun können, um die Umweltschäden auszugleichen, die wir mit unseren Reisen verursachen. Wir können insgesamt weniger reisen – oder weniger fliegen, länger bleiben und Nachtflüge meiden (da sie mehr Schaden verursachen). Und wir können einen Beitrag an ein Ausgleichsprogramm wie **www.atmosfair.de** leisten.
Dabei ermittelt ein Emissionsrechner, wie viel CO_2 der Flug produziert und was es kostet, eine vergleichbare Menge Klimagase einzusparen. Mit dem Betrag werden Projekte in Entwicklungsländern unterstützt, die den Ausstoß von Klimagasen verringern helfen.

nal eingeweiht. Taxis kosten je nach Lage der Unterkunft im Zentrum zwischen 20 000 und 28 000 CLP.

Busse ins Zentrum:

Turbus. Zum Terminal des Unternehmens an der Alameda, der Hauptstraße Santiagos. Tgl. 5.30–24 Uhr alle 15 Min. (1900 CLP).

Centro Puerto. Nach Las Héroes, eine Metro-Station vor La Moneda, dem Präsdintenpalast, tgl. 6–23.30 Uhr alle 20 Min., 0–4 Uhr jede Stunde. www.centropuerto.cl, (40 Min., 2200 CLP).

Mit dem Schiff

Die Anreise per Schiff ist sehr langwierig, von Europa dauert allein die Atlantik-Überquerung von Hamburg nach New York z. B. mit der *Queen Mary 2* elf Tage. Von dort muss man „nur noch" bis nach Santiago reisen.

Es gibt natürlich die Alternative der Frachtschiffe mit teils attraktiven Routen. Die meisten führen an Südamerikas Ostküste entlang (Brasilien, Argentinien), manche fahren aber auch durch den Panamakanal an die südamerikanische Westküste. **Anbieter** sind www.frachtschiff-reisen.net, www.zylmann.de, www.hamburg-frachtschiffreisen.de und www.frachtschiffreisen-pfeiffer.de.

Kreuzfahrten werden meist in Kombination mit einigen Zielen in Peru, oft auch Argentinien (Buenos Aires, Patagonien, Feuerland), manchmal Uruguay und/oder Antarktis angeboten (S. 77, Transport).

Über Land

Nach Chile kann man auch über seine drei Nachbarländer einreisen – von Argentinien und Bolivien sogar spektakulär. Zur Einreise muss ein Formular der **Servicio Agrícola y Ganadero** (SAG), des chilenischen Landwirtschaftsministeriums, ausgefüllt werden, das man sich unter www.pasosfronterizos.gov.cl herunterladen kann. Dort findet man neben den Öffnungszeiten der Grenzübergänge auch wichtige Informationen. Nicht vergessen: Viele Übergänge befinden sich in der absoluten Einsamkeit der Hochanden, wo es auch sehr kalt werden kann. Oft dauern die Formalitäten etwas länger, da Chiles Landwirtschaftsministerium streng kontrolliert, siehe unten.

Von Argentinien aus ist der wichtigste Grenzübergang der **Paso Internacional Los Libertadores**, auch Cristo Redentor genannt, der von Mendoza nach Santiago führt (Busfahrt: US$35), 24 Std. Unterwegs kann man den Aconcagua sehen, den höchsten Berg Südamerikas. Für die

Erstversorgung mit chilenischen Pesos gibt es am Grenzübergang eine Wechselstube.

Daneben bestehen mit Argentinien noch ein gutes Dutzend weiterer Grenzübergänge, die meistens auf gut ausgebauten Straßen durch spektakuläre Landschaften in der Einsamkeit der Anden zu erreichen sind. Für die meisten sollte man sich vorsichtshalber im nächstgelegenen Ort über die aktuelle Situation informieren.

Von Bolivien aus bestehen gut ein halbes Dutzend Grenzübergänge, teils auf abenteuerlichen Pisten in den Hochanden. Gut ausgebaut ist die die Strecke von Arica über den Grenzübergang Chungará auf 4678 m Höhe, der nach La Paz führt, 🕒 8.30–20.30 Uhr. Für viele Reisende wird der Übergang Ollagüe auf 3695 m Höhe wichtig sein 🕒 8–20 Uhr, denn der führt von San Pedro de Atacama zur größten Salzwüste der Erde, dem Salar de Uyuni.

Von Peru aus ist die Anreise am einfachsten. Neben diversen Bussen und Taxis kann man sogar mit dem Zug vom peruanischen Tacna ins nordchilenische Arica fahren.

Bei der Einreise beachten!

Um die einheimische Flora und Fauna zu schützen, besteht ein striktes Einfuhrverbot für frische Nahrungsmittel wie Obst und Gemüse, Milchprodukte, Fleisch- und Wurstwaren, aber auch Pflanzen. Alle mitgeführten Lebensmittel sollten auf dem Einreiseformular angegeben werden. Ggf. können sie an der Grenze entsorgt werden. Verstöße werden geahndet. Weitere Informationen: 💻 www.sag.gob.cl.

Botschaften und Konsulate

Vertretungen Chiles

… in Deutschland

Botschaft (Embajada de Chile en Alemania)
Mohrenstr. 42, 10117 Berlin,
📞 030-72 620 35, Sprechzeiten Mo–Fr 14–16 Uhr,
💻 www.echile.de, 🕒 Mo–Fr 9–13 Uhr

Konsulat in Hamburg
Hirschgraben 30, 22089 Hamburg,
📞 040-457585, ✉ hamburgo@consulado.gob.cl,
🕒 Mo–Fr 8–14 Uhr

Konsulat in Frankfurt/Main
Schwindstraße 10, 60325 Frankfurt/Main,
📞 069-550194, ✉ frankfurt@consulado.gob.cl,
🕒 Mo–Fr 8.30–13.30 Uhr

Konsulat in München
Innere Wiener Str. 11a, 81667 München,
📞 089-18944600, Sprechzeiten Mo–Fr 14–16 Uhr,
✉ munich@consulado.gob.cl,
🕒 Mo–Fr 9–13 Uhr

… in Österreich

Botschaft (Embajada de Chile en Austria)
Lugeck 1, 1010 Wien,
📞 +43-1-5129-208,
💻 www.chile.gob.cl/austria,
🕒 Mo–Fr 9–18 Uhr

… in der Schweiz

Botschaft (Embajada de Chile en Suiza)
Eigerplatz 5, 12. Stock, 3007 Bern,
📞 031-3700-050,
💻 www.chile.gob.cl/suiza,
🕒 Mo–Fr 9–17 Uhr

Ausländische Vertretungen in Chile

Deutsche Botschaft (Embajada de Alemania)

Las Hualtatas 5677, Vitacura, Santiago de Chile,
Notrufnummer 📞 9-9885-8600 (Handy),
📞 2-2463-2500,
💻 www.santiago.diplo.de,
🕒 Mo–Do 7.45–17, Fr 7.45–13.45 Uhr

Schweizer Botschaft (Embajada de Suiza)

Americo Vespucio Sur 100, 14. Stock,
Postanschrift: Casilla 3875, Las Condes,
Santiago de Chile,
📞 2-2928-0100,

www.eda.admin.ch/santiago,
Mo–Fr 10–12 Uhr

Österreichische Botschaft (Embajada de Austria)

Barros Errazuriz 1968, 3. Stock, Santiago de Chile,
2-2223-4774,
santiago-de-chile-ob@bmeia.gv.at,
Mo–Fr 10–12 Uhr. Nur mit Terminvereinbarung.

Einkaufen

Der Einzelhandel hat in Chile erstaunlich lange geöffnet, die Einkaufszentren selbst an Wochenenden und Feiertagen von 10 bis 21/22 Uhr. Für Apotheken gelten dieselben Öffnungszeiten; über Nacht haben Notapotheken *(farmacia del turno)* geöffnet. Handeln bzw. Feilschen ist nicht üblich, außer ggf. auf Kunsthandwerksmärkten.

Ausrüstung

Trekkingausrüstung gibt es in Chile in Hülle und Fülle und sie kann preiswerter als in Europa sein. So kostet ein ordentliches 2-Personen-Zelt ab US$120, Schlafsäcke kosten US$50–150. Trekkingschuhe liegen bei US$100–200. Eine gute Auswahl bekannter Markenfindet man bei **Andesgear**, www.andesgear.cl, und **Just Climb**, www.justclimb.cl (speziell Kletterausrüstung).

Außerdem gibt es in den meisten Malls und Touristenorten (vor allem im Süden) Filialen der bekannten Marken wie North Face und Patagonia.

Lebensmittel

Wer in **Jumbo-Supermärkten** einkauft, hat das Gefühl, dass hier europäische Reinheit gilt: Verkäufer mit Gummihandschuhen und Atemschutzmasken. Anders geht es am Stadtrand und in den Dörfern zu, die mit unzähligen **Minimercados** *(almacenes)* aufwarten. Beim Brot wird man schnell Varietät vermissen, aber ein frisches *maraketa* (Weißbrot, das aussieht wie zwei aneinanderhängende Brötchen) ist nicht zu verachten. Es gibt auch abgepacktes Roggen- und Leinsamenbrot, in Santiago gar Schwarzbrot.

Empfehlenswert sind die **Märkte** in Santiago, wo natürlich alles frisch ist. Diätkost für Diabetiker, laktose- und glutenfreie Kost findet sich in den großen Supermärkten, die es in jeder 100 000-Einwohner-Stadt gibt. Da in Chile Plas-

Chilenische Einkaufsparadiese

Die aufwendig ausstaffierten Einkaufsmeilen wie **Alto Las Condes**, www.altolascondes.cl oder **Parque Arauco**, www.parquearauco.cl, bestrahlt vom Licht aus tausend Kristallleuchtern, garantieren beseeltes Flanieren entlang hell erleuchteter Schaufenster. Darüber weht beständig das Popcorn-Aroma der Multiplexkinos, die ebenfalls ihr Plätzchen unter den Dächern der Galerías finden. Restaurants, Bars und Cafés gibt es natürlich auch. In den Lebensmittelmärkten herrscht das Gebot der Vielfalt.

Santiago und Buenos Aires übernahmen als „europäische Städte" schon in den 1930er-Jahren die Führung und schufen ihre eigenen *Paradiese der Damen*. Man muss in Santiago nur mal in die alten Ladenpassagen entlang des Paseo Ahumada hineinschnuppern, die schmiedeeisernen Geländer mit abgegriffenem Blattgoldüberzug sehen, die von einer vergangenen Herrlichkeit erzählen, heute aber ihre Luxusrolle längst eingebüßt haben.

Was den Reichen und den nicht so Reichen die Malls, das sind den Ärmeren die Kramläden, in denen es alles für 1000 Pesos gibt, *„Todo a Mil"*.

Für die Ladenbesitzer gibt es keine Arbeitszeitregelung. Verkauft wird, bis sich der erhoffte Gewinn eingestellt hat.

Immer ein schönes Souvenir: Kunsthandwerk aus Chile

tiktüten in Supermärkten verboten sind, empfiehlt es sich eine **Stofftasche** für die Einkäufe mitzubringen.

Kunsthandwerk

Im Allgemeinen ist Kunsthandwerk in Chile nicht preiswert. Deshalb ist auf vielen Märkten neben einheimischer auch Billigware aus Bolivien und Peru präsent. Die besten **Märkte in Santiago** sind: Los Dominicos in Las Condes, Av. Apoquindo 9085, Metro Los Dominicos, im Barrio Bellavista direkt an der Brücke der Ausgehstraße Pío Nono und unterhalb vom Cerro Santa Lucía, Av. Liberator O'Higgins Ecke Carmen. Aber auch jede andere Stadt hat ihre **Feria Artesanal** (Kunsthandwerksmarkt), wo richtig gutes Kunsthandwerk verkauft wird.

Wer **Korbflechtarbeiten** sucht, ist in Chimbarongo an bester Stelle. Wer rustikales **Geschirr** mag, sollte einen Blick ins Dorf Pomaire werfen, das in ganz Chile bekannt ist, denn praktisch jede Fischsuppe wird in den einfachen Schüsseln serviert, die dort produziert werden.

Der Silberschmuck mit **Lapislazuli** ist ein bekanntes Mitbringsel, allerdings schon zu gehobenen Preisen. Der Lapislazuli, der außer in Chile nur an ganz wenigen Stellen der Erde vorkommt, ist ein blauer Halbedelstein, der schon zu Inka-Zeiten zu Schmuck verarbeitet wurde. In Santiago gibt es zahlreiche Anbieter, z. B. im Barrio Bellavista. Wer **Silber- und Kupferschmuck** mag, wird auch in Puerto Varas, La Serena, Punta Arenas oder San Pedro de Atacama viele Artesanos mit eigenem Design) finden.

In Pucón werden echt wirkende **Holzblumen** angeboten, ebenso preiswerte **Holzschalen und -brettchen**. In Puerto Montt, in Castro und Ancud auf der Isla Chiloé, in Villarrica und Temuco gibt es handgestrickte Wollpullover, im Norden weiche **Alpaka-Schals** und Tücher. Die feinste **Wolle** der Welt, Vicuña, ist sündhaft teuer und man bekommt sie nur in ausgesuchten Läden.

Bücher, Landkarten, CDs und DVDs

Eine gute Auswahl an Landkarten, Musik und Bildbänden bieten viele Geschäfte an den Flughäfen. Preiswerter sind die Läden in einer Gasse in der Nähe der Antonio Bellet, Ecke 11 de Septiembre, in Santiago, Metro Manuel Montt, wo sich auch das Hauptbüro der staatlichen Tourismusbehörde SERNATUR befindet. Schöne stilisierte und Sonderkarten gibt es bei **Compass**, Los Acantos 1320, 🖳 www.editorialcompass.cl. 🕒 Mo–Do 9–14, 15–18, Fr 9–14, 15–16 Uhr.

Die Kette **Feria Chilena del Libro** unterhält über ein Dutzend gut sortierter Buchhandlungen von Santiago bis Puerto Montt. In fast allen sind sehr gute Karten erhältlich – sowohl Straßenkarten als auch Wanderkarten für die Nationalparks. Kleinere, anspruchsvolle Buchhandlungen finden sich in vielen Kulturzentren. Neuere chilenische Kino- und Dokumentarfilme werden auch im skurrilen Laden der Satirezeitung *The Clinic* verkauft (S. 60 und S. 140).

Essen und Trinken

Normalerweise ist das Frühstück mediterran klein gehalten, also (Instant-)Kaffee oder Tee, Toast und Rührei. Das Mittagessen fällt dafür üppiger aus, meist ab 13 Uhr als **Menú** (del día), das preisgünstig und gut in fast allen Restaurants im ganzen Land angeboten wird. Genauso wie das **Abendessen**, das manchmal erst um 21 Uhr beginnt. In den Familien gibt es auch eine Art **Teezeit**, die als *once* bekannt ist und am späten Nachmittag eingenommen wird. Neben Überbleibseln vom Mittagessen werden dazu Käse, Brot, Marmelade, Kuchen und Süßgebäck aufgetischt. Am Wochenende wird häufig gegrillt, was mittags beginnt und den ganzen Tag in Anspruch nehmen kann. Wer das Glück hat, dazu eingeladen zu werden, wird sich über die großen Fleischportionen wundern, aber auch die schmackhaften Bratwürste und den scharfen Tomaten-Zwiebel-Dip namens Pebre vergisst man nicht so leicht.

Was essen?

Wie in vielen Gegenden Südamerikas ist die chilenische Küche das Ergebnis einer Fusion von indigener und europäischer (hauptsächlich spanischer, in Südchile auch deutscher) Küche. Der spanische Einfluss ist weniger spürbar als beispielsweise in Peru. Dafür wird die peruanische Küche – wie praktisch überall auf der Welt – geliebt. Auf der Osterinsel hingegen gibt es polynesische Gerichte aus chilenischen Zutaten. Im Allgemeinen dominiert die kreolische Küche die Restaurants, mit mittlerweile stark französisch-italienischen Einflüssen, manchmal experimentell, z. B. Nachtisch aus Kürbis, Käse und Schokoladensoße.

Nichtsdestotrotz kann man abseits der touristischen Pfade, vor allem in der Seenregion bei den Mapuche, noch einheimische Indígena-Küche probieren, die dort auf dem **Piñon** basiert: Samen der Araukarie, die gemahlen, vergoren oder auch nur gekocht verzehrt werden. Kostproben davon gibt es in den sogenannten *reducciones* (Mapuchegebieten), wo sich in den vergangenen Jahren die Mapuche in gemeinschaftlichen Zentren dem Tourismus etwas geöffnet haben. Dort werden auch **Mudai** gereicht (ein Kaltgetränk aus vergorenem Weizen) und **Tortilla de Rescoldo**, ein Brot, das in der Restglut gebacken wird.

Die Indígena-Küche des Nordens hat eher bolivianische Einflüsse, da von dort Angehörige des Volks der Aymara eingewandert sind. Hier isst man **Conejo Picante** („scharfes Kaninchen") und **Patasca**, Maiseintopf mit Lamafleisch. Ein traditionelles alkoholisches Getränk ist die aus Mais gegorene **Chicha**. In der Atacama gibt es die Variante aus Algarrobo-Schoten (einer Art Johannisbrotbaum). Die Einwohner der Insel Chiloé haben einen in ganz Chile bekannten Eintopf: den **Curanto**, ein deftiges, in Schichten im Erdloch gegartes Gericht, das seinen Ursprung in Polynesien haben soll.

Die kreolische Küche, eine Fusion aus indigenen und spanischen Einflüssen, wird in regionalen Varianten auf Märkten oder in einfachen Restaurants (Cocinerías) serviert. Der Eintopf **Cazuela** z. B. enthält im Norden Mais und Lamafleisch und ähnelt in der Seenregion einem Gemüseeintopf, während in Patagonien natürlich Lamm und reichlich Kartoffeln dazugehören.

Wer von Fast Food nicht die Finger lassen kann, wird von den vielen Sandwiches begeistert sein, die teils auch in guten Restaurants angeboten werden. Klassiker sind **Churrasco** (dünnes Rinderfilet) mit Tomate und Palta, der allgegenwärtigen Avocadocreme, so wie der nach einem Präsidenten benannte **Barros Luco** (Churrasco und zerlaufener Käse). Der **Barros Jarpa** ist mit Kochschinken und Käse belegt.

Überall werden auch **Empanadas** angeboten: handgroße Teigtaschen. Ob mit Käse, Hackfleisch oder Meeresfrüchten gefüllt, sie schmecken hervorragend und sind in Chile beinahe eine magenfüllende Mahlzeit. Empanadas sind auch ein Muss für die Nationalfeiertage im September.

Das **Frühstück** besteht in einfachen Hotels üblicherweise aus Brot, Käse, Schinken, Rührei, Saft und Kaffee. Die Buffets teurerer Hotels sind reichhaltiger und vielfältig. Die günstigen Menús zum Mittagessen setzen sich aus Vorspeise, meist Cazuela oder Salat, Hauptspeise und einer meist süßen Nachspeise zusammen.

Vegetarier und Veganer haben es in Chile auch außerhalb der Großstädte und einigen touristischen Zentren immer leichter: Ausgewogene vegane und vegetarische Kost ist im Kommen. In praktisch jedem Ort gibt es mindestens ein Restaurant, das moderneren Ansprüchen gerecht wird.

Wo essen?

Essengehen ist in Chile generell etwas preiswerter als in Deutschland. Selbst in Großstädten kostet ein 3-Gänge-Menü im Schnitt nicht mehr als US$7–15. Zusätzlich zur Rechnung wird ein Trinkgeld erwartet, das 10 % ausmachen sollte, oft in der Rechnung schon eingerechnet ist, man aber ablehnen kann.

In vielen Resorts und Restaurants kommen auch Gourmets auf ihre Kosten, der Trend heißt Fusion: mediterran-kreolische Küche mit asiatischen Elementen und Anleihen aus der chilenischen Küche, manchmal kommen auch indigene Rezeptezum Einsatz. Und die Qualität der Zutaten ist sagenhaft – nicht umsonst bedient Chile den Weltmarkt mit Obst, Gemüse, Olivenöl, Lachs, Seefisch und Muscheln. Es gibt **Cafés**, die nichts Alkoholisches anbieten, **Restaurants** verschiedener Güte, Pubs und Bars (Clubs). Internationale Küche, d. h. argentinische, peruanische, italienische und französische Esslokale findet man eher in den Städten. Aber es gibt auch eine landesweite Kette namens Bavaria, die, wie der Name verrät, von Deutschstämmigen gegründet wurde. Auch chinesische Restaurants und Sushi sind beliebt und in vielen Orten zu finden.

Zum Mittagessen außerhalb der eigenen vier Wände oder zur Mittagspause gehen die meisten Chilenen aber nicht ins Restaurant, sondern in die **Cocinería**, in der kreolisch-chilenische Küche serviert wird: leckere Suppen, allen voran Cazuela, Ajiaco, Carbonada, Caldillo de Congrio, frittierter Fisch, Milanesa oder Escalopa. In der Cocinería wird recht schnell gegessen – die einfache Einrichtung lädt auch nicht zum Verweilen ein, aber dafür bekommt man traditionelle, sehr preiswerte Küche (Menú für US$5–8). Allerdings ist auch die Hygiene manchmal eher volkstümlich, und wer einen empfindlichen Magen hat, sollte die Salatbeilage liegenlassen.

Auf den **Fischmärkten** kann man Frittiertes oder Suppen ohne Bedenken genießen. In den Restaurants ist alles hygienisch zubereitet, nur bei Ceviche ist Vorsicht angesagt. Super sind die **Essenstände** in den Häfen der Städte im Norden. Ein Ceviche gibt es schon für 2000, manchmal 3000 CLP, während man dem beachtlichen Treiben der Fischer und Händler zusieht.

Trinken

Die Chilenen sind eher Tee- als Kaffeetrinker. **Kaffee** ist meist Instantkaffee von Nescafé, dafür aber spottbillig an allen möglichen Straßenverkaufsständen zu bekommen. Wer besseren Kaffee trinken möchte, muss in ein Café gehen und Espresso oder **Cortado** (Espresso mit einem Schluck Milch) bestellen. Ein Café con Leche wird mit viel heißer Milch aufgegossen. Wenn du in Santiagos Innenstadt leckeren Kaffee suchst, landest du möglicherweise in einem Café con Pierna, einem „Café mit Bein", so nennen die Chilenen die Stehcafés, in denen meist junge Damen in Miniröcken servieren und mit manch einem Stammkunden des Bankenviertels plauschen.

Kleines Glossar der chilenischen Küche

Die Erde ist der Ofen beim Curanto, dem traditionelle Neujahrsessen der Mapuche in Patagonien.

Ajiaco leicht scharfer Eintopf mit Rindfleisch, Kartoffeln und, wie der Name schon sagt, Ají (Chilischoten). Lecker!
Asado Grillfleisch
Caldillo de Congrio Meeraal-Suppe (vom Dichter Pablo Neruda in Prosa hochgelobt)
Carbonada Eintopf quer durch den Garten: Erbsen, grüne Bohnen, Kartoffeln, Karotten, Kürbis, Mangold, Rindfleisch
Cazuela klassischer Eintopf, der in allen einfachen Restaurants angeboten wird, entweder mit Rind- oder Hühnerfleisch („de ave")
Centolla Seespinne oder Königskrabbe, als Vorspeise
Ceviche roher, mit viel Zitronensaft gebeizter Fisch, frischer Koriander und Zwiebeln, wird vor allem an der Küste als Vorspeise angeboten und stammt eigentlich aus Peru
Charquican typisch ländliches Gericht: Kartoffeln, Kürbis, Mangold und anderes Gemüse wird zusammen gekocht und meist mit Reis serviert. Selten findet man den Cochayuyo (Seetang), eine typisch indianische Zutat, im Charquican.
Churrasco dünn geschnittenes Rindfleisch, gegrillt
Cordero Lammfleisch, im Süden als Spezialität am Eisenkreuz gegrillt *(al palo)*
Curanto deftiger Eintopf der Insel Chiloé, traditionell im Erdloch zubereitet, meist als 3-Gänge-Menü serviert, enthält u. a. Huhn, Miesmuscheln, dicke Bohnen, Kartoffelklöße
Humitas geriebener Mais, in Kolbenblättern gekocht, süß oder scharf
Lomo Rumpsteak, in der Variante „a lopobre" mit Zwiebeln, Spiegelei und reichlich Fritten
Mariscal meist rohe Meeresfrüchte, gemischt, mit Zitrone, Zwiebeln und Koriander
Merkén aus geräuchertem Chili, Koriander und Salz hergestelltes, traditionelles Gewürzsalz der Mapuche. Ist sehr aufwendig und zeitintensiv in der Herstellung. Unbedingt probieren!
Milanesa oder Escalopa dünnes, paniertes Rindfleisch
Panqueque Pfannkuchen
Pastel de Choclo Mais *(choclo)*, der gerieben und mit Rindfleisch als Auflauf zubereitet wird
Pastel de Jaiva Auflauf aus Taschenkrebs und eingeweichtem Brot
Salmón der allgegenwärtige Lachs, in Variationen

Übrigens Vorsicht bei Betreten von Cafés mit blickdichten Türen und lauter Musik: Hier wird neben großzügigen Einblicken in Dekolletés auch Abenteuer geboten, einschließlich möglicher Diebstähle. In exzellenter Qualität werden im ganzen Land natürliche **Fruchtsäfte** *(jugos naturales)* verkauft, oft aus Streetfood-Wagen.

Das Nationalgetränk, obwohl aus Peru stammend, ist der **Pisco-Sour**, der zu einem Drittel mit Limettensaft gemischt wird, manchmal mit einem Tropfen Angostura abgeschmeckt. Es gibt auch die Variation **Mango-Sour**. Als Gemisch mit Coca-Cola ist der Pisco (unter dem Namen Piscola) besonders bei jungen Leuten beliebt.

Auch **Bier** wird viel getrunken, besonders verbreitet sind die Marken Cristal, Escudo, Kunstmann und Austral. Als Exportland für **Wein** hat Chile einiges zu bieten, besonders die Rebsorte Carmenère gilt als Aushängeschild. Im Restaurant wird Wein flaschenweise oder „porcopa" (ein Weinglas voll) angeboten. Für Rucksacktouristen ist es preiswerter, im Supermarkt oder in einerBotillería einzukaufen, für 3–5 € bekommt man schon ein gutes Fläschchen.

Ein sehr traditionelles Erfrischungsgetränk ist **Mote con Huesillo**, bestehend aus aufgekochtem Weizen und Pfirsichen, die vom Grund des Bechers gelöffelt werden. Den Erfrischungsdrink kann man gleich in Santiago auf der Plaza de Armasprobieren. Der **Mudai** ist die Variante der Mapuche und im Seengebiet bekannt: Der Saft von aufgekochtem Weizen wird manchmal auch als vergorene Version gereicht. Auf Chiloé kennt man die **Chicha**, eine Art Cidre und sehr schmackhaft. „Chicha" bedeutet allerdings im Altiplano des Nordens ein vergorenes Maisgebräu.

Feste und Feiertage

Chile hat durch seine katholische Tradition einige kirchliche Feiertage, aber auch nationale. An diesen Tagen kann es z. B. in und um Santiago zu langen Staus kommen, und mit Ausnahme der Einkaufszentren haben die Geschäfte geschlossen. Einladend ist der Trubel im September, wenn sich das ganze Land im Rausch um den Nationalfeiertag (18. Sep) schmückt und den Nationaltanz „Cueca" probt. Überall wedeln die Flaggen im Wind, und Drachen werden steigen gelassen. Da die Chilenen gastfreundlich sind, werden Reisende gerne zu den diversen Spielen (so wie Palo encebado, das Hochklettern an einem eingewachsten Stamm) und zum Tanzen eingeladen. Aber aufpassen mit der Chicha (jungem Wein), der zum einen schnell zu Kopf steigt und zum anderen die Verdauung heftig anregt.

Die **Schulferien** sind lang: zweieinhalb Monate zwischen Mitte Dezember und Ende Februar. Das ist die Zeit, in der die Chilenen auch viel im eigenen Land verreisen. Man muss also unbedingt rechtzeitig reservieren. Zusätzlich sind eine Woche zu Ostern und eine im chilenischen Winter frei.

Urlaubstage haben die Chilenen nicht viele: Gerade einmal 15 Tage sind gesetzlich verankert, und das bei einer 44-Stunden-Woche.

Feiertage

1. Januar: **Año Nuevo**, Neujahr.
März/April: **Pascua**, Ostern (Karfreitag, Samstag und Ostersonntag).
1. Mai: **Día del Trabajador**, Internationaler Tag der Arbeit.
21. Mai: **Día de las Glorias Navales**, Tag der Marine, an dem der Schlacht von Iquique gedacht wird. Nationalheld Admiral Arturo Prat stürmte vom untergehenden Schiff das gerammte peruanische Kriegsschiff *Huascar* und ließ im Kugelhagel sein Leben.
Mai/Juni: **Corpus Christi**, Fronleichnam
29. Juni: **San Pedro y San Pablo**, Sankt Peter und Sankt Paulus. In San Pedro de Atacama wird sehr typisch mit Prozessionen und indianischen Tänzen gefeiert. In Valparaíso und anderen Fischerstädtchen wird der Schutzheilige der Fischer sogar mit Booten chauffiert.
16. Juli: **Día de la Virgen del Carmen**, Tag der Jungfrau del Carmen, der Schutzpatronin Chiles. Der Erzählung zufolge erschien sie dem Befreier Bernardo O'Higgins in der Nacht vor der Schlacht von Maipú gegen die Spanier (S. 120). Zum Tag der Virgen del Carmen strömen Tausende zur Andacht zusammen.
15. August: **Asunción de la Virgen**, Mariä Himmelfahrt, mit Prozessionen.

18./19. September: **Fiestas Patrias**, Nationalfeiertage. Gefeiert wird die Ausrufung der ersten Regierungsjunta im Jahr 1810. Sehr bunt betrieben, jedes Dorf hat seine sogenannten Ramadas, einfache Festzelte, in denen getanzt und viel gegessen wird. Unvermeidbar sind zu dieser Zeit Empanadas, Chicha (junger Wein) und die Cueca (Nationaltanz, der in ländlicher Huaso-Tracht getanzt wird). In Zentralchile werden auch Spiele durchgeführt: Pferderennen (200 m), Palo ensebado (Erklettern eines eingewachsten Pfahls), Rayuela (eine Art chilenisches Petanque), und überall werden Drachen steigen gelassen.

19. September: **Glorias del Ejército**, Ehrentag des Heeres, der mit Tamtam und Marsch nach preußischem Vorbild gefeiert wird. Seit 1915 zeigen sich zu Ehren des Heeres die anderen Waffengattungen und die Crème de la Crème der Gesellschaft im Parque Bernardo O'Higgins (Club Hippico) in Santiago.

12. Oktober: **Día del Descubrimiento de Dos Mundos**. Gedenken an die Entdeckung Amerikas durch Kolumbus.

31. Oktober: **Día Nacional de las Iglesias Evangélicas y Protestantes**, Buß- und Bettag.

1. November: **Todos los Santos**, Allerheiligen. An diesem Tag werden, wie in Europa, die Gräber geschmückt, was allerdings hier meist wirklich nur an diesem Tag stattfindet. Im trockenen Norden werden Papierblumen an die Gräber gesteckt, beim Säubern und Schmücken kommt die Familie zusammen, und es geht nicht nur traurig zu, wie man an den vielen Bierflaschen sehen kann. Anschließend wird für den Rest des Tages gefastet bis zum folgenden Morgen, wenn die vorbereitete Mesa del Difunto (Tisch mit Lieblingsspeisen des Verstorbenen) die Verwandtschaft zu einem Erinnerungsmahl zusammenführt.

8. Dezember: **Inmaculada Concepción**, Mariä Empfängnis.

25. Dezember: **Navidad**, Weihnachten (nur ein Tag ist arbeitsfrei). Weihnachten ist ein Familienfest, das aber auch mit Nachbarn und Freunden geteilt wird. Die Misa de Gallo (Weihnachtsmesse) wird um 21 Uhr abgehalten. Wegen der Sommerhitze ist es üblich, im Garten zu grillen. Die Geschenke werden erst um Mitternacht geöffnet.

Festivals

Semanas Musicales de Frutillar: Das internationale Festival von Frutillar am Llanquihue-See findet in der letzten Januarwoche statt und existiert seit 1968. Mit vielen klassischen Konzerten hat sich die musikalische Woche fest im Kalender Chiles etabliert und zieht regelmäßig Teilnehmer und Besucher auch aus dem europäischen Ausland an. www.semanasmusicales.cl.

€ **Teatro A Mil**: Das Open-Air-Theaterfestival findet in den Ferienmonaten des Sommers (Jan/Feb) statt. Die oft kostenlosen Vorstellungen werden in Parkanlagen abgehalten, um sie einem breiten Publikum zu präsentieren. Auf www.teatroamil.cl findet man das aktuelle Theaterprogramm fürs ganze Jahr.

Festival de Viña del Mar: Eine merkwürdige Mischung bietet dieses größte Musikfestival seiner Art in Südamerika. Für eine Woche im Februar treten fast ausschließlich spanischsprechende Interpreten und Bands auf, von Folkloregruppen über Schnulzensänger bis zu Rock- und Popstars. Abgesehen von den Wettbewerben sind auch Blödelbarden zu hören, und alles wird jeden Abend im Fernsehen übertragen.

Über kulturelle Veranstaltungen, Kinofilme und Konzerte in Santiago informiert die Website www.estoy.cl.

Fotografieren

Polizeiliche und militärische Anlagen dürfen nicht abgelichtet werden – auch nicht von außen. Bei Museen sollte man sich am Eingang informieren, nicht selten sind nur Aufnahmen ohne Blitz erlaubt.

Die Chilenen sind meist offen für Fotos, mit Ausnahme der Indígenas, die es oft als respektlos empfinden, fotografiert zu werden, und daher meist ablehnen. Es empfiehlt sich, immer zuerst Kontakt herzustellen, um dann um Fotoerlaubnis zu bitten, die dann manchmal gewährt wird. Ein „No" ist allerdings zu respektieren, selbst wenn man nur die Haustiere knipsen möchte. Respektvoller Umgang – wie immer und überall – hilft.

Frauen

Chile gilt als Macho-Land, aber weniger ausgeprägt als andere lateinamerikanische Länder. Von Gleichberechtigung ist es noch relativ weit entfernt (s. auch S. 112, Machismo), obwohl es im Land schon seit weit über 100 Jahren eine feministische Bewegung gibt, die heute wohl eine der stärksten und progressivsten weltweit sein dürfte (s. Kasten S. 176, Las Tesis: un violador en tu camino).

Dass Frauen mit Pfiffen und Kommentaren bedacht werden, geschieht nur noch selten. In manchen entlegenen Dörfern ist diese erfreuliche Entwicklung leider noch nicht bei allen Männern angekommen. Entschiedenes Reagieren sollte aber auch dort für den nötigen Respekt sorgen. Grabscher kommen eher in vollen Bussen der Städte vor. Sie müssen aber mit dem geballten Volkszorn rechnen, denn auch in Südamerika gilt, dass so etwas kein „Kavaliersdelikt" ist.

Die Bekleidung spielt natürlich eine gewisse Rolle, dessen sollten sich Frauen zumindest bewusst sein. Sicheres Auftreten und klare Aussagen, an einem näheren Kontakt und Kennenlernen nicht interessiert zu sein, sind oft hilfreich. Notfalls können auch Mitreisende, Passanten oder Tischnachbarn um Hilfe gebeten werden. Auf keinem Fall sollte frau sich dazu verleiten lassen, zurückzuflirten, auch wenn sie das Gefühl hat, es sei nur Spaß. Solche Zeichen können schnell von den Machos als Aufforderung zu „mehr" verstanden werden.

Ein paar klare Worte in der Landessprache, die deutlich machen, dass du in Ruhe gelassen werden möchtest, verfehlen selten ihre Wirkung. So kannst du dich verbal wehren: *Déjeme en paz!* (Lassen Sie mich in Frieden!), *Vayase!* (Verschwinden Sie!), *No me moleste!* (Belästigen Sie mich nicht!), *No me toque!* (Fassen Sie mich nicht an!).

Insgesamt aber können Frauen, die ihren gesunden Menschenverstand benutzen und die auch in Europa üblichen Sicherheitsmaßnahmen einhalten, sich in Chile jederzeit problemlos, frei und ungehindert bewegen, auch in Bars und Diskotheken.

Geld

Devisen dürfen unbegrenzt ein- und ausgeführt werden, müssen bei mehr als US$10 000 aber angemeldet werden.

Landeswährung

Währungseinheit ist der chilenische Peso, CLP oder $ abgekürzt, Letzteres nicht zu verwechseln mit dem US-Dollarzeichen, welches zwei Striche durch das „S" hat. Es gibt Münzen im Wert von 10, 50, 100 und 500 CLP und Scheine im Wert von 1000, 2000, 5000, 10 000 und 20 000 CLP.

Bargeld

Bargeld tauscht man in *casas de cambio* (Wechselstuben), in Banken sind die Wartezeiten in der Regel viel länger. Wechselstuben gibt es an jedem Flughafen (mit meist sehr schlechtem Kurs) und allen Städten mit Tourismus. Wer am Wochenende anreist, sollte besser gleich am Flughafen Geld am Automaten ziehen oder auch tauschen, da die meisten anderen Wechselstellen geschlossen haben.

Vorsicht mit Dollar- oder Euro-Geldscheinen: Es werden generell nur **fleckenlose Geldscheine ohne Risse** akzeptiert, im Grunde bedeutet das, die Scheine sollten wie druckfrisch aussehen. Lateinamerika ist generell „dollarisiert", sodass US-Dollar teilweise auch in Restaurants angenommen werden, aber zu ungünstigen Konditionen.

Der US-Dollar hat auch den Vorteil, dass viele Hotels einen mehrwertsteuerfreien Tarif für Ausländer haben, der allerdings in US-Dollars bar

Wechselkurse

1 US$	=	892 CLP	1000 CLP	=	US$1,12
1 €	=	958 CLP	1000 CLP	=	1,04 €
1 sFr	=	997 CLP	1000 CLP	=	0,99 sFr

Aktuelle Wechselkurse unter 🖳 www.oanda.com oder 🖳 www.xe.com.

bezahlt werden muss. Man sollte immer nach diesem Tarif fragen.

Euros werden selten akzeptiert, besser ist es, sie in Santiago zu tauschen, wo es auch einen höheren Kurs gibt (gilt für alle Währungen). Schweizer Franken kann man praktisch nur in Santiago tauschen. Meistens ist der Umtausch gebührenfrei, der Gewinn der Wechselstube ist die Differenz zum offiziellen Kurs, weshalb ein Vergleich lohnt.

Generell gilt für die Kurse: In der Stadt sind sie günstiger als am Flughafen, in Santiago und Großstädten günstiger als auf dem Lande (z. B. Patagonien bzw. außerhalb der Finanzmetropole Santiago).

Kreditkarten

Kredit- und Debitkarten werden von den meisten Automaten und Hotels akzeptiert. Am Geldautomaten muss man nach dem Eingeben der PIN die Auswahl „cliente extranjero" bzw. „Foreign Client" unten links am Menü drücken. Zwischen 5500 und 7000 CLP werden als Gebühr pro Abhebung berechnet, daher ist es natürlich sinnvoll, immer das Limit abzuheben.

Wer abseits großer Städte reist, sollte genügend Bargeld in Pesos mitnehmen, da die Geldautomaten auf dem Land nicht immer und für alle Karten funktionieren bzw. ausreichend bestückt sind. Weiterhin sollte man sich nicht wundern über die Praxis von Händlern und Restaurants, bei Zahlungen mit Karte einen Aufpreis von ca. 5 % zu nehmen, der dem Prozentsatz für die Kartengesellschaft entspricht. Ein Muss ist die Karte auf jeden Fall, wenn man ein Auto mieten möchte (sie wird als Sicherheit verlangt).

Informationen und Notrufnummern

American Express, 💻 www.americanexpress com/germany, für Kreditkarten: +49-69-9797-2000.
Visa, 💻 www.visa.de, ✆ 1230-020-2136 in Chile (gebührenfrei).
MasterCard, 💻 www.mastercard.com/de, ✆ +1-636-722-7111 oder +49-800-071-3542.
Diners Club, 💻 www.dinersclub.de, ✆ +69-900-150-135
Bei anderen Kreditkartengesellschaften stehen die Notrufnummern meist auf der Rückseite der Karte: separat notieren! Auch über Banking-Apps lassen sich Karten sperren.

Tipp für Geldautomaten!

Südamerikanische Geldautomaten spucken in der Regel erst das Geld aus und fragen danach, ob man noch eine weitere Transaktion ausführen möchte. Hat man das Geld erst mal in der Hand, könnte man die Karte leicht vergessen, denn erst wenn man diese Frage mit **Nein** beantwortet hat, kommt die Karte wieder heraus. Sonst wird sie eingezogen, was insbesondere am Wochenende ärgerlich sein könnte.

Überweisungen

Geldüberweisungen tätigt man am besten über **Western Union**, 💻 www.westernunion.com, die zahlreiche Filialen in den größeren Städten hat, oder vergleichbare Anbieter, die man im Netz findet. Die großen sind mittlerweile durchaus vertrauenswürdig. Adressen und Bedingungen sind auf den Websites nachzuschauen.

Auch **Paypal**, 💻 www.paypal.com, eignet sich für schnelle Überweisungen, allerdings sollte man den berechneten Wechselkurs beachten, der in der Regel etwa 5–10 % schlechter ist als der offizielle. Vergleichen lohnt sich und geht im Internet schnell.

Gepäck und Ausrüstung

Chile umfasst praktisch alle Klimazonen, sodass selbst im Sommer von Badehose, Bermudas und leichter Bluse über Regenkleidung bis zum dicken Pullover beinahe alles benötigt werden kann. Nur wer im Sommer (europäischer Winter) im Mittelmeerklima von Zentralchile verweilen möchte, braucht keine Regenjacke einzustecken. Wer aber vom trockenen Norden bis zum windigen Süden reisen will, sollte neben leichter **Kleidung** auch langärmlige Hemden gegen die Sonne, Sonnenhut und Sandalen mitnehmen, ebenso wie wasserdichte Wanderstiefel, eine leichte Regenjacke, Mütze und leichte Handschuhe. Wer nicht wandern will, kommt natürlich auch mit sportlichen Halbschuhen zurecht.

Die Steckdosen geben 220 Volt her, die runden Schuko-Stecker benötigen einen **Adapter**, der bei Straßenverkäufern, im Elektrohandel oder in einer Ferretería (Baumarkt) erstanden werden kann.

Für Campingfreunde gibt es an der Küste, in den touristischen Gebieten und in wenigen Parks gute Zeltplätze, ansonsten muss wild gezeltet werden, was eigentlich nicht erlaubt ist. Trotz der verbesserten Infrastruktur gibt es entlang der Anden beispielsweise kein Hüttensystem, das Rundwanderungen erlauben würde. Wer also zelten will, braucht einen warmen **Schlafsack**, für die Anden bis zu -20 °C.

Das Wichtigste

Man sollte **Fotos von den wichtigsten Dokumenten** wie dem Reisepass, Tickets, Reise-Vouchers und Fahrerlaubnis machen und in einer Cloud speichern und/oder sich selbst per E-Mail zusenden, damit man auch bei Verlust auf seine Identitätsnachweise zugreifen kann (natürlich schon vor Reiseantritt). Nach der Einreise auch Fotos von Visum und Einreisestempel machen. Damit gibt es schneller Ersatz, falls der Pass abhandenkommt. Eine Fotokopie vom Reisepass sollte auch ins Gepäck. **Wertsachen** sollten am besten im bewährten Hüftgurt oder Brustbeutel unter der Kleidung getragen werden.

Bergsportausrüstung kann nur selten gemietet werden, besser man bucht eine Bergbesteigung mit Ausrüstung, z. B. in Pucón. Wander-

☑ Dran gedacht?

- ☐ **Reisepass**
- ☐ **Flugtickets**
- ☐ **Krankenversicherung**
- ☐ **Geld, Kredit-/Debitkarten**
- ☐ **Notfallkit**
- ☐ **Impfpass** oder eine Kopie
- ☐ **Kopien aller Dokumente**, am besten auch elektronisch sichern
- ☐ **Reiseführer**
- ☐ **Smartphone, Tablet, Kopfhörer**
- ☐ **Taschenlampe** (Smartphone)
- ☐ **Taschenmesser**
- ☐ **Adapter** für Flachstecker, 220 V
- ☐ **Digitalkamera**
- ☐ **Ersatzakkus, Ladekabel, USB-Stick, Powerbank**
- ☐ **Kleines Schloss** fürs Gepäck
- ☐ **ggf. Wanderstiefel**, wasserdicht
- ☐ **Flip-Flops/Gummisandalen**
- ☐ **Regenjacke**
- ☐ **(Fleece-)Pullover** für Bergtouren und Busse mit Klimaanlage
- ☐ **Sonnenhut, Kappe** mit Nackenschutz
- ☐ **Ersatz- und Sonnenbrille**

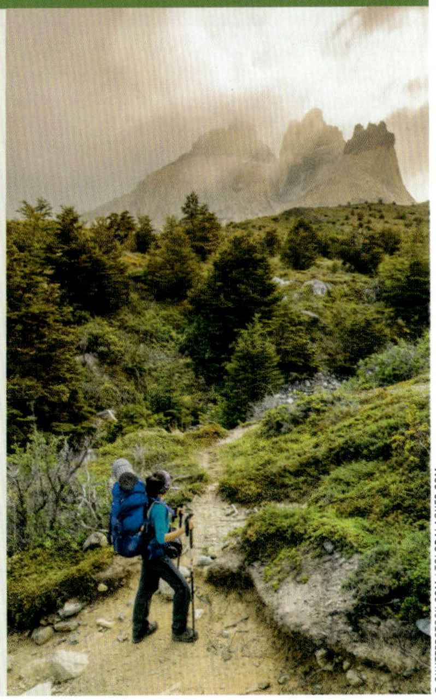

schuhe sollten ein Muss sein. Viele Gebiete sind sehr abgelegen. Wer sich dort einen Fuß verknackst, muss unter Umständen mit dem Pferd abgeholt werden.

An einigen Stränden und Seen gibt es **Surfbretter** und **Seekajaks** zu leihen, **Fahrräder** beinahe überall. In den **Ski**-Zentren bekommt man bis auf die Anzüge alles.

Die vielen **Wäschereien** *(lavanderias)* berechnen US$3–4 pro kg und benötigen meist nicht mehr als 24 Stunden. Hotelwäschereien sind weitaus teurer (US$2–3 pro Kleidungsstück).

Nicht angekommenes Gepäck ist sofort bei den Schaltern der Fluglinie zu reklamieren. Das Formular über den Verlust sollte man unbedingt so lange aufbewahren, bis Abhilfe geschaffen wird. Bei Busreisen kommen fast nie Verluste vor.

Gesundheit

Chiles Hygiene- und Gesundheitsstandards sind allgemein recht hoch. Auch die Ausbildung des medizinischen Personals gilt als eine der besten im südamerikanischen Vergleich. Die Privatkliniken, besonders in Santiago, sind auf internationalem Standard mit teils mehrsprachigem Personal.

Alle Nahrungsmittel benötigen eine Zulassung und werden überwacht, gerade die Mariscos (Muscheln) und Fleisch. Ohne Beschau und Genehmigung darf kein **Fleisch** verkauft werden. Dennoch sind ein wenig Vorsicht und gesunder Menschenverstand angebracht: Auf den Dörfern wird manchmal Fleisch aus Hausschlachtung ohne Beschau angeboten. Gerade wenn es sich um Geflügel oder Schwein handelt, sollte es gut durchgebraten sein. **Muscheln** sollten, wenn man sie selbst zubereiten will, auf Eis liegen und geschlossen sein (wenn sie offen sind, bedeutet es, dass sie tot sind). Achtung bei Hinweisen auf die sogenannte **Marea Roja**, eine in der Region Puerto Montt zeitweilig auftauchende Algenpest, deren Giftstoffe von den Muscheln gefiltert und angereichert werden. Einige Giftstoffe sind hitzebeständig (verlieren also selbst durch Kochen nicht ihre Giftigkeit) und können, je nach Konzentration, tödlich sein. Die Muscheln und das Meer werden überwacht, sodass bei Marea Roja ein Verkaufsverbot besteht, aber es gibt trotzdem immer Unverständige, die

Reisemedizin im Internet

Folgende Websites informieren ausführlich über gesundheitliche Aspekte bei Reisen in Chile:

- www.die-reisemedizin.de
- www.fit-for-travel.de
- www.impfkontrolle.de
- www.tropeninstitut.de

Tropenmedizinische Institute

Deutschland

Berlin, Centrum für Reise- und Tropenmedizin, BCRT, Friedrichstr. 134, ✆ 030-960-609-40, www.bcrt.de

Düsseldorf, Tropenmedizinische Ambulanz, Heinrich-Heine-Universität, Moorenstr. 5, Gebäude 11.31, ✆ 0211-8117-031, www.uniklinik-duesseldorf.de/gastroenterologie

Hamburg, Reisemedizinisches Zentrum am Bernhard-Nocht-Institut, Bernhard-Nocht-Str. 74, ✆ 040-428180, www.bnitm.de

Heidelberg, Universitätsklinikum, Sektion Klinische Tropenmedizin, Im Neuenheimer Feld 324, ✆ 06221-5622-999, www.tropenmedizin-heidelberg.de

München, Tropeninstitut der LMU, Abteilung für Infektions-und Tropenmedizin, Leopoldstr. 5, ✆ 089-21801-3500, www.klinikum.uni-muenchen.de.

Schweiz

Basel, Swiss Tropical and Public Health Institute, Socinstr. 57, ✆ 061-2848-111, www.swisstph.ch

Österreich

Wien, Zentrum für Reisemedizin, Alser Str. 48/2, ✆ 01-4038-343, www.reisemed.at

Muscheln anbieten, trotz Verbot und Kontrollen. **Fisch** sollte auf Eis liegen und nicht riechen, rote Kiemen und druckfestes Fleisch haben.

Eiswürfel, Säfte und Salate sind in Restaurants normalerweise ohne Probleme zu genießen, aber abgepackte und u. U. gekochte Fertigsalate (z. B. Nudelsalat) auf den Märkten sind eher zu meiden, genau wie **Speiseeis**, das angetaut aussieht.

Vorsicht mit der Sonneneinstrahlung, die **UV-Belastung** ist im Norden und in Patagonien sehr hoch. Lange Kleidung (auch für den Oberkörper), Sonnenbrille und eine Kopfbedeckung ggf. mit Nackenschutz sind sinnvoll.

Verhütungsmittel gibt es in jeder Apotheke zu kaufen, es sollte aber auf das Haltbarkeitsdatum geachtet werden. Mehr über Gesundheitsrisiken s. „Reisemedizin zum Nachschlagen", S. 493.

Impfungen

Für die direkte Einreise ist kein besonderer Impfschutz vorgeschrieben. Eine **Ausnahme** ist die Osterinsel: Wer aus Gelbfiebergebieten (z. B. Amazonasgebiet) einreist, muss eine Gelbfieberimpfung vorweisen (mindestens 10 Tage vor Einreise). Impfungen gegen Tetanus, Polio, TBC, Diphtherie, Hepatitis A und B, Typhus und Tollwut sind ausreichend und sollten bei Bedarf aufgefrischt werden.

Wer nach Peru und Bolivien weiterreist, sollte über eine Gelbfieberimpfung (zwingend) und Malariaprophylaxe verfügen. In Nordwest-Argentinien, Peru und Bolivien gibt es seit 2022 vermehrt Warnungen über Dengue-Ausbrüche.

Seit Anfang 2023 ist in Deutschland eine Impfung gegen Denguefieber auf dem Markt. Sie erfordert zwei Impfdosen im Abstand von drei Monaten.

Auf jeden Fall ist immer ein Moskitoschutz (lange Kleidung, Netz, Spray) zu empfehlen. Fälle von Cholera sind selten, häufiges Händewaschen ist angesagt, besonders vor dem Essen.

Eine persönliche Beratung bei einer offiziellen Impfstelle ist unerlässlich. Aktuelle Informationen:

- www.auswaertiges-amt.de
- www.bmeia.gv.at
- www.eda.admin.ch

Tipps für eine Reiseapotheke

- ☐ **Antibiotikum** gegen bakterielle Infektionen (rezeptpflichtig)
- ☐ **Antiseptikum** zur Desinfektion von Wunden
- ☐ **Wund- und Heilsalbe**
- ☐ **Ibuprofen** oder **Paracetamol** gegen Schmerzen und Fieber
- ☐ **Augentropfen** gegen Bindehautentzündung
- ☐ **Loperamid** gegen Durchfall
- ☐ **Elotrans** zur Rückführung von Mineralien (für Kinder: Oralpädon Pulver)
- ☐ **Antimykotikum** gegen Pilzinfektionen
- ☐ **Mückenschutz**
- ☐ **Verbandzeug**
- ☐ **Fieberthermometer**

Covid-19

Auch wenn die Corona-Pandemie aus den großen Nachrichten zum Glück wieder verschwunden ist und auch Chile im Mai 2023 alle pandemiebedingten Einreisebeschränkungen aufhob, ist das Thema noch nicht vom Tisch und eine Covidimpfung immer noch ratsam. Bestimmungen zur Einreise können sich bei erneut aufkommender Pandemielage schnell ändern.

Medizinische Versorgung in Chile

Die Versorgung mit **Medikamenten** und das Netz an **Apotheken** ist in den Städten sehr gut, auf dem Land aber weniger bis kaum vorhanden. Allerdings sind die angebotenen Medikamente nicht immer vom gewohnten Hersteller. Seltene und teure Rheumamedikamente und Antibiotika können schwer zu beschaffen sein und sollten daher mitgenommen werden.

Die Ausstattung und Versorgung durch öffentliche **Krankenhäuser** lassen leider zu wünschen übrig, unter anderem fehlt es an Spezialisten. Außerdem gibt es hygienische Mängel und oft lange Warteschlangen. Tendenziell: Je ländlicher und entlegener, desto schlechter ist die Situation.

Auf dem Land und besonders in indianischen Gebieten gehen die Chilenen zu **Heilern**, sei es die sogenannte Machi (Mapuche-Heilerin) oder der Bienentherapeut, der mit gezielten Bienenstichen heilt. Auf vielen Märkten werden Heilkräuter verkauft.

Beste Versorgungsmöglichkeiten bestehen in den modernst ausgestatteten **Privatkliniken** in Santiago, in Las Condes, Alemana und Santa Maria. Die Clínica Alemana hat auch Ableger in vielen Städten des Kleinen Südens. Nur wenige Ärzte sprechen Deutsch, die Botschaften verfügen über Listen von Vertrauensärzten.

Bei Unfällen und Behandlungen ist **Vorkasse** zu leisten, die Reisekrankenversicherung übernimmt anschließend die Kosten gegen genaue Leistungsbelege. Es ist ratsam, eine Kreditkarte mitzunehmen, da man sonst unter Umständen abgewiesen wird.

Kliniken in Santiago

Clínica Alemana, Av. Vitacura 5951, Vitacura, ✆ 2-2210-1111, 🖳 www.clinicaalemana.cl.
Clínica Santa Maria, Av. Santa María 0500, Providencia, ✆ 2-2913-0000, 🖳 www.clinicasantamaria.cl.
Clínica Las Condes, Estoril 450, Las Condes, Santiago, ✆ 2-2210-4000, 🖳 www.clinicalascondes.cl.

Es gibt in Chile an der Küste eine übergreifende **Küstenwacht**, im Gebirge sind hingegen in Notfällen konzertierte Aktionen der freiwilligen Feuerwehr, Parkwacht CONAF, der Polizei und evtl. sogar der Armee vonnöten. Eine allzeitbereite landesweite **Bergwacht** gibt es nicht. Notrufnummern s. S. 75.

Informationen

Die staatlichen touristischen Informationsstellen (Información Turística) heißen SERNATUR (Servicio Nacional de Turismo), ✆ 600 600 60 66, 🖳 www.sernatur.cl. Sie sind in praktisch jeder touristisch interessanten Gegend vertreten und bieten nicht nur gutes Material, meist haben sie auch sehr gut geschulte Mitarbeiter, von denen viele Englisch sprechen.

Daneben werden auch von Städten Informationsbüros unterhalten, die sich oftan den Busbahnhöfen oder den zentralen Plazas befinden.

Informationsstellen zu Lateinamerika

Informationsstelle Lateinamerika
Heerstr. 205, 53111 Bonn
🖳 www.ila-web.de
Herausgeber der Zeitschrift *ila*, die zehnmal jährlich Berichte aus ganz Lateinamerika enthält.

Lateinamerikanachrichten
Im Mehringhof, Gneisenaustr. 2a, 10961 Berlin
🖳 www.lateinamerikanachrichten.de
Zeitschrift, die zehnmal jährlich erscheint. Im Internet kostenlose Suche im Archiv möglich.

Nachrichtenpool Lateinamerika e. V. (npla)
Köpenicker Str. 187/188, 10997 Berlin
🖳 www.npla.de/poonal
Der NPLA vereint den Pressedienst poonalmit Reportagen, Magazinsendungen und Featuresüber politische Bewegungen, soziale, kulturelle und ökonomische Kämpfe bzw. Emanzipationsprozesse in Lateinamerika.

Österreichisches Lateinamerika-Institut
Schlickgasse 1, 1090 Wien
🖳 www.lai.at
Das österreichische Lateinamerika-Institut veröffentlicht Publikationen zu Lateinamerika.

Informationen im Web

Allgemeines

🖳 **www.contactchile.de** (deutsch)
Deutsches Portal für Praktika, Work&Travel, allgemeine Infos und nützliche Adressen. Sehr persönlich.

www.ine.cl (spanisch)
Chilenisches Amt für Statistik
www.liportal.de/chile (deutsch)
Gute Informationen für Leute, die sich länger in Chile aufhalten möchten.

Medien

www.emol.com
Die Online-Version der Zeitung *El Mercurio.*
www.lanacion.cl
Eine der größten nationalen Tageszeitungen.

Sprachschulen

www.tandemsantiago.cl (deutsch), Bietet Spanischkurse mit Übernachtungen an.

Tourismus

www.chile.travel (deutsch)
Das offizielle Portal der Tourismusbehörde SERNATUR. Vollständige Informationen über alles, was für Reisende in Chile möglich ist.
www.chileestuyo.cl (spanisch)
Blog mit Neuigkeiten, Reportagen und Interviews zu allem rund ums Reisen in Chile.
www.turismochile.com (englisch)
Portal mit Reiseinformationen, Reportagen, vielen Fotos und Pop-ups, auch auf Englisch.
www.trekkingchile.com
Nützliche Infos für Wanderer, Bergsteiger und Kanufahrer inkl. Karten.

Wetter

www.meteochile.cl (spanisch)
Wettervorhersage und Klimadaten.

Jobben in Chile

Freiwilligenarbeit in Chile (in sozialen Projekten, in Umweltinitiativen oder im nachhaltigen Tourismus) kann man sich leicht über Agenturen vermitteln lassen, muss dafür aber heute oftmals auch bezahlen. Der Markt der Praktikums-Vermittlung boomt, denn die vielfach zitierten Soft Skills und ein wenig Auslandserfahrung zahlen sich in der Zukunft oft aus. Meist arbeitet ihr für Kost und Logis, habt aber auch Zeit zum Reisen. Mehr über die Bestimmungen zur Arbeitsgenehmigung s. S. 85, Visa.

Für eine kürzere Zeit kann man auch in vielen Hostels arbeiten, hat Spaß und bekommt Kontakt zu Reisenden und Einheimischen. Wer fit in einer bestimmten Sportart ist oder Erfahrung als Tourguide hat, kann für die Sommersaison einen Job bei einem **Tourveranstalter** o. Ä. finden. Auch **Sprachschulen** lohnen einen Versuch.

Reguläre, ordentlich bezahlte Jobs in Chile sind rar und auch die Aufenthalts- und Arbeitserlaubnis zu bekommen, ist problematisch. Jobs im Entwicklungsdienst sind selten und werden nur an hochqualifizierte Leute gegeben, da es sich meist um Aufgaben für Spezialisten handelt.

Praktikumsvermittlung

www.chilevoluntario.cl
Leider nur auf Spanisch, aber mit Links zu den Anbietern und kostenlos.

Weitere Anlaufstellen

www.college-contact.com
www.travelworks.de/freiwilligenarbeit-chile
www.chileinside.cl
www.contactchile.cl

Landkarten und Stadtpläne

Für das Smartphone eignen sich die Offline-Karten von Google und Maps.Me, www.maps.me. Gute Karten gibt es bei www.mygeo.info, www.mapsoftheandes.de und an den Tankstellen von Copec, die auch bei www.chiletur.cl, bestellt oder als App auf dem Handy genutzt werden können.

Übersichtskarten für die einzelne Regionen Chiles gibt es bei SERNATUR und den lokalen Tourismusstellen, **Wanderkarten** bei www.maps.trekkingchile.com, die auch offline nutzbar sind, und bei www.andeshandbook.org, aber auch gratis in vielen Nationalparks wie z. B. im Torres del Paine. Natürlich empfiehlt es sich für Trekkingtouren, ein routingfähiges GPS oder ein Smartphone mit gutem Kartenmaterial mitzubringen und Offline-Karten schon zuhause runterzuladen. Da man u. U. lange Zeit ohne Stromversorgung unterwegs ist, sollte ein mobiles Ladegerät dabei sein, besser zwei.

© UWE ELLGER

Ein Hit für Kinder: Planschen in einem von Chiles unzähligen Seen

Auf der Website der **Forstbehörde CONAF**, 💻 www.conaf.cl, kannst du dir Nationalparks und Naturreservate inkl. Informationen online anschauen.

Spezielle Karten findet man beim Instituto Geografico Militar (IGM) und auf dessen Webseite, Av. Santa Isabel 1651, 💻 www.igm.cl. 🕒 Mo–Fr 9–16 Uhr.

Kinder

Kann ich das meinen Kindern zumuten – den langen Flug, das Warten am Flughafen, extreme Klimaverhältnisse, unzureichende Sprachkompetenz ...? Eine einfache Antwort auf diese Bedenken gibt es nicht. Ob eine Fernreise mit der Familie nach Chile für alle ein Genuss wird, hängt von der Vorbereitung, den Kindern, der Hotelwahl und den Umständen ab.

Der **Flug** nach Chile ist mit 17–20 Stunden anzusetzen. In den meisten Flughäfen können sich die Kinder ein wenig austoben, damit sie während des Flugs ruhiger sind. Das Unterhaltungsprogramm der Fluglinien umfasst mittlerweile auch durchweg ein kindergerechtes Angebot.

Darüber hinaus empfehlen sich Spiele, die am gemeinsamen Sitzplatz gespielt werden können. Erfahrungsgemäß ist auch ein elektronisches Spielzeug für lange Flug- und Wartezeiten sinnvoll. Zur **Vorbereitung** gehören Information und Planung. Dabei lassen sich die Wünsche der Kinder berücksichtigen, z. B. ein paar Tage auf einem chilenischen Bauernhof, eine Kanufahrt, Canopy etc. Und die Kinder haben mehr von der Reise, wenn sie besser informiert sind. Vielleicht macht es ihnen Spaß, ein Reisetagebuch anzulegen.

Ältere Kinder können nach Absprache schon selbst packen. Ein **Rucksack**, der noch tragbar ist, stärkt die Eigenverantwortung und die Rückenmuskulatur (beim Kauf auf guten Sitz des Hüftgürtels achten). Aber auch kleinere Kinder sollten zumindest für ihre (wenigen) Spielsachen oder das Kuscheltier verantwortlich sein. Wichtig ist selbstverständlich eine Auswahl, schon aus Gewichtsgründen. Ob Kartenspiele oder ein kleines Magnetschachspiel – gut ist, was auch mit mehreren und anderen (chilenischen) Kindern gespielt werden kann! Dazu gehört auch ein kleines Fernglas für die schöne Natur.

Wer mit Kindern reist, profitiert häufig von deren Kontaktfreude. Chilenen sind sehr kinderfreundlich, allerdings geht der Laissez-Faire-Stil manchmal so weit, dass man Kinder um Mitternacht in Restaurants oder auf der Straße sieht.

Allein auszugehen ist für die Eltern schwer machbar. Es gibt kaum Tagesmütter, die Deutsch sprechen und somit in Frage kämen. Aber es gibt Handys für ältere Kinder und gute kinderfreundliche Hotels, in denen man sich mal eine Auszeit gönnen kann. Übrigens bieten viele Einkaufszentren eine kostenlose Kinderbetreuung während des Einkaufs.

Kinderteller oder -menüs stehen selten auf der Karte, aber die meisten **Restaurants** kommen Kinderwünschen selbstverständlich nach. Tischmanieren sind auch bei chilenischen Kindern eher Glückssache, es darf also entspannt gegessen werden.

Auf Allergien und Unverträglichkeiten muss man deutlich hinweisen, da die Chilenen wenig Erfahrung damit haben.

Informationen im Netz

💻 **www.trekkingchile.com/de** (deutsch)
Fundierte Tipps für eine Chile-Reise mit Kindern.
💻 **www.familien-reisen.com**
Organisierte Familienreisen, mit Tipps.

LGBTQ+

Chiles Jugend ist bei diesem Thema ausgesprochen cool. Aber wie überall auf der Welt in den Städten mehr, auf dem Land tendenziell eher weniger. Besonders in künstlerischen Kreisen und in den größeren Städten erregt das Thema Homosexualität kaum mehr Aufmerksamkeit als in Europa. Gleichgeschlechtliche Paare haben auch kein Problem, im Hotel ein Doppelzimmer zu bekommen. In Santiago gibt es eine LGBTQ+-Szene in den Barrios Bellavista und Lastarrias und im Juni feiern fast 100 000 gemeinsam auf dem *Marcha del Orgullo*, der Gay Pride-Parade in Santiago.

Die chilenische Schwulen- und Lesbenorganisation, die seit 1991 besteht, heißt Movimiento de Integración y Liberación Homosexual (Movilh). Sie setzt sich für LGBTQ+-Belange ein und gibt Rechtsunterstützung für Opfer von Diskriminierung. Mehr unter 💻 www.movilh.cl.

Tipps und Erfahrungsberichte gibt es bei 💻 www.nomadicboys.com, und www.travelgay.com.

Maße und Elektrizität

In Chile gelten die gleichen metrischen Maßeinheiten wie in Mitteleuropa, d. h. Kilogramm, Liter, Meter, Celsius. Die Stromspannung beträgt 220 V bei 50 Hertz. Die Steckerform ist amerikanisch: Es empfiehlt sich, für runde Schukostecker einen Adapter mitzunehmen, der in Santiago aber auch leicht zu bekommen ist. Besonders auf dem Lande kommt es gelegentlich zu Stromausfällen. Eine Stirn- oder Taschenlampe, die heute fast alle Handys haben, ist daher empfehlenswert, genauso wie eine Powerbank.

Medien

Zu Beginn der Verbreitung von Massenmedien waren Presse, Hörfunk und Fernsehen hauptsächlich für die Menschen in der Hauptstadt und Umland verfügbar. Erst nach und nach entwickelte sich auch in der Peripherie der Zugang zu Medien, der heute im ganzen Land selbstverständlich ist. In entlegenen Gebieten kann die Zeitung zwar immer noch mal vom Vortag sein kann, grundsätzlich gibt es aber im ganzen Land Fernsehen und Internet.

Sensible Themen sind kritische Recherchen zur Zeit der Diktatur, zu Korruption, den Protesten der indigenen Mapuche-Gemeinden inklusive Polizeigewalt. Generell werden Journalist:innen bei Berichten über Proteste oft angegriffen, die Behörden schützen sie nicht. Bei den Protesten Ende 2019 kam es landesweit zu vielen Übergriffen. Bei der Informationsfreiheit und beim Zugang zum Internet wurden indes große Fortschritte gemacht. Laut Reporter ohne Grenzen liegt Chile in der Rangliste der **Pressefreiheit** aber nur auf Platz 84 von 180.

Zeitungen und Zeitschriften

Cóndor, gegründet 1938, ist die einzige Zeitschrift in deutscher Sprache. Sie beinhaltet Neuigkeiten aus Chile, Deutschland und Europa in den Bereichen Politik, Wirtschaft, Kultur, Bildung, Sport und Tourismus. Cóndor erscheint wöchentlich, immer freitags. Verkauft werden 6000–7000 Exemplare, die etwa 20 000–30 000 Leser erreichen. Nicht an Kiosken, aber im Büro in Santiago erhältlich. Rafael Maluenda 1600, Oficina 401, Vitacura Huelén 219, Oficina 4, ✆ 2-2252-5618, 🖳 www.condor.cl. 🕒 Mo–Mi 9–18, Do–Fr 9–17 Uhr.

Einige englischsprachige Magazine, wie *Newsweek,* können auch in den Regionen außerhalb Santiagos erstanden werden. Wer Spanisch versteht, kann sich natürlich mittels chilenischer Zeitungen informieren. Allen voran wird der *Mercurio* gelesen, das traditionsreiche Blatt mit der höchsten Auflage und konservativem Ruf.

Einziger Konkurrent ist die eher linksgerichtete *La Tercera,* 🖳 www.latercera.com. Sie ist aber reißerischer, genau wie die übrigen Tageszeitungen, z. B. *La Cuarta,* 🖳 www.lacuarta.com, *La Nación,* 🖳 www.lanacion.cl, oder *La Segunda,* 🖳 www.lasegunda.com. Im Wirtschaftssektor ist *Dario Financiero,* 🖳 www.df.cl, führend.

Neben den landesweiten Zeitungen finden sich viele regionale.

Das Satireblatt *The Clinic,* 🖳 www.theclinic.cl, hat seine eigene Geschichte: Gegründet wurde es 1999, als General Pinochet in einer Klinik in London festgenommen wurde – daher der Name. Bis auf wenige Artikel wird der ausländische Leser nichts verstehen, da der überwiegende Teil in chilenischem Slang geschrieben wird. Mit den provokativen Layouts, die alles und jeden durch den Kakao ziehen, hat sich die Zeitung eine große Fangemeinde geschaffen, gerade unter jungen Akademikern.

Die wichtigsten Reservate

Reservat	Region/Hauptstadt	nächste Stadt/ nächstes Dorf	Wanderwege/ Übernachtung
Las Vicuñas	15./Arica	Colchane, Guallatire	
Pampa del Tamarugal	1./Tarapacá, Iquique	Huara	X / X
La Chimba	2./Antofagasta	Antofagasta	
Los Flamencos	2./Antofagasta	San Pedro de Atacama/ Toconao	X
Pingüino de Humboldt	4./Coquimbo	La Serena, Punta Choros	X / X
Las Chinchillas	4./Coquimbo	Illapel	
Río Blanco	5./Valparaíso	Los Andes	
Lago Peñuelas	5./Valparaíso	Valparaíso	X / X
El Yali	5./Valparaíso	Valparaíso	
Río Clarillo	Región Metropolitana Santiago	Pirque, El Principal	X
Río de Los Cipreses	6./Libertador Bernardo O'Higgins; Rancagua	Rancagua, Coya	X
Roblería Cobre Loncha	Región Metropolitana Santiago	Melipilla	

Die meisten Artikel der verschiedenen Zeitungen können online gratis gelesen werden.

Radio

Es gibt eine Unmenge an Sendern in Chile. Selbst das winzige Villa O'Higgins am Ende der Carretera Austral hat seine eigene Station, aber informativ sind die meisten Sender eher weniger. Musik und Werbung beherrschen das Programm. Allenfalls Radio Bio-Bio, ein unabhängiger Sender mit dem größten Verbreitungsgebiet, bringt kleine Features.

Deutsche Welle, 🖳 www.dw.com, kann über das Internet gehört werden, wie andere Sender auch.

Fernsehen

Andauernd laufen die Apparate in den einfachen Cocinerías, ob mit oder ohne Fußball. Besonders die Teleserias (oder Telenovelas = Seifenopern) begleiten den Alltag. Der katholische **Canal 13** und der staatliche Sender **TNV** (Televisión Nacional de Chile) haben die höchsten Einschaltquoten. Beide bringen Nachrichten, Shows, Telenovelas und Serien. Chilevision liegt weit abgeschlagen dahinter.

Informative Reportagen sind selten, die Sendungen Informe Especial (TVN) und Contacto (Canal 13) sprechen aber offen Missstände wie Korruption an. In vielen besseren Hotels ist die Deutsche Welle zu empfangen.

Nationalparks und Reservate

Entsprechend ihrer außergewöhnlichen Schönheit hat der Schutz der Natur in Chile eine enorme Bedeutung und eine lange Geschichte. 130 km nordöstlich von Temuco wurde bereits 1907 ein Gebiet unter Schutz gestellt, das heute als Reserva Nacional Malleco bekannt ist

Sehenswürdigkeiten	Besonderheiten
Altiplano, Salzsee, Vulkane, Vicuñas	wenig besucht, abgelegen, eigenes Auto
Tamarugo-Wald in Salpeterwüste, Geoglyphen	
Steilküste mit riesigem Kalkbogen im Meer	
Flamingos, großer Salzsee, wilde Sedimentgesteinsverwitterungen (Valle de la Luna)	ab San Pedro de Atacama
drei Inseln (Chañaral, Damas, Choros), Pinguine, Walfischknochen, Mähnenrobben, evtl. Delfine	Ausflug ab La Serena
die letzten Chinchillas	Chinchillas sind nachtaktiv
Flusstal	
Wasservögel, See	Zelt, Angeln erlaubt, seit 1985 zusammen mit Biosphärenreservat La Campana
Wasservögel, See	nur mit vorheriger Genehmigung, Privatweg
Bachtal am Fuß der Anden, viele Grillplätze	ab Pirque mit öffentlichen Transportmitteln bis 4 km vor dem Reservat
Hartlaubwälder mit Zypressen, Bäche am Fuß der Anden	
Reste von Südbuchenwäldern (Roble)	

Eine Übersicht über die Nationalparks

Nationalpark	Region/Hauptstadt	nächste Stadt/ nächstes Dorf	Wanderwege/ Übernachtung
Lauca	15./Arica	Putre/Parinacota	X / X
Volcan Isluga	1./Iquique	Colchane	X / X
Pan de Azúcar	3./Copiapó	Chañaral	X / X
Llanos de Challes	3./Copiapó	Huasco	X
Nevado Tres Cruces	3./Copiapó	Copiapó	X / X
Bosque de Fray Jorge	4./Coquimbo	Ovalle	X
Archipiélago Juan Fernández	5./Valparaíso	San Juan Bautista (Juan Fernández)	X / X
Rapa Nui	5./Osterinsel	Hanga Roa	X / X
Radal SieteTazas	7./Del Maule; Talca	Molina	X / X
Laguna del Laja	8./Bio-Bio; Concepción	Antuco	X / X
Huerquehue	9./Araucanía, Temuco	Pucón	X / X
Villarrica	9./Araucanía, Temuco	Pucón	X / X
Conguillio	9./Araucanía, Temuco	Cuaracautín, Melipeuco	X / X
Puyehue	10./Los Lagos; Puerto Montt	Osorno, Entre Lagos	X / X
Vicente Pérez Rosales	10./Los Lagos; Puerto Montt	Puerto Varas, Ensenada	X / X
Chiloé	10./Los Lagos; Puerto Montt	Castro, Cucao	X / X
Hornopirén	10./Los Lagos; Puerto Montt	Hornopirén	X
Laguna San Rafael	11./Aysén, Coihayque	Puerto Chacabuco	X
Patagonia	11./Aysén, Coihayque	Chile Chico	X / X
Queulat	11./Aysén, Coihayque	Puerto Cisnes, La Junta	X / X
Isla Magdalena	11./Aysén, Coihayque	Puerto Cisnes	
Bernardo O'Higgins	11./Aysén, Coihayque, und 12./Magallanes, Punta Arenas	Caleta Tortel, Puerto Eden	
Torres del Paine	12./Magallanes, Punta Arenas	Puerto Natales	X / X

Sehenswürdigkeiten	Besonderheiten
Altiplano, Lago Chungará auf 4600 m, Bilderbuch-Vulkane	sechs 6000er liegen im Gebiet, Bergsteigen
Altiplano, Salzsee, Vulkane, Thermalquellen	abgelegen, besser mit Geländewagen, Bergsteigen
Küstenwüste, Kakteen, Seeotter, Mähnenrobben	Fischerdörfer, Seekajak
Küstenwüste, Kakteen, Fossilien	
Altiplano, höchste Vulkane Chiles (Ojos del Salado)	nur mit guter Ausrüstung
die letzten Reste des nach Norden vorgedrungenen Valdivianischen Regenwalds, Füchse, Raubvögel	wegen Dürre ist Zelten verboten; nur mit eigenem Auto oder Touren ab La Serena
große Artenvielfalt, endemische Farne, Felsküste, Gebirge, drei Inseln (Alejander Selkirk, Santa Clara, Robinson Crusoe)	Flüge von Santiago/Tobalaba, alles mitnehmen, kein Geldautomat, 670 km von der Küste
Archäologie; gute Tauchmöglichkeiten	Flüge von Santiago
tolle Vorgebirgslandschaft mit Wasserfällen	
vulkanisch geprägte Landschaften mit Laubwald, Wasserfälle	Zelten; im Winter Skigebiet
Hochplateau mit Araukarien, kleine Seen	am besten im Sommer
aktiver Vulkan mit Laubwald, Gletscher	sehr beliebte Gipfelbesteigung (nur mit Agenturen), im Winter Skigebiet
Bergseen in vulkanischen Landschaften, Wälder	zwischenzeitlich geschlossen wegen Vulkaneruption (Llaima)
Wasserfälle und Bergseen in dichten Wäldern unter Vulkanen	Winterskigebiet (Antillanca), Thermalquellen
Wasserfälle, Vulkan Osorno	der meistbesuchte Park Chiles
Südbuchenwälder in regenreichem Küstengebirge, eine Insel	wenig besucht
Südbuchen und -lärchen, Seen	im Norden der Carretera Austral, Zelt, eigenes Auto
nordpatagonisches Eisfeld	kalbende Gletscher in der Laguna San Rafael, 12–16 Std. mit Boot, von Puerto Montt im Katamaran oder auf einer 3-Tage-Reise nach Puerto Natales
Gras-, Feucht- und Steppenlandschaften, Südandenhirsche	geöffnet Okt–April
wunderbare Hängegletscher, spektakuläre Wasserfälle	an der Carretera Austral zwischen Chaitén und Coihayque
Südbuchen und -lärchen	
Südbuchen und -lärchen	der größte Park Chiles mit über 3,5 Mio. Hektar, fast unbesiedelt und nicht besucht
Granitfelsen, Gletscher und Seen, Wälder, Pumas und Vicuñas	mit etwa 200 000 Besuchern einer der meistbesuchten Parks, beste Infrastruktur, Biosphärenreservat

– das älteste Schutzgebiet Lateinamerikas und das neuntälteste der Welt.

In der Region de los Lagos, 60 km östlich von Puerto Varas, erstreckt sich der 1926 eingerichtete Parque Nacional Vicente Pérez Rosales, der älteste Nationalpark ganz Südamerikas.

Seither sind viele Gebiete dazugekommen, die in verschiedenen Kategorien geschützt werden. Die drei wichtigsten:

- 41 **Parques nacionales** mit dem höchsten Schutzstatus, abgesehen vom Tourismus ist wirtschaftliche Nutzung untersagt.
- 44 **Reservas nacionales** mit geringerem Schutzstatus, vergleichbar mit Landschaftsschutzgebieten, in denen wirtschaftliche Nutzung teils erlaubt ist.
- 17 **Monumentos nacionales** sehr kleine Gebiete, z. B. einzelne Seen oder wie im Falle von La Portada (bei Antofagasta) ein Kalkbogen im Meer.

Insgesamt sind es 102 Gebiete mit einer Fläche von 153 000 km². Das entspricht 20,4 % der Landesfläche – ein außergewöhnlich hoher Wert. Die **International Union for Conservationof Nature** (IUCN, 💻 www.iucn.org), empfiehlt mindestens 7,5 % der Landesfläche unter Schutz zu stellen. Die meisten werden von der staatlichen **Corporación Nacional Forestal**, der Forstbehörde **CONAF**, verwaltet. Die Bedeutung des Naturtourismus spiegelt sich auch in den Besucherzahlen wider: Zählte man 1978 gerade mal 244 000, verzeichnet das Register heute nach der Corona-Krise wieder 3,5 Millionen Besucher.

Auf der Internetseite der CONAF sind sämtliche Nationalparks mit ihren Charakteristika, Öffnungszeiten, Preisen, Einrichtungen und Empfehlungen gelistet. Da die Parks teilweise sehr groß sind und Wanderer sich immer wieder verlaufen (weil sie u. a. unerlaubt die Wege verlassen), hinterlässt man seine Daten am Eingang. Manchmal wird sogar die Blutgruppe erfragt.

Jeder Park hat seine eigenen **Regeln**, was Wanderwege, das Zelten, Schwimmen, Angeln etc. betrifft. Am Eingang sollte man sich bei dem Forstbeamten darüber informieren. Die Broschüren sind nicht immer mehrsprachig. Pflanzensammeln und Wildcampen ist generell verboten, aber es gibt häufig autorisierte Zeltplätze. Im Zweifelsfall sollte man aufs Campen oder Feuermachen besser verzichten, mittlerweile wird das auch kontrolliert und Nichtbeachtung bestraft. Apropos Feuer: Die **Waldbrandgefahr** ist im Sommer selbst im Valdivianischen Regenwald nicht unerheblich, manchmal weisen Schilder extra daraufhin. Leider kam es in der Vergangenheit zu fahrlässigen Waldbränden, z. B. 2017 im PN Torres del Paine. Er vernichtete etwa 35 000 ha Wald, Buschland und Steppe.

Für eine ganze Reihe wichtiger Nationalparks müssen seit 2022 Tickets vorab im ASP-Ticket-System gekauft werden. So ist der Zutritt auch garantiert, wenn die zulässige Besucherkapazität im jeweiligen Park erreicht ist.

Die CONAF hat Büros im ganzen Land, die mit Ansprechpartnern auf der Webseite aufgeführt sind. Büro in Santiago, Paseo Bulnes 285, ✆ 2-2663-0000, 💻 www.conaf.cl. ⏲ Mo–Do 9–17.30, Fr 9–16.30 Uhr.

Öffnungszeiten

Es gibt keine gesetzlichen Regelungen bzw. Einschränkungen für die Öffnungszeiten. Supermärkte, Einkaufszentren (Malls) und auch Almacenes (Tante-Emma-Läden) haben normalerweise Mo–So von 10–21 Uhr, manche auch schon ab 8 Uhr geöffnet. Im Norden schließen manchewegen der Hitze über die Siesta (14–17 Uhr). Banken, Behörden und Versicherungen haben Mo–Fr von 8 bzw. 9–13/14 Uhr geöffnet, die Post zusätzlich nachmittags von 15–18 Uhr.

Museen sind meist tgl. außer Mo von 10–18 Uhr geöffnet; viele machen Mittagspause, einige haben am Wochenende nur reduziert geöffnet. Eine gute Übersicht bietet 💻 www.registromuseoschile.cl.

Post

Die Post *(correos)* hat rote Schilder und Briefkästen. Postfilialen sind in fast jedem Ort zu finden. Auch die Souvenirshops der kleinen Flughäfen haben meist Briefmarken parat. Ein Brief nach Deutschland dauert 4–14 Tage; etwas teurer, aber deutlich sicherer ist ein Einschreiben *(certificado)*.

Für einen Brief nach Europa (0-50 g) als Kuriersendung, die innerhalb von zwei Werktagen ankommen soll, zahlt man 32 000 CLP. Um selbst Post zu empfangen, kann man abgesehen von einer Hoteladresse auch ein Posthauptamt angeben *(Retiro en oficina de correos)*. 💻 www.correos.cl. Ein Päckchen (bis 2 kg) von Deutschland nach Chile mit DHL kostet 10,99 €.

Reisende mit Behinderungen

Chile ist sicherlich kein ideales Reiseland für Menschen mit Behinderungen. Es gibt Bauvorschriften für öffentliche Bauten, die Rollstuhlrampen am Eingang vorsehen, und neben ein paar Niederflurbussen auch Extraplatz in den Bussen Santiagos. Aufzüge sind in allen Flughäfen und Einkaufszentren Standard. Dort gibt es zudem rollstuhlfahrergerechte Toiletten, aber außerhalb von Santiago nimmt die Infrastruktur diesbezüglich ab, und die Gehsteige sind eng. Bei den Unterkünften sollte vorher angefragt werden, ob sie entsprechend ausgerüstet sind. Im Allgemeinen bleibt ein gehbehinderter Mensch auf einen nichtbehinderten Reisebegleiter angewiesen. **Accept-Reisen** hat eine Tour für Rollstuhlfahrer ausgearbeitet, 💻 www.accept-reisen.de/rollstuhl-urlaub-chile-hautnah.

Informationsstellen

Bundesverband Selbsthilfe Körperbehinderter e. V., 💻 www.bsk-ev.org
Stiftung My Handicap, 💻 www.enableme.de

Sicherheit

Chile gilt als sicheres Reiseland. Was Diebstahl und Überfälle angeht, ist es vergleichbar mit Südeuropa. Polizisten *(carabineros)* werden respektiert, manchmal auch gefürchtet, und gelten als resistent gegen Kleinkorruption. Es gibt viele Überwachungskameras und Polizeibusse, die als Notkommissariat ausgerüstet sind. Dennoch sollte man nach Anbruch der Dunkelheit in den größeren Städten besser achtsam und/oder zu zweit unterwegs sein und verwaiste Gebiete lieber meiden.

Vorsicht ist bei Demonstrationen geboten, denn es geht deutlich wilder als in Europa zu: Unmengen Reizgas werden versprüht und Polizeifahrzeuge rasen mitunter rücksichtslos in die Menge. Zu gesundheitlichen Risiken s. S. 493.

Diebstahl

Normales, umsichtiges Verhalten wie in Europa reicht grundsätzlich aus, aber es gibt einige Hotspots, an denen erhöhte Aufmerksamkeit nicht schaden kann. In Santiago sind die Plaza de Armas, der enge Mercado Central und die etwas unübersichtlichen Busbahnhöfe beliebte Orte für Diebe; besser lässt man Wertsachen im Hotelsafe. Wirst du in der Öffentlichkeit angesprochen und um etwas gebeten, kann das u. U. nur dazu dienen, die Aufmerksamkeit von der abgestellten Tasche abzulenken. Nicht vergessen: viele Diebe arbeiten in „Teams".

So auch beim Schlüsseltrick. Eine Person lässt einen Schlüssel fallen und geht weiter. Erhofft wird, dass das anvisierte Opfer menschlich normal reagiert und die Person auf den verlorenen Schlüssel hinweisen wird. Dieser Moment wird von einer zweiten Person genutzt, um die Tasche mitzunehmen. Genau so verfahren Diebe, wenn sie jemanden mit einer Flüssigkeit bespritzen und jemand umgehend Hilfe anbietet, die Kleidung wieder zu reinigen.

Meiden sollte man in Santiago nachts die Innenstadt, einige südliche und westliche Stadtteile und auch die Gegenden rund um die Busbahnhöfe. In Menschenansammlungen wie in der Metro sollte man die Tasche nach vorne nehmen, besonders zu Stoßzeiten. In den Küstenstädten sollte man bei Dunkelheit nicht mehr in den Hafenbereichen umherspazieren. Tagsüber ist es dort ohnehin viel schöner.

Bei **Fernbusreisen** ist es sinnvoll, bei den Stopps das Handgepäck mitzunehmen, wenn man den Bus verlässt, und es zwischen die Bei-

Was tun bei Diebstahl?

Wichtig ist die sofortige Anzeige bei der nächsten Polizeiwache, manchmal kann das auch in den fahrenden Polizeistuben z. B. im Zentrum Santiagos passieren. Am besten jemanden mitnehmen, der Spanisch spricht. Auch wenn wahrscheinlich nichts von dem Gestohlenen wiederauftaucht, hat man mit der Diebstahlsanzeige ein wichtiges Dokument, um neue Papiere zu beschaffen und evtl. Versicherungsansprüche geltend zu machen.

ne zu nehmen, wenn man schläft; nicht verkehrt, dabei einen Fuß durch eine der Schlaufen zu stecken. In die obere Gepäckablage solltest du nur unwichtige Dinge legen.

Wichtige Telefonnummern, eine Passkopie, etwas Bargeld und, wenn vorhanden, eine zusätzliche Geldkarte sollte man getrennt vom Portemonnaie aufbewahren, wichtige Dokumente am besten abfotografieren, auf dem Handy und in einer Cloud speichern.

Minengefahr

Chile hat im Februar 2020 offiziell verkündet, frei von Landminen zu sein, nachdem 195 kontaminierte Gebiete nach und nach entmint und dabei 177 725 Landminen zerstört wurden. Vor Ausflügen in grenznahe Gelände zu Peru und Bolivien kann es dennoch nicht schaden, sich bei SERNATUR, Parkverwaltern oder der Polizei noch einmal zu vergewissern und nur auf Spuren zu fahren oder zu laufen, nie querfeldein. Wer kann schon ausschließen, dass Erdrutsche die Minen weiterbefördern? Informationen: 💻 www.mineaction.org und 💻 www.landmine.de.

Erdbeben, Überschwemmungen und Vulkanausbrüche

Chile ist wunderschön, aber auch eins der wenigen Länder auf der Erde, in dem praktisch jedes schwere Naturereignis vorkommen kann, das für Menschen tragische Folgen haben könnte. Denn Chile liegt am Pazifischen Feuerring, einer Zone, die eine hohe seismische und vulkanische Aktivität aufweist. Täglich bewegt sich die Erde – meist nur so gering, dass es nur die Seismografen wahrnehmen, doch schwere Vulkanausbrüche, Erd- und Seebeben sowie Überschwemmungen können nicht ausgeschlossen werden.

Was tun bei **Erdbeben**? In Santiago wurden nach dem schweren Beben 1985 mit 177 Toten alle neuen hohen Gebäude erdbebenfest gebaut. Im Ernstfall Gebäude verlassen, aber nicht den Aufzug benutzen, sondern die Notfalltreppen. Wer es nicht mehr schafft, sollte sich unter einen stabilen Tisch begeben, auch Türrahmen sind gut als Unterschlupf. In der Nacht Taschenlampe mitnehmen, da mit Stromausfall zu rechnen ist. Evakuierungswege sind bei allen Hotels grün ausgeschildert.

Tsunamis sind zwar selten, aber in den Küstenstädten gefürchtet. Wer sich an der Küste aufhält, wenn ein starkes Erdbeben auftritt, sollte sofort höheres Geländeaufsuchen und nicht erst die Tsunami-Warnung abwarten! Überall sind Evakuierungswege ausgewiesen.

Aktive Vulkane besser nur mit Führer besteigen und wegen möglicher Gaseruptionen nur mit Gasmasken. Auf Warnungen der örtlichen Behörden, Parkverwaltung und Polizei achten. Es kann auch zu Zwangsevakuierungen kommen.

Gesellschaftliche Konflikte

Im Oktober 2019 kam es im ganzen Land zu **sozialen Unruhen**. Die Demonstranten waren in der Regel friedlich – bis die Polizei kam. Denn dann flogen Steine. Bei Demos sollte man besser Abstand halten, denn die Situationen können sich sehr dynamisch entwickeln und außer Kontrolle geraten. Durch die Corona-Krise waren die Proteste 2020 zum Erliegen gekommen. Unter der recht geschmeidigen Oberfläche der chilenischen Gesellschaft schlummert aber immer noch reichlich Konfliktpotenzial.

Aufgrund der anhaltenden Konflikte zwischen indigenen **Mapuche** und den Holzfirmen bzw. dem Staat kann es in der Seenregion zu

Weisen den Weg: Schilder für den Fall eines Tsunamis

Protesten und Straßensperren kommen, denen man besser aus dem Weg geht. Touristen stehen zwar nicht im Zentrum der z. T. bewaffneten Auseinandersetzungen, in unübersichtlichen Konfliktsituationen setzen rationale Gedankengänge aber oft aus.

Gefährliche Tiere

Pumas gehen Menschen aus dem Weg, es sei denn, sie fühlen sich bedroht. In einem solch überaus unwahrscheinlichen Fall sollte man die Ruhe bewahren, Kinder ggf. sofort auf den Arm nehmen, sich möglichst groß machen und langsam rückwärts entfernen. Niemals den Rücken zuwenden, nicht rennen, keine hektischen Bewegungen. Für den Fall eines Angriffs solltest du dich mit Steinen oder einem Stock bewaffnen und kämpfen – und dem Tier somit zeigen, dass man eine Bedrohung und keine Beute ist.

Die fünf Arten von **Schlangen** sind wenig bis ungiftig, genauso die kleinen **Skorpione**, die man kaum sehen wird. Aber zwei seltene **Spinnenarten** gelten als giftig: Zum einen kommt auf Feldern und in Hausnähe die Schwarze Witwe vor. Sie ist klein (ca. 1 cm), hat einen blauschwarzen Körper mit charakteristischer roten Zeichnung (die einem Stundenglas ähnelt) auf dem großen schwarzen Hinterteil. Das Neurotoxin gilt als tödlich für Kleinkinder.

Zum anderen kommt in den Häusern die braune Winkelspinne vor, eine nachtaktive Jagdspinne (ca. 2 cm groß). Der Biss erfolgt nicht beim Schlafen, sondern beim Anziehen von Kleidung (daher vorher ausschütteln) und beim Stöbern in dunklen Ecken. Ihre Präsenz verrät sich durch unregelmäßige Netze. Häufiges Saubermachen und Umstellen hält die Spinne fern, genauso wie neue Wandfarben mit Giftzusätzen. Der Biss kann unter Umständen tödlich sein, vor allem bei Kleinkindern, ansonsten produziert das gewebezersetzende Gift unangenehm tiefe Erosionswunden.

Drogen

Der teilweise recht freie Umgang mit Cannabis in der Öffentlichkeit sollte nicht täuschen: Alle Drogen sind in Chile streng verboten, ihr Besitz ist strafbar. Besonders wird auf Kokain geachtet. Alkoholkonsum in der Öffentlichkeit, z. B. in Parks, ist verboten.

Auch wenn Chile nicht als Drogenumschlagplatz gilt, sollten Reisende keine Päckchen von oder nach Chile über die Grenze mitnehmen, z. B. als „Gefallen" für jemanden. Schaden kann es auch nicht, das eigene Gepäck vor einer Grenzkontrolle durchzuschauen, da Drogenkuriere mitunter auch das Gepäck von Mitreisenden nutzen. Bei Grenzübertritten wird intensiv mit Hunden kontrolliert. Die Polizei und auch die deutsche Botschaft verstehen keinen Spaß bei Drogenhandel oder -konsum.

Koka-Blätter und Teebeutel mit Blättern der Koka-Pflanze werden seit geraumer Zeit im Land geduldet, da die Nutzung der Koka bei den Indigenen des Nordens ein Jahrtausende alter Brauch ist. Wenn Touristen die Teebeutel aber als Souvenir mit nach Europa nehmen wollen, wird das dort als Verstoß gegen das Betäubungsmittelgesetz geahndet.

Trekkingchile

Eine große Hilfe für Wanderungen und Touren aller Art auf eigene Faust ist das Portal **Trekkingchile** von Gründer Franz Schubert. Auf 💻 www.trekkingchile.com werden zahlreiche erprobte Wanderrouten vorgeschlagen, außerdem gibt es Tipps zu Trekking-, Rad- und Kajaktouren.

Die QR-Codes in diesem Buch können mit einer beliebigen Scan-App gescannt und die Informationen zu den Touren auf das Handy geladen werden.

Darüber hinaus bietet die Seite ein Register von empfohlenen, lokalen Guides.

Im Buch haben wir an den entsprechenden Orten QR-Codes für zusätzliche Touren hinterlegt. Dabei handelt es sich in der Regel um weiterführende Informationen. Natürlich sollte man nicht vergessen, gut aufgeladene Akkus dabeizuhaben.

Sport und Aktivitäten

Chile bietet unzählige Möglichkeiten für Aktivitäten in der Natur, vor allem im Süden. Dazu zählen u. a. Wandern, Bergsteigen, Reiten, Surfen, Rafting, Canopy, Kajak- und Kanufahren. Eine gute Auswahl und erstklassige touristische Infrastruktur bietet z. B. das schöne Städtchen Pucón am Lago Villarrica unterhalb des gleichnamigen Vulkans, einem von vielen anderen, die bestiegen werden können.

Bergsteigen

Gelegenheiten zum Klettern und Bergsteigen bietet die 4500 km lange Andenkette Chiles natürlich in Hülle und Fülle. Neben den berüchtigten Torres, den steilen Granitnadeln im Nationalpark Torres del Paine, beheimatet Chile mit dem Ojos de Salado (6880 m) den höchsten Vulkan der Erde. Kaum minder spektakulär sind der der Llullaillaco (6740 m) und der Tres Cruces (6749 m), um nur die höchsten Vulkane zu nennen.

Auch erfahrenen Bergsteigern in europäischen Gebirgen sei angeraten, bei größeren Ausflügen einen lokalen Experten zu engagieren. Die Dimensionen in den Anden können leicht täuschen und sind weitaus größer als in den Alpen. Einfaches Höhenbergwandern (ohne Genehmigung) kann man auf den schneelosen Vulkanen im Norden bei San Pedro de Atacama. Auch der Villarrica (2900 m) bei Pucón ist ein unvergessliches Ziel. Grundsätzlich sollte man vor Touren in extreme Höhen auf Alkohol verzichten, Wasser ohne Kohlensäure trinken und leichtes Essen bevorzugen.

Für das Bergsteigen in Grenzregionen ist auf jeden Fall eine Genehmigung der **Dirección de Fronteras y Limites del Estado** (DIFROL) einzuholen, Teatinos 180, 7. Stock, ✆ 2-2827-5900, 💻 www.difrol.cl; zudem evtl. bei der zuständigen Parkverwaltung. Informationen gibt's auch bei der **Federación de Andinismo de Chile** (FEACH) in Santiago, Almirante Simpson 077, ✆ 2-2222-0888.

In Santiago gibt es zudem den **Club Alemán-Andino de Santiago**, Deutscher Andenverein (DAV), Arrayán 2736, 💻 www.dav.cl. Die Webseiten 💻 www.trekkingchile.com/de (deutsch) und www.andeshandbook.org beschreiben zahlreiche Aufstiegsrouten.

Fahrrad und Mountainbike

Das Radfahren hat in Santiago in den vergangenen Jahren deutlich zugenommen. In vielen Bereichen der Stadt wurden eigene Spuren für Radler eingerichtet. Sonntags werden Teile der Stadt für den Radverehr gesperrt. Infos gibt es bei der Initiative www.ciclorecreovia.cl – auch für Antofagasta und Temuco. In vielen Landesteilen hat Chile erhebliches Relief, das Radfahren zu einer schweißtreibenden Angelegenheit macht. Nicht so in den Küstenstädten des Nordens, dort eignet sich das Rad perfekt, um auf den kilometerlangen Costaneras die Städte zu erkunden. Innerstädtische Routen siehe www.bicineta.cl.

Auch in Santiago findet die **Masa Crítica** statt, die weltweite Bewegung, die für mehr Räume für Radfahrer demonstriert. Mit vielen anderen zusammenzuradeln, macht nicht nur Spaß, sondern auch Sinn.

Für **Mountainbike-Fahrer** gibt's schon mitten in Santiago vom Hausberg Cerro San Cristóbal interessante Abfahrten. Herausfordernder sind natürlich die Strecken in den Voranden. Valparaíso ist Austragungsort für spektakuläre Urban-Downhill-Rennen, allerdings nur für Profis. Verleih von Mountainbikes gibt es in fast allen größeren Städten und den touristischen Zentren für US$10–15 pro Tag. Eine Riesenauswahl von Routen findet man unter es.wikiloc.com.

In vielen Städten gibt's mittlerweile Casas de Ciclistas, Übernachtungsmöglichkeiten eigens für Radreisende inklusive Anschluss an andere Radreisende.

Fly-Fishing

Im Gebiet um Puerto Montt bis Coyhaique in Patagonien verlaufen einige der weltbesten Flüsse fürs Fliegenfischen (große Forellen und Lachse). Für die Angelgenehmigung sollte man bei der Stadtverwaltung nachfragen oder zumindest im Hotel.

Gleitschirmfliegen und Canopy

Im Norden in Iquique gibt es ein Weltklasse-Gebiet und hervorragende Bedingungen zum **Gleitschirmfliegen** (Parapente): Von 600 m Höhe abhebend, schweben die Piloten etwa eine Stunde über den Dünen, der Stadt und

Die bekanntesten Vulkane

Vulkan	Höhe	Region	Besteigung	Schwierigkeitsgrad
Guallatire	6063 m	Arica	2 Tage	mittelschwer
Parinacota	6342 m	Arica	2 Tage	mittelschwer
Pomerape	6282 m	Arica	2 Tage	mittelschwer
Licancabur	5915 m	Antofagasta	2 Tage	mittelschwer
Llullaillaco	6739 m	Antofagasta	4–7 Tage	schwierig (Höhe)
Ojos del Salado	6893 m	Copiapó	4–8 Tage	schwierig (Höhe)
Tres Cruces	6749 m	Copiapó	4–8 Tage	schwierig (Höhe)
Plomo	5424 m	Santiago	3 Tage	mittelschwer
Marmolejo	6108 m	Santiago	6–8 Tage	schwierig
Llaima	3125 m	Araucanía	1 Tag	einfach bis mittel
Lanin	3710 m	Araucanía	3 Tage	einfach bis mittel
Villarrica	2840 m	Araucanía	1 Tag	einfach
Osorno	2652 m	Los Lagos	1 Tag	mittelschwierig

Wildwasserkajak und Rafting

Schwierigkeitsgrade:
Grad I: flach, Wasser bewegt sich gerade
Grad II: einfach, aber kleine Hindernisse
Grad III: schwierigere Hindernisse mit Wellen, Felsen; kann bei Anfängern zu unfreiwilligem Bad führen
Grad IV: für Fortgeschrittene, größere und mehr Hindernisse, die gute Kajakkenntnisse voraussetzen; Rettungskajak sollte dabei sein
Grad V: nur für Experten, da nicht nur Walzen, sondern auch Wasserfälle auftauchen
Grad VI: unpassierbar

Fluss	Schwierigkeitsgrad
Mapocho (Santiago)	IV+
Aconcagua (Los Andes)	III–V
Maipo (Santiago)	III–IV
Laja (Los Ángeles)	V
Trancura (Pucón)	III– IV
Liucura	II–III
Petrohué (Puerto Varas)	III
Cochamó	V
Futaleufú	III–V (verschiedene Abschnitte und Zuflüsse)
Baker	III–V+
Simpson	III

dem Pazifik. Tandemflüge für Anfänger gibt's ab 45 000 CLP. Flüge und Ausrüstung werden auch in Zentralchile angeboten: in Valle Nevado und Farellones, aber auch in Colina und Rancagua. Bekannt ist der bis zu fünf Stunden dauernde Flug (113 km) zwischen Colina und Rancagua. Generell gilt: Nicht am Geld sparen – die bessere Ausrüstung und der erfahrenere Lehrer gewähren mehr Sicherheit.

Canopy, das an gespannten Drahtseilen von-Baum-zu-Baum-Gleiten, ist besonders in der Seenregion populär. In Puerto Varas und Pucón gibt es bis zu 2 km lange Wipfelfahrten und auch in der Reserva Biológica Huilo Huilo am Lago Pirihuelco steht Canopy auf dem Programm.

Kajak und Rafting

Kajak und Rafting bieten sich vor allem im Seengebiet (Pucón, Puerto Varas), aber auch im Maipo-Tal in der Nähe von Santiago an. Für Wildwasserkajak sind die patagonischen Flüsse, besonders der Río Futaleufú, bekannt. Für die Befahrung des Futaleufú werden auch mehrtägige Touren ab zwei Tagen angeboten. In den Fjorden Patagoniens bietet sich außerdem Seekajak an, im Norden an den Stränden nur im Sommer, in Chañaral/Pan de Azúcar ganzjährig.

Die erste Bío-Bío-Abfahrt Anfang der 80er-Jahre machte Chile in Kajak-Kreisen weltbekannt. Leider wurde der Fluss 1996 aufgestaut, um Strom zu gewinnen (Pangue-Staudamm). Dahinter steht die ehemals staatliche, dann von Spaniern aufgekaufte ENDESA, die noch ein 2. Staudammprojekt, Ralco genannt, gegen die dort siedelnden Mapuche durchgesetzt hat. So ist aus der einstmals 12 Tage dauernden Abfahrt mit 100 Wasserfällen eine 3-Tage-Fahrt geworden. Es gibt aber noch mehr Flüsse, die sich rasant von den Anden in den Pazifik ergießen (s. Kasten).

Hydrospeed, das Runterschwimmen von Bergbächen im Neoprenanzug mit einer Rettungsbanana, und **Kanufahren** werden in Pucón angeboten.

Reiten

Reiten wird häufig angeboten, aber immer als begleiteter Ritt. Es sind meist chilenische *Criollo*-Pferde, duldsame, ruhige und wendige, beinahe Pony-kleine Pferde. Geritten wird meist western (nicht englisch), und auch der chilenische Sattel ähnelt den Westernsätteln (allerdings ohne Knauf). Gute Reitgebiete in den Anden sind im Norden San Pedo de Atacama, im Süden Pucón.

Ski und Snowboard

Neben Argentinien ist Chile das einzige Land in Südamerika, das über eine Ski-Infrastruktur verfügt. Einige Skiresorts sind von Weltruf – dank des Pulverschnees. Bekannt sind Portillo, Valle Nevado und Farellones nur eineinhalb bis zwei Stunden von Santiago, aber auch Chillán und Pucón im Süden.

Die **Schneebedingungen** sind nicht immer stabil, in Jahren mit El Niño fällt generell mehr Schnee (vorher informieren). Valle Nevado und Portillo besitzenauch Schneekanonen. Die Pisten aller genannten Gebiete umfassen verschiedene Grade, Höhenunterschiede von 800–1000 m und 20 bis 30 Pisten. Allenfalls Portillo hat 30 % Experten-Routen, 70 % sind leicht bis mittelschwierig.

Weiter südlich gibt es mehr Schnee, aber dafür ist dieser häufiger als weiter nördlich sulzig. Auch muss in den Skiorten mit Regen gerechnet werden, der in den Hochlagen dann natürlich meist als Schnee herunterkommt. Chillán hat eine gute Infrastruktur und für Après-Ski wohltuende Thermalquellen.

Pucón bietet neben zahlreichen Thermalquellen mit verschiedenen Temperaturen auch atemberaubende Ausblicke auf die Vulkane drumherum. Im Kleinen Süden vestreut liegen die recht spärlich mit Liften, Verleihen und Pisten ausgestatteten Gebiete Lonquimay, Llaima, Antillanca und Osorno bei Puerto Varas. In Punta Arenas kannst du mit Blick auf die Magellanstraße die 350 m hohen Pisten herunterflitzen.

In guten Jahren findet sich schon im Mai genug Schnee, aber sicherer sind Juni und Juli. Die Resorts um Santiago liegen über 3000 m hoch, sodass die Schneedecke bis in den September reicht. In Zentralchile bietet **Ski-total**, www.skitotal.cl, Wochenendpakete, Kurse und Transfers. Skier und Snowboards können ab US$25 gemietet werden, z. B. bei www.masski.cl. Die Liftgebühren beginnen bei US$50. Tagesausflüge gibt es ab US$100 inkl. Skipass, ansonsten sind die guten Resorts recht teuer und Mittelklasse-Hotels nicht vorhanden.

Sterne zum Anfassen

Chile hat in der Atacama-Wüste die klarsten Nächte auf dem gesamten Planeten. Kein Wunder, dass dort die besten Observatorien der Welt gebaut wurden. Im Valle del Elquí und bei San Pedro de Atacama kann man sie am besten besichtigen und einen Blick in den Himmel wagen wie nirgends sonst. Eine frühzeitige Anmeldung ist empfehlenswert, sonst bleiben nur die Wartelisten.

Eine Übersicht der besuchbaren Observatorien im Kleinen Norden (S. 231).

Surfen und Kitesurfen

Angesichts der Länge der Küste verwundert es nicht, dass es in Chile Spots gibt, in denen gute Surfbedingungen herrschen. Im Zentrum des Landes ist das kleine Fischerdorf Pichilemu 200 km südlich von Valparaíso mit seinen Brechern zu einem Surfmekka aufgestiegen. Hier werden auch die chilenischen Meisterschaften ausgetragen. Im Norden hat Iquique Surfstrände mitten in der Stadt. Wegen der Seeigel sollte man aber Handschuhe tragen.

Der Pazifik ist eher kühl, sodass fast überall ein Neopren-Anzug getragen werden muss. Erst ganz im Norden, in Arica, ist das Wasser recht

Baden

Durch den antarktischen Humboldtstrom ist die Wassertemperatur des Pazifiks bis auf den hohen Norden für die meisten kein Vergnügen (max. 16 °C). Allenfalls in Iquique und Arica sind es bis zu 22 °C.
Vorsicht vor dem stellenweise starken Wellengang und vor den Felsküsten. Ruhig und meist spiegelglatt hingegen sind die vielen Seen im Kleinen Süden.

warm. Bretter und Anzüge können meist vor Ort ausgeliehen werden; besonders im Sommer wimmelt es an den Stränden von Anbietern, vor allem im nördlichen Chile.

Auch Kitesurfen kann man im Norden und im Zentrum (Matanzas, La Vega de Pupuya und La Boca de Rapel sind die beliebtesten Spots) an den Stränden der Küste und im Kleinen Süden auf Seen.

Tanzen

Den chilenischen Nationaltanz, die hüpfende Cueca, kann man am besten am Nationalfeiertag (S. 49) ausprobieren. Außerdem gibt's Volkstanz in den Peñas (Restaurants mit Tanzkapelle). Tangobars und Salsatecas finden sich in Santiago. In Diskotheken wird schnell Kontakt geschlossen. Chilenen sind sangesfreudig und absolut keine Tanzmuffel!

Schwimmen und Tauchen

Die Küste Chiles scheint mit ihren 6435 km endlos und ist sicher eine der wildesten des Planeten. Das Meer kann ruhig und kristallklar sein, aber auch stürmisch mit extremen Strömungen und tückischen Bedingungen. Deshalb stehen an vielen Stränden Schilder: *apto para bañar* bedeutet zum Schwimmen geeignet, *no apto para bañar* nicht geeignet, woran man sich auch

Die beste Zeit zum Surfen ist von Oktober bis März.

Tipps rund ums Wandern und Zelten

Jedes Jahr verirren sich Wanderer, deshalb besser **Wanderkarten** mitbringen, ob analog oder digital, auch wenn CONAF in den Parks meist Karten hat. Ein Kompass und GPS sind nur sinnvoll, wenn man damit umgehen kann. Ratsam ist es, den Umgang nicht erst in der patagonischen Wildnis auszuprobieren. Empfehlenswert ist auch, sich immer bei der Unterkunft und beim Parkeingang abzumelden und dort die geplante Route mitzuteilen, was in einigen Parks auch Pflicht ist.

Jeder Nationalpark hat seine eigenen Regeln, normalerweise ist **Campen** nur an den zugelassenen Zeltplätzen erlaubt. Wenn man außerhalb eines Parks zeltet, sollte die Feldtoilette 200 m von einer Wasserquelle (auch Fluss) liegen. Ein Loch graben und den Inhalt bei Zeltabbruch verschließen.

Vorsicht mit **Feuer**: Auch die feuchten Valdivianischen Regenwälder können schnell brennen. Also: Kocher außerhalb des Zelts benutzen, Kocher und Feuerstelle mit Steinen kipp- und windsicher gestalten und immer Löschsand oder -wasser bereithalten. Außerdem sollte die Kochstelle immer im Windschatten sein. Wegen der Mäuse am besten keine Essensreste zurücklassen, sondern vergraben. Müll nimmt man natürlich mit. Achtung beim Campen an Flüssen, denn Hochwasser können überraschend eintreten. Das Gelände vorher beobachten, um eventuelle Wasserhöchststände am Ufer zu sehen und einen sicheren Platz auszuwählen.

Mosquitos und Bremsen sind im Norden kaum verbreitet, im Seengebiet kann an feuchten Orten die Pferdebremse (Tábano) hingegen etwas lästig werden. Sie taucht zur Weihnachtszeit auf, lebt dann aber nur die folgenden sechs Wochen. Ihren Stich spürt man, er ist aber nicht giftig. Wenn man Wege wählt, die zu Kämmen und Aussichtspunkten führen, sollte man eine Windjacke dabeihaben, ggf. auch Regenkleidung. Auf allen Wanderungen ist Wasser mitzunehmen, mind. 2 l pro Tag. Keine Blumen pflücken oder Steine abbrechen! Das **Sammeln von archäologischem Material ist streng verboten**. Die besuchten Orte sollte man in besserem Zustand verlassen, als man sie vorgefunden hat, z. B. vorgefundenen Müll mitnehmen. Die Outdoor-Schule NOLS, 💻 www.nols.edu (engl.), empfiehlt, **Wanderwege** oder Spuren zu nutzen, sofern vorhanden. Wenn keine Spuren vorhanden sind und man mit mehreren Personen wandert, sollte die Gruppe sich streuen, um keinen Weg plattzutreten. Im Übrigen sollten angelegte Wege benutzt werden (in Parks Pflicht).

Wenn sich keine Brücke oder Furt findet, sollten breite Bäche nur mit gelöstem Hüftgurt und bis max. Hüfttiefe durchquert werden, am besten diagonal gegen den Strom. **Wasser** aus Teichen, Seen oder Bächen ist generell kein Trinkwasser: Selbst in Patagonien kann flussaufwärts ein totes Tier darin modern. Im Norden ist das Flusswasser meistens salzig. Wasser sollte abgekocht werden (5 Min.), um es keimfrei zu machen, alternativ Entkeimungspräparate benutzen, z. B. Silbernitrat, Jodlösung oder Chlor (bekommt man in jedem Supermarkt).

besser halten sollte. *Peligro* bedeutet sogar Lebensgefahr.

Tauchen *(buceo)* ist nichts für Anfänger. Man sollte schon viel Erfahrung mit extremen Bedingungen gesammelt haben, dann aber kann man in den kalten Fluten eine Menge entdecken: Algenwälder wiegen sich sanft in der Meeresströmung, Seehunde, Delfine und Pinguine gleiten elegant durchs Wasser. Ein guter Spot mit mehreren Tauchveranstaltern ist Punta de Choros beim **Nationalpark Pingüinos de Humboldt**. Einführungen und Tauchgänge werden inkl. Ausrüstung um US$50–70 angeboten. 💻 www.refugiohumboldt.cl, und 💻 www.memoruz.cl.

Rund um **Rapa Nui (Osterinsel)** ermöglicht das milde und kristallklare Wasser eine Sicht von 40–60 m. Dort gibt es geheimnisvolle Höhlen und den versunkenen Moai am Riff von Las Áncoras zu entdecken (S. 469)

Auch der **Juan Fernández Archipel** lädt mit glasklarem Wasser ein. Dort kannst du Muränen und Langusten sehen und mit den verspielten Seebären tauchen.

Tauchen wird in Arica, Iquique, Antofagasta, Coquimbo/La Serena, Bahía Inglesa und auch in Pucón im Seengebiet angeboten. Ein kompletter Kurs kostet um US$400.

Wandern

Chile hat Hunderte Wanderwege, wenn nicht gar Tausende. Die bekanntesten sind sicher die im **Nationalpark Torres del Paine im Großen Süden** – für viele eines der ganz großen Sehnsuchtsziele. Nicht ganz so weit entfernt, aber ebenfalls traumhaft schön sind die Wanderrouten **im Kleinen Süden**, wo sich in dichten Wäldern unter schneebedeckten Vulkanen ein Nationalpark an den nächsten reiht, fast alle garniert mit klaren Gebirgsbächen, reißenden Flüssen und Wasserfällen.

Bis zu den 200-Jahr-Feierlichkeiten 2010 sollte eigentlich der **Sendero de Chile**, ein von Norden nach Süden durchgängiger Fernwanderweg, fertiggestellt sein. Das Projekt stockt jedoch; bislang sind bloß Teilstrecken fertig. Mit Nebenstrecken soll er fast 8500 km lang werden. Infos: 💻 www.fundacionsenderodechile.org.

Das Liegenschaftsamt **Bienes Nacionales** hat mehrere Dutzend Wanderwege *(rutas patrimoniales)* erstellt, die als PDF mit Karten und Beschreibungen (englisch) unter 💻 https://rutas.bienes.cl heruntergeladen werden können. Diese **Rutas Patrimoniales** laufen geschichtlich oder archäologisch wichtige Stellen an, so z. B. eine Strecke auf Rapa Nui (Osterinsel), durch die Altstadt Valparaísos oder durch Salpeterminen.

Empfohlen sei auch das Aktivportal **Trekkingchile** (S. 68).

Tolle Wandergebiete

- **Großer Norden**: Umgebung Putre und Lauca-Park, San Pedro de Atacama, Pan de Azúcar bei Chañaral
- **Kleiner Norden**: Valles del Río Huasco bei Vallenar, Valle del Elqui bei La Serena
- **Um Santiago**: Nationalpark La Campana, Cajon del Maipo
- **Zentralchile**: Umgebung Los Andes und Gletscher Juncal, Talca: Condor-Trek
- **Kleiner Süden**: Nationalpark Conguilillo bei Temuco; Nationalpark Villarrica, Nationalpark Puyehue und Antillanca bei Osorno; Isla Chiloé
- **Großer Süden**: Nationalpark Pumalín bei Chaitén; Río Simpson und Cerro Castillo bei Coyhaique; Nationalpark Torres del Paine bei Puerto Natales

Telefon und Internet

Das chilenische **Mobilfunknetz** funktioniert sehr gut, nur in wirklich abgelegenen Gebieten hat es Lücken. Für das eigene Handy kann man für wenige Pesos eine Prepaid-Karte *(tarjeta prepago)* kaufen, die man an vielen Kiosken oder in den Filialen der Anbiete aufladen kann. Die Verkäufer helfen, die Karte zu aktivieren. Dann kann man nicht nur telefonieren, sondern auch Online-Navigationssysteme nutzen, Die größten Anbieter sind **Entel, Claró und Movistar**. Alle funktionieren gut, sobald besiedeltes Gebiet erreicht wird. Angeblich funktioniert Entel im tiefen Süden am besten.

Bei seiner eigenen Telefongesellschaft in Europa **International Roaming** zu beantragen, ist in der Regel deutlich teurer.

Wer länger als 30 Tage im Land bleibt, muss sein Handy **registrieren lassen**. Dazu muss man mit den persönlichen Dokumenten in eine Filiale seines Anbieters gehen und ggf. die Rechnung über den Kauf des Handys vorzeigen.

Handy-Nummern sind in Chile 9-stellig und beginnen immer mit einer 9, gefolgt von der achtstelligen Rufnummer. Wer vom Festnetz eine Handynummer anrufen möchte, muss vor dieser Nummer noch eine 0 wählen. Von Handy zu Handy fällt die 0 weg. Vom Hotel aus sollte man sich vorab über die Tarife informieren.

Um andere Regionen im Land anzurufen, ist die Ortsdurchwahl (ohne Null) zu wählen, also z. B. 2 (Vorwahl Santiago) oder für andere Großstädte eine zweistellige Vorwahl. Dann folgt die Nummer 1234-5678.

Für Auslandsgespräche telefoniert mam günstigsten über das eigene Handy mit einer IP-Application wie Skype. **WLAN** (in Südamerika WiFi genannt) hat man fast überall: In jedem Hotel, an

Wichtige Telefonnummern

Vorwahl nach Chile	✆ 0056
Vorwahlen von Chile nach	
Deutschland	✆ 0049
Österreich	✆ 0043
Schweiz	✆ 0041
Notrufnummern	
Polizei (Carabineros)	✆ 133
Feuerwehr	✆ 132
Ambulanz	✆ 131

den meisten Flughäfen, in einigen Busbahnhöfen, Bibliotheken und Restaurants und natürlich in allen Hotels, Privatwohnungen und Hostels.

Transport

Wie in fast allen Ländern Südamerikas dominieren Busseden privaten Personenverkehr. Chile hat dabei sicherlich eines der zuverlässigsten Bussysteme. Für europäische Verhältnisse sind die Busse auch außergewöhnlich komfortabel. Die Preise variieren, liegen aber in der Regel um die Hälfte unter den Flugpreisen. Um Chile von Norden nach Süden mit dem Bus zu bereisen, braucht man allerdings viel Geduld und Sitzfleisch (von Santiago bis Arica sind es 30 Stunden!).

Wer nach Süd-Patagonien möchte, muss mit dem Bus über Argentinien fahren, denn es gibt keine Straßenverbindung von Santiago bis Punta Arenas. Es empfiehlt sich also für kürzere Strecken der Bus, für längere das Flugzeug, auch wenn der Bus umweltfreundlicher ist und die Beobachtung der wechselnden Landschaft erlaubt.

Nahverkehr

Taxis sind nicht so günstig wie in anderen Ländern Südamerikas, aber sauber und zuverlässig. Sie sind schwarz mit gelbem Dach und meist ziemlich modern. Die Taxitarife sind regional sehr unterschiedlich. Daneben gibt es in einigen Städten die schnellen **Colectivos** (Sammeltaxis): gleicher Anstrich, aber mit Nummer und den Namen der großen Straßen bzw. Bereichen der Stadt, die sie auf einer festen Route anfahren. Sie befördern bis zu vier Personen. Der Preis wird durch alle Fahrgäste geteilt. Ihr Streckennetz ist für Ortsunkundige aber nicht leicht zu verstehen.

Für längere Strecken ist **Uber** die günstigere Alternative. Uber funktioniert, war aber bis zuletzt nicht legal.

Die **Metro von Santiago de Chile** (Mo–Fr 6–23 Uhr, Sa 6.30–23 und So 8–23 Uhr) ist schnell und sauber. im Zentrum fährt sie aber leider nur unterirdisch. Zu den Stoßzeiten sind die Wagen meist überfüllt; besonders die Linie 1, an der sich die ganzen Bus-Terminals befinden, ist davon betroffen. Man sollte beachten, dass man sie zu diesen Zeiten (Mo–Fr 7–9, 18–20 Uhr) mit Gepäck praktisch nicht nutzen kann. Trotzdem ist die Metro am Tage als Transportmittel in der Stadt unschlagbar schnell und preiswert. Pro Fahrt kostet sie je nach Tageszeit 640–800 CLP. Vor der ersten Fahrt musst du dir eine aufladbare Magnetkarte kaufen (1550 CLP). Mit Bargeld kannst du keine Fahrten mehr bezahlen. 💻 www.metro.cl.

Stadtbusse, auch Micros genannt, befahren die in der Windschutzscheibe angezeigten Straßen. Sie sind recht preiswert (550–800 CLP). Bei der Orientierung im Großstadtdschungel von Santiago hilft die AppTranssantiago Bus Checker.

In vielen Städten gibt es neben dem Busbahnhof für Langstrecken ein **Terminal Rural**, das wegen der hohen Frequenz der Kleinbusse, die Ziele in der näheren Umgebung bedienen, manchmal ein wenig chaotisch erscheinen kann.

Überlandbusse

Die modernen Busse verfügen über Klimaanlage, TV, manchmal WLAN und oft USB-Steckplätze. Bei der Gepäckaufgabe erhält man einen Zettel mit einer Nummer, gegen dessen Vorlage man das Gepäck bei Ankunft zurückerhält.

Die **Busbahnhöfe** („Terminal", plural Terminales, manchmal auch Rodoviario) sind meist mit Toiletten (in der Regel um 500 CLP), Gepäckaufbewahrung (nach den Öffnungszeiten fragen!), Duschen (2000–3000 CLP, oft mit Handtuch und Shampoo), Restaurant, Cafeteria und oft eigenem WLAN ausgestattet.

Die Fahrer dürfen nicht über 100 km/h fahren. Im Fahrgastraum gibt es oft eine Geschwindigkeitsanzeige. Da bei den Überlandreisen viele Busbahnhöfe kurz angelaufen werden müssen, kommen fliegende Händler an Bord, die vom Kaugummi bis zum Sandwich alles verkaufen. An den Terminales stehen zu fast jeder Uhrzeit Kaffeeverkäufer mit Thermoskannen bereit, die auch Sandwiches oder, vor allem im Süden, Kuchen anbieten.

Preislich sind die Busse meist etwas billiger als Inlandflüge, es sei denn, man entscheidet sich für die Kategorie „Salon-Cama" mit ledergepolsterten Liegesitzen. Bei langen Reisen werden oft einfache Snacks und auch Frühstück serviert. Dringend empfohlen ist, während der vielen Pausen auf sein Handgepäck aufzupassen und sich für Nachtfahrten etwas zum Überziehen mitzunehmen, da die Klimaanlagen oft bis zum Anschlag aufgedreht werden.

Die größeren Busunternehmen haben eigene Webseiten, die ihre Strecken, Abfahrtszeiten und Tarife zeigen, auf denen man die Tickets nach Eingabe der Passdaten auch gleich per Kreditkarte oder PayPal kaufen kann.

Portale wie das global funktionierende 💻 www.rome2rio.com, oder die lokalen 💻 www.recorrido.cl und 💻 www.pasajebus.com listen Busverbindungen für ganz Chile und in das benachbarte Ausland, allerdings umfasst keins der Portale alle Unternehmen. Um möglichst alle Verbindungen zu bekommen, sollte man mehrere Portale vergleichen. Und auch die Seiten der Busunternehmen besuchen. Auf fast allen Seiten kannst du Tickets per Kreditkarte, bei manchen auch per PayPal kaufen. Sollte man in Gegenden sein, in denen es keine Büros *(agencias)* der Busunternehmen gibt, kann man bei vielen Unternehmen das Ticket auch noch im Bus kaufen.

Die wichtigsten Busunternehmen zwischen Arica im Norden und Puerto Montt sind **Turbus** 💻 www.new.turbus.cl, und **Pullman Bus**, 💻 www.pullmanbus.cl. Beide bieten ordentliche Qualität und viele Verbindungen zu verschiedenen Preisen. Vergleichen kann sich lohnen.

Vor den langen Fahrten in Nord-Süd-Richtung sollte man sich überlegen, auf welcher Seite man im Bus sitzen sollte und die zu erwartende Landschaft und den Sonnenstand berücksichtigen, denn die Sonne könnte einen über Stunden durchs Fenster brennend begleiten.

Busse: teure Ferien

Nicht wundern: Während der chilenischen Ferien und an langen Wochenenden kann der Busfahrpreis um 50 % höher ausfallen! Ebenso die Ticketpreise der Streckenabschnitte.

Eisenbahn

Viele Möglichkeiten mit einer Bahn zu fahren, gibt es in Chile nicht. Ganz im Norden kann man mit peruanischen Zügen von **Arica** über die Grenze nach **Tacna in Peru** und zurück fahren.

Die staatliche **Empresa Ferrocarril del Estado** (EFE) bietet einen guten Service von Santiago nach **Rancagua** oder **Talca**, von wo aus Anschluss nach **Constitución** an der Küste besteht, oder sogar bis nach **Chillán**. Eine schöne Strecke entlang der Küste verbindet die Metro der Nachbarstädte **Valparaíso** und **Viña del Mar**, für die man sich eine (günstige) Magnetkarte kaufen muss. Sie führt weitere ins Binnenland bis nach Limache.

Der Biotren im Großraum Concepción verfügt über 25 Stationen auf zwei Linien. Er verbindet das Zentrum von Chiles zweitgrößter Stadt mit der benachbarten Hafenstadt **Talcahuano**. Im Mapuche-Gebiet des Kleinen Südens verbindet der *Tren de la Araucanía* die Provinzhauptstadt **Temuco** mit Victoria 65 km weiter nördlich.

Darüber hinaus befahren einige Züge touristisch interessante Routen, allerdings meist unregelmäßig, oft nur in der Hauptsaison im Januar und teils zu stattlichen Preisen. Folgende Routen sind im Angebot: Arica–Poconchile, Los Andes–Río Blanco, Santiago–San Antonio (Expreso del

Dieses Dampfross fuhr schon im 19. Jahrhundert von Arica nach La Paz in Bolivien.

Recuerdo), auch nach Limache, Santiago–San Fernando (Sabores del Valle), Santiago–Molina (Sabores del Maule). Infos zu allen Zügen: 💻 www.efe.cl.

Schiffe und Fähren

Kreuzfahrtschiffe laufen je nach Route folgende Häfen an (von Norden nach Süden): Arica, Iquique, Coquimbo/La Serena, Valparaíso oder San Antonio, Puerto Montt, Puerto Chacabuco, Punta Arenas. Dabei liegen die Häfen in 1–2 Tagen Entfernung und es werden unterhaltsame Landgänge angeboten. Einen besonderen Reiz stellt für manche die Umrundung Südamerikas um das sagenhafte Kap Hoorn dar, wo etwa 200 Schiffe gesunken sind.

Alternative: Ab Punta Arenas gibt es 2–4-tägige kleine Kreuzfahrten zum „Kap" (S. 440). Wer in die Antarktis reisen möchte, sollte vorher die Eisklasse des Schiffs und die Jahreszeit (am besten im Januar und Februar) abstimmen.

Um Chiloé oder die Carretera Austral im Süden zu bereisen, ist man häufig auf Fähren angewiesen, um die Fjorde oder Flüsse zu überqueren. Unfälle sind höchst selten, die Preise sehr unterschiedlich (siehe Regionalkapitel). Um die Fjordlandschaft Patagoniens per Schiff zu bereisen, gibt es ab Puerto Montt **Navimag**, 💻 www.navimag.cl, die ab Ende Oktober jeden Dienstag in drei Nächten und vier Tagen bis Puerto Natales fahren.

Naviera Austral verbindet im Sommer Puerto Montt, die Isla Chiloé (Castro und Quellón) und Chaiténim Norden der Carretera Austral, 💻 www.navieraustral.cl.

Luxusprogramme in den Fjorden

Loberías del Sur, Pedro de Valdivia 0210, Providencia, ☎ 2-2231-1902, 💻 www.loberiasdelsur.cl. Diverse Routen unterschiedlicher Dauer. U. a. Puerto Chacabuco, Capillas de Mármol, Laguna San Rafael. 7 Nächte ab US$2000.

Cruceros Australis, 💻 www.australis.com. Von Okt–April u. a. Punta Arenas–Ushuaia (Argentinien) 4 Nächte ab US$1600.

Inlandflüge

Flüge innerhalb Chiles sind nicht nur supergünstig, sondern auch wunderschön, denn man kann die großartigen Landschaften von oben sehen – entweder die Küstenlinie des Pazifiks oder die Anden mit ihren Vulkanen.

LATAM, 💻 www.latam.com, ist die größte Fluggesellschaft Südamerikas. Sie ist i.d.R. pünktlich und zuverlässig, preislich aber meist höher angesiedelt. Seit der deutschstämmige Kaufmann Jürgen Paulmann 2001 **Sky Airlines**, 💻 www.skyairline.cl, gründete, kann man günstiger fliegen. Selbst nach Arica (2 1/2 Std.) oder Punta Arenas (3 Std.) gibt es häufig Tickets für US$25–35. Und nachdem 2017 **Jetsmart**, 💻 www.jetsmart.com, auch noch auf den Markt gekommen ist, findet ein kundenfreundlicher Preiskampf der drei Airlines statt.

Zur **Osterinsel** gelangt man nur mit LATAM, 1–2 tgl. ab Santiago (5 Std.). Die Preise variieren stark und können von US$300 in der NS von Mai–Aug bis zu US$1200 in der HS Sep–April hin und zurück reichen.

Um auf die **Carretera Austral** zu gelangen, fliegt man zu ihrem nördlichen Startpunkt Puerto Montt oder nach Balmaceda, dem Flughafen 55 km südöstlich von Coyhaique im Zentrum der Carretera. Von dort bedient **DAP**, 💻 www.dap airline.com, die noch weiter südlich liegenden Ziele Punta Arenas sowie Porvenir und Puerto Williams auf Feuerland. Auch mehrtägige Rundflüge zum Kap Hoorn und in die Antarktis können bei DAP gechartert werden.

Zur **Isla Robinson Crusoe** des **Juan-Fernández-Archipels** fliegen Aero Cardal, 💻 www.aerocardal.com und Aerolassa, 💻 www.aero lassa.cl.

Autofahren und Verkehr

Autofahren ist in Chile relativ sicher, für südamerikanische Verhältnisse fahren die Chilenen recht diszipliniert. Die Bußgelder sind hoch. Allerdings halten in Santiago viele 70 km/h für angemessen. Die **Verkehrsregeln** sind im Allgemeinen wie in Mitteleuropa, aber zusätzlich zum Handy ist es unter gewissen Umständen auch verboten, eine Zigarette oder andere Gegenstände in der Hand zu halten, z. B. eine Cola-Dose oder ein Sandwich. Auf Landstraßen ist tagsüber Abblendlicht Vorschrift. Selbstfahrer, die auch **Pisten** nicht scheuen, sollten beim Automieten auf genügend Bodenfreiheit achten. Beim Fahren auf Schotterpisten ist es besser, vor jeder Kurve runterzuschalten und mit Motorbremse zu fahren. Immer aufmerksam bleiben, denn die Pisten können neben Waschbrettern *(ripios)* auch Untiefen und Schlaglöcher haben! Außerdem können in ländlichen Gebieten urplötzlich spielende Kinder, Radfahrer und Pferde auftauchen.

Wer mit eigenem oder gemietetem Auto unterwegs ist, sollte Extrageld für die vielen **Mautstationen** *(peaje)* rund um Santiago und nach Norden bis La Serena, im Süden bis Puerto Montt, berücksichtigen.

In vielen südamerikanischen Städten gibt es überwiegend Einbahnstraßen, was nicht alle Navis immer und auch Google Maps nicht zuverlässig anzeigen. Vor allem fehlt das bekannte „Nicht Einfahren"-Schild – es gibt nur kleine Richtungsschilder.

Mietwagen sind nicht billig. Schon ein Kleinwagen kostet ab US$65 pro Tag, Camper (sehr lange im Voraus reservieren) ab US$65–90 pro Tag. Die großen internationalen Mietwagenfirmen (Hertz bzw. Mitta, Europcar, Econorent, Avis/Budget) sind überall im Land und an den Flughäfen vertreten. Einheimische Vermieter sind 💻 www.united-chile.com und 💻 www.chileanrentacar.cl.

Gute Anbieter für die Vermietung von Campern sind 💻 www.soulvans.com und 💻 www.andescampers.com.

Bei der Vermietung wird eine Kreditkarte verlangt, Mindestalter ist in der Regel 22 Jahre, ein europäischer Führerschein reicht meistens aus. Es ist ratsam, gleichzeitig eine zusätzliche **Vollkaskoversicherung** abzuschließen. Wichtig ist, bei der Entgegennahme des Fahrzeugs etwaige Schäden im Protokoll festzuhalten, ggf. Fotos von Schäden zu machen, und Reparaturwerkzeug und Verbandskasten auf Vollständigkeit, Räder und (Ersatz-)Reifen auf Zustand zu kontrollieren! Einwegmieten sind sehr teuer, da der Vermieter das Fahrzeug zurückholen muss.

Für Fahrten nach Argentinien oder in andere **Nachbarländer** mit Mietwagen sind eine notarielle Erlaubnis und eine internationale Haftpflichtversicherung („Mercosur") erforderlich, die im Moment der Anmietung beantragt werden müssen. Für Bolivien bekommt man diese Genehmigung in der Regel nicht.

Wer längerfristig in Chile ist, kann einen **Gebrauchtwagen** kaufen (und am Ende der Reise wieder verkaufen). Man braucht dazu eine Steuernummer (die sogenannte RUT), die man in jedem Finanzamt bekommt (Servicio de Impuestos Internos). Als preiswert improvisierbare Camper mit guter Wiederverkaufsmöglichkeit haben sich die brasilianischen VW-Busse bewährt, die dem T1-Modell entsprechen. Sie kosten meist um US$4000. Falls sie nicht gut in Schuss sind, sollte man Bremsen, Laufwerk, Steuerung und Motor überholen lassen, was meist um US$1500 kostet. Achtung in Werkstätten: Nur anzahlen oder besser selbst Ersatzteile besorgen und ersetzte (alte) Teile vorzeigen lassen. Mit 7–10 Tagen Zeitaufwand muss man für die Überholung rechnen. Geduld und gute Laune sollte man auch mitbringen.

Nicht vergessen: Die Strecken in Chile können sehr lang sein und man muss immer konzentriert bleiben. Auch können heftige Winde von der Seite kommen. Bei vielen Passagen in den Anden oder auf der Carretera Austral muss man wissen, dass sich der Fahrspaß auf Pisten in sehr engen Grenzen hält, besonders mit einem herkömmlichen Fahrzeug. Man kann auch fast nirgends einfach abbiegen und ist wieder auf einer asphaltierten Straße.

Wenn ihr in den Bergen ein Problem mit dem Auto habt, solltet ihr es nicht verlassen und einfach loslaufen. Besser am Fahrzeug bleiben, da es im Notfall, etwa bei Wetterumschwüngen, Schutz bieten kann.

Motorrad

Für Motorradfahrer sind die landschaftlichen Reize Chiles ein absolutes Highlight und die Carretera Austral die ultimative Erfahrung.

Doch die langen Strecken bergen natürlich auch Gefahren, die immer wieder auftretenden Straßenschäden erfordern ständige Konzentration. Dazu kommen hochgewirbelte Steinchen, übermüdete Bus- und Lkw-Fahrer und besonders in Küstennähe oft Nebel, im Süden auch Regen. Gutes Material ist zwingend erforderlich.

Motorradvermieter

🖳 **www.motoaventura.cl** (deutsch)
Offizieller BMW-Partner in Santiago, zwischen US$165 (Honda CB500X) und US$250 (BMW R1250 GS) pro Tag.
Av. Las Condes 7780. Santiago.
🕒 Mo–Fr 10–19.30, Sa 10–14 Uhr.

🖳 **www.ride-chile.com**
Alcalde Francisco Domínguez 2240, La Reina.,
🕒 Mo–Sa 9–18.30 Uhr.

Fahrrad

Fahrradfahrer sind gerade auf den langen, schattenlosen Strecken im Norden eine Seltenheit und werden oft gefährlich nahe überholt: Vorsicht vor dem Sogeffekt! Abhilfe kann ein Abstandshalter bringen, der das Gepäck um 50 cm überragt.

Aufgrund der langen Strecken ist das Fahrrad sicher nicht das ideale Verkehrsmittel. Es gibt aber Reisende, die es favorisieren und über genügend Zeit verfügen. Schöne kürzere Strecken findet man in der Gegend um La Serena (Kleiner Norden) und in derUmgebung Santiagos bis in das Seengebiet des Kleinen Südens. Um Santiago herum muss man sich Strecken aussuchen, die fürs Fahrrad geeignet sind, da es aufgrund des starken Verkehrs unangenehm werden kann.

Richtung Norden müsst ihr genügend Wasser mitnehmen, es gibt so gut wie keinen Schatten – in der Wüste ist mit 5 l pro Tag zu rechnen!

Wer nicht sein eigenes Rad mitbringen möchte, schaut in Santiago, wo es spezialisierte Radläden gibt, z. B. **Echard Bikecenter**, Av. Vitacura 4030, 🖳 www.bikecenter.cl, 🕒 Mo–Fr 11–19, Sa 10–14 Uhr, oder in den Filialen von **Altered Bikes**, 🖳 www.altered.cl. Radtaschen bekommt man zum Beispiel bei 🖳 www.andesgear.cl. Ein eigenes Reparaturset sollte man natürlich immer dabeihaben.

Südamerika mit dem Fahrrad „erfahren"

© UWE ELLGER

Eine der schönsten Möglichkeiten ein Land zu „erfahren" bietet sportlichen Menschen das Fahrrad. Es ist allerdings nicht ganz einfach, geeignete **Räder und Ausrüstung** für anspruchsvolle Touren in Südamerika zu kaufen. In großen Städten werden oftmals Räder der amerikanischen **MarkeTrek** verkauft. Sie sind gar nicht schlecht, leider aber teurer als in Europa.
Die meisten Fernradler bevorzugen es, ihre eigenen Räder und Ausrüstung von daheim mitzunehmen. Dass die Kosten für die **Mitnahme** bei den verschiedenen Airlines stark variieren, sollte man bereits

Übernachtung

Eine Vielzahl unterschiedlicher Unterkunftstypen steht zur Wahl und für jedes Budget ist das Passende dabei. Wie überall auf der Welt ist die günstigste Möglichkeit das **Campen** (US$8–15 p. P.), für das es praktisch auf jedem Platz Schattenspender gibt, meist auch Strom und Grillmöglichkeiten. In **Hostels** teilt man sich i.d.R. ein Zimmer (Dormitorio) mit anderen Backpackern (US$10–20), in den typisch chilenischen Hostals gibt es hingegen Privatzimmer.

Um ein sauberes Doppelzimmer (DZ) mit Bad, Frühstück und angenehmer Einrichtung zu bekommen, muss man generell ab US$50–70 rechnen. Nach oben gibt es fast keine Grenze, US$ 400–500 kann man locker zahlen, wenn man mag und kann. In vielen Städten reihen sich rings um die Busbahnhöfe günstige Übernachtungsmöglichkeiten. Sie bieten in der Regel die schlechteste Qualität.

Portale wie 💻 www.booking.com oder 💻 www.hoteles.com, bei dem es jede zehnte Nacht gratis gibt, bieten sich exzellent für Preisvergleiche an und haben häufig richtig günstige Angebote.

Während der **Hochsaison** (HS; Mitte Dezember bis Ende Februar) ist in den interessanten Regionen mit vollen Hotels zu rechnen, daher besser vorher reservieren – im Nationalpark Torres del Paine ist das ganzjährig Pflicht. In der **Nebensaison** (NS, Okt/Nov, März/April) und dem Rest des Jahres kann man auch problemlos spontan buchen – und das praktisch im gesamten Land, selbst in den Top-Destinationen.

bei der Wahl der Fluglinie berücksichtigen. Einige Fluglinien nehmen Bikes sogar ohne Extrakosten im Freigepäck mit.
Die **Wahl des Rades** richtet sich natürlich nach der geplanten Route. Es ist durchaus möglich, ausschließlich auf Asphaltstraßen zu fahren. Wer sich allerdings für schwierige Pisten entscheidet, sollte ein sehr robustes Rad wählen. Besonders die Felgen, Speichen und Reifen müssen für extreme Belastung ausgelegt sein.

Die **beliebtesten Strecken** für Reiseradler in Südamerika sind:

- Die **Panamericana** von Alaska nach Feuerland: legendär, aber auf weiten Strecken eine langweilige Fernstraße und sehr stark von Autos befahren.
- Die **Carretera Austral** in Chile: eine der Traumstraßen der Welt, sehr schwer und oft Regen.
- Die **Ruta 40** in Argentinien führt von Nord nach Süd durch ganz Argentinien: mal ruhig, dann stark befahren. Viel Wind.
- Die **Lagunenroute** in Bolivien – vom Salar de Uyuni bis zur chilenischen Grenze bei San Pedro de Atacama. Sand, Stürme, in 4000–5000 m Höhe, extrem schwer.
- Die **Seenregion** (Chile / Argentinien): Berge, Seen, Wälder. Abwechslungsreich, moderat.

Rund um die Metropolen ist der **Verkehr** mitunter extrem und auch gefährlich. Diese Strecken evtl. mit öffentlichen Verkehrsmitteln überbrücken.
Wichtig ist, bei der Planung seiner Reiseroute auf die üblicherweise vorherrschende **Windrichtung** zu achten. Im Allgemeinen ist es einfacher, von Norden nach Süden bzw. von West nach Ost zu fahren.
Hilfe, Anregungen und Reiseberichte finden Abenteurer im größten deutschsprachigen Internetforum für Fernradler: 💻 www.rad-forum.de.

Ein Beitrag von Uwe Ellger

In den wenigsten Hotels wird Deutsch gesprochen, ab drei Sternen und in Hostels aber fast immer Englisch.

SERNATUR hat eine Liste von Unterkünften mit Qualitätssiegel (Con Sello de Calidad Turística) und mit einem **Siegel für Nachhaltigkeit** (Con Sello de Sustentabilidad Turística), darunter auch Hostals und Hostels, zwischen denen es keine eindeutige Unterscheidung gibt.

Hostels

Hostels funktionieren wie überall auf der Welt: Wunderbar kreativ gestaltete Einrichtungen, junge, aufgeschlossene Leute aus aller Welt, darunter viele Südamerikaner, die gerne Englisch sprechen und mit ihrer Lebensfreude anstecken wirken. Küchenbenutzung, lässige Aufenthaltsräume und coole Musik. Oft finden sich Gruppen für gemeinsame Unternehmungen zusammen, was angesichts der Entfernungen und Kosten einen zusätzlichen Wert schafft. Die Schlafsäle sind meist für 4–8 Personen arrangiert, manchmal auch für 12. In der Regel gibt es für die Wertsachen Schließfächer *(lockers)*.

Hosteling International (HI)-Mitglieder bekommen in angeschlossenen Hostels Rabatt. Das zuverlässige Buchungsportal ist seit vielen Jahren 💻 www.hostelworld.com.

Pensiones und Residenciales

Residenciales, **Hospedajes**, **Pensiones** und **Hostales** sind die einfachsten und günstigsten

Preiskategorien

Die Unterkünfte in diesem Buch werden nach den unten aufgeführten Kategorien eingeteilt. Die Preise beziehen sich dabei auf ein Doppelzimmer in der Hochsaison.

❶	bis US$30
❷	bis US$50
❸	bis US$75
❹	bis US$100
❺	bis US$140
❻	über US$140

Unterkünfte. Oft übernachten hier auch Arbeiter und Vertreter. In den entlegenen, weniger touristischen Dörfern der Anden gibt es oft kaum Alternativen. Preislich geht es ab US$15–20 pro Person mit Gemeinschaftsbad los. Einige bieten auch Doppelzimmer (DZ) ab US$25 mit Bad und Frühstück an. Oft ist Frühstück nicht im Preis inbegriffen und kostet US$3–5 zusätzlich für Kaffee oder Tee, Toast mit Butter und Marmelade, evtl. Rührei und Saft.

Hotels, Lodges, Resorts

Egal, in welcher Preisklasse – Hotels sind eigentlich immer sauber und gepflegt, in vielen Innenstädten aber schon ein wenig abgewohnt. Viele preiswerte **Hotels** sind meist um mindestens US$10 teurer als Hostals. Je nach Lage kosten ordentliche 3-Sterne-Hotels um US$80 die Nacht im DZ, die DZ-Preise in Luxushotels gehen bei US$200 los. In den Nationalparks, Reservaten oder an den Seen und Küsten bieten **Lodges oder Resorts** oft Pakete inklusive Ausflugsprogramm an. Von **Motels** ist abzuraten, da sie in Chile überwiegend als Stundenhotels genutzt werden.

Ein boomender Zweig sind **Boutique-Hotels**, Unterkünfte mit nicht allzu vielen Zimmern, aber schöner Gestaltung, verblüffender Kreativität und erstklassigem Service (DZ ab ca. US$100).

Wer auf Überraschungen lieber verzichten möchte, findet verlässliche Qualität in den landesweiten Hotelketten von **Diego de Almagro**, 🖳 www.dahoteles.com, auch in Express-Version. Mehr Stil haben regionale Ketten wie **Terrado**, 🖳 www.terrado.cl für Nordchile oder die ultimative Luxuskette **Dreams**, 🖳 www.mundodreams.com.

Aparthotels und Privatwohnungen

Aparthotels sind Mini-Apartments mit Kochnische und Kühlschrank. Anders als Apartments von Privatvermietern haben sie eine Rezeption, was die Schlüsselübergabe deutlich einfacher macht. Für die muss man sich mit Privatvermietern immer verabreden, wodurch schon mal unangenehme Wartezeiten entstehen können, weil man ja schließlich noch das Gepäck dabeihat.

€ Wer aber länger an einem Ort bleibt, für den sind Privatvermietungen großartig. Es gibt sogar professionelle Anbieter, die zum Beispiel im Zentrum von Santiago 2-Zimmer-Apartments ab US$25 vermieten – im 20. Stock mit Balkon! Kritik an Portalen wie 🖳 www.airbnb.com gibt es in Südamerika (noch) nicht. Man kann sie auch über 🖳 www.booking.com buchen.

Cabañas

Ferienbungalows sind gerade für Familien eine gute Alternative und daher auch bei Chilenen sehr beliebt, allerdings liegen sie meist etwas außerhalb, weshalb sie eher für Selbstfahrer geeignet sind. Cabañas gibt es meist für 2–6 Personen, Schlafzimmer, Wohnzimmer, Küche und Terrasse mit Grillplatz, Die Preise schwanken zwischen US$60 und US$200, abhängig von Lage und Saison. Wer auf Internet angewiesen ist, sollte den Vermieter vorher fragen, ob es in der Hütte funktioniert.

Refugios

Die CONAF unterhält in einigen Nationalparks einfache Hütten (sog. *refugios*), in denen Wanderer die Nacht verbringen können. Besser ist es,

Übernachten ohne Mehrwertsteuer

€ Als Ausländer braucht man in Hotels keine Mehrwertsteuer (auf Spanisch: Impuesto Valor Añadido, IVA) zu bezahlen. Allerdings muss man bar in US-Dollars oder per Kreditkarte in US-Dollars zahlen und (meistens) auch den PDI-Zettel, den man bei der Einreise bekommt, vorlegen.
Die Regelung gilt nur, wenn sich Hotels dafür beim Finanzamt registriert haben. Ein Hotel *muss* das nicht anbieten, außerdem bekommt man oft einen schlechteren Wechselkurs und zahlt dadurch am Ende fast gleich viel.

dort vorab zu reservieren. Infos: www.conaf.cl. Auch in privaten Naturschutzgebieten werden solche Refugios für Besucher angeboten.

Verhaltenstipps

Trinkgeld

In vielen Restaurants werden generell 10 % Trinkgeld erwartet, die auch schon im zahlbaren Betrag eingerechnet sind. Man wird vor dem Bezahlen meist gefragt, ob man es bezahlen möchte und lehnt es natürlich nur in ganz schlimmen Fällen ab, da das Trinkgeld hier Teil des Gehaltes der Kellner ist. An Supermarktkassen bessern sich Schüler:innen und Studierende ihre Finanzen auf, indem sie den Kunden die Einkäufe einpacken. Mit ein bisschen Kleingeld kannst du dich erkenntlich zeigen.

Bettler

Bettler, die einfach auf der Straße sitzen, gibt es nicht viele. Typisch sind eher arme Leute, die an den Busbahnhöfen um Geld bitten, weil sie sich angeblich eine Fahrkarte kaufen wollen. Das eigene Gefühl ist meist ein guter Ratgeber, ob man etwas geben sollte oder nicht. In Straßencafés und Kneipen kommt es vor, dass sich Verkäufer dazugesellen und Wundpflaster, Kaugummis oder Blumen anbieten. Wenn dieses Verhalten nicht zu aufdringlich oder dreist ist, kann man ruhig etwas kaufen und so wahrscheinlich eine gute Tat vollbringen.

Dasselbe gilt, wenn Mütter oder Kinder allein selbstgebackenes Brot, Empanadas oder Kuchen auf der Straße verkaufen, denn es geht hier um das Familieneinkommen. Kinderarbeit ist zwar verboten und in Chile insgesamt rar, aber im Falle des Kuchenverkaufs handelt es sich meist eher um eine vorübergehende Zwangslage.

Fotografieren

Militärische Anlagen zu fotografieren, ist streng verboten. Bei Personen, insbesondere Indigenen (und deren Kindern!) ist es angesagt, sich diesen erst einmal zu nähern, um Kontakt aufzunehmen und dann um Erlaubnis zu bitten. Selbst bei Tieren ist Vorsicht angesagt, wenn es sich um Haustiere in Indigenengebieten handelt.

Für kommerzielle Aufnahmen (auch Dokumentaraufnahmen) gelten lokal unterschiedliche Bedingungen. Hier sollte vorher mit SERNATUR Kontakt aufgenommen werden.

Behörden und Polizei

Die chilenischen Beamten gelten im Unterschied zu denen der Nachbarstaaten zumindest auf den unteren Ebenen als unbestechlich. Der Bestechungsversuch ist strafbar. Wenn die Papiere nicht stimmen oder etwas fehlt (z. B. bei der Ausreise die bei der Einreise auszufüllende Tarjeta de Turista), ist ein Lächeln weitaus wirksamer als unbeherrschtes Auftreten. Die Beamten sprechen in der Regel kein Englisch, daher ist bei Behördengängen ein Bekannter mit Spanischkenntnissen u. U. sehr hilfreich.

Pünktlichkeit

Minutengenauigkeit wie in Mitteleuropa erwartet niemand, aber es wird sich schon um Pünktlichkeit bemüht. Busse fahren oft auf die Minute genau ab. Bei Einladungen ins Haus ist Pünktlichkeit dagegen eher unerwünscht: Um die Gastgeber mit „vorzeitigem" Erscheinen nicht in Verlegenheit zu bringen, empfiehlt es sich, mindestens eine halbe Stunde später einzutreffen.

Sprache

Auch wenn es alles andere als einfach ist, das chilenische Castellano zu verstehen, lohnt es sich, wenigstens ein paar Ausdrücke und Begrüßungen zu lernen. Sprache öffnet wie überall auf der Welt Türen – und die Chilenen sind froh, ein bisschen Englisch dazuzugeben, und schon versteht man sich – der Abend ist gerettet! Näheres zum chilenischen Spanisch s. S. 480.

Toiletten

Überall im Land kostet ein Toilettenbesuch einen kleinen Obolus. Das ist auch okay, denn so erhält sich in den WCs auf öffentlichen Plätzen und in Busbahnhöfen fast immer ein akzeptables Maß an Sauberkeit. Dennoch empfiehlt es sich, immer ein wenig Toilettenpapier dabeizuhaben. Ein Fläschchen Hand-Desinfektionsmittel kann auch nicht schaden. Da viele Abwasserrohre, besonders in älteren Häusern, zu klein bemessen sind, wird auf Schildern gebeten, benutztes Papier bitte in den Abfalleimer zu werfen. Das ist nicht unbedingt appetitlich, verhindert aber verstopfte und überschwemmte Toiletten.

Versicherungen

Die meisten Versicherungen berechnen den Tarif nach der Dauer des Aufenthalts. Sie sollte auf jeden Fall einen kostenlosen Rücktransport im Notfall beinhalten. Stiftung Warentest hat im Mai 2019 verschiedene Anbieter von Langzeit-Reisekrankenversicherungen unter die Lupe genommen. Die Ergebnisse können unter www.test.de eingesehen werden.

Reisekrankenversicherung

Abgesehen von wenigen privaten Krankenversicherungen, übernimmt die heimische Versicherung normalerweise keine Behandlungs- und Krankentransportkosten im Ausland. Wer eine Auslandskrankenversicherung abschließt, muss im Behandlungsfall generell Vorkasse leisten, nachher wird im Heimatland die Erstattung beantragt. Einige Behandlungen sind allerdings ausgenommen (z. B. Zahnbehandlungen – außer im Notfall – und chronische Erkrankungen). Im Krankheitsfall sollten folgende Daten auf der Rechnung stehen, damit sie später akzeptiert wird:

- Name, Vorname, Geburtsdatum
- Behandlungsort, -datum
- Diagnose
- erbrachte Leistungen, möglichst detailliert und lesbar (Beratung, Behandlung, Medikamente, Laborkosten, Krankenhauskosten etc.)
- Adresse, Name des Krankenhauses/ der Arztpraxis
- Unterschrift des Arztes, Stempel

Reiserücktrittsversicherung

Diese Versicherung verspricht, die durch vorzeitigen Rücktritt von einer Reise verursachten Stornogebühren zu erstatten. Rücktrittsgründe können Krankheit, Schwangerschaft oder Tod eines Angehörigen sein. Die Prämie richtet sich nach dem Preis der Reise und der Höhe der Selbstbeteiligung. Bei Pauschalreisen ist meist ein Versicherungspaket inbegriffen, man sollte sich aber vorsichtshalber danach erkundigen. Auch Individualreisende können sich versichern.

Reisegepäckversicherung

Vor dem Abschluss einer Gepäckversicherung sollte man genau die Versicherungsbedingungen durchlesen – Deckungssumme, versicherte

Wertgegenstände, Ausnahmen vom Versicherungsfall bzw. wie das Gepäck und Wertgegenstände untergebracht sein müssen, damit es anschließend keine Probleme mit der Prämie gibt. Bargeld kann ohnehin nicht versichert werden, Kameras und Schmuck werden nur teilweise (nicht der Neuwert) erstattet.

Wer eine teure Kamera-Ausrüstung auf der Reise versichert haben möchte, kann eine gesonderte Fotoversicherung abschließen. Bei teurer Kleidung ist es besser, zu Hause über Quittungen zu verfügen. Sinnvoll kann sein, eine Liste seiner Wert- bzw. Gepäckgegenstände mit sich zu führen.

Visa

Für **Staatsangehörige** Deutschlands, Österreichs und der Schweiz gelten außer dem mindestens noch sechs Monate gültigen Reisepass keine besonderen Einreiseformalitäten, um ein 90-Tage-Visum als Tourist zu bekommen.

Bei der **Einreise** muss ein Formular ausgefüllt, für das man die „Tarjeta de Turismo" bekommt, die 90 Tage Aufenthalt gewährt. Diese Tarjeta ist unbedingt aufzubewahren, denn bei der Ausreise wird sie wieder verlangt. Bei Verlust sollte man schon vor der Ausreise bei der „Policía de Investigaciones (PDI)" (im Zentrum von Santiago, Morandé 672, ✆ 2-2680-9110, oder am Flughafen Santiago, ✆ 2-2690-1781, oder bei jeder PDI-Dienststelle in anderen Regionen einen Ersatzbeleg beantragen. Sonst muss man ein wenig länger für die Grenzformalitäten bei der Ausreise kalkulieren und sollte besser schon ein bisschen eher am am Flughafen sein.

Für **Job, Studium** und **Praktikumsaufenthalt** ist vorher ein entsprechendes Visum bei den chilenischen Behörden im Heimatland zu beantragen, was u. U. einige Wochen in Anspruch nehmen kann. In Deutschland werden nur Anträge akzepiert, die online gestellt wurden. Die Anträge bekommt man bei: 💻 www.echile.de und den Botschaften (Vertretungen Chiles, S. 43).

Reist ein **Minderjähriger** allein oder mit nur einem Elternteil, ist vorher in der chilenischen Botschaft oder im Konsulat eine Einverständniserklärung des anderen Elternteils oder beider (auf Spanisch) zu beglaubigen und mitzuführen.

Verlängerung

Wem 90 Tage nicht ausreichen, der kann sein Visum gegen eine Gebühr von US$100 im **Departamento de Extranjeria y Migración** in Santiago oder in anderen Regionen in der jeweiligen Gobernación Provincial um 90 Tage verlängern. Dafür werden der Reisepass im Original und der Einreiseschein verlangt. Auf der Webseite 💻 www.extranjeriachile.com lässt sich ein Verzeichnis der Behörden im ganzen Land einsehen. Unter „Trámites Turistas" kann man dort den Antrag auch online stellen, muss sich allerdings dafür registrieren und einen Termin reservieren. Adresse in Santiago: Matucana 1223. 🕒 Mo–Fr 8.30–14 Uhr.

Auch die Ausreise in Nachbarländer und Wiedereinreise ist möglich, allerdings könnten bei vielfacher Nutzung dieser Option u. U. neugierige Fragen der Grenzbeamten aufkommen.

Es ist möglich, dass Chile eine neues Migrationsgesetz (Ley de Migración) eingeführt wird. Daher muss man eine evtl. Verlängerung des Aufenthalts schon jetzt online über das Departamento de Extranjería, 💻 www.tramites.extranjeria.gob.cl, beantragen. Der Aufenthalt kann nicht mehr wie früher nach der Einreise verlängert werden. Auch ein Wechsel des Aufenthaltsstatus nach der Einreise ist nicht mehr möglich.

Weiterreise

Obwohl Chile für Wochen, wenn nicht Monate, tolle Ziele bietet, lohnt es sich, den Nachbarn einen Besuch abzustatten, denn auch die strotzen nur so vor Attraktionen.

Auf einer Länge von 6691 km verläuft die Grenze mit **Argentinien**. Im Süden, bei **El Calafate**, kann man den spektakulären Gletscher **Perito Moreno** besuchen und im Trekking-

Die Grenzübergänge auf den Höhenzügen der Anden sind eine Attraktion für sich.

Paradies **El Chaltén** den **Cerro Fitz Roy**, für viele das schönste Bergmassiv der Welt.

Von Santiago aus dauert die Busfahrt in Argentiniens Weinhauptstadt **Mendoza** nur sieben Stunden. 1000 km östlich liegt die Weltstadt **Buenos Aires** mit ihrer überwältigenden Kultur. Von San Pedro de Atacama aus ist die Andenüberquerung über den 4200 m hohen gut ausgebauten Paso de Jama unvergesslich und die Region um **Salta** eine der landschaftlich schönsten in ganz Argentinien.

Von Calama aus kann man in **Bolivien** die weltbekannte, gleißend weiße **Salzwüste Salar de Uyuni** besuchen, auch wenn die Fahrt über den Pass Ollagüe auf 3695 m kein Kinderspiel ist. Ein Erlebnis ist auch die Fahrt von Arica aus durch den Nationalpark Lauca nach **La Paz**.

Am leichtesten gelangt man nach **Peru**. In Arica bietet sich sogar die seltene Gelegenheit mit einem Zug zu fahren. Von der peruanischen Grenzstadt **Tacna** aus kann man hoch auf 3800 m über dem Meeresspiegel zum legendären **Titicaca-See** oder hinunter in den grandiosen **Colca-Canyon**, eine der tiefsten Schluchten der Welt – oder gleich durchstarten zu den Inka-Ruinen um **Cusco** mit dem sagenumwobenen **Machu Picchu**.

Für alle Grenzübergänge in den entlegenen Anden sollte man sich aktuelle Informationen vor Ort einholen sowie den Wetterbericht und die Öffnungszeiten beachten, 💻 www.pasosfronterizos.gov.cl. Auch sollte man sich über aktuelle Gesundheitsrisiken wie Denguefieber informieren.

Aktuelle Länderinformationen unter 💻 www.auswaertiges-amt.de, 💻 www.eda.admin.ch, 💻 www.bmeia.gv.at.

Argentinien

Für die Einreise wird der noch sechs Monate gültige Reisepass verlangt. In Argentinien speichert die Migraciones (die Migrationsbehörden) alle Ein- und Ausreisedaten seit dem Jahr 2022 in einem digitalen System. Es gibt keinen Stempel mehr, dafür aber 90 Tage Aufenthalt als Tourist. Im Nordwesten Argentiniens kam es seit Mitte 2022 vermehrt zu Fällen von Denguefieber.

Bolivien

Auch in Bolivien erhält man bei Vorlage des noch sechs Monate gültigen Reisepasses 90 Tage Aufenthalt. Bei der Ausreise aus Bolivien wird zudem eine geringe Stempelgebühr erhoben, die man besser abgezählt in bereits vorher getauschten Bolivianos bei sich hat.

In Bolivien sind alle Gebiete unterhalb von 2300 m und damit u. a. der gesamte bolivianische Amazonas Gelbfieberübertragungsgebiet. Daher wird grundsätzlich allen Reisenden dringend eine Gelbfieberimpfung empfohlen, bevor sie in diese Gebiete reisen. Auch Bolivien meldete im Jahr 2023 höhere Fallzahlen von Denguefieber.

Peru

Für die Weiterreise nach Peru wird der mindestens noch sechs Monate gültige Reisepass benötigt und normalerweise eine 90-tägige Aufenthaltsdauer gewährt, Welche Aufenthaltsdauer die Grenzbehörden genau in den Pass eintragen, sollte man kontrollieren. Gelegentlich müssen Einreisende ein Weiterreise- oder Rückflugticket vorlegen, obwohl das nicht den offiziellen Einreisevorschriften entspricht.

Bei Überschreitung der gewährten Aufenthaltsdauer müssen einige wenige Soles pro Tag der Überschreitung bezahlt werden. Auch bei Verlust der Einreisekarte (Tarjeta Andina de Migración) kann bei Ausreise eine Geldbuße erhoben werden.

Für Reisen in Gebiete unterhalb von 2300 m, u. a. ins Amazonasgebiet und nach Ayacucho, ist eine Gelbfieberimpfung empfohlen. Aus Peru kommend, kann der Nachweis der Impfung bei Weiterreise in ein anderes Land verlangt werden. Amazonasreisende sollten Malariaprophylaxe betreiben. Seit Anfang 2023 sind in Peru viele Fälle von Dengue-Fieber bekannt geworden. Informiert euch über die aktuelle Situation.

Zeit und Kalender

In Chile wie in den Nachbarländern gilt genauso wie in Europa der Gregorianische Kalender mit Schaltjahrausgleich. Der Zeitunterschied zu Mitteleuropa beträgt -4 Stunden im Südsommer und -6 Stunden im Südwinter. Beispiel: Ist es 18 Uhr in Berlin, ist es im Dezember 14 Uhr in Santiago, im Juli 12 Uhr. Der Unterschied vom chilenischen Festland zur Osterinsel und der Insel Salas und Gomez beträgt -2 Stunden. Ist es 12 Uhr in Santiago, so ist es auf der Osterinsel also erst 10 Uhr. Der Zeitpunkt für die Umstellung variiert. In der Regel beginnt die Sommerzeit Anfang September, wenn die Uhren um eine Stunde vorgestellt werden, und endet Anfang April, wenn die Uhren um eine Stunde zurückgestellt werden.

Zoll

Strengstens verboten ist die Einfuhr von geschützten Tieren oder Pflanzen und Saatgut. Da Chile lange Zeit durch Anden und Wüste von vielen Pflanzenschädlingen verschont geblieben ist, wird sehr viel Wert auf die Einhaltung der Bestimmungen über die Nichteinführung von Obst, Fleisch und Frischwaren sowie Holz (Kunsthandwerk!) aus dem Ausland gelegt. So ist auch die Einfuhr eines nicht deklarierten Apfels strafbar und wird geahndet! Wenn die Erklärungsvordrucke im Flugzeug verteilt werden, ist somit Aufessen angesagt. Allgemeine Infos unter 💻 www.aduana.cl.

Land und Leute

In Chile kann man vom ewigen Frühling bis zum ewigen Eis praktisch alle Klimazonen durchreisen und immer wählen, ob man lieber in die Berg- und Vulkanlandschaften der Anden möchte oder an die endlose Pazifikküste mit ihren unzähligen einsamen Stränden und leckeren Meeresfrüchten.

VALPARAÍSO; © MEIK UNTERKÖTTER

Inhalt

Steckbrief Chile

Offizieller Name República de Chile

Staatsform Republik und Präsidialdemokratie

Hauptstadt Santiago de Chile (7,1 Mio. Einwohner in der Metropolregion)

Unabhängigkeitserklärung 18. September 1810

Staatsoberhaupt und Regierungschef Gabriel Boric

Einwohnerzahl 19 740 000

Fläche 756 102 km²

Durchschnittsalter 35 Jahre

Lebenserwartung 81,2 Jahre (Frauen 83 / Männer 78)

Anteil der Stadtbevölkerung 86,6 %

Sprache Spanisch

Religion Katholiken 60 %, Protestanten 18 %, Übrige 21 %

Human Development Index (HDI) Rang 42 (Schweiz 1, Deutschland 9)

Glücksindex Platz 35 von 156

BIP pro Kopf US$17 827

Geografie

Fläche: 756 626 km²

Lage: 17–56° südlicher Breite

Grenzen: Argentinien 6691 km, Bolivien 942 km, Peru 168 km

Küstenlinie: 6435 km

Mit einer Nord-Süd-Ausdehnung von etwa 4500 km bei nur 180 km durchschnittlicher Breite bietet Chile eine einzigartige geografische Vielfalt und weist dabei fast alle Klimazonen auf, die es auf der Erde zu erleben gibt. Jeder Chilene kennt die Geschichte von der Entstehung seines Landes: „Als Gott die Welt erschaffen hatte, waren von allen Landschaften noch einige übrig geblieben: Vom Himalaya die hohen Berge, von der Sahara die Wüste, von Norwegen die Fjorde, von Island die Geysire, von Brasilien der Regenwald, von Grönland die Gletscher, die großen Seen wohl aus Nordamerika, Vulkane, das Meer, eine Unzahl von Inseln, Bäumen, Sträuchern und Gräsern aller Arten und noch vieles mehr. Daraus gestaltete er ein neues Land: Chile!

Tatsächlich könnten die Landschaften von **Wald** (20 % der Oberfläche) und **Wüste** (33 %), **Seen** und **Flüssen** (1,6 %), **Tälern** und **Hochgebirgen** kaum sein. Die **Steppen** und **Dornsteppen** (*praderas* und *matorales*) bedecken etwa 27 %, **Schnee** und **Eis** 6 %, **Feuchtgebiete** 6 % und **Acker- und Weideland** etwa 5 % der Landesfläche viel kontrastreicher kaum sein. Aus dem fruchtbaren Teil des Landes, dem zentral gelegenen Tal zwischen dem Küstengebirge und den Anden um Santiago herum, stammen übrigens die Äpfel der Sorte Golden Delicious. Dort werden Obst, Avocados, Wein und Weizen angebaut. Der südliche Teil dieser Gegend, der etwa ein Drittel der Oberfläche ausmacht, wird Seengebiet oder Seenregion genannt.

Eine Dimension, die bei all den geografischen Superlativen Chiles gerne übersehen wird, ist die immense Küstenlinie. Sie beträgt 6435 km und ist damit deutlich länger als die Argentiniens (4989 km) und nicht viel kürzer als die Bra-

Das Erdbeben von 2010

In den Morgenstunden des 27. Februar 2010 änderte sich das Leben vieler Chilenen dramatisch: Eins der stärksten jemals gemessenen Erdbeben erschütterte das Land. Mit einer Stärke von 8,8 auf der Richterskala zerstörte es ganze Dörfer (z. B. Cobquecura, in der Nähe des Epizentrums), Brücken stürzten ein, Telefon-, Strom- und Wasserleitungen zerrissen. Zur Einordnung: Ab Stärke 7 ist es für Menschen schwierig, sich auf zwei Beinen zu halten. Mehrere **Tsunamis** zerstörten die Küste um Concepción auf einer eine Länge von 600 km, Hafenanlagen brachen und Schiffe wurden in die Städte geschleudert – bis zu 1 km landeinwärts. Besonders schlimm traf es die Dörfer Pelluhue, Duao, Iloca, Dichato, Coliumo und Penco sowie die Städte Talcahuano, Concepción und Constitución. Auch in Santiago und Valparaíso wurden Gebäude beschädigt. Gerade viele denkmalgeschützte Adobe-Häuser aus dem 19. Jh. wurden zerstört, aber auch manch neues, angeblich antiseismisch erbaute Stahlbetongebäude trug irreparable Schäden davon. Kein Wunder, denn die Erde verschob sich um 3 m und die Erdachse verrutschte um 8 cm. Nachdem erst mit Tausenden von **Todesopfern** gerechnet wurde, konnte man die Zahl glücklicherweise auf 499 korrigieren.

Chaos breitete sich aus, und als Plünderungen in Supermärkten überhandnahmen, wurde die Armee in die betroffenen Orte geschickt. Man erklärte sie zum **Katastrophengebiet** und verhängte Ausgangssperren. Tausende Familien hatten nicht mehr als ihre Haut retten können, viele verloren ihr Obdach, Zeltdörfer entstanden. Die Regierung mit Präsidentin Bachelet an der Spitze, aber auch die Armada, mussten für langsames Handeln und das Fehlen eines eigenen Online-Systems für die Tsunami-Frühwarnung Kritik einstecken.

Auch danach gab es Erdbeben mit Stärken von jeweils über 8 auf der Richterskala: Eins am 1. April 2014 bei Pisagua nördlich von Iquique, und eins am 16. September 2015 vor der Küste von Illapel nördlich von Valparaíso.

siliens (7491 km). Ihre Ausrichtung nach Westen bedeutet: grandiose Sonnenuntergänge.

Oftmals ist auch mit Chile nur der Kontinentalteil gemeint. Teil Chiles ist aber auch eine Inselgruppe, die zu Polynesien gehört (**Osterinsel, Isla Salas** und **Gómez**) und Chile beansprucht einen großen Teil der **Antarktis**. Auch wenn dieser Anspruch international nicht anerkannt ist, wird täglich im Nachrichten-Wetterbericht zumindest so getan: Man zeigt die Wetterdaten der Basis Eduardo Frei Montalva an.

Kontinentalchile ist der wirtschaftlich produktive Teil und dort leben auch 99 % der Bevölkerung. Die Grenzen zu den Nachbarstaaten haben sich im Norden durch den Salpeterkrieg (S. 125) zugunsten Chiles verschoben, während der Süden mit Argentinien verhandelt wurde. Ein Großteil Patagoniens, das nach der Unabhängigkeit zu Chile gehörte, wurde Argentinien zur Zeit des Salpeterkrieges praktisch geschenkt, um einem zusätzlichen Konflikt mit dem großen Nachbarn zuvorzukommen.

Die heutige Grenze mit Argentinien ist in abenteuerlichen Expeditionen am Anfang des 20. Jhs. ausgekundschaftet worden, denn man hatte sich auf den britischen Vorschlag geeinigt, die Wasserscheide der Anden als Grenze zu akzeptieren. Die Wasserscheide gilt auch heute noch als Kriterium für die Grenze zu Argentinien, ist aber in einer Gegend (Südliches Eisfeld) immer noch ungeklärt.

Geologie

Chile ist Teil des **Pazifischen Feuergürtels**, was zur Folge hat, dass das Land eine lange Geschichte von Erdbeben, Tsunamis und Vulkanausbrüchen durchlitten hat. Die Zahl der aktiven **Vulkane** wird mit 90 angegeben, was knapp 10 % aller aktiven Vulkane auf der Erde entspricht. Weltrekord! An zentralen Punkten in den Küstenstädten markieren Wegweiser die Evakuierungswege im Falle von Tsunamis. In gefährdeten Städten werden prophylaktisch Rettungsaktionen für den Umgang mit Flutwellen simuliert.

Eine weitere erfreuliche Seite der Plattenbewegungen sind die atemberaubend schönen Vulkane, die fruchtbare Vulkanerde im Zentraltal, dem **Valle Central**, die unzähligen Thermalquellen, Fumarolen und Geysire. Auch die Kupferlagerstätten haben ihren Ursprung im Vulkanismus. Verantwortlich für all dies und die küstenparallelen Faltengebirge sind zwei Platten, **Nazca** und **Antarktische Platte**, die sich gegen die Südamerikanische Platte schieben. Etwa 200 km vor der Küste hat sich durch das Abtauchen der Platten unter die Südamerika-

Im warmen Wasser relaxen

Ein wunderbarer Nebeneffekt der Plattentektonik sind die unzähligen **heißen Quellen**, die es vom Altiplano Aricas bis hinunter nach Cochrane in Patagonien gibt: es sind etwa 250 in Kontinentalchile. Einige der Quellen sind mit 20–25 °C zum Baden geeignet, andere sollte man nur kurze Zeit genießen, denn ab 38 °C wird der Kreislauf stark beansprucht. Nacktbaden ist in Chile normalerweise nicht zugelassen, ist aber in abgelegenen Quellen, z. B. in Polloquere (Salar de Surire) möglich. Manche Thermalquellen, gerade um Santiago herum und im Seengebiet, sind bewirtschaftet, allerdings nur wenige luxuriös ausgebaut (z. B. Chillán, Puyehue, Quinamávida, Puyuhuapi). Die meisten bewirtschafteten haben Umkleidekabinen, Schließfächer und Toiletten, sind aber rustikal (z. B. Puritama bei San Pedro de Atacama, Termas Geométricas bei Pucón). Zu einigen wenigen werden romantische Nachtausflüge angeboten, z. B. nach Los Pozones (Pucón). Die meisten Thermalquellen allerdings sind ohne jegliche Infrastruktur, so dass manchmal nicht einmal ein Badebecken für mehr als eine Person vorhanden ist (z. B. im Altiplano bei San Pedro de Atacama).

Im Großen Norden sind nahe der bolivianischen Grenze etwa 70 Quellen in den Anden versteckt, im Kleinen Norden ist es gerade eine Handvoll. In Zentralchile gibt es aufgrund des Pocoro-Bruches mehr als 35 Thermalquellen. Etwa ein Drittel aller Quellen befindet sich im Kleinen Süden: Nicht nur die offensichtliche vulkanische Aktivität, sondern auch ein parallel zu den Anden sich erstreckender geologischer Graben (Liquiñe-Ofqui) sind dafür verantwortlich.

nische Platte ein Tiefseegraben gebildet, der Peru-Chile-Graben (max. Tiefe 8081 m). Die Konvergenzbewegung ist mit 10 cm pro Jahr recht hoch, im Bereich der Osterinsel gibt es sogar Bewegungen von 16 cm. Die Erdbeben, die das Land immer wieder erschüttern, werden durch diese Plattenbewegungen ausgelöst.

Die Aufschmelzung der Platten im Erdmantel und Abschnürungen von Magma bei der Faltung der Anden führen zum Vulkanismus. Übrigens „wachsen" die Anden durch die Plattenbewegungen mehrere Zentimeter pro Jahr, genauso wie die Osterinsel sich langsam dem Festland nähert. Der größte Teil Chiles lag bis vor rund 150 Mio. Jahren noch unter dem Meer und ist erst aufgrund der Plattenbewegungen aus dem Pazifik gehoben worden. Daher kann man z. B. in den Anden bei Santiago oder an vielen Stellen in der Wüste Meeresfossilien finden.

Eine grobe **Großraumeinteilung** von Norden nach Süden, die bis zur Verwaltungsreform 1981 die offizielle Einteilung war, wird auch heute noch gern genutzt (und ihr folgt auch dieses Buch). Der Große Norden reicht von der Kleinstadt Taltal nördlich des Nationalparks Pan de Azúcar bis Arica an der Grenze zu Peru, der Kleine Norden beginnt nördlich, wo Zentralchile mit Santiago und seiner Umgebung einschließlich Viña del Mar und Valparaíso, endet. Der Kleine Süden reicht von Concepción bis Puerto Montt bzw. bis zum Südende der Isla Chiloé; südlich davon beginnt der Große Süden, der sein Ende erst am Ende der Welt bei Kap Hoorn findet.

Der Große Norden

Damit ist die **Wüste** nördlich von Copiapó gemeint: die Atacama-Wüste, die trockenste Wüste der Welt, mit Gebieten, in denen es seit Jahrzehnten nicht mehr geregnet hat. Sie ist bis auf wenige Oasen praktisch vegetationsfrei. Für die extreme Trockenheit (Niederschläge bis zu 1 mm!) sind der Humboldtstrom und das Küstengebirge verantwortlich. Zusammen kühlen sie den Seewind von Südwest ab, so dass die Feuchtigkeit des Pazifiks nicht ins Landesinnere vordringen kann. Dies ist auch der Grund dafür, dass zwischen Antofagasta und Arica kaum etwas wächst, obwohl dieses Gebiet dem Breitengrad nach eigentlich zu den Tropen gehört. Aufgrund der milden bis heißen Tagestemperaturen und des meist blauen Himmels (außer an der Küste) kann der Große Norden praktisch ganzjährig bereist werden.

Neben **Sanddünen** gibt es im Großen Norden vor allem **Steinwüste** und **Salzseen**. Im Randbereich angrenzend an Peru, Bolivien und Argentinien, erheben sich die Anden mit Vulkanen und der Steppenvegetation der Hochebene. Insgesamt macht der Wüstenteil etwa ein Drittel von Kontinentalchile aus. Das ist eine Fläche, die zwei Dritteln Deutschlands entspricht!

Man unterscheidet zudem die **Küstenwüste** mit hoher Luftfeuchtigkeit und geringen Temperaturschwankungen von der hinter dem Küstengebirge liegenden **Binnenwüste**: Dort gibt es nur 15–25 % relative Luftfeuchtigkeit und hohe Temperaturschwankungen von bis zu 40 °C zwischen Tag und Nacht. Das Küstengebirge erreicht Höhen bis zu 3400 m, im Durchschnitt aber nur 1800 m. Auf der dem Pazifik zugewandten Seite gibt es Kakteen und einige Tierarten: Dort fängt sich der **Küstennebel**, die Camanchaca, auf Höhen ab 600 m. Die Binnenwüste dagegen ist eine **Hochebene** zwischen 500 und 2000 m Höhe, mit vielen Hügeln und Gebirgszügen bis zu 3000 m. Hier gibt es praktisch keine Vegetation. Eine Ausnahme bilden die spärlichen, meist tiefen Flusstäler und **Tamarugo-Wälder** um ein paar Salzseen herum (z. B. Pampa del Tamarugal).

Weiter gen Westen liegt das **Faltengebirge Domeyko** mit Höhen bis zu 4300 m (3400 m im Durchschnitt), danach schließen sich die Anden an. Die unglaublichsten Landschaften befinden sich hier in dem trockenen Andenteil, in dem die höchsten Berge Chiles liegen (z. B. Ojos del Salado 6893 m, Llulliallaco 6749 m). Zwischen den Vulkanen und bis zur Grenze breitet sich das **Altiplano** aus, eine Hochebene auf etwa 4000 m. Am Fuß der Anden, ab etwa 3000 m, gibt es wieder eine Vegetation aus **Sukkulenten** und **Kakteen**, die sich im Altiplano als Steppe darstellt.

Trotz der extrem lebensfeindlichen Bedingungen, die durch die Salzansammlungen im Boden noch verschlimmert werden, liegen im Großen Norden die ältesten menschlichen

Ansiedlungen Chiles: Die Aymara-, Quechua- und Atacameño-Indianer haben Dörfer, Wege, Felszeichnungen und Mumien hinterlassen. Sie leben auch heute noch in Flussoasen (z. B. in San Pedro de Atacama). Die ansonsten dünne Besiedelung konzentriert sich an der Küste (Antofagasta, Iquique, Arica) und in den wenigen Bergbaustädten (Calama, Copiapó). Die Wirtschaft des Nordens basiert in erster Linie auf Kupferabbau, neben Salpeter, Lithium und anderen Metallen. An der Küste gibt es etwas Fischfang und vereinzelt Muschelzucht. Der Tourismus konzentriert sich auf die Strände von Iquique und die Landschaften rund um San Pedro Atacama. Bergsteiger tummeln sich in der Gegend von Copiapó.

Der Kleine Norden

Der Kleine Norden beginnt nördlich von Santiago ab dem Flusstal des **Aconcagua** und reicht bis **Copiapó**. Dieses Gebiet ist relativ klein, mit etwa 800 km Nord-Süd- und maximal 200 km Ost-West-Ausdehnung. Hier liegt auch Chiles schmalster Bereich: Auf der Höhe des Städtchens **Illapel** sind es nur rund 80 km von der Grenze zu Argentinien bis zum Pazifik!

Für den Kleinen Norden charakteristisch ist die halbtrockene Strauchsteppe, unterbrochen von bewässerten Obstanbaugebieten in ausgedehnten Flusstälern wie dem **Valle del Elqui**. Dort werden Mangos, Chirimoyas und Clementinen angebaut, aber auch die Muskatellertraube für den Pisco. Ausnahmen davon: Der **Nationalpark Fray Jorge** weist am Kamm der Küstenkordillere einen Ausläufer des Valdivianischen Regenwaldes auf. Und am Fuß der Anden wachsen in der Präkordillere Kakteen und Sukkulenten.

Das Küstengebirge hier ist niedriger als weiter im Norden, aber auch hier können Höhen bis zu 1000 m erreicht werden. Die Andengipfel reichen bis zu 5600 m hinauf, mit Ausnahme des Grenzvulkans Cerro Las Tórtolas, dessen Gipfel 6332 m hoch ist. Die Einwohnerdichte liegt mit 5–15 Einwohnern pro km^2 unter dem Landesdurchschnitt. Der Strandtourismus ist im Sommer ausgeprägt, wenn die Chilenen Ferien haben, besonders in **Los Vilos** und **La Serena**. Im Elquital, bekannt für die Pisco-Brennereien, sind seit den 1960er-Jahren einige Observatorien zur Weltraumforschung entstanden.

Auf der Höhe von Los Vilos bis Lleu-Lleu bläst konstant starker Wind: Hier sieht man von der Panamericana aus die ersten chilenischen Windparks. Klimatisch gesehen markiert der Kleine Norden die Übergangszone von Halbwüste (1–3 feuchte Monate) zum Mittelmeerklima (semiarid mit 4–6 feuchten Monaten) der Zentralzone. Mit recht angenehmen mittleren Temperaturen um 14 °C und hoher Luftfeuchtigkeit bei 130 mm Niederschlag hat La Serena ein Klima ewigen Frühlings.

Im Bereich zwischen Vallenar und Copiapó breitet sich auf 200 km eine Landschaft aus, die alle paar Jahre im Frühling Niederschläge bekommt. Anschließend schießen zwischen dem ansonsten kargen Bewuchs Blumen aus dem

Goldgräberstimmung: Lithium in Chile

In der Boom-Branche der Elektrofahrzeuge wird das Alkalimetall beim Bau benötigt. Die Ionen aus den Salzen sind für den Transport der elektrischen Ladung in den meisten modernen Hochleistungs-Akkus unerlässlich. Und Chile verfügt gemeinsam mit Argentinien und Bolivien über die größten Lithium-Reserven der Welt. Laut Studien könnte sich die Nachfrage nach Lithium bis zum Jahr 2050 verfünffachen.

Im Jahr 2022 steigerte Chile seine Lithiumproduktion um rasante 777 Prozent und erzielte damit Einkünfte in Höhe von 7,76 Milliarden US-Dollar. Somit wurde das Metall zum wichtigsten Exportgut des Landes nach Kupfer.

Chile will die Lithiumproduktion verstaatlichen. Details der Pläne stehen jedoch noch aus. Bis zur Gründung eines nationalen Lithiumunternehmens könnte es Jahre dauern. Präsident Boric will sein Wahlversprechen aber halten, den Lithium-Abbau nachhaltiger zu gestalten.

Charles Darwin in Chile

Die Chilenen sind (mit Recht) stolz auf ihr Land und erinnern gerne an die Reisen des für die Evolutionstheorie bekannten Briten (1809–1882). Sein Name ist verewigt in dem West-Eingang des Beagle-Kanals (Paso Darwin) und der vergletscherten Darwin-Kordillere auf Feuerland. Im Beagle-Kanal befindet sich die Insel Darwin, auf Chiloé gibt es den Michay-Strauch *(Berberis darwinii)*, in den südlichen Wäldern quakt der Darwin-Frosch und durch die Pampa rast der Darwin-Strauß. Daneben vereinnahmen ihn auch ein paar Hoteliers, z. B. verweisen Termas Jahuel gern auf den Aufenthalt Darwins in ihren Thermalquellen. Auf Chiloé gibt es einen Sendero de Darwin (angelegt von der Darwin-Stiftung), der ein kurzes Stück des Reitweges des Forschers als Lehrpfad rekonstruiert (10 km nördlich von Ancud).

Als junger Naturforscher bekam Darwin 1831 die Chance, an der zweiten **Forschungsreise** des Schoners HMS *Beagle* teilzunehmen. Kapitän Fitz Roy empfing den Neuling mit offenen Armen und würdigte ihn erst recht, nachdem der Naturforscher Mc Cormick in Brasilien von Bord gegangen war. Als Anerkennung hat Darwin die Alerce *Fitzroya cupressoides* nach ihm getauft. Die Reise dauerte insgesamt fünf Jahre und sollte Darwin nach Feuerland, Patagonien, Chiloé, Zentral- und Nordchile, Peru, Ecuador und zu den Galapagos-Inseln führen, wo er seine berühmten Vergleiche der Schnabelformen von Finken anstellte. Dergleichen konnte er in Chile nicht beobachten, dafür aber den Vulkanausbruch des Osorno 1835 und ein Erdbeben mit Tsunami im gleichen Jahr. Zwischen 1834 und 1835 sammelte, beobachtete und beschrieb er unermüdlich Pflanzen, Tiere und die Geografie. Seine Reise sollte ihn an Land vor allem durch die patagonischen Wälder um den Beagle-Kanal führen. Die Insel Chiloé hat er zweimal besucht, Santiago, Rancagua und Cauquenes, Olmué und die Gegend des Parque Nacional La Campana sowie die Termas Jahuel gesehen. Von Los Andes aus versuchte Darwin bei Portillo die Anden zu überqueren, wobei er **Fossilien** sammelte, die seine Theorie über die Entstehung der Arten festigte. Genauso fand er, auf dem Landweg über Coquimbo nach Copiapó reisend, Fossilien bei Caldera. Per Schiff erreichte er Iquique, das damals noch zu Peru gehörte.

Boden: Die blühende Wüste, ein seltenes Phänomen, das mit bunten Blumenteppichen begeistert.

Zentralchile

In der Zentralzone Chiles leben etwa 80 % der Bevölkerung. Zwischen **Aconcagua-Fluss** und dem **Río Toltén** bei Temuco ist die fruchtbarste Gegend Chiles: Um die Hauptstadt herum befinden sich viele Weingärten, außerdem werden Nüsse und Mandeln, Avocados und Clementinen angebaut. Richtung Süden wird es immer regnerischer und kühler, sodass bei Los Ángeles beispielsweise die Kornkammer liegt und bei Temuco Kartoffeln und Gemüse gedeihen.

Südlich von **Concepción** weicht das Mittelmeerklima einem gemäßigten. Das mediterrane Klima im nördlichen Bereich hat trocken-heiße Sommer und feucht-kühle Winter. Die Niederschläge betragen um 400 mm jährlich, während Concepción schon um 1300 mm hat, was etwa der doppelten Niederschlagsmenge von Mitteleuropa entspricht. Davon fallen aber knapp 1000 mm im Winter zwischen Mai und August.

Um Santiago sind die in Höhenlagen vorkommenden Hartlaubwälder und Palmen gerodet worden und nur noch in Nationalparks zu sehen (z. B. in La Campana). Weiter südlich werden die Wälder dichter und gehen in die typischen Südbuchenwälder über. Auch die Zentralzone liegt eingebettet zwischen Küstenkordillere und Anden, die hier die südlichsten 6000er-Gipfel aufweist. Für Besucher ist die Zentralzone für alles geeignet: für den Stadt- und Strandtourismus, für Wanderer, Reiter und Rafter (auf dem Maipo-Fluss). Auch Weinliebhaber kommen auf ihre Kosten (z. B. in Santa Cruz).

Der Kleine Süden

Südlich von **Temuco** bis nach **Puerto Montt** bzw. zur Isla Chiloé erstreckt sich der Kleine Süden. Er wird auch **Seen-Gebiet** genannt, denn hier finden sich zahlreiche mittelgroße Seen. Von Norden nach Süden: Colico, Caburga, Villarrica, Calafquen, Panguipulli, Riñihue, Ranco, Puyehue, Rupanco und der größte von allen: Llanquihue. Das gemäßigt-feuchte Klima mit reichlich Niederschlägen an der Küste (bis zu 2000 mm!) und im Vorgebirge lässt die Vegetation üppig wachsen: Bekannt sind die **Südbuchen**, aber auch **Araukarienwälder** und der artenreiche **Valdivianische Regenwald** bestimmen die Vegetation. Da es für Weinanbau zu kalt ist (Ausnahme: Weißwein beim Río Bío Bío), wird hauptsächlich Landwirtschaft und Viehzucht betrieben. Aber auch der Forstbereich ist stark, und so stehen unzählige schnell wachsende Eukalyptus-Pflanzungen entlang der Panamericana.

Die größeren Städte sind **Temuco**, **Valdivia**, **Osorno** und **Puerto Montt**. An den Küsten wird gefischt und in Aqua-Kulturen werden Lachse gezüchtet. Besonders stark ist der Einfluss der Mapuche-Indianer in der Gegend um Temuco bis Osorno spürbar. Für Wanderer, Bergsteiger und Wassersportler gibt es zahlreiche Möglichkeiten (z. B. in **Pucón**). Die Andenkette erreicht Höhen um 4000 m und besteht aus imposanten, teilweise noch aktiven Schichtvulkanen. Auch das Küstengebirge fällt niedriger aus und ist wegen der hohen Niederschläge und dem undurchdringlichen Wald nur dünn besiedelt.

Der Große Süden (Patagonien und Feuerland)

Südlich von **Puerto Montt** beginnt der Große Süden bzw. die Großregion Patagonien und Feuerland. Die Küste ist in Inselchen und Fjorde zergliedert und von riesigen Wäldern bedeckt, hauptsächlich Südbuchenwälder und Zypressen. Breite Ströme ergießen sich in den Pazifik. Im Binnenland gibt es zwei große Eisfelder mit unzähligen Gletscherzungen, die teilweise spektakulär ins Meer kalben (z. B. San Rafael).

Aufgrund der geringen Infrastruktur und wenigen Arbeitsmöglichkeiten herrscht mit einem Einwohner pro 100 km² oder sogar weniger hier die geringste Besiedlungsdichte im ganzen Land. Da bleibt viel Raum für unberührte Natur. Die größten staatlichen und privaten Nationalparks verteilen sich über den Großen Süden. An der Küste gibt es sehr regenreiche Gebiete mit bis zu 8000 mm Niederschlag, im Landesinneren dagegen kleine Steppengebiete, z. B. im Windschatten des **San Valentin** (Lago Bertrand) und zwischen **Punta Arenas** und **Puerto Natales** (Niederschläge um 500 mm).

In Gletschernähe und in Höhenlagen wachsen Moose und Flechten, ähnlich der Tundra. Wirtschaftlich ist die Region bekannt für die Lachszucht. Um Punta Arenas herum wird Fischfang betrieben und Erdöl sowie Erdgas gefördert.

Die Steppen (**Pampa Patagónica**) um Punta Arenas dienen seit über 100 Jahren der Schafzucht. Für Reisende sind besonders die großen Gletscher mit ihren bunten Seen interessant. Die Wildnis Patagoniens zieht Wanderer und Abenteurer aus aller Welt an. Die Infrastruktur ist eher bescheiden. So ist die einzige Nord- Südstrecke, die **Carretera Austral**, immer noch nicht vollständig asphaltiert. Jenseits von **Villa O'Hig-**

gins muss man über Argentiniens Pampa weiterfahren, um in den Süden zu kommen, da die großen Eisfelder den Straßenbau praktisch unmöglich machen. Viele Flussüberquerungen per Fähre runden das Abenteuer ab.

Juan-Fernández-Archipel

Es handelt sich um drei Inseln, die auf einem Vulkanischen Rücken vor ca. sechs Millionen Jahren entstanden sind. Die **Inseln Robinson Crusoe** und die gerade mal 3 km lange Winzlingsinsel **Santa Clara** liegen etwa 670 km westlich von Valparaíso im Pazifik. Robinson Crusoe hat die Form eines Winkelmessers mit einer 6 km breiten und 12 km langen Seite, der andere Schenkel ist genauso lang, aber nur 3 km breit. Die höchste Erhebung misst 915 m (**Cerro El Yunque**), darunter liegt praktisch nur vulkanisches Bergland, das von der Erosion in viele Schluchten und Spalten zerfurcht wurde.

Die **Insel Alexander Selkirk Insel** ist die zweitgrößte mit 12 km Länge und 6 km Breite, höchste Erhebung ist der **Cerro de los Inocentes** mit stattlichen 1650 m. Sie liegt 835 km vor der Küste Valparaísos. Der Name stammt vom gleichnamigen schottischen Seemann, der 1704 auf der Insel ausgesetzt wurde, nachdem er einen Streit mit dem Kapitän hatte. Die Geschichte hat Daniel Dafoe zum Schreiben des Romans *Robinson Crusoe* inspiriert, 1719 erschienen und einer der ältesten Literaturklassiker überhaupt.

Alle drei Inseln zusammen machen 183 km² aus und haben ein mediterranes Klima mit bis zu 1000 mm Niederschlag und 15 °C Durchschnittstemperatur. Es gibt nur ein Fischerdorf auf Robinson Crusoe, **Juan Bautista**, in dem die meisten der etwa 600 Insulaner leben; die anderen Inseln sind unbewohnt. Fast alle Bewohner arbeiten im Tourismus und im Fischfang, dessen Delikatesse die Languste ist.

Osterinsel

3700 km vom Festland entfernt, auf Höhe der Kleinstadt Chañaral an der Grenze vom Kleinen zum Großen Norden liegend, ist die Osterinsel nicht nur wahrlich isoliert, sie ist einer der entlegensten besiedelten Orte der Welt. Die Osterinsel ist vor etwa 3,5 Mio. Jahren durch Vulkanismus entstanden und liegt auf dem Pascua-Kamm. Mehr als ein halbes Dutzend kleiner Vulkane bildete sich anschließend heraus. Sie sind die höchsten Erhebungen, von denen **Maunga Terevaca** mit 600 m die höchste ist. Andere Vulkane haben Krater hinterlassen, die mehrere Kilometer Durchmesser haben, wie **Rano Kau** und **Rano Raraku**.

Von den heimischen Polynesiern wird die etwa 164 km² große Insel als **Rapa Nui** oder auch Te Pito o Te Henua bezeichnet. Polynesische Stämme haben sie im 8. Jh. besiedelt; die berühmten Moai-Statuen stammen aus dem 10.–16. Jh. Das Klima ist subtropisch-mild, mit 18 °C Durchschnittstemperatur in den Wintermonaten und 23,7°C im Sommer, bei 1130 mm Niederschlag.

Ein paar der Südküste vorgelagerte Felsen (**Motu Kau Kau** und **Motu Nui**) sowie die Mini-inseln **Ra Minenhaha** und **Sala y Gómez** gehören ebenfalls zum Archipel. Sie sind alle unbewohnt, haben aber Bedeutung als Nist- und Rastplatz für Seevögel. Die größte Insel, Sala y Gómez, ist ein vulkanischer Rücken mit zwei Felserhebungen und ca. 0,15 km² Oberfläche. Sie verfügt über einen automatischen Leuchtturm und ein Tsunami-Frühwarnsystem. Die Osterinsel hat rund 6000 Einwohner. Haupteinnahmequelle bildet der Tourismus. In Subsistenzwirtschaft werden Gemüse und Obst angebaut und Fischfang betrieben.

Antarktis

Das von Chile beanspruchte Antarktisgebiet befindet sich zwischen dem 53. und 90. westlichen Längengrad und von 60 Grad südlicher Breite bis zum Südpol. Laut Antarktisvertrag von 1961, den Chile mitunterzeichnet hat, besteht ein Moratorium der Ansprüche. Das **Territorio Antártico Chileno** überlappt mit argentinischen und britischen Ansprüchen. Bis jetzt unterhält Chile mehrere Forschungsstationen, von denen manche permanent, andere nur im Sommer besetzt sind. Das Dorf **Villa Las Estrellas** ist mit 80 Einwoh-

El Niño und Chile

Das Klimaphänomen El Niño ist eine Folge des Ausbleibens oder einer Abschwächung der stetig wehenden **Passatwinde** (Südost- und Nordostpassat), die normalerweise von den Subtropen Richtung Tropen für einen globalen Druckausgleich sorgen. In den Tropen bzw. in Äquatornähe erstreckt sich ein Tiefdruckgebiet, das Luftmassen aus kühleren Gebieten anzieht: die Passatwinde. Diese strömen also vom Norden und Süden zum Äquator. Durch die Erdrotation gen Osten werden sie abgelenkt, so dass sie von Osten in Richtung Westen wehen. Das hat im Pazifikraum zur Folge, dass sie warmes Meerwasser der Küsten Ecuadors und Perus nach Westen vor die Küsten Indonesiens und Australiens transportieren. Der normale Temperaturunterschied zwischen den Küsten beträgt trotz gleicher geografischer Breite zwischen 4 und 8 °C. Der **Wasserspiegel** ist im westlichen Pazifik um 1 m höher als an der südamerikanischen Küste. Das von den Passatwinden nach Westen verschobene Wasser wird an der Küste Chiles und Perus durch kaltes Tiefenwasser ersetzt, das nährstoffreich und daher plankton- und fischreich ist.

Wenn also die Passatwinde durch schwächere Ausbildung des Tiefdruckgebiets im westpazifischen Tropengebiet abflauen, verbleiben warme Wassermassen vor der südamerikanischen Küste. Diese **Erwärmung** ist von peruanischen Fischern in den 1980er-Jahren zuerst beobachtet worden, immer um die Weihnachtszeit herum. Bei mehr als 1 °C Wassertemperaturerhöhung spricht man daher von El Niño (das Kind, Synonym für Jesuskind). Als Folge kann das Aufströmen von nährstoff- und planktonreichem Tiefenwasser vor der südamerikanischen Küste ausbleiben. Das hat katastrophale **Folgen**. Die Fischschwärme ziehen ab, Robben, Pinguine und Wasservögel sterben an Futtermangel. Aber auch die Fischerei leidet, vor allem die kleinen Fischer. Sie bekommen auch keine Ersatzzahlungen von der Regierung.

Die Folgen von El Niño reichen aber weiter und betreffen die gesamte amerikanische Küste. Höhere Wasserstände an der Küste können zu Überschwemmungen der Küstengebiete führen, die normalerweise trockene südamerikanische Pazifikküste bekommt durch die warmen Wassermassen mehr Regen, was zu weiteren Überschwemmungen und Zerstörungen führen kann.

Auch die „blühende Wüste" in der Gegend um Vallenar und Copiapó entsteht im Zusammenhang mit El Niño: Ein paar Wochen nach den Regenfällen im September bis November treiben die Blumenzwiebeln und Samen aus. Die Konkurrenz um Bestäubung in einer kurzen Zeitspanne lässt sie Blumenteppiche von mehreren Quadratkilometern ausbilden, manchmal nur von einer Art. So bilden sich große Farbteppiche.

Da El Niño durch Messungen von Luftdruckveränderungen in Australien und Tahiti mittlerweile bereits ein paar Monate vorhergesagt werden kann, können Interessierte ihre Reise dementsprechend planen, um im Süd-Frühjahr Zeuge des Schauspiels zu werden. Natürlich ist es strengstens verboten, Blumen abzurupfen oder mit dem Jeep darüber zu fahren.

Die Gegenströmung zu El Niño wird **La Niña** genannt und hat zur Folge, dass der Humboldtstrom kälter ausgebildet wird. Es kann dann in Gegenden zu Frost kommen, die zuvor nie davon betroffen waren. Beide Phänomene sind keine Neuheiten. Man weiß heute aus modernen Klimaforschungen und Aufzeichnungen aus der Kolonialzeit, dass z. B. Copiapó periodisch von Dürren und Überschwemmungen heimgesucht wurde. Man vermutet aber, dass sich mit den Klimaänderungen die Auswirkungen von El Niño verstärken und die Zeitabstände verringern.

nern, einer Schule, Krankenhaus und Geschäften die einzig ständig bewohnte Siedlung.

Die Ansprüche Chiles begründen sich u. a. damit, dass das Faltengebirge auf der Antarktischen Halbinsel (auch Grahamland genannt, in Chile **O'Higgins-Halbinsel**) eine Fortsetzung der Anden sei. Dieses Faltengebirge ragt 2800 m über den Meeresspiegel hinaus und hat Vulkane und Thermalquellen, teilweise am „Strand". Der nördliche Teil der antarktischen Halbinsel ist der mildeste Bereich der Antarktis, da er über den Polarkreis (66,5) etwa 400 km nach Norden bis zur **Drake-Passage** reicht. Die östliche Seite ist mit dem **Larsen-Eisschild** überdeckt.

An der Küste liegen die Temperaturen im Sommer bei plus 3 °C, im Winter zwischen minus 10–20 °C. Die Niederschläge sind in der Antarktis aufgrund der Kälte und Windverhältnisse sehr gering und erreichen am Südpol mit 0,5 mm absolute Tiefstwerte. Übrigens bedeckt das von Chile beanspruchte Antarktisgebiet eine Oberfläche von 1,25 Mio. km², mehr als das Eineinhalbfache vom Mutterland.

Flora und Fauna

Im Norden schirmen die trockenste Wüste der Welt und gen Osten die Andenkette das Land ab – kein Wunder also, dass von etwa 5000 Pflanzenarten schätzungsweise 50 % endemisch sind. Einige Arten haben weltweit Verbreitung gefunden: Die Kartoffel stammt vermutlich von der Insel Chiloé, wo sie seit ca. 13 000 Jahren kultiviert wird. Fuchsie, Pantoffelblume und Schönranke entstammen aus der chilenischen Pflanzenwelt. Erdbeersorten sind mit Hilfe der im chilenischen Süden wachsenden Walderdbeere gezüchtet worden. Der im Norden vorkommende *tomatillo* gilt als einer der Vorläufer der Tomate.

Besonderheiten bieten vor allem die Kakteen, die in etwa 160 endemischen Arten vorkommen. Trotz der isolierten Lage Chiles haben sich auch Baumarten herausgebildet, die den europäischen ähneln, wie beispielsweise die Südbuche.

Chiles Tierwelt umfasst 460 Vogelarten, 148 Säugetiere, 97 Reptilien, 46 Amphibien, 47 Süßwasser- und etwa 11 132 Seefische, 1187 Muscheltiere, 606 Krebs- und 10 133 Insektenarten. Dazu kommen auch noch 617 Spinnenarten, von denen aber fast alle ungefährlich sind (S. 497, Reisemedizin zum Nachschlagen).

Vegetationsgebiete

Nördliche Hochanden

Die Vegetation der nördlichen Hochanden, *altiplano* oder *puna*, besteht aus **Horst- oder Steppengräsern**, allen voran das gelb-ockerfarbene „Ichú" oder die „Paja Brava", die der Puna Farbe geben. Zur Tarnung sind deshalb auch viele Tiere des Altiplano grau-ockerfarben (Vicuña, Puma, Graufuchs, Viscacha). Diese Steppe wird auch *pajonal* genannt.

Neben den Gräsern gibt es eine Menge von **Polsterpflanzen**, darunter die grellgrüne llareta *(Azzorella Compacta)*, eigentlich ein Kleinbusch, der moosartige Polster von mehreren Metern Durchmesser bildet. Da die Pflanze sehr harzreich ist, wurde sie in vergangenen Jahrzehnten als Brennholz genutzt, was beim langsamen Wachstum (3–5 mm pro Jahr) auf diesen Höhen von 4000 m fast zur Ausrottung geführt hat. Rosettenpflanzen und Brennwinden wachsen bodennah und in geschützten Bereichen. Der einzige Baum der Puna ist der bis auf 4800 m anzutreffende, seltene **Queñoa**-Baum (*Polylepis,* Rosengewächse). Auch er wurde als Brennholz genutzt, so dass nur wenige Bestände bekannt sind (z. B. am Südrand des Salar de Surire). Sehenswert, da er eine sehr schöne rotbraune Borke hat.

Die wenigen Feuchtgebiete des Altiplano werden *bofedales* genannt und sind meist Quellgebiete für Bäche. Hier gibt es Wasserpflanzen und weiche Süßgräser, beliebt bei Lamas und Alpakas, die man hier neben zahlreichen Vogelarten antrifft.

Unterhalb der Puna, zwischen 2500 und 3800 m, befindet sich der **Tolar**, was auf die vielen Sukkulenten-Kräuter zurückgeht, die Tola heißen. Sie bestimmen hier die Vegetation, die sehr aromatisch riecht. Daneben sticht der **Pingo-Pingo-Busch** heraus *(Ephedra andina)* und das **Heilkraut Rica-Rica**. Zwischen den Zwergsträuchern bilden einige **Opuntien-Kakteen** große Kissen („Schwiegermutterkissen"). Die **Kandelaberkakteen** vom Typ *Echinopsis Atacamensis* werden bis zu 8 m hoch und bekommen im November große weiße Blüten. Dieser Kaktus hat im Inneren einen Holzring aus leichtem, gelochtem Faserholz. Die Pflanze, auch **Cardón** genannt, wurde über Jahrhunderte von den Einheimischen als Bauholz benutzt und wird leider immer noch als *artesanía* auf dem Markt gehandelt – trotz Verbot, denn sie steht auf der CITES-Liste, wie alle Kakteen.

Zwischen Arica und Putre wächst eine andere endemische Kaktusart. **Browningia candelaris** bildet mehr Äste aus und wird mit 3–5 m etwas kleiner als der imposante Cardón. Eine interessante Nutzpflanze, die auf terrassierten Feldern angebaut wird, heißt **Quínoa** *(Chenopodium quinoa)*. Das 1 m hohe Fuchsschwanzgewächs gehört zu den Melden, ist also kein Getreide. In den Anden ist die Quínoa seit mehreren tausend Jahren in Nutzung und in letzter Zeit auch in Europa sehr beliebt, da die Körner sehr protein- und mineralstoffreich sind.

Wüste

Es gibt Sandwüste, Geröllwüste, Küstenwüste, Inlandswüste, Halbwüste und absolute, vegetationslose Wüste. Aber da, wo es Wasser gibt, vornehmlich in den vielen Flusstälern der Anden, bildet sich Vegetation, die umwerfend sein kann. Selbst in allertrockenster Wüste können Orangen und Zitronen wachsen! Solche Ausnahmen sind die Tamarugo-Wälder, die Flussoasen und die Loma-Vegetation, die sich auf der Pazifikseite des Küstengebirges befindet. Die Tamarugo-Wälder bestehen aus einem buschig wachsenden, bis 10 m hohen Baum, der bis zu 80 m tiefe Wurzeln schlägt und mit salzigem Wasser zurechtkommt. Interessanterweise sind diese Wälder natürliche Monokulturen – trockenheitsbedingt gibt es keine Farn- oder Moosschicht.

Die Fluss-Oasen haben den **Chilco-Strauch** und das **Pampasgras** (*Cola de Zorro*, Fuchsschwanzgras) zu bieten, Letzteres hat auch in europäische Gärten Eingang gefunden. **Algarrobo**, **Chañar** und der **Pfefferbaum** gedeihen in den Oasen. Algarrobo und Pfefferbaum werden bis zu 20 m hoch, der Chañar bis 10 m. Der Algarrobo bildet ockerfarbene Schoten heraus, die dem Johannisbrot ähnlich sind und süß schmecken. Von den Atacameños werden sie zur Herstellung einer Art Cidre *(aloja)* und als Futtermittel für Lamas genutzt. Der kleine Chañar *(Geoffrea decorticans)* hat eine charakteristische grüne Rinde. Seine Früchte sind braun, aus ihnen macht man einen wirksamen Hustensirup.

Halbwüste

Die Loma-Vegetation zieht sich als Vegetationsgürtel von der Halbwüste bis zum Küstengebirge. An wenigen Stellen reicht sie bis zur Küste hinunter (z. B. im Nationalpark Pan de Azúcar), typischerweise ist sie erst ab 600–800 m anzutreffen (z. B. auf der Höhe von Paposo). Hier sind die meisten **endemischen Kaktusarten** beheimatet, aber auch **Bromelien** (Ananasgewächse) sind typisch, darunter die Puya Chilensis und Tilandsien. Eine Besonderheit der Region ist der **Nebelwald**, den man im Nationalpark Fray Jorge bewundern kann: Etwa 80 km südlich von La Serena befindet sich ein Ausläufer des Valdivianischen Regenwaldes, der dort die Baumarten Canelo, Olivillo und Petrillo hervorbringt. Man nimmt an, dass dieser Wald ein Überbleibsel der durch die Eiszeiten nach Norden verschobenen südlichen Wälder darstellt.

Die Halbwüste hat neben Sträuchern und Kakteen (z. B. den 3–4 m hohen *Echinopsis chi-*

Umweltsünden zerstören die Osterinsel

Die Vegetation der Osterinsel (Rapa-Nui) ist ein klassisches Beispiel eines von Menschen gemachten Umweltschadens. Der ursprüngliche Baumbewuchs der Insel ist praktisch komplett der Abholzung zum Opfer gefallen. Wie Fossilienfunde belegen, war Rapa-Nui noch im 8. Jh., also vor der menschlichen Besiedlung, mit Buschwerk und Wald bedeckt. Bei der „Entdeckung" der Insel 1722 durch Jakob Roggeveen standen kaum noch Bäume. Ob der Kahlschlag wegen Landgewinnung, Brennholznutzung oder Bauholzgewinnung vorgenommen wurde, lässt sich heute nicht mehr feststellen. Der Baum **Toromiro** ist erst im 20. Jh. ausgestorben, ein paar Exemplare überleben in botanischen Gärten, z. B. in Bonn. CONAF versucht seit Mitte der 1990er-Jahre den Baum wieder einzubürgern. Die Situation für die Vegetation auf der Insel hat sich indessen weiter verschlechtert: Überweidung mit Schafen, Ziegen, Kühen und Pferden hat sogar der vorherrschenden Graslandschaft zugesetzt und verursacht Erosion.

Mystische Steinköpfe: Moai auf der Osterinsel ▶

lensis) vor allem das wunderbare Phänomen der blühenden Wüste zu bieten. Alle 4–8 Jahre fallen durch den Einfluss des El-Niño-Phänomens (S. 96) im Winter Niederschläge, und nach ein paar Wochen erzeugt die sonst trockene Erde unfassbare bunte Blumenteppiche zwischen Vallenar und Copiapó (Sep–Okt). Die Samen können Jahrzehnte in der Erde ruhen und überstehen dabei Temperaturen von 50–60 °C. Unter etwa 200 meist endemischen Arten stechen die **Inkalilie** *(Alstromeria)*, **Garra de León** *(Leontochir ovallei)*, **Pata de Guanaco** und die **Añañuca** heraus.

Hartlaubgebiet

Das Hartlaubgebiet hat durch seine landwirtschaftliche Nutzung und der Abholzung viel von seiner ursprünglichen Vegetation eingebüßt. So ist die **Chile-Palme** *(Jubaea chilensis)* nur noch in einzelnen Schluchten des Küstengebirges und vor allem im Nationalpark La Campana zu bewundern. Der süße Saft, der aus der Rinde gewonnen wurde, hat auch zur Dezimierung beigetragen, denn zur Gewinnung des Palmenhonigs wurde die Baumrinde rundherum eingeritzt.

Typisch sind auch die **Litre-Büsche** *(Lithrea caustica)* und der **Boldo** *(Peumus boldo)*. Der Boldo macht der Hartlaubzone alle Ehre: Die dicken Blätter sind voller aromatischer Öle, und so ist der Boldo-Tee als Magentee in ganz Chile bekannt. Die Rinde des **Quillay** hingegen wird als Seifenersatz bzw. Shampoo-Zusatz genutzt. Chiles Nationalblume **Copihue** kann man bis ins Seengebiet finden.

Temperierter Sommerwald der gemäßigten Zone

Der temperierte Sommerwald der gemäßigten Zone markiert den Übergang des Hartlaubwaldes zum Valdivianischen Regenwald. Es wachsen in dieser Zone vermehrt Südbuchen *(Nothofagus)*, z. B. die Ñirre. In Wäldern und an der Küste gibt es **Araukarien**. Die Araukarie ist ein typischer Vertreter dieser Wälder und tritt manchmal beinahe als Monokultur in Erscheinung (z. B. im Nationalpark Huerquehue, Conguilillo). Die Araukarien *(Araucaria araucana)* sehen aus wie große Regenschirme, werden bis zu 40 m hoch und bilden eine große Krone aus. Die Borke ist charakteristisch in Platten zersprungen und sie bekommen kindskopfgroße Zapfen, deren Samen seit Urzeiten von den Mapuche-Indianern gegessen werden. Auf trockenen Flächen kommen u. a. Pantoffelblumen, Spaltblumen, Berberitzenbüsche, Walderdbeeren und wilde Johannisbeeren vor.

Immergrüne Wälder

Der immergrüne südliche Sommerwald hat zwei Ausprägungen: Den artenreichen Valdivianischen Regenwald, in dem die großen Südbuchen dominieren, und die regenreichen Hoch- und Küstenlagen, wo die Alerce wächst.

Zum Valdivianischen Regenwald gehört der braun berindete **Canelo** (oder Winterrinde), der heilige Baum der Mapuche. Der **Laurel** hat dicke, saftig grüne Blätter und duftet lecker nach Spaghettisoße. Die Früchte des **Avellano**, die geröstet verkauft werden, erinnern an Haselnüsse. Er kommt sonst nur in Südafrika und Australien vor. Auch der **Ulmo** mit großen weißen Blüten (schön zu sehen in der Gegend von Puerto Varas) hat keine Verwandten in der Nähe – die nächsten wachsen in Neuseeland. Der Ulmo-Honig schmeckt sehr mild und erinnert an Klee. Ein typisches Bambusgewächs dichtet das Unterholz der Wälder ab: die **Quila**, Unterschlupf für das kleinste Känguru der Welt, den **Monito del Monte**. An Bachufern wächst die dem Rhabarber ähnliche **Nalca**. Die rot leuchtenden Fuchsien kommen hier als 3 m hohe Büsche vor. Wer ruhig vor ihnen wartet, hat eine gute Chance, **Kolibris** zu sehen.

Über all diesen Pflanzen schirmen die Südbuchen das Licht ab: **Coigue**, **Roble**, **Raulí** und **Hualo**. Sie werden in Hochlagen mit besonders viel Niederschlag von der **Alerce** überthront, bis zu 60 m hohen Baumriesen. Die Alerce gilt als der zweitgrößte Baum der Welt, hat eine faserige Borke und kann bis 3000 Jahre alt werden. Das weiche, Balsa-artige Holz vergammelt trotz der hohen Feuchtigkeit nicht und war seit Besiedelung das beliebteste Baumaterial. Gerade der Holzbedarf hat der Art sehr zugesetzt und sie wird seit den 1970er-Jahren streng geschützt. Im Nationalpark Los Alerces oder im Pumalín-Park kommt sie aber noch vor.

Algen

Die chilenischen Küstengewässer sind wahre Unterwasserwälder von **Kelpalgen** und **Seetang.** Auf den Märkten begegnet man den getrockneten **Cochayuyo-Schlingen**, die als Paket verschnürt werden. Es handelt sich dabei um einen **Seetang**, der seit Urzeiten von den Indianern genutzt wird. Im unteren Teil des Hauptsprosses kommt eine weiße Masse vor, die als Ulte in Salaten gegessen wird. Die Alge Luche wird auf Chiloé als Spinatersatz zu Suppen gegeben. Die Blätter werden zusammengepresst und getrocknet. Wer Sushi mag, wird erstaunt sein, dass die Nori auch aus Chile kommen: Es handelt sich um die Alge **Porphyra columbina**, die man nach Japan verkauft.

Südlich von Puerto Montt bedeckt der immergrüne südliche Sommerwald auch die Fjorde und Inselwelt Patagoniens. Dort wird der Wald artenärmer, die Coigue und die seltenere **Guaitecas-Zypresse** dominieren. Durch recht hohe Niederschläge gibt es Epiphyten z. B. die **chinesische Laterne** *(Farol chino, Misodendron)* und das **Darwin-Brot**, einen trüffelartigen Baumpilz, der seit Urzeiten von den Yamanas gegessen wurde *(Cyttaria Darwinii).*

Tundra

Tundrengebiete sind über die Anden verteilt, je nach Breitengrad im Norden ab 5000 m, um Santiago ab 2000 m und im Süden ab 1000 m. Für die Tundra sind **Moose** und **Flechten** in eisigen Gebieten ohne Humusschicht charakteristisch. Im Großen Süden, vor allem in der Nähe der Eisfelder, in den Fjorden vorgelagerter Inseln und auf Feuerland gibt es auch feuchte Niederungen mit Mooren und Torfbildung.

Subantarktischer Sommerwald

In den südlichen Anden hat sich der subantarktische Sommerwald herausgebildet. Hier dominieren die Südbuchenarten Lenga, die Ñirre und die Coigue. Auf Lichtungen und im Übergangsbereich zur Patagonischen Steppe liegt der Matorral. Hier zeigt die Natur wieder Artenreichtum. Der **Calafate-Strauch** *(Berberis buxifolia)* hat gelbe Blüten und blaue Beeren, die zu Marmelade und als Bierzusatz verarbeitet werden. Die **Johannisbeere** wächst unter dem rot blühenden Patagonischen Feuerbusch und der Berberitze. Typisch sind die dicht wachsenden Büsche *Mata borrosa* (gelbe Doldenblüten) und *Mata guanaco* (rote Schmetterlingsblüten). Darunter blühen Anemonen, Vergissmeinnicht, Pantoffelblumen, Greiskraut und Veilchen. Neben Wilderbsen findet man auch die Porzellan-Orchidee.

Patagonische Steppe

Die Patagonische Steppe zeigt auch nicht-endemische Arten wie Löwenzahn, Kamille, Spitzwegerich, Honiggras und Gänsefingerkraut. Bestimmend sind aber Gräser wie Coirón und Magellan-Schwingel.

Aufgrund der harschen Bedingungen der Antarktis gibt es eine **Tundra-Grassteppe** nur an wenigen Stellen, so z. B. auf der König-Georg-Insel. Dort wächst das Antarktische Haargras zwischen Flechten und Moosen. Für Farbtupfer sorgen Schneealgen, die im Eis verschiedene Farben hervorbringen.

Valdivianischer Regenwald

Auf den Juan-Fernández-Inseln ist der Valdivianische Regenwald mit 50 **Farnarten** und **Blumen** – 150 Arten – vertreten, wovon 130 endemisch und schätzungsweise 75 % vom Aussterben bedroht sind. Besonders in den vielen Schluchten wachsen seltene, riesige Farnarten mit Blättern, die bis zu 2 m Durchmesser haben. Die einheimische Flora ist durch Abholzung ausgerottet worden (z. B. der **Juan-Fernández-Sandelbaum** im 18. Jh.) oder durch die Einführung von Ziegen und Hasen, aber auch von Johannisbeere und Maqui in Bedrängnis geraten.

Typische Pflanzen sind **Baumfarn** und der **Juan-Fernández-Canelo**, auf der Insel Robinson Crusoe der Busch **Col de Juan Fernández**, der vom endemischen **Kolibri Sephanoides fernadensis** bestäubt wird, und die Palmenart **Chonta**.

Etwa 30 **Gefäßpflanzen** und 16 **Farnsorten** sind neben eingeführten Pflanzen wie Eukalyptus und der Chile-Palme auf der Osterinsel zu finden. **Windengewächse** wie Ipa Kaha und Uhi gedeihen im Unterholz der Büsche und eingeführter Obstbäume wie dem Guayababaum. In den Vulkankratern wächst die Binse **Totora**.

Fauna

Säugetiere

Im Norden wie im Süden sieht man die südamerikanischen Versionen des Kamels: Guanako, Vicuña, Lama und Alpaka. Sie können untereinander Nachwuchs *(chulengos)* bekommen, der dann aber unfruchtbar ist. Das **Guanako** ist am größten: etwa 120 cm beträgt die Schulterhöhe, es hat auf dem Rücken ockerbraune Wolle, die Bauchseite ist beige. Zur Ankunft der Europäer soll es schätzungsweise 50 Mio. Guanakos in Südamerika gegeben haben, aber die Jagd nach seinem Fell hat dem Bestand deutlich zugesetzt und die Art auf dem gesamten Kontinent auf ca. 600 000 Tiere reduziert. Die meisten Guanakos findet man im patagonischen Nationalpark Torres del Paine. In kleineren Herden, die meist zwischen 50 und 100 Tiere zählen, kommen sie auch im Norden vor, z. B. im Nationalpark Pan de Azúcar, bei Putre und im Domeyko-Gebirge bei San Pedro de Atacama.

Dem kleineren **Vicuña** (Schulterhöhe ca. 80 cm) hat die Jagd noch mehr zugesetzt. In den 1970er-Jahren waren diese Tiere sogar vom Aussterben bedroht. Ihre Zahl hat sich mittlerweile leicht erhöht, so dass sie im Nationalpark Lauca und bei den Tatio-Geysiren häufig zu sehen sind. Das Vikuña wird für seine feine Wolle gerühmt: außer Seide gibt es keine feinere natürliche Faser. Es lebt im Altiplano auf über 4000 m Höhe und hat ein süßes, wollweißes Gesicht. Beide Arten bieten tolle Schauspiele zur Brunftzeit, wenn sich die Männchen im November und Dezember gegenseitig über die Steppen jagen.

Lama und **Alpaka** stammen wahrscheinlich vom Guanako ab. Beide Arten sind im Norden beheimatet und kommen nicht wild vor. Sowohl Lamas als auch Alpakas werden in den Zentralanden von Quechua- und Aymara-Indianern seit etwa 5000 Jahren wegen ihrer Wolle, dem Fleisch und als Packtier (Lama) gehalten. Das Fleisch schmeckt wie eine Mischung aus Rind und Schaf, und ist cholesterinarm (am besten in Putre probieren). Die Lamas sind von der Statur den Guanakos ähnlich, das Alpaka ist kleiner und hat auf den Wangen lange Wolle, das Lama nicht.

In Chile kommt auch Rotwild vor: der Zwerghirsch **Pudú** mit seinen 40 cm Schulterhöhe lebt in den südlichen Wäldern, ist aber sehr selten zu sehen. Das Wappentier **Huemul** wird etwa doppelt so groß. Mit viel Glück sieht man ihn z. B. im Nationalpark Torres del Paine oder um den See General Carrera. Der **Taruca** ist eine nördliche Variante, die in der Nähe von Putre gesichtet werden kann.

Der gefährlichste Feind der Kamele und Hirsche ist der **Puma.** Manche nennen ihn Andentiger, manche sprechen lapidar von einer großen Katze. Dabei kann das Männchen inklusive Schwanz fast 2 m lang und bis zu 70 kg schwer werden, Weibchen bis zu 1,50 m und 50 kg. Der Puma lebt in gebirgigen Steppenlandschaften und ist trotz einer Schulterhöhe von 60–90 cm sehr scheu, Menschen weicht er in der Regel aus. Angriffe sind äußerst selten. Passiert etwas, sind oft Kinder die Opfer eines Missverständnisses. Wenn sie sich dem Nachwuchs eines Pumas zu sehr nähern, wird er es verteidigen und angreifen. Im Glauben der frühen indigenen Völker Südamerikas genoss der Puma durch seine Kraft und Geschicklichkeit hohes Ansehen.

Respekt genießt auch die **Colo-Colo**-Katze. So nannte sich nach ihr der berühmte Mapuche-Häuptling Colo Colo und nach ihm wiederrum benannte sich einer der beiden berühmtesten Fußballvereine des Landes, der Club Social y Deportivo Colo Colo. Sie ist nachtaktiv und lebt in den Gebirgswäldern Mittelchiles. Nur in den nördlichen Hochebenen kommt die gestreifte **Andenkatze** vor. Ihr entsprechen im Süden die **Geoffroy-Katze** und die **Guiña**. Sie jagen Vögel und Nagetiere. Weit häufiger als Katzen sieht man Füchse: Der **Andenschakal** ist etwas größer als der europäische Rotfuchs.

Wer durch die Pampa Patagoniens streift, wird mit etwas Glück auf ein **Stinktier** treffen, mit kurzen Beinen, schwarzem Fell und weißen Streifen. Obwohl nachtaktiv, kann man es auch morgens sehen. Die Chile-Skunks sind Allesfresser und haben eine schweinsähnliche Schnauze. Vorsicht, wenn sie den Schwanz heben ...

Untereinander verstehen sie keinen Spaß, für die Kamera posieren die eitlen Seelöwen aber gerne mal.

Zum Juan-Fernández-Archipel muss reisen, wer den südamerikanischen **Nasenbären** sehen möchte. Der Allesfresser ist normalerweise auf dem Kontinent beheimatet, gilt dort aber als Plage, weil er Vogelnester räubert. Zur Gattung der Nagetiere, die häufig vorkommen, gehören z. B. das **Berg-Viscacha**, das **Chinchilla** und die **Biberratte**. Daneben findet man in den dichten Regenwäldern des Südens die Chiloé-Beutelratte und das Chilenische Mausopossum. Sie gehören zu den kleinsten **Beuteltieren** der Welt. Das Berg-Viscacha lebt im gesamten Andenraum, man hört häufig seine Warnpfiffe.

Im Vorgebirge gibt es nur noch wenige Kolonien der nachtaktiven **Chinchillas**, die wegen ihres Felles beinahe ausgerottet wurden. Im Nationalreservat Las Chinchillas bei Illapel nördlich von Santiago sind sie aber noch zu sehen. Im Nationalpark Lauca an der Grenze zu Peru kommt das Meerschweinchen **Cuyo** vor, das bei den Ureinwohnern auch auf der Speisekarte steht. In Patagonien hüpft der Pampashase nur noch selten über die Pampa. Der **Coipo** ist eine Biberratte, die bis zu 10 kg schwer werden kann.

Mit gerade einmal 8 cm Länge ist der **Gemeine Vampir** nicht gerade furchterregend. Menschen beißt er selten und mit 20–30 ml ist die gesaugte Blutmenge auch nicht eben viel, aber er kann u. a. Tollwut übertragen. **Borstengürteltiere** sieht man allenfalls in Patagonien oder in den nördlichen Anden. Leider werden diese Allesfresser immer noch gejagt, da sie als Delikatesse gelten. Aus dem Panzer baut man ein Instrument, das zehnsaitige Charango.

Etwa 51 Arten von Meeressäugern leben vor Chiles Küste. Einer davon ist der seltene **Küstenotter**, der in bis zu 100 m Tiefe nach Krustentieren taucht. Bestände gibt es im Nationalpark Pan de Azúcar und auf Chiloé. Häufig sieht man dagegen **Seelöwen**, die an der gesamten Küste beheimatet sind und sich gerne in den Häfen und vor den Fischmärkten zeigen, um sich Reste des Fangs der Fischer schenken zu lassen. In Patagonien gibt es auch **Seeelefanten**, deren Männchen bis zu 5 m lang werden, und **Seeleoparden**, die aus der Antarktis stammen.

Wale werden nicht unbedingt häufig gesichtet. Aufzuchtgebiete gibt es in der Nähe Feuerlands. Junge Blauwale können auch südlich von Chiloé gesichtet werden. Es kommen u. a. **Blauwale**, **Orkas**, **Finnwale**, **Pottwale** und **Schweinswale** vor. Auch **Delfine** gibt es bei der

Überfahrt nach Chiloé oder vor der Isla Damas bei La Serena im Kleinen Süden zu sehen. Im Beagle-Kanal werden wissenschaftlich-touristische Whalewatching-Ausflüge angeboten.

Vögel

An dieser Stelle ist es natürlich unmöglich, alle 460 Arten zu beschreiben. Vogelbeobachtern sei das Buch *Birds of Chile* aus der Serie Helm Field Guides empfohlen, es ist über den Internet-Buchhandel oder in Santiago erhältlich. Zu den eindrucksvollsten Vogelarten zählen die **Flamingos**, die Methusalems der Vogelwelt, denn sie leben schon seit 130 Mio. Jahren auf der Erde. Sie sind in Chiles Norden mit drei Arten von weltweit sechs präsent, dem Gelbfuß-, James- und dem Chile-Flamingo. Der rosafarbene **Chile-Flamingo** kommt auch in Patagonien vor, wo er in salzigen Gletscherseen Krill (Salzkrebse) findet.

Im Norden wie im Süden überraschen **Papageienarten** mit ihrem Gekrächze. Im Norden sind es die kleinen, grünen Zitronensittiche, in Mittelchile der bis zu 49 cm große Felsensittich und in den südlichen Wäldern der Smaragdsittich, der bis zu 36 cm groß wird. Es gibt in Chile mindestens neun Arten von **Kolibris**, darunter den Riesenkolibri, der mit Schnabel 24 cm lang wird. Als bedrohte Art wird der nur 8 cm große Arica-Kolibri angesehen. Den Chile-Kolibri sieht man häufig an Wegrändern, wo er an Fuchsien saugt.

An Bächen des Südens kann man mit etwas Glück den eleganten **Rotbrustfischer** beobachten, in den Wäldern bis nach Patagonien den rotköpfigen **Magellanspecht**, der imposante 45 cm groß wird. Auf den Wiesen des Südens tummelt sich der **Bronzekiebitz**, in Feuchtgebieten der **Weißhalsibis**, der lärmende Kolonien in Baumwipfeln gründet, der **Silberreiher** und der kleinere **Kuhreiher**. Besonders schön ist der **Blaureiher**, der im Großen Norden lebt.

Auf Teichen und Seen zeigen sich schwarze **Blässhühner** und **Rallen**. Die Blässhühner des Nordens können eine den Gänsen vergleichbare Größe erreichen. Sie bauen ihre Nester als eine Art Insel, die sie vor Füchsen schützt. Unter den Enten stechen besonders die **Schopfente** und die noch größere **Magellan-Dampfschiffente** hervor. Letztere ist mit 83 cm zu schwer zum Fliegen geraten: Bei Gefahr watschelt sie mit 40 km/h übers Wasser, das in diesem Fall das Meer ist.

In den strömungsstarken Flüssen des Südens kann man die seltenere **Sturzbachente** sehen. Unter den Gänsen findet sich im Norden die schwarz-weiße **Andengans**, in Zentralchile die **Graukopfgans** und im Süden die **Magellangans**. Durch die Steppen des Altiplano und Patagoniens stürmt der flugunfähige **Darwin-Strauß**. An der Küste gibt es neben Dutzenden von **Möwenarten** und **Seeschwalben Pelikane**, die bis zu 2,48 m Spannweite haben. Der **Magellan-Austernfischer** fällt durch seinen knallroten Schnabel auf.

Im Norden sitzt die schwarze **Olivenscharbe** auf Mauern und Straßenlaternen. Sie taucht wie ihr südlicher Verwandter, die **Blauaugenscharbe**, nach Fisch.

Etwas Besonderes ist es natürlich, auf **Pinguine** zu stoßen, was dank der kalten Humboldtströmung entlang der gesamten Küste passieren kann. Im Norden lebt der **Humboldt-Pinguin**, im Bereich Chiloé und Magellanstraße der **Magellan-Pinguin**. Wer bis in die Antarktis reist, wird dort größere Kolonien mit bis zu einigen tausend **Königspinguinen** sehen können. Insgesamt gibt es in Chile neun von 16 Pinguinarten weltweit.

Schwarzköpfige **Rabengeier** und rotschopfige **Truthahngeier** sind an der Küste weit verbreitet. Wer **Kondore** sehen möchte, muss ins Gebirge klettern. Der größte flugfähige Vogel mit einer Spannweite von bis zu 3,2 m nistet in einsamen Felsen und kann bis zu 6000 m hoch fliegen. Beste Gelegenheit ihn zu sehen, liefert der Nationalpark Torres del Paine. Aber man kann ihn auch im Valle del Elqui, im Cajón del Maipo und auf Feuerland sehen.

Chile hat viele Greifvögel, vor allem im Süden, weil es dort mehr Nagetiere gibt. Man sieht **Karakaras** und **Wander-**, **Bunt-** sowie **Aplomadofalken**.

Auch **Rotrückenbussarde** und **Wüstenbussarde** kommen recht häufig vor. Den großen **Blaubussard** sieht man öfter in der patagonischen Pampa. Die **Kanincheneule** ist so groß wie ein Kauz und die einzige Eulenart, die in verlassenen Kaninchenbauen nistet. Zudem leben in Chile auch die **Schleiereule** und der **Virginia-Uhu**.

Umwelt

Die Chilenen leben enger mit ihrer Umwelt verbunden als Menschen in anderen Teilen der Welt, denn sie haben stets natürliche Grenzen vor Augen. Zur einen Seite die Küste des unendlichen Pazifiks, zur anderen die kaum überwindlichen Gipfel der Andenkette. Nur etwa ein Fünftel der Landesfläche ist Flachland, der Rest bergig. An vielen Stellen steigen die Berge sogar direkt aus dem Meer die Küste hinauf, so dass nur ein schmaler Korridor für Siedlungen und Wege bleibt. Damit nicht genug: von allen Seiten drohen zudem ständig gewaltige Kräfte der Natur.

Naturkatastrophen

Naturkatastrophen sind prinzipiell nur Ereignisse der Natur. Zur Katastrophe werden sie erst, wenn Menschen betroffen sind. In Chile gibt es kaum ein Naturereignis, das es nicht gibt. Dazu zählen Vulkanausbrüche, Erdbeben, Waldbrände, Tsunamis, die die Küsten überschwemmen, und Überschwemmungen der Flüsse, wenn es in den Anden stark geregnet hat.

Im unwahrscheinlichen Fall, dass während einer Reise eine Naturkatastrophe auftreten sollte, ist natürlich unbedingt den Anweisungen der Behörden Folge zu leisten. In den Küstenstädten stehen überall Tsunami-Warnschilder. Die Chilenen sind mittlerweile Experten, und die chilenische Katastrophenschutzbehörde **Onemi** informiert ständig auf ihrer Webseite über Gefahren. 💻 www.onemi.cl.

Vulkanismus

Eine Attraktion für jedes Auge sind die Vulkane Chiles. Schneebedeckt ragen sie hinauf; wie im Schulbuch majestätisch vor blauem Himmel in der Hitze der Atacama-Wüste oder inmitten der Wälder und Seen im Süden. Aus manchen steigt unentwegt Rauch auf. Faszinierend, welche Kräfte in ihrem Inneren schlummern. Die Erde lebt.

Außer Indonesien hat kein Land mehr Vulkane auf seinem Territorium als Chile. 138 sind es insgesamt. Darunter der höchste der Welt, der **Ojos de Salado** mit 6893 m. Bei neun Vulkanen kam es innerhalb der letzten 200 Jahre zu insgesamt 20 schwerwiegenden Ausbrüchen. Über 100 Menschen verloren dabei ihr Leben. Der schwerste Ausbruch war der des Vulkans Villarrica bei Pucón am 01.01.1949. Kein anderer verursachte mehr Todesopfer (54) und finanziellen Schaden. Auch 1964 und 1971 kam es bei Ausbrüchen des Villarrica zu Toten.

Zuletzt wurden **Ausbrüche** des Vulkans Puyehue (2011), des Cabulco nordöstlich von Puerto Montt und erneut des Villarrica (2015) registriert. 2019 brach der Nevados de Chillàn im gleichnamigen Skigebiet aus und produzierte eine 1,5 km hohe Aschewolke.

Erdbeben

Mit dem Vulkanismus sind die Erdbeben verbunden. In Chile bebt jeden Tag die Erde, für Menschen meist kaum wahrnehmbar, aber auch die Liste schwerer Erdbeben ist lang. Allein von 2014 bis 2023 wurden 14 Beben mit Stärken von 5,9 bis 8,2 auf der Richterskala gemessen.

Ein großes Problem bei schon kleinen Beben sind die mangelhaft geschützten Elektrizitätsleitungen, vor allem in den älteren Häusern. Durch sie können Kurzschlüsse entstehen, die Brände verursachen.

Da die Stärke der tektonischen Aktivität nicht immer vorhersehbar ist, sollten sich Reisende vorab mit Verhaltenshinweisen bei Erdbeben und den an der Küste eventuell entstehenden Tsunamis vertraut machen.

Überschwemmungen

Auch bei Naturkatastrophen, die durch Wasser entstehen, ist Chile ein Risikoland. Zum ei-

Fair und grün

Einrichtungen, die sich durch ein starkes ökologisches oder soziales Engagement auszeichnen, sind in diesem Buch mit einem Baumsymbol gekennzeichnet. Sie verwenden zum Beispiel Solarenergie, sind auf harmonische und verträgliche Weise in die Umwelt integriert oder setzen sich in besonderem Maße für die Menschen vor Ort ein.

nen kommt für Chile das Problem der Seebeben auf dem Grund des riesigen Pazifiks hinzu. Sie versetzen das Wasser, diese leicht bewegliche Masse, die den Planeten Erde umgibt und aus der unsere Kontinente nur herausragen, in Bewegung. Es ergießt sich über die Küsten, manchmal in Form von Monsterwellen, sogenannten **Tsunamis**. In allen Küstenstädten gibt es daher Tsunamiwarnschilder, die die Richtung anzeigen, in die man laufen muss, wenn ein Tsunami droht. Aufgrund einer Tsunamiwarnung bei einem der letzten Beben wurde innerhalb kürzester Zeit fast eine Million Menschen entlang der gesamten chilenischen Küste in höherliegende Gebiete evakuiert.

Sie sind nur sehr kurz, aber auch **Flüsse** sorgen in Chile regelmäßig für massive Umweltkatastrophen. Wenn es in den Anden geregnet hat, sucht sich das Wasser natürlicherweise einen Weg nach unten. Und der ist im Falle Chiles wegen des Höhenunterschieds sehr steil, denn die Flüsse entspringen im Hochland der Anden und der Weg zum Pazifik ist kurz. Das bedingt eine immens hohe Fließgeschwindigkeit des Wassers – es gibt wohl kein Land auf der Welt, in dem Flüsse höhere Geschwindigkeiten erreichen können – die wiederum für eine enorme Erosion sorgt. Die Folge: Die Flussbetten können die Wassermassen, die sich in kürzester Zeit den Weg nach unten suchen, nicht halten, sie treten über die Ufer und reißen alles mit sich. Wer das Rinnsal des Río Copiapó bei der gleichnamigen Stadt im Normalzustand sieht, kann sich nicht vorstellen, mit welcher Vehemenz derselbe Fluss im Jahr 2015 gewütet hat. Bilder im Internet bezeugen das Drama.

Waldbrände

Regelmäßig kommt es zu Waldbränden, wie zuletzt Ende Januar 2023. Temperaturen von um die 40 °C wurden im Zentrum Chiles erreicht und es gab keinerlei Regen. Am 2. Februar 2023 war bereits eine Fläche von etwa 4800 ha betroffen, vier Tage später waren es schon 280 000 ha.

Doch selten ist klar, was der Auslöser ist. Zehn Personen wurden unter dem Verdacht der Brandstiftung festgenommen, später sogar 30. 1100 Gebäude wurden zerstört 1260 und Menschen verletzt. Präsident Boric rief den Notstand in den betroffenen Regionen aus und bat international um Unterstützung.

Landminen

Ein von Menschen gemachtes Umweltproblem sind die fast 200 000 **versteckten Sprengkörper**, die unter der bis 1990 herrschenden Militärregierung im gesamten Grenzgebiet zu den Nachbarstaaten ausgelegt wurden. Auf öffentlichen Straßen und Wegen wurden sie geräumt; Minenfelder abseits sind in der Regel markiert. Die Kennzeichnung der Minenfelder ist aber natürlich nicht flächendeckend oder sogar gar nicht vorhanden. Insbesondere entlang der Grenze zu Peru sollten Reisende sich nur auf befestigten Straßen und Wegen bewegen.

Luft

Die **Luftqualität** der Hauptstadt bereitet große Probleme, vor allem im Winter. Trotz Fahrverboten hat sich die Lage weiter verschlimmert. Im Winter leidet die Stadt unter einer Inversionswetterlage, d. h., dass die kalte Luft der Anden die abgasreiche, warme Luft Santiagos nicht aufsteigen lässt. Neben Verkehr und Industrie verursachen veraltete Heizungssysteme die Emissionen, vor allem Holzöfen. Dies trifft auch auf die ländlichen Gegenden zu. Negativ wirkt sich zusätzlich aus, dass im Winter die Felder abgebrannt werden. Zumindest wäscht der Winterregen vorübergehend die Luft rein. In Santiago hat die Luftqualität sogar eine soziale Komponente: Die Stadtteile mit der stärksten Belastung sind tiefer gelegen und arm, während die Reichen Richtung Anden wohnen und bessere Luft atmen. Im Großen Norden beschert die gigantische Chuquicamata-Mine wenige Kilometer nördlich von Calama der Stadt nicht nur hoch bezahlte Jobs, sondern auch Luftverschmutzung, denn über der Stadt hängt unentwegt eine Staubglocke.

Klimawandel

In Chile ist der Klimawandel schon **Realität**. Bereits heute erlebt das Land die Folgen: Dürren,

Hitzewellen, Überschwemmungen, Waldbrände und den Anstieg des Meeresspiegels. Extreme Klimaereignisse werden laut Prognosen in Zukunft noch öfter und intensiver stattfinden.

Und ein Land wie Chile gilt für den Klimawandel als besonders anfällig. Simulationen zeigen, dass sich die Atacama-Wüste über die Dornensteppe bis nach Santiago in die Zentralzone des Landes mit den Obstplantagen ausdehnen könnte. Damit würde das globale Problem der **Desertifikation** weiter befeuert. Man weiß heute noch nicht, was bei fortschreitender Erwärmung mit den großen Wassermengen passiert, die von Vallenar an Richtung Süden in den Anden ab 4000 m Höhe in Permafrostböden gebunden sind.

Deshalb hat das Thema für Präsident Boric oberste Priorität. Er will die erste ökologisch ausgerichtete Regierung bilden. Und Chile treibt die Energiewende voran: 2014 machten Sonne und Wind gerade mal 6 % des chilenischen Energiemixes aus, heute sind es schon 20 %. In Lateinamerika übernimmt Chile damit zunehmend eine **Vorreiterrolle**. Ein zukunftsweisendes Projekt ist das Solarturmkraftwerk Cerro Dominador in der Atacama-Wüste. Mit einer Leistung von 110 Megawatt können mehr als 380 000 Haushalte versorgt werden.

Naturschutz

Chile hat bei 25 Einw. pro km² viel Land im Vergleich zu einer relativ geringen Bevölkerungszahl und damit reichlich unangetastete Natur. Die Corporación Nacional Forestal (CONAF) ist die chilenische Forstbehörde. Sie wurde 1970 durch das Landwirtschaftsministerium gegründet und verwaltet u. a. die 45 Nationalparks (Parques Nacionales) und zahllose Naturschutzgebiete mit einer Gesamtfläche von 140 000 km², etwa 19 % der Staatsfläche.

Die CONAF kümmert sich aber nicht nur um die Parkverwaltung, sondern führt auch Zählungen durch und legt besonderes Augenmerk auf die **Waldnutzung**. Die komplette Liste der Naturschutzgebiete inkl. Informationen, Öffnungszeiten und Eintrittspreisen findet man unter www.conaf.cl.

Die Sünden der Vergangenheit beim Naturschutz will Chile nicht wiederholen, wie z. B. die Einfuhr des afrikanischen Frosches auf dem Festland und der Katzen und Hunde auf den Juan-Fernández-Inseln, die heimische Arten verdrängt bzw. einfach aufgefuttert haben. Auf der Osterinsel ist im 18. Jh. ein beispielloser Kahlschlag betrieben worden. Auf dem Festland wurde die Chile-Palme abgeholzt. Heute steht sie im Nationalpark La Campana in der Nähe der Hauptstadt unter Naturschutz. Nicht zuletzt wegen der geschützten Lage Chiles (Wüste im Norden, Anden im Osten, Pazifik im Westen), gibt es endemische Arten, die durch Einfuhrkontrollen geschützt werden sollen. Natürlich zielt diese auch als „Äpfelchenkontrolle" belächelte Maßnahme bei Ankunft am Flughafen besonders auf den Schutz der heimischen Landwirtschaft.

Nicht zur Stützung des Lebensunterhaltes, sondern oft aus Irrglauben **jagen** einige wenige noch Puma, Kondor, Gürteltier, Vikuña und Darwin-Strauß. Diese Tiere sollen imstande sein, kleine Lamas oder Lämmer zu töten. Gürteltiere gelten als Delikatesse und Darwin-Strauße werden z. T. noch gejagt, um daraus Gewänder für religiöse Tänze zu nähen. Die **Großfischerei** konnte in den vergangenen Jahren gezwungen werden, sorgsamere Fangtechniken zu entwickeln. Doch beklagen die Chilenen, dass zweierlei Maß angelegt wird: Asiatische, russische und andere Trawler bedienen sich an ihren Fischvorkommen und fischen illegal viel ab, auch innerhalb der 200-Meilen-Zone. Der Fischfang vor Chiles Küste ist dazu meist noch vom Klimaphänomen El Niño betroffen. Daher haben Fischer Genossenschaften gebildet, die auch auf Muschelzucht setzen. Diese Fischergremien beantragen Fangquoten und bekommen meist nur ein Drittel der Quote der Großfischerei, deren Lobbyvertreter als Aktionäre direkt im Senat sitzen.

Umweltschutz: Gremien und Behörden

Neben CITES hat Chile sich an weiteren internationalen Konferenzen und Konventionen beteiligt: RAMSAR (Schutzkonvention für Feuchtgebiete), Walfangverbot (London), Bonner Konvention über den Schutz von wandernden Arten, Schutzkonvention für die Antarktisrobben, Basel-Konvention gegen internationalen Giftmülltransfer, Uno-Konvention zum Klimaschutz, um nur einige zu nennen. Aufgrund der vor Chiles Küste beobachteten Blauwale und der Kampagne von u. a. Greenpeace Chile hat die Regierung für die gesamte Küste ein Walfangverbot ausgesprochen, das für die 200-Meilen-Zone gilt. Da es keinen Walfang in Chile mehr gibt, war dieses Verbot eigentlich überflüssig, ist aber trotzdem ein kleiner Sieg für den Artenschutz.

Hauptbehörde ist die **Conama** (Comisión Nacional del Medio Ambiente), die während der ersten Amtszeit von Präsidentin Bachelet zum Ministerium ausgebaut wurde. Die Conama kümmert sich hauptsächlich um die Einhaltung einiger Normen im Emissionsbereich und die Überprüfung der zahlreichen Umweltverträglichkeitsstudien. Die Normen sind nicht so streng wie in Europa, die Verträglichkeitsprüfungen bilden jedoch ein wichtiges Element der Entscheidungsfindung.

Meistens sind aber die Akteure alles andere als gleichwertig, d. h. die Ergebnisse aufwendiger Studien von Unternehmen können von privaten **Bürgerinitiativen** nur schwer bzw. mit hohem Aufwand wissenschaftlich angefochten werden. Außerdem gilt das Anhörrecht nur für direkt Betroffene, die sich über die oftmals weiten Distanzen erst einmal in Initiativen organisieren müssen – und das machen die Chilenen gern *a última hora* (wenn's zu spät ist). Bürgerinitiativen gibt es einige, darunter Terram, 💻 www.terram.cl, CODEFF, 💻 www.codeff.cl, Greenpeace Chile, 💻 www.greenpeace.org/chile, Chilesustentable, 💻 www.chilesustentable.net.

Umweltbewusstes Reisen

Ein beträchtlicher Anteil des weltweit erzeugten Treibhausgases CO_2 geht auf das Konto des Flugverkehrs. Laut Klimarechner beträgt die Produktion von CO_2 auf einem Flug von Frankfurt/Main nach Santiago de Chile und zurück 2,6 t, fünfmal so viel wie die Jahresproduktion eines Durchschnittsdeutschen! Daher entscheiden sich immer mehr Reisende, ihren Fußabdruck über CO_2-Kompensation zu verkleinern.

Bei 💻 **https://de.myclimate.org** gibt es Angebote für die Kompensation eines Fluges nach Chile ab 45 €, die in Klimaschutzprojekte in Entwicklungs- und Schwellenländern investiert werden. Der Anbieter **Atmosfair**, 💻 www.atmosfair.de, rechnet etwas strenger, da neben CO_2 auch Faktoren der Eintragshöhe der Emissionen und Wasserdampfabgabe mitberechnet werden. So kommt der Emissionsrechner von Atmosfair auf 8,72 t CO_2 für den gleichen Flug und berechnet für eine Abgabe mit Zertifikat 85 €. Beide Anbieter sind gemeinnützige Vereine. Übrigens: Wer über genug Zeit verfügt, kann statt Inlandsflügen in Chile das gute Bussystem nutzen und zumindest auf Fahrten bei Tageslicht die Landschafen bewundern!

Vor Ort in Chile nimmt eine immer größere Zahl von Unternehmen am staatlichen APL-Programm teil, dem Acuerdos de Produccion Limpia (Übereinkommen zu sauberer Produktion), 💻 www.cpl.cl. Das Logo dazu wird in Hotels ausgehängt, die zertifiziert sind und sich daran beteiligen. Die Vorgaben enthalten Maßnahmen zur Wassereinsparung, Mülltrennung, Energie-Effizienz und Hygiene. Auch wenn die Kriterien recht lasch sind, ist es ein Schritt in die richtige Richtung.

Grundsätzlich sollte bei umweltpolitischen Themen nicht vergessen werden, dass der Reisende sich in einem fremden Land als Gast befindet und dass in Chile im Allgemeinen weit weniger Umweltschäden angerichtet werden als in mitteleuropäischen Ländern. Wer im Urlaub etwas Gutes bewerkstelligen möchte, kann u. a. Mehrweg-Pfandflaschen *(botellas retornables)* kaufen, Plastiktüten vermeiden, nur kurz duschen, Handtücher nicht täglich wechseln lassen und den Gebrauch von Batterien vermeiden.

Wasser

Das Land verfügt über enorme Reserven an Süßwasser. Abgesehen von den unterirdischen Eisvorräten, die noch nicht erfasst sind, hat Chile die größten Gletschergebiete Südamerikas, mit etwa 20 000 km² Fläche, wovon rund 15 000 auf die beiden großen patagonischen Eisflächen entfallen, den Campos Hielo Norte und Sur. Zum Vergleich: Die Gletscherflächen sind halb so groß wie die Schweiz.

Seit den 1980-Jahren, insbesondere ab der Jahrtausendwende, hat man einen starken **Rückgang der Gletscher** beobachtet. Wer Patagonien besucht, wird dies an vielen Stellen sehen können (z. B. Laguna San Rafael, Grey-Gletscher im Nationalpark Torres del Paine).

Auch der **Bergbau** hat in den vergangenen Jahren immer wieder giftige Abwässer in Flüsse und ins Meer geleitet. Ein besonders unschöner Fall einer geschäftsgierigen Gletscherzerstörung ist das Projekt Pascua Lama bzw. Nueva Unión in der Nähe von Vallenar im Andengrenzland zu Argentinien im Kleinen Norden (S. 244), eines der größten Goldminen-Projekte weltweit, In der **Landwirtschaft** dürfte in Zukunft der Pestizideintrag problematisch werden. Leider sind in Chile noch viele Chemikalien im Einsatz, die in Europa nicht mehr benutzt werden dürfen. Die Küstenregion muss mit zweierlei Problemen kämpfen: Lokal wird von großen **Kraftwerken** Meereswasser zum Kühlen genutzt – mit negativen Auswirkungen auf die lokale Artenvielfalt. Im Süden ist es vor allem die **Lachszucht**, die die Fauna und Flora der Fjorde massiv schädigt. Die Schlachtabfälle und Exkremente der Lachse überlasten den Meeresgrund. Außerdem brechen immer wieder Heerscharen der über 300 Mio. Raubfische aus. Die Massen an Antibiotika, die ins Fjordwasser gegeben werden, können zu Resistenzen führen.

Im trockenen Norden ist es nicht nur die Wasserverschmutzung, sondern vor allem der riesige Wasserbedarf der **Kupferminen**, der ganze Dörfer trockenlegt. Teilweise haben die indianischen Gemeinschaften ihre Wasserrechte verkauft, teilweise haben die Minen die Rechte über spezialisierte Firmen bekommen. Es gibt geschützte Bereiche und einige Flüsse, die den Gemeinden der Indígenas gehören, aber das Grundwasser gehört dem Staat. Und der hat – abgesehen von der millionenschweren Lobby der Minenbetreiber – ein Interesse an den Einnahmen aus dem Kupferabbau.

Bevölkerung

Einwohner: 19 740 000

Bevölkerungsdichte: 26 Einwohner/km². 80 % der Chilenen leben im mittleren Drittel des Landes, in der Region rund um Santiago. Sehr niedrig (unter 1 Einw. pro km²) ist die Bevölkerungsdichte im Altiplano und im Großen Süden. 87,8 % aller Chilenen leben in Städten.

Wichtigste Städte: Hauptstadtregion Metropolitana de Santiago (etwa 7,1 Mio. Einw.), Valparaiso/Viña del Mar (750 000 Gran Concepción (1 187 000), La Serena-Coquimbo (517 500)

Ethnien: weiß und nicht-indigen 88,9 %, Mapuche 9,1 %, Aymara 0,7 %,

Bevölkerungswachstum: 1,0 %

Geburtenrate: 1,54 pro Frau

Gesellschaft

Um die chilenische Gesellschaft zu verstehen, muss man sich vor Augen führen, wie heterogen sie entstanden ist, denn die Lebensbedingungen der Chilenen könnten klimatisch und ökologisch kaum unterschiedlicher sein. Jeder Küstenabschnitt und jedes Andental hat andere Lebensbedingungen, zudem sind die Distanzen zwischen den Siedlungen oft so groß, dass nur wenig interkultureller Austausch stattfinden konnte. So bildeten sich über Jahrhunderte eigenständige, voneinander isolierte Kulturen heraus, die lange Zeit nur wenige Berührungspunkte untereinander hatten.

Im 19. Jh. wurde Chile für viele Europäer eine neue Heimat. Allen voran kamen Deutsche, Kroaten, Franzosen, Portugiesen, Italiener und Briten (viele in der zweiten Hälfte des 19. Jhs. im Zuge des Eisenbahnbaus, wo ihre Fertigkeiten gefragt waren). Während die Franzosen sich eher in Zentralchile niederließen, wählten die Kroaten und die Portugiesen das abenteuerliche Feuerland und den Süden Patagoniens. Die Deutschen zog es zunächst nach Valdivia, bis sie um den Lago Llanquihue angesiedelt wurden, und die Briten arbeiteten und lebten im

Vom Habenichts zum Tiger – und dann?

Das Image der Chilenen ist, wie allerorts, mit dem Land und der Geschichte verbunden. Je nach kultureller Brille und Interessen fällt das (Vor-)Urteil entsprechend anders aus. Da Chile zur Kolonialzeit ein Verlustgeschäft für die Spanier und bis in die 1980er-Jahre noch ein recht armes Land war, wurden auch die Chilenen als Habenichtse angesehen. In Europa war das Land in den 1970er und 1980er-Jahren bekannt für Pinochet, grausame Diktatur und Leichen im Mapocho-Fluss. In Wirtschaftskreisen dagegen lobt man bis heute die strengen Reformen, die Haushaltspolitik, die vielen Privatisierungen und tituliert Chile als den „Tiger" Südamerikas. Wegen der disziplinierten Hauswirtschaft und den Armeetraditionen finden einige auch die Bezeichnung „die Preußen Südamerikas" für die Chilenen als angemessen.

Heute sieht man das Land und die Chilenen differenzierter: In der Studie „Estilo cultural e imagen-país" wurden die Nachbarländer und die Brasilianer befragt, was sie von Chile halten. Heraus kam, dass sie den Demokratisierungsprozess, die wirtschaftliche Stabilität und die Sicherheit bewundern. Auf der anderen Seite sehen sie die Chilenen als übertrieben arbeitsam und wenig zufrieden an.

Tiefer geht eine PNUD-Studie (United Nations Development Studies) über das Selbstverständnis der Chilenen: Mit der neuen Wirtschaftskraft und der Reduzierung der Armut ist es zu verstärkten Konsumlüsten und Konkurrenz gekommen. Die halbherzige Aufarbeitung der jüngeren Geschichte und der Wettbewerb teilt die Gesellschaft in Gewinner und Verlierer. Trotz guter Zahlen in Bezug auf Korruption charakterisieren die Chilenen die Regierung eher als Selbstbedienungsladen – das Vertrauen ins Eigene ist nicht stark. Der Rückzug ins Private ist ein verbreitetes Phänomen. Der Nationalstolz, bei internationalen Fußballspielen groß, zeigt sich gebrochen durch die Geschichte und die sozialen Unterschiede, daran können auch die unzähligen Nationalfahnen im Land, vor allem im Norden und den ärmeren Wohnsiedlungen, nicht hinwegtäuschen. Insgesamt wird den Chilenen in der Studie eine kulturelle und emotionale Aushöhlung des Selbstverständnisses attestiert und gesagt, sie zeigten ein ambivalentes Verhältnis zum Land. Aber vielleicht ist das auch nur eine Facette im Wandel des Selbstbildes. Vielleicht offenbart es eine differenziertere Wahrnehmung des Eigenen und einen Abschied von überzogenen Erwartungen an die Fähigkeiten einer modernen demokratischen Regierung.

minenreichen Norden. Auch eine zaghafte Einwanderung aus dem Nahen Osten setzte ein. Wenn wir also von Multikulti in Chile sprechen, dann ist es eher Multikulti aus Europa.

Chilenen sind angenehme Menschen, unaufdringlich und natürlich, jederzeit hilfsbereit, und dabei immer freundlich, ohne verkrampft zu wirken. In Südamerika gelten sie als sehr arbeitsam. Zudem sind sie sehr begeisterungsfähig. Die Stimmung, die durch Fußballstadien und Konzerthallen weht und Demonstrationen begleitet, ist südamerikanisch-intensiv, steht Argentinien kaum nach und kann von wunderschönen, dynamischen Bildern auch in Gewalt umschlagen.

Ein wenig befremdlich sind die Choperías (S. 282) und die Begeisterung für die riesigen Shopping Malls, von denen es in manchen Städten gleich mehrere auf wenigen hundert Metern gibt, darin Mega-Supermärkte mit bis zu 50 Kassen. Trotzdem bilden sich ab nachmittags lange Schlangen. So sprechen manche im Falle Chiles von einer Kopie der USA, von einer billigen, fügen kritische Geister gerne hinzu.

Die Konsumfreude hört beim **Alkohol in der Öffentlichkeit** auf. In einer der Botillerías kauft man sich seine Ration Bier oder Wein und geht besser nach Hause, denn der Konsum ist in der Öffentlichkeit eigentlich verboten. Aber immer weniger Chilenen halten sich daran und trinken ungeniert ihr Bier oder ihren sehr guten chilenischen Wein bei Sonnenuntergang am Pazifik! Die immer wiederkehrende Erklärung für die gesetzlich verordnete Entsagung: Chilenen können mit Alkohol nicht besonders gut umgehen.

So bleibt der Alkoholismus, der viele der weit von ihren Familien entfernt arbeitenden Minenarbeiter befallen hat, weitestgehend unsichtbar.

Indígenas

Dass die Chilenen zum überwiegenden Teil eine weiße Hautfarbe haben, ist die logische Folge aus einer gigantischen Verdrängung der heimischen Bevölkerung. Bereits die spanischen Konquistadoren richteten Blutbäder an und zwangen zur Fronarbeit. So soll Pedro de Valdivia ein Landstück besessen haben, auf dem er 40 000 Arbeitssklaven beschäftigte, die hauptsächlich in den Goldwäschereien von Quilacoya arbeiten mussten. Unter Führung des *toqui* **Lautaro** setzten Krieger der Mapuche seiner Herrschaft 1553 ein Ende und richteten ihn hin. Übrigens verloren die spanischen Kolonialherren nirgendwo sonst mehr Soldaten als in den Kriegen mit den Mapuche.

Die Strategie änderte sich, als Chile Nationalstaat wurde. Die Armeen gingen systematisch vor – die Urbevölkerung wurde verfolgt, zusammengesperrt, gejagt und getötet. Ende des 19. Jhs. war der Kleine Süden „befriedet", im Großen Süden übernahmen Privatarmeen der neuen Schafsbarone, Walfänger, Robbenschlächter und Goldsucher, die sich auf den südlichen Inseln und in den zahlreichen Fjorden entlang der Magellanstraße niederließen, das Morden. Krankheit und Epidemien rafften ebenfalls Unzählige dahin, die Alacalufes flüchteten sich in die Labyrinthe der Inselwelt vor der Küste der Gletscher (S. 116).

Umso erstaunlicher, dass indianische Sprachen überlebt haben, allen voran das Mapundungun der **Mapuche**, das vor allem im Kleinen Süden verbreitet ist und in vielen Namen auftaucht. Die Silbe *hue* z. B. bedeutet Ort, *che* Menschen, Leute. Wer den Atlas aufschlägt, sieht, dass zahlreiche Ortschaften und Begriffe diese Silben in ihren Namen tragen, z. B. Llanquihue, Petrohué, Pehuenche, Huiliche, Dalcahue.

Viele Chilenen taufen ihre Söhne nicht Eduardo oder Alejandro, sondern Lautaro. Der beliebteste Fußballverein nennt sich Colo Colo nach einem Mapuche-Krieger. Doch die Mapuche sind bis auf den heutigen Tag marginalisiert, und ein Blick in die Statistiken beweist es. Es erübrigt sich eigentlich festzustellen, auf welchen Gebieten sie benachteiligt sind, Bildung, Arbeit, Land ... im Grunde auf allen.

Im Norden gibt es eine kleine **Aymara** sprechende Gemeinde, die sich stark nach Bolivien orientiert, wo ebenfalls Aymara leben und aufgrund ihrer stärkeren Präsenz eine andere Identifikation mit ihrer Kultur leben können. Das **Yamana** und **Alacalufe** *(kaweskar)* der Einwohner von Feuerland und Magallanes hört man kaum noch, dafür besinnen sich die **Rapa Nui** der Osterinsel im verstärkten Maße ihrer Kultur und ihrer eigenen Sprache, die in den 1970er-Jahren nahezu vernichtet zu sein schien.

Die im Gegensatz zu früheren Jahrzehnten stärkere Präsenz indianischer Kultur im öffentlichen Bild Chiles hat etwas von einer Wiedergutmachungsgeste. Fotos der Selk'nam und Haush, die der Breslauer Anthropologe Martin Gusinde 1920 machte, gehören zur Ikonografie des Landes, ebenso wie die Tapati-Wettkämpfe der Rapa Nui und der kostbare Silberschmuck der Mapuche.

Spannungsfelder: Herkunft und Bildung

Wer blond, langbeinig und blauäugig ist, gehört zweifellos „dazu". Die sommerlichen Ferienzentren scheinen voller blonder, blauäugiger, glücklicher Gäste zu sein, ab und zu ist auch mal ein kleinerer Dunkelhaariger dabei, der vor laufenden Fernsehkameras für das alltägliche Ferienstimmungsbarometer interviewt wird, wie es ihm im Urlaub so gefalle. Ist aber eher die Ausnahme. Ein Schichten-, man möchte schon fast sagen: Klassenmodell bestimmt immer noch die chilenische Gesellschaft, und wie in einem klassischen Land der sogenannten Dritten Welt gilt „mehr", wer eine weiße Haut hat. Oder rein-spanische Vorfahren. Oder einen britischen Stammbaum. In der Vulkan- und Seenregion „stolpert" das Auge über deutsche Nachnamen, Straßennamen, Fabriknamen. Schmidt, Holzapfel, Kunstmann, alles ganz chilenisch.

Oder man heißt Luksic, gehört zu einer der mächtigsten, politisch wie ökonomisch einflussreichsten Einwandererfamilien, in der sich alles verschränkt, verschwistert, verschwägert und somit potenziert. Klar, dass sich diese Chilenen auch häufig in den arrivierteren Gesellschaftsschichten wiederfinden.

Und doch herrscht bedrückende **Armut** in dem wirtschaftlich doch so stabilen Chile. Aber die hat schon immer geherrscht, darüber konnten auch international ausgezeichnete ökonomische Bilanzen nicht hinwegtäuschen. In einem traditionell agrarischen Land, das stark vom Großgrundbesitz dominiert wird, herrscht stets viel Platz für Armut und für die Sehnsucht nach besseren Erwerbsmöglichkeiten in der Stadt. Man wird nicht so viele Bettler wie in anderen lateinamerikanischen Ländern sehen, aber doch viele, die als ambulante Händler täglich ums Überleben kämpfen. Und in vielen Teilen Chiles wird es mit Ausnahme des Sommers ganzjährig kalt, vor allem in den Höhen.

Immer vehementer rücken **die indianischen Minderheiten** Chiles ins Rampenlicht. Mapuche, Huiliche, Alacalufes, Aymara, Coya haben sich eine öffentlichkeitswirksame Plattform erobert, debattieren über soziale Medien und erreichen Millionen von Lesern und Interessenten. Es ist kein Zufall, dass gerade sie das neue Medium für sich entdeckt haben, das wesentlich demokratischer mit ihnen umgeht und leichter zu handhaben ist als etablierte Medien. Hier können ungehindert von Zensur Nachrichten übermittelt, Meinungen ausgetauscht und Treffen verabredet werden.

Bei aller heutigen Aufklärung und politischen Deklarationen stößt man auf fest **zementierte Vorurteile**, insbesondere in der kreolisch-spanischen, alteingesessenen Oberschicht, umso mehr, als sich auch Geld und Macht in weißen Händen konzentriert.

Eine durch die Politik zu lösende Problematik erwächst der Gesellschaft in den unzulänglichen **Bildungschancen** für weniger gut Bemittelte. Privatschulen können sich die meisten nicht leisten. Diesem Dilemma stellen sich die Regierungen bis heute nur halbherzig. Kaum ein Land in Südamerika ist in dieser Hinsicht so ungerecht wie Chile. Und das erzeugt Druck. In den vergangenen Jahren sind Schüler:innen und Studierende immer wieder gegen die Ungerechtigkeit auf die Straßen gegangen – ohne Erfolg, bis die Situation im Oktober 2019 explodierte (S. 134). Kompensierend springen private Stiftungen, die Kirchen, staatliche Förderungsprogramme ein – und festigen auf diese Weise die Ansicht, dass es ein Recht auf Bildung für alle in Chile eben nicht gibt, sondern als Privileg gewährt wird. Kindern aus der sogenannten Unterschicht ist der Zugang zu höherer Bildung praktisch schon strukturell verwehrt, an den Elite-Unis zu studieren, wäre sogar für Kinder einer deutschen Familie aus der oberen Mittelschicht sehr teuer. Einige der Universitäten in Chile gehören zu den fortschrittlichsten und besten des Subkontinents.

Machismo

Wie in nahezu allen Ländern Lateinamerikas wird das Verhältnis zwischen Männern und Frauen vom Machismo bestimmt. Dabei geht es nicht so sehr um die Darstellung in der Öffentlichkeit. Mit Michelle Bachelet stand von 2006–2010 und 2014–2018 erstmals eine Frau an der Spitze des Landes. Sie wurde von Millionen von Chileninnen bejubelt, die in dieser Wahl auch ein Symbol für die fortschreitende Emanzipation des Landes sahen. Frauen leiten Unternehmen, arbeiten in führenden Positionen und die Beschäftigung von Frauen nimmt zu. Aber selbst wenn sie in höheren Positionen arbeiten, sind die Löhne meist geringer als bei Männern. Doch dass es zu Lohnbenachteiligungen und Diskriminierungen aufgrund des Geschlechtes kommt, ist keine chilenische Erfindung.

Es geht vielmehr um die Verkrustungen, die die privaten Beziehungen prägen. Machismo kommt in Chile auf leisen Sohlen daher, aber er ist präsent. Im Straßenbild äußert er sich nicht darin, dass Tausende von Barbiepuppen durch die Gegend stöckeln. Aber für einen Mann ist es nicht ungewöhnlich, neben der offiziellen Freundin und Ehefrau noch eine Geliebte zu haben oder seine Frau gelegentlich zu betrügen. Zumindest würde sich niemand darüber empören. Die Ehefrauen gelten als versorgt und mit ihrem Status abgefunden – das sexuelle Leben wird außer Haus gepflegt. Sollten Frauen dieselben Rechte für sich in Anspruch nehmen, haben sie ihrerseits mit gesellschaftlichen Sanktionen zu rechnen – oder doch zumindest mit nicht sehr leisem Getuschel.

Mit unglaublicher Wucht demonstrierten Frauen während des Volksaufstands 2019/2020 gegen die anhaltende politische Gewalt und Femizide. Das Kollektiv Las Tesis aus Valparaíso startete die Aktion, die von Tausenden Frauen auf der ganzen Welt nachgeahmt wurde (S. 176).

Religion

Katholiken: 60 %
Protestanten: 18 %
Übrige: 21 %

In einer klassischen spanischen Kolonie ist der Anteil der **Katholiken** erwartungsgemäß ziemlich hoch, in Chile auch, nämlich – offiziell – 60 % Und das steht nicht nur auf dem Papier. Die katholische Kirche ist eine mächtige, einflussreiche Institution in Chile. Der Katholizismus bestimmt Umgangsformen und Alltagsleben.

Trotz aller Strenge und Rigidität der offiziellen Doktrin, ist die katholische Kirche auf dem Land z. B. eine ganz andere, eine bäuerliche Version. Das lässt sich leicht an den Festumzügen und Pilgerwanderungen auf Chiloé sehen, wo die Kirchengestaltung ja auch wenig Mächtiges an sich hat – es sind hübsche, zierliche, freundliche Holzkonstruktionen, die nichts Ehrfurchtheischendes oder Einschüchterndes ausstrahlen, und die Heiligen sehen aus wie in Brokatkleidung gehüllte Puppen – was sie häufig auch sind.

Dass Chile keinesfalls ein unbarmherzig spanisch-katholisches Land ist, zeigen auch die wilden, mehrtägigen Festumzüge, die alljährlich zu Ehren der Jungfrau von **Tirana** und **Ayquina** veranstaltet werden. Die Teilnehmer tauchen in ein Festspektakel ein, das wenig von der abgezirkelten Förmlichkeit katholischer Prozessionen hat. Pilger tanzen sich in Trance. Die Verkleidungen fallen so drastisch aus, dass sie die strengen Gewänder der die Prozession anführenden Priester konterkarieren.

Auf dem Altiplano erklären die Aymara gern, was es mit dem Kirchenbau und dem extra gestellten Glockenturm auf sich hat: Klar, das

Kapelle im Süden von Antofagasta

Haus ist die Frau und der Turm der Mann, das sieht doch jeder. Ihre Kirchlein aus weiß getünchtem Adobe haben Friese und Schmuck aus einfachen Symbolen, die aus blassrosa Vulkangestein geschnitten wurden – wunderschön, und uralt.

Fazit: Wie in so vielen lateinamerikanischen Staaten hat die katholische Kirche bei der ländlichen Bevölkerung eine Umformung erfahren, die sie mit ihren ursprünglichen Gottheiten verknüpft. Vor allem auf Barmherzigkeit, nicht auf Strafe kommt es in ihrer Darstellung an.

Wie die indianischen Kulturen vor Ankunft der Konquistadoren organisiert waren, das ist nur noch Gegenstand von Museen. Auch die Tihuanaco und Inka mit ihren religiösen Festen und Riten hinterließen ihre Spuren in Chile.

Die **Aymara** im Norden, die **Mapuche** im Süden und die **Rapa Nui** auf der Osterinsel halten an ihren Riten fest, ihre (sozial-)politischen Bewegungen nehmen nach jahrhundertelanger Unterdrückung und Diskriminierung an Strahlkraft zu. Doch in der Statistik treten sie als religiöse Gemeinschaften nicht auf.

Die Mapuche, die laut der chilenischen Statistik 87 % der indigenen Bevölkerung ausmachen, glauben an ihre religiösen Führer und Heiler, die *lonko* und den *machi*. Ihr Alltagsleben regeln sie gemeinschaftlich.

Jüdische und **muslimische** Gemeinden unterhalten ihre Zentren in den Großstädten wie Santiago, Coquimbo, Iquique, Temuco, Valparaíso und Concepción. Mehrere **katholische Feiertage** sind gleichzeitig Nationalfeiertage.

Geschichte

Indianische Spuren

Auf der Plaza de Armas in Santiago befindet sich seit 1993 neben Skulpturen von Papst Johannes Paul II. und des spanischen Konquistadoren Pedro de Valdivia eine ziemlich aufsehenerregende Plastik, die den indianischen Völkern Chiles gewidmet ist. Sie zeigt eine ineinander verschoben montierte Büste und steht gegenüber der Galerie von Porträt- und Straßenmalern, die Touristen ihre Dienste anbieten. Die Plaza de Armas in Santiago ist nicht irgendein Ort, sondern der inoffizielle Salon der Hauptstadt, ein Platz, an dem jeder vorbeikommt.

Ist die indianische Bevölkerung, die laut offizieller Statistik etwa 6 %, laut der Gesellschaft für bedrohte Völker etwa 10 % der Chilenen ausmacht, damit integraler, anerkannter Bestandteil der Gesellschaft?

Nein, natürlich nicht. Die ursprüngliche Bevölkerung Chiles, eines Landes, das es in seinen heutigen Grenzen nie gegeben hat, sondern einer Nationenfindung geschuldet ist, wird unter ihrem kulturellen Aspekt durchaus geschätzt, ausgestellt und fotografiert. Unter ihrem politischen Aspekt hingegen, dass sie nämlich vor Ankunft der Spanier ein Teil jenes Volkes war, aus dem das chilenische hervorging, ignoriert man sie.

Die Geringschätzung der indianischen Identität findet ihren Grund sicherlich darin, dass im Verlauf der Kolonialzeit die Urbevölkerung massiv bedroht, versklavt und in bestimmten Gebieten sogar vollständig vernichtet wurde und dass sich die kulturelle Anpassung unter dem Diktat der spanischen Wertvorstellungen vollzog. Mit anderen Worten: Die Chilen:innen heute identifizieren sich in der Regel nicht mit einer indianischen Vergangenheit, da sie in ihr nicht verwurzelt sind, sie unter Umständen sogar als Feindbild begreifen. Ihnen ist jahrhundertelang eingetrichtert worden, dass die Menschen, die vor ihnen in diesem Land gelebt hatten, minderwertig waren.

Auch wenn sich die Einstellung gegenüber der indianischen Bevölkerung entscheidend gewandelt hat und viele politische Initiativen sich auf ihre Seite schlagen, so sticht bei ihrer „Behandlung" doch immer wieder hervor, dass ihr etwas von Staats wegen gewährt wird, und nicht, dass sie ein Recht darauf hat, z. B. auf Land.

Denn die Konquistadoren unterwarfen kein Niemandsland, sondern den Lebensraum von diversen Völkern. Die ältesten archäologischen Funde stammen aus dem 12. vorchristlichen Jahrtausend. Die Aymara des Nordens haben mehr mit den Bewohnern des Altiplano in Bolivien zu tun als mit den Chonos im tiefen Süden, die Atacameños aus der Atacama-Wüste wurden direkt von der Tihuanaco-Kultur des Lago Titicaca beeinflusst, und die Mapuche lebten zu beiden Seiten der Anden im Seen- und Vulkangebiet. Sie kannten genauso wenig wie die Selk'nam und Yaghan auf Feuerland Staatsgrenzen, sondern einfach nur das, was für jeden Menschen wichtig ist: der eigene Lebensraum.

Von Norden nach Süden

Die **Aymara** lebten in Chiles Norden an den Hängen tiefer Täler zwischen den Sechstausender-Vulkanen, und auch die **Atacameños**

ZEITLEISTE

12 000–13 000 v. Chr.	6000–7000 v. Chr.
Bei Calama in der Provinz Antofagasta finden sich die ältesten Siedlungsspuren.	Das Jägervolk der Chinchorro bei Arica bestattet seine Toten als Mumien.

gehörten der Volksgruppe der Aymara an. Sie ernährten sich vorwiegend vom Ackerbau. Aus früher Zeit sind Verbindungen mit der bolivianischen Tihuanaco-Kultur belegt, später wurden sie dann von den Inka kolonisiert, die um 1470 in Chile einfielen. Das kann man im Museo in San Miguel de Azapa mit seinen 9000 Jahre alten Mumien nacherleben.

Die präinkaischen *tambos* und *pucarás* der Wüste, d. h. Handelsplätze und Festungen, pflastern die Oasendörfchen in der Atacama-Wüste und den alten indianischen Handelspfad in den Altiplano, den später die Spanier als Camino Real benutzten. Bei Arica zeugen riesenhafte Scharrbilder an den Wüstenflanken von der alten Handelstätigkeit.

An dem schmalen Küstenstreifen Nordchiles hatten sich die **Chango** niedergelassen und wohl auch dörfliche Zentren gebildet. Der Naturforscher Rudolph Amandus Philippi (S. 164), der 1853 unter anderem die Atacama-Wüste wissenschaftlich auswertete und den Norden bereiste, beschrieb ihre Hütten so: „Walfischrippen oder Holz bilden einen kaum sechs Fuß hohen Rahmen, Ziegenfelle, Seehundfelle, alte Segel und Lumpen oder gar bloße Tange bilden die Wände und das Dach. Stühle, Tische, Bettstellen sind nicht vorhanden. Ein Seehunmagen ist der Wasserbehälter."

Die Ernährungsgrundlage der chilenischen **Diaguita** bildete der Mais, den sie im großen Maßstab anbauten. Auf hohem künstlerischem Niveau präsentiert sich ihre bemalte und anthropomorphe Keramik. Sie siedelten in den Halbwüstentälern des Elqui, Huasco und Limari und versuchten mittels ausgeklügelten Terrassenfeldbaus die zerklüfteten und öden Wüstenhänge zu kultivieren. Eine probate Lösung: Auch heute noch baut man in Terrassen an. Die Diaguita wurden später von den Inka unterworfen und zu Tributzahlungen verpflichtet.

In der fruchtbaren Zentralzone lebten die Picunches und Chiquilanes, doch von ihren Kulturen hatte nichts Bestand, sie wurden zwischen dem 11. und 12. Jh. von den Mapuche usurpiert.

Die **Mapuche** bilden bis heute die zahlenmäßig stärkste indianische Gruppe. Selbstbewusstsein symbolisiert ihr Name: Mapuche bedeutet „Menschen der Erde". Zwischen dem 11. und 12. Jh. waren sie aus dem argentinischen Ostpatagonien eingewandert und lebten zunächst von der Jagd und vom Sammeln. In ihrem neuen Lebensraum zwischen dem Río Maule und dem Río Toltén kam Ackerbau hinzu, der während der Regenzeit mittels extensiven Brandrodungsfeldbaus betrieben wurde. Zu ihrem Lebensbaum erkoren sie die Araukarie, jenen chilenischen „Tannenbaum", in ihrer Sprache *pehuen*, aus dessen Zapfen sie Mehl gewinnen, die Zapfenkerne aber auch selbst verzehren.

Der Boden gehörte der Gemeinschaft; nur wenige Gegenstände des täglichen und persönlichen Bedarfs besaßen die Familien selbst. Die Familien bildeten den Kern getrennt voneinander lebender Sippenverbände, die sich nur im Kriegsfall zu größeren Einheiten zusammenschlossen. Jeder Sippe stand ein Häuptling mit beschränkten Befugnissen und begrenzter Autorität vor. Die Dorfgemeinschaften wohnten in schilfgedeckten Hütten, die sie verlegten, wenn der Boden nichts mehr hergab. Ihre Kleidung stellten sie in einer speziellen Webtechnik aus Schafwolle her. Übergreifende politische Institutionen oder urbane Zentren existierten nicht.

1470 n. Chr.	Mitte des 16. Jhs.	1520
Das Inkareich dehnt sich bis zum heutigen Chile aus.	Über eine halbe Million Ureinwohner leben auf dem heutigen Staatsgebiet.	Entdeckung der Magellanstraße durch den Portugiesen Ferdinand Magellan.

Selbst Usurpatoren, wurden sie von den Usurpatoren des Nordens, den Inka, die Chile den Namen gaben (*Chili* – Land des Südens auf Quechua) nie unterworfen. Die Mapuche beharren heute mehr denn je auf ihrer Eigenständigkeit und auf die Rückgabe ihres Landes. Sie lehnen das Leben in den Städten ab, haben ihre eigenen kulturellen und politischen Führer, ihre Medizinleute, Religion, Schmuck und ihre Musik.

Patagonien war das Land der **Tehuelche**, die wie die **Pehuelche** und **Puelche** zu beiden Seiten der Anden lebten. Auch sie gehören zu denjenigen, die ab Mitte des 19. Jhs. in Reservate *(reducciones)* zusammengefasst leben mussten. Will man der Legende glauben, sollen es die Tehuelche gewesen sein, die den Weltumsegler Fernando de Magallanes dazu veranlassten auszurufen, „*Qué patas grandes*" (welch große Füße) und damit dem Land den Namen zu geben – Patagonien. Diese Konfrontation haben sie nicht überlebt und nur aufgrund von Knochenfunden konnte ihre Größe rekonstruiert werden. Sie maßen etwa 1,80 m, das war für die damalige Zeit (1519) tatsächlich ziemlich riesig.

Die **Chonos** und **Caucahue** lebten als Jäger und Sammler auf den Inseln vor der südchilenischen Küste. Die Jesuiten bemühten sich darum, sie auf der Isla de Chiloé zu konzentrieren, wo sie Mais und Kartoffeln anbauten und Lamas züchteten. 1609 zählten die Jesuiten auf Chiloé noch 12 000 Mitglieder dieser Ethnien, obgleich zwei Epidemien über die Insel hinweggefegt waren. Es gibt sie heute nicht mehr, bzw. usurpierten die Mapuche die Insel und heute leben hier die Huiliche.

Im tiefen Süden, auf Feuerland und in der südchilenischen Fjordlandschaft von Magallanes trotzten die **Selk'nam** (oder Ona), **Yaghan** (oder Yamana) und **Alacalufes** der unwirtlichen Umwelt ihre kärgliche Nahrung als Muschelfischer und Guanakojäger ab. Für die Selk'nam bildete das Fleisch des dem Lama verwandten Guanako das Grundnahrungsmittel; aus dem Fell stellten sie ihre Kleidung her.

Die Yaghan und Alacalufes lebten als Wassernomaden in Baumrinden-Kanus (zu sehen in den feuerländischen Museen in Porvenir und auf der Isla Navarino), in deren Mitte auf Steinen und Grasballen während der Fahrten ständig ein Feuer brannte. Ihre Beutetiere waren Robben und Pinguine, die sie mit Speeren und Harpunen erlegten. Dem kalten, windigen Klima trotzten sie, indem sie den Körper mit Seehundfett einrieben.

Für die feuerländischen Indianer bedeutete die staatlich verordnete „Erschließung" der Insel den Tod. Der Staat opferte sie der wirtschaftlichen Expansion. Planmäßige Vernichtungskriege, Epidemien, Verwahrlosung und die von Großgrundbesitzern systematisch betriebene Menschenjagd leiteten eine Agonie ein, die bis zum Beginn des 20. Jhs. andauerte. Die letzten Überlebenden starben Ende des 20. Jahrhunderts. Sie wurden Opfer der sich über Feuerland ausbreitenden Estancias, Schaffarmen und von Goldgräbern.

Den **Rapa Nui** auf der Osterinsel erging es kaum besser. Die aus Polynesien stammenden Familien siedelten sich im 9. Jh. auf der Suche nach neuen Lebensräumen dort an und erlebten im 14. Jh. eine revolutionäre Umwälzung. Zu Ostern 1722 entdeckt der holländische und im Auftrag der Westindischen Handelsgesellschaft segelnde Jakob Roggeveen die Insel. Als Kapitän James Cook mit den Naturforschern Reinhard

1541	Ab 1542	1545–1647
Pedro de Valdivia gründet Santiago de Chile.	Chile ist Bestandteil des spanischen Vizekönigreiches Peru.	42 000 Spanier fallen – so viele wie in keinem anderen Kolonialkrieg.

und Georg Forster an Bord im Jahr 1744 an Land ging, betrat er ein zerstörtes, trauriges Land, in dem umgestürzte Tempel und Statuen ein Bild der Verwüstung boten. Die richtige Katastrophe setzte jedoch ein, als die Besatzung kolonialspanischer Schiffe begann, die Rapa Nui zu verschleppen und zur Arbeit in weit entfernte Regionen zu zwingen.

Unter chilenischer Regierung ging es den Bewohnern keinesfalls besser: Die Insel wurde an englische Firmen verkauft, die Rapa Nui praktisch in ihrer eigenen Hauptstadt kaserniert, damit die wirtschaftliche Ausbeutung ihres Landes ungestört vonstattengehen konnte. Erst in den 1960er-Jahren, ausgelöst durch die Besuche Thor Heyerdahls, endet die Isolation der Rapa Nui (S. 458). Die Osterinsel wird als exotischer Teil Chiles in dessen Tourismuskonzept einverleibt und beworben und das mit überwältigendem Erfolg – viele Insulaner aber haben die Nase voll von Überfremdung und Übernutzung ihrer Insel (s. Kasten S. 476, Rapa-Nui-Konflikt).

Spanische Konquistadoren

Im Reigen der spanischen und portugiesischen Eroberungen nimmt Chile einen späten und zunächst unwichtigen Platz ein. Als 1536 **Diego de Almagro** von dem gerade unterworfenen Peru aus gen Süden aufbrach, saß in Mexiko schon ein Jahr lang ein spanischer Vizekönig auf dem Thron. Almagros Expedition erreichte zwar den Rio Aconcagua, verlief aber äußerst verlustreich und brachte vor allem keine Beute ein, denn Gold und Silber hatte er nicht finden können.

Da der spanischen Krone die Geldmittel ausgegangen waren, um die Konquistadorenzüge weiter zu finanzieren, unterstützten private Gesellschaften diese Eroberungsexpeditionen, die später natürlich bezahlt werden mussten. Im Fall von Chile war das nicht einfach, denn dort lag das sagenhafte Goldland El Dorado nicht, von dem die spanischen Eroberer immer wieder gehört hatten und das ihre Kriegszüge befeuerte. Es kursierten zwar immer wieder Gerüchte über goldene, juwelenbesetzte Städte, doch die sollten sich eher im (wie man heute weiß) argentinischen Patagonien befinden – wo sie aber natürlich auch nicht lagen.

Und so reagiert die Geschichtsschreibung mit Erstaunen auf den Konquistadoren **Pedro de Valdivia**, der loszog, das Land des Südens (*Chili* in der Inka-Sprache Quechua) zu erobern. Er opferte seine gesicherten Einkünfte und seine glänzende Position an der Seite des Bezwingers von Peru, Francisco Pizarro, dem riskanten Vorhaben, über Chile herzufallen. Valdivia entpuppte sich allerdings, wenn man seine Briefe an Philipp II. von Spanien liest, als „moderner" Eroberer. Er wollte nicht Gold und Silber, sondern Macht über Menschen und Land. Die Unterwerfung und Tötung der indianischen Stämme auf seinem Weg schilderte er als notwendige Arbeit und nicht als von Gott befohlenen Auftrag – er wollte nicht missionieren oder böse Seelen bestrafen, sondern in den Besitz des Landes und seiner Ressourcen gelangen.

Im Jahr 1541 gründete Pedro de Valdivia San Yago del Nuevo Extremo – das heutige Santiago de Chile. Er kam wie so viele Konquistadoren aus der spanischen Provinz Extremadura und verlieh diesen Namen seiner neuen Eroberung,

1570 / 1575	16./17. Jh.	Ab 1602
Concepción bzw. Valdivia werden durch Naturkatastrophen komplett zerstört.	Chiles Küstenstädte werden häufig von englischen Piraten angegriffen.	Der Fluss Bío Bío bildet faktisch die Grenze zum Mapuche-Gebiet.

die allerdings nicht von Bestand sein sollte. Immer wieder kam es zu kriegerischen Auseinandersetzungen und auch die weiteren, Pedro de Valdivia zugeschriebenen Stadtgründungen Valdivia und Concepción verliefen nicht kampflos. Auch im Norden in La Serena brodelte es. 1553 wurden die Armeen des Pedro de Valdivia bei Tucapel von den Mapuche unter **Lautaro** geschlagen. Es hieß, er habe in der Nähe des heutigen Concepción eine Hacienda besessen, auf der eine unvorstellbare Zahl von Heimischen zur Fronarbeit gezwungen worden war. In der Vulkan- und Seenregion herrschte die gesamte Kolonialzeit über Krieg.

Das arme Reino de Chile

Im **17. Jahrhundert** wurde Chile als Generalkapitanat dem Vizekönigreich von Peru unterstellt. Die politischen Verhältnisse wurden durch das in ganz Lateinamerika von den Spaniern eingeführte *encomienda*-System bestimmt. Das Land und deren Einwohner waren unter den Konquistadoren aufgeteilt worden *(repartimiento)*. Bei der Encomienda handelt es sich eigentlich um nichts anderes als um eine verdeckte Form der Leibeigenschaft und Sklaverei, die allerdings mit schönen Worten umhüllt war. Der *encomendero* erhielt die Heimischen als seine Schutzbefohlenen, für deren geistige und politische Erziehung er zu sorgen hatte. Im Gegenzug leisteten die Schutzbefohlenen Fronarbeit; sie mussten Naturalien oder Gold abliefern. Gleichzeitig erhob der Schutzherr Anspruch auf das Land seiner Schutzbefohlenen. Wie sich das in der Praxis abspielte, kann man sich leicht vorstellen.

Für die geistige und religiöse Erziehung wurden **Missionare** verschiedener Orden ins Land geholt, zunächst Dominikaner und Jesuiten, später, nach deren Vertreibung im Jahr 1773, Franziskaner und Benediktiner. Auf welche Art und Weise sie sich der indianischen Bevölkerung annahmen, bestimmten die Regeln ihrer Orden, es variierte also und hing vom jeweiligen Menschenbild ab, wobei die Jesuiten und Franziskaner einen milderen Ruf genossen.

Gleichzeitig war die kolonialspanische Herrschaft primär auf die Ausbeutung der jeweiligen Bodenschätze ausgerichtet und nicht auf die Herausbildung neuer Staaten in der Neuen Welt und deren Organisation. Die wirtschaftlichen Beziehungen untereinander – und dies betraf nun in erster Linie die dort lebenden Weißen – regelte ausschließlich Spanien. Das bedeutete, dass sämtliche Waren zunächst in den Haupthafen Cartagena de las Indias im heutigen Kolumbien gebracht wurden. Dann schaffte man sie in langwierigen und kostspieligen Prozessionen über Land und Meer nach Callao in Peru. Erst danach erreichten sie **Valparaíso**, das schon früh als Hafen von Santiago angelegt wurde.

Chile galt als die ärmste und konfliktreichste Provinz der Neuen Welt. Ein bisschen Gold hatten die umfangreichen Suchexpeditionen zwar zutage gefördert, aber das Ergebnis stand in keinem Vergleich zu den Edelmetallen, die man in anderen spanischen Königreichen erbeuten konnte. In Mexiko und Peru sozusagen frei Haus bereits als verarbeiteter Schmuck, der nur noch eingeschmolzen werden musste, im Cerro Rico in Potosí (Alto Perú, später Bolivien) in den unerschöpflichen Silberminen, mit deren Ausbeu-

1641	Ostern 1722	1773
Anerkennung einer unabhängigen Mapuche-Nation durch die Spanier im Vertrag von Quillín, ein in der Geschichte indigener Völker in Südamerika einzigartiger Vorgang.	Jakob Roggeveen entdeckt die Osterinsel.	Nachdem Dominikaner und Jesuiten vertrieben waren, übernahmen Franziskaner und Benediktiner die Missionierung.

te man eine Brücke hinüber nach Spanien hätte bauen können, wie ein Sprichwort besagt. (Und mit den Knochen der darin zur Arbeit gezwungenen und ums Leben gekommenen heimischen Bevölkerung ebenfalls.)

Der Reichtum von Chile bestand also schlicht aus Land, und das war ja gebietsweise außerordentlich fruchtbar. Angebaut wurden Äpfel (den Apfelbaum kannten die Mapuche), Weizen, Holz wurde gefällt, Hühner wurden gezüchtet. Im fruchtbaren Zentralchile entstanden riesige landwirtschaftliche Güter. Die einzige wirkliche Stadt blieb über lange Zeit **Santiago**, die übrigen Gründungen hatten eher den Charakter von Militärgarnisonen.

Im 17. Jh. wurden Chiles langgestreckte und unzureichend abgesicherte Grenzen immer wieder attackiert. Bedroht wurde das instabile Generalkapitanat durch die Guerilla-Angriffe der **Mapuche**, die sich der kolonialen Fremdherrschaft nicht beugten und eigentlich nie von ihr besiegt wurden. In keinem anderen Krieg in den lateinamerikanischen Kolonialstaaten verlor Spanien mehr Gold und mehr Soldaten. Zwischen 1545 und 1647 fielen 42 000 spanische Landsleute. Auch stürmten französische und britische Piraten im königlichen Auftrag die chilenischen Pazifikküsten und stellten deren Bezwingbarkeit unter Beweis, z. B. **Thomas Cavendish**, als er 1587 die Magellanstraße durchfuhr und den einzigen Überlebenden der **Ciudad Don Rey Felipe** vor dem Hungertod rettete. Die Spanier sahen ihre Oberhoheit bedroht.

Als im Verlauf des 18. Jhs. das riesige Vizekönigreich neu gegliedert und verkleinert wurde, bildete sich eine eigene politische Schicht in den Kolonien. 1777 hob Spanien die Handelsbeschränkungen auf und gab damit wirtschaftliche Impulse. Beide Entscheidungen leiteten eine Liberalisierung ein und ließen in dieser neuen Schicht ein Abwenden von der Kolonialmacht aufkeimen.

Isla de Chiloé

Die Isla de Chiloé spielt bei der Kolonisation eine besondere Rolle. Hier lebten die **Chonos** und **Caucahue**, als 1567 **Martín Ruíz de Gamboa** die spanische Flagge hisste. Die Missionare folgten auf dem Fuß. 200 Soldaten teilten die Insel unter sich auf und ließen die wertvollen Alercewälder abholzen. Eine frühe Form der Volkszählung wurde realisiert: 12 000 Heimische sollen auf Chiloé gelebt haben. **Charles Darwin** spricht bei seinem Besuch 1838 von 11 000 Menschen mit Mapuche-Namen. Das würde bedeuten, dass die Chonos und Caucahues von den Mapuche unterworfen worden waren *(hue* ist Mapundungun und heißt Ort) bzw. sich assimiliert hatten. In den Jahrhunderten zwischen beiden Daten rafften mehrere Epidemien die indianische Bevölkerung dahin.

Auch später sollten die Chiloten einen Sonderweg beschreiten. Sie beteiligten sich nicht an den Unabhängigkeitskriegen, sondern hielten der spanischen Krone die Treue. Acht Jahre nach der Unabhängigkeit Chiles (1818) erklärte auch Chiloé seine Independencia. Heute leiden die Gewässer der Isla Chiloé unter der Einführung der Zuchtlachsfarmen. Es sind überwiegend spanische und norwegische Firmen, die sie betreiben und den einheimischen Fischern ihre Existenzgrundlage langfristig entziehen.

1778	18. September 1810	1814
Chile wird eigenständiges Generalkapitanat mit Handelsfreiheit innerhalb des spanischen Königreiches.	Bildung der ersten Nationalregierung.	Nach dem Ende des Spanischen Unabhängigkeitskrieges übernimmt Spanien wieder die Macht in Chile.

Grenzstreitigkeiten

Das Verhältnis Chiles zu seinen Nachbarn ist – wie bei vielen Ländern – stark von Auseinandersetzungen geprägt. Das Verhältnis zu **Peru** wird immer wieder von Säbelrasseln unterbrochen. Historischer Vorspann dazu: Das chilenische Heer war dreimal in Lima: In den Befreiungskriegen von der spanischen Kolonialherrschaft 1821, dann von August 1838 bis Januar 1839 (Krieg Chiles gegen die Konföderation Peru–Bolivien) und schließlich 1881 bis 1884 während des Salpeterkrieges. Als eines der wenigen guten Resultate sind so der Pisco und natürlich der Pisco-Sour nach Chile gekommen, obwohl einige Nationalisten dies nicht wahrhaben wollen. Nebenher gibt es gegenseitige Vorwürfe des Wettrüstens und Gerangel um illegale Einwanderer, wobei den Chilenen klar ist: Santiago würde ohne die peruanischen Nanas (Tagesmütter und Haushaltshilfen) wahrscheinlich nicht funktionieren – die besseren Familien beschäftigen eine oder mehrere Nanas. Und die wiederum senden Geld an ihre Familien in Peru.

Das Verhältnis zu **Bolivien** ist ganz und gar zerrüttet, auch wenn es manchmal Lichtblicke gibt. Der Salpeterkrieg hat mit dem Friedensvertrag von 1904 Bolivien den Meereszugang genommen, was der Hauptpunkt der Streitigkeiten ist. Immer wieder gab es Verhandlungen über einen Korridor, der zwischen Peru und Chile angelegt werden und Meereszugang im Bereich Arica erlauben sollte. Neben einer reparaturbedürftigen Bahnstrecke verbindet eine gut ausgebaute Andenpassstraße die Küste mit La Paz. Diese Lösung ist aber immer an dem im Friedensvertrag mit Peru bestimmten Einspruchsrecht gescheitert.

Mit **Argentinien** hat Chile eine lange Geschichte der Grenzstreitigkeiten, die mit dem Grenzvertrag von 1881 beginnt und bis heute anhält: Letzter Streitpunkt ist das südliche Eisfeld in Patagonien. In der unzugänglichen Wildnis beanspruchen beide Nationen ein Gletschergebiet, das sich über

Die Unabhängigkeit

Als Spanien **1808** von Napoleons Truppen besetzt wurde, zündete der Initialfunken für die künftigen Unabhängigkeitsbestrebungen. Chile erkannte den französischen Kaiserbruder Joseph nicht als seinen König an. Ein Bürgertum hatte sich im Laufe des 18. Jhs. gebildet und gefestigt, war auch in intellektueller Hinsicht aufgeschlossen und liberal und nicht mehr an die Gängelungen durch ein Kolonialsystem zu gewöhnen. Zusätzlich hatten die zunehmenden eigenständigen Handelsverbindungen mit Europa und Nordamerika einen Austausch mit deren aufklärerischen Ideen gefördert. Aufbruchstimmung und Freiheitsgedanken bestimmten damals die Debatte in den Salons und den Wirtschaftszirkeln.

Der Chilene **Mateo de Toro y Zambrano** setzte am **18. September 1810** den schwachen spanischen Gouverneur ab und rief eine förmliche Versammlung zur Wahl einer spanientreuen Regierung ein, doch nur ein Jahr später wandten sich die Chilenen gegen eine außerchile-

1817	1818	12. Februar 1818
In der Schlacht von Chacabuco werden die Spanier vom chilenisch-argentinisches Heer unter General José de San Martín geschlagen.	In der Schlacht von Maipú bricht die spanische Kolonialherrschaft endgültig zusammen. San Martín verzichtet zugunsten von Bernardo O'Higgins auf das Präsidentenamt.	Chiles Unabhängigkeit wird ausgerufen, O'Higgins führt ein autoritäres Regime.

ca. 2500 km^2 erstreckt. Ein Übereinkommen auf Präsidentenebene von 1991 befürwortet eine gerade Linie, die zwischen den Bergen Fitz Roy und Daudet gezogen werden soll, aber die Parlamente haben diese Grenzziehung nicht verabschiedet. Das Thema ist weiterhin ab und an in den Medien, und die öffentliche Meinung in Chile will auf keinen Fall mehr Gelände an Argentinien abgeben: Man erinnert sich noch an den Zwischenfall 1965, als bei einem hitzigen Schusswechsel bei der Laguna del Desierto in Patagonien ein Carabinero ums Leben kam. Danach hat Chile in einem Schiedsspruch das Gelände auch noch verloren.

Wenig wahrscheinlich ist, dass die Verhandlungen so unglücklich verlaufen wie 1976, als man sich um ein paar Inseln südlich des Beagle-Kanals (Patagonien) beinahe in einen Krieg stürzte. Schuld an der damaligen Zuspitzung war sicher die Tatsache, dass beide Länder zu Diktaturzeit von Generälen regiert wurden. Gewohnt, Schiedsgerichte anzurufen (normalerweise die Britische Krone), hatte man sich im letzten Moment zur Anrufung des Papstes entschlossen – kein Wunder, denn in Chile sind 59 % der Bevölkerung katholisch und in Argentinien 71 %. Der damals frisch designierte Papst Johannes Paul II. hatte schließlich 1980 entschieden, dass die Inseln Lennox, Nueva, Picton u. a. zu Chile gehören und die Nutzung des Meeres um das Kap Hoorn herum beiden Nationen zustehe. Chile hat den Schiedsspruch 1981 akzeptiert, während Argentinien ein Referendum durchgeführt hat. Die Argentinier haben daraufhin mit 80 % die Papst-Lösung angenommen, und im Jahr 1984 wurde ein Friedensvertrag gefeiert.

Trotz aller Streitigkeiten mit den Nachbarn hat Chile **Abkommen** über die Einreise mit Personalausweis ausgehandelt, und auch die nationalen Führerscheine werden von allen Nachbarn gegenseitig anerkannt.

nische Einmischung; sie wollten die spanische Kolonialmacht nicht länger tolerieren.

Maßgebliche Impulse für eine Ablösung von der Kolonialmacht gingen von der reichen Familie **Carrera** in Santiago aus, die sich zu Junta-Führern ernannte. Dem später als Helden der Unabhängigkeit verehrten **Bernardo O'Higgins** wurde die militärische Befehlsgewalt übertragen.

Doch zunächst besiegte die spanische Armee ein von den Gebrüdern Carrera angeführtes chilenisches Heer. In Mendoza auf der anderen Seite der Anden bündelte derweil der argentinische General **José de San Martín** die aufständischen Kräfte. 1817 überquerte O'Higgins mit San Martín und tausenden Soldaten die Anden ins spanische Chile. Die Schlacht von **Maipu** im April 1818 besiegelte die Unabhängigkeit.

Chile wird Nation

Als *pater patriae*, als Vater des Vaterlandes, zog Bernardo O'Higgins am **12. Februar 1818** in Santiago ein und proklamierte offiziell die Unab-

1823	1828	17. April 1830
O'Higgins wird gestürzt und geht ins Exil nach Peru.	Sein Nachfolger Ramón Freire y Serrano wird von Francisco Antonio Pinto Díaz gestürzt, der eine liberale Verfassung einführt.	Diego Portales Palazuelos stürzt in der Schlacht von Lircay die Regierung und regiert fortan mit diktatorischen Mitteln.

Die deutsche Einwanderung

Zugegeben, es ist schwierig mit dem Kapitel deutsche Einwanderer und Südamerika. Wie viele Nazis haben in der Vergangenheit auf diesem Subkontinent Unterschlupf gefunden! Nach Ende des Zweiten Weltkrieges beherrschten Militärdiktaturen Argentinien, Paraguay und Bolivien, oder es gab zumindest diktaturähnliche Zustände wie in Chile. Wenn man dann ein „Nueva Braunau" auf der Landkarte in der Nähe des Lago Llanquihue findet und in Chile von Nazi-Unterseebooten gemunkelt wird, die sich in den Fjorden Patagoniens immer noch verbergen sollen, dann auch noch die verbrecherische Colonia Dignidad betrachtet, die sich auf Chiles Boden ansiedeln konnte, unterstützt von politischen Bündnissen in Deutschland – dann liegt die Vermutung nahe: Die sogenannten Einwanderer waren nichts anderes als steckbrieflich Gesuchte, die aus ideologischen Motiven in Chile aufgenommen wurden. Oder Chile wurde dafür bezahlt, oder es hat sonst ein übler Kuhhandel stattgefunden.

Klar, ohne ein Körnchen Wahrheit entstehen solche Geschichten nicht. Doch besser man beginnt mit einem Klischee, als mit einem zu enden: Die Einwanderung Deutscher setzte ein knappes Jahrhundert früher ein, begann, als in Mitteleuropa neue politische Kapitel aufgeschlagen wurden – **nach 1848**, nach der gescheiterten bürgerlichen Revolution, als die Anführer der Bewegungen verfolgt und verhaftet wurden. Der Apotheker Karl Anwandter, der 1850 in Valdivia eintraf und dort unter anderem eine der wichtigsten Brauereien des Kontinents aufbaute, gehörte beispielsweise dazu. Ein weiteres Moment: Die beginnende Industrialisierung ließ weite Teile Deutschlands verarmen. Amerika, der Norden genauso wie der Süden, war dagegen auf Immigration angewiesen, um die großen Landstriche zu bevölkern. Denn die Regierungen des gesamten Kontinents hatten einen Genozid gegen die heimischen Indianer vorbereitet oder schon hinter sich.

Agenten warben in Europa an. In den deutschen Ländern war das **Bernard Eunom Philippi**, Bruder des Naturwissenschaftlers Rudolf Armandus Philippi (S. 164), der im Auftrag der chilenischen Regierung einige Forschungsreisen unter Manuel Montt in die Wüsten des Nordens unternommen hatte. 1856 trafen die ersten Einwanderer aus Hessen und aus Süddeutschland am **Lago Llanquihue** ein. Zehn Jahre zuvor hatte bereits eine Migrationswelle **Valdivia** erfasst; hier etablierten sich hauptsächlich Handwerk und Kleinindustrien, während die Gegend um den Llanquihue-See zum überwiegenden Teil von Bauern besiedelt wurde. Im Jahr 1860 verzeichnet die Statistik 3200 deutsche Einwanderer; etwa die Hälfte davon siedelte um den Llanquihue-See.

hängigkeit. Der Regierung stand er als Director Supremo vor. Bis 1823 führte er ein autoritäres Regime. Als er die Adelsprädikate und das Mayorazgo-System, d. h. die Erbfolge des Erstgeborenen, per Dekret abschaffen ließ, fiel er bei den aristokratischen Großgrundbesitzern in Ungnade. Die heuerten **General Freire** an, der im Januar 1823 gegen O'Higgins revoltierte.

1836–39	17. September 1865	1879–84
Konföderationskrieg gegen Bolivien und Peru, den Chile gewinnt.	Chile erklärt Spanien den Krieg, nachdem Spanien versucht hatte, mit militärischen Mitteln in Peru Einfluss zu gewinnen.	Der Salpeterkrieg: Chile besetzt die bis dahin zu Peru und Bolivien gehörende Atacama-Wüste, Lima und Teile der peruanischen Pazifikküste.

Die Einwanderer hatten allerdings mit großen Schwierigkeiten zu kämpfen, wie Don Octavio Christmar Gebauer aus **Puerto Octay** weiß. Pumas hätten damals im chilenischen Dschungel gelebt, und der musste sowieso erst von Grund auf gerodet werden, um Anbauflächen und Weideland zu gewinnen. Dabei wurde einer der artenreichsten Wälder des Subkontinents abgeholzt, doch das wusste zu diesem Zeitpunkt kaum jemand. Aber 30 Jahre später, so der Chronist des Dorfes, hätten die Familien die Region bereits verwandelt. In Puerto Octay gab es eine Werft, eine Brauerei und eine Strumpffabrik, auch Werkzeugmacher und Zimmerleute hatten ihr Auskommen. Bis in die 1970er-Jahre währte das Hoch, bis die Panamericana Santiago mit Puerto Montt verband und Puerto Octay und auch den Lago Llanquihue dabei links liegen ließ.

Erstaunlich, erschreckend, bewunderungswürdig, seltsam: Diese Spuren deutscher Vergangenheit im chilenischen Alltagsleben wiederbelebt zu sehen. Deutsche Architektur hat sich in vielen Teilen des Südens recht herausgeputzt gehalten, Holzhäuserensembles in **Osorno** und **Puerto Varas** wurden zum Monumento Nacional ausgerufen. In **Río Bueno** und **La Unión** wirken ganze Straßenzüge „altdeutsch". Das gastronomische Angebot entfaltet sich im Club Alemán, von denen es besonders im Süden in fast jeder Stadt einen gibt, mit deutschem Essen – Sauerkraut und Würste – und altdeutscher Einrichtung.

Deutsche genießen in Chile einen guten Ruf. Fleißig, tatkräftig, zuverlässig, pünktlich – das sind die Attribute, die den Chilenen sofort einfallen. Freundlich, aufgeschlossen, lustig, feierfreundlich – eher selten. In einer Auflage von 6000 erscheint die deutschsprachige **Wochenzeitung** mit dem unglücklichen Namen *Cóndor* des deutsch-chilenischen Clubs. Im Süden wurden deutsche **Schulen** in Osorno, Valdivia und in Puerto Montt gegründet.

Wie viele Einwanderer aus deutschen Ländern es am Anfang waren, lässt sich nicht mehr genau rekonstruieren, aber um die 400 Familien dürften es gewesen sein. Im Jahr 1902 registriert eine Statistik des Deutsch-Chilenischen Bundes 36 000 Einwanderer aus Deutschland (zum Vergleich: 12 000 Spanier). Während des Zweiten Weltkrieges flohen Juden aus Nazi-Deutschland nach Chile, nach 1945 aber auch Nazi-Schergen. Heute verwischen sich die Spuren. Auch Don Octavio Christmar Gebauer spricht trotz seines eindeutig deutschen Nachnamens kein Wort Deutsch mehr. Dass deutsche Geschichte dazu diente, chilenische Geschichte, die aus ihrer eigenen die indianische zu tilgen versuchte, aufzufüllen, das gehört hoffentlich der Vergangenheit an.

Damit begann in Chile eine Phase der Caudillo-Politik, die stark an eine Person gebunden ist. Es ist eine Politik, die sich überall in Lateinamerika ausprägen konnte und eng mit kolonialen Herrschaftssystemen verknüpft ist. Im Grunde bedeutet es den Sieg des „starken Mannes" gegen politische Programme. Im Klartext das Überleben der feudalen Strukturen.

1891	Ab 1893	1902
Parlament und Marine widersetzen sich Präsident José Manuel Balmaceda; es kommt zum Bürgerkrieg mit rund 6000 Toten. Balmaceda begeht Selbstmord.	Verschärfung der Grenzstreitigkeiten mit Argentinien, weil der Verlauf der Grenzlinie nicht klar geregelt ist.	Der Grenzstreit mit Argentinien wird beigelegt. Patagonien und Feuerland werden neu aufgeteilt, 54 000 km^2 gehen an Chile und 40 000 km^2 an Argentinien.

Orllie-Antoine I., König von Patagonien

Es war einmal: ein selbst ernannter Adliger und Rechtsanwalt aus dem Perigord, eine Art Old Shatterhand, der in den Mapuche ein Volk von tapferen Winnetous fand. Ähnlich von fortschrittsliebendem Romantizismus beseelt wie Karl May, müssen wir uns Orllie-Antoine de Tounens wohl vorstellen, der – so wird kolportiert – sich nach der Lektüre der *Araucania* des Konquistadorendichters Alonso de Ercilla (damals immerhin schon 250 Jahre alt) an die Spitze dieses unbekannten, aber mutigen Volkes stellen wollte. Deren Kampf gegen die neokoloniale Macht wollte er unterstützen.
Zu diesem Zweck plünderte er 1856 das Familienkonto und schiffte sich nach Chile ein, investierte ganz geschickt in den Kupferbergbau, bevor er sich mit seinen zukünftigen Untergebenen traf und ihnen den Plan für ein Königreich Patagonien unterbreitete. Es wurden eine Nationalhymne komponiert, eine Flagge (blauweißgrün) entworfen und Münzen geprägt. Orllie machte sich auch Gedanken darüber, wie er Streitkräfte nach Chile holen könnte. Und irgendwie müssen ihn die Mapuche wohl toleriert und akzeptiert haben, so sehr, dass die chilenische Regierung sich des aufrührerischen südfranzösischen Rechtsanwaltes annahm und schlimme diplomatische Verwicklungen befürchtete. Könnte Orllie-Antoine ein spinnerter Vorbote einer geplanten französischen Invasion sein?
Unwahrscheinlich schien dies wohl zum damaligen Zeitpunkt nicht zu sein, so dass sich die französische Botschaft des Rechtsanwaltes Tounens annehmen musste. Cornelio Saavedra, der damals gegen die Mapuche kämpfte, ließ ihn festnehmen und für unzurechnungsfähig erklären. Das Leben schlägt seltsame Volten – dreimal wurde er gefasst und zurückgeschickt, dreimal sammelte er genügend finanzielle Mittel (angeblich verkaufte er in Pariser Cafés Titelansprüche unter Möchtegern-Patagonienministern), dreimal kehrte er zurück nach Chile, meist über die argentinische Grenze. Er starb krank und arm im französischen Tourtoirac. Restzweifel an seiner Persönlichkeit konnten nie ausgeräumt werden.
Orllie-Antoine aber bleibt unvergessen: Die Mapuche haben ihre eigene Version dieser Geschichte ins Internet gestellt. Und die Münzen kann man in der Nationalbibliothek in Santiago betrachten.

Doch bereits im Jahr 1833 korsettierte eine Verfassung die regional aufgesplitterten Machtbefugnisse in Chile. Als bedeutendster Ideenschmied der konservativ-autoritären Politik, die eine mächtige Zentralregierung befürwortete, galt der Geschäftsmann **Diego Portales**, der der Regierung zwar nur zwei Jahre angehörte, aber in Personalunion die Ämter des Kriegs-, Außen-, Innen- und Marineministers bekleidete. Die Wirtschaftspolitik wurde den Interessen der Agrar- und Handelsoligarchie angepasst, politische Verbindungen zu England gestärkt, das sich in den kommenden Jahren zum wichtigsten europäischen Partner entwickeln sollte: 1875 gingen 70 % aller chilenischen Exporte nach Großbritannien, die Chilenen importierten im

1904	1914–18	Bis 1932
Im Friedensvertrag übergibt Bolivien seinen freien Zugang zum Pazifik an Chile. In den eroberten Gebieten werden später große Kupfervorkommen gefunden.	Erster Weltkrieg: Chile bleibt neutral.	Carlos Ibáñez del Campo regiert das Land mit diktatorischen Mitteln, dann wird die verfassungsmäßige Ordnung wiederhergestellt.

Gegenzug 40 % aller englischen Exporte. Mittlerweile lief die Kupferindustrie der Landwirtschaft den Rang ab.

Wie sah Chile damals aus?

Die Staatenbildung war nicht damit vollzogen, dass die Nationen sich politisch einen Rahmen und eine Struktur gaben. Analytiker sprechen bis heute davon, dass die Bildung der Grenzen zu den Nachbarstaaten Argentinien, Bolivien und Peru explosives Konfliktmaterial in sich barg und immer noch birgt. Die heutigen Nordprovinzen Erste und Zweite Region (Antofagasta, Iquique, Arica und der gesamte Altiplano) gehörten zu Peru und Bolivien und wurden Chile erst nach dem gewonnenen Salpeterkrieg 1881 zugesprochen. Damit verlor Bolivien seinen einzigen Zugang zum Meer – die Küste zwischen Antofagasta, Mejillones und Tocopilla. Dieser Zustand gibt bis zum heutigen Tag Anlass für zahlreiche Polemiken.

Erst **1843** verschob Chile seine Nationalgrenze an die Magellanstraße. In den unzugänglichen Süden verbannte man jetzt die Schwerverbrecher – ein Zuchthaus entstand in unmittelbarer Nähe des heutigen Punta Arenas – und baute die Festung Fuerte Bulnes als sichtbare Manifestation der Gebietsansprüche. Die Kämpfe gegen die Mapuche in der Seenregion wurden mit aller Härte fortgeführt.

Im obersten Norden entlang der Grenze, aber auch auf bolivianischem und peruanischem Terrain waren Anfang des 19. Jhs. reiche Nitratdepots gefunden worden, in die chilenische Geschäftsleute mir britischer Unterstützung investierten. In der peruanischen Provinz Tarapacá (etwa identisch mit der heutigen Ersten Region Chiles) lag in der Mitte des 19. Jhs. das größte Salpetervorkommen der Welt. Der aus Böhmen stammende Naturwissenschaftler, Geograf, Botaniker und Physiker Thaddaeus Haenke hatte bei seinen Wanderungen durch die Atacama-Wüste 1810 **Salpeter** entdeckt und es mittels Versuchsreihen in Kalisalpeter umwandeln können. Das war ein im Europa der anschwellenden Industrialisierung hoch begehrtes Düngemittel und diente als Basis zur Herstellung von Schießpulver. Aufgrund dieser Eigenschaften wurde Salpeter schnell zum Ausfuhrschlager – man sprach vom weißen Gold der Wüste.

Der genaue Grenzverlauf zwischen Chile, Peru und Bolivien in den Salpeterwüsten auf dem Altiplano war nie richtig fixiert worden, und so einigten sich die drei Länder auf eine gemeinsame Ausbeutung. Chilenische Unternehmen, die sich am dem Geschäft beteiligten, sollten überdies nicht besteuert werden. Doch Peru hielt sich nicht an diese Absprache. Die Chilenen eröffneten 1879 den Krieg, der als **Guerra del Pacifico** (Pazifikkrieg; Salpeterkrieg) in die Chroniken einging, doch in Wahrheit ging es natürlich nur um diesen teuren, kostbaren Rohstoff.

Es war ein Krieg zwischen ungleichen Partnern, denn Peru, dem Bolivien in einem Geheimpakt mit seinen Armeen beigesprungen war, hielt Chile mit seinen wesentlich potenteren britischen Unterstützern nicht stand. Die schließlich hatten schon in die Infrastruktur investiert, Eisenbahnlinien zum Transport und Verschiffung gebaut und wollten dieses Terrain auf keinen Fall aufgeben. **1881** dann fielen Tarapacá und die bolivianische Provinz Antofagasta an

1944	1945	1947
Nachdem Chile lange Zeit neutral geblieben war, beschließt Präsident Juan Antonio Ríos Morales in den Krieg einzutreten.	Chile wird Gründungsmitglied der Vereinten Nationen.	Ernennung eines Kabinetts aus Militärs und Unabhängigen durch Präsident González Videla.

Chile – und damit der ganze Reichtum des Altiplano, das Salpeter und das Gold. Das Jahr 1884 brachte die Neuverteilung der Landmassen. Das Gebiet des heutigen Parque Nacional Lauca mit Putre und Parinacota bis zum Salar de Uyuni, San Pedro de Atacama, die Tatio-Geysire, Colchane, an der Küste Arica, Iquique und Antofagasta und die gesamte Atacama-Wüste gehörten von nun an zu Chile.

Die Grenze zu Argentinien wurde in den 1870er-Jahren entlang der Wasserscheiden der Anden gezogen. Forschungen durch die Geologen Pascual (Perito) Moreno und Santiago Roth in den patagonischen Anden dauerten bis 1910 an. Trotzdem hielt sich das Konfliktpotenzial um eine gültige Grenzziehung: Zuletzt entbrannte 1984 ein Streit wegen dreier Inseln im Beagle-Kanal, den der Papst regeln konnte.

Inneres stabilisiert?

Unter den Regierungen **Manuel Bulnes** (1841–51) und **Manuel Montt** (1851–61) erlebte die wirtschaftliche Entwicklung durch den Export chilenischen Getreides und Kupfers einen Aufschwung. Ein wesentlicher Teil des Außenhandels wurde über britische Handelshäuser abgewickelt, die ihre Kontore in Valparaíso aufschlugen. Doch die landwirtschaftlichen Anbauflächen reichten bald nicht mehr aus, um die Nachfrage (auch aus Europa) zu befriedigen. Damit begann die **Landnahme**, parallel zur Campaña del Desierto in Argentinien, die dasselbe Ziel verfolgte: die indianischen Einwohner von ihren Ländern zu vertreiben (mit blutigen Eroberungskriegen, Vertreibungen, Einschüchterungen), sie in Reduktionen zusammenzusperren und das Land Einwanderern aus Europa zu überlassen.

Intensivst bemühte man sich um Einwanderer aus Europa, und unter Bernhard Eunom Philippi (S. 164) kamen im Jahr 1851 über 400 deutsche Familien ins Land. Chile genoss damals den Ruf eines demokratischen Landes mit vielen Zukunftschancen. Die deutsche Besiedlung konzentrierte sich um den Lago Llanquihue und in Valdivia.

Der Kampf gegen die Mapuche (1850–1860)

1843 hatte Chile seine Grenze zwar faktisch bis zur Magellanstraße verschoben, aber die Staatshoheit endete praktisch am Bío Bío, dem mächtigsten Strom des Landes. Wenn man die Landkarte aufschlägt und sich dessen Verlauf vergegenwärtigt, dann ist bald klar, dass das noch ziemlich weit im Norden des Südens lag, und dass fast 2000 km Land im Sinne des chilenischen Nationalstaates und seiner wirtschaftlichen Interessen einfach nicht „chilenisch" waren.

Und ganz besonders das fruchtbare Land der Mapuche saß wie ein Stachel im Fleisch, die Region um Angol, Villarrica und Neltume herum, dazu dieser ganze Seenreigen unterhalb der Vulkane. Auf diese *Frontera*, das sogenannte Grenzgebiet zu den Siedlungen der Mapuche, erhob Chile nun wie selbstverständlich Anspruch. Die Regionen tief im Süden, im heutigen Magallanes, waren wegen ihrer Unwegsamkeit und Unwirtlichkeit von vornherein uninter-

1949	22. Mai 1960	1964
Das Frauenwahlrecht wird eingeführt.	Das stärkste bisher gemessene Erdbeben der Welt (9,5 auf der Richterskala) mit anschließendem Tsunami verwüstet vor allem die Hafenstadt Valdivia. Über 2000 Menschen sterben.	Eduardo Frei Montalva gewinnt als Kandidat der Christdemokratischen Partei die Wahl zum Präsidenten, auch mit Wahlhilfe aus den USA.

essant, sie mussten nur verteidigt werden. Aber die Kornkammer musste aufgefüllt, der Export landwirtschaftlicher Güter, mit denen das Land seine Einnahmen bestritt, garantiert bleiben.

Dem galt das Hauptaugenmerk der Politik dieses Jahrzehnts. Auch das benachbarte Argentinien rückte seine Grenzen gerade zurecht, es musste also Klarheit geschaffen werden. Die Kolonisationspolitik verfolgte zwei Ziele: das Land „frei zu räumen" und Siedler zu gewinnen. Die indianische Bevölkerung galt als wenig vertrauenswürdig, die **Mapuche** waren erklärte Feinde, gegen die man Krieg zu führen hatte. Diese wehrten sich mit allen Mitteln gegen die neuen Eroberer und sollten in *parlamentos*, Aussprachen, dazu überredet werden, ihr Land vertraglich an Chile abzutreten. Ein Jahrzehnt lang dauerte dieser Konflikt. Die Fremdenführer weisen heute noch auf einen heiligen Baum der Mapuche auf dem Cerro Ñielol in Temuco hin, unter dem ein solcher Vertrag geschlossen worden war.

Diese Verträge jedoch waren das Papier nicht wert, auf dem sie geschrieben worden waren. In Wirklichkeit wurden die Mapuche betrunken gemacht und ganz übel übers Ohr gehauen. Unter General **Cornelio Saavedra** wurden sie in einer Schlacht um Angol 1860 endgültig besiegt und in Reduktionen zusammengetrieben.

Chiles Bergbau und die Estancias des Südens

Seit Mitte des 19. Jahrhunderts gewann der Bergbau an Bedeutung und verwies die Landwirtschaft als Einnahmequelle des Landes auf den zweiten Platz. Die industrielle Ausbeutung der Rohstoffvorkommen verlief in drei Etappen; zuerst Silber, dann Kupfer und dann – nach dem gewonnen Salpeterkrieg – Salpeter. 1832 waren bei Chañarcillo und später bei Caracoles im Norden reiche **Silbervorkommen** entdeckt worden, die ohne ausländische Beteiligung ausgebeutet wurden.

Beim **Kupferbergbau** saßen von Anfang an die Engländer mit im Boot. Zwischen 1860 und 1880 war Chile der größte Kupferproduzent der Welt, 63 % exportierte es nach England. Der rasch wachsende Bergbau begünstigte die Industrialisierung. Der Ausbau der Infrastruktur, der Eisenbahnen in Nord- und Mittelchile und der Hafenanlagen sowie der Bedarf an Arbeitskräften in den Minen führten zu einer zaghaften Urbanisierung des Landes, wo vorher eigentlich nichts gewesen war. Die Städtchen des Nordens entstanden fast alle in der Mitte des 19. Jhs. Eine Arbeiterschicht bildete sich heraus, und mit der Verstädterung gedieh auch das Handwerk. Das hatte auch Folgen für die Politik. Eine liberalere Stimmung gewann an Gewicht und Einfluss. Die Religionsfreiheit wurde eingeführt, gleichzeitig das Wahlrecht für alle des Lesens und Schreibens Mächtige.

Im tiefen Süden, in Magallanes und auf Feuerland wuchsen die **Schaf-Estancias** und nahmen unglaubliche Ausmaße an. Hier ging die „Besiedlung" und Ausnutzung des Bodens ohne staatliche Eingriffe voran. Aber nicht, weil die chilenischen Regierungen eine Kehrtwende in ihrer „Besiedlungspolitik" beschlossen hätten. In Magallanes und auf Feuerland lebten die Ona (Selk'nam), Alacalufes und Yaghan als nomadisierende Jäger und Sammler, und de-

1970

Salvador Allende (Foto) kandidiert zum vierten Mal und wird endlich Präsident. Er verstaatlicht die wichtigsten Wirtschaftszweige.

© SHUTTERSTOCK.COM/KEMDIM

Juni 1973

Ein erster Putsch des 2. Panzerregiments scheitert.

Colonia Dignidad

Heute heißt sie Villa Baviera und präsentiert sich auf chilenischen Reisemessen offiziell als Tourismuszentrum: die 1961 von dem deutschen Pädophilen **Paul Schäfer** gegründete „Kolonie der Würde", makabrerweise ein Synonym für Folter- und Gefangenenlager wie aus den Zeiten des Nationalsozialismus. In **Parral**, etwa 100 km südlich von Talca, baute er sie gemeinsam mit Gleichgesinnten auf, die ebenfalls vor der deutschen Justiz geflüchtet waren. Dass dieser in Deutschland aktenkundige Mann, der sich als Jugendpfleger und Prediger ausgab und auch Kinder aus Deutschland entführte, überhaupt nach Chile einreisen konnte, hatte er wahrscheinlich Kontakten innerhalb der CSU zu verdanken. Darum auch wurde die Colonia Dignidad wohl in **Villa Baviera** umgetauft.

Auf chilenischem Boden entstand eine bäuerliche „Kolonie" mit obskuren Statuten: Familien wurden getrennt, die Kinder in einem Heim untergebracht, wo sie der Aufsicht von sogenannten Krankenschwestern unterstanden. Nachrichten von außen gelangten nicht in die Colonia Dignidad, lediglich der Obergeistliche erhielt ausgewählte Zeitungen. Die Kolonie schottete sich ab, hatte einen harten Arbeitsrhythmus und unterhielt nur Verbindungen zur extrem rechten Organisation Patria y Libertad. Auf dem Gelände wurden Schule und Krankenhaus eingerichtet, zu dem auch Chilenen Zugang hatten. Sie waren gratis und auf gutem Niveau. Das verhalf zu Ansehen in der strukturschwachen Region, doch alles andere verschwand hinter Gittern, die Kolonie glich einem Festungsbau.

Heute weiß man von Augenzeugen, dass Paul Schäfer mit seinen Helfershelfern ein Terrorregime der extremen Überwachung und Züchtigung geschaffen hatte, das die Persönlichkeitsrechte des Einzelnen ignorierte. Sexueller Missbrauch von Jungen war an der Tagesordnung. Nur wenigen gelang – schwer traumatisiert – die Flucht. Der Sektengründer tauchte dann 1996 unter. Seine Gemeinde schwor immer

ren Schicksal legte Chile in die Hände der neuen Landbesitzer – es war schon froh, dass diese schwer zu kontrollierenden Gebiete überhaupt genutzt wurden.

Die neuen Landbesitzer (Einwanderer aus England, Portugal, Kroatien und Dalmatien) versuchten ihr Glück mit Schaffarmen und Einheiraten in andere Schafbaron-Familien. Es entstanden Haciendas immenser Ausdehnung. Das brachte Geld, sehr viel Geld, wie man am Stadtbild vom Punta Arenas ablesen kann. Die Regierungen stellten sich den Vernichtungsfeldzügen der neuen Landbesitzer nicht in den Weg, als sie begannen, die indianische Bevölkerung zu verfolgen und zu töten. Unterstützung fanden sie offenbar bei den Goldsuchern, die während der 1860er-Jahre massiv in den Großen Süden geströmt waren. Deren Bonanza hielt nicht lange an, und so ließen sie sich offenbar dazu anheuern, Jagd auf Menschen zu machen. Dokumentiert ist das ebenfalls in Punta Arenas – im Salesianermuseum Magiorinno Borgatello.

Veränderungen brachte die Regierung unter **Manuel Balmaceda** (1886–1891), der die Dominanz des britischen Kapitals in der Salpeterindustrie durch die Teilnationalisierung des

11. September 1973

Blutiger Militärputsch. Im Präsidentenpalast La Moneda (Foto) begeht Präsident Allende Selbstmord, General Augusto Pinochet übernimmt die Macht.

1977

Bei einem Besuch lobt Franz Josef Strauß den Umsturz als „gewaltigen Schlag gegen den internationalen Kommunismus".

noch auf ihn, aber die Fassade bröckelte dann schnell. 120 Mitglieder gaben zu, Kinder gefoltert und unter Psychopharmaka gesetzt zu haben. Viele waren aber auch selbst schwer misshandelt worden.
Amnesty International und andere Organisationen beobachteten die Colonia Dignidad seit 1977, weil deren Bewohner unter Verdacht standen, Chilenen im Auftrag der Militärdiktatur von Augusto Pinochet zu foltern und zu töten, was stets bestritten wurde, solange Pinochet noch die Macht hatte. Auch nach seiner offiziellen Absetzung 1989 genügten die bis dahin geknüpften Verbindungen und Seilschaften zu Militär und Polizei, Untersuchungen in der Colonia, über die zu diesem Zeitpunkt schon konkrete Anhaltspunkte kursierten, zu verhindern. Doch 1996 ließ sich eindeutig beweisen, dass in den weitläufigen Kellergewölben der Colonia der chilenische Geheimdienst DNI ein **Folterlager** eingerichtet hatte. Paul Schäfer wurde 2006 wegen schweren Kindesmissbrauchs zu 20 Jahren Haft und 1,25 Mio. Euro Entschädigung verurteilt.
Es liegt eine merkwürdige Stimmung über der Villa Baviera, in der man sich ganz normal zu geben wünscht. Doch sie wirkt gespenstisch, gruselig, so sauber gefegt, so aseptisch, mit Bewohnern, denen man eindeutig das Grauen und die Schrecken der erlittenen „Erziehung" ansieht. Trotzdem versucht die Villa Baviera, sich im Tourismus zu verankern. Im Jahr 2012 wurde der Gemeinschaftsbau zu einem Hotelbetrieb umgestaltet. Seither wirbt das „Hotel Baviera" mit bayerischer Folklore in einem authentischen deutschen Dorf und einer traumhaften Umgebung um Kunden.
Zwei deutschsprachige Dokus aus den Jahren 2015 und 2016 zeichnen die Geschehnisse mit Augenzeugenberichten nach. Die preisgekrönte Arte-Koproduktion *Colonia Dignidad – Aus dem Innern einer deutschen Sekte* (2020) ist in einer Langfassung mit sechs Folgen auf Netflix zu sehen.

Rohstoffes zurückzudrängen und den staatlichen Einfluss auf die wirtschaftliche Entwicklung auszudehnen beabsichtigte. Außerdem beschloss er, die Infrastruktur durch staatliche Eingriffe zu modernisieren. Trinkwasserversorgung, Eisenbahn- und Brückenbau und künstliche Bewässerung wurden vorangetrieben. Doch sein Plan, die Eisenbahnlinien zu verstaatlichen, stieß auf heftigsten Widerstand der herrschenden Familien und der britischen Kapitaleigner. Ein **Bürgerkrieg** entbrannte, Aufständische besetzten das Salpetergebiet. Balmaceda blieb nichts anderes als die Flucht. Im Jahr 1891 nahm er sich in Argentinien das Leben.

Im Morgengrauen des 20. Jahrhunderts

Bis in die 1920er-Jahre kennzeichnete politische Instabilität das Land. Ein Nachbeben der **industriellen Revolutionen** hatte den Norden erfasst. Neben den Minenarbeitern begehrten vor allem die in der Salpeter- und Kohleindustrie Beschäf-

1982	1988	1989
Chile unterstützt wegen eines früheren Konflikts mit Argentinien während des Falklandkrieges Großbritannien.	Volksabstimmung, bei der sich eine Mehrheit von 55 % gegen eine weitere Amtszeit Pinochets ausspricht.	Nach 15-jähriger Diktatur finden die ersten freien Wahlen statt, Präsident wird der Christdemokrat Patricio Aylwin.

tigten auf. Hier herrschten schlimmste Bedingungen – die Arbeiter lebten auf dem tagsüber glühend heißen Altiplano in den Salpeterwüsten auf engstem Raum zusammen, isoliert von städtischen oder dörflichen Zentren, und waren in diesen künstlich angelegten Lebenswelten vollkommen von der Welt abgeschnitten. Der Lohn wurde mit Einkaufsgutscheinen für betriebseigene *pulperías* beglichen, in denen Trinkwasser mehr kostete als Schnaps, derweil entstanden in Iquique an der vom Pazifik gekühlten Küste hochherrschaftliche Großbürgervillen. 1907 kam es in Iquique in der Schule Santa María, in die die Arbeiter zu Verhandlungen getrieben worden waren, zu einem Blutbad, darunter auch an Frauen und Kindern der Arbeiter.

In Magallanes rumorte es ebenfalls. Dort protestierten Landarbeiter, die zu Hungerlöhnen auf den Schaf-Estancias beschäftigt waren, gegen die Arbeitsbedingungen. Mit den großen Einwanderungswellen waren Arbeiter ins Land gekommen, die die revolutionären Umwälzungen in Europa miterlebt hatten, Marx und Engels waren ihnen nicht unbekannt. Auch hier antwortete das von den Großgrundbesitzern herbeigerufene Militär mit Schüssen. Sehr früh, schon 1912, entstanden in Chile die ersten Arbeiterparteien, bildeten sich anarchistische Gewerkschaften – und alle flossen 1920 ein in die Alianza Liberal des späteren Präsidenten **Arturo Alessandri y Palma**.

Dieser initiierte eine sozialpolitische Gesetzgebung, die den gesellschaftlichen Veränderungen Rechnung trug: Gründung von Gewerkschaften, Tarifverhandlungen, Acht-Stunden-Tag und Verbot von Kinderarbeit gehörten jetzt zu den verbrieften Rechten. Bis 1938 hielt sich mit langen Unterbrechungen und einer Diktatur (unter **Carlos Ibáñez del Campo**, Spross einer der einflussreichsten Familien Chiles) diese Strömung, die dann in die Frente Popular des **Pedro Aguirre Cerda**, einer sozialdemokratischen Allianz, mündete.

Gleichzeitig wuchs die antikommunistische, aber nicht wirklich rechte christdemokratische Partei **Partido Democrático Cristiano**. Sie gewann 1964 zum ersten Mal die Wahlen – mit dem liberalen Kandidaten **Eduardo Frei Montalva**. In seine Regierungsperiode fielen eine Menge konzeptueller Entwicklungen, die den späteren Wahlsieg Salvador Allendes 1970 auf geradezu sanfte Art und Weise vorbereiteten: eine einschneidende Landreform besonders im Süden, wo es unglaublichen, nicht nachvollziehbaren Landbesitz gab (sie war allerdings nicht mehr viel wert, denn die Wollpreise waren längst im Keller), Teilverstaatlichung des Kupfers, Anhebung des Mindestlohns für Landarbeiter und Sozialprogramme für Bewohner der Elendsviertel.

Die Unidad Popular

Sozialdemokraten, Kommunisten, Sozialisten und Unabhängige hatten sich im Sammelbecken der Unidad Popular zusammengefunden, und im **September 1970** siegte ihr Präsidentschaftskandidat **Salvador Allende Gossens**, der schon bei der Volksfrontregierung Frente Popular mitgearbeitet hatte. Ihr Politikkonzept sah vor allem eines vor: den Sozialismus als dritten Weg zwischen Kapitalismus und Kommunismus neu zu erfinden, inhaltlich zu bestimmen und als Regierungsform durchzusetzen. Irgendwie fieberte

1990	1993	1998
Aylwin setzt eine Wahrheits- und Versöhnungskommission ein, die die von 1973 bis 1989 begangenen politischen Morde und den Verbleib von Verschwundenen aufklären soll.	Erstmals stehen Offiziere wegen Menschenrechtsverletzungen vor Gericht.	Pinochet tritt als Heereschef ab, bleibt aber Senator auf Lebenszeit und genießt so Immunität.

die gesamte linke Welt mit, als es zur Verstaatlichung der Banken, Versicherungen und der Schlüsselindustrien kam, der Verdrängung ausländischen Kapitals, zur Erhöhung der Bildungs- und Sozialausgaben. Die Preise für Grundnahrungsmittel unterlagen staatlicher Kontrolle, ebenso die Lohnerhöhungen.

Solche Wege verfolgte die internationale Linke mit großer Anteilnahme. Sie hatte den Tod Che Guevaras in Bolivien erlebt, gegen die Unterdrückungsmaschinerie des Schahs von Persien, gegen die Diktaturen in Paraguay, Bolivien, Brasilien, Spanien, Griechenland und Portugal demonstriert und für den Vietcong gebangt. In diesem Zusammenhang besaß das sozialistische Experiment von Salvador Allende eine große Strahlkraft. Doch Chile hatte die Rechnung ohne den Wirt gemacht: ohne die USA. Sozialistische Experimente vor ihrer Haustür wollten sie nicht dulden; Kuba hatte das mit voller Härte zu spüren bekommen.

Allerdings waren die USA nun nicht der einzige Feind dieses Systems. Innerhalb von Chile regte sich enormer Protest besonders gegen die **Landreform**, die keineswegs lediglich gegen unrechtmäßige brachliegende Besitzungen zweifelhafter Großgrundbesitzer vorging, wie beschlossen worden war, sondern auch mittelständische Bauern im Visier hatte – Landbesitz über 80 ha und brachliegend sollten enteignet werden. Das ist in Chile nicht immer groß und viel, wenn man sich die Unwirtlichkeit mancher Regionen vor Augen führt, in denen 1 m^2 pro Stück Vieh gerechnet wird. Da reichen 300 Schafe grade einmal zur Grundversorgung. Es kam zu „spontanen" Landbesetzungen der **MIR** (Movimiento de Izquierda Revolucionaria) auch von Boden, der ausdrücklich von der Reform ausgenommen worden war. Blutige Auseinandersetzungen folgten. Damit zog die Regierung, der die außerparlamentarische MIR „beistehen" wollte, viel Wut auf sich.

Zwar konnten im ersten Jahr unter Allendes Regierung in allen Wirtschaftszweigen Wachstumsraten erzielt werden, doch bereits nach einem Jahr bröckelte der Erfolg, gewann die USA mit ihren US-Millionen Einfluss und Unterstützung. Gleichzeitig bereitete die MIR Sabotageakte vor. Die Versorgung stockte. Innenpolitisch wuchs der Druck, außenpolitisch die Isolation. Als Fidel Castro 1971 Chile besuchte, griffen die Frauen aus der Mittel- und Oberschicht zu Kasserollen und Kochtöpfen und veranstalteten einen später oft kopierten **Aufstand der leeren Kochtöpfe**.

Die Versorgungsengpässe spitzten sich immer mehr zu, die Minenarbeiter streikten, die Transportunternehmer wehrten sich ebenfalls mit einem Streik gegen die geplante Einführung eines staatlichen Beförderungssystems. Ärzte und Ladenbesitzer riefen ihrerseits zum Arbeitskampf auf, die Industrie reagierte mit Aussperrungen. Chile stürzte ins Chaos.

Trotz all dieser Hindernisse, Probleme und Zerwürfnisse siegte die **Unidad Popular** bei den Wahlen 1973 erneut – und das mit deutlicher Mehrheit. Der Widerstand gegen Allendes Politik war nicht weniger hart und erfolgreich. Dass er allerdings in einen grausamen Putsch münden würde, der das Land in einen Friedhof verwandeln sollte, das wurde nicht von allen Allende-Gegnern (u. a. dem Christdemokraten und späteren Anführer der Concertación, Patricio Aylwin, s. u.) gerne gesehen.

1998	2000	2006
Pinochet wird angeklagt, 2002 aber wegen Demenz als verhandlungsunfähig erklärt.	Der Sozialist Ricardo Lagos wird neuer chilenischer Präsident.	Lagos verlässt das Amt mit einer positiven Bilanz, Nachfolgerin wird die Sozialistin Michelle Bachelet, erste Präsidentin in der Geschichte des Landes.

Der Regierungssitz La Moneda, die stolze Renaissancemünzprägeanstalt des Joaquin Toesca, wurde am **11. September 1973** bombardiert, und diese erschütternden Bilder flogen um die Welt. Salvador Allende starb an diesem Tag in der Moneda. Höchstwahrscheinlich nahm er sich das Leben. An die Spitze der Putschisten hatte sich **Augusto Pinochet** gestellt – der eigentliche Befehlshaber der Armee, **Carlos Prats**, hatte sich geweigert, an dem Putsch teilzunehmen. Zu den Generälen der ersten Stunde, die verhaftet und ermordet wurden, gehörte auch der Vater der späteren Präsidentin Michelle Bachelet (2006–2010 und 2014–2018).

Die Diktatur

Unter Pinochet und seiner Junta verwandelte sich Chile in einen Friedhof. Auf Regimegegner wurde förmlich die Jagd eröffnet – die Intelligenzia floh ins Exil, nach Europa oder in Länder Lateinamerikas, in denen demokratische Regierungen herrschten.

Beispiellose **Einschüchterungskampagnen** folgten, und offenbar holte sich der chilenische Geheimdienst DINA ehemalige SS- und SA-Spezialisten für **Folterungen** an Gefangenen, die auch in der deutschen Colonia Dignidad stattfanden. Das öffentliche Leben kam zum Erliegen, verursacht durch permanente Ausgangssperren.

Einstige Vertreter der Regierungen der Unidad Popular wurden im Ausland ermordet, so z. B. in Nixons Washington der Außenminister der Allende-Regierung Orlando Letelier. Alle bürgerlichen Grund- und Freiheitsrechte wurden aufgehoben, Gewerkschaften, demokratische Institutionen und politische Parteien verboten. Die Wirtschaft wurde nach streng neoliberalen Regeln neu strukturiert, zugleich wurden alle Verstaatlichungs- und Enteignungsmaßnahmen der Allende-Regierung aufgehoben.

In manchen Regionen betrug die Arbeitslosenquote 70 %. Erst nachdem 1982 die größte Auslandsverschuldung der Landesgeschichte Chile in eine **Wirtschaftskrise** stürzte, ließ Pinochet einen neuen Wirtschaftsminister an der Schadensbegrenzung arbeiten. Politische Parteien – natürlich rechte – waren erlaubt, und der Widerstand formierte sich.

Das Ende der Diktatur und die Concertación

Das Referendum vom **Oktober 1988** sollte Pinochet eigentlich eine Verlängerung seiner Amtsperiode garantieren. Doch eine knappe Mehrheit sprach sich dagegen aus. 16 Parteien, die während der Diktatur zum Teil im Untergrund gearbeitet hatten, setzten auf eine gemeinsame Linie, um eine weitere Amtszeit Pinochets zu verhindern. Aus dieser **Concertación** heraus, die mit zunächst 16 verschiedenen Strömungen ein gewagtes Experiment zu sein schien, wurde der Christdemokrat **Patricio Aylwin** zum Präsidentschaftskandidaten gegen den Pinochet-Favoriten **Hernán Büchi** von der UDI nominiert.

Er gewann. 20 Jahre lang regierte die Concertación. Die Stärke dieser Koalition beruhte darauf, dass sie viele verschiedene politische und ideologische Ausrichtungen zusammenbrachte. Die Concertación erwies sich als robuster,

10. Dezember 2006	2010	2011
Pinochet stirbt, ohne je für seine Verbrechen verurteilt worden zu sein.	Der milliardenschwere Unternehmer Sebastián Piñera wird der erste rechtsgerichtete Präsident nach fast 20 Jahren.	Schüler und Studenten sorgen für die größten Proteste seit der Rückkehr zur Demokratie 1989. Sie fordern umfassende Reformen des Bildungssystems.

als man angenommen hatte: Auf Aylwin folgte **Eduardo Frei**, der Sohn von Eduardo Frei Montalva, des erfolgreichen christdemokratischen Präsidenten der 1960er-Jahre. Er regierte von 1994–2000. Anschließend gewann der Sozialist **Ricardo Lagos**. 2006 verließ er das Amt mit einer wirtschaftlich und politisch positiven Bilanz.

Michelle Bachelet: Ein Neubeginn

Mit **Michelle Bachelet** stand im gleichen Jahr zum ersten Mal eine Frau an der Spitze des Landes. Die vierfache Mutter hatte bereits als Verteidigungsministerin unter Ricardo Lagos gearbeitet. Ihre Wahl setzte ein Fanal. Unter Pinochet wurde ihr Vater, ein ranghoher Offizier, zu Tode gefoltert, die Familie musste ins Exil fliehen. Dass Lagos sie mit dem Verteidigungsministerium betraute, war ein erster, umso bedeutender Schritt, dem immer noch mächtigen Militär Schranken aufzuweisen. Ihm waren schon unter diversen Regierungen der Concertación Einschränkungen seines weiten Aktionsradius auferlegt worden. Die Wunden, die die Militärdiktatur schlug, heilen schwer. Aber Sympathien genießt sie offenbar immer noch: Anhänger veranstalten an Pinochets Geburtstag stets Kundgebungen. Doch die Unbelehrbaren scheinen immer mehr in den Hintergrund zu rücken, denn junge – linke wie rechte, arrivierte wie ärmere – Chilenen wollen keinesfalls mit einer Diktatur identifiziert werden, sondern viel lieber mit einer funktionierenden Demokratie.

Michelle Bachelet hatte sich die Sympathien allerdings bald nach Regierungsübernahme verscherzt, als einen Monat nach ihrem Amtsantritt Schüler:innen und Studierende wochenlang für internationale Schlagzeilen sorgten. Sie protestierten gegen die Bildungsmisere in ihrem Land. Die Stolpersteine zu Beginn ihrer Präsidentschaft blieben über ein Jahr bestehen. In dieser Periode wurde die Regierung zwar umgebildet, aber die Gesellschaft auch still und weise umgebaut: Frauenförderungsprogramme verabschiedet, Unterstützung für die ländliche Bevölkerung ausgearbeitet, Investitionsanreize für Kleinunternehmer beschlossen.

In den Zeiten der **Finanzkrise** 2008/09 erwies sich Michelle Bachelets sozialistische Strategie als richtige Lösung: Die hohen Rohstoffpreise für das verstaatlichte Kupfer spülten Geld in die Staatskasse, und das wurde zu Beginn der Krise in die Sozialsysteme gepumpt. Erhöhung der Renten, Verbesserung der Infrastruktur, Extrageld für besonders Bedürftige, erhöhte staatliche Ausgaben für die überfällige Gesundheitsreform – das alles waren Maßnahmen, mit denen sie ihr politisches Talent und ihr Gespür für Krisenbewältigung unter Beweis stellte.

Dennoch gewann 2010 mit **Sebastián Piñera** der erste rechtsgerichtete Präsident nach fast 20 Jahren die Wahl. Die siegreiche Alianza por Chile bestand aus den einzigen beiden Parteien, die unter der Militärjunta geduldet wurden. Ihr Kandidat trug den Spitznamen *piñata*, mit dieser Bezeichnung umschreibt man in Lateinamerika elegant, aber drastisch: Korruption. Der Multimillionär Sebastian Piñera (geb. 1949) war in den Bankencrash von 1982 verwickelt und sein Bruder Minister unter Pinochet.

Dezember 2013	2014–2016	17. Dezember 2017
Michelle Bachelet wird mit rund 62,2 % der Stimmen wieder zur Präsidentin gewählt.	Starke Erdbeben nördlich von Iquique, nördlich von Valparaíso und südwestlich von Puerto Montt, schwere Überschwemmungen in der Region von Copiapó.	Ex-Präsident Sebastian Piñera setzt sich in der Stichwahl gegen den Journalisten Alejandro Guillier durch und kehrt an die Staatsspitze zurück.

Auf Piñera folgte 2014 wiederum Michelle Bachelet in Chiles sechster Präsidentschaftswahl seit dem Ende des Pinochet-Regimes. Sie leitete weitreichende Reformen mit Schwerpunkten bei Bildung, dem Steuersystem und der Verfassung ein. Die riesigen Lücken im Bildungssystem wollte sie mit kostenloser und qualitativ hochwertiger Bildung für alle reformieren, aber die Ergebnisse enttäuschten – mal wieder.

Da nach Chiles Verfassung seit 1990 eine unmittelbare Wiederwahl nicht möglich ist, durfte Bachelet zur Wahl 2017 nicht antreten. Dafür kandidierte Piñera erneut und setzte sich in der Stichwahl gegen den Mitte-Links-Kandidaten Alejandro Guillier durch. Seine Regierungszeit verlief zunächst recht ruhig, bis eine Kleinigkeit das Land zum Kochen brachte wie nie zuvor.

Von einer Oase der Demokratie in den Krieg – in 12 Tagen!

Am 8. Oktober 2019 verkündete Präsident Sebastián Piñera angesichts der bevorstehenden Großereignisse in „seinem" Land stolz, dass „inmitten dieses turbulenten Lateinamerikas, Chile eine wahre Oase mit einer stabilen Demokratie" sei. 12 Tage später trat er vor die Presse und erklärte seinem Volk, es befinde sich „im Krieg, im Krieg gegen einen mächtigen Feind, der nichts und niemanden respektiert.

Er hatte aber übersehen, dass der Feind, von dem er sprach, sein eigenes Volk war, das fortan praktisch geschlossen auf die Straßen ging, um gegen die anhaltende soziale Ungerechtigkeit im Land zu demonstrieren. Auslöser für die folgenden, größten sozialen Unruhen seit Jahrzehnten war eine scheinbare Nichtigkeit: die Erhöhung der Metro-Preise um gerade einmal 30 Peso, umgerechnet vier Euro-Cent. **Schüler** waren von der Erhöhung ausgenommen, dennoch waren sie es – vor allem Schülerinnen – die den Stein ins Rollen brachten und als erste über die Absperrungen der Metro-Stationen kletterten, um gegen die Fahrpreiserhöhung zu demonstrieren – aus Solidarität mit ihren betroffenen Mitmenschen.

Und nun gab es kein Halten mehr. „Es geht nicht um 30 Pesos, es geht um **30 Jahre**, in denen wir betrogen wurden!" Die Menschen waren sich einig. Überall im Land gingen die Menschen auf die Straßen. In Santiago wurden Metro-Stationen in Brand gesetzt, im ganzen Land wurden Supermärkte der großen Ketten geplündert und angezündet. Die Filialen der Banken, Telefongesellschaften und Filialen von Pharmazieketten mussten schwer gepanzert werden, um demselben Schicksal zu entgehen.

Piñera verhängte den **Ausnahmezustand**, schickte das Militär auf die Straßen und verfügte eine Ausgangssperre, die eine Woche anhalten sollte, von vielen aber ignoriert wurde. Zu wuchtig war die Bewegung geworden, zu groß die Sehnsucht nach einem gerechteren Land.

„**Chile despertó**" – „Chile ist erwacht", schallte es durch die Straßen des ganzen Landes. Keine Stadt, in der nicht Tausende auf die Straßen gingen, in Santiago sogar mehr als eine Million. Piñera reagierte auf die Proteste mit Kosmetik und versuchte das Volk mit dem Austausch seines Kabinetts zu beruhigen. Sein

Oktober 2019

Aus der Erhöhung von Preisen für U-Bahn-Tickets entsteht ein monatelanger Volksaufstand (Foto) gegen die soziale Ungerechtigkeit im Land.

© SHUTTERSTOCK/ABRIENDOMUNDO

2020/21

Wie die gesamte Welt wird auch Chile durch das Corona-Virus lahmgelegt und schließt seine Grenzen.

Cousin Andrés Chadwick musste seinen Posten als Innenminister räumen. Er war für den Polizeieinsatz gegen die Demonstranten verantwortlich gewesen und wurde durch den bisherigen Präsidentschaftsstaatsekretär Gonzalo Blumel ersetzt.

Nicht nur die Schulen blieben geschlossen, sämtliche anstehenden Großereignisse wurden abgesagt: Der Weltklimagipfel, der Asien-Pazifik-Gipfel, das Finale der Copa Libertadores, das in Santiago stattfinden sollte, und der gesamte Ligabetrieb des chilenischen Profifußballs. Die Spieler der großen Vereine solidarisierten sich mit dem Volk und beteiligten sich an den Demonstrationen, die Fans beendeten ihre Rivalitäten und marschierten Seite an Seite.

Doch die berüchtigte chilenische **Polizei** schlug zurück. Mehr als zwei Dutzend Tote, mehr als 400 Menschen erlitten schwere Verletzungen an den Augen durch Gummigeschosse – so viele wie nie zuvor in so kurzer Zeit in der Geschichte der Menschheit. Es wurde sogar Schrot eingesetzt, Tränengas wurden ätzende Chemikalien beigemischt. Viele Tausende wurden festgenommen, hundertfach wurden Vergewaltigungen und Misshandlungen angezeigt. Die Dunkelziffer dürfte höher liegen.

Doch **Chiles Jugend** hatte mittlerweile die Angst verloren. Wenn nicht jetzt, wann dann? So versammelten sie sich jeden Nachmittag aufs Neue und verliehen ihren Forderungen Ausdruck. „El derecho de vivir en paz" – das Recht in Frieden zu leben, wurde zur Hymne der Bewegung, intoniert von Hunderten Gitarren und/oder Geigen und begleitet von leidenschaftlichem Gesang – ein Volksaufstand voller Musik.

Las Tesis, ein vierköpfiges Frauenkollektiv aus Valparaíso, animierte Frauen auf der ganzen Welt zu einer kollektiven Tanzperformance gegen Gewalt an Frauen (S. 176).

Corona, Boric und die Ablehnung der neuen Verfassung

Ab März 2020 ging wie überall auf der Welt praktisch nichts mehr. Corona legte das ganze Land lahm. Chiles Umgang mit der Krise war streng. Monatelange Ausgangssperren und Einschränkungen beim Reisen sollten die Pandemie stoppen. Die Bestimmung, bei der Einreise einen Impfnachweis vorlegen zu müssen, wurde erst im Mai 2023 aufgehoben.

In der Zwischenzeit wurde im März 2022 mit dem 36-jährigen Gabriel Boric aus Punta Arenas der jüngste Präsident in der Geschichte des Landes gewählt. Kern seines Wahlprogramms waren soziale Reformen, die die extreme soziale Ungleichheit in Chile mildern sollten. Zudem wollte er den Sozialstaat stärken, das Rentensystem modernisieren und ein öffentliches Krankenversicherungssystem aufbauen.

Am 4. September 2022 konnten die Chilen:innen endlich über die neue Verfassung abstimmen, die die alte aus der Zeit von Diktator Augusto Pinochet ablösen sollte. Chiles indigene Völker sollten erstmals anerkannt werden, der Staat eine größere Rolle einnehmen und die politische Macht dezentralisiert werden. Doch – für viele ein Schock – sie wurde abgelehnt. Ein schwerer Schlag für die Regierung von Gabriel Boric.

11. März 2022	September 2022	Februar 2023
Gabriel Boric von der Partei Convergencia Social wird mit 35 Jahren jüngster Präsident in der Geschichte Chiles.	Die Chilen:innen lehnen die neu ausgearbeitete Verfassung ab.	Die illegale Einwanderung nimmt überhand. Boric entsendet Truppen an die Grenzen zu Peru und Bolivien.

Politisches System

Die República de Chile ist eine Republik und Präsidialdemokratie, teilzentralistisch aufgebaut und in 15 Regionen aufgeteilt, die wiederum in 54 Provinzen und 346 Gemeinden untergliedert sind. Die Amtszeit des Staatspräsidenten beträgt vier Jahre; eine unmittelbare Wiederwahl ist nicht zulässig. Das heißt, ein amtierender Präsident kann sich nicht als Kandidat für die folgende Wahl aufstellen lassen, er muss mindestens eine Regierungsperiode pausieren. Mit diesem System sollen politische Verkrustungen und Korruption verhindert werden. Michelle Bachelet von der Sozialistischen Partei war das erste demokratisch gewählte Staatsoberhaupt, dem es gelang, ein zweites Mal das Präsidentschaftsamt zu bekleiden.

Der chilenische Kongress besteht aus Senat und Abgeordnetenkammer. Senatoren werden für acht Jahre gewählt, Abgeordnete für vier Jahre. Seit Januar 2015 gilt ein modifiziertes Wahlsystem, bei dem die Zahl der Wahlkreise verringert und die Anzahl der Sitze erhöht wurde. Beide Geschlechter müssen zu mindestens 40 % auf jeder Wahlliste vertreten sein.

Wirtschaft

BIP: 496 085 Mrd. US$
Dienstleistungen: 64,3 %
Industrie: 31,4 %
Landwirtschaft: 4,4 %

BIP pro Kopf: (nominal) 25 400 US$

Export-Partner: China 32 %, USA 14 %, Japan 9 %, Südkorea 7 %

Import-Partner: China 24 %, USA 20 %, Brasilien 8 %, Deutschland 5 %, Argentinien 5 %

Inflation: 2 %

Wenn es um die Bewertung der chilenischen Wirtschaft geht, scheiden sich die Geister: Die Befürworter des **neoliberalen Modells**, das zum überwiegenden Teil auf Ausbeutung von Rohstoffen und natürlichen Ressourcen beruht, loben die recht ausgeglichenen Staatskonten, die niedrigen Zollschranken und den ungehemmten Kapitalfluss. Die Kritiker der neoliberalen Wirtschaftsweise verweisen auf soziale Kosten, dass Lebensqualität nicht mit Kaufkraft gleichzusetzen ist, und beklagen vor allem die ungerechte Lohnverteilung. Dazu muss man wissen, in Chile sind selbst Bildung und Gesundheit praktisch komplett privatisiert. Auch die größten Ökonomen hatten eine Privatisierung dieser gesellschaftlich so bedeutenden Teilbereiche immer für kritisch gehalten.

Wer heute mit offenen Augen durch Chile reist, sieht die Auseinandersetzungen der Vergangenheit und die Widersprüche der chilenischen Gesellschaft der Gegenwart. In wohl keinem Land der westlichen Hemisphäre sind so viele Wände mit politischen Parolen und künstlerischen Inhalten verziert, vor allem seit dem Volksaufstand, der Ende 2019 begann und bis in die Gegenwart anhält. Das andere Bild zeigt ein Besuch in den vielen Einkaufszentren. Der Unterschied zwischen der Käuferschicht und den Verkäufern fällt auf, überall spiegelt sich die jüngere Geschichte.

Entwicklung zum heutigen Wirtschaftsmodell

Chile hat viele Wirtschaftskrisen hinter sich, die vielleicht schmerzhafteste aber war der Zusammenbruch der **Salpeterindustrie** in den 1920er-Jahren. Von 1870 an hatte es einen stetigen Aufschwung der Salpeterproduktion gegeben, die vor und während des Ersten Weltkriegs zwei Drittel der Exporte ausmachte. Diese Abhängigkeit vom Salpeter wurde dem Land in der Weltwirtschaftskrise zum Verhängnis. Die meisten kleineren und mittleren Betriebe, *oficinas*, mussten aufgeben. Die Arbeiter sahen sich gezwungen, nach Santiago zu gehen, um Arbeit zu suchen, die es nicht gab. Nur wenige Betriebe überlebten die Krise, die Salpeterindustrie wurde, als sie gänzlich unrentabel war, Ende der 1960er-Jahre verstaatlicht und unter Pinochet reprivatisiert.

Unter dem 1970 gewählten, ersten sozialistischen Präsident Chiles, Salvador Allende, wurde

Importsubstitution zum Schlagwort: Die Industrialisierung sollte vorangetrieben werden, um Importprodukte durch chilenische Produkte zu ersetzen und somit Arbeitsplätze zu schaffen. Finanziert werden sollte der Kauf von Maschinen und Knowhow durch die Gewinne der verstaatlichten Kupferindustrie, damals noch in Händen von US-amerikanischen transnationalen Gesellschaften. Die Verstaatlichung wurde mit Mehrheit im Kongress beschlossen.

Ab 1970 wurden unter der Unidad Popular Grundbesitzer enteignet worden, wenn die Flächen über 80 ha groß waren und als unproduktiv eingestuft wurden. Vor der **Landreform** war die chilenische Landwirtschaft zu unproduktiv, um den eigenen Markt zu bedienen. Auf den riesigen Haciendas herrschten feudale Verhältnisse: Über Generationen wohnten die Landarbeiter im Knechtshaus auf dem Land der Landbarone. 76 % der Anbaufläche lag in Händen von lediglich 7 % der Landwirte, während sich 39 % der Landwirte nur 0,3 % der Flächen teilten. Die Landreform ergab, dass beinahe 50 % der Anbauflächen den Eigentümer wechselten und damit die Not der Landlosen gemildert wurde. Fast 100 000 Familien bekamen neue Höfe. Nach anfänglichen Erfolgen fielen die Ernten schlecht aus. Es mangelte an technischer Unterstützung, aber auch an Erfahrung.

Nach dem Putsch 1973 ließ Augusto Pinochet die meisten laufenden Enteignungs- und Verteilungsverfahren stoppen. Etwa 60 % der durch die Landreform vergebenen Anbauflächen wurden versteigert, oft an Verwandte und politisch Gleichgesinnte. Häufig hatten die Kleinbauern 0,5 ha und ein Haus zur Verfügung, was insofern einen Fortschritt darstellte, als dass damit die feudale Knechtschaft abgeschafft war. Das wichtigste Ergebnis der Landreform ist sicherlich, dass die Eigentumsverhältnisse sich zu Gunsten mittlerer Höfe verändert haben. Die Inflationsrate betrug während der Diktatur durchschnittlich 90 %, die Reallöhne fielen gegenüber der Ära Allende um 15 %. Unternehmergruppen bereicherten sich an den Privatisierungen. Die Konzentration der Firmen führte zu oligarchischen Verhältnissen. So kontrollierten Ende der 1970er-Jahre nur fünf Unternehmergruppen mehr als die Hälfte aller Betriebe.

Wirtschaft heute

Bergbau ist bis heute der wichtigste Wirtschaftsbereich. Seit seiner Glanzzeit im 19. Jahrhundert profitiert Chile von seinen Rohstoffen. Zunächst war es der Salpeterabbau, dann der der Abbau von Kupfer, die zur treibenden Kraft der wirtschaftlichen Entwicklung des Landes wurden. Natürlich spielten angesichts der nährstoffreichen Küste und der teils sehr fruchtbaren Landmasse auch die Fisch- und die Landwirtschaft eine Rolle. Klassische **industrielle Sektoren** wie Maschinen- und Fahrzeugbau haben nachrangige Bedeutung. Chiles **Agrarsektor** exportiert vor allem Fischereiprodukte, zumeist aus Aquakulturen, Obst und Wein und als forstwirtschaftliches Produkt vor allem Zellulose.

Seit Ende der 1970er-Jahre ist die chilenische Wirtschaft unter dem Einfluss der sogenannten **Chicago Boys** privatwirtschaftlich auf den Weltmarkt ausgerichtet. Die Chicago Boys waren eine Gruppe chilenischer Wirtschaftsstudenten an nordamerikanischen Universitäten, vor allem an der von Chicago, die später in den 80er-Jahren als Berater für die Militärdiktatur fungierten. Sie wollten die **Umverteilungspolitik** der sozialistischen Vorgängerregierung unter Salvador Allende beenden und den Märkten wieder alle Macht verleihen.

Manche sprechen daher von Chile als einer Kopie der USA, einige von einer sehr billigen Kopie. Das ändert aber nichts daran, dass das **Pro-Kopf-Einkommen** zur Kaufkraftparität laut IWF das höchste in Lateinamerika ist. Seit 2013 hat das starke Wachstum zwar einen leichten Rückgang erfahren, aber selbst nach dem Volksaufstand 2019/20 gilt Chile als eins der stabilsten Länder Lateinamerikas.

Auch laut **Transparency International** steht Chile international sehr gut da, und TI bescheinigt dem Land mit Platz 27 von 180 Ländern, das am wenigsten korrupte in Lateinamerika zu sein.

Doch die **Lohnverteilung** ist nach wie vor eine der weltweit ungerechtesten, einer der zentralen Gründe für den Volksaufstand 2019/20.

Die Uno sieht Chile beim **Human-Development-Index** auf Platz 42 und damit knapp hinter europäischen Ländern wie Portugal oder Kroatien, aber vor z. B. Ungarn. Die Arbeitslosigkeit pendelt seit Jahren zwischen 7 und 10,5 %. Das für lateinamerikanische Verhältnisse recht hohe **Bruttoinlandsprodukt** berücksichtigt nicht den überdurchschnittlich ausgeprägten informellen Sektor, d. h. die vielen ambulanten Verkäufer von Süßigkeiten, Hot Dogs, Obstsalaten, Getränken oder Raubkopien, Schuhputzer und Karton-Sammler.

Bergbau

Der **Bergbau** hat in Chile eine lange Tradition. Seit etwa 200 Jahren wird er betrieben. und trug in der Vergangenheit regelmäßig am meisten zu den Staatseinnahmen bei. Mit 27 % der globalen Produktion ist Chile vor Indonesien und den USA der größte **Kupfer**produzent und Kupferexporteur der Welt. Mit 40 % der weltweiten Reserven besitzt das Land auch mit Abstand die größten Vorkommen des Metalls. Folglich liegen auch die größten Kupferbergwerke der Welt in Chile, fast alle in der Atacama-Wüste: Die **Chuquicamata** über Tage und El Teniente unter Tage.

Im Anden-Hochland bei Vallenar wollte das kanadische Unternehmen **Barrick** ein riesiges grenzübergreifendes **Gold**-Vorkommen abbauen. Das Projekt machte jahrelang wegen Ungereimtheiten bei den Umweltstudien Schlagzeilen. Nachfolgefirmen stehen schon in den Startlöchern (S. 109). Bis heute ist der Reichtum an Bodenschätzen ein maßgeblicher Grund dafür, dass die chilenische Wirtschaft wenig diversifiziert ist. **Lithium** kommt als Salz in den Salzseen der Voranden vor, z. B. bei San Pedro de Atacama. Chile wird eine Schlüsselrolle in der Produktion einnehmen, da das Lithium immer mehr in Batterien eingesetzt wird, nicht nur in Kameras und Laptops, sondern auch in Autos mit Hybridmotoren (s. Kasten. S. 92).

Fischerei

Der planktonreiche Humboldtstrom bietet vielen Fischarten eine gute Nahrungsbasis und so tummeln sich vor Chiles Küsten riesige Fischschwärme und eine Vielzahl köstlicher Meeresfrüchte. Die Entwicklung industrieller Fangmethoden war so nur eine (kurze) Frage der Zeit. Entlang der Küste gibt es aber noch viele kleine, fast immer eher ärmliche Fischerdörfer. Die Fischerboote sind oft noch Ruderboote, gefischt wird mit Netz, Angel und Harpune *(Pesca artesanal).* Die Fischer tauchen häufig nach Aba-

Die größte offene Kupfermine der Welt: Chuquicamata

lone und sammeln Algen (z. B. Nori-Algen). In den Fjorden des Großen Südens ist die Lachszucht der große Arbeitgeber. Sie wuchs in den vergangenen Jahrzehnten um mehr als 1000 % und schuf zehntausende Arbeitsplätze in den strukturschwachen Regionen Aisén, Isla de Chiloé und Puerto Montt.

Eigentlich eine Bilanz zum Jubeln, aber nicht für den, der weiß, dass Lachse in Chile eigentlich gar nicht vorkommen. Die intensive Zucht verursacht extreme Umweltschäden, ließ Muscheln aufgrund des veränderten Mikroklimas im Meer schrumpfen und Fische sterben: Muschelernte und Fischfang waren und sind die traditionellen Erwerbszweige der Bevölkerung im Süden. Der überaus heftige Einsatz von Antibiotika betrifft und schädigt auch die Beschäftigten.

Forstindustrie

Chile ist auch ein großer Produzent von Zellstoff und Papier. In ausgedehnten Eukalyptus- und Fichten-Pflanzungen im Süden des Landes wächst das Rohmaterial heran. Während der 1970er und 1980er-Jahre ist die Forstfläche um 80 000 ha jährlich gestiegen. Die Papierindustrie kauft auch Flächen in Mapuche-Gebieten auf, begleitet von Konflikten mit den Indianern. Auch die Schadstoffbelastung der Flüsse durch Einleitung von Abwässern wird kritisiert.

Landwirtschaft

Die Äpfel der Sorten Golden Delicious und Ingrid Marie, die wir im Winter im heimischen Supermarkt kaufen können, stammen häufig aus Chile. Aber auch Mandarinen, Heidelbeeren, Kirschen, Avocados, Trockenobst und Kiwis werden in die nördliche Hemisphäre verschifft. Besonders bekannt geworden sind die chilenischen Weine: Obwohl seit dem 16. Jh. mit Ankunft der Spanier Wein angebaut wird, hat sich Chile erst seit den 1980er-Jahren am Exportgeschäft beteiligt. Die meisten Produzenten von Obst, Gemüse und Wein befinden sich in Zentralchile. Im Seengebiet gibt es saftige Weidegründe, so dass dort die Viehzucht und Milchwirtschaft beheimatet ist. In der Dornensteppe des Kleinen Nordens werden Ziegen gehalten und in der Pampa Patagoniens vor allem Schafe.

Tourismus

Der Tourismus in Chile begann erst mit der Abdankung Pinochets Anfang der 1990er-Jahre. Spät, bedenkt man, welche überragenden Potenziale in dem Land schlummern. In Wahlen unter Touristikern gilt Chile für die Bereiche Abenteuer- und Naturtourismus als die Nummer-Eins-Destination weltweit.

Und es tut sich was: War z. B. die Infrastruktur in den Nationalparks des Landes anfangs noch sehr bescheiden, so finden Reisende heute gut geführte Hütten, Lodges und Boutique-Hotels mit entsprechendem gastronomischem Angebot.

Die Zugänglichkeit entlegener Gebiete hat sich durch Straßenbau entscheidend verbessert. Da die Deviseneinfuhr in den vergangenen Jahren etwa gleichauf gezogen ist mit den Einkünften aus dem Weinexport, nimmt auch die Regierung den Tourismus als Wirtschaftsfaktor immer ernster, beteiligt sich an der Erschließung neuer Märkte und hat dem Ministerium für Wirtschaft und Entwicklung den Tourismus angegliedert.

Bis zur Jahrhundertwende stammten die Besucher zu 50 % aus Argentinien, heute kommen Besucher aus aller Welt, um sich von den Naturwundern des langen Landes begeistern zu lassen.

Weltmeister in Freihandelsabkommen

Chile ist nicht nur Mitglied wichtiger internationaler Wirtschaftsorganisationen wie WTO, IWF und Weltbank, das Land ist sogar Weltmeister in **Freihandelsabkommen** und hat mehr Abkommen unterzeichnet als jedes andere Land der Erde, insgesamt 26, die über 60 Länder einschließen. Mit diesen Ländern wickelt das stark außenhandelsorientierte Chile den überwiegenden Teil seines Handels ab.

Seit 2012 bildet es mit Peru, Mexiko und Kolumbien die Pazifikallianz, die als wichtigstes Wirtschaftsbündnis in Lateinamerika gilt. Assoziierte Mitglieder sind zudem Australien, Kanada, Neuseeland und Singapur.

Die „Trans-Pacific Partnership" (TPP), die zwölf Pazifikanrainerstaaten wie die USA, Japan, Kanada und Mexiko und damit etwa 40 % des globalen BIP vereinen sollte, sieht u. a. den Wegfall von Zöllen auf Agrar- und Industrieprodukte vor. Chile bleibt seiner Freihandelsausrichtung treu, insbesondere in Richtung Pazifikanrainerstaaten.

Kunst und Kultur

Weiße Kultur eines weißen Landes?

Kunst aus Chile ist alles andere als eine unbekannte Landschaft: Alle kennen **Pablo Neruda**. Alle kennen **Isabel Allende**. Viele kennen die Musikgruppe **Inti-Illimani**, die schon seit 1967 besteht, und **Violeta Parra**, die Folklore-Musikerin. Von durchtanzten Nächten kennen viele auch den deutsch-chilenischen Elektro-DJ **Ricardo Villalobos**. Schriftsteller **Roberto Bolaño** begeisterte mit seinem 1000-Seiten-Werk *2666* das Feuilleton auf der ganzen Welt; das Buch erschien 2009 auch auf Deutsch.

Wer einmal durch die verschiedenen Zentren Santiagos und Valparaísos gestreift ist, wird sich über die Zahl bekannter Chilenen nicht wundern, denn es wimmelt von Galerien, Kreativwerkstätten, Streetart, Theater- und Kunstschuppen, Malerateliers in Hinterhöfen, Videoinstallationen in Clubs und Poetry Slams – das kreative Potenzial ist enorm.

Diese lebendige, pulsierende Kultur spiegelt „weiße" Kultur. Gleichzeitig weiß man, dass die **Mapuche** noch längst nicht wieder in ihren angestammten Gebieten leben. Die Regierungen der letzten Jahrzehnte – selbstverständlich mit Ausnahme der Militärdiktatur – initiierten immer wieder Verhandlungen, doch bis auf den heutigen Tag ist es nie zu einer richtigen Wiederherstellung ihrer Landrechte gekommen. Ihre Art zu leben und zu wirtschaften unterliegt der Diskriminierung, der plakative Silberschmuck der Mapuche indes wird in luxuriösen Hochglanzbildbänden gefeiert. Die **Aymara** im Norden, so heißt es, waren nicht im selben verheerenden Maß von den Vernichtungskriegen betroffen. Trotzdem wurden natürlich auch sie unterdrückt, ihre Kultur verboten, geistliche Führer inhaftiert – noch unter Pinochet war das so.

Die gigantischen Scharrbilder an den blanken Sandflanken der Präkordillere bei Arica, die Lamakarawanen und Schamanentänze zeigen, besucht und bestaunt man, aber werden sie auch als „chilenische" Kulturleistung wahrgenommen? Die **Rapa Nui** auf der Osterinsel erlitten ähnlich demütigende Schicksale – sie wurden unter primitiven Lebensbedingungen im Hauptort Hanga Roa zusammengesperrt, nachdem die Vulkaninsel Schafzüchtern verkauft worden war. Ihr Land verfiel derweil, wurde durch die Monokulturen immer unfruchtbarer. Und das bis in die 1960er-Jahre. Die Neugier von Fremden (erst von Wissenschaftlern, später von Touristen) auf ihre geradezu atemberaubende Kultur wendete das Blatt. Plötzlich stand ihre Authentizität im Rampenlicht des Interesses. Das Selbstbewusstsein der Rapa Nui ist gestärkt. Sie wollen sich nicht länger als exotisch-tropisches Feigenblatt des Landes verkaufen lassen.

The Clinic

Wer des Spanischen mächtig ist, sich für Chile interessiert und auch ein wenig in das Land hineinfühlen möchte – wozu dieses Buch verhelfen will –, der sollte sich mal in ein Heft des Satiremagazins *The Clinic* vertiefen. Viele Artikel können auch online gelesen werden. Das Magazin hat sich dem bissigen, sarkastischen, aber auch stark investigativen Journalismus verschrieben, und es ist sehr linkslastig. Gegründet wurde *The Clinic* als kleines Blättchen 1998, als Augusto Pinochet sich mit Unterstützung der eisernen Lady Margaret Thatcher in London aufhielt und Klinikaufenthalte als Grund dafür angab, nicht ausreisen zu können – der spanische Politstaranwalt Baltazar Garzón wollte ihn damals wegen Menschenrechtsverletzungen vor Gericht bringen. „The Clinic" setzt sich nicht nur mit aktueller Politik auseinander, sondern auch frauenrechtlerisch. www.theclinic.cl.

Und so stellt man fest, dass es trotz des exquisiten Niveaus des chilenischen Theaters, das durch die harte Schule des politischen Theaters im Untergrund gehen musste, bis zu der hervorragenden und breit gefächerten Film- und Literaturszene einfach so ist: Eine Schicht aus Zement trennt die indianischen Ethnien von der weißen, der von Europäern (ab-)stammenden chilenischen Bevölkerungsmehrheit, die sich immer noch einem so strengen **Katholizismus** unterwirft, dass bis 2004 eine Ehescheidung per Gesetz nicht möglich war.

Langsam weicht der **Rassismus** innerhalb der chilenischen Gesellschaft auf, zumindest unter den Jüngeren. Die Politik gibt dazu Impulse, indem sie beispielsweise eine Biennale indianischer Kunst in Santiago im Kulturzentrum des ehemaligen Bahnhofs Estación Mapocho und Kunst- und Agrarmessen in Iquique eingerichtet hat. Die Chilenen selbst tun das ihre dazu: Überall – und beileibe nicht nur im Kleinen Süden, ihrer Heimat – sieht man gut besuchte Apotheken der Mapuche, kann ihre Kleidung und Wolle kaufen – und ihre spezifischen Gewürze. Nur den Schmuck, den gibt es als Replik.

Literatur

Den Nobelpreis für Literatur bekam **Pablo Neruda** (1904–1973) im Jahr 1971 für sein poetisches Werk, da war er bereits schwer krank und lebte als Botschafter von Chile in Paris – sein enger Freund Salvador Allende hatte ihn dazu ernannt, nachdem die Unidad Popular 1970 die Wahlen gewonnen hatte. Was seine Idealisierung vielleicht noch mehr erhöht, ist der tragische Umstand, dass er elf Tage nach dem Pinochet-Putsch und dem Tod seines Präsidentenfreundes starb, so als könne er diese entsetzliche Machtübernahme nicht mehr lebend aushalten. Seine Beerdigung geriet dann auch zur ersten Protestkundgebung nach dem Putsch.

Der bekennende Kommunist Pablo Neruda, der seinen eigenen Namen Neftali Reyes abstreifte und sich nach einem tschechischen Dichter nannte, verschwand dann auch erst einmal von der chilenischen Bildfläche. Seine Werke wurden verboten, seine Häuser verwüstet, das Haupthaus in Santiago geflutet. Später wendete sich das Blatt, und auch wer nichts von ihm kannte, lernte ihn spätestens durch den Film

LAND UND LEUTE

Der bekannteste chilenische Poet: Literaturnobelpreisträger Pablo Neruda

Der Postmann kennen, die gefühlvolle Verfilmung des Bestsellers von Antonio Skármeta *Mit brennender Geduld*. Pablo Neruda war fleißig. Er hinterließ ungezählte, ziemlich heißblütige und heißspornige Gedichte, die in zahllosen Anthologien und Bänden auf Deutsch veröffentlicht wurden. Sie erzählen von seinem Land – er war ein echter Patriot! –, von politischen Verhältnissen und immer wieder von Liebe. Wer sich in sein Leben einfinden will, dem sei seine Autobiografie *Ich bekenne, ich habe gelebt* ans Herz gelegt.

Nein, sie ist nicht die Tochter von Salvador Allende, sondern seine Großcousine. Und der Welt wesentlich bekannter. Die 1942 in Lima geborene **Isabel Allende** arbeitete als Fernsehjournalistin und Autorin, bevor sie 1984 mit *Das Geisterhaus* einen literarischen Welterfolg landete. Es war ihr erster Roman, kaum zu glauben, zuvor hatte sie lediglich zwei Kindergeschichten veröffentlicht. Im *Das Geisterhaus*, aus einem Brief an ihren toten Großvater entwickelt, wie wirkungsvoll kolportiert wurde, bediente sie sich kräftig des sogenannten Magischen Realismus, durch den kolumbianischen Schriftsteller Gabriel García Márquez und *Hundert Jahre Einsamkeit* gerade schwer in Mode gekommen, und legte eine chilenische Familiengeschichte mit allen Ingredienzien hin, die es dafür braucht. Da lebte sie im Exil in Caracas, denn eine mit Salvador verwandte Allende konnte nach 1973 natürlich in Chile nicht mehr unbeschwert leben. Die reizende und sehr lustige Isabel Allende macht uns bis heute mit chilenischen Charakteren bekannt, durch alle Epochen.

Das poetische Werk von **Gabriela Mistral** (1889–1957) hat, obwohl sie ebenfalls mit dem Nobelpreis für Literatur (1945) ausgezeichnet wurde, nie die große Masse erreicht wie Pablo Neruda. Ihre sehr persönlich eingefärbten Gedichte sind auch weniger leicht konsumierbar, sperriger als die von ihrem großen Dichterkollegen, nichtsdestotrotz aber großartig. Die entweder im Valle del Elqui oder den Valles del Ríp Huasco als Lucila Godoy Alcayaga geborene Gabriela Mistral – auch sie wählte ihr Pseudonym nach Namen von ihr verehrter Schriftsteller, in diesem Fall Gabriele d'Annunzio und Frederic Mistral – begann sehr früh als Lehrerin zu arbeiten und vertrat Chile später in den Botschaften von Spanien, Brasilien, Portugal und den USA.

In bester Tradition vertrat auch **Antonio Skármeta** (geb. 1940 in Antofagasta) sein Land im diplomatischen Dienst, er war Botschafter zwischen 2000 und 2003 in Berlin. Zu Weltruhm verhalfen ihm weniger seine literarischen Werke, sondern die Verfilmung seines Romans *Mit brennender Geduld*, in dem er die Beziehung zwischen Pablo Neruda und seinem Postboten auf der italienischen Insel Capri schildert. Der bittersüße Film erhielt den etwas fantasieloseren Titel *Der Postbote* und war ein Kassenschlager, der sich einen „Oscar" abholte. Das hat dem unermüdlichen und grundsympathischen Don Antonio, der unter Pinochet ebenfalls ins Exil flüchten musste (nach Deutschland), zu noch größerer Popularität verholfen. Seine Bücher sind in vielen Ausgaben im deutschen Buchhandel präsent.

Ein weiterer Star der Literaturszene ist der 2003 verstorbene **Roberto Bolaño**. Es gibt kaum ein Land, in dem sein Roman *2666*, der eigentlich aus fünf Büchern besteht, keine Begeisterungsstürme entfacht hätte – manchmal aber auch schlicht Ratlosigkeit. Der 1953 in Santiago geborene Bolaño verbrachte seine Jugend in Mexiko, kehrte aber aus Sympathie für die Unidad-Popular-Regierung Salvador Allendes 1972 zurück nach Santiago und wurde gleich zu Beginn des Pinochet-Regimes inhaftiert. Später gelang ihm die Flucht nach El Salvador. Als mit dem Tod des Generalísimo Franco Spanien ebenfalls diktaturfrei wurde, zog er nach Barcelona. Zwei seiner Bücher, *Amuleto* und *Stern in der Ferne* handeln von den Grausamkeiten, die auf die studentischen Proteste in Mexiko an der UNAM und an der Universität im chilenischen Concepción folgten. Roberto Bolaño galt als Surrealist, Existenzialist, als begnadeter Wortspieler und präziser Literat, aber erst sein postum erschienener Roman *2666* katapultierte ihn in den Olymp der Literaturgötter, die *Zeit* nannte ihn einen Meilenstein der literarischen Evolution.

Film

Seit Ende der Pinochet-Herrschaft boomt der chilenische Film, was nicht verwundert, denn unter der Militärdiktatur von 1973 bis 1989 lag sämtliche kulturelle und künstlerische Produktion brach. Ja, es wurden sogar Filmarchive verbrannt, weil, auch das kein Wunder, es unter der Vorgängerregierung, der Unidad Popular, eine staatliche Filmförderung gegeben hatte.

Wie die Literatur setzte sich auch das Kino mit den Folgen des Militärregimes auseinander, z. B. in dem Film *Fiesta Patria* von **Luis Vera**, der damals nach Schweden emigrierte und neben Salvador Allende auch Violeta Parra ein filmisches Denkmal setzte: *Viola Chilensis*.

Der Veteran **Miguel Littín** ist da ein gutes Beispiel. Er wurde 1942 geboren und begann seine Laufbahn in den späten 1960er-Jahren. Unter Pinochet musste er ins Exil und schuf dort die Grundlagen zu seinem berühmtesten Dokumentarfilm *Acta de Chile*, der 1985 entstand. Um diese bittere Bestandsaufnahme des Pinochet-Regimes zu drehen, schmuggelte er sich buchstäblich zurück in sein Heimatland und arbeitete tatsächlich unerkannt. Gabriel García Márquez hat darüber eine nicht weniger berühmte Reportage unter demselben Titel veröffentlicht.

Zu den Stars dieses Jahrtausends des chilenischen Kinos gehört der Regisseur **Andrés Wood**, der 2004 mit *Machuca* einen internationalen Publikumserfolg erzielte. Es geht dabei um die ohne großes Pathos und aus der kindlichen Perspektive erzählte Geschichte zweier aus sehr unterschiedlichen Milieus stammenden Jungen und deren Freundschaft, die nach dem Pinochet-Putsch zerbricht. 2009 hat Regisseur **Sebastián Silva** mit dem sozialpolitischen Porträt eines Haus- und Kindermädchens *La Nana* das Independent-Film-Festival Sundance in zwei Kategorien gewonnen.

Inzwischen ist der chilenische Film nicht nur quantitativ gewachsen, sondern vor allem auch qualitativ, besonders in Form von Regisseur **Pablo Larraín** und seinem Film *No* aus dem Jahr 2012, der auf dem unveröffentlichten Theaterstück *El Plebiscito* von Antonio Skármeta basiert. Er wurde als erster chilenischer Film überhaupt für den Oscar für den besten fremdsprachigen Film nominiert. In *Neruda* (2016) portraitiert Larraín das Leben des Literaturnobelpreisträgers aus einer sehr persönlichen Sicht. *El Club* (2015) handelt von einer Gruppe von Priestern, die in einem chilenischen Küstendorf mit einer Ordensschwester in einer Wohngemeinschaft zusammenleben.

Der 1941 in Santiago geborene Regisseur und Produzent Patricio Guzmán Lozanes hat die Ereignisse des Volksaufstands 2019/20 in dem tollen Dokumentarfilm *Mi país imaginario* rekonstruiert und wurde dafür beim Film Festival in Cannes 2022 ausgezeichnet. Sogar einen Oscar gewann der 10-minütige computeranimierte Kurzfilm von **Gabriel Osorio** aus dem Jahr 2014.

Bekannte Schauspieler sind **Pedro Pascal**, der u. a. in *Game of Thrones* auftrat, in der Netflix-Serie *Narcos* (2015–2017) den DEA-Ermittler Javier Peña verkörperte und eine der beiden Hauptrollen in der Videospiel-Verfilmung *The Last of Us* (seit 2023) übernahm, sowie **Santiago Cabrera**: Der 1978 in Caracas geborene Sohn eines chilenischen Diplomaten erlangte in den vergangenen Jahren enorme Popularität, da er an der Seite von Hollywood-Größen wie Orlando Bloom und Anthony Hopkins zu sehen war. Er trat u. a. in *Che – Revolución* aus dem Jahr 2008 und in *Transformers* auf. Von 2020–2022 spielte er auch in einigen Episoden von Star Trek.

Musik

Natürlich gibt es nicht nur den in Südamerika sehr bekannten argentinischen, sondern auch chilenischen Rock und chilenische Salsa. Untersuchungen besagen sogar, dass es in die Chile die höchste Dichte an Rock-Bands im Verhältnis zur Einwohnerzahl in ganz Südamerika gibt. Ein Spiegelbild des chilenischen Schlagerlebens erlebt man alljährlich im Februar beim **Festival de la Canción** in Viña del Mar; dem größten südamerikanischen Musikfestival. Vor dem historischen Setting im Garten der Quinta Vergara tritt alles auf, was im Schlagergeschäft Rang und Namen hat – und das sind nicht wenige.

Ein ganz anderes Kapitel ist der **Hip-Hop**, der – kaum war er in New York entstanden – sich auch in den *poblaciones* von Santiago verankerte, den Wohnvierteln der Ärmeren in Pudahuel oder Peñalolén, in Renca und im Süden

Das Grab von Victor Jara in Santiago

der Metropole. Die Wurzeln sind dieselben wie in New York: Ausgrenzung, Wut, Armut, Protest.

In der Mitte der 1970er-Jahre belegte Chile während der Pinochet-Diktatur den zweiten Platz auf der lateinamerikanischen Armutsskala hinter Brasilien. Im getanzten und musizierten Hip-Hop und Rap fanden die marginalisierten Jugendlichen ein Ventil, um Protest auszudrücken. Und natürlich auch, um sich zu treffen – weitab der neuen städtischen Zentren, die damals für die Reicheren aufpoliert wurden wie La Providencia oder La Reina. Wer sich die Busfahrt von den *poblaciones* ins Zentrum leisten konnte, traf sich auf dem Paseo Ahumada, stellte seinen Radiorekorder aufs Pflaster und legte los. In den 1990er-Jahren gehörte ihnen die Casa del Rap im ehemaligen Hippie-Ausgehviertel Bellavista.

Wenn also heute Gruppen wie **Panteras Negras**, deren Mitglieder bereits in den 1980er-Jahren *hip-hoperos* waren, **Makiza** und **Tiro de Gracia** (Gnadenschuss) auftreten, dann reflektieren sie Straßenkultur und Revolution der Straße gegen das Establishment – wenn man mal den etwas aus der Mode gekommenen Begriff verwenden will. Sie begreifen sich als Musiker, die den marginalisierten Gruppen Chiles, auch den Indígenas, nahestehen, die Mitläufer des Pinochet-Regimes anprangern und logischerweise nicht auf der Seite der Oberschicht stehen.

Eine ganz spezifische Musik- und Stilrichtung Chiles, die das Land mit Argentinien gemeinsam trägt, ist die **Nueva Canción** (das neue Lied). In Gesamt-Lateinamerika fand sie eine weite Verbreitung in den 1970er-Jahren, doch hier liegen ihre Wurzeln. Und die sind in der Tat sehr interessant. Die chilenische Dichterin, Malerin, Bildhauerin und Komponistin **Violeta Parra** begann gemeinsam mit ihrem Bruder **Nicanor Parra** in den 1950er-Jahren, Volksmärchen und -lieder zu sammeln. Sie legte das Fundament zu einer Bewegung, die sich in Abkehr von der offiziellen Kultur, der Kultur der kleinen Menschen zuwendete. Die oft geschmähten Volksweisheiten und -sagen verkörperten für sie nicht Aberglaube oder Dummheit, sondern waren Schätze einer reichen regionalen Kultur, die oft unbeachtet und im Verborgenen blühte.

Die Nueva Canción ist eng mit der „Kultur von unten" verknüpft, zeichnet in ihren Liedtexten

Porträts des einfachen Mannes und seiner Nöte. Die Musiker des Nueva Canción (auch **Victor Jara**) unterstützten die Unidad Popular-Regierung von Salvador Allende – und zählten zu den ersten, die verfolgt und ermordet wurden.

Die Nueva Canción mit ihren bekanntesten Interpreten **Inti-Illimani** überlebte im Exil. Deren Auftritte in Europa trugen den Löwenanteil am Popularitätsgehalt dieser Musikrichtung, und das *Gracias a la Vida* von Violeta Parra, gesungen von der Argentinierin Mercedes Sosa, geriet zur Hymne einer ganzen Generation und besonders derer, die sich mit den politischen Inhalten der lateinamerikanischen Befreiungsbewegungen identifizierten.

Seit der Jahrtausendwende boomt die **Nueva Cumbia Chilena** mit etablierten Bands wie **Juana Fé** und **Chico Trujillo**, zu denen sich neuere Cumbia-Bands wie **La Moral Distraída** und **Villa Cariño** gesellten. 2018 führten gleich mehrere Bands aus dem Genre die Spotify-Charts an. Sind sie Headliner der großen Musikfestivals, sind hohe Besucherzahlen garantiert.

Fußball in Chile

Natürlich strahlen die Weltmeister aus Argentinien deutlich heller am Fußballhimmel, aber wer einmal ein Spiel in Chile besucht, wird schnell feststellen, dass die Atmosphäre dort mindestens genauso heiß ist. Die Primera División mit 16 Mannschaften aus dem ganzen Land ist die höchste Spielklasse im chilenischen Vereinsfußball und Colo Colo der erfolgreichste Verein mit 32 Titeln. Mindestens genauso beliebt ist La U, Universidad de Chile, der zweiterfolgreichste Verein.

Die Nationalmannschaft gewann die Copa América 2015 und 2016. Spieler wie Alexis Sánchez, Arturo Vidal, Gary Medel und Claudio Bravo bildeten die beste Mannschaft seit dem 3. Platz bei der WM 1962 im eigenen Land.

BLICK VOM CERRO SANTA LUCÍA; © SHUTTERSTOCK.COM / JESS KRAFT

Santiago und Zentralchile

Santiago und die Zentralzone sind die absoluten Kraftfelder des Landes. Hier leben etwa 80 % aller Chilenen. Die von Flüssen durchzogene Region wird von der Küstenkordillere und der malerischen Präkordillere der Anden gerahmt. Die Landeshauptstadt Santiago ist eine dynamische Megacity mit etwa sieben Millionen Einwohnern.

Stefan Loose Traveltipps

Die Plaza de Armas in Santiago Hier schlägt das Herz des historischen Santiago – mit Museen, Straßencafés, Eisdielen und altmodischen Einkaufspassagen. S. 152

1 **Santiagos Szeneviertel** Lastarria, Bellavista und Barrio Italia: Schicke Cafés und Streetart von ganz feiner Qualität. S. 153

Cerro San Cristóbal Der Blick über die Megametropole bleibt in Erinnerung. S. 165

Cajón del Maipo Cañoning, reiten, raften, trekken, mountainbiken und in Thermen entspannen in der Schlucht des Maipo. S. 194

2 **Valparaíso** Abwechslungsreich und aufregend, Grandezza und Handelshäuser, aber auch spelunkig, mit viel Kultur. S. 175

Horcón Der kleine alternative Ort ist ein wunderbares Badeziel am Meer. S. 191

Valle de Colchagua In den hiesigen Winzereien kann man Spitzenrotweine trinken und lernt gleich das ländliche Chile kennen. S. 199

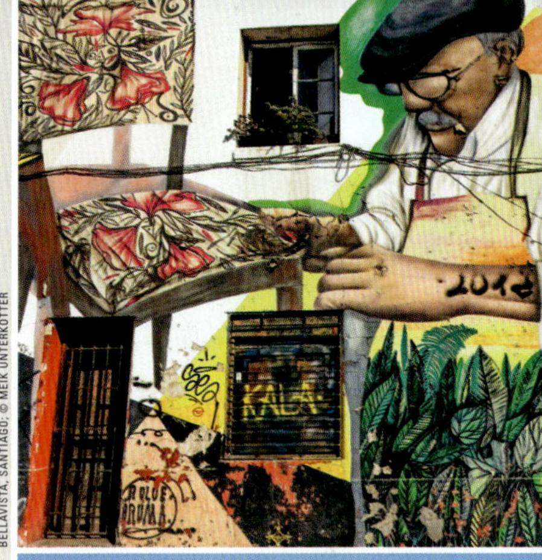

BELLAVISTA, SANTIAGO; © MEIK UNTERKÖTTER

SEEBAD VIÑA DEL MAR UNWEIT VON SANTIAGO; © MEIK UNTERKÖTTER

Wann fahren? Jederzeit! Santiago ist ganzjährig bereisbar, im Hochsommer (Januar und Februar) aber besonders lohnend, da die Einwohner in den Urlaub fahren.

Wie lange? Für Santiago mindestens 2 Tage einplanen, für die nahe Küste und die Weingebiete jeweils 2–3 Tage

Unbedingt probieren Carménère (Rotwein)

Beste Feste Semana Cultural in Santiago, Festival de Teatro de Valparaíso, Fimfestival von Viña del Mar

Schöner Tagesausflug Mit dem Fahrrad über die Weinberge im Valle de Colchagua

Santiago bedeutet: viel Kultur, neue Wohnviertel mit gepflegten Schnellstraßen, schicke Restaurants, bunte Blumenmärkte, Massendemonstrationen, klassizistische Fassaden, manchmal von Abgasen verdunkelt, Theater, Galerien, Universitäten, Zuckerbäckerstil, überfüllte Metros, geschäftige Hast, Straßenhändler und auch viel Ungleichheit und Armut.

Die traumhafte Lage zu Füßen der Andenkordillere ist auch ein bisschen der Fluch Santiagos. Die Erde wackelt in dem jungen Gebirge oft, hinzu kommt der Smog, der nicht selten über der Stadt liegt, weil das Gebirge den Abzug der Luftmassen behindert. Die Erdbeben sind auch der Grund, warum sich nicht so viel koloniales architektonisches Erbe bestaunen lässt wie in anderen lateinamerikanischen Städten. Aber es gibt ein hübsches historisches Zentrum, grandiose Aussichtspunkte, eine moderne Glitzercity und viele kulturelle Plätze und Stätten. Hinzu kommen erstklassige, leicht zu erreichende Ausflugsmöglichkeiten – ob in die Anden oder an die nahegelegenen Pazifikstrände.

Bei den ausländischen Gästen bleiben die landschaftlichen Schönheiten rund um die Megalopolis oft unbeachtet. Dabei liegen aufregende Naturziele nur eine Autostunde entfernt. Für die Leute aus Santiago bedeutet dies ein unschlagbares Plus. Man kann zu fünftägigem **Andentrekking** aufbrechen, raften, paragliden oder eine zweitägige Reittour absolvieren und muss sich über mangelnde Wildheit nicht beklagen. Der mit 6962 m höchste Berg der Anden, der **Aconcagua**, liegt zwar in Argentinien, kann sich aber fast Santiagos Hausberg nennen. Im europäischen Sommer lässt es sich in den Anden prima Ski fahren. Mehrere **Skistationen** liegen knappe zwei Autostunden von Santiago entfernt in der Andenkordillere. Ausgangspunkt für zahlreiche weitere Touren bildet der **Cajón del Maipo**.

Um die gesamte Mitte Chiles bis in den Süden hinein breitet sich ein fruchtbarer grüner Gürtel, die landwirtschaftliche Schatztruhe des Landes, eine besondere Kulturlandschaft, altes Hacienda- und Fundo-Land. **Haciendas** haben im agrarischen Chile eine lange und wichtige Tradition. Ihr Filetstück liegt südlich von Santiago, jenseits von Rancagua. Wie in Argentinien bestanden die Haciendas nicht nur aus Herrenhäusern und riesigen Anbauflächen, sondern hatten eine fast dorfähnliche Struktur, mit Kirche, Schule und Einkaufsladen. Die Patrone ließen ihren eigenen Wein anbauen; aber auch zu einfacheren Bauernhöfen gehörte der Weinberg im Garten.

Dieses Chile der Haciendas und der Weingüter gilt vielen als kulturelle Wiege der Chilenen – mit der spezifischen Architektur der Casas

Viña Emiliana – anthroposophischer Wein

Die Natur ist ein Kosmos, in dem sich die verschiedenen Bestandteile aufeinander beziehen und ausbalancieren, jeder Eingriff bedeutet Störung des Gleichgewichts. Diese Philosophie von Rudolf Steiner wird auf dem chilenischen Weingut **Viña Emiliana** im Valle de Colchagua Wirklichkeit und sieht in der Praxis folgendermaßen aus: Alpakas stolzieren zwischen den Rebengängen und lassen ordentlich Fäkalien zur Düngung ab, Rad schlagende Pfauen und Hühner fressen zusammen mit ihnen das Unkraut weg, Insekten und Bienen laben sich an Blattschädlingen. Die biologische Kontrolle sind die Fliegen und die Wespen.

Gesunde Kuh, gesunder Wein, lautet die schlichte und doch so komplexe Formel der Viña, auf der seit 1998 unter anthroposophischen Regeln Wein angebaut wird, denn auch Kuhdünger wird auf die Weinfelder gebracht. Blumen, Kamille und Baldriankraut rahmen nicht nur malerisch die Weinstöcke, sie ziehen Insekten an, die dann wiederum die Schädlinge fressen. Die Bäume müssen *nativo* sein, also in der Gegend heimisch, wie die Eiche, auch wenn sie neu angepflanzt wurden.

900 ha zunächst organischen, dann auch biodynamischen Wein produziert Emiliana, die zur Holding des spanischen Branchenriesen **Concha y Toro** gehört. Für die Umstellung von organisch auf Bio kalkulieren die Weinbauern drei Jahre, gelesen – übrigens ausschließlich manuell – wird nach den Mondphasen. Besonders schwierig war aber in der Anfangsphase die Vermarktung. Noch 2012 sind sie auf dem Wein sitzengeblieben, zehn Jahre später war die Nachfrage weitaus größer als die Produktion. Angepflanzt werden die Rotweintrauben **Malbec**, **Cabernet Sauvignon**, **Merlot** und **Syrah** und natürlich auch der **Carménère**, das Vorzeigeprodukt des Valle de Colchagua. Die (Export-) Rotweine Nova, Coyam, Adobe und Gê erringen Höchstnoten bei den Önologen – und nicht nur bei ihnen.

Führungen kann man erfragen unter www.emiliana.cl.

Patronales (Häuser der Gutsherren, S. 200), den Weinfesten, den in hüftkurze Ponchos gekleideten Huasos (chilenischer Gaucho oder Cowboy) und den Rodeos.

Das typische Puzzle aus Feldern und Viehweiden wirkt auf den ersten Blick nicht besonders spektakulär, aber je weiter man sich den Anden nähert, desto unverwechselbarer und schöner wird die Landschaft. Luftig aufgelöste Vulkanketten glitzern über fruchtbaren Seelandschaften und Wäldern aus Kastanien, Arrayanes und Eichen. Dunkelblaue Lagunen ruhen in den kahlen Höhen der Anden, Wasserfälle sprudeln in von Farn eingefassten Becken.

Das kontrastiert augenfällig mit den flachen Weizenfeldern, den Fabriken und der landwirtschaftlichen Industrie, die die Carretera 5 zu beiden Seiten einrahmen, und in den trockenen Sierras, in die Talca, Cauquenes und Curicó gebettet liegen. Wein, Datteln, Gemüse, Nüsse, Himbeeren, Brombeeren und Heidelbeeren werden im Interior angebaut – und der Wein gedeiht hier prächtig. An der Küste gibt es malerische Küstenbuchten wie Loanco und Pelluhue zu entdecken.

Die Konkurrenz für Santiago liegt vor der eigenen Haustür, **Valparaíso**. Die alte Hafenstadt ist über viele Hügel der Küstenkordillere verstreut, und fast auf jedem Hügel präsentiert sich ein Mikrokosmos: Arm steht neben Reich, großbürgerliche Kapitänsvillen stehen neben bescheidenen Fischerhäusern, Handelshäuser am Hafen neben einem deftigen Fischmarkt.

Viel ist in jüngster Zeit getüncht und restauriert worden. Nicht immer geschah das zur Freude seiner Bewohner, die mittlerweile in einer Art Freilichtmuseum zu leben argwöhnen – was es im Übrigen auch gibt: Über den **Hügel Bellavista** breitet sich das einzigartige Museo de Cielo Abierto, in dem Hausfassaden und Mauern zu Leinwänden für erstklassige Streetart-Kunstwerke deklariert wurden. Auch auf den Nachbarhügeln und im Stadtzentrum hört das Farbenspektakel nicht auf.

In der Zentralzone liegen auch einige der beliebtesten Strände der Chilenen. Im vergangenen Jahrhundert entstanden die traditionellen Seebäder als Sommerfrischen der reichen Santiaguinos wie Valparaísos Nachbarstadt **Viña del Mar** und **Cartagena**. Später kamen das teurere **Zapallar** und – sehr schick und exklusiv – **Las Rocas de Santo Domingo** hinzu. Viel mehr los ist in **Reñaca**, das allerdings nur Benidorm-Freunde von seiner Architektur begeistern dürfte, und das superteure San Alfonso del Mar. Das Publikum hier: Jeunesse Dorée und auch ein bisschen Prominenz.

Mit dem Wohnsitz von Pablo Neruda in **Isla Negra** hat die Küste noch einen ganz besonderen Anziehungspunkt. Lustig für Späthippies ist **Horcón**. **El Tabo**, **Algarrobo**, **Quisco** und **Papudo** orientieren sich mit ihrem Angebot eher an Familien. Alle Ziele sind mit dem Bus in ein, zwei Stunden von Santiago aus zu erreichen.

Klima und Reisezeit

Im mitteleuropäischen Winter herrscht Sommer – das kann für die Hauptstadt und die Zentralzone satte 35 °C von Dezember bis Februar bedeuten. Die Küste wird vom Humboldtstrom gekühlt, oft herrschen in den Badeorten zehn Grad weniger als in Santiago, und es kann neblig sein, besonders vormittags. Im Herbst setzt der Smog ein, es wird kühl und feucht, aber nie richtig kalt. Empfehlenswerte Reisemonate für Stadtbesuche und Sport in den Anden sind von September bis Dezember und Mitte Februar bis Anfang Mai.

Santiago

Die Hauptstadt Chiles ist mit großem Abstand das soziokulturelle und industrielle Zentrum des Landes, eine Primatstadt wie aus dem Bilderbuch mit etwa siebenmal so vielen Einwohnern wie die zweitgrößte Stadt Chiles. Hier konzentrieren sich alle wesentlichen Funktionen des ganzen Landes: Regierungssitz, Finanz- und Handelszentrum, Börse, Industrie, Theater, Kinos, Stadien, Malls. Das Stadtgefüge gruppiert sich um mehrere Zentren. Im historischen Zentrum, das dem kolonialen Stadtentwurf folgt, liegen die meisten Sehenswürdigkeiten: Klosterkirchen, Kolonialbauten, Museen, Paläste und Stadtschlösser von Salpeterbaronen und Minenbesitzern. Die angrenzenden Viertel Brasil, París-Londres, Lastarria, Bellavista und das Barrio Italia haben sich in den vergangenen Jahren als Kulturstätten einen Namen gemacht.

Das moderne Geschäfts-Santiago bildet ein neues Zentrum und erstreckt sich im Osten rund um die Avenidas Providencia und Las Condes. Schicke Einkaufszentren und ruhige Wohnviertel rahmen es ein. Hier liegen die exklusivsten Restaurants und Boutiquen in weitgehend grüner Parkumgebung.

Geschichte

Die beschreibbare Geschichte von Chile beginnt im Grunde genommen erst mit der Kolonialzeit, denn was vorher war, ist kaum überliefert: Die Inka hatten *Chili*, das Land des Südens, besetzt und an dem Platz, wo sich heute die Plaza de Armas befindet, einen *tambo*, eine Nachrichten- und Versorgungsstation errichtet. Was danach kam, füllt die Geschichtsbücher: Die Gründung von San Yago del Nuevo Extremo, wie Santiago „richtig" heißt, erfolgte 1541 unter **Pedro de Valdivia**, der mit 170 Soldaten von Peru aus angerückt war. Die zentrale Plaza, die Kathedrale und die repräsentativen Gebäude drumherum – damit war die Grundstruktur von Santiago erschaffen.

Doch die Hütten entlang des Río Mapocho hatten lediglich sechs Monate Bestand – dann legten die Mapuche sie in Schutt und Asche. Auf dem Hügel Santa Lucía wurde die entscheidende Schlacht ausgefochten, in der die Gefährtin von Valdivia, Inés Suárez, sich besonders hervorgetan haben soll, so will es die Legende. In der Sprache der Mapuche heißt der Hügel *huelen*, Schmerz. Dem Anführer der Mapuche, **Lautaro**, wurde in den 1990er-Jahren ein Denkmal auf dem Cerro Santa Lucía errichtet.

Santiago entwickelte sich nicht gerade zur reichsten Gründung der spanischen Kolonialherren. Gold und Silber waren (noch) nicht gefunden worden wie in Peru und Mexiko. In Chile trotzten Halbnomaden den kriegerischen Eroberungszügen. Das Land musste den Mapuche regelrecht abgekämpft werden – und nicht immer waren die Spanier erfolgreich. Erdbeben, kriegerische Angriffe: Aufgrund dieser

Erfahrungen war Santiago zwar nicht schöner, aber gläubig geworden; in fast jedem Häuserblock, einer *cuadra*, entstand eine Kirche oder ein Kloster. Schon bald zählte man zwölf Klöster, als ein neues Erdbeben alle wieder zerstörte. Die einzige Kirche, die immer noch dort steht, wo sie einst stand, ist die Iglesia San Francisco aus dem Jahr 1618. Einem Erdstoß von 1730 entgingen lediglich die stabil gebauten Posada del Corregidor, das Haus des Manso de Velasco (Esmeralda/San Antonio) und das Haus des Mateo de Toro y Zambrano, in dem heute das Stadtmuseum untergebracht ist.

Der Architekt, der das Bild Santiagos in seiner Epoche am meisten geprägt hat, war **Joaquín Toesca**. Die Bauwerke, die er entwarf, entstanden zwischen 1790 und 1810. Dazu zählen die Kathedrale Santo Domingo, die später modifiziert wurde, und vor allem der Prachtbau der Münzprägeanstalt, der Moneda, in dem sich Elemente der Renaissance mit der Klassik mischen. Die großzügigen Plätze und Alleen, die sich später einfügten, spiegeln großbürgerlich-eleganten Zuschnitt.

Die zerklüftete Küste war über lange Zeit nur spärlich besiedelt, doch nach dem Sieg über die spanische Kolonialmacht im Jahr 1818 erhielten Santiago und auch der Hafen Valparaíso wirtschaftlich mehr Gewicht. In Santiago entstanden Universitäten – 1843 war das Gründungsjahr der renommierten Universidad Católica. Die nun entdeckten **Bodenschätze** aus dem Norden,

Kupfer, Gold, das Salpeter spülten immenses Geld in die Kassen der Unternehmer aus Santiago, die es für prächtige Wohnpaläste gerne ausgaben. Eine Architektur der Repräsentation entstand, hauptsächlich entlang der zentralen Allee Avenida Bernardo O'Higgins, der Alameda. Es folgten die Börse, später die eleganten Einkaufsgalerien am Paseo Ahumada und eine schicke Passagenkultur á la New York.

Im 20. Jh. erklomm die Einwohnerzahl schnell die Millionengrenze. Viele, die – ausgelöst durch Weltwirtschaftskrise – im Bergbau und in den Salpeterminen ihre Arbeit verloren hatten, strömten in die Hauptstadt. Mietblöcke mit Einfamilienzimmern wuchsen in die Höhe, besonders in Recoleta. Der damals blutjunge **Pablo Neruda** schreibt später darüber in seinen Lebenserinnerungen.

Die Reichen verließen das traditionelle Zentrum, siedelten sich im Osten an, schufen sich neue Zentren – dort, wo die besseren, weil den Anden zugewandten Viertel lagen – und bis heute liegen.

Orientierung

Anfang des 19. Jhs. wurde der Prachtboulevard **Avenida Libertador Bernardo O'Higgins** durch die stetig wachsende Stadt angelegt. Entlang dieser im Volksmund **Alameda** genannten Flanierallee entstanden Stadtpaläste, und wo der Platz für diese Repräsentierbauten nicht ausreichte, säumten sie die Nebenstraßen. Das lässt sich gut an der Av. República, dem gegenüberliegenden Barrio Concha y Toro und dem Viertel París-Londres ablesen. Gutbürgerliche Viertel finden sich in Bellavista und rund um die Plaza Nuñoa.

Locker bleiben!

Wenn man an einem der Busbahnhöfe in Santiago ankommt, könnte man etwas irritiert sein, denn rundherum sind massenhaft Straßenverkäufer unterwegs. Auch vor der Estación Central und auf der anderen Straßenseite geht es chaotisch zu. Das ist aber Alltag in Santiago. Selbst an Sonntagen gehen die Menschen arbeiten, um zu überleben.

Seit den 1960er-Jahren wohnt die bessere Mittelschicht im Osten, näher an den Anden, in den modernen Avenidas Suecia, Lyon und in der Einfamilienhausidylle um die Av. Alcántara. Die ärmlichere Seite Santiagos liegt im Westen. Der Süden ist ebenfalls nicht reich. Auch rund um den Mercado de las Flores und den Regionalmarkt auf der nördlichen Uferseite des Río Mapocho am Fuß des Cerro San Cristóbal sammeln sich kleinbürgerlichere Wohngegenden.

Chaotisch geht's in Santiago nicht zu. Die **Avenida O'Higgins** leistet gute Dienste als Orientierungspunkt. Die Achse setzt sich über die Plaza Baquedano gen Osten weiter fort. Sie wechselt ihren Namen in Avenida Providencia, dann Avenida Las Condes, weiter in Richtung Cordillera heißt sie Avenida Kennedy. Im alten Santiago um die zentrale Plaza de Armas herrscht kolonialspanisches Straßenmuster im übersichtlichen Schachbrettstil.

Der Straßenverkehr mag hektisch sein, ist aber weniger erschöpfend als in anderen lateinamerikanischen Ländern. Am schnellsten ist ohnehin die sehr effiziente **Metro**, die allerdings im Zentrum unterirdisch verläuft. Viele Sightseeing-Ziele lassen sich mit ihr bequem erreichen. Sie wird von einem Bussystem ergänzt, das ebenfalls gut funktioniert. Galerien, Clubs, Theaterfestivalbühnen, Lesungen, Konzertsäle, Programmkinos konzentrieren sich im historischen Santiago und in den Vierteln Providencia, Bellavista und Brasil.

Das Zentrum

Die Geschäfte mögen anderswo abgeschlossen werden, trotzdem versteht jeder Santiaguino die Plaza de Armas als den Puls seiner Stadt, als den Ort, an dem sich das Alltagsleben verdichtet. Pflastermaler, Liedermacher, Empanada-Buden, Straßencafés, Wechselstuben, Banken, Schuhgeschäfte, Rosenverkäufer, Einkaufspassagen und jede Menge kleiner Imbisslokale für den *almuerzo ejecutivo*, den Mittagstisch, breiten sich in den Straßen aus, die sich wie Zwiebelschalen um die Plaza legen. Hier konzentrieren sich auch die meisten Sehenswürdigkeiten.

Durch Santiagos Szeneviertel

- **Länge:** 12–13 km
- **Dauer:** ca. 10 Std. (mit Pausen)
- **Route:** Lastarría – Bellavista – Barrio Italia – Ñuñoa

Dieser Spaziergang wird bunt

Denn er führt durch die farbenfrohsten Viertel von Santiago, einer der kreativsten Städte der Welt. Eine kühne Behauptung, die du auf deiner Wanderung bestätigt sehen wirst. Am schönsten ist der Spaziergang am Samstag, wenn Mensch und Stadtviertel den Stress der Woche hinter sich gelassen haben, sich auf das Wochenende freuen und die Märkte stattfinden, auf denen sich alle wohlfühlen.

Los geht's

Wir starten am **Cerro Santa Lucia** und gönnen uns erst einmal einen Blick auf Santiago von oben. Ein grüner Park voller Wasserspiele erwartet uns dort. Man könnte gleich hierbleiben, aber in **Lastarria** findet heute der wundervolle Straßenmarkt statt. Die Cafés sind voll, die Atmosphäre ist zauberhaft.

Von Kunst und Würde

Durch einen Hintereingang betreten wir das **Centro Cultural Gabriela Mistral**, benannt nach der chilenischen Literaturnobelpreisträgerin, und einer der besten Kreativhotspots von ganz Chile. Über die **Plaza Italia**, die 2019/20 zum Zentrum des Volksaufstands und in **Plaza Dignidad**, Platz der Würde, umgetauft wurde, kommen wir über die Brücke des Río Mapocho zum **Barrio Bellavista**.

Streetart von einem anderen Stern

Die Straße **Pio Nono** ist eine der lebhaften Ausgehmeilen von Santiago. Die große Kunst wartet aber in ihren Seitenstraßen. Ganze Straßenzüge voller großartiger Motive kann man hier bestaunen, darunter Pablo Neruda als Mosaik und Häuser mit drei Augen. Wer Lust hat, Santiago von ganz weit oben zu sehen, nimmt die Seilbahn auf den **Cerro San Cristobal**.

Nach so viel Stadt endlich Grün. Wir durchqueren den Parque Bustamante auf gesamter Länge. Erst an der Straße Marín biegen wir links ab und erreichen nach wenigen Blocks die Avenida Italia.

So viel Auswahl

Ein entzückendes Café nach dem anderen erwartet uns auf dem Weg durchs **Barrio Italia**. Achtet auf die manchmal etwas versteckte Streetart! Einen Schlenker nach rechts machen wir in die

Straße Santa Isabel. Im Süden reihen sich bis zur Colo Colo nette Coffeeshops aneinander.

Dann wird es ein bisschen einsamer. Interessante Streetart bleibt uns aber auf unserem Weg erhalten. Wir laufen die Avenida Irarrázaval 1 1/2 km bis zur Metrostation Ñuñoa. Hier wird es wieder angenehm lebhafter. Der Stadtteil beherbergt die obere Mittelschicht von Santiago.

Am Ziel gibt es einen Drink

An der **Plaza Ñuñoa** können wir dem entspannten Treiben zuschauen. Auch hier gibt es wieder schöne Cafés. Die Plätze auf den Terrassen sind natürlich am begehrtesten.

An der **Metrostation Chile-España** endet unser Spaziergang. Von hier haben wir Anschluss in sämtliche Stadtviertel.

Der Waffenplatz Plaza de Armas (gleichnamige Metrostation) liegt immer noch da, wohin er von Pedro de Valdivia verfügt wurde, zumindest wird es so kolportiert. Sein altmodischer Charme macht ihn unverwechselbar. Fotografen stellen Plüsch-Lamas und ausgestopfte Pferdchen in Positur, damit sich Kinder für einen Schnappschuss draufsetzen können. Luftballonhändler ziehen mit ihrer fragilen bunten Fracht über die Plaza, Schachspieler tragen unbeirrt ihre Partien aus. Ein dekorativer eiserner Musikpavillon verschönt diesen Salon von Santiago, und im Laubschatten unter den Bäumen lässt es sich gut entspannen.

Zwei Monumente zieren den Platz: die Reiterstatue Pedro de Valdivas am östlichen Rand und ein Denkmal für die indigene Bevölkerung gleich beim Paseo Ahumada, das aus dem Jahr 1990 stammt. In der Mitte der Plaza erheben sich *palmas chilenas*, auf Deutsch Honigpalmen. Früher wuchsen üppige Bestände dieser endemischen Palme in der Region, die aber dem Holzschlag zum Opfer fielen.

An der nördlichen Seite erhebt sich die beeindruckende doppeltürmige **Kathedrale**, deren Standort schon vom spanischen Konquistadorenführer angeordnet wurde. Ihr stark gegliederter und verzierter Bau geht auf einen Entwurf von 1748 zurück und spiegelt mehrere kunstgeschichtliche Epochen von Barock bis neoklassizistisch (das Portal). Das dreischiffige Innere ist in ein stetes Dämmerlicht getaucht. Wer gern an einer Messe teilnehmen möchte, hat Mo–Sa um 12.30 und 19, So um 11, 12 und 19 Uhr Gelegenheit dazu.

Wertvolle Sakralgegenstände aus der Cuzqueñer Schule, Gemälde und Handschriften aus dem 16.–18. Jh. sind im angrenzenden **Museo de la Catedral** ausgestellt. 🕒 tgl. 10–20 Uhr.

An der Nordseite der Plaza de Armas liegen die Hauptpost **Correo Central** und das **Museo Histórico Nacional** nebeneinander, beide sind in historischen Gebäuden untergebracht. An dem klassizistisch-edlen Innenraum der Correo Central mit Mahagonitüren und geschliffenem Glas kann man sich kaum satt sehen. Früher (bis 1881) erhob sich hier der Präsidentenpalast, bevor ihn ein Brand zerstörte. 🕒 Mo–Fr 9–18.30 Uhr.

Im Gebäude des **Museo Histórico Nacional**, kam einst der Oberste Gerichtshof zusammen, anschließend diente er als Ministergebäude. Verschiedene Sammlungen wurden seit seiner Umwidmung im Jahr 1912 zusammengetragen; Waffen etwa, Keramik und Porträtmalerei aus dem 19. Jh., eine kleine ethnologische Sammlung, Kunsthandwerk, Möbel, Kutschen, Gerätschaften. Plaza de Armas 951, 💻 www.museohistoriconacional.cl. 🕒 Di–So 10–18 Uhr. Eintritt frei.

Ein Backsteingebäude sticht in diesem Ensemble hervor, nicht nur wegen seinem satten Bordeauxrot und der strengen Stilistik. Das **Museo de Santiago Casa Colorado**, ist hier untergebracht. Es ist eines der wenigen aus der Kolonialzeit stammenden Bauwerke der Stadt, das die Erdbeben überstand, und gehörte dem reichen Kaufmann Mateo de Toro y Zambrano. Die koloniale Bauweise aus dem Jahr 1769 – Zimmer, die um Patios angeordnet sind – eignet sich sehr gut für diese Schau. Städtische Alltagsszenen aus verschiedenen Jahrhunderten sind in Glasvitrinen zu sehen. Merced 860, 🕒 zum Zeitpunkt der Recherche war das Museum wegen Renovierung geschlossen. Eintritt 500 CLP.

Von Montag bis Freitag schlendert ein nie abreißender Menschenstrom übers Pflaster des **Paseo Ahumada**, der das Scharnier zwischen Plaza und Alameda bildet, verschwindet in den zahlreichen Traditionsläden und Geschäftspassagen hinter den Großbürgerfassaden, die zu Beginn des 20. Jhs. angelegt wurden. Oder bleibt vor den kuriosen Zeitungspavillons stehen. Die Wände zugepappt von oben bis unten, sind die Kioskbetreiber kaum hinter Papierfluten und Bonbongläsern auszumachen – und manchmal halten sie auch einfach ein Nickerchen.

Eine prachtvolle, auffällige Freitreppe geleitet ungefähr in der Mitte der Ahumada hinauf in die kuppelgekrönte **Börse** – man kann sie besichtigen, wenn man seinen Ausweis hinterlegt. Genau gegenüber der wichtigen Bolsa liegen zwei der *Cafés con piernas*, Cafés mit Beinen, wobei die Beine der Bedienungen gemeint sind!

Wer es lieber ein bisschen ruhiger mag, besucht das historische Zentrum sonntags – mit

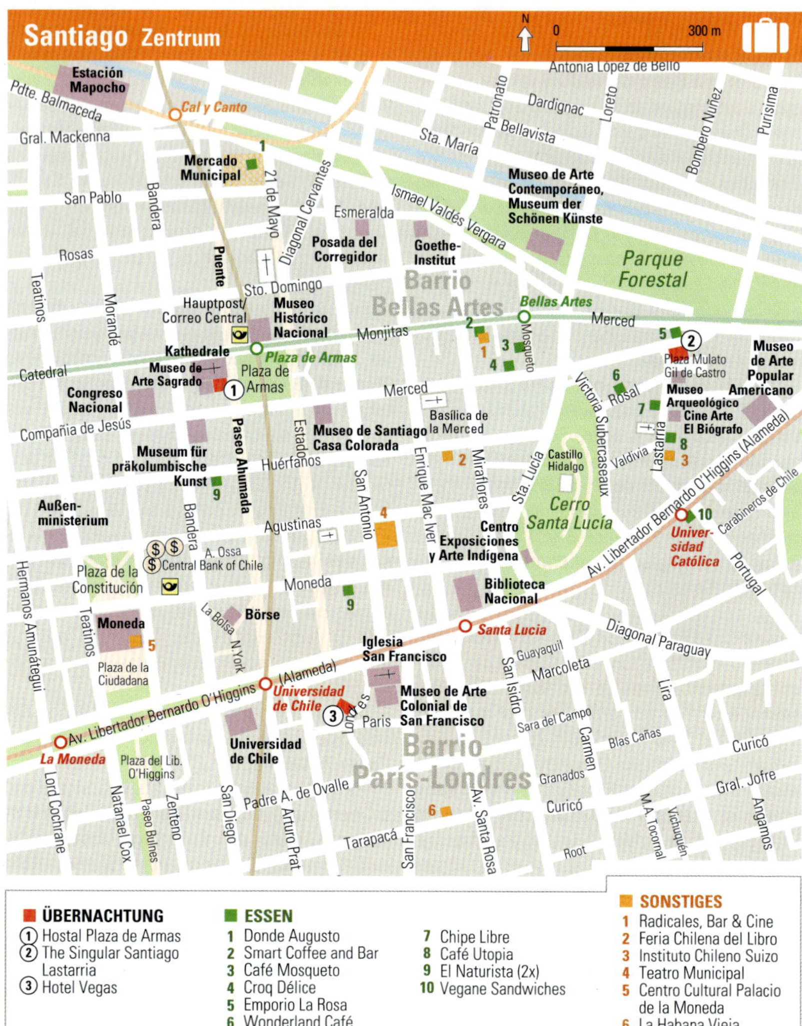

Bücher- und Krimskrams-Flohmarkt in den Fußgängerpassagen der Straßen Estado und Huérfanos. Dann sind die meisten Läden und Imbisse geschlossen. Aus jeder geöffneten Tür in der **Fußgängerzone Puente**, die die Plaza gen Norden mit dem Río Mapocho verbindet, klackern Musik und Lautsprecherdurchsagen. Einkaufszentren, Schuhgeschäfte und Imbissbuden säumen sie bis zur Av. Ismael Valdés Vergara (Metrostation Cal y Canto). Östlich davon liegt der Mercado Municipal, westlich die Estación Mapocho.

Im **Mercado Central** einmal zu Mittag zu essen gehört zu den Pflichtterminen vieler Besucher und Santiaguinos, wobei beide

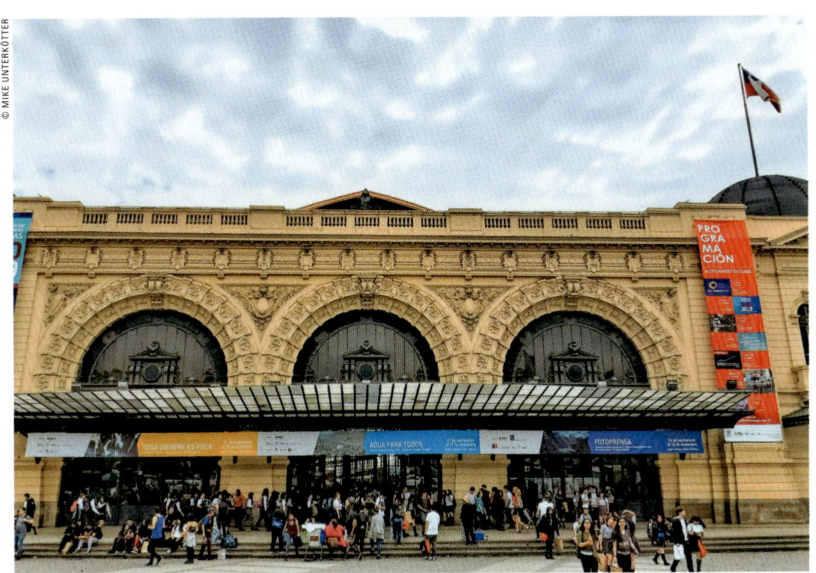

Centro Cultural Estación Mapocho: einst Bahnhof, heute Kulturzentrum mit herausragendem Programm

gleichermaßen von den Lockrufern der gar nicht preiswerten Restaurants unverschont bleiben. Zuvor sollte man durch die Fischabteilung schlendern. So viele verschiedene und fremde Meeresfrüchte sieht man selten. *Picarocas* werden mit ihrem Haus, dem Steinbröckchen verkauft, in dem sie nisten. Obst und Gemüse haben ihren Platz im Innenraum, wo sich auch die Restaurants befinden. Das neobarocke Gebäude mit verzierten Glasfenstern und einer vielfach gewölbten Decke ist sehr prächtig für einen so alltäglichen Zweck. Der architektonische Entwurf aus dem Jahr 1872 sollte ursprünglich auch keinesfalls die üppige Kulinaria Chiles ausstellen, sondern chilenische Kunst. Das eleganteste der vielen Restaurants ist **Donde Augusto** in der Mitte der Markthalle. Ismael Valdés Vergara 900, Metrostation „Puente Cal y Canto", 🕒 Mo–Sa 6–16, So 6–14 Uhr.

Schräg gegenüber erhebt sich eine augenfällige Stahl- und Steinkonstruktion im Neoklassizismus, und eine Prise Gustave Eiffel ist auch dabei: die prachtvolle **Estación Mapocho**, entstanden zwischen 1905 und 1912. Wichtigster Bahnhof war sie einmal, die Züge fuhren bis nach Iquique und über die Anden ins argentinische Mendoza. Zum Schluss verkehrte hier nur noch die Bahn nach Valparaíso, und 1986 wurde auch dieser Verkehr eingestellt. Das Gebäude ist aber viel zu prachtvoll, um es leer stehen zu lassen, und ist außerdem seit 1971 Monumento Nacional. Die erste demokratische Regierung nach Pinochet installierte hier 1991 ein **Kulturzentrum**; es diente als Konzertbühne und wurde als Ausstellungsplatz für die chilenische Buchmesse genutzt. Mittlerweile ist es schön ausgestattet, ohne den Charakter eines Bahnhofs verloren zu haben. Plaza de la Cultura s/n, 💻 www.estacionmapocho.cl, 🕒 Di–So 8.30–20 Uhr. In einem Seitenflügel befindet sich das empfehlenswerte Restaurant El Andén (s. Essen).

Wenn man schon mal in der Gegend ist, lohnt auch der **Mercado de Abastos** in dem roten Gebäude nördlich des Flusses einen Blick. Massenweise werden Obst, Gemüse und getrocknete Pilze verkauft. Im ersten Stock gibt es günstige Restaurants. 🕒 tgl. 8.30–18 Uhr. Nebenan, in der **Pergalo de las Flores**, wartet ein

Augenschmaus, denn dort gibt es Blumen über Blumen. ⌚ tgl.8.30–22 Uhr.

Südlich der Plaza de bieten sich verschiedene Optionen, wenn man nicht noch einmal durch den Paseo Ahumada spazieren will. An der Calle Bandera zum Beispiel liegen das ehemalige Kongressgebäude und das Museo Chileno de Arte Precolombino nebeneinander. Der **Congreso Nacional**,1901 mit einem schönen schneeweißen Säulenportal im klassizistischen Stil gebaut, tagt nicht mehr hier, sondern in Valparaíso, doch der Platz ist zweifellos eine Augenweide geblieben.

Schräg gegenüber an der Ecke mit der Straße Compañía de Jesús steht das **Museum für präkolumbische Kunst**, das den gesamten ehemaligen Königlichen Zollpalast füllt. Repräsentative Marmorfreitreppen geleiten von einem säulenbestandenen Patio in den ersten Stock, in dem sich wahre Saalfluchten öffnen. Die schön dargebotene Schau gehört zu den vollständigsten in Lateinamerika, mit einer umfassenden Präsentation der chilenischen Kulturen, des Amazonasbeckens, der Anden und Mesoamerikas (u. a.) und hat viel Platz, Luft und Licht. Die Exponate erreichen ein beträchtliches Alter: manche sind über 5000 Jahre alt. Bandera 361, 💻 www.precolombino.cl, ⌚ Di–So 10–18 Uhr, Eintritt 10 000 CLP.

Die nächste Querstraße, Agustinas, sollte man sich merken: hier reiht sich eine Wechselstube an die nächste. Ganz in der Nähe liegen die Banken in ehrwürdigen repräsentativen Bauten aus den Anfängen des 20. Jhs.

Einen Straßenblock weiter westlich unterbricht die **Plaza de la Constitución**, der Platz der Verfassung, das Straßengeviert. Die wichtigsten Regierungsgebäude rahmen ihn ein. Im Süden liegt die Moneda, im Osten die Zentralbank und das Ministerio de Justicia y Derechos Humanos. Der ebenmäßig gestaltete Platz ist mit Skulpturen bedeutender Staatsmänner geschmückt.

Alle Blicke zieht aber zweifellos der wundervolle neoklassizistische Bau der eleganten **Moneda** auf sich, ehemalige Münzprägeanstalt, dann Präsidentensitz (1846–1958), dann Regierungsgebäude, das zu trauriger Berühmtheit gelangte, als die Putschgeneräle unter Augusto Pinochet es am 11. September 1973 bombardierten. Die Moneda wurde von dem stilprägenden Städtebauarchitekten Santiagos, Joaquín Toesca, zwischen 1788 und 1805 gebaut: streng gegliedert, in beeindruckender Länge und Eleganz mit einer ebenmäßigen Fassadengestaltung. Sie steht Besuchern offen, und den Chilenen ist sie inzwischen ein Symbol der wiedergefundenen Demokratie. Jenseits des von der Palastgarde bewachten Nordportals beginnt die Abfolge verschiedener restaurierter Patios, die die Politiker durcheilen. Um die Moneda auf einer geführten Tour (⌚ Mo–Do 15 und 16.30, Fr 15 Uhr) zu besichtigen, muss man sich vorher registrieren unter 💻 www.visitasguiadas.presidencia.cl.

Schräg gegenüber in einem auffälligen Jugendstil-Klassizismus-Bauwerk residierte einst das exklusivste Hotel Chiles, das **Carrera**, heute tagt darin das **Außenministerium** in dem stilvollen Interieur aus Marmor und Edelhölzern.

Die **Plaza de la Ciudadania** befindet sich an der Rückseite der Moneda und grenzt an die Alameda. Unter ihr liegt das großzügig gestaltete, lichtdurchflutete Entrée zum **Centro Cultural La Moneda**, das über eine breite Rampe zu erreichen ist. Wasser rauscht an einer riesigen Metallplatte hinab und kühlt schön im Sommer. An dieser Stelle soll sich einst Pinochets unterirdischer Bunker befunden haben – das ist aber nicht ganz belegt. Ausstellungssäle, Café, Restaurant, Bibliothek und Programmkino sind hier eingezogen. 💻 www.cclm.cl. ⌚ tgl. 10–19.30 Uhr. Eintritt ab 15 Uhr gratis.

Gegenüber haben sich in einem netten Hinterhof einige Food Trucks aufgestellt und verkaufen gutes Essen für zwischendurch. ⌚ Mo–Fr 8–20 Uhr.

Gegenüber an der Alameda thront die sattgelbe **Universidad de Chile**, verkaufen Obsthändler Pfirsiche und Trauben, gibt es einen Kunsthandwerksmarkt und liegen einige der traditionellen Sandwicherías (S. 168).

Wenn man die Alameda jetzt in Richtung Osten weiterwandert, ist das auffälligste Bauwerk die backsteinrote **Iglesia San Francisco**, die älteste Klosterkirche der Hauptstadt, die mehrere Erdbeben überstand. Hier wird das Bildnis der Stadtpatronin, der Virgen del

Socorro, aufbewahrt. Die Franziskaner erreichten Santiago nicht lang nach Pedro de Valdivia im Jahr 1549, und das Kloster befand sich damals weit außerhalb der Stadt.

Einen ausführlichen Besuch hat auch das angeschlossene Museum, das **Museo de Arte Colonial de San Francisco** in der Calle Londres 4, um den grünen Klostergarten herum verdient. Es zeigt einige ganz außergewöhnliche sakrale Gemälde und auch die Urkunde für den Literaturnobelpreis, den Gabriela Mistral 1945 erhielt. ⌚ Mo–Sa 9.30–14, Mo–Fr 15–17 Uhr.

Südlich davon beginnt das **Barrio París-Londres**. Früher erstreckten sich hier die Viertel der Ärmsten. Das kann man von den Bewohnern des Barrio nicht behaupten, als es in den 1920er-Jahren neu erfunden wurde. Das Kloster hatte das Gelände als Gemüsegarten erworben und später verkauft. Die neuen Bewohner – vermögende Leute, Vertreter der Oberschicht – ließen repräsentative Stadtwohnungen und -häuser errichten, in ganz unterschiedlichen Stilrichtungen, halbe Ritterburgen, ein bisschen Schloss. Der Name war Programm, es galt, architektonisch das mondäne Paris, das reiche London zu beschwören. Mit dem Wegzug der Bewohner verfiel das Viertel, und auch sein Ruf ging baden. Restaurierungen werteten es erneut auf. Mehr als ein paar kurze Straßenzüge umfasst es allerdings nicht. Dennoch findet man hier einige gute Unterkunftsmöglichkeiten und sehr nette Straßencafés.

Ein paar Straßenblöcke auf der Alameda gen Osten, dann ist der Stadthügel **Cerro Santa Lucía** erreicht. Präsident Vicuña Mackenna ließ diesen Hügel in den 1920er-Jahren als Naherholungsgebiet gestalten. Eine Augenweide ist daraus geworden, mit übereinander gestaffelten, ruhigen Plätzen, gefliestenTerrassen, gepflegten Spazierwegen, Springbrunnen und Monumenten. Von oben hat man an smogfreien Tagen eine tolle Aussicht auf die Andenkette. Die Ebenen und Terrassen dienen dem alljährlich stattfindenden Straßentheaterfestival als Bühne. Abgesehen von den Abendveranstaltungen gilt der Cerro Santa Lucía abends als gefährlich.

Eine Freitreppenflucht leitet an seiner Südostflanke hinauf in die **Biblioteca Nacional** mit ihrer ganzen Pracht aus den (Bau-) Jahren 1913–1924. Vorne an der Alameda tobt der Verkehr; Liebespaare nutzen den kleinen umzäunten Garten der Bibliothek trotzdem. In Richtung Osten zweigt die Calle Lastarría von der Alameda ab – und schon öffnet sich eine kleine Ruheoase der Innenstadt wie im Barrio París-Londres. Dort liegt die ruhige **Plaza Mulato Gil de Castro**.

Ganz in der Nähe, wieder an der Av. Bernardo O'Higgins, Nr. 227, befindet sich das **Museo de Arte Popular Americano**, 💻 www.mapa.uchile.cl, das von der Universidad de Chile betrieben wird. ⌚ Di–Fr 10–20, Sa und So 11–20 Uhr, Eintritt frei.

In Richtung Río Mapocho entstand eine weitere Innenstadt-Oase, **Barrio Bellas Artes**. Das Viertel ist nicht neu, seine Bezeichnung ist es schon. Es liegt jenseits des Museums der Schönen Künste. Hinter den nicht mehr taufrischen Fassaden von 1920 und in einigen Neubauten sind interessante Cafés, Buchhandlungen und kleine Secondhand-Boutiquen eingezogen.

Das Namen gebende **Museo Nacional de Bellas Artes**, Ismael Valdés Vergara 506, 💻 www.mac.uchile.cl, prangt inmitten des Parque Forestal, einer ruhigen Parkanlage, die den Fluss umgibt. Auch dieser Palast wurde zu Beginn des 20. Jhs. im neoklassizistischen Stil errichtet. Die Säle präsentieren hauptsächlich Querschnitte durch die chilenische Malerei der verschiedenen Jahrhunderte. Hier hängen aber auch Bilder von Hans Arp, Otto Dix und dem Mexikaner Rufino Tamayo. Die Gegenwartskunst residiert in einem eigenen Flügel, dem **Museo de Arte Contemporáneo (MAC) Parque Forestal**. ⌚ Di–Sa 11–17.30 Uhr, Eintritt frei.

Zwei Blocks weiter liegt an einem Bilderbuchplätzchen die **Posada del Corregidor** an der Esmeralda 749. Von ihr heißt es, sie sei das einzige richtige kolonialstilistische Zeugnis in Santiago aus dem 18. Jh. Mit den weißen Lehmziegelmauern und den geschnitzten Holzbalkonen sieht die Herberge – eigentlich eher Stadtpalast – des Vizelandvogts auch sehr schön aus. Das im Jahr 1765 errichtete Haus wird für Kulturveranstaltungen und Ausstellungen genutzt. ⌚ Mo–Fr 10–17 Uhr.

SANTIAGO UND ZENTRALCHILE

N
0
800 m
Parque
Cerro San Cristóbal
880
Metropolitano
s. Plan Providencia und Las Condes S. 166
Seilbahn (funicular)
Camino Carlos Reed
Bella Vista
Barrio Bellavista
ZOO
La Chascona
Las Condes
Antonia López de Bello
Constitución
Mallinkrodt
Dardignac
Patio Bellavista
Fernando Manterola
Clinica Santa María
Eliodoro Yañez
Salvador
Sta. María
Andrés Bello
Av. Providencia
Plaza Baquedano
Baquedano
Pío Nono
Ernesto Pinto Lagarrigue
Cerro Blanco
La Feria (5 km)
Livingstone Polhammer
Juarez Larga
Fariña
Dominica
Montevideo
Ruhue
Fischer
Rapa Nui
Hanga Roa
Av. Perú
M. Nash
Buenos Aires
Recoleta
Dávila Baeza
Eusebio Lillo
Río de Janeiro
La Paz
Salas
Patronato
Manzano
Sta. Filomena
Antonia López de Bello
Artesanos
Ekhdal
Bombero Nuñez
Purísima
Loreto
Dardignac
Bellavista
Cal y Canto
Mercado Municipal
21 de Mayo
Diagonal Cervantes
Esmeralda
Ismael Valdés Vergara
Museum der Schönen Künste
Parque Forestal
Puente
Sto. Domingo
Barrio Bellas Artes
Pl. de Armas
Monjitas
Bellas Artes
Merced
Plaza Mulato Gil de Castro
Kathedrale
Plaza de Armas
San Antonio
Rosal
V. Subercaseaux
Lastarria
Av. Libertador Bernardo O'Higgins (Alameda)
Carabineros de Chile
R.C. Melgarejo
Paseo Ahumada
Estado
Huérfanos
Enrique Mac Iver
Miraflores
Sta. Lucía
Cerro Santa Lucía
Parque S. Borja
Parque Manuel Rodríguez
Seminario
Ob. Salas
Av. Condell
Quebec
B. Morin
Av. Salvador
María Luisa Santander
Ricardo Matte Pérez
Agustinas
s. Detailplan Zentrum S. 156
Universidad Católica
Portugal
Biblioteca Nacional
Santa Lucia
Diagonal Paraguay
Vicuña Mackenna
Ram'n Carnicer
Gral. Bustamante
Rancagua
Av. Francisco Bilbao
A. Rioseco
Av. Italia
Parque Bustamente
Jofre
Cousin
Bandera
O'Higgins (Alameda)
Universidad de Chile
Iglesia San Francisco
Marcoleta
Curicó
Marín
Barrio París-Londres
Padre A. de Ovalle
Curicó
Lira
Gral. Jofre
Angamos
Tarapacá
SanDiego
Zenteno
Santa Isabel
Sta. Victoria
Fray Camolo Henríquez
Marín
San Isidro
Carmen
Av. Santa Rosa
San Francisco
Manuel Antonio Tocornal
Sta. Isabel
Eleuterio Ramírez
Arturo Prat
Serrano
Argomedo
Portugal
Condor
Sta. Isabel
Parque Almagro
Eyzaguirre
Av. 10 de Julio Huamachuco
E. Vaisse
Av. Condell
Irarrázaval
Copiapó
Madrid
Cuevas
Coquimbo
Vicuña Mackenna
San Eugenio
Matte Oriente
J.D. Cañas
Av. Grecia
Av. 10 de Julio Huamachuco
Copiapó
SanDiego
Chiloé
Coquimbo
Av. Santa Rosa
Carmen
Arturo Prat
Porvenir
Matta
Manuel Antonio Matta
Natanael Cox
Zenteno
Sta. Elena
SONSTIGES
1 Bar Dos Gardenias
2 Teatro San Ginés
3 Teatro Bellavista
4 Arcano
5 Cosmopolitan
TRANSPORT
1 First Rent a Car
2 Terminal Los Héroes
3 Terminal San Borja
ESSEN
1 Como Agua para Chocolate
2 La Casa en el Aire/ Patio Bellavista

Barrios Brasil, Yungay und República

Das Barrio Brasil macht sich prächtig. Gebaut wurde es im 19. Jh. und in den letzten Jahren ist ein schwungvolles Studenten-/Künstlerviertel daraus geworden. Gleich zu Beginn gibt's einen schönen Paukenschlag: der **Conjunto Concha y Toro** um den winzigen Platz für die Pressefreiheit. Der Conjunto spiegelt auch heute noch die architektonischen Kapriolen einer wohlhabenden Bürgerschicht aus den 1920er-Jahren wider. Originelle Entwürfe sind zu bestaunen, z. B. gekurvte Häuser mit Loggien.

Die Avenida Brasil führt schnurstracks auf die gleichnamige Plaza. Ladenlokale und Kioske, in denen alles Mögliche, von Milch bis zum Kugelschreiber angeboten wird, liegen hinter echten, unrenovierten Art-déco-Fassaden. Überall in den Seitenstraßen stößt man auf Cafés, Restaurants, Kulturclubs, Hostels. Konzerte und Artistik auf der stets gut besuchten **Plaza Brasil**, die mit einem Kinderspielplatz bestückt und mit Skulpturen von Federica Matta geschmückt ist, finden ganz spontan statt.

Wer den Floh- und Antiquitätenmarkt **Galpón de Antigüedades** besuchen möchte, muss noch ein bisschen weiter in Richtung Río Mapocho in die Nähe des **Parque Los Reyes** ziehen. Es gibt gut erhaltene Möbel und Lampen, Schmuck, Gemälde und Apothekerfläschchen. Av. Brasil 1157, ⌚ Mo–Sa 10–19, So 10–16 Uhr.

Das **Museo de la Solidaridad Salvador Allende**, Av. República 475, 💻 www.mssa.cl, entstand 1971 während der Regierungszeit von Salvador Allende und befand sich zunächst an einem anderen Platz. Künstler aus aller Welt wollten damit ihre Verbundenheit mit dem chilenischen „dritten Weg des Sozialismus" ausdrücken, darunter Joan Miró, Antoní Tapies, Frank Stella und Victor Vasarely. Unter der Militärdiktatur gelang es, die kostbaren Werke zu verstecken. Seit 1990 sind sie wieder zu sehen, inzwischen an diesem neuen, sehr schönen Platz, einer Synthese aus Villa und Glashaus. Es stellt eine nahezu umfassende Schau internationaler Gegenwartskunst aus. ⌚ Di–So 10–18 Uhr, Eintritt 2000 CLP.

An der Av. República drängeln sich die Institutsvillen der Universitäten in gepflegten Gärten. Auch das **Teatro Gran Circo**, eine der berühmtesten Theatertruppen Chiles, residiert an der República, stilecht und ziemlich unkonventionell mit einem Extra-Zelt im Garten. In den angrenzenden Straßen und Fußgängerpassagen: Jugendstil und Art déco satt.

Durch das Barrio Yungay hindurch erreicht man das 2010 eröffnete, von den Architekten Mario Figueroa, Lucas Fehr, Carlos Dias und Roberto Ibieta gestaltete **Museo de la Memoria y los Derechos Humanos**, das die Geschichte der Pinochet-Diktatur aufarbeitet. Über eine halbe Million Menschen besuchen es jährlich. Matucana 501, 💻 www.mmdh.cl. ⌚ Di–So 10–18 Uhr. Eintritt frei.

El Rey del Mote con Huesillo

Das Königreich des Rey del Motecon Huesillo befindet sich am Club Hípico Parque an der Straße Rondizzoni 2420, Ecke Mirador. Es ist ziemlich klein, eigentlich nur ein weiß angestrichenes Büdchen. Aus eben diesem Büdchen heraus verkauft der König mit dem passenden Namen Ramón Palacios (Ramón Paläste) einfach Unvergleichliches, nämlich ein **Getränk** aus getrocknetem Weizenschrot mit gedörrtem Pfirsich, eingeweicht natürlich. Hört sich nicht superaufregend an, aber wegen dieses Getränks und vor allem wegen dieser besonderen Zubereitung, die Ramón von seinem Vater gelernt hat, macht so mancher Prominente einen Umweg zum Club Hípico. ⌚ tgl. 9–19 Uhr.

Für viele ausländische Gäste ist die Begeisterung für diese volkstümliche Nationalerfrischung nicht ganz nachvollziehbar. Die Bewohner von Santiago dagegen haben ihre ganz speziellen Plätze und Favoriten, und mittlerweile durchströmen Restauranttester die Straßen Santiagos auf der Suche nach dem besten Mote-Büdchen der Hauptstadt. Ist der Weizen *(huesillo)* klebrig, der Pfirsich *(mote)* seifig? Gäbe Abzüge. Schmeckt man die Nelke hervor oder den Zimt? Ist der Pfirsich richtig karamellisiert?

Beeindruckendes Entree zum Solidaritätsmuseum, das bedeutende internationale Gegenwartskunst zeigt

Wer wissen will, wie die nicht ganz so reichen Hauptstadtbewohner, die nicht das Geld dafür haben, in die Berge oder ans Meer zu fahren, ihren Sonntag verbringen, kann das rund um die Metrostation Quinta Normal sehen: Zu Hunderten werden die Treppen erstürmt, mit Picknickkörben, Decken und Sonnenkappen. Ziel sind die saftigen Wiesen des **Parque Quinta Normal**, der See, auf dem man rudern kann, das **Eisenbahnmuseum**, 🕒 Di–So 10–17 Uhr, Eintritt 1500 CLP, und das **Kindermuseum Artequin**. Letzteres liegt vor den barock gefassten Toren und gilt als eines der interessantesten interaktiven Museen Südamerikas. Portales 3530, 💻 www.artequin.cl. 🕒 Di–Fr 9–17, Sa und So 11–18 Uhr, Eintritt 3000 CLP.

Und auch das **Museo Nacional de la Historia Natural** im Parque Quinta Normal erfreut sich bei Kindern großer Beliebtheit, trumpft es doch mit didaktischen Finessen (eher altmodischerer Art) auf. Es wurde 1876 von dem aus Berlin stammenden Naturwissenschaftler und Mediziner Rudolph Amandus Philippi (S. 164) gegründet und war – Sensation – eins der ersten des gesamten Kontinents. Die Quinta diente einst als Landwirtschaftsgarten und biologische Station. 💻 www.mnhn.gob.cl, 🕒 Di–Sa 10–17.30 Uhr, Eintritt frei.

An die nördliche Seite der Alameda grenzt der **Parque O'Higgins**, ebenfalls ein sehr beliebtes sonntägliches Ausflugsziel mit einer Pferderennbahn, einem Freizeitpark, einer Inline-Skaterbahn, verschiedenen Kleinstmuseen (Insekten und Schneckenhäuser, Huasos) und der Movistar-Arena, einer riesigen Mehrzweckhalle. 🕒 Park tgl. 10–22 Uhr.

Weitere wichtige Adressen für Kulturliebhaber konzentrieren sich ebenfalls im Barrio Brasil: Die **Biblioteca de Santiago** mit einem angeschlossenen Kulturzentrum Matucana 151, 💻 www.bibliotecasantiago.cl, 🕒 Di–Fr 11–19.15, Sa und So 11.30–17 Uhr, und das großartige **Centro Cultural Matucana 100**, 500 m nördlich der Estación Central. Hier gibt's Lesungen, Ausstellungen, Konzerte. Av. Matucana 100, 💻 www.m100.cl. 🕒 Mi–So 11–21.30 Uhr.

Dem restaurierten Hauptbahnhof **Estación Central** (Eingang Alameda) kann man auch einen Blick gönnen – wie viele europäische Bahnhofshallen ist er um die Jahrhundertwende entstanden und zeigt einen schönen, luftigen Glas- und Stahlbau.

Barrio Bellavista

Das bunte Barrio Bellavista zwischen dem Cerro San Cristóbal und dem Río Mapocho war eines der ersten, das sich von der jahrelangen Ausgangssperre unter der Militärdiktatur erholt hatte. Anlagen waren vorhanden: Schließlich wohnte hier der berühmteste aller chilenischen Dichter, Pablo Neruda. Viel ist dazugekommen. Über ganze Straßenzüge breitet sich ein reichhaltiges Kneipen-, Restaurant- und Clubleben aus, dazu kommen Kunstgewerbe- und Designershops, Hostels, Designhotels. Die *shopperías*, einfache, traditionelle Bierlokale (shopp=Schoppen, wirklich!), in denen man auch billig etwas zu essen bekommt, hat diese Entwicklung nicht verdrängt. Sie passen sehr gut dazu.

Vom architektonischen Zuschnitt her eher ein Mittelschichtviertel mit zurückhaltend dekorierten Würfelhäusern an baumbestandenen Straßen und dem einen oder anderen Relikt aus den Anfängen des 20. Jhs., hat sich Bellavista äußerlich in den letzten Jahrzehnten schon verändert, denn hier wurden so viele Häuserfassaden mit exzellenter Kunst überzogen wie sonst nur in Valparaíso. Hinter dem verspielt dekorierten Eingang des **Patio Bellavista** entfaltet sich über zwei sonnenbeschienene Patios und Passagen ein Sammelsurium von Cafés, Kunsthandwerksläden, Eissalons, Buchhandlungen, Restaurants und Malerateliers um einen rechteckigen Brunnen.

Die Philippi-Familie

Die beiden Deutschen Rudolph Amandus Philippi (1808–1904) und sein Bruder Bernhard Eunom (1811–1852), Marinehauptmann und Hobby-Archäologe, spielten in Chile eine prägende Rolle. Der Arzt und Professor für Botanik und Zoologie **Rudolph** arbeitete im chilenischen Staatsdienst als Erforscher der nördlichen Wüsten – von ihm sind einige grundlegende Beobachtungen über Fossilien und über die Zusammensetzung der Wüstengesteine in der Atacama und in dem Küstengebirge überliefert. Das heute immer noch und damals besonders prächtige Museo Histórico Nacional in Santiago trägt seine Handschrift. Er war mit Alexander von Humboldt befreundet und teilte dessen Liebe zur Erforschung fremder Welten.

Sein Bruder **Bernhard** kombinierte Entdecker-Gen mit Abenteuerlust. Er hatte sich als Steuermann und Exkursionsleiter in der Neuen Welt einen Namen gemacht, kannte Peru und auch China, bevor er sich 1838 in Ancud an Erforschungen des Südmeers beteiligte. Ihm wird die „Wiederentdeckung" des Lago Llanquihue zugeschrieben. Doch Grenzen sprengten die beiden Brüder auch zu Hause in Deutschland. Bernhard Eunom hatte wie sein Bruder Kontakte zur universitären Intelligenzia, die die bürgerliche Revolution 1848 in Deutschland unterstützte. Deren Niederschlagung und die anschließenden staatlichen Repressalien vertrieben sie – und Bernhard Eunom fand unter ihnen einige, die bereit (und auch gezwungen) waren, das Land zu verlassen und anderswo ein neues Leben zu beginnen.

Bernhard Philippi verfügte aufgrund seiner patagonischen und feuerländischen Forschungsreisen über ein außerordentliches landeskundliches Wissen, das damals nur wenige hatten. Doch offenbar fiel er bei der Regierung in Ungnade. Anders lässt sich schwerlich erklären, warum er 1852 nach Punta Arenas versetzt wurde, um in der Hauptstadt der Provinz Magallanes, die aus nicht viel mehr bestand als einem Zuchthaus für Schwerverbrecher, den Posten des Gouverneurs zu besetzen. Robbenfänger und von ihnen verfolgte indianische, halbnomadische Ethnien gehörten zu den weiteren Bewohnern dieses patagonischen Landstrichs an der sturmgepeitschten Magellanstraße. Bernhard fiel einem Attentat zum Opfer, da war er grade einmal 42 Jahre jung.

Sein Bruder Rudolph, 1853 mit einem Professorentitel ausgestattet, unternahm nicht weniger als 40 Expeditionen in die unbekannten Hochebenen und in die Atacama-Wüste.

Constitución 30-70, 💻 www.patiobellavista.cl, 🕒 So–Mi 10–1, Do–Sa 10–3 Uhr. Der Patio Bellavista wirkt als stilbildender Protagonist: Immer mehr dieser multigenutzten Innenhöfe entstehen.

Die bekannteste Sehenswürdigkeit Bellavistas ist das Wohnhaus des Literaturnobelpreisträgers Pablo Neruda. Eine Führung durch die drei Pavillons der **Casa Museo La Chascona**, die Neruda mit seiner dritten Ehefrau Matilde Urrutia bewohnte und nach deren Haarpracht das Haus-Ensemble auch genannt worden sein soll, ist obligatorisch. Was Spaß macht, denn die *guias* verschönern die Führung mit Anekdoten aus dem Leben Nerudas – erfunden oder nicht. Neben Sammelstücken und zahlreichen Reminiszenzen an seine Zeit als Botschafter ist sein Schreibtisch im obersten Pavillon zu sehen. Marquéz de la Plata 0192, 💻 www.fundacionneruda.org. 🕒 Mi–So 10–18 Uhr, Eintritt 8000 CLP.

Am nördlichen Ende der Pío Nono liegt der Eingang des 1925 in Betrieb genommenen *funicular*, der Standseilbahn, die zum Gipfel des **Cerro San Cristóbal** hinauf rattert. Eine blütenweiße Skulptur der Maria der unbefleckten Empfängnis krönt seinen Gipfel (880 m) und ein Naturpark, der **Parque Metropolitano**, der im Volksmund Parquemet genannt wird, breitet sich zu seinen Füßen aus. Mountainbiker und Jogger kommen hier voll auf ihre Kosten. Zahlreiche Spazierwege fädeln sich durch seine Wälder. 💻 www.parquemet.cl. 🕒 tgl. 6–20.30 Uhr.

Das **Centro Cultural Anahuac** befindet sich im Park 200 m entfernt von der Station Tupahue und veranstaltet Matineen mit Konzerten und Tanzgastspielen, zeigt Wanderausstellungen und bietet Platz für weitere Veranstaltungen, Infos unter 📞 2-2730-1300. 🕒 Mo–Fr 9–16.30, Sa und So 9–17.30 Uhr.

Wer wieder hinunterfahren will, kann den *funicular* hinab nach Bellavista nehmen, besser aber die Gondelbahn *teleférico*, die den zweiten Eingang des Parks im Stadtteil Providenica zum Ziel hat. Mit dem Teleférico kann man auch die anderen Ziele im Park anfahren. 🕒 Di–So 10–18.45, Mo 13–18.45 Uhr. Jeden ersten Montag wegen Wartungsarbeiten geschlossen. Ab 2024 soll der Teleférico auch ab/bis Pio Nono fahren.

Providencia – Las Condes

Lagen die Viertel Las Condes, Vitacura und La Reina früher ein wenig abgeschottet von den Geschehnissen des Alltags (La Reina mit seinen schönen Einfamilien-Quintas mutete sogar ein bisschen ländlich an), so hat die Stadtlandschaft sie längst eingefangen. In den Wohnvierteln herrscht die international gültige Architektur der Wohlhabenheit: gepflegte Apartmenthäuser und Wachmann im extra Häuschen am verriegelten Eingang. Baumbeschattete Villen an blitzblanken Alleen verbergen sich hinter hohen Mauern. Hier verfügt statistisch jeder Haushalt über 2,5 Pkw.

Wer die elegantesten Shopping-Malls Südamerikas sehen möchte, ist hier richtig. Boutiquen, Designerläden, Friseure, Beautysalons, Elektronikgeschäfte, Food Parlours, Cafés, Apotheken, Bars und Restaurants der gehobenen Preisklasse versammeln sich unter den Dächern der Shopping-Center **Parque Arauco**, Av. Kennedy 5413, 🕒 tgl. 10–20.30 Uhr, **Alto Las Condes**, Av. Pdte. Kennedy Lateral, 🕒 tgl. 10–20.30 Uhr, oder der Mall **Costanera Center**, 🕒 tgl. 10–20.30 Uhr, untergebrachtim höchsten Gebäude Lateinamerikas. Es wird auch Torre Paulmann genannt, nach Horst Paulmann, dem Erbauer und Chef der Handelskette Cencosud. In der 61./62. Etage befindet sichein grandioser Aussichtspunkt. Diese Malls an der Av. Kennedy und an der Costanera Sur sind mit der Metro leicht erreichbar.

Ganz in der Nähe liegt das **Centro Artesanal Los Dominicos** an der Av. Apoquindo 9085**.** Neben der schönen doppeltürmigen Adobe-Klosterkirche der Dominikaner wurde das Kloster aus dem 18. Jh. zu einem Dörfchen für Kunsthandwerker umgestaltet, mit Plätzen, kleinen Brücken und Passagen aufgelockert. In den Häuschen residieren Maler, Töpfer, Glasbläser, Strickerinnen, Holzschnitzer, Silber- und Goldschmiede. 🕒 Di–So 10.30–19 Uhr.

Stolz sind die Santiaguinos auf ein gastronomisches Zentrum, das **Centro Gastronómico BordeRío** im Stadtteil Vitacura, das fest vertäut am Río Mapocho ankert. Die Vielfalt ist groß: Peruaner (die Lieblinge der lateinamerikanischen Gastronomieszene), ein argentinisches Steakhouse, Italiener, ein Franzose, ein Chilene und spanische sowie Fusionsküche. Elf sind

ÜBERNACHTUNG
① Hotel Atton
② De Blasis & Cowork

TRANSPORT
❶ Budget Autovermietung
❷ Hertz Rent A Car

ESSEN
1 Centro Gastronómico BordeRío
2 Confitería Torres
3 El Huerto
4 Jewel Of India
5 Tavelli

SONSTIGES
1 Clinica Las Condes
2 Clinica Alemana
3 Deutsche Botschaft
4 Andesgear El Bosque
5 Schweizer Botschaft
6 Feria Chilena del Libro
7 Goethe Institut
8 Teatro Oriente
9 Sherpalife
10 Servicio Nacional de Turismo (SERNATUR)
11 Instituto Cultural de Providencia
12 Österreichische Botschaft
13 Liguria Bar

es insgesamt, die abends schön beleuchtet im recht uniformen Styling an einer künstlichen Flanierstraße aneinander gereiht liegen. Nicht billig! Av. Josemaria Escrivá de Balaguer 6400, ⌚ Mo–Fr 12–23.30, Sa 12–1.30, So 12–22 Uhr.

ÜBERNACHTUNG

Zentrum

Karte S. 156

€ **Hostal Plaza de Armas**, Compañía 960, 💻 www.plazadearmashostel.com. Etagenpension mit einfachen Zimmern und einer hübschen Lounge, Küchenbenutzung, Ausflugsorganisation. Liegt superzentral. Privatzimmer und Apartments, die man auch für einen ganzen Monat mieten kann (260 000–320 000 CLP. Das Haus sieht von außen aus wie ein normales, altes Wohnhaus. Der Eingang liegt in der Passage gegenüber dem Hauptplatz zwischen all den kleinen Bars und Restaurants. ❷

Hotel Vegas, Londres 49, 💻 www.hotelvegassantiago.com. Klassiker mit unterschiedlichen Zimmern, einige sind ganz elegant, andere eher funktional. ❸

The Singular Santiago Lastarria, Merced 294, 💻 www.thesingular.com (engl.). Feines Hotel in guter Lage, Cocktailbar auf dem Dach, direkt am

Parque Forestal im angesagten Barrio Bellas Artes. ❻

Bellavista und Providencia

Ají Hostel, Triana 863, 💻 www.ajihostel.cl, Karte S. 160. Bonbonbuntes kleines Hostal mit netter Atmosphäre und eigenem Restaurant; kommunikativ. Ausflugsorganisation. Gute Angebotspalette: Dorm ohne/mit Bad US$14/15, DZ mit Bad, Frühstück immer inkl., manchmal auch das Abendessen. Dorms 15 000–19 500 CLP. ❷

De Blasis & Cowork, General Flores 159, 2 Blocks von Metrostation Manuel Montt, 💻 www.deblasis.cl. Karte S. 166. Familiengeführte Posada von Andrés in einem Haus von 1927, gute Lage, viele Infos, gutes Preis-Leistungs-Verhältnis, ruhig, Top-Frühstück inkl. ❸

Hostal Río Amazonas, Vicuña Mackenna 47 (an der Plaza Italia), 💻 www.hostalrioamazonas.cl, Karte S. 160. Gute Lage. 25 gepflegte, allerdings recht kleine Zimmer und ein schönes Restaurant/Café/Bar. Parkplatz, Ausflugsorganisation, Flughafenshuttle, Frühstück inkl. ❸

Hotel Atton, Alonso de Córdova 5199, ✆ 2-2422-7900, 💻 hotelattonlascondes.guestreservations.com. Karte S. 166. Großes Haus, das schon fast in Las Condes liegt. Gepflegt in einem diskret-unaufgedonnerten Stil, Restaurant, Bar, Frühstücksbufett inkl. ❻

Barrio Brasil

Karte S. 160

Hostal Casa Kolping, Av. Ricardo Cumming 102, 💻 www.kolpingchile.cl. Liegt sehr gut und recht ruhig, hat ziemlich kleine Zimmer, dafür größere Gemeinschaftsräume. Parkplatz. Es gibt noch weitere Hostals Kolping im ganzen Land. ❷

Hostel Cienfuegos, Cienfuegos 151, 💻 www.hostelcienfuegos.cl. Funktionale Zimmer, auch Dorms. Viele Annehmlichkeiten wie Waschsalon, Café-Restaurant und sonniger Patio, Dorms 22 500–25 800 CLP. Frühstück inkl. ❷

La Casa Roja Hostel, Agustinas 2113, 💻 www.lacasaroja.cl. Hier wird's bunt: Hinter einer flamingorot gestrichenen Fassade verbergen sich hochherrschaftliche Zimmer und Säle, eine Outdoor-Bar und ein kleines Schwimmbad, Küchenbenutzung. Dorm 10 000–16 000 CLP. ❷

Happy House Hostel, Moneda 1829, 💻 www.happyhousehostel.com. Hostal mit großzügigem, gepflegtem Ambiente, das Ende 2023 wieder eröffnet wurde. Pool, Billardtisch, Garten, Wäscherei und Gemeinschaftsküche. Die einfachen, aber ansprechend gestalteten Zimmer haben teilweise kleine Balkone, das Hostel hat auch Dorms (12 600 CLP mit Frühstück). ❸

Hostal Río Amazonas, Av. Vicuña Mackena 47, 💻 www.hostalrioamazonas.cl. Bleibe in einem attraktiven Haus mit betagtem Charme. Gepflegte, z. T. recht geräumige, aber auch sehr kleine Zimmer, gutes Frühstück, Ausflugsorganisation. Bar, Küchenbenutzung, DZ mit Bad. ❸–❹

Matildas Hotel, Agustinas 2149, ein Block südlich der Plaza Brasil, 💻 www.matildashotel.com. Superfreundliches Boutiquehotel in einem antiken Haus von 1912 mit 17 schön dekorierten Zimmern zu fairen Preisen, toller Garten, Touren, SPA, Fahrradverleih, Bibliothek und Weinshop. ❹–❻

ESSEN

Como Agua para Chocolate, Constitución 88, 💻 www.comoaguaparachocolate.cl. Bei der Einrichtung stand das Blaue Haus der Malerin Frida Kahlo Pate, beim Namen der Roman von Laura Esquivel. Witzig eingerichtetes Restaurant mit dem Flair einer Filmkulisse. Abwechslungsreiche Küche, viele Leckereien aus dem Meer, auch vegetarisch, nicht billig. 🕒 tgl. 12.30–19.30 Uhr.

La Casa en el Aire, Constitución 40, Patio Bellavista, Local 56, 💻 www.lacasaenelaire.cl. Kleines Café mit vegetarischem, preiswertem Mittagstisch, Terrasse, abends Singer-Songwriter-Programm und manchmal Konzerte. 🕒 tgl. 10–3 Uhr.

Donde Augusto, Av. San Pablo 967, Mercado Central. In der Mitte der historischen Markthalle. Es gibt frischen Fisch. 🕒 tgl. 5–17 Uhr.

Ein Lob auf die Sandwicherías

Sie sind nicht die feinsten Speiselokale mit ihren Resopaltischen und ihren Resopalbänken, in die sich jeweils vier Personen klemmen können, mit ihrer Ausstattung von zu Türmen gedrehten zigarettenpapierdünnen Servietten und den obligaten Mayonnaise- und Ketchupflaschen auf den Tischen. Größe der Restaurants: meistens **Typ Turnhalle**. Und sie sind nicht die innovativsten mit den immer gleichen Sandwich-Kreationen und Tellergerichten (*congrio al plato*, Seeaal auf dem Teller). Aber sie beweisen Stil seit einem Jahrhundert – als ein Sandwich zu essen vermutlich ziemlich schick war. Kellnerinnen und Kellner stecken stets in tadellosen Uniformen. Wenn sie keine Gäste zu bedienen haben, schwätzen sie ein bisschen mit den Köchen hinter den offenen Küchentheken, wischen die Resopaltische ab, oder türmen neue Serviettenberge in die Gläser.

Zu essen gibt es: **Sandwiches**. Es gibt sie mit Rindfleisch, Huhn, Schinken, mit Paprika, Käse, Tomaten, Avocado. Diese Sandwiches erfreuen sich schon seit einem Jahrhundert so großer Beliebtheit, dass sie sogar Minister – allerdings in längst vergangenen Zeiten – zu Erfindungen anregten, z. B. ist ein Barros Luca ein Brot mit Fleisch und schmelzendem Käse, das höllisch satt macht. Dazu trinkt man einen *shopp*, ein gezapftes Bier. Das Gute daran: Die Sandwichería ist ein Restaurant der kleinen Leute. Der Magen ist hinterher angenehm gefüllt, das Portemonnaie bleibt es ebenfalls. Wenn das kein guter Tipp ist!

Vegetarische Restaurants

LVegetarisch sind zunächst einmal alle Italiener mit ihren fleischlosen Pastasoßen, und da gibt es in Santiago an jeder Ecke einen.

El Huerto, Orrego Luco 54, 💻 www.elhuerto.cl. In einem schönen Patiohaus mit schattiger Terrasse befindet sich diese Empfehlung mit guten Salaten und einer entspannten Atmosphäre. 🕒 Mo–Sa 9–23 Uhr.

El Naturista, Moneda 846, 💻 www.elnaturista.cl. Alteingesessenes Restaurant mit chilenischer Küche auf vegetarisch: *ensaladachilena*, *choclocazuela* mit Karotten, Knoblauch, Kartoffeln und Mais. Günstige Mittagsmenus. 🕒 Mo–Fr 8.30–20, Sa 9–16 Uhr. Es gibt noch einen weiteren **Naturista** im Zentrum am Paseo Huérfanos 1046, 🕒 Mo–Fr 10–20, Sa 9–16 Uhr.

Jewel Of India, Diego de Velásquez 2073, Providencia, 💻 www.jewelofindia.cl. Wie alle guten indischen Restaurants hat es eine breite Auswahl an vegetarischen Gerichten, ist aber auch für Nichtvegetarier sehr zu empfehlen. Große Auswahl. 🕒 Di–So 13–15:30, 19–23.30 Uhr, So abends geschl.

Cafés

Die meisten servieren auch leichte Gerichte.

Café Utopia, Lastarría 105, 💻 www.utopiarestobar.cl. Künstleratmosphäre: Ausstellungen, Verkauf von Kunsthandwerk – und guter Karottenkuchen, abends Kneipe mit guten *tablas*. Sehr einfach und preiswert. 🕒 Mo–Fr 12.30–23.30, Sa 12.30–2, So 12.30–22.30 Uhr.

Café Mosqueto, Mosqueto 440, 📞 2-2664-0273. Eleganter, einladender Ort für guten Kaffee – hier ist die Auswahl richtig groß. Auch Salate, Sandwiches und Croissants, viel Süßes. Deckenhohe Bücherregale. 🕒 Mo–Fr 8.45–20.15, Sa 10.30–20.15 Uhr.

Croq Délice, Merced 537, 💻 www.croqdelice.cl. Mini-Créperie mit Tischen und Standtheke, leckere Crêpes, süß und pikant, Croque Monsieur, guter Kaffee. 🕒 Mo–Fr 9.30–21, Sa und So 13–20.30 Uhr.

Emporio La Rosa, Bellas Artes, Merced, Ecke Monjitas, am Parque Forestal, 💻 www.emporiolarosa.cl. Schönes Freiluftcafé, selbstgemachtes Eis. 🕒 tgl. 11–20.30 Uhr.

Confitería Torres, Isidora Goyenechea 2962, 💻 www.fb.com/Confitería Torres. Quicklebendiger Zeuge des Fin de Siècle von Santiago. Glas, Spiegel, warmes Holz, Thonetstühle, allerdings ziemlich eng gestellt. Gute, nicht billige, traditionell zubereitete Tellergerichte. 🕒 Mo–Sa 8–1, So 10–22 Uhr.

Smart Coffee Bar, Monjitas 560, nahe Metro Bellas Artes, 💻 www.fb.com/SmartCoffeeBar. Gut besuchtes Café mit schöner Deko, klein und nett. 🕒 Mo–12.30–23 Uhr.

Tavelli, Av. Manuel Montt 1806, 💻 www.tavelli.cl. Vielleicht nicht das schönste Café, aber zumindest eins, das der berühmte chilenische Autor Ariel Dorfman schon mal erwähnt hat. ⌚ Mo–Fr 8–21, Sa und So 10–20 Uhr.

Wonderland Café, Rosal 361, Barrio Lastarria, 💻 www.wonderlandcafe.cl. Honduranisches Hinterhofcafé mit Frühstück, sonntags großer Brunch. ⌚ tgl. 9–21 Uhr.

UNTERHALTUNG

Die besten Ausgehviertel sind **Bellavista**, das **Barrio Italia**, das **Barrio Brasil**, **Providencia** und rund um die **Plaza Nuñoa**. Die Zusammensetzung ist bunt und leicht alternativ angehaucht im Barrio Brasil und in Bellavista, eher mit Restobares, Karaokeläden und Winebars in Providencia. Was angesagt ist, das ändert sich ständig. Am besten: sich treiben lassen. Hier eine kleine Auswahl:

Arcano, General Salvo 88, Providencia. Ein bisschen esoterisch aufgemacht und nicht billig. ⌚ Mo–Fr 15–2 Uhr.

Cosmopolitan, Brasil 268, 💻 www.fb.com/Tubarcosmopolitan. Riesige Bar/Restaurant mit 650 Sitzplätzen, wo man für jeden Geschmack etwas Leckeres findet. Alle möglichen Veranstaltungen, oft mit Livemusik, ⌚ tgl. 10–1 Uhr.

Liguria Bar, Providencia 1353. Klassische Bar mit entspannter Stimmung. ⌚ Mo–Sa 10.30–24 Uhr.

Chipe Libre – Républica Independiente del Pisco, José Victorino Lastarria 282, 💻 www.chipe-libre.cl. Eine gute Gelegenheit um Piscos aller Art (über 100 Sorten) zu probieren. ⌚ Mo–Sa 12.30–1 Uhr.

La Feria, Av. El Salto 5000, 💻 www.laferia.cl. Gilt als bester Club für elektronische Musik. International bekannte DJs legen auf. ⌚ Do–Sa ab 23 Uhr.

KULTUR

Gran CircoTeatro, República 301, 💻 www.grancircoteatro.cl. International renommierte, innovative Theatertruppe mit spektakelreichen Aufführungen.

Radicales, Bar &Cine, Monjitas 580, ein Block von der Metrostation Bellas Artes entfernt. Eine nette Kombination aus Kino, Livemusik, Bar und Grillrestaurant, etwas schummrig. Das Programm kann man unter 💻 www.radicales.cl einsehen. ⌚ Mo–Sa 12–24 Uhr.

Teatro Municipal, Agustinas 794, 💻 www.municipal.cl. Eischneeweißer klassizistischer Musentempel im historischen Zentrum. Reine Gastspielbühne mit gemischtem Programm. Ballett, Musicals, Konzerte, Oper, Veranstaltungen für Kinder. ⌚ Mo–Fr 10–21, Sa 11–19 Uhr.

Teatro Oriente, Av. Pedro de Valdivia 99, 💻 www.teatrooriente.cl. Klassische Konzertbühne mit einem Beethoven-Zyklus.

Teatro Universidad Católica, Jorge Washington 26, Plaza Nuñoa, 💻 www.teatrouc.uc.cl. Ebenfalls ein sehr angesehener Name. Das Theater bringt v. a. (chilenische) Gegenwartsautoren auf die Bühne, bietet auch Gastspiele.

Zahlreiche Aufführungssäle liegen über die Stadt verstreut, sie stehen den privaten Bühnenensembles zur Verfügung. Hier eine Auswahl:

Teatro Antonio Varas, Morandé 25, 💻 www.tnch.uchile.cl.

Teatro und Centro Cultural San Ginés, Mallinkrodt 112 und 76, Bellavista, 💻 www.sangines.cl.

Teatro Bellavista, Dardignac 110, 💻 www.teatrobellavista.cl.

Im Januar werden in Santiago zwei Theaterfestivals gefeiert. **Santiago a Mil** heißt eines – es zeigt aktuelle Produktionen. Das andere ist das internationale **Straßentheaterfestival**.

FESTE

Januar: Festival des Barrio Brasil mit Ausstellungen, Lesungen, Konzerten.

Letzte Januarwoche: Festival Nacional de Folclore.

Osterwoche: Fiesta de Casimodo mit Umzügen von Huasos und Campesinos.

September: Architekturbiennale in der Estación Mapocho.

EINKAUFEN

Bücher

Die Kette **Feria Chilena del Libro**, 💻 www.fb.com/feriachilenadellibro, hat gut sortierte Zweigstellen in der ganzen Stadt. Hauptfiliale im Zentrum, im Barrio Bellas Artes, im „Torre

Huérfanos", Mo–Fr 10–20, Sa. 10–15 Uhr. Weitere Filialen in Einkaufszentren wie der Mall Costanera oder Parque Arauco.

In fast allen Buchhandlungen bekommt man sehr gute Karten – sowohl Straßenkarten als auch Wanderkarten für die Nationalparks. Als Straßenkarten sind die von **Chiletur Copec** zu empfehlen. www.chiletur.cl.

Kleinere **Buchhandlungen** befinden sich im Centro Cultural Palacio de la Moneda und an der Plaza Mulato Gil de Castro.

Kunsthandwerk

Centro Cultural Palacio de la Moneda, Plaza de la Ciudadanía 26, hinter der Moneda, Eingang über die Alameda, www.ccplm.cl. Schönes Kunsthandwerksgeschäft mit ausgesuchten Sachen. Nicht billig, aber es sieht auch nichts „billig" aus. tgl. 10–19.30 Uhr.

Centro Exposiciones y ArteIndígena, Alameda 499, Cerro Sta. Lucia. Hier kann man Kunsthandwerk und Indianerschmuck direkt von den Herstellern kaufen. tgl. 8–18 Uhr.

Centro Artesanal Los Dominicos, Av. Apoquindo 9085, Lokal 35, Las Condes. tgl. 10.30–19 Uhr.

Sport- und Campingausstatter

Andesgear El Bosque. Bieten alles für Sport, Trekking, Klettern, Camping usw. Andesgear hat Zweigstellen in vielen weiteren Städten von Chile, z. B. in der Mall Parque Arauco an der Av. Presidente Kennedy 5413 in Las Condes. Mo–Sa 10–20.30, So 11–20 Uhr. Mehr Infos und Filialfinder unter www.andesgear.cl.

Mall Sport, Av. Las Condes 13451, www.mallsport.cl. tgl. 10–21 Uhr.

Sherpalife, Santa Beatriz 100, Providencia, nahe Metro Manuel Montt, 2-2244-3767, www.sherpalife.cl. Spezialisiert auf Kletterausrüstung. Hier gibt's alles für den Outdoor-Fan. Mo–Sa 10–20.30, So 10–20 Uhr.

SONSTIGES

Apotheken

Zahlreiche Ketten haben auch einen Drogeriebereich. sonntags geschlossen, aber es gibt das System des *„turno"* von diensthabenden Apotheken, die nach Stadtvierteln geordnet sind.

Botschaften

Botschaft der Bundesrepublik Deutschland, Las Hualtatas 5677, Vitacura, 2-2463-2500, www.santiago.diplo.de. Mo–Do 7.45–17, Fr 7.45–13.45 Uhr.

Botschaft der Republik Österreich, Barros Errázuriz 1968, 3. Stock, 9-8156-5711, www.bmeia.gv.at. Mo–Fr 10–12 Uhr. Notfalltelefon 24 Std. +43-1-90115-4411

Botschaft der Schweiz, Amérigo Vespucio Sur 100, 14. Stock, 24 Std. 2-2928-0100, Mo–Fr 9–12 Uhr.

Geld

Wechselbüros, z. B. von AFEX, findet man am Flughafen (mit schlechten Wechselkursen) sowiein den **Calles Agustinas, Banderas** und **Moneda** in der Innenstadt. Die meisten haben Mo–Fr 9–18/19 Uhr und oft auch am Samstagvormittag von 9–14 Uhr geöffnet, einige Filialen von AFEX sogar sonntags. www.afex.cl. Mit Filialfinder und Öffnungszeiten.

An Geldautomaten fallen pro Transaktion Gebühren an, deren Höhe angezeigt wird, meist 5000–7000 CLP, daher empfiehlt es sich, möglichst hohe Beträge abzuheben.

Den ersten Bedarf nach Ankunft kann man in den Wechselstuben am Flughafen zu schlechten Kursen decken oder einen Automaten suchen.

Informationen

Der **Servicio Nacional de Turismo (SERNATUR)** unterhält landesweit Büros. Auch im Ankunftsgebäude des Flughafens gibt es eins. Die Zentrale befindet sich in der Av. Providencia 1550, 2-2731-8310, www.sernatur.cl. Hier erhält man nützliche Informationen, Broschüren und Beratung. Mo–Fr 9–18, Sa 9–14 Uhr.

Kulturzentren

Centro Cultural Gabriela Mistral (GAM), Alameda 227, www.gam.cl. Nach Literaturnobelpreisträgerin Gabriela Mistral benanntes, riesiges Kulturzentrum mit Ausstellungen und Konzerten zwischen Zentrum und Plaza Italia/Dignidad. tgl. 9–21/22 Uhr.

Goethe Institut, Av. Holanda 100, 9-2614-5698, www.goethe.de/santiago. Zeigt und unterstützt aktuelles Theater und Tanztheater,

bietet Deutschkurse und hat eine Bibliothek. ⏲ Mo–Fr 8.30–18 Uhr.
Instituto Chileno Suizo, Lastarría 93, nahe Metrostation Universidad Católica, ☏ 2-2638-5414, 🖳 www.chilenosuizo.cl. Hat ein kleines Kulturzentrum, zeigt Ausstellungen. ⏲ Mo–Fr 9–18.30, Sa 9–13.30 Uhr.
Centro Cultural Matucana, Matucana 100, in der Nähe der Metrostation Estación Central, 🖳 www.M100.cl. Bietet auf mehreren Etagen ein faszinierendes Programm. ⏲ Mo–Fr 10–17 Uhr und bei den Veranstaltungen.
Centro Cultural Palacio de la Moneda, Plaza de la Ciudadanía, 🖳 www.ccplm.cl. Ein Superplatz für Ausstellungen, Lesungen, Gespräche, Theater- und Tanzworkshops. ⏲ tgl. 10–19.30 Uhr.
Instituto Cultural de Providencia, Nueva Providencia 1995, 🖳 www.culturaprovidencia.cl. Im denkmalgeschützten Haus gibt es Ausstellungen, Workshops, Dokumentarfilm-

Weintouren

Was im 19. Jh. offenbar als Spielerei reicher Kupferminenbesitzer und Hacenderos begann, nämlich Wein im größeren Stil zu produzieren und ihren Weingütern Namen von Heiligen oder eben den eigenen zu geben, hat sich zu einem Exportschlager entwickelt. Die Familien importierten damals französische Rebsorten wie Merlot, Cabernet, Sauvignon und Chardonnay, die sehr gut gediehen. In den späten 1980er-Jahren erweiterte sich der Rahmen immens, industrielle Standards wurden eingeführt, in moderne Maschinenparks investiert (S. 139, Wirtschaft).
Chilenischer Wein hat mittlerweile einen solchen Bekanntheitsgrad erreicht, dass besondere Schwerpunktreisen extra für Weinliebhaber entworfen wurden. Es reicht aber auch ein halber Tag: Wer ihn von Santiago ausgehend organisiert, dem stehen mehrere Ziele zur Wahl. Die *viñas* liegen vor den Toren der Stadt, schwelgen in restaurierter Hacienda-Herrlichkeit und sind gut mit öffentlichen Verkehrsmitteln zu erreichen. Es gibt auch organisierte Touren und Ganztagestouren ins Valle de Colchagua (S. 199). Die Führungen finden auf Spanisch und Englisch statt.
Das 1880 gegründete Weingut **Santa Rita**, Camino Padre Hurtado 0695, 🖳 www.santarita.cl, liegt im Maipo-Tal bei Buin und ist 36 km von Santiago entfernt über die Panamericana Richtung Süden, Ausfahrt Buin, dann nach Alto Jahuel. Zu dem Weingut mit kleinem historischem Museum gehört die sehenswerte Casa Patronal mit dem Restaurant Doña Paula. Bernardo O'Higgins soll sich während der Unabhängigkeitskriegemit 120 Soldaten in dieses Haus geflüchtet haben, deswegen ist die Casa Patronal Nationalmonument und Santa Rita führt einen Wein namens 120.
Das älteste Weingut Chiles und als einziges heute immer noch in Familienbesitz liegt mehr oder minder mitten in Santiago, seine Weinberge liegen im Valle del Maipo. Mit dem Pkw fährt man über die Autopista Amerigo Vespuccio Sur, Exit Quilin. Metrostation Quilin. **Cousiño Macul**, Av. Quilin 7100, Peñaloen, 🖳 www.cousinomacul.com. Bietet 1–2-stündige Führungen für 18 000–37 000 CLP durch die Bodega an.
Die Tour durch die **Viña Undurraga**, Camino a Melipilla KM 34, 🖳 www.undurraga.cl (engl.), beginnt mit der schönen Parklandschaft und endet bei einer Degustation im klassischen Weinkeller (von Santiago aus mit dem Bus). Hat tgl. um 10, 12 und 15 Uhr Führungen für 19 000–30 000 CLP im Programm.
Mit der Metro gut zu erreichen ist das Besucherzentrum von **Concha y Toro**, Av. Virginia Subercaseaux 210, Pirque, 🖳 www.conchaytoro.cl, das in den größten Weinanbaugebieten Weinberge hat und laut eigener Aussage in mehr als 130 Ländern präsent ist. Die verschiedenen Führungen dauern zwischen 1 und 6 Std. und kosten zwischen 20 000 und 100 000 CLP (Metrostation Las Mercedes, dann 5 Min. mit Taxi oder Bus).
Am Stadtrand von Santiago befindet sich die **Viña Santa Carolina**, Rodrigo de Araya 1431, Macul, 🖳 www.santacarolina.cl (engl.), die den Rang eines nationalen Kulturdenkmals führt. Die Touren dauern 1 bis 2 Std. und kosten zwischen 14 000 und 35 000 CLP. Die Weinberge von Santa Carolina liegen in den Tälern Casablanca, Maipo, Colchagua und Maule (Metrostation Rodrigo de Araya, Linie 4).

Per Fahrrad durch Santiago

Eine gute Art und Weise Santiago auf eigene Faust kennenzulernen ist mit dem Fahrrad. Das aus vielen Städten der Welt bekannte öffentliche Verleihsystem heißt in Santiago **Itaú-Bike**. Dafür sind im gesamten Stadtgebiet über 100 Stationen eingerichtet, an denen man Fahrräder aus den Abstellvorrichtungen nehmen und zurückgeben kann. Eine Tageskarte kostet 1990 CLP, eine Monatskarte 3990 CLP. Auf der Webseite kann man sich auch eine App herunterladen, die zeigt, wo im Stadtgebiet Stationen mit Fahrrädern vorhanden sind und an welchen die Karten für Touristen verkauft werden. ✆ 600-7505-600, 💻 www.bikeitau.com.br.

reihen, Lesungen, Konzerte. Betreut auch den Parque de las Esculturas. ⌚ Di–So 10–18 Uhr und bei Veranstaltungen.

Medizinische Hilfe

Eine Adressenliste deutschsprachiger Ärzte hat die Botschaft.
Clínica Alemana, Av. Vitacura 5951, ✆ 2-2210-1111, 💻 www.alemana.cl.
Clínica Las Condes, Estoril 450, Las Condes, ✆ 2-2210-4000, 💻 www.clinicalascondes.cl.

Mietwagen

Die gängigen Anbieter haben alle ihre Büros im internationalen Flughafen Arturo Merino Benítez, direkt am Ankunftsgate.
Budget, Luz 2934, Las Condes, ✆ 2-2795-3916, 💻 www.budget.com. ⌚ Mo–Fr 8–18, Sa 8–15 Uhr.
First, Rancagua 0514, Providencia, ✆ 2-2225-6328, 💻 www.first.cl. ⌚ Mo–Fr 8–18, Sa 9–14.45 Uhr.
Hertz, Andrés Bello 1469, ✆ 2-3608-600, 💻 www.hertz.cl. ⌚ Mo–Fr 7.30–19, Sa und So 10–14 Uhr.

Post

Die Hauptpost **Correo Central** liegt an der Plaza de Armas. ⌚ Mo–Fr 9–18.30 Uhr. 💻 www.correos.cl.

Wäschereien

Die meisten Hotels und Hostales bieten einen Wäscheservice.
Providencia: Av. Providencia 2169, ⌚ Mo–Fr 10–18 Uhr, im **Zentrum**: Victoria 654, ⌚ tgl. 8–22.30 Uhr, in **Las Condes**: Av. Apoquindo 5136, ⌚ Mo–Fr 8.30–19, Sa 9–14 Uhr.

AKTIVITÄTEN

Joggen

Die meisten Jogger zieht es in den Parque Central und auf den Cerro San Cristóbal. Der ist auch gut für Mountainbiker und Parcours.

Schwimmen

Zwei sehr schöne Freibäder auf dem Cerro San Cristóbal: das **Tupahue**, ⌚ Di–So 10.30–18 Uhr, und das **Antilén**, ⌚ Di–So 10.30–18 Uhr. Kostspieliger Eintritt: 7500 CLP.

TOUREN

Städtetouren

Bicicleta Verde, Constitución 153, 💻 www.labicicletaverde.com (engl.). Themenbezogenes Tourenangebot zu Rad, aber auch per pedes, traditionell und auch außergewöhnlich. Fahrradverleih, 1–4 Std. 9000 CLP, 8 Std. 15 000 CLP, 24 000 CLP. Bietet auch Stadttouren ganztägig (60 000 CLP). ⌚ tgl. 9–18 Uhr.
Turistour, Avenida El Golf 99, 5. Stock, Las Condes, 💻 www.turistour.cl. Haben eine ganze Palette von Standardprogrammen, auch Tagesausflüge, z. B. ins Valle de Colchagua.
Meik Unterkötter, der Autor dieses Buches, vermittelt kompetente Guides in Santiago und anderen ausgesuchten Städten Chiles. Kontakt: 📧 unterkoetter@stefan-loose.de.

NAHVERKEHR

Das **Metronetz** ist schnell, modern und das größte von Südamerika, verläuft aber fast durchgehend unterirdisch. Die Bahnen verkehren in hoher Frequenz, die auf den Leuchttafeln an den Gleisen angezeigt wird. Allerdings ist es während der Rush-Hour kaum möglich mit Gepäck einzusteigen, weil es dann einfach zu voll ist. Man muss eine aufladbare Karte kaufen, die es an jedem Ticketschalter oder an den Fahrkartenautomaten gibt (1500 CLP). Einige Stationen haben WLAN. www.metrosantiago.cl.

TRANSPORT

Busse

Santiago hat **fünf verschiedene Busterminals** für Fahrten zu (fast) allen Zielen im Land. Sie liegen zentral östlich der Innenstadt, alle mehr oder weniger an der Alameda (Av. O'Higgins) und sind mit der Metro gut zu erreichen. Für die Fernverbindungen werden verschiedene Kategorien angeboten. Am bequemsten ist die Klasse Salón-Cama, mit weit ausziehbaren Sitzen und großem Komfort. Es folgt Semi-Cama oder Salón-Ejecutivo, mit vergleichbarem Sevice, aber nicht ganz so weit ausziehbaren Sitzen. Dann kommt Pullman oder ClaseTurista, was der einfachste, aber immer noch gute Standard bei Langstrecken ist. Bei manchen Gesellschaften gibt's bei den Übernachtbussen ein Frühstück und ein Getränk, dazu eine mitnter rabiate Klimaanlage. Die Beschallung durch Spielfilme hat in den letzten Jahren nachgelassen. WC an Bord ist auf Langstrecken garantiert. Alles in allem ist das Niveau der Busse gut, sie sind in der Regel sauber, pünktlich und gut gewartet.

Busse ab Santiago de Chile

		Fahrzeit in Stunden	Preisspanne in CLP	
Antofagasta	28x tgl.	17–19	29 900	45 900
Arica	4x tgl.	28–29	43 300	62 900
Calama	14x tgl.	20 1/2–22	34 000	46 400
Chillán	58x tgl.	5	11 020	23 100
Concepción	64x tgl.	5	10 500	23 100
Copiapó	35x tgl.	10–11	22 700	32100
Iquique	13x tgl.	23–24	36 100	54 900
La Serena/Coquimbo	55x tgl.	5 1/2–6 1/2	10 300	23 700
Osorno	22x tgl.	10–12	16 000	49 300
Puerto Montt	22x tgl.	12–13	28 000	56 800
Rancagua	72x tgl.	1 1/4	3000	22 000
Temuco	59x tgl.	7 1/2–9	8000	19 000
Valparaíso	49x tgl.	11/2–2	5100	6200
Valdivia	18x tgl.	10–11	8000	24 000
Villarica/Pucón	21x tgl.	8–9 1/2	12 500	26 800
Viña del Mar	57x tgl.	2	5300	3000

Terminal de Buses Alameda, Av. O'Higgins 3750, Ecke Jotabeche, ✆ 600 660 6600, direkt an der Metrostation Universidad de Santiago. Lichtes Gemeinschafts-Terminal der drei großen chilenischen Busgesellschaften Pullman Bus, Pullman del Sur und Turbus. Von hier aus werden hauptsächlich die beliebten Küstenorte Valparaíso und Viña del Mar (alle 10–20 Min.) bedient. Auch ein Flughafenbus im 30–60 Min.-Takt. Im Terminal gibt es eine nette Cafeteria, eine Wechselstube, Gepäckaufbewahrung, einige Geschäfte, 2 Hotels und Imbisslokale.

Terminal de Buses Santiago Sur, Av. O'Higgins 3850, nur 150 m westlich vom Terminal Alameda und der Metrostation Universidad de Santiago.

Terminal Los Héroes, Tucapel Jiménez 21, nahe der Alameda/Av. O'Higgins, Metrostationen Los Héroes oder La Moneda. Recht kleiner Busbahnhof mit vielen Zielen im Norden und über die Anden ins argentinische Mendoza.

Terminal San Borja, San Francisco de Borja 235, ✆ 2-2776-0645. Unweit der Av O'Higgins, hinter der Estación Central, die man durchqueren muss. Metrostation Estación Central. Hier gibt es ein Shopping-Centre, Gepäckaufbewahrung, Toiletten und Duschen, Cafés und Imbissbuden. Von hier aus werden in erster Linie Ziele rund um Santiago und im Norden von Chile angesteuert.

Terminal Pajaritos, Autopista del Pacífico 10, Lo Prado, kleines Terminal, schon etwas westlich in der Stadt, günstig zur Küste gelegen, Metrostation Pajaritos, Linie 1.
Die folgende Übersicht zeigt nur die Verbindungen mit kleineren Busunternehmen. Hinzu kommen die vielen Fahrten der beiden größten Unternehmen: Turbus, 🖳 www.newturbus.cl, und Pullmanbus, 🖳 www.pullmanbus.cl.

Eisenbahn

Das Eisenbahnnetz soll noch ausgebaut werden. Der **Bahnhof Estación Central** ist aber jetzt schon große Klasse. Av. Bernardo O'Higgins 3322 (Alameda).
Infos zu Fahrplan und Sperrungen bei **Efe**, 🖳 www.efe.cl.

Flüge

Internationaler Flughafen Arturo Merino Benítez, 25 km westlich von Santiago, 🖳 www.

aeropuertosantiago.cl (auf Spanisch und Englisch). Alle internationalen Flüge landen hier. Ein neues hypermodernes Terminal wurde 2022 eingeweiht. Bei vielen Flügen checkt man hier sein Gepäck selbst ein. Hilfspersonal ist vorhanden. In der Ankunftshalle befinden sich Wechselstuben (mit ungünstigen Kursen) und Autovermietungen. Wer am Flughafen übernachten muss, findet in unmittelbarer Nähe mehrere Airporthotels guter Qualität.

Fluggesellschaften
Aerolineas Argentinas, Roger de Flor 2921, Las Condes, ✆ 800-610200, 💻 www.aerolineas.com.ar. 🕒 Mo–Fr 9–18 Uhr.
Iberia, Bandera 206, Alonso de Córdova 5151, Oficina 2002, 20. Stock, Las Condes, ✆ 2-2870-1040, 💻 www.iberia.com. 🕒 Mo–Fr 9–18 Uhr.
Jetsmart, 💻 www.jetsmart.com.
Latam, Américo Vespucio 901, ✆ 600-5262-000 (Callcenter) und 2-2579-8990, 💻 www.latam.com.
Lufthansa, ✆ 2-2618-8333, 💻 www.lufthansa.com. 🕒 Mo–Fr 9–18 Uhr.
Sky Airline, 💻 www.skyairline.cl.

Flüge zu den Juan-Fernández-Inseln mit:
Aerolineas Ata, ✆ 9-6226-0231,
💻 www.aerolineasata.cl (fliegt auch zur Isla Mocha).

Transfer von und zum Flughafen

Verglichen mit anderen Metropolen Lateinamerikas ist Santiagos Flughafen harmlos, aber trotzdem sollte man aufpassen und in ein **lizenziertes Taxi** steigen, nicht einfach in eins der vor der Ankunftshalle rufenden Fahrer. Die Büros der lizenzierten Taxifirmen befinden sich im Ankunftsgebäude (ins Zentrum ab 20 000 CLP).
Turbus. Zum Terminal des Unternehmens an der Alameda, der Hauptstraße Santiagos, 💻 www.turbus.com, tgl. 5.30–24 Uhr alle 15 Min. (1900 CLP).
Centro Puerto. Nach Las Héroes, eine Metrostation vor dem Präsidentenpalast La Moneda, tgl. 6–23.30 Uhr alle 20 Min., 0–4 Uhr jede Stunde, 💻 www.centropuerto.cl (40 Min., 2200 CLP).

2 HIGHLIGHT

Valparaíso

Eine Stadt wie Valparaíso, die in Chile alle nur Valpo nennen, dürften viele noch nie in ihrem Leben gesehen haben. Ein Meer von bunten Häuschen zieht sich über die vielen Hügel an der Küste. Erreichen kann man sie mit den von der Unesco als Weltkulturerbe ausgezeichneten Aufzügen, die teilweise schon über hundert Jahre alt sind.

Valpos etwas morbidem Charme wirkt massenhaft frische Farbe entgegen. Ohne Zweifel ist Valparaíso einer der Hotspots für Streetart weltweit.

Geschichte

Die weit geschwungene Bucht prädestinierte diesen Standort für eine Hafenanlage. Die Spanier bauten sie früh, bereits 1544. Dahinter staffelt sich die Küstenkordillere in die Höhe. Von hier wurden die landwirtschaftlichen Güter von den Haciendas in der Nähe von Santiago verschifft.

Mit dem Entstehen eines Handelsbürgertums, das sich Ende des 18. Jhs. von den Gängelungen der spanischen Kolonialmacht zu emanzipieren versuchte, wuchs auch die Bedeutung dieses „Paradiestales“. Ausländische Handelshäuser errichteten in der Stadt ihre Kontore, wie das die Frauenrechtlerin **Flora Tristan**, Großmutter von Paul Gauguin, in ihrem Buch *Meine Reise nach Peru* notiert.

Nach der Unabhängigkeit von der spanischen Kolonialmacht erlebte Valparaíso seine Blüte als Marinehafen. Die Geschäftsviertel besetzten den schmalen Landstreifen, Kapitänvillen und Bürgerhäuser krönten bald die 40 Hügel der Stadt. Die dazwischenliegenden Schluchten wurden durch Passagen und Treppengänge, Ende des 19. Jhs. dann durch Standseilbahnen miteinander verknüpft. **Italienische**, **deutsche** und **britische Einwanderer** brachten ihre Kulturen mit. All dies verschafft der Stadt einen bezaubernden Anblick und eine unvergleichliche Stimmung.

Viral: Von Valparaíso um die ganze Welt

Wie auch in vielen der Nachbarländer, besonders in Argentinien, hat die feministische Bewegung in Chile in den vergangenen Jahren massiven Zuwachs erfahren. Am 25. November 2019 begann aber noch ein ganz neues Kapitel. An diesem Abend gingen die Frauen um die vierköpfige Aktivistinnengruppe **Las Tesis** im Rahmen des internationalen Tages gegen Gewalt erstmals auf die Straße – und von dort um die Welt.

Ihr Tanzauftritt unter dem Titel „Un violador en tu camino" war in wenigen Tagen zu einer weltweiten feministischen Hymne geworden und hatte sich wie ein Lauffeuer über den Globus verbreitet. In New York, Sydney, Madrid, Paris, Berlin, Botogá und Hunderten Städten mehr auf der ganzen Welt: Überall versammelten sich Frauen auf öffentlichen Plätzen und wiederholten die stimmgewaltige Performance. Die Aktivistinnen von Las Tesis hätten niemals gedacht, dass sich ihre Performance so weit verbreiten würde. Selbst aus Taiwan kamen Journalist:innen, um über die Aktivistinnen zu berichten.

Valparaíso gewann besonders nach 1848, dem Beginn des chilenischen **Goldrauschs**, an Bedeutung. Um dem prosperierenden Handelsviertel Platz zu geben, reichten die wenigen parallelen Straßenzüge bald nicht mehr aus. Der künstlich aufgeschüttete „Plan" entstand. Doch mit dem Durchstich des Panamakanals 1914 wendete sich das Blatt; er machte die Magellanstraße obsolet. Die chilenischen Meerhäfen versanken in die Bedeutungslosigkeit, wenn sie nicht an feste Handelsprodukte geknüpft waren wie z. B. Antofagasta, Iquique und Arica mit Salpeter, Fischmehl, Tunfisch und Kupfer.

Auch Valparaísos Glanz verlosch (zunächst). Mit **Pablo Neruda**, der die Stadt liebte, zog frischer Geist ein. Er ließ sich in den 1960er-Jahren von dem Architekten Sebastian Collado die Sebastiana bauen, ein mehrstöckiges Haus hoch oben auf dem Hügel Buenavista. Künstlerfreunde und Architekten folgten ihm, das Museo de Cielo Abierto, das Freiluftmuseum entstand.

Es sind diese anscheinend improvisierten **Kultur-Initiativen**, die Valparaíso so spannend machen. Auch die Fundación Valparaíso hat die Stadt Mitte der 1990er-Jahre wieder auf Trab gebracht. Sie kümmert sich um ausgefallene Kulturprogramme, Konzerte, themenbezogene Stadtspaziergänge, Lesungen.

Viele Villen wurden restauriert und in kleine Hotels oder Museen verwandelt. Innovative Clubs machen von sich reden. Die Hügel hinauf- und hinabzusteigen, am Hafen entlangzuschlendern, den Markt zu besuchen, mit den Standseilbahnen einen *cerro* hinaufzugondeln, in den Cafés zu relaxen, das alles macht Valparaíso extrem lohnend.

Stadtspaziergang

Früher lebten die Reichen unten und die Armen oben, heute ist es umgekehrt, bzw. nicht ganz. Oben: das heißt immer noch rissige Wellblechdächer und Löcher im Straßenpflaster. Oben, das kann aber auch heißen: fachgerecht restaurierte Holzvillen mit kompletten Gärten auf dem Dach, vollständig entkernte Wohnbereiche, feine Restaurants in sanierten Holzvillen. Nicht alle Bewohner von Valparaíso freut diese Entwicklung, denn manche Gegenden sind praktisch unbezahlbar geworden.

Sicherheit in Valpo

Valparaíso fasziniert wohl jeden Besucher erst einmal, verunsichert aber auch gleichzeitig. Die Häuser der Stadt sind fast komplett bemalt, besprüht und manchmal auch nur beschmiert – im Zentrum bis zum dritten Stock hoch oder noch höher. Dazu riecht es nicht in allen Ecken wirklich gut. Und zum Abend hin bevölkert auch eine Reihe skurriler Typen die Straßen des Zentrums und vor allem die Hafengegend rund um die Plaza Echaurren, zu der man dann besser Abstand halten sollte.

Nationalkongress, Plazuela Ecuador, Museo a Cielo Abierto, Sebastiana

Aufgrund der geographischen Lage Valparaísos gibt's kein Straßenmuster im Schachbrettstil. Der Stadtplan erinnert eher an ein Kleiderschnittmuster. Sozusagen am Stadtportal gegenüber vom Busbahnhof an der Pedro Montt wurde 1990 der **Nationalkongress** mit imposanter Freitreppe gebaut. Er ist ein echter Eyecatcher, denn er ähnelt einem monumentalen Triumphbogen. Hier beginnt auch die Route der traditionellen Trambahnen Valparaísos, der *troles*.

Es folgt der Reigen der Plätze, die dem Stadtgewebe ein bisschen Struktur und kleine Zentren geben. Bäume, kiesbestreute Wege, Skulpturen, Bänke, Springbrunnen schmücken sie. Die **Plaza O'Higgins**, begrenzt durch das **Teatro Municipal**, ziert ein barocker Brunnen. Hinter der **Kathedrale** verbirgt sich die andere Seite der Stadt: die laute, graue **Plazuela Ecuador** und die Calle Condell mit staubigen, feuchten Fassaden, grellbunten Billiggeschäften und kleinen Imbissrestaurants mit günstigem Mittagstisch.

Wer die Stiegen der Súbida Yerbas Buenas erklimmt, landet im absolut sehenswerten **Museo del Cielo Abierto** auf dem Cerro Bellavista. Wandgemälde, Mosaikarbeiten und originell gestaltete kleine Plätze schmücken ein einfaches Wohngebiet, durch das sich enge Gassen fädeln, eine gelungene Überraschung.

Das „Museum unter offenem Himmel" endet an der steilen Hector Calvo Jofre. Wenn man weiter hinaufsteigt, folgen das von Sebastian Collado entworfene Hotel Puerto Natura und an einer weiten grünen Plaza das Restaurant Oda Pacifico mit grandioser Aussicht von der Terrasse.

Geht man die Straße hoch, läuft ein Stück auf der Av. Alemania und steigt die übernächste wieder hinunter (Calle Ferrari), ist der Eingang zur **Sebastiana** erreicht. Über fünf Stockwerke aufgetürmt, ähnelt dieses 1961 von Pablo Neruda bezogene, schmale, halbrunde Wohnhaus halb einem Adlerhorst, halb einem Schiffs-Ausguck. Vom vierten Stockwerk, in dem sich des Dichters Räume befanden, genießt man einen wunderbaren Blick aufs Meer. An der Inneneinrichtung des Hauses wirkte aber nicht nur Neruda mit, der es mit seinen balinesischen Wandschirmen, Postkarten, mexikanischem Geschirr und ausgestopften Tieren möblierte, sondern auch befreundete Künstler, die das Museo de Cielo Abierto gestaltet haben. Ferrari 662, 💻 www.fundacionneruda.org, 🕒 Mi–So 10–18, Jan und Feb 10–19 Uhr, Eintritt 8000 CLP. Das angeschlossene **Centro Cultural** bietet Platz für Workshops, Vorträge und Lesungen.

Wieder unten in Valparaísos „Erdgeschoss" stößt man beim Weiterlaufen auf die kleine dreieckige **Plaza Aníbal Pinto** mit dem sagenumwobenen Neptunbrunnen in der Mitte. Von hier aus führen die Straßen Cummings und Almirante Montt auf den Cerro Cárcel und auf den sehr beliebten **Cerro Alegre**. An seinen Rändern liegen zahlreiche Clubs und Cafés.

Plaza Aníbal Pinto, Cerro Alegre, Cerro Concepción

Die Plaza Aníbal Pinto wird von einigen Hochhäusern gerahmt, doch immer noch gibt es dort die **Bar Cinzano** – mit über 125 Jahren die angeblich älteste Museums-Bar der Welt, 💻 www.cinzanooficial.cl, 🕒 Do–Sa 18–2 Uhr. Dazu als weitere Attraktion das **Café del Poeta**, 🕒 Mo–Sa 9.30–21 Uhr. In dieser Ecke ist einfach alles sehenswert.

Der **Aufzug (Ascensor) Turri** bei dem kuriosen zimmerschmalen **Uhrturmhaus Turri** (wo die Calles Prat, Cochrane und Esmeralda zusammentreffen) gleitet auf den **Cerro Alegre**. Wer zu Fuß gehen will, kurvt um die schmalen Häuser der Calle Cummings. Wie der benachbarte Cerro Concepción wurde er im 19. Jh. vom Handelsbürgertum bezogen. Das Erdbeben 1906 zerstörte viel von der Bausubstanz, aber anschließend wurde der Hügel um seine Hauptachse Montealegre nur noch prächtiger mit ausladenden Stadtvillen bebaut, den *mansiones*. Reiche Kaufleute rissen sich um die exklusive Lage inklusive Meerblick, u. a. der Kroate Pascal Baburizza, der sich 1916 eine Mischung aus Jugend- mit Alpenstil am Paseo Yugoslavo 176 erbauen ließ. Hier ist das **Museo de Bellas Artes** untergebracht, das als Palacio Baburizza bekannt ist. Viel kulturelles Leben findet dort statt, Ausstellungen, Konzerte und Nachtveranstaltungen. 🕒 Di–So 10.30–18 Uhr, im Sommer bis 19 Uhr. Eintritt 4000 CLP.

Valparaíso

ÜBERNACHTUNG
1. Hostal Casa Verde Limón
2. Escarabajo Hostel
3. Hostal Casa Kolping
4. Hotel O'Higgins
5. Puerto Natura Hotel & Spa

ESSEN
1. Bar La Playa
2. Melbourne Café
3. La Colombina
4. Restaurante El Pimentón
5. Casino J. Cruz M
6. Cafe Sello Verde

TRANSPORT
1. Busbahnhof

Varas
Carampangue
Bustamante
Márquez
Barrio Puerto
Mercado del Puerto
Iglesia Matriz
Riveros
S Martín
Plaza Echaurren
Clave
Cerro Santo Domingo
Serrano
Blanco
Errázuriz
Muelle Prat
Hotel Reina Victoria
Plaza Sotomayor
Puerto
Museo del Mar
Plaza Justicia
Castillo
Prat
Cochrane
Palacio Baburizza (Museo de Bellas Artes)
Uhrturmhaus Turri
Paseo Gervasoni
Urriola
Cerro Alegre
Blanco
Esmeralda
Paseo Atkinson
Cerro Cordillera
Montealegre
Cerro Concepción
Plaza Aníbal Pinto
Melgarejo
Bellavista
Errázuriz
O'Higgins
Templeman
Almirante Montt
C. Cummings
Bellavista
Pudeto
Blanco
Savador Donoso
Ramírez
Av. Brasil
Av. Alemania
FRIEDHOF
Plaza Ecuador
Condell
Molina
Edwards
Kathedrale
Chacabuco
Rodríguez
Freire
Yungay
Plaza Victoria
Huito
Yerbas Buenas
Cummings
Ecuador
Museo del Cielo Abierto
Carrera
Buenos Aires
Las Heras
Independencia
Parque Italia
Gral. Cruz
Av. Alemania
Cerro Buenavista
Bernardo Ramos
Hector Calvo Jofre
Guillermo Rivera
Ricardo de Ferrari
San Juan de Dios
Gral. Mackenna
Pinto
La Sebastiana
Mena
Av. Alemania
Centro Cultural
Aquiles Ramírez
Santiago
Miguel Angel
Ricardo de Ferrari
Av. Francia
Trinquete

SANTIAGO UND ZENTRALCHILE

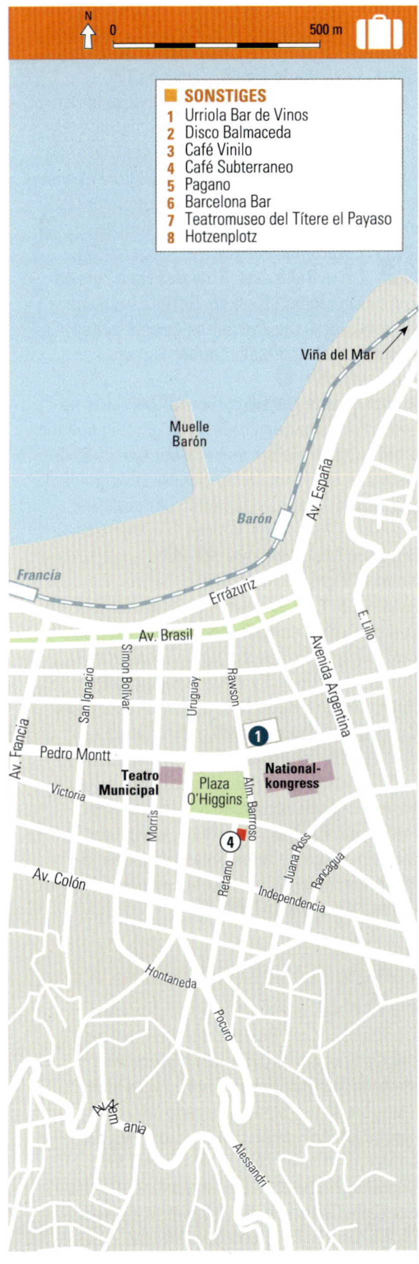

Den Nachbarhügel **Cerro Concepción** übernahmen Mitte des 19. Jhs. britische Einwanderer, später auch Italiener und Deutsche. Sie entflohen dem allmählich unsicheren Hafengeviert und bauten zweistöckig, mit Balkonen und Vorgärten, einem bis dato unbekannten Hausentwurf in Chile. Der Aufzug Concepción führt wieder nach unten. Wer lieber läuft, sollte die schönen **Paseos Atkinson** und **Gervasoni** besuchen, die wie Balkone über der Stadt liegen.

Unterhalb der Cerros Concepción und Alegre breitet sich der „Plan" aus, ein aufgeschüttetes Plateau mit vier Parallelstraßen. In der Blanco, Cochrane und Prat ließen sich die Geschäftsleute nieder, man sieht viele klassizistische Fassaden. Sie geleiten zur **Plaza Justicia** mit dem **Ascensor Peral**, der zum Cerro Concepción führt.

Plaza Sotomayor, Muelle Prat, Cerro Cordillera

Über die Serrano, eine weitere wichtige Arterie der Stadt, erreicht man die imposante **Plaza Sotomayor** mit einem Denkmal für die **Seeschlacht von Iquique** und dem altehrwürdigen **Hotel Reina Victoria**. Die Plaza Sotomayor rahmen schneeweiße ehemalige öffentliche Gebäude im neoklassizistischen Stil, die einst als architektonisches Ensemble gedacht waren. Der Platz öffnet sich zum Hafen. An der **Muelle Prat** lassen sich Hafenrundfahrten buchen.

Nicht nur in Valparaíso, aber besonders dort, stolpert man immer wieder über einen Namen: Lord Cochrane. Thomas Cochrane war ein wegen eines spektakulären Börsenskandals in Ungnade gefallener, hoch dekorierter schottischer Admiral, den Bernardo O'Higgins 1817 zum Befehlshaber für die chilenische Armee auserkor. Mit einigen waghalsigen Aktionen bezwang er die kolonialspanische Armee. Ihm zu Ehren gibt es das **Museo de Lord Cochrane**, das allerdings mit Thomas Cochrane gar nichts zu tun hat. Eine stilreine, ochsenblutrote Casa Patronal wurde ihm 1842 auf dem Cerro Cordillera gebaut, mit einem von Holzpfeilern gestützten Schindeldach, doch das bezog er nie. Hier ist jetzt das **Museo del Mar**, Merlet 195, eingezogen, ausgestattet vom Club der Modellschiffbauer, und Modellschiffe sind sein wertvollster Schatz. Gemälde chilenischer Künstler zum Thema Meer hängen an den Wänden. Zugang über den Ascensor Cordillera. Zum Zeitpunkt der Recherche war das Museum allerdings geschlossen.

An der Blanco 44ist der **Bar La Playa** ein Besuch abzustatten. Das traditionsreiche Café ist seit 1908 Treff für Tanz und Billard. Es war eine der Stützen im ehemaligen Hafenamüsierviertel von Valparaíso, das besonders in den 1930- bis 1950er-Jahren reichlich Glamour ausstrahlte. Heute Treffpunkt für Musiker, Autoren und Künstler. In der Bar La Playa wird gut und preiswert gekocht, und das betagte hölzerne Mobiliar macht die Adresse unverwechselbar. 💻 www.fb.com/BLP1908. 🕒 So–Do 11–19, Fr und Sa 11–5 Uhr.

Plaza Echaurren, Cerro Santo Domingo, Barrio Puerto

Die von restaurierten Fassaden flankierte **Plaza Echaurren** markiert den Endpunkt des Plan und leitet in die volkstümlichen Viertel über. Sie scharen sich um die älteste Kirche der Stadt, die **Iglesia Matriz**. Besonders charaktervoll und übersät mit einfachen Holzplankenkonstruktionen: der **Cerro SantoDomingo**, der sich gleich dahinter erhebt. Hier schlägt das alte Herz von Valparaíso. Die Iglesia La Matriz wurde von den Jesuiten angelegt: Vor ihren Toren befand sich einst eine Rampe für die Boote, die hier gesegnet wurden.

Ein paar Schritte weiter steht das Gebäude des **Mercado Puerto**, (🕒 tgl. 8.30–20 Uhr, So ab 10 Uhr), zwischen den Straßen Blanco und Cochrane. Hier gibt's frische Meeresfrüchte und Fisch neben Obst und Gemüse. Im 1. Stock befinden sich die Mittagsrestaurants.

Das **Barrio Puerto**, das sich zwischen der Plaza Sotomayor und Plaza Aduana ausstreckt und dessen Mittelpunkt der Mercado Puerto bildet, soll als Nächster von der Schmach der Vernachlässigung befreit werden. Seit vielen Jahren nimmt sich eine Bürgerinitiative dieses urigen Viertels an, das zwar arm ist, aber nicht schäbig sein will. Das gehört nicht zusammen, sagen die Fischer, nur die ausländischen Gäste hielten das für romantisch. Auch eine Nightlifeszene hat sich hier etabliert.

ÜBERNACHTUNG

Hostal Casa Verde Limón, Cumming 196, 💻 www.casaverdelimon.com. Leicht zu finden – die Fassade ist tatsächlich limonengrün! Liegt sehr gut zum Ausgehen: zu Füßen der Cerro Alegre und Concepción. Eine Künstlerin hat dem Hostal ihre Handschrift gegeben. Einfache Zimmer, Gemeinschaftsbäder, Küchenbenutzung. ❷

€ **Escarabajo Hostel**, Hector Calvo 371, Cerro Bellavista. Betagtes Haus, große Zimmer mit hohen Decken, Garten, Gemeinschaftsküche. Die Zimmer sind recht einfach ausgestattet, aber sehr sauber. Gutes Ambiente. ❷–❸

Hostal Camila 109 B&B, Camila 109, Cerro La Loma, 💻 www.camila109.cl. Liegt ruhig und ein wenig abgeschieden jenseits der Cerros Bellavista und Cárcel mit einer Superaussicht auf die Bucht. Die Zimmer sind nicht sehr groß und sparsam möbliert, geräumige Dachterrasse. Günstige Monatsmieten. ❷–❸

Hotel O'Higgins, Pastor Willis Hoover (Ex-Retamo) 517, 💻 www.ohigginsparkhotel.cl. Leicht verblichener Grand-Hotelstil trotz der großzügigen Anlage nur einen Block vom Busbahnhof über die Plaza O'Higgins. ❹

Puerto Natura Hotel & Spa, Hector Calvo 850, Cerro Bellavista, 💻 www.puertonatura.cl. Wurde vom Sebastiana-Erbauer Sebastian Collado 1934 entworfen. Hinter der unscheinbaren Fassade verbergen sich bepflanzte Patios, ein Pool, ein Yogaraum, ein mit antiken Möbeln ausgestattetes Speisezimmer und 10 unterschiedlich gestaltete, bequeme Zimmer. Gutes Frühstück inkl. ❸–❺

ESSEN

Bar La Playa, Blanco 44. Kitschig-schöne Traditionsbar mit Restaurant. Die Besitzerin Cecilia liebt die betagte, überladene Ausstattung auch nach dem Umzug vom alten Standort an der Straße Serrano 567. Chilenische Rezepte ohne Firlefanz, die den Geldbeutel nicht strapazieren. Treffpunkt für Künstler. Ein zweiter Eingang befindet sich an der Calle Cochrane. Am Wochenende voll. 🕒 So–Do 11–19, Fr und Sa 11–5 Uhr.

Valparaíso – berühmt für seine bunten Häuser

CafeSello Verde, Ferrari 570, Cerro Bellavista. Marion Koch hat 2008 diese Perle mit Aussicht auf den „Poetenplatz" eröffnet. Kuchen, Sandwiches, leckere Salate und exzellente Säfte. ⌚ Di–So 11–19 Uhr.

Casino Social J. Cruz M, Freire 621, 💻 www.jcruz.cl. Einer der originellsten Mittagstische in Valparaíso in einem Setting aus vollgestopften Vitrinen, abgewetzten Tischen und netten Kellnern. Das Essen ist grundsolide, aber nicht preiswert: Schweinefleisch mit Zwiebeln auf einem Berg voller Pommes, oder Fischfilet mit Kartoffelbrei. ⌚ tgl. 12–2 Uhr.

La Colombina, Pasaje Apolo 91, Paseo Yugoslavo. Der Parkettboden knarrt, die Weingläser blitzen: elegantes Restaurant in einer alten Villa mit Terrasse und Superblick über Valparaíso. ⌚ Mo–Sa 12–22, So 12.30–17 Uhr.

Melbourne Café, Plaza Sotomayor 33, Local 9, 💻 www.melbournecafe.cl. Australisches Café am Hauptplatz. Gute Panini. Nette Terrasse, nur einen Block vom Hafen. ⌚ tgl. 8–19, Sa und So bis 18 Uhr.

€ **Restaurante El Pimentón**, C. Ecuador 27, 💻 www.fb.com/pimenton.valpo. Chilenische Küche, Fisch und Meeresfrüchte, reichhaltige und günstige Empanadas, klein und Top-Service. ⌚ nur Fr–So, manchmal auch unter der Woche, einfach anrufen. ⌚ Di–Do 13–22, Fr und Sa 13–24, So 13–18 Uhr.

UNTERHALTUNG UND KULTUR

Vielfältiges Angebot, besonders auf den Cerros Alegre und Concepción: **Café Vinilo,** Montt 448, ⌚ tgl. 11–24 Uhr, und **Urriola Bar de Vinos**, Urriola 393, 💻 www.fb.com/bodegaurriola, ⌚ So–Do 13–23, Fr und Sa 12–2 Uhr, sind ein Mittelding zwischen Bar, Bistro und anheimelnder Gemütlichkeit. Die Clubszene trifft sich im **Balmaceda** und **Barcelona**. Viele Kneipen, Bars und Clubs gibt es an der Súbida Ecuador, an der Av. Errazúriz in Hafennähe zwischen Calle Bellavista und Pasaje Ross und in der Nähe der Plaza Aníbal Pinto: **El Huevo**, Calle Blanco 1386, ⌚ tgl. 21–4 Uhr. Für LGBTQIA+-Gäste: **Pagano**, Errázuriz 1852, ⌚ Mo und Mi–Sa 23.30–4 Uhr.

Hotzenplotz, Héctor Calvo 331, am Cerro Bellavista, 💻 www.fb.com/Hotzenplotz Valpo. Für Gäste mit Heimweh hat Johannes aus Leipzig 2014 diese wunderbare Kneipe

LOS

eröffnet. Deutsches Brot, gutes Bier und clevere Gerichte. ⌚ Mo–Fr 17.30–24, Sa und So 13–1 Uhr.
Für Theaterfans ist das Abendprogramm eher unspektakulär. Das **Teatromuseo del Títere y el Payaso** (Theatermuseum Marionetten, Puppen und Clowns) in der Cumming 795, Plaza Bismarck, 💻 www.teatromuseo.cl, veranstaltet Workshops und hat einen Saal für Gastspiele.
Bar La Playa, s. o.
Subterraneo, Condell 1198. Hübsche kleine Bar im Zentrum mit Ausstellungen. ⌚ Mo–Fr 8.30–20.30, Sa 10–20.30 Uhr.

SONSTIGES

Feste

Februar: Valparatango – eine Woche lang Tango.

Geld

Geldautomaten der Banken (in den Straßen Prat, Condell, Blanco und Esmeralda)

Kunstgalerien

Die meisten verteilen sich auf den Cerros Bellavista und Alegre sowie in der Súbida Cummings. Manche haben auch ein spannendes Abendprogramm.

Touren

Free Tour Valparaíso, 💻 www.freetourvalparaiso.cl (engl.). Tgl. 10 und 15 Uhr, Treffpunkt ist die Plaza Aníbal Pinto. Dauer 3 Std. Einfach nach dem Guide mit dem Free Tour-T-Shirt Ausschau halten.

NAHVERKEHR

Der Zug **Tren Limache–Puerto** (früher Metrotren MARVAL) fährt vom Hafen (Puerto) an der Küste entlang über Viña del Mar und Villa Alemana nach Limache.
Microbusse verkehren auf den Hauptarterien der Stadt, den Avenidas Errázuriz, Brasil, Pedro Montt und noch vielen weiteren. Einer befährt die Av. Alemania über die Cerros. Die Stationen sind an die Windschutzscheibe geschrieben.

TRANSPORT

Busterminal an der Av. Pedro Montt 2880. Hier haben alle Gesellschaften ihre Station. Gut für Fahrten entlang der Küste. Überlandbusse verkehren meist über SANTIAGO, von wo aus mehr Verbindungen bestehen. Direkter Zubringer zum internationalen Flughafen Merino Benítez mit Turbus (5–6x tgl.).

Busse nach:
CONCEPCIÓN (6 Std., 5x tgl.), 16 800–23 100 CLP,
LA SERENA (7 Std., 2x tgl.), 18 400–24 200 CLP,
SANTIAGO (2 Std., 37x tgl.), 5300 CLP.

Viña del Mar

Immer an der Küste entlang Richtung Norden: der Schwesterort von Valparaíso liegt buchstäblich um die Ecke, nur um einen Felsvorsprung herum. Beide zusammen bilden sie mit jeweils fast 300 000 Einwohnern einen richtig großen Städteverbund,

Das mit einem lauen Mittelmeerklima gesegnete Viña entstand Mitte des 19. Jhs. als Badeort der Oberschicht aus Santiago, die hier ihre Villen erbauen ließ. Die trubelige und auch ein wenig liederliche Hafenstadt Valparaíso hatte gar nichts mit der mondänen Bademetropole gemein, die dann entstand. Im Sommer allerdings platzt Viña aus allen Nähten – es ist eins der beliebtesten Strandferienziele der Chilenen.

Viña teilt sich übersichtlich in **zwei Hälften**. Im älteren Teil jenseits der alten Eisenbahnlinie (früher existierte eine Direktverbindung zwischen Viña und Santiago) tragen die mäandernden, leicht ansteigenden Straßen „richtige" Namen. Jenseits der Plaza Vergara, die noch zum traditionellen Teil zählt, öffnet sich ein leicht zu durchschauendes Schachbrettstraßennetz mit der Zentralachse Avenida Libertad, die praktisch parallel zur Küste verläuft.

Die Straßen in dieser Hälfte sind nach Himmelsrichtungen und Zahlen geordnet. Hier reihen sich Restaurants, Einkaufszentren, Karaokebars, Straßencafés, Hotels und Geschäfte höchst übersichtlich aneinander. Die attraktiven,

◂ Immer wieder verblüffend, wie verschachtelt die Häuser in Valparaíso gebaut sind.

betagten Villen wurden teilweise zu Museen umfunktioniert. Auch hübsch – und altmodisch: die Blumen-Sonnenuhr und das schicke Kasino am Strand. Die beliebtesten Strände von **Viña** sind **Caleta Abarca**, **Acapulco**, **El Sol** und **Las Salinas**. Macht zusammen einen ausgedehnten Strandspaziergang.

Plazas, Paläste und Museen

Die schönste Quinta ist zweifelsohne die der Familie Vergara mit einem riesigen botanischen Garten, der mehr zu beeindrucken weiß als viele der öffentlich geführten. Er war einer der ersten überhaupt in Chile und zeigte Bäume und exotische Blumen, die dem mittelchilenischen Publikum einst gänzlich unbekannt waren. In der Wohnvilla, einem Neorenaissancebau mit neoandalusischen und italienisch-barocken Einsprengseln, der **Quinta Vergara**, residierte einst das mit chilenischer und europäischer Malerei bestückte **Museo de Bellas Artes**, Errazúriz 563. ⏲ Di–So 10–13.30, 15–17.30 Uhr. Eintritt frei.

In der Konzertmuschel im Gartenpark geben in der dritten Februarwoche lateinamerikanische Stars und Sternchen alles für den großen Auftritt auf dem **Festival de la Canción**, einer Society-Veranstaltung allerersten Ranges.

Die **Plaza Vergara** verströmt noch die Grandezza vergangener Tage. Das **Hotel O'Higgins** streckt sich an seiner nordöstlichen Ecke aus, und auch noch so manchem anderen älteren, charmant-verblichenen Haus merkt man an, dass es einmal etwas Besonderes darstellte.

Der **Palacio Carrasco** an der Avenida Libertad 250 zieht alle Augen auf sich: eierschalenfarbene Tudor-Klassik, umgeben von einem weiten grünen Park. Er entstand 1912 im Auftrag eines Salpeterbarons.

Die Universidad Católica erwarb 1985 den **Palacio Valle** am Paseo Valle 396 und brachte dort ihre historische und philosophische Fakultät unter. Sie ist venezianischen Vorbildern nachempfunden und stammt aus dem Jahr 1916.

Am attraktivsten allerdings ist die echte Südstaaten-Scarlett-O'Hara-Schönheit **Palacio Rioja** an der Quillota 214 – allein der Treppenaufgang mit Zuckerbäckerbaldachin ist wie für eine Filmkulisse gebaut. Heute wird es als **Museo de Artes Decorativas** genutzt. Zugang über die Straße 3 Norte, 💻 www.fb.com/palaciorioja, ⏲ Di–So 10–13.30 Uhr. Eintritt frei.

Araukarien beschirmen den **Palacio Presidencial** auf dem Cerro Castillo, der über der Küste schwebt. In den 1930er-Jahren entstand dieser Präsidentenpalast im neoklassischen, neomittelalterlichen Stil. Er ist über die Calle Callao aus zu erreichen und steht dem jeweiligen Staatspräsidenten als Sommerresidenz zur Verfügung.

Ein wichtiges archäologisches und anthropologisches Museum hat ebenfalls in einem prachtvollen Palast Räume bezogen. Es handelt sich um die Sommerresidenz der Familie Delano, die dem **Museo Arqueológico Fonck**, 4 Norte 784, 💻 www.museofonck.cl, jetzt Heimstatt ist. Es zeigt eine umfangreiche Sammlung mit Objekten von der Osterinsel und hat in seinen Sälen auch Platz für Wanderausstellungen. Eine Moai-Statue bewacht den Park. ⏲ Mo 10–14, 15–18, Di–Sa 10–18, So 10–14 Uhr. Jeden 1. Sonntag im Monat Eintritt frei. Eintritt 4500 CLP.

ÜBERNACHTUNG

€ **Reloj de Flores**, Los Baños 70, Caleta Abarca, 💻 www.fb.com/hostalrelojflores. In einem süßen alten Haus untergebrachtes B&B mit kleinen, sauberen Zimmern. Zentral gelegen. ❷–❸

🌳 **Eco-Hostal Offenbacher Hof**, Balmaceda 102, am Cerro Castillo, 💻 www.offenbacher-hof.cl. Schöne Posada mit 16 Zimmern in verschiedenen Größen und Preisen, alle mit Bad, von einer netten, deutsch-chilenischen Familie geführt, Frühstück inkl. ❸–❹

My Father's House Bed and Breakfast, Gregorio Marañon 1210, ✆ 32-2616-136. Ganz privat und luxuriös in einem Anwesen aus den 1980er-Jahren, umgeben von Park und Pool. Terrassen, schöne Zimmer. Liegt nicht ganz zentral. ❹–❺

ESSEN UND UNTERHALTUNG

Burgeria Gastrobar, 7 Norte 82, 💻 www.burgeria.cl. Für Liebhaber von hausgemachten

Viña del Mar

ÜBERNACHTUNG
(1) Eco-Hostal Offenbacher Hof
(2) Reloj de Flores
(3) My Father's House Bed and Breakfast

ESSEN
1 Burgeria Gastrobar
2 Ilo Mapu
3 El Gaucho
4 El Austriaco
5 Café Anayak

SONSTIGES
1 Oficina Central de Turismo

TRANSPORT
1 Aerolineas Argentinas
2 Sky-Airlines
3 Air France/KLM
4 Terminal Rodoviario
5 LATAM

Burgern vom Grill, große Auswahl, faire Preise. 🕒 tgl. 13–23.30 Uhr.

Café Anayak, Quinta 134, Traditionelles Café mit üppigen Torten und Schnittchen, kleinen Gerichten und einer Tageskarte. Abends Drinks und Weine. 🕒 Mo–Sa 8–21, So 9.30–21 Uhr.

El Austriaco, 3 Norte 105, 🕒 www.el austriaco.com. Geschmack aus der Heimat, aber auch viele landestypische Gerichte, Fisch und Meeresfrüchte. Zentral gelegen und freundlich, ein Klassiker. 🕒 Mi–Do 12.45, Sa und So 12.45–23, So 12.45–17.30 Uhr.

El Gaucho, Av. San Martín 435, 💻 www.el gaucho.cl. Traditionelle *parrilla* im argentinischen Stil. Gegrilltes Fleisch in allen erdenklichen Größen (meistens groß) und Innereien. 🕒 tgl. 12–22 Uhr.

Ilo Mapu, 6 Norte 228, www.ilomapu.cl. Gelungene Kombination von chilenischen und Mapuche-Spezialitäten, den Urbewohnern aus dem tiefen Süden. Leckereien vom Land und aus dem Meer, einfach mal anders zubereitet. Sehr freundlicher Service. Mi–Sa 12.30–23, So 12.30–17 Uhr.

SONSTIGES

Einkaufen

Shopping-Center: Mall Marina Arauco, Av. Libertad 1348, tgl. 10–20 Uhr, und Mall Espacio Urbano, Av. Benidorm 961, tgl. 8–21.30 Uhr

Feste

3. Februarwoche: Festival Internacional de la Canción de Viña del Mar. Südamerikas größtes Musikfestival mit vorzugsweise lateinamerikanischer Musik.

Im **November** findet ein gut besetztes internationales Filmfestival mit Koproduktionen, hauptsächlich aus Lateinamerika und Spanien, statt. www.cinevina.cl.

Informationen

Oficina Central de Turismo, 5 Nte. 901, 32-2185-710. Mo–Fr 9–17.30 Uhr.

NAHVERKEHR

Der Zug **Tren Limache-Puerto** (früher Metrotren MARVAL) fährt vom Hafen (Puerto) in Valparaíso an der Küste entlang überViña del Mar und Villa Alemana nach Limache.

TRANSPORT

Der Busbahnhof **Terminal Rodoviario** liegt 300 m östlich der Plaza Vergara an der Calle Valparaíso 1055. Zahlreiche Verbindungen nach Santiago. Abends rechtzeitig am Terminal sein, denn viele Leute kommen für einen Tagesausflug her. Viele Busse starten hier in die Orte am nördlichen Küstenabschnitt. Die Auswahl an Bussen zu überregionalen Destinationen ist in Santiago größer.

Busse nach:
CONCEPCIÓN (12 Std.), 10x tgl., 14 700–21 000 CLP,
COQUIMBO (6 Std.), 2x tgl., 18 400–23 500 CLP,
LA SERENA (9 Std.), 2x tgl. 18 400–24 200 CLP,
PUERTO MONTT (13–15 Std.), 4x tgl., 27 300–36 700 CLP,
SANTIAGO (2 1/2 Std.), 61x tgl., 5500 CLP.

Von Valparaíso südwärts

Die Route in den Süden wird auf weiten Strecken von felsigen schwarzen Klippen begleitet und führt auch nicht am Wasser entlang, sondern in einigem Abstand durch das Landesinnere.

Algarrobo

Das Städtchen sieht im Vergleich zu Alfonso del Mar ziemlich normal aus. Es hat einen traditionsreichen Jachtclub. Dessen Existenz führte zum Beinamen „Hauptstadt des Wassersports“. Algarrobo liegt etwa 70 km südlich von Valparaíso.

Es gibt keine Straße an der Küste entlang, man fährt über Casablanca. Die beliebtesten Strände sind **Canelo**, **Las Cadenas** und **Pejerrey**, Sonnenschirme kann man mieten. Ganz hübsch ist der **Paseo Costanera Carlos Alessandri**, der teilweise am Strand entlangführt. Da spürt man, dass Algarrobo Tradition als Familienbadeort hat. Im Sommer werden Kites, Wellenbretter und Bananaboats ausgeliehen.

ÜBERNACHTUNG UND ESSEN

Hauptsächlich Cabañas für Familien stehen in Algarrobo bereit.

€ **Residencial Vera**, Carlos Alessandri 1521, 35-2481-131. Hat Tradition: Patios, eine tolle Terrasse, Blumen, unterschiedlich geschnittene Zimmer, direkter Strandzugang. Zimmer mit/ohne eigenes Bad. Alle inkl. Frühstück. ❷

Hotel & Restaurant Medio Mundo, Carlos Alessandri 1579, 💻 www.mediomundo.cl. Hübscher, kleiner sonnengelber Komplex mit 10 bequem ausgestatteten Zimmern – alle haben Balkon. Garten, Terrasse, gutes Restaurant, 🕒 Mi–So 12.30–17 Uhr, Frühstück inkl. ❹

Brisas del Mar, Camino a Mirasol, 💻 www.restaurantbrisasdelmar.cl. Liegt auf halbem Weg nach San Alfonso, gepflegt und freundlich, hat sehr gute Meeresfrüchteküche, *locos, jaivas*. 🕒 Mo–Do 12.45–19, Fr–So 12.45–23 Uhr.

Isla Negra

Die sich an Algarrobo anschließenden Orte **Quisco** und **El Tabo** erfreuen sich wegen ihrer Strände (teilweise aufgeschüttet, mit Klippen durchsetzt) sommers großer Beliebtheit, zu den übrigen Jahreszeiten haben sie nicht viel mehr zu bieten als eine Durchgangsstraße, an der sich alles versammelt: Geschäfte, Cafés, Restaurants und die Busstationen.

Ganz anders liegt der Fall bei **Isla Negra**. In diesen flachen Pinienwäldern verstecken sich malerische und oft sehr geschmackvolle Ferienvillen gutbetuchter Chilenen, und die schönste gehörte Pablo Neruda, der hier mit seiner Frau Matilde Urrutia wohnte. Die meisten Besucher sind aus diesem Grund hier. **Pablo Nerudas Villa** liegt direkt am Strand, der hier hauptsächlich aus schwarzen, vom Meer glatt polierten Felsen und Klippen besteht. Im Haus befindet sich eine Sammlung von Galionsfiguren, darunter sogar eine männliche – man sagt, sie stelle Sir Francis Drake dar – und eine weibliche, die Tränen vergießt. Auch sonst ist die Villa sehenswert. 💻 www.fundacionneruda.org. 🕒 Mi–So 10–18 Uhr. Eintritt 8000 CLP.

Cartagena

Dieser Ort versteht sich als Mittelding zwischen Valparaíso und Isla Negra und hat dazu noch zwei breite Strände. Gelegen wie Valparaíso im Kleinen, Heimat (und Grabstätte) des Dichters Vicente Huidobro, der im heftigen Streit mit

Pablo Neruda lag, und mit vielen Ambitionen in Richtung Kunst und Kultur, ragt es aus der Reihe der moderneren Badeorte durch seine Anlage und seine Tradition heraus.

Auch hier ließen reiche Santiaguinos zu Beginn des 20. Jhs. Ferienvillen bauen, und das ist durchaus sehenswert. Ein schönes Ensemble bilden die **Villa Ferrari** in der Calle Bulnes (im oberen Stadtbereich), eine burgenähnliche Konstruktion, und die **Villa Gherardi**, Chacabuco 200, die 1892 entstand. Im Zentrum liegen die **Villa de la Vega**, Calle León XIII, und die **Villa Lozano**, Av. Cartagena, Ecke Arica. Der leicht verwahrloste **Bahnhof**, in dem die Besucher ab 1921 aus dem Zug stiegen, ist ein Monumento Nacional.

Die Stadtstrände sind recht breit, das Meer braust nicht so stürmisch heran, ist also gut zum Schwimmen geeignet. Ein Saum aus den typischen verglasten Meeresfrüchterestaurants begleitet sie. Hübsch ist die Caleta de Pescadores. Im Süden und Norden liegen weitere beliebte Strände.

Matanzas

Noch 100 km weiter südlich, der teils nahe an der Küste verlaufenden Carretera 66 folgend, erreicht man das Surferparadies Playa Matanzas. Aber nicht nur Surfer fühlen sich hier wohl. Viele kleine und mittelgroße Hotels laden zum Übernachten ein und die kleinen Restaurants in Strandnähe bieten frisch gefangenen Fisch an; Fischerboote dümpeln in den Wellen.

Der Name mag etwas abschrecken; Matanzas: das Gemetzel, das Blutbad – die Bezeichnung kommt aus den kolonialen Zeiten, als die Spanier von hier aus die Besetzung von Zentralchile gestartet haben. Heute ist es ein sicherer und freundlicher Ort, der sich sehr positiv entwickelt hat.

Puertocillo

Südlich von Matanzas wird es abenteuerlicher – wer hier ohne eigenes Auto weiter möchte, muss trampen. Etwas, das in dieser Gegend durchaus möglich ist, alleinreisenden Frauen aber nicht angeraten wird. Nach 25 km, größtenteils Schotterpiste, ist Puertocillo erreicht. Aber Vorsicht: es gibt zwei Straßen, die in den Ort führen; Autofahrer müssen aufpassen und unbedingt die **südliche Route** wählen. Die direkte Strecke weist auf den letzten 1,8 km eine so heftige Steigung auf, dass man selbst mit einem guten Geländefahrzeug Schwierigkeiten bekommen kann. Vorsichtig fahren! Die südliche, mit schönen Holzschildern beschilderte Strecke führt über die private Finca Hacienda Topocalma.

In Puertocillo angekommen, erwartet Besucher eine Überraschung: Ein immenser, einsamer, schwarzer Traumstrand mit kristallklarem, blauem Wasser und schwerer Dünung.

ÜBERNACHTUNG

Puertezion, Ortseingang, 💻 www.puertezion.com (engl.). Eine große Surfschule mit Restaurant und Hotel. Geteiltes Zimmer mit 9 Betten und Gemeinschaftsbad 30 000 CLP p. P. Schöne, große DZ mit Bad. Mind. 2 Nächte. ❺–❻

Im Ort gibt's einige Cabinas und Apartments, z. B. **Puertecillo Norte Camping y Cabañas**, ✆ 9-7539-0566. Mind. 2 Nächte. ❺–❻.

Küstenroute in den Norden

Felsküste und Badestrände, für jeden ist etwas dabei – lustig und populär, einsam-romantisch, mondän oder sportlich. Besonders im Sommer und an Wochenenden von Chilenen besucht, sind die Badeorte außerhalb der Saison recht leer und liegen abseits der touristisch üblichen Routen.

Reñaca

Dieser mondäne Badeort gehört als Stadtteil eigentlich noch zu Viña del Mar, wird aber immer als eigene Stadt wahrgenommen. Reñaca liegt 7 km nördlich vom Zentrum Viñas. Sehen und gesehen werden ist die Devise. So flanieren hier auch nationale TV-Größen und Models.

Die Hänge der etwa 3 km langen Bucht sind mit Apartments bebaut, die sich an die steilen ehemaligen Sanddünen schmiegen. Reñaca hat mehrere Bauphasen hinter sich: erst Hacienda, dann Villen der Reichen aus Viña, in den 1960er-Jahren wurde bis an den Strand gebaut. Heute sieht man nur noch Wohnblocks. Der 1980 mit dem Bau des 60 m höher gelegenen Stadtteils **Jardin del Mar** einsetzende Boom hält bis heute an. Neben Restaurants und Pubs quetschen sich auch kleine Boutiquen zwischen die Häuser.

Im Norden liegt der kleine Strand **Cochoa**, im Süden hinter der Halbinsel mit dem Institut für Meeresbiologie zu den Playas Reñaca (1,5 km) und Las Cañitas. Der Strand ist im Sommer Partylocation: Musik, Shows, Sport und viele Promotionsstände buhlen um die Aufmerksamkeit des zahlungskräftigen Publikums. Surfbretter, Seekajaks und Wasserski kann man nur in der Saison bekommen.

ÜBERNACHTUNG

Wie an allen Stränden in Chile mieten sich Familien meist in Apartments ein.

Cabañas Costa Verde, Torreblanca 125, 💻 www.costaverde.cl. Gepflegte Anlage mit funktionaler Einrichtung. Reihenbungalow für 2 Pers., in der Hochsaison Mindestmietdauer 5 Tage. ❸–❹

ESSEN UND UNTERHALTUNG

In Reñaca gibt es viele Restaurants mit unterschiedlicher Küche. Besonders der peruanische Einfluss ist stark zu spüren: die Lokale konkurrieren um das beste Ceviche.

El Delirio, Av. Central 153, 💻 www.deliriorestobar.cl. Tapas-Bar und internationale Küche, lecker und mit gutem Preis-Leistungs-Verhältnis, tolle Terrasse, auch geeignet, um nur etwas zu trinken. 🕒 Mo–Sa 13–1, So 13–17.30 Uhr.

Empanadas Los Roldan, Av. Borgoño 14777. Umfangreiches Angebot an verschiedenen Empanadas, groß genug, um satt zu werden. Man sieht bei der Zubereitung zu. 🕒 Mo–Sa 11–21, So 12–19.30 Uhr.

Los Pomairinos, Av. Borgoño 14890 (in Richtung Viña), ist auf chilenische Rezepte spezialisiert. 🕒 Di–Sa 12–21, So und Mo 12–18 Uhr.

Sazón Peruana, Av. Borgoño 15 279, 💻 www.sazonperuana.cl. Neben Fisch auch Fleischgerichte, alles peruanisch zubereitet, und am Wochenende Livemusik. 🕒 tgl. 9–12, 13–22 Uhr.

Playa Cochoa

Hier gibt es einige einfachere Restaurants. Sie bieten hauptsächlich Fischgerichte an, z. B. **La Isla Restaurant**, Av Borgoño 16455, 💻 www.laislacochoa.cl. 🕒 tgl. 13–24 Uhr.

Discos

Neverland, Playa Las Salinas, 80er-Jahre-Musik und älteres Publikum.

Kamikaze, Av. Vicuña Mackenna. Wie in allen Kamikaze-Schuppen gibt's hier zahlungskräftiges Publikum.

TRANSPORT

Auto

Ab Viña einfach nach Norden fahren. Parkplätze am Strand sind rar und im Sommer teuer.

Colectivos

Wer mit öffentlichen Verkehrsmitteln unterwegs ist, kann **Colectivos** benutzen, die im Zentrum von Viña abfahren. Reñaca steht an der Windschutzscheibe angeschrieben.

Concón

10 km weiter nördlich liegt der nächste Badeort, der gern die gastronomische Hauptstadt Chiles sein möchte – 50 Restaurants kommen auf 32 000 Einwohner! Auch hier gibt es Apartmenthäuser wie in Reñaca, aber es geht etwas weniger protzig zu. Der Ort hat ein wenig mehr Vergangenheit zu bieten: Da Concón direkt an der Mündung des Aconagua-Flusses liegt, ließ (so sagt man) Pedro de Valdivia hier 1543 ein Schiff bauen, das von den Picunche-Indianern zerstört wurde. Zu Beginn des 20. Jhs. wurde die Küstenstraße gebaut – der Badeort entstand allmählich. Concón ist international als ein hervorragender Surfspot bekannt.

Am südlichen Stadtrand liegt das 21 ha große geschützte Dünengebiet **Santuario de la Naturaleza**. Gegenüber gibt es direkt an der Küste einen Felsen mit Spazierwegen und Kletterrouten. Im Norden liegt ein weiteres großes Dünengebiet, **Ritoque**. Es sind wunderbare Landschaften, die ein wenig den 700 km weiter nördlich liegenden Halbwüsten ähneln. Leider werden dort nicht nur Riesenfiestas, sondern auch Jeep-Rennen abgehalten. Deswegen braucht man keine Gewissensbisse zu haben, wenn man sich auf eine der angebotenen Reittouren durch die Dünenlandschaft begibt. Das Mündungsgebiet des Aconcagua-Flusses ist ein interessantes Gebiet, um Zugvögel zu beobachten, die sich hier zu Tausenden einfinden.

Es gibt fünf **Strände**: Playa Negra, Amarilla, Las Conchitas, Los Lilenes und La Boca an der Flussmündung. Der Jachthafen Higuerillas ist ein Eyecatcher. Gleich daneben liegt der Fischerhafen. Auf den Anhöhen des Küstengebirges befindet sich der Rest der Stadt mit einem kleinen **Museum**, das hauptsächlich ein paar archäologische Reste und etwas zur Bürgerkriegsschlacht bei Concón (1891) zeigt. Santa Laura 470. ⌚ Di–Fr 10–14 und 15–17, Sa und So 10–14 Uhr, Eintritt frei.

Dass die Stadt nicht nur vom Fischfang und Tourismus lebt, sieht man v. a. nachts, wenn die nahe Erdöl-Raffinerie beleuchtet ist.

ÜBERNACHTUNG

Cabañas Pacifico, San Augustin 455, 💻 www.cabanaspacifico.cl. Spielplatz, Pool, Cabañas und Apartments mit Küche und Heizung. In der NS Angebote. ❸–❹
Casadoca Hotel Boutique, Av. Borgoño 22090, 💻 www.casadoca.cl (engl.). Spektakuläres Boutiquehotel direkt am Meer mit 9 einladenden Zimmern und Suiten, Spa, gutes Restaurant, gutes Frühstück inkl. ❺–❻
Thalassus, Costa Brava, Los Tamarindos 36, 💻 www.thalassus.com. Schöne Zimmer, gutes Restaurant, in dem Wert auf gesunde Ernährung gelegt wird. Bieten Bäder in warmem Meerwasser an (Thalassotherapie). ❻
Radisson Acqua Hotel & Spa, Av. Borgoño 23333, 💻 www.radisson.cl. Modernes und sehr ansprechendes Hotel mit interessanter Architektur; Spa, Restaurant und Bar. ❻

ESSEN

Die Restaurants liegen an den Stränden Higuerillas, Playa Amarilla und La Boca. Spezialität sind Fischgerichte und traditionelle chilenische Küche.
La Boca hat die größte Auswahl.

SONSTIGES

Aktivitäten

An den Stränden wird im Sommer Surfen, Kitesurfen und Kajak fahren angeboten.

NAHVERKEHR

Regionalbusse: Alle 5–10 Min. kann man ab der Rotonda mit Mikros Richtung QUINTERO, HORCÓN oder auch nach VIÑA fahren.
An der Av. Borgeño gibt es überall Taxis und Colectivos.

TRANSPORT

Busse nach SANTIAGO (2 Std.), 14x tgl., mit **Condor Bus**, 7400 CLP.

Quintero

An der etwa 8 km breiten Bucht, die den kolonialen Ort mit Las Ventanas verbindet, liegen ein großer Verladehafen, eine Raffinerie und eine Kupferschmelze. Die 18 km lange Strecke zwischen Concón und Quintero verläuft im Inland, wo man am Straßenrand Ziegelbrennereien sehen kann. An der Küste gibt es nur eine Piste, die manche per Jeep befahren, und dort breitet sich auch der Dünenstrand Ritoque über 10 km aus.

Quintero macht einen etwas heruntergekommenen Eindruck und gilt als *playa popular*, was bedeutet, dass es kein Strand der oberen Zehntausend ist. Trotzdem hat es einen kleinen Jachthafen mit dazugehörigem Club („Normandie"). Es gibt mehrere kleine Strände, die sich unterhalb der auf einer erhabenen Halbinsel platzierten Stadt zwischen die Felsen schmiegen. Die meistbesuchten liegen an der Verlängerung der Hauptstraße Normandie, dann 21 de Mayo genannt: **Waikiki** und **Durazno**. Zur Hauptsaison ist der Parkplatz genauso überfüllt wie die Sandstrände.

Etwas weiter um die Halbinsel gelegen gibt es die romantischen Strände **Las Conchitas** und **Los Enamorados**, auf der dem Wind zugewandten Seite gen Südwesten **El Libro**, **La Tortuga** und **El Papagayo**. Im Süden liegt der Strand **Ritoque**, im Norden **Loncura**. Beide haben hohen Wellengang und sind bei Surfern beliebt.

Im Hafen kann man Fischerboote für einen Ausflug zur **Puntilla** (Befestigungsanlage) mieten. Ein paar Kilometer außerhalb, neben dem Bataillon der Flugabwehr, liegt ein geschütztes Feuchtgebiet von 50 ha, mit fast 5,7 ha Wald, das **Santuario de la Naturaleza Las Petras**, wo es neben Wasser- und Raubvögeln u. a. Biber gibt.

ÜBERNACHTUNG UND ESSEN

Da es kein „feiner" Badeort ist, hat Quintero fast nur einfache Unterkünfte. Die beste ist noch:
Yachting Hotel Quintero, Luis Acevedo 1736, 💻 www.hotelquintero.cl. Großzügige, schlichte Zimmer, teils mit tollem Blick. Am besten zeigen lassen. Gutes Restaurant. ❸–❺
Einen Mittagstisch gibt's im **Club de Yates** in der 21 de Mayo 1215. Im Zentrum, um die Plaza herum, wird in diversen Lokalen chilenisches Fast Food angeboten.

NAHVERKEHR

Taxis und **Colectivos** (innerstädtische Sammeltaxis) stehen immer an der Plaza. Von der Plaza kommt man tagsüber auch alle 10 Min. mit **Mikros** (Kleinbussen) weiter nach Norden und Süden.

TRANSPORT

Condor Bus fährt 18x tgl. von 5.30–20.05 Uhr nach SANTIAGO (2 3/4 Std.), 7400 CLP.

Horcón

So heißt der in ganz Chile als Hippie-Strand bekannte Badeort, der auch Rucksackreisende anzieht. Die Hauptstraße führt steil zum kleinen Fischerhafen mit offenen Booten. Gleich daneben liegt der nur 100 m breite Strand. Am Ufer gibt es ein paar einfache Restaurants, bessere Fischerpinten mit Tischfußball-Tischen aus den 1980er-Jahren. Die Zeit scheint in diesem kleinen Dorf, das keine Bank und keine Geldwechselgelegenheit hat, stehengeblieben zu sein.

Zusammen mit den Fischern leben Künstler und Kunsthandwerker. Wegen der Felsen ist der Strand nicht für Surfer geeignet, es werden aber Bodyboards und Kajaks vermietet. In Richtung Süden kommt man nach etwa einer halben Stunde Spaziergang nach El Tebo, das im Ruf steht, ein schamanisches Zentrum zu sein. Dazwischen liegen weitere kleine, von Steilhängen geformte Buchten, aber statt Sand gibt es Kies.

ÜBERNACHTUNG

Mehrere Anbieter von Cabañas auf der Calle Principal mit ähnlichem Standard, eingerichteter Küche, kleinen Terrassen, einfach bis mittelprächtig ausgestattet, sind: **Cabañas Luna Verde**, Horconiana 15, 💻 www.cabanaslunaverde.cl. 5 komplett eingerichtete Cabañas. ❷–❸
Cabañas Altos de Tebo, Los Aromos, 💻 www.altosdetebo.cl. Nicht leicht zu finden, man muss die Anhöhe der Steilküste entlang, oder mit Auto beim Dorfeingang links abbiegen und nicht die Geduld verlieren. Mit Schwimmbad, Grillplatz und Kinderspielplatz. 13 Cabañas. ❷
Neben dem Camping liegt der **Club El Tebo**, 💻 www.clubeltebo.cl. Er vermietet rustikale Cabañas. Anfahrt von Horcón über den Weg zur Playa Cau-Cau. ❸–❺

ESSEN

Am Hafen gibt's ein paar einfache Restaurants, darunter **El Ancla**, Costanera 159, ✆ 32-2796-017. Auf der Anhöhe Richtung El Tebo steht das hübsche, teurere **Restaurant El Duende**, ✆ 9-4144-8656. ⌚ Do–Sa 13–24, So 13–21 Uhr.

TRANSPORT

Der **Busterminal** liegt an der Calle Principal. **Mikros** fahren alle 10 Min. ab Terminal in die umliegenden Dörfer. Mit **CondorBus** 4x tgl. nach SANTIAGO (2 1/4 Std.).

Maitencillo

Nach etwa 15 km kommt Maitencillo, eine lange Straße oder Costanera, an der sich Restaurants, kleine Hotels, Cabañas und Wochenendhäuser befinden. Der Badeort hat etwa 20 000 Einwohner, die vom Tourismus und Fischfang leben. Neben der nördlichen Zufahrt liegt die Lagune **Estero Catapilco** mit Wasservögeln, z. B. Kuhreihern, daneben gibt es das Dorf La Laguna, mit einer beliebten Playa.

Das Angebot vom ruhigen Maitencillo ist eher auf Familien ausgerichtet, obwohl auch viele junge Leute sich hier im Sommer oder an Wochenenden einfinden. Im Süden liegt der lange Sandstrand **Aguas Blancas**, bei der kleinen malerischen Caleta die verlockende, von Felsen geschützte Playa Caleta, und im Norden die Playa Abánico, die in die Playa Larga übergeht. Dort finden regelmäßig Angelwettbewerbe statt. Ansonsten werden Surfbretter, Kajaks und Bodyboards verliehen, für die Kinder gibt's Spielgeräte und ein Arboloco.

Auf dem Gelände hinter der Caleta liegt landeinwärts das Marbella-Resort, eine über 270 ha große mondäne Anlage mit Golfplatz, Schwimmbecken, Tennisplätzen, Spa, Hotel und Ferienhäusern. Dort geben sich Fußball- und Schauspielgrößen mit Politikern ein Stelldichein.

In der Umgebung befinden sich zwei Klippen von etwa 70 m, die zum Abheben mit Gleitschirm genutzt werden.

ÜBERNACHTUNG

Cabañas La Mar, Av. Del Mar 524, 💻 www.cabanaslamar.cl. Die eingerichteten Cabañas sind geräumig, viel Holz. ❸–❹

Cabañas Hermansen, Av. Del Mar 592, ☎ 32-2771-028, 💻 www.hermansen.cl. Hat 16 geräumige, rustikale Cabañas mit hübschen Details. ❸–❹

Cabañas JC, Av. Del Mar 1466, Pasaje E. Harmsen, 💻 www.turismomaitencillo.cl. Viel Platz in den Cabañas mit Küche, familienfreundlich. ❺

Marbella-Resort, am KM 35 der Straße Concón–Zapallar bzw. 5 km südlich von Maitencillo, 💻 www.marbella.cl. Edel-Resort mit Golfanlage, Cabañas. ❻

ESSEN UND UNTERHALTUNG

Im Bereich Playa Abanico gibt es einige Restaurants, die sich abends in **Pubs** verwandeln.

Maitencillo ist einer der Top-Spots zum Surfen in Chile.

An der langen Costanera fallen auf:
La Canasta, Av. del Mar 592, 💻 www.lacanasta restobar.cl. Mediterrane Küche und viel aus dem Meer. 🕒 tgl. 10–23 Uhr.
Unicornio Azul, Av. del Mar 1350, Sushi-Bar. 🕒 tgl. 13–17, 20–23 Uhr.
Frischen Obstsaft gibt es in der **Feria Artesanal** an der Caleta.

AKTIVITÄTEN

Anbieter für Gleitschirmflüge sind **Parapente Aventura**, Los Laureles 22-9 Cerro Tacna, 💻 www.parapenteaventura.cl.

Cachagua

Cachagua hat einen der längsten Strände, die **Playa de Cachagua**, die wunderschöne **Miniplaya Las Cuyas** und ein gutes Surfgebiet zu bieten. Rustikale Häuser bestimmen das Straßenbild, insgesamt ist der Ort etwas feiner und besitzt einen Golf- und einen Reitclub. Am nördlichsten Ende der Playa Cachagua kann man mit dem Fernglas Pinguine auf der vorgelagerten **Isla de Cachagua** beobachten. Sie ist mit ihren 2000 Humboldt-Pinguinen ein Monumento de la Naturaleza, das Betreten ist verboten. Am Strand gibt es auch ein Restaurant, die anderen liegen in den Avenidas Del Mar, Los Boldos und Los Molles.

Abgesehen von den Strandaktivitäten kann man auch wandern. Gegenüber der Rodeo-Arena an der Ein-/Ausfahrt zu Cachagua führt ein Spazierweg in die **Quebrada del Tigre**. Die überraschend grüne Schlucht mit eher weiter südlich vorkommenden Baumarten wie Pumillo und Olivillo ist für einen drei- bis vierstündigen Spaziergang gut. Leider gibt es **keine** Hotels oder Hostales im Ort, man kann aber versuchen, ein Apartment zu mieten (in den Lebensmittelläden nachfragen).

Zapallar

Zwischen dem mit Nadelhölzern bewaldetem Küstengebirge versteckt sich etwa 4 km nördlich von Cachagua eine geschützte Bucht und darin der Ort Zapallar. Er gilt als der feinste der Badeorte; die das Land bestimmenden Familien haben oder hatten hier Wochenendhäuser. Opulente Bäume verdecken die Sicht auf die Sommervillen, die eine wilde und sehenswerte Stilmischung darstellen. Man meint, auf einer Gartenschau mit Architekturausstellung zu sein: von Bauhaus über Postmoderne und Fachwerk, alles ist dabei. Die beste Auswahl an Villen befindet sich in den AvenidasOvalle und Zapallar.

Die engen Straßen führen steil zur kleinen Bucht mit **Strand**. Es gibt einen hübschen Brunnen an der **Plaza**. Das extravagante Dorf ist übrigens 1893 aus einem Wunsch des Hacenderos Ovalle entstanden: Nach einer Europareise wollte er die Riviera nachbilden. Der 6000-Einwohner-Ort hat feine Boutiquen und viele grüne Gärten.

ÜBERNACHTUNG UND ESSEN

Hotel Isla Seca, Camino Costero Ruta F-30, Nr. 31, 💻 www.hotelislaseca.cl. Hoch über dem Meer gelegen, hat einen Superpool und eine schöne Terrasse, freundliche Mitarbeiter. ❺–❻
An der Caleta gibt es nicht gerade preiswerte **Restaurants**, aber die Aussicht auf die Fischerbucht und den Strand entschädigt dafür. Ab und an werden dort auch Seeotter gesichtet.
César, Av. La Rambla s/n, 💻 www.cesar zapallar.cl. Direkt am Strand. Hauptsächlich Fisch und Meeresfrüchte. 🕒 Do–So 12.30–22 Uhr.
Chiringuito, Francisco de Paula Perez s/n. Günstiges und gutes Essen, aufmerksamer Service. 🕒 So–Mi 12.30–18, Do–Sa 12.30–22 Uhr.

NAHVERKEHR

Ab/nach PUCHUNCAVÍ per **Colectivo** ca. alle 20 Min., Fahrzeit 20 Min.

TRANSPORT

Busse von **Turbus** fahren 3x tgl. nach SANTIAGO (2 1/2–4 Std., 8800 CLP).

Papudo

Eine kurvenreiche Straße windet sich die Steilküste entlang bis nach Papudo. Auf dem Weg säumen Villen den Straßenrand. Papudo erscheint in einer windgeschützten Bucht, die nach Norden gewandt ist.

Das 6500-Einwohner-Dorf hat zwei Strände: **Playa Chica**, wo sich die **Fischer-Caleta** befindet, und **Playa Grande**, im Anschluss zum Norden. Eine kleine Kirche an der Caleta im Neokolonial-Stil ist Baudenkmal: Nuestra Señora de las Mercedes (1897), die vom selben Architekten gebaut wurde, der in Santiago den Club de la Union und Banco Central gestaltet hat: Albert Cruz Montt.

Überhaupt gibt es einige Bürgervillen aus dem Anfang des 20. Jhs., die an die glorreiche Vergangenheit dieses ältesten Badeortes an der Küste erinnern. Seit 1857 gilt Papudo als Badeort, aber erst 1897 wurde aus der Hacienda ein Dorf. Schon Pedro de Valdivia soll hier geweilt haben, nebst dem Marine-Helden Arturo Prat (Seeschlacht von Iquique, Salpeterkrieg) und einigen Präsidenten.

Heute lebt das Dorf vom Fischfang, Landwirtschaft und Tourismus. Besonders die Mittelschicht-Chilenen zieht es hier her. Von der Caleta aus ist es nicht weit bis zum **Club de Yates**. Dort kann man den Sendero del Conquistador an der Küste entlanggehen, bis man auf die Piratenhöhle stößt – nach etwa 3 km.

ÜBERNACHTUNG

Hotel Carande, Chorrillos 89, 💻 www.hotelcarande.cl. Typisches Ferienhotel, unaufwendig, aber funktional, sauber, netter Speiseraum. ❹–❻

ESSEN

Mittagessen zu moderaten Preisen gibt es an der Plaza und in der Fernández Concha (etwa 4500 CLP)

Donde Pablo, Av. Glorias navales 511 an der Playa Chica. Wird gut geführt und bietet einen grandiosen Blick auf die Bucht. 🕒 Di–So 12.30–17/18 Uhr.

Gran Azul, Irarrazaval 86. In einem lichtdurchfluteten Raum mit schöner Terrasse und viel Fisch auf der Speisekarte, aber auch frische Salate. 🕒 tgl. 12.30–21 Uhr.

TRANSPORT

Turbus fährt nach:

SANTIAGO (3 1/2 Std.), 11x tgl. von 6.45–19.45 Uhr. 8800 CLP.

Cajón del Maipo

Das beliebteste und wildeste Naherholungsgebiet, grüne Lunge, kleine Flucht aus der Großstadt – für die Leute aus Santiago bedeutet die tiefe Schlucht des Maipo dies alles. Etwa 120 km tief in die Landschaft der Präkordillere führt dieses enge Tal auf die Anden zu, deren Gipfel hier leicht über 4000 m erreichen. Man kann alles Mögliche unternehmen: Einfache Spaziergänge, aber auch schwierigere Wanderungen wie ein Fünftagestrekking, sich in den Thermen erholen, reiten oder einfach nur an einem Sonntagnachmittag im Freien essen.

Über den Stadtteil La Florida führt die Autopista hinaus (mit der Metro: Puente Alto, Linie 4, dann mit dem Bus nach San José, dem Hauptort des Cajón, von Santiagos Innenstadt etwa 70 Min.). Wer mit dem eigenen Auto fährt: Camino al Volcán (damit ist der Vulkan San José mit 5400 m gemeint), Ruta G-25 nehmen. Die Strecke ist asphaltiert und führt hinüber nach Argentinien.

Dörfchen säumen die Strecke, überall werden Kunsthandwerk, Pfirsiche, Äpfel und Walnüsse verkauft. Walnussbäume und Zypressen säumen das enge Tal. Hier kann man auch sehr gut raften.

Mittelpunkt des Tales und größtes Dorf mit einem sehr pittoresken Aussehen ist **San José**, das zauberhaft in der Schlucht liegt und mehrere Ausflugsrestaurants aufbietet, um den Aufenthalt zu versüßen. Es ist auch ein „richtiges" Dorf mit hübscher Plaza und einer schlichten Kolonialkirche aus dem 18. Jh. Es gibt mehrere Übernachtungsmöglichkeiten, hauptsächlich in Cabañas. Hier endet auch die Buslinie von Santiago.

Cajón del Maipo

N
0
10 km
Santiago
La Florida
Concha y Toro
C. Henríquez
Puente Alto
Eyzaguirre
Subercaseaux
Maipo
El Canelo
73
Manzano
Peumos
La Ora
Camino al Volcán
Las Vertientes
San José
Laguna Negra
Embalse del Yeso
El Melocotón
Co. Peladeros
6108
Co. Marmolejo
San Alfonso
Maipo
Cascada de las Animas
5856
Volcán San José
Yeso
San Gabriel
El Ingenio
Refugio Alemán Lo Valdés
Queltehues
Limari
El Volcán
Maipo
Baños Morales
Baños de Cleopatra
Santiago

Ein Ausgangspunkt für sportliche Unternehmungen ist das 10 km weiter im Cajón liegende **San Alfonso**, hier wird das Tal richtig eng. Mehrere Ausflugsrestaurants säumen die schattige Straße.

Eine gute Stelle, um Sport oder Exkursionen zu machen oder sich einfach auszuruhen, ist das Resort **Cascada de las Animas**. Es besitzt ein bisschen Esoterik-Touch, liegt superschön und hat alles, was man zur Erholung braucht: Gute Zimmer, frisches Essen, schöne Aufenthaltsräume mit Kamin und Sofas, ein Ausflugsprogramm und sogar ein Schwimmbad. Pferdetrekking, Reiten, Wanderungen, Hochgebirgstrekking und Rafting werden von eigenen Führern begleitet. Sauna, Massagen, Yogaprogramme. www.cascadadelasanimas.cl (engl.). ❹–❺

Der weitere Streckenverlauf führt an einem alten Eisenbahntunnel entlang. Früher wurde hier Gips geschaufelt und nach Santiago transportiert. Heute sieht man überall Apfel- und Pfirsichbäume. Um **San Gabriel** herum hat sich ein weiteres Ausflugszentrum konzentriert. Die asphaltierte Straße gabelt sich, ein Zweig säumt den **Río Yeso** (Gipsfluss). Über den **Río Maipo** führt die Puente El Toyo an das Südufer und gleich in eine andere, etwas lieblichere Landschaft, den Übergang in das Valle de Río Limari.

Von San Gabriel kann man zu den **Baños de Cleopatra** wandern, das dauert nur etwa anderthalb Stunden und geht trotzdem gleich hinein in die Kordillere. Unterwegs kann man gar nicht so selten einen Kondor kreisen sehen. Die Kleopatrabäder bestehen aus einem ziemlich wilden Wasserfall, der in ein dunkelgrünes Becken sprudelt. Das Wasser, das von den Schneeschmelzen in den Anden erzeugt wird, höhlt den hellen Stein aus und bildet auf diese Weise sanfte Mulden, Badewannen, Bäder. Der Weg führt am Flussverlauf dieser Quebrada entlang.

Wer die südlichere, nun nicht mehr asphaltierte Straße wählt, steigt hinauf zum Río Volcán und zum **Refugio Alemán Lo Valdés** (nach 77 km). Das ist nun wirklich richtig andin. Das

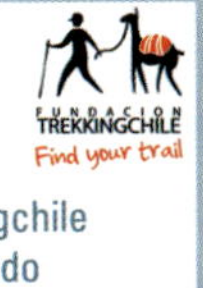

Trekkingchile
El Morado

prachtvolle Gebäude aus Stein und Holz wurde bereits 1932 gebaut – ein echter Pionier in dieser Region. Von hier aus kann man klettern, reiten, Freeclimbing praktizieren, wandern und in Thermalquellen baden. Die Toiletten werden geteilt. 💻 www.refugiolovaldes.com. ❸

Davor liegen die **Thermalquellen Baños Morales**, die mit ihrem bleibraunen Wasser allerdings nicht zu den schönsten von Chile gehören. Aber die Lage ist traumhaft.

SANTIAGO UND ZENTRALCHILE

Nördlich von Santiago

Los Andes

Diese muntere 75 000-Einwohner-Kleinstadt auf 800 m Höhe ist das Tor nach Argentinien. Entlang der heutigen Passstraße sind einige Dörfer und Schutzhütten angelegt worden. Der Stadtgründer war der Vater des Nationalhelden Bernardo O'Higgins, Don Ambrosio.

Das Dorf hat sich aufgrund der prosperierenden Landwirtschaft schnell entwickelt. Einige hundert Fahrzeuge täglich überqueren heute von beiden Seiten die Anden. Bis 1984 operierte von hier aus auch die Andenbahn Transandino, deren Trassen 1910 eingeweiht wurden und die als ein Meisterstück der Ingenieurskunst gilt. Die Lok war sogar mit einem großen Schneeschieber ausgestattet (zu sehen im Park Quinta Normal, Santiago). Jetzt funktioniert nur noch der Frachtbetrieb von Los Andes bis zur Kupfermine Andina in Río Blanco.

Die staatliche Kupfermine CODELCO ist der wichtigste Arbeitgeber von Los Andes. Neben dem Frachtverkehr, der Landwirtschaft und der Kupfermine ist noch der Skitourismus (Portillo) wichtig. In der Nähe liegen zwei bekannte Thermalquellen mit Hotel (Termasde Jahuel, s. S. 198 und Termas el Corazón, 💻 www.termaselcora zon.cl).

Zona Típica

Los Andes ist auch wegen seiner **Töpfereien** bekannt, die von Geschirr bis zu handbemalten Figuren alles herstellen. Zuschauen ist kein Problem, z. B. bei Ceramica Cala, Freire, Ecke Rancagua, 💻 www.ceramicacala.cl, 🕒 Mo–Fr 9–18.30, Sa und So 11–18 Uhr.

Neben den Töpfereien ist vor allem die Zona Típica um die **Plaza de Armas** sehenswert. An der Gral del Canto, Ecke Santa Rosa liegt das neoklassizistische Regierungsgebäude Gobernación de Los Andes (Nationaldenkmal) von 1891 und gegenüber die Kirche **Santa Rosa**, deren Schatz ein Bildnis des Heiligen Sebastian aus dem 17. Jh. ist. Der Santa Rosa folgend liegt auf der anderen Seite der Plaza die Calle O'Higgins, nach rechts ist die 3. Straße die Av. Santa Teresa. Links davon steht der Backsteinbau des Karmeliterklosters **Espíritu Santo**, das 1925 erbaut wurde. Hier wirkte die einzige chilenische Heilige, Santa Teresa de Los Andes. Ihr ist im 2. Stock ein kleines Museum gewidmet. Av. St. Teresa 389, 🕒 Di–Fr 9–13, 14.30–17.30, Sa und So 11–18 Uhr, Eintritt 1000 CLP.

Gegenüber befindet sich in einem stilvollen Patiohaus das **archäologisch-historische Museum**. Die Ausstellung mit einigen Steinwerkzeugen und Tonwaren zeigt die verschiedenen indigenen Völker, die im Aconcagua-Tal vor Ankunft der Spanier gesiedelt haben, daneben

Lohnenswerte Stopps

In Santiago ab La Pirámide, Ecke Conchali auf die Ruta 57 einscheren. Die leicht gewundene Strecke führt vorbei am Nobelviertel Chicuero. Weiter auf der 57 führt eine unscheinbare Abzweigung bei KM 51 rechts zur **Hacienda Chacabuco**, deren Gebäude aus dem 18. Jh. stammen und einst den Jesuiten gehörten. Man kann die Parkanlagen besichtigen. Auf der Strecke weiter nach Los Andes erinnert ein Denkmal an die Schlacht von Chacabuco.

Danach kommt man in das fruchtbare Tal des **Aconcagua-Flusses**. Hier werden v. a. Wein, Pfirsiche, Pflaumen, Äpfel und Avocados angebaut. Kurz vor Los Andes gibt es das kleine 1000-Seelen-Dorf **Pocuro**, bekannt für die Adobe-Häuser mit chilenischen Ziegeln und das Dreschfest Ende Januar, wo es sehr volkstümlich zugeht. Nach einer schönen Allee und etwa 80 km von Santiago entfernt erscheint Los Andes.

Aktivitäten in der Umgebung von Los Andes

Wanderungen

Am Gletscher **Juncal** im Tal des Río Juncal (2 Tage), am Fuß des Juncal (6010 m) in einem privaten Naturpark mit Campingplatz und Schutzhütte (1–3 Pers. 40 000 CLP), Näheres bei 💻 www.parqueandinojuncal.cl. Eintritt CHL 7000.

Bergsteigen

Zum Bergsteigen eignen sich der Gletscher Juncal, der **Cerro Tres Hermanos** (4595 m, vom Hotel Portillo, s. u., aus) und der **Cerro Aconcagua**. Die Akklimatisierung für Letzteren, den höchsten Berg Südamerikas (6962 m) sollte 10 Tage nicht unterschreiten, insgesamt muss mit zwei Wochen Mindestdauer gerechnet werden. Die Genehmigung wird von der argentinischen Dirección de Recursos Naturales Renovables erteilt. Es gibt auch Reiseveranstalter mit Pauschalarrangements. Die Besteigung ist über die Normalrute technisch nicht schwierig, wegen der Höhe sollten die Kandidaten aber fit sein.

Skilaufen

Abgesehen vom Gelände des Skiresorts Portillo gibt es das Pistengelände **Ski Arpa**, 💻 www.skiarpa.com. Südamerikas einzige Schneeraupen (43 km von Los Andes und nur 108 km von Santiago).

ein paar Militaria aus dem Unabhängigkeitskrieg. Av. St. Teresa 398, 🕒 Mo–So 10.30–18 Uhr, Eintritt 1000 CLP. Zur Zeit der Recherchere wegen Renovierung geschlossen.

Cerro de la Virgen

Beliebt ist der Cerro de La Virgen, von dessen Spitze (1010 m) man einen guten Blick über die Stadt und zu den Anden hat. Fußgängerweg ab Freire, Ecke Av. Independencia. Per Auto über Av. Independencia, Baburizza und De la Fuente.

ÜBERNACHTUNG

Residencial Italiana, Manuel Rodríguez 76, 💻 www.residencialitaliana.cl. Einfach, aber gut. ❸

Hostería Rucahue, Gral. Del Canto 98, 💻 www.hosteriarucahue.cl. Etwas altbacken, aber beinah zentral gelegen und 17 ordentliche Zimmer. Parkplatz, typisches Restaurant. ❸

Inca Hoteles, Av. Argentina Oriente 11, 💻 www.incahoteles.cl. Zentral gelegen mit gutem Restaurant, große, moderne Zimmer, Frühstücksbufett inkl. ❹–❺

Skihotel Portillo, 💻 www.skiportillo.com. Das legendäre 123-Zimmer-Hotel, dessen Pisten für den Geschwindigkeits-Weltrekord auf Ski hergehalten haben und die von europäischen Mannschaften zum Trainieren genutzt werden. Trotzdem ist es ein Hotel mit Flair. 1946 von der CORFO gebaut, ist es 1960 privatisiert worden. Es liegt auf 2880 m an der Laguna del Inca, 61 km von Los Andes, 149 km von Santiago. ❺–❻

ESSEN

Centro Español, O'Higgins 674. Spanische Küche im hübschen Patiohaus, Flamenco-Kurse. 🕒 So–Di 10–17, Mi und Do 9–20, Fr und Sa 10–1 Uhr.

Bar y Cafeteria Tambo, im Inca Hotel, Av. Argentina Oriente 11, Pizza, Tablas, Cafeteria und Bar. 🕒 Mo 9–17, Di–So 12–23 Uhr.

Hostería Rucahue, im gleichnamigen Hotel, Gral. Del Canto 98. Leckeres chilenisches Essen.

Hotel Plaza, Plaza de Armas. Guter Mittagstisch, kreativ, gutes Preis-Leistungs-Verhältnis.

FESTE

Januar: Andenüberquerung, Fahrradrennen.

Februar: Carnaval La Chaya; Pergola Andina.

21. März: Erinnerung an die Heiligsprechung der Santa Teresa.

18. September: Nationalfeiertag, Festlichkeiten auf der Plaza.

TRANSPORT

Der **Busterminal** liegt in der Yerbas Buenas, Ecke Chacabuco, **Buses Ahumada**, 💻 www.busesahumada.cl, fährt von 5.40–20 Uhr alle 30–60 Min. nach SANTIAGO (2 Std., 4800 CLP) **Pullman** fährt von 6–20 Uhr alle 30 Min. nach SANTIAGO (1 1/2 Std., 5150 CLP).

San Felipe

Ursprünglicher Name dieser Nachbarstadt von Los Andes war San Felipe El Real, 1740 gegründet, um die indianische Bevölkerung zu christianisieren. Die Umgebung war schon im 18. Jh. landwirtschaftlich entwickelt, meist wurden die Indianer zur Arbeit auf den Haciendas gezwungen. Heute ist San Felipe eine mittelgroße Stadt von ca. 77 000 Einwohnern, die schwören, dass ihre Plaza eine der schönsten von Chile ist ...

Anschauen kann man sich die **Kathedrale** an der Plaza, in der Av. Yungue die **Iglesia y Claustro el Buen Pastor** aus dem Jahr 1855 und in der Av. Riquelme das **Museo Histórico de San Felipe**, das archäologische und geschichtliche Objekte ausstellt. 🕒 Mo–Fr 9–16 Uhr.

ÜBERNACHTUNG

Hotel Reinares, Carlos Condell 75, 💻 www.hotelreinares.cl. Hat einfache Zimmer mit viel Holz und eigenem Bad. Nettes Restaurant. ❸

Termas Jahuel, Richtung Santa Maria, 💻 www.jahuel.cl. Modernes Spa-Hotel in altem Adobe-Patiohaus, gutes Restaurant, Weingut und Ausflugsangebote: Termas Jahuel ist eine liebevoll restaurierte Villa mit Thermalbad, in dem sich schon 1834 Charles Darwin suhlte. Stilvolle Zimmer mit viel Platz. ❺–❻

Putaendo

Putaendo (15 km nördlich von San Felipe) ist ein malerisches Dorf, in dem die Zeit stehen geblieben zu sein scheint. Hier kreuzt sich der Weg über die Anden, den die Andenarmee 1817 genommen hat, mit dem Inka-Weg, den auch die erste spanische Konquistadoren-Expedition unter Diego de Almagro (1536) gewählt hatte.

Am nördlichen Dorfausgang liegt der **Skulpturenpark** des Cerro El Llano, in dem sich jährlich im Februar Künstler treffen und immer weitere Skulpturen dazukommen. Außerdem findet im Februar der traditionelle **Karneval** La Chaya statt.

Übernachten kann man in **La Estancia**, Comercio 432, Ecke Aspée, 📞 9-6215-1230, ❸. Dort gibt es auch leckere Empanadas. 🕒 tgl. 11–13, 18–20 Uhr.

El Almendral

Die rund 1000 Einwohner dieses Dorfes leben vom Olivenanbau. El Almendral liegt etwa 5 km südöstlich von San Felipe und besitzt die sehenswerte **Iglesia San Francisco** mit einem Konvent aus dem Jahr 1872. Bei den Altos de Jahuel, einer Hochebene östlich von El Almendral, sollen viele UFOs gesichtet worden sein.

Weiter nach Argentinien

Die Weiterfahrt nach Mendoza über den Paso Los Libertadores erfolgt per Bus ab Santiago oder Los Andes, oder mit einem Mietwagen. Unterwegs eröffnen sich spektakuläre Blicke, z. B. auf den höchsten Berg Südamerikas, den Aconcagua, und 29 Haarnadelkurven, die 680 m Steigung überwinden, müssen bezwungen werden, bevor die Laguna El Inca gesichtet wird (beim Hotel Portillo). 63 km hinter Los Andes befindet sich die chilenische Grenzkontrolle, dann sind es noch 200 km bis nach Mendoza.

Nach Durchfahren des Tunnels, der genau auf der Grenze liegt (3185 m hoch, 3,9 km lang), hat man nach 21 km einen Blick auf den Aconcagua. Die Dörfer an der Strecke bieten gute Ausgangspunkte zum Wandern in trockener Berglandschaft. Die viertgrößte Stadt Argentiniens, Mendoza, erscheint danach wie eine Oase, von Bewässerungsgräben durchzogen. Die Umgebung von Mendoza strotzt vor Weingütern.

Achtung: Im Winter kann der Pass wegen Schnees tagelang geschlossen sein. Das wird in der Presse angekündigt, im Zweifelsfall die Carabineros fragen.

Weiter nach Norden (Ruta de Cristal)

Diese wunderschöne Alternativroute zur Ruta 5 führt von Santiago über Los Andes, Putaendo, Cabildo, Caimanes, Illapel, Combarbalá und Monte Patria bis nach Ovalle und La Serena. Die Straßen sind größtenteils asphaltiert, ab Cabildo kommt eine 60 km lange Strecke mit vielen Brücken und einspurigen Tunneln. Die abseits vom Tourismus gelegene Route hat im Gegensatz zur Panamericana ruhiges Fahren, Sonne, alte Dörfer, verlassene Haciendas und vor allem wilde, halbtrockene Gebirgslandschaften zu bieten.

Auf dem wilden Abschnitt zwischen Cabildo und Illapel gibt es viele Bergkristall-Vorkommen. An manchen Stellen wird der Bergkristall auch an der Straße angeboten. Bis La Serena kann man sich ein paar Mautstellen sparen, Selbstfahrer brauchen aber auch zwei Tage, statt einem (Übernachtung in Illapel).

Südlich von Santiago

Sewell

Eine ganze Stadt als Weltkulturerbe zu deklarieren – das passiert nicht so oft. Bei Sewell passierte es. Bereits als Zona Típica und Monumento Nacional ausgerufen, steht es seit 2006 unter dem besonderen Schutz der Unesco. Es sieht wirklich ganz irrsinnig aus, dieses Bergarbeiterstädtchen, und es erzählt eine von diesen Geschichten über Hybris, Pioniergeist, aber auch von Ausbeutung und richtig viel Gewinn, an denen Chile reich ist.

Bei Sewell handelt es sich um eine Bergarbeitersiedlung, die für die Beschäftigten der Kupfermine El Teniente entworfen wurde und später auf ein Städtchen von 15 000 Einwohnern anwuchs. Die Förderung des Erzes war 1905 der US-amerikanischen Firma Braden Copper zuerkannt worden, und die begann kräftig zu investieren. Erst wurden Straßen in die unwegsame Andenregion gelegt, dann eine Eisenbahn, später folgte eine riesige Mühle, in der das Erz zunächst mittels eines Fördersystems geschafft und anschließend verarbeitet wurde. Und schließlich wurde auch der Arbeiter und Angestellten gedacht, die zunächst in verschiedenen Siedlungen gewohnt hatten. Sie lebten völlig isoliert inmitten von den Eis- und Schneezacken der Anden.

Sewell, das nach einem Geschäftsführer der US-Firma benannt wurde, liegt ziemlich kühn an den Cerro Negro geschmiegt. Nicht umsonst heißt Sewell „die Stadt der Treppen", denn die schwindelerregend an den Berg gelegten Häuser erreicht man ausschließlich über Treppen und Steigen, was optisch sehr attraktiv wirkt – für die damaligen Bewohner war das Leben dort eher eine ziemliche Plackerei.

Mitte der 1960er-Jahre wurde Sewell aufgegeben. Jetzt ist es als Freilichtmuseum zu besichtigen – und daraus ist ein höchst interessanter Zeuge der chilenischen Industriekultur geworden. Verwaltet wird es von der staatlichen Kupfergesellschaft CODELCO. Die Fundación Cardoen (S. 204) hat ebenfalls mitfinanziert.

Der Tourenveranstalter **VTS Enjoy Travel**, 💻 www.vts.cl, hat sich auf Ausflüge nach Sewell und in die Minen spezialisiert und organisiert empfehlenswerte Tagestouren von Santiago aus (ca. 50 000 CLP).

Valle de Colchagua

Von den Anden bis zum Pazifik erstreckt sich etwa 150 km südlich von Santiago das Valle de Colchagua, eine seit Jahrhunderten wegen seiner Fruchtbarkeit bekannte Region mit zahlreichen Haciendas und großen Landgütern. Über allem schwebt im Hintergrund die Andenkordillere, das ist schon allein zum Anschauen schön. Seine weit schwingenden, trockenen und in der Sonne glänzenden Hügel und Taleinschnitte sind mit Weinreben übersät, ordentlich aufgereiht wie Zinnsoldaten. Die Region wird vom Río Tinguiririca durchflossen; der sorgt für die notwendigen Wassermengen. Hauptort ist das beschauliche Santa Cruz.

Wie der Wein vermarktet wird

© SUSANNE ASAL

„Was wir wollen – jeden Tag ein höheres Niveau", sagt Thomas Wilkins von **Ruta del Vino** in Santa Cruz, dem Zentrum des Valle de Colchagua. Seit 1996 existiert diese ehrgeizige Vereinigung von 25 Weingütern, elf Restaurants und acht Hotels. Infos: 🖳 www.rutadelvino.cl. Weinkultur möchte man zu einem Premiumsegment im chilenischen Tourismus entwickeln, und das lässt aufhorchen: etwa 150 000 Besucher empfing das Valle de Colchagua vor der Corona-Pandemie jährlich; diese Weinregion wurde von einem US-amerikanischen Magazin zur besten der Welt erklärt. Kein Wunder, denn etwa 50–60 % der prämierten chilenischen Weine stammen aus dem Valle de Colchagua. Hauptsächlich werden Rotweine an diesen trockenen Abhängen angebaut, die Küste liegt nicht fern und verleiht mit ihrer salzigen Gischt ein ganz besonderes Aroma.

Wein wird in Chile schon immer konsumiert, nur hat sich kein Winzer darum gekümmert, **Weinverkostungen** zu veranstalten und Besucher durch seine Weinberge und Keller zu führen; auch um die *„Denominación del Origen"*, die Herkunftsbezeichnung, hat sich keiner großartig geschert.

Insofern macht schon staunen, wie rasant sich die Region ins Schlaglicht der Öffentlichkeit manövriert hat. Ruta del Vino organisiert Pressetermine, besucht neben Fach- auch Touristikmessen, vermarktet das touristische Image der Gegend, in der mittlerweile weit über 500 Betten in Gästebetrieben zur Verfügung stehen.

In dieser landwirtschaftlich geprägten Region ist mit den **Casas Patronales** ein weiterer Schatz zu sehen, eine wichtige Identitätssäule für das gesamte Land. Diese, laut wörtlicher Übersetzung, Herrenhäuser, sind in einer ganz spezifischen Architektur gebaut. Einstöckige Bauten aus weiß getünchtem Adobe (luftgetrockneten Lehmziegeln) haben Schindeldächer, die über die Fassade hinausragen und von hölzernen Säulen abgestützt werden. Dadurch entsteht eine luftige Veranda. Das sieht bezaubernd aus und hat eine nicht unerhebliche kommunikative Funktion, denn die Bewohner sitzen gerne draußen auf Schaukelstühlen und schauen sich an, was um sie herum passiert. Hat man eine Casa Patronal betreten, liegt hinter den der Straße zugewandten Zimmern ein Patio, mitunter auch mehrere. Begrünt sind sie immer, manchmal auch mit kleinen Kräutergärten bepflanzt oder mit Ranken dekoriert. In großen Bauten können

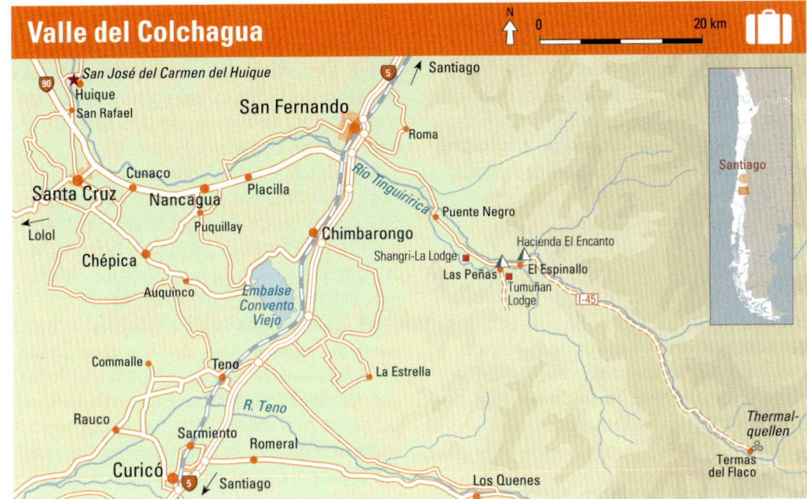

es sogar richtige Parks sein, einige stehen zur Besichtigung zur Verfügung.

Diese Casas Patronales sieht man schön in dem kleinen Ort **Lolol**, eine Autostunde von Santa Cruz entfernt, das deswegen im Jahr 2003 auch zum Patrimonio Cultural und zur Zona Típica erklärt wurde. Wer ein solches Haus erwirbt und instand setzt bzw. restauriert oder vor dem Verfall rettet, darf mit staatlicher Unterstützung rechnen. Aber auch entlang der Landstraße wird man immer wieder auf solche Casas Patronales stoßen.

San Fernando

Als Ausgangspunkt für Erkundungen des Valle de Colchagua ist San Fernando, in dem knapp 70 000 Menschen leben und das direkt am KM 138 der Autobahn 5 und an der Eisenbahnlinie liegt, gut geeignet. Herzstück ist die schattenspendende Plaza de Armas. Über die Grenzen hinaus ist der Platz wegen seines großartigen Brunnens **La Pileta de la Plaza de Armas** bekannt, der im Jahre 1870 in Paris gefertigt wurde. Abwechslungsreiche Wasserspiele, die am Abend farbig beleuchtet sind, verleihen der Plaza eine besondere Atmosphäre.

Obwohl San Fernando ein netter Ort ist, liegen die Hauptattraktionen in der ländlichen Umgebung, wo man viele bekannte Weingüter und alte Herrenhäuser findet.

ÜBERNACHTUNG, ESSEN, WEINTOUREN

Hotel Español, Manuel Rodríguez 959, zentral gelegen, in der Nähe von Busterminal und Bahnhof, ✆ 72-2711-098. Nett dekoriert und sehr freundlich, komfortable Zimmer, Frühstück inkl. ❸–❹

Hotel Casa Silva, in Angostura, 7 km nördlich, über die I-90-H, 💻 www.casasilva.cl. Eines der großen und bekannten Weingüter in Chile betreibt ein Boutiquehotel auf dem über 100 Jahre alten Wohnsitz der Familie Silva, der von Weinbergen umgeben ist, sowie ein renommiertes Restaurant, das sich im **Club House de Polo**, Rodeo y Equitación Casa Silva Polo befindet, ein Stückchen vom Hotel entfernt, 🕒 tgl. Casa Silva bietet natürlich auch verschiedene Weintouren an. Sie dauern 1–2 Std. und kosten 18 000–50 000 CLP.

Maturana Wines, in Angostura, ganz in der Nähe von Casa Silva. Nur mit Voranmeldung unter 💻 www.maturanawinery.com (engl.). Dies ist ein ganz anderes Projekt. Gloria und José Ignacio sind zu 100 % Weinproduzenten und veranstalten daher auf ihrem fantastischen Hof keine regelmäßigen Weintouren. Liebhaber, Kenner und Weinhändler bekommen aber nach Voranmeldung eine private Führung und Verköstigung der hervorragenden Tropfen. Von **La Ruta del Vino**, 💻 www.rutadelvino.cl, werden eine Menge verschiedener organisierter Weintouren angeboten.

TRANSPORT

Busse

Der **Busbahnhof** von San Fernando befindet sich in der Av. Manso de Velasco, nur 250 m nördlich vom Bahnhof. Folgende wichtige Routen werden ab San Fernando bedient:

Busse nach:
CHILLÁN (3 1/2–4 1/2 Std.), 2x tgl. 12 000–15 000 CLP,
PICHILEMU (3 Std.), 10x tgl., 8000 CLP,
RANCAGUA (1 Std.), 59x tgl., 2700–4100 CLP,
SANTIAGO (2 Std.), 30x tgl. 6200–7200 CLP.
TEMUCO (6–7 Std.), 4x tgl., 9900–21 000 CLP.

Eisenbahn

Der **Bahnhof**, Quechereguas s/n, liegt am östlichen Ortseingang, ✆ 600-5855-000, ⌚ tgl. 6–20.50 Uhr.
Hier kommen Züge von *Tren Central* aus Santiago (Estación Central) an und fahren bis Chillán. Wer also von San Fernando nach Santiago oder weiter in den Süden (Curicó, Talca, Chillán) reisen möchte, dem sei der Zug nahegelegt. Zur Zeit der Recherche war der Service vorübergehend eingestellt. Infos: 💻 www.efe.cl.

Alto Colchagua

Östlich von San Fernando erreicht man schon bald die ersten Andenausläufer, es geht in die Höhe. Diese Region trägt den Namen Alto Colchagua und ist touristisch noch relativ wenig erschlossen. Eine traumhaft schöne Route führt am Río Tinguiririca entlang in Richtung Sierras de Bellavista, die man leider nur mit dem eigenen Auto bereisen kann.

Etwa 8 km auf der Schotterpiste hinter Puente Negro kommt die Abfahrt zur Shangri-La Lodge, 4 km weiter erreicht man den Sektor **Las Peñas**. In Las Peñas stehen mehrere nette Campingplätze zur Verfügung, die teils am Fluss liegen, z. B. Camping Monte Verde.

Von der Abfahrt, wo der Bus hält, sind es noch 2 km Piste per pedes oder Autostopp zur **Shangri-La Lodge**, 💻 www.shangrila.cl, einer auf 15 ha toll am Fluss gelegenen Farm mit Restaurant und 10 Bungalows; Whirlpool, Massagen, Reittouren, Frühstück extra. ❺

🧳 800 m von Las Peñas in Richtung Hacienda el Encanto liegt die **Tumuñan Lodge**, 💻 www.tumunan.com (engl.) am Rio Tumuñan. Die vom superfreundlichen Briten Will geführte Lodge hat zwei voll ausgestattete Bungalows mit Ausblick, Pool und Jacuzzi sowie ein Häuschen mit eigenem Garten und Grillplatz. Außerdem feinste Gastronomie mit organischen Top-Weinen vom eigenen Weinberg. Sehr empfehlenswert. Touren, darunter Fliegenfischen und Reiten. Exklusive Wandermöglichkeiten rund um das Anwesen. Gutes Frühstück inkl. ❺–❻

Die Schotterstraße I-45 führt ab Las Peñas noch weiter nach Osten, immer höher in die Anden, ganz nahe an die Grenze zu Argentinien. Auf 1720 m Höhe und nach 50 anstrengenden Kilometern mit viel Staub erreicht man die berühmten Heil- und Thermalquellen las Termas del Flaco, wo auch das einzigartige **Hotel Termas del Flaco**, 💻 www.termasdelflaco.cl, zu finden ist. ❻ Dieses schmiegt sich an den Hang der Andenkordillere; die leider mit viel Beton gebauten, hauseigenen heißen Quellen bieten einen fantastischen Blick auf die schneebedeckten Andengipfel. ⌚ tgl. 8–18 Uhr. Eintritt 25 000 CLP.

Wer eine günstigere Unterkunft sucht, kann im freundlichen **Hostal La Gloria**, 💻 www.lagloriahostal.cl, anklopfen. Das Hostal liegt schräg gegenüber von den Termen und bietet auf zwei Stockwerken einfache Zimmer, nur mit Vollpension. ❹

TRANSPORT

Busse

Hotel Termas del Flaco und Hostal La Gloria bieten Transfers.

Santa Cruz

Das im Jahr 1906 gegründete Hauptstädtchen (38 000 Einw.) des vom Weinanbau geprägten Valle de Colchagua hat genau das Aussehen, das seinem Status entspricht – gepflegt, in Maßen historisch, ruhig. Auf der zentralen, mit Rasen bedeckten **Plaza** thront der Musikpavillon. Hier konzentrieren sich Banken, Geschäfte, der Club Social, zwei Cafés. Die Ostseite der Plaza nimmt das Luxushotel Santa Cruz ein. Man legt hier Wert auf Luxustourismus, und im Spätherbst zur Weinlese im Mai ist tatsächlich reichlich mit Pelzstolen behangene Kundschaft zu sehen.

ÜBERNACHTUNG

Hostal Colchagua, Av. Errazúriz 428, 💻 www.hostalcolchagua.cl. Kleine, funktional eingerichtete Zimmer mit Privatbädern, sauber, ruhig und gemütlich. Ausflugsorganisation, Frühstück inkl. ❸–❹

Hotel Santa Cruz, Plaza de Armas 286, 💻 www.hotelsantacruzplaza.cl. Das Hotel in zentraler Lage nahe der Museen ist der allgemeine Treffpunkt im Ort. Das vierstöckige Kolonialhaus hat 126 Zimmer und Suiten, Pool, Restaurant, Bar, Spa und Platz für Kinder, Touren. Frühstück inkl. Angebote bei z. B. mind. 4 Nächten. ❻

Carlos Cardoen – Vom Saulus zum Paulus

Carlos Cardoen ist eine der umstrittensten Figuren der High Society in Chile: Geboren 1942 in Santa Cruz, machte der Bergbauingenieur einen Doktortitel in Metallherstellung, danach wurde er Pilot. Ab 1980 begann er seine steile Industriellen-Karriere mit einem Cargo-Flugzeug. Danach merkte Cardoen durch seine Kontakte in der chilenischen Luftwaffe, dass seine Ingenieurskenntnisse auch zum **Waffenbau** taugten. Im Zuge des Waffenembargos, welches Ted Kennedy 1976 gegen Chile verhängt hatte, war der Bedarf nach eigener Produktion gestiegen.

Cardoen entwickelte u. a. **Streumunition**, die er in den 1980er-Jahren in den Irak ans Regime von Saddam Hussein verkaufte. Diese Bomben, die sich nach Abwurf in viele Kleinbomben aufspalten, können eine Fläche, die mehreren Fußballfeldern entspricht, in eine Feuerhölle verwandeln. Ironischerweise soll das chilenische Heer versucht haben, eine Kopie der Clusterbomben an den Iran zu verkaufen, aber der Prototyp versagte. 1985 brannte die Fabrik in der Nähe von Iquique ab, wobei 29 Arbeiter ums Leben kamen. Cardoen sprach damals von einem Sabotageakt. Er musste übrigens keine Zahlungen an die Hinterbliebenen leisten.

Insgesamt soll er etwa US$150 Mio. am Geschäft mit dem Irak verdient haben. Seit den 1990er-Jahren änderten sich die unternehmerischen Aktivitäten Cardoens. Er hat in Weingüter und Tourismus investiert, aber auch in Energieerzeugung und Streichhölzer. Eine von ihm ins Leben gerufene **Stiftung** (Fundación Carlos Cardoen) hat den Tren del Vino erfunden und finanziert, ebenso wie das Museum Colchagua, S. 204). Ihm gehört so manches Haus in Santa Cruz sowie das 5-Sterne-Hotel Santa Cruz. Aber die Stiftung vergibt auch Stipendien für Begabte und unterstützt das Museum in Vichuquén. Damit nicht genug der Philanthropie: Carlos Cardoen hat sich als Vorsitzender des Vereins der Freunde der Osterinsel dafür stark gemacht, dass auf der Insel die Ursprache, Rapa Nui, in der Schule gelehrt wird. 2005 war für ihn ein besonders gutes Jahr, wurde ihm doch der Orden al Mérito Docente y Cultural Gabriela Mistral vom Kulturminister verliehen.

Da konnte er die Schlappe bei dem Versuch, ein Museum für die Sängerin der Canción Nueva Chilena, Violeta Parra, einzurichten, gut wegstecken. Violeta Parras Erben wollten keine Vermischung mit rechtslastigen Politikern, war die Parra doch eine Stimme des Volkes.

Seitdem ist es stiller geworden um Carlos Cardoen, der mittlerweile über 80 ist. Das Museum Colchagua (S. 204) ist absolut sehenswert, auch wenn es ein paar umstrittene Gegenstände ausstellt, wie die Naziwaffensammlung. Für die einen sind es Devotionalien, die meisten Südamerikaner sehen es lockerer mit solchen Symbolen. Trotzdem sollten Besucher mit Kommentaren nicht hinterm Berg halten – am Ausgang kann man sie in ein Buch schreiben.

Hotel Vendimia, Ismael Valdéz 92, www.hotelvendimia.com. Ein Schatzkästlein von Boutiquehotel. Die Zimmer sind mit Möbeln ausgestattet, die die Besitzer aus den umliegenden Haciendas erwarben und restaurieren ließen, das Frühstücksbuffet ist eine Wucht. Pool, Garten und Spa, Tourangebote. ❹–❺

ESSEN

Club Union Social, Plaza de Armas 178, 72-2822-529. Eine gute Option für ein anständiges hausgekochtes Essen: einfach, reichlich und schmackhaft. Dieser schöne Platz in einem betagten Patio-Gebäudekomplex wird gern von den Angestellten der umliegenden Büros besucht. Mo–Sa 12–16, 17–23, So 12–16 Uhr.

Casa Colchagua, 2 km von Santa Cruz, www.casacolchagua.cl. Auf der Calle Barreales die Viña Laura Hartwig suchen, direkt danach kommt die Calle los Boldos, hier noch 500 m Richtung Westen. Inmitten der Weinberge gelegenes Adobe-Haus, von dessen Terrasse sich eine fantastische Aussicht bietet. Frische Produkte aus der Umgebung, landestypische Küche, gut, aber nicht billig. Mi–Sa 13–23.30, So 13–16 Uhr.

AKTIVITÄTEN

Besuche der Weingüter kann man selbst organisieren: viele Hotels bieten Touren an.

Vina Laura Hartwig, Camino Barreales, in Santa Cruz, www.laurahartwig.cl. Verkaufsraum, Degustationen. tgl. Touren von 9–19 Uhr (20 000–36 000 CLP), auch mit der Kutsche. Die Letzte startet um 18 Uhr.

Casa Lapostolle, Carretera del Vino KM 36, südlich von Santa Cruz, bei Cunaquito, www.lapostolle.com. International sehr renommiertes Weingut, drei verschiedene Weintouren für 25 000–35 000 CLP.

Viu Manent, Carretera del Vino KM 37, südlich von Santa Cruz, bei Cunaco, www.viumanent.cl. Kutschfahrten, Degustationen, Restaurant, Verkaufsraum.

TRANSPORT

Der **Busterminal** liegt an der Av. Rafael Casanova 480, etwas südlich vom Zentrum.

Das Museo de Colchagua

Carlos Cardoen, s. o., ließ in Santa Cruz auch ein Museum bauen – und es zeigt die sicher aufregendste und teuerste Privatsammlung Chiles. Im **Museo de Colchagua** findet man eine raffiniert präsentierte Tour durch die Zeiten. Ausgestellt ist alles von der versteinerten Schnecke bis zum von einem ecuadorianischen Urwaldvolk abgekauften Schrumpfkopf eines Missionars – so besagt es jedenfalls das Erklärungsschildchen. Eine Kutschensammlung, Dampf- und Setzmaschinen belegen den technischen Fortschritt des Landes. Es gibt im Unabhängigkeitskrieg getragene Uniformen, Schlachtengemälde, Porzellan, Porträts und Schmuck der Mapuche zu sehen, Sakralkunst aus der Kolonialzeit, Töpferkunst der Diaguita. Mehr als 3000 Exponate zeigt Chiles größtes Museum in einem extra dafür hergerichteten Herrenhaus aus dem 19. Jh. Alles stammt aus der Privatsammlung Cardoens. Lohnend. Av. Errázuriz 145, www.museocolchagua.cl. tgl. 10–18.30 Uhr. Eintritt 7000 CLP.

Vier weitere Museen in der Umgebung gehören zur selben Stiftung, der Fundación Cardoen. Infos: www.rutamuseoscolchagua.cl. Auf seinem Weingut **Viña Santa Cruz**, via Lolol, befindet sich zum Beispiel das Automobilmuseum. Hier kann man die Geschichte der Autos in Chile nachvollziehen und die ältesten Fahrzeuge sehen, die in Chile noch erhalten sind. Di–So 10–18 Uhr. Eintritt 12 000 CLP.

Im Ort Lolol selbst gibt es das **Museo de la Artesanía**, wo man kunsthandwerkliche Ausstellungsstücke sehen kann und Bräuche der vergangenen Jahrhunderte erklärt bekommt. Di–So 10–19 Uhr. Eintritt 3000 CLP.

Buses Andimar und Buses TranSantin fahren 26x tgl. zwischen 5 und 19.10 Uhr nach SANTIAGO (3 Std.), 6000 CLP.

San José del Carmen de El Huique

Schon mal einen 10 000 km² großen Landsitz gesehen? Eine SupercasaPatronal? Ein Besuch in El Huique versenkt in die Welt der begüterten Großgrundbesitzerfamilien, die früher und auch heute noch Chile unter sich aufteilen. Er spiegelt ein Soziogramm von Familien, aus denen wie selbstverständlich Präsidenten und diplomatische Bedienstete hervorgingen und der Landpfarrer so stark an die Familie gebunden war, dass ihm ein eigenes Zimmer in der Hacienda zugewiesen wurde (in El Huique übrigens eins der schönsten).

El Huique wurde vor 170 Jahren für die Familie **Echenique** gebaut, später dann übernahm es die Familie **Errázuriz**. Bis 1974 war diese Casa Patronal (übrigens die Einzige, die als Museum zu besichtigen ist) bewohnt, mit ihren 20 Schlafzimmern, zehn Bädern und Weinreben, Hortensien, Geranien und Orangenbäumen in den Patios. Damals legte man 200 km Entfernung zur Hauptstadt in einer Kutschfahrt von einer Woche zurück.

Das **Museo El Huique** zeigt diese teilweise farbenfrohen Zimmer in unverändertem Zustand. Sämtliche Möbel stammen aus Frankreich, Italien und England, von den Bilderrahmen bis zu den Schränken aus Jacaranda. Bilder von Hl. Jungfrauen und Familienporträts schmücken nahezu alle Wände. El Huique wurde 1974 den Militärs übergeben, da die Familie sich außerstande sah, das Anwesen zu unterhalten, mit der Auflage, es als Museum zu öffnen. Nur geführte thematische Touren, auch auf Englisch. 💻 www.museoelhuique.cl. 🕒 Di–So 10–17 Uhr. Eintritt 3000 CLP.

Von der echten Casa Patronal wird nur eine Hälfte als Museum genutzt. Die andere gehört den Bewohnern des Örtchens. In einem Trakt gab es früher eine Bäckerei. Auch alle anderen Gebäude, die man sieht, gehörten einst zur Hacienda.

Talca

Landwirtschaftlich genutztes flaches Land durchschneidet die Panamericana (Ruta 5) auf ihrem Weg nach Talca (204 000 Einw.). Der Río Claro, der ihn durchfließt, mündet in einen der mächtigsten Ströme des Südens, den Río Maule. Der trägt einen indianischen Namen: Maule heißt auf Mapundungun *feuchte Gegend*. Diesen Fluss konnten die Inka auf ihren Eroberungszügen in Chile nie überqueren. Er war schiffbar, was Talca bald üppigen Gewinn verschaffte, denn auf ihm transportierte man Weizen, der für Kalifornien bestimmt war. 1848 brach dort der Goldrausch aus, der Bedarf an Nahrungsmitteln schnellte in die Höhe. Südlich von Talca beginnt die traditionelle Kornkammer Chiles, schon die Spanier rodeten die Wälder bis nach Angol und legten Getreidefelder an.

Talca genoss bald Reichtum und Einfluss in solchem Maß, dass die Banken eigenes Geld druckten. Sein Stadtbild spiegelte diese glanzvolle Zeit. Die Häuser im Zentrum entstanden in den Jahren 1840–1850. Weißer Marmor wurde aus Carrara bezogen, der schwarze aus Minen aus dem Balkan. In den Salons der Intellektuellen parlierte man auf Französisch und Deutsch, modische Kleidung bezogen die Damen des Großbürgertums aus Paris. Bis in die 1940er-Jahre hinein währte diese Hausse, und einige Häuser sind reines Art déco.

Auch die großzügige Stadtanlage mit der von Palmen gesäumten Flanierallee **Alameda** entspricht diesem Status. Sie war der Patio der Stadt, hier trafen sich die Kinder zum Spielen, hier zog eine Straßenbahn ihre Linien. Als in den 1950er-Jahren die Industrien nach Santiago abwanderten, verblasste der Glanz von Talca. Bei dem verheerenden Erdbeben (8,8 auf der Richterskala) vom 27. Februar 2010 wurde die Innenstadt zum großen Teil zerstört. Das Schachbrettstraßensystem bezieht sich auf die Plaza, von dort aus sind die Straßen nummeriert und richten sich nach den Himmelsrichtungen: Poniente, Oriente, Sur, Norte.

Cerro de la Virgen

Vom Aussichtspunkt auf dem **Cerro de la Virgen** liegen einem die Stadt und der SecanoInterior zu Füßen, in der Ferne schimmern die wild gezackten Andengipfel. Die Leute aus Talca warnen: nicht zu Fuß allein nachts hinaufsteigen.

ÜBERNACHTUNG

Hotel Plaza Cienfuego, 1 Sur, zwischen Oriente 3 und 4, in der Fußgängerzone, 💻 www.hotelplazacienfuegos.cl. Modernes und funktionelles Businesshotel mit Restaurant und 33 Zimmern in zentraler Lage, die Rezeption befindet sich im 1. Stock. Frühstücksbuffet inkl. ❸–❹

Eco Hotel, Av. Bernardo O'Higgins 1198, 4 Norte mit 5 Oriente, 💻 www.ecohotel.cl. Zentral gelegenes Businesshotel mit allen Annehmlichkeiten, Pool, Bar- Restaurant mit netter Terrasse, Buffetfrühstück inkl. ❹

La Casa Chueca, Camino Las Rastras, Parcela Andrea s/n, 💻 www.trekkingchile.com/casa-chueca. Franz Schubert und seine Frau Kati sind so etwas wie die Pioniere der touristischen Entwicklung der Region. Ihr superschönes Anwesen mit teilweise riesigen Zimmern liegt in einem gepflegten Garten mit Blumenbeeten und Pool sowie einem kleinen Naturkundemuseum (Cima). Es gibt ein Nullenergiehaus und 2 riesige Luxus-Suiten. Man isst gemeinsam zu Abend, es gibt jede Menge Tourenempfehlungen und -organisation und Tipps sogar zu Regionen, von denen noch nie jemand was gehört hat. Parkplatz. Die Casa Chueca liegt ruhig, ein bisschen außerhalb von Talca, aber jeder Taxifahrer weiß Bescheid. 🕒 Anfang Juni–Ende Aug geschl. Ab ❹

ESSEN UND UNTERHALTUNG

Mercado El Crea, Once Oriente 1421. Typischer Lebensmittelmarkt mit regionalen Erzeugnissen in einem schönen alten Gebäude. Es locken Speiselokale mit einem Angebot regionaltypischer Rezepte, gute Fleischgerichte und natürlich wird lokales Kunstgewerbe verkauft. 🕒 Di–So 6–14 Uhr.

La buena Carne, Calle 1 Norte 1305. Zentrales und beliebtes Esslokal; einfach und große Portionen typisch chilenischer Gerichte, gutes Mittagsmenu. 🕒 Mo–Sa 11–21.30 Uhr.

Las Viejas Cochinas, Rivera Poniente Río Claros/n. Dieses auf der anderen Seite vom Rio Claro direkt am Ufer gelegene Restaurant empfehlen die Menschen in Talca besonders. Typische chilenische Gerichte *wie lomo a lo pobre* – große Portionen und nicht teuer. 🕒 12–20 Uhr.

Auf der **Diagonal Isidoro del Solar** konzentrieren sich die Plätze zum Ausgehen.

SONSTIGES

Geld

Banco Estado, Uno Sur 971. Mit Geldautomat.

Informationen

SERNATUR, 1 Oriente 1150. 🕒 Mo–Do 8–18, Fr 8–17 Uhr.

Mietwagen

Rosselott, Av. San Miguel, Cruce Varoli 2710. 🕒 Mo–Fr 8.30–18 Uhr.

Touren

Ein bewährter Tourguide ist **Frank Holl**, 💻 www.costaycumbretours.cl (deutsch). Bietet persönlich auf Deutsch geführte Tages- und Mehrtagestouren ab 2 Pers. rund um Talca an. Seine Highlights sind die Regenbogenwasserfälle im oberen Maule-Tal.

TRANSPORT

Busse

Der **Busbahnhof** liegt an der 12 Oriente, Ecke 2 Sur 1920, ☎ 71-231-0815.

Talca ist sehr gut per Bus mit SANTIAGO (3 Std.) und dem Süden verknüpft. Stdl. Abfahrten in beide Richtungen. Ebenfalls stdl. nach CONSTITUCIÓN.

Eisenbahn

Der **Bahnhof** liegt an der 11 Oriente, Ecke 2 Sur. Der Schmalspurzug nach CONSTITUCIÓN ist eine kleine Sehenswürdigkeit an sich. 2x tgl., 2 3/4 Std., 1500 CLP.

Verbindungen nach, SANTIAGO (4 Std.): 💻 www.efe.cl. Zur Zeit der Recherche funktionierten nur die Abschnitte von Estación Central nach Curicó und von San Carlos nach Chillán.

Vilches Alto

Ein Weitblick von Talcas Plaza funktioniert auch als Appetitanreger. Von hier aus kann man an klaren Tagen den Reigen wilder Andengipfel sehen: den Vulkan Descabezado, den Cerro Azul und den Picacho. Sie liegen im **Parque Nacional Radal Siete Tazas** und der **Reserva Nacional Altos de Lircay** und sind ausgezeichnete Wandergebiete.

Von Talca kommt man in etwa 1,5 Stunden mit dem Auto oder zwei Stunden mit dem Linienbus zum Parkeingang bei **Vilches Alto**, das auf 1100 m Höhe liegt. Kastanien und Arrayanes werden entlang der Strecke wieder aufgeforstet, die Bauern hier kultivieren Mais, Zwiebeln und Kartoffeln. Als beste Reisezeit empfehlen die Leute aus Talca den Frühling, wenn noch Schnee die Vulkankegel bedeckt, und den Herbst, weil der Mischwald aus Arrayanes, Walnussbäumen, Südbuchen, den Maitenpappeln und Eichen sich dann glühend rot färbt.

Vilches Alto ist zwar winzig, hat aber eine ganz gute touristische Infrastruktur. Unter den Baumwipfeln verbergen sich Ferienhäuschen, Hostals, Herbergen und Campingplätze. In der Reserva Nacional Altos de Lircay lernt man eine Vielzahl Bäume kennen, diein Europa zum überwiegenden Teil nicht vorkommen: Roble, Radal, Lenga, Pingopingo, Raulí, Pinol, Olivillo, Avellano, Canelo, Coigüe, Peumo, Maitén, Nitre.

Es gibt einen kurzen Pfad zu einem Aussichtspunkt mit Wasserfall. Der Weg führt entlang eines Flüsschens, bis man die *piedras de las tacitas* erreicht, einen dunklen, glatten Stein, in den viele Aushöhlungen gegraben wurden. ⌚ Di–So. Tickets bei 💻 www.aspticket.cl. Eintritt 6400 CLP.

Der Wald ist hoch und dicht. Um ihn kennen zu lernen, sollte man die anderen markierten Routen einschlagen. Gut campen kann man in der Quebrada de los Coigues – vorher bei der CONAF nach Verfügbarkeit fragen.

In der Reserva Nacional Altos de Lircay beginnt der Weg hinüber zum Enladrillado und ins **Valle Nevado**, und eine weitere Wanderung verknüpft ihn mit dem **Parque Nacional Radal Siete Tazas**, die etwa acht Tage dauert, die Ruta de los Cóndores (S. 208). Im Nationalpark selbst verlaufen zwei markierte Wanderwege, die zu den Senderos de Chile gehören. Wer diese Route nicht auf eigene Faust laufen will, findet in Talca Veranstalter, die die Tour organisieren. (S. 206) ⌚ Di–So 8.30–16.30 Uhr. Tickets bei 💻 www.aspticket.cl.

ÜBERNACHTUNG

Camping Salto de León, Flor de Vilches, Loteo a 2 San Clemente, 💻 campingsaltoelleon.cl. 60 km von Talca. Hat eine Cafetería und auch Cabañas mit Schwimmbad auf dem Gelände. Eintritt 5000 CLP.

Complejo Turistico El Roble, KM 54 Vilches Centro, 💻 www.turismoelroble.cl. Die Bungalows sind sehr ordentlich und gepflegt. Garten mit Pool, Ausritte, Massagen. ❸

Hostal la Maravilla, Los Montes, Parcela 323, Lote B, 💻 www.hostallamaravilla.com. Süße Posada mit komfortabel und geschmackvoll eingerichteten Zimmern und einer Cabina. Marion bietet hervorragendes Essen, unbedingt probieren! Guter Ausgangspunkt für Exkursionen und Wanderungen in die Reserva, Frühstücksbuffet inkl. ❸–❹

Wanderungen um Vilches Alto

Weiter südlich von Vilches, über die Ruta 115 erreicht man den größten Stausee von Chile, den **Lago Colbún**, der aus dem Río Maule aufgestaut ist. Am KM 72 befindet sich der **Parque Natural Tricahue**, der nach dem Felsensittich benannt ist. Es ist ein privater Park mit über 4 ha Fläche, und man findet hier drei endemische Papageienarten und viele weitere Vögel. Auch der Kondor ist mit großer Wahrscheinlichkeit zu beobachten. Es gibt zahlreiche Wanderwege durch den Park, die teils tolle Ausblicke bieten, und Cabañas zum Übernachten. KM 70 Ruta Internacional Pehuenche, 💻 www.parquetricahue.cl. ⌚ tgl. 8.30–18 Uhr, letzter Einlass 15 Uhr.

Sendero de Chile

Hochandine Landschaft an der Laguna del Maule. Die Wanderstrecke selbst beträgt etwa 11 km (man sollte mit sechseinhalb Stunden Wanderung rechnen) und führt teilweise am Ufer der spiegelglatten Lagune del Maule inmitten einer hochandinen Landschaft entlang, die nur Schneeweiß, Grau-Beige-Gold-Blassgrün und Ocker unter einem für gewöhnlich tiefblauen Himmel zu kennen scheint. Der *sendero* ist mit mehreren ausgewiesenen Stränden und Aussichtspunkten ausgestattet und gut markiert.

Um dorthin zu gelangen, fährt man über Armerillo (70 km östlich von Talca Richtung Anden, Ruta CH 115, über San Clemente) bis nach La Mina 19 km. Bei KM 148 gibt es eine Station der Carabineros (für Auskünfte und Meldungen). 2 km weiter beginnt der Sendero auf etwa 2200 m Höhe, hier kann man seinen Wagen parken. Zwischen April und Dezember ist diese Wanderung wegen Regen und Schneefall nicht möglich.

Die Frischwasser-Lagune des Río Maule mit einer Oberfläche von 45 km² ist vulkanischen und glazialen Ursprungs. Lavafelder, Feuchtsteppen, Vulkandome, Binsen, die langsam wachsende Pilzflechte *llareta*, Coiron (oder Ichu-) Gras wechseln sich ab. Man sieht Schwarzhalsschwäne, seltener Kondore und Falken. Die Strecke ist in drei Abschnitte gegliedert. Wer will, kann auch campen, es gibt mehrere markierte Zonen dafür (aber keine Einrichtungen).

Beim ersten Abschnitt klettert man über ein harsches Lavafeld und stößt immer wieder auf kleine Minen des schwarzen Vulkanglases Obsidian. Später wechselt die Landschaft zwischen weichen Stränden (gut für Vogelbeobachtung), steilen Andenabhängen und andiner Steppe. Mehrere fantastische Aussichtspunkte liegen auf und am Ende des Weges. Der zweite Abschnitt führt in die hochandine Steppe. Bei der Wanderung ist ein Fluss zu queren.

Trekkingchile
Valle Venado

Auf dem dritten Abschnitt läuft man durch Lavasand. Es ist wichtig, den Weg nicht zu verlieren. Der Weg führt auf eine kleine Lagune zu, die meist zugefroren ist. **Wichtig**: Auf dieser Strecke nicht zu dem von Lavafelsen gesäumten Ufer der Laguna del Maule gehen, denn der Weg ist ungesichert und gefährlich.

Ruta de los Cóndores

Die Ruta de los Cóndores ist eine Königstrecke. Sie stellt höchste Ansprüche an Kondition und Übung und erfordert je nach Witterungsverhältnissen Erfahrung mit Steigeisen und Eispickel. Einer der Höhepunkte der Strecke – der Nationalpark **Siete Tazas** (Sieben Tassen) – verdankt seinen ungewöhnlichen Namen einer Abfolge von sieben untereinander angeordneten Becken, in die sich der kristallklare **Río Claro** ergießt, umfasst von Steilabbrüchen, dichtem Wald und üppigen Farnen.

Die Natur hat hier ein eigenes Kunstwerk geschaffen – das gilt für die gesamte lange Strecke, die unglaublich abwechslungsreich ist und vom National Geographic zu einer der 50 schönsten Wanderrouten der Welt gekürt wurde. Die Veranstalter behaupten, hier habe man alle Landschaften des Films *Herr der Ringe* beisammen. Der gesamte Weg ist **nicht markiert** und nur absolut geübten und konditionsstarken Trekkern zu empfehlen. Ausrüstung inklusive Zelt und Lebensmittel müssen mitgeführt werden. Bergführer und Packtiere kann man in Vilches und im Parque Inglés engagieren. **Startpunkt** ist Vilches Alto, Parkeingang Altos de Lircay. Bei den Parkwächtern an der CONAF-Station Informationen einholen und sich anmelden ist obligatorisch.

Der erste Tagesabschnitt führt höchst unterhaltsam durch dschungelgleichen Nebelwald zur **Quebrada des Río Claro** und dann ins Tal des **Rio Blanquillo**. Am dritten und anstrengendsten Tag steht der zum Teil ausgesprochen monotone und kräftezehrende Aufstieg durch endlos anmutende Lavafelder auf den Vulkan **Descabezado Grande** (3950 m) an. Doch durch Büßerschnee zu laufen ist ein Erlebnis für sich – und einen mit Eis gefüllten Vulkankrater zu sehen, auch. Am Ende des Tages lösen sich die

Anstrengungen in wilden Thermalquellbecken auf. Den vergletscherten **Vulkan Azufre** (4100 m) immer im Blick, steigt man in das Tal des **Río Volcán** hinab, dort warten noch mehr heiße Quellen zur Erfrischung und zum Entspannen.

Die **Laguna Las** Ánimas wird am sechsten Tag passiert, das Tagesziel heißt **Valle del Indio**. Es besteht die Möglichkeit, zum Parque Inglés zu wandern und sich dort die Wasserfälle Siete Tazas anzusehen. Hier gibt es einige Campingplätze. Den Rundweg komplettiert ein erneuter Anstieg auf 2000 m Höhe zum Grat von **Guamparo**. Und von dort wandert man weiter nach Los Vilches.

Der Circuito de los Condores ist ein Klassiker der Rundwanderungen in Chile und führt in einer Woche zu unbekannten Andengebieten.

Trekkingchile Condor Circuit

Weingüter im Valle del Maule

Das Tal von Maule eignet sich hervorragend für den Anbau von Rotweinen, denn die Sommertage fallen sehr heiß aus, die Nächte kühlen dagegen stark ab. Der Temperaturunterschied zwischen Tag und Nacht kann bis zu 20 °C betragen. Die roten Trauben bekommen davon ordentlich viel Aroma und viel Farbe. Das macht die Rotweine sehr fruchtig. Die Winzer des Maule-Tales haben zwar international noch nicht den Bekanntheitsgrad des Valle de Colchagua errungen, aber sie arbeiten daran, zum Beispiel mit einer Organisation, die ihre Interessen vertritt.

Die regionalen Weinbauern können allesamt auf eine lange Tradition zurückblicken, aber es wurde nie im großen Maßstab produziert, sondern man trifft hier oft auf Familienbetriebe, die bislang lediglich in der Umgebung verkauft haben.

Die Organisation **Ruta del Vino del Maule** residiert in einem bildschönen Exemplar einer Casa Patronal, der Villa Cultural Huiquilemu, und liegt ein wenig außerhalb von Talca. Sie veranstaltet Besuchsprogramme in den Winzerbetrieben, die sich mit Wanderungen, Spa- und Hotelaufenthalten kombinieren lassen. Mehr als 20 Weingüter haben sich angeschlossen. Infos unter 💻 www.valledelmaule.cl.

Casa Donoso

Die **Viña Casa Donoso**, Fundo La Orienta, an der Straße nach Palmira, KM 3,5, 💻 www.donosogroup.com. Hübsches Weingut, gehört zu den traditionellen Winzereien mit einer etwa 100 ha großen Anbaufläche. Viel Carménère, aber auch Malbec, Cabernet Sauvignon und Sauvignon Blanc werden angebaut. Das luxuriöse Adobe-Haus ist eine Vorzeige-Casa Patronal in leuchtendem Ockerrosa mit üppigen Säulengalerien. 🕒 Mo–Fr 10–17 Uhr.

Cauquenes

Kann eine Station sein, wenn man unterwegs ist; einen Extra-Abstecher ist es nicht unbedingt wert. Das sonnige 40 000-Einw.-Städtchen 150 m südöstlich von Talca vermittelt besonders auf seinem sehenswerten **Markt** viel von dem, was seine Umgebung bestimmt: Landwirtschaft – und da war man bereits im 19. Jh. erfolgreich, wie sich an einigen repräsentativen Hausfassaden leicht ablesen lässt.

Auf dem Markt taucht man tief ein in die indianische Küche: das Gewürzpulver *merquén* lagert neben Haselnussmehl, mit dem die Chilenen gern ihre Chicha fürs Frühstück anreichern. Auf der Nordseite des Marktes kann man dann ausprobieren, was die Köchinnen daraus machen, und natürlich gibt es viel Fleisch.

An die Küste – Ruta de los Conquistadores

Das hügelige Gelände des Secano Interior, durch das die Landstraße von Cauquenes etwa 40 km in Richtung Küstenkordillere gleitet, ist über und über mit Feldern, Weinreben und

Schafsweiden bedeckt. Das im Sommer staubtrockene Land wird seit geraumer Zeit wieder aufgeforstet. Alte Gutshöfe sprenkeln die Hügel. Hochgewachsene Pappeln, die *alamos*, säumen die Einfahrten. In Garagen wird junger Wein und Most verkauft. Angebaut werden hier hauptsächlich die Traubensorten Zinfandel und Carménère. Es ist eine ruhige, schöne Gegend, die man auf dem Weg zu urigen Fischerörtchen und sehr schönen Sandstränden streift.

Reserva Nacional Los Ruiles

Die südchilenischen Baumarten firmieren unter dem Oberbegriff Südbuchen. Die regionale Variante ist der Ruil *(Nothofagus alessandrii)*, der unter Naturschutz steht und vom Verschwinden bedroht ist. Die zur Wiederaufforstung und zur Eindämmung der dadurch entstandenen Umweltschäden gepflanzten Pinien verdrängten ihn. Hier kann man ihn also sehen, er wird auf 45 ha geschützt.

Die CONAF hat einen kurzen Lehr-Spazierweg mit mehreren kleinen Laufstegen über Bäche und Flüsschen angelegt. Er dauert nur 90 Minuten und führt an elf Stationen vorbei. Dabei zu erleben ist die Artenvielfalt des im feuchten Mittelmeerklima gedeihenden Waldes, dazu Orchideen und die granatroten Glocken der Nationalblume Copihue. Die Reserva Nacional ist über eine ausgeschilderte Abzweigung von der Landstraße zwischen Cauquenes und Chanco zu erreichen.

Pelluhue und Curanipe

Der Ort der Muscheln (auf Mapudungun) ist ein reizender Fischerort (8000 Einw.). Nomen est omen – in Pelluhue werden sagenhafte Muscheln und Krebse aufgetischt, die *almejas*, *jaivas* und *choros* haben feinste Qualität, ebenso wie die Erdbeeren und Papayas aus den hiesigen Gärten.

Der Küstennebel, der sich oft bis zum frühen Mittag hält, taucht die bunt angemalten Häuser in ein watteweiches Licht, dämpft die Laute, die auf der Haupteinkaufsstraße aus den quirligen Läden dringen. Wassermelonen, Paprikaschoten, Bohnen, Tomaten und das in Asche gebackene Brot *pan de rescoldo* kann man auf dem Markt kaufen.

Zwischen Klippen und Felsen liegen schwarzsandige Strände, gesprenkelt mit leuchtend bemalten Fischerbooten. In Pelluhue blühten einst Mythen und Sagen, und man glaubt immer noch an Hexen und Zauberer, die durchaus als moralische Instanzen gelten können – besonders gerne bestrafen sie ehebrecherische Absichten ...

Duftende Wälder trennen Pelluhue von den Stränden des benachbarten **Curanipe** (4000 Einw.). Sie sind dunkelsandig (z. B. La Sirena, El Cardonal) und schlagen Längenrekorde, deswegen erfreuen sie sich im Sommer größter Beliebtheit. Der Clou sind zweifellos die Freiküchen *cocinerías*, die die allerfrischesten Meeresfrüchte und Fische anbieten. Hier ist das Schwimmen gut möglich, doch noch besser gehen das Surfen und Windsurfen.

Curanipe hat eine lange Tradition als Fischerort, und eine buntbemalte Statue des San Pedro überwacht den Hafen. Die Pfarrkirche Santo Toribo genießt im Umkreis viel Verehrung wegen der ländlichen Schönheit ihrer Heiligenfiguren.

Auch diese zwei Orte haben bei dem Erdbeben am 27. Februar 2010 sehr leiden müssen, umso erfreulicher war die Neueröffnung des Stadtparks von Pelluhue. An der zerstörten Uferpromenade wurde in langjähriger Arbeit ein traumhaft schöner Park von fast 3 ha Größe geschaffen. Neben gepflegten Grünflächen sind hier zwei Denkmäler für die Opfer des Erdbebens, Sportplätze, ein Anfiteatro und ein Skate-Park zu finden.

ÜBERNACHTUNG

Cabañas Campomar, auf halber Strecke zwischen Pelluhue und Curanipe, Sector Lovelvan, www.cabanascampomar.cl. Sehr geschmackvolle Anlage mit 2 kleinen Pools, dunkelgrüner Vegetation und Blick auf die Küste. Komplett ausgestattete Bungalows, alle mit Küche und Terrasse mit Grill, Solarpanele, kinderfreundlich, auf Wunsch Frühstück.

Chanco und Loanco

Rund 20 km sind es nach Chanco, das1999 zur *Zona típica* erklärt wurde. Der Käse aus Chanco (9500 Einw.) stand einst besonders hoch in der

Gunst der Region: weiß, rund, fein duftend, pur, mit Oregano oder dem Mapuche-Gewürz *merquén* gewürzt. Dazu ein *pan de rescoldo*, ein paar Oliven und ein guter Rotwein aus dem Valle del Maule – schon hat man ein richtig gutes Essen.

Der Ort wirkt ein wenig vernachlässigt, trotz seiner schönen alten Häuser. Offenbar fehlt das Geld für die Instandhaltung. Doch den lokalen Festkalender bereichert alljährlich im Februar die **Feria del Queso y las Tradiciones**, die Käse- und Brauchtumsmesse. Und – besonders typisch – wenn im Ort (auch in Pellehue und Curanipe) frisch geschlachtet wurde, hängt der Metzger ein rotes Tuch vor die Tür.

Das Schönste an **Loanco** ist die Fischerbucht. Eine hübschere, elegant geschwungenere gibt es kaum. Absolut malerisch, wenn die Fischer in der Abenddämmerung ihre Boote an den Strand holen – dabei helfen Ochsengespanne.

Reserva Nacional Federico Albert

Die gesamte Region ist über ein Jahrhundert hinweg massiv abgeholzt worden – mit dem denkwürdigen Ergebnis, dass Sanddünen Chanco zu ersticken drohten. Der deutschstämmige Biologe Federico Albert Faup besuchte den Ort 1899 und veranlasste die sofortige Wiederaufforstung – mit Eukalyptus, denn der Baum schießt schnell in die Höhe und befestigt den Untergrund.

Die Reserva Nacional Federico Albert ist klein, aber bezaubernd, viele picknicken hier am Wochenende. Die Parkverwaltung hat einen kurzen Erfahrungspfad eingerichtet, der alle Sinne testen und ansprechen soll. Er beginnt gleich jenseits des Eingangs. ⌚ So–Di 8–17.30 Uhr. Eintritt 6400 CLP:

Eine Übernachtungsmöglichkeit im Schutzgebiet bietet der sehr gepflegte, von CONAF verwaltete Campingplatz, ✆ 71-2224-461.

ÜBERNACHTUNG UND ESSEN

Camping El Refugio, Sector Salta de Aguas, Curanipe, ✆ 9-4060-8540. Auch einfache Cabañas. ❶

Camping Río Chovellen, Curanipe, ✆ 9-6668-4037. Mit Boots- und Kajakverleih.

Hostería Lucerna, Arturo Prat 217, Curanipe, ✆ 9-8868-3129. Einfache Hosteria mit funktional eingerichteten Zimmern und einer netten Gaststube. ❶

Campo Mar, Camino Pelluhue y Curanipe, 💻 www.cabanascampomar.cl. Die Anlage mit einem supergepflegten Blumengarten liegt auf einem Hügel oberhalb der Küste und bietet für wenig Geld sehr viel: kuschelige Bungalows komplett aus Holz mit kunsthandwerklichen Akzenten, jeweils eigener Terrasse, Pool. ❸–❹

El Quincho de Pelluhue, M-80-N 570, Pelluhue, 💻 www.elquinchopelluhue.cl. Mit viel Liebe gestaltetes Restaurant mit köstlichen Meeresfrüchten – *pasteles* und *chupes* sowie Fisch aus dem Backofen. Vermieten auch hübsche Ferienhäuser.

SONSTIGES

Aktivitäten

Surfen und **Windsurfen** kann man in Curanipe. Am Strand werden Bretter ausgeliehen. Die beste Zeit im Jahr hierfür sind der Januar und Februar.

Eine schöne, knapp 4 km lange **Strandwanderung** führt von Bucht zu Bucht zu den Arcos de Calan.

Trekkingchile
Arcos de Calan

Chillán

Die 185 000-Einw.-Stadt, 400 km südlich von Santiago, ist modern – und gleichzeitig ganz alt. Dem verheerenden Erd- und Seebeben von 1960, das den gesamten Süden betraf, fiel auch Chillán zum Opfer – es musste neu aufgebaut werden. Dabei gehörte es zu den frühen spanischen Gründungen: 1580 wurde von dem spanischen Konquistador Martín Ruíz de Gamboa ein rechteckiger Platz an der Stelle angelegt, wo sich heute Chillán Viejo befindet, doch indianische Angriffe und mehrere frühe Erdbeben zerstörten diese Siedlung vollständig. Nur wenige Gebäude von Chillán, das später ein wenig weiter östlich im strengen Schachbrettmuster angelegt wurde, bringen es folglich auf ein hohes Alter.

Doch zwei Punkte erreichen landesweit viel Aufmerksamkeit: da ist die **Feria Artesanal** mit den größten Schauen Chiles und ganzen Ozeanen von Blumen und Korbflechtereien. Sehenswert ist auch die Auswahl an Leder- und Töpferwaren. Absolut empfehlenswert in den Marktstuben im angeschlossenen **Lebensmittelmarkt** in der Maipón zwischen Riquelme und 5 de Abril: die Bratwurst *longaniza* und der Truthahneintopf. Drei Straßenblöcke weiter nördlich liegt die Plaza de Bernardo O'Higgins, an ihrer Ostseite die perlgraue moderne **Kathedrale**, im Westen das **Teatro Municipal**.

Berühmtestes Stadtkind ist der Libertador Chiles, Bernardo O'Higgins, und alle wichtigen (Geschäfts-) Straßennamen gedenken dem Unabhängigkeitskampf: Libertad, Constitución, 18 de Septiembre. Über 2 ha groß ist der **Parque Monumental Bernardo O'Higgins** in Chillán Viejo mit einem großen Mural von Maria Martner. Einen ähnlich großartigen Namen führt der Pianist Claudio Arrau, der mit einem interaktiven **Museum**, Calle Claudio Arrau 558, zwischen Av. Libertad und Constitución, geehrt wird. 💻 www.museoarrau.cl. 🕒 Di–Sa 9–13.30, 15–18 Uhr. Eintritt frei.

ÜBERNACHTUNG

Hotel Los Cardenales, Bulnes 34, 📞 42-222-4251. 36 ordentliche Zimmer mit ein bisschen Motelcharakter und gutem Preis-Leistungs-Verhältnis 7 Blocks westlich der Plaza. Ohne Frühstück ❷

Hotel Isabel Riquelme, Constitución 576, 💻 www.hotelisabelriquelme.cl. Klassiker im Zentrum. Elegant, mit gediegenen Zimmern und schönem Restaurant. ❺

ESSEN

Der **Mercado Municipal** ist ein Muss. Das **Restaurant** im Hotel Isabel Riquelme hat einen eleganten Treffpunkt-Charakter. 🕒 tgl. 8.30–18.30 Uhr.

Arcoiris, El Roble 525, 💻 www.fb.com/arcoirisrestaurante. Wenn schon vegetarisch, dann richtig: Von Sphärenklängen angeregt kann man hier prima Buffet futtern. 🕒 Mi–Sa 9–18 Uhr.

Centro Español, Arauco 555, 📞 42-2321-061. Plaza O'Higgins, neben der Katedrale, mit ehrwürdigem Aussehen und spanischen und chilenischen Spezialitäten. 🕒 Mo–Sa 8.30–23.30 Uhr.

KULTUR UND UNTERHALTUNG

Galerien

Centro Cultural Municipal, 18 de Septiembre 590 im Teatro. Wechselnde Ausstellungen.

SONSTIGES

Geld

Geldautomaten, am Südrand der Plaza, Constitución 500-600.

Informationen

Oficina de Información Turística, Bulnes 847. 🕒 Mo–Do 8.30–13, 14–17.30, Fr bis 17 Uhr.

TRANSPORT

Busse

Haupt-Terminal Maria Teresa, Av. O'Higgins 010. Geldautomaten, Gepäckaufbewahrung. Busse zum SALTO DEL LAJA.

Terminal Rural, Arturo Prat 828, Ecke Aldea. Geldautomat, Gepäckaufbewahrung, Supermarkt nebenan. 2x tgl. um 7.50 und 13.20 Uhr zu den Termas de Chillán (1 1/2 Std., 3300 CLP).

Busse nach:
CONCEPCIÓN (1 1/2 Std.), 61x tgl., 3200–5500 CLP,
LOS ÁNGELES (1 1/2 Std.), 11x tgl., 4800–7100 CLP,
PUERTO MONTT (9 Std.), 5x tgl., 13 000–25 500 CLP,
SANTIAGO (4 Std.), 45x tgl., 11 000–23 000 CLP,

TALCA (3 Std.), 26x tgl., 5500–22 000 CLP, TEMUCO (5 Std.), 17x tgl., 9000–17 300 CLP, VALDIVIA (6 1/2 Std.)., 2x tgl., 15 000–21 600 CLP.

Eisenbahn

Estación de Ferrocarriles, Av. Brasil s/n, 💻 www.efe.cl. Normalerweise fährt der Zug bis zur Estación Central in SANTIAGO. Zur Zeit der Recherche waren aber nur die Abschnitte zwischen Estación Central und Curicó und von Chillán nach San Carlos (20 Min.) in Betrieb.

Termas de Chillán

Eine asphaltierte Straße (80 km) führt zu den Termas de Chillán, die zu Füßen der vergletscherten Gebirgsfalten des Vulkans Chillán (3100 m) mitten in den Voranden auf 1600 m Höhe liegen. Das Thermalhotel fügt sich alles andere als harmonisch in die Landschaft, aber es gibt eine Menge Sport- und Ausflugsmöglichkeiten, vom Gletschertrekking und Mountainbiking bis zum Canopy. Für die Chilenen sind die Termas de Chillán vor allem als gut ausgebautes Skigebiet (11 Lifte) wichtig. Es hat 32 Pisten aller Schwierigkeitsgrade zu bieten und vor allem – die mit acht Meilen längste Piste ganz Südamerikas.

ÜBERNACHTUNG

Gran Hotel Termas de Chillán, Comuna de Pinto, Ruta 55, KM 80, 💻 www.termaschillan.cl. Superteures Hotel im elegant-dezenten anheimelnden Stil mit vielen Ausflugsangeboten und Spa. ❻

Hotel Nevados de Chillán, Ruta N-55, KM 80, 💻 www.nevadosdechillan.com. 70 Zimmer rund um einen tollen beheizten Pool. Es werden Skipass, Spa, Ausflüge, Tagespässe und Transfers angeboten. ❻

Im Valle Las Trancas

MI Lodge Las Trancas Hotel & Spa, Fundo Los Pretiles, Parcela 83, Sector C, 💻 www.misnowchile.com. Liegt nördlich des Ortes Las Trancas in einem waldigen Tal und ist ein guter Ausgangspunkt für Wanderungen und Reitausflüge. Geräumig, hell, viel Holz und Glas, Spa, kleiner Fitnessraummit Yoga-Plattform, Whirlpool, beheizter Pool. ❻

Juan-Fernández-Inseln

Lust auf Erkundung der Natur – die muss man haben, wenn man die drei kleinen Eilande 647 km vor der chilenischen Zentralküste besuchen möchte. Denn aus nichts als grandioser Natur besteht diese hinreißende Inselgruppe, und eine von ihnen trägt auch noch den Namen des wohl berühmtesten und unglaublichsten (fiktiven) Seemannes überhaupt: Robinson Crusoe. Zu erreichen sind sie in einem abenteuerlichen Flug von Santiago aus, der allerdings wegen ungünstiger Wetterlage auch mal ausfallen kann, oder in einer tagelangen Bootsüberfahrt mit dem Frachter *Antonio* der Firma **Transmarko**, 💻 www.transmarko.cl. Das Schiff, das die Inselgruppe versorgt, fährt in Valparaíso ab und bietet Platz für 12 Passagiere.

Man landet auf dem Airstrip der größten Insel, der **Isla Robinson Crusoe**, die als einzige bewohnt ist. An dieser Stelle ist sie kahl, hügelig, nicht sehr einladend. San Juan Bautista zählt 912 nette Einwohner. Auf der **Isla Alejandro Selkirk** befindet sich die höchste Erhebung des Archipels, der Cerro Los Inocentes (1650 m), und auf der kleinsten, der **Isla Santa Clara**, gar nichts – die fraßen eingeführte Ziegen kahl.

Geschichte

Es besteht Übereinstimmung bei allen Quellen, dass, bevor der spanische Seefahrer **Juan Fernández** diese drei Inseln 1574 entdeckte und mit den profanen Namen „Más a tierra", „Másafuera" belegte (was sich salopp so übersetzen ließe: „näher zum Festland, weiter draußen"), unbewohnt gewesen waren. Offenbar gab es einige Besiedlungsversuche dieser vulkanischen und abrupt aus dem Meer aufragenden Inselchen, die aber alle scheiterten.

Der Erste, von dem man wirklich etwas hörte, war dann das real existierende Vorbild für die literarische Erfindung des Daniel Defoe, Robinson Crusoe. Ein meuternder schottischer See-

Isla Robinson Crusoe

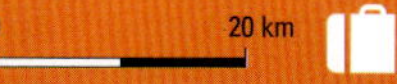

mann namens **Alexander Selkirk** (oder Selcraig) lebte von 1704 bis zu seiner Errettung 1709 auf der größten Insel, der Más a tierra, die 1970 in Robinson Crusoe umgetauft wurde. Nach Streitereien mit seinem Kapitän wurde er auf eigenen Wunsch auf diese Insel ausgesetzt, mit – laut Überlieferung – sehr nützlichen Werkzeugen: einer Bibel, Bettzeug, einem Kochtopf und einer Axt.

Nach seiner spektakulären Heimkehr machte seine Geschichte die Runde. Ein „Freitag" indes kommt dort nicht vor, und in tropischer Hitze musste Robinson/Alexander ebenfalls nicht schmoren – das Klima auf der Insel, die seinen Namen trägt, ist eher mild, regenreich und reichlich böig. Trotzdem: seine sagenhafte Geschichte inspirierte Daniel Defoe zu einem Weltklassiker.

Auch später noch nutzten britische **Seefahrer** die wasserreichen, dicht bewaldeten Inseln als willkommene Stützpunkte auf ihren Pazifikfahrten. Vor der Unabhängigkeit dienten sie der spanischen Kolonialmacht als Orte der Verbannung für politische Häftlinge, nach der Unabhängigkeit 1818 verleibte sich die Nation die Inseln ein.

Aber erst Ende des 19. Jhs. wurde eine **Besiedlung** in Angriff genommen. Während des Ersten Weltkriegs brannte der deutsche Kreuzer *Dresden* nach einem britischen Flottenangriff in der Cumberland-Bucht aus und versank und liefert auch heute noch eine Fülle von Legendenstoff, beispielsweise dass untergegangene Schätze und erbeutete Vermögen in den hummerreichen Küstengewässern ruhten. Es könnte sich aber auch um Piratenschätze handeln, kolportiert man.

Die gut 1000 Bewohner des einzigen Ortes auf den Juan Fernández Inseln, **San Juan Bautista**, fischen weiter ihre Hummer, laufen zum Mirador de Selkirk hoch, dem angeblichen Aussichtspunkt des schottischen Seefahrers, von dem aus er den Horizont nach Schiffen abgesucht haben soll, und bewirten ihre Gäste – denn Tourismus hat sich zu einem willkommenen Wirtschaftszweig entwickelt.

Natur

Über 3000 m hoch sollen die Gipfel der Juan-Fernández-Inseln einmal in den Himmel geragt haben, als sie als unterirdische Vulkane in die Höhe schossen. Wind und Wetter haben den höchsten Gipfel auf knappe 1320 m zurechtgeschliffen, aber wenn man bedenkt, dass diese Inseln lediglich 96 und 44 km² Umfang aufweisen

© SHUTTERSTOCK.COM / MARK GREEN

Robinson-Crusoe-Holzskulptur auf der gleichnamigen Insel

(die kleinste, Santa Clara, sogar nur 2 km^2), dann ist das eine ganz beträchtliche Ziffer.

Auf den Inseln Robinson Crusoe und Alexander Selkirk finden sich Landschaften so eng beieinander gedrängt, dass Besucher von paradiesischen Zuständen schwärmen, worunter sie aber nicht eine Strandtropenidylle meinen, eher eine unglaubliche Vielfalt. Von der Erosion geplättete, kahle, stark gefältelte Buckelhügel und wie von Künstlerhand strukturierte Steilabbrüche wechseln mit Dschungel, Farnhainen, Palmenwäldern und Grassteppen.

Auf Robinson Crusoe ist nicht nur die Vielfalt interessant, sondern auch das Auftauchen von Pflanzen, die man in diesen Breiten und in dieser Lage nicht vermutet hätte – und die haben nur erblühen können, weil sie über Jahrtausende von menschlichen Einwirkungen verschont geblieben sind. Die Unesco hat 1977 die Flora der Juan-Fernández-Inseln zum Biosphärenreservat erklärt. Drei Viertel der hier vorkommenden Pflanzen sind endemisch, was in der Welt einzigartig ist – nicht so allerdings das Sandelholz, das man eher auf dem afrikanischen Kontinent vermuten würde – und der Orangenbaum. Andere wiederum gehören zu subantarktischen Pflanzenfamilien.

Auch 35 der 45 vorkommenden Molluskenarten sind endemisch, ebenso viele Vogelarten. Trotzdem schreitet der Verlust des Pflanzen- und Tierparadieses voran: eine logische Konsequenz der Besiedlung. Von der Auslöschung bedroht ist der endemische Kolibri, den Sandelholzbaum sieht man so gut wie gar nicht mehr.

Das Paradies ist ohne den Menschen offenbar nicht zu halten. Auch die Einführung von Nutz- und Haustieren bedroht die Balance auf den Inseln, die zu weit über 50 % unter Naturschutz, dem Schutz der CONAF stehen – sie sind als Nationalpark ausgewiesen. Es gibt gut ein Dutzend Wanderwege, z. B. zum Mirador Alexander Selkirk: ein Aufstieg durch Farnwälder zu einem wunderbaren Aussichtspunkt, von dem aus der Seefahrer das Meer nach Rettung abgesucht haben soll, und man einen Blick über die gesamte Insel hat. ⏲ tgl. 8.30–17.30 Uhr. Eintritt 8000 CLP.

Wanderungen auf der Crusoe-Insel

Plazoleta de Yunque

Wildromantischer Waldweg zum Fuß des gleichnamigen Berges. Der Pfad führt durch endemische Pflanzenwelt zu einem Picknickplatz. Hier befinden sich die Ruinen eines Hauses, das ein Mitglied der Besatzung der *Dresden* gebaut haben soll (1 Std.).

Sal si puedes

Von San Juan Bautista ausgehend (Calle Pólvora) geht es diesen Weg durch Eukalyptus- und Zypressenwälder hinauf zu einem Ausguck auf das Dorf und die Bahía Cumberland (1 Std.).

Mirador de Selkirk

Anderthalb Stunden braucht man für den teilweise steilen Waldweg mit abschließendem Superblick zum Mirador de Selkirk. Hier hat die CONAF Stationen mit Erklärungstafeln angelegt.

Seerobbenkolonien / Bahía Tierra Blanca

Vom Mirador de Selkirk kann der Weg fortgesetzt werden und ist dann identisch mit dem Sendero de Chile für diesen Inselarchipel. Er ist wegen seines Reichtums an endemischer Flora dafür ausgesucht worden; in den Farnhainen flattern die Inselkolibris. Bei Villagra gibt es einen von der CONAF eingerichteten Campingplatz. Der Weg begleitet dann den Nordosten der Insel bis zur Seerobbenkolonie in der Bahía Tierras Blancas – das ist allerdings ein ganz gewaltiger Marsch von sechs Stunden, einfacher Weg. Besser, man macht vorher einen Bootsrücktransfer aus.

Puerto Francés

Nicht unbegleitet sollte man den mindestens vier Stunden langen Weg nach Puerto Francés gehen, denn es sind einige – allerdings atemberaubende – Abhänge und Schluchten zu passieren, und man kann den Weg verlieren. Sehr tolle Aussichten. In Puerto Francés hat die CONAF einen Campingplatz aufgemacht. Puerto Francés ist auch mit dem Boot erreichbar. Das kann man für den Rückweg einplanen, oder man zeltet dort.

ÜBERNACHTUNG UND AKTIVITÄTEN

Crusoe Island Lodge, Bahía Pangal, 💻 www.crusoeislandlodge.com. 15 rustikale, aber gemütliche DZ, teils mit Balkon und Seeblick, gutes Restaurant und Bar, Spa. Touren. ❺–❻

Man kann hier wandern und mit den Langustenfischern auf Tauchfang und zum Schnorcheln gehen. Die Isla Robinson Crusoe ist mit ihren Hügeln und Wäldern ein Dorado für Trekker. Auch Reittouren werden angeboten, auch bei Ornithologen ist die Inselgruppe sehr beliebt.

Diese Trekkingtour auf der Robinson-Crusoe-Insel ist eine knapp 15 km lange Tageswanderung, die dem Sendero de Chile quer über die Insel folgt:

Trekkingchile
Robinson Crusoe

TRANSPORT

Flüge

Aerolineas ATA, 💻 www.aerolineasata.cl. Fliegt ab SANTIAGO und bietet günstige Pakete inkl. 3 Übernachtungen und Aktivitäten wie Tauchen, Reiten oder Fischen.

COQUIMBO; © MEIK UNTERKÖTTER

Der Kleine Norden

Der Kleine Norden bildet die Übergangszone vom mediterranen, fruchtbaren Zentralchile zum trockenen Norden des Landes. Seine hügeligen Halbwüstengebiete säumen Strände und gigantische Andenketten, die von Flusstälern mit frischen grünen Oasen durchschnitten werden. Die Wege dorthin, vorbei an tiefblauen Stauseen, sind spektakulär.

Stefan Loose Traveltipps

Parque Nacional Fray Jorge Am Rande der Halbwüste eine grüne Überraschung: Valdivianischer Nebelwald. S. 222

Coquimbo Der Blick vom Cruz del Tercer Millenio über die gigantische Bucht ist unvergesslich. S. 223

3 **La Serena** Gemeinsam mit der Nachbarstadt Coquimbo ein ähnlich ungewöhnliches Doppel wie Viña del Mar und Valparaíso. S. 227

4 **Valle del Elqui** Das Tal ist berühmt für Sternenbeobachtung, viel Mystik – und den chilenischen Nationalschnaps Pisco. S. 233

5 **Valles del Río Huasco** Lange unentdeckt freut sich der Garten der Atacama nun auf Besucher. S. 245

6 **Caldera und Bahía Inglesa** Ungleiches Doppelpack: Ein lässiges Fischerdorf und glasklares Wasser an den Stränden der „englischen Bucht". S. 254

Parque Nacional Pan de Azúcar Beeindruckende Ausblicke – ob auf die vorgelagerte Insel oder von der entspannten Caleta. S. 263

PARQUE NACIONAL PAN DE AZÚCAR; © MEIK UNTERKÖTTER

LEUCHTTURM VON HUASCO; © MEIK UNTERKÖTTER

Wann fahren? Ganzjährig angenehmes Klima, zum Baden eignet sich aber nur der Sommer.

Wie lange? 7–10 Tage

Bekannt für Himmel zur Sternenbeobachtung

Unbedingt machen Die Aussicht vom Kreuz Tercer Milenio in Coquimbo genießen, ins Valle del Elqui oder obere Valle del Río Huasco fahren

Unbedingt probieren Pajarete, den süßen Wein aus getrockneten Muskatellertrauben und Dulce de Leche aus Ziegenmilch

Gutes Mitbringsel Eine „gesunde" Puppe von Paula Carvajal aus San Felíx

Der Kleine Norden umfasst einen kleinen Teil der Region Valparaíso und die Regionen 3 und 4. Der Río Aconcagua gilt als südliche Grenze und Chañaral mit dem **Parque Nacional Pan de Azúcar** als Grenze zum Großen Norden. Die Besiedelung wird merklich dünner als noch in Zentralchile, richtig einsam wird es aber erst ab La Serena gen Norden. Dort gibt es dann nur noch wenige fruchtbare Flusstäler, in denen sich die Bevölkerung konzentriert, wie im Tal des Huasco oder des Copiapó. Die größten Städte sind La Serena und Coquimbo, Ovalle, Vallenar und Copiapó. Die Orte in den Andentälern sind klein und haben eher Dorfcharakter, Huasco und Caldera an der Küste wirken wie Kleinstädte.

Typisch für den Kleinen Norden sind hügeliges Gelände mit halbtrockener Strauchsavanne, steilen Felsküsten mit einsamen Stränden und Fischerdörfern, vergessene Pfade zu verlassenen Minen im Landesinneren, die höchsten Berge Chiles, Rummel am Strand von La Serena und Pisco-Brennereien. Dank der klaren Nachthimmel fast ohne Lichtverschmutzung am Fuß der Anden wurden hier auch die besten **Observatorien** der Welt zur Sternenbeobachtung eingerichtet.

Zwischen Vallenar und Copiapó wird die Vegetation immer spärlicher und Sanddünen tauchen auf. Trotz aller Trockenheit kommt es hier alle paar Jahre zum Phänomen der **blühenden Wüste**, des Desierto Florido, einem Spektakel für die Augen. Die überraschenden Blumenteppiche zeigen sich nach Winterregen und verwandeln die Wüste in ein Farbenmeer.

Die Wirtschaft des Kleinen Nordens basiert auf einer Mischung aus Bergbau (Kupfer, Eisen), Landwirtschaft (vor allem Pisco-Trauben, Papayas und Avocados), Fischerei, Muschelzucht und saisonalem Tourismus. Obwohl die Täler Elqui, Huasco und Copiapó recht grün und fruchtbar sind, gibt es dazwischen riesige semiaride Gebiete, die von Ziegen extensiv überweidet werden. Die Region gilt als strukturschwach, sodass viele kleine Landwirte sich gezwungen sehen, ihre Familien zu verlassen und in den großen Kupferminen weiter nördlich Arbeit zu suchen.

Wer von Santiago aus mit dem Auto über die Panamericana (Ruta 5) startet, wird erst kleine Orte antreffen, dazwischen kilometerweite Strauchsavannen mit Kakteen, bis nach 475 km die Ebene von **La Serena** und **Coquimbo** erreicht ist. Beide Städte liegen an einer riesigen Bucht und sind vor allem im Sommer beliebte Urlaubsziele von vielen Chilenen und einigen Argentiniern. Ausflüge ins wunderschöne **Elqui-Tal** sind ganz einfach.

Vom Tourismus praktisch noch unberührt, sind die **Valles del Río Huasco**, die von **Vallenar** aus leicht zu erreichen sind. Besucher werden mit großer Freude empfangen und können die umwerfende Natur ungestört genießen, denn Touristen sind (noch) rar.

Wer lieber an die Küste möchte, findet dort mit Huasco auch einen schönen Ort, an dem sich gut entspannen lässt oder weiter nördlich mit **Caldera** und **Bahía Inglesa** gleich ein cooles Doppel.

Der kleine Norden ist **ganzjährig gut bereisbar**, im Januar und Februar hat Chile aber Hauptsaison und viele Unterkünfte sind ausgebucht und teurer. Ab März, wenn es nach Sonnenuntergang auch schon etwas kühler wird, hat man den kleinen Norden dann praktisch bis Dezember wieder für sich allein.

Man sollte in der Region (wie in weiten Teilen des Landes) nicht nachts fahren, da es an der Küste häufig Nebelbänke gibt und manch übermüdeter Lkw-Fahrer dann immer noch 60–80 km/h für angemessen hält.

Von Santiago Richtung Norden

Wer nicht über die interessante Küstenstraße über Valparaíso, Viña del Mar und Papudo fährt, wählt die direkte Route über die Panamericana. Etwa 50 km von der Hauptstadt und nach der ersten Mautstation kommt die Abfahrt Rungue, die zum ländlichen Bereich **Caleu** führt, wo sich ein paar Künstler angesiedelt haben. Dort stehen auf Hügeln rund 1500 ha Roble-Wald, die vom Küstennebel genährt werden – die nördlichste Ausbreitung der Nothofagus-Gattung.

Zwischen Llay Llay und La Calera führt am Dorf Ocoa ein Nordzugang zum **Nationalpark La Campana**, ✆ Olmué 33-2443-067, dessen Hauptattraktion die letzten Honigpalmen Chiles sind, die man wegen des zuckersüßen Saftes lange abgeholzt hat. Aber auch die Aussicht von Berg La Campana mit seinen 1828 m ist einen Ausflug wert: Von dort kann man bis zur Küste und bis nach Santiago schauen. 1834 stand übrigens auch schon Charles Darwin auf der Bergspitze. 🕒 Di–So 8–17.30 Uhr, Eintritt 7250 CLP.

Wanderung Cerro Campana

Von Valparaiso oder Santiago aus ist der Nationalpark La Campana in ein bis max. zwei Stunden leicht zu erreichen. Der Parkeingang liegt am Dörfchen Granizo. Wanderer müssen sich beim Parkranger registrieren. Den Aufstieg auf den Cerro Campana sollten nur geübte Wanderer angehen, misst die Strecke doch immerhin gute 10 km und der Aufstieg beträgt 1504 m.

Trekkingchile
Cerro Campana

200 km weiter nördlich liegt **Illapel**. Der Name der Stadt bedeutet Goldpfeil, was auf die vorkommenden kleinen Gold- und Kupferminen hindeutet. Es gab über 50 sogenannte Trapiche, einfache Erzmühlen, in denen das Gold amalgiert wurde. Wegen des milden Klimas werden hauptsächlich Zitrusfrüchte angebaut, aufgrund von Wassermangel lässt sich die Anbaufläche aber nicht ausweiten. Die Ende des 18. Jhs. gegründete Kleinstadt hat heute etwa 30 000 Einwohner und noch einige Gebäude aus der Gründerzeit vom Typ Patiohaus aus Adobe. Die Reserva Nacional de Chinchillas liegt nur 20 Minuten nördlich. Man kann sie nicht verpassen.

Reserva Nacional de Chinchillas

Seit 1983 besteht dieses 4230 ha große Naturreservat für die in Chile vom Aussterben bedrohten Nagetiere. Chinchillas sind nachtaktive, etwa 22–35 cm große Pflanzenfresser mit einem 10–15 cm langen Schwanz, der in einem auffälligen Büschel endet. Das braun-graue Fell, dessen Unterseite heller ist, galt schon bei den Chincha-Indianern Perus als besonders fein, bis es dann die Inka für königliche Gewänder nutzten. Es handelt sich um das dichteste Fell unter

Landtieren, mit bis zu 20 000 Haaren pro cm², das den Nager in den Höhenlagen bis zu 4500 m vor der Kälte schützt. So hat die Jagd auf die Chinchillas schon zu Kolonialzeiten begonnen, setzte aber erst ab 1890 massiv ein.

Erst ab 1910 haben sich die Staaten Chile, Peru und Argentinien auf ein Jagdverbot einigen können, nachdem allein in Chile in zwei Jahrzehnten etwa 20 Mio. Tiere abgehäutet worden waren. Auch nach dem Jagdverbot wurde bis in die 60er-Jahre weiter gewildert, obwohl schon seit den 20er-Jahren Zucht-Chinchillas zur Verfügung standen. 1973 wurden die Chinchillas in die CITES-Liste des Washingtoner Artenschutzabkommens aufgenommen, das den Handel verbietet. Es gibt einen knapp 3 km langen Lehrpfad und ein künstliches Nachtgehege, wo man die possierlichen Tiere, die zu den Meerschweinchen-Ähnlichen gehören, auch tagsüber sehen kann. ⌚ Mi–So 9–15 Uhr, Eintritt 8000 CLP.

Trekkingchile Chinchilla

Parque Nacional Fray Jorge

Die vom Humboldtstrom erzeugten Küstennebel sorgen in dem nach einem Franziskanerpriester benannten Nationalpark 75 km von Ovalle und 150 km von La Serena für ein Phänomen: Hier wächst Valdivianischer Nebelwald, der eigentlich 1500 km weiter südlich im kalten Süden beheimatet ist. Bruder Jorge soll den Wald 1672 auf der Suche nach Bauholz für eine der zahlreichen Kirchen in La Serena gefunden haben. Seitdem wurde der Wald, der kurioserweise sehr dem Valdivianischen Regenwald, mit einer Mischung aus Moosen, Farnen, Feuerbusch, Olivillo und Canelo ähnelt, arg dezimiert. Viele Bäume weisen sogar Flechtenbewuchs auf, da der Wald, der auf etwa 600 m Höhe im Küstengebirge liegt (hier Altos Talinay genannt), durch den Küstennebel Camanchaca bewässert wird. Die Niederschläge betragen nur 110 mm, durch den Tau kommen aber noch einmal bis zu 700 mm dazu.

In Randbereichen gibt es Buschwerk, weiter unten geht die Vegetation in Halbwüstenvegetation über. Etwa 120 Vogel- und 440 Pflanzenarten kann man im Park sehen, darunter häufig Falken und Karakaras, nebst Culpeo-Fuchs. Aufgrund seiner einzigartig isolierten Lage und dem besonderen Ökosystem ist der Fray Jorge 1976 zum Biosphären-Reservat ernannt worden. Wie die Baumarten sich vom Süden über 1500 km gen Norden ausgebreitet haben, ist ungewiss. Man vermutet, dass dies vor rund 30 000 Jahren während der letzten Eiszeit geschehen ist und die gesamte Küste mit Valdivianischem Regenwald bedeckt war. Der Park ist 1941 aus einer alten Hacienda entstanden.

Oben sollte man warm angezogen sein. Ein etwa 45 Minuten langer Spazierweg führt durch einen Teilbereich. Wer nicht mit einem Mietwagen unterwegs ist, kann auch von La Serena aus bei einem Reisebüro eine Fahrt in den Fray Jorge und ins Valle Encanto buchen. Tickets bei 💻 www.aspticket.cl. ⌚ Do–So 9–15 Uhr, Eintritt 8200 CLP.

Tongoy und Guanaqueros

Am unterhaltsamsten sind die Wochenenden, wenn im Kreis von Freunden und Familien viele Chilenen die Strände bevölkern. Ansonsten sind beide Orte keine Strandparadiese, die einen Europäer begeistern werden. Aber für einen Tagesauflug von La Serena oder Coquimbo, eignet sich das nette Doppel durchaus, das man gemütlich an einem Tag besuchen kann.

Tongoy, 48 km südlich von Coquimbo, liegt auf einer felsigen Halbinsel und hat eine 14 km lange Bucht, deren Form dem Bade- und Fischerort den Namen gegeben hat: Runder Teller. Der Ort liegt auf einer felsigen, bewaldeten Halbinsel, hat etwa 5000 Einwohner und ist familienfreundlich, denn das Nachtleben ist in Guanaqueros besser. Die **Playa Grande** ist so weitläufig, dass sie selbst im Sommer an

Wochenenden trotz der Campingplätze noch reichlich Platz hat. Kein Wunder, denn sie ist trotz gemeinschaftlicher Säuberungsaktionen auch oft verschmutzt. Zum Norden hin liegt die kleinere und saubere **Playa Socos**.

Rund um die Plaza, an der die Busse halten, gibt es einige einfache **Restaurants** und auf dem Weg zur Playa Socos einige **Fastfood-Buden**. Preiswerte Restaurants gibt es am **Fischmarkt**. Man kann dort sogar frische *ostiones* probieren, Jakobsmuscheln mit Zitronensaft. Sie werden wie Austern geschlürft.

In der Umgebung gibt es fünf wenig bekannte, vernetzte Feuchtgebiete, in denen drei Reiherarten, Wanderfalken und sogar Fischadler vorkommen. Anfahrt über den Strand und Wege durch die Dünen.

Der konkurrierende Nachbarort **Guanaqueros**, 14 km nördlich von Tongoy, ist bekannt für die schmackhaften **Empanadas**, die es in allen Varianten gibt: Mit Krabben, Muscheln, Taschenkrebsen etc. gefüllt, probiert man sie am besten im Patio Suizo, wo ein Dutzend kleine Imbissstände einen Block vom Strand den ganzen Tag geöffnet haben. In den 1930er-Jahren hat der deutschstämmige Federico Schäfer eine Hacienda erworben, die sich nach und nach in einen Badeort verwandelt hat; daran beteiligt war u. a. der Gründer des Camping Guanaqueros, Fritz Willy Lindemann.Der Name Guanaqueros soll Guanaco-Jäger bedeuten. Abends wird es schön stimmungsvoll, wenn sich alle nach einem langen Strandtag frischen Fisch an einer der Buden gönnen.

TRANSPORT

Busse

Busse fahren in TONGOY an der Plaza alle 30–60 Min. nach COQUIMBO/ LA SERENA (1–1 1/2 Std.). An Wochenenden können sie abends ziemlich voll werden. Dann die Busleute nach Stehplätzen fragen („de pie?").

In GUANAQUEROS fahren die Busse einen Block vom Strand neben dem Patio Suizo nach COQUIMBO und LA SERENA.

Coquimbo und La Serena

Die beiden Städte bilden ein ebenso interessantes wie unterschiedliches Doppel wie Valparaíso und Viña del Mar in Zentralchile. La Serena (195 000 Einw.) liegt direkt an der Panamericana, 10 km nördlich von Coquimbo (205 000 Einw.). Zwischen den beiden Städten herrscht eine gewisse Rivalität, vergleichbar der Situation zwischen Valparaíso und Viña del Mar: Die eine ist die schöne Stadt und Badeort, die andere ist jeweils die Hafenstadt, praktisch ohne Strand, dafür mit viel rauem Charme. Obwohl Coquimbo spektakulär auf einer hügeligen Halbinsel liegt, ist La Serena (Die Ruhige) die definitiv bessere Wahl, um ein paar nette Tage mit großartigen Ausflugsmöglichkeiten und einem 20 km langen Strand vor der Tür zu verbringen. Locker könnte man hier inklusive Ausflüge ins Valle del Elqui, die Nationalparks oder nach Andacollo eine Woche füllen, ohne dass es langweilig wird.

Coquimbo

Die meisten werden Coquimbo auf dem Weg nach La Serena passieren und seine beneidenswerte Lage auf der felsigen Halbinsel unter dem riesigen Kreuz bewundern. Aus der Distanz betrachtet, ist die Hauptstadt der 4. Region aber schöner als von Nahem, denn sie ist auch eine harte Hafenstadt. Wichtige Wirtschaftsfaktoren sind neben Fischfang auch Tourismus und Universitäten. Sie war zu Kolonialzeiten der Verlade- und Nachschubhafen von La Serena, und so wurde Coquimbo (Ort ruhiger Gewässer) erst 1867 im Zuge des Bergbau-Aufschwungs als eigenständige Stadt gegründet. Heute werden von hier Eisenerz, Kupfer, Obst und Pisco verschifft.

Neben den Verwüstungen durch die Piraten im 17. Jh. wurde ein Teil des Zentrums 1922 durch einen Tsunami verwüstet, dem Hunderte Menschen zum Opfer fielen. Die bedeutende Einwanderung von Engländern zur Boomzeit des

© MEIK UNTERKÖTTER

Mural im Barrio Inglés von Coquimbo, dem Ausgehviertel der Hafenstadt

19. Jhs. hat das Barrio Inglés und den Cementerio Inglés hinterlassen, den englischen Friedhof, der in Guayacán, dem Eisenverladehafen in der Bucht gen Süden, liegt. Die Stadt hat ausgeprägtes Relief, enge Straßen, einige Höhlen und gute Klettergebiete. Es geht immer noch das Gerücht, dass in einer der Höhlen ein Piratenschatz versteckt sei. Die steilen Straßen, die einfachen und renovierungsbedürftigen Häuser, der studentische Charme, der sich mit der Hafen-Atmosphäre mischt, all das hat dazu beigetragen, dass Coquimbo häufig mit Valparaíso verglichen wird.

Seit im Jahr 2001 das 93 m hohe Kreuz **Cruz del Tercer Milenio** errichtet wurde, ist Coquimbo permanent präsent. Per Aufzug kann man in 60 m Höhe hochfahren, um aus den Seitenarmen 20 m vom Hauptträger entfernt über die gesamte Stadt, die Bucht und bis ins Hinterland von La Serena zu schauen – ein phänomenaler Ausblick, den man nicht so leicht vergessen wird. Ein Museum neben der zugehörigen Kirche dokumentiert den Bau des Kreuzes und zeigt Gemälde und Roben katholischer Glaubensführer, vor allem von Papst Johannes Paul II., die er während seiner 25-jährigen Pontifikatszeit getragen hat. ⌚ tgl. 10–19 Uhr. Eintritt 2500 CLP.

Ab dem Zentrum ist die Zufahrt ausgeschildert. Colectivos mit der Nr. 10 fahren vom Busbahnhof im Zentrum aus hoch, zu Fuß braucht man von dort 15–20 Min. Viel schöner und weit weniger anstrengend ist natürlich der Rückweg mit Coquimbos Hafen und der gesamten Bucht immer fest im Blick. Von der Almeida, Ecke Godoy ganz in der Nähe des Kreuzes fahren Busse direkt nach La Serena.

Neben dem protzigen Symbol der katholischen Kirche wurde als Zeichen der religiösen Toleranz auch eine große **Moschee** gebaut. Das 40 m hohe Minarett der Mezquita de Coquimbo stellt eine Replik der Moschee von Kutubia in Marrakesch dar und wurde von der Stadt Coquimbo und dem Königreich Marokko finanziert. Los Granados 500, Cerro Dominante. ⌚ Mo–Fr 9.30–12.30, 14–17 Uhr, Sa und So geschl. Eintritt frei.

Entsprechend des steilen Reliefs gibt es in Coquimbo nicht viele Fußgänger und gar keine Radfahrer, das macht die Straßen etwas einsam, vor allem abends.

Ab 2004 wurden die Häuser vom Ende des 19. Jhs. im **Barrio Inglés** restauriert. Entlang der Calle Aldunate, die in ihrer Verlängerung auch die Hauptgeschäftsstraße ist, sind heute Pubs und Restaurants, viele mit Livemusik untergebracht. Abends ist die Hölle los, tagsüber praktisch nichts. So kommen besonders abends auch viele Serenos in ihre Nachbarstadt, die sie sonst als raue und schmutzige Hafenstadt eher wenig wertschätzen.

An der Aldunate 559 residierte in einem Gebäude aus dem Jahr 1892 das ruhmreiche Hotel Palace. 2012 wurde es wieder aufgebaut und beherbergt heute das **Centro Cultural Palace**, 💻 www.fb.com/CentroCulturalPalace, 🕒 Mo–Sa 9–19 Uhr, mit der schönen Cafetería Palace im Patio. Im 1. Stock kann man gemütlich in Sofas loungen.

Nur drei Blocks unterhalb liegt der **Fischereihafen**, der größte im Norden Chiles, aber sicher nicht der sauberste (siehe Essen). Direkt nördlich schließt sich die **Feria Artesanal** an, wo am Wochenende Kunsthandwerk verkauft wird. Alle eineinhalb Stunden fährt nebenan der **Catamarán Corsario** auf einer 75-minütigen Hafenrundfahrt bis zur Isla de los Lobos. Av. Costanera s/n, 📞 9-7498-0374. Mo–Fr nur eine Abfahrt, meist gegen 14.30 Uhr, Sa und So alle 1 1/2 Std., 3500 CLP.

Um **Seelöwen** zu sehen, braucht man keine Tour zu buchen: genau wie die vielen Pelikane schwimmen sie oft einfach im Hafenbecken umher und warten darauf, dass ihnen jemand Fischreste zuwirft.

ÜBERNACHTUNG

Trotz aller Investitionen kommen die meisten Besucher nur tagsüber her und übernachten in La Serena, was auch deutlich angenehmer ist. Viel Auswahl gibt es ohnehin nicht.

Hotel Iberia, Lastra 400, 💻 www.hoteliberia.cl. Direkt an der Plaza und gegenüber der Kirche. Nicht alle der ein wenig in die Jahre gekommenen Zimmer haben Balkon, das Haus hat aber einen hübschen Frühstücksraum. ❷

Hotel de la Bahía, Av. Peñuelas Norte 56 im **Enjoy Casino**, 💻 www.enjoy.cl. Einziges 5-Sterne-Hotel der Region direkt am Strand mit allem Komfort. Auf der Webseite gibt es außerhalb der HS manchmal spottbillige Angebote. ❺

Coquimbo und La Serena

SONSTIGES
1 Discoteca Kamikaze
2 Feria Artesanal
3 Huentelauquén

ÜBERNACHTUNG
① Hotel La Serena Plaza
② Hotel Campanario del Mar
③ Hotel de la Bahía/Casino

ESSEN
1 Restaurants beim Leuchtturm/El Amir
2 Tololo Beach
3 Pica Mar Adentro

s. Detailplan Coquimbo S. 226
s. Detailplan La Serena S. 228

ESSEN UND UNTERHALTUNG

Die größte Auswahl gibt es entlang der Calle Aldunate im Barrio Inglés, darunter auch **Clubs** mit Livemusik von Rock über Folklore bis Jazz und vor allem Raggaeton. Manche Bars verlangen einen Mindestverzehr.

Eine der besten Adressen fürs Ausprobieren von Meeresfrüchten und Fisch ist der Markt – allerdings nicht die düstere Markthalle, sondern der **Fischmarkt** direkt am Meer an der Av. Costanera, 🕒 tgl. 10–20 Uhr. Wem die Restaurants dort zu einfach sind, der findet im Obergeschoss bei **La Caverna de Jhonny** das gepflegteste Restaurant am Fischmarkt 🕒 tgl. 9.30–18 Uhr. Zugang von der Wasserseite.

Einen tollen Blick über die Bucht habt ihr auch von der Terrasse im 4. Stock des **Shopping-Centers** neben dem Busbahnhof, allerdings nur bei Fast Food. 🕒 tgl. 10-22 Uhr.

Pica Mar Adentro, Av. Costanera 20/Peñuelas, 💻 www.fb.com/maradentrorest. Nach dem

Tsunami von 2015 von den Mitarbeitern wieder hergerichtet. Super Service und exzellentes Seafood, auch für Vegetarier geeignet. ⌚ tgl. ab 12.30 Uhr.

SONSTIGES

Einkaufen

Supermercado Unimarc, Francisco Varela 1480, neben dem Busbahnhof. ⌚ Mo–Sa 8.30–22, So 9–21 Uhr.

Feste

Bemerkenswert ist der Trubel, der alljährlich zum **Nationalfeiertag** 18. September im Bereich der Pampilla stattfindet: Tausende strömen zusammen, viele zelten, und es gibt eine Showbühne mit Gratis-Konzerten und Kunstgewerbe.

Geld

Automaten gibt es rund um die Plaza, außerdem im Unimarc und im Shopping-Center neben dem Busbahnhof.

NAHVERKEHR

Gegenüber vom Busbahnhof an der Ecke Melgarejo fahren bis 21 Uhr die **Kleinbusse** nach LA SERENA (600 CLP).

TRANSPORT

Der Busbahnhof **Terminal Rodoviario de Coquimbo** befindet sich nur 200 m von der Innenstadt gegenüber vom Hafen an der Calle Varela 1300.
Buses Palacio, 💻 www.buses-palacios.cl, und **Serena Mar**, ✆ 51-2323-422, haben ihre Büros im Busbahnhof und decken die meisten Ziele in der näheren Umgebung ab.

Busse nach:
ANTOFAGASTA (13–14 Std.), 27 900–35 100 CLP,
CALAMA (14–15 Std.), 29 900–37 100 CLP,
IQUIQUE (18–20 Std.), 34 000–46 400 CLP,
OVALLE (1 1/2 Std.), 4800–6700 CLP,
SANTIAGO (6 Std.), 12 400–25 800 CLP.

3 HIGHLIGHT

La Serena

472 km nördlich von Santiago liegt eine der begehrtesten Städte des ganzen Landes. Und das ist kein Wunder. La Serena hat eine wunderschön restaurierte Innenstadt mit zwei Dutzend Kirchen und viele Kilometer Sandstrand. Vom *faro*, dem Leuchtturm, bis zum Ortsteil **Peñuelas**, wo Coquimbo beginnt, ist die **Costanera** (Uferstraße) mit Hotels, Apartmenthäusern und Restaurants gepflastert, die in der Hochsaison auch voll sind. Dann gibt es von Werbeveranstaltungen über Sport zu Konzerten praktisch ununterbrochen Action entlang der Strandpromenade. Während des restlichen Jahres herrscht eher eine gepflegte Stille und es gibt nur am Wochenende ein bisschen Leben. Der Rest der Stadt folgt demselben Rhythmus: Im Sommer sind die Straßencafés voll, im Winter ähnelt La Serena eher einer verschlafenen Kleinstadt.

Geschichte

1544 von Juan de Bohón gegründet, gilt La Serena als **zweitälteste** Stadt Chiles. 1549 wurde die junge Siedlung von den Diaguita zerstört und fast alle Spanier kamen dabei ums Leben. Im selben Jahr wurde die Stadt im Auftrag von Pedro de Valdivia durch Francisco de Aguirre neu gegründet. La Serena war strategisch wichtig für den Nachschub an Truppen und Material von Lima (Peru) über den Landweg. Aus dem gleichen Grund wurden von den verschiedenen kirchlichen Ordensgemeinschaften Klöster und Kirchen gebaut. Ab 1680 wurde die Stadt mehrmals Opfer von **Piratenangriffen**: Sharp 1680 und Edward Davis 1686 legten die Häuser in Asche und räuberten die Bewohner aus, sodass ab 1730 eine Befestigung der Stadt die Folge war. Seit Anfang des 19. Jhs. gab es einen Zuwachs durch die Silbervorkommen von Arqueros, dann durch Kupferminen.

Ab 1920 kam wirtschaftlicher Aufschwung durch die Eisenvorkommen, ab 1960 durch die **Goldmine** El Indio. Seit den 1980er-Jahren hat sich der Tourismus stark entwickelt und die Costanera sowie einige der Observatorien wurden gebaut. Im Umland vervielfachte sich seitdem auch der Obst- und Gemüseanbau. Der Bergbau in der **Eisenmine** El Romeral, die Eisenbahn zum Transport und Verwaltung sind große Arbeitgeber, aber auch die Universitäten und Institute zur Berufsausbildung sowie der Bausektor (Ferienwohnungen und Wohnimmobilien) und der Tourismus liefern viele Arbeitsplätze. Allerdings reichen diese nicht aus, und so gibt es viele Pendler, die für Wochen zum Arbeiten in die Kupferminen der 2. Region weiter im Norden fahren.

Leuchtturm und Strände

Zum Strand, der beeindruckende 20 km lang ist, sind es vom Stadtzentrum zweieinhalb Kilometer über die Avenida Francisco de Aguirre, an deren Ende der denkmalgeschützte, 28 m hohe Leuchtturm **Faro Monumental** aus dem Jahr 1953 über die Bucht wacht. Nach der Restaurierung kann man ihn wieder besichtigen und von oben einen herrlichen Blick bis nach Coquimbo genießen. Unten gibt's ein paar einfache (arabische) Restaurants.

Die beste Infrastruktur entlang der Avenida del Mar findet man an der Ecke mit der Calle Cuatro Esquinas, u. a. mit einem kleinen Supermarkt, ⌚ tgl. 9–23 Uhr. 500 m südlich findet sich eine schöne **Feria Artesanal** an der Av. del Mar 4450, an die sich eine Art Zentrum der Strandpromenade mit vielen Bars und Restaurants anschließt.

Rund zwei Stunden benötigt man für den 10 km langen **Spaziergang** vom Leuchtturm entlang der Avenida del Mar und/oder über den Strand bis nach Coquimbo, wo man sich am Hafen mit einem frischen Ceviche stärken und dann mit dem Bus zurückfahren kann (600 CLP). Dazwischen liegen viele Hotels, Restaurants, Pubs und das Casino von Peñuelas. In **Peñuelas**, einem schicken Wohnviertel zwischen den beiden Städten, reißt die Zahl der Neubauprojekte nicht ab; eine spannende Entwicklung. Viel Sonne und wenig Schatten begleiten diesen Weg, das sollte man nicht vergessen; und das letzte Stück bis nach Coquimbo ist etwas mühsam.

Das Zentrum

Die hübsche **Plaza de Armas** bildet den Ruhepunkt zwischen der **Catedral** im klassizistischen

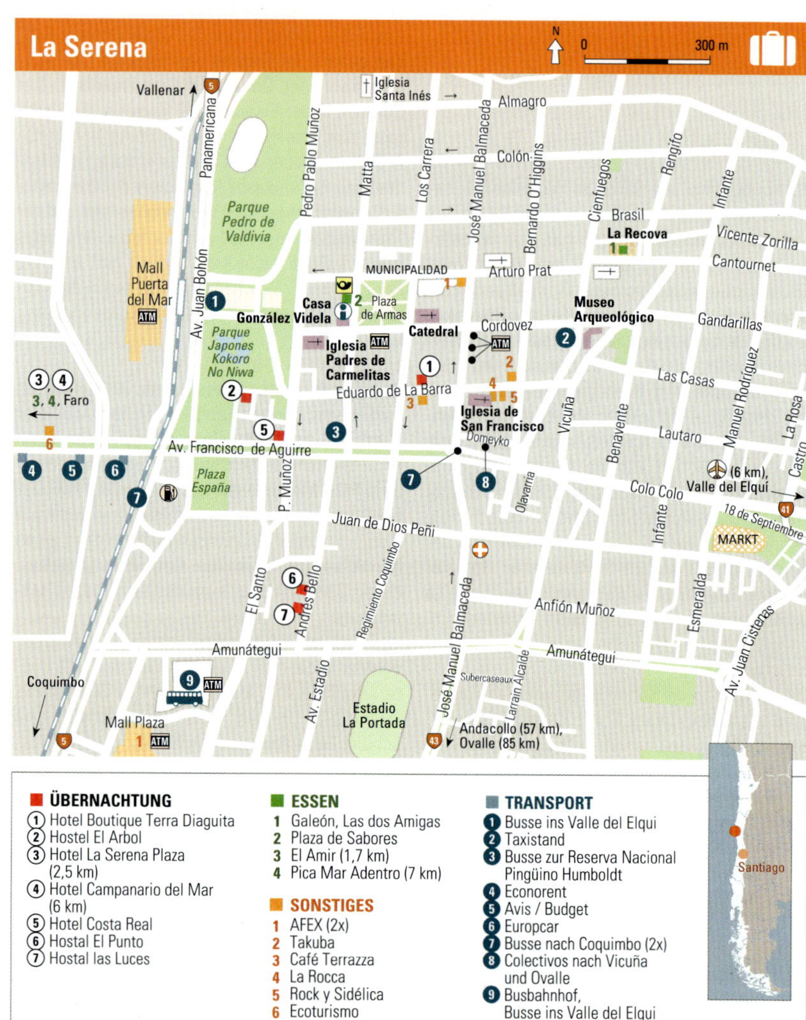

Stil von 1844, den neuen Stadtgebäuden gegenüber und bürgerlichen Häusern des 19. Jhs. An der Ostseite, der Avenida Matta, befindet sich das Informationsbüro (s. Informationen).

€ Außerdem steht hier das **Museo Casa González Videla**, das auch Historisches Museum genannt wird. González Videla (1922–80) war Anwalt aus La Serena und 1948–52 chilenischer Präsident. Unter seiner Regierung wurde die kommunistische Partei verboten und ihre Anhänger in Pisagua in ein KZ deportiert. Und das, obwohl er mit Hilfe der Kommunisten an die Macht gekommen war. Videla ist aber in La Serena in guter Erinnerung, weil er den „Plan Serena" erfunden hat: Seine Geburtsstadt sollte beispielhaft in einem als neokolonial bekannten

Stil wieder hergerichtet werden. So wurden öffentliche Neubauten diesem Stil angepasst und teilweise auch private Häuser umgebaut. Matta 495, www.museohistoricolaserena.cl. Mo–Fr 10–17.45 Uhr, Eintritt frei.

Gleich daneben befindet sich eine sehr hübsche Plazoleta mit der Kirche **Padres de Carmelitas**, auch Santo Domingo genannt. Nebenan stehen oft Food Trucks.

La Recova ist die städtische Markthalle im neokolonialen Stil mit vielen Ständen, an denen regionale Speisen und Kunsthandwerk angeboten werden. Die Zahl der Friseurläden ist ebenfalls beachtlich. Im 2. Stock gibt es einige Restaurants mit zivilen Preisen, die ihre besten Plätze auf der Terrasse haben. Mo–Sa 9–18 Uhr.

Nur einen Block weiter, an der Cienfuegos, Ecke Cordovéz, umfasst die Sammlung des **Museo Arqueológico**, insgesamt über 12 000 Stücke, darunter Mumien und Tonwaren der vorspanischen Indianerstämme des Nordens, u. a. der Diaguita und der Molle. www.museoarqueologicolaserena.cl, Di–Sa 9.30–17.30 Uhr, Eintritt frei.

Die Umgebung des Museums hat weitere hübsche Straßen zu bieten, so steht auch das Stadttheater gleich um die Ecke, und einen Block von der Plaza entfernt, Balmaceda, Ecke Eduardo de la Barra, die Kirche **San Francisco**, die seit 1585 mehrere Erdbeben und auch Feuersbrünste überstanden hat. Dazwischen liegen eine Handvoll Pubs, die dem nicht ganz günstigen studentischen Vergnügungsviertel abends Leben verleihen.

Die **Avenida Francisco de Aguirre** ist ein Freilichtmuseum mit römischen Marmorstatuen, die allerdings während der vielen Demonstrationen vom Oktober bis Dezember 2019 etwas gelitten haben und bemalt und besprüht wurden.

Der Eingang zum kleinen **Parque Japonés Kokoro No Niwa** (Garten des Herzens) liegt auf der Nordseite der netten Anlage. Di–So 10–17.40 Uhr, Eintritt 1000 CLP.

Gegenüber erstreckt sich der **Parque Pedro de Valdivia**, der von den Einheimischen am Wochenende gerne zum Familienpicknick genutzt wird. Sonntags findet dort ein großer Markt statt.

ÜBERNACHTUNG

La Serena ist recht weitläufig, der Stadtkern etwa eine halbe Stunde zu Fuß von den Stränden entfernt. So sollte man sich überlegen, was man möchte. Erfreulich ist, dass das Preisniveau insgesamt niedriger ist als in den Städten weiter nördlich. Die günstigsten Unterkünfte findet man in der Nähe des Busbahnhofs, wenn man die Straße bergauf und dann links in die Straße Andres Bello geht.

Im Zentrum

€ **Hostal las Luces**, Andres Bello 995, www.hostallasluces.com. 12 Zimmer entlang des langen Gartens einer freundlichen Besitzerfamilie, nur 5 Min. zu Fuß vom Busbahnhof. Nicht alle Zimmer haben ein eigenes Bad, die 4 zur Verfügung stehenden Gemeinschaftsbäder sind aber sehr sauber und ausreichend. Einfaches Frühstück inkl. ❶–❷

Hostel El Arbol, Eduardo de la Barra 29, www.hostalelarbol.cl. Gute Gelegenheit, mal ein chilenisches Privathaus von innen zu sehen, denn in einem solchen ist das kleine, sehr gepflegte Hostel nur 4 Blocks von der Plaza untergebracht. Sehr gutes Frühstück inklusiv. Bett im Dorm 11 500 CLP. ❷

Hostal El Punto, Andres Bello 979, www.hostalelpunto.cl. Die Deutschen Katja und Jens eröffneten diese farbenfrohe Unterkunft im Jahr 2002. Es gibt 7 Zimmer mit Gemeinschaftsbad, 3 Gemeinschaftsbäder, 8 Zimmer mit Privatbad und eine Suite mit Balkon. Das Team ist auch bei Ausflügen behilflich und bietet Praktikumsplätze. ❷

Hotel Boutique Terra Diaguita, Eduardo de la Barra 440, 51-2216-608, www.terradiaguita.cl. Ein Haus voller Überraschungen mitten in der Stadt, denn dort wird man kaum einen solch riesigen Garten erwarten. Gute Zimmer mit oder ohne Bad. ❸–❹

Hotel Costa Real, Av. Francisco de Aguirre 170, 51-2221-010, www.costareal.cl. Zentrumsnah, aber an der lauten Avenida gelegen, daher besser von den 51 geräumigen Zimmern eins zum Garten nehmen, in dem es einen Pool gibt. Oft günstige Wochenendangebote. ❹–❺

Vom Leuchtturm in La Serena kann man 10 km über den Strand nach Coquimbo spazieren.

An der Küste (Avenida del Mar)

Die Hotels an der Küste kosten im Jan und Feb etwa 20 % mehr.

Hotel Campanario del Mar, Av. del Mar 4600, 💻 www.hotelescampanario.com. 35 großzügig geschnittene Zimmer und 18 Cabañas direkt am Strand, teils mit Küche. À-la-carte-Restaurant mit Terrasse für den Sundowner. Parkplatz reservierbar. Frühstücksbuffet inkl. Viele Angebote auf der Webseite. ❸–❹

Hotel La Serena Plaza, Av. Francisco de Aguirre 0660, ✆ 51-2225-745, 💻 www.hotelserenaplaza.cl. Top-Lage neben dem Leuchtturm. Cremefarbene, etwas dunkle Standardzimmer, die aber geräumig sind. Fitnessraum und Pool. ❹

ESSEN

€ In der hübschen Markthalle **La Recova** kann man nicht nur günstig und gut essen, man hat dabei auch noch eine richtig schöne Aussicht von der Terrasse auf die Plaza davor. Die wechselnden Mittagstische bei **Galeón** und **Las dos Amigas** inkl. Vorspeise sind reichhaltig. 🕒 Mo–Sa 10.30–19 Uhr.

€ Auch am **Faro**, dem Leuchtturm, gibt es einfache, günstige Restaurants wie **El Amir**, wo es Kebab und Shawarma gibt. 🕒 tgl. 10.30–22.30 Uhr. Im weiteren Verlauf der Avenida del Mar reiht sich ein Restaurant ans andere, allerdings meist deutlich teurer, dafür mit schönen Terrassen und Meerblick.

Plaza de Sabores, an der Plaza de Armas neben der Casa Videla.

Tololo Beach, Av. del Mar 5425, 💻 www.tololo.cl. Gutes Preis-Leistungs-Verhältnis in einem der besten Häuser am Strand. Schöner Patio, großartige Aussicht. Steaks und Fisch gehen am besten. 🕒 Mo–Sa 13–23, So 13–18 Uhr.

UNTERHALTUNG

Es gibt drei Möglichkeiten: Im Zentrum in den Straßen O'Higgins und Eduardo de la Barra befinden sich einige Kneipen wie das **Rock y Sidélica**, 🕒 Mo–Sa 16–3 Uhr. Die Bars an der De la Barra, deren Innenräume nicht einsehbar sind, sollten gemieden werden. Die Bars und Discos an der Av. del Mar sind grundsätzlich etwas teurer. Die meisten finden sich direkt südlich der Feria Artesanal wie das auffällige **Huentelauquén** an der Nr. 4500, 🕒 Di–So 13–2 Uhr, oder die **Discotheca Kamikaze** an der 4400, 🕒 Fr und Sa ab 23 Uhr. Für exklusivere Ansprüche ist im **Casino Peñuelas** auch in der Woche immer etwas los.

Viele Ausgehlustige nehmen auch einen der günstigen Busse und fahren Do–Sa nach Coquimbo in das Barrio Inglés. Für die Rückfahrt ist ein Taxi ratsam, weil längere Wartezeiten auf Coquimbos Straßen nachts nicht empfehlenswert sind.

Café Terrazza, De la Barra 435. Schöne Terrasse, auf der Pizza, Salate und Sandwiches serviert werden. Fr Livemusik. ⌚ tgl.10–23 Uhr.

La Rocca, De la Barra 569, 💻 www.fb.com/publaroccalaserena. Der riesige stimmungsvoll Garten ist Treffpunkt für halb La Serena. Sport und Videos auf der Großbildleinwand. ⌚ tgl 9–3 Uhr.

Rock y Sidélica, De la Barra 583. Vielleicht der coolste Laden in La Serena. Do–Sa teils heftige Livemusik ab 23 Uhr. ⌚ Mo–Sa 16–3 Uhr.

Takuba, O'Higgins 589, Ecke De la Barra. Intellektuell angehauchtes Publikum bei cremigen Fruchtcocktails. ⌚ Mo–Do 19–3, Fr und Sa 20–4 Uhr.

TOUREN

Zahlreiche Agenturen bieten Ausflüge in die Umgebung an: Bei der Reserva Nacional de Pingüinos de Humboldt bitte die Ausschlusstage beachten!

Ecoturismo, Av. Francisco de Aguirre 76, 💻 www.ecoturismolaserena.cl. Unternehmen mit Qualitätssiegel, das hohe Standards an seine Touren legt und sämtliche Ziele der Umgebung im Programm hat, zum Beispiel den PN Fray Jorge inkl.

Die Sterne zum Greifen nah: Observatorien

€ Seit der US-Amerikaner Gillis als erster Profi-Astronom 1847 das erste Teleskop in Chile auf dem Berg Santa Lucía installierte, ging viel Zeit ins Land, bis die nächsten Observatorien gebaut wurden. Erst Anfang der 1960er-Jahre hat ein Kontakt des damaligen Direktors der Fakultät für Astrophysik Rutlang den amerikanisch-holländischen Wissenschaftler Kuiper vom Nutzen des klaren Sternenhimmels in Chiles Norden überzeugen können, wo der Nachthimmel so sternenklar ist, dass in mondlosen Nächten allein das Licht der Milchstraße Schatten auf die Erde wirft. Heute bestaunen Besucher aus aller Welt an mehr als 300 klaren Nächten den Sternenhimmel.

Das **Tololo-Observatorium** auf dem 2200 m hohen gleichnamigen Berg, 80 km östlich von Vicuña, wurde 1967 im Beisein des chilenischen Präsidenten eingeweiht. 22 Jahre lang war das CTIO (Cerro Tololo Interamerican Observatory) das größte Observatorium der südlichen Hemisphäre. Besuche Sa um 9 und 13 Uhr nach vorheriger Anmeldung möglich, in der Hauptsaison einige Wochen vorher, da die Gruppen auf 15 Teilnehmer limitiert sind. Treffpunkt ist am Gatehouse. AURA Observatory Gate, Route 41/D-317, KM 50. Zum Observatorium fahren keine öffentlichen Verkehrsmittel. Man benötigt ein eigenes Fahrzeug; Motorräder sind nicht erlaubt. Die knapp 3-stündigen Touren werden von einem professionellen Guide durchgeführt. Man sollte warme Kleidung mitbringen, denn die Teleskope werden gekühlt, um Schwund zu vermeiden. 💻 noirlab.edu/public/visits/cerro-tololo-chile. Gratis.

SOAR steht für Southern Astrophisical Research und ist ein 4,1-m-Teleskop, das die besten Bilder in seiner Klasse liefert. Das Gemeinschaftsprojekt der U.S. National Optical Astronomy Observatory (NOAO), des Ministério da Ciencia e Tecnologia of the Federal Republic of Brazil (MCT), der University of North Carolina (UNC) und der Michigan State University (MSU) steht nur 400 m vom Gemini-Teleskop auf dem Cerro Pachón in 2738 m Höhe. Es kann nur auf Antragstellung für wissenschaftliche Studien besucht werden. ✉ soar@ctio.noao.edu.

In der Nähe betreibt die ESO (European Southern Observatory) seit den 1960er-Jahren ihr ältestes Observatorium **La Silla** mit zwei der weltbesten Teleskope der 4-m-Klasse, so dass La Silla weiterhin eines der wissenschaftlich produktivsten Observatorien weltweit ist. Besuche sind nach vorheriger Anmeldung jeden Samstag um 10 und 14 Uhr gratis möglich. 💻 www.eso.org/public/about-eso/visitors/lasilla.

Mittagessen und Eintritt. Alle Guides sprechen Englisch.

SONSTIGES

Feste

Februar Internationales Sängerfest der *tunas*, einer studentisch-mittelalterlichen Bewegung, die mit Kostümen singend überall auf den Straßen des Zentrums unterwegs sind.
August Stadtfest, Aktivitäten während des gesamten Monats.
November–Februar Feria auf der Plaza mit vielen guten Essens- und Kunsthandwerksständen.

Einkaufen

Mall Puerta del Mar, Francisco de Aguirre 2. Mit Riesen-Supermarkt Lider. ⌚ tgl. 11–21 Uhr.
Mall Plaza, Av. Alberto Solari 1400, neben dem Busbahnhof. Outlet-Zentrum mit Stores von Adidas, Nike usw. ⌚ tgl. 10.30–21.30 Uhr.

Geld

Geldautomaten gibt es in der Av. Balmaceda, im Busbahnhof und in den Einkaufszentren.
Wechselstube AFEX, Av. Balmaceda 413 und Mall Plaza. ⌚ für beide tgl. 10–18.30 Uhr.

Informationen

SERNATUR, Matta 461, ✆ 51-2225-199, direkt an der Plaza de Armas. ⌚ HS 8.30–19, Sa 10–14 Uhr, NS Mo–Fr 9–18, Sa 10–14 Uhr.

Mietwagen

Avis/Budget, Av. Francisco de Aguirre 063, ✆ 2-2795-3964, ⌚ Mo–Fr 8.30–18.30, Sa 9–14 Uhr. Am Flughafen: ✆ 2-2795-3980. ⌚ tgl. 9–21 Uhr.
Econorent, Av. Francisco de Aguirre 0135, ✆ 51-2220-113, ⌚ Mo–Fr 8.30–18.40, Sa 9–13 Uhr. Am Flughafen: ✆ 51-2270-882. ⌚ tgl. 9–21 Uhr.
Europcar, Av. Francisco de Aguirre 015, ✆ 51-2568-280, ⌚ Mo–Fr 8.30–18.30, Sa 9–13 Uhr. Am Flughafen: ✆ 51-2568-275. ⌚ Mo–Fr 10–21, Sa und So 11–20 Uhr.

NAHVERKEHR

Zu den **Stränden** und entlang der Av. del Mar fahren keine Busse, nur Colectivos (Sammeltaxis).

Von der kleinen Calle Domeyko fahren tgl. von 6–20 Uhr **Colectivos** nach VICUÑA und OVALLE: Länger als 20 Min. muss man in der Regel nicht warten, bis 4 Fahrgäste zusammengekommen sind.
Busse nach Coquimbo kann man alle 15–20 Min. direkt an der Av. Aguirre oder an der Ecke der Panamericana nehmen (30 Min., 600 CLP). Die letzten fahren gegen 21 Uhr zurück.

TRANSPORT

Busse

Der gut ausgestattete Busbahnhof **Terminal Rodoviario La Serena** in der Amunátegui 107, ✆ 51-2224-573, hat Geldautomaten, eine Gepäckaufbewahrung, Duschen und die Shopping Mall Plaza Serena nebenan. Viele Busse ins/vom Valle del Elqui halten auch an der Panamericana zwischen Parque Japonés und Parque Pedro de Valdivia gegenüber der Mall Puerto del Mar/Lider und dem alten Bahnhof (Fahrtziel Lider).
Ins VALLE DEL ELQUÌ fahren alle 30 Min. die Firmen Vía Elquí und Sol de Elquí, Buses Palacio und Serena Mar fahren nach GUANAQUERO und TONGOY, nach ANDACOLLO Postal Buss, Buses Palacio und Turis Ranch

Busse nach:
ANDACOLLO (1 1/2 Std., 2500 CLP)
ANTOFAGASTA (10 1/2–12 Std.), 25 800–46 400 CLP,
CALAMA (13 1/2–15 Std.), 27 900–48 500 CLP,
GUANAQUEROS (75 Min.), 7.15–20.15 Uhr alle 30–60 Min., 2500 CLP,
IQUIQUE (16–17 Std.), 34 000–51 900 CLP,
OVALLE (1–2 Std.), 3100–15 000 CLP,
PISCO ELQUI mit Vía Elqui (2 1/2 Std., 6000 CLP).
SAN PEDRO DE ATACAMA über CALAMA.
SANTIAGO (5 1/2–6 1/2 Std.), 12 400–21 900 CLP,
TONGOY (1 Std. 2500 CLP,), 7.15–20.15 Uhr alle 30-60 Min.,
VICUÑA (1 1/2 Std., 3300 CLP).

Flüge

Der **Aeropuerto La Florida** liegt 6 km östlich der Stadt am Camino a Vicuña s/n, Ruta 41, ✆ 51-2270-353, 💻 www.aeropuertodelaserena.cl.

LATAM, Sky und Jetsmart fliegen tgl. nach SANTIAGO (10x), ANTOFAGASTA (2x) und je einmal nach CALAMA, ARICA, IQUIQUE und CONCEPCIÒN.

Flughafentransfer
Taxis ins Zentrum kosten 8000 CLP, zu den Strandbereichen 10 000–13 000 CLP und nach Coquimbo 18 000 CLP. Günstiger sind **Sammeltaxis** für 1100–1400 CLP bei 4 Pers. Transfers mit der Firma **Sol del Valle**, 💻 www.taxisoldelvalle.cl.

Andacollo

Im dem kleinen **Wallfahrtsort** etwa 50 km südöstlich von La Serena und Coquimbo wird das Bild der *Virgen del Rosario de Andacollo* (Jungfrau vom Rosenkranz von Andacollo) verehrt. Er liegt 1053 m über dem Meeresspiegel und eignet sich für einen schönen Halbtagesausflug von der Küste aus, denn der Weg dorthin führt durch spektakuläre Berglandschaften mit vielen engen Kurven, bis man oben angelangt ist. An den unmöglichsten Stellen haben sich Menschen dort Häuser in die Berge gebaut.

Zweimal im Jahr wird die betörende Ruhe des Ortes gestört, wenn tausende Pilger zur Fiesta Chica (Ende Sep/Anf. Okt) und zur Fiesta Grande (Ende Dez) das Dorf mit 11 000 Einwohnern stürmen. Die Wallfahrtskirche **Basilica de Andacollo** mit ihren 53 m hohen Glockentürmen hat eine Länge von 70 m und eine Breite von 30 m. Neben der kleineren Capilla de Andacollo befindet sich das **Museo der Virgen de Rosario**, die im ersten Stock steht, 🕒 tgl. 10–14, 15–18 Uhr. Im Zentrum der Plaza, auf der während der Festlichkeiten 10 000 Besucher Platz finden, befinden sich wunderbare Wasserspiele, die zur Erfrischung genutzt werden. Auch die kleinen Goldwäschereien in der Nähe der Stadt sind ein gern besuchtes Touristenziel.

Eine **Información Turistica** gibt es an der Urmeneta 599, ✆ 51-2337-900, 🕒 Mo–Fr 10–13, 14.30–17 Uhr.

Essen kann man im **Restaurante La Estrella**, Ansieta 11, über eine Brücke gegenüber der Plaza, z. B. *Cazuela* und *Cabrita a la Huella* mit Reis. Auf der Bühne im großen Saal oft Livemusik, 🕒 tgl. 9–17 Uhr.

Geld gibt es an der Hauptstraße Urmeneta 846. Für Selbstfahrer findet sich eine **Copec-Tankstelle** am Ortseingang.

Busse fahren von der Amenábar Mo–Fr alle 30 Min., Sa und So stdl. von 6.20–20.30 Uhr nach La Serena.

4 HIGHLIGHT

Valle del Elqui

Das wunderschöne Tal des Río Elqui reicht von der Küste etwa 120 km bis Pisco Elqui in die Anden hinein. Das Tal hat viele Attraktionen: saftig grüne Täler vor der Kulisse strahlender Andenberge und den klarsten Himmel der Welt, kilometerlange Flächen mit Pisco-Trauben und moderne Sternwarten, dazu hübsche kleine **Andendörfer** wie Vicuña, Montegrande, Paihuano, Rivadavia, Pisco Elqui oder Cochiguaz. Das ganze Valle del Elqui scheint von Gabriela Mistral in Besitz genommen zu sein. Überall ist zu lesen, dass Vicuña der Geburtsort der Literaturnobelpreisträgerin ist, es gibt aber auch Stimmen, die sagen, sie sei ein Tal weiter nördlich geboren, in den Valles del Rio Huasco. Das macht dem Valle del Elqui aber nichts, es gilt weiterhin als Tummelplatz für Esoteriker, ist aber ein genauso tolles Gebiet für Trekking, Reiten oder den Besuch einer Pisco-Destillerie. Hauptsaison ist im Januar/Februar, sonst ist es ruhiger.

Die wirtschaftliche Grundlage der Dörfer im Tal ist die Landwirtschaft. Der untere Teil des Tales hat wie La Serena ein mildes Klima. Das Klima im oberen Tal ist ein anderes. Auch wenn es an der Küste bewölkt ist, scheint im Tal meist die Sonne mit Durchschnittstemperaturen von 15 °C und geringen Niederschlägen von 120 mm, sodass es wie ein ewiger Frühling ist. Ab dem Dorf Molle ändert sich das Klima, wird trockener und die Temperaturunterschiede nehmen zu. In den Hochlagen von Pisco-Elqui (1280 m) schneit es im Winter auch mal.

Dementsprechend gibt es eine Vielfalt von bewässerten Gemüse- und Obstplantagen. In der Nähe von La Serena werden frostempfindliche subtropische Obstsorten angebaut: Papaya, Chirimoya und ein wenig Mango. Dazwischen liegen Anpflanzungen von Artischocken, Kartoffeln und Kohlsorten. Das breite grüne Tal wird zusehends enger, bis ab El Molle die Straße aufwärts führt und die Wand des imposanten Stausees Puclaro sichtbar wird. Richtig spektakulär wird die Landschaft aber erst ab Vicuña. Um die Mittagszeit können die Busse im Elqui-Tal sehr voll werden, wenn die Kids von der Schule kommen.

Wenn ihr über die Anden nach Argentinien wollt, solltet ihr euch über die aktuelle Situation erkundigen, bevor ihr euch auf den Weg über den einsamen **Paso Agua Negra** macht.

Vicuña

In dem 1821 gegründeten 24 000-Einwohner-Städtchen auf 620 m Höhe scheint die Zeit zwischen den alten Adobe-Häusern still zu stehen. Das liegt vielleicht auch an den 300 Sonnentagen jährlich und dem ständig klaren Himmel, der sich optimal zur Sternenbeobachtung anbietet. Daher nennt Vicuña sich auch stolz *Capital Mundial de la Astronomía.*

Am Sonntag reiten die älteren Herren noch mit Strohhut und Sporen zur von hohen Pfefferbäumen gesäumten Plaza. Etwas angegraut ist auch die **Iglesia Inmaculada Concepción**, 1909 aus Holz gebaut. Nebenan werden im **Pueblo de Artesanos** (Dorf der Kunsthandwerker) lokale Spezialitäten, Kreativarbeiten und kleine Pisco-Flaschen angeboten, bruchsicher verpackt ein praktisches Mitbringsel, ⌚ tgl. 10–20.30 Uhr. An der Ecke gegenüber der Kirche steht der ebenfalls ein wenig in die Jahre gekommene, witzige **Turm Bauer**, in dem die Touristeninformation untergebracht ist. Der Turm wurde 1905 vom damaligen Bürgermeister Adolf Bauer aus Ulm in Deutschland herangeschafft. Bauer war ein wohlhabender Bierbrauer.

Im **Museo Entomológico de Historia Natural**, Chacabuco 334, kann man die größte private Insektensammlung Chiles bewundern und dazu Fossilien und Vögel. ⌚ tgl. 10.30–13.30, 16–19 Uhr. Eintritt 600 CLP.

€ Vier Blocks von der Plaza befindet sich das Museum des Stars des Tals. Im **Museo Gabriela Mistral**, Mistral 759, 💻 www.mgmistral.cl, sind Briefe, Karten und Fotos der Nobelpreisträgerin ausgestellt. Ihre Persönlichkeit bleibt aber weitestgehend im Dunklen. Näheres s. Kasten S. 234. ⌚ Di–Fr 10–17, Sa 10–16.30 Uhr. Eintritt gratis.

Die Lyrikerin und Nobelpreisträgerin Gabriela Mistral

Auch wer ein Lesemuffel ist, kann ihr in Chile nicht aus dem Weg gehen: Beinahe jede Stadt hat eine Straße benannt nach Gabriela Mistral, es gibt die Universität Gabriela Mistral und seit 1991 einen Berg, der nach ihr umbenannt wurde: Der Cerro Gabriela Mistral, der Ex-Fraile, thront 3547 m hoch östlich vom Dorf Pisco Elqui. Dabei war **Lucila María Godoy Alcayaga**, wie sie ursprünglich hieß, zu Lebzeiten in Chile nicht immer gern gesehen und noch weniger verehrt. Als nicht-studierte Lehrerin von Kollegen angefeindet, von Kirchenvertretern wegen der abergläubischen Tendenzen ihrer Gedichte von der Schule verwiesen und wegen ihres Einsatzes für Frauen- und Kinderrechte teils verspottet, musste die Dichterin erst weltweit Anerkennung finden, um in ihrer Heimat zu Ehren zu kommen. Sie wurde 1889 in Vicuña geboren, der Vater hat die Familie verlassen, als sie 3 Jahre alt war. Trotzdem behielt sie ihn in guter Erinnerung und gab an, dass seine Gedichte ihr zur Literatur verholfen haben. Die Familie lebte weiter in La Unión, das später in Pisco Elqui umbenannt wurde, und Lucila wurde als gute Schülerin zur Schulassistentin in La Compañia/La Serena ernannt. In dieser Zeit und mit 15 Jahren begann sie, in Regionalzeitungen zu publizieren.

Ab 1908 arbeitete sie als **Lehrerin** in verschiedenen Dorfschulen der Region Coquimbo, um dann 1910 den Lehrertitel zu erhalten. 1914 bekam sie ihren ersten Preis für Gedichte in Santiago *(Sonetos de La Muerte)*, und ab diesem Jahr publizierte sie unter dem Pseudonym Gabriela Mistral. Dieser **Künstlername** war eine Zusammensetzung der von ihr verehrten Dichter Gabriele D'Annunzio und Frederic Mistral. Merkwürdigerweise gilt D'Annunzio als literarischer Wegbereiter des italienischen Faschismus, während Gabriela Mistral sich als Sozialistin verstand. Es folgten Rufe an verschiedene Schulen, u. a. lebte sie in Punta Arenas, Antofagasta, Los Andes und Santiago, bis sie 1922 nach Mexiko reiste, um dort das öffentliche Bildungssystem mitzugestalten, das im Kern bis heute fortbesteht

Mit Erscheinen des ersten Buches 1919, *Desolación* (Trostlosigkeit), machte Gabriela sich als **Schriftstellerin** in Chile bekannt. Ihr zweites Buch erschien 1923 in Mexiko, danach bereiste sie Zentralamerika und die USA, in Kontakt mit Intellektuellen der Zeit, Konferenzen und Lesungen gebend. Sie unterstützte mit Veröffentlichungen die Sache des Generals Sandino (Nicaragua). Gabriela arbeitete in internationalen Organisationen, u. a. im Völkerbund, und begann ab 1932 eine **Diplomatenkarriere**, die sie in verschiedene Länder führte. Es folgten die Bücher *Ternura* und *Tala*, die sie in der Welt bekannt machten. In Petropolis (Brasilien) erreichte sie 1945 schließlich die Nachricht von der Verleihung des **Literaturnobelpreises**, eine Ehre, die ihr als zweiter Frau und als erster Lateinamerikanerin zuteilwurde. Ab 1945 lebte sie in den USA, erst in Florida, dann in New York.

Gemäß ihrem letzten Willen wurde Gabriela in Montegrande im Valle del Elqui begraben (S. 237); einen Teil der Einnahmen aus ihren Büchern vermachte sie den Kindern dieses Dorfes. In Chile erinnern neben dem 5000-CLP-Schein und Straßennamen vor allem die Museen in Vicuña und Montegrande an „ihre" große Dichterin, Lehrerin und Frauenrechtlerin. In ihren **Gedichten** behandelte sie die Themen Tod, Liebe und Hoffnung, aber auch das Einssein mit der Natur, Gerechtigkeit und gerechtes Leben. Ihre Moralvorstellungen waren vom katholischen Glauben, den Gedanken von Franz von Assisi und dem Hinduismus geprägt. Ihre Kinderverse und -lieder werden in einigen Ländern immer noch gesungen.

Sehenswert ist auch die **Pisco-Destillerie Capel**, 1,5 km außerhalb. Gezeigt wird der Prozess der Pisco-Herstellung, dort allerdings sehr industrialisiert. Die billigste Tour (5000 CLP) dauert 40 Min. Camino a Peralillo s/n, 💻 www.centroturisticocapel.cl. 🕒 tgl. 10–18 Uhr.

Das 1998 eröffnete **Mamalluca Observatorio** steht 9 km nordwestlich von Vicuña. Es war das erste Observatorium für Touristen in Chile. Die Touren dauern 4 Std. und beinhalten eine Einführung in die Astronomie und Sternenobservation durch Teleskope. Daneben gibt es noch knapp ein Dutzend weiterer Gelegenheiten zur Sternenbeobachtung. Infos s. Aktivitäten.

ÜBERNACHTUNG

Die Straße, in der sich die meisten Unterkünfte konzentrieren, ist die ruhige Calle Gabriela Mistral.

Hostal Luz del Valle, Ruta Nacional 41, KM 73, www.fb.com/hostalluzdelvalle. 10 km östlich zwischen Vicuña und Rivadavia in toller Oasenlandschaft zwischen den Bergen gelegen. Helle Zimmer mit und ohne Bad. Outdoor-Pool und Küchenmitbenutzung. ❷

Hotel Halley, Mistral 542, www.hotelhalley.cl. Liebevoll mit Antiquitäten eingerichtete Zimmer, viel Holz. Pool. Inkl. kontinentalem Frühstück und MwSt. ❸

Hostal Valle Hermoso, Mistral 706, 51-2411-206. In perfekter Lage zwischen Plaza und Mistral-Museum befindet sich diese gute Unterkunft in einem alten Haus mit Patio. Alle 9 Zimmer haben Bad. Parkplätze. Frühstück und MwSt. inkl. ❸

ESSEN

Rund um die Plaza befinden sich die meisten Restaurants und die besten Eisdielen.

Verlockend scheint der **Club Social**, Mistral 445, gleich neben der Plaza. Im Jahr 1907 gegründet, in einem stilvollen Herrenhaus mit historischem Mobiliar und hübschem Kaminraum. Auch der Innenhof ist wunderschön, aber der Service lässt oft zu wünschen übrig tgl. 11–23 Uhr.

Chivato Negro, Mistral 542, In der ersten Schusterei von Vicuña. Viele Kaffee- und Biersorten und ein wunderbarer Garten. Slowfood und aus regionaler Produktion. Menu 4900 CLP. Fr und Sa oft Livemusik. tgl. 12–24 Uhr.

Heladería La Bilbaina, Mistral 383, an der Plaza. Eisdiele mit Tradition (seit 1952) und natürlich dem besten Eis. tgl. 11–19.30 Uhr.

Restaurant Halley, Mistral 498, an der Plaza. Rustikal und riesig groß, unter einem Naturdach im Patio. Hat gute Fleischgerichte. tgl. 12–20 Uhr.

AKTIVITÄTEN

Infos über sämtliche besuchbare Observatorien gibt es bei der Información Turística.

Observatorio Cerro Mamalluca, Mistral 260, www.astronomictourism.com. Leicht zu erreichendes Observatorio der Gemeinde Vicuña in 1100 m Höhe, das ganzjährig besucht werden kann. Touren dauern 1,5 Std. Im Sommer ab 20.30 Uhr sollte man sich 2 Tage vorher anmelden, in der NS, wenn es meist ohne Anmeldung geht, ab 18.30 Uhr. Preis 12 000 CLP. Transfer (5000 CPL) von der Información Turística.

SONSTIGES

Einkaufen

Supermercado Unimarc, Chacabuco, Ecke San Martín, an der Plaza. Mo–Sa 9.30–22, So 9–21 Uhr.

Geld

Rund um die Plaza gibt es insgesamt vier Geldautomaten, einen davon auch im Supermarkt Unimarc.

Informationen

Touristeninformation, Mistral 302 im Torre Bauer an der Plaza, 51-2670-300. Mo–Fr 10–18, Sa 10–14 Uhr.

TRANSPORT

Auto

In Vicuña befindet sich die letzte Tankstelle für Fahrten in die Anden.

Busse

Der **Busbahnhof** ist in der Prat, 2 Blocks von der Plaza. Gepäckaufbewahrung, Gegenüber fahren Colectivos für 4 Pers. nach La Serena (2500 CLP p. P.).

Busse von Vía Elqui und Sol de Elqui fahren tgl. von 8–20 Uhr alle 30 Minuten nach LA SERENA (1 1/2 Std., 2500 CLP) und PISCO ELQUI, (1 Std., 2200 CLP).

SANTIAGO (mit Romani, www.busesromani.cl), tgl. 6.30 und 14.30 Uhr (20 000 CLP).

Paihuano

Weiter Richtung Pisco Elqui führt die 41 über die Dörfer Peralillo, Diaguitas und Andacollito, bis hinter Rivadavias die Abzweigung nach Paihuano kommt, das 978 m hoch liegt. Auf der 41 geht es weiter durch enge Schluchten, bis hinter dem Kontrollpunkt Junta de Toro noch immer 92 km bis zum **Paso Aguas Negras** und der Grenze zu Argentinien zu bewältigen sind. Der Pass (4779 m) wird im Winter gesperrt und nur von Dez–Feb 7–17 Uhr geöffnet, da er meist verschneit ist und es kaum menschliche Niederlassungen gibt, wo man notfalls Hilfe bekommen könnte. Wer dennoch über die Anden will, sollte sich über die aktuelle Situation erkundigen, bevor er/sie über den einsamen **Paso Agua Negra** fährt.

Paihuano ist nur eine lange Straße, hat man den Eindruck. Wie in allen Dörfern des Valle del Elqui gibt es alte, traditionsreiche Gebäude aus der Blütezeit Anfang des 20. Jhs. und neue Wohnhäuschen des sozialen Wohnungsbaus für die Landarbeiter. In der Haupt- bzw. Durchgangsstraße von Paihuano, in der es auch einen Minimarkt gibt, sieht man zuerst die Herrenhäuser, am Dorfausgang dann die Schattenseite. Unten am Río Claro liegen mehrere Cabañas, an der Straße auch einfache Restaurants. An der Plaza führt ein Weg zur **Quebrada del Pinto** – eine hübsche Wanderung. Es gibt auch Anbieter von Reittouren, die man bei den Unterkünften erfragen kann.

Ihre letzte Ruhe

Das Grab von Nobelpreisträgerin **Gabriela Mistral** (S. 235) befindet sich im Dörfchen Montegrande gleich hinter der Kirche, auf einem Hügel rechts von der Straße.
An der Plaza steht ein Denkmal der Nobelpreisträgerin unterhalb der Schule, die sie besucht hat. Ihre Schwester war Dorflehrerin und leitete die Poststelle. Einige Parkplätze gibt es an der Plaza, ansonsten ist es zur Hochsaison nicht leicht, sein Auto abzustellen, da viele Besucher kommen und das Dorf zwischen steilen Hügeln und Fluss eingeklemmt ist.

SHUTTERSTOCK.COM / JOAO KERMADEC

ÜBERNACHTUNG UND ESSEN

B&B Puca Yana, Balmaceda 117, www.casapukayana.cl. An der Hauptstraße gelegen. Die meisten Zimmer, die Juanita und Alvaro anbieten, haben kein eigenes Bad. Es gibt aber Garten, Pool und Hängematten. Die Energie für die Heizung kommt von Solarkollektoren. Frühstück und Abendessen inkl. 5

Cabañas Luna de Cuarzo, Quebrada el Pangue Cochiguaz, KM11, www.lunadecuarzo.cl. 9 km von Pisco Elqui, Cabañas mit Whirlpool und Outdoor-Pool. 4

Cochiguaz

Hinter der Plaza liegt der Weg nach Cochiguaz, das richtige Ziel für Entspannungssuchende. Die Bewohner des Tales sehen mehr Ufos als anderswo auf der Welt – alles ist ein bisschen *mágico* und *místerioso*.

Begonnen hat alles mit einem Petroglyphen-Fels, der vom Dorfzentrum über einen Pfad gen Norden erreicht wird. Die umgebenden Berge sollen voller Quarz sein, der Energie kanalisiert. Eine andere Version erzählt, dass die Berge (besonders der Can-Cana) viel Magnetit enthalten, deswegen sei die magnetische Strahlung hier besonders gut (s. Kasten S. 239). Auf jeden Fall ist Cochiguaz das esoterische Mekka Chiles.

Dabei ist es noch nicht einmal ein richtiges Dorf; die gerade einmal 100 Bewohner sind über ein paar Höfe und Hotels und durchs Tal verstreut, das vom Río Cochiguaz gebildet wird. Es bestehen gute Wandermöglichkeiten ins Tal.

Die lieben Nachbarn

Das Pendant zur Esoterik auf der anderen Seite der Anden in Argentinien liegt übrigens in den Sierras de Córdoba, in der gleichnamigen Provinz, und heißt Capilla del Monte. Auch hier sind sich die Einwohner einig, dass Außerirdische auf dem nahen Cerro Uritorco schon gelandet sind oder es in kurzer Zeit tun werden.

Die kleinen Hotels bieten ihren Gästen Meditation und Massagen.

ÜBERNACHTUNG UND ESSEN

Die aufgeführten Unterkünfte besitzen Restaurants, die sich um ausgewogene Ernährung aus lokalen Produkten bemühen und für Vegetarier geeignet sind.

Alma Zen, KM 11 Camino a Cochiguaz, www.refugiocochiguaz.cl. Bietet verschiedene Massagen und Therapien, hat Solarstrom-Beleuchtung, kleine Hütten mit Basis-Küchenausstattung, ein Restaurant und im Freien ein Schwimmbecken aus Quarz. ❸–❹

Pisco Elqui

Von Montegrande sind es nur noch 4 km bis zum Dorf Pisco Elqui, wo sich die meisten Besucher einfinden. Im Sommer voller junger Chilenen, ist es sonst ein ruhiges Winterziel mit angenehmen Tagestemperaturen und 320 Sonnentagen im Jahr. Das Dorf wurde im Zuge des Pisco-Booms La Unión getauft, bis es dann 1936 auf Betreiben Videlas (S. 228) in Pisco Elqui umbenannt wurde. Man wollte den Namen Pisco im Dorf haben, um bei evtl. Urheberstreitereien mit der peruanischen Konkurrenz bessere Karten zu haben. Etwa 1500 Einwohner leben in dem Städtchen mit engen, teilweise steilen Straßen in einer Höhe von 1280 m.

Die sympathische, schattige Plaza wird von der Kirche **Nuestra Señora del Rosario** aus dem Jahr 1910 gekrönt. Im Türmchen auf der Plaza befindet sich eine **Informationsstelle** für Besucher. Etwas oberhalb gibt es eine **Feria Artesanal** mit vielen natürlichen Produkten und gutem Eis. tgl. 10–20 Uhr.

Gegenüber der Plaza liegt das wunderschöne Restaurant der Pisco-Brennerei **Tres Erres**, jetzt Mistral genannt, in einem herrlichen Garten. Der Name „Drei R" stammt von den Initialen des Gründers Rigoberto Rodríguez Rodríguez.

Die Umgebung lädt zum Wandern ein, z. B. von Alcoguaz nach Hurtado bzw. Samo Alto im nächsten Tal, allerdings nur mit ortskundigen Führern. Für die 2–3-tägige Wanderung bis Hurtado muss man Zeltausrüstung, Wasser und Verpflegung mitnehmen. Es werden auch geführte Wanderungen, Rad- und Reittouren angeboten. Der einzige (!) Geldautomat im Ort befindet sich gegenüber der Plaza.

ÜBERNACHTUNG

Es gibt 4 Campingplätze, aber Zelten kann in der HS etwas lauter werden, wenn junge Chilenen die Plätze bevölkern.

Camping Refugio del Angel, Calle El Condor s/n, www.campingrefugiodelangel.cl. 10 Min. zu Fuß von der Plaza am Flussufer inmitten von Natur. Trinkwasser vorhanden, Elektrizität in den Gemeinschaftseinrichtungen. Kleiner Shop und natürliche Gerichte in der Snack-Bar. 15 000 CLP p. P. und Nacht. Großzügige Check-In/-Out-Zeiten. ❶

€ **Hostel Ruta del Elquí**, José Miguel Carrera, www.rutaelquihostel.cl. Im Juli 2019 eröffnet, supermodernes Hostel mit viel Platz und nagelneuer Küche sowie Pool.4 Vierer- (mit Bad) und 4 Achter-Dorms mit geteiltem Bad. ❷

El Tesoro de Elqui, Arturo Prat s/n, www.eltesorodeelqui.cl. Schöne Zimmer mit Bad in Holz gehalten, teils mit Veranda; Pool und Parkplätze. Inkl. Frühstück ❺

Misterios de Elqui, Arturo Prat s/n, oberhalb der Plaza, www.misteriosdelelqui.cl. Boutique-Hotel mit neun Cabañas in warmen Farbtönen und Terrasse. Kleiner Pool unter freiem Himmel, Massagehaus, Restaurant. Kleines Frühstück inkl. ❺–❻

Misterioso – mágico – místico ...

Das Elqui-Tal hat schon lange den Ruf, ein besonderes, spirituell erbauendes Gebiet zu sein. Deswegen liest man an vielen Stellen *mágico,* deswegen werden nirgends in Chile so viele Massagen angeboten, und deswegen gibt es immer noch einige *comunidades*: esoterische Gemeinschaften. Der Ruf entstand nicht zu Zeiten der Indianer – weder die Diaguita noch die Inka hatten hier mehr spirituell wichtige Orte als anderswo. Bis weit ins 20. Jh. wurde davon auch nichts bemerkt, abgesehen von einer besonders spirituellen Phase, die allerdings mit der Destillation von Wein zusammenhängt.

Die **Mystik** beginnt Anfang der 70er-Jahre, als sich Gerüchte breit machten, dass sich im Tal beim Dorf Rivadavia, an der Flussmündung von Río Turbio (schmutzig) und Río Claro (sauber, klar) ein Energieknoten der Erde befände. Gestützt wurde das von Anhängern einer esoterischen Bruderschaft (Große Universale Bruderschaft, gegründet vom Franzosen Serge de la Ferrière). Mehr noch, ein **magnetischer Punkt**, der sich im Himalaya befinden sollte, habe sich ins Elqui-Tal bewegt. Nasa-Studien hätten dies belegt und Lama-Mönche aus Asien seien deswegen zu Besuch gekommen. 1978 kam ein indischer Guru, Meister Vasant genannt, der die genaue Stelle auskundschaftete: Cochiguaz, genauer El Colorado. Zum Glück hatte Cecilie Rodríguez, spirituelle Anführerin der Gruppe Cecilia, schon ein **Grundstück** gekauft ... Anfang der 80er-Jahre belebte sich die Szene mit Daten über ein Magnetfeld des Satelliten Magna Sat, die aber nie bestätigt wurden. Ein neuer Impuls kam 1985 durch die Voraussage, dass vom Elqui-Tal aus der Komet Halley zu sehen sei. Daraufhin wurde ein Restaurant gleichen Namens in Vicuña gegründet.

Inzwischen ist man dazu übergegangen Cerro Cacan (vor Cochiguaz) zu verehren; viel Magnetit und Quarz sei vorhanden, was Energien kanalisiere. Außerdem entspannten sich Besucher des Tales besonders gut. Was auch immer wahr daran ist, seit den 90er-Jahren haben sich immer mehr hauptsächlich chilenische Aussteiger in den Dörfern eingefunden und den Tourismus angekurbelt. Wer das Tal heute besucht, kann gut essen, wird aber in der Hauptsaison vielleicht nicht alles *mágico* finden. Ab März kann man in den Dörfern, in denen die Zeit stehengeblieben zu sein scheint, mehr Ruhe genießen und einfach bei prachtvoller Aussicht auf das Tal und die Berge ausspannen. Vielleicht entdeckt man im klaren Nachthimmel ja doch die Mystik.

ESSEN

Las Terrazas Doña Mely, Horcon Bajos s/n. ✆ 9-8594-0057. Inhabergeführtes Restaurant in harmonischer Umgebung mit großzügigen Portionen. Abends kann man mal Guayacán probieren, das Bier des Elqui-Tals. ⌚ tgl. 13–22 Uhr.

Restaurante Destilería Pisco Mistral, O'Higgins 746, an der Plaza. Die Preise sind etwas höher, dafür sitzt man aber in einem wunderhübschen Garten voller Vögel mit Blick über den Fluss. ⌚ Di–So 10.30–17 Uhr.

AKTIVITÄTEN

Tour Místico, Manuel Rodriguez s/n, 💻 www.tourmisticos.cl. Therapie-Tour 10.30–14 Uhr, 30 000 CLP, Astro-Fotografie Touren 20.30–23.30 Uhr (je nach Jahreszeit) für 25 000 CLP, Downhill-Radtour 8.30–18 Uhr, 30 000 CLP. Englischsprachige Guides! ⌚ tgl. 10–19 Uhr.

Turismo Migrantes, O'Higgins s/n, 💻 www.turismomigrantes.com. Bietet ein umfassendes Programm an verschiedenen Ausflügen in der Region, u. a. Radtouren 4 Std., aber auch mehrtägige Ausflüge. ⌚ tgl. 10–18 Uhr.

Fahrradverleih

Überall finden sich hier Einrichtungen, die Räder verleihen und pro Std. 1500-2000 CLP verlangen.

TRANSPORT

Von der Plaza fahren von 7.15–20.30 Uhr alle 30 Min. **Kleinbusse** nach VICUÑA (1 Std.,

Von La Serena aus ein toller Tagesausflug: das Valle del Elqui – ein Augenschmaus

3000 CLP) und weiter nach LA SERENA (2 1/2 Std., 5000 CLP), nach ALCOHUAZ 2–3x tgl.

Reserva Nacional Pingüino de Humboldt

Küstenausflug mit Bildungswert: Vor Los Choros liegen drei kleine Inseln und vor der Caleta Chañaral de Aceituno eine weitere mit großem Reichtum an Pinguinen, Robben, Seelöwen und Seevögeln und einer Kinderstube für Delfine. Selbstfahrer können auf dem Weg nach Norden einen hübschen Abstecher machen. Hinter dem Dorf La Higuera führt eine kurvenreiche Piste zum Strand von **Chungungo**, der nach dem Seeotter benannt ist, den man hier evtl. sehen kann. Der kleine Strand ist unübertroffen. Weiter gen Norden befindet sich in Trapiche die Abzweigung nach **Punta de Choros**. Runter zur Küste verwandelt sich die buschige Savanne in Halbwüste, häufiger kann man Guanakos, Raubvögel und Füchse sehen. Die Piste wird teilweise von Sanddünen überdeckt.

Das Dorf Punta de Choros ist einfach, mit kleinen Holzhäusern, einigen Restaurants und einem Supermarkt. Fischernetze hängen zum Trocknen aus. Der Sandstrand geht in Felsküste über, das Wasser ist meist ruhig, da die Bucht von den drei gegenüberliegenden Inseln Gaviota, Choros und der Isla Damas etwas geschützt wird. Die Fischer bringen Besucher mit ihren offenen Booten zu den Inseln **Choros** und **Damas**, wo sich Delfine tummeln. Der dem Flipper ähnelnde Typ Truncatus ist hier eigentlich nicht heimisch und vermutlich 1978 bei einer Niño-Erwärmung dorthin eingewandert. Die Kolonie von etwa 50 Delfinen hat sich seither gehalten.

Die Inselgruppe heißt **Reserva Nacional Pingüino de Humboldt**, die kleinste (Damas) hat nur 60 ha Oberfläche, Choros ist die größte mit 507 ha. Die Insel Chañaral liegt etwa 10 km nördlich und misst ca. 290 ha. Bootsfahrten ab der Caleta Chañaral de Aceituno zur Isla Chañaral dauern 2 Std. und kosten 15.000 CLP pro Person.

© SHUTTERSTOCK.COM / JESS KRAFT

Auf dem Bootsausflug lassen sich riesige Seelöwenkolonien, Humboldt-Pinguine beobachten, Kormorane, Tölpel, Pelikane, evtl. Schildkröten, diverse Delfinarten und, in der Saison von November–März Wale beobachten.

Auch die seltenen Seeotter kommen hier vor. Tagesausflüge von La Serena aus dauern von 8–18 Uhr, man kann aber auch im Park selbst ein Fischerboot anheuern. Während der Corona-Pandemie wurde die Kapazität auf 200 Besucher begrenzt. Vorverkauf bei 💻 www.aspticket.cl. 🕒 tgl. 8.45–14 Uhr. Eintritt 7400 CLP.

ÜBERNACHTUNG UND ESSEN

Es gibt einige Campingplätze, Cabañas und ein paar einfache Restaurants.

Camping Humboldt, Costado Muelle San Agustin, Punta de Choros, La Higuera. 💻 puntadechoroscampinghumboldt.cl. 34 Stellplätze direkt am Ufer. Duschen mit warmem Wasser. Pro Person 8000 CLP. ❶

Casa Ananda, Jorge Osorio Alegría s/n, 📞 9-7443-6913. Geräumige Cabañas und Wohnungen für 2 Personen am Ortsrand mit ordentlich ausgestatteter Küche. ❹

TRANSPORT

Um 8.55 Uhr fährt ein **Bus** von La Serena in unmittelbarer Nähe der Panaderia „Los Griegos", Aguirre 340, Ecke Matta, bis Punta Choros zum Reservat Pingüino Humboldt (2 Std., 5000 CLP). Dort kann man mit einem der Fischerboote zu den beiden Inseln fahren (10 000 CLP). Der Bus fährt um 14.30 Uhr wieder zurück nach La Serena. Den darf man natürlich nicht verpassen. Auch ab Vallenar gibt's Busse.

Vallenar

Die sympathische Kleinstadt mit ihren 52 000 Einwohnern im grünen Tal des Río Huasco hat den Vorteil, recht frei von klassischen Sehenswürdigkeiten zu sein. So lassen sich die gemütliche Atmosphäre und das authentische Leben der Bewohner der Wüstenstadt entspannt ohne

Sightseeing-Zwänge genießen. Zum Sonnenuntergang beginnen die schummrigen Straßenbeleuchtungen die umliegenden Hänge in ein warmes Farbenspiel zu tauchen.

Eigentlich sollte die Stadt San Ambrosio de Ballenary heißen, nach dem Geburtsort von Ambrosio O'Higgins in Sligo/Irland, denn von dort stammt der Gründer Ambrosio O'Higgins. Der Statthalter der Spanier hatte den Ort ausgesucht, um eine Stadt als Oasenhalt zwischen dem fruchtbaren Elqui-Tal und Copiapó zu errichten.

Nach der Gründung 1789 wurde 1811 eine Silbermine entdeckt (Agua Amarga), die zu einem schnellen Aufschwung verhalf. Seit 1892 besteht eine Eisenbahnverbindung zum Hafen Huasco, die inzwischen nur noch zum Gütertransport dient. Auch heute noch sind die Bewohner stark mit dem **Bergbau** verbunden. Ein Zehntel der Bevölkerung lebt in den kleinen Dörfern flussaufwärts am Huasco von **Landwirtschaft** (Oliven, Muskatellertraube für Pisco, Obst und Gemüse).

An der **Plaza Ambrosio O'Higgins**, benannt nach dem Vater des Nationalhelden, sind die meisten Gebäude neu, da alle, bis auf die Kirche San Ambrosio, dem Erdbeben 1922 zum Opfer gefallen sind. Die Kirche, die 1993 restauriert wurde, hat einen Turm aus einer Eisenkonstruktion. Seine Uhr stammt eigentlich aus München, doch 2023 fehlte sie. Im November blühen die Jacarandas wunderschön auf der Plaza.

Nett sind die **Galeria Prat** an der gleichnamigen Hauptstraße und der **Mercado Municipal**, 🕒 8–19 Uhr, an der Ecke Serrano und Santiago, auf dem es frisches Obst gibt. In der **Casa de la Cultura** (Prat, Ecke Cochagua) finden regelmäßig Festivals und Konzerte statt. Wer sich sportlich betätigen möchte, findet einen schönen Radweg, Sport- und Unterhaltungsmöglichkeiten am Paseo Ribereño Vallenar.

Unbedingt einen Bus hoch in die Anden z. B. nach Alto del Carmen nehmen und auf der rechten Seite sitzen. Die Tour entlang des Stausees Embalse de Santa Juana ist ein Augenschmaus.

ÜBERNACHTUNG

Auf dem Weg vom Busbahnhof Richtung Zentrum finden sich entlang der Prat einige günstige Unterkünfte; am besten ist das **Hotel Takia** an der Nr. 600. Alle 14 Zimmer mit Bad und Balkon. ❷

Cabaña Aylu, KM 16,4. Sector Verbena. 💻 www.fb.com/Ayllu Del Guasco. 13 km außerhalb von Vallenar auf dem Weg in die Berge der Valles del Río Huasco. Ganzjährig geöffnete 2 Zimmer, eine Cabaña und Campingmöglichkeit. Warmes Wasser, Swimmingpool, Feuerstelle. ❷–❸

Hotel Puerto de la Vega, Ramírez 201, 💻 www.puertodevega.cl. Ein Boutique-Hotel, 5 Min. zu Fuß vom Zentrum. Die Zimmer und Apartments, die eine Küche haben, sind mit Freude für Details eingerichtet. Freiluftschwimmbad. Frühstücksbuffet inkl. ❹–❻

Hotel Orígenes, Llanos de Ferrera, Lote 12, Perales Viejos, KM 2, Camino a Huasco, 💻 www.hotelorigenes.cl. 2 km außerhalb gelegen. 18 Zimmer um eine schöne Poolanlage. Parkplätze, Bar und Restaurant. ❺–❻

ESSEN

Catalán, Ramirez, Ecke Brasil, 💻 www.fb.com/Catalan Restobar. Günstige Tagesmenüs für 5000 CLP mit guter Cazuela, nur drei Blocks von der Plaza. 🕒 Mo–Sa 9–24, So 10–16 Uhr.

Club Social, Prat 889. Im Jahr 1897 gegründet und wie meist in den Clubs Social etwas teurer, aber auf der Veranda kann man schön Pasta oder Risotto essen. 🕒 Mo–Sa 12.30–21.30, So 12.30–16.30 Uhr.

Entre Cumbres, Av. Costanera 2567, Quinta Valle, 💻 www.entrecumbresrestaurant.cl. Peruanisch-orientalische und peruanisch-chilenische Fusionsküche in einem urgemütlichen, holzvertäfelten Raum. 🕒 tgl. 13–16.30, Mo–Sa 20–23 Uhr.

Museo del Pisco, Chungara 1427, Genialer Blick, gute Küche in angenehmen Räumlichkeiten. Dazu preisgekrönter Pisco. 🕒 Di–Sa 13–0, So 12–17 Uhr.

SONSTIGES

Einkaufen

Supermercado Unimarc, Brasil 663. 🕒 Mo–Sa 9–21.30, So 9–21 Uhr.

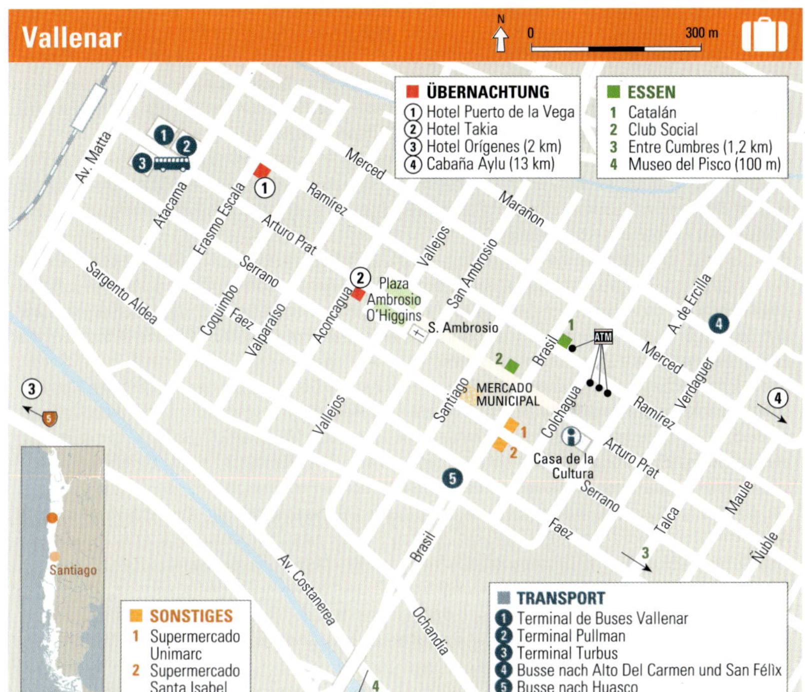

Santa Isabel, direkt gegenüber. ⌚ Mo–Sa 8.30–22, So 9.30–21.30 Uhr.

Geld

Zahlreiche Bankautomaten gibt es entlang der Hauptstraße Prat.

NAHVERKEHR

Alle **Busse** fahren an der Marañon 681, Ecke Verdaguer, gegenüber der Copec-Tankstelle ab und nach ALTO DEL CARMEN (1 1/2 Std., 1400 CLP). Dann geht es entweder weiter ins Carmen-Tal Richtung SAN FÉLIX (2–3x tgl., von 10.30–19.30 Uhr, 2 Std., 2300 CLP) oder ins Tránsito-Tal nach EL TRÁNSITO/ LA ARENA (4–5x tgl. von 7.30–17.50 Uhr, 2 1/2–3 Std., 2900 CLP). Der letzte Bus zurück von Alto de Carmen fährt um 19 Uhr (1200–1500 CLP).

Außer den neuen subventionierten Bussen, die nur bis Alto del Carmen fahren, halten alle am Supermarkt Don Choche, wo man sich noch Stärkungen kaufen kann, bevor es auf die wunderschöne Fahrt geht. Das ist Tradition.

An die Küste nach HUASCO (60 Min.) fahren von 7–21/22 Uhr **Kleinbusse** alle 30 Min. von der Ecke Brasil und Aldea, wo sie auf dem Rückweg auch wieder halten.

TRANSPORT

Busse

Die **drei Busbahnhöfe** in der Calle Arturo Prat, 4–5 Blocks von der zentralen Plaza entfernt, liegen sich praktisch gegenüber: Andimar, Condor, Libac, Carmelita und Expreso Norte fahren vom **Terminal de Buses Vallenar** in der Prat 137, ✆ 51-2613-755. Turbus und

Von Geld, Gold, Wasser und Menschen

Das Gold- und Silberminen-Projekt **Pascua Lama** war das erste binationale Minenprojekt der Welt. Durch Satellitenerkundung wurden 150 km östlich von Vallenar unter verschiedenen Gletschern etwa 499 Tonnen Gold, 18 000 Tonnen Silber und 5000 Tonnen Kupfer nachgewiesen.

Die Lagerstätte liegt auf einer Höhe zwischen 3800 und 5200 m und zu 80 % auf dem Territorium Chiles und zu 20 % in Argentinien. Doch seit Beginn des Projektes gab es mehrere **Skandale**, inklusive Einschüchterung von Journalisten und Gletscher-Schredderei, anfangs noch mit Genehmigung bzw. Duldung der chilenischen Behörden.

Barrick-Gold, eine kanadische Bergbaufirma mit Sitz in Toronto, ist mit 17 500 Mitarbeitern einer der weltgrößten Goldproduzenten und betreibt Minen von Australien über Tansania bis Peru. Bis zu 7 Milliarden US-Dollar sollten in das Pascua Lama-Projekt investiert werden, das laut Plan pro Jahr 17,5 Tonnen Gold, 850 Tonnen Silber und 5000 Tonnen Kupfer fördern sollte. Mehrere Milliarden US$ Einnahmen versprach sich das Unternehmen.

Doch schon zu Beginn hielten viele das Treiben von Barrick Gold für eine der schlimmsten Umweltsünden Lateinamerikas überhaupt. 2013 wurde das Megaprojekt von der chilenischen Umweltbehörde sogar gestoppt und Barrick zu einer Zahlung von 16,4 Millionen US-Dollar verdonnert – ein außergewöhnlicher Vorgang, denn nie zuvor musste eine Betreiberfirma im vom Bergbau abhängigen Chile eine Strafe zahlen. In über 20 Fällen soll Barrick gegen Umweltauflagen verstoßen haben, vor allem das zugesagte Abwassersystem für das mit Schwermetall und Zyankali verunreinigte Abwasser wurde nicht umgesetzt. So ergeizte sich Barrick einen beispiellosen Namen für skrupellose Rücksichtslosigkeit im Umgang mit der Natur und den Menschen, die von ihr leben.

Das Problem ist, dass die Metalle mit hochgiftigem Zyanid aus dem Erz gelöst werden. Die Bauern des Tals befürchten die Verseuchung und das Austrocknen des Río Huasco. Zudem beklagen die Bewohner, dass sie, als Nachfahren der Diaguita-Indianer, keine Beteiligungsmöglichkeiten beim Genehmigungsverfahren gehabt haben.

Nach mehreren von lokalen Indianergemeinschaften und Gruppen von Umweltschützern eingeleiteten Prozessen wurde der Betrieb des Projektes 2018 auf chilenischer Seite (Pascua) gestoppt.

Währenddessen fusionierten zwei weitere Bergbaugiganten ihre 40 km auseinanderliegenden Projekte „Relincho“ und „El Morro“ zum Megaprojekt „Nueva Unión“ (Kupfer, Gold, Molybdän), ein 50/50 Joint Venture von Teck Resources Ltd aus Vancouver (11 000 Mitarbeiter) und Newmont Mining Corporation aus Denver (14 400 Mitarbeiter).

Auch das Projekt Nueva Unión stößt örtlich ebenfalls auf breite Ablehnung und obwohl die Abbauphase noch nicht begonnen hat, summieren sich bereits die Umweltsünden und Gesetzesverstöße, weshalb das Projekt sich örtlich den Namen „Nueva Destrucción“ verdient hat.

Das Projekt ist noch nicht im Gange, da es noch Prozesse laufen hat, u. a. mit der „Comunidad Agrícola Huasco Altinos“, der Agrargemeinschaft des oberen Huasco-Tals, die in den 90er-Jahren den „Titulo de Propiedad“, den Besitztitel aufs gesamte Tránsito-Tal zugesprochen bekam, also auf das ganze Gelände vom Fluss bis zu den Berggipfeln, das damals nicht bereits einen *título* innehatte.

Trotzdem, so Anwohner des Huasco-Tals, werkeln sie da oben weiter. Es kann ja auch niemand wirklich kontrollieren, was die da so treiben.

Pullmann haben ihre eigenen Terminals gegenüber.

Busse nach:
ANTOFAGASTA (8–9 Std.), 23 700–33 900 CLP,
ARICA (19 1/2 Std.), 36 100 CLP,
CALAMA (um nach SAN PEDRO DE ATACAMA zu kommen, 11–12 Std.), 25 500–37 100 CLP,
COPIAPÓ (2 Std.), 8200–15 500 CLP,
IQUIQUE (15 Std.), 30 900–49 900 CLP,
LA SERENA (2 1/2 Std.), 10 200–18 900 CLP,
SANTIAGO (9–10 Std.), 18 600–29 800 CLP.

5 HIGHLIGHT

Valles del Río Huasco: Valle del Carmen und Valle del Tránsito

Die Täler des Río Huasco sind auch als der **Garten der Atacama** bekannt. Als touristisches Ziel kennen sie hingegen bislang nur wenige. Gut so, denn so gibt es noch viel zu entdecken. Sie entstehen aus dem Zusammenfluss des Río El Tránsito und des Río del Carmen beim Dorf Alto del Carmen, dem größten Ort der beiden Täler. In Alto del Carmen halten auch alle Busse aus/nach Vallenar. Die beiden Täler verbindet eine spannende Geschichte: Das nördliche, weitläufigere Tal **Valle del Tránsito** wird auch Valle de los Naturales genannt, weil hier seit ewigen Zeiten Diaguita leben.

Das weiter südlich verlaufende Tal Valle del Carmen mit dem Hauptort San Felíx wird auch **Valle de los Españoles** genannt – hier leben die Nachfahren spanischer Einwanderer. So wurden die Täler, die voller unerforschter archäologischer Fundorte sind, nach ihrem Eintreffen aufgeteilt. Traditionell werden Pisco und der süße Pajarete-Wein produziert, der aus getrockneten Muskatellertrauben gewonnen wird und bis zu stolze 18 % Alkoholgehalt haben kann. Probieren sollte man auch das süße Dulce de Leche, das hier aus Ziegenmilch gemacht wird.

Wichtig: Für Aktivitäten sollte man den Gastgebern vor der Anreise Bescheid geben, damit sie sich auf Besuch einstellen können. Oberhalb von Vallenar gibt es keine Tankstelle und keinen Supermarkt mehr, nur ein paar Tante-Emma-Lädchen mit begrenzter Auswahl. So lässt sich mal wieder die eigene Kreativität in der Küche fördern. Den einzigen Geldautomaten gibt es an der Plaza in Alto del Carmen, auf den man sich nicht hundertprozentig verlassen sollte. Besser vorsorgen!

Beste Kontakte

Fürs gesamte Huasco-Tal gibt es keine bessere Ansprechpartnerin als **Stefanie Hägele**, die seit vielen Jahren in La Arena im Valle del Tránsito lebt, Spanisch, Englisch und Deutsch spricht und sich bestens im gesamten Tal auskennt. Mit ihr kann man verschiedene Trekking- und Radtouren unternehmen, z. B. ins wunderschöne Pinte. Natürlich vermietet sie auch gute Fahrräder und Outdoor-Equipment. www.ivechile.com.

Alto del Carmen

Das kleine Dorf, 43 km südöstlich von Vallenar auf eine Höhe von 819 m, entstand 1824 als Bergbaucamp. Auch wenn es mit etwa 2000 der insgesamt 5000 Einwohner das größere der beiden Flusstäler ist, besteht es aus nicht mehr als ein paar Straßenzügen. Von der bezaubernd ruhigen, grünen Plaza mit der kleinen Kirche führt auf Höhe der Calle Pinto eine Treppe durch dichte Vegetation hinunter zum Fluss. Probieren sollte man den Almendruco, einen kleinen weißen Pfirsich, der nur in dieser Region gleich zweimal pro Jahr Früchte trägt.

ÜBERNACHTUNG UND ESSEN

La Casona de Ramadilla, Sector Ramadilla, ✆ 9-5782-5275. Relativ einfache, aber saubere Zimmer in einem schönen Ambiente mit Zugang zum Zusammenfluss des Río Carmen mit dem Río Tránsito. ❶–❸

Lomas del Carmen, Sector La Falda, ✆ 9-8570-8971. Eine tolle alte Casona mit super Ausblick am Ortsausgang Richtung Carmen-Tal. Liebe Leute, die das betreiben. Die Zimmer sind allerdings sehr klein und eher für Backpacker geeignet. ❶–❸

Los Sabores de la Mami, Calle Padre Alonso Arcilla 72, ✆ 9-8581-2654. Gute Kuchen und gemütliche Grillabende. ⌚ Mo–Fr 11–18, Sa 13–20 Uhr.

Valle del Carmen und San Félix

Das **Valle de los Españoles** genannte Tal des Río del Carmen ist stärker besiedelt als das Valle del Tránsito. Das größte Dorf, San Félix, ist der

DER KLEINE NORDEN

Radtour durch das Tránsito-Tal

- **Route:** La Arena – Río El Tránsito – El Tránsito Pueblo – Chanchoquín Grande – La Arena
- **Länge:** ca. 20 km
- **Dauer:** 4–5 Stunden
- **Schwierigkeitsgrad:** mittel

Auf dieser halbtägigen Radtour kann man das wunderbare Tránsito-Tal mit allen Sinnen erleben und seine Natur, die Kultur seiner Bewohner:innen, seine Ruhe und seine Aromen genießen. Los geht's im Dörfchen La Arena. Hier kann man nach vorheriger Vereinbarung Fahrräder mieten. Kontakt: ✆ 9-9283-0643, ✉ steff@ivechile.com.

Der Start

Zunächst radelt man talaufwärts, bis nach etwa 800 m links eine kleine Nebenstraße Richtung **Tránsito-Fluss** führt. Sie ist nicht asphaltiert, aber problemlos zu bewältigen. Unter fast immer strahlend blauem Himmel kontrastieren die Berge der Umgebung mit ihren verschiedenen Erdtönen und die grüne Vegetation entlang des Flusses. Hier und da gibt's kleine aufgestaute Becken, wo man (im Sommer) baden oder sich erfrischen kann.

Pause auf Marmor

Etwas abenteuerlich wird es an der Stelle, wo der Fluss ohne Brücke überquert werden muss. Es reicht jedoch Schuhe und Socken auszuziehen, denn meist geht das Wasser nur bis zum Knie. Weiter geht es bis zum **Dorf El Tránsito**. Am Dorfeingang radelt man an der **„Medialuna"** vorbei, wo zu bestimmten Anlässen das typisch chilenische Rodeo stattfindet. Rund 150 m weiter biegt rechterhand die Straße zum Dorfplatz und der Kirche ab. Hier – im Schatten der uralten Pfefferbäume der „Plaza" – kann man auf einer der **Marmorbänke** ausruhen, die aus dem Rohmarmor nahegelegener Marmorminen gefertigt wurden.

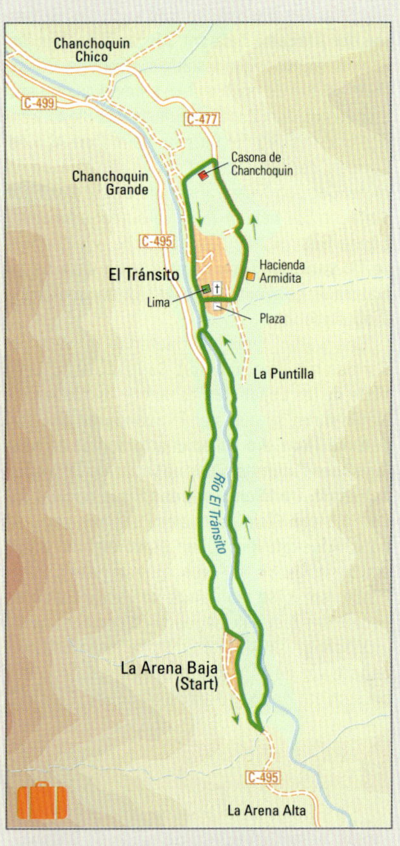

Eis aus Schnee und Keramik von Indianern

Gegenüber kann man die aus Lehmziegeln gebaute Kirche aus dem Jahr 1830 besichtigen oder eines der traditionellen, hausgemachten **„Helados de nieve"** (Eis aus Schnee) probieren, die es gleich um die Ecke gibt. Auf derselben Straße geht's weiter bis zu einer Kreuzung. Hier befindet sich eine kleine Keramikwerkstatt, in der Frauen des Dorfes Kunstwerke aus Ton herstellen. So führen sie die Kultur der lokalen **Diaguita-Indianer** weiter, die für ihre hochentwickelte Keramikkunst bekannt sind.

Ein gutes Gläschen

Die weitere Route macht einen Bogen um die **Keramikwerkstatt** und führt dann am Berghang entlang talabwärts. Nach ca. 1 km liegt rechterhand die **Hacienda Armidita**. Hier stellen die drei Ramírez-Schwestern handwerklich preisgekrönte alkoholische Getränke her – darunter der „**Pajarete**" (oder „Wein der Wüste") und der **Pisco** (Destillat aus Traubenwein). Neuerdings kommt dazu noch der erste chilenische Gin, mit frischen Bergkräutern aus der Umgebung. Hier kann man eine Führung mitmachen, um die Produktionsprozesse kennenzulernen und natürlich auch, um die Produkte zu verkosten. Wer daran Interesse hat, sollte die Tour im Voraus mit den Ramírez-Schwestern vereinbaren. Kontakt: ✉ armidita@armidita.cl.

O-Saft aus dem Garten

Auf dem nächsten Streckenabschnitt eröffnet sich ein weiter Blick über das Tal. Nach rund 2 km führt eine Abzweigung links nach **Chanchoquín Grande**. Dieser folgt man bis zur Casona de Chanchoquín (nach ca. 200 m auf der linken Seite). Wer Lust hat, kann hier in angenehmem Ambiente einen O-Saft aus Früchten genießen, die im Garten der Casona wachsen. Im Sommer ist für Badefreudige auch der **Pool** geöffnet. Es besteht die Option, hier die Tour zu beenden und das Fahrrad in der Casona de Chanchoquín abzugeben, wo es auch Übernachtungsmöglichkeiten gibt (Hostal/Camping). Oder man nimmt einen Bus zurück in die Provinzhauptstadt Vallenar.

Das Ziel

Wer weiterradelt, folgt der Straße bis zur T-Kreuzung und biegt dann links ab. Durch Chanchoquín Grande führt der Weg zurück nach **El Tránsito**. Entlang der „Hauptstraße" mischen sich kleine neue Häuschen mit den alten, traditionellen Lehmhäusern. Bevor der Weg wieder an die Abzweigung gelangt, die zur Plaza führt, gibt es die Gelegenheit sich bei „**Lima**" mit herzhaften Backwaren zu stärken.

Von der Medialuna aus geht's am Fluss entlang wieder zurück nach **La Arena**, wo wir unsere Fahrräder an dem kleinen Stand an der Hauptstraße wieder abgeben.

Geburtsort von Literaturnobelpreisträgerin Gabriela Mistral, wie manche Bewohner behaupten – was aber nicht wirklich belegt ist, denn die andere, wahrscheinlichere Version ist, dass sie in Vicuña im Valle del Elqui geboren wurde. Fest steht: Ihr Vater Geronimo Godoy kam aus San Félix.

Horcón Quemado ist eine kleine **Traditions-Pisco-Brennerei**, 1909 von einem gewissen Sr. Mulet aus Mallorca gegründet, destilliert sie immer noch in Kupferkesseln und mit Holzfeuer. Die etwa 80 000 Flaschen jährlich werden auch nach Europa exportiert; die ältesten, 20 Jahre alt, aber bleiben hier. Sie kosten bis zu US$20 000. Pro Flasche! 💻 www.piscohorconquemado.cl. Vorher anmelden. Eintritt: Kauf eines Produktes pro Person.

Der **Sendero de Chile** ist ein 35 km langer und 2 Tage dauernder Trekkingpfad von Pinte im Tránsito-Tal nach San Félix im Carmen-Tal (oder vice versa), der den Spuren der alten indigenen Bewohner wie den Molle, Ánimas und Diaguitas folgt. Auch die Inka bewegten sich nach ihrem Eintreffen in diesem Gebiet über diesen Bergpfad fort. Noch heute wird er von den Berghirten mit ihren Ziegenherden genutzt. Man überquert die Tatul-Bergkette, legt dabei ca. 1600 Höhenmeter zurück und erreicht eine maximale Höhe von etwa 3000 m. Es gibt auf dieser Strecke keinerlei Infrastruktur. Die Übernachtung erfolgt auf ca. 2800 m im Zelt. Der Schwierigkeitsgrad des Trekkings ist hoch.

Typisches **Kunsthandwerk** und Produkte aus familiärer Herstellung im Carmen-Tal wie Pisco, Manjar aus Ziegenmilch, Ziegenkäse und Marmeladen gibt es bei Agroturismo Raíces (s. Übernachtung) und der **Pisquera Bou Baroeta** in Viña El Rosario, 💻 www.boubarroeta.cl. 🕒 Mo–Fr 10–13.30, 16–19, Sa 10–13.30 Uhr.

Puppen für die Gesundheit

Paula Carvajal aus San Félix ist eine Kunsthandwerkerin, die eine alte Tradition ihrer Familie am Leben hält. In Handarbeit fertigt sie Puppen als Einzelstücke, deren Innenleben aus aromatischen Heilkräutern der Anden bestehen und so die Gesundheit fördern. Ihre Großmutter stammt übrigens aus Argentinien und ist zu Fuß über die Anden gegangen. Kontakt: 💻 www.fb.com/Palinay, muñecas indígenas.

ÜBERNACHTUNG UND ESSEN

Gutes, meist natürliches **Essen** in den Unterkünften Hospedaje **El Churcal**, Hijuela 75, Camino rural, **Las Esencias del Campo**, 🕒 tgl. 8–20 Uhr, und **Agroturismo Raíces**, 🕒 Di–So 9–18 Uhr. Besser vorher reservieren.

Camping Doña Florentina, Sektor La Majada, 5 km vor San Felix, 💻 www.campingdonaflorentina.negocio.site. Cabañas ohne Kochgelegenheit, Camping mit relativ großem Pool. Außerdem handwerkliche Produktion von Pajarete. ❷

Rincón Cabañas, Punta Blanca s/n, 📞 9-9280-5195. Voll ausgestattete Cabañas und Pool. ❷

Las Esencias del Campo, Sektor Retamo, 💻 https://lasesenciasdelcampo.wixsite.com/lasesenciasdelcampo. Voll ausgestattete Cabañas. Restaurant bei vorheriger Reservierung. Alles mit viel Liebe gemacht. ❷

Hospedaje El Churcal, Hijuela 75, 1 km von San Félix im Bereich El Churcal, 💻 www.elchurcal.cl. Bietet neben einfachen kleinen Zimmern mit und ohne Bad auch ein Restaurant, in dem lokale Produkte verwendet werden. ❷–❹

Agroturismo Raíces, Sektor La Vega s/n, Ruta C-489, 💻 https://agroturismo-raices.negocio.site. Voll ausgestattete Cabañas, Pool und Kunsthandwerk sowie Touren, auf denen man bei der Herstellung von Ziegenkäse zusehen kann. ❸

Valle del Tránsito

Das ebenfalls wunderschöne nördlichere Tal mit u. a. den Dörfern El Tránsito und La Arena heißt Valle del Tránsito und wird auch Valle de los Naturales (Tal der Eingeborenen) genannt, weil es hauptsächlich von Diaguita bewohnt wird, im Gegensatz zum Tal der Spanier weiter südlich – eine Unterscheidung, die noch aus der Kolonialzeit stammt. Die etwa 3000 Einwohner des Tals leben vorwiegend von Landwirtschaft und stellen neben Pajarete-Wein auch Keramik,

Schmuck und Webarbeiten her. Interessant ist vor allem die **Quebrada de Pinte**, 42 km von Alto del Carmen, mit dem Dorf Pinte. Hier lebte einst Benjamín Herrera, ein Diaguita, der 2,44 m groß war. Heute wohnen in **Pinte** nur noch 18 ältere Menschen. Ihre Gelassenheit und die Ruhe im Ort sind ergreifend.

Neben einem coolen **Museo Paleontológico** und Sandsteinwänden mit Fossilien befindet sich hier auch der Einstieg zu einem Abschnitt des **Sendero de Chile**, der 35 km lang ist (s. San Félix). Am Ortseingang von **Conay** (ca. 49 km von Alto del Carmen) ist die Abzweigung zum Dörfchen Chollay, wo es Bademöglichkeiten im Flussbecken gibt. Die Straße führt weiter hoch hinauf in die Anden, wo auf 4000 m die umstrittene Goldmine Pascua Lama steht (s. Kasten S. 244).

Original-Kunsthandwerk aus dem Tránsito-Tal verkauft **Iván Torres** – Orfebre Diaguita, der beeindruckende Schmuckstücke aus Silber, Kupfer und verschiedenen Arten von Steinen fertigt, www.fb.com/Orfebre Iván Torres. Bei **Arte Calakary** in La Angostura gibt es Accessoires aus Calabaza (Kürbis) und Holz sowie Mosaike, www.fb.com/Arte Calakary, Mo–Sa 10–18 Uhr, und in der **Hacienda Armidita** in El Tránsito handwerklich hergestellten Pisco, Pajarete und den ersten chilenischen Gin, www.armidita.cl.

ÜBERNACHTUNG UND ESSEN

In den Unterkünften bekommt ihr bei vorheriger Reservierung auch Verpflegung.

La Quinta Portada, Sektor El Tránsito, www.alojamiento-rural-quinta-portada.negocio.site. Angenehmes Ambiente, individuell gestaltete Zimmer mit Bad und Frühstück. ❷

Resdencial und Restaurant El Pollo Dorado, El Tránsito, 9-9040-2918. Typisch chilenisches Mittagsmenu oder Abendessen. tgl. 8–21 Uhr. Auch günstige Zimmer. ❷

La Casona de Chanchoquín, Sektor Chanchoquín, www.fb.com/La Casona de Chanchoquín. Stilvolle Anlage in einem herrschaftlichen Gebäude mit weitläufigen Grünflächen und Pool. Die Orangen für den Frühstückssaft kommen aus dem eigenen Garten. Zimmer mit Frühstück (privates Bad), auch Cabañas und Camping (6000 CLP p. P.). ❷–❹

Westlich von Vallenar: Freirina und Huasco

Nach etwa 40 km entlang dem Huasco-Flusstal und wenig Landwirtschaft gelangt man in das charmante Dorf **Freirina**. 1752 gegründet, wurde es ab 1824 von Villa Santa Rosa de Huasco in Freirina umgetauft, um den damaligen Regierungsdirektor Ramon Freire zu ehren. Schon 1699 waren Goldvorkommen in der Umgebung entdeckt worden, die zur Besiedelung führten. Zwischen 1750 und 1790 kamen weitere Kupferminen dazu, die letzten Goldadern wurden 1923 entdeckt. Heute sind die Minen ausgebeutet und die etwa 4000 Bewohner leben von Olivenanbau, Handel und dem Güterverkehr der Eisenbahn, die Eisen transportiert.

Von der Boomzeit zeugen noch ein paar hübsche Gebäude. Die Kirche **Santa Rosa de Lima**, 1869 aus doppelten Holzwänden gebaut, beherrscht die Palmen bestandene Plaza. Daneben steht das ehemalige Regierungsgebäude **Edificio Los Portales** aus dem Jahr 1870, heute Stadtverwaltung. Entlang der Hauptstraße Río de Janeiro findet man alles Notwendige zum Leben. Zu Zeiten der blühenden Wüste ist es empfehlenswert, auf der Calle Latorre Richtung Labrar zu fahren, um die **Blütenteppiche** zu bewundern.

Das ruhige Hafenstädtchen **Huasco** (Goldfluss) mit seinen 8000 Einwohnern erreicht man nach weiteren 18 km. Es entstand seit dem 17. Jh. Mehrmals landeten hier Piraten, die die Gegend heimsuchten. Angeschoben durch den Bergbauboom des 19. Jhs. in der Region wurde der Hafen ausgebaut und eine Eisenbahnverbindung verband die Küste ab 1890 mit den Kupferminen.

Am nördlichen Ende liegt der **Fischereihafen** mit kleinen Essensständen, tgl. 8–22 Uhr, von dessen Mole man einen tollen Blick über die ausladende Bucht mit der gepflegten Hafenpromenade und die riesige Playa Grande hat. Die dahinter aufragenden Dünen werden im Sommer, wenn chilenische Urlauber einfallen, zum Sandboarden genutzt. Am Hafen kann man auch Seelöwen und Pelikane beobachten, die sich bevorzugt auf den vorgelagerten Inseln aufhalten.

Sehenswerte Gebäude gibt es kaum, abgesehen von der über 100 Jahre alten **Bibliothek** im ehemaligen Bahnhof, in der auch die Touristeninformation untergebracht ist. Sie wird beim Bummel über die schöne Promenade ins Auge fallen. ⌚ April–Dez Mo–Fr 9–14, 15–17.20 Uhr, Jan und Feb tgl.

Das Mündungsgebiet des Río Huasco ist ein Feuchtgebiet mit bunter **Vogelwelt**, sogar Flamingos kommen hier vor.

Einen Besuch lohnt das Olivenanbaugebiet **Olivos Centenarios** von Daisy Rojas, Los Guindos L2, in Huasco Bajo, 💻 www.olivoscentenarios.cl, wo fast 500 Jahre alte Olivenbäume wachsen, aus denen vorzügliches Olivenöl hergestellt wird. Man kann sich einer von Daisy geführten Tour inkl. Verkostung von Oliven und Olivenöl (1 1/2–2 Std.) anschließen und natürlich auch beides kaufen.

ÜBERNACHTUNG

Hotel Costa Huasco, Teniente Merino 465, 💻 www.costahuasco.cl. Einfache, nicht mehr ganz neue Zimmer und Apartments für bis zu 4 Pers. Frühstück inkl. ❸

Aparthotel Skitniza, Craig 833, 💻 www.skitniza.cl. Top-Lage zwischen Strand und Ortszentrum nur einen Block von der Costanera. Sehr unterschiedliche Zimmer, am besten mehrere zeigen lassen. Parkplatz und Frühstück inkl. ❹

Huasco Suites, Ignacio Carrera Pinto 110, 💻 www.hotelhuasco.com. Elegante Zimmer und Bungalows, die eine eigene Küche haben, nur 500 m vom Strand. Garten und Wäscheservice. Kontinentales Frühstück inkl. ❹–❺

ESSEN UND UNTERHALTUNG

Entlang der Promenade, die vom Hafen zum Strand führt, gibt es eine Reihe Restaurants, die alle einen netten Blick über die Bucht haben.

Im Fischmarkt, dem **Terminal Pesquero**, gibt es kleine Stände sowie das preiswerte Fischrestaurant **Bahía**, das u. a. Dorade und Camarones serviert.

Pizzeria Changojam, Hafenpromenade, 💻 www.fb.com/changojam. Hausgemachtes Bier zur Pizza mit Blick über die Bucht von der schön gestalteten Terrasse aus. ⌚ tgl. 17–0.30 Uhr.

Tierra Noble, Craig 237, ✆ 51-253-1528. Internationale Küche und verschiedene Fischgerichte auf der schönen Terrasse im 1. Stock. Großzügige Portionen. ⌚ tgl. 10–23 Uhr.

SONSTIGES

Einkaufen

Supermarkt El Bodegón, Craig 271.

Geld

Banco Estado, Hauptstraße Craig.

NAHVERKEHR

Colectivos fahren bis nach VALLENAR. Preiswerter sind die **Kleinbusse**, die alle 30 Min. von 7–21/22 Uhr alle 15–30 Min. von der Hauptstraße Craig, Ecke Serrano, abfahren.

Für die 30 km zum Parque Nacional Llanos del Challe muss man mit dem **Taxi**fahrer verhandeln. Weniger als 15 000 CLP werden es kaum werden.

TRANSPORT

Busse

Es gibt nur wenige Fahrten tgl. nach LA SERENA/COQUIMBO und SANTIAGO. Von Vallenar aus fahren deutlich mehr Busse.

Turbus, Craig 260, ✆ 51-2531-784, ⌚ Mo–Sa 9–14, 16.30–20 Uhr.

Copiapó

175 000 Einwohner hat die Stadt zwischen den Bergen, in der sich die Silberminen-Besitzer ihre repräsentativen Stadtvillen erbauen ließen. Copayapu, wie es von den Diaguita genannt

Los 33 – Das Grubenunglück von 2010

Im Jahr 2010 saß die halbe Welt gebannt vor dem Fernseher. Am Nachmittag des 5. August war der Zugang zur Mine des Kupfer- und Goldbergwerks **San José**, 45 km nordwestlich von Copiapó, eingestürzt und schloss 33 Bergleute 700 m unter Tage ein. Erst nach über zwei Wochen konnten die Eingeschlossenen in völliger Abgeschiedenheit mit ersten Rettungsbohrungen erreicht werden. 69 Tage dauerte es, bis es am 13. Oktober 2010 gelang, in einer international viel beachteten Rettungaktion alle eingeschlossenen Bergleute zu befreien. Fast 2000 Journalisten aus aller Welt waren bei der Bergung anwesend. Die Berichterstattung über das Schicksal der 33, die teilweise einer Reality-Show glich, wurde von Medienwissenschaftlern aber kritisiert, vor allem, weil es keine ausdrückliche Zustimmung der Bergleute zur Verbreitung der dramatischen Bilder gab. Im **Museo Regional de Atacama** in Copiapó wird die Beinahe-Tragödie fast minutengenau fesselnd rekonstruiert (S. 251).

wurde, bedeutet Grünes Tal – was dem gleichnamigen Fluss zu verdanken ist, der seinen Ursprung in den höchsten Andengipfeln hat. 1536 war Diego de Almagro der erste Spanier, der nach einer von Erfrierungen und Notschlachtungen begleiteten Andenüberquerung auf die Widerstand leistenden Ureinwohner stieß. 1540 kam Pedro de Valdivia durch das Gebiet, aber erst ab 1622 ließen sich Geistliche des Franziskaner-Ordens nieder.

1774 dann unter dem Namen San Francisco de la Selva de Copiapó gegründet, hat die als Raststation für den Landweg nach Lima gedachte Kolonie einen raschen Wandel durchgemacht. Die Entdeckungen von Kupfer- und Silbervorkommen haben 1851 zum Bau der ersten Eisenbahn Chiles geführt. Der Bergbauboom des 19. Jhs. hat ein wohlgeordnetes Zentrum mit sehenswerten Herrenhäusern hinterlassen, während sich in den Industriegebieten am Stadtrand etwas unschön der Maschinenschrott stapelt.

Auch wenn die Stadt ihre besten Zeiten hinter sich hat, die wunderschöne **Plaza Prat** mit den riesigen, um 1880 gepflanzten Pfefferbäumen ist geblieben. Schon mittags treffen sich hier pensionierte, meist männliche Philosophen zum Tratschen. Am besten genießt man das entspannte Treiben mit dem besten Kaffee der Stadt bei Habibi (s. Unterhaltung). Die **Kathedrale** ist im klassizistischen Stil von 1840 gebaut. Ihre Doppelwände sind aus Holz, der Boden aus Marmor. Die Niederlassung von SERNATUR (s. Informationen) befindet sich vor dem großen Regierungsgebäude.

€ Einen Block oberhalb der Plaza liegt das **Museo Mineralógico** der Universität Atacama, dessen wichtige Sammlung von rund 14 000 Mineralien, Meteoriten und Fossilien in unglaublichen Farben wieder bewundert werden kann, seitdem die Schäden der Überschwemmung von 2015 beseitigt wurden. ⏲ Mo–Fr 9–12.50, 15–18, im Sommer bis 19 Uhr. Eintritt frei.

Im Süden erreicht man den Fluss, der normalerweise kaum über ein Rinnsal hinaus reicht, 2015 aber die halbe Stadt überschwemmte. Im Internet kann man die unglaublichen Bilder noch sehen.

Wer den Fluss überquert, erreicht den **Friedhof**, der einen Blick wert ist. Stellenweise erinnern die prächtigen Mausoleen ein bisschen an den berühmten Cementerio in Recoleta, Buenos Aires. Passenderweise gibt es davor einen Blumenmarkt. ⏲ tgl. 8–14 Uhr.

Im Westen der Stadt steht das **Museo Regional de Atacama**, das in thematisch gegliederten Sälen die Geschichte der Stadt, der Ureinwohner, die Geologie der Atacama, die Geschichte des Bergbaus und der 33 Verschütteten in der Mine San José anschaulich präsentiert. Atacama 98, 💻 www.museodeatacama.gob.cl. ⏲ Di–Fr 9–17, Sa 10–12.45, 15–17.30 Uhr. Eintritt frei.

Noch weiter westlich sind auch die Universitätsgebäude in der Av. Copayapú (Richtung Caldera) sehenswert: Dort befindet sich u. a. die erste **Lok Südamerikas**, die 1851 in Copiapó eintraf. Die legendäre Lok, 1850 in Philadelphia

Abendstimmung in Copiapó

gebaut, wurde in verschiedenen Orten ausgestellt, transportierte 1929 zum letzten Mal Passagiere und kehrte 1945 zurück. Vier Stunden dauerte die Fahrt für die 60 km bis nach Caldera.

Zum Norden erhebt sich der **Cerro La Cruz**, der vom Ende der Matta bzw. Rancagua über einen Pfad bestiegen werden kann, um einen luftigen Blick von der Stadt zu bekommen. Copiapó liegt auf nur 390 m Höhe, daher sollte man nicht vergessen, sich vor Expeditionen in die Anden und Besteigungen des **Ojos del Salado**, dem mit 6893 m höchsten Vulkan der Welt, ausreichend zu akklimatisieren.

ÜBERNACHTUNG

Im Sommer übernachten in Copiapó viele Urlauber, die tagsüber an die Strände in Caldera und Bahía Inglesa fahren, daher sind die Unterkünfte dann teurer, manche sogar ausgebucht.

Hotel Palace, Atacama 741, 💻 www.hotelpalacecopiapo.cl. Die Zimmer mit Privatbad sind zwar schlicht und auch nicht groß, aber sehr günstig zwischen Terminal und Plaza gelegen. Der begrünte Patio ist sehr hübsch und lädt ein, dort abends ein Glas Wein zu trinken. Täglicher Zimmerservice und ein halbwegs vernünftiges Frühstück inkl. ❸

Hotel Diego de Almagro, O'Higgins 640, 💻 www.dahoteles.com. 136 Zimmer in einem der größten Gebäude der Stadt direkt an der Plaza. Große, moderne Zimmer, kleiner Pool und Parkplätze. ❹

Antay, Los Carrera 2440, 💻 www.antaycasinohotel.cl. Das Casino-Hotel bietet allen Komfort. Die kleinste Zimmerkategorie hat schon 46 m². Auf der Webseite gibt es häufig Sonderangebote. ❻

ESSEN

Costabrava, Rodriguez 586, Ecke Chacabuco, 💻 www.restaurantecostabr3.wixsite.com/somos-costabrava. Fisch, Camarones und viele andere gute Sachen aus dem nahen Meer auf einer bunten Terrasse. ⌚ Mo–Fr 12–19.30, Sa und So 11–17.30 Uhr.

El Hornito de Raffa, Colipi 261, 💻 www.fb.com/El Hornito De Rafa. Tolles Restaurante Criollo für typisch chilenische Fleischge-

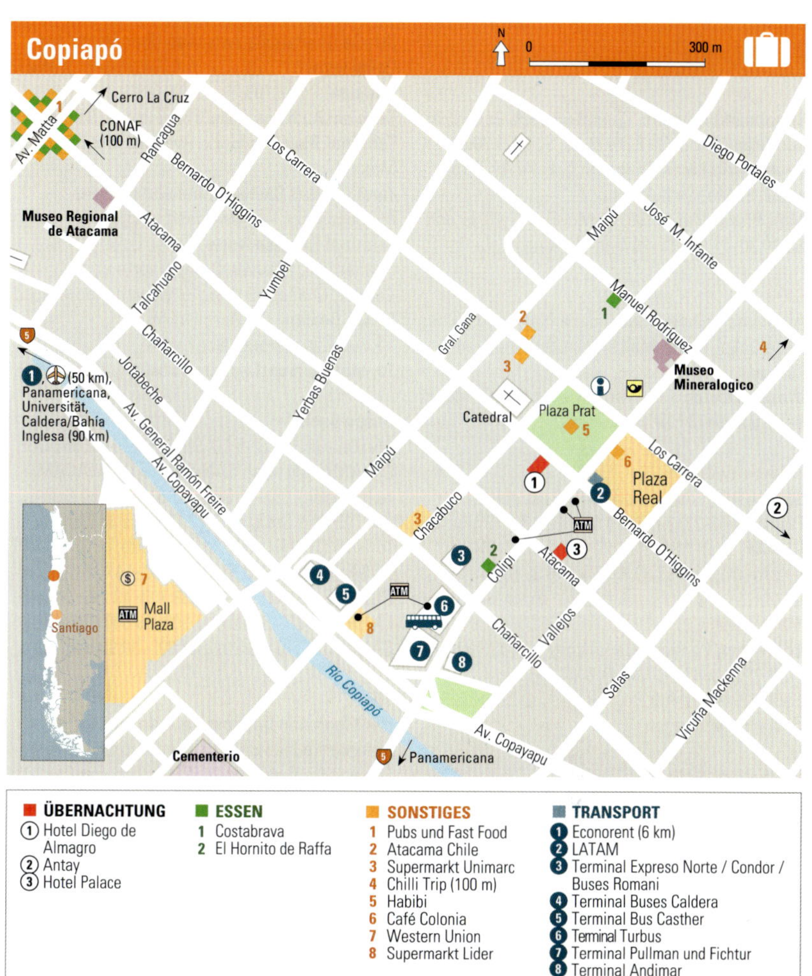

richte in schönem, rustikalem Ambiente, so bunt geschmückt, dass es richtig fröhlich wirkt. Nur zwei Blocks von der Plaza. ⌚ Mo–Sa 8–19 Uhr.

UNTERHALTUNG

Rund um die Avenida Matta am **Centro Cultural**, Matta 260, ⌚ Mo–Fr 8–20.30, Sa 10–20.30 Uhr, gibt es eine ganze Reihe Pubs und Restaurants sowie Fast Food.

Das **Café Colombia**, ⌚ Mo–Sa 8.45–21 Uhr, liegt an der östlichen Ecke der Plaza und hat guten Kaffee und einen schönen Außenbereich. Es gibt Pizza, Sandwiches und leckeres Eis.

Habibi, der mobile Stand mitten auf der Plaza verkauft den besten Kaffee der Stadt. Er hat verschiedene Sorten aus aller Welt und bei Hitze auch köstlichen Eiskaffee im Angebot. ⌚ Mo–Sa 9–20 Uhr.

SONSTIGES

Einkaufen

Supermarkt Unimarc, Chacabuco 120, Ecke Chañarchillo. ⌚ Mo–Sa 8.30–21.30, So 9–21.30 Uhr.
Supermarkt Lider, Chacabuco, Ecke Av. Copayapu, ⌚ Mo–Sa 8–21 Uhr.
Mall Plaza, Maipú 109. ⌚ Mo–Do 10–20, Fr und Sa 10.30–21, So 11–20 Uhr. Mit Kino.

Geld

Automaten gibt es rund um die Plaza und an der Calle Colipi, in der Mall und im Terminal von Turbus.
Western Union, Mall Plaza Maipú 109. ⌚ Mo–Fr 9–19, Sa 10–13 Uhr.

Informationen

SERNATUR, Los Carrera 691, direkt an der Plaza, ✆ 52-2212-838, ⌚ Mo–Fr 8.30–18 Uhr.
CONAF, Juan Martinez 55, ✆ 52-2213-404, ⌚ Mo–Do 8.30–17.30, Fr 8.30–16.30 Uhr.

Mietwagen

Econorent, Panamericana Norte s/n, KM 814, ✆ 2-2299-8963, ⌚ Mo–Fr 8.30–17.45, Sa 9–12.45 Uhr. Am Flughafen, ✆ 2-2299 8925, ⌚ nach Landungen.

Tourveranstalter

Chilli Trip, Vallejos 775, 💻 www.chillitrip.cl. Sympathisches Team, das sich verantwortungsvollen Tourismus zum Ziel gesetzt hat. Mine San José, Nationalpark Tres Cruces und Sandboarding (90 000 CLP) sind im Angebot. Preise richten sich nach Teilnehmerzahl. ⌚ Mo–Fr 10–19 Uhr.
Atacama Chile, Los Carreras 525, 💻 www.atacamachile.com. Nur private Touren, über 25 Jahre Erfahrung und 70 % europäische Gäste. Das Unternehmen ist spezialisiert auf extreme Touren wie die Besteigung des Ojos del Salado (der höchste Vulkan der Welt).

TRANSPORT

Busgesellschaften

Es gibt eine ganze Reihe Busterminals, die aber alle nah beieinander südlich der Plaza an der Straße Chañarcillo zwischen Chacabuco und Colipi liegen.
Pullman, Colipí 109, ✆ 52-2210-370,
Terminal Andimar, Colipi 114, 💻 www.andimar.cl,
Terminal Buses Caldera, Av. Copayapu, Ecke Maipú,
Terminal Bus Casther, Chacabuco, Ecke Av. Copayapu, 💻 www.casther.cl,
Terminal Expreso Norte, Colipi, Ecke Chañarcillo, 💻 www.expresonorte.cl,
Condor, Chañarcillo 631, 💻 www.condorbus.cl,
Buses Romani, Chañarcillo 655, 💻 www.busesromani.cl,
Terminal Turbus, Chañarcillo 680, ✆ 52-2238-612.

Busse nach:
ANTOFAGASTA (7–8 1/2 Std.), 28 840–32 960 CLP, CALAMA (um nach SAN PEDRO DE ATACAMA zu kommen), (10–11 Std.), 27 810–36 050 CLP, CALDERA (1 Std.), 7.15–22 Uhr alle 30 Min. (u. a. Turismo Casther und Expreso Norte, ab 3800 CLP), EL SALVADOR (3–5 Std.), 10 300–14 420 CLP, IQUIQUE (13 1/2–15 Std.), 38 100–43 260 CLP, LA SERENA (4–5 Std.), 17 500–19 500 CLP, SANTIAGO (10–13 Std.), 27 800–30 900 CLP.

Flüge

Der **Flughafen Desierto de Atacama**, 💻 www.aeropuertodecaldera.cl, liegt 50 km nordwestlich von Copiapó und 24 km südlich von Caldera. LATAM, Jetsmart und Sky Airline fliegen 7x tgl. nach SANTIAGO.
Busse nach Copiapó 3000 CLP, ✆ 52-2238-612.

6 HIGHLIGHT

Caldera und Bahía Inglesa

Wer ein paar Tage an Chiles Küste entspannen will, der findet im Kleinen Norden kaum einen angenehmeren Platz als dieses sympathische Doppel knapp 900 km nördlich von Santiago. Die beiden Orte trennen nur 5 km.

Caldera

Caldera ist nicht nur für weiße Strände und ruhiges Meer bekannt. Der kleine Ort, 60 km westlich von Copiapó, kann fast genauso viele Attraktivitäten bieten wie die größeren Hafenstädte: Einen hübschen Hafen mit bestem Ceviche, Seelöwen und Sandstrände, an denen sich abends Einheimische treffen, eine nette Plaza, gute Ausflugsmöglichkeiten und dazu noch eine wunderbar entspannte Atmosphäre. Zudem ist praktisch alles fußläufig zu erreichen und von einem größeren Sicherheitsgefühl begleitet als in Großstädten.

Der Weg nach Caldera, das direkt an der Panamericana liegt, führt durch ein grünes Tal, flankiert von gigantischen Dünen. Seine Existenz verdankt es dem Bau der Eisenbahnstrecke 1850, der ältesten Chiles. Auch heute noch ist der Exporthafen wirtschaftlicher Motor, aber auch Fischfang und der sommerliche Strandtourismus sind wichtige wirtschaftliche Standbeine für die 17 000 Einwohner.

Über der schönen, weitläufigen Plaza, um die herum sich über wenige Blocks das angenehme Geschäftszentrum mit kleinen Läden, Restaurants und Hotels konzentriert, thront die **Iglesia San Vicente**, die 1862 aus Holz gebaut wurde. Direkt an der Plaza kann man frisches Obst, Fleisch und Gemüse im **Mercado El Corralero** kaufen. 🕒 Mo–Sa 9–21, So 9–14.30 Uhr.

Von dort führt die kleine Fußgängerzone mit dem Namen Gana einen Block hinunter zur auffälligen **Casa Tornini**, die man nur auf geführten Touren (50 Min.) besichtigen kann. Man erfährt viel Interessantes über die Geschichte des Ortes (nach vorheriger Anmeldung auch auf Deutsch). 💻 www.casatornini.cl. Eintritt 5000 CLP.

Einen weiteren Block runter von der Plaza liegt an der nach dem US-amerikanischen Eisenbahningenieur benannten Strandpromenade Av. Wheelwright schon die kleine **Playa Mansa**, die allerdings eher zum entspannten Sonnen als zum Baden geeignet ist. Läuft man nach rechts, erreicht man den ehemaligen **Bahnhof**, den ältesten ganz Chiles, der heute

Centro Cultural Estación Caldera heißt. Das 1850 entstandene Gebäude aus Holz hat eine imposante Länge von 82 m bei 32 m Breite und wird heute als Kulturzentrum mit wechselnden Ausstellungen und Filmvorführungen genutzt.

Zudem beherbergt es das **Museo Paleontológico**. Unter Eingeweihten gilt Caldera als einer der wichtigsten Fundorte Südamerikas für Fossilien, denn die Umgebung ist geologisch interessant, da die Bucht als Ablagerungsort nach der Landhebung vor Millionen von Jahren viele Fossilien enthält. Prunkstück des Museums sind die Schädelknochen eines etwa 20 m langen Wales, liebevoll Josefine genannt, neben Skeletten von Seevögeln und Fischen und riesigen Hai Zähnen. Wheelwright s/n. ⏲ Di–So 9.30–13.30, 14.30–20.30 Uhr, Eintritt 1000 CLP.

Am Zaun neben dem Fischmarkt robben um die Mittagszeit Seelöwen das Ufer hinauf und streiten sich lautstark um das Futter, das ihnen von Zeit zu Zeit hinübergeworfen wird. Für gezückte Kameras posieren sie manchmal sogar.

Weiter nördlich erstreckt sich die **Playa Brava**, die einsam, aber meist nicht ganz sauber ist. Zum Baden ist ohnehin der Strand von Bahía Inglesa zu empfehlen.

16 km nördlich von Caldera gibt es den kleinen **Zoológico de Piedras**, wo in den unzähligen durch Winderosion entstandenen Löchern Heiligenfiguren aller Formen und Farben aufgestellt wurden. Wenn man die Zweige der trockenen Pflanze Lechillo *(carpinus caroliniana)*, die zwischen den Felsen wächst, ein bisschen knickt, kommt eine milchige Flüssigkeit heraus, die interessanterweise nach kurzer Zeit verklebt. Mit dieser haben die Ureinwohner offene Wunden gepflastert.

ÜBERNACHTUNG

In der Hauptsaison (Jan/Feb) steigen die Preise um 20–30 %, dann kann es auch nicht schaden, einige Wochen im Voraus zu reservieren.

Ají Rojo, Tocornal 453, ✆ 9-8325-2341, 🖳 www.fb.com/aji.calderaatacama. Die liebenswerte Domenica, in Caldera geboren und selbst Travellerin, teilt ihr Haus gerne mit Gästen. Saubere Zimmer, gut ausgestattete Küche und nur wenige Minuten zum Zentrum und Hafen. Sie arbeitet nur mit lokalen Produzenten, produziert ihre eigenen Reinigungsmittel, kompostiert und trennt den Abfall und bereitet das Brauchwasser auf. Die Kakteen im Garten werden von Kolibris bestäubt. ❷

Casa Hostal El Faro, Alcalde M. Campusano 1240 / Pasaje Hugo Gigoux, 🖳 www.hostalelfaro.jimdo.com. Gute Lage, 5 Blocks vom Strand und 7 zur Plaza. Die farbenfrohen DZ haben alle ein eigenes Bad, das Loft einen herrlichen Blick aufs Meer. ❷–❸

Hotel Montecarlo, Diego Carvallo 627, 🖳 www.hotel-montecarlo.cl. 3 Blocks vom zentralen Strand. Hat einfache Zimmer mit Bad und einen hübschen kleinen Garten. ❸

Hotel Costa Fósil, Gallo 560, ✆ 9-9489-6451, 4 Blocks vom Busbahnhof, 24 einfache Zimmer mit Bad. 24-Std.-Rezeption, Garten, Terrasse mit tollem Blick über Caldera, Parkplätze. ❸

Hotel Portal del Inca, Diego Carvallo 945, 🖳 www.portaldelinca.cl. Ein wenig außerhalb gelegen, dafür eine weitläufige Anlage mit Pool und Tennisplatz, Park- und Spielplatz. Es gibt auch großzügig bemessene Cabañas mit 2 Zimmern und Küchenzeile. ❸–❺

ESSEN

An der Straße Edwards liegen Cafés.

€ An der kleinen Hafenpromenade Costanera Wheelwright haben sich in den letzten Jahren einige **Food Trucks** aufgestellt, die ordentliches Fast Food von Pizza bis Hot Dogs verkaufen, aber keine geregelten Öffnungszeiten haben.

Um die Ecke des alten Bahnhofs, beim **Fischmarkt**, findet man einfache Fischrestaurants mit schmackhaften Gerichten, von denen das **El Delfin** und dort das Menu Turista am empfehlenswertesten sind – am leckersten auf der Dachterrasse. Natürlich gibt es auch Empanadas mit frischen Meeresfrüchten und bei den Fischern eine Portion frisches Ceviche.

Las Dunas, Carvallo 567, gegenüber der Kirche, hat günstige und reichhaltige wechselnde Menüs. Mit Außenbereich. ⏲ tgl. 11–17 Uhr.

Restaurante La Casa de la Empanada II, Calle Atacama 884, Ein kleiner Spaziergang zum

Ostrand des Städtchens. Frisch zubereitete Empanadas; am Wochenende so voll, dass man besser vorbestellt. ⌚ Di–Fr 12–20, Sa und So 11–20.30 Uhr.

UNTERHALTUNG

An der Hafenpromenade Costanera Wheelwright gibt es ein paar Pubs, die auch als Disco fungieren.
Bar Café Kavana, Carvallo 299, Ecke Tocornal. Guter Kaffee, mit Terrasse und Happy Hour am Rande des Zentrums. ⌚ So–Do bis 22, Fr und Sa bis 24 Uhr.
Beer House, Gallo 541, Ecke Alfaro. Verschiedene Biersorten, Pitcher und Pizza mit Rockmusik in gemütlicher Holzeinrichtung oder im Außenbereich. ⌚ Di–So 18–4 Uhr.
Caffè Museo, Edwards 479, Ecke Gana. Verschiedene Sandwiches und richtig gute Kaffeesorten, Säfte und Milchshakes, die man auch im Außenbereich genießen kann, darunter herrlicher Eiskaffee. ⌚ Mo–Fr 10–13.30, 16.30–20, Sa und So 10.30–14, 17–20 Uhr.
El Origen, Wheelwright 673, ☏ 9-6216-9170, 💻 www.fb.com/elorigenrestobar. Tablas, Canastas und After Office Partys direkt am Hafen. Nicht ganz günstig, aber gut. Kein WLAN, aber gutes Bier. ⌚ 18–4.30 Uhr.

TOUREN UND AKTIVITÄTEN

Alaya Tours, im Caffe Museo, 💻 www.alayatour.cl. Álvaro ist eine wunderbar engagierte und unterhaltsame Person. Er spricht Englisch und bietet private Führungen in die spannende Umgebung an, z. B. in die Dünenwelt der Atacama. Seine Touren orientieren sich an Nachhaltigkeits- und Ethikwerten.
Zu Ausflügen siehe auch Bahía Inglesa, S. 259.

SONSTIGES

Einkaufen

Supermercado Betania, Gallo 598, Ecke Montt. ⌚ tgl. 9–20.30 Uhr.
Unimarc, Av. Batallón Atacama 319, Ecke Rojas. ⌚ Mo–Sa 9–21.30 Uhr.

Geld

Rund um die Plaza gibt es einige Geldautomaten.

Tankstelle

COPEC, Edwards, Ecke Montt.

NAHVERKEHR

Um nach BAHÍA INGLESA zu kommen, kann man **Taxis** im Zentrum anhalten (10 Min., (1500 CLP). In der NS verlangen viele Fahrer den Preis für Hin- und Rückfahrt.

TRANSPORT

Busse

Das kleine **Busterminal** liegt an der Gallo 160, Ecke Vallejos. Wer nett fragt, kann sein Gepäck für ein paar Stunden im Büro deponieren.
Nach COPIAPÓ fahren von 6.20–20 Uhr alle 30 Min. u. a. **Expreso Norte** und **Turismo Casther** von der Ossa Varas, Ecke Cifuentes (1 Std., 3800 CLP). Dort gibt es auch eine Gepäckaufbewahrung *(custodia)*.

Busgesellschaften
Turbus, Paseo Gana 241, ☏ 52-2205-016,
Pullman Bus, Cousiño 297, ☏ 52-315227.

Busse nach:
ANTOFAGASTA (6–7 Std.), 25 750–29 870 CLP,
CALAMA (für SAN PEDRO DE ATACAMA, (10 Std.), 25 750–31 930 CLP,
COPIAPÓ (1 Std.), 9270 CLP,
CHAÑARAL (1–1 1/2 Std.), 8240–10 300 CLP,
LA SERENA (5–6 Std.), 18 540–20 600 CLP,
SANTIAGO (11 1/2–13 1/2 Std.), 29 870–31 930 CLP,

Flüge

Siehe Copiapó, S. 254.

Bahía Inglesa

Fünf Kilometer südlich von Caldera liegt diese sehr kleine, etwas freakig anmutende Siedlung umgeben von Wüstensand mit ein bisschen Hippieflair. In Chile ist der Ort, der im Winter nur etwas mehr als 100 Einwohner zählt, bekannt für flache, saubere Strände mit türkisfarbenem Wasser, an denen sogar ein bisschen Karibikfeeling aufkommt – allerdings nur, bis man einen Zeh in den Pazifik steckt.

Entlang der Strandpromenade **Avenida Morro** gibt es eine Reihe Restaurants und Tourenveranstalter. Im Sommer werden Surfbretter und Seekajaks zum Verleih angeboten und man kann Surf- oder Tauchkurse sowie Ausflüge um den Morro machen, den Berg am Ende der Bucht.

Von Dezember bis Februar ist der Ort voll, außerhalb der Saison ist nur am Wochenende etwas los und ab März kann die Zahl der Künstler, die ihr Kunsthandwerk an der Promenade verkaufen, schon die Zahl der Touristen übersteigen. Im Winter kommen allenfalls Schulgruppen hierher. In der vorgelagerten Bucht werden Jakobsmuscheln gezüchtet. Es gibt weder eine Tankstelle noch einen Supermarkt, nur zwei Tante-Emma-Läden. Wer den Ort und seine Umgebung einmal von oben sehen möchte, wandert den kurzen Weg zum Kreuz. Vor dort hat man einen herrlichen Blick über die Bucht.

Etwas außerhalb liegt der **Parque Paleontológico Los Dedos**. Warum Los Dedos, „die Finger"? Das wird man auf einer Führung über den nett angelegten Pfad erfahren, in dem sich die Skelette urzeitlicher Tiere besichtigen lassen, die in dieser Region gefunden wurden. Außerdem wird der kleine Aufstieg mit großartigen Blicken über die weite Bucht belohnt. Die Mitarbeiter übernachten in der kleinen Hütte am Eingang, um die historischen Schätze zu bewachen. Sie freuen sich sehr über eine Spende, denn der Eintritt ist frei.

Playa la Virgen

Playa la Virgen ist etwas für Leute, die wirklich die Einsamkeit lieben: Ein einfacher Strand mit Steilküste ringsum, 40 km südlich von Bahía Inglesa. Im Rahmen organisierter Tagestouren (30 000 CLP) kann man dort schön einen Tag verbringen. ⌚ 8–20 Uhr.

Cabañas/Camping Playa La Virgen, 💻 www.playalavirgen.cl. Verschiedene Cabañas, von denen die kleinste für zwei Personen ist. Viel Holz im Inneren und eine schöne Terrasse. Es gibt auch ein Restaurant und Camping (35 000 CLP für 2 Pers.). ❺–❻

ÜBERNACHTUNG

In der Hauptsaison sind die Preise reichlich überzogen; die Unterkünfte in Caldera bieten ein besseres Preis-Leistungs-Verhältnis. Wer eine besondere Erfahrung der Einsamkeit sucht, sollte durch Bahía hindurch weiter nach Süden fahren und an der Playa Las Machas eine der Cabaña-Anlagen aufsuchen.

Los Jardines de Bahía Inglesa, Av. Copiapó 100, 💻 www.jardinesbahia.cl. Ganzjährig geöffnete Anlage mit 38 ausgestatteten Cabañas und Pool nur 200 m vom Strand entfernt. ⌚ Bar und Restaurant nur in der HS. ❸–❺

K Hotel Boutique, Av. El Morro 416, 💻 www.fb.com/K Hotel Boutique Bahia Inglesa, Die 4 Zimmer haben Bad, manche Terrasse oder Balkon mit teils großartiger Aussicht. Für die optimale Wahl besser vorher zeigen lassen. Inkl. Frühstück ❹–❻

Nautel, Copiapó 549, 💻 www.nautel.cl. 8 schöne Zimmer und eine Cabaña, die als eine der ersten Unterkünfte im Ort gilt. Nette Bar unter freiem Himmel und ein toller Blick über die Bucht. Frühstück inkl. ❹–❻

Rocas de Bahía, Av. El Morro 888, 💻 www.rocasdebahiainglesa.cl. Unübersehbar das größte Haus am Platz, aber sehr geschmackvoll eingerichtet. 36 große Zimmer in Pastelltönen, alle mit Balkon. Restaurant, Parkplatz und Pool. ❻

ESSEN UND UNTERHALTUNG

Außerhalb der Hauptsaison sind die meisten Restaurants nur am Wochenende geöffnet, aber an der Strandpromenade Avenida El Morro wird man ganzjährig fündig. Allerdings sind die Preise gesalzen. Caldera weist auch beim Essen ein besseres Preis-Leistungs-Verhältnis auf.

La Piojera de Bahía, Calle Neptuno. Cooler Pub, an dessen Wänden sich seit der Eröffnung im Januar 2015 Hunderte Gäste verewigt haben. Neben frischem Fisch und Fleischgerichten gibt es auch exzellente Schnäpse. ⌚ tgl. 9–22 Uhr.

Naturalia, Miramar 182, ein Block vom Strand. Man kann immer noch aufs Meer schauen und dabei die wunderbaren Empanadas genießen. Es gibt auch Pizza, Sandwiches und frische Säfte. 🕒 Mi–Mo 12–22 Uhr.

Tumorrou, 💻 www.fb.com/tumorrou bahia. Tolle Lounge-Bar unter dem Morro, dem Berg, am Ende der Bucht. Bietet Meeresfrüchte, die frischer nicht sein könnten, und Exkursionen mit Booten rund um die Halbinsel. 🕒 Do–So 13–18 Uhr.

AKTIVITÄTEN UND TOUREN

Geoturismo Atacama, El Morro 840, 📞 9-9331-8763, 💻 www.geoturismoatacama.com. Touren: Playa la Virgen (10–19 Uhr, 30 000 CLP), Pan de Azúcar (10–19 Uhr, 40 000 CLP ohne Eintritt), Tour Astronómico (20–23.30 Uhr, 35 000 CLP).
Siehe auch Caldera (S. 257).

SONSTIGES

Einkaufen

Minimarkt Jana, Copiapó 554. In der HS tgl. 9.30–20.30 Uhr, in der NS unregelmäßig, meist am Wochenende.

TRANSPORT

Taxis nach CALDERA fahren rund um die Uhr (3000 CLP).

Wanderung Aguada de Chorrillos

Für diese dreieinhalb Kilometer lange Wanderung braucht man etwa zwei Stunden. Sie führt zu einem Feuchtgebiet an der Küste in einer ansonsten komplett trockenen Wüstenlandschaft. Ein lohnender Ausflug, nachdem man einige Tage Wüstenödnis hinter sich hat.

Trekkingchile Aguada de Chorrillos

Zum Parque Nacional Tres Cruces, Ojos de Salado und Paso San Francisco

Diese Route führt in eine spektakuläre und sehr einsame Vulkanlandschaft. Salzseen und grüne und blaue Lagunen breiten sich zu Füßen bunter Vulkane und Berge aus. Wer die Region kennen lernen will, muss mindestens eine, besser zwei Übernachtungen einplanen und an eine ausreichende Anpassung an die Höhe denken.

Die Strecke führt ab Copiapó über die internationale Passstraße 31 Richtung Osten und gewinnt schnell an Höhe. Ab KM 80 kann man entweder durch die **Quebrada de Paipote** fahren, etwa 100 km bis zur Südseite der Laguna Santa Rosa, oder weiter über die Passstraße Ruta 31. Es verkehren keine öffentlichen Transportmittel.

Nationalpark Nevado de Tres Cruces

Neben der Steppenvegetation des **Altiplano** und dem südlichsten Salar Chiles, dem **Salar de Maricunga**, sind es vor allem Vicuñas, Füchse und die über 60 Vogelarten, die die Feuchtgebiete schützenswert machen (Ramsar-Abkommen 1996). Im Sommer tummeln sich hier Hunderte von **Flamingos**.

Der knapp 60 000 ha große Nationalpark hat sehr wenige Besucher und nur geringe Infrastruktur, aber einige Miradores (Aussichtspunkte) und Wanderpfade, darunter den Abschnitt des Sendero de Chile von der Laguna Santa Rosa zum Salar de Maricunga. Besuche müssen bei der CONAF angemeldet werden, ebenso wie Plätze für Übernachtungen in den Refugios, 📞 52-2213-404. Sie kosten 10 000 CLP p. P. 🕒 Okt–April. Eintritt 8000 CLP.

Chile Trip in Copiapó (s. dort) bietet **Touren** ab 100 000 CLP p. P. (je nach Teilnehmerzahl) inkl. Verpflegung. Öffentliche Verkehrsmittel gibt es nicht.

Ojos del Salado

Der Ojos del Salado gilt mit 6893 m als **höchster Vulkan der Welt** und ist nach dem Aconcagua die zweithöchste Erhebung der Anden. Insgeheim hoffen die Chilenen, dass er doch ein paar

Meter mehr hat. In den Sommermonaten kommen ein paar Dutzend Bergsteiger, um den technisch einfachen, aber körperlich sehr anstrengenden Aufstieg zu probieren.

Bei gutem Wetter sind für die Tour weder Steigeisen noch Eispickel erforderlich, und nur die letzten 30 m bis zur Spitze müssen erklettert werden. Eine gewissenhafte Vorbereitung ist allerdings unerlässlich, und ein guter Guide gibt Sicherheit. **CONAF** ist für alle Detailfragen der beste Ansprechpartner.

Trekkingchile Ojos del Slado

Paso de San Francisco

Weiter **nach Argentinien** führt der Weg über den **Paso de San Francisco** mit wunderbaren Ausblicken auf die Sechstausender-Vulkane, die in dieser Gegend die höchste Konzentration der Anden aufweisen: Tres Cruces (6749 m), Carrancas Blancas (6119 m), El Muerto (6470 m) und Incahuasi (6615 m). Mit 4726 m ist diese Passstraße eine der höchsten der Welt. Auf der anderen Seite der Grenze sind es noch 20 km bis zum Dorf Fiambalá in der argentinischen Provinz Catamarca, in dem es wieder Infrastruktur gibt (Tankstelle, Geldwechsel und Unterkunft). Infos über alle Grenzübergänge: 💻 www.pasosfronterizos.gov.cl.

Für **Selbstfahrer** ist die Fahrt aufgrund der Höhe, schlechten Wegstrecken und minimalen Versorgungssituation sehr anstrengend; auf der Passstrecke gibt es außerdem sehr wenig Verkehr. Daher wird empfohlen:

- Nur zu zweit fahren für den Fahrerwechsel.
- Nur vollgetankt im Geländewagen mit großer Bodenfreiheit, mindestens 40 l Reservebenzin und einem Ersatzreifen (vorher kontrollieren). In dem Gebiet gibt es außer an der Grenzabfertigung keine Tankstelle und kein Telefon.
- Genug Vorräte mitnehmen, Wasser; an Kühlwasser denken, evtl. Ersatzkanister.
- Sehr warme Kleidung mitnehmen, Schlafsack für tiefe Minusgrade und Taschenlampe.
- Keine Radtouren im Park unternehmen wegen der Höhe.
- Wenn nach Argentinien weitergefahren werden soll, bei den Carabineros in Copiapó die Befahrbarkeit des Passes abchecken.
- Die Nächte in den Refugios der CONAF verbringen.
- Detaillierte Informationen bei der CONAF einholen, ☏ 52-2213-404, 💻 www.conaf.cl, ✉ atacama.oirs@conaf.cl.

Chañaral

Die Landschaften nördlich und südlich sind großartig, die 12 000-Einwohner-Stadt dagegen sieht eher aus wie ein Industriedenkmal am Wüstenstrand. Dabei war sie einmal ein wichtiger Hafen für landwirtschaftliche Erzeugnisse und die Minen. Heute leidet sie immer noch unter den Folgeschäden der Überschwemmung im Jahr 2015. Immerhin ist an den südlichen Hafenanlagen eine neue Promenade im Bau. Die meisten Besucher kommen aber ohnehin nur, um den Nationalpark **Pan de Azúcar** mit Riesenottern, Robben, feinsandigen Stränden und großartigen Aussichten zu besuchen.

Die Kleinstadt am Pazifik liegt 100 km nördlich von Caldera und wurde erst 1824 gegründet, nachdem Diego de Almeyda das Kupfervorkommen Los Animas gefunden hatte. Mehrere Kupfer-Hochöfen wurden aufgebaut und mit den Exporten entwickelte sich das Städtchen.

In den späten 80er-Jahren machte Chañaral, das am südlichen Ende einer riesigen Bucht liegt, Schlagzeilen, als es den ersten **Umwelt-Rechtsstreit** in Südamerika gegen die staatliche Kupfermine El Salvador gewann: Die Mine hatte über Jahrzehnte schwermetallbelastete Schlämme einfach ins Meer entlastet.

◂ 200 km östlich von Copiapó erstreckt sich in den Weiten der Anden der Nationalpark Tres Cruces.

Gute **Strände** sind Flamenco, Portofino und Caleuche weiter südlich oder nördlich im Nationalpark Pan de Azúcar.

Die Hauptstraße ist die Merino Jarpa, an der sich das Leben des Städtchens abspielt. Im dortigen Gebäude der Feuerwehr kann man einen alten Feuerwehrwagen aus dem Jahr 1878 bewundern. Die neu gestaltete Plaza und die **Iglesia Nuestra Señora del Carmen** erreicht man über die Jarpa und die Treppen nach oben – so liegt sie praktisch auf der zweiten Ebene der kleinen Stadt. Daneben steht die denkmalgeschützte **Casa Molina** von 1904, bis zum Einsturz des Dachs vor einigen Jahren ein normales Wohnhaus. Unweit davon führt eine Treppe hoch zum neuen Leuchtturm.

Im **Museo Histórico y Natural Rudolfo Philippi**, Buin 818, ist neben einer beachtlichen Insektensammlung und Mineralien auch eine weibliche Mumie ausgestellt. Zudem illustrieren viele Fotografien die interessante Entwicklung des Ortes. ⌚ Jan/Feb tgl. 10–19 Uhr, NS 10–13, 14–18 Uhr. Eintritt 1500 CLP.

ÜBERNACHTUNG

Alle Unterkünfte liegen zentral an der Hauptstraße, daher besser keine Zimmer nach vorne nehmen.

Hotel Jiménez, Merino Jarpa 551, 💻 www.hoteljimenez.cl. Farbenfrohe Anlage mit 17 Zimmern, die nicht ganz neu sind, aber ruhig und preisgünstig. Zimmer mit und ohne Bad, Parkplätze. ❸

Hotel Aqua Luna, Merino Jarpa 521, 💻 www.aqualunahotel.cl. Geschmackvoll eingerichtete, geräumige Zimmer und ein kleines Fitnessstudio. Transfers zum Nationalpark. ❸

ESSEN

Nördlich der Tankstellen und in der Straße Merino Jarpa gibt es einige Restaurants, die chilenische Hausmannkost anbieten.

Selbstversorger finden entlang der Jarpa einige Minimärkte und an der Freire 613 den Supermercado Zamora, ⌚ tgl. 8.30–22 Uhr.

Casa Blanca, Muller 268, am südlichen Ortseingang. Tolle Terrasse, sehr freundliche Bedienung und gutes Essen.

Club Social, Maipú 309, an der Plaza, 💻 www.fb.com/Club Social Chañaral. Seitdem Giancarlo, der auch Englisch spricht, das Haus übernommen hat, weht ein frischer Wind. Er verwendet zu 100 % lokale Produkte und serviert viele verschiedene Fischgerichte. ⌚ tgl. 12–22.30 Uhr.

Emporio Benito Flores, Jarpa 584. Bietet sich für eine nette Kaffeepause an mit Eis und Sandwiches aus lokalen Produkten. ⌚ Mo–Sa 10–12.30, 16–22 Uhr.

Vichama, Jarpa 567. Feine peruanische Küche in einem farbenfrohen Haus mit einer vorbildlichen Kinderspielecke. Günstiges Tagesmenu. ⌚ Mo–Sa. 12–23, So 12–18 Uhr.

SONSTIGES

Geld

Die einzigen beiden Geldautomaten gibt es oben an der Plaza.

TRANSPORT

Busse

Die **Busbahnhöfe** von Pullman und Tur Bus liegen direkt an der Panamericana an denselben Adressen wie die Verkaufsbüros(s. unten). Entlang der Hauptstraße Merino Jarpa haben noch weitere Unternehmen wie **Expreso Norte**, Jarpa 805, ☏ 52-242-4416, und **3 Norte Bus**, Jarpa 854, die nach COPIAPÓ, CALDERA und DIEGO DE ALMAGRO fahren, ihre Büros.

Busse nach:
ANTOFAGASTA (5 Std.), 27 500 CLP,
CALAMA (8 Std.), 15 800–30 800 CLP,
CALDERA (1–1 1/2 Std.), 8240– CLP,
COPIAPÓ (2–2 1/2 Std.), 10 300–16 480 CLP,
LA SERENA (7 Std.), 14 700–20 500 CLP,
SAN PEDRO DE ATACAMA (9 Std.), 15 200–31 300 CLP,
SANTIAGO (12 1/2–15 Std.), 30 900–32 960 CLP,
TALTAL (2 Std.), 16 480–18 540 CLP.

Parque Nacional Pan de Azúcar

Der Nationalpark beginnt etwa 30 km nördlich von Chañaral. Er ist etwa 44 000 ha groß und schützt die endemische Vegetation der Nebelwüste. Neben 20 Kakteenarten gibt es Zwergbüsche und einige Blumenarten sowie Guanacos und Füchse. Manche Strände sind schneeweiß, das Meer schimmert von Türkis bis Tiefblau – ein Genuss für die Sinne. Auf der vorgelagerten Insel gleichen Namens leben Humboldt-Pinguine, Mähnenrobben, Pelikane und die seltenen Riesenotter. Es gibt einen 18 km langen Wanderweg (hin und zurück) auf den Mirador, von dem sich eine atemberaubende Sicht auf die Insel und die Küste bietet.

Ab Mittag klart der Nebel meist auf. Für **Bootstouren** rund um die Insel kann man die Fischer an der Caleta fragen. Abends hüllt der Küstennebel Camanchaca die umgebenden Berge und trockenen Täler wieder ein. Wer nicht motorisiert ist, nimmt ein Taxi (hin und zurück 30 000 CLP) und spricht mit dem Fahrer eine Abholzeit ab. Alternativ muss man per Anhalter zurückfahren, denn organisierten Transport gibt es nicht. Die Administration befindet sich in der kleinen Hütte an der Einfahrt oder kurz hinter der Zufahrt zur Lodge Pan de Azúcar. Eintritt 8000 CLP.

An der Playa Piquero gegenüber der Isla Pan de Azúcar steht die weitläufige **Lodge Pan de Azúcar** mit Cabañas verschiedener Größe, alle mit Küchenzeile, Badezimmer und Terrassen mit wunderbarer Aussicht, www.pandeazucarlodge.cl. ❹. Günstiger schläft man für 12 000 CLP p. P. auf den dazugehörigen Campingstellplätzen, die sich weit über das Gelände verteilen. Man kann bei Miguel und seinem Sohn auch nur einen Kaffee auf der Terrasse bekommen – mit prächtiger Aussicht auf die gegenüberliegende Insel.

Etwas weiter befinden sich der **Campingplatz Los Pinguinos** und die **Caleta Pan de Azúcar**, eine kleine Siedlung mit drei Restaurants, von denen im Wechsel mindestens eins immer geöffnet hat. tgl. 10–18/19 Uhr. Die Blicke über die Bucht mit Flamingos und Fische jagenden Vögeln ist herrlich.

DER KLEINE NORDEN

Viel trockener geht es nicht: der Parque Nacional Pan de Azúcar

SALAR DE TARA; © SHUTTERSTOCK.COM / HELDER GERALDO RIBEIRO

Der Große Norden

Der Große Norden Chiles ist nicht einfach nur groß, er scheint vielerorts endlos. Das Gebiet ist auch bekannt als Atacama-Wüste, die trockenste aller Wüsten dieser Erde – allein dieser Umstand verleiht dem Großen Norden etwas Mystisches. Eingerahmt wird die Region von der Kordillere der Pazifikküste und den majestätischen Vulkanen der Anden.

Stefan Loose Traveltipps

Taltal Charmantes Fischerdorf in spektakulärer Lage, in dem man erstklassig Seevögel beobachten und filmen kann. S. 268

Antofagasta 25 km lang und 4 km breit ist die Stadt zwischen Gebirge und Pazifik, die faszinierende Ausblicke bietet. S. 270

7 San Pedro de Atacama und Umgebung Magisches Wüstendorf mit einzigartigen Ausflugszielen. S. 286

Ruta 1 Hunderte Kilometer am Pazifik entlang – zwischen Antofagasta und Iquique. S. 304

8 Iquique Schon die Anfahrt ist schwindelerregend! Dann warten unter einer der höchsten Dünen der Welt kleine, bunte Häuschen und schöne Strände. S. 305

Humberstone Wie im Kino – über Nacht möchte man sicher nicht in der geheimnisvollen Geisterstadt bleiben. S. 315

9 Vulkan Parinacota und Lago Chungará Der Gipfel des Vulkans erreicht 6380 m. Was Fotos nicht zeigen können, ist die vollkommene Ruhe, die dort oben herrscht. S. 326

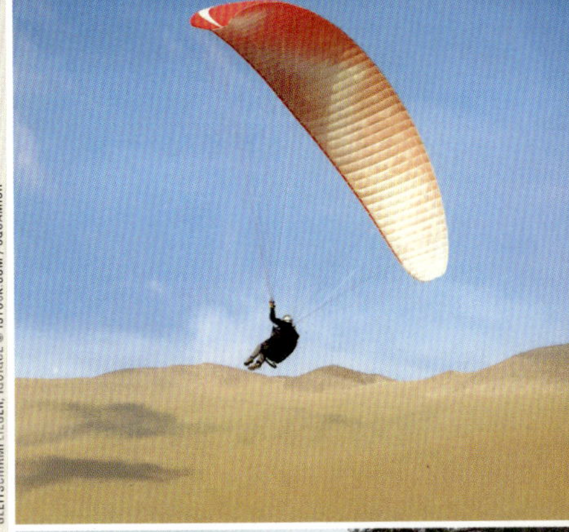

GLEITSCHIRMFLIEGER, IQUIQUE © ISTOCK.COM / SQUAMISH

SAN PEDRO DE ACATAMA © MEIK UNTERKÖTTER

Wann fahren? Ganzjährig, die Sonne scheint fast immer. Allerdings sind die Sommertage sehr heiß und die Nächte im Hochlandwinter eiskalt. Januar/Februar ist Hauptsaison, dann sind an der Küste viele Hotels ausgebucht. An den Küsten ist es immer etwas frischer.

Wie lange? 10–12 Tage

Bekannt für einzigartige Wüstenlandschaften und die besten Teleskope der Welt.

Unbedingt probieren Ceviche im Hafen von Iquique, Arica oder Antofagasta

Gute Mitbringsel Atacama-Salz aus der Wüste

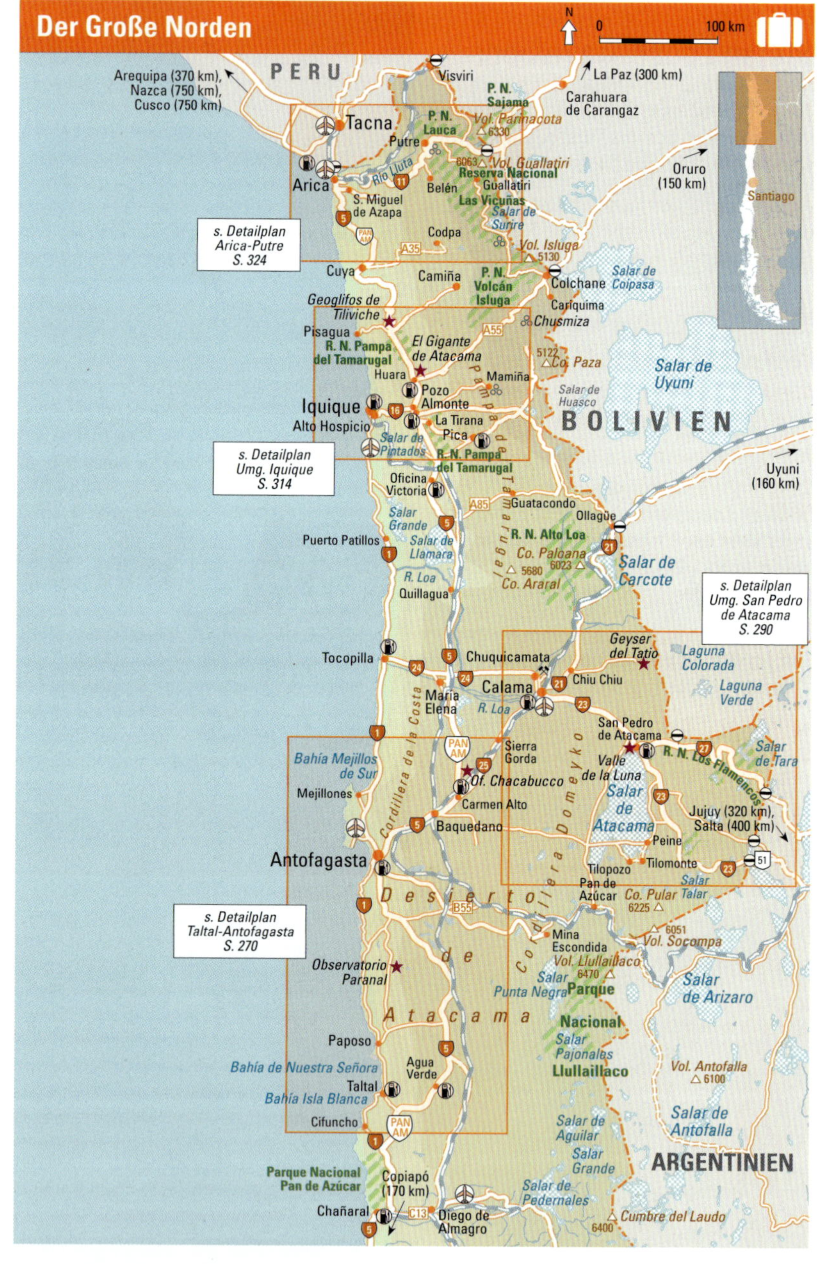

DER GROSSE NORDEN

Der Große Norden Chiles beginnt etwa auf Höhe des Parque Nacional de Azúcar, 1000 km nördlich von Santiago, und erstreckt sich bis zur Grenze mit Peru, die 2080 km von der Hauptstadt entfernt ist. Hier kann man die magischen Bilder bunter Salzseen mit Flamingos in der endlosen Weite des Altiplanos vor der Kulisse schneebedeckter Vulkane und stahlblauem Himmel in der trockensten Wüste der Welt sehen. Ein Anblick, dessen Erhabenheit wohl nur an wenigen Orten auf der Welt erreicht wird. Im Osten, wo sich Chile die Anden mit Bolivien und Argentinien teilt, reiht sich eine ganze Kette spektakulärer **Vulkanlandschaften** aneinander. Nie mehr als einen gefühlten Steinwurf entfernt: die raue Pazifikküste.

Antofagasta, Iquique und Arica sind drei Städte, die allein aufgrund ihrer Lage am Meer reich beschenkt sind. Jede hat ihren eigenen Charme, mehrere Strände und ihre ganz besondere Lage zwischen Meer und Küstengebirge, bzw. im Falle Iquiques sogar noch einer gigantischen Düne obendrein. Obwohl so weit von der Hauptstadt entfernt, spielen sie seit jeher eine zentrale Rolle für Chiles Wirtschaft. Das liegt vor allem an den riesigen Rohstoffvorkommen in ihrer Umgebung. So haben sie ihre Existenz dem Bergbau zu verdanken: War es im 19. bis Anfang des 20. Jhs. der Salpeter, so sind es heute die zahlreichen Kupfervorkommen, die Arbeitskräfte aus dem Süden Chiles und ganz Südamerika magisch anziehen.

Den typischen **Morgennebel**, in den die Küste häufig eingehüllt ist, nennen die Aymara, der größte indigene Volksstamm der Region, Camanchaca. Die präkolumbischen Einwohner, die entlang der Küste als Fischer und Sammler von Meeresfrüchten, Vogeleiern und von der Robbenjagd lebten, nannte man **Changos**. Über das kleinwüchsige Volk, das heute als ausgestorben bzw. assimiliert gilt, ist nur wenig bekannt. In einigen Museen wird ihre spannende Kultur nachgezeichnet.

Ein weiteres Highlight sind **die ältesten Mumien der Welt**. Die Jäger und Sammler der **Chinchorro-Kultur** lebten vor 7000 Jahren im Süden Perus, an der Nordküste Chiles und an den Wasserlöchern der Atacama-Wüste. Lange vor den Ägyptern balsamierten sie Tote ein: Vor allem ihre gestorbenen Kinder präparierten die Steinzeitmenschen und legten sie unter die Erde. Dort sollten sie für die Ewigkeit bleiben. Die älteste bekannte Chinchorro-Mumie ist der sogenannte *Hombre de Acha* (Acha-Mann), dessen Alter sogar etwa 9000 Jahre betragen soll.

Auch die über 340 Sonnentage in der Binnenwüste sind rekordverdächtig. **Aymara und Atacameños** haben sich den harten Bedingungen angepasst und leben entweder im Steppengebiet des Altiplanos oder in den wenigen fruchtbaren Flussoasen.

Gut zu wissen: Der Große Norden ist eine wilde, raue Gegend. Die wenigen Städte wirken wie Inseln in einem riesigen Meer aus Sand und Geröll. Das bedeutet, man ist oft fern der Zivilisation und sollte sich vor Ausflügen gut vorbereiten. Die Straßen sind lang, Autofahrer sollten darauf achten, auch tagsüber mit Licht zu fahren und Fahrten bei Dunkelheit besser zu meiden.

Zur Zeit Pinochets wurden in der Wüste rund um San Pedro de Atacama und vor allem entlang der peruanischen Grenze **Landminen** ausgelegt. Wie groß die Gefahr ist, auf eine zu treten, kann niemand wissen. In abgelegenen Wüstengebieten bleibt ein ungutes Gefühl.

Etwas vorsichtig sein sollte man auch beim Schwimmen. An vielen der riesigen Strände

Camanchaca: der Küstennebel

Das klangvolle Wort bedeutet so viel wie „der, der bei Dunkelheit eintrifft". Camanchaca tritt im Süden Perus und im Norden Chiles durch das Aufeinandertreffen des kalten Meerwassers auf das tagsüber durch die Sonne erhitzte Ufer auf. Nachts wird es in Form von Dampf wieder abgegeben und durch die Küstenwinde ins Landesinnere geweht. Die dichten Nebelbänke produzieren aber keinen Regen. Dafür werden sie seit einigen Jahren „gemolken". *Atrapanieblas* (Nebelkollektoren) sammeln bis zu 250 Liter Wasser pro Tag. Sie sichern ländlichen Gemeinden, die von der öffentlichen Wasserversorgung abgeschnitten sind, den Zugang zu Trinkwasser von guter Qualität.

Literaturtipp dazu: Der Roman *Camanchaca* von Diego Zuñiga aus dem Jahr 2022.

sind die **Strömungen** stark und kaum berechenbar. Zudem ist das Wasser eher kühl. Mit einem Schmunzeln nehmen sollte man/frau das Verhalten mancher Bergleute. Besonders Calama ist eine Bergbaustadt mit vielen Minenarbeitern und einem entsprechenden **Männerüberschuss**.

Der Große Norden mit der trockensten Wüste der Welt wird ein **Highlight** in jedem Travellerleben sein.

Taltal

In einer der spektakulärsten Buchten Nordchiles, 1114 km nördlich von Santiago und 229 km südlich von Antofagasta, liegt das kleine, verschlafene Taltal. Ruhig ziehen Fischerboote durch die Bucht aufs Meer hinaus und permanent segeln Seevögel wie Pelikane im Tiefflug vor der Küste entlang, denen man beim Jagen zusehen kann.

Vor dem von Chile gewonnenen Salpeterkrieg (S. 125) endete Chiles Territorium hier. Mit seinen vielen bunten Häuschen und guten Sandstränden in der Nähe ist der 14 000-Einwohner-Ort ein netter, ruhiger Zwischenstopp. Dabei ist die Anfahrt zu dem Dorf am Pazifik alles andere als ruhig, windet sie sich doch die letzten 25 km kurvenreich die Ruta 1 herunter. Dann belohnt Taltal die Besucher jedoch mit einem wunderschönen Blick über die Bucht, die von gigantischen Felsflanken eingerahmt wird.

Wie die anderen Hafenstädtchen wurde auch Taltal im Zuge der Entdeckungen von Erzvorkommen gegründet (1858). Zu dieser Zeit lag die Grenze mit Bolivien nur wenig mehr als 100 km gen Norden am 24. Breitengrad, und chilenische Entdecker suchten in der Umgebung Taltals nach Salpeter und Kupfer. Die darauffolgenden Entdeckungen führten zu einem Boom. Die Kleinstadt wurde mit einer Eisenbahnlinie versorgt, der Hafen ausgebaut und die Bevölkerung wuchs durch Zuzug aus dem Süden bis auf 20 000 Einwohner. Im 19. Jh. war Taltal der drittgrößte Hafen Chiles. Die Bedeutung des Ortes zeigte sich durch die Zahl der diplomatischen Vertretungen: Deutschland, Norwegen, Frankreich, England, Spanien, Italien, Argentinien, Peru und Mexiko hatten in dem Dorf ihre Vertretungen. Erst in den 70er-Jahren wurden die letzten Salpeterminen wie z. B. die Alemania geschlossen, die sogenannten Oficinas in der Wüste, von denen es insgesamt 22 in der Region gab. Der Eisenbahnverkehr wurde schließlich eingestellt und die Oficinas verwandelten sich in Ruinen. Heute lebt Taltal von der Fischerei und den kleineren Kupferminen, deren Erz in der Raffinerie des Industriegebietes aufbereitet wird.

Aus der goldenen Zeit stammen noch einige gut erhaltene Gebäude an der Plaza, der Hauptstraße Avenida Arturo Prat und der Küstenstraße Esmeralda. Am frischen Grün der Plaza steht die **Kirche San Francisco**, die ursprünglich aus Pinienholz gebaut und im Jahr 1890 eingeweiht wurde. 2007 brannte sie nieder. 2011 wurde mit ihrem Wiederaufbau begonnen und 2013 wurde sie feierlich wiedereröffnet.

Ebenfalls an der Plaza befindet sich das **Alhambra-Theater** aus dem Jahr 1921 in seinem Originalzustand. Es ist nicht das einzige große Theater in der kleinen Stadt. Auch das 2014 fertiggestellte, multifunktionale **Centro Cultural**, das modernste Gebäude der ganzen Region, hat ein Theater mit über 500 Plätzen. Zudem gibt es dort Workshops und Ausstellungen, oft auf der hübschen Terrasse im ersten Stock.

Weiter Richtung Süden befindet sich das ehemalige Hafenamt, wo im 2. Stock das **Museo Municipal Augusto Capdeville Rojas**, Prat, Ecke Moreno, unbedingt einen Besuch lohnt. ⌚ 9–17.30 Uhr, Eintritt gegen Spende. Es zeigt viel über das Leben an der Küste und vor allem zur Kultur der Changos. Diese Ureinwohner, über die nicht viel bekannt ist, waren nicht sesshaft und lebten entlang der nordchilenischen Küste in erster Linie vom Fischfang.

Ein kleiner Spaziergang über die Prat führt zur hübschen **Plaza de la Cultura Miguel Peña**, an der Ecke O'Higgins, auch Plaza del Tren genannt, denn dort steht ein 12 m langes und 64 t schweres Ungetüm aus Stahl. Die Lokomotive wurde 1907 in Leeds, England, gebaut und war bis 1976 im Einsatz, als die letzte Salpetermine schloss.

Taltals Strände sind nicht überragend, aber mit der **Playa Cifuncho** liegt einer der besten Strände Nordchiles etwa 30 km südlich. Nördlich von Taltal beginnt einer der schönsten

Küstenabschnitte des chilenischen Nordens mit wildromantischen Fischerdörfern und gigantischen Felsformationen.

ÜBERNACHTUNG

Hostería Taltal, Esmeralda 671, www.hosteriataltal.cl. Einschlafen und Aufwachen bei Meeresrauschen. Die kleinen, hellen Zimmer direkt am Strand haben Meerblick (nur die mit Bad!). Ebenso das gute hauseigene Restaurant mit Terrasse, auf der man Meerefrüchte schlemmen kann. Frühstück inkl. ❷–❸
Hotel Mi Tampi, O'Higgins 138, www.hotelmitampi.cl. 14 Zimmer nur 3 Blocks von der Plaza und einen Block vom Meer entfernt. Einfache, geräumige Zimmer rund um einen schönen Innenhof, Wäscheservice. Rabatt bei 2 oder mehr Tagen. Frühstück inkl. ❸
Hotel Plaza, Esmeralda 442, www.hotelplazataltal.cl. In einem hellblauen Haus aus dem Jahr 1898 direkt an der Strandpromenade mit historischem Mobiliar und Garten im Innenhof. 16 ordentliche Zimmer inkl. Frühstück und MwSt., die bezahlt werden muss. ❸
Cabañas Caleta Hueso, Camino a Paposo KM 2, www.caletahueso.cl. 2 km nördlich in der Einsamkeit mit Zugang zu einem kleinen Strand. Die netten Hütten sind geräumig, voll ausgestattet (Küche etc.) und haben eine Terrasse. Mit Restaurant. ❹
Hotel Gali, San Martin 641, www.hotelgali.cl. Nicht mehr ganz neu, aber 28 relativ große, saubere Zimmer mit Bad, Pool und Parkplätzen. Frühstück inkl. ❹

ESSEN UND UNTERHALTUNG

Die meisten Restaurants finden sich entlang der Strandpromenade Esmeralda.
Corwatt, Esmeralda 455. Tische mit tollem Blick, die praktisch über dem Wasser stehen, Fisch und Meeresfrüchte, aber auch Fleischgerichte. Tagesgericht mit Nachtisch. Kleiner Außenbereich, Bar im 1 Stock. ⌚ tgl. 12.30–16.30, Mo–Do 20–1.30 Uhr, Fr und Sa auch länger.
Costa Traviesa, Esmeralda 328, www.fb.com/Costa Traviesa Taltal. Sehr hübsche Terrasse mit Garten, Palmen und maritimem Flair. Fisch- und Meeresfrüchte wie Pulpo a la Gallega. ⌚ tgl. 12.30–2 Uhr.
El Mesón del Greko, José Antonio Moreno 3, Ecke Esmeralda. www.fb.com/El Mesón Del Greko. Pizza und Pasta in dem weißen Haus im griechischen Stil. Gute Cocktails und gezapftes Bier. Spezialität: Planka de Congrio. ⌚ Mo–Do 12–24, Fr und Sa 12–2, So 12–17 Uhr.
El Rancho, Esmeralda 458, www.fb.com/Rancho Taltal. Die beste Pizza im Ort mit schönem überdachtem Außenbereich direkt am Strand.
Centro Cultural de Taltal, Martinez 215, Ecke Prat. www.fb.com/centroculturaltaltal. Unter anderem wechselnde Ausstellungen. Darin auch die moderne **Cafetería Literario**. ⌚ Mo–Fr 8.30–17.30 Uhr.

SONSTIGES

Einkaufen

Supermercado Perucci, Prat, Ecke San Martín. ⌚ tgl. 9–22 Uhr.

Geld

Einen **Geldautomaten** gibt es an der Plaza.

TRANSPORT

Pullmann Bus, Serrano 747. ⌚ tgl. 9–20 Uhr.

Busse nach:
ANTOFAGASTA (3–4 Std.), 8240–17 510 CLP,
CALAMA (7 Std.), 20 600–22 600 CLP,
CALDERA (3 Std.), 23 690–25 750 CLP,
CHAÑARAL (2 Std.), 20 600–22 660 CLP,
COPIAPÓ (4 Std.), 25 750–27 810 CLP,
SANTIAGO (14–15 Std.), 37 080–39 140 CLP.

Von Taltal zum Observatorio Paranal und nach Antofagasta

Von Taltal gen Norden führt die Panamericana oder die sehr empfehlenswerte Strecke über Paposo und am Observatorio Paranal entlang. Eine dritte Möglichkeit bietet die 2010 fertiggestellte Küstenstraße **Ruta 1** bis nach Antofagasta, die am kürzesten ist (210 km). Die Küstenvariante führt vorbei an der Schlucht **El Medano**, wo ein ehemaliger Ritualort der Changos liegt. Die Felswände, die man nach einer anstrengenden Wanderung von ein bis zwei Stunden erreicht, zieren Hunderte von roten Malereien. Die Straße, die sich ab dem Fischerdörfchen **Paposo** rund 600 m in Schleifen das Küstengebirge hinaufschraubt, erlaubt einen märchenhaften Blick über die Bucht. Danach fährt man durchs Küstengebirge, wo an einigen Stellen Wasserquellen und Vegetation überraschen.

Die Straße von Paposo Richtung Paranal führt nach der atemberaubenden Cuesta Paposo vorbei am Observatorium **Paranal** mit dem **Very Large Telescope (VLT)**, dem Vorzeige-Observatorium der europäischen bodengebundenen Astronomie. Das 16-m-Teleskop, das aus vier Hauptspiegeln von jeweils 8,20 m Durchmesser besteht, gilt als das höchstentwickelte optische Instrument der Welt.

€ Die Anlage kann jeden Samstag auf geführten **Gratistouren** (engl.) um 10 und 14 Uhr besichtigt werden. Eine Anmeldung über die Webseite ist erforderlich: www.eso.org. Wer keine Zeit für einen Besuch hat, sollte mit dem Auto zumindest auf die erste Anhöhe fahren – von dort kann man die Observatorien sehen.

Übrigens wird das VLT bald (voraussichtlich im Jahr 2027) nicht mehr einsam dort stehen: 2011 wurde entschieden, das revolutionäre **Extremely Large Telescope (ELT)** zu bauen. Es befindet sich im Bau und wird einen Hauptspiegel mit 39 m Durchmesser haben und das größte Teleskop der Welt für sichtbares Licht werden, gewissermaßen das größte Auge, das die Menschheit auf den Himmel richtet. 1,1 Milliarden Euro sollen die Kosten betragen.

all den Minen in der Umgebung sogar ein richtiges wirtschaftliches Kraftpaket und bietet viel mehr urbanes Leben als die Städte weiter nördlich. „Antofa" gehörte einst zu Bolivien, fiel nach dem Salpeterkrieg aber an Chile. Seit ihrer Gründung 1868 ist sie eine wichtige Hafenstadt, selbst Bolivien wickelt einen Teil seines Seehandels über Antofagasta ab. Zudem laufen die Kupferminen Chuquicamata und La Escondida im Hinterland trotz schwankender Weltmarkt-

Antofagasta

Mögen die Küstenstädte des Nordens auf der Karte noch etwa gleich groß erscheinen, muss man den Eindruck spätestens in Antofagasta korrigieren, denn die Hauptstadt der 2. Region ist mit mittlerweile fast 400 000 Einwohnern doppelt so groß wie Arica und Iquique. Sie ist mit

preise ausgezeichnet. Viele Chilenen meinen, Antofagasta sei (zusammen mit der Region Atacama) das wirtschaftliche Zugpferd im Land, dem Chile einen Großteil seines Wohlstands zu verdanken hat – in Santiago verwalte man ja schließlich nur (und das nicht einmal gut).

Die Form der Stadt, die viele internationale Touristen auf ihrem Weg nach San Pedro de Atacama leider links liegen lassen, erinnert ein wenig an die Form des Landes, ist sie doch zwischen Pazifik und Bergen eingezwängt und zieht sich über enorme 25 km am Meer entlang, ist dabei aber nur maximal 4 km breit. Diese spezielle Form und ihre ungewöhnliche Lage machen ihren Reiz weit mehr aus als klassische Sehenswürdigkeiten, denn damit ist die Industriestadt nicht wirklich reich gesegnet.

Extrem groß sind **dagegen** die **sozialen Kontraste**. Viele Chilenen und Migranten, die dem Lockruf der gut bezahlten Jobs in der Minenarbeit gefolgt sind, dort aber keine Anstellung fanden, fristen in der **Nordzone** der Stadt und an den Hängen der Berge ein sehr bescheidenes Dasein. In der **Südzone** ziehen sich dagegen Wohnviertel mit Häusern im Stile Hollywoods den Pazifik entlang.

€ Wenigstens ist von der Hauptattraktion der Stadt niemand ausgeschlossen, denn für alle Antofagastinos sind die nächtlichen **Panorama-Blicke** gratis. Sie sind herrlich; wohin man auch schaut, ergeben sich beeindruckende Ausblicke über das hügelige Lichtermeer der Stadt, das sich am Pazifik entlangzieht. Ein bisschen San Francisco in Chile. Und ein bisschen Kapstadt dazu.

Wer von Antofagasta Richtung Norden weiterfährt, sollte die Chance nutzen, die Küstenstraße Ruta 1 über Tocopilla zu fahren. Am Schalter vergewissern, dass der Bus nach Iquique auch dort entlangfährt und nicht über die Panamericana (S. 269).

Geschichte

Die Stadt wurde 1868 gegründet, zu einer Zeit, als dieser Küstenstreifen noch zu Bolivien gehörte. Damals suchte man nach Salpetervorkommen, die schnell im Salar del Carmen auf der Hochebene der Binnenwüste gefunden wurden. 1872 erfolgten die ersten Salpeterexporte, ab 1876 führte eine Eisenbahnstrecke in die Wüste. 1878 hatte der Ort bereits rund 9000 Bewohner, die meisten von ihnen Chilenen. Ein riesiger Anker aus weißen Steinen, auf die Küstenberge gelegt, wies den Seglern den Weg. Die rasante Entwicklung wurde begünstigt durch die Silbermine Caracoles, deren Erz in Antofagasta aufbereitet wurde. Heute befindet sich gegenüber der alten Silberschmelze **Ruinas de Huanchaca** das moderne Kasino mit Unterhaltungskomplex.

Der Salpeterkrieg brach 1879 hier aus, weil aufgrund neuer bolivianischer Gesetze die chilenischen Salpeterminen mehr Abgaben zahlen mussten und drohten, bankrottzugehen. Chile sah dies als einen Bruch der vorherigen Besteuerungsabkommen und besetzte Antofagasta (S. 125, Land und Leute). Nach Beendigung des Krieges 1884 setzte ein Boom der Salpeterexporte ein, die ein rasches Wachstum möglich machten. Die großen Bürgerhäuser der Straßen San Martin und Latorre sowie der begrünten Av. O'Higgins und Miguel Carrera zeugen davon. Viele ausländische Arbeiter und Investoren ließen sich damals hier nieder, z. B. Kroaten, von denen die Familie Luksic zu den reichsten des Landes zählt (S. 111, Land und Leute).

Die nach dem Ersten Weltkrieg einsetzende Flaute im Salpetergeschäft machte auch vor Antofagasta nicht Halt, und die Kupferverschiffung konnte die Verluste nicht wieder auffangen. Aber seit den hohen Kupferpreisen der 90er-Jahre ist die Hauptstadt der 2. Region kräftig gewachsen (von 228 000 Einwohnern 1992 auf knapp 400 000 aktuell), denn die Anzahl der Bergbaubeschäftigten hat sich vervierfacht und die Löhne sind seitdem stark gestiegen. Heute gilt die Stadt, die die meisten Universitäten im Großen Norden aufweist, als die zweitteuerste und die mit dem höchsten Lohnniveau in Chile (bei geringster Arbeitslosigkeit). Tatsache ist aber auch, dass sie seit einigen Jahren zunehmend mit Kriminalität zu kämpfen hat. Wer die Gegend rund um La Chimba ganz im Norden gesehen hat, wird sich darüber nicht wundern.

Wenn nicht gerade riesige Fischschwärme Tausende Seevögel nach Mejillones locken, ist der Ort eine Stunde nördlich von Antofagasta verschlafen. Wer aber Lust hat Anto-

Antofagasta

fagasta in seiner ganzen Ausdehnung zu sehen, dem sei eine Busfahrt nach Mejillones empfohlen: Wunderschöne Blicke aufs Meer und die Berge – und die immensen sozialen Kontraste der Stadt permanent vor Augen. Die Hoteliers in Antofagsta werden wissen, ob gerade Fisch- und Vogelschwärme vor Mejillones Stränden sind.

€ Je weiter im Süden der Startpunkt, desto länger die spottbillige, spektakuläre Fahrt durch die Stadt.

Sehenswertes

Man wird nur wenige architektonische Feinheiten finden, aber das große Ganze ist sehr sehenswert: Die Lage zwischen Bergen und Meer. Besonders im Sonnenuntergang leuchten die bunten Häuser an den Hängen, die sich bei Dunkelheit in Lichtermeer verwandeln.

Die 25 km lange Costanera (Küstenstraße) in Antofagasta bietet sich für Radtouren an.

Ein Rundgang durch das laute Zentrum beginnt am besten am Fischmarkt, der an sich nicht sehenswert ist, es gibt aber leckeres, preiswertes Ceviche. Von der alten Mole bei den kleinen Fischerbooten wurden die ersten Salpeterexporte abgefertigt. Sie ist restauriert und wieder begehbar. Dort beginnt das **Barrio Histórico**, das weniger eine Altstadt als eine Ansammlung historischer Gebäude ist. In der Bolívar stehen noch die **alten Bahnhofsgebäude** der FCAB (Ferrocarril Antofagasta–Bolivia), 1887 aus Holz gebaut und heute von privaten Firmen gemietet. Im Hof stehen ein paar alte Waggons, die gut erhalten sind; einer wurde für den Papstbesuch 1987 benutzt. Weiter Richtung Plaza Colón sind die alten Gebäude der ehemaligen Hafenpolizei und -verwaltung, beide im klassizistischen Stil von 1910.

€ Gegenüber befindet sich das ehemalige Zollgebäude, das 1868 in Valparaíso als Stecksystem fabriziert und 1888 hier aufgebaut wurde. Heute beherbergt es das sehenswerte **Museo de Antofagasta**, José Manuel Balmaceda 2786, 🖳 www.museodeantofagasta.cl, 🕒 Di–Fr 10–14 Uhr.

In der Mitte der **Plaza Colón** („Kolumbus-Platz") ließen die britischen Einwanderer den **Torre de Reloj** aufstellen, eine Mini-Ausgabe des Big Ben mit dem (angeblich) gleichen Glockenklang. Im Osten steht die **Kathedrale San José** aus dem Jahr 1917.

Ein kleiner Schlenker führt zur **Casa Gibbs**, dem auffälligen Gebäude in der Mitte der Hauptstraße mit einem wirklich spektakulären **Mural** an der Südwand. Die Prat, die an der Plaza Colón beginnt, ist vor ein paar Jahren zur Fußgängerzone geworden. Neben Geschäften, Banken und Cafés gibt es ein paar beachtenswerte Häuser vom Anfang des 20. Jhs. Weiter entlang der Prat erreicht man die zweite Fußgängerzone Matta, der man nach rechts folgt, um nach zwei Blocks am sehr lebhaften **Mercado Central** zu stehen. Das große Gebäude stammt aus dem Jahr 1927. Innen gibt es neben Obstständen einige preiswerte Essensstände, die ruhigsten im ersten Stock. 🕒 Mo–Fr 9–19, Sa 9–21, So 9–17 Uhr.

Der langgezogene **Parque Brasil** heißt nicht zufällig so, denn die uralten Bäume dort wurden ebenso wie die fruchtbare Erde mit Brasilien gegen Bergbauprodukte aus Antofagasta getauscht. In seinen hügeligen Seitenstraßen gibt es richtig gute Restaurants und Bars.

In den Ruinen der **Silbererzhütte Huanchaca** versteckt sich ein vom Kasino finanziertes Museum, das die Geschichte von Huanchaca, aber auch etwas zu Geologie und Silbererz zeigt. Av. Angamos 01606, 🖳 www.ruinasdehuanchaca.cl, 🕒 Di–So 10–18 Uhr.

Ein Augenschmaus findet sich den Berg hinunter, wo die kleine **Capilla Militar Nuestra Señora del Carmen** direkt am Meer für eine Filmkulisse gebaut worden zu sein scheint.

Nördlich bzw. „gegenüber" von Antofagasta liegt die Halbinsel **Peninsula Mejillones** mit dem gigantischen **Morro Moreno**, der, man mag es kaum glauben, 1290 m hoch ist und damit höher als der Tafelberg in Kapstadt. Im Jahr 2010 wurde die Halbinsel zum **Parque Nacional Morro Moreno** erklärt. Man kann den Berg in vier bis fünf Stunden besteigen, sollte allerdings beachten, dass der obere Bereich oft in Wolken gehüllt ist und es dort empfindlich kühl werden kann.

Strände und Küste

Auch wenn Antofagasta eine **Stadt am Meer** ist und sich weit daran entlang zieht, richtig schöne

Strände hat sie nicht. Am ehesten kommt noch am kleinen **Balneario Municipal** Strandfeeling auf, einer kleinen künstlichen Bucht unterhalb des Stadions.

Recht angenehm ist auch die kleine **Playa Paraíso** am Einkaufszentrum nördlich der Innenstadt und des Fischmarkts. Weiter Richtung Norden und Süden werden die Küstenabschnitte immer einsamer. Die **Südzone** bis zum Stadtteil Jardines del Sur ist wohlhabend, aber nicht sonderlich attraktiv. Der Weg dorthin ist aber schön, führt er doch immer am Meer entlang.

Man kann die gesamte **Costanera** von Antofagasta mit dem Rad befahren. Fahrradverleihstationen siehe unten.

ÜBERNACHTUNG

Unter der Woche sind die Preise etwa 30 % höher als am Wochenende. Die Nordzone der Stadt ist grundsätzlich nicht zu empfehlen, auch das Zentrum hat abends Sicherheitsprobleme. Rund um den Parque Brasil und weiter im Süden ist es netter.

€ **Hotel Playa Blanca**, Jose Francisco Blumell 01070, ✆ 9-6895-8919. Weit im Süden der Stadt in einer angenehmen Wohngegend und nur 2 Blocks vom Meer. Nicht alle der 13 Zimmer haben ein eigenes Bad, in den vorderen wird man morgens vom Meeresrauschen geweckt. Das sympathische Team ist superengagiert. Frühstück inkl. ❷

Hotel Marina, La Cañada 15 (hinter der Stadverwaltung an der Anibal Pinto), www.hotelmarina.cl. Direkt am Hafen und Fischmarkt, nur wenige Blocks von der Innenstadt. Schlichte, aber geräumige Zimmer. Restaurant und Parkplatz. Ohne MwSt. ❸

Geotel, Travesía de Coloso 3463, www.geotel.cl. 139 Zimmer mit Balkon etwas südlich der Stadt direkt am Meer mit eigenem kleinem Strand vor dem modernen Haus, das sehr guten Service bietet. Energie wird durch Solarpanele gewonnen. Parkplätze, Heizung. Am Wochenende ein Schnäppchen. Gutes Frühstück inkl. ❸

Hotel Antofagasta, Balmaceda 2575, www.panamericanahoteles.cl. Bis in die 90er-Jahre das einzige 5-Sternehotel, mittlerweile etwas renovierungsbedürftig. Zentralste Lage direkt an der Innenstadt mit Strand, Restaurant, Pool und Parkplätzen. In der Suite Presidencial hat schon so mancher Regent übernachtet. Oft günstige Angebote. ❸–❹

Diego de Almagro Costanera, Manuel Verbal 1632, www.dahoteles.com. 10 Blocks vom Zentrum zwischen Parque Brasil und Meer. Viel Komfort, 98 Zimmer, davon 2 mit Balkon und 3 mit Terrasse. Restaurant und Parkplätze. Inkl. Frühstück und MwSt. ❹

Hotel del Desierto, Av. Angamos 1455, www.enjoy.cl. Das beste Hotel der Stadt ist im Unterhaltungskomplex des Kasinos Enjoy unterhalb der Ruinen untergebracht und mit allem erdenklichen Komfort ausgestattet. Die Standardzimmer haben schon 40 m². ❺

ESSEN

Restaurants für gehobene Ansprüche bietet der Komplex im **Casino Enjoy**, Av. Angamos 1455, www.enjoy.cl. Kreativer gestaltete Restaurants findet man in den Querstraßen rund um den **Parque Brasil**, wo sich zwischen Reyes und Velásquez ein wunderschöner **Foodtruck-Park** mit u. a. sehr guten Burgern angesiedelt hat, ⌚ tgl. 14–23 Uhr. Entlang der Küstenstraße südlich des Zentrums haben die meisten Restaurants und Bars Terrassen mit Meerblick. Besonders auf Höhe des **Balneario Municipal** ballt sich das Angebot v. a. peruanischer Restaurants.

€ Die preiswertesten Möglichkeiten sind der **Mercado Central**, Matta, Ecke Maipú, wo es gute Mittagsmenus (ab 4000 CLP) gibt. www.mercadoantofagasta.cl. ⌚ tgl. 7–16 Uhr.

Im Fischmarkt **Terminal Pesquero** nördlich des Hafens bieten mehr als ein Dutzend Stände frische Meeresfrüchte an, darunter natürlich auch frisches Ceviche. ⌚ tgl. 7.30–18 Uhr.

Wenn die Geschäfte in Zentrum schließen, werden in den Fußgängerzonen mobile Grills aufgebaut und es gibt reichlich Streetfood.

Im Zentrum

Bavaria, Latorre 2618, www.bavaria.cl. Bewährte Adresse im Zentrum. Deutsch-

Die Playa Llacolén im Süden von Antofagasta war schon Austragungsort für Surf-Weltmeisterschaften.

chilenische Küche, etwas fleischlastige Karte. ⌚ Di–Sa 12.30–21.30, So 12.30–17.30 Uhr.

Club de Yates, Balmaceda 2705, neben dem Hotel Antofagasta. Hat ein sehr gutes Restaurant, entsprechend sind die Preise. Happy Hour Di–Sa 13–23 Uhr. ⌚ So 13–16 Uhr.

Raconto, Arturo Prat 645. 💻 www.raconto.cl. Ableger der Kette mit solider Karte in der Innenstadt. Gutes Eis und große Auswahl an Torten. 2 tgl. 9–23 Uhr.

Parque Brasil

Amares Costafusion, Antonino Toro 995, 💻 www.amares.cl. Das peruanische Top-Restaurant der Stadt, nicht ganz günstig, aber großartige Meeresfrüchte. Reservierung kann nicht schaden. ⌚ Mo–Sa 13–15.30, 19–23 Uhr.

La Estación, Toro, Ecke Orchard. Sanwichería mit hübscher Inneneinrichtung und Reminiszenzen an die historische Zugfahrt. Die Burger werden wie an einem Fahrkartenschalter ausgehändigt.

La Maestra, Antonio Toro 1026, 💻 www.lamaestra.cl. Nur Fast Food, aber die Qualität der Sandwiches hat es in sich. Dafür sind sie auch etwas teurer. Mit Terrasse. ⌚ Mo–Sa 12.30–23 Uhr.

UNTERHALTUNG

Im Zentrum gibt es eine Reihe von Spelunken, die tagsüber auf einen Blick ganz lustig sein mögen, von denen man aber besser die Finger lässt, wenn es dunkel wird. Nicht vergessen, Antofagasta ist eine harte Industrie- und Hafenstadt. Entspannter geht es etwas weiter südlich im bürgerlichen Viertel rund um den Parque Brasil zu. Dort gibt es eine Menge schöner Restobars.

Centro Cultural Estación Antofagasta, Washington 2797, Ecke Bolívar, 💻 www.Centro Cultural Estación Antofagasta. Wechselnde Ausstellungen und Musikveranstaltungen.

Casa de la Cultura, Latorre 2535. Infos über Ausstellungen und Theateraufführungen.

Der Entertainment-Komplex im **Casino Enjoy**, Av. Angamos 1455, 💻 www.enjoy.cl, bietet jeden Abend Programm für den etwas größeren Geldbeutel und von Zeit zu Zeit Konzerte. ⌚ tgl. 10–24 Uhr.

Infos über den Kulturkalender von Antofagasta werden aktuell über 💻 www.culturaantofagasta.cl oder www.agendaantofagasta.cl angekündigt.

Cafés, Bars und Disco

An der Küstenstraße auf Höhe des Balneario Municipal und der Playa Blanca laden zahlreiche nette Bars mit Terrassen und Meerblick ein, wie die schwarze **Barú**, Av. Rep. de Croacia 906, 🕒 Di–Do 19–2, Fr und Sa 18–4 Uhr.

Café de la Avenida, Coquimbo 712. Gute Fruchtsäfte und überdachte Terrasse. 🕒 Mo–Fr 9–20 Uhr.

Cafe del Sol, Esmeralda 2013. Gemütliche Studentenkneipe im Zentrum mit lateinamerikanischer Küche und interessantem Programm an Livemusik, oft chilenische Folklore. 🕒 Di–Sa 19–2 Uhr.

Cafe Kokavi, Copiapó 700. Leckeres Frühstück ab 3000 CLP von 8–11.30 Uhr. Lomo Saltado für 8000 CLP. Ordentliche Auswahl an Kuchen. 🕒 Mo–Sa 8–21 Uhr.

Okus Café Centro, Prat 482. Mitten in der Fußgängerzone. Die kleinen Cafés in der Passage dahinter sind intimer. 🕒 Mo–Fr 8.30–21, Sa 10–21 Uhr.

La Leonera, Latorre, Ecke Sucre, 💻 www.fb.com/laleonera.antofagasta. Coolste Kneipe der Stadt mit lässigen alternativen Leuten, lustigen Bildern an der Wand und richtig günstigem gezapften kaltem Chopp 0,5 Liter. Prost! 🕒 Mo–Sa 10–1 Uhr.

SONSTIGES

Einkaufen

Mall Plaza, Av. Balmaceda 2355. 🕒 10–20.30 Uhr.

Supermercado Unimarc, José Santos Ossa 2421 am Mercado Central. 🕒 tgl. 8.30–21.30 Uhr.

Supermercado Jumbo, gegenüber dem Stadion. 🕒 Mo–Sa 8–21, So 9–21 Uhr.

Fahrradverleih

Ride a Bike, Copiapó 1174, 💻 www.vidabike.cl. 1 Std. 3000 CLP, ganzer Tag 15 000 CLP.

Feste

14. Februar: Stadtfest mit diversen Ständen und Konzerten im Zentrum.

24. Juli: Zu Ehren der Schutzpatronin Chiles, der Virgen del Carmen: Tausende säumen die Straßen, um Hunderte Tänzer in bunten Kostümen zu erleben.

Geld

Geldautomaten im Zentrum und rund um den Parque Brasil.

Wechselstuben, Baquedano, Ecke Latorre.

Informationen

SERNATUR, Prat 384, in der Intendencia (Stadtverwaltung) an der Plaza, 📞 55-2451-820, 🕒 Mo–Do 8.30–17.30, Fr 8.30–16.30 Uhr.

Mietwagen

Econorent, Los Exploradores 13750, 🕒 Mo–Fr 8.30–18 Uhr. Am Flughafen: 📞 9-7213-1713, 🕒 nach Landungen.

Europcar, Av. Pedro Aguirre Cerda 13358a, 📞 55-2578-120, 🕒 Mo–Fr 8.30–18.30, Sa 9–12.30 Uhr. Am Flughafen: 🕒 tgl. 7.30–23.30 Uhr.

NAHVERKEHR

€ **Stadtbusse** sind eine gute Alternative, weil die Orientierung in Antofagasta sehr leichtfällt. Man kann sie überall anhalten. Die Linien 109 und 121 fahren u. a. vom Zentrum nach Süden.

Nach MEJILLONES vom Stadtzentrum oder Busbahnhof aus alle 30 Min. (1 Std.,) Mo–Sa 6.40–22.30, So 8–21.30 Uhr mit den Bussen **Biaggini**, Condell 2782, Ecke Bolívar.

TRANSPORT

Busse

Busterminal Cardenal Carlos Oviedo Cavada, Pedro Aguirre Cerda 5750, Ecke Paihuano, 5 km nördlich des Zentrums. Im UG befinden sich die Ticketschalter, eine Gepäckaufbewahrung und ein Internetcafé, oben Duschen, Essgelegenheiten und die Abfahrtsteige der Busse.

In fußläufiger Umgebung findet man keine

Unterkünfte und kein Fast Food, und zum Umherschweifen ist die Gegend nicht geeignet. Zum Zentrum muss man ein Taxi oder Uber nehmen, oder einen der Busse, die gegenüber abfahren.

Busgesellschaften
Alle haben ein Büro im Busbahnhof, im Zentrum zusätzlich **Turbus** an der Latorre 2751 und **Pullman**, Latorre 2805.

Busse nach:
ARICA (10 1/2–11 1/2 Std.), 23 800–49 400 CLP,
CALAMA (3 Std.), 7200–13 400 CLP,
IQUIQUE (5–6 Std.), 15 600–26 000 CLP,
LA SERENA (10–12 Std.), 27 500–46 800 CLP,
SAN PEDRO DE ATACAMA (4 1/2 Std.), 20 600 CLP,
SANTIAGO (17–20 Std.), 34 900–57 700 CLP,
TOCOPILLA (3 Std.), 11 900–26 000 CLP.

Nach Bolivien
Trans Salvador, www.trans-salvador.com, ORURU (19 1/2 Std.), COCHABAMBA (24 Std.), tgl. um 20 Uhr.

Flüge
Aeropuerto Cerro Moreno, ca. 25 km nördlich des Stadtzentrums, www.aeropuerto antofagasta.cl (engl.). Transfers 18 000–23 000 CLP. Uber ab 14 000 CLP.

LATAM und Sky fliegen mehrmals tgl. nach SANTIAGO (2 Std.), 2x tgl. nach LA SERENA (1 1/2 Std.) und nach CONCEPCIÓN (2 1/4 Std.).

Die Umgebung von Antofagasta

Playa del Galeón, der Kalkbogen La Portada und eine Hand in der Wüste

Etwa 9 km vom Zentrum liegt im Norden bei **La Chimba** zwischen Felsen die kleine **Playa del Galeón**. Hier hatte sich einst der erste Einwohner von Antofagasta niedergelassen. Der Blick von den Felsen auf die Stadt ist besonders abends sehr schön, die Gegend um La Chimba ist aber nicht sicher.

18 km außerhalb Richtung Norden liegt an der Küste **La Portada**, der 43 m hohe und 23 m breite Felsbogen, der als Monumento Natural geschützt ist. Er ist das Wahrzeichen der 2. Region und besteht oben aus Muschelkalk und gelbem Sandstein, der auf dunklem Andesit aufsitzt und bei der Landhebung vor etwa 3 Mio. Jahren entstand. Von einer über die tiefe Steilküste weit ausladenden Plattform hat man eine wunderbare Sicht auch auf die Stadt, während weiter unten Pelikane und andere Wasservögel vorbeifliegen. Mit dem Fernglas kann man Seelöwen auf den Felsen beobachten. Weiter die Steilküste entlang führt die Straße zu einem langen Sandstrand, wo sich im Sommer Kitesurfer tummeln. Am Ende des Strands liegt das Fischerdorf Juan López.

70 km südlich von Antofagasta ragt eine Hand aus der Wüste. Die 1992 geschaffene, 11 m hohe Eisen- und Zementskulptur **Mano del Desierto** steht auf einer Höhe von 1000 m über dem Meeresspiegel und mahnt, mit den Umweltsünden aufzuhören, damit die Erde nicht überall zu einer Wüste wird. Während der Proteste Ende 2019 wurde sie mit Forderungen an die Regierenden illuminiert.

Cerro Moreno

Der feine graue **Sandstrand** lädt zum Baden ein, ein paar Fischerboote liegen im meist ruhigen Wasser. Es gibt ein paar Kioske und einfache Restaurants, von denen die meisten nur im Sommer geöffnet haben.

Neben den Strandaktivitäten ist die Besteigung des **Cerro Moreno** interessant: Der Aufstieg ist anstrengend (3–4 Std.); nur im unteren Bereich gibt es Pfade. Oben kann es durch den Küstennebel Camanchaca, in den der Berg meist gehüllt ist, sehr frisch werden. Auf dem Weg ab 600 m Höhe wachsen Kakteen und Ananasgewächse und es gibt Greifvögel (z. B. Karakaras). Taxi oder Uber ab Antofagasta rund 1 Std., etwa 28 000 CLP.

Mejillones

Der Name des 13 500-Einwohner-Städtchens 65 km nördlich von Antofagasta bedeutet „Miesmuscheln" – die Bucht war schon zu Zeiten

der Spanier für ihre reichen Muschelvorkommen bekannt. Der kleine Fischerort ist einigermaßen verschlafen, dank der zunehmenden Kupferexporte jedoch im Wachsen begriffen. Da die Bucht auch in Ufernähe tief ist, können hier Großfrachter anlegen, weshalb der Hafen zum größten seiner Art in Südamerika ausgebaut werden soll.

1842 gegründet, um Guano zu verschiffen, war der Hafen in der Anfangszeit ein Konkurrent zu Antofagasta. Im Zuge der Grenzstreitigkeiten mit Bolivien hatte Chile 1866 zunächst alle Gebiete nördlich des 24. Breitengrades dem Nachbarland überlassen. Seit dem Salpeterkrieg gehörte Mejillones dann wieder zu Chile. Da sich die Guano-Vorräte inzwischen erschöpft hatten, war das Dorf Ende des 19. Jhs. praktisch verlassen. Erst mit dem Bau der Eisenbahn ab 1902 wurde es wiederbelebt. Der Hafen und die Maestranz der Bahngesellschaft FCAB waren die Arbeitgeber, bis die Eisenbahnwerkstätten 1980 geschlossen wurden. Die Bahnlinie wird allerdings heute noch für den Transport der Kupferplatten genutzt.

Sehenswert ist die 1908 aus Douglasienholz gebaute Kirche **Corazón de María**. Die Stadtverwaltung ist in der hübschen ehemaligen Zollverwaltung untergebracht, etwas weiter liegt das ehemalige Zollhaus, in dem sich heute das kleine **Museo de Historia Natural** befindet. Die Ausstellung beherbergt u. a. archäologische Fundstücke des Volkes der Chango, der frühesten Bewohner der Gegend. Pinto 110, 💻 www.museomejillones.cl, Eintritt frei. Zur Zeit der Recherche wegen Renovierung geschlossen.

Auf dem Weg zum kleinen **Fischmarkt** kommt man am **Hafenamt** von 1906 vorbei. Sein schnörkeliger französischer Stil macht das große Gebäude sehenswert.

Die Bucht von Mejillones ist sehr schön, es stören lediglich die Industrieanlagen im Norden. Da nicht abschließend geklärt ist, wie groß der Einfluss auf die menschliche Gesundheit ist, eignet sich der Ort auch nicht so gut zum Baden. Es gibt ohnehin schönere Strände.

ÜBERNACHTUNG UND ESSEN

Hotel Alto del Sol Plaza, Pajase Goñi 238 an der Plaza, 💻 www.hotelaltodelsol.com. Etwas günstiger als das andere Hotel Alto de Sol an der Latorre, aber mindestens genauso gut. Großzügige, kühle Zimmer mit gepflegtem Holzmobiliar und Frigobar. Fitnessstudio und Restaurant. Ohne MwSt. ❸

Hotel Mejillones, Manuel Montt 086, 💻 www.hotelmejillones.cl. Schneeweißes Haus einige Blocks südlich des Zentrums mit 28 Zimmern, die Balkon teils mit Blick über die Bucht haben. Frühstück, Parkplätze und MwSt. inkl. ❹–❺

Am Fischmarkt gibt es ein paar einfache, preiswerte **Fischrestaurants**, 100 m weiter das **Restaurant Casino Municipal** mit gehobener Küche, v. a. Meeresfrüchte, und toller Aussicht von der Terrasse auf die Bucht. 🕒 tgl. 12–23 Uhr. Auch das Restaurant im **Hotel Alto del Sol Plaza** serviert neben internationalen Spezialitäten frische Meeresfrüchte.

SONSTIGES

Supermärkte

Entlang der Hauptstraße Latorre.

Geld

Geldautomat, La Torre 822.

NAHVERKEHR

Busse von **Biaggini**, Latorre 824, 💻 www.busesbiaggini.cl, fahren Mo–Sa 6–22.15, So 8–21.30 Uhr nach ANTOFAGASTA (1 Std.).

TRANSPORT

Busse nach:
IQUIQUE (5 Std.), 16 480–18 540 CLP,
SANTIAGO (24–26 Std.), 39 100–70 700 CLP.

Busgesellschaften
Turbus, Latorre 583, 📞 55-2644-326.
Pullman Bus, Latorre 799, 📞 55-2622-179.

Tocopilla

Tocopilla liegt 188 km nördlich von Antofagasta und 228 km südlich von Iquique direkt an der Ruta 1. Der Name bedeutet „große Schlucht" – nach der Einkerbung in der Küstenkordillere, der die heutige Zufahrtstraße aus dem Inland von Calama folgt (Ruta 24). Tocopilla hat knapp 30 000 Einwohner und ist seit der Gründung 1843 Salpeter- und Kupferhafen, aber auch die Fischerei ist wichtig.

Schon 1890 wurde eine Eisenbahn-Stichstrecke in die Hochebene der Binnenwüste gebaut, um Salpeter abzutransportieren (S. 280). Ein großer Arbeitgeber ist auch das Kraftwerk, das u. a. den Strom für die riesige Kupfermine Chuquicamata liefert. Obwohl die Kleinstadt 2007 von einem starken Erdbeben mit 7,7 auf der Richterskala heimgesucht wurde, gibt es noch interessante Bausubstanz. Das Beben zerstörte etwa 40 % der Wohnhäuser.

Ein paar historische Gebäude liegen in der Nähe der riesigen, rot-gelben **Plaza**, die über mehrere Etagen führt. Die 21 de Mayo ist das Geschäftszentrum der Stadt, die schönste Möglichkeit zum Schwimmen bietet der künstliche Strand im Süden. Einen längeren Aufenthalt lohnt Tocopilla aber nicht.

ÜBERNACHTUNG

Hotel Galvarino, 21 de Mayo 2182, 📞 55-2813-585, Recht neues Haus einen Block vom Meer entfernt. Gutes Preis-Leistungs-Verhältnis. Frühstücksbuffet inkl. ❸

Hotel Iquique, 21 de Mayo 1948, 📞 55-2814-470. 14 ordentliche Zimmer zentral an der Hauptstraße in dem weißen Haus. Inkl. Frühstücksbuffet, Parkplatz und MwSt. ❸

ESSEN

Die **Fischrestaurants** am Mercado Municipal, Arturo Prat, Ecke Cienfuegos, sind preiswert und zum Draußensitzen geeignet. 🕒 tgl. 8.30–21.30 Uhr.

Amaderos, 21 de Mayo, Ecke Cienfuegos. Küche *fusión peruana* mit Fleisch vom Steingrill und Pisco zur Verdauung. 🕒 tgl. 12–21 Uhr.

Las Tres Marias, Washington 1253, 📞 9-8553-7426. Sympathisches Restaurant zwischen Hauptstraße und Meer. Schon mittags voll-

Salpeter, das weiße Gold der Wüste

© MEIK UNTERKÖTTER

Geisterstadt und Weltkulturerbe: das verlassene Salpeterwerk von Humberstone nahe Iquique

Salpeter wurde schon von den Inka und in Europa im Mittelalter als Dünger genutzt. Während in Europa der an den Stallwänden austretende Mauersalpeter Verwendung fand, hatten die Südamerikaner reiche Vorkommen in der Wüste. Die als **Caliche** bezeichnete weiße, bis zu 3,60 m mächtige Bodenschicht enthält neben Sand reichlich Salz, Gips und Nitrate. Je nach Gehalt an Nitraten kann bei einem Lagerfeuer die Erde anfangen zu brennen! Mit der Entdeckung des Schwarzpulvers, das aus Schwefel, Salpeter und Kohle gemischt wurde, stieg das Interesse an Salpeter. Entgegen der chilenischen Version, dass es Landesbrüder gewesen seien, entdeckte der österreichische Gelehrte **Thadäus Hänke** („der böhmische Humboldt") Anfang des 19. Jhs. die Vorkommen wieder. Dabei erfand er auch eine Möglichkeit, die Natriumnitrate mit Hilfe von Kaliumchlorid in Kaliumnitrate umzuwandeln, und verbesserte die Sprengwirkung des Schwarzpulvers. Die spanischen Befehlshaber zwangen ihn damals zur Produktion von ein paar Tonnen, wofür Hänke sich im Gegenzug weiter in Südamerika aufhalten durfte.

besetzt, um die frischen Meeresfrüchte zu genießen. 🕒 tgl. 12–21, Fr und Sa bis 22.30 Uhr.

SONSTIGES

Geld

Geldautomaten, 21 de Mayo.

Einkaufen

Supermercado Unimarc, 21 de Mayo, Ecke Colón. 🕒 tgl. 8.30–21.30 Uhr.

TRANSPORT

Busse

Im neuen **Busterminal**, Cienfuegos, Ecke Prat, im Norden der Stadt sind alle Büros der Busunternehmen untergebracht.

Busse nach:
ANTOFAGASTA (2 1/2–4 Std.), 15 000–26 000 CLP,
IQUIQUE (3 Std.), 15 000–24 000 CLP,
SANTIAGO (20–21 Std.), 40 000–58 300 CLP.

Der Bedarf an Dünger sowie an Schwarzpulver stieg aber erst Mitte des 19. Jhs. mit dem Bevölkerungswachstum infolge der **Industrialisierung** sowie durch das Erschöpfen der Guano-Vorräte an der südamerikanischen Küste. Im Bereich von Iquique wurde zu peruanischer Zeit ab etwa 1850 Salpeter abgebaut, ab 1866 dann in der Gegend von Antofagasta. In der beschwerlichen Anfangszeit in der nackten Wüste brauchte es Maultiere für den Transport, die aber bald durch die vielen Eisenbahnstrecken ersetzt wurden. Der Patron, der Eigentümer der Schürfrechte, saß in einer **Oficina** (Büro), wo die Tagelöhner das Erz ablieferten – und so heißen die später aus dem Wüstenboden gestampften Städtchen bis heute noch Oficina.

Der Salpeter war in unterschiedlichen Konzentrationen in der Bodendecke Caliche vorhanden. Das gemahlene Erz musste dann je nach **Verfahren** mit Wasserdampf oder Wasser behandelt werden, um die Salze und Nitrate herauszulösen. Trotz des enormen Aufwands, die Wassermassen, Heizmaterial sowie Menschen und Maschinen in die Wüste zu schaffen und zu versorgen, war es ein sehr lukratives Geschäft. Nicht zuletzt deswegen brach 1879 der **Salpeterkrieg** aus, denn es standen hohe Investitionen von Chilenen und englischen Handelshäusern auf dem Spiel. Nach dem Krieg, dessen Resultat u. a. die Annektierung der Salpeterwüste durch Chile war, begann der Boom, denn Chile hatte eine **Monopolstellung**. Die Zahl der Oficinas, die jeweils bis zu 10 000 Menschen beherbergten, ging in die Hunderte. Eisenbahnen und Häfen wurden ausgebaut. Die Abnehmerländer waren die USA, Großbritannien, Frankreich und Deutschland. Bis 1890 war das Geschäft zu 90 % in englischen Händen, danach investierten auch andere, z. B. die deutsche Familie Gildemeister und auch Chilenen, in das Geschäft.

Bis in die 30er-Jahre musste nur eine Exportsteuer gezahlt werden, und so waren die Steuereinnahmen für den Staat vergleichsweise gering. Trotzdem sind die meisten Großbauten in Santiago direkt auf den **Salpeter-Boom** zurückzuführen, so u. a. das Museum Bellas Artes, die Bahnhöfe, der Justizpalast, Krankenhäuser und die Eisenbahnlinien nach Temuco und Mendoza.

Mit Ende des Ersten Weltkriegs und der weltweiten Rezession der 20er-Jahre ging die Nachfrage stetig zurück, die Preise fielen. Noch stärker war der Effekt des mittlerweile konkurrenzfähigen künstlichen Nitrats: Während des Ersten Weltkriegs forschten deutsche Chemiker an der Herstellung von Kunst-Nitraten, unter Nutzung des Luftstickstoffs, um das Handelsembargo der Aliierten umgehen zu können. Das sogenannte Haber-Bosch-Verfahren als Ergebnis dieser Bemühungen machte dann dem Natur-Salpeter ab den 30er-Jahren starke **Konkurrenz**, sodass 90 % der Betriebe in Chile schließen mussten. Die Folge waren eine hohe Arbeitslosigkeit und eine gelähmte Wirtschaft, die mehrere Jahrzehnte brauchte, um sich zu erholen. Die einseitige Abhängigkeit der chilenischen Wirtschaft vom Salpeter galt es dann in der Folgezeit zu vermeiden.

María Elena

María Elena heißt die einzige noch bewohnte Oficina, also Salpeterstadt. Das heute etwa 8000 Einwohner große Städtchen verdankt seinen Namen der Gattin des ersten Verwalters: Mary Ellen Comdon. Von den Guggenheim-Brüdern 1926 gebaut, sah der Grundriss eine Nachahmung der englischen Flagge vor: Ein Rechteck mit einem Kreuz der zur Plaza führenden Straßen. Da nach dem Ersten Weltkrieg schon ein Sinken der Salpeterexporte zu bemerken war, setzten die Guggenheims auf geringere Kosten durch moderne Anlagen und höhere Produktion. Bei der anschließend in der Nachbarschaft gebauten Pedro de Valdivia (1931) setzte sich dasselbe Konzept durch. Beim Erdbeben 2007 wurden einige Gebäude zerstört, aber die Bauten rund um die **Plaza** konnte man restaurieren.

€ Dort stehen die Markthalle, die Kirche, das Theater und das sehenswerte **Museo del Salitre**, das neben dem Prozess der Sal-

Choperías

Choperías (*chop* = gezapftes Bier) sind Kneipen mit meist männlichen Gästen, die allein stumm oder in lautstarken Gruppen vor großen Bildschirmen herumhängen, auf denen beliebige Fußballspiele laufen, ohne dass sich irgendjemand besonders dafür interessieren würde. Vor den Besuchern häuft sich meist eine beachtliche Anzahl geleerter Bierflaschen, drumherum tippeln ein paar kurz geschürzte Damen mit blickdichten Strumpfhosen, um die müden Männer zu animieren. Es handelt sich um Kumpels aus dem Bergbau, die fern von Freunden und Familie die *bajada*, die Ablösung vom mehrtägigen Turnus, „feiern". Oft gelingt es nicht, und die Atmosphäre ist etwas düster.

Einige Choperías sind als Bordell bekannt, manchmal verschwinden Bedienung und Gast in Hinterzimmern. Die Einsamkeit der Wanderarbeiter und die Prostitution gehen Hand in Hand, aber auch die hohe Rate an Familienstreitigkeiten, Gewalt in der Ehe und Drogenkonsum. Die Zerrüttung der Beziehungen scheint eine Folge der ungeordneten Lebensweise der Kumpels zu sein, die sich gern mit mehreren Frauen einlassen. So gern, dass bei Streiks auch schon mal die Begründung zu hören ist, die Lohnerhöhung sei eben nötig, weil einige Kollegen nach Abzug der Alimente für die vielen Kinder kein Geld mehr übrighätten.

petergewinnung im Wesentlichen Antiquitäten und Alltagsgegenstände sowie ein paar Mumien und archäologische Funde zeigt. ⌚ Mo–Fr 9–13, 15–20 Uhr, Eintritt frei.

Im Ort gibt es keine Tourismusinformation und nur einen Geldautomaten.

ÜBERNACHTUNG UND ESSEN

Residencial Chacance, Vicuña 438, 💻 www.chacance.cl. Einfache, kleine Zimmer mit/ohne Bad, hat meist Montagearbeiter als Gäste. ❶

Hotel Jor, Osorno 3080, 💻 www.hospedajejor.cl. Einfache Unterkunft wenige 100 m vom Ortskern. Zimmer mit und ohne Bad. ❷

Einige einfache **Restaurants** finden sich rund um die Plaza.

TRANSPORT

Busse

Busse nach:
ANTOFAGASTA (3 Std.), 9270 CLP,
CALAMA (1 1/2 Std.), 9270 CLP,
IQUIQUE (4–5 Std.), 18 540 CLP,
TOCOPILLA (1 Std.), 10 300 CLP.

Busgesellschaften
Turbus, O'Higgins 291, ☏ 55-2688-714.
Pullman, O'Higgins 284, ☏ 55-2639-839.

Calama

Harte Gesichter prägen die staubige Bergbaustadt, die in der Wüste auf 2260 m Höhe liegt und als Schlafstadt für alle dient, die in der größten Tagebau-Kupfermine der Welt arbeiten, der Chuquicamata (S. 286), und das sind vor allem Männer. Calama bedeutet etwa „gelbes Land", was sich auf die umliegende Wüste bezieht. Am mit 420 km längsten Fluss Chiles, dem Río Loa gelegen, hatte es schon in grauer Vorzeit eine Bedeutung für den Maisanbau der Atacameños, später dann für die eingewanderten **Aymara** und auch die Changos der Küste. Die heutige, lebendige Großstadt von 180 000 Einwohnern hatte bis Anfang des 20. Jhs. nur ein paar Hundert Bewohner, die von der Oase lebten und von der Versorgung der Maultierkarawanen, die von Potosí oder Salta auf dem Weg zur Küste waren. Der Salpeterkrieg (S. 125) hatte hier 1879 die härteste Konfrontation zwischen einer hastig aufgestellten bolivianischen Bürgerarmee und den chilenischen Truppen. Mit der Öffnung der weltgrößten Kupfermine Chuquicamata 1910 entwickelte sich die Stadt schnell. In Calama waren die metallverarbeitenden Betriebe für Reparaturen der Bergbau-Maschinen und das Vergnügungsviertel. 1950 kam der Flugplatz hinzu.

Mit der Schließung der Siedlung Chuquicamata wuchs sie Anfang des Jahrtausends um rund 15 000 Mineros (Mienarbeiter) und deren

Familien an, die bis dahin 16 km nördlich der Stadt am Rand der Kupfermine gewohnt hatten und umgesiedelt wurden. Die extra gebauten Siedlungen liegen in der Umgebung des Flughafens – alle Häuser gleich. Da sich die Anzahl der Kupferminen in den letzten gut 25 Jahren verdoppelt hat, ist auch die Stadt rasant gewachsen und hat heute ein hohes Lohn- und Preisniveau. Wohnraum ist und bleibt knapp und teuer, die Eigentümer spekulieren auf die Anmiete durch Firmen für ihre meist von auswärts stammende Arbeiterschaft. So bohren sich immer neue Wohntürme in den Himmel der ursprünglich flach gebauten Stadt – Zeichen des kontinuierlichen Booms. Der könnte anhalten, denn die Einwohner fordern mehr von den erwirtschafteten Steuergeldern, schließlich wird in der Umgebung 40 % des staatlichen und rund ein Fünftel des landesweit produzierten Kupfers gefördert.

Viel zu sehen gibt es in Calama nicht. An der Plaza steht die **Kathedrale San Juan Bautista** (Johannes der Täufer), die ein vom Staatskonzern Codelco gestiftetes Kupferdach hat. In der angrenzenden **Fußgängerzone Ramirez** befinden sich Geschäfte, das Theater und das Kulturzentrum. Der **Markt** hat tgl. 10–17 Uhr geöffnet.

Schön ist der **Parque del Loa**, die einzige große Parkanlage der Stadt. Am aufgestauten Fluß, dem Río Loa, gibt es sogar ein kleines Stück Sandstrand mit einer Bar, in der typische Gerichte der Region serviert werden. Von dem altenroten Turm hat man einen großartigen Blick über die Umgebung von Calama. Im **Museo Arqueológico y Etnográfico del Loa,** Camino vecinal, Valle De Lasana s/n, werden gut erhaltene Textilien und interessanter Kopfschmuck der Atacameños gezeigt. ⌚ tgl. 9–13, 15–18 Uhr. Eintritt 1000 CLP.

DER GROSSE NORDEN

ÜBERNACHTUNG

Die Hotelpreise sind wegen der vielen Arbeiter in der nahen Kupfermiene übertrieben hoch, aber es gibt einige Ausnahmen. In der Straße Vargas bis zur Vivar findet man eine Menge einfacher Residenciales in der Nähe zu vielen Busunternehmen und der Plaza, in denen man günstig übernachten kann.

Hostería Calama, Latorre 1521, 💻 www.hosteriacalama.cl. Das Ambiente fühlt sich ein bisschen wie eine kleine Zeitreise in die 60er/70er-Jahre an. Von den 107 Zimmern haben 26 einen Balkon und sind so etwas lauter. Wäscheservice. Restaurant ⌚ 12.30–15, 19.30–22.30 Uhr. Inkl. Frühstück, Parkplätzen und MwSt. ❸

Hotel Agua del Desierto, Av. La Paz 922, ☎ 55-2367-700, 💻 www. hotelaguadeldesierto.cl. Die 64 funktionalen Zimmer, die alle 28 m² messen, befinden sich in einem Zweckbau etwas außerhalb in ruhiger Lage. Inkl. Frühstück und Abendessen. ❹

ESSEN

In der **Feria Modelo** an der Calle Antofagasta gibt es mehrere preiswerte Cocinerías, die deftige Cazuelas anbieten. Die meisten Bars und Cafés finden sich rund um die Plaza.

Bavaria, Sotomayor 2093, 💻 www.bavaria.cl. Filiale der bewährten Restaurantkette an der Ecke der Plaza mit Parilla (Grillrestaurant) im 1. Stock, ⌚ Mo–Fr 12–16.30, 19.30–22.30, Sa 11–19.30, So 12–19.30 Uhr.

Patagonia, Av. Granaderos 2549. Eins der besten Restaurants der Stadt. Spezialität sind Fleischgerichte. Teurer, aber gut. ⌚ Mo–Sa 12.30–22.45, So bis16 Uhr.

Schopdog, Ramirez 2089, 💻 www.schopdog.cl. Coole Musik, eine Menge verschiedener Biersorten und gute Essensangebote. ⌚ Mo–Fr 10–22, Sa 11–21 Uhr.

SONSTIGES

Einkaufen

Mall Plaza, Balmaceda 3242. ⌚ tgl. 10–20.30 Uhr.

Supermercado Unimarc, Latorre 2149. ⌚ Mo–Sa 8.30–21.30, So 9–21.30 Uhr.

Geld

Entlang der Sotomayor findet man **Wechselstuben** und **Geldautomaten**.

Afex, Sotomayor 2125. ⌚ Mo–Fr 9–18, Sa 10–14 Uhr.

Informationen

CONAF, Av. Granaderos 2230, in der Intendencia Regional, ☎ 55-2849749, ⌚ Mo–Fr 9–12 Uhr.

Mietwagen

In Calama sind die Preise günstiger als in San Pedro de Atacama.

Econorent, Latorre 2507, ☎ 55-2341-076. ⌚ Mo–Fr 8.30–18 Uhr. Am Flughafen: ⌚ nach Landungen.

Europcar, Parque Industrial Apiac sitio 1c, ☎ 55-2578-300 ⌚ Mo–Fr 8.30–13.30, 14.30–18.30 Uhr. Am Flughafen: ⌚ tgl. 9–13.30, 14.30–18, Sa und So 8.30–13.30, 14.30–18.30 Uhr.

TRANSPORT

Busse

Es gibt eine ganze Reihe **Busbahnhöfe**, von denen das **Terminal Rodoviario de Calama**, Granaderos 3048, 1,5 km nördlich des Zentrums, der wichtigste ist (u. a. für Turbus, Ciktur, Andesmar). Die Büros vieler Unternehmen und kleinere Busbahnhöfe findet man entlang der Av. Balmaceda.

Busgesellschaften

Atacama 2000, Antofagasta 2106, ✆ 9-5047-8351.
Camus, Balmaceda 1940, ✆ 55-342800.
Cikbus, Balmaceda 1932, 💻 www.cikbus.cl.
Condor Bus, Av. Balmaceda 1852, 💻 www.condorbus.cl.
Frontera del Norte, Antofagasta 2046, ✆ 55-824269.
Kenny Bus, Balmaceda 2036, 💻 www.kennybus.cl.
Pullman Bus, Balmaceda 1974, 💻 www.pullman.cl.
Turbus, Ramírez 1852, Ecke Av. Balmaceda.

Busse nach:
ANTOFAGASTA (3 Std.), 5100–15 600 CLP,
IQUIQUE (5–6 Std.), 15 000–20 000 CLP,
MARIA ELENA (1 1/2 Std.), 5150 CLP,
SAN PEDRO DE ATACAMA (Pullman, Frontera del Norte, Atacama 2000), 1 1/2 Std.), 5000 CLP,
SANTIAGO (20–22 Std.), 35 700–60 400 CLP.

Nach Argentinien

PURMAMARCA, JUJUY und SALTA (12 Std.)
Andesmar, 💻 www.andesmar.com. Fährt Mo, Di, Do und Sa um 6 Uhr.
Geminis, Antofagasta 2239, ✆ 55-2892-043. Fährt ebenfalls 3x wöchentl. nach Argentinien.

Nach Bolivien

Frontera del Norte, Antofagasta 2046, ✆ 9-6633-7480. Tgl. nach ORURU (15 Std.) und UYUNI (9 Std.).
Cruz del Norte, Santa María 1931 zwischen Vargas und Ramírez, 💻 www.transportes cruzdelnorte.com. Tgl. 5.30 und 13 Uhr nach UYUNI.

Flüge

Der kleine Flughafen **Aeropuerto El Loa**, 7 km südlich von Calama, ist der am nächsten gelegene, um nach SAN PEDRO DE ATACAMA zu kommen. LATAM, Sky Airline und Jetsmart fliegen mehrmals tgl. von/nach SANTIAGO und 1x tgl. nach LA SERENA und CONCEPCIÓN. Transfers nach San Pedro unter ✆ 56-223-347-802. Pro Person 19 760 CLP.

DER GROSSE NORDEN

Am internationalen Flughafen El Loa in Calama

Chuquicamata

Die weltgrößte Kupfermine im Tagebau erreicht man von Calama nach 18 km Richtung Norden. Auf den zweispurigen Straßen rollen zum Schichtwechsel Dutzende Busse und manchmal auch riesige Muldenkipper. Schon vor etwa 2000 Jahren hatten die Atacameños hier Kupfer abgebaut, ab 1910 waren es die Guggenheim-Brüder, die das Erz im modernen Stil abbauten. Ab 1939 gehörte die Mine der Anaconda Copper Co., 1969 kaufte der Staat 51 % der Aktien. Seit der Verstaatlichung unter Allende 1971 gehört „Chuqui", wie die Minenarbeiter die Grube nennen, ganz dem Staat und ist das Flaggschiff des Konzerns Codelco. Die gigantische Grube, um die herum sich riesige Abraumhalden aufhäufen, misst über 4 km Länge, bei 3 km Breite und 1 km Tiefe.

Chuquicamata, 2850 m hoch, ist einer der bedeutendsten Kupferproduzenten weltweit. Seit 1915 förderte das Bergwerk etwa 3 Milliarden Tonnen Erz. Das Erz wird hier zu praktisch reinem Kupfer für Stromleiter verarbeitet, etwa 650 000 t pro Jahr. Der Erzgehalt liegt bei 1 % und sinkt stetig, weswegen die Mine bald unter Tage weiterproduzieren soll. Geplant sind Stollen, die noch einmal 900 m unter dem tiefsten Punkt des Tagebaus liegen und aus denen bis ins Jahr 2060 gefördert werden soll.

Der Abraumtransport mit den riesigen Spezialiastwagen, die die Bodenschätze über kaskadische Terrassen in schier endlosen Schleifen nach oben bringen, ist sehr kostenintensiv. Für jeden Lastwagen mit Kupfer rollen drei mit Abraum aus dem Schlund heraus. Die Ungetüme mit den 3 m hohen Rädern verschlingen an einem Tag etwa so viel Diesel wie ein Pkw in zwei Jahren. Hinzu kommen die hohen Löhne, die die 15 000 Beschäftigten beziehen. Allein die Fahrer verdienen für ihre Schufterei im Drei-Schichten-System 9000 US-Dollar – pro Monat.

So viel Geld, so viel Gewinn – den Preis zahlt die Natur. Neben den restlichen Schwefelgasen werden auch Arsen und andere Schwermetalle in die Umgebung abgegeben, und ungelöst ist bisher das Problem der belasteten Abwässer. Wie nicht weiter verwunderlich, ist in Calama die Staubbelastung zu hoch. Und die riesigen Mengen an Wasser, die benötigt werden, fehlen in anderen Gebieten, z. B. in den indianischen Dörfern.

Besuche sind über die PR-Abteilung anzumelden. Besucher sollten langärmlige Kleidung und feste, geschlossene Schuhe anziehen. **Oficina de Visitas de Codelco**, Av. Granaderos 4025, ✉ visitas@codelco.cl. Gratis.

Die **Siedlung Chuquicamata** nebenan, in der die meisten Arbeiter der Mine lebten, wurde ab 2004 wegen der hohen Staubbelastung verlassen, die Plaza mit dem Theater mit Gebäuden aus den 20er-Jahren, ist aber teilweise noch zu sehen.

7 HIGHLIGHT

San Pedro de Atacama und Umgebung

Durch die Cordillera de la Sal geht es nach San Pedro de Atacama ins Zentrum der schönsten Wüstenlandschaften: das **Valle de la Luna** mit seinen bizarren Sanddünen und Erosionslandschaften, der **Salar de Atacama** mit der **Reserva Nacional Los Flamencos**, Hochandendörfchen wie **Toconao** oder **Socaire**, die **Tatio-Geysire**, auf 4300 m die höchsten der Welt, die majestätischen Vulkane wie der Licancabur, die magischen **Lagunen Miñiques** und **Miscanti**, das gesamte **Altiplano** Richtung **Bolivien** und **Argentinien** – Landschaften von einer Schönheit wie aus einer anderen Welt.

San Pedro liegt 100 km südöstlich von Calama und ist ein Ort, den man ohne Zweifel gesehen haben sollte, wenn man sich schon einmal im hohen Norden Chiles herumtreibt. Anders als viele glauben, liegt das Dorf nicht in den Bergen, sondern auf einer Hochebene. Die mittlerweile 5000 Einwohner sind Menschen aus aller Welt: Aussteiger aus Zentralchile, Argentinier, Bolivianer, genau wie Schweizer oder Deutsche. Den Großteil der **Bevölkerung** stellen jedoch die Atacameños oder auch Likan-Antai, wie sie sich in der ausgestorbenen Sprache Kunza nennen, und Aymara-Indianer, die in den letzten Jahren aus Bolivien eingewandert sind. Noch vor 25 Jahren waren es nur knapp 1000 Einwohner, die meist von Ackerbau und Viehzucht lebten und keinen Strom hatten, doch seit mittlerweile 20 Jahren führt der **Tourismus** zu einem starken Zuzug. Die umliegenden, meist unfertigen Poblaciones (Siedlungen) zeugen vom Wachstum, ebenso wie die erste Bank BCI, die 2010 eingerichtet wurde, ein paar gepflasterte Wege und der rege Verkehr von Minibussen.

Trotz sechsstelliger Besucherzahlen jährlich werden die Bauvorschriften eingehalten, die nur ebenerdige Gebäude erlauben. So ist der Ort angenehm flach geblieben. Die mit dem Wachstum verbundene Veränderung der Lebensweise ist allerdings nicht problemlos verlaufen, so gab es beispielsweise zum Ende des Jahrtausends Demonstrationen gegen den Bau eines großen Hotels. Man befürchtete, dass der steigende Wasserverbrauch die Grundwasservorräte erschöpfen würde. Mittlerweile sind aber alle Hotels und Herbergen an Kläranlagen angeschlossen. Auch einige Atacameños haben ihre eigene Herberge aufgemacht, sodass nicht nur Auswärtige Geschäfte mit dem Tourismus machen. In den vergangenen Jahren hat der Staat außerdem die besuchten Landstriche und archäologischen Ruinen unter die Verwaltung verschiedener Indianergemeinschaften gestellt, sodass diese direkt vom Fremdenverkehr profitieren. Dennoch, bei vielen Einwohnern, die nicht an der Verteilung des großen Kuchens Tourismus beteiligt sind, bleibt nur Resignation angesichts der Veränderung ihres Dorfes.

Klima in San Pedro de Atacama

San Pedro ist das ganze Jahr hindurch attraktiv. Die Sonne scheint praktisch immer und der hohe Temperaturunterschied zwischen Tag und Nacht besteht auch ganzjährig. Für jegliche Aktivität muss man im Hinterkopf behalten, dass die Temperaturen im **Sommer** über Mittag höllische 35–45 °C erreichen können. In den Wintermonaten, wenn deutlich weniger Besucher kommen, sind die Tageshöchstwerte mit 25 °C weitaus angenehmer. Nachts ist es ganzjährig kalt, im **Winter** fallen die Temperaturen aber auch auf -15 °C.

Die Adobekirche San Pedro an der Plaza ist eine der ältesten Kirchen Chiles.

San Pedro de Atacama
N
0
300 m
ESSEN
1 Essensbuden
2 Ckunna
3 Benidito Desierto
4 Pizzeria El Charrua
5 Lola
6 La Casona
7 Casa de Piedra
8 Estaka
9 Delicias de Carmen
10 La Pica del Perú
11 Café El Diablito
ÜBERNACHTUNG
1 Incahuasi
2 Inti y Killa
3 Camping Los Abuelos y Eco-Domos
4 Hotel Corvatsch
5 Hostal Corvatsch
6 Katarpe Hostal
7 Hotel Takha Takha
8 Kimal
9 Hostal Hara
10 Hostal Edén Atacameño
11 Hostal Harickuntur
12 Explora
13 Tierra Atacama
SONSTIGES
1 Barros
2 Feria Artesanal
3 Amigos del Espacio
4 Tour Astronómico
5 Basecamp
6 Terra Extreme
7 Andes Travel
8 Chela Cabur
9 Sandboard San Pedro
10 Cumbres 6000
11 Vulcano Expediciones
12 Lithium Aventura
13 Sol Andino Expediciones
14 Pueblo de Artesanos
TRANSPORT
1 West
2 Busbahnhof
Pukará de Quitor (3 km)
Santiago
Pukará de Quitor
245
Tatio-Geysire, Termas de Puritama
Río San Pedro
Valle de la Muerte (11 km), Calama (100 km)
23
Ruinen von Tulor (8 km), Valle de la Luna (11 km)
Museo del Meteorito
FRIEDHOF
Laskar
Las Parinas
STADION
Tocopilla
Licancabur
Ex. Museo Gustavo Le Paige
ATM
R. N. Los Flamencos
27
23
MUNICIPALIDAD
Calama
Domingo Atienza
La Paige
Haus Pedro de Valdivia
Kirche San Pedro
Plaza
Toconao (43 km), Laguna Cejar (22 km), Peine (98 km), Salta (Arg.) (455 km)
Caracoles
Caracoles
Ignacio Carrera Pinto
Tocopilla
Toconao
Tunisia
Callejón Reales
Palpana
Pachamama
Domingo Atienza

In der Übergangszeit zwischen Sommer und Winter finden vereinzelt Sportveranstaltungen statt, so das verrückte Extremrennen **Atacama-Crossing**, wo sich Läufer mit Rucksack 180 km durch die Wüste quälen wie auch in der Namib oder der Wüste Gobi. Infos: 💻 www.4deserts.com. Durch die grenznahe Lage ist das Dorf auch **Durchgangsstation** auf dem Weg nach Norden übers bolivianische Altiplano und in die Anden Argentiniens. Für Bergsteiger bietet die Höhe von 2400 m ideale Akklimatisierungsbedingungen, um die steilen Gipfel der Gegend zu besteigen, die locker 6000 m erreichen. Die Oase besteht aus mehreren sogenannten **Ayllus**, von Indigenen bewohnten Oasenteilen.

Von der Spitze des Pukará de Quitor hat man eine **wunderbare Sicht** über die gesamte Oase.

Orientierung

Aus dem Busbahnhof geht man links und ca. 1 km ins Zentrum, dann läuft man direkt in die Fußgängerzone Caracoles. Obwohl San Pedros Dorfkern rund um die Plaza nur von einem halben Dutzend Straßen durchzogen wird, kann man leicht die Orientierung verlieren, vor allem, wenn man den Kernbereich verlässt.

In **Ost-West-Richtung** verlaufen die Straßen Licancabur, Le Paige und Caracoles, die Fußgängerzone; von **Nord nach Süd** verlaufen die Toconao, Tocopilla, Calama und die Domingo Atienza, die den westlichen Abschluss des Ortskerns bildet und abends wunderschön beleuchtet ist.

Die nächtliche Beleuchtung im Ort ist mehr als spärlich, eine (Handy-)**Taschenlampe** erhellt die Wege.

Das Dorf

San Pedro ist ein ganz besonderer Ort auf dieser Welt. Er hat etwas Magisches; etwas, das sich nur schwer in Worte fassen lässt. San Pedros Zauber ist wirklich außergewöhnlich. Vielleicht liegt es daran, dass der Ort sich anfühlt wie Natur: Die Straßen sind staubig, alles ist flach, im traditionell-kolonialen Baustil gebaut und die Häuschen sind allesamt aus Adobe, meist unbehandelt, höchstens weiß übergetüncht. An seinem Charme ändern auch die Touristen nichts, die den Ort unter dem fast 6000 m hohen **Vulkan Licancabur** seit einigen Jahren in Scharen aufsuchen, um Ausflüge zu den umliegenden Naturwundern zu unternehmen. Darunter sind jede Menge Extrem-Traveller, die per Motorrad oder Fahrrad in Südamerika unterwegs sind.

Doch bei aller Begeisterung für die Natur in der Umgebung sollte man nicht verpassen, auch dem Ort ein wenig Zeit zu schenken. Der bunte Mix der mittlerweile 5000 Einwohner aus aller Welt ist ergreifend schön, Stress ein Fremdwort, und auch wenn es über die Jahre etwas voll im Ort geworden ist, scheint nie jemand unglücklich.

Gustave Le Paige

Alles begann mit dem belgischen Geistlichen Gustave Le Paige, der als Dorfpriester und nebenher Lehrer die Umgebung durchstreifte und seiner Passion, der Archäologie, nachging. 1958 in San Pedro de Atacama angekommen, organisierte er 1963 einen archäologischen Kongress, woraufhin das erste Hotel gebaut wurde. Die folgenden Besucher waren zumeist weniger an den vielfältigen, bezaubernden Landschaften interessiert als daran, den kauzigen Priester kennenzulernen, der das Pfarramt mit Mumien füllte. Bis 1980 soll Le Paige etwa 3000 Gräber ausgegraben haben. Damit machte er sich nicht nur in der Fachwelt bekannt, denn indianische Mumien wurden in Museen rund um den Globus verschifft. Nach seinem Tod wurde er auf dem Friedhof des Dorfes begraben.

Sein mit Spenden finanziertes **Museum** zeigt von 380 000 Fundstücken nur eine kleine Auswahl. Die auf natürliche Art durch Austrocknung im salzigen Boden entstandenen Mumien, auch die liebevoll „Miss Chile" getaufte, waren allerdings seit 2007 aus der Ausstellung verschwunden, einem Wunsch der Einheimischen nachkommend, die ihre Ahnen lieber friedlich ruhend wissen wollen. Nach wie vor wurden aber Keramik, Steinwerkzeuge, Körbe und Metallgegenstände ausgestellt, verständlich nach Epochen aufgeteilt. Das Museum war in der Vergangenheit hin und wieder geschlossen. Eintritt 2500 CHL.

Gegenüber vom Busbahnhof gibt es ein Mural, das die Geschichte der Bewohner illustriert. Ein paar Stufen führen hoch zu den **überdachten Bänken** darüber, von denen aus sich wunderbar das entspannte Treiben im Ort beobachten lässt – immer im Blick: der Vulkan Licancabur, der bei Sonnenuntergang ein besonders tolles Farbenspiel liefert.

An der entspannten **Plaza** sollte man sich definitiv mal einen guten, wenn auch teuren Kaffee gönnen. Hier finden sich immer ein paar südamerikanische Straßenkünstler ein, die Musik machen, tanzen oder jonglieren. Meist läuft Downbeat-Musik oder Klassik wie Beethovens Neunte. Mehrere Gebäude an der Plaza werden von der Stadtverwaltung genutzt. Drei Häuschen an der Plaza mit Giebeldach sind (im Unterschied zu den Flachdächern der Patio-Häuser) älter als 500 Jahre. Das **Haus Pedro de Valdivia** hat eine Hinweistafel, obwohl nicht gesichert ist, dass das denkmalgeschützte Haus tatsächlich vom Eroberer Chiles gebaut wurde. Sicher ist hingegen, dass die **Kirche San Pedro** (um 1740) sehenswert ist, nicht allein deshalb, weil ihre Decke mit Kaktusholz verkleidet ist.

Neben dem Pfarramt führt eine kleine, etwas versteckte Gasse durch die überdachte **Feria Artesanal**. An den kleinen Ständen wird allerlei Kunsthandwerk verkauft. Vieles davon stammt aus Bolivien und Peru; die naturfarbenen Alpaka-Stolas und Schals kommen hingegen aus Chile. Was man nicht als Mitbringsel kaufen sollte, sind Gegenstände aus Kaktusholz, da Kakteen dem Washingtoner Artenschutzabkommen unterliegen. ⌚ tgl. 9–21.30 Uhr.

Wer die Feria durchquert, kommt an der Straße Licancabur heraus, wo gegenüber das kleine Fußballstadion mit seinen Holztribünen steht und am Wochenende Spiele vor unvergesslicher Kulisse zu sehen sind.

€ Davor stehen die einladenden **Essensbuden** mit unschlagbaren Preisen. Hinter den Mauern ein Stückchen weiter liegt der **Cementerio**, der Friedhof. ⌚ tgl. 8–19 Uhr.

Südlich der Plaza verläuft die Fußgängerzone **Caracoles**, benannt nach der Silbermine am Vulkan Kimal. Hier finden sich massenhaft Agenturen, Restaurants und Andenkenläden. Richtig voll wird sie erst ab dem späten Nachmittag, wenn alle glückselig von ihren Ausflügen wiederkommen.

Im Norden von San Pedro liegt das **Museo del Meteorito**, Tocopilla 201, 💻 www.museodelmeteorito.cl, das sich schön mit dem Besuch des Pukará de Quitor kombinieren lässt, denn auf dem Weg dorthin kommt man vorbei. 77 Meteoriten wurden in den letzten 30 Jahren in der Atacama gefunden. ⌚ Di–So 18–21.30 Uhr, Eintritt 5000 CLP (Audioguides (25 Min.) auf Deutsch erhältlich).

Ausgrabungsstätten

Die ehemalige Festungsanlage **Pucará de Quitor** wurde am Nordrand der Oase gebaut. Ein schöner Spaziergang von etwa 4 km Länge vom Zentrum aus führt hin. Auf dem Weg kommt man am **Museo del Meteorito** vorbei (s. o.). Bei der Pukará, diesen sich terrassenartig an den 80 m hohen Berg schmiegenden Ruinen, handelt es sich um eine Art Fluchtburg der Atacameños aus dem 8.–12. Jh., wie das Pucará von Lasana: ein Beispiel für die Befestigung der Oasen gegen einwandernde Aymara vom Altiplano, die aufgrund von Dürre zur Migration gezwungen waren. Von ganz oben, der Gedenkstätte für die 25 Atacameños, die 1540 hier ihre Freiheit verteidigten, hat man eine herrliche Aussicht über die Oase und ins benachbarte Tal Katarpe. Nach dem Abstieg kann man sich an der kleinen Bar erfrischen. ⌚ tgl. 8–18 Uhr, Eintritt 3000 CLP.

Die Lehmbauten der **Ruinen von Tulor** (10 km, hinter Coyo) stammen dagegen aus dem 8.–5. Jh. v. Chr. und markieren den wichtigen Übergang vom Nomadentum zur Sesshaftigkeit. Die runden Hütten, die einen Durchmesser von bis zu 12 m haben, überstanden knapp 2500 Jahre im Wüstensand unbeschadet. Nur ein Teil (etwa 8 %) wurde in den 80er-Jahren ausgegraben und so nicht nur den Blicken des Publikums, sondern auch der Winderosion ausgesetzt. Damit Besucher nicht in die Anlage spazieren, wurde ein Steg gebaut, der um den von Sand befreiten Teil herumführt. 2009 hat man die meisten Mauerreste mit einem Spezialanstrich schützen wollen. Dazwischen wurde Kies gestreut, damit der Sand nicht an den Mauern reibt. Nun sieht es ein wenig nach einer Mini-Golfanlage aus, aber ein paar Mauern wurden noch im Urzustand gelassen. Neben den Ruinen zeigt ein begehbarer Nachbau, wie die Rundbauten im Innern ausgesehen haben mögen. Anmeldung bei ✉ comdecoyo@yahoo.com. ⌚ Mo–Fr 8–12, 13–17 Uhr, Eintritt 3000 CLP.

Quitor und die **Ruinen eines Inka-Tambos in Katarpe** (15. Jh.) sind einfach mit dem Mountainbike zu erreichen. Das Tambo ist allerdings nur dürfig ausgeschildert und in einem rohen Zustand. Mit dem Fahrrad kann man auch zu den Ruinen des **Pucará de Vilama** fahren, die etwa 3 km nördlich am Río Vilama liegen. Bei allen Besuchen gilt, auch wenn es keine Wächter gibt: Mauerreste nicht begehen, nicht graben, keine Tonscherben mitnehmen! Eintritt 3000 CLP.

Sternwarte ALMA

Im März 2013 wurde 50 km südöstlich von San Pedro das Atacama Large Millimeter Array (ALMA) in Betrieb genommen. Es ist das größte Radioteleskop der Welt. 54 seiner Antennen haben einen Durchmesser von 12 m, 12 von ihnen 7 m. Um seine volle Leistung zu entwickeln, braucht es die klarste Luft der Welt, und die findet sich in der Atacama-Wüste. So steht es auf dem

Vom Salar de Uyuni in Bolivien bis nach San Pedro de Atacama – per Fahrrad!

Die *Ruta De Las Joyas Altoandinas,* wie die Lagunenroute offiziell heißt, gilt als eine der anspruchsvollsten Radtouren weltweit. Sie führt vom Salar de Uyuni in Bolivien bis nach San Pedro de Atacama und verläuft in einer Höhe zwischen 4000 und 5000 m entlang der chilenischen Grenze. Asphaltiert sind von den mehr als 500 km nur die 40 km ab der chilenischen Grenze. Sie könnte ebenso Vulkanroute heißen. Eine ganze Kette der 5000er und 6000er, oft noch aktiven und mit Schneeresten bedeckten Vulkane begleitet uns. Immer wieder passiert man Lagunen, daher der Name. Lagunen nennt man hier die abflusslosen Salzseen. Durch Plankton und unterschiedliche Sedimente leuchtet jede in einer anderen Farbe und wechselt diese auch noch im Tagesverlauf. In dem Salzwasser halten sich verschiedene Vogelarten auf. Am auffallendsten sind sicher die prächtigen Flamingos.

Kaum 100 Biker und ein Dutzend Motorräder wagen sich pro Jahr auf diese Piste. Die übrigen Touristen sind auf die Allradfahrzeuge der bolivianischen Veranstalter angewiesen. Deren Zahl steigt von Jahr zu Jahr. In älteren Reiseberichten wird von etwa 10 Jeeps pro Tag berichtet. Heute sind es wohl 50–100 am Tag, die uns begegnen. Die Lagunenroute ist keine Straße. Jeder Fahrer sucht sich seine eigene Route. Riesige Staubfahnen künden die Annäherung eines Fahrzeuges schon lange vorher an.

Als Fahrradfahrer kämpft man gleich an mehreren Fronten. Es gibt nur wenige Stellen, wo man Trinkwasser erhalten kann. In der Höhe, der Hitze am Tage und bei der Anstrengung brauchen wir etwa 10 l pro Person und Tag. Ein Problem. Je schwerer das Rad, desto schwerer das Vorankommen. Der Wind beginnt morgens heftig und wächst sich bis zum Nachmittag zum Orkan aus. Er kommt meist von Süden, die Richtung, in die wir fahren.

Die Fahrbahnbeschaffenheit ändert sich mit jedem Kilometer, leider nie zum Guten. Auf felsige Abschnitte folgt tiefer Sand, gleich darauf heftiges Wellblech. Man fährt von rechts nach links und wieder retour, um den am wenigsten schlechten Belag zu suchen, ihn aber leider nie zu finden. Es gibt zudem noch durchaus heftige Steigungen. Wir schieben, ziehen und tragen unsere Räder immer wieder – mitunter selbst bergab. Gold wert war Isabels Idee, breite Therabänder mitzunehmen. Diese schlingen wir um unseren Körper, haken sie hinter dem Sattel ein und können so mitunter auch eine ganze Stunde lang mit der Kraft des gesamten Körpers ziehen. Natürlich leidet darunter die Tagesleistung. An schlechten Tagen kommen kaum 30 km zusammen. Minusrekord sind 10 km in fünf Stunden. Da fließen auch schon mal Tränen vor Anstrengung und Verzweiflung.

Wegen des heftigen Sturmes ist es fast unmöglich das Zelt aufzustellen. Ein Windschutz ist essenziell. Nur gibt es diesen in der wüstenartigen Landschaft höchst selten. Dankenswerterweise haben andere Radler Skizzen gemacht, wo man einen Unterschlupf findet. Hier ein Felsen, dort eine verlassene Hütte. Die Nächte sind eiskalt mit Temperaturen bis zu -20°C. Morgens sind die Flamingos im Salzwasser eingefroren und müssen warten bis die Sonne sie befreit.

Wir betteln nicht um Mitleid. All das weiß man im Vorfeld. Man sollte sich nur einigermaßen selbst einschätzen können. Fehler oder Defekte können einen schnell in kritische Situationen bringen. Unsere Räder rollten schon über die Holperpisten Zentralasiens und Tibets. Schlimmer kann es nicht werden. Dachten wir! Doch es wurde schlimmer. Unsere bisher anstrengendste Tour bisher.

Aber genug des Gejammers. Es bewahrheitet sich mal wieder: Je schwerer der Weg, desto grandioser die Landschaft. Die Tour war sicher eine der schönsten, wenn nicht *die* schönste unseres Lebens. Und auf die Frage: „Wie war's?" antwortet man wenige Tage nach der Tour ganz sicher: „Gar nicht so schlimm!"

Man lernt auch dazu. Wir tragen keine 10 l Wasser mehr mit uns. Wir können uns auf die Autofahrer verlassen. Halten wir eine leere Flasche in den Wind, hält garantiert das erste Fahrzeug und versorgt uns mit Wasser. Und mitunter auch noch mit Speisen oder gar einem Bier. Während die Insassen fleißig Fotos von diesen seltsamen Ufos schießen, die sie soeben gerettet haben.

Der Sternenhimmel ist gigantisch. Kein Wunder, dass hier die größten Sternwarten angesiedelt wurden. In Neumondnächten wirft die Milchstraße unsere Schatten in den Sand.

© SHUTTERSTOCK.COM / PAV-PRO PHOTOGRAPHY LTD

Übrigens hat es sich für uns gelohnt, den Umweg über Uyuni zu machen. In den beiden schönen (und teuren) Hotels an der Strecke lassen wir es uns gut gehen. Wir müssen auf unsere Figur achten! „Herr Ober, bitte noch zwei weitere Stücke von der Sahnetorte!"

Die Rast in San Pedro de Atacama (S. 286) tat gut. Geplant war, von hier zurück zum Pazifik zu fahren. Nach Antofagasta. Isabel liebt aber die Berge. In dieser Höhe umgibt sie unentwegt ein seliges Lächeln. Wir beschließen, noch einmal über die Anden zu fahren. Isabel will über den Paso Sico (4600 m). Der soll sehr schön sein. Ich weigere mich. Der ist unbefestigt. Nach der Lagunenroute will ich Asphalt! Von San Pedro aus führt aber auch der Paso Jama nach Argentinien. Mit 4830 m der höchste befestigte Pass Amerikas.

Ein Auto mit deutschem Nummernschild überholt uns. Was will der hier? In der nächsten Kurve fotografiert uns der Fahrer. Ein deutscher Fahrzeugingenieur. Hier werden Testfahrten in großer Höhe gemacht. Viel höher geht es nicht. Und beste Straße. Von den Stürmen, die uns von der Straße schieben und nachts nicht schlafen lassen, weil wir unser Zelt festhalten müssen, bekommt er kaum etwas mit.

Unbeabsichtigt geraten wir auf das riesige Gelände der Sternwarte Atacama Large Millimeter/submillimeter Array (ALMA), wo das größte Teleskop der Welt steht. Wirklich ganz zufällig haben wir gerade hier Lust einen Berg zu besteigen und nehmen die Schranke und das Verbotsschild nicht weiter ernst. „Einfach nicht ignorieren!"

Als wir dann aber erkennen, wo wir gelandet sind, wird es uns doch ein wenig mulmig. Wir fühlen uns auf dem Gelände wie in einem James-Bond-Film. Sicher werden wir gleich von Hubschraubern gejagt. Besser die Flucht ergreifen.

Es war ja nicht geplant nach Argentinien zu fahren. Daher haben wir keine Ahnung, was uns auf der weiteren Strecke erwartet. Nach einem letzten Pass, den wir im Schneesturm überqueren, wollen wir unseren Augen nicht trauen. Die irrsten Felsformationen in jeder Regenbogenfarbe. Rot, orange, gelb, blau, lila, und, und, und ...

Es stellt sich heraus, es ist ein Unesco-Weltkulturerbe. Die Quebrada de Humahuaca. Im netten kleinen Ort Purmamarca kann man es locker ein paar Tage aushalten. Viele Aussteiger aus aller Welt leben hier, oder kommen zu Besuch. Abends durchtränkt die Musik aus diversen Lokalen die dunklen, staubigen Gassen – bis zum Morgengrauen und länger ...

Nach fast 10 Wochen verlassen wir das Hochgebirge, sind erstmals wieder unterhalb der 3000er Höhenlinie. Wir kommen in gemäßigte Zonen. Es wird warm. Wir radeln in Shirts. Teilweise durch dichte Wälder. Das Wasser der Flüsse erreicht den Atlantik. Auch in den Seen finden wir Süßwasser. Wir können jetzt sogar in ihnen schwimmen.

Schließlich erreichen wir die Universitätsstadt Salta an den östlichen Ausläufern der Anden. Hübsche koloniale Altstadt, Hotels jeder Preisklasse, tolle Restaurants. Urbanes Leben. Wunderschön! Für drei Tage. Dann zieht es uns erneut in die wilde, ungezähmte Natur. Diese gibt es zum Glück in Südamerika noch reichlich.

Ein Beitrag von Uwe Ellger, www.velo-traumreise.de

Chajnantor-Plateau in einer Höhe von über 5000 m.

€ Besichtigen kann man u. a. den Kontrollraum und die Laboratorien jeden Samstag- und Sonntagmorgen nach vorheriger Registrierung unter www.alma.cl, die allerdings schon einige Monate vorher zu empfehlen ist. Sonst bleiben nur Plätze auf der Warteliste. Gratis.

Abfahrten von San Pedro aus um 8.45 Uhr an der Calle Tumisa, Ecke Av. Pedro de Valdivia, 100 m vom Busbahnhof Richtung Ortseingang. Nicht vergessen: Pass oder Personalausweis mitnehmen. Rückfahrt gegen 13 Uhr.

Laguna Ceja

Auf dieser Laguna, 28,5 km südlich von San Pedro, kann man sich treiben lassen wie im Toten Meer. Allerdings sind die Ausblicke etwas anders, denn hier schaut man auf Vulkane, die zwischen 5000 und 6000 m hoch sind. Der Weg ist einfach zu finden und hat mit nur 87 m Höhenunterschied so gut wie keine Steigungen. Einfach die südliche Ortsausfahrt Richtung Toconao nehmen. Die Lagune ist supersalzig. Es gibt aber Duschen (im Freien). Eintritt tgl. von 9–14 Uhr 15 000 CLP, 14–18 Uhr frei.

Ausflugsziele unterhalb 4000 m Höhe

Cordillera de la Sal

Ganz in der Nähe von San Pedro (3 km) befindet sich diese Salzkordillere, ein aus Sedimentgesteinen gebildetes Mini-Gebirge mit Höhen von bis zu 250 m über der Ausgangshöhe von 2400 m. Es handelt sich um eine Karstlandschaft, die bei der Erosion der vor 5–10 Mio. Jahren gehobenen Schichten des ehemaligen Salzsees entstanden ist. Bemerkenswerte Wadis, Dolinen und Erdpyramiden, Sanddünen und steile Kämme prägen das Bild. Das Infozentrum an der Einfahrt erklärt die geologisch-geomorphologischen Zusammenhänge. Dort gibt es auch eine kleine Cafetería und Toiletten.

Am bekanntesten ist das **Valle de la Luna** (Mondtal), wo sich aufgrund der weißen Salzausblühungen kaum ein Lebewesen findet. Dieses Tal wird meist nachmittags besucht, wenn zum Sonnenuntergang die zerfurchte Landschaft in intensive Rot-, Beige- und Brauntöne getaucht ist. Jedes Jahr werden hier verschiedene Werbespots und -fotos gemacht. Manchmal kann man am Eingang die Steinsalz-Schichten mit den Temperaturspannungen knacken hören. Die Touren zum Valle de la Luna sind für die meisten Traveller in San Pedro Pflicht. Sie starten praktisch alle etwa zeitgleich am Nachmittag, so ist man zum Sonnenuntergang auch wirklich nicht allein. Mittlerweile kann man das Valle de la Luna nur noch mit Anmeldung besuchen. Eintritt 9–16 Uhr 10 800 CLP. Tickets gibt es bei www.puntoticket.com.

Noch näher am Dorf liegt das **Valle de la Muerte** (Mars- oder auch Todestal), wohin die Touren zum Sandboarden führen, auch abends unter Flutlicht mit DJ. Bretter dafür können geliehen werden und man radelt hin. Die erstaunlich steile Düne ist etwa 180 m hoch. Eintritt 3000 CLP. 🕒 8–18.30 Uhr. Interessant ist auch ein Ausritt (3–4 Std. hin und zurück, 25 000–40 000 CLP).

Salar de Atacama

18 km südlich vom Dorf beginnt der Salzsee, in dem man die **Laguna Cejar** besuchen kann. Die fünf runden, bis zu 80 m breiten artesischen Brunnen haben eine so hohe Salzkonzentration, dass das Wasser wie im Toten Meer trägt. 🕒 tgl. 9–13 Uhr für Privatpersonen. Eintritt 20 000 CLP, Die meisten Touren führen auch noch zur **Laguna Tebinquinche**. 🕒 tgl. 8–18 Uhr, Eintritt: 5000 CLP.

Zur **Laguna Chaxa** bzw. **Reserva Nacional de los Flamencos** im Salzsee fahren die meisten Agenturen am Abend (in Kombination mit den Altiplano-Seen Miscanti und Miñiques auch am Morgen). Auf dem Weg wird in der 800-Seelen-Oase Toconao (S. 295) angehalten. Im flachen Wasser kommen im Winter drei von weltweit sechs Flamingo-Arten vor. Im Sommer herrscht der dort brütende Gelbfußflamingo vor, die an-

Thema Coca

Angebotene Coca-Blätter oder Coca-Teebeutel sollte man in San Pedro lieber nur als Mittel gegen Höhenkrankheit genießen, denn die Einfuhr nach Europa ist strafbar, da sie in geringen Mengen Kokain enthalten. Um unnötigen Diskussionen zu entgehen, sollte man auch keine mit nach Argentinien nehmen, denn dort sind sie nämlich trotz anderslautender Gerüchte auch in den nördlichen Provinzen Jujuy und Salta eher geduldet als erlaubt.

deren Arten (James- und Chile-Flamingo) sind dann eher auf dem Altiplano zu finden. Die sichtbare Anzahl hängt von den Besuchern ab: Die scheuen Vögel verziehen sich, wenn zu viele Menschen sich dort aufhalten. Meistens sieht man 20–50 in der Nähe, zur Mittagszeit auch mehr, wenn weniger Touristen vor Ort sind.

Die Laguna Chaxa ist ein weit verzweigter, flacher See inmitten der Salzkrusten des Salares. Mit 100 km Nord-Süd- und etwa 60 km Ost-West-Ausdehnung bei einer Fläche von 3200 km^2 ist er der größte Salzsee seiner Art in Chile – etwa viermal so groß wie der Bodensee. Die Salze, die aus dem Tuffgestein der Anden stammen, enthalten auch wertvolles Lithium für Batterien, das im Süden des Salars gewonnen wird. Dafür muss in riesigen Becken die Salzsole verdampft werden, was natürlich negative Auswirkungen auf den Wasserhaushalt des Salzsees hat, der ohnehin schon Verdunstungsraten von bis zu 5000 l pro Sekunde aufweist. Da aber viele Arbeitsplätze in den Oasen von den Minen abhängen, protestiert niemand.

Besucher sollten nicht rauchen, keine Salzkrusten mitnehmen, die Flamingos nicht aufscheuchen und auf den Wegen bleiben. 🕒 tgl. 9–18 Uhr, Eintritt 4000 CLP.

Toconao und die Quebrada de Jeré

Das Dorf **Toconao** liegt am Rand des Salzsees, 40 km von San Pedro de Atacama entfernt und zählt 800 Einwohner. Auf dem Weg dorthin sieht man grüne Bäume aus dem knochentrockenen Wüstenboden wachsen. Nach 20 Minuten geht es rechts ab zur **Laguna Ceja**, zu der man auch eine schöne Radtour machen kann (s. QR-Code). 19 km vor Toconao kommt die Sternwarte ALMA (S. 291) in Sicht, die sich an die Berge schmiegt. Der Ort wurde 1557 von dem Spanier Velazquez Altamirano gegründet.

An der wunderschönen Plaza steht ein sehenswerter **Glockenturm** (um 1740 erbaut) mit einer Tür aus Kaktusholz, genau wie das Dach der Kirche dahinter. Rund um die Plaza gibt es Kunsthandwerk. Die Häuser sind aus dem örtlichen Tuffgestein gebaut, Liparit genannt. Der farbenfrohe Friedhof zwei Blocks von der Plaza entfernt mit Vulkanen im Hintergrund dürfte eine der fröhlichsten Begräbnisstätten sein, die man je gesehen hat. Daneben hat sich die Gemeinde einen nagelneuen Kunstrasenfußballplatz gegönnt. Geht man bergab Richtung Fluss, begibt man sich unglaublicherweise in einen dichten Wald, in dem massenhaft Vögel zwitschern. Allerdings ist der Zugang zum Fluss durch die umzäunten Gärten der Menschen, die hier leben, versperrt.

Am Ortsrand ist die **Quebrada de Jeré** sehenswert: Mit bis zu 100 m Tiefe schlängelt sich der kleine Bach Honar durch den weißen Tuff; die seit Urzeiten bewässerten Streifen heben sich dankbar Grün gegen die Wüste drumherum ab. Entlang der Schlucht gibt es Wandermöglichkeiten für ein paar Stunden, am Wochenende kommen Leute aus der Nachbarschaft zum Grillen her, während sich die Kinder in Badebuchten abkühlen. 🕒 tgl. 8.15–19 Uhr, 1500 CLP.

Im Dorf gibt es einige einfache Restaurants rund um die Plaza, die sich nicht übersehen lassen, einen Minimarkt und ein einfaches Hostal. Zimmer mit und ohne Bad. Kontakt im Kunsthandwerksgeschäft am westlichen Ende der Plaza. ❶–❷

€ Man kann ganz einfach ohne organisierte Tour nach Toconao mit den Bussen von Atacama 2000 ab San Pedro fahren, sollte allerdings nicht den letzten Bus verpassen, der am Büro, einen Block von der Plaza entfernt, abfährt.

Katarpe-Schlucht

Katarpe heißt eine Schlucht, die vom Río San Pedro aus der Salzkordillere gewaschen wurde. Sie beginnt ab Quitor (3 km vom Zentrum gen Norden) und ist am Nachmittag einen Besuch wert. Nach 5 km kommt eine Furt mit einem Hügel, auf dem ein weißes Kreuz steht. Nach rechts führt eine Mini-Allee aus Chañar-Bäumen in die **Quebrada del Diablo** (Teufelsschlucht). Mit dem Fahrrad oder zu Fuß kann man das verzweigte Wadi erkunden. Eintritt 3000 CLP.

Valle Arco Iris (Regenbogental)

Zum Valle Arco Iris (3400 m) und den Petroglyphen von Hierbas Buenas sowie der malerisch in einer tiefen Schlucht gelegenen Oase Río Grande führt ein Ganztagsausflug. Das Regenbogental zeigt die Mischung der Vulkangesteine des Domeyko-Gebirges, die sich mit salzigen Schichten und Buntsandstein der Salzkordillere vermischen. Das Dorf **Río Grande** ist recht traditionell, die Atacamaños leben vom Ackerbau, hauptsächlich Knoblauch, der nach Calama verkauft wird. Im Juni kann man mit Glück Zeuge des Kanalreinigungsfestes (Talatur genannt) werden, wenn die Bewässerungskanäle in Gemeinschaftsarbeit gereinigt werden. Danach gibt es ein mittelalterlich wirkendes Festbankett und Spiele, Tanz und Musik. Eintritt 5000 CLP.

Termas de Puritama

Die Thermalquellen Puritama liegen 38 km von San Pedro Richtung Tatio auf 3400 m Höhe. In den acht rustikalen Becken herrscht eine angenehme Badetemperatur von 34 °C. Die Schlucht ist malerisch und hat viele Pampasgräser. Ein steiler Weg, den man besser nur mit Allradfahrzeug befahren sollte, führt hinunter. ⌚ tgl. 9.30–12.30, 14–17 Uhr. Eintritt 30 000 CLP, zum Sonnenuntergang 17.30–18.30 Uhr 16 000 CLP.

Ausflugsziele oberhalb 4000 m Höhe

Tatio-Geysire

Auf 4300 m Höhe zischen Wasser- und Dampffontänen aus der Erde. Besonders spektakulär ist das Schauspiel am Morgen, wenn es kalt ist (unter 0 °C) und der Wasserdampf kondensiert. Dann sind allerdings auch die meisten Besucher dort, zur Hochsaison bis zu 300, die sich aber dank der Größe des Gebietes (rund 10 km^2) etwas verstreuen. Es gibt Schlammgeysire, etwa 500 Fumarolen und ein paar Geysire, die bis zu 5 m hoch spucken. In der Umgebung finden sich massenweise Vicuñas, aber auch die hasenähnlichen Bergvizcachas. In einem rustikalen Becken kann in 35–40 °C heißem Wasser gebadet werden.

Seit 2008 steht das Gebiet unter der Verwaltung der Indigenendörfer Toconce und Caspana. Es gibt Toiletten bei den Wärterhäuschen. Dort kann man auch gegen ein Entgelt übernachten oder sein Zelt aufschlagen. Achtung: In den vergangenen Jahren gab es immer wieder Unfälle durch Verbrühungen, sogar Todesfälle. Daher nicht zu nah an die Löcher herantreten und eine Körperlänge **Abstand halten**! Es sind schon Menschen hineingefallen. Beim Badesee gibt es Toiletten und Umkleidehäuschen.

Die Touren starten morgens zwischen vier und fünf Uhr, damit die Geysire im Sonnenaufgang erreicht werden, wenn sie ihre maximale Energie entfalten. Dann wird man die Fontänen aber nicht für sich allein haben, denn auch die anderen Touren kommen zum Sonnenaufgang dort an. In Kleidungsfragen sei die Zwiebeltaktik empfohlen, denn frühmorgens ist es dort oben natürlich eisig kalt. Auf der Rückfahrt werden die Fahrzeuge aber schon zu Glutöfen, wenn man gegen Mittag (12–13 Uhr) wieder San Pedro erreicht. Eintritt 15 000 CLP.

Lagunas Altiplánicas: Miscanti und Miñiques

Die 90 km von San Pedro entfernten Bergseen Miscanti und Miñiques liegen auf über 4000 m Höhe. In verschiedenen Blautönen schimmern sie unter den gleichnamigen Vulkanen, daneben wächst gelbgrünes Steppengras (Paja Brava). Da zum Schutz der Vegetation alle Wanderwege gesperrt worden sind, stapfen die meisten Besucher willig die staubige Piste entlang. Ob sich der Besuch mit zwei Stunden Anfahrt lohnt, sei dahingestellt.

Interessanter ist es, die am Paso Sico liegenden, weißen bis graugrünen Salzseen Aguas Calientes und Tuyajtu zu sehen, allerdings ist die Piste in schlechtem Zustand. Die angebotenen Ausflüge führen nur zum Miscanti- und Miñiques-See, allerdings mit Besuch des Salar de Atacama am Morgen, auf der Rückfahrt Mittagessen im Indigenendorf **Socaire**. Dort herrscht Terrassenanbau (u. a. Quinoa) vor.

Im Dorf befinden sich die hübsche Kirche San Bartolomeus und einfache Restaurants. ⌚ tgl. 9–18 Uhr. Eintritt 4000 CLP.

Tickets bei 💻 www.socairechile.cl. Die Touren dauern in der Regel von 7–17.30 Uhr (inkl. Besuch der Piedras Rojas) und kosten inkl. Frühstück und Mittagessen ab 30 000 CLP.

Salar de Tara

Der Salar de Tara ist ein ausgetrockneter See im Dreiländereck angrenzend an Argentinien und Bolivien, etwa 140 km von San Pedro. Die Passstraße Jama steigt auf über 4800 m, der See liegt auf 4100 m. Der asphaltierte Pass führt vorbei an der Zufahrt nach Bolivien (Hito Cajon) und bis zu den sogenannten **Monjes de la Pakana**, einer surreal wirkenden Anhäufung von wettergegerbten Felsmonumenten inmitten einer von Gletschern geschliffenen, welligen Ebene. Danach führt eine 30 km lange Piste zum Salar. Kurz vor dem Salzsee findet sich eine Reihe von imposanten Tuffstein-Schluchten, die schroff erodiert sind. Den See bevölkern viele Wasservögel, im Sommer auch Flamingos. Autofahrern wird dringend empfohlen, einen lokalen Guide mitzunehmen, denn die vielen Wege sind unübersichtlich. Ausflüge starten um 8 Uhr, dauern etwa 8 1/2 Std. und kosten inkl. Frühstück und Mittagessen ab 45 000 CLP. Vorab informieren, ob der Salar geöffnet ist.

Die Kinder-Mumien des Llullaillaco

Der im Süden des Salar de Atacama sichtbare, fast 7000 m hohe Vulkan Llullaillaco war ein natürlicher Wegmarker für den Inkaweg, der von Cuzco Richtung Bío-Bío führte. 1998 hat der Höhenarchäologe Johann Reinhard dort drei Kindermumien gefunden, die vor 500 Jahren als Menschenopfer der Inka Botschafter für die Götter waren. Da die Gräber auf der argentinischen Seite lagen, sind die interessanten Mumien nicht in San Pedro, sondern im **Museo de Arqueología de Alta Montaña** in der argentinischen Stadt Salta ausgestellt, allerdings seit einigen Jahren aus Konservierungsgründen nicht mehr alle drei gemeinsam, sondern nach einem Rotationsprinzip immer nur eine allein.

Vielen Besuchern stehen beim Verlassen der Ausstellung dennoch Tränen in den Augen, 💻 www.maam.gob.ar. Den Nationalpark, der die ungeschminkte Wüste im Übergang zum Altiplano zeigt, sollte man wegen schlechter Wege und Ausschilderung nur mit Führern besuchen.

ÜBERNACHTUNG

San Pedro hat um die 300 Übernachtungsmöglichkeiten – für ein Dorf von ein paar Tausend Einwohnern eine enorme Zahl. Sie reichen vom einfachen Campingplatz bzw. Hostel bis zu 5-Sterne-Unterkünften, in denen pro Nacht US$1000 gezahlt werden. Da aber praktisch alle in traditionellem Architekturstil der Atacama gestaltet sind, ist von außen oft nicht zu erkennen, welch weitläufig-wohltuende Gärten (mit Hängematten!) sich in den Innenhöfen der Häuser verbergen. Schlau ist, keine Unterkunft mitten im Ort zu nehmen, denn wer ein wenig außerhalb wohnt, hat mehr von den schönen Wegen, die San Pedro durchziehen, und dem Ort selbst. Schnäppchen gibt es praktisch nicht, etwas **vergünstigte Pakete**, die Airport-Transfer, 2 Nächte und 2 Touren beinhalten, lassen sich über 💻 www.sanpedroatacama.com buchen. Dafür sind fast alle Unterkünfte auch bei der Organisation von Ausflügen behilflich. Bei **Sernatur**, ✉ infoantofagasta@sernatur.cl, kann man eine aktuelle Liste aller Unterkünfte inkl. Preisen anfordern. Während der Sommermonate sind viele Unterkünfte ausgebucht, daher rechtzeitig reservieren!

Untere Preisklasse

Es gibt knapp ein Dutzend Einrichtungen, bei denen man sein Zelt aufschlagen kann. Kosten p. P. und Nacht um 10 000 CLP. Auf den Campingplätzen muss immer mit Studenten- oder Schülergruppen gerechnet werden.

€ **Hostal Edén Atacameño**, Toconao 592, ✆ 9-3035-1164. Angenehm ruhige Anlage 150 m südlich des Zentrums. Fernsehzimmer, Sonnenliegen und Hängematten im Garten, einfache Zimmer mit/ohne Bad. ❶–❷

© MEIK UNTERKÖTTER

Halbzeitbesprechung unterm Vulkan: San Pedro de Atacama

Camping Los Abuelos y Eco-Domos, Domingo Atienza 294B, ✆ 9-9311-4509. Schöne Lage 10 Min. zu Fuß nördlich des Zentrums auf dem Weg zum Pukará de Quitor. Man kann auch in Domos mit/ohne Bad schlafen. Pool und Kletterwand. Inkl. Frühstück ❷–❸

Hostal Hara, Ignacio Carrera Pinto 480, www.hostalhara.com. Zwischen Busbahnhof und Zentrum mit Garten, der ein bisschen gepflegter sein könnte, aber die 17 Zimmer mit/ohne Bad sind okay. Parkplätze. Gegenüber liegt ein Minimarkt. ❷–❸

Hostal Corvatsch, Gustavo Le Paige 178, www.corvatschchile.cl. Der zentral gelegene Motorradfahrertreff in San Pedro, deshalb ist der weitläufige Parkplatz meist gut belegt. Dafür kann man sich den schönen Garten mit den Hotelgästen teilen. ❸

Mittlere Preisklasse

Inti y Killa, Domingo Atienza 294. www.intikilla.cl. Gepflegte Anlage mit 28 kühlen, geräumigen Zimmern etwas außerhalb, alle mit Bad und Kühlschrank. Im Garten wachsen Weintrauben. Pool. Inkl. Frühstück und MwSt. ❸–❹

Hotel Takha Takha, Caracoles 151A, www.takhatakha.com. Gute Lage, etwas außerhalb. Hübscher Oasen-Garten mit Cafetería und Pool. Die Zimmer haben Heizung, es gibt sie mit und ohne Bad. Parkplätze. ❸–❺

Incahuasi, El Carmen 132, www.incahuasi.cl. Etwas außerhalb in der Poblacion El Carmen, 15 Min. zu Fuß ins Zentrum, lädt Sandra Fuentes seit 1998 Gäste in ihre rustikalen, geschmackvoll eingerichteten Zimmer mit/ohne Bad. Gemeinschaftsküche und Wäscherei. Frühstücksbuffet inkl. ❸–❺

Hostal Harickuntur, Tocopilla 8F-A, www.harickuntur.cl. Ein paar 100 m südlich des Zentrums. 9 Zimmer mit/ohne Bad um einen Innenhof. Parkplätze. Ohne Frühstück, aber mit Küchenbenutzung. Mind. 2 Nächte. ❹

Katarpe Hostal, Domingo Atienza 441, ✆ 55-285-1033, hostalkatarpe@gmail.com. 50 m neben der Fußgängerzone, aber ruhig gelegen. Uriger Garten und schöne Steinhäuser um einen Patio herum. 24-Std.-Rezeption, Wäscheservice und Parkplätze. Kontinentales Frühstück inkl. ❹

Hotel Corvatsch, Licancabur 191, www.corvatschchile.cl. Die stilvollen, geräumigen

Zimmer mit schönen Badezimmern und Heizung sind um einen grünen Garten gruppiert, den man sich mit den anderen Gästen teilt. ❺

Obere Preisklasse

Explora, Domingo Atienza s/n, 💻 www.explora.com. 2 km außerhalb, bietet allen erdenklichen Service. Spa, Massagen und Ausflüge im Paket, eigenes Teleskop, das größte private in Chile, und Reiterhof mit professioneller Reitlehrerin. Auf der Website gibt es oft Angebote. ❻

Kimal, Domingo Atienza 452, 💻 www.kimal.cl. Die schönen Cabañas aus Naturmaterialien haben geräumige Badezimmer und liegen zentral. Alle haben einen kleinen Kühlschrank und eine Terrasse. Pool und Parkplätze. Yoga und Massagen werden angeboten. Frühstücksbuffet inkl. ❻.

Tierra Atacama, Calle Sequitor s/n, 💻 www.tierrahotels.com. Boutique-Hotel am südlichen Ortsrand, das einer Familie gehört, die auch eins der bekanntesten Ski-Hotels des Landes betreibt. Viele Möbel und Accessoires sind aus lokalem Material handgefertigt. Toller Blick auf den Vulkan Licancabur. Dafür kosten manche Zimmer auch US$2500 pro Nacht. ❻

ESSEN

Obwohl San Pedro de Atacama den Ruf hat, teuer zu sein, bekommt man auch gute, abwechslungsreiche Menüs und preiswerte Mittagsgerichte: Am günstigsten sind die **Buden** zwischen der Feria und dem Fußballplatz in der Licancabur, die um die Mittagszeit gern von Einheimischen besucht werden. Serviert weden u. a. Cazuela, Hühnchen und Albondigas, gewürzte Frikadellen mit Reis. Mittagsgerichte, die in manchen der Restaurants nur von 11.30–15 Uhr serviert werden, kosten zwischen 5500 und 8500 CLP. Teuer sind die **Restaurants im Zentrum**, besonders natürlich in der Caracoles, wo einige wirklich innovative Küche in sehr kreativem Ambiente bieten. Neben dem **Busbahnhof** gibt es in hübschen Holzhütten schöne Cafés. Oft sind auch **Food Trucks** im Ort unterwegs.

Benidito Desierto, Domingo Atienza 426. Außenbereich unter strohgedeckten Dächern und bunt beleuchtet. Meist nicht so voll, da etwas teurer und abseits der Laufwege der Massen.

Casa de Piedra, Caracoles 225, 💻 www.restaurantcasadepiedra.com. Wunderschönes Restaurant mit einer oberen Etage mit Panoramablick. Dazu muss man allerdings zunächst durch einen langen Tunnel gehen. Leckere Pizza und Pasta. 🕒 Di–So 12–23 Uhr.

Café El Diablito, Socaire No 602, Local 8, direkt am Busbahhof. Gutes Frühstück, frische Säfte und Empanadas. 🕒 tgl. 7.30–15 Uhr.

Ckunna, Tocopilla 359, 💻 www.ckunna.cl. In einem historischen Haus aus dem Jahr 1900, in dem die erste Schule des Ortes untergebracht war. Im schönen Garten mit Bäumen der Region werden gute Fleisch- und Fischgerichte wie Ceviche, gebratener Lachs und andinische Fusionsküche serviert. 🕒 tgl. 16–22 Uhr.

Delicias de Carmen, Calama 370 B, Carmen Aguayo ist der Name der Verantwortlichen für das umwerfende Gebäck wie Apfel- und Zitronenkuchen oder Strudel. Zudem gibt es Salate, Empanadas und Pizza – alles frisch hergestellt. Recht günstige Tagesmenüs. 🕒 Mi–Mo 12.45–21.45 Uhr.

Estaka, Caracoles 259 B, 💻 www.laestakarestaurant.cl. 1992 eröffnet und damit eins der ältesten Restaurants im Ort, mit einer interessanten, innovativen Architektur. Exzellente vegetarische Gerichte, Crêpes und Sushi zu moderaten Preisen. Fr–So Livemusik. 🕒 Di–So 11.30–23.30 Uhr.

La Pica del Perú, Tunisia, neben dem Busbahnhof. Gutes Fast Food, frische Säfte oder das Tagesmenu. Mit Blick auf den Vulkan.

La Casona, Caracoles 195 A, 💻 www.lacasonarestaurant.cl. Schlichtes Interieur, chilenische Küche und Fleischgerichte zu Preisen ab 10 000 CLP, oft begleitet von Pianomusik. 🕒 tgl. 12–23 Uhr.

Lola, Toconao 441, 📞 9-3659-1979, 💻 www.fb.com/LOLA. Inhabergeführtes Restaurant, in dem es frische Pasta, Tacos und Pizza gibt. Neben der kosmopolitischen Atmosphäre sind v. a. die Cocktails, Shakes und Smoothies einen Besuch wert. 🕒 tgl. 19–1 Uhr.

Pizzeria El Charrua, Domingo Atienza 426, 📞 55-320-7161. In einem kleinen Raum mit nur 4 Tischen wird eine der besten

Pizzen der Region gemacht. Die Familienpizza reicht für 2 Pers. ⌚ tgl. 10–0.30 Uhr.

UNTERHALTUNG

An der Plaza gibt es 3 Cafés mit Außenbereich, von denen aus man bei gutem, aber etwas teurerem Kaffee den herrlich entspannten Mix von Einheimischen, Aussteigern und Travellern beobachten kann.

Es gibt eine Reihe netter Bars, meist mit großartiger Stimmung unter den Travellern, oft mit Livemusik, manchmal am offenen Feuer. Bis Mitternacht steigt die Stimmung stetig. Aber jeder normal denkende Mensch wird (hoffentlich) schnell erkennen, dass San Pedro ein Ort ist, an dem aufeinander Rücksicht genommen werden muss. So geht um Mitternacht dann die Musik meist aus. Neben dem Busbahnhof erstreckt sich das **Pueblo de Artesanos**, auf dessen kleinem Veranstaltungsgelände es manchmal Livemusik gibt.

Barros, Licancabur 246, 💻 www.fb.com/Barros Restaurante. Unter Bastmatten werden Salate, Suppen, Desserts und ein empfehlenswertes 3-gängiges Tagesmenü serviert (6000 CLP). Abends gibt es Cocktails aus Halblitergläsern und Livemusik. Dann ist es oft schwer, einen Platz zu ergattern. ⌚ tgl. 12–23 Uhr.

Chela Cabur, Caracoles 212. Die Stimmungskneipe im Ort! Unter der Decke hängen Fußballtrikots aus aller Welt. Schon mittags geht es bei Bier und Rockmusik hoch her, abends wird es noch lauter. Hier kann man aber auch Einheimische treffen. ⌚ tgl. 12–1 Uhr.

TOUREN

€ Fast alle Veranstalter bieten Pakete an, die 3–4 Touren in 3 aufeinanderfolgenden Tagen beinhalten und z. B. zum Valle de la Luna, zu den Tatio-Geysiren, den Termas Puritama und den Piedras Rojas führen. Preis um 150 000 CLP inkl. Flughafentransfer. Insbesondere bei der Buchung dieser Pakete sollte man bei der Wahl des Veranstalters sorgsam sein und vielleicht lieber ein paar Pesos mehr investieren.

Ein gutes Planungsportal ist **Etiner**, 💻 www.etiner.com, in dem die einzelnen Touren (max. 15–20 Teilnehmer) auch auf Englisch vorgestellt werden.

Richtzeiten und -preise für die beliebtesten Touren (in der NS sinken die Preise um 15–20 %, nur bei wenigen Veranstaltern sind die Eintrittsgelder inklusive, s. auch Ausflugsziele):

Valle de la Luna, 16–20 Uhr, 29 000 CLP plus 5000 CLP Eintritt.

Laguna Ceja, 14–19.30 Uhr, inkl. Snack, 29 000 CLP plus 20 000 CLP Eintritt.

Valle del Arcoíris, 8–13 Uhr, inkl. Snack, 33 000 CLP.

Termas de Puritama, 8/9–12.45 oder 14.30–18.30 Uhr, 47 000 CLP.

Geiser del Tatio, 4.30–12.30 Uhr, 29 000 CLP plus 15 000 CLP Eintritt. Warme Sachen mitnehmen. So früh morgens ist es oft unter null Grad kalt.

Salar de Atacama, Lagunas Altiplánicas (Miscanti y Meñiques), **Piedras Rojas und Toconao,** 7.30–18.30 Uhr, inkl. Frühstück und Mittagessen, 45 000 CLP. Eintritt 5500 CLP.

Salar de Uyuni in Bolivien

Diese Touren werden für 3 Tage und 2 Nächte (um 195 000 CLP) oder 4 Tage und 3 Nächte (um 225 000 CLP) angeboten. Allerdings sollte man sich darüber im Klaren sein, dass es sich nicht um einen gemütlichen Ausflug handelt. Diese Touren haben fast ein wenig Expeditionscharakter – es wird auch nachts gefahren. Die Luxusversion kostet ab 1 900 000–2 200 000 CLP. Unbedingt warme Sachen mitnehmen; wer auf sein Smartphone nicht verzichten kann, sollte ein mobiles Ladegerät einpacken, denn es gibt nicht viele Steckdosen.

Tourveranstalter

Basecamp, Toconao 424 A, 💻 www.andeswildadventure.com. Seriöse Firma mit umfassendem Angebot direkt an der Plaza. Touren mit max. 10 Teilnehmern, Auch halbtägige Fahrradtouren mittleren Schwierigkeitsgrad. ⌚ tgl. 9.30–21.30 Uhr.

Terra Extreme, Toconao 424, 💻 www.terraextreme.cl. Staatlich zertifiziertes Unternehmen mit einem kompakten Angebot für Touren mit

Selbst fahren, Touren buchen und wenn ja, bei wem?

Schon auf dem Weg vom Busbahnhof in den Ort passiert man eine Reihe der vielen Büros, in denen Ausflüge zu den Attraktionen in der Umgebung angeboten werden. Die meisten sind ja nicht zu Fuß erreichbar und der öffentliche Transport in der Region ist naturgegeben begrenzt. Mittlerweile gibt es 150 registrierte Tourveranstalter, darunter wirklich gute, aber auch einige schlechte. Bei dieser Auswahl stellt sich natürlich die Frage, ob man überhaupt Touren buchen soll und wenn ja, bei wem. Zudem bieten fast alle Veranstalter das Gleiche an.

Grundsätzlich kann man fast alle Touren auch allein mit einem Mietwagen machen. Unverzichtbar ist ein ortskundiger Führer nur für die Tour zum Salar de Tara, der zur Zeit der Recherche ohnehin geschlossen war. Dort gibt es nämlich so viele Wege, dass sich Abenteuerlustige schon so sehr in den Weiten der Anden verloren haben, dass sie in Argentinien wieder rausgekommen sind. Allerdings muss man auch bei den anderen Touren bedenken, dass die Gebiete, in die man fährt, absolut menschenleer sind. Man ist schlicht und einfach auf sich gestellt. Zudem ist mit einem normalen Fahrzeug auch der Fahrspaß auf Schotter- und Steinstraßen nicht der größte und 4x4-Fahrzeuge sind sehr teuer. Die Auswahl an Mietfahrzeugen ist in Calama deutlich größer (als in San Pedro). Daher könnten gebuchte Touren trotz all der Nerverei mit der Gruppe die entspanntere Art sein, die einzigartigen Landschaften zu genießen. Der Mix der meisten anderen Tourteilnehmer ist auch immer wieder interessant, kommen nach San Pedro doch Naturliebhaber aus der ganzen Welt.

Bei welcher Agentur soll ich buchen?

Es ist praktisch unmöglich, die Qualität der einzelnen Tourveranstalter verlässlich zu bewerten, weil viele mit wechselndem Personal und vielen Freelancern arbeiten. Zudem nutzt sich das eingesetzte Material ab, sodass die Situation permanenten Veränderungen unterliegt. Um Kosten zu sparen, arbeiten viele Agenturen mit anderen zusammen und füllen sich gegenseitig die Busse auf. Das bedeutet, man kauft bei einer Agentur, fährt aber mit einer anderen. Mittlerweile sind englischsprachige Führer Standard, sicherheitshalber sollte man sich aber danach erkundigen. Wer lieber Touren auf Deutsch haben möchte, sollte das vorher anmelden, damit ein entsprechender Guide organisiert werden kann, und sich auch auf höhere Kosten einstellen. Optimal, aber am teuersten sind natürlich Privat-Guides. Mit ihnen entfallen dafür aber auch sämtliche Wartezeiten, die das Reisen in einer Gruppe mit sich bringt.

Ein Blick ins Beschwerdebuch der Touristeninformation kann ein wenig Licht ins Dunkel bringen. Dort haben zum Beispiel **Vive Atacama, Nortrek** und **Atacama Connection** in den vergangenen Jahren einige schlechte Bewertungen bekommen, **Lithium-Aventura** dagegen so viele gute, dass es schon fast unglaubwürdig wirkt. Keine Beschwerden gab es von Kunden, die Touren mit **Basecamp** an der Plaza und **Sun Travel** gemacht haben.

Am besten holt man **aktuelle Erfahrungen von anderen Reisenden** ein und fragt in den Agenturen nach sicherheitsrelevanten Aspekten und solchen, die das Wohlgefühl betreffen.

- Gibt es einen Fahrer und einen Extra-Guide?
- Größe des Fahrzeugs? Je kleiner, desto sicherer.
- Wie viele Teilnehmer hat die Gruppe? 10 sind angenehmer als 15 oder 20, sie brauchen dann auch nicht so lange beim Ein- und Aussteigen.
- Gibt es Essen, Snacks und Getränke? Eine große Flasche Wasser sollte man für alle Fälle immer selbst dabeihaben.
- In welchen Sprachen findet die Tour statt?

Und schließlich sollte man natürlich seinem eigenen Gefühl trauen.

einer gepflegten Fahrzeugflotte. ⌚ 9–14, 16–20.30 Uhr.
Viel Gutes hört man auch von **Andes Travel**, Caracoles 174 B, 💻 www.andes-travel.cl, ⌚ tgl. 10–22 Uhr. **Lithium Aventura**, Caracoles 419 B1, 💻 www.lithiumaventura.com, und **Sol Andino Expediciones,** Toconao 455 B, 💻 www.gouyuni.com.

Astronomische Führungen

Tour Astronómico, 💻 www.unanocheconlasestrellas.cl. Kleine Gruppen mit 10–15 Leuten. Observation mit Teleskop und bloßem Auge. Es werden Basiskenntnisse der Astronomie erklärt. Die Touren dauern 2 Std. und starten um 21 und um 23 Uhr. 35 000 CLP.
Lithium Aventura, siehe oben. Astro-Touren je nach Jahreszeit um 20 und 22 Uhr. 35 000 CLP.
Amigos del Espacio, Tocopilla 372A, 💻 www.amigosdelespacio.cl. Familienbetrieb der auf Astro-Touren spezialisiert ist. Touren von 20–22 und 22–24 Uhr. ⌚ tgl. 9–13, 14–21 Uhr.

Bergsteigen

Da die Vulkane der Gegend kaum technisches Können, sondern eher viel Kondition erfordern, kann eher von Hochgebirgswandern gesprochen werden.
Für Kletterer gibt es Angebote in der Schlucht Nacimiento (3500 m) bei Socaire. Zum Üben kann man sich an der **Kletterwand** im Domus Eco Camping versuchen (s. Übernachtung).
Von den rund 30 Vulkanen der Umgebung werden angeboten (Reihenfolge nach Schwierigkeit): **Toco** 5550 m; 400 m Aufstieg.
Láskar aktiv; 5500 m, 700 m Aufstieg.
Sairecabur 6010 m, 400–600 m Aufstieg.
Colorado 5760 m, 900 m Aufstieg.
Licancabur 5916 m, 1200 m Aufstieg von der bolivianischen Seite.
Llullaillaco 6740 m; ca. 2000 m Aufstieg, mind. 5 Tage.

Es gibt mehrere Agenturen, die sich spezialisiert haben, u. a.:
Cumbres 6000, Caracoles 400. ✆ 9-7686-1359. Eines der ältesten Unternehmen im Ort. Zum **Vulkan Láskar** geht es bspw. um 5 Uhr los, die Fahrt zum Base-Camp dauert 2 1/2 Std., der Aufstieg 3 Std., der Abstieg 2 Std. ⌚ tgl. 9–22 Uhr.
Vulcano Expediciones, Caracoles 317, 💻 www.vulcanoexpediciones.com. Die staatlich zertifizierte Agentur wird von dem hoch erfahrenen Christian Fernández geleitet und hat schon über 5000 Vulkanbesteigungen absolviert. ⌚ Di–So 10–21 Uhr.

Sandboarding

Auf den morgendlichen Touren ist der Sand noch kalt, was für eine bessere Fahrt sorgt und den Aufstieg leichter macht.
Sandboard San Pedro, Caracoles 362, 💻 www.sandboardsanpedro.com. Touren tgl. 9–12.30 und 16–19.30 Uhr. Inkl. Transport, Brett und Lehrer 40 000 CLP. Vollmond-Sessions unter Flutlicht 21–1.30 Uhr, ab 50 000 CLP. ⌚ tgl. 10–22 Uhr.

SONSTIGES

Einkaufen

Es macht Spaß, einfach die Fußgängerzone entlangzuschlendern und sich die Auslagen der Geschäfte anzuschauen. In der Caracoles gibt es auch einige **Minimärkte**, in denen man das Nötigste für die Verpflegung bekommt, denn einen großen Supermarkt sucht man vergeblich. Neben dem Busbahnhof findet man das **Pueblo de Artesanos**, einen Kreativ-Hotspot mit einigen interessanten Geschäften. ⌚ Mi–Mo 11–20 Uhr.
Feria Artesanal, zwischen Plaza und Licancabur. ⌚ tgl. 9–21 Uhr.

Fahrradverleih

Viele Hostels und Hostales verleihen Fahrräder stunden- oder tageweise. An der Toconao findet sich ein Verleiher neben dem anderen. Qualität der Räder checken und nicht vergessen, sich die Rückwege einzuprägen. Vorsicht bei Pausen: Wenn die Reifen zu lange in der Sonne liegen, werden sie platt. Preis für einen halben Tag (6 Std.) etwa 5000 CLP, ganzer Tag etwa 9000 CLP.

Geld

Einige **Wechselstuben** mit bescheidenen Kursen befinden sich in der Toconao, Ecke

Caracoles. **Geldautomaten** findet man in der Caracoles, an der Ecke mit Tocopilla und bei der Touristeninformation um die Ecke.

Informationen

SERNATUR, Toconao 405, ✆ 55-2851-420. Direkt an der Plaza mit sehr gut informiertem Personal, das durchweg gutes Englisch spricht. ⌚ Di–Fr 9–18, So 9–17 Uhr.

Mietwagen

Mehr Auswahl und bessere Preise gibt es in Calama.
West, Calama 479, ✆ 9-7418-2762, 💻 www.westrentacar.cl. Pickups für die gängigen Routen, aber nicht für Fahrten abseits dieser ab 50 000 pro Tag. ⌚ 8.30–18 Uhr.

Taxis

Ein Taxi kann man sich vom Restaurant rufen lassen. Meist stehen auch welche auf dem Parkplatz in der Licancabur.

TRANSPORT

Auto

Eine Copec-**Tankstelle** gibt es an der Kreuzung der Rutas 23 und 27 nach Argentinien. Übernachten kann man gut auf den Parkplätzen in der Licancabur oder auf denen vor dem Friedhof.

Busse

Der **Busbahnhof** liegt etwa 1 km südöstlich vom Zentrum. Es gibt einen Kiosk, eine Gepäckaufbewahrung und Steckdosen in der Wartehalle. Alle Unternehmen haben hier ihre Verkaufsschalter.

Busse nach:
Bessere Verbindungen ins ganze Land bestehen von Calama aus.
ANTOFAGASTA (4 1/2 Std.), 30 900 CLP,
ARICA (11 Std.), 25 000 CLP,
CALAMA (1 1/2 Std.), mit **Frontera del Norte** 8x tgl., mit **Atacama 2000** 4x tgl., Flughafen Calama mit **Transfer Atacama,** ⌚ www.transferatacama.cl, 20 000 CLP.
TOCONAO (3/4 Std.), mit **Atacama 2000.**

Nach Argentinien
Über den spektakulären Andenpass Paso de Jama ins pittoreske PURMAMARCA, JUJUY und SALTA (10.30 Std.).
Andesmar, Mo, Di, Do und Sa 7.30 Uhr (ca. 63 000 CLP).

Nach Bolivien
Die Fahrten nach UYUNI führen über den nördlicheren Pass Ollagüe, der ebenfalls spektakulär ist.
Cruz del Norte, ✆ 9-55321-5317, tgl. 3 Uhr.

Flüge

Der nächstgelegene **Flughafen** ist 100 km entfernt in Calama, siehe dort. Busse von **Ktur**, ✆ 55-2924-660, fahren direkt von San Pedro zum Flughafen dort.
Transfers (20 000 CLP p. P.) organisiert u. a. **Transfer Atacama**, 💻 www.transferatacama.cl. Auch größere Fahrzeuge (35 000 CLP p. P.).

Von San Pedro nach Argentinien und Bolivien und zurück nach Chile

Diese Tour bietet die **großartige Möglichkeit**, innerhalb weniger Tage zwei der drei Nachbarländer Chiles zu besuchen. Argentinien, einst eins der reichsten Länder der Welt, hat in seinem Nordwesten seine spektakulärsten Landschaften. Und Bolivien ist in Südamerika eine Welt für sich. Aber das Beste von allem sind natürlich die Landschaften, deren Anblick man kaum vergessen wird. Die Anden zu überqueren, ist ein unbeschreibliches Gefühl.

Tagelang hat man den bildschönen Vulkan Licancabur von San Pedro aus gesehen, auf der Fahrt nähert man sich seiner majestätischen Erscheinung stetig und passiert ihn schließlich. 160 km führt der Weg durch aufregend-einsame Landschaften ohne jegliche Ortschaft in über 4000 m Höhe bis zur Grenze auf dem **Paso Jama**. Die Kontrolle dort geht in der Regel schnell. ⌚ tgl. 8–18 Uhr ganzjährig. Es gibt einige Imbissstände und eine Tankstelle, auf deren Benzinvorräte man sich aber besser nicht verlässt.

Das nächste Dorf auf argentinischer Seite mit Restaurants, Unterkunft und Tankstelle ist **Susques**. Nachdem man mitten durch die riesige, von Zeit zu Zeit überschwemmte schneeweiße Salzwüste der **Salinas Grandes** fährt, geht es die atemberaubende **Cuesta Lipán** hinab ins Andendörfchen **Purmamarca**. Dort kann man eine Nacht verbringen, um sich frühmorgens den leuchtenden **Berg der sieben Farben** allein und ohne Touristenmassen, dafür im gleißenden Morgenlicht ansehen zu können.

Wer nach Süden, weiter nach Argentinien, will, fährt über Jujuy nach Salta. Über die Ruta 9 dauert die Fahrt zwar etwas länger als über die Ruta 34, dafür führt der Weg durch die Regenwälder der **Yungas**. Regenwälder? Ja, richtig. Ihre dichte Vegetation ist nach der Zeit in der Wüste ein reiner Augenschmaus. Von Salta aus kann man dem Himmel nahekommen, denn hier startet der Zug in die Wolken, der **Tren a las Nubes**, den man in der Hauptsaison einige Wochen vorab reservieren sollte. Atemberaubend sind auch die anschließenden Wege, die in die **Valles de Calchaquíes** führen, z. B. nach Cachi und Cafayate, die höchstgelegene Weinbauregion der Welt, wie die Argentinier gerne behaupten. Bis nach **Jujuy** sind es insgesamt 515 km, weiter nach **Salta** sind es noch mal 80 km.

Nach Norden, Richtung Bolivien, geht es durch die wunderschöne Schlucht **Quebrada de Humahuaca** mit ihren charmanten Bergdörfchen wie **Tilcara** oder dem magischen **Iruya**, das fern jeder Zivilisation liegt.

La Quiaca ist das letzte Städtchen auf argentinischer Seite. Zu Fuß oder mit dem Taxi passiert man die Grenze nach **Villazón**, dem Grenzort auf bolivianischer Seite, von wo aus man mit dem Zug weiterreisen kann. Infos: 💻 www.fca.com.bo. Ziel für die meisten ist **Uyuni**, die Kleinstadt nahe der weltbekannten Salzwüste **Salar de Uyuni**. Natürlich fahren auch Busse von Villazón in alle Landesteile.

Zum Beispiel fährt man in 7–8 Stunden ins 4000 m hoch gelegene **Potosí**. Für diese Fahrt, auf der eine Pause in Cotagaita gemacht wird, sollte man unbedingt einen Platz auf der linken Seite im Bus nehmen, denn sie führt durch eine wild-romantische, ursprüngliche Landschaft. Der Charme Potosís, der alten Bergbaustadt, dürfte für den einen oder anderen sicherlich ein wenig gewöhnungsbedürftig sein, vor allem, wenn man die Arbeiten am **Cerro Rico** gesehen hat – Bergbau in seiner ursprünglichsten Bedeutung.

Von dort aus kann man in wenigen Stunden weiter durch unvergessliche Landschaften nach Uyuni fahren, wo der einzigartige **Salar de Uyuni** wartet, dessen Überquerung allein schon ein unvergessliches Schauspiel ist – Weiß. Überall. Viele Veranstalter bieten Touren an.

Von Uyuni nach Calama und San Pedro fahren Busse 2x tgl. von der Cabrera, Ecke Arce ab, wo die Büros der Unternehmen sind, z. B. **Cruz del Norte**, ✆ 591-2693-3896.

Die Fahrt erfolgt über den 3695 m hohen **Paso Ollagüe**, wo die Grenzformalitäten erledigt werden. 💻 www.pasosfronterizos.gov.cl. 🕒 tgl. 8–20 Uhr. Auf aktuelle Änderungen der Öffnungszeiten achten. Bei der Ausreise fällt eine Gebühr von einigen Bolivianos an. **Ollagüe** selbst ist ein Quechua-Dorf und ein typischer Grenzort, der heute trotz des Grenzverkehrs (Schiene und Busse, Lkw) einen traurig verlassenen Eindruck macht. Bis vor 20 Jahren wurde noch eifrig Schwefel am aktiven Vulkan Aucanquilcha abgebaut, heute halten nur noch Viehhaltung und Grenzverkehr den Ort am Leben. Das **Hostal und Restaurant Atahualpa**, Antofagasta 13, ✆ 9-9416-3024, ❶ ist klein und bescheiden, aber eine Nacht dort oben zu verbringen, ist schon etwas Besonderes.

Aufpassen! In den Regenmonaten Dezember bis Februar besteht das Risiko einzuschneien.

Von Antofagasta nach Iquique auf der Ruta 1

Zunächst verläuft die Küstenstraße schnurgerade an der Halbinsel Mejillones mit dem 1290 m hohen Cerro Moreno vorbei, der aus dem Meer herauszuragen scheint. Dann schlängelt sie sich immer mehr am Küstengebirge entlang. Hinter jeder Kurve ein neuer, teils spektakulärer Ausblick auf die Berge und den Pazifik, besonders nördlich von Tocopilla. Entlang der

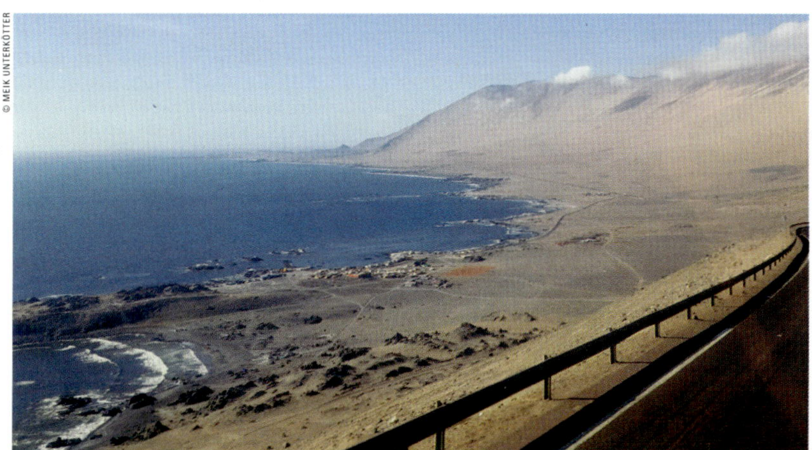

Die Ruta 1 von Antofagasta nach Iquique führt hunderte Kilometer am Pazifik entlang.

Strecke liegen massenhaft **Strände** in einsamen Buchten zum Zelten und ein paar Caletas, kleine Fischerdörfer, um frische Seeigel oder Scholle zu probieren. Wer mit dem Bus unterwegs ist, sollte unbedingt einen Platz auf der linken Seite nehmen, am besten vorne und oben („arriba por adelante") mit Panoramablick („vista panorámica"). Dann kann man die Pazifikküste mit ihrer sandig-felsigen Küste und die Küstenkordillere stundenlang ungestört genießen und die bescheidenen Behausungen der Menschen dort bewundern.

Die Mündung des dort kaum noch Wasser führenden Loa markiert die Grenze zur zollfreien 1. Region (24 Std. geöffnet, Papiere für die Fahrzeugeinfuhr sind unbedingt aufzubewahren). Nach 415 km ist Iquique erreicht.

8 HIGHLIGHT

Iquique

Von Rio de Janeiro, Hongkong und Kapstadt wird viel gesprochen, wenn von den am schönsten gelegenen Städten der Welt die Rede ist. Aber was ist mit Iquique? Natürlich ist die 200 000-Einwohner-Stadt viel kleiner und kulturell weniger bedeutend, aber wo sonst fährt man schon Hunderte Meter von einer gigantischen Düne auf eine Stadt herab, die ihre Silhouette vor dem endlos strahlenden Blau des Pazifiks präsentiert? Nachts steigen die Lichter der Autos die Düne auf, die Iquique von seiner 500 m höher gelegenen Nachbarstadt Alto Hospicio trennt. Wenn diese Straße gesperrt ist, können die Iquiqueños ihre Stadt nur noch über die Küstenstraße Richtung Süden verlassen, wo der nächste kleine Ort über 200 km entfernt liegt. Das sind die einzigen Möglichkeiten Iquique zu erreichen oder zu verlassen, so abgetrennt liegt die Stadt vom Rest der Welt. In ihren hügeligen, von bunten, kleinen Fischerhäuschen gesäumten Straßen, aus der die Schönheit der Calle Baquedano deutlich herrausragt, wird es praktisch nie hektisch.

Geschichte

Die Stadt war einst Durchgangsstation der nomadischen Chinchorro-Indianer, die an der Küste fischten. In der Kolonialzeit hatten sich nur ein paar Guano-Sammler hier festgesetzt, bis dann Anfang des 18. Jhs. die reichen Silbervorkommen von Huantajaya zu einem Bevölkerungsanstieg führten. Damals musste Trinkwasser noch von Pisagua und Arica per Schiff

Iquique Übersicht
N
0
2 km
Mirador / Monumento al Marinero Desconocido
Av. Circunvalación
Av. A. Prat
HAFEN
Of. Salitrera Victoria
1
Cerro Gris
ATM
Av. J. Barrera
A. Prat
Av.
Sotomayor
FRIEDHOF
Plaza Arturo Prat
Tarapacá
Thompson
Iquique
A. Pinto
M. Bulnes
O'Higgins
FRIEDHOF
Amunategui
M. Rodriguez
s. Detailplan Iquique Zentrum S. 309
Av. A. Prat
Héroes de La Concepción
P. Prado
Av. La Tirana
Av. Circunvalación
Santiago
Av. D. Portales
Playa Cavancha
Aquarium und Parque Yacaré
2
Peninsula Cavancha
Av. T. Haenke
P. Prado
Universität Arturo Prat
1
Av. A. Prat
Av. S.P. Nuño
16
Playa Brava
Av. Playa Chipana
P. Prado
Av. La Tirana
3
616
Av. F. Bilbao
Pozo Almonte (50 km), Arica (305 km), Panamericana
ESSEN
1 Papa Gallo
SONSTIGES
1 Zofri
2 Mall Plaza
3 Surire Tours
Gran Dragón
Av. A. Prat
16
Av. Circunvalación
TRANSPORT
1 Busbahnhof
(40 km), Tocopilla (225 km), Antofagasta (405 km)
Alto Hospicio
DER GROSSE NORDEN

herangeschafft werden, was sich erst Mitte des 19. Jhs. mit Bau einer Wasserleitung von Pozo Almonte änderte. Sei 1830 wurde unter peruanischer Verwaltung der **Salpeterabbau** begonnen, der mit dem Krieg 1879 stark reduziert wurde.

Ein paar entscheidende Schlachten fanden in der Nähe Iquiques statt, allen voran die der Kriegsschiffe *Huascar* und *Esmeralda*. Auf sie geht der Heldenkult um den chilenischen Admiral **Arturo Prat** zurück, der in einer weit unterlegenen Korvette den Hafen blockierte. Das peruanische Panzerschiff rammte die Korvette, woraufhin Prat am 21. Mai 1879 im Kugelhagel starb. Im November desselben Jahres kam es in der Wüste zur **Schlacht von Dolores**, die das chilenische Heer gegen die bolivianisch-peruanischen Truppen gewann.

Nach dem **Waffenstillstand mit Peru** 1884 begann eine Phase des wirtschaftlichen Aufstiegs durch den Salpeter, der in den 30er-Jahrenabrupt endete. Die meisten aus Douglasienholz gebauten Villen stammen aus jener Zeit. Der Hafen war einst der bedeutendste Salpeterhafen Chiles und konnte sich mit dem Aufschwung durch die Fischerei (Fischmehlherstellung aus Sardellen und Stachelmakrelen) seit den 30er-Jahren sowie als Importhafen wieder konsolidieren. 1975 wurde die zollfreie Verkaufszone **Zofri** (Zona franca) eingerichtet, durch die viele Produkte zu Spottpreisen zu bekommen sind.

Seit der Jahrtausendwende geht es aufwärts. Vor allem entlang der Fußgängerzone Baquedano sind die hübschen Holzhäuser gut restauriert worden. Überhaupt boomt die mittlerweile 200 000 Einwohner zählende Stadt, dank dem Aufschwung im Bergbau (Kupferminen Collahuasi, Cerro Colorado und Quebrada Blanca) und dem Tourismus. Meist sind es noch Chilenen, die für 30 % des städtischen Umsatzes sorgen, aber auch viele Argentinier haben entdeckt, dass es nicht viele Städte wie Iquique gibt.

Orientierung

Iquique hat eine ähnliche Form wie Antofagasta, lang und schmal, ist nur kleiner. Über 15 km erstreckt sich das Stadtgebiet von Süden nach Norden bei nur 2 km Breite, eingequetscht zwischen Meer und Küstengebirge, das rund 1000 m hoch aufragt. Dazwischen liegt die Düne **Gran Dragón**, bis zu 500 m hoch und 4 km lang. Iquique teilt sich in den Zofri-Bereich (s. o.) und den Hafen im Norden, das Zentrum mit den denkmalgeschützten Villen, den Hotel- und Strandbereich Cavancha und südlich davon sowie das Villenviertel entlang der Playa Brava im Süden der Stadt.

Sehenswertes

Es sind nicht die klassischen Sehenswürdigkeiten, die Iquique seinen Reiz verleihen. Es ist die Stadt selbst, ihre absurde Lage am Rand der Wüste zwischen Meer und der bis zu 500 m hohen Megadüne Gran Dragón, die vielen kleinen bunten Häuschen, viele noch aus Holz, die entspannte Atmosphäre und die spektakulären Ausblicke, die sich immer wieder bieten.

Kann man schon auf dem Weg von Alto Hospicio aus, und am besten von dem Parkplatz, den auch die Gleitschirmflieger nutzen, die einzigartige Lage der Stadt gut bewundern, erhält man von einer Klippe ganz im Norden der Stadt, wo das Denkmal des unbekannten Seemanns steht, des **Marinero Desconocido**, noch einmal eine gänzlich andere Perspektive.

Zentrum

Auf der **Plaza Arturo Prat** sollte man sich ruhig mal hinsetzen und die Gebäude ringsum betrachten. Da ist zunächst die hübsche **Torre Reloj**, der Uhrenturm aus dem Jahr 1877. An der Südseite steht das klassizistische **Teatro Municipal**, das im Jahr 1889 aus Holz gebaut wurde. Sein beeindruckender Saal ist bis heute der Stolz vieler Iquiqueños und kann besichtigt werden.

Das **Centro Español** im maurischen Stil gegenüber war früher ein Kasino und ist heute ein Restaurant mit bemerkenswert orientalischem Interieur. Der angrenzende **Paseo Baquedano**, der Richtung Süden verläuft und erst an der Playa Cavancha endet, ist eine bemerkenswerte Fußgängerzone, die sogar zum Nationalen Monument erklärt wurde. Geschäfte, für Fußgängerzonen sonst typisch, gibt es kaum, dafür jede Menge Restaurants und georgianische und viktorianische Architektur des 19. Jhs.

Faszinierende Kombinationen

© SHUTTERSTOCK.COM / BJWAIR

Blick von Alto Hospicio auf Iquique und den Pazifik

Chile ist voll davon. Denn neben den einzigartigen Naturräumen hat auch die Kulturlandschaft Einzigartiges zu bieten. Oder wo findet man Städtepaare wie Valparaíso und Viña del Mar oder Coquimbo und La Serena?

Und dann hat sich weit im Norden die speziellste Kombination gebildet: Iquique und Alto Hospicio. Von der Boomtown Iquique ist viel im Text die Rede. Wie auch in den nationalen Medien. Von Alto Hospicio nicht. Es sei denn, es wird über das Verkehrsprojekt gesprochen, das die beiden Städte, die nur wenige Kilometer auseinander liegen, in Zukunft besser verbinden soll. Schon seit längerer Zeit soll eine Seilbahn in luftiger Höhe nach Alto Hospicio gebaut werden. Über drei Stationen kann der Teleférico bis zu 3000 Passagiere pro Stunde befördern. 12 Minuten wird die Fahrzeit dann betragen. Bisher verhinderten immer wieder Schäden durch Erdbeben den Baubeginn.

Um die 100 000 Einwohner hat diese Industrie- und Schlafstadt, die nur eine Viertelstunde mit dem Auto entfernt ist, aber 500–600 m über (!) Iquique liegt – ein siedlungsgeographisches Phänomen ähnlich dem in Bolivien, wo die Städte La Paz und El Alto ebenfalls praktisch schräg übereinanderstehen, aber immerhin noch ineinander übergehen. Iquique und Alto Hospicio dagegen sind durch die bis zu 500 m hohe Düne Gran Dragón getrennt und durch nur eine steile Straße verbunden.

€ Das **Museo Regional** ist in einem dieser prächtigen Gebäude aus dem Jahr 1892 untergebracht und zeigt über zwei Etagen interessante Stücke aus der Archäologie, darunter eine Inka-Mumie und hochwertige Textilien früher Wüstenbewohner. ⌚ Di–Do 9–17, Fr 9–16, Sa 10–16.30 Uhr. Eintritt frei. Einen Block weiter südlich befindet sich der **Palacio Astoreca**, eine von einem Salpeterbaron 1904 erbaute Villa, die heute einen Teil der Universität Prat beherbergt.

Nördlich des Zentrums ist der Hafen mit dem kleinen **Fischmarkt** und seinen Verkaufsständen, an denen es ab Mittag, wenn die Fischer die Beute an Land gebracht haben, leckeres Ceviche gibt. Dann füttern die Seebären die Seelöwen, die ungeduldig vor der

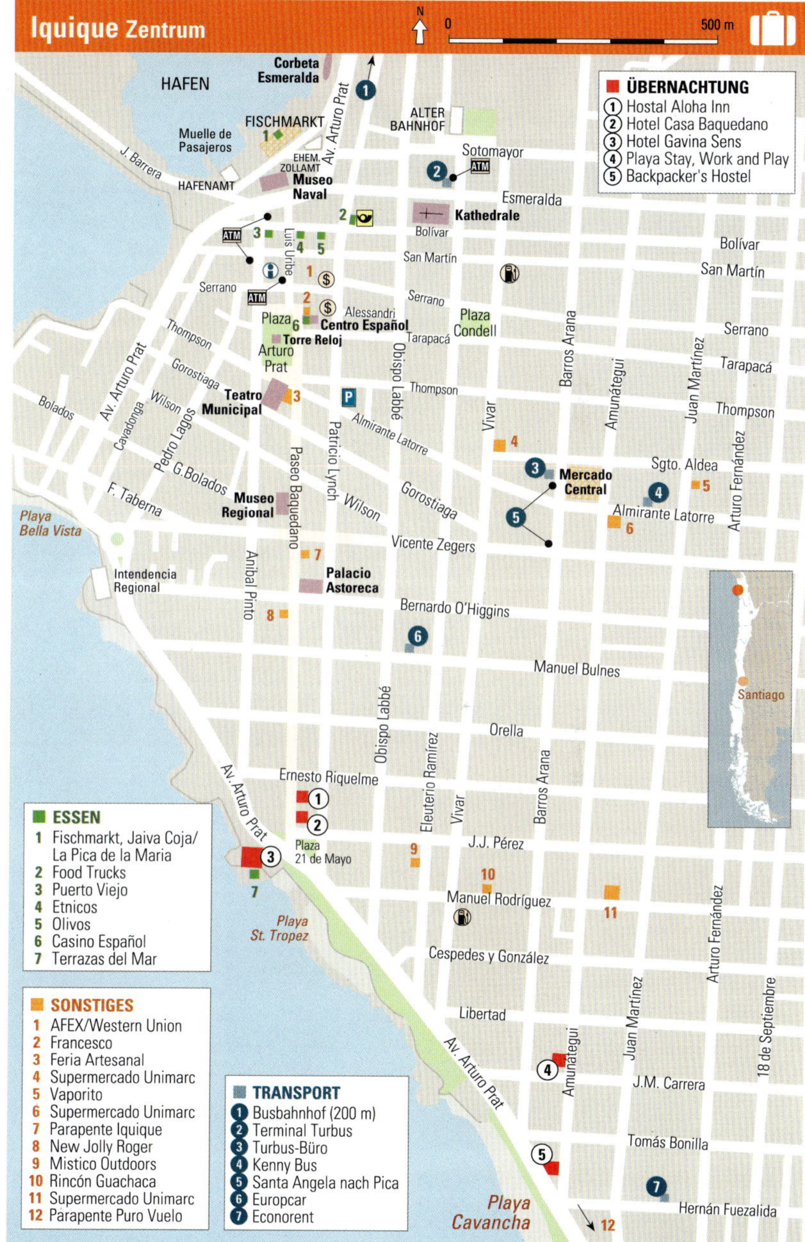

Iquique Zentrum
N
0
500 m
ÜBERNACHTUNG
1 Hostal Aloha Inn
2 Hotel Casa Baquedano
3 Hotel Gavina Sens
4 Playa Stay, Work and Play
5 Backpacker's Hostel
ESSEN
1 Fischmarkt, Jaiva Coja/ La Pica de la Maria
2 Food Trucks
3 Puerto Viejo
4 Etnicos
5 Olivos
6 Casino Español
7 Terrazas del Mar
SONSTIGES
1 AFEX/Western Union
2 Francesco
3 Feria Artesanal
4 Supermercado Unimarc
5 Vaporito
6 Supermercado Unimarc
7 Parapente Iquique
8 New Jolly Roger
9 Mistico Outdoors
10 Rincón Guachaca
11 Supermercado Unimarc
12 Parapente Puro Vuelo
TRANSPORT
1 Busbahnhof (200 m)
2 Terminal Turbus
3 Turbus-Büro
4 Kenny Bus
5 Santa Angela nach Pica
6 Europcar
7 Econorent
HAFEN
Corbeta Esmeralda
FISCHMARKT
Muelle de Pasajeros
J. Barrera
HAFENAMT
EHEM. ZOLLAMT
Museo Naval
ALTER BAHNHOF
Sotomayor
Esmeralda
Kathedrale
Bolívar
San Martín
Serrano
Tarapacá
Thompson
Plaza Arturo Prat
Centro Español
Torre Reloj
Alessandri
Plaza Condell
Teatro Municipal
Mercado Central
Museo Regional
Palacio Astoreca
Intendencia Regional
Playa Bella Vista
Av. Arturo Prat
Luis Uribe
Obispo Labbé
Patricio Lynch
Paseo Baquedano
Aníbal Pinto
Vivar
Barros Arana
Amunátegui
Juan Martínez
Arturo Fernández
Almirante Latorre
Gorostiaga
Wilson
Vicente Zegers
Bernardo O'Higgins
Manuel Bulnes
Orella
Ernesto Riquelme
Eleuterio Ramírez
J.J. Pérez
Manuel Rodríguez
Cespedes y González
Libertad
J.M. Carrera
Tomás Bonilla
Hernán Fuezalida
18 de Septiembre
Sgto. Aldea
Bolados
Cavadonga
Pedro Lagos
G.Bolados
F. Taberna
Plaza 21 de Mayo
Playa St. Tropez
Playa Cavancha
Santiago
ATM
P

Kaimauer umherschwimmen. Restaurantbesitzer kaufen dort direkt für den Abend ein, auch wenn der eine oder andere Tintenfisch erst noch mit enormem körperlichem Einsatz getötet werden muss. Im ersten Stock gibt es saubere Fisch-Restaurants mit tollem Ausblick. Vom Steg nebenan aus kann man Rundfahrten machen (s. Touren). Zur anderen Seite liegt der schicke Dreimaster, das Museumsschiff **Corbeta Esmeralda**. Um es von innen sehen zu können, muss man sich Di–Fr vorher anmelden. 💻 www.museoesmeralda.cl. Alle 30 Minuten geführte Touren (50 Min., 4500 CLP), 🕒 Di–So 10–13.30, 15–17 Uhr.

Richtung Osten erreicht man den ehemaligen Bahnhof mit dem Verwaltungsgebäude, beide 1894 im georgianischen Stil gebaut, die kleine **Kathedrale** aus dem Jahr 1885 und die geschäftig-quirlige **Plaza Condell**, deren Untergeschoss man leicht übersehen kann. Ein hübscher Spaziergang führt hinunter zum **Mercado Central**, 💻 www.mercadodeiquique.cl.

Strände

Insgesamt hat Iquique sieben Strände, von denen die **Playa Cavancha** so etwas wie der Hauptstrand ist, der am Sonntag bis in die Dunkelheit bevölkert ist. Die Promenade erinnert ein bisschen an Urlaubsorte in Spanien. Man kann sich Liegen und Sonnenschirme leihen, schon morgens joggen, skaten oder sich an den Fitnessgeräten entlang der Promenade in Form halten. Weiter gen Süden beginnt die riesige **Playa Brava**, die bei Surfern beliebt ist. Wellen von 3–4 m sind an der Tagesordnung. Zum Schwimmen eignet sie sich allerdings nicht. Dafür hat man dort seine Ruhe beim Sonnenbaden oder kann die kilometerlange Promenade mit wunderbaren Ausblicken entlang joggen. Auf der Halbinsel Cavancha mit Blick zur Playa Brava gibt es Tafeln, die die Seevögel erklären, die dort leben.

ÜBERNACHTUNG

Iquique boomt. Es sind in den letzten Jahren zwar viele neue Unterkünfte gebaut worden, die Zahl der Touristen wächst aber stärker. Vor allem im Jan/Feb können freie Zimmer knapp werden. Bei der Zimmerwahl sollte man beachten, dass Iquique eine ähnlich längliche Form hat wie Antofagasta, sodass die Lage der Unterkunft nicht unwesentlich ist, da die Wege in einer Stadt von etwa 15 km Länge sonst weit werden können. Nett ist die Gegend gegenüber dem schönsten Strand, der Playa Cavancha.

Backpacker's Hostel, Amunátegui 2075, ✆ 9-6172-6788. Top-Lage unmittelbar an der Playa Cavancha mit Bar/Cafetería, Tischtennis und Billard. Die meisten Zimmer haben kein Bad. Bett im Dorm 12 800 CLP. HI-Mitglieder zahlen 500 CLP weniger. ❷

€ **Hostal Aloha Inn**, Baquedano 1408, ✆ 9-9787-2568. Im türkisfarbenen Haus mit der Boutique im EG. Superbunte Terrasse mit viel Grün und Holz. Zimmer mit/ohne Bad mit historischen Möbeln. ❷

Hotel Casa Baquedano, Baquedano 1470, ✆ 57-2347-577. Historischer Teil vorne, neuer Teil hinten. 7 Stockwerke, 42 Zimmer, einige mit Meerblick. Restaurant. Inkl. Frühstück und MwSt. ❸

Playa Stay, Work and Play, Amunátegui 1885, 💻 www.playaswp.cl. Wunderbar leichtes Design in bester Lage nur einen Block von der Playa Cavancha. 48 Zimmer, von denen 12 Balkons mit Meerblick haben. Fahrradverleih. ❹–❺

Hotel Gavina Sens, Av. A. Prat 1497, 💻 www.gavinasens.cl. Stilvoll eingerichtete Zimmer mit allem Komfort und Balkon mit fantastischer Aussicht, v. a. von den oberen Stockwerken und erstklassigem Restaurant. ❺

ESSEN

Viele Restaurants reihen sich entlang der Fußgängerzone Baquedano im Zentrum, vor allem im nördlichen Bereich. Bei den meisten kann man schön draußen sitzen und die besondere Architektur genießen. Tagesmenüs mit drei Gängen kosten meist 5000–6000 CLP. Die in Cavancha, in den Straßen nahe dem Strand, sind tendenziell etwas teurer.

Unter der Plaza Condell gibt es Fast Food und ein Restaurant. Eine prima Einrichtung sind die **Food Trucks** an der Bolívar, Ecke Lynch. Am schönsten sitzt man oben auf der Terrasse.

⏲ Mo–Do 12–20, Fr und Sa 12.30–21.30, So 13–16.30 Uhr).

Die günstigsten Essgelegenheiten gibt es an den Ständen und Restaurants im 1. Stock der Markthalle und darum herum sowie frisches Ceviche am **Fischmarkt**. Die Treppe hoch geht es zu den Lokalen **Jaiva Coja,** ⏲ Do–Di 8–16 Uhr, und **La Pica de la Maria**, ⏲ Mo–Sa 12–21, So 12.30–17 Uhr, im 1. Stock, die sauber und geräumig sind und perfekten Blick auf das Hafenpanorama von der Terrasse bieten.

Gute Restaurants mit teils kreativer Einrichtung, in denen man abends auch gut nur ein Bier trinken kann, gibt es im Bereich der Straßen Pinto, Bolívar und San Martín zwischen Innenstadt und Hafen. Das **Olivos**, Bolívar 387, ist schön über 2 Etagen verteilt, großräumig und hat guten Service. Es gibt ein vegetarisches Menu, ⏲ Mo–Fr 12.30–16 Uhr. Das **Etnicos**, Bolívar 359, bietet Menu und ein Selbstbedienungsbuffet. ⏲ tgl. 12–21 Uhr.

Casino Español, Pasaje Prat 584. 💻 www.fb.com/Casino Español de Iquique. Aus dem Jahr 1904 – früher Casino, heute Gastro-Highlight in einem der zweifellos schönsten Gebäude der Stadt mit Tischen draußen direkt an der Plaza. Besonders der Innenbereich im andalusischen Stil mit maurischen Einflüssen wird in Erinnerung bleiben. Spanische Küche, aber etwas teurer. ⏲ Mo–Fr 8.30–17, Sa 11–23 Uhr.

Papa Gallo, Playa Brava 2990, 💻 www.fb.com/Papa Gallo. Das kreativste und wohl auch unterhaltsamste Restaurant an der Playa Blanca mit Terrasse. ⏲ tgl. 16–5 Uhr.

Terrazas del Mar, Av. A. Prat Chacón 1497. Internationale Küche für gehobene Ansprüche im Hotel Gavina Sens, spezialisiert auf Seafood aus der Region. Sensationeller Blick über die Bucht und die Stadt, am besten nach einem Tisch am Wasser fragen.

UNTERHALTUNG

Tagsüber sitzt es sich nett an der Plaza Prat, in den Abendstunden geht man in Iquique am schönsten auf der Baquedano aus. Dann kann man die schöne Architektur der palmenbestandenen Fußgängerzone genießen. Immer wieder kommen Straßenmusiker an den vielen Bars vorbei, von denen man sich am besten die mit der passendsten Musik aussucht.

Francesco, Plaza Prat 310, 💻 www.fb.com/Cafeteria Francesco. Salón de Te in 1a-Lage direkt an der Plaza. Nirgends kann bei Kuchen, Salaten und Sandwiches Iquiques Upper-Class besser beobachten. Exzellenter Kaffee. ⏲ Mo–Fr 8–21 Uhr.

New Jolly Roger, Baquedano 1125, 💻 www.fb.com/jollyrogernew. Ist nicht zu vergleichen mit dem Jolly Roger in St. Pauli, denn es ist sauber, das Publikum gepflegt und die Bedienungen sind freundlich. Tgl. Angebote und gute Cocktails für die späten Stunden. ⏲ Di–Sa 19.30–4 Uhr.

Rincón Guachaca, Manuel Rodriguez 720, 💻 www.fb.com/RinconGuachacalquique. Kulturzentrum als Treffpunkt der Kreativen der Stadt in historischem Ambiente mit Essen, vielen Biersorten und nettem Außenbereich. Veranstaltungen, z. B. über die chilenische Geschichte. ⏲ Di–Sa 13–1, So 12–17 Uhr.

TOUREN UND AKTIVITÄTEN

Ausflüge in die Umgebung

Mistico Outdoors, Manuel Rodríguez 521, 💻 www.chileresponsibleadventure.com. Nordchiles erster Tourveranstalter, der sich verantwortungsvollem Tourismus verschrieben hat, bietet neben archäologischen Ganztagestouren in die Wüste und zu Community-Based-Initiativen auch aufwendige zweiwöchige Vulkanbesteigungen um US$2500.

Magical Tours, 💻 www.magicaltour.cl. Über 20 Jahre Erfahrung und ein umfassendes Angebot verschiedener Touren für die Umgebung und im ganzen Land. Gute Übersicht über die anstehenden Touren. ⏲ Mo–Sa 10.30–20 Uhr.

Surire Tours, Los Algorobos 3460, 💻 www.suriretours.cl. Seit 1990 am Markt und mit Qualitätssiegel, bietet Ausflüge zu den Attraktionen der Umgebung, aber auch bis nach Tacna in Peru und San Pedro de Atacama.

In die Wüstenoase und die Geisterstädte

- **Route:** Iquique–Pica–Humberstone/Santa Laura–Iquique
- **Länge:** ca. 270 km
- **Dauer:** 8–10 Stunden oder 2 Tage
- **Schwierigkeitsgrad:** leicht

Die Route

Auf diesem ganztägigen Ausflug startet man an der **Pazifikküste**, überwindet die **Küstenkordillere**, fährt durch die trockensten Teile der **Atacama-Wüste** und landet in der **Oase Pica**, in der man staunend **Zitronen- und Orangenbäume** wachsen sehen wird. Auf dem Rückweg Stopp in den **Geisterstädten** Humberstone und Santa Laura: zwei ehemalige **Salpeterwerke**, die seit 1961 dem Verfall ausgesetzt sind und zum **Weltkulturerbe der Unesco** ernannt wurden (S. 315).

Der Start

Nur einen Block vom Mercado in Iquique starten an der Straße Barros Arana die Sprinter der Firma **Santa Angela** alle 20 Minuten **nach Pica**. Mit voller Fahrt steigen die kleinen Busse die Düne **Gran Dragón** hinauf – der Ausblick auf Iquique und seine Lage am Pazifik ist atemberaubend. Auf der rechten Seite im Bus sitzend, kann man ihn perfekt genießen. Die Fahrt geht weiter durch Alto Hospocio, die triste Schlafstadt über Iquique. Es

Humberstone

folgt trockenste Wüste. Linkerhand kann man bald den **Schornstein von Santa Laura** sehen – das Ziel auf dem Rückweg.

Die Fahrt

Nach etwa einer Stunde wird Pozo Almonte erreicht, ein staubiges **Wüstenstädtchen**, wo der Bus eine kleine Pause einlegt. Fast unwirklich geht die Fahrt durch die **Reserva Nacional Pampa del Tamarugal** in der trotz aller Trockenheit Wälder gedeihen. Hier sind schon 970 Höhenmeter erreicht. Auch **La Tirana** ist ein staubiger Ort und scheint fast vom Rest der Welt vergessen. Überall längs des Weges zeigen sich hin und wieder Zeichen menschlichen Lebens, sogar eine Moschee, bis aus der Wüstenödnis – man mag seinen Augen kaum trauen – endlich am Horizont die bizarren, sattgrünen Landschaftsteppiche von **Pica** auftauchen.

Gleitschirmfliegen

Iquique ist weltweit einer der besten Spots für Parapente, wie Gleitschirmfliegen in Südamerika heißt.

Parapente Puro Vuelo, Prat 1050, www.purovuelo.cl. Tandemflüge mit erfahrenen Guides, die alle lizensiert sind. Auch Kurse für Anfänger und Fortgeschrittene. tgl. 9.30–20 Uhr.

Parapente Iquique, Baquedano 1024, 9-5404-0012, www.parapenteiquique.cl. Sehr empfehlenswerter Veranstalter, professionelles Personal. 50 000 CLP p. P. Mo–Sa 9–17, So 10–14 Uhr.

Sandboard

Denomades, (s. Surfen). 2 1/2-stündige Touren auf der Düne des Cerro Dragón inkl. Transfer, Ausrüstung und professionellem Guide von 16–18.30 Uhr für 34 000 CLP.

Surfen / Bodyboard

Man sagt, Iquique habe die besten Wellen Chiles, und dank dem ganzjährig milden Klima kann man das ganze Jahr über surfen. An der Playa Cavancha kann man Boards leihen und Kurse machen.

SONSTIGES

Einkaufen

Zofri, Edificio Convenciones s/n, www.zofri.cl. Zollfreies Einkaufszentrum. tgl. 10–19 Uhr.

Feria Artesanal, Baquedano neben dem Theater.

Mall Plaza mit Jumbo Supermarkt, Héroes de la Concepción 2555. www.mallplaza.cl. Mo–Sa 10–20.30, So 11–20 Uhr.

Supermercado Unimarc, Manuel Rodríguez 964 und Amunategui 902. tgl. 8.30–21.30 Uhr.

Feste

Gerade zur **Sommerzeit**, wenn die Stadt zunehmend von Touristen vereinnahmt wird, werden massenhaft Feste (von Sport bis Theater) veranstaltet.

Geld

Geldautomaten: nördlich der Plaza Prat, **Terminal Rodoviario, Terminal Turbus**, Zofri und in den Shopping Malls.
Wechselstuben, Busbahnhof, 🕒 unregelmäßig, und Lynch Ecke Serrano, darunter auch Western Union.
Afex, Patricio Lynch 467a, 🕒 Mo–Fr 8.30–18, Sa 10–14 Uhr.

Informationen

SERNATUR, Céspedes y González 735, ✆ 57-2419-241, 🕒 Mo–Fr 9–18 Uhr.

Mietwagen

Econorent, Hernán Fuenzalida 1058, ✆ 9-7215-4974, 🕒 Mo–Fr 8.30–18 Uhr. Am Flughafen: ✆ 57-2423-723, 🕒 nach Landungen.
Europcar, Bulnes 542, ✆ 57-2548-780, 🕒 Mo–Fr 8.30–18, Sa 9–11.30 Uhr.

Wäscherei

Vaporito, Juan Martínez 832, 🕒 Mo–Sa 9–21 Uhr.

NAHVERKEHR

Santa Angela, Barros Arana 971, 💻 www.santaangela.cl. Fährt alle 15-30 Min. mit Sprintern einen Block vom Markt über HUMBERSTONE (45 Min., 2000 CLP) und LA TIRANA (1 Std., 2800 CLP) nach PICA (2 Std., 3500 CLP). Letzte Rückfahrt um 19.30 Uhr.

TRANSPORT

Busse

Busbahnhof Terminal Rodoviario, Patricio Lynch 50. Wenige Blocks nördlich des Zentrums. Abends nimmt man besser eines der Taxis, die am Ausgang warten. Gepäckaufbewahrung *(custodia)* und Wechselstube.

Busgesellschaften
Turbus Terminal, Esmeralda 594.
Kenny Bus, Büro und Terminal, Latorre 944, 💻 www.kennybus.cl.

Busse nach:
ANTOFAGASTA (6 Std.), 15 500–25 800 CLP,
ARICA (4 1/2 Std.), 12 400–17 900 CLP,
CALAMA (6–7 Std.), 18 540–20 600 CLP,
LA SERENA (18–19 Std.), 43 260–49 440 CLP,
SANTIAGO (23 1/2–26 Std.), 37 100–70 700 CLP.

Flüge

Der **Aeropuerto Internacional Diego Aracena** liegt knapp 40 km südlich, 💻 www.aeropuertodiegoaracena.cl.
Transfers in die Stadt: **Transfer Iquique**, 💻 www.transferiquique.cl.

Flüge nach:
LATAM, Sky Airline und **Jetsmart** fliegen mehrmals tgl. nach SANTIAGO, 1x tgl. nach LA SERENA und ANTOFAGASTA.

Humberstone und Santa Laura

Die ehemalige Salpetersiedlung **Humberstone**, in der einmal 3500 Menschen lebten, ist heute eine Geisterstadt – eine, wie in klassischen Westernfilmen, durch die der Wind pfeift. Türen und Fensterläden klappern und quietschen. Es ist schon ein bizarres Gefühl, durch eine Stadt zu spazieren, die ehemals sehr lebhaft war. Automatisch stellt man sich vor, wie es wohl einmal gewesen sein muss. Erstklassige Illustrationen zeigen die gesellschaftlichen Einrichtungen rund um die Plaza und lassen die alte Zeit wieder aufleben. Dort gibt es eine Cafetería und Andenkenshops.

Nachdem Anfang der 1930er-Jahre der Salpetermarkt zusammenbrach (S. 280), wurden die Anlagen 1960 bzw. 1961 geschlossen. Seither sind sie im rauen Wüstenklima dem dem Verfall ausgesetzt. Die Unesco erklärte sie im Jahr 2005 zum Weltkulturerbe und setzte sie gleichzeitig auf die Rote Liste des gefährdeten Welterbes.

Humberstone liegt nur eine gute halbe Stunde von Iquique entfernt direkt an der Kreuzung mit der Panamericana gegenüber der Salpetermine **Santa Laura**, die man in 25 Minuten Fußweg von Humberstone erreicht. Man kann beides sehr gut allein besuchen. Dafür nimmt man einfach einen Bus von der Markthalle aus und sagt dem Fahrer, dass man bei Humberstone aussteigen möchte. Für die Rückfahrt hält man einfach irgendeinen Bus an. Halbtagesausflüge werden von Iquique aus für etwa 18 000 CLP angeboten. ⌚ Dez–15. März 9–19, 16. März–Nov 9–18 Uhr. Eintritt 6000 CLP.

San Andrés de Pica

Der 5000-Einwohner-Ort **San Andrés de Pica** liegt auf 1325 m Höhe über dem Meeresspiegel und hat schon über **400 Jahre Geschichte** vorzuweisen, die im unterhaltsamen Museum an der Straße Balmaceda mit einer Fotoausstellung nachgezeichnet werden. ⌚ Mo–Fr 8.30–14, 15–17.30 Uhr. Pica besticht durch seine Ruhe, bietet aber auch alles, was Reisende für einen längeren Aufenthalt benötigen. Die meiste Infrastruktur findet sich entlang der Straße Balmaceda mit Restaurants, die u. a. leckere natürliche Säfte mit Früchten aus der Region anbieten. Neben **Zitronen**, für die Pica sehr bekannt ist, wachsen auch **Orangen** und **Avocados**, bewässert durch unterirdische Quellen. In Zukunft soll auch **Wein** angebaut werden. Übrigens sind auch die Straßenlaternen einen Blick wert. Am Südrand gibt es einen Dinosaurierpark mit Tieren in Lebensgröße.

Wer noch weiter in die Anden vordringen möchte, sollte zur **Laguna de Huasco** fahren, an der Flamingos und Vicuñas leben. Infos bei den Touranbietern an der Plaza.

PRAKTISCHE TIPPS

Übernachtung

Hotel O'Higgins, Balmaceda 6, ✆ 57-2741-524. Frisches Haus mit 23 Zimmern mit Bad, nur einen Block von der Plaza. Inkl. Frühstück und MwSt. ❷

Essen

Gato Rápido, Balmaceda 255. Frühstück und typisch chilenische Küche.
⌚ tgl. 9–18 Uhr.

La mia Papa, Balmaceda 118. Restaurant mit italienischer Küche, viel Kaninchen und schönem Patio.

Sonstiges

Geldautomaten an der Plaza und in der Stadtverwaltung.

Informationen: ✆ 57-2741-310, 💻 www.pica.cl.

Transport

Busbahnhof, Maipú, Ecke Plaza, ✆ 9-5629-5577, ⌚ 8.30–19.30 Uhr. Alle 20–30 Min. nach IQUIQUE. Letzte Abfahrt um 18.30 Uhr.

Zurück an den Pazifik

An der trockensten Zone der trockensten Wüste der Erde mit ihrem faszinierenden grünen Bewuchs kannst du dich wahrscheinlich kaum sattsehen. Dem Busfahrer sollte man in Pozo Almonte sagen, dass man in **Humberstone** aussteigen möchte. Nach einem kurzen Fußmarsch ist die fotogene Geisterstadt erreicht. 25 Minuten läuft man etwa bis nach **Santa Laura** (Infos S. 315). Zurück an der Bushaltestelle kann man jeden Bus anhalten. Sie fahren alle nach Iquique hinunter an den Strand, wo du dich nach einem aufregenden Tag in der Wüste in den Wellen des Pazifiks abkühlen kannst.

Von Iquique nach Colchane

Von Iquique aus nach Norden sichtet man noch ein paar Salpeterminenreste, bis beim Fernfahrerhalt Huara eine Abzweigung nach rechts in die Anden führt (A 55). Nach 16 km folgt eine Abfahrt auf der linken Seite, die zum Cerro Unitá oder **Gigante de Atacama** führt: Schon von weitem kann man die 86 m lange, mysteriöse menschliche Figur auf dem Hügel sehen. In der rechten Hand hat sie einen Stock, wahrscheinlich ein Machtsymbol. Es gibt noch weitere 21 Figuren, einige davon geometrisch, auf den umliegenden Hügeln, allesamt auf 1000–1400 n. Chr. geschätzt. Es handelt sich um Geoglyphen, zu Deutsch Scharrbilder, obwohl nicht immer nur gescharrt wurde, sondern auch Steine aus der Umgebung hergetragen wurden. Am besten sind die Bilder frühmorgens oder am Nachmittag zu sehen. Die Straße ist asphaltiert und erreicht bei KM 75 Chusmiza, ein klei-

Über 5000 Geoglyphen gibt es in der Atacamawüste, die in die Zeit von etwa 800 bis 1500 datieren. Der Riese von Atacama ist mit einer Höhe von 115 m die größte Abbildung.

nes Dorf mit Thermalquellen. Weiter oben auf der Passstraße liegt nach 55 km die Abzweigung zum Dorf Mauque; sich auf den Pisten übers Altiplano links haltend, erscheint nach weiteren 20 km der Talkessel **Puchuldiza**, wo man baden und die verschiedenen Geysire und vor allem Fumarolen bestaunen kann. Wer zelten will, sollte die tiefen Nachttemperaturen und die Höhe beachten (4200 m).

Von hier aus kann man über die Piste weiter nach Colchane gelangen, aber besser fährt man zurück über die Asphaltstraße. **Colchane**, auf 3730 m Höhe und 220 km von Iquique entfernt, ist das Grenzdorf zu Bolivien und als solches erst vor ein paar Jahrzehnten entstanden. Auf der anderen Seite liegt der **Salar de Coipasa**, der manchmal unter Wasser steht (Feb–April), mit Verbindungsmöglichkeit über raue Pisten zum Salar de Uyuni.

Parque Nacional Isluga

Von Colchane an der bolivianischen Grenze führt eine Piste gen Norden übers Altiplano und kleine, freundliche Aymara-Dörfer durch den **Nationalpark Isluga** bis zum spektakulären **Salar de Surire** (etwa 110 km). Von dort besteht Anschluss nach Putre und Arica. Der Nationalpark Isluga ist 174 744 ha groß und schützt auf einer Höhe zwischen 2300 und 5450 m die Hochlandsteppe der Anden, die Feuchtgebiete wie den **Humedal Arabilla** (wertvolles Weidegelände der Lamahirten und Brutgebiete für Wasservögel) und Queñoa-Bäume, die auf Höhen von bis zu 4500 m wachsen. Es ist der einzige Baum, der es in dem harschen Klima aushält. Von den Aymara traditionell als Bauholz genutzt, gilt er als stark gefährdet. Neben Vicuñas, Füchsen und Gürteltieren kommen hier auch Raubvögel und Kondore vor. In den kleinen Dörfern wohnen Aymara-Indianer. Sie leben vom Anbau der Quinoa und der Lamazucht. Eintritt frei.

Arica

„Stadt des ewigen Frühlings" wird Chiles nördlichste Stadt, 19 km vor der Grenze zu Peru, genannt. Kein Wunder: Bei einer Jahresdurchschnittstemperatur von 22 Grad regnet es hier so gut wie nie. So sind alle Freizeitmöglichkeiten von Surfen über Reiten bis Tauchen ganzjährig möglich.

Mit ihren 229 000 Einwohnern gilt Arica als älteste Stadt Chiles. Begünstigt wurde die frühe Besiedelung vor 11 000 Jahren durch die Lage an den beiden Flusstälern des Río Lluta und des Río de Azapa. Die Täler sind neben dem historischen Teil der Stadt und ihren Stränden die Attraktion.

Geschichte

Bevor die Tiwanaku zwischen dem 6. und 9. Jh. sowie die Inka im 15. Jh. das Gebiet beherrschten, waren es die Camanchaco und Chinchorro, die ihre berühmten Mumien hinterließen. Nach der Eroberung Perus 1532 sorgten die reichen Minen des Berges Potosí für eine rasche Besiedelung und Stadtgründung (1541). Aber die Silber-Verladungen zogen auch Piraten an, die die Stadt mehrmals heimsuchten.

Nach der Unabhängigkeit Perus spielte Arica weiterhin (und bis heute) eine wichtige Rolle als Hafen für den Import von Produkten für La Paz und später als Versorgungsstation für die Salpeterminen. Im Salpeterkrieg war Arica Schauplatz der blutigen **Schlacht um den Morro**, der letzten großen Festung Perus (1880). Im Waffenstillstandsvertrag von Ancon wurde eine Volksbefragung nach zehn Jahren chilenischer Besatzung vereinbart, was allerdings nicht eingehalten wurde. Stattdessen wurde im **Vertrag von Lima** 1929 der Verbleib bei Chile vereinbart; die Nachbarstadt Tacna sollte wieder an Peru zurückgegeben werden.

Auch heute noch haben die Nachbarländer gewisse Sonderrechte, so gehört dem peruanischen Staat die Bahnlinie nach Tacna, und Bolivien hat ein Areal im Hafen, das den wichtigsten Aus- und Einfuhrkanal für Bolivien darstellt. In Aricas Stadtbild sind diese Vermischungen ständig sichtbar, die Zuwanderung ist stark. In Chiles zweitältester Stadt leben übrigens ein paar Hundert Afrochilenen, die von Familien aus der Sklavenzeit der Silberminen abstammen.

Vom Niedergang der Salpeterindustrie stark betroffen, wurde Arica 1953 zur **zollfreien Zone** erklärt, was aber nach dem Nachziehen von Tacna und Iquique keine Standortvorteile mehr bot. In den 70er-Jahren hatte sich aufgrund der Auflage, dass importierte Autos zu 10 % in Chile montiert sein müssten, eine Autoindustrie herausgebildet. Unter Pinochet wurde diese Regelung aber aufgehoben, und so ist die Arbeitsmarktlage heute recht angespannt. Arica gilt inzwischen als preiswerteste und ärmste Stadt des Nordens, trotzdem aber als eine der sichersten.

Sehenswertes

Innenstadt

Quirlig ist die **Fußgängerzone** 21 de Mayo mit ihren Geschäften und Cafés. Man kann auf ihr bis hinunter zum Hafen spazieren, sollte aber einen kleinen Schlenker durch die ebenso lebhaften kleinen Straßen Bolognesi und Velásquez mit schönen Cafés und Restaurants machen. Am Wochenende ist es hier allerdings so gut wie ausgestorben und nur am Hafen decken sich massenhaft Leute mit frischem Ceviche ein.

Gegenüber dem Hafen sieht man die von Palmen umstandene **Ex-Aduana**, das ehemalige Zollhaus (1872) im neoklassischen Stil, das in den Studios von Gustav Eiffel in Paris vorkonstruiert und an den Pazifik verschifft wurde. Bei einem Erdbeben 2014 wurde sie stark beschädigt. Davor ist die **Locomotora Avapor** ausgestellt, die von Arica nach La Paz auf einer Schmalspur in einer Höhe von 4257 m über dem Meeresspiegel gefahren ist. Daneben steht der alte Bahnhof.

Zwischen der Plaza del Trabajador und der Ex-Aduana liegt die weitläufige Plaza Colón und dahinter auf einer Anhöhe die **Iglesia San Marcos** (1876) im gotischen Stil, wie das Zollhaus von Gustave Eiffel aus vorgefertigten, gusseisernen Teilen gebaut.

In keinem der Häfen Nordchiles kann man **Seelöwen** so einfach beobachten wie von der kleinen Brücke aus, unter der sie sich mittags bei den Fischern tummeln. Etwas weiter werden die Fänge des Tages direkt an der Mole verkauft.

Morro und Strände

Auf den **Morro**, den flaggengekrönten 130 m hohen Felsen an Innenstadt und Meer, gelangt man zu Fuß ab Ende der Colón nahe dem Zentrum in 15 Min. oder per Auto in einem großen Umweg über die Sotomayor. Der steinerne Gigant ist das Wahrzeichen von Arica und

ein grandioser Aussichtspunkt über die Stadt, besonders bei Dunkelheit, wenn es allerdings nicht sinnvoll ist, sich dort allein aufzuhalten. Dort oben steht das **Museo de Armas**, das Waffenmuseum. 🕒 Di–So 10–20 Uhr. Eintritt 1000 CLP.

Vom Morro sieht man den Jachtclub an der knapp 50 000 m² großen **Ex-Isla Alacrán**, die 465 m vor der Küste liegt und mit dem Festland verbunden ist. Die 4 m (manchmal bis zu 7 m) hohen Wellen vor ihr sind einer der besten Spots in ganz Chile zum Surfen und sind immer wieder einmal Austragungsort für diverse Surf- und Bodyboard-Weltmeisterschaften.

Die kleinen Buchten der Playa **El Laucho** und **La Lisera** liegen einen schönen, etwa 10–15-minütigen Spaziergang südlich des Zentrums und laden zum Chillen ein, denn dort stehen Sonnenschirme. Öffentliche Toiletten gibt es auch.

Ein kleines Spektakel spielt sich dort sonntags ab: Ganze Hausstände werden an die Playa La Lisera geschleppt. Es wird gegrillt, gegessen, gespielt und getrunken – alle sind happy! Bis in den späten Abend dauert die große Familienfeier.

In der Hochsaison fahren alle Stadtbusse zu den südlichen Stränden und mindestens alle 15 Minuten fahren sie zurück ins Zentrum. Die **Playa Chinchorro** ist zwar riesig, aber kaum für Besucher entwickelt und fast ein bisschen zu einsam.

In der Umgebung

Sechs Kilometer südlich von Arica befinden sich die Höhlen **Cuevas de Anzota**, in denen die Chinchorros, die Ureinwohner der Region, schon vor 9000 Jahren lebten. Am besten besucht man sie mit dem Fahrrad, da es keine Fußwege gibt und der Verkehr unangenehm wird. Di–So 9–18.30 Uhr. Eintritt frei.

Einige der ältesten Mumien der Welt und die Kultur der Chinchorro-Ureinwohner kann man im kleinen **Museo Arqueológico San Miguel de Azapa**, 12 km von Arica entfernt sehen. An der Ecke Patricio Lynch und Chacabuco warten gelbe Colectivos, die für 1200 CLP zum Museum fahren, sobald vier Fahrgäste zusammengekommen sind. Für den Rückweg kann man eins der gelben Colectivos einfach an der Straße anhalten. Ein Taxi kostet ca. 18 000 CLP hin und zurück inkl. einer Stunde Wartezeit. Camino Azapa KM 12, www.museouta.cl. Di–So 10–18 Uhr. Eintritt 2000 CLP.

Von Arica aus lassen sich auch Touren nach Putre und in den **Parque Nacional Lauca** unternehmen, am besten mit einer Übernachtung in Putre, um sich an die Höhe zu gewöhnen. Dort ruht mit dem **Lago Chungará** einer der höchstgelegenen Seen der Welt, der vom Vulkan Parinacota gekrönt wird (s. Touren).

ÜBERNACHTUNG

Gegenüber von den Busbahnhöfen an der Diego Portales gibt es eine ganze Reihe günstigster Übernachtungsmöglichkeiten, die man sich aber genauer anschauen sollte, denn die Gegend ist nicht die sicherste.

Hostal Le Petit Clos, Colón 7, www.lepetitclos.cl. Direkt unterhalb des Morro. Sehr freundlicher Inhaber, schöne Dachterrasse mit Meerblick, auf der gefrühstückt wird. Nur wenige Zimmer (teils mit Privatbad) und angenehme Atmosphäre. ❷

Hostel Doña Inés, Manuel Rojas 2864, 58-2248-108, hiarica@hostelling.cl. Etwas außerhalb gelegen, aber ein cooles Hostel rund um einen schönen Innenhof mit Billard, das von Roberto mit großer Leidenschaft und viel Einsatz geleitet wird. Bett im Dorm 12 600 CLP. ❷

Hotel Apacheta, Av. Comandante San Martín 661, www.hotelapacheta.com. 18 Zimmer mit Balkon direkt am Meer. Eine super interessante Konstruktion in ihrer Einfachheit, fast vollständig aus natürlichen Materialien, aber die Erhaltung ist aufwendig. Der perfekte Platz, um Meeresvögel zu beobachten. Ohne MwSt. ❸

Hotel Plaza Colón, San Marcos 261, www.hotelplazacolonarica.cl. Liegt superzentral an der Plaza. Die meisten Zimmer sind etwas älter und okay, besser als die neuen im EG. Kleiner Parkplatz, inkl. einfachem Frühstücksbuffet und MwSt. ❸

Hotel Arica, Av. Comandante San Martín 599, www.panamericanahoteles.cl. Exponierte Lage an den Stränden, 114 Zimmer im maritimen Stil, die schon etwas in die Jahre gekommen sind. Einige haben Balkons mit Meerblick. Dazu gibt es einige Cabañas, Parkplätze und das gute Restaurant Panorámico. Frühstück inkl. ❸–❹

ESSEN

Im **Mercado aus dem Jahr 1875** bekommt man preiswertes Essen, meist Fisch, genauso wie im **Fischerhafen**. Nette Cafés und Restaurants gibt es im Paseo Bolognesi mit schönen Außenbereichen.

Amaya, San Marcos 251, www.amaya-restaurant.com. Das Haus ist von 1878, gemütlich eingerichtet und am schönsten sitzt man im Hof. Es gibt klassische Fisch- und

Fleischgerichte. Wenn die Bar im 1. Stock erst einmal geöffnet hat, wird sie den vielleicht schönsten Blick in Arica bieten. 🕒 Mo–Sa 11.30–23.45 Uhr.

Mata Rangi, Máximo Lira 501, 💻 www.matarangi.cl. In einer Holzhütte am Fischerhafen mit tollem Blick über die Hafenanlagen. Es gibt à la carte und (natürlich) Ceviche, aber auch ein „Menu Crucero" – ein Kreuzfahrermenu. 🕒 Do–Di 12.30–17 Uhr.

Maracuya, Av. Comandante San Martín 321. Eins der besten Restaurants der Stadt, auf dessen herrlicher Terrasse man bei frischer Meeresbrise frische Meeresfrüchte genießen kann. Eher gehobene Preise. 🕒 Di–Sa 12.30–16, 20–24, So 12–17 Uhr.

Mediterráneo, Av. San Martín 315. In einem riesigen weißen Gebäude mit 10 m hohen Decken. Dafür einiges teurer mit Gerichten um 10 000 CLP. Am besten schmecken die Cocktails auf der Terrasse über dem Ozean. 🕒 tgl. 11–23 Uhr.

Mousse, 7 de Junio 174. In dem pinken Haus mit Außenbereich an der Plaza Colon. Wer gerne Pizza und Pasta isst, dem sei das Haus empfohlen. 🕒 Mo–Sa 12–3 Uhr.

Island Comida Fusión, Bolognesi 332, 📞 9-9904-0823, 💻 www.fb.com/Island comidafusion. Fast wie in einem Urwald begrünt. Peruanische Küche, guter Kaffee, wechselnde Ausstellungen. 🕒 Mo–Do 13–23, Fr und Sa 13–2 Uhr.

Polyvan, Av. San Martín 101. Nicht ganz günstige Sandwiches und Hamburger sowie Fischgerichte, aber eine tolle Terrasse. 🕒 Mo–Sa 13–24, So 13–20 Uhr.

UNTERHALTUNG

In der Fußgängerzone Velazquez gibt es einige Bars, vor denen Freitagnachmittags schon große Bierflaschen auf den Tischen stehen, ungewöhnlich für Nordchile. Bei **Espacio Ribus,** Paseo Bolognesi **347, gibt es** guten Kaffee, Sandwiches und Wraps 💻 www.ribus.cl, 🕒 Mo–Sa 8.30–22.30 Uhr.

Die Bars auf dem Weg zu den südlichen Stränden sind etwas teurer.

Tuto Beach, San Martín 545, Playa El Laucho, Restaurant und Bar direkt am Strand, die am Wochenende zu einer Disco umfunktioniert wird. Viel Livemusik und lange Partys. Happy Hour. 🕒 Mo–Do 13–1, Fr und Sa 13–4, So 13–19 Uhr.

TOUREN UND AKTIVITÄTEN

Tagestouren nach **Putre** und zum **Lago Chungará** auf 4600 m sind wegen des gewaltigen Höhenunterschieds viel Stress für den Organismus und auch eine Menge Fahrerei. Abfahrten um 7 Uhr, Rückkehr gegen 19/20 Uhr, 50 000 CLP (inkl. Frühstück und Mittagessen).

Besser ist die **2-Tages-Tour** zum **Lago Chungará** mit Übernachtung in Putre mit Abstecher nach Socoroma und Belén.

Zum **Parque Nacional Lauca** kann man auch mit normalen Fahrzeugen fahren, allerdings nur auf der Ruta. Biegt man ab, braucht man einen 4x4, der auch zum **Salar de Surire** nützlich sein kann. Zudem muss man CONAF informieren, wann man in welchem Refugio übernachten möchte.

City-Tour

Orange Travel, Panorama-Tour (s. Tourveranstalter).

Bootstouren

Marimar, am Fischereihafen, 📞 9-8262-6140. Bootsausflüge entlang der Playa Chinchorro, wenn genügend Personen zusammengekommen sind (40 Min., 5000 CLP).

Fahrradverleih

Turismo Chogña, San Marcos 257, 📞 9-9931-4166, 💻 www.turismochogna.cl. 🕒 Mo–Fr 9–19, Sa und So 9–18 Uhr.

Gleitschirmfliegen

Über der Küstenlinie, der Wüste und dem Morro von Arica ein besonderes Erlebnis.

Destino Vertical, 💻 www.destinovertical.cl. 15–20 Min. Tandem-Flug über die Strände der Südzone und den Morro 55 000 CLP. 🕒 tgl. 9–20 Uhr.

Tourveranstalter

Orange Travel, 7 de Junio 299, 💻 www.orangetravel.cl. Populärer Großreiseveranstalter mit mehr als 20 Jahren Erfahrung in der Region. City-Tour und ganztägige Exkursionen in die Anden 🕒 Mo–Fr 9.30–20, Sa 10–14.30 Uhr.

SONSTIGES

Einkaufen

Im Paseo Bolognesi gibt es schöne Passagen. Auf der anderen Seite der 21 de Mayo heißt die Fußgängerzone Velásquez.
Supermercado Santa Isabel, 21 de Mayo 501, im UG. 🕒 Mo–Fr 8–21, Sa und So 9–21 Uhr.

Feste

Januar: Carnaval Andino Inti Cha'mampi – der größte Carnaval des Landes mit farbenfrohen Umzügen in der letzten Woche des Monats.
Juni: Campeonato Nacional de Cueca – 1-wöchiger Tanzwettbewerb bunt kostümierter Gruppen auf der Plaza McKenna in der 2. Woche des Monats.
Juli: Internationaler Surfwettbewerb in der 2. Woche des Monats.

Geld

Automaten in der Fußgängerzone 21 de Mayo und in der Calle Colón. **Wechselstuben** an den Busbahnhöfen.
Western Union, 21 de Mayo zwischen Colón und Baquedano. 🕒 Mo–Fr 9–14, 15.30–18, Sa 10–13 Uhr.

Informationen

SERNATUR, San Marcos 101, Ecke Parque Baquedano, 📞 58-2252-054, 💻 www.sernatur.cl. 🕒 Mo–Do 9–14, 15–18, Fr 10–14, 15–18 Uhr.
CONAF, Av. Vicuña Mackenna 820, 📞 58-2201-201, 💻 www.conaf.cl.

Konsulate

Deutsches Konsulat, Bolognesi 360.

Mietwagen

Alle gängigen Firmen haben ein Büro am Flughafen.
Europcar, Chacabuco 602, 📞 58-257-8500. 🕒 Mo–Fr 8.30–13, 14.30–18.30, Sa 9–11.30 Uhr. Am Flughafen: 🕒 tgl. 7–23 Uhr.
Mitta, Baquedano 999, 💻 www.mitta.cl. 🕒 Mo–Fr 8.30–19.30, Sa 9–12.45 Uhr. Am Flughafen: 🕒 Mo–Fr 7–23, Sa und So 9–21 Uhr.

TRANSPORT

Busse

Innerhalb Chiles

Der nationale Busbahnhof **Terminal Rodoviario de Arica**, Av. Diego Portales 1001, hat Geldautomaten, Wechselstube, Cafés und Restaurants, eine Gepäckaufbewahrung im EG und eine im UG. Vor Fahrtantritt muss man für einige Pesos eine **Tasa de Embarque** kaufen.

Busse nach:

ANTOFAGASTA (10–11 Std.), 18 600–30 900 CLP,
IQUIQUE (5–6 Std.), 12 400–15 900 CLP,
LA SERENA (21–23 Std.), 40 200–51 500 CLP,
PUTRE (3 Std.), 1x tgl. mit La Paloma, 💻 www.translapaloma.cl, um 6.50 Uhr. Die einzige Rückfahrt ist tgl. um 14 Uhr, 5500 CLP).
SANTIAGO (28–30 Std.), 43 300–61 800 CLP.

In die Nachbarländer

Nur 100 m vom nationalen Busbahnhof die Straße hinauf liegt das **Terminal Internacional.** Vor Abfahrt muss man einige Pesos für die **Tasa de Embarque** in dem Kassenhäuschen am Eingang entrichten. Daneben gibt es eine Wechselstube.

Nach Peru

Busse fahren nur bis TACNA (1 Std.), nicht zu anderen Zielen in Peru. Dort muss man umsteigen, wenn man weiter ins nördliche Peru will. Von der Vorderseite des Terminalgebäudes, wo auch die Verkaufsbüros sind, fahren die Taxis nach TACNA (ca. 4500 CLP p. P.). Uber ist etwas günstiger. Manche Fahrer verlangen Zuschläge für Gepäckstücke, meist 2000–3000 CLP. Von der anderen Seite fahren die Busse ab, die bis TACNA 2000–2500 CLP kosten. Der Grenzübergang hat 🕒 24 Std.

Nach Bolivien
Es gibt Busse nach LA PAZ und über ORURU nach COCHABAMBA. Natürlich empfehlen sich Fahrten bei Tag, um die Landschaften zu genießen. Es sein denn, man möchte eine Hotelübernachtung sparen.
Internacional Nuevo Continente, tgl. 6.30 und/ oder 23 Uhr nach La Paz (10 Std., 18 900 CLP), **Nordic Bus**, tgl. 7 Uhr nach La Paz (8 Std., 11 400 CLP).

Eisenbahn

Ferrocarril Tacna-Arica, Av. Comandante San Martín 799, ✆ 9-7633-2896. Die 62 km lange Bahnverbindung zur peruanischen Grenzstadt TACNA wurde 1856 gebaut und gehört seit 1955 dem Staat von Peru. Seit Corona zunächst nur noch eine Fahrt je Richtung täglich. Einfache Fahrt (75 Min.) 4200 CLP. Besser reservieren, da die Kapazität auf 49 Passagiere begrenzt ist. Ticketverkauf nur am Bahnhof: Mo–Fr 8–12, 15–19, Sa und So 8.30–11, 15–19 Uhr. Eine Stunde vor Abfahrt am Bahnhof sein und Reisepass nicht vergessen!

Flüge

Der Flughafen **Aeropuerto Chacalluta** liegt 18 km nördlich des Stadtzentrums, 💻 www.aeropuertoarica.cl. LATAM, Jetsmart und Sky Airlines fliegen mehrmals tgl. nach SANTIAGO, IQUIQUE und LA SERENA.

Flughafentransfer
Ein Taxi zum Flughafen in Arica kostet 10 000–15 000 CLP.
Transfer Arica, 💻 www.transferarica.cl. 6000 CLP p. P.

Valle de Azapa

Von der Straßenecke Chacabuco/Patricio Lynch fahren die gelben Sammeltaxis (Colectivos, 1200 CLP) in das grüne Tal des Olivenanbaus, wenn vier Fahrgäste zusammengekommen sind. In ganz Chile sind die großen, milden Oliven bekannt; viele Verkäufer bieten sie im Straßenverkauf und zum Probieren an.

Auf der Fahrt von Arica ins Azapa-Tal kommt man am **Archäologischen Museum** vorbei (12 km), wo einige der ältesten Mumien der Welt ausgestellt sind.

Etwas südwärts führt eine Straße zu einigen archäologisch höchst interessanten Scharrbildern und Ruinen: Dafür fährt man vom Museum wieder Richtung Arica, dann an der ersten Abzweigung nach links abbiegen, bei der nächsten wieder links, und so gelangt man zum **Pucará San Lorenzo**, das aus der Zeit der Beherrschung durch die Tiwanaku-Kultur stammt (700–1000 n. Chr.). Es handelt sich um eine Art Fluchtburg.

Zurück in Richtung Arica sieht man an der zweiten Kreuzung rechts ein paar Mauerreste aus der Inka-Zeit (15. Jh.). An derselben Kreuzung nach links abbiegend, kommt man an einem weiteren Pucará vorbei, um dann die **Geoglyphen Alto Ramirez** zu sehen (1000–1400 n. Chr.). Etwas weiter folgen die **Geoglyphen Cerro Sagrado** aus derselben Zeit und schließlich die Scharrbilder **Cerro Sombrero**, wo sich ein Urdorf befindet (1000–1400 n. Chr.). Dieses Dorf bestand aus etwa 400 Hütten.

Von Arica nach Putre

Ab Arica geht es durch das fruchtbare Tal des Río Lluta, wo sich nach 13 km auf der linken Seite Scharrbilder großer Tierfiguren auf den Hügeln zeigen, die 1000 n. Chr. entstanden sein sollen. Mit den Steigungen ergeben sich Aussichtspunkte ins tiefe Flusstal, und die ersten Kerzenhalter-Kakteen *(Bromningia candelaris)* von bis zu 4 m Größe tauchen auf. Ewas weiter taucht das **Pucará Copaquilla** auf (KM 100), eine Festungsanlage aus der Zeit der Tiwanaku (800–1200 n. Chr.).

Bei KM 106 liegen das ehemalige Inka-Tambo **Zapahuira**, von dem nur wenig zu sehen ist, und zwei kleine Türme, sogenannte **Chullpas** – Begräbnistürme der Häuptlinge wie bei den Aymara üblich, die auf ca. 1400 n. Chr. datiert werden. Bei KM 120 kommt eine Abzweigung zur kleinen Oase **Socoroma**. Nach 150 km ist Putre erreicht. Beim Aussteigen aus dem Bus wird die Luft (gewöhnungsbedürftig) dünn sein.

Putre

Das beschauliche Dorf 2202 km nördlich von Santiago schmiegt sich auf 3650 m Höhe an einen Hang und zählt 2700 Einwohner, mehrheitlich vom Stamm der Aymara, die als Kleinbauern Subsistenzlandwirtschaft betreiben. Der Hausberg Taapaca thront auf 5800 m über dem Dorf. Viel zu sehen gibt es in der schon im 16. Jh. von den Spaniern gegründeten Siedlung nicht, abgesehen von einigen Häusern aus der späten Kolonialzeit und der Kirche aus dem 17. Jh., die durch ein Erdbeben beschädigt und 1871 restauriert wurde. Die Häuser sind größtenteils traditionell aus Vulkangestein oder Adobe gebaut, teils mit Strohdach, aber auch mit Wellblech. Putre dient den meisten Besuchern als Zwischenstation, um sich an die Höhe zu gewöhnen, bevor es zu den Attraktionen in die Weiten der Anden wie den Parque Nacional Lauca weitergeht. Aber auch im Flusstal gibt es gute Wandermöglichkeiten, Gelegenheit zur Vogelbeobachtung und Petroglyphen.

Im Februar ist Karneval mit viel Konfetti und Mehlbomben. Von den religiösen Festen, die einen hohen Grad an Vermischung mit indianischen Bräuchen zeigen, ist das **Pachayampe** das interessanteste: Anfang November werden Mutter Erde (Pacha Mama) und die Kartoffel verehrt – die Süßkartoffel hat ihren Ursprung im Altiplano. Im Oktober/November findet die **Feria Andina Regional** statt, die Kunstgewerbe-,

Zurück nach Iquique

Eine reizvolle Anschlussmöglichkeit ist die einsam-spektakuläre Fahrt ab Lago Chungará über den Salar de Surire und den Nationalpark Isluga bis Enquelga und zur bolivianischen Grenze bei Colchane, danach runter vom Altiplano und über Chusmiza nach Iquique. Verpflegung, genug Benzin und Schlafsäcke mitnehmen! Ein gutes Fahrzeug und vorherige Höhenakklimatisation auf 2500 m sind notwendig.

Lama- und Gemüsemarkt sowie Mineralienbörse vereinigt. Auf der Hinfahrt sollte man im Bus auf der linken Seite sitzen, auf der Rückfahrt auf der rechten. Nach Ankunft in Putre sollte man es in der Höhe langsam angehen lassen.

ÜBERNACHTUNG

Die meisten der etwa ein Dutzend Unterkünfte sind gerne bei der Organisation von Ausflügen behilflich. Von Juli–Okt ist eine Reservierung zu empfehlen.

Im Ort

Pachamama Hostel, 3 Blocks südlich der Plaza, 💻 www.fb.com/pachamamahostel. Die großzügigen Zimmer sind um einen bunten Innenhof und dahinter gelegen. Ordentliche Badezimmer, gute Küche und gemütliches Wohnzimmer mit entspannter Musik. Tolle Backpacker-Atmosphäre mit Reisenden aus aller Welt, mit denen man schnell in Kontakt kommt, um Ausflüge gemeinsam zu planen. Bett im Dorm 18 800 CLP. ❶

Hostal La Paloma, O'Higgins, 353., 📞 9-1979-319. 12 geräumige Zimmer in einer ordentlichen Anlage, keine Heizung, aber Teppiche. Parkplätze, Frühstücksbuffet inkl. ❷

Hotel Las Vicuñas, Baquedano 80, 📞 9-5381-1481. Das 1985 gegründete Haus gilt als das größte im chilenischen Altiplano. Die 50 Zimmer haben Bad und Heizung, zudem gibt es ein Restaurant mit internationaler Küche. Inkl. Frühstück, ohne MwSt. ❷–❸

Etwas außerhalb

La Chakana Lodge, Marca Pampa, 📞 9-4021-7508. Die hübschen weißen Cabañas 750 m westlich der Plaza haben alle Bad, Parkettboden und sind von Gärten und Hügeln umgeben. Das Haus ist Teil der Trekking-Chile-Stiftung und engagiert sich für soziale Projekte. Frühstück inkl. ❸

Terrace Lodge, etwas außerhalb in der Av. Circunvalacion 25, 💻 www.terracelodge.com. 5 geräumige Zimmer, Betten mit Daunendecken. Frühstück inkl. ❸

Hotel Q'antati, Hijuela 208, 📞 58-228916. Am westlichen Ortsrand gelegenes, familiäres Hotel. 10 einfache, identische Zimmer mit Heizung gruppieren sich um den Garten. Frühstück inkl. ❹

DER GROSSE NORDEN

Nur die Ruhe: Putre

© MAURITIUS IMAGES / IMAGEBROKER / BARBARA BOENSCH

ESSEN

Café Putre, La Torre 500. Gute Pizza, vegetarische und vegane Optionen oder auch Alpaka, falls jemand etwas Neues probieren möchte. ⌚ tgl. 11–15, Mo–Sa 18–22 Uhr.
Flor de Rosamel, Latorre 58 an der Plaza. Einfaches Restaurant, das schon zum Mittagstisch regelmäßig von Einheimischen gut bevölkert wird. Denn zur Stärkung gibt's kräftigen Cazuela.
La Paloma, O`Higgins 46. Schöner Panoramablick in einem frischen Gebäude. Reichhaltige Küche wie Lomo al Pobre oder frittierter Fisch. ⌚ Mo–Sa 8–21 Uhr.

TOUREN

Putre York, La Torre, Casa parroquial, an der Plaza, 💻 www.aventuraputreyork.cl. **Pablo und Christian a**rbeiten nur mit zweisprachigen lokalen Guides, die die Gelände und die Kulturen kennen.
Tour Andino, Baquedano 340, 💻 www.tourandino.com. Umfassendes Angebot an Vulkanbesteigungen, Trekkingtouren und mehrtägigen Expeditionen. Arbeitet mit lokalen Guides.
Mayuru-Tour, Baquedano 411, 💻 www.mayurutours.com. Ausflüge in Geländewagen mit lokalen Führern zu den Attraktionen der Umgebung, aber auch nach Peru und Bolivien. Zusätzlich Vermietung von Bergsteigerausrüstung.

SONSTIGES

Einkaufen

Minimärkte finden sich an der Baquedano und der Plaza.

Geld

An der Plaza gibt es einen **Geldautomaten**, der aber nicht immer funktioniert.

Informationen

Oficina de Turismo, Carrera 350, ☎ 58-252744. In der Municipalidad gegenüber der Plaza.
Infoportal des Ortes, 💻 www.imputre.cl. Mit Infos für Reisende.
CONAF, Teniente del Campo 301, ☎ 58-2585-704. Gute Karten und ordentliches Infomaterial, aber offiziell keine Refugios in der Region.

TRANSPORT

Auto

Benzin bekommt man nach Verfügbarkeit in den Minimärkten. Besser ist es aber, in Arica vorzusorgen!

Busse

Buses La Paloma, Baquedano (beim Restaurant La Paloma), 💻 www.translapaloma.cl. Fährt tgl. um 14 Uhr nach ARICA (3 Std., 5500 CLP).
⌚ 9-18 Uhr. Für Do und Fr sollte man das Ticket schon vorab kaufen.

Parque Nacional Lauca und Salar de Surire

9 HIGHLIGHT

Vulkan Parinacota und Lago Chungará

Der **Nationalpark Lauca** ist eine der Hauptattraktionen der Region. Er ist etwa 137 000 ha groß, wurde bereits 1970 eingerichtet und 1981 zum Biosphärenreservat ernannt. Im Park gibt es zwei Dörfer: **Chucuyo**, an der Passstraße Ch 11 (drei Restaurants, das Doña Maty bietet einfache Unterkunft ❶) und **Parinacota** („Flamingo-See", auf 4390 m gelegen). Letzteres besitzt eine sehenswerte Kirche. Parinacota ist umgeben von vielen Weidegebieten *(bofedales)* mit Lamas und Alpakas, aber auch Feuchtgebieten mit reicher Vogelwelt. Ein 13 km langer, ausgeschilderter Wanderweg führt zu den **Lagunas Cotacotani** am Ortsrand von Parinacota.

Weiter geht es zum imposanten **Lago Chungará** auf 4570 m Höhe – einem der höchsten Seen der Welt. Im Uferbereich kann man im Sommer Flamingos sehen, aber auch verschiedene Entenarten und die großen Andengänse. Nach Osten hin erblickt man die Nevados de

© SHUTTERSTOCK.COM / ANDERL

Andenflamingos am Salar de Surire

Payachatas, die **Schichtvulkane** Pomerape (6200 m) und **Parinacota** (6300 m). Dahinter liegt in Bolivien der imposante Sajama (6500 m).

Zum Süden und auf der Grenze schauen die Gipfel von Acotango (6000 m) und Capurata (5990 m) heraus sowie der aktive Guallatiri (6060 m). Es gibt einen **Aussichtspunkt** mit Campingmöglichkeit der CONAF gleich neben der vielbefahrenen Straße, auf der täglich zwischen 800 und 1000 Lastwagen von Arica nach Bolivien und umgekehrt unterwegs sind. Nicht vergessen: Von Putre geht's bis zum Nationalpark in einer Stunde noch einmal 1000 m hoch.

Wer nach einer langen Tagestour durch die Höhen der Anden in 35–38 Grad heißem Wasser entspannen möchte, kann das auf dem Rückweg 10 km östlich von Putre in den **Termas de Jurasi**. ⌚ 10 Uhr bis Sonnenuntergang. Eintritt 2000 CLP.

Churiguaya und Salar de Surire

Wer weiter durch die südlich anschließende **Reserva Nacional Las Vicuñas** möchte, sollte am Grenzkontrollpunkt vorbei Richtung Bolivien fahren: Kurz vor der Grenze kommt eine Piste nach rechts, die nach etwa 20 km zu den wilden **Thermalquellen Churiguaya** führt: Ein kleines Häuschen steht dort, offen für alle Nutzer. Nach 30 km gelangt man zum Dorf **Guallatire**, wo man notfalls bei Bewohnern Unterkunft finden kann. Die Carabineros-Kontrollstation ist obligat. Man muss sich hier registrieren lassen.

Von **Guallatire** sind es noch rund 45 km bis zum **Salar de Surire**, einem ausgetrockneten See auf 4200 m Höhe. Am Südrand sind Flamingos und die seltenen Queñoa-Bäume zu sehen. Die hiesigen **Thermalquellen Polloquere** sind frei zugänglich.

Über Pisten, vorbei an ein paar einsamen Weilern, kann man zum **Nationalpark Isluga** (S. 317) anschließen. Bis Enquelga sind es etwa 60 km, bis Colchane 75 km. Öffentliche Verkehrsverbindungen bestehen keine, es werden aber Touren angeboten (siehe Iquique, Arica, Putre).

VULKAN OSORNO, NATIONALPARK VICENTE PÉREZ ROSALES; © MEIK UNTERKÖTTER

Der Kleine Süden

Der Kleine Süden ist großartig – er bietet Landschaften wie aus dem Bilderbuch. Das Märchen beginnt am mächtigen Río Bío Bío. Südlich des Flusses lag die sogenannte Frontera, das Grenzland zu den von den Mapuche bewohnten Gebieten mit ihrer wunderbaren Natur: grüne Hügel, steile Berge, schneebedeckte Vulkane, reißende Ströme, dichte Wälder und stahlblaue Seen – ein Nationalpark folgt auf den nächsten, einer schöner als der andere.

Stefan Loose Traveltipps

10 **Pucón am Lago Villarrica** Hip, trubelig und bildschön ist das Ferienparadies zu Füßen des perfekt geformten Vulkans Villarrica. S. 345

11 **Parque Nacional Puyehue** Eins werden mit der Natur: dichte Wälder, bunte Blumen, tosende Wasserfälle. S. 361

Puerto Octay Deutsche Spuren in dem verträumten Örtchen auf einer Halbinsel am Lago Llanquihue. S. 365

12 **Parque Nacional Vicente Pérez Rosales** Der älteste Nationalpark Chiles ist ein einziger Augenschmaus: türkisfarbene Wasserfälle und smaragdgrüne Seen, bewacht vom Vulkan. S. 370

13 **Isla de Chiloé** Die grüne Insel mit ihren wunderschön geschwungenen Landschaften hat neben den typischen Kirchen aus Holz zweifellos etwas Magisches. S. 374

Parque Nacional Chiloé Lagunen, Strände und üppige Vegetation voller bunter Vögel. S. 384

Muelle de las Almas Kunstprojekt mit Weitblick. S. 385

CLUB SOCIAL ANCUD, ISLA CHILOÉ; © MEIK UNTERKÖTTER

PARQUE NACIONAL CHILOÉ; © MEIK UNTERKÖTTER

Wann fahren? Okt–März, ab April wird es kühler, dafür herrscht ideales Wanderwetter und es ist nicht mehr so voll.

Wie lange? 10 bis 12 Tage, Aktiv-Reisende und Familien mit Kindern durchaus länger

Bekannt für Wassersport, Flüsse, Badeseen, Fjorde, Vulkane und Strände für jeden Geschmack

Tipp Die typischen bunten Holzhäuschen sind sehr charmant, aber auch hellhörig.

Unbedingt probieren Den berühmten Curanto von der Insel Chiloé

Der Kleine Süden
N
0
100 km
Santiago
Dichato
Tomé
Ñipas
Chillán
Vol. Chillán
3212
Barrancas
Varvarco
Talcahuano
Bulnes
Recinto
Termas de Chillán
Buta Ranquil
Las Ovejas
s. Stadtplan Concepción S. 333
Concepción
Hualqui
Florida
Cabrero
Pemuco
R. N. Ñuble
4114
Auquinco
Coronel
Yungay
Lota
Yumbel
Huepil
I. SANTA MARÍA
Llico
Antuco
Lag. del Laja
Chos-Malal
Arauco
P. N. Laguna del Laja
Los Angeles
Curanilahue
Sta. Bárbara
Los Alamos
Negrete
Renaico
Copahue
Lebu
Angol
Mulchén
Vol. Copahue
Caviahue
Chorriaca
P. N. Nahuelbuta
Ralco
Cañete
Collipulli
R. N. Malleco
s. Detailplan Araucanía Andina S. 340
Purén
Los Sauces
Ercilla
Vol. Tolhuaca
s. Stadtplan Temuco S. 337
Victoria
P. N. Tolhuaca
2780
Vol. Lonquimay
2851
Codihué
Traiguen
Lonquimay
1864
Las Lajas
I. MOCHA
Tirúa
Curacautín
Pino Hachado
Lautaro
Vol. Llaima
Zapala
Carahue
Nueva Imperial
Vilcún
P. N. Conguillío
3125
1298
Puerto Saavedra
Temuco
Melipeuco
L. Budi
Freire
Pitrufquén
P. N. Huerquehue
Aluminé
Hualpin
Gorbea
L. Villarrica
s. Detailplan Lago Villarrica S. 345
Nueva Toltén
Villarrica
Pucón
Curarrehue
Queule
Loncoche
Vol. Villarrica
2840
s. Stadtplan Valdivia S. 357
Mehuín
Lanco
L. Calafquén
P. N. Villarrica
Panguipulli
San José de la Mariquina
L. Panguipulli
Malleo
Máfil
Riñihue
s. Detailplan Sieben-Seen-Region S. 352
Valdivia
L. Riñihue
2415
Niebla
Los Lagos
Vol. Mocho Choshuenco
Corral
Futrono
Paillaco
L. Lácar
L. Ranco
La Unión
Lago Ranco
Río Bueno
Vol. Puyehue
L. Traful
Cerro Alto
Osorno
Entre Lagos
L. Puyehue
2415
P. N. Puyehue
1308
Villa La Angostura
Bahía Mansa
Puaucho
Río Negro
Pto. Octay
Nahuel Huapí
s. Stadtplan Puerto Montt S. 373
Purranque
L. Rupanco
P. N. Vicente Pérez Rosales
L. Nahuel Huapi
Vol. Osorno
2661
San Carlos de Bariloche
Frutillar
Lago Llanquihue
Petrohué
3554
Mte. Tronador
Fresia
Llanquihue
Ensenada
Pto. Varas
s. Detailplan Lago Llanquihue und Umg. S. 363
Los Muermos
Cochamó
Puerto Montt
Lolcura
Caleta La Arena
Río Foyel
Maullín
Vol. Hornopirén
Pargua
Calbuco
1572
Hornopirén
El Bolsón
Ancud
Chacao
Golfo de Ancud
Pichanco
Epuyén
Pazifischer Ozean
Leleque
Quemchí
Dalcahue
P. N. Chiloé
Caleta Gonzalo
Castro
Vol. Minchinmávida
Esquel
2404
Cucao
Chonchi
Chaitén
Trevelín
Arroyo Pescado
ISLA DE CHILOÉ
Compu
Puerto Cárdenas
Futaleufú
Vol. Corcovado
2300
Quellón
L. Yelcho
Tecka
s. Detailplan Isla de Chiloé S. 375
3554
Villa Sta. Lucía
Pto. Ramírez
425
Palena
Vol. Nevado
Puerto Natales
Puerto Escondido

Um das fruchtbare Gebiet des Kleinen Südens entbrannten die verlustreichsten Kämpfe, die die spanische Krone auf dem Subkontinent hinzunehmen hatte – im Grunde besiegte sie die **Mapuche** nie. Sie niederzuringen, dies brachte erst die chilenische Nation Mitte des 19. Jhs. zustande. Doch die politischen Spuren der Mapuche, so weggesperrt, gedemütigt und marginalisiert sie auch gewesen sein mögen und immer noch sind, durchziehen immer prägnanter den Kleinen Süden – nicht zuletzt hervorgelockt durch touristisches Interesse an ihrer Lebenskultur, was manchmal ganz segensreich sein kann.

Der Kleine Süden ist voller **idyllischer Seen**, **majestätischer Vulkane**, **Nationalparks** und Wälder aus den endemischen Alercen, Araukarien und Arrayanes. Die Chilenen verbringen ihre Ferien gerne an den zahlreichen Stränden der Seen und Flüsse, die denen am Pazifik spielend Konkurrenz machen. Die Infrastruktur für Reisende im Kleinen Süden ist perfekt. Überall entlang der Seen finden sich Cabañas, Campingplätze und Versorgungsmöglichkeiten.

Das vom Erdbeben 2010 arg gebeutelte und energisch wieder in Stand gesetzte **Concepción** ist die zweitgrößte Stadt Chiles. Mit ihrer Dynamik war sie neben Santiago die treibende Kraft des Volksaufstands 2019/20.

Östlich von **Temuco** verschwistern sich die Nationalparks zu einem einzigartigen Landschaftspanorama. Den Reigen eröffnet der **Parque Nacional Conguillío** mit seinem Bestand an uralten Araukarien, die unter Naturschutz stehen und eine der wichtigsten Kulturpflanzen der Mapuche sind. Wie Perlen an einer Schnur durchziehen Nationalparks den Kleinen Süden: Villarrica, Huerquehue, Mocho-Choshenco, Puyehue, Vicente Pérez Rosales; einer schöner als der andere, jeder voller prächtiger Wander- und Trekkinggebiete. Viele sind gut mit Bussen erreichbar, ein Auto macht die meisten Besuche aber leichter.

Valdivia, das den Namen des spanischen Konquistadors verewigt, der das Land eroberte, firmiert als Hauptstadt des Bieres und wartet entsprechend mit coolen Kneipen auf. Im Zentrum des landwirtschaftlichen Kerngebiets des Kleinen Südens liegt **Osorno**. Auch hier finden sich noch zahlreiche schöne Gründerzeitvillen aus der Zeit der deutschen Kolonisation.

Die touristischen Zentren konzentrieren sich um die Seen herum, an denen Sandstrände zum Sonnenbaden einladen. Besonders das jugendliche **Pucón** am **Lago Villarrica** und das eher gesetzte **Puerto Varas** am **Lago Llanquihue** füllen sich in den Ferienmonaten – kein Wunder, bieten doch beide Orte grandiose Ausflugsmöglichkeiten. Wer es lieber ruhiger mag, dem stehen zahlreiche kleinere Orte an den vielen Seen zur Auswahl. Die gesamte Seenregion ist traumhaft schön.

Puerto Montt ist eine hügelige Hafenstadt. Fast täglich legen Kreuzfahrtschiffe aus aller Welt an. Von hier geht es weiter, entweder auf die magische **Isla Chiloé** mit ihren grandiosen Holzkirchen und Pinguinkolonien – oder auf die abenteuerliche **Carretera Austral** (S.395, Der Große Süden).

Klima und Reisezeit

Am geeignetsten sind die Monate Oktober bis März/April. Schön ist es im **Spätsommer/Herbstanfang**, dann färben sich die Südbuchenwälder aus Coigüe, Ñirre und Lenga flammend rot und orange, stehen die Sommerwiesen noch in voller Blüte und es ist weder zu heiß noch zu kühl. Sommerliche Temperaturen herrschen zwischen Dezember und März. Am kühlsten, niederschlagreichsten und windigsten ist es im südlichen Küstenbereich. Mit dichtem Nebel muss man während des ganzen Jahres rechnen, der von der Küste bis ins Landesinnere zieht, die Temperaturen senkt und für unzureichende Sichtverhältnisse sorgt – Letzteres ist wichtig für Selbstfahrer. Etwas ärgerlich sind im Januar/Februar die Tábanos, Pferdefliegen. Diese Plagegeister sehen etwa aus wie Hummeln und brummen auch so laut. Sie können stechen, sind dazu aber meist zu langsam.

Concepción

Conce nennen die Chilenen das rund 500 km südlich von Santiago gelegene Concepción, mit fast einer Million Einwohnern im Großraum (inklusive der benachbarten Hafenstadt Talcahuano) eine der wenigen „richtigen" Großstädte Chiles. Sie liegt an einem der mächtigsten Ströme des Landes, am Bío Bío, der hier die Küstenkordillere durchschnitten hat und ins Meer mündet.

Die Stadtgeschichte ist lang, aber alles andere als beständig, und das heutige Bild spiegelt wesentlich stärker seine Bedeutung als Universitätsstadt und Dienstleistungszentrum für die landwirtschaftlichen Güter und Kohlezentren der Region, als dass es historische Reminiszenzen bewahrt hätte. 1550 von Pedro de Valdivia in der Nähe des Bío Bío gegründet, der die mythische wie reale Grenze zum Land der Mapuche zog, war es zunächst als Bekräftigung des spanischen Gebietsanspruchs gedacht.

Indianische Angriffe und heftige Erdbeben zerstörten Concepción immer wieder, und erst 1745 entstand es neu, diesmal am Flussufer. Im Verlauf des 19. Jhs. verknüpften sich zwei Namen mit dem industriellen Aufschwung des Landes – in Lota wurden riesige Kohlevorkommen entdeckt, die die Familie Cousiño abbaute, und José Bunster legte die Kornkammer Chiles um Angol und Los Ángeles herum neu an – und diesmal in großem Maßstab. Der Hafen von Talcahuano kam nicht zur Ruhe.

Stadtspaziergang

Die Orientierung fällt leicht. Ein mustergültiges Schachbrettmuster strukturiert das Zentrum und umschließt die **Plaza de la Independencia**, die 1998 komplett restauriert wurde. Bernardo O'Higgins erklärte an diesem Platz am 1. Januar 1818 die Unabhängigkeit. Eine Bronzesäule ist Ceres gewidmet, der griechischen Göttin des Ackerbaues, das passt gut zur Stadtgeschichte.

Gegenüber liegt die **Kathedrale**, auch sie recht frischen Datums, auch wenn sie barock und neoklassizistisch gestaltet ist. Das Wichtigste befindet sich im Innern: das barocke Bildnis der Inmaculada Concepción des weltberühmten Andalusiers Juan Martínez Montañés aus dem 17. Jh. Daneben ist in dem alten Bischofssitz das **Museo de Arte Religioso** untergebracht, es wird von der Universität betreut und zeigt als kostbarsten Besitz ein Elfenbeinkreuz, das König Philipp II. im 16. Jh. seiner jungen Kolonie schenkte. Caupolicán 459. ⌚ Mo–Fr 10–13.30, 15–17.30, Sa 11–14 Uhr, Eintritt frei.

Vier Straßenblocks weiter südlich öffnet sich der **Parque Ecuador** mit der **Galeria de la Historia**, in der es Plastiken und szenische Darstellungen zu sehen gibt. Lincoyán, Ecke Víctor Lamas im Parque Ecuador, 💻 www.ghconcepcion.cl. ⌚ Di–So 10–19 Uhr, Eintritt frei.

Auf der Calle Victor Lamas in östliche Richtung gelangt man zur **Universität** und dem **Campus** von Concepción. Es ist ein schönes, offenes Gelände in einer Parklandschaft mit einer umfangreichen **Kunstgalerie**, die chilenische Kunst aus verschiedenen Epochen zeigt. Chacabuco, Ecke Paicaví s/n. ⌚ Di–Fr 10–17, Sa und So 10–14 Uhr, Eintritt frei.

Cooles studentisches Leben gibt es nebenan rund um die Plaza Peru mit vielen Cafés und Kneipen. Über die verkehrsberuhigte Straße Diagonal Cerda kann man zwischen netten Cafés zum **Palacio de los Tribunales** zurückspazieren, der während der Aufstände 2019/20 komplett mit Graffiti überzogen wurde.

ÜBERNACHTUNG

€ **Hotel Cruz del** Sur, Freire 889, 💻 www.hotelcruzdelsur.cl. Nicht neu, aber mitten im Zentrum gelegen. Einige Zimmer haben Balkon. Einfaches Frühstück inkl. ❷

Hostal Buró, Freire 1565, 💻 www.hostalburo.cl. Das Konzept: von allem etwas. Hier werden Zimmer mit eigenem oder Gemeinschaftsbad vermietet. Der Service ist nett und unkompliziert. Einfaches Frühstück inkl. ❷–❸

Hotel Alonso de Ercilla, Colo Colo 334, 💻 www.hotelalonsodeercilla.cl. Einfacheres Businesshotel etwas älteren Datums, ordentliche Zimmer, Restaurant. ❹

Hotel Don Matias, Colo Colo 155, 💻 www.hoteldonmatias.cl. Bietet 26 kleine, saubere Zimmer, Restaurant, auch Apartments. Parkplatz, Frühstück inkl. ❹

ESSEN UND UNTERHALTUNG

Rund um die Plaza Peru gibt es viele gute, günstige Restaurants und Fastfood-Läden mit studentischer Atmosphäre wie das **Café Neruda**, Cerda 1134. Gerichte für Vegetarier inkl. Saft und Nachtisch, ⌚ Mo–Sa 13–23 Uhr, oder

Conce Fries&Pizza, Plaza Peru, Ecke Cerda, mit guten Pommes und den größten Pizzastücken ever. 🕒 Mo–Sa 12–22.30 Uhr.

BAC Café Frances, Colo Colo 1, gegenüber vom Parque Ecuador. Französisches Café mit Mittagstisch zu günstigen Preisen (früh kommen, es reicht oft nicht für alle), leckeren Torten und Brötchen. 🕒 Mo–Fr 8–20, Sa 10–20 Uhr.

Fuente Alemana, O'Higgins 517, 💻 www.fale mana.cl. Hat nichts mit der deutschen Küche gemein. Chilenisches Fast Food, Sandwiches, Completos-Tradition in Conce, günstig. 🕒 Mo–Sa 9–20 Uhr.

SONSTIGES

Einkaufen

Supermercado Santa Isabel, Cerda 1107, 🕒 Mo–Fr 8.30–21, Sa und So 10–21 Uhr.

Geld

Geldautomaten, rund um die Plaza, an der O'Higgins zw. Caupolicán und Rengo, an der Barros Arana zwischen Rengo und Lincoyán sowie im Busbahnhof.

Informationen

InformaciónTurística, Anibal Pinto 460, 💻 www.turismoconcepcion.com (span.). 🕒 Mo–Fr 9–14, Mo–Do 15–18, Fr 15–17 Uhr.

Honorarkonsulat

Deutschland, Pablo Millán Barría, Tucapel 340, of. 3C, ✆ 9-2761-3476. 🕒 nur nach Vereinbarung: Mo und Mi 15–17, Di, Do und Fr 10–12 Uhr.

Mietwagen

Am Flughafen gibt es fast ein Dutzend Anbieter. In der Innenstadt:

Mitta, Arturo Prat 248, 💻 www.mitta.cl. 🕒 Mo–Fr 8–19, Sa 9–13 Uhr.

NAHVERKEHR

Busse

Regionalbusse fahren mehrmals tgl. am Palacio de los Tribunales ab nach TALCAHUANO.

Eisenbahn

Der **Biotren** erschließt auf zwei Linien ganz Concepción und sein Umland bis Talcahuano und Hualqui. Der Zugfährt unregelmäßig über den Tag verteilt und macht längere Betriebspausen, daher vorher besser die Abfahrten auf 💻 www.efe.cl checken. Je Fahrstrecke kostet das Ticket 420 CLP.

TRANSPORT

Busse

Busbahnhof Terminal Collao, Tegualda 860, beim Stadion, 💻 www.terminalcollao.cl. Cafetería, Geldautomaten, Gepäckaufbewahrung,

Busse nach:
CHILLÁN (1 1/2 Std.), 3200–5500 CLP,
LOS ÁNGELES (1 1/2 Std.), alle 20 Min., 5700–6900 CLP,
PUERTO MONTT (8–9 Std.), 15 000–19 380 CLP,
SANTIAGO (6 Std.), 11 300–27 300 CLP,
TALCA (3 1/2 Std.), 8400–11 300 CLP,
TEMUCO (4 Std.), 9000–11 900 CLP,
VALDIVIA (5-6 Std.), 19 380 CLP.

Flüge

Aeropuerto Carriel Sur, ✆ 41-2732-000, 💻 www.aeropuertocarrielsur.cl. 8 km nördlich des Zentrums.
Latam, Mall Plaza Trébol, Av. J. Alessandri 3177, Local BS 184-188. 🕒 Mo–Fr 10–17.30 Uhr.

Araucanía – eine kleine Wortgenese

Alonso de Ercilla, spanischer Edelmann und Konquistador (1533–94), gilt als Erfinder des Indianerromans, was eine ziemlich lässige Umschreibung seines Versepos „**La Araucana**" ist, das Miguel Cervantes als eines der besten der spanischen Literatur bezeichnete. Von der spanischen Krone aufgefordert, die Feldzüge gegen die aufständischen Mapuche im Süden des Königreiches Chile als Chronist zu dokumentieren, verfasste er die „Araucana", in der er den Heldenmut der Mapuche verewigte und die Gräueltaten der Spanier beschrieb. Seitdem verwendet man die Begriffe Mapuche und Araukaner identisch, behauptet, Araukaner sei die spanische Version des indianischen Mapuche. Was aber so nicht ganz stimmen kann, hält zumindest die Ethnologin Marcela Soaza dagegen, denn die Bezeichnung **Arauco** stammt nicht aus Chile, sondern aus Venezuela. Auch dort sahen die Spanier kämpferische Ureinwohner, und man machte offenbar kein Federlesens darum, wie die Menschen sich selbst nannten, die sie bekriegten, es waren eben alles *araucos,* Indios. Die **Araukarie** dagegen, dieser Baum mit weit schwingenden Kronen aus von festen saftigen grünen Schuppen bedeckten Ästen, nennen die Chilenen im Volksmund *paragua,* Regenschirm, denn wie ein aufgespannter Regenschirm sieht er auch aus.

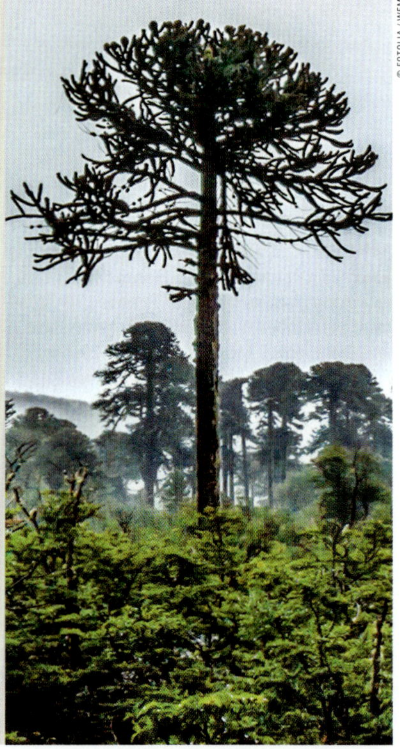

Jetsmart und **Sky Airline** fliegen mehrmals tgl. nach SANTIAGO, 2x tgl. nach CALAMA und 1x tgl. nach IQUIQUE und PUNTA ARENAS.

Flughafentransfer
Transfer Win, Reservierung über 💻 www.transferwin.cl.

Lota und die Costa del Carbón

Chilenische Kohle war über ein Jahrhundert lang wichtiges Ausfuhrprodukt und verhalf so manchen Unternehmern zu Geld und zum Status eines Industriebarons, so z. B. Matías Cousiño. Ursprünglich bestand die Bergarbeiterstadt aus zwei Hälften, der Industriezone, die Matías Cousiño 1847 auf den Gipfeln der Küstenkordillere um die Abraumhalde platzierte, und dem Fischereihafen an der Bucht, der 1851 entstand. Kühn streckt sich das Stadtgewebe zwischen den Kohlefelsen bis zum pazifischen Ozean. Die sich steil zwischen die abstürzenden Felsen windenden, oft schmalen Straßen sind von billigen Wohnhäusern gesäumt. Bis 1997 war Lota Kohle pur, konnte sich dann der Konkurrenz aus Kolumbien nicht länger erwehren. Die Stadt verarmte. Es ist beabsichtigt, einige Teile als eine Art Open-Air-Industriemuseum wieder auferstehen zu lassen.

Sehenswert ist hier der **Parque Lota**, der früher den Besitz von Matias Cousiño umgab und bestes britisches Gartendesign mit vielen exotischen Pflanzen aus dem 19. Jh. zeigt. Die grüne Oase krönt eine Gipfelplattform eines ins Meer ragenden Kordilleren-Fingers.

Los Ángeles

Auf der Strecke zwischen Concepción und Temuco führt die Panamericana um Los Ángeles. Der vollständige Name des Ortes mit knapp 200 000 Einwohnern lautet Santa María de Los Ángeles. Er ist ein geeigneter Platz für eine Zwischenübernachtung. Die bekannteste Attraktion von Los Ángeles sind die **Saltos del Laja**.

Interessant ist die **Plaza de Armas**. In allen vier Ecken steht eine Marmorstatue aus dem 19. Jh., die jeweils eine der vier Jahreszeiten repräsentiert. Die Herkunft der Statuen ist unbekannt; angeblich wurden sie nach dem Pazifikkrieg aus Peru hergebracht. Die Colón ist so etwas wie die Geschäftsstraße.

ÜBERNACHTUNG UND ESSEN

Hotel Dikran, Almagro 393, 💻 www.hoteldikran.cl. Businesshotel mit freundlichem Service, zentral gelegen, Frühstücksbuffet inkl. ❹
Hotel Muso, Valdivia 222, gegenüber der Plaza, 💻 www.hotelmuso.cl. Das Gran Hotel hat 36 Zimmer über 5 Etagen (ohne Fahrstuhl), die meisten mit Blick über die Plaza, Parkplatz und Wäscheservice. Inkl. Frühstück und MwSt. ❺
Café Bisonte, Colón, 295 an der Plaza. Wunderbar kreativ gestaltetes Café und Restaurant mit günstigem Mittagsbuffet. 🕒 Mo–Sa 8.45–23 Uhr.
€ **Pasta Box**, Colón, Ecke Lautoro. Großartige Ideen für leckere Pasta: 8 verschiedene Versionen zum Mitnehmen. Und das sehr günstig. 🕒 Mo–Fr 8–21, Sa 10–20, So 10–18 Uhr.

SONSTIGES

Geld
Geldautomaten an der Plaza und im Busbahnhof.

Mietwagen
Rosselot, Av. Alemania 149, 💻 www.rosselot.cl. 🕒 Mo–Fr 9–18, Sa 10–13 Uhr.

TRANSPORT

Der **Busbahnhof** liegt 3 km nordöstlich vom Zentrum an der Av. Sor Vicenta 2051. Gepäckaufbewahrung. Colectivos Nr. 8 fahren direkt ins Zentrum (650 CLP), Taxi 4000 CLP.
Pullmanbus fährt direkt zu den SALTOS DE LAJA (20 Min., 1550 CLP).

Saltos del Laja

Die Wasserfälle des Río Laja gehören wegen ihrer Höhe von ca. 100 m zu den landschaftlichen Höhepunkten des nördlichen Kleinen Südens und mehr noch wegen ihrer ganz besonderen Form: Sie stürzen nämlich in einem perfekten, weit gespannten Hufeisen hinunter. Das sieht besonders im Frühling faszinierend aus, wenn der Fluss viel Wasser führt. Die Fälle liegen knapp 30 km nördlich von Los Ángeles und 70 km südlich von Chillán und haben eine eigene Autobahnausfahrt.

Rund um die Brücke und den Fluss ist unter aufgeforsteten Pinienwäldern eine richtige Sommerfrischezone mit Hotels, Restaurants, Cabañas und Campingplätzen entstanden. **Lancha Buenaventura** bietet Bootstouren auf dem Fluss unterhalb der Wasserfälle. 💻 www.buenaventura.saltosdellaja.com. 5000 CLP p. P. 🕒 10.30–20.30 Uhr. Das **Centro Recreativo Agua Morena**, zwei Canopy-Strecken von 200 und 400 m Länge (12 000 CLP), eine Abseilstrecke (Rapel), Wanderungen und Ausritte (5000 CLP). 💻 www.aguamorena.saltosdellaja.com. 🕒 11–19 Uhr.

ÜBERNACHTUNG

An der Straße bei der Brücke und oberhalb der Wasserfälle gibt es mehrere **Campingplätze**.
Hotel Salto Del Laja, Ruta 5 Sur KM 485, Salto Del Laja, 💻 www.saltodellaja.cl. 47 Zimmer in einem Haus mit viel Holz, teils mit Blick auf die Wasserfälle. Golfplatz, Perdevermietung für Ausritte im 35 ha großen hauseigenen Park. ❺

Temuco

Temuco (280 000 Einw.) ist die junge Hauptstadt der 10. Region, der Araucanía. Kaum vorstellbar, dass sich hier vor ein bisschen mehr als hundert Jahren die *frontera* entlang zog, die die Grenze zum Siedlungsgebiet der Mapuche markierte. Zunächst bestand Temuco dann auch aus nichts anderem als einer Befestigungsanlage. Als es 1883 dann als Stadt gegründet wurde und bald darauf die ersten ausländischen Siedler eintrafen, waren die Mapuche bereits besiegt und lebten weggesperrt in Reduktionen. Kurz danach hielt in Temuco die Moderne Einzug, mit Telegrafenmasten und Eisenbahn.

Heute gilt sie als die am schnellsten wachsende Stadt Chiles; Residenzviertel mit gepflegten Villen strecken sich unter baumbestandenen Alleen aus. Daneben bestehen die ländlicheren und einfacheren Viertel um die Feria Libre fort. Temuco ist das Portal zur Seen- und Vulkankette des Kleinen Süden und damit zu einer der reizvollsten Landschaften des Landes. An klaren Tagen sieht man vom Mirador auf dem Cerro Ñielol eine ganze Parade von meist schneebemützten Vulkanen und Bergen, die in unmittelbarer Nähe liegen, die meisten zwischen 2000 und 3000 m hoch: Llaima, Lonquimay, Nevados de Sollipulli und in der Ferne den Lanin, der bereits in Argentinien liegt.

Märkte und Plätze

Einen Stadtspaziergang bewältigt man gut an einem Tag. Die Stadt hat ein quirliges Zentrum um den abgebrannten **Mercado Municipal** zwischen der Plaza Pinto, der Plaza Schmidt und dem Bahnhof. In wohl keiner anderen Stadt wird so viel Obst und Gemüse auf der Straße verkauft: Erdbeeren, Maiskolben, Salat, Eier, Blaubeeren, Kirschen, Heidelbeeren, Möhren – alles verlockend frisch.

Die **Feria Libre Pinto** in der Nähe des Bahnhofs ist ein riesiger wuseliger Erzeugermarkt mit Imbissständen, der durch seine Vielfalt besticht: Honig, Mehl, Esskastanien, Bohnen, Butter, Erdbeeren, Kürbisse, Zucchini, Speck, Käse, Paprika, Zwiebeln, Trauben, Blumen, Trocken- und Hülsenfrüchte türmen sich bunt auf den Gestellen auf. Aníbal Pinto 045. 🕒 tgl. 8–16.30/18 Uhr. In den Seitenstraßen wird ebenfalls mit Vorliebe gehandelt und gegessen.

Auf der Plaza de Armas schlägt das Herz der Stadt. Hier kann man sich auf einer der Bänke niederlassen und es fühlen. Drei Blocks weiter südlich hat Temuco mit der **Plaza de Aníbal Pinto** eine weitere grüne Lunge, diese ist sogar recht ruhig.

Cerro Ñielol

Wer die Calle Prat in nördliche Richtung bis zu ihrem Ende läuft, erreicht den **Cerro** Ñielol. Ñielol ist ein Mapuche-Name und bedeutet Berg mit Mulden. Den Mapuche diente er auch als Zeremonialstätte, und ein Gebetsfeld wurde ihnen 1992 in Gipfelnähe (der Cerro ist fast 90 m hoch) zugestanden. Es wird von mehreren hölzernen

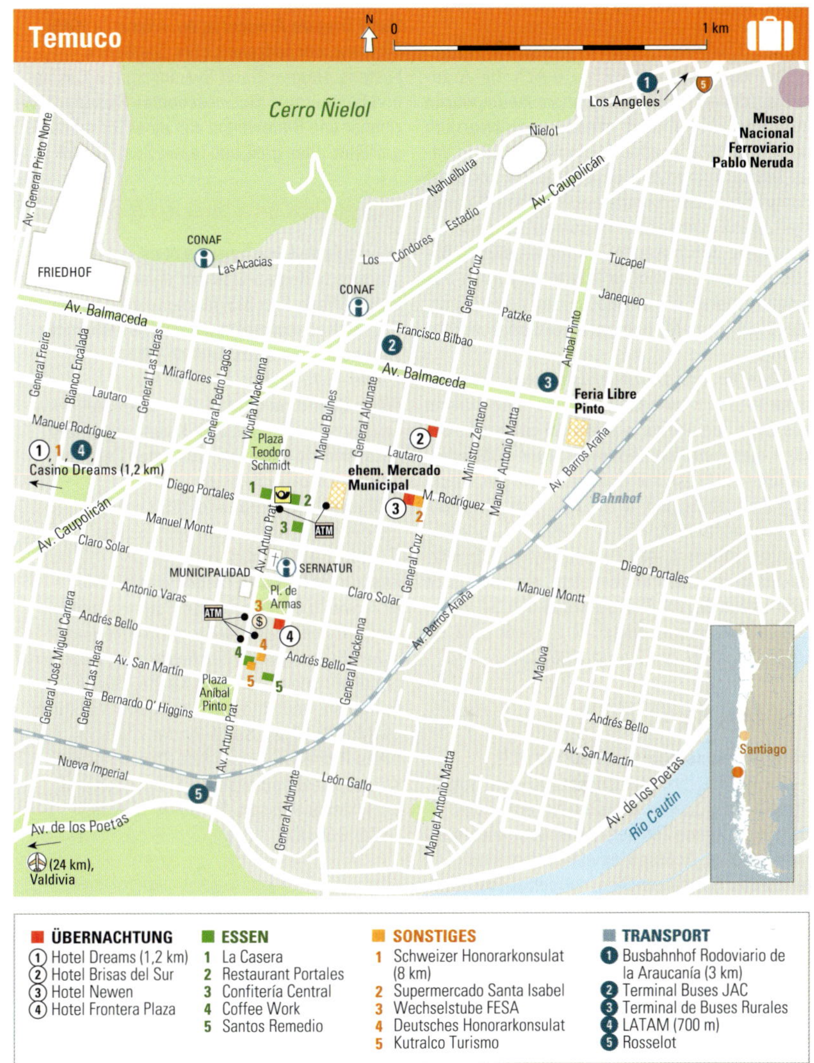

Ritualfiguren geschmückt, die heilige Männer und Frauen darstellen.

Zwei Spazierwege erschließen den Hügel, der mit den Bäumen der Region bestanden ist: dem zartblättrigen Strauch Maitén, Maqui mit lilablauen Früchten, aus denen man Chicha machen kann und die auch als Pflanzenfarbe dienen, Südbuchen, Avocados, den Bambusgewächsen Quila und Colihue und Eichen. Die Nationalblume Copihue blüht von März bis September. Das Naturschutzgebiet ist ganzjährig geöffnet.

Museo Nacional Ferroviario Pablo Neruda

Früher dampften noch Züge durch die Araucanía. Immerhin: ein Eisenbahnmuseum wurde installiert. Mehr oder minder verantwortlich dafür ist Dichterlegende Pablo Neruda. Sein Vater war Lokomotivführer, und davon berichtet Jung-Pablo, der damals noch Neftalí Ricardo hieß, ganz wunderbar in seinen Lebenserinnerungen „Ich bekenne, ich habe gelebt". Die „Ode an die Lokomotive" ziert denn auch das Eingangsportal dieser imposanten Ausstellung, die 2004 zum Monumento Nacional erklärt wurde.

Mehr als drei Dutzend **historische Lokomotiven** sind hier zu bestaunen, nur eine stammt aus Chile, die älteste wurde 1908 gebaut. Einige kann man betreten und anschauen. Mit Ledergarnituren, Glaslüstern, Bronzeablagen, Lackschreibtischen, mit Mahagoni und Fenstern im Jugendstildesign ist z. B. der Präsidentenwaggon möbliert, den Patricio Aylwin als letzter Staatsrepräsentant benutzte, als er Temuco 1991 besuchte. Av. Barros Arana 565, 💻 www.museoferroviariodetemuco.cl. 🕒 Di–Fr 9–18, Sa 10–18, So 10–17 Uhr, Eintritt 1000 CLP.

ÜBERNACHTUNG

Hotel Brisas del Sur, General Cruz 0130, 💻 www.hostalbrisasdelsur.wixsite.com. Gutes Preis-Leistungs-Verhältnis am Nordrand des Zentrums. Kleine Zimmer, haben aber alles, was man benötigt. Achtung, einige Zimmer sind fensterlos. Sehr freundlich, einfaches Frühstück inkl. ❷

Hotel Newen, Manuel Rodriguez 1170, 💻 www.hotelnewen.cl. Geräumige Zimmer zwischen zentraler Plaza und regionalem Busbahnhof. Es wird großer Wert auf nachhaltigen Tourismus gelegt. Inkl. Frühstück und MwSt. ❸

Hotel Frontera Plaza, Manuel Bulnes 733, 💻 www.hotelfrontera.cl. 60 moderne, geräumige Zimmer einen halben Block von der zentralen Plaza. In der hauseigenen Bar Inglés bekommt man das dreigängige Menü für 15 000 CLP. Inkl. Frühstück und MwSt. ❹

Hotel Dreams Araucaria, Av. Alemania 0945, 💻 www.mundodreams.com. Gleißende Festung. Unterm-Dach-Swimmingpool, Casino und Restaurants, Businesscenter. Riesenschlafzimmer und Badewanne von einer Glasscheibe getrennt, alles groß und teuer; Spa. ❹–❻

ESSEN UND UNTERHALTUNG

Um die **Feria Libre** herum gibt es einfache, preiswerte Restaurants mit regionalem Essen.

Coffee Work, Prat 815, für digitale Nomaden. Gute Kaffeeauswahl und günstige Frühstücksangebote. Selbstverständlich WLAN. 🕒 Mo–Fr 10–16 Uhr.

Confitería Central, Bulnes 442, 💻 www.confiteriacentral.cl. Klassiker. Eis und sensationelle Torten im schönsten Café der Stadt. 🕒 Mo–Sa 9–19 Uhr.

La Casera, Diego Portales 785. Leckere Sandwiches, Kuchen und guter Kaffee. 🕒 Mo–Fr 9–18 Uhr.

Restaurant Portales, Diego Portales 855, 💻 www.fb.com/RestaurantPortalesTemuco. Hier trifft man sich. Etwas im US-amerikanischen Stil aufgemachtes Restaurant, aber regionale und chilenische Küche, riesige Portionen, reichen für 2 Pers., auch Frühstück. 🕒 Mo–Sa 10–21, So 12–20 Uhr.

Santo Remedio, Bulnes 890. Stimmungsvolle Kneipe, Riesenauswahl an Schnäpsen und auch kleine Speisen. 🕒 Mo–Fr 12–3.30, Sa 16–3.30 Uhr.

TOUREN

Kutralco Turismo, Prat 815, ☏ 45-2320-034, 💻 http://sp3business.com/kutralco-turismo. Ethnik-Touren zu den Mapuche (120 000 CLP), den Saltos de Petruhue (30 000 CLP) oder ins Reservat Huilo Huilo (23 000 CLP). 🕒 Mo–Fr 9–18, Sa 9–14 Uhr.

SONSTIGES

Einkaufen

Supermercado Santa Isabel, M. Rodriguez 1190, Ecke Cruz. 🕒 Mo–Sa 8.30–21, So 10.30–20.30 Uhr.

Geld

Geldautomaten, rund um die Plaza und auf der Calle Prat bis zur Andres Bello.
Wechselstube FESA, Prat 717. ⌚ Mo–Fr 9–20, Sa 10–20 Uhr.

Informationen

CONAF, Bilbao 931, 2. Stock, ✆ 45-2298-114, ⌚ Di–So 8.30–17.30 Uhr.

Honorarkonsulate

Deutschland, Andrés Bello 824, Büro 204, ✆ 45-2377-024, ⌚ Di 10–17 Uhr.
Schweiz, Panorama 166, ✆ 45-2922-210.

Mietwagen

Alle bekannten Firmen haben ein Büro am Flughafen.
Rosselot, Arturo Prat 1160, 🖳 www.rosselot.cl. ⌚ Mo–Fr 9–13, 15–19.30, Sa 10–13 Uhr.

TRANSPORT

Busse

Der **Busbahnhof (Rodoviario de la Araucanía)**, Av. Vicente Pérez Rosales 1609, ✆ 45-2225-005, hat Gepäckaufbewahrung, Toiletten, Imbisse und Kioske. Alle großen Gesellschaften (Tur-Bus, Pullman, Igi-Llaima, Buses JAC, Buses Bio Bio) fahren von hier ab zu Zielen im ganzen Land.

Busse nach:
CONCEPCIÓN (3 1/2 Std.), 6600–8800 CLP,
PUCON (2 Std.), 5000 CLP,
SANTIAGO (8 1/2 Std.), 10 000–24 000 CLP,
VALDIVIA (1 3/4–3 Std.), 7200–12 600 CLP.

Vom **Terminal de Buses Rurales**, Av. Pinto 32, fahren Busse zu den kleinen Orten in der Region:
CHERQUENCO (1 1/2 Std.), mehrmals tgl.
CURACAUTÍN (1 Std.), 9x tgl.mit **Curaucatín Express**, 🖳 www.fb.com/curacautin express.
MANZANAR, MALALCAHUELLO und LONQUIMAY (3 Std.), direkt Mo–Sa 1x tgl. Mehr Verbindungen über Curaucatín.
MELIPEUCO (1 1/2 Std.), Mo–Fr 11x tgl., Sa 7x tgl., So 5x tgl.
PARQUE NACIONAL CONGUILLÍO, über MELIPEUCO.

Eisenbahn

Von der **Estación Temuco**, Av. Barros Arana 29, gegenüber der Feria Pinto, 3x tgl. um 9.35, 16.55 und 20.10 Uhr nach VICTORIA (1 1/2 Std.,1050 CLP). ⌚ Ticketschalter Mo–Fr 7–21.30, Sa und So 11–21.45 Uhr.

Flüge

Aeropuerto La Araucanía (ZCO), Longitudinal Sur KM 692, 🖳 www.aeropuertoaraucania.cl, 24 km südlich der Stadt.
LATAM, Av. Alemania 585B, ⌚ Mo–Fr 10–17 Uhr, **Sky Airline** und **Jetsmart** mehrmals tgl. nach SANTIAGO und 1x tgl. nach Balmaceda bei COYHAIQUE an der Carretera Austral.

Flughafentransfer
TransAraucania, 🖳 www.transaraucania.cl.

Araucanía Andina

Wenn der Begriff der Idylle noch nicht erfunden wäre, müsste man ihn für diese Region erschaffen. Über Wiesen und Äckern erheben sich eine bunte Reihe von Vulkanen und schneebedeckten Bergen, die Nevados de Solipulli und die Sierra Nevada. Orchideen, Lilien, Margeriten, Kamille, Glockenblumen und Klee schmücken die Wiesenränder. Zwei Nationalparks, vier große Naturschutzgebiete und die unmittelbare Nähe zu den fünf Vulkanen Tolhuaca, Lonquimay, Llaima, Sollipulli und die Sierra Nevada prägen diese eindrucksvolle Gegend, deren Name auf die mehr als tausend Jahre alten Araukarien zurückführt. Die Straßenverhältnisse sind exzellent, man kann über Icalma und die Laguna Galletue eine eindrucksvolle Rundtour starten.

Curacautín

Das nette **Curacautín** (17 000 Einw.) liegt 80 km westlich von Temuco entfernt in einem weiten, landwirtschaftlich genutzten Tal und fungiert als Handelsmittelpunkt und Verkehrsdrehscheibe. Von hier führt der Weg in den Nordeingang des Parque Nacional Conguillío.

Alle zentralen Einrichtungen finden sich zwischen Busbahnhof und Plaza: Die **Touristeninformation**, auf der Plaza. **Supermärkte** an der Manuel Rodriguez, **Geldautomat** an der O'Higgins 562, **Tankstelle** Rodriguez, Ecke Serrano und **Restaurants** wie das **La Cabaña** mit Terrasse, rund um die Plaza.

ÜBERNACHTUNG

Hostal Epu Pewen, Av. Manuel Rodríguez 705, Ecke Miraflores, www.epupewen.cl. Freundliche Posada mit 3 Zimmern und einer Wohnung (50 000 CLP pro Nacht.Suyai und José Miguel bieten auch Ausflüge an. ❷–❸

6 km östlich von Curacautín geht in Richtung Norden die Schotterstraße R761 ab, 14 km weiter erreicht man das Tor der **Fundo Laguna Blanca**, 9-9455-7061. Der Fundo ist ein 1200 ha großes, nachhaltiges Agro-Tourismusprojekt mit Reiterhof. Gemütliche Unterkunft in 6 Zimmern oder einem von 2 kleinen Häusern. Gutes Restaurant, Sonnenterasse und abends Lagerfeuer, auf Wunsch mit Grill. Wanderwege führen von der Lodge durch die Naturwälder zum See, der Laguna Blanca, die allein schon die Reise wert ist. Man gelangt zu Fuß oder mit dem Pferd zu den Ausläufern der nahen Vulkane, die von hier auch zu besteigen sind. Viele weitere Tourmöglichkeiten. Im Winter sind Langlauf und Schneeschuhwandern möglich. ❺

TRANSPORT

Vom **Busterminal** im alten Bahnhof an der Ruta 181, 3 Blocks westlich der Plaza, fahren Busse nach:

LONQIUMAY (1 Std.), bis 6x tgl., 3000 CLP,
TEMUCO (1 1/2 Std.), 15x tgl., 3800 CLP.

Manzanar

Manzanar liegt südlich der Landstraße und besteht aus nicht viel mehr als dem luxuriösen **Thermalhotel Termas de Manzanar**, einer Station der Straßenpolizei, einer Schule und ein, zwei einfachen Hosterias. Bessere Unterkünfte finden sich in Curacautín und an der Straße dorthin.

ÜBERNACHTUNG

Andenrose, Camino Internacional 181, KM 68,5, an der Puente Manchuria (für Busreisende), www.andenrose.com (deutsch). Helles, großes Holzhaus mit 4 ansprechenden, sehr komfortablen und großen Zimmern, 4 Apartments und 3 Bungalows. Kommunikative Atmosphäre, Garten mit

Pool und viele Sportangebote: Kajak, Wandern, Vulkanbesteigung und eigene Touren. ❸–❹

Hostería Suizandina, Camino Internacional, KM 83, Malalcahuello, 🖳 www.suizandina.com. Behagliche Zimmer, helles Restaurant, ein schöner, einfacher Holzbau, viele Sportangebote, Campingplatz, super Frühstück inkl. ❸–❹

AlojamientosTecho Azul, Ruta 181, KM 72, 🖳 www.alojamientostechoazul.com. Nette Anlage mit Bungalows und Zimmern, Pool, Jacuzzi und Tourangeboten. Mind. 3 Nächte. ❹

Termas de Manzanar, Camino Internacional 181, KM 18, 🖳 www.termasdemanzanar.cl. Die Termas de Manzanar liegen malerisch am Ufer des Río Cautin. Mit gutem Restaurant. ⌚ Do–Mo 13–19 Uhr. Das Hotel ist sehr gemütlich, es gibt Tageskarten für 22 000–30 000 CLP pro Gast. ❹–❻

Malalcahuello

„Ort, in dem man Pferde hält", heißt Malalcahuello auf Mapundungun. Es wirkt wie an den Bergsaum gespült: saubere breite, unkrautfreie Straßen, einstöckige Holzhäuschen aus dicken, gebeizten Brettern, die allesamt wie große Ferienbungalows wirken, Blumengärten vor der Tür. Malalcahuello verfügt über mehrere einfache Geschäfte und einige Hosterías. Die schönste aber liegt nicht im Ort, sondern gegenüber.

ÜBERNACHTUNG

Hostería Coigüe, Camino Internacional Curacautín, 5 km westlich von Malalcahuello, 🖳 www.hostalelcoigue.cl. Sanft ansteigender Garten mit 4 gepflegten, gut ausgestatteten Ferienbungalows für bis zu 6 Pers. – jeder hat einen Kamin und Feuerholz. Im Haupthaus 7 heimelige Zimmer, geräumiges Wohnzimmer. Frühstück inkl. ❺ Bungalows ❻

Termas de Malalcahuello, Ruta Bioceánica 181-CH, KM 86, 🖳 www.malalcahuello.cl. Großzügiges, supergepflegtes Luxusterrain mit komplettem Spa-Betrieb, Sterne-Restaurant und Hotel mit Thermalwasserbadewannen in den 27 Zimmern. Überragender Blick auf den Vulkan Lonquimay. ❻

Zum Lonquimay

Die Straßenabzweigung zum **Vulkan Lonquimay** (2851 m) führt durch einstiges Siedlungsgebiet der Pehuenches, und an mehreren Orten sind ihre Ritualstätten zu sehen. *Pehuen* ist der Name der Mapuche für Araukarie, *che* bedeutet auf Mapundungun Menschen: die Pehuenche sind also die Menschen der Araukarie.

Acht Kilometer von Malalcahuello entfernt erscheint der Eingang zur **Reserva Nacional Malalcahuello–Nalca**, einem 13 000 ha großen geschützten Waldstück mit Araukarien, Südbuchen und Eichen, das von der CONAF verwaltet wird. Die Vulkanbesteigung muss dort angemeldet werden. Beide Naturschutzgebiete schmiegen sich an die Hänge des Vulkans Lonquimay. Die CONAF hat mehrere Pfade angelegt, von einem einfachen, Piedra Santa, bis zu einer fünftägigen Exkursion, auf der man den Vulkan praktisch einkreist. Der Aufstieg zum **Lonquimay** liegt im Park, aber Vorsicht, jetzt beginnen die baumlosen Lavasteppen, und das Gehen wird mühseliger. Am Fuß des Vulkans befindet sich eine Skistation. Man kann den Weg ohne Fremdenführer finden; unbedingt notwendig sind die richtige Ausrüstung, viel Wasser und ein Aufstieg gegen 5 Uhr morgens, damit man gegen 12 Uhr mit dem Abstieg beginnen kann.

18,1 km lang ist die Wanderung von **Corralco**, die auf 1432 m Höhe startet.

Trekkingchile
Corralco Piedra

Landschaftlich besonders schön ist die **Cuesta Las Raíces de la Cordillera**, die jenseits des Parks auf dem Rückweg zur Hauptstrecke, dem Camino Internacional, liegt. Sie führt durch Araukarienwälder und gewährt sehr schöne Ausblicke auf die Vulkane und den Bío Bío. Die Cuesta Las Raíces steigt fast auf 2000 m. Im Sumpfgebiet am Sockel der Cordillera leben Füchse, *pudus* und Dachse, Weiden bedecken die Hänge. Das chilenische Büschelgras *coiron*, der Bambus *colihue* und Trauerweiden rahmen die Araukarienwälder.

ÜBERNACHTUNG UND ESSEN

4 km nördlich von Lonquimay liegt der **Campingplatz Salto Las Raíces** an der R-89, ✆ 9-7163-0097, der von der Comunidad Indígena Mallin del Treile verwaltet wird.

Hostería Donde Juancho, in Lonquimay, O'Higgins 1130, ✆ 45-2891-140, 💻www.fb.com/HosteríaDondeJuancho. Herberge mit gutem Café und Restaurant, 🕒 Mo–Sa 9–22, So 9–17 Uhr. Inkl. Frühstück ❷–❸

Quelle des Bío Bío, Laguna Galletué, Laguna Icalma/ Argentinien

Neun Kilometer sind es bis zum **Tunel Las Raíces**, der früher einmal das Guiness-Buch der Rekorde zierte, weil er mit 4,5 km der längste in Südamerika war. Nördlich davon liegt das verlassene Dörfchen **Boca Norte**, früher eine wichtige Frachtzugverbindung, denn hier wurde Nutzholz transportiert. Das Einzige, was davon geblieben ist, ist die Madonnenstatue in einer niedlichen Landkirche, die die Leute aus Malalcahuello mit einer alljährlichen Prozession beehren.

Am Ende des gut ausgebauten Tunnels wartet die kleine Ortschaft **Sierra Nevada**. Hier gabelt sich die Strecke; in nördliche Richtung kurvt sie nach **Lonquimay**, in südliche Richtung über die malerische **Cuesta La Fusta** durch einen mit den Araukarien vermischten Eichen- und Südbuchenwald zur **Laguna Galletué** und damit zur Quelle des Bío Bío. Beide Wege führen auch nach Argentinien.

Ichú-Gras und Ñirre wachsen hier. Ein platter Tafelberg, der Mahuida, unterbricht die wilden Kordilleren. Pichirucanuco nennen ihn die Mapuche, das bedeutet „kleines Haus". Die ruhige Lagune Galletué mit schmalen Sandstränden eignet sich für eine kurze Schwimm- und Picknickunterbrechung und einen Moment der Ehrfurcht: Was ihr so sanft entblubbert, ist der mächtigste Strom Chiles, der **Bío Bío**.

In der hoch gelegenen **Reserva Nacional Alto Bío Bío** erwirbt der Staat Land für die Pehuenche, denen der Boden einst gehörte, und die hier ihre *comunidades* haben und von der Schafzucht leben. Die von bewaldeten Hängen gerahmte **Laguna Icalma** hat sehr schöne Strände und jede Menge Ferienbungalows. In der Ortschaft gibt es viele Zeltplätze, Restaurants und Supermärkte. Einen der schönsten Plätze an der Lagune hat sich die Bungalowanlage Icalmapu gesichert.

ÜBERNACHTUNG

In der Umgebung gibt es zahlreiche Zeltplätze.

Cabañas Icalmapu, Camino Internacional a Icalma, 2 km vor Icalma, 💻 www.icalmapu.cl. Schöne Bungalows für 4–8 Pers.mit Terrassen zur Lagune in einem großen Garten. Kajaks stehen zur Verfügung. ❹

Parque Nacional Conguillío

Über zwei Zugänge kann man den Nationalpark erreichen – über Curacautín im Norden und Melipeuco im Süden. Wegen der Aktivität des Vulkan Llaima (3125 m) ist eine vorherige Information unbedingt erforderlich. Der letzte Ausbruch am 1. Januar 2008, der eine 3000 m hohe Rauchsäule produzierte, liegt schon eine Weile zurück, trotzdem gilt er als einer der aktivsten Vulkane ganz Südamerikas. Der Park bezieht seine Schönheit aus den Araukarienwäldern, seinen bizarr-schönen Lavafeldern und den stillen Lagunen unter schneebedeckten Bergsatteln. Lavasandstrände säumen die **Laguna** Captrén und die **Laguna Verde**. Bei der Laguna Verde, die so unvergleichlich grün leuchtet, weil sie auf Vulkanstein gebettet ist, beginnt ein Aufstieg zum Sattel der **Sierra Nevada**.

Eine empfehlenswerte Option ist der 8 km lange Weg, der vom an Stromschnellen reichen, flachen Salto Truful Truful (ganz nah beim Eingang Melipeuco) in die Wälder führt. Durch viele Vegetationszonen verlaufen der El Escorial und der El Contrabandista, jeweils etwa 16 km lang, die zu den **Senderos de Chile** gehören, 🖳 www.senderodechile.cl. Sie führen praktisch durch die halbe Araucanía Andina, denn sie sind mit Pfaden verknüpft, die in der Reserva Nacional Malalcahuello angelegt wurden. Im Sector Los Paraguas im Süden hat die CONAF einen kleinen Lehrpfad angelegt. Prunkstück dieses Minipfades ist eine Lavasäule, die als die höchste im Park gilt und von einer Eruption aus dem Jahr 1957 stammt.

Auf ca. 20 000 ha erstrecken sich im Sector Las Paraguas Abschnitte, die für Skifahrer geeignet sind, 40 000 ha liegen auf der Seite des Parque Nacional Conguillío. Tickets bei 🖳 www.aspticket.cl, Eintritt 9300 CLP.

ÜBERNACHTUNG

La Baita Conguillío, 🖳 www.labaitaconguillio.cl. Liegt im südlichen Teil des Parks, verfügt auch über ein gemütliches Restaurant-Café. Es gibt mehrere Cabañas und einen Garten mit originellem Pool, alles im Angesicht des Vulkans Llaima. ❺–❻

Sendas Conguillio verleiht Kajaks und vermietet Cabañas und Campingplätze. Kontakt 🖳 www.sendasconguillio.cl. ❺–❻

Etwas außerhalb:
Cabañas Adela y Helmut, 🖳 www.adelayhelmut.com. Die beiden Gastgeber sind eine Institution in der Gegend, herzlich, rührig, erfahren. Ihre 3 Häuser haben unterschiedliche Standards. Es gibt auch ein komfortables 6er-Dorm für 15 000 CLP p. P., Ausflugsorganisation, Abholfahrten vom Flughafen Temuco. Das Anwesen liegt bei der Faja 16000, 16 km von Cunco entfernt. Cabañas ❸–❹

Lago Villarrica

Etwa 70 km südöstlich von Temuco in Richtung Anden liegt eines der wichtigsten Feriengebiete Chiles, der Lago Villarrica mit den beiden Ortschaften Villarrica und Pucón. Umgeben von Nationalparks, überthront von dem schönen gleichnamigen Vulkan (2840 m), gelegen an einem ruhigen, weiten See mit binsengefassten Ufern und Lavaständen. Damit nicht genug: Praktisch täglich kann man Ausflüge zu weiteren Seen und Stränden unternehmen – alles funktioniert wunderbar einfach, nichts fehlt. Und sollte es einmal regnen, warten wunderbare Thermen.

Villarrica

Villarrica selbst beruht auf einer sehr frühen Gründung durch die Konquistadoren unter Pedro de Valdivia 1551. Die Bewohner dieses stecknadelgroßen Vorpostens konnten sich nur mehr schlecht als recht halten, und 1602 wurde Villarrica aufgegeben. Erst als 1882 die sogenannten *parlamentos*, Aussprachen, abgeschlossen und den Mapuche das Land weggenommen worden war, entstand erneut ein Siedlerdorf an dieser Stelle.

Ein kleiner Spaziergang erschließt das Städtchen mit 48 000 Einwohnern. Der leicht verträumte Jachthafen gestattet einem Superblick auf den Vulkan Villarrica. Hier kann man an der **Costanera** spazierenoder schwimmen gehen oder ein Kajak mieten. An der Straßenecke O'Higgins und Matta, nur einen Straßenblock von der Costanera entfernt, befindet sich das moderne Gebäude des **Museo Leandro Penchulef**, einem ethnologisch-anthropologischen Museum mit Objekten aus dem Alltags- und Ritualleben der Mapuche. ⌚ Jan/Feb Mo–Fr 10.30–13.30, 14.30–17.30, März–Dez 9–12.30, 14.30–17.30 Uhr. Eintritt frei.

Jeden Sommer bietet der Ort ein reichhaltiges Programm mit Straßenfesten, Weinproben und Kulturveranstaltungen. Von Villarica kann man ebenso schöne Ausflüge machen wie von Pucón einige Kilometer weiter östlich. Pucón ist zwar ein bisschen teurer, aber auch schöner und für ein paar Tage stimmungsvoller.

ÜBERNACHTUNG

€ **Hostal Valentino**, Camilo Henriquez 394, 🖳 www.hostalvalentinovillarrica.cl. Mitten im Zentrum, ordentliche Zimmer, am besten die im 2. Stock, denn die haben einen Balkon mit fantastischem Blick auf den Vulkan Villarica. ❷

Hostería de la Colina, Las Colinas 115, www.hosteriadelacolina.com. Ruhige, abgeschiedene Lage im Süden des Ortes, schöne Zimmer, toller Garten, sehr gutes Frühstück inkl. ❹

Hostal Don Juan, Gral. Koerner 770, www.hostaldonjuan.cl. Holz dominiert, das ergibt einen gemütlichen Effekt. Komplett eingerichtete Bungalows und Tourangebote, zentral gelegen. Nette Zimmer mit/ohne Bad ❷–❸, Cabañas für 3 Pers. ❸

ESSEN

€ Im stimmungsvollen **Mercado Central**, Letelier 743, tgl. 10–21 Uhr, gibt es kleine Restaurants, im **Mercado Nehuen**, Alderete 638, Mapuche-Gerichte, tgl. 10–21 Uhr, am Sandstrand **Imbissbuden**.

Fuego Patagon, Pedro Montt 40. Keine Reservierungen, helles und modernes Restaurant mit dem gewissen Etwas. Hier gibt es für jeden Geschmack eine Option; das Fleisch ist super! Di–Sa 12.30–16.30 und 19.30–22.30, So 13–17.30 Uhr.

Mesa del Mar, Gerónimo de Alderete 835, www.mesadelmar.cl. Willkommen an Bord! Sehr gutes Fisch- und Meeresfrüchte-Restaurant. Rustikal-eleganter Stil in bunten Farben, kleine Portionen, Cocktails. tgl. 12–24 Uhr.

Panadería Rostock, Pedro de Valdivia 748. Die Bäckerei mit Selbstbedienungsrestaurant hat leckere Snacks wie Pastelitos, Croissants und diverse deutsche Brotsorten. Große Auswahl, gut geeignet für einen günstigen Brunch. Mo–Fr 7.30–20, Sa 7.30–18.30 Uhr.

Pizza Cala, AviadorAcevedo 497, nah am See, Leckere Holzofenpizza und davon gleich 35 verschiedene Sorten. Tapas, Bar, gutes Ambiente auf der Terrasse, freundlich, aber nicht billig. Ab 11 400 CLP. tgl. 9–23 Uhr.

The Travellers Resto Bar, Valentin Letelier 753. Hier gibt es asiatische Gerichte und Tapas, es macht sich aber auch als Pub und Bar ziemlich gut. Mo–Do 17–1, Fr und Sa 17–3 Uhr.

AKTIVITÄTEN

Am Strand kann man im Sommer Kajaks mieten. Agenturen bieten Touren in die Region, **Turismo Volcanes**, Pedro Montt 549, www.turismovolcanesdelsur.cl (deutsch), z. B. zu den Termas Geometricas von 13.30–19 Uhr für 58 000 CLP, Reserva Huilo Huilo von 8.30–19.30 Uhr für 47 000 CLP. tgl. 10–22.30 Uhr.

Fahrradverleih

Cycles Mora, Gral. Koerner 760. Mo–Fr 9–13.30, 15–19, Sa 9–15 Uhr.

SONSTIGES

Einkaufen

Feria Artesanal, Acevedo 631, Ecke Valdivia. tgl. 10.30–20 Uhr.

Supermercado Lily, Camilo Henríquez 272. Mo-Sa 8.30–21Uhr.

Supermercado Unimarc, Alderete 0697. Mo–Sa 9–21 Uhr.

Geld

Geldautomaten, Av. Pedro de Valdivia, auf Höhe der Municipalidad.

Informationen

Información Turística, Pedro de Valdivia 107. tgl. 9–18 Uhr.

Visit Villarrica, www.visitvillarica.cl (engl.).

TRANSPORT

Es gibt eine Menge kleiner Busbahnhöfe, die sich südlich der Av. Valdivia zwischen den Straßen Matta, Alderete und Epulef konzentrieren.

Am wichtigsten für Ausflüge in die Region ist das **Rodoviario Vipu Ray**, Muñoz bis Matta, in dem sich eine ganze Reihe Unternehmen befinden.

Condor und **Igi Llaima**, Valdivia, Ecke Muñoz.

Jet Sur, **Pullman** und **TurBus**, Calle Muñoz, zwischen 600 und 800.

JAC, Francisco Bilbao 610.

Die Ziele in der näheren Umgebung werden meist mit **Minibussen** bedient.

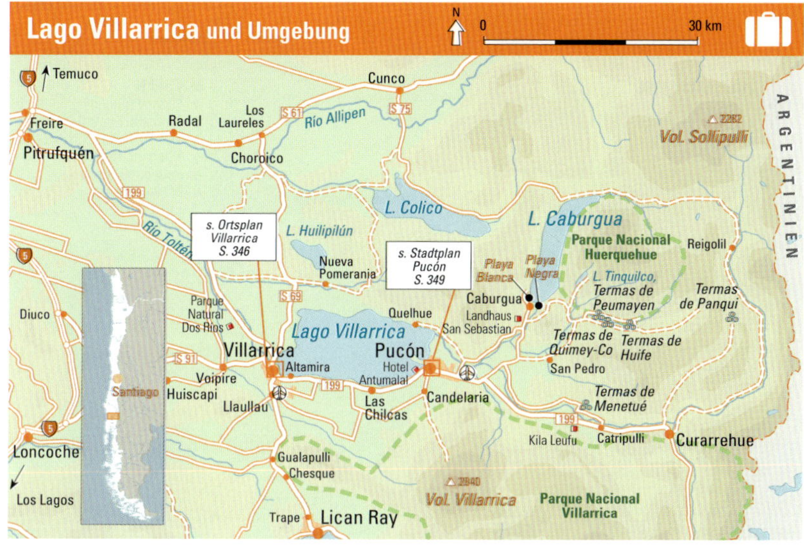

Busse nach:
COÑARIPE (1 Std. 10 Min.), alle 15 Min., 3000 CLP,
LICAN RAY (40 Min.), alle 15 Min., 2000 CLP,
PANGUIPULLI (1–1 1/2 Std.), 12–17x tgl., 2400 CLP,
PUCÓN (30 Min.), alle 10–30 Min., 1700 CLP,
SANTIAGO (9–10 1/2 Std.), 9x tgl., 18 100–36 000 CLP,
TEMUCO (1 1/2 Std.), alle 10–20 Min., 3700–9000 CLP,
VALDIVIA (2 1/2 Std.), 4x tgl., 6600 CLP.

Argentinien
SAN MARTÌN DE LOS ANDES (5 1/2 Std.), 19 000 CLP mit Igi Llaima.

Pucón am Lago Villarrica

Wenn etwas besonders schön ist, dann will auch jeder hin: Das ist das Schicksal des einstigen Militärstützpunktes Pucón, der in den vergangenen 20 Jahren einen kometenhaften Aufstieg genommen und heute 28 000 Einwohner hat – und in der Hauptsaison praktisch ausgebucht ist.

Die Mapuche, die hier bis Ende des 19. Jhs. lebten, wurden in Reduktionen in Curarrehue, Quelhue und Palguin Bajo zusammengesperrt. Am Ufer des Lago Villarrica (Villarrica-See) bauten die neuen Herren des Landes, zumeist europäische Auswanderer, Handelshäfen für Holz und Vieh, die schon bald die wichtigste Einnahmequelle werden sollten. Als 1940 der Staat eine Straße zwischen Villarrica und Pucón legen ließ, blühte der Tourismus auf. Das sehr schöne **Hotel Antumalal** direkt am See, das in den 1950er-Jahren entstand, hat schon Queen Elizabeth II. als Herberge gedient.

Direkt am Lago Villarrica und gleich unter dem Vulkan gelegen, ganz in der Nähe der Nationalparks Huerquehue und Villarrica – dieses Potenzial verleitet heute vor allem junge **Sportler**, nach Pucón zu kommen. Gelände für Trekking, Kayaking, Rafting, Cañoning, Reiten, Paragliding, Mountainbiken, Skifahren (Abfahrt und Langlauf) und für Canopy konzentrieren sich in der unmittelbaren Umgebung. Der stets von Fumarolen umwehte Vulkan liegt vor der Nase. Auf dem See wird auch so einiges veranstaltet, Guest Houses bieten Sprach- und Tanzunterricht an.

Das nahezu rechteckig angelegte Pucón besteht nur aus ein paar wenigen Straßen mit der

Avenida O'Higgins als eine der wichtigen Koordinaten, die anderen heißen Fresia, Aldunate und Lincoyán. So ziemlich alles, was man braucht, findet sich hier. Das Gran Hotel Pucón hat den breitesten Teil vom **Strand**, in nördliche Richtung setzt ihn eine kleine Uferpromenade mit einigen Bars wie dem Ruka fort, westlich liegt der ehemalige Holzhafen. Im Sommer ein einziger Laufsteg für das ungewöhnlich hellhäutige und blonde Publikum.

ÜBERNACHTUNG

In der Saison sind viele Zimmer wochenlang vorher ausgebucht. Seine Wunschunterkunft sollte man in der Hauptsaison zeitig reservieren, sonst muss man nehmen, was noch frei ist.

Hostal La Tetera, Urrutia 580, www.tetera.cl. Klassiker unter den Hostales mit trubeliger, freundlicher Atmosphäre. Teil der Trekking-Chile-Stiftung. Garten. Ausflugsorganisation. Gutes Frühstück inkl. ❷–❸

Hostal Pucón Sur, Del Pillán 69, www.hostalpuconsur.com. Lichtes neues Holzhaus, stilvoll möbliert, alle Zimmer haben Bad, geräumige Aufenthaltsräume. Fahrradverleih, Küchenbenutzung, Internet und Garten. Frühstücksbuffet inkl. ❹

Petricor Eco Lodge, Camino Zanjón Seco, Lote 10, KM 2.2 Camino al Volcán, 9-8234-3126. Javier aus Santiago und seine

Frau haben dieses traumhafte Stück Land über dem See, 10 Min. außer- bzw. oberhalb von Pucón, mit 3 herrlich frischen Cabañas versehen. Man wird sich von dem Blick, der bis Villarrica reicht, nur schwer lösen können. 15. Dez–15. März, mind. 3 Nächte ❹, Rest des Jahres mind. 2 Nächte ❸.

Hotel Geronimo, Geronimo de Alderete 665, 💻 www.hotelgeronimo.cl. Architektonisches. Schmuckkästchen im Stil einer großbürgerlichen, weitläufigen Sommervilla. Zentral gelegen, Frühstück inkl. ❹–❺

Hotel Antumalal, Camino Pucón a Villarrica KM 2, 💻 www.antumalal.com. Luxushotel auf einem 5 ha großen, schönen Gartengelände in traumhafter Lage. Große Zimmer mit Kamin, Terrasse mit Seeblick, Spa, gutes Restaurant mit Bar, feines Frühstücksbuffet inkl. ❻

ESSEN

Arabian Café Restaurant, La Fresia 354 B., ✆ 45-2443-469. Klein und hübsch mit Außenbereich und guter Auswahl an Weinen. Es gibt gute vegetarische Sandwiches, die arabischen Rezepte konzentrieren sich aber auf Fleisch, z. B. Shiis Baraq. 🕒 tgl. 12–22, So bis 17 Uhr.

Mamas y Tapas, O'Higgins 587, 💻 www.mamasandtapas.cl. Ins Mamas geht man nicht unbedingt nur zum Essen – es ist leicht mexikanisch angehaucht – sondern für einen Drink. Morgens verwandelt es sich in einen Club. 🕒 Mo–Do 18–3, Fr und Sa 18–4.30 Uhr.

Restaurante ¡Ecole!, Urrutia 592. Gilt als *die* Adresse für vegetarische und vegane Kost in Pucón, aber auch das „normale" Essen ist lecker und wird frisch zubereitet. Gutes Frühstück. 🕒 8–23 Uhr.

Trawen, O'Higgins 311, 💻 www.trawen.cl. Zentral gelegen, kleines Restaurant mit gesundem Essen, organische Weine, großes vegetarisches Angebot. 🕒 Mo–Sa 8–22, So 12–22 Uhr.

Cafés und Bars

Café Berlin, Miguel Ansorena 160, 💻 www.cafeberlin.cl. Wie in Berlin: Berliner, Spritzkuchen, Bienenstich – alles fürchterlich süß und gut, leckere Sandwiches, zentral gelegen, modern und freundlich. 🕒 Mo–Sa 9–21, So 10–20 Uhr.

Café Cassis, Fresia 223, Ecke Alderete. Klassiker für alles Süße. Riesiger Außenbereich. 🕒 tgl. 8–24 Uhr.

Café de la P, Lincoyán 395, 💻 http://delap.cl. Gemütliches Café, inspiriert vom Café de la Paix in Paris. Die Torten und Kuchen haben ebenfalls französischen Stil.

El Camino, Ansorena 191, 💻 www.elcaminopucon.com. Stimmungsvolle Bar mit Rockmusik und Elektro zu großen Bieren. Für den kleinen Hunger gibt es gute Burger. 🕒 tgl. 13–1.30 Uhr.

TOUREN UND AKTIVITÄTEN

Für die vielen Sportmöglichkeiten gibt es zahlreiche Tourveranstalter, von denen die meisten auch Mountainbikes verleihen. Die meisten konzentrieren sich auf der Av. O'Higgins. Preisvergleiche lohnen sich.

Kajak Pucón, O'Higgins 211, 💻 www.kajakpucon.com. Seit 1996 Rafting auf dem Rio Trancura inkl. Transfer 30 000–40 000 CLP. Kajak ganzer Tag 80 000 CLP. 🕒 tgl. 9–20 Uhr.

Aguaventura, Palguin 336, 💻 www.aguaventura.com. Renommierter Anbieter für Rafting, Vulkanbesteigungen, Skilaufen und Reitausflüge. Verleih von Snowboards und Skiern. Mountainbike ab 15 000 CLP 1/2 Tag. 🕒 tgl. 9–21.30 Uhr.

Turismo Politur, O'Higgins 635, 💻 www.politur.com. Kompletter Anbieter mit viel Erfahrung, z. B. Trekking (ab 45 000 CLP), Villarica-Besteigung (ab 105 000 CLP) und auch Wassersport wie Sportfischen, Hydrospeed und Rafting. 🕒 tgl. 9–20 Uhr.

Bootstour

Vom Steg bei La Posa fährt das **Barco Pirata** (1 Std., 5000 CLP) über den See.

Trekkingchile
NP Huerquerque

DER KLEINE SÜDEN

SONSTIGES

Einkaufen

Die international bekannten Marken für Outdoorkleidung haben Shops im Zentrum.
Feria Artesanal, Ansorena, Ecke Alderete. ⏲ 10.30–21 Uhr.
Supermercado Eltit, O'Higgins 336, ⏲ Mo–Do 10–24, Fr und Sa 10–1 Uhr, und O'Higgins 672, ⏲ tgl. So–Do 10–1 Uhr.

Geld

Geldautomaten entlang der O'Higgins und in den Eltit-Supermärkten.

Informationen

Cámera de Turismo, Av. Brasil 115, ✆ 45-2441-671, 🖳 www.puconturismo.cl. ⏲ tgl. 9–18 Uhr.
Oficina de Turismo Municipalidad, O'Higgins 483, Ecke Palguín in der Stadtverwaltung, ✆ 45-2888-001, 🖳 www.puconchile.travel. ⏲ tgl. 9–14, 15–18 Uhr.

Mietwagen

West Rent a Car, Clemente Holzapfel 190, im Enjoy Gran Hotel Pucón, 🖳 www.westrentacar.com. ⏲ Mo–Fr 8.30–19, Sa 9–12 Uhr.

Wäscherei

Lavanderia Nelly, Fresia 505, Ecke Brasil. ⏲ Mo–Sa 10–18 Uhr.

TRANSPORT

Busse

Es gibt verschiedene Busbahnhöfe, die alle im Zentrum liegen. Die einzige Ausnahme ist das Terminal von **Turbus**, O'Higgins 910, ✆ 45-2686-101. ⏲ Mo–Fr 9–13, 15.30–19, Sa 9–19 Uhr.

Weitere Busbahnhöfe für Fernziele
Buses JAC, Uruguay, Ecke Palguin, 🖳 www.jac.cl,
Pullman Bus, Palguin zwischen Brasil und Uruguay, ✆ 45-2443-331.

Für regionale Ziele
Buses Caburgua, Uruguay 540, ✆ 9-9838-9047, 🖳 www.fb.com/BusesCaburgua. ⏲ tgl. 7–21 Uhr.
Vipu Ray, Palguin, zwischen Brasil und Uruguay, 🖳 www.fb.com/bvipuray.

Busse nach:
CABURGUA PLAYA BLANCA (1 Std.), alle 30–60 Min., Sa und So jede Std., 2000 CLP,
CABURGUA PLAYA NEGRA (40 Min.), alle 20 Min., 2000 CLP,
CURARREHUE (1 1/2 Std.), Mo–Fr alle 15–20 Min., Sa und So alle 30 Min. jeweils bis 20 Uhr, 1700 CLP,
PANGUIPULLI (2 Std.), über Villarrica,
PARQUE NACIONAL HUERQUEHUE (1 Std.), 3x tgl. um 8.30, 12 und 16 Uhr, 3400 CLP,
PUERTO MONTT (5 Std.), 6x tgl., 15 000–16 500 CLP,
SANTIAGO (10 Std.), 15x tgl., 22 500–56 600 CLP,
TEMUCO (1 1/2–2 1/2 Std.), 55x tgl., 4500–9500 CLP,
VALDIVIA (3 1/2 Std.), 4x tgl., 7600 CLP,
VILLARRICA (1/2 Std.), alle 10–20 Min. bis 21 Uhr, 1700 CLP.

Argentinien
JUNÍN DE LOS ANDES (unregelmäßig 3 1/2 Std., 19 000 CLP) und SAN MARTÍN DE LOS ANDES (4 1/2 Std.), 1x tgl., 19 000 CLP, mit Igi Llaima.

Ausflüge um den Lago Villarrica

Lago Caburgua und Parque Nacional Huerquehue

Die 25 km lange Strecke zum **Lago Caburgua** gleitet an Viehgattern und Lavafeldern vorbei. An den **Ojos de Caburgua** ist ein Stopp fällig; die Schwesternwasserfälle rauschen in ein azurblaues Becken, wie es blauer gar nicht sein kann.

Die Wälder reichen bis ans Ufer, drüber thronen die Vulkane, und dann hat der schmale See auch noch schöne und gut besuchte Strände, die **Playa Negra** (40 Min., 2000 CLP) aus Lavasand am Ortsrand und die deutlich schönere **Playa Blanca** (1 Std., 2000 CLP), mit richtigem, hellem Sand, netter Atmosphäre und Wasser-

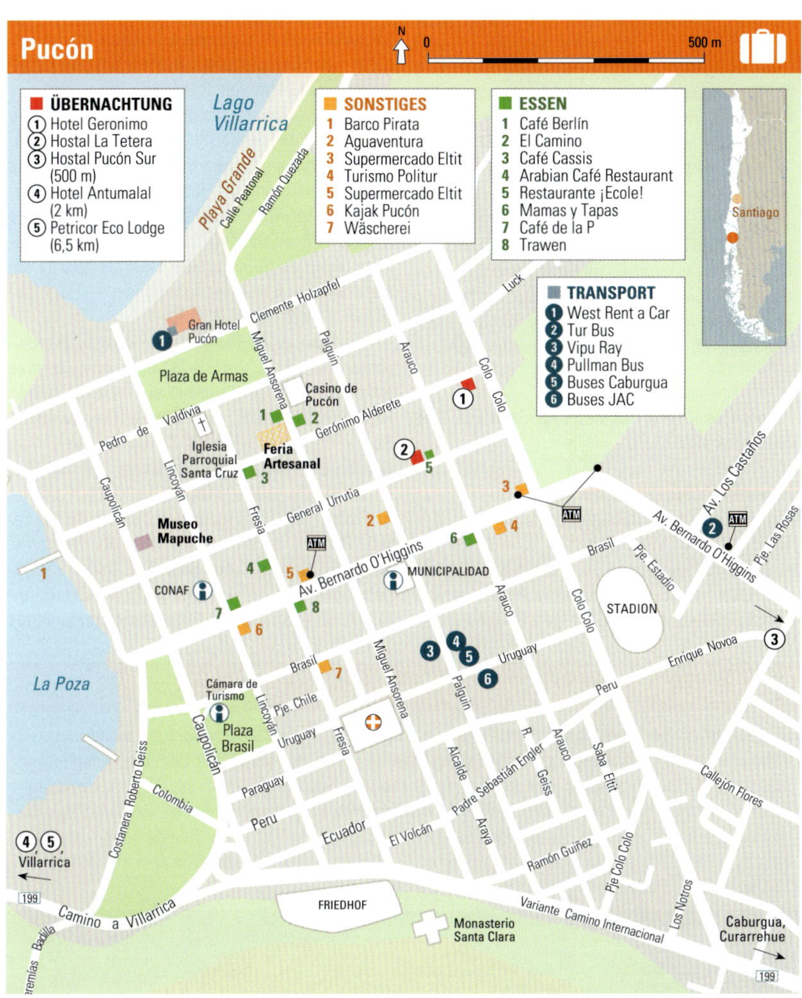

sportangeboten, die man nach weiteren 20 Minuten erreicht. An beiden Stränden gibt es Campingplätze, Übernachtungs- und Verpflegungsmöglichkeiten. Die Busse von Pucón fahren alle 20 Min.

Hinter dem Lago Caburgua befindet sich ein Wegweiser zum **Nationalpark Huerquehue**, der 12 500 ha umfasst und Wanderwege durch dichte Naturwälder und zu malerischen Wasserfällen hat. Seine Gipfel erreichen 2000 m, deswegen kann man hier auch gut für den Aufstieg des Villarrica üben. Es gibt gut ausgeschilderte Kurz- und Tagesetappen mit und ohne Kletterabschnitte. 🕒 Di–So 8.30–17:30 Uhr, letzter Einlass 14 Uhr. Eintritt 4000 CLP. Tickets bei 💻 www.aspticket.cl.

Wer übernachten will: **Refugio Tinquilco**, 💻 www.tinquilco.cl, ist ein hübsches Holzhaus mit guter Küche, Sauna und Terrasse. 17 500 CLP p. P., Zimmer mit Bad und Frühstück. ❸.

Familienidylle unter dem Vulkan

Landhaus San Sebastian, Casilla 282, www.landhaus-chile.com. Ein gelungenes Angebot für alle: super für Familien mit Kindern (Parkgarten), super für Sportbegeisterte und ebenfalls für Ausflügler. Attraktive Bungalows, gemütliche Zimmer, sehr gute Küche, Gemüse und Obst aus dem Garten, freundliche Aufnahme, kompetente und engagierte Beratung. Das Landhaus liegt von Pucón kommend noch vor Caburgua, bei KM 18 links abbiegen, ab dann ist es ausgeschildert. ❻

Busse von/nach Pucón 3x tgl. 3400 CLP (hin und zurück 5800 CLP).

Thermen und Curarrehue

Schöne Begleiterscheinung: zwischen den Vulkanen sprudeln viele Thermen, zum Abkühlen wechselt man einfach in den kühlen Río Liucura. Um Pucón herum reiht sich eine Anlage an die nächste, man kann sie über den Camino Internacional nach Argentinien erreichen. Einige verfügen über Campingplatz, Restaurant und Hotelbetrieb, alle haben ein Spa.

Die etwas rustikaleren **Termas de Panqui**, Camino al Valle de Panqui, 9-7478-7178, kommen alternativer daher, mit Yogaprogramm und Meditationsübungen. Übernachtet wird in verschieden großen Holzhütten. Um dorthin zu kommen, braucht man nach Regen Allradantrieb, denn es geht von der Hauptstraße 17 km in die Wälder hinein (ausgeschildert). tgl. 12–17 Uhr. Eintritt 20 000 CLP. ❸

Die **Termas de Quimey-Co**, Camino Pucón–Huife, KM 30, 9-8775-2113, www.termasquimeyco.com, punkten mit einem weitläufigen Haus im Alpenstil, drei Pools, Liegewiesen, Schlammbädern, vielen Anwendungen, Spa und einem Restaurant (Cafeteria). 30 000 CLP. HS Di–So 10.30–20.30, NS 10.30–19.30 Uhr.

Richtig fein wird es in den **Termas de Menetué**, Camino Internacional, KM 30, www.menetue.com, die ein bisschen asiatisch angehaucht sind. Innen- und Außenbecken, umfangreiches Spa, gutes Restaurant, gemütliches

Besteigung des Vulkans Villarrica

Diese Tour ist bergsteigerisch nicht anspruchsvoll, aber sie verlangt eine gute Kondition und Trittsicherheit. Zu oft allerdings wagen sich Untrainierte an den scheinbar leichten Aufstieg und müssen dann mit Extra-Guides wieder hinuntergebracht werden. Deswegen: Wer sie unbedingt machen möchte – denn das Erlebnis, oben zu stehen und in den Krater zu blicken, ist einfach sensationell, und der Villarrica ist der am leichtesten zu besteigende Vulkan in der Region neben dem Lonquimay – sollte seine Kondition vorab trainieren. Die Tour beginnt morgens früh und ist circa gegen 16 Uhr zu Ende. Preis um 110 000 CLP.

Kaminzimmer und Bungalows mitten im stillen Wald. ❺

Termas de Huife, Camino Pucón–Huife, KM 33, 🖳 www.termashuife.cl. Luxuriöser und teuer bei den Übernachtungen sind die mit einem gepflegten, geräumigen Hotel wie aus den Österreicher Alpen und einer ausgefeilteren Spa-Abteilung. Tagesgäste 30 000 CLP. Oft Angebote bei Übernachtungen. ❻

Curarrehue

In dieses Gebiet fast an der Grenze zu Argentinien wurden die Mapuche nach ihrer Vertreibung gebracht. Im **Museo Intercultural Trawupeyum** dokumentieren sie ihre Kultur und Geschichte. 🕒 Mo–Do 9–17, Fr 9–16 Uhr.

Das **Oficina de Turismo**, das zahlreiche Informationen für Touren in die wunderschöne Umgebung bereithält, ist direkt auf der Plaza. 🕒 Mo–Fr 9–17.20, Sa und So 10–18 Uhr.

Es gibt ein Dutzend Campingplätze und zwei Dutzend feste Übernachtungsmöglichkeiten, eine Tankstelle sowie einen Supermarkt an der Hauptstraße. Zum Essen bieten sich zahlreiche **Restaurants** entlang der Hauptstraße an. **Banco Estado**, Av. Estadio, Ecke Benitez.

Sieben-Seen-Region oder Región de los Ríos

Die Sieben-Seen-Region (Región de los Siete Lagos) ist eine Märchenlandschaft. Grüne Berge und Wiesen, bunte Blumen und darüber schneebedeckte Vulkane machen sie zu einer der wohl malerischsten Landschaften der Erde. Sie heißt auch Region der Flüsse, was ein bisschen sinnverwirrend ist. Sie hat von beiden viel, das ist sicher! Der Seenreigen dehnt sich zwischen dem Lago Villarrica und dem Lago Ranco aus.

Eine Endmoräne lagerte einst über den Seen, die von sanften Gebirgshängen eingefasst sind. In Richtung Kordillere werden die Berge immer höher und wilder. Komplette Straßenverbindungen: Fehlanzeige, und manche Strecken haben es gehörig in sich, z. B. die über die zauberhafte Cuesta Los Añiques zum Lago Pellaifa und zum Lago Neltume oder von Panguipulli nach Choshuenco. Die gesamte Region hat einen ausführlichen Aufenthalt mehr als verdient.

Tipps zum Angeln an den Seen: 🖳 www.sernapesca.cl (span.).

Lican Rayam Lago Calafquén

Den schönsten Zugang zu **Lican Ray** am **Lago Calafquén** verschafft die 26 km kurze Strecke von Villarrica. Im Sommer ist hier richtig viel los. Der See wird von einer Küstenstraße gesäumt, die immer wieder von Rinnsalen erkalteter Lava unterbrochen wird.

Lican Ray liegt wunderbar auf einer Halbinsel, zu einer Seite zwei Blocks von der Plaza die **Playa Grande** mit feinem Sand, großer Steganlage und vorgelagerten Inseln, zu denen Ausflüge angeboten werden. Am Ende des Strandes findet ihr Schatten im dichtbewaldeten **Mapuche Ziwilwe Natural Park**.

Über drei Blocks läuft man zur **Playa Chica**, die einen noch schöneren Panoramablick bietet. An der Hauptstraße Urrutia befindensich eine ganze Reihe netter Restaurants mit schönen Terrassen. Dort gibt es auch einen Geldautomaten.

ÜBERNACHTUNG UND ESSEN

Entlang der Hauptstraße General Urrutia gibt's eine ansehnliche Auswahl verschiedener Restaurants, meist mit schönen Terrassen.
Apart Hotel Lago Calafquén, Cacique Marichanquin 130, 🖳 www.cabanaslagocalafquen.cl. Moderne Anlage zwischen Plaza und Strand. Besser sind die Zimmer im 1. Stock. Ab ❸

Coñaripe und Thermen

Auf dem Weg von Lican Ray kreuzt man die Grenze der Region Araucania in die Region Los Lagos. Unzählige Campingplätze und Cabañas säumen den Weg, meist direkt am See. Am schwarzsandigen Strand von Pucura kann man eine Pause

einlegen. Das kleine **Coñaripe**, das im Sommer regelrecht boomt, liegt schön eingebettet zwischen grünen Bergspitzen. Der dunkle, etwas grobkörnige Strand ist nur einen kurzen Spaziergang von der Plaza entfernt. Sonnenschirme und Klappstühle können gemietet werden.

Für den kleinen Hunger stehen dort meist Imbisswagen. Wenn nicht, hilft das **Restaurant La Terrazza** an der Luis Rosas Garrido 32 mit seiner schönen Dachterrasse. 🕒 ab 13 Uhr.

Entlang der Hauptstraße Ramberga findet sich alles Wesentliche. Dort, am Supermercado Libanés, halten auch die Busse. **Información Turística** an der Plaza. 🕒 tgl. 9–21 Uhr.

In den Wäldern verstecken sich zahlreiche Thermalquellen. an Wasserfällen und Schluchten entlang – überraschend, naturnah und puristisch gestylt – die **Termas Geométricas** des Architekten German del Sol, 💻 www.termasgeometricas.cl. Diese 2009 eingeweihten Thermen sind die mit der größten Fläche in Chile. ⌚ tgl. 10–19 Uhr. Eintritt 42 000–48 000 CLP.

Die Badestellen sind supernatürlich und toll wie die Termas del Rincón und wunderbar gelegen wie die Termas Eco Pellaifa. Um sie zu besuchen, braucht man Allradantrieb, die Strecken sind teilweise beschwerlich.

Die Termas Geométricas und die Termas El Rincón liegen auf dem Weg von Coñaripe zum Parque Nacional Villarrica. Um zu den Termas de Coñaripe zu gelangen, muss man die **Cuesta Los Añiques** mit einem sagenhaften Blick auf den Lago Pellaifa erklimmen. Von dort führt eine kurze Abzweigung zu den **Termas Eco Pellaifa**.

Zurück zur Hauptstraße liegen die schönsten Vulkane im Blickfeld, der Villarrica, der Quetropillán (2009 m) und der Mocho-Choshuenco (2415 m). 23 ziemlich wilde Kilometer sind es dann hinunter am **Lago Neltume** entlang.

Choshuenco

Das Örtchen ist ganz in das warme Dunkelbraun der Holzhäuser und Rostrot der Schindeldächer getaucht, Blumengärten blinken davor. An der Calle Bernabe – so schön wie eine Allee – reihen sich die Geschäfte und Angelausrüster aneinander. Das Ufer ist mit bunten Fischerbooten besetzt und die Strände sind im Sommer sehr beliebt.

ÜBERNACHTUNG UND TOUREN

Hotel Rucapillan, San Martín 85, 💻 www.rucapillan.cl. 12 Zimmer mit Seeblick, rustikal alles in Holz und sehr gelungen, 7 komplett ausgestattete Bungalows ❸ und ein eigenes Restaurant, in dem u. a. Lachs und Wildschwein serviert werden. ❸

Lago Panguipulli

Die in die Berge gesprengte Strecke entlang des Sees ist wunderschön, sie überquert den Río Fuy und dann den Río Traful. Mit Pinien und Pappeln wird aufgeforstet, wo einmal dichte Eichenwälder wuchsen.

Panguipulli

Die Übersetzung auf Mapudungun hört sich wesentlich wilder an als die niedliche Lautmalerei, wenn man den Namen des 36 000-Einwohner-Städtchens ausspricht: „Ort des Pumas" nämlich, und der soll in den heimischen Urwäldern, bevor sie zu Faxpapier und Zellulose verarbeitet wurden, auch herumgestreift sein.

In Panguipulli konzentriert sich die Infrastruktur auf die Versorgung der Bauernhöfe der Region. Supermärkte, in denen Mehl und Hülsenfrüchte in 20-kg-Säcken verkauft werden und viele Kleidergeschäfte rahmen die Hauptstraße Martínez de Rosas. Sie führt ebenso wie die Straßen Carrera und O'Higgins direkt ans Seeufer, wo genau gegenüber der Vulkan Choshuenco mit seinem zersprengten Gipfel in die Höhe ragt.

Trauerweiden säumen die Uferpromenade **Costanera**, die 2019 überschwemmt, und 2023 neu eingeweiht wurde. Sie eignet sich hervorragend für einen entspannten Spaziergang. Bei der **Información Turística** bekommt man eine Übersicht über die ein Dutzend Thermalbäder der Region inkl. Öffnungszeiten. Padre Siguifredo, Ecke Bernardo O'Higgins s/n. ⌚ tgl. 9–13.30, 15–18 Uhr.

ÜBERNACHTUNG

Aparthotel Puchaley Lafquen, RobleHuacho s/n, 💻 www.puchaleylafquen.com. Schönes Hotel mit komfortablen Zimmern 1 km außerhalb vom Ort, am Südufer mit Seeblick, Campingplatz, sehr gepflegt. ❸–❹

ESSEN

Restaurant 480, de Rozas 265, 💻 www.fb.com/480restaurant. Superniedliche kleine Pizzeria mit Garten, einen Block vom See. Mittagsmenu 7500 CLP. Auch Ceviche und andere Speisen. Ab und zu Happy Hour mit 2 Mojitos zum Preis von einem. ⌚ Di–Sa 12.30–24 Uhr.

SONSTIGES

Geld

Geldautomat, Matta, Ecke de Rozas und an der Plaza.

TRANSPORT

Busbahnhof, Diego Portales 350, ✆ 63-2311-055, 4 Blocks südwestlich der Plaza. Gepäckaufbewahrung.

Kleinbusse in die Umgebung fahren nach COÑARIPE (2 Std.), 6x tgl., LICAN RAY (1 1/2 Std.), stdl., PUERTO FUY (2–3 Std.), 2–4x tgl., über CHOSHUENCO und VILLARICA (1 1/2 Std.),12–17x tgl.

Das Projekt Petermann

Als Panguipulli 1885 entstand, war es das erste nichtindigene Dorf im Gebiet der Mapuche. Viele Dörfchen sollten folgen, viele Arbeitsplätze entstanden als Folge der Abholzungen. In welchen Mengen abgeholzt wurde, das sieht man: erodierende Hänge, abrutschende Berge, abgestorbene Baumstümpfe. Über den Río Fuy wurde das Holz mit Dampfschiffen bis zum Lago Panguipulli abtransportiert. Die Unidad Popular-Regierung enteignete 1972 Ländereien und Sägewerke und fasste sie unter dem Complejo Maderero Panguipulli zusammen, dem später auch andere Ländereien zugeschlagen wurden.

Nach dem Pinochet-Putsch verblieb der Complejo Maderero Panguipulli noch lange in Staatsbesitz. Interessanterweise kehrte die Guerilla des MIR (Movimiento Izquierdo Revolucionario) nach Neltume zurück, gründete dort eine revolutionäre Zelle und versprach sich Zulauf unter den Arbeitern, die in Sägewerken beschäftigt waren, und unter den Mapuche.

In der Dämmerung des Pinochet-Regimes wurde der Complejo Forestal y Maderero Panguipulli verkauft – unter anderem an den erfolgreichen Geschäftsmann Victor Petermann, der 1990 sein Land in eine Reserva Biológica verwandelte und skurrile Hotels in den Wäldern bauen ließ, Montaña Mágica, Baobab und Marina del Fuy. Die **Reserva Biológica Huilo Huilo** ist zu einer Stiftung umgewandelt worden und es gibt auch eine Zucht von Guanakos. Doch die Natur ist nicht gratis zu haben. Wer hier wandern will, muss bezahlen (s. rechts).

Busse nach:
SANTIAGO (10–11 Std.), 2x tgl., 17 000 CLP.

Reserva Biológica Huilo Huilo

Zwischen Neltume und Puerto Fuy am Lago Pirihueico liegt die Reserva Biológica Huilo Huilo. Dieses private Reservat von über 100 000 ha umgibt einen Traum von Wasserfall, den 37 m hohen Huilo Huilo („Gletscherspalte" auf Mapudungun). Das Flussbett des Fuy besteht aus felsiger Lava, die sich hier schluchtartig verengt. Der HuiloHuilo liegt nur ein paar hundert Meter vom Eingang entfernt, umgeben von einem zauberhaften Urwald mit Farnen und Orchideen, und wird von einem Panoramaweg begleitet.

Nur ein paar Gehminuten entfernt bildet der Fuy einen zweiten Fall, den Salto de Puma, nicht ganz so hoch, aber auch schön. Ein schöner Ausflug ist Mit dem „Teleférico Cóndor Andino" kann man auf den Berg fahren und die Aussicht auf den gegenüberliegenden Vulkan genießen. 💻 www.huilohuilo.com. Eintritt 5500 CLP. 🕒 tgl. 9–18 Uhr (Einlass bis 16 Uhr).

Übernachtet man in einem der Hotels des Parks, ist der Eintritt inklusive. Wem die parkeigenen Hotels zu teuer sind, kann im Park campen oder in Neltume und Puerto Fuy unterkommen.

ÜBERNACHTUNG

Cabañas los Notros, KM 12, Sector La Vaina, 💻 www.losnotros.cl. 10 einfache Holzhütten mit Terrasse. Parkplätze, im Sommer mit Supermarkt. ❸

Montaña Mágica, Camino Internacional Panguipulli, KM 55, 💻 www.huilohuilo.com. Erstaunliche Konstruktion, die einem Vulkan ähneln soll, erinnert aber eher an das Hexenhaus in *Hänsel und Gretel*. Im Inneren schraubt sich eine riesige Holztreppe um einen Mammutbaum und führt zu den 9 Zimmern. Restaurant-Lounge-Bar und Spa-Bereich sind über lange Steinfußböden zu erreichen, indirektes Licht, Ruhe, dezentes Plätschern von Wasserbecken. Die behaglichen Zimmer dagegen sind eher klein. ❻

Puerto Fuy

Das 1000-Einwohner-Dörfchen liegt gottverlassen und romantisch am kiesigen Ufer des Lago Pirihueico, wo Gänseparaden entlangflanieren und Kühe grasen, eingerahmt von bewaldeten Bergen, überragt vom Vulkan Mocho-Choshuenco. Puerto Fuy ist winzig, besteht aus nicht mehr als zwei Längsstraßen und einigen Querwegen. Ochsengespanne kommen aus dem Wald, die Wege riechen nach Kuhdung, Pferde weiden mitten im Ort, Hühner picken in den Gassen und kleinen Gärten, es duftet nach Holzöfen. Es gibt einen Brotladen und einen für getragene Kleidung, dazu zwei Lebensmittelgeschäfte.

ÜBERNACHTUNG UND ESSEN

Marina del Fuy, direkt am See, 💻 www.huilohuilo.com. 20 supergemütliche Zimmer mit Blick auf See und Vulkan. Gediegen möblierter Kaminsalon, Spielzimmer, Esszimmer mit Kronleuchtern. ❻

Restaurante Puerto Fuy, Ruta Internacional s/n, ✆ 9-5189-2053. Von ordentlichem Frühstück und guten Fischgerichten bis zu vegetarischen und veganen Optionen. 🕒 tgl. 9–23 Uhr.

TRANSPORT

Busse

Nach PANGUIPULLI (2 Std.), ca. 10x wöchentl., 4500 CLP.

Schiffe

Die **Auto- und Personenfähre** *Barcaza Hua Hum* fährt von 15. Dez bis 15. März 5–6x tgl., sonst 1–2x tgl. nach PUERTO PIREHUEICO (1150 CLP) am Grenzübergang **Paso Huahum**, Argentinien.

Valdivia

Die **Hauptstadt des Bieres** in Chile schmeckt nicht nur gut, sie sieht auch gut aus, denn Valdivia liegt schön eingerahmt von grünen, dicht bewaldeten Hügeln, die von Flüssen durchzogen werden. Das Zentrum ist kompakt, in seinem Herzen vereinigen sich der Rio Cau Cau und der Río Calle Calle zum **Río Valdivia**. Die Costanera am Flussufer ist wunderbar zum Spazierengehen oder Radfahren, verschnaufen kann man in richtig coolen Kneipen.

Geschichte

Pedro de Valdivia gründete die Stadt 1560, doch sie ließ sich zunächst nicht halten. Später folgte ein Fort aufs andere, um dem Vordringen holländischer Piraten Einhalt zu gebieten. Als Krieg mit England drohte, wurden insgesamt 17 Befestigungsanlagen um Valdivia gezogen. In der Stadt selbst sind davon zwei Pulvertürme übriggeblieben. Besuchern des 19. Jhs. war die Stadt wie Klein-Deutschland vorgekommen, mit Brauereien, Apotheken, Seilereien, Schuhmanufakturen, Seifensiedereien und dreistöckigen Steinhäusern. Holz war das erste Gold Valdivias; die Deutschen investierten in den Holzhandel, und Valdivia wurde ein wichtiger Ausfuhrhafen.

Stadtrundgang

Links und rechts des RíoValdivia liegen die meisten Sehenswürdigkeiten. Eine wahre Flotte weißer Ausflugsboote schaukelt auf dem Fluss. Sie läuft die Nachbarorte Niebla und Corral sowiedie Isla de Mancera an. Nebenan folgt der Fischmarkt **Mercado Fluvial** einer alten Tradition: Bauern und Fischer tauschten früher hier ihre Produkte, Käse gegen Pfeilfisch *(pejerrey),* Orangen gegen Seehecht, Muscheln gegen Mangold. Die Stände leuchten goldorange von den Schnüren getrockneter Algen. Südlich schließt sich der Kunsthandwerksmarkt an, die **Feria Artesanal**. An der Costanara kann man Boote und Fahrräder mieten (s. unten) oder gleich an einer der großartigen, mehrstündigen Exkursion auf den Flüssen teilnehmen.

Das **Centro Cultural El Austral** residiert in einem Haus aus dem Jahr 1870, das von einer deutschen Familie gebaut wurde und in dem jetzt Wanderausstellungen gezeigt werden. Yungay 733, 🕒 Di–Sa 10–13 und 14–19 Uhr.

An der Kreuzung der Straßen Yerbas Buenas und General Lagos erhebt sich direkt am Ufer ein alter spanischer Pulverturm, der **Torreón Los Canelos** aus dem Jahr 1781, so etwas wie die südliche Stadtpforte.

Auf der anderen Straßenseite des Flussmarktes liegt das alte **Marktgebäude** mit Glaskuppeldach, in dem es viel Kunstgewerbe, Mapuche-Kosmetik und kleine, einladende Restaurants gibt. Über die kleine Fußgängerzone Libertad verlässt man das Ufer in Richtung Plaza de la República, die nicht wirklich als Visitenkarte Valdivias dient. Bis auf den **Club de la Unión** in einem weißen Zuckerbäckerstilhaus und einem türkisfarbenen Kiosk gibt es nicht viel zu sehen. An der Ecke O'Higgins und Chacabuco wartet das renovierte **Teatro Cervantes** mit etwa 1000 Sitzen auf Zuschauer. Kinofestival, Kunst und Kultur sind hier zuhause.

Die begrünte Uferpromenade Arturo Prat beschreibt einen großen Bogen um ein Wohnviertel herum, in dem einige nette Hostales und Hotels liegen. Am unübersehbaren Bau des neuen **Casino Dreams** vorbei schlägt die **Puente Pedro de Valdivia** den Bogen hinüber zur **Isla Teja** und zum westlichen Flussufer, das großbürgerlich villenhaft daherkommt.

Gleich nördlich davon liegen zwei Villen aus der Jahrhundertwende; die **Casas Prochelle**, die von der Stadt erworben wurden und heute Sitz einer Tanzschule und der städtischen Kulturabteilung sind. Südlich erstreckt sich der kleine **Parque Prochelle**, eine Art botanischer Mini-Garten. Dahinter dehnt sich der Botanische Garten aus, der mit den Gartenanlagen der **Universidad Austral** und dem **Parque Saval** verschmilzt, und dort befinden sich auch die Villen der zu Ruhm und Ansehen gekommenen deutschen Einwanderer wie Carlos Anwandter, der das Bier in Chile einführte.

Ungestört vom Verkehr kann man am Flussufer entlang promenieren und die Museen besuchen. Jedes ist in einem anderen historischen Gebäude von Einwandererfamilien untergebracht. Im einstigen Wohnhaus der Anwandters, einem repräsentativen Villenbau, findet man das **Museo Histórico y Antropológico**. Es zeigt eine Sammlung mit Kunstgegenständen der Huilliche und Mapuche, dann vier zimmergroße kolonialspanische Säle und zum Abschluss Exponate zur deutschen Einwanderungsgeschichte. ⌚ tgl. 10–19 Uhr, 1. März–31. Dez Di–So 10–13, 14–18 Uhr. Eintritt 1500 CLP.

Gleich dahinter wird das Jugendstilwohnhaus der Einwandererfamilie Schüller für das **Naturkundemuseum Museo de la Exploración Philippi** zu Ehren des Naturwissenschaftlers Rudolph Amandus Philippi genutzt. Infos. ⌚ tgl. 10–19 Uhr, März bis Dez Di–So 10–13, 14–18 Uhr.

ÜBERNACHTUNG

€ **Hotel Calle Calle**, Anfión Muñoz 597, 💻 www.hotelriocallecalle.cl. 150 m vom Busbahnhof in fast deutsch-traditionellem Stil. Die Zimmer im 1. Stock sind empfehlenswerter, weil deutlich ruhiger. ❷

Hostal Prat, Prat 595, 💻 www.hostalprat.cl. Relativ geräumige Zimmer. Liegt in der Nähe des Busbahnhofs, okay für eine Zwischenübernachtung. ❷–❸

Hotel Encanto del Río, Prat 415, 💻 www.hotelencantodelrio.cl. Attraktives, direkt an der Uferpromenade gelegenes Hotel mit 32 Zimmern. Außen behagliches Holz, innen ziemlich puristisch. Die Zimmer im 5. Stock sind die besten. Frühstücksbuffet auf der Terrasse inkl. Oft Angebote. ❸

Apart Hotel Di Torlaschi, Yerbas Buenas 265, 💻 www.hotelditorlaschi.cl. Gediegene Holzvilla mit 16 großen, eleganten Zimmern und Suiten nur 2 Blocks vom Fluss am Rande des Zentrums. Antike Möbel und ein Salon, in dem man Zeitungen lesen kann. Reichliches Frühstücksbuffet inkl. ❹

Hotel Dreams Pedro de Valdivia, Carampangue 190, 💻 www.mundodreams.com/valdivia. Modernes, 8 Stockwerke hohes 5-Sternehotel mit Blick über den Fluss und allem Schnickschnack. Mehrere Restaurants, Cafeteria, Bar auf dem Dach mit fantastischer Aussicht, Casino. ❻

ESSEN

Natürlich ist der Fischmarkt am Flussufer ein guter und günstiger Tipp. Er hat tgl. 8–16.30 Uhr geöffnet. Auf der anderen Straßenseite sind die kleinen Restaurants im **Marktgebäude** zu empfehlen. ⌚ Mo und Di 10–18, Mi–So 8–16 Uhr.

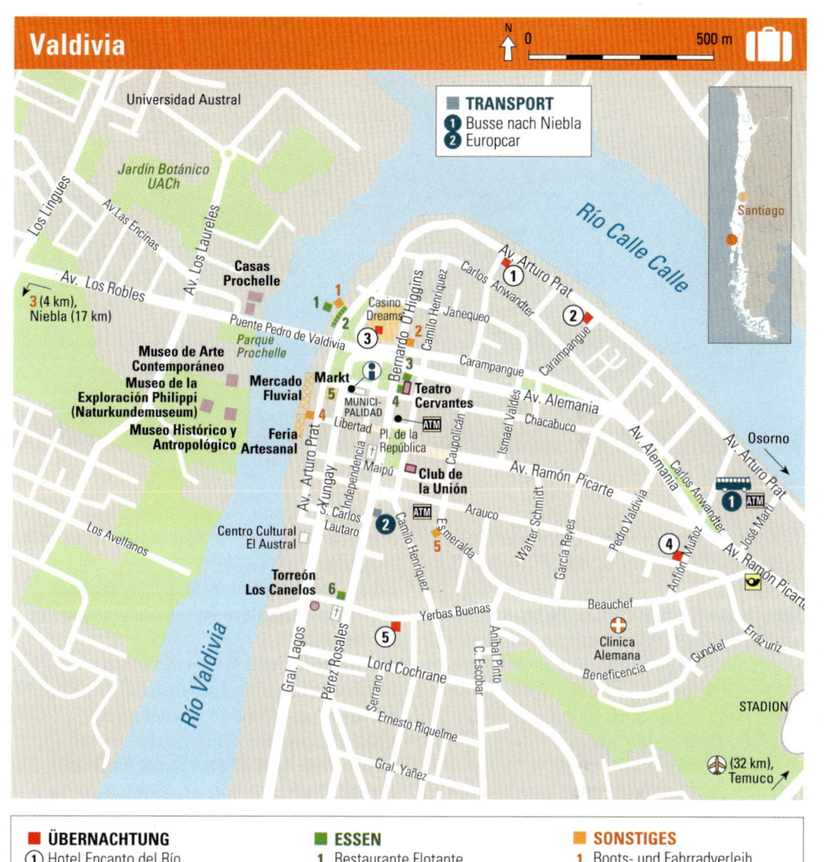

€ An der Costanera Prat haben sich verschiedene **Gourmet-Foodtrucks** mit allerlei Leckereien angesiedelt: Schawarma, gute Hamburger, vegetarische Angebote, frische Säfte, hausgemachte Eiscreme und Kaffeespezialitäten. ⌚ tgl. ca. 13–23 Uhr.

Al Yugo, Av. Alemania 201. Großzügiger Innenbereich, 2 Terrassen, vegetarische Gerichte, Lomitos mit Geflügel. ⌚ tgl. 9–2.30 Uhr.

Café Das Haus, O'Higgins 394. Traditionscafé mit Torten und kleinen Mittagsgerichten, man kommt sich vor wie in die 1960er-Jahre zurückversetzt. ⌚ Mo–Sa 8–21 Uhr.

La Última **Frontera**, Pérez Rosales 787, 💻 www.laultimafrontera.cl. Gutes Szenerestaurant/Kneipe/Bar in einem Traditionshaus, hat eine Terrasse zum Draußensitzen. Von Hühnchen, Fleisch, Kartoffelchips,

Blick über den Rio Valdivia auf das Hotel Dreams

Gurken und Oliven werden mehrere Esser satt. Auch vegane Optionen. ⌚ Mo–Fr 10–2.30, Sa 18–2.30 Uhr.

Restaurante Flotante Camino de Luna, Av. Prat, ✆ 63-2234-393. Das Restaurantschiff ist was für besondere Gelegenheiten: elegantes Styling, Kerzenscheindinner. Einfacher ist die Terrasse. Außer Fisch gibt es auch Fleisch. ⌚ Di–Fr 12–17, Sa 12–22.30 Uhr.

UNTERHALTUNG

Ein Ausgehzentrum ist die Calle Esmeralda mit vielen Kneipen wie **El Arbol**, Esmeralda 675. Großartige Terrasse mit deutschem Bier. ⌚ So–Mi 16.30–24, Do–Sa 17.30–2 Uhr.

Pub Restobar Strike, Carampangue 208. Happy Hour und Karaoke. ⌚ Di–Sa 16.30–4.30 Uhr.

Cervecería Kunstmann, Ruta T-350 Nr. 950, ✆ 63-2292-969. Dieser kleine Ausflug zur Brauerei wird mit einem guten Bier und eingedeutschtem Essen belohnt. Mit Museum. Es werden von 12.30–19 Uhr 45-minütige Touren mit Verköstigung angeboten. ⌚ Mo-Sa 12–24, So bis 22 Uhr.

TOUREN UND AKTIVITÄTEN

An der Costanera gibt's jede Menge Tourangebote und Verleihstationen für Tretboote und motorisierte Boote. Fahrräder sind auch im Angebot.

Exkursionen führen zum Vogelschutzgebiet **Santuario Naturaleza Carlos Andwandter** und zur **Isla Teja**.

Valdivia bietet zudem eine der seltenen Möglichkeiten für ausgedehnte Flusstouren. Sie führen durch die Landschaften des beeindruckenden valdivianischen Regenwalds. Viele der Anbieter an der Estación Fluvial arbeiten zusammen, sodass sich die Angebote nicht besonders voneinander unterscheiden.

Valdivia Tours, Av. Arturo Prat, Ecke Libertad an der Estación Fluvial, ✆ 9-9308-4543. Tgl. Bootstouren über die Flüsse inkl. Guide und Snack. Auch Touren zu den Termas Geométricas. ⌚ tgl. 11–19 Uhr.

SONSTIGES

Feste

Januar: Bierfest in der Brauerei Kunstmann.
Februar: Feria Internacional de Artesanía.
Oktober: Festival Internacional de Cine.

Geld

Geldautomaten, rund um die Plaza, im Busbahnhof und in den Supermärkten.

Informationen

SERNATUR, Pedro de Valdivia 260.
⌚ Mo–Do 9–13, 14–18, Fr 9–13, 14–17 Uhr.

Mietwagen

Europcar, Perez Rosales 674, ✆ 63-2558-660.
⌚ Mo–Fr 8.30–13.30, 15–18 Uhr.

TRANSPORT

Busse

Busbahnhof, Muñoz 360, ✆ 63-2220-498. Modern, über drei Stockwerke direkt an der Flusspromenade. Mit Gepäckaufbewahrung. **Taxis** warten im unteren Geschoss, Busse nach **Niebla** fahren vom oberen Ausgang.

Busse nach:
CASTRO (7 Std.), 8x tgl. 15 000–18 800 CLP,
NIEBLA (25 Min.), alle 20 Min., 1000 CLP, mit der Linie 20,
OSORNO (1 1/2 Std.), 18x tgl., 5000–7400 CLP,
PUERTO MONTT (3 1/2 Std.), 8x tgl., 8200–12 700 CLP,
SANTIAGO (10–12 Std.), 18x tgl., 18 000–37 000 CLP,
TEMUCO (2 1/2 Std.), 27x tgl., 6500–12 600 CLP.

Argentinien
SAN CARLOS DE BARILOCHE (8 Std.), tgl. außer Mi und So um 7.15 Uhr, 12 000–14 000 CLP (mit Andesmar).

Flüge

Aeródromo Pichoy (ZAL), ✆ 63-2272-295, 32 km nordöstlich der Stadt.
LATAM, Jetsmart und **Sky Airlines** fliegen 4x tgl. nach SANTIAGO.

Flughafentransfer
Transfer Valdivia, 💻 www.transfervaldivia.cl, 5000 CLP im Sammelbus, 20 000 CLP im Privatfahrzeug für bis zu 3 Pers.

Ausflüge von Valdivia

Sehr beliebt: mit dem Ausflugsschiff an die Küste nach **Corral**, **Niebla** und zur **Isla Mancera**. Die Boote legen an der Muelle Fluvial gegen 14 Uhr ab. Mittagessen auf dem Schiff, während man auf dem Río Valdivia nach Niebla schippert. Ziel sind die drei Meeresfestungen, die die Spanier im späten 17. Jh. erbauen ließen, um das Land gegen Überfälle holländischer und britischer Piraten zu schützen und die Seestraße zum Kap Hoorn zu sichern. Später dann, in den Unabhängigkeitskriegen gegen die Spanier, befehligte Lord Cochrane die nationalchilenische Armada und besiegte 1820 hier die Kolonialherren.

Gut 27 km nördlich von Valdivia liegt das Naturschutzgebiet Oncol. Ziel einer schönen Wanderung ist der **Cerro Oncol** (715 m).

Trekkingchile
Cerro Oncol

Niebla

Für die 20 km lange Fahrt entlang des Río Valdivia sollte man sich im Bus auf die linke Seite setzen. Er passiert auf dem Weg die Brauerei Kunstmann, wo man aus- und wieder einsteigen kann. Die Ortschaft türmt sich reizend über der Küste auf, die Häuschen verstecken sich in hügeligen Wäldern und die Plaza reicht bis an die Steilküste heran. Eine **Playa Grande** lädt zum Sonnen ein, auch wenn sie eher klein ist. Strände liegen allerdings in einiger Entfernung. Mitten im Ort finden sich die Überreste der **Festung Fuerte de Niebla** mit zugehörigem Museum. 💻 www.museodeniebla.gob.cl. ⌚ Di–Sa 10–18.30 Uhr, letzter Einlass 17 Uhr. Eintritt frei.

Man kann ein Boot zur Muelle Carboneras auf der **Isla del Rey** nehmen und den **Parque Silvestre Stenger** besuchen, oder mit Linienbooten auf eigene Faust nach **Mancera** und **Corral** fahren. Eine **Touristeninformation** befindet sich linker Hand am Ortseingang.

ÜBERNACHTUNG UND ESSEN

Hotel El Castillo, Antonio Duce 750, 💻 www.hotelycabanaselcastillo.com. Prächtige Holzvilla von 1920, 800 m südlich der Plaza. Plüschige Ausstattung, Außenpool, einfaches Frühstück inkl. ❸

Cabañas Vista al Mar, Niebla del Castillo 975, ✆ 9-5648-9581. Holzhäuschen in einem weitläufigen Garten mit Blick über den Fluss, nur 50 m südlich der Plaza. ❸–❹

Café La Motoneta, Del Castillo 995 an der Plaza, 💻 www.fb.com/cafelamotoneta. In der niedlichen bunten Hütte und auf der zugehörigen Terrasse gibt es u. a. peruanische Küche und Unterhaltung. 🕒 Mi–So 13–21 Uhr.

Isla Mancera

Eine idyllische winzige Flussinsel mit schönen Sommervillen der Hautevolee von Valdivia aus dem 19. Jh., die unter Hecken, Büschen, Bäumen und Blumen verborgen liegen. Sie wird gekrönt von dem **Castillo San Pedro de Alcantara** aus dem Jahr 1645, dem ersten und bedeutungsvollsten im Kanon der Befestigungsanlagen.

Mehuin und Queule

55 km nordöstlich von Valdivia lassen sich der zauberhafte Fischerort Mehuin mit ausgedehnten Stränden und anschließend über eine spektakuläre Panoramastraße hoch oberhalb der Küste das winzige und ebenfalls sehr hübsche Queule erreichen, das nicht am Meer, sondern mit seinem malerischen Fischerhafen am Fluss. In Mehuin werden gebratene Fische in der Hafenbucht angeboten. Die Orte sind sommers bei den Leuten aus Osorno und Valdivia sehr beliebt.

Osorno

Hauptstadt der Landwirtschaft mit einigen deutschen Spuren – die 162 000-Einwohner-Stadt ist äußerst handfest. Wie zahlreiche spanische Gründungen wurde sie permanent angegriffen, wohl auch weil die spanischen Konquistadoren in der Gegend besonders wüteten, und wuchs erst, nachdem die Mapuche vertrieben worden waren. Prägendes leistete die Besiedlung durch deutsche Einwanderer in der Mitte des 19. Jhs.

Und so zeigt man in Osorno gerne altdeutsche Holzvillen vor, die zum Monumento Nacional erklärt wurden. Sie liegen wie aufgereihte Perlen an einer Schnur an der Calle Mackenna: **Mohr Pérez** von 1876, das **Chalet Schüler** von 1912, die **Casa Stürber** von 1894, und drei Häuser der Familie **Stückrath** aus den Jahren von 1882 bis 1890. Ein kleiner Kunsthandwerksmarkt, das **Pueblito Artesanal**, an der Mackenna, Ecke Prat, schließt das Ensemble ab. Entsprechend zieren viele deutsche Namen die grauen Grabsteine auf dem **Cementerio de los Alemanes**, den Friedhof der Deutschen, der für südamerikanische Verhältnisse sehr farblos ist. 🕒 9–13, 14–17 Uhr.

An der Küste westlich von Osorno befindet sich rund um die Bahía Mansa eine Bade- und Urlaubsgegend der Einheimischen, wo man wunderbar das Treiben beobachten, leckeren Fisch und Meeresfrüchte essen und am Strand spazieren kann. In Pucatrihué, Maicolpué und Tril-Tril gibt es preiswerte Unterkünfte.

ÜBERNACHTUNG

Hostal Riga, Amthauer 1058, 💻 www.hostalriga.cl. Rustikale Pension mit gemütlichen Zimmern und Bad. Garten, einfaches Frühstück, Parkplatz. ❷

Hotel Waeger, Cochrane 816, 💻 www.hotelwaeger.cl. Gepflegte Adresse im 1970er-Jahre-Stil im Süden des Stadtzentrums. Die Zimmer sind nicht groß, Parkplatz. ❸–❹

Hotel Sonesta, Ejército 395, gegenüber vom Fluss, 💻 www.sonestaosorno.com. Businesshotel mit 105 Zimmern und entsprechendem Komfort, 2 Restaurants, Bar. ❺–❻

ESSEN UND UNTERHALTUNG

Zum Ausgehen am Abend eignen sich die Diego Portales mit vielen Bars und das Gebiet von dort aus bis zum Flussufer.

Bitte Brot, Arturo Prat 848. Die besten Sandwiches der Stadt mit einer Riesenauswahl an Soßen. 🕒 Mo–Sa 12–23, So 12–21 Uhr.

Club de Artesanos, Mackenna 634, ✆ 64-2230-307. Parilla, etwas rustikaler und auf Meeresfrüchte und Fisch spezialisiert, gut sortierte Bar. 🕒 Mo–Sa 11–23, So 11–16 Uhr.

Come y Calla, Patio Freire, Ramón Freire 542. Die besten und größten Fajitas der Stadt in angenehmem Ambiente. ⌚ Mo–Fr 9.30–17.30 Uhr.

Mercado Municipal de Osorno, Errázuriz 1292, 💻 www.fb.com/Mercado Municipal Central Osorno. In der frisch restaurierten Markthalle gibt es kleine Restaurants mit guten Preisen. ⌚ Mo–Sa 9–21 Uhr.

SONSTIGES

Einkaufen

Supermercado Unimarc, Martínez 699. ⌚ Mo–Sa 8.30–21–30, So 10–20 Uhr.

Geld

Geldautomaten, rund um die Plaza, im Supermercado Unimarc und im Busbahnhof.

Informationen

CONAF, Martínez de Rosas 430, ✆ 64-2221-304. ⌚ Mo–Fr 9–13 Uhr.

SERNATUR, O'Higgins 667, an der Plaza, ✆ 600-600-6066. ⌚ Mo–Fr 9–18 Uhr.

NAHVERKEHR

Busse

Vom **Terminal Rahue** an der Feria Libre de Rahue, Temuco, Ecke Chillán, zu den Küstenorten BAHIA MANSA, MAICOLPUÉ (1 Std.), ca. alle 30 Min.

TRANSPORT

Busse

Vom **Terminal Rural**, Errazuriz, Ecke Colón, am Mercado Municipal, fahren Busse in die nähere Umgebung und an die Seen. Nach Puyehue/Anticura auch von dem geschnitzten Ochsengespann, Errazuriz, Ecke Prat.
Busse in die Umgebung nach AGUAS CALIENTES (1 1/2 Std., ca. 11x tgl.), ANTICURA (1 3/4 Std., 4–5x tgl.) und ENTRE LAGOS (1 Std., ca. 30x tgl.) kosten 2000–3000 CLP.

Terminal Interprovincial, Errazuriz 1400, ✆ 64-2234-149, mit Geldautomaten und Gepäckaufbewahrung.

Busse nach:
CASTRO (5 Std.), 19x tgl., 12 000–13 200 CLP,
PUERTO MONTT (1 1/2 Std.), 35x tgl., 2500–5200 CLP,
PUERTO OCTAY (1 1/2 Std.), ca. 40x tgl., 2000 CLP,
SANTIAGO (10 1/2–12 Std.), ca. 20x tgl. 18 500–35 700,
TEMUCO (3–4 1/2 Std.), ca. 25x tgl., 8400–15 800 CLP,
VALDIVIA (2 Std.), 25x tgl., 5000–7400 CLP.

Argentinien
BARILOCHE (ca. 6 Std.), 2x tgl., 30 000–35 000 CLP mit Andesmar.

Flüge

Aeródromo Cañal Bajo Carlos Hott Siebert (ZOS), Ruta 215, KM 5, ✆ 64-2247-555, 6 km südöstlich der Stadt.

LATAM und **Sky Airline** fliegen 3x tgl. nach SANTIAGO (1 1/2 Std.).

11 HIGHLIGHT

Parque Nacional Puyehue

Puyes, das sind die winzigen Kleinaale, die als Spezialität des Südens oft auf den Tisch kommen, und *hue* bedeutet Platz, Ort. Was in diesem 107 000 ha großen Nationalpark aber wirklich geschützt wird, ist der üppige Wald zu Füßen der Vulkane **Puyehue** (2236 m) und **Casablanca** (1990 m).

Der Park ist superleicht zu erreichen, grenzt er doch an einen der meistbefahrenen Grenzübergänge nach Argentinien, den Paso Cardenal Antonio Samoré.

Trekkingchile
Vulkan Casablanca

Vorbildlich! Partizipative Tourismusentwicklung

Maurizio und Christian, die Konzessionsnehmer der Ferienanlage Anticura im Nationalpark Puyehue, haben die anfänglich skeptischen Nachbarn zur Zusammenarbeit motivieren können. So werden die Produkte für die Küche in der Nachbarschaft gekauft und die Nachbarn verkaufen an die Besucher des Nationalparks nach Lust und Laune, was sie herstellen. Tolle interkulturelle Kontakte zwischen den Bewohnern der Wälder und Besuchern aus aller Welt entstehen so ganz nebenbei. Oft am launigen Lagerfeuer.

Im Bereich der Thermen **Aguas Calientes**, 💻 www.termasaguascalientes.cl, 🕒 tgl. 8.30–12 und 14–19.30 Uhr, Eintritt 9500–15 000 CLP, thront das renovierte (etwas teurere) Traditions-Thermalhotel **Termas de Puyehue**. Die Einrichtung kann auch ohne Hotelaufenthalt genutzt werden. 💻 www.puyehue.cl. 🕒 tgl. 9–19 Uhr. Die CONAF hat hier mehrere Wanderwege angelegt.

Der Eingang der CONAF zum Park liegt im **Sector Anticura**. Gegenüber vermieten Christian, Mauricio und die Deutsche Teresa großzügige, rustikale Cabañas im wunderbaren **Centro Turístico Anticura**. Sie sind Experten für die gesamte Region, kennen traumhafte einsame Wanderrouten und bieten auch Ausflüge an. Kochen braucht man nicht, denn es gibt ein gemütliches Restaurant, in dem sich abends die Wanderer treffen. Ruta Internacional 215 KM 90, 💻 www.anticura.com. ❷–❸

Den **Sector Antillanca** mit seinen 13 Abfahrtsmöglichkeiten suchen hauptsächlich Skifans auf, 💻 www.antillanca.cl. Tagestickets je nach Saison 28 000–42 000 CLP; die Wanderpfade in diesem Bereich sind ziemlich anstrengend.

Llanquihue

Das **Zentrum** mit Plaza, Strandpromenade und einer künstlichen Halbinsel mit überdachtem Steg, die in den See ragt, liegt im Süden des Ortes. Interessante Holzskulpturen säumen die schöne **Promenade**, an die der See plätschert. Im Norden des Ortes befindet sich der sehenswerte **Friedhof**. Die Lage oberhalb des Sees ist wunderbar. Zwischen weiße Marmorsäulen ist in bronzenen Tafeln die Liste der Bestatteten gesetzt: Der erste Verstorbene wird für das Jahr 1852 verzeichnet, dem Jahr der Ankunft der ersten deutschen Immigranten. Im Hintergrund wacht der Vulkan in den ständig wechselnden Farben des Sonnenstandsund strahlt wie der gesamte Ort eine wohltuende Ruhe aus.

ÜBERNACHTUNG UND ESSEN

Hotel Boutique Casa Werner, Matta 849, 💻 www.hotelcasawerner.cl. In einer alten

Was ist Once?

„Once" (wörtl. „elf") steht im Süden überall auf den Speisekarten. Aber was ist das eigentlich? Gabriela versteht darunter ihren wunderbaren Wurstsalat, der sich zum Renner entwickelt hat; serviert wird um 18 Uhr. Ricardo differenziert: Once und Once-Cena: Once ist Mate-Tee mit Kuchen, Once-Cena mit Brot, Käse und Tomaten dazu. Dann entfällt die *cena*, das Abendessen. Das reicht zum Essen, meint er, sie seien ja auch schon alt. Für María aus Frutillar ist die Sache ebenfalls klar: Joghurt, Eis oder Torte mit Kaffee, und zwar nachmittags. Und, fragt sie mich kritisch: „Wieso willst du das denn wissen. Das habt ihr uns doch eingebrockt!" Also die Deutschen.

Aber wie alle Quellen sind auch sie nicht eindeutig, denn die Argentinier beispielsweise nennen Once wie die Spanier Merienda, d. h. Nachmittagskaffee. Und behaupten, *once*, das seien elf Buchstaben, und die stünden für *aguardiente* – auf Deutsch: Schnaps. Die Chilenen tränken Schnaps um drei Uhr mittags oder weiß der Teufel wann, und damit das nicht rauskommt, nennen sie das Ganze Once und behaupten, da stecke Torte oder die Deutschen oder beides dahinter.

Holzvilla aus dem Jahr 1916 in einer ruhigen Straße 300 m vom See mit riesigem Garten und einer Lagune zur Vogelbeobachtung. Gemütliche Zimmer mit viel Holz. ❸–❹

Unmittelbar am See hat sich auf einem sehr stimmungsvollen Platz ein halbes Dutzend **Foodtrucks** angesiedelt, die u. a. interessante Kartoffelkreationen verkaufen.

La Negra, Errazuriz 517, 💻 www.fb.com/lanegrallanquihue. In dem schwarz-roten Haus direkt am See. Alles ein wenig teurer, z. B. Sushi, aber die schönste gastronomische Einrichtung im Ort. 🕒 Mo–Sa 13–23 Uhr.

SONSTIGES

Aktivitäten

Cahuil Adventure, Balmaceda 56, Ecke Errazuriz, 💻 www.cahuiladventure.cl. Direkt am See. Reittouren, Fahrradverleih, Kajakverleih, Rafting auf dem Río Petruhe, Kayak auf dem Río Maullín (50 000 CLP).
Fahrradverleih (4000 CLP/Std., 18 000 CLP/Tag)

Einkaufen

Supermercado Unimarc, Baquedano 612, 🕒 tgl. 8.30–21.30 Uhr.

Der Lago Llanquihue

Vuriloche und Puelche, zwei Gruppen der Mapuche, lebten in den dichten Alerce-, Roble-, Arrayanes-, Lorbeer- und Rauliwäldern, die den riesigen Lago Llanquihue fest umschlossen. Llanquihue bedeutet in ihrem Idiom: *verborgener Ort*. Und das scheint er auch tatsächlich gewesen zu sein, denn die Region war von Dickichten versiegelt.

Ursprünglich war der See noch viel größer als heute – und er ist immerhin der **drittgrößte See von Südamerika**. Während eines Vulkanausbruchs des Osorno trennten herabfließende Lavaströme Teile des Llanquihue ab – der Lago Todos Los Santos entstand. Zwischen diesen beiden Seen fließt der mintgrüne Río Petrohué in einem Lavabett und bildet damit schon eine Sehenswürdigkeit für sich allein. Auch der von dunklen Wäldern gerahmte Allerheiligensee ist nahezu perfekt schön. **Vier Vulkane** spiegeln sich im Lago Llanquihue: der königliche Osorno mit seiner perfekten Kuppelform, der Puntiaguado mit einer Spitze wie eine gedrechselte Nadel, der Tronador und der Calbuco mit seinem breiten Sattelgipfel.

Die ersten, die diese Landschaft nach der Verfolgung und Vernichtung der indianischen Bevölkerung sahen, waren allerdings nicht uneingeschränkt begeistert. 1852 standen 221 deutsche Einwanderer an der Mole von Puerto Montt (mehr als eine Mole war Puerto Montt damals nicht) und sahen nur Dickichte und Vulkane. Alles musste man sich mit der Machete freihacken; säuberte man nicht regelmäßig, schloss sich der Wald sofort wieder. 75 *cuadras* Land, ein Ochsengespann, eine Milchkuh, Nägel, Holzbretter und die chilenische Staatsbürgerschaft als Dreingabe waren den Immigranten versprochen worden.

Die Kolonisation muss ein mühseliges Geschäft gewesen sein – umso erstaunlicher, wie die Gegend heute aussieht. Dicke Kühe lagern auf manikürten Wiesen, Holzzäune säumen liebliche Rosengärten, ordentlich geharkte Wege führen zu Gutshäusern, Pappeln säumen Felder. Aber daneben bricht sich die Wildheit Bahn, stürmen Gletscherflüsse von schneeigen Gebirgsketten durch Schluchten in die Ebenen, bewachen Vulkane die Wiesen. Der Lago Llanquihue und der Nationalpark Vicente Pérez Rosales sind ein Spitzenziel mit unzähligen sehr interessanten Sportmöglichkeiten.

Als sich die **deutschen Einwanderer** rund um den See niederließen, war er von Dschungel umgeben. Da es sehr zeitaufwendig und schwierig war, Straßen zu bauen, bauten sie hölzerne Molen – der Handelsverkehr wurde über den See abgewickelt. Um diese Kleinsthäfen herum entstanden Handelshäuser und Versorgungslager, aus denen im Lauf der Zeit kleine Dörfer entstanden. Pfade existierten lediglich zwischen Puerto Octay und Osorno und zwischen Puerto Varas und Puerto Montt.

Für eine **Rundfahrt** auf der Ruta 225 (156 km) mit Besichtigungen sollte man sich einen Tag Zeit nehmen.

DER KLEINE SÜDEN

Geld

Banco Santander, Pérez Rosales 322, an der Plaza.

TRANSPORT

Busse fahren im 10-Minuten-Takt von der Baquedano nach FRUTILLAR (30 Min.), und von der Straße Matta nach PUERTO VARAS (15 Min.) / PUERTO MONTT (30 Min.).

Frutillar

Auf dem Weg von Llanguihue blitzt zwischen den adrett geschnittenen Wiesen und Weiden immer wieder ein Stück unversehrter Urwald hervor, wechseln sich ärmliche alte Häuser, deren Dächer mit Wellblech gedeckt sind, mit prächtigen Villen ab.

Frutillar ist in zwei ungleiche Hälften geteilt: Unten am Seeufer mit einer überwältigenden Aussicht auf den Vulkan Osorno blüht auf den

Parallelstraßen Philippi und Pérez Rosales **Frutillar Bajo** mit Rosengärten, Promenadencafés, Hotels, davon viele mit deutschen Namen: Serenade, Frau Holle, Kaiserseehaus. Das Ufer ist begrünt, ein Holzpavillon ragt in den See.

Von der deutschen Einwanderung erzählt das **Museo de la Colonización Alemana**. Umgeben von einem Park sind in vier Holzbauten Gegenstände der zweiten und dritten Einwanderergeneration zu sehen: Mobiliar, Geschirr, Grammophone. Dazu sind eine Wassermühle, eine Schmiede und eine Dreschanlage zu besichtigen. Av. Pérez Rosales s/n. 🕒 HS tgl.

Der Ruhm von Frutillar beruht auf den Festspielen **Semanas Musicales**, in deren Verlauf Ende Januar, Anfang Februar die nationale Konzertelite gastiert. Wer in diesem Zeitraum Frutillar besuchen möchte, sollte im Voraus das Zimmer buchen.

Der Festivalpavillon **Teatro del Lago** an der Avenida Philippi 1000 ragt direkt in den See und wird das ganze Jahr als Aufführungsort für Konzerte und Ballett genutzt. Auf geführten Touren kann das Theater besichtigt werden. Das Programm kann unter 💻 www.teatrodellago.cl eingesehen werden.

Die zweite Hälfte des Ortes **(Frutillar Alto)** liegt 3 km westlich, oberhalb, wo die Umgehungsstraße entlangführt. Er ist weit weniger touristisch. Hier findet man alles Wichtige wie Banken, die großen Supermärkte und auch einige Hotels.

ÜBERNACHTUNG UND ESSEN

Hotel Frutillar, Vicente Pérez Rosales 673, 💻 www.hotelfrutillar.cl. Helle Zimmer und Apartments aus Holz, zentral einen Block vom See in einem eleganten Haus gelegen. Frühstück inkl. ❸

Hotel Serenade, Pedro Aguirre Cerda 50, ✆ 65-2420-332. Wunderschöne alte Holzvillen, sorgsam restauriert, mit großbürgerlichem Charakter und hübschen Gärten. ❸–❹

Entlang der Av. Philippi haben im Sommer viele kleine Imbisscafés mit Empanadas u. Ä. geöffnet.

Restaurante Frau Holle, Varas 54, 💻 www.frauholle-frutillar.cl. Rustikaler Charakter mit viel Holz. Hier wird viel mit Fleisch gearbeitet, Kassler, exzellente Grillplatten etc., gutes Weinangebot, alles etwas deutsch. 🕒 Mi–Sa 13–15, 19.30–22, So 13–17 Uhr.

SONSTIGES

Geld

Banco Estado, Av. Philippi.

TRANSPORT

In Frutillar Bajo fahren die **Busse** an der Strandstraße entlang und halten u. a. am Steg. Alle 10 Min. nach Frutillar Alto, wo es vom **Busbahnhof**, Calle Arturo Alessandrini, Verbindungen nach Osorno, Puerto Montt, Santiago, Temuco und Valdivia gibt.

Puerto Octay

Um nach Puerto Octay zu gelangen, klettert die Küstenstraße über Felder, führt an Tannen- und Ulmenwäldern und Apfelbaumhainen vorbei, immer mit Blick auf die Vulkane Puntiagudo, Calbuco und Osorno. Viele der alten Gutshöfe *(fundos)* haben ihre eigenen Friedhöfe. Auf umfunktionierten Wägelchen verkaufen die Bauern Apfelessig, Obst und Kuchen am Straßenrand.

Puerto Octay wurde als erster Ort von den Deutschen 1852 angelegt. Sein Name stammt von „Donde Ochs hay" – wo es Ochsen gibt. Er liegt am idyllischsten von allen Orten auf einer kleinen Halbinsel über dem See und an einem von Trauerweiden beschatteten kleinen Flüsschen. Eine herrliche alte Holzkirche schmückt die baumbestandene Plaza.

Der Ort spiegelt am ehesten die deutsche Einwanderung, anders als z. B. die museale Brauchtumsinszenierung in Frutillar. Einst war er wohlhabend, das sieht man den traditionellen, gut gepflegten Häusern an. Es gab eine Strumpfmanufaktur, eine Bierbrauerei, Werkzeughersteller, eine Schuhfabrik, Schiffsbauer, die Lehrer boten in den Schulen Ausbildungsberufe an. In den 1950er-Jahren kam dieser Aufschwung ins Stocken, als die Landstraße von Santiago nach Puerto Montt gelegt wurde – Puerto Octay blieb außen vor. Heute liegt in Puerto Octay eher der Hund begraben; der Ort wirkt alt und ausgestorben, nach 20 Uhr sieht man keine Menschen mehr auf den Straßen.

In der **Casa de la Cultura Emilio Held Winckler**, einem alten, zweistöckigen Holzhaus, sind die Stadtbibliothek und das **Museo de Puerto Octay** untergebracht, das Gegenstände aus der Einwanderungszeit zeigt: Schreibmaschinen, Dokumente, Instrumente, Fotografien. Independencia 591, 2. Stock. ⌚ Di–Sa 10–18.30 Uhr. Eintritt 1500 CLP.

An der Pedro Montt wartet mit dem **Hotel Haase** eine alternde Sehenswürdigkeit. Es ist das erste Hotel in der Gegend aus dem Jahr 1894. Die Hotelleitung hat das alte Mobiliar kaum angetastet, was dem Hotel einen musealen und liebenswürdigen Charakter verleiht.

DER KLEINE SÜDEN

ÜBERNACHTUNG UND ESSEN

Hotel Haase, Montt 344, ✆ 64-2391-302. Das Hotel ist allein schon sehr schön anzusehen mit seiner Veranda und den Galerien. Viel Platz in den Gemeinschaftssalons. Das Mobiliar ist allerdings ein wenig mitgenommen und nicht sehr funktionell. Frühstück inkl. ❷

Zapato Amarillo, Ruta U55, La Gruta, 💻 www.zapatoamarillo.cl. 2,5 km von Puerto Octay entfernt liegt diese charmante Herberge in 3 originell gestalteten Holzhäusern. DZ mit/ohne Bad. Selbstgekochtes Essen mit Produkten aus dem eigenen Garten (Küchenbenutzung möglich), viele Ausflugstipps, Ein Platz zum Wohlfühlen. Dorms im Ufo-Style mit 7 Betten, Frühstück inkl. ❸–❹

€ **Porvenir**, Santiago 150. Das Lokal besteht schon seit 1975. Klein, nett und günstig, mit Außenbereich. Klassiker im Ort. ⌚ tgl. 9–24 Uhr.

TRANSPORT

Busse

Busbahnhof, Esperanza 433, einen Block von der Plaza, mit Restaurant.

Busse nach: FRUTILLAR (1/2 Std.), 5x tgl. (nicht alle Busse fahren durch Frutillar Bajo!), OSORNO (1 Std.), bis zu 44x tgl., PUERTO MONTT (2 Std.), 7x tgl. und PUERTO VARAS (1 1/2 Std.), 7x tgl., kosten zwischen 2000 und 3000 CLP.

Puerto Varas

Boomtown am Lago Llanquihue. Die Gäste kommen aus aller Herren Länder in die 45 000-Einwohner-Stadt, und trotzdem hat es Puerto Varas geschafft, seinen etwas betagten Charme nicht gänzlich abzustreifen. Der Ort gehört zu den Handelshäfen, die um den Lago Llanquihue angelegt wurden. Früh schon war es auch Knotenpunkt auf der transandinen Strecke nach Argentinien, die ebenfalls die Seen benutzte, um Güter zu transportieren. Das hat Puerto Varas einige stattliche Holzvillen deutscher Einwanderer um die Jahrhundertwende verschafft, die mit ihren gestickten Gardinen auch heute noch für Atmosphäre sorgen.

Im kompakten Zentrum zwischen der recht kleinen Plaza und der Uferpromenade spielt sich das meiste ab: Kunsthandwerks- und Büchermärkte, Konzerte, Kinderspielplatz. Gegenüber, auf der anderen Seite des Sees, scheint es, als würde der spitze Vulkan täglich aus dem See auftauchen.

An der Costanera findet man auch das skurrile Museum von **Pablo Fierro**, dem berühmtesten modernen Maler aus Puerto Varas. Neben seinen Werken sind auch noch andere zeitgenössische Gemälde ausgestellt. ⌚ So–Fr 11–14, 15–19.30 Uhr. Eintritt frei.

Puerto Varas ist ein exzellenter **Ausgangsort für Ausflüge**, für Vulkantrekking, Klettern, Sea-Kayaking, Mountainbiken und Raften. Die Infrastruktur ist auf den Besucherandrang eingestellt: Ausstatter wie Jack Wolfskin, North Face und Patagonia haben ihre Shops, Cafés, teure Hotels, preiswerte Hostales, Ausflugsanbieter und Reiseveranstalter säumen die immer noch heimeligen Straßen mit hölzernen Straßenschildern. Die Preise sind allerdings ziemlich in die Höhe geschnellt.

ÜBERNACHTUNG

Hostal Wool & Wood, Av. Colón 0285, ✆ 9-7661-6296. 5 Blocks oberhalb des Sees, ordentlich

Die Capilla Santa Cruz am Lago Llanquihue bei Puerto Varas

Zimmer mit Gemeinschaftsbad. Rodolfo ist selbst Weltreisender, spricht Englisch und kümmert sich wirklich nett um seine Gäste. ❷

€ **Casa Azul B & B**, Manzanal 66, 💻 www.casaazul.net. Sehr gutes Preis-Leistungs-Verhältnis, hübsche Zimmer mit/ohne Bad, alles aus Holz, Hängematten, schöner Garten, Küchenbenutzung, organisieren Touren, deutsche Leitung, gutes Frühstücksbuffet extra. ❷–❸

Hostal Opapa Juan, Arturo Prat 107, 💻 www.opapajuan.cl. Restaurierte alte Holzvilla mit Alerceschindeln (Monumento Nacional) wurde ein Hostal mit gepflegten Gemeinschaftsräumen und 11 nett eingerichteten, einfachen und sauberen Zimmern, alle mit Bad. Sehr süßes Frühstück inkl. ❷–❸

Amancay, Walker Martínez 564, 💻 www.cabanahostalamancay.cl. Familienhaus wird Hostal: Wohnzimmer, Esszimmer, Bibliothek und plüschig-warme Zimmer mit eigenen Bädern, mittlerweile auch Cabañas mit Kapazitäten für 4–6 Pers. Parkplatz. Frühstück inkl. ❸

Hostal Carla Minte, Maipo 1010, 💻 www.hostalcarlaminte.com. Superfreundliche Unterkunft, von der deutschstämmigen Carla persönlich geführt, daher gibt es auch „deutsches Frühstück“. ❸–❹

Hotel El Greco, Calle Mirador 134, 💻 www.hotelelgreco.cl. Traditionelles Hotel mit viel Holz und Restaurant in ruhiger Lage, das Wert auf Nachhaltigkeit legt. ❹

Hotel Puelche, Imperial 695, 💻 www.hotelpuelche.cl. Mischung zwischen stilvoll und gemütlich, Kaminsalon, Parkplatz, 21 teils riesige Zimmer, alles sehr gut ausgestattet, Restaurant im Haus. ❺

Quinta del Lago, Ruta 225, KM 24, 💻 www.quintadellago.com. Zwischen Puerto Varas und Ensenada liegt dieses alte steinerne Siedlerhaus, das mit Bungalows und einem großen Garten ausgestattet ist. Die Reittouren sind hervorragend. ❻

ESSEN

Café Mawen, Santa Rosa 218. Sehr schön gestaltetes Lokal, gute Sandwiches und Riesenauswahl an Kuchen. Schon vormittags voll. 🕒 tgl.9.30–23 Uhr.

Club Alemán, San José 415, 💻www.fb.com/Club Alemán Puerto Varas. Sehr zentral, viel

Holz, bisschen dunkel. Alles etwas in die Jahre gekommen, aber interessant, deutsche Küche. Mo–Sa 12.30–23, So 12.30–17 Uhr.
Da Allessandro (La Fábrica), Av. Costanera 1241, www.dalessandro.cl. Beliebtes Terrassenrestaurant direkt an der Promenade. Sehr italienisch und sehr populär, im Hinterhof das Café Boretto mit Musik und Cocktails, oft Live-Jazz. Mo–Sa 12–21.30, So 11–20 Uhr.
Donde El Gordito, im Marktgebäude, San Bernardo 560, 65-2233-425. Sehr familiär und gemütlich und sehr lecker. Mo–Sa 12–21, So 12–17 Uhr.
La Olla, R-225, KM 1 Camino a Ensenada, außerhalb der Stadt, www.laolla.cl. Schönes Restaurant mit fairen Preisen. Volle Teller mit guten Meeresfrüchten und Fischgerichten wie Lachs und Forelle. Mo–Sa 12–22, So 12–17 Uhr.

UNTERHALTUNG

Pims Irish Pub, Sta. Rosa 580, an der Plaza, www.fb.com/Pims Restaurant & Bar. Top-Adresse für gutes Eis, kreative Mittagstische, z. B. Pollo a la Naranja und Dachterrasse für Raucher. Mo–Sa 10–23, So 10–19 Uhr.
Shoper, Av. Vicente Perez Rosales 1137 (Strandpromenade). Beliebte Adresse nach einem schönen Spaziergang auf der Promenade für einen entspannten Drink mit Musik auf der Terrasse am See. Gute Hamburger. Mo–Fr 17.15–24, Sa 16–24, So 12–18 Uhr.

TOUREN UND AKTIVITÄTEN

Eine Übersicht über die riesige Auswahl an Tourveranstaltern gibt's in der Casa Turista am See.
Trip to Chile, Del Salvador 297A, www.triptochile.cl. Gegründet 2010, bietet ein umfassendes Programm für Touren in die Region, z. B. 10-Std.-Tour nach Ancud und zur Pinguinkolonie für 40 000 CLP.
Ko'KayaK, Ruta 225, Camino Ensenada, KM 40, www.kokoayak.cl. Der Franzose Richard Carrier steht seit zwei Jahrzehnten für zuverlässiges, gut organisiertes Kayaking und Rafting. Auch mehrtägige Touren, z. B. 5 Tage 990 000 CLP). tgl. 8–20 Uhr.

Bootsausflüge auf dem See

Pionero del Lago, 9-9405-1879. Tgl. Rundfahrten um 12.30, 17 und 19 Uhr für 10 000 CLP.

Fahrradverleih

Puelo Adventure, Av. Costanera Vicente Perez Rosales 1621, www.pueloadventure.cl. Straßenbikes, Mountainbikes, E-Bikes: Jeweils halber Tag (6 Std.): 15 000 CLP, 20 000 CLP, 30 000 CLP. Auch verschiedene geführte Radtouren, on- und offroad. Mo–Fr 9–13.30, 14.30–19, Sa 9–13.30 Uhr.

Reittouren

Alanca, 12 km von Puerto Varas, www.alancachile.com. Exquisit geführte Reittouren – auch mehrtägig und anspruchsvoll. 6 Std. ab 130 000 CLP p. P.

Vogelbeobachtung

Birds Chile, Pasaje Ricke108, www.birdschile.com. Ein- und mehrtägige Touren in die Welt der faszinierenden Vögel des südlichen Chiles. Legt viel Wert auf Nachhaltigkeit. Mo, Mi, Do 9.30–13, 14.30–18, Di und Fr 9.40–18.30, Sa 10–14.30 Uhr.

SONSTIGES

Geld

Geldautomaten, Mall Paseo Puerto Varas und del Salvador, Ecke San Pedro.

Informationen

Casa del Turista, auf dem Bootssteg im Zentrum. Mo–Fr 10–18, Sa 10–14 Uhr.

Mietwagen

Sur Rent A Car, Av. Gramado 544, www.surentacar.cl. In der NS ab 35 000 CLP pro Tag. tgl. 9–19 Uhr.

NAHVERKEHR

Der Nah- und Regionalverkehr wird mit **Minibussen** abgewickelt. Es gibt dafür keinen

Busbahnhof. Abfahrten ab San Bernardo, Ecke Martínez und Del Salvador, Ecke San Pedro nach:

ENSENADA (45 Std.), alle 30 Min.,
FRUTILLAR (1 Std.), ca. alle 10 Min.,
LAGO TODOS LOS SANTOS (1 1/2 Std.), alle 30 Min.,
LLANQUIHUE (20 Min.), alle 8 Min.,
PUERTO MONTT (20–30 Min.), alle 10 Min.,
PUERTO OCTAY (1 1/2 Std.), alle 2 1/2 Std.,
SALTOS DE PETROHUÈ (1 1/4 Std.), alle 30 Min. (letzte zurück um 18.30 Uhr).

TRANSPORT

Für Fernbusse besser erst nach Puerto Montt. Dort gibt es viel mehr Verbindungen. Cruz del Sur und Tur Bus starten von ihren Terminals.

Terminal Cruz del Sur, San Francisco 1317, Ecke García Moreno, 💻 www.webcds.cl.
Terminal TurBus, Del Salvador 1093, ✆ 65-2233-787.

Busse nach:
CASTRO (4 Std.), 10x tgl., 11 000 CLP,
OSORNO (1 Std.), 31x tgl., 3000–5000 CLP,
SANTIAGO (11 1/2–12 1/2 Std.), 13x tgl., 20 000–35 700 CLP.

Ensenada

Der Ort, der wie alle anderen aus einem Hafen entstand, ist beschaulich geblieben – wenn nicht gerade Sommersaison ist. Er liegt an der Eingangsschneise zum Lago Todos Los Santos und zum Eingang des von Tagestouristen regelmäßig überlaufenen Parque Nacional Vicente Pérez Rosales. Der Blick auf den Osorno ist von hier aus besonders schön.

Übernachten kann man im **Hotel Ensenada**, Ruta 225, KM 45, 💻 www.hotelensenada.cl. Originelles Hotel in einer riesigen, originalen, über 100 Jahre alten Holzvilla mit Garten und Strand am Lago Llanquihue. Hallenbad, Kinderspielplatz, gute Ausflugsorganisation. Prima für Urlaub mit Kindern. ❹–❻

Las Cascadas

Ein schattiger Hohlweg führt auf **Las Cascadas** zu, 20 km nördlich von Ensenada, das im Winter 1000 Einwohner zählt, im Sommer das Vierfache. Entlang der Straße liegen Ferienbungalows, Canopy- und Campingplätze. Von hier aus erreicht man den Nordeingang des Nationalparks Vicente Pérez Rosales.

Bei KM 68 liegt die Herberge **Rincón Alemán**, 💻 www.rinconaleman.cl. Mit einem einzigartigen Blick auf die Vulkane Osorno und Calbuco, am Ufer des Sees, kann man es sich in einem der acht Bungalows gemütlich machen. ❹

12 HIGHLIGHT

Parque Nacional Vicente Pérez Rosales

1926 wurde er zum ersten Nationalpark Chiles ernannt. Angeblich inspiriert von Theodore Roosevelt, der die südchilenische Natur als eine der schönsten der Welt beschrieb. Das 2537 km² große Areal 60 km östlich von Puerto Varas schützt fantastische dichte Naturwälder aus Coihue, Avellano, Ulmo, Alerce, Olivillo und dem leuchtend rot blühenden Notro, den smaragdgrünen See Todos Los Santos und den perfekt geformten Vulkan Osorno (2652 m), dazu den Tronador (3554 m) und den nadelspitzen Puntiagudo.

Die abwechslungsreichsten Wanderwege des Parks fädeln sich durch die Wälder auf den Spuren der alten indianischen Handelsrouten, die später von Missionaren adaptiert wurden. Die **Ruta de la Sal** der Vuriloche z. B. führt auf den Pazifik zu, beginnt am Lago Mascardi und geht hinüber zum Seno de Reloncaví. Meeresfrüchte und Salz, das die Chonos der Isla de Chiloé hatten, wurden gegen Guanakofleisch getauscht.

Naturkundeunterricht gibt's gratis: Flechten und Moose bedecken Steine und Felsen am Seeufer, auf uralten, von Myrten und dem Chaurastrauch gesäumten Lavaflüssen wächst dünnes Gras, man sieht in den erstarrten Lavaströmen versunkene, versteinerte Bäume.

Die CONAF unterhält ein Besucherzentrum bei den Wasserfällen von Petrohué und eine Informationsstelle am Lago Todos Los Santos, wo man sich für Wanderungen an- und abmelden muss. Dort gibt es auch Karten für die Wanderungen von 2,4–11,5 km langen Senderos (Wanderwege), Agenturen in Puerto Varas bieten Trekking, Osorno-Besteigungen, Rafting, Reitausflüge und Mountainbiking an. Der Osorno ist in einer zehnstündigen, anstrengenden Tour zu besteigen, gute Kondition ein Muss. Der Nationalpark ist mit Bussen von Puerto Varas nach Ensenada, zu den Saltos und nach Petrohué gut zu erreichen (s. Transport).

Gleich hinter dem meistbesuchten Eingang an den Wasserfällen liegt eines der begehrtesten Fotomotive, die **Saltos de Petrohué**. Direkt unterhalb des Osorno stürmt der grüne Fluss über Lava-Abbrüche in Becken hinein. Im Fluss kann man raften und Kajak fahren, aber dieses Erlebnis ist ausschließlich Könnern vorbehalten. Angeln ist möglich, aber streng an jahreszeitliche Vorschriften gebunden. 🕒 tgl. 9–17 Uhr, Eintritt 7000 CLP. Tickets bei 💻 www.aspticket.cl.

Idylle unterm Vulkan

Hotel Petrohué, Petrohué s/n, Ruta 225, KM 64, 💻 www.petrohue.com. Ländlicher Luxus in allem. Zum Haus gehört aber noch viel mehr – ein ausführliches und vom Besitzer Franz Schirmer selbst ausprobiertes und oft auch geführtes Sportprogramm, die Eco Adventures. Man kann raften, Kajak fahren und den Osorno besteigen. Auf dem Gelände gibt es Canopy und Cañoning, er bietet Coastering an, d. h. den Lago Llanquihue auf alle möglichen Arten umrunden, schwimmen, klettern, Kajak fahren. Franz Schirmer ist der Urenkel des aus der Schweiz stammenden Anthropologen Santiago (Jakob) Roth, der zusammen mit Pascaio (Perito) Moreno zu Anfang des 20. Jahrhunderts die patagonische Grenze zwischen Argentinien und Chile festlegte. Sein Großvater Ricardo Roth erfand den **Cruce de los Lagos**. ❻

SONSTIGES

Einkaufen

Supermercado Santa Isabel, Diego Portales 1040, gegenüber dem Busbahnhof. 🕒 tgl. 8.30–21 Uhr.

Informationen

SERNATUR Oficina Municipal de Turismo, Antonio Varas 415, Ecke San Martín, ✆ 65-2223-016. 🕒 Mo–Do 8.30–17.30, Fr 8.30–16.30 Uhr.
CONAF, Ochagavía 458, ✆ 65-2486-102. 🕒 Mo–Fr 9–17 Uhr.

Geld

Geldautomaten, Varas, Ecke Puerto Montt, entlang der Urmeneta Richtung Plaza, im Busbahnhof und im Fischmarkt.

Honorarkonsulat

Deutschland, Georg Wammes, Chorrillos 1349, ✆ 65-2252-828. 🕒 nach Absprache.

TRANSPORT

Busse

Der Busbahnhof **Terminal Municipal**, Av. Diego Portales 1001, Costanera, ✆ 65-2383-000, 💻 www.terminalpm.cl, liegt direkt am Meer und ist ein wuseliges Drehkreuz mit einem zentralen Infostand für allgemeine Auskünfte und Touristen, Schnellrestaurants im 1. OG, Gepäckaufbewahrung, 1800–5000 CLP pro Gepäckstück, 🕒 tgl. 7–22 Uhr, Wechselstube und 5 Geldautomaten.

Die Busse in die Nachbarorte PUERTO VARAS (30 Min.), LLANQUIHUE (45 Min.) und FRUTILLAR (1 Std.) fahren alle 5–10 Min. (die letzten gegen 22.30 Uhr) und kosten zwischen 1000 und 2000 CLP.

Busse nach:
ANCUD (2 1/2 Std.), 37x tgl., 6100–8100 CLP,
CASTRO (3 1/2 Std.), 36x tgl., ab 8800–12 700 CLP,
COYHAIQUE (17 Std.), So um 1 Uhr mit Transaustralbus, www.transaustralbus.com,
CHAITÈN (10 Std.), tgl. 6.20 Uhr mit Kemelbus, www.kemelbus.cl,
CONCEPCIÓN/TALCAHUANO (8–9 Std.), 19x tgl., ab 15 500–20 800 CLP,
HORNOPIRÉN (3 1/2 Std.), Mo–Sa um 8 Uhr und tgl. um 14 Uhr mit Kemel Bus, www.kemelbus.cl,
FUTALEUFÚ (12 Std.), Di und Sa um 7 Uhr mit Transaustralbus, www.transaustralbus.com. Mehr Verbindungen ab Chaitén.
OSORNO (1 1/2 Std.), 45x tgl., 3100–6100 CLP,
SANTIAGO (12–13 Std.), 20x tgl., 19 000–35 000,
TEMUCO (4 1/2–6 Std.), 24x tgl., ab 9000–19 000 CLP,
VALDIVIA (2 1/2–3 1/2 Std.), 20x tgl., 7000–12 000 CLP.

Argentinien
BARILOCHE (8 Std.), So–Fr um 7.30 Uhr mit Andesmar, www.andesmar.com. 34 500 CLP.

Fähren

Puerto Montt ist Ausgangspunkt für die sehr interessanten Strecken entlang der patagonischen Fjorde nach PUERTO CHACABUCO an der CARRETERA AUSTRAL und nach PUERTO NATALES, dem Tor zum Nationalpark TORRES DEL PAINE. In der Hochsaison unbedingt die Tickets rechtzeitig kaufen, besonders wenn man mit dem Auto unterwegs ist.

Fährgesellschaften
Navimag, Av. Diego Portales 2000, 1. Stock, www.navimag.com. Von Nov–Anfang März jeweils Dienstag nach PUERTO NATALES (Dauer: 4 Tage und 3 Nächte, DZ US$1100 p. P. je nach Kabinenklasse). Das Schiff kann bis zu 244 Passagiere befördern. Auch touristische Rundfahrten. Mo–Do 9–13, 14.30–18.30, Fr 9–17, Sa 15–18 Uhr.
Naviera Austral, Av. Angelmó 1673, www.navieraaustral.cl. Mo–Sa 1x tgl. nach CHAITÈN (8 1/2-11 Std.,33000 CLP, Pkw ab 160 000 CLP). Vorher reservieren. Mo–Fr 9–12.30, 16–19, Sa 16–21 Uhr.
Skorpios, Av. Angelmó 1660, www.skorpios.cl. Von Okt–April mehrtägige Luxuskreuzfahrten, z. B. auf der Chonos-Route zur Laguna San Rafael (5 Nächte, NS US$2400, Dez–Feb US$2600 p. P.

Flüge

Der Flughafen **El Tepual (PMC)**, 16 km nordwestlich des Zentrums, www.aeropuertodepuertomontt.cl, ist Flugverkehrsknotenpunkt für den Süden.
Flüge mit Jetsmart, LATAM und Sky Airline gehen 5x tgl. nach SANTIAGO (2 Std.) und je 2x tgl. nach BALMACEDA/COIHAYQUE (1 Std.) und PUNTA ARENAS (2 Std.).

13 HIGHLIGHT

Isla de Chiloé

Die wunderbar sanft geschwungene, grüne Landschaft Chiloés, der mit knapp 8500 km² zweitgrößten Insel Südamerikas nach Feuerland, ist eigentlich ein versunkenes, vom Mar Interior überspültes Gebirge; ein Produkt abschmelzender Gletscher, die die Erdplatte unter sich versenkten. Die für Chile so charakteristische Küstenkordillere setzt sich damit in den Hügeln Chiloés fort, das wie aus dem Meer entstiegen erscheint. Die wunderschöne Insel ist voller romantischer Holzhäuschen, zwischen denen sich Pferde und Fohlen, Kühe und Kälber friedlich die saftig grünen Wiesen teilen. Insbesondere die Landschaften im Westen, am Parque Nacional de Chiloé und der Muelle de las Almas sowie im Nordwesten der Insel bezaubern.

Chiloé ist der Archipel der Fischer und Muschelsucher, der Kartoffelbauern und der Schindelschnitzer. Leistung für die Gemeinschaft zu erbringen, gehörte zu den traditionellen Selbstverständlichkeiten. Chiloten sind nicht reich. Industrie hat sich auf der Insel kaum angesiedelt, und so pendeln viele der 155 000 Chiloten mit der Fähre zum Festland nach Puerto Montt.

Chiloé pflegt eine besondere Kultur und hat eine eigene Mythenwelt, die in Bräuchen und Sagen bis heute fortlebt. Im Sommer haben die Ferias Costumbristas Hochsaison. Der Transport funktioniert wunderbar, Fahrzeiten sind an den Schaltern ausgehängt. Auf den Hauptrouten fahren die Busse in hoher Frequenz, lediglich in den abgelegenen Gebieten muss man schauen, dass man auch wieder zurückkommt. Wer sich fragt, ob man lieber in Castro oder Ancud wohnen sollte, dem sind beide Städtchen zu empfehlen. Castro liegt zentraler, Ancud hat die (noch) spekaktulärere Landschaft in seiner Umgebung.

TRANSPORT

Die Überfahrten finden mit der **Bus- und Autofähre** der Firma **Transmarchilay** statt, die die Strecke von Pargua nach Chocao auf der Isla de Chiloé rund um die Uhr bedient. Tagsüber alle 20–40 Min., nachts etwa jede Stunde. 💻 www.transmarchilay.cl.

Bei den Busfahrten nach ANCUD/CASTRO ist die Fährfahrt im Buspreis inbegriffen. Pro Auto inkl. Fahrer ist der Preis 13 200 CLP. Mitfahrt nach Reihenfolge der Ankunft. 🕒 24 Std.

Chacao und Caulín

An der Kaimauer von Chacao prangt ein Wandgemälde der chilotischen Fruchtbarkeitsfee Pincoya. Im hübschen Ort mit ebenso hübscher doppeltürmiger Kirche gibt es nichts Aufregendes, aber ein schönes Fest wird gefeiert: die **Muestra Costumbrista Santuario de Aves** (Weg ausgeschildert von Chacao), jeweils am 21. und 22. Januar. Den ersten Abstecher von der Route nach Ancud legen die meisten bei Caulín ein. Ihre Bucht bezaubert mit Kolonien von Schwarzhalsschwänen.

ÜBERNACHTUNG

Caulín Lodge, am KM 9 von Chacao, ✆ 9-8480-4415. Die Caulín Lodge besteht aus 8 auf Stelzen gebauten und traditionell geschindelten Bungalows für max. 4–6 Pers. Pool im Garten, Bootsausflüge. Sehr beliebt bei Ornithologen. ❸

DER KLEINE SÜDEN

Ancud

Das Städtchen liegt an zwei Seiten vom Meer umgeben auf einer sanften Erhöhung wie auf einer Esplanade, sodass die Straßen sich zur Küstenlinie hinunter neigen, und hat gut 40 000 Einwohner. Ancud ist zwar alt, aber wenn man heute nach einem betagten Haus Ausschau halten würde, wäre es nicht älter als 100 Jahre. Die Stadt besitzt eine schöne Küstenpromenade, die **Costanera**.

Den Mittelpunkt bildet die zugegebenermaßen etwas abgerockte Plaza, an deren Westseite die Hauptsehenswürdigkeit thront, das **Museo Regional de Ancud** oder **Museo Azul de las Islas de Chiloé**. Es ist in einem großen offenen Bau untergebracht, der von zwei Zinnentürmen bewacht wird, und in seinen Patios bieten Kunsthandwerker und Maler ihre Produkte an. Das Haus hat sehr ansehnliche Exponate zur Archäologie, Geschichte und zu den mythischen Figuren der Insel. Libertad 370, 💻 www.museodeancud.gob.cl. 🕒 Di–Fr 10–17 Uhr, Eintritt frei.

Die Calle Arturo Prat führt zum **Hafen**. An ihr liegen mehrere Märkte, am urigsten ist die **Feria Municipal**, weil dort die Bauern ihre

Aquakultur zeigt Nebenwirkungen

Man wird sie unweigerlich sehen, wenn man über Chiloé reist: die vielen schwimmenden Käfige für Zuchtlachs. Doch so friedlich, wie sie da zu treiben scheinen, sind diese schwimmenden Käfige unter Wasser, in denen sich Tausende Lachse tummeln, nicht. Zunächst muss man wissen, dass der Lachs in chilenischen Gewässern gar nicht heimisch ist, sozusagen ein Kunstprodukt ist, das in die Natur eingepflanzt wurde, weil die Versprechen der Unternehmen von Arbeitsplätzen und hohen Gewinnen einfach zu verlockend waren. So stieg Chile weltweit zum zweitgrößten Lachsproduzenten nach Norwegen auf.

Doch natürlich hat es Folgen für die kleinen Fischer in der Region und für die Umwelt, wenn Millionen fremder Fische unmittelbar vor den Küsten zusammengepfercht und mit Pellets aus Fisch- und Pflanzenmehl gemästet werden. Krankheiten breiten sich in dieser Enge rasch aus. Präventiv werden dagegen Antibiotika eingesetzt. Neben den giftigen Ausscheidungen sind auch die fehlenden Sicherheitsstandards fatal.

Das Unternehmen „Marine Harvest" geriet 2018 in die Schlagzeilen. Fast eine Millionen Lachse brachen aus einer Zuchtfarm aus. Ein Unwetter war die Ursache, so das Unternehmen. Meeresexperten von Greenpeace Chile reagierten empört: Die Lachse sind Fleischfresser. Sie können die Flüsse hinaufschwimmen und sich vermehren, was zu einem Verschwinden einheimischer Spezies führen kann. Um die 1500 Lachsfarmen gibt es im Süden Chile, viele davon an der Isla Chiloé, wo lokale Bestände einheimischer Fischarten Lebensgrundlage vieler Bewohner sind. Seit Anfang der 1990er-Jahre ist die Lachsindustrie um etwa 3000 % gewachsen. Norwegen und Chile sind heute für 70 % der Lachsproduktion weltweit verantwortlich. Jährlich werden rund 900 000 Tonnen Zuchtlachs nahezu ausschließlich für den Export produziert. In Zukunft soll die Lachsindustrie in Chile weiterhin anwachsen: 1,2 Mio. Tonnen sollen bis 2032 jährlich produziert werden.

Erzeugnisse offerieren, viele *papaschilotas*, Knoblauch, Paprika, Tomaten, Kräuter. ⌚ tgl. 8.30–19.30 Uhr.

Der **Mercado Municipal** weiter westlich ist Kunsthandwerkern, Weberinnen und Stickerinnen gewidmet. Dieciocho 108. ⌚ Mo–Sa 9.30–19 Uhr. Im ersten Stock kann man sehr gut essen.

Wer vom Hafen, wo man Rundfahrten machen kann, die Cochrane hinaufgeht, gelangt zu den Resten der **Fuerte San Antonio**, die 1770 oberhalb der Küste angelegt wurde. Hier fand das buchstäblich letzte Gefecht am 19. Januar 1826 zwischen Royalisten und Nationalisten statt. Zu sehen sind eine Reihe von aufs Meer gerichteten Kanonen, eine Esplanade und ein Denkmal. ⌚ tgl. 9–21 Uhr, Eintritt frei.

Die Calle San Antonio führt am Hotel Ancud vorbei wieder zurück bis zur Baquedano. Hier links abbiegen und ein **Pulverturm** aus der Kolonialzeit baut sich vor einem auf, der früher durch einen unterirdischen Gang mit dem Fort verbunden war.

Einen herrlichen Aussichtspunkt erreicht man in 15 Minuten über die Avenida España 111 m hoch mit dem **Mirador Cerro Hueihuen**, von dem aus man über den Río Pudeto schauen und sechs Vulkane auf dem Festland sehen kann. Am schönsten sind aber die Ausflugsmöglichkeiten, siehe unten.

ÜBERNACHTUNG

€ **Hospedaje Austral**, Anibal Pinto 1318, ✆ 65-2624-847. Ganz in der Nähe vom Busbahnhof, 15 Spazierminuten vom Zentrum. Alles aus Holz, freundlich, sauber und sehr günstig, empfehlenswert, Zimmer mit/ohne Bad. ❷

Hostal y Cabañas Vista al Mar, Av. Costanera S. Allende 918, ✆ 9-3419-7302, 💻 www.vistaalmar.cl. Schönes Hostal und Bungalowanlage mit tollem Meerblick, Gemeinschaftsküche und Terrasse. Zimmer ❷–❸

Hostal Lluhay, Cochrane 458, 💻 www.hostallluhay.cl. Unterkommen wie in einem Privathaus nur zwei Blocks nördlich vom Zentrum. Die Zimmer haben alle ein eigenes Bad. Zentralheizung. Super Terrasse. ❸–❹

Hotel Ancud, San Antonio 30, 💻 www.panamericanahoteles.cl. Thront 500 m nördlich vom Zentrum praktisch über der Stadt in einem parkähnlichen Grundstück. Viel warmes Holz und viel Glas wurden für diesen schönen Terrassenbau benutzt. 24 Zimmer in verschiedenen Größen. Eigenes, gelobtes Restaurant. ❹

Faros del Sur, Av. Costanera Norte 320, 💻 www.farosdelsur.cl. 28 m hoch über dem Meer gelegen mit Rundumblick über die Weiten des Ozeans, viel Grün, zentrumsnah, aber trotzdem ruhig. Es gibt auch Wohnungen, die nicht teurer sind als die Zimmer. ❹–❺

Ancud

N 0 300 m

Playa Arena Gruesa
Fuerte San Antonio
Pulverturm
Costanera Norte
José Mucke
Antonio Burr
R.A. Jara
San Antonio
Mirador Cerro Hueihuen
Bellavista
Lord Cochrane
Hualhuén
B. O'Higgins
Centenario
Baquedano
Pedro Montt
S. Vicente de Paul
Latorre
Aldea
Arturo Prat
Mercoado Municipal
Feria Municipal
HAFEN
Dieciocho
Pl. de Armas
Castro
Arturo Prat
Colo Colo
P. Montt
MUNICIPALIDAD
Goycolea
Museo Regional de Ancud
Libertad
Blanco
Encalada
Chacabuco
Maipú
Pudeto
Eleuterio Ramírez
Anibal Pinto
San Carlos
Errázuriz
Costanera
Los Cavada
Los Carrera
Lautaro
Yerbas Buenas
Puñihuil
Yungay

ÜBERNACHTUNG
① Faros del Sur
② Hotel Ancud
③ Hostal Lluhay
④ Hospedaje Austral (1,7 km)
⑤ Hostal Vista al Mar

TRANSPORT
❶ Terminal Interrural
❷ Busbahnhof (1,7 km)
❸ Terminal Cruz del Sur

ESSEN
1 Club Social Baquedano
2 La Pincoya
3 Café Blanco
4 Foodtrucks

SONSTIGES
1 Turismo Latitud Sur
2 Wäscherei
3 Supermercado Unimarc
4 SERNATUR

Auf dem Wochenmarkt in Ancud

ESSEN UND UNTERHALTUNG

Die **Food Trucks** an der Plaza haben sich zum allabendlichen Treffpunkt von halb Ancud entwickelt. Nach dem Ende des Umbaus der Plaza 2023 sollen die Trucks zurückkehren. Dann gibt es u. a. wieder faszinierende Burgerkreationen.
Café Blanco, Ramirez 359, an der Plaza. Leckeres Tiramisu und gute Kaffeesorten in einem frischen Café. Für Vegetarier geeignet. ⌚ Mo–Sa 9–20.30 Uhr.
Club SocialBaquedano, Baquedano 469, 💻 www.fb.com/clubsocial.baquedano. Wunderschönes Restaurant mit einladender Terrasse. Das Essen kommt frisch aus dem Meer. Am Abend Treffpunkt und gute Musik. Reservierung kann nicht schaden. ⌚ Mo–Sa 13–1 Uhr.
La Pincoya, Prat 72. Superfrische *erizos* (Seeigel), gepflegte Atmosphäre, aber recht teuer. Ansonsten ist das Panoramafenster im 1. Stock ein richtiger Hingucker. ⌚ tgl. 11–18 Uhr.

TOUREN

Die beliebteste Tagestour führt zu den **Pingüineras de Puñihuil**, einer kleinen vorgelagerten Insel südwestlich von Ancud, dem einzigen Ort der Welt, wo Magellan- und Humboldtpinguine zusammenleben. Infos: 💻 www.pinguinerasc hiloe.cl. Schön ist auch die Tour zur **Muelle de la Luz**, zu der man von Chepu aus mit einem Boot fährt.
Turismo Latitud Sur, Prat 112, 💻 www.turismochiloe.com. Touren zu den Pinguinen von Puñihuil, den Dörfern von Chiloé und der Muelle de la Luz. ⌚ Mo–Sa 9–22 Uhr.

SONSTIGES

Einkaufen

Supermercado Unimarc, Colo Colo 318. ⌚ Mo–Fr 9–21, Sa 9–20 Uhr.

Fahrradverleih

Latitud Sur, siehe oben.

Feste

Festival Musical Chiloé, Infos: 💻 www.festivalmusicalchiloe.cl.

Geld

Geldautomaten, Libertad 621 und Colo Colo 318.

Informationen

SERNATUR, Libertad 663. ⌚ Mo–Do 8.30–17.30, Fr 8.30–16.30 Uhr.

Red de Agroturismo de Chiloé

Um den Tourismus auf dem Land zu fördern, hat sich eine Initiative von Anbietern zum Netz **Chile Turismo Rural** zusammengeschlossen. Die Anbieter laden in die verstecktesten Ecken der Insel (und darüber hinaus) ein. Dort kann man am Landleben teilnehmen, wandern, reiten oder angeln. Natürlich lernt man auch unverfälschte traditionelle Küche kennen, die aus Fusionen von Mapuche-Huilliche, Chilota sowie von europäischen und argentinischen Siedlern stammt. Infos und Kontakte: Ensenada Tierra Nueva s/n, Chonchi, 💻 www.chileturismorural.cl.

Wäscherei

Lavandería Clean Center, Pudeto 2-48, Ecke Baquedano. 🕒 Mo–Sa 10–13, 15–19.30 Uhr.

NAHVERKEHR

Terminal Interrural, Colo Colo 860 in der überdachten Halle am Unimarc. Die meisten Busse Richtung Festland und Castro halten auch am Terminal Municipal. Sie kosten für die folgenden Ziele zwischen 2000 und 4000 CLP.
CASTRO (1–1 1/2 Std.), ca. 50x tgl.,
CHEPU (1 Std.), 2x tgl.,
PUÑIHUIL/Pinguinkolonie (45 Min.), 1x tgl.,
QUELLÓN (2 1/2 Std.), alle 30 Min.

TRANSPORT

Der Busbahnhof **Terminal Municipal De Ancud**, Pinto 1200, Ecke Vera, liegt 1,7 km östlich vom Zentrum. Davor warten Taxis. Günstigere **Colectivos** fahren von der Calle Prat ins Zentrum.
Terminal Cruz del Sur, Los Carrera 850, 💻 www.webcds.cl, nahe dem Zentrum. 🕒 Mo–Sa 6.15–21.45, So ab 7 Uhr.

Busse nach:
OSORNO (4 Std.), 19x tgl., 8800–10 200 CLP,
PUERTO MONTT (2 Std.), 37x tgl., 6000–8100 CLP,
SANTIAGO (13 1/2–14 1/2 Std.), 6x tgl., 31 500–45 500 CLP.

An die Pazifikküste: Pinguinkolonien, Festungen, Strände und Archäologie

Westlich von Ancud ruht die stark gegliederte **Halbinsel Lacuy** im Meer wie ein Blumenblatt. Sie bildet den nordwestlichen Vorposten der Insel, dort haben die Spanier zwei Befestigungsanlagen bauen lassen. Die Küstenstraße schmiegt sich an die weit ausgestreckte **Playa Lechagua**, an der sich einige Ferienbungalows und Campingplätze befinden. Die **Laguna Quetalmahue** wird gestreift, die sich gut für **Vogelbeobachtung** eignet, denn hier versammelnsich Flamingos, Ibisse, Enten und Reiher und der Martín Pescador, der blauköpfige Eisvogel.

Die südliche Wegegabelung führt zum **Monumento Natural Islotes de Puñihuil**, auch *pingüineras* genannt, wo man **Humboldt- und Magellanpinguine** sehen kann, die zwischen September und März Kolonien bilden; sie haben diesen Platz als Brutstätte auserkoren. Vier Monate bleiben sie mit ihren Jungen auf den spitzigen Vulkaninselchen, die knapp vor der Küste aus dem Meer ragen. Zu sehen gibt es aber auch Felsen- und Imperialkormorane, den Austernfischervogel Pilquilen, Nutrias, viele Seerobben und Gänse.

Diesen Ausflug unternimmt man mit Booten, die von September bis Ende März tgl. von 10.15–17.45 Uhr abfahren, bei Bedarf auch häufiger. Organisiert werden die Touren (7500 CLP/30 Min.) von drei Familienunternehmen aus dem Dorf, 💻 www.pinguineraschiloe.cl.

Oberhalb des Strandes liegt das empfehlenswerte Restaurant **Bahía Puñihuil**, chilotische Spezialitäten, Meeresfrüchte-Empanadas und *curanto*, 💻 www.punihuil.cl. 🕒 tgl. 10.15–17.45 Uhr.

Einmal quer über die Halbinsel, und man befindet nach 46 km erneut an der Ancud zugewandten Seite. **Mar Brava**, das offene und wilde Meer, tobt hier an den Strand. Schwimmen sollte man besser nicht, dafür eignen sich andere Plätze wie die **Playa Guabún** oder die **Playa Chaumán** (ausgeschilderte Abzweigungen).

Der nächste Stopp ist der Leuchtturm **Faro Corona**, dann die Festung **Fuerte Agüi**, die zum Ring der Befestigungen gehört, der sich um das nördliche Chiloé schloss. 1796 ist sie gebaut worden. Zu sehen sind Ruinen des Kastells, der Pulverturm und eine Parade der Kanonen, die aufs Meer gerichtet sind. In der Nähe liegt ein kleiner Strand, schwimmen ist hier möglich.

Ausflug nach Coipomó und Chepu

Etwa 25 km südlich von Ancud führt eine Abzweigung von der Panamericana nach Coipomó und Chepu. In diesen malerischen Weilern haben sich Aussteiger niedergelassen und die achten sehr auf Umweltschutz und -erziehung. Das Colegio von Coipomó und das Colegio Mayamapu sind in ganz Chiloé bekannt für ihren Umweltunterricht. Die Hügel auf dem Weg dorthin sind mit Südbuchenwäldern, Arrayanes, Espinillos und Ulmos bedeckt.

Bei KM 38 (3 km hinter der Abzweigung von der Hauptstrecke) in Richtung Río Chepu ist **Chepu** erreicht, der nördliche Rand des Parque Nacional Chiloé. Die Sehenswürdigkeit, die hier entstand, ist eigentlich einer Katastrophe geschuldet, dem Tsunami von 1960, der die Flusstäler flutete. Damals versanken ganze Wälder. Dieses versunkene Tal und das angrenzende Feuchtgebiet ziehen Unmengen von Vögeln an und werden zur Vogelbeobachtung sehr geschätzt. Außerdem kann man hier wunderbar Kajak fahren und reiten.

Am Hafenanleger kann man Informationen bekommen und Touren zur **Muelle de la Luz** (im Sommer fünf Abfahrten pro Tag) buchen.

Wanderung

Der **Sendero de Chile** verknüpft an dieser Stelle Chepu mit der Bahía de Puñihuil. Am nördlichen Ufer führt ein Pfad auf die Mündung zu, weiter geht es in den Norden über die Playa Aulin durch immergrünen Wald. Das ist eine Strecke von etwa 30 km, es gibt Möglichkeiten zu campen. Auf alle Fälle müsst ihr regenfeste Kleidung dabeihaben, beste Wanderzeit ist der Hochsommer.

Dalcahue

Von der Panamericana Ruta 5 gleitet eine Stichstraße hinunter ans Meer. Dalcahue liegt genau dort, wo sich die Insel zu einer Taille verjüngt. Sein Name stammt aus dem Wörterbuch der Huilliche und bedeutet „Ort der Boote". Das flache 5000-Einwohner-Örtchen ist seit dem 19. Jh. **Ausfuhrhafen** für Holz und Vieh. Der Hafen liegt malerisch im Fjord, stets schaukelt eine kleine bunte Fischerbootflotte davor, bringen Fähren *chilotes* von Insel zu Insel.

Der Tourismus hat Dalcahue ein bisschen verändert. Die Marktköchinnen, die früher einfach am Strand ihre Töpfe auspackten, haben ein festes Gebäude, die Dalca, bezogen, das in Schiffsform aus der Küste ragt. Stadtverwaltung und das Kulturzentrum mit dem **Museo Histórico Etnográfico** (Fotos, Kunstgegenstände, Münzen, Keramik, Instrumente) schließen sich an. ⌚ Jan/Feb Mo–Fr 8–18, Sa und So 10–18, März–Dez Mo–Do 8–14, 15–17, Fr 8–14, 15–16 Uhr. Eintritt frei.

Die zweite Sehenswürdigkeit liegt ein wenig abseits des Hafens, die **Iglesia Nuestra Señora de los Dolores**. Von außen im zartesten Perlgrau und sehr imposant mit einem neunbogigen Portal und einem markanten Glockenturm über dem Mittelschiff, gibt es im Innenraum holzgeschnitzte Heilige zu bestaunen, die mit echten Kleidern angezogen sind.

ÜBERNACHTUNG

Hotel Aliwen, Ramon Freire 1060,
💻 www.hotelaliwen.com. Ordentliche Zimmer, teils mit Blick aufs Meer.
Ein gutes Frühstücksbuffet ist inbegriffen.
❹–❺

ESSEN UND EINKAUFEN

Empfehlenswert sind die hellen Cocinerías im Marktgebäude, Pedro Montt 105. ⌚ Di–So 8–18 Uhr.
Die Markttradition in Dalcahue ist alt, landeten hier doch die Chiloten vom Archipel und tauschten ihre Kartoffeln und Meeresfrüchte.

Nach Dalcahue

Eine Alternative zur gut ausgebauten Panamericana ist die alte idyllische Strecke über Quemchi und Aucar. Auf der Route kann man zwei der schönsten chilotischen Kirchen besichtigen: die **Iglesia de San Antonio de Colo** im winzigen Colo und die **Iglesia de Nuestra Señora del Patrocinio** in Tenaun. **Quemchi** (2000 Einw.) verzaubert mit seinem Hafen, der Küstenpromenade und seinen malerischen Gassen.
Eine wunderbare Fußgängerbrücke von rekordverdächtigen 560 m Länge verbindet die Küste mit dem Weiler **Aucar**, wo man den Parque Botánico besichtigen kann.
Ochsengespanne bevölkern die gewellte Schotterstraße, die von Maniowäldern und Nalcabüschen gerahmt wird. Auf diesem Weg hat man immer die Vulkane der Carretera Austral im Blick. Kurz vor Tenaun liegt die komplett aus Alerce gebaute **Iglesia San Antonio de Colo** aus dem 18. Jh. Sie ist Unesco-Weltkulturerbe, ebenso wie die Kirche von Tenaun, deren drei Türme in einem wahren Prachthimmelblau leuchten.

Cafe Artesanias Casita de Piedra, Pedro Montt 144, Local A gegenüber der Feria Artesanal. Beste Kuchen, ordentliches Brot mit Blick aufs Wasser. 3-gängiges Mittagsmenu. 🕒 Di–Sa 10–21.30, So und Mo 14–20 Uhr.

TRANSPORT

Busse

Minibusse von/nach CASTRO halten/fahren alle 15 Min. an der Costanera.

Isla Quinchao

Zwei der schönsten Holzkirchen des gesamten Archipels errichteten die Jesuiten auf dieser pfeilförmigen, langgestreckten Insel, die ganz knapp vor Dalcahues Küste aus dem Wasser taucht. Die Fähren legen zwischen 7 und 23 Uhr ab, die Überfahrt dauert nur fünf Minuten. Die Landstraße von Quinchao ist 26 km asphaltiert bis hinunter in ihre „Hauptstadt" Achao. Sie ist so richtig ländlich – auf den Feldern sind Ochsenpflüge im Einsatz.

Die erste Überraschung hält **Curaco de Velez** nach 9 km bereit. Es ist eins der hübschesten Dörfchen mit einem ganzen Ensemble sehenswerter Schindelhäuser in der Straße Errazúriz. Curaco de Velez ist ein alter Stützpunkt für Holzhändler und Walfänger gewesen, außerdem sollen seine Zimmermannsleute im 19. Jh. einen blendenden Ruf genossen haben.

Achao ist mit 3500 Einwohnern das größte Dorf auf Quinchao und wurde schon im 18. Jh. als Zentrum der jesuitischen Mission angelegt. Klar, dass dann auch die **Iglesia Santa María de Loreto** die Hauptsehenswürdigkeit ist, die man gar nicht verfehlen kann; mit ihren ausladenden Formen beherrscht sie die stille zentrale Plaza. 1730 wurde mit ihrem Bau begonnen; und der prachtvolle Bau aus Alerce und Manío mit einem weit schwingenden Säulenvorbau hielt lange stand, doch die Erdbeben von 1960 und 1998 beschädigten ihn gravierend, sodass er restauriert, teilweise neu geschindelt werden musste. Das fünfschiffige, in Himmelblau und Cremeweiß getauchte Innere wird von markanten Säulenreihen strukturiert und auf dem Altar befindet sich ein wertvolles, holzgeschnitztes Retabel. Am 8. Februar wird der Geburtstag der Kirche gefeiert, am 10. Dezember findet ein Pilgerumzug zu Ehren der Madonna Santa María de Loreto statt.

Quinchao ist winzig, dafür ist die Kirche riesengroß. Sie liegt wie angespült auf einer sattgrünen Wiese direkt am Meer und imponiert mit einer Länge von 52 m und einem 18 m hohen Turm.

Castro

Die **Hauptstadt** ist mit etwas über 41 500 Einwohnern nur unwesentlich größer als Ancud. Das auf einem Plateau über Fjorden ruhende Castro geht auf eine Gründung von Martín Ruíz de Gamboa im Jahr 1567 zurück. Bis 1788 fungierte es als Hauptstadt, verlor seinen Rang aber an **Ancud**, das besser an das Festland angebunden war. Seit 1982 steht es wieder in Amt und Würden.

Castro hat eine besonders schöne **Plaza de Armas** mit einer zitronengelben Kirche. Die **Iglesia San Francisco** besteht komplett aus honigfarbenem Holz, der dreischiffige Innenraum wirkt sehr warm und freundlich. Sie ist aber keine typische chilotische Kirche; sie stammt aus dem Jahr 1912.

€ Einen Block südlich der Plaza liegt das **Museo Regional Municipal de Castro**, Esmeralda 255, 💻 www.museodecastro.cl, ein beschauliches Regionalmuseum mit einem Überblick zur Archäologie und Ethnologie. Dazu Gegenstände des täglichen Gebrauchs (alle aus Holz!) und Fotoaufnahmen des Seebebens 1960. 🕒 Jan/Feb Mo–Fr 9.30–19, Sa 9.30–18.30, So 10.30–13, März–Dez Mo–Fr 9.30–13, 15–18, Sa 9.30–13 Uhr. Eintritt frei.

Über die Straße Blanco Encalada geht es in östlicher Richtung recht steil hinunter zum Hafen mit seinem kleinen Terminal für Boote zu den Inselchen des Archipels. Südlich davon liegen urige Fischrestaurants und gegenüber der **Mercado Municipal Lillo**, wo tolle Strickwaren angeboten werden. 🕒 10–18.30 Uhr. Auf dem kleinen **Fischmarkt** nebenan gibt es Ceviche aus Lachs. In nördliche Richtung führt die Costanera auf eine betagte **Lokomotive** zu, die einst zwischen Ancud und Castro Züge zog. Über Treppenpassagen erreicht man erneut die Plaza.

Die Palafitos

Castros größte Sehenswürdigkeit sind die *palafitos,* die Häuser auf Stelzen, für die Chiloé so bekannt wurde. Einmal quer über den Landsporn, auf dem sich das Zentrum von Castro ausbreitet: von dort sieht man die farbenfroh gestrichenen *palafitos*, die entlang des gegenüberliegenden Ufers aufgereiht sind. Mit der Vorderseite stehen die Halb-Pfahlbauten auf ihren Stelzen im Fjord, mit dem Rücken auf soliden Mauern zur Straße. Eine Brücke führt hinüber. Die Palafito-Architektur wurde im 19 Jh. erfunden, um das Leben und Wohnen an den Uferrändern zu erleichtern. Unterhalb der Stelzen gab und gibt es genug Platz für Boote.

ÜBERNACHTUNG

Hostal Torre de Babel, O'Higgins 965, 💻 www.hostaltorredebabel.business.site. Hier ist alles aus Holz und sehr nett. 8 kleine Zimmer; sie haben Fernseher, aber sonst nicht viele Möbel, gute Atmosphäre. Küchenbenutzung. Auch Zimmer ohne Bad. ❷–❸

Patio Palafito, Pedro Montt 431, 💻 www.patiopalafito.com. 6 wunderschöne Zimmer, alles aus Holz, mit Terrassen direkt über dem Wasser, Frühstück inkl. Café im EG. ❹

Palafito Hostel, Ernesto Riquelme 1210, Palafitos de Gamboa, 📞 65-2531-008. Wohnen im Palafito – das ist schon etwas Besonderes. Nicht nur die unterschiedlich geschnittenen Zimmer sind klasse. Die Ausstattung ist es, das gemütliche Frühstückscafé und die einladende Terrasse. ❹.

Hotel de Castro, Chacabuco 202, 💻 www.hoteldecastro.cl. Das große Haus einen Block südlich der Plaza hat 49 gemütliche Zimmer. Unter den teureren Optionen das traditionellste. Viel Glas, viel Licht, Zimmer mit Balkon. ❹

ESSEN

Café Blanco, Blanco 268. 💻 www.fb.com/Café Blanco Castro. Rettung für alle, die morgens einen Espresso brauchen. Reizendes kleines Café im Bistrostil, kleine Gerichte, Sandwiches, Kuchen. 🕒 Mo–Sa 9–21 Uhr.

El Mercadito de Chiloé, Pedro Montt 210, 📞 9-6121-2760, 💻 www.elmercaditodechiloe.cl. Regionale Produkte frisch und originell zubereitet. Die fantasievollen Kreationen lassen einem das Wasser im Mund zusammenlaufen, Meerblick von einer tollen Terrasse und Top-Service. 🕒 Mo–Sa 13–15.30, 19.30–22.30 Uhr.

El Sacho, Thompson 213, 📞 65-2632-079. Fragt man jemanden aus Castro nach einem guten Restaurant, wird er vermutlich dieses empfehlen. Nicht billig, aber frische *pastel de jaiva*, eine Taschenkrebspastete. 🕒 Mo–Sa 12–15.30, 20–23.30 Uhr.

La Brújola, O'Higgins 308 an der Plaza, 📞 9-6761-0046. Mischung aus Confitería und Restaurant. Lachs und Lomo a lo Pobre, hervorragende Auswahl an Torten. 🕒 Mo–Fr 9–22.30, Sa 11–22.30, So 12.30–21 Uhr.

Restaurante Las Araucarias, Chacabuco 202, im Hotel de Castro, siehe oben, ✆ 65-2632-301. Gute Hausmannskost, nett und schnell serviert. ⌚ Mo–Sa 12.30–16, 19–23.30 Uhr.

TOUREN UND AKTIVITÄTEN

Bei der Touristeninformation gibt es Vorschläge für **Radtouren** von 1,2–12 km. Am Hafen werden **Bootsausflüge** (30–45 Min.) angeboten.

Tourveranstalter

Turismo Queilen, Thompson 255, 💻 www.turismoqueilenchiloe.cl. Tour zu den Pinguineras von Puñihuil und zum Parque Nacional de Chiloé. ⌚ Mo–Sa 9.30–19 Uhr.

SONSTIGES

Einkaufen

Supermärkte an der Hauptstraße San Martín.

Feste

Zweite Januarwoche: Jornadas Musicales de Chiloé.
Februar: im gesamten Monat verschiedene Brauchtumsfeste, Märkte und das Festival de la Biodiversidad im Parque Municipal.

Geld

Geldautomaten, rund um die Plaza an der Latorre und der D. Portales.

Informationen

InformaciónTurística, auf der Plaza. ⌚ Mo–Fr 8.30–17.30 Uhr.

TRANSPORT

Busse

Der Busbahnhof **Terminal Municipal**, Gómez 670, befindet sich 3 Blocks nördlich der Plaza, Gepäckaufbewahrung.
Das **Terminal Cruz del Sur**, San Martín 486, 💻 www.webcds.cl, für längere Strecken, liegt einen Block nördl. der Plaza. ⌚ tgl. 6.30–21 Uhr.

Busse zu Zielen auf der Insel:
ANCUD (1 Std.), 40x tgl., bis etwa 21 Uhr,
MUELLE DE LAS ALMAS (2 Std.), 5x tgl.,
PARQUE NACIONAL CHILOÉ (2 Std., Eingang bei Cucao), 11x tgl.,
QUELLÓN (2 Std.), 20x tgl., bis etwa 21.50 Uhr.

Fernziele:
OSORNO (5 Std.), 19x tgl., 12 000–17 200 CLP,
PUERTO MONTT (3 1/2 Std.), 37x tgl., 8800–12 700 CLP,
SANTIAGO (15–16 Std.), 5x tgl., 42 000–68 300 CLP.

Schiffe

Naviera Austral, 💻 www.navieraustral.cl. Fährt 1x wöchentl. nach CHAITÈN (abhängig vom Wetter, 6 1/4 Std., 25 000 CLP, Pkw 140 000 CLP). In der Hochsaison unbedingt die Tickets rechtzeitig kaufen, besonders wenn man mit dem Auto unterwegs ist.

Lago Huillinco, Parque Nacional Chiloé

An der schmalsten Stelle der Isla de Chiloé bei Chonchi führt eine Straße hinüber an die Ostküste in den Parque Nacional Chiloé. Sie ist am spiegelglatten Huilinco-See gelegt, an dessen westlichem Ende sich das verträumte **Huillinco** aufbaut. Über Huilinco wurde vor dem Bau der Straße nach Cucao der Handels- und Versorgungsverkehr mit den Siedlern abgewickelt, die sich in der Gegend niedergelassen hatten. Heute kann man hier ein Boot für Ausflüge oder fürs Angeln mieten. **Auskunft** erhält man in dem beschaulichen Laden an der Mole.

Sehenswert ist der Friedhof. Wer ihn besucht, versteht warum, denn die Gräber sind originalgetreue Miniaturausgaben der geschindelten chilotischen Häuser. Und auch der Lago Huilinco ist eine reine Augenweide. 1800 ha groß, 56 m tief, wird er von Hügeln gesäumt, die mit Feldern voller schillernder *selva valdiviana* überzogen sind. Außerdem besitzt er den einzigen weißsandigen Strand der ganzen Insel.

Nach 58 km Fahrt streckt sich Cucao ruhig an einer weiten sandigen Bucht aus, die von kleinen Felsvorsprüngen und Myrtenbüschen gerahmt wird. Ferienhäuser sind hier entstanden – noch nicht sehr viele für diese privilegierte Lage. Bis nach Cucao kamen die Jesuiten auf ihren Wandermissionen, und bis hierher kam auch Charles Darwin. Im nördlichen Strandbereich soll früher einmal Gold gefunden worden sein, später ließen sich hier Bauern nieder. Bei ihnen kann man Pferde mieten.

Der 42 567 ha umfassende **Nationalpark Chiloé** ist ist auch zu Fuß über Chepu zu erreichen. Das Zusammenspiel von sanften und wilden Pazifikstränden, Dünen, der Cordillera del Piuchén und dem immergrünen valdivianischen Regenwald mit Südbuchen und Arrayanes, dazu Alercen, Myrten und Fuchsien, machen ihn zu einem Augenschmaus. Es gibt dreizehn Wanderwege *(senderos)* von 200 m bis zu 20 km Länge, von denen einer direkt an den Strand führt. Übernachtungsmöglichkeiten bieten Campingplätze am See, einfache Schutzhütten und einige Bungalows. Eintritt 6000 CLP. ⌚ tgl. 9–17.30 Uhr.

Die **CONAF**, ✆ 65-2532-501, betreibt am Eingang ein Informationszentrum mit einem Museum.

ÜBERNACHTUNG

Palafito Cucao, Camino Rural Cucao s/n, 💻 www.palafitocucaolodge.com. Sehr schöne Zimmer mit Zentralheizung. Am Wasser, leckeres Frühstück, modern und entspannend. ❹

Von der Ostküste zum Steg der Seelen

- **Route**: Castro – Parque Nacional Chiloé – Muelle de las Almas – Castro
- **Länge**: ca. 140 km
- **Fortbewegungsmittel**: Busse und zu Fuß (feste Schuhe mitnehmen)
- **Dauer**: ganzer Tag
- **Schwierigkeitsgrad**: mittel

Die Fahrt zum Start

Ein Tag voller Schönheit liegt vor uns. Und der beginnt schon auf der morgendlichen Fahrt. Vom Busbahnhof Terminal Municipal in Castro geht es los und schon bald führt der Weg viele Kilometer am Ufer des Lago Huillinco vorbei, offenbart immer wieder faszinierende Blicke auf den See und die ihn umgebende hügelig-grüne Landschaft.

Blumenmeer am Strand

Nach knapp zwei Stunden im Nationalpark (Eintritt 6000 CLP) angekommen, kann man sich zunächst einen Überblick über die Region und ihre Besonderheiten im Informationszentrum holen. Schön lässt es sich am **Lago Cucao** spazieren, wo es auch ein Café gibt, oder auf einer der vielen beschilderten Wanderrouten, von denen sich eine durch absurd anmutende Wälder und durch Blütenmeere bis zum einsamen Strand zieht. Eine Mittagspause kann man in einem der Café-Restaurants gegenüber dem Parkeingang einlegen und dabei auch gleich die genauen Buszeiten für den Trip zu einem ungewöhnlichen Kunstwerk in Erfahrung bringen, dem nächsten Etappenziel.

Die mystische Muelle

Vom Parque Nacional Chiloé fahren mehrere Busse direkt zum wunderbaren Kunstprojekt der **Muelle de las Almas**. Eine knappe Stunde dauert die Fahrt, die zu einem guten Teil am Meer entlangführt. Es folgt ein etwa einstündiger Wanderweg, der bei Regen rutschig wird. Bei Trockenheit geht es nur einige Male steil bergauf oder -ab, begleitet von spektakulären Blicken über die grünen Küstenlandschaften, bis die grandiose Idee des „Steges der Seelen" ins Bild kommt. Der Holzsteg, der über dem Meer im Nichts endet, nimmt Bezug auf eine Legende der Mapuche, nach der die Seelen der Verstorbenen hier ihre Überfahrt ins Jenseits antreten. Fast unwirklich ist der Blick von der Muelle, ein wahres Fest für die Seele. Es gibt einige Cafeterias und Stände mit Snacks. Eintritt 2000 CLP. 🕒 tgl. 9.30–17 Uhr.

Chonchi

Das aus einer jesuitischen Mission im 18. Jh. hervorgegangene Chonchi ist eines der hübschesten Städtchen der Insel, nicht nur wegen seiner gut erhaltenen geschindelten Häuser in traditioneller chilotischer Architektur. Es liegt einfach malerisch auf mehrere Terrassen verteilt, die sich zum Meer hinunterziehen. Chonchi zählt nur 4500 Seelen, aber es hat mehr städtischen Charakter als größere Gemeinden, vermutlich, weil es im 19. Jh. ein bisschen reicher war als andere. Im quasi obersten Stockwerk hält das Sammeltaxi aus Castro, und gleich daneben liegt schon die erste Sehenswürdigkeit, die dreischiffige **Iglesia de San Carlos de Chonchi**. Stilistisch gehört sie zu den typischen Kirchenkonstruktionen, die die Jesuiten auf der Insel hinterließen, ist aber in jener Epoche (1754, noch vor der Gründung von Chonchi) nicht fertiggestellt worden – es brauchte bis 1859. Gelb und strahlend blau ist die Fassade bemalt, mit einem wunderschönen fünfbogigen Portal und einem gestuften Glockenturm. Das Tonnengewölbe des Innenraums ist ebenfalls schön blau bemalt: wie das Himmelszelt. Format beweist sie auch: Sie ist die größte der Insel.

Ein kleines Museum ist angeschlossen, das den Jesuitenpater Hurtado ehrt, der 1952 seliggesprochen wurde.

Kleine Wanderung

Ein etwa zweistündiger Spaziergang führt zur Landspitze und dem Steilabhang **Tres Colores** etwa 80 m hoch über dem tobenden Meer, von dem aus man den Strand Cole Cole aufschimmern sieht. Im Sommer aalen sich Robben und sogar Seelöwen zwischen den vorgelagerten spitzen Felsen, Dauergäste dagegen sind ganze Vogelschwärme. Dieser Ausblick ist derart magisch, dass die Huilliche hier eine Brücke „in den Himmel" gebaut haben. Sie sieht aus wie eine Sprungschanze – von ihr aus gelangen die Seelen an ihre magischen Orte, sagen sie. Um zum Mirador Tres Colores zu gelangen, muss man mehrere Gatter öffnen und natürlich wieder schließen.

Vom obersten Stockwerk gleitet die **Calle Centenario** hinunter bis an die Küste, vorbei an den geschindelten Häusern, die zum überwiegenden Teil aus naturbelassenen *tejuelas* geschnitzt worden sind. Diese ganze Straße ist zur Zona Típica erklärt worden. So ursprünglich wie hier in Chonchi gibt es nur wenige Häuserensembles.

In einem ist das **Museo de las Tradiciones Chonchinas**, Calle Centenario 116, 💻 www.museodechonchi.cl, untergebracht. Das geräumige Haus gehörte einst Ciriaco Álvarez, der in Caleta Tortel (S. 420) ein Vermögen mit dem Einschlag von Zypressen machte. Der Charakter eines Wohnhauses wurde beibehalten, sogar eingerichtete Schlafzimmer und der gute Salon mit Piano sind zu sehen, dazu eine Reihe von hölzernen Werkzeugen. 🕒 April–Nov Di–Fr 10–13.30, 15–18, Dez–März Mo–Sa 10–13.30, 15–19, So 10–13, 15–19 Uhr.

Auch der Hafen an der natürlichen Bahía de Chonchi ist sehenswert. Die Esplanade reicht vom Marktgebäude mit Restaurants und Kunsthandwerksständen, die auf *palafitos* ruhen, bis zur Hafenadministration und der **Chocolatería Alemana**.

ÜBERNACHTUNG UND ESSEN

Hotel Huildin, Cententario 102, 💻 www.hotelhuildin.negocio.site. Das Gebäude mit seinen grünen und ochsenblutroten Schindeln ist ein Hingucker, innen hat es die Gemütlichkeit der 1950er-Jahre. 12 einfache Zimmer mit Bad. ❷
Hospedaje Esmeralda by the Sea, Esmeralda 266, 📞 9-8242-2918. Die Lage dieses B&B an der Bucht ist bestechend. Großer Garten, Wohlfühlatmosphäre. ❸–❹
Essen kann man in den **Marktrestaurants**.

Isla Lemuy

Lemuy ist die Isla de Chiloé im Bonsaiformat: Die Wälder scheinen dichter, die Hügel hügeliger und die Buchten wilder und zahlreicher. Man betritt sie im Hafen Chulchuynach etwa 20-minütiger Überfahrt. Die Ortsnamen machen klar: spanische Kolonisation und europäische Einwanderung haben Lemuy nicht wirklich geprägt, hier lebten Chonos und Huilliche. Lemuy ist auch weniger abgeholzt worden als die Hauptinsel, deswegen bedecken noch zu 21 % heimische Wälder und nicht Eukalyptus und Pinien den Grund, sondern Ulmos, Coigües, Lumas, Arrayanes, Robles, Avellanos und Cipres. Strauchhecken begrenzen die bewirtschafteten Felder, die Pferde-, Schaf- und Kuhweiden, die Hühnerwiesen.

Auch hier sprenkeln sehenswerte Kapellen und Kirchlein die Insel. Die **Iglesia de Ichuac**, die erste auf der Route, ist mit ihren Friesen und Säulen Patrimonio de la Humanidad, ebenso die langgestreckte **Iglesia de Aldachildo** aus Coigüe und Zypressenholz im ältesten Dörfchen der Insel. Auch sie hat wie einige andere (z. B. in Chonchi) ein Tonnengewölbe, das als Himmelszelt gestaltet ist, mit dunkelblauem Grund und leuchtend gelben Sternen. Kurz hinter San Agustín haben die Bewohner eine Aussichtsplattform gebaut, hier blickt man auf die Inselchen Quehui, Chelin und dahinter auf den Vulkan Michinmahuida, der auf dem Festland die Carretera Austral schmückt.

An Schafweiden entlang erreicht man den Isthmus von Lemuy und klettert dann hinunter nach **Detif**, einem winzigen Fischerörtchen. Die Kirche, ebenfalls Patrimonio de la Humanidad, trägt außen schlichte graue Schindeln, innen hängen Schiffsmodelle von der Decke, die Heiligenfiguren sind verkleidete Puppen. Um hineinzukommen, fragt man im Haus neben der Kirche nach dem Schlüssel.

Wenn das Wetter gut ist, lohnt sich der Abstecher zur **Playa Punta Pilar**, einem schönen weißsandigen Strand. Dazu die Stichstraße wieder zurückfahren und die Abzweigung nach Süden nehmen.

ÜBERNACHTUNG UND ESSEN

Los Yayanes, Camino a Lincay KM 1, Puqueldón, www.parqueyayanes.cl. Aus Olivenholz und Bambus gezimmerte, bequeme Bungalows und Wanderwege in einem eigenen Naturpark von 97 km². Im Restaurant gibt es einen ausgefallenen, selbstkreierten Aperitif: Nalcasaft, Zitrone und Cognac. Das Essen kommt in Riesenportionen. 3

Quellón

Quellón ist die letzte Stadt im Süden der Insel Chiloé und der **Hito Cero** ist der offizielle Endpunkt der Insel und der Panamericana. Die Stadt mit ihren 21 000 Einwohnern hat jahrelang von Holz- und Alkoholexport gelebt; heute macht sie einen eher tristen Eindruck, ist aber dennoch einen Abstecher wert, um den Süden der Insel zu sehen. Es besteht eine Fährverbindung zur Carretera Austral in Chaitén und eine nach Puerto Cisnes.

Das **Museo Inchin Cuivi Ant**, was so viel wie „unsere Vergangenheit" bedeutet, befindet sich in der Calle Ladrillero 225 und zeigt Gegenstände aus dem täglichen Leben und der Kultur der Huilliche. Es gewährt einen interessanten Einblick in das Leben des Volkes und seine Gewohnheiten. Auf der **Fera Artesanal Llauquil** in der Calle Ladrilleros wird interessantes, originelles Kunsthandwerk von chilotischen Künstlern verkauft. tgl. 9–22 Uhr.

Zum Übernachten sind die anderen Orte auf Chiloé attraktiver. Entlang der Hafenpromenade Costanera gibt es aber eine Reihe Unterkünfte und Restaurants. Entlang der Hauptstraße gibt's Supermärkte, Banken und Tankstellen.

TRANSPORT

Busse

Die Busbahnhöfe **Terminal Municipal**, Alonso de Ercilla 368, und das **Terminal** der Firma **Cruz del Sur**, Pedro Aguirre Cerda 52, www.webcds.cl, liegen beide direkt am Wasser.

Busse nach:
ANCUD (2 1/2–3 Std.), alle 30 Min., bis 7000 CLP,
CASTRO (1 1/2–2 Std.), alle 20 Min., bis 3000 CLP.

Schiffe

Naviera Austral, Pedro Montt 227, www.navieraustral.cl. Fährt 1x wöchentl. nach CHAITÉN (4 1/2 Std., 25 000 CLP p. P., Pkw ab 140 000 CLP) und 4–5x wöchentl. über MELINKA nach PUERTO CISNES (12 Std., 29 000–50 000 CLP).Für Automitnahme muss man das Ticket in der Saison sehr zeitig besorgen. Pkw bis PUERTO CISNES ab 209 000 CLP.

PARQUE NACIONAL TORRES DEL PAINE; © SHUTTERSTOCK.COM / DSAPRIN

Der Große Süden

Einzigartige Landschaften zwischen stürmischem Pazifik und gletschergekrönten Vulkanen – das ist der schmale Landstreifen des Großen Südens. Wer sich über die Landkarte beugt, dem wird schwindlig angesichts dieser zerklüfteten, mit Seen gespickten, von Eisfeldern bedeckten und von Fjorden durchschnittenen Region. Teils noch mit dem Auto zu bereisen, teils nur noch mit dem Boot, bietet der Große Süden Chiles eines der letzten großen Abenteuer der Erde.

Stefan Loose Traveltipps

14 **Carretera Austral** Pionierland unter Vulkanen umgeben von dichten Wäldern. Eines der letzten Abenteuer der Erde: Die Schotterpiste zwischen Vulkanen, Urwald, Orchideen und Gletscherseen führt zum Ende der Welt. S. 395

Río Futaleufú Adrenalin-Alarm! Die Stromschnellen sind eines der schönsten Rafting-Reviere der Welt. S. 401

Lago General Carrera Die einzigartigen Blau- und Türkistöne seines Wassers machen ihn unvergesslich. S. 412

15 **Caleta Tortel** Bis vor wenigen Jahren war das Dorf auf Holzstegen nicht über den Landweg erreichbar, heute über eine abenteuerliche Piste. S. 420

16 **Parque Nacional Torres del Paine** Das Trekkingparadies in Südamerika schlechthin. S. 428

Punta Arenas Lange Zeit die südlichste Stadt der Welt. Großartige Ausflugsmöglichkeiten. S. 436

CARRETERA AUSTRAL, GLACIAR O'HIGGINS; © UWE ELLGER

CARRETERA AUSTRAL, VILLA O'HIGGINS; © UWE ELLGER

Wann fahren? Bestes Reisewetter herrscht von November–März, im Herbst und Winter ist es rau, kalt und dunkel und viele Einrichtungen haben geschlossen. Im Januar und Februar kann es dagegen voll werden.

Wie lange? Mindestens 8–12 Tage für die Carretera Austral, 4–6 Tage für Magallanes bzw. Feuerland

Bekannt für Wassersport, Flüsse, Badeseen, Fjorde, Vulkane, Eis, Gletscher, den Torres del Paine Nationalpark

Schöner Tagesausflug Zum „Hängenden Gletscher" im Parque Nacional Queulat

Myriaden von Inseln liegen vor der Küste des Großen Südens, kaum eine davon ist bewohnt. Lediglich auf Melinka und auf Aguirre/Caleta Andrade leben Fischer. Noch bis vor kurzem galten diese Inseln als Rückzugsgebiete der Alacalufes, doch dieses Indianervolk gilt inzwischen als ausgestorben. Entlang der Küste tüpfeln stecknadelgroße Örtchen, die oft nur mit dem Schiff erreichbar sind, das Land. Der gesamte Große Süden weist eine extrem niedrige Bevölkerungsdichte auf, was sich im geringen Grad der Erschließung spiegelt. Der Campo Hielo del Norte und der Campo Hielo del Sur legen sich über die Landesmitte und reichen mit Gletschern hinunter bis ans Meer. Oft sind ihre Flanken sehr steil und es entstehen spektakuläre Wasserfälle. Die abschmelzenden Gletscher haben sich über Jahrtausende in den gebirgigen Untergrund aus Basalt und Granit gegraben und teilweise überwältigende Bergformationen entstehen lassen wie die Torres del Paine mit ihren Hörnern, die zu einem Emblem Chiles geworden sind, oder den weniger bekannten Cerro Castillo am Lago General Carrera.

Wo Pazifikküste und Anden eng beieinanderliegen, regnet es heftig, die Folge ist ein Dschungel – aber ein eiskalter. *Turbales,* Torfmoore, ziehen sich kilometerweit. Wo das Valle Longitudinal, das für Chile charakteristische Längstal, mehr Platz hat, beispielsweise um Coyhaique herum, ist eine Parklandschaft mit Südbuchenwäldern entstanden – das Schichtstufenland *(meseta).* Weiter südlich beginnt dann die windige ostpatagonische Steppe. Auf Feuerland kann man bei einer Wanderung alle Entwicklungsstufen der Pflanzen sehen, die es gibt, von der Flechte bis zum uralten Baum, und dazu urweltlich anmutende Tiere wie die Seeelefanten.

Dennoch ist der Große Süden Landwirtschaftsregion – für Pioniere, einst und jetzt. Seit Jahrzehnten wird an einer Straße gebaut, die in der nahen Zukunft von Puerto Montt bis nach Puerto Natales führen soll, die **Carretera Austral**. Bislang endet sie bei Villa O'Higgins. In Felsen gesprengt, an Gletscher und Seen vorbei, führt sie mühsam hügelauf, hügelab und stellenweise ziemlich grob geschottert über 1200 km in den Süden. Auf diese Weise erschließt sie einige der landschaftlichen Höhepunkte Chiles. Man muss Autofähren nutzen und kann bis Villa O'Higgins fahren. Kurz hinter dem Örtchen am gefühlten Ende der Welt endet die Carretera Austral.

Touristischer Knotenpunkt ist die Stadt **Coyhaique** ungefähr in der Mitte der Carretera. Von dort fehlen nur noch 100 km zum **Lago General Carrera**, dem zweitgrößten See Südamerikas, dessen östliche Hälfte in Argentinien liegt. Um dieses tintenblaue und smaragdgrüne Juwel herum erstrecken sich Gletscher, Eisfelder, Bergmassive, Seen und Südbuchenwälder – und ein Nationalpark nach dem anderen.

Die bedeutendste Attraktion im Großen Süden ist der **Nationalpark Torres del Paine**. Ihn erreicht man von Puerto Natales aus. Der Park hat alles, was Trekking-Fans brauchen. Erholung in Luxuslodges, Tagesausflüge, zweiwöchige Wanderungen von Hütte zu Hütte, Urlaub auf dem Bauernhof in Nationalparknähe, Reitwanderungen. Die markanten Zacken des Paine-Massivs zu bezwingen ist allerdings nur sehr erfahrenen Bergsteigern vorbehalten.

Gut erschlossen ist auch **Punta Arenas**, einst glanzvoller Mittelpunkt der Schafkönigsdynastien. Es bietet sich als Startpunkt zu den Nationalparks auf den vorgelagerten Inseln an. Wandern, Bergsteigen und Estancias kennenlernen füllt das Programm der Besucher, die sich für das windige, flache, einsame **Feuerland** entschieden haben. Nur etwa 120 000 Menschen leben im Großen Süden, davon etwa die Hälfte in Coyhaique, der Hauptstadt der Region **Aysén**. Die südlichste Region in Chile ist **Magallanes** mit der **Antártica Chilena**, auf die Chile seit 1940 Anspruch erhebt, und umfasst eine Fläche von 132 291 km^2.

Geschichte

Kalt, regnerisch, mit neun Monate langen Wintern, Windböen rund ums Jahr, war diese Region vor Ankunft der Europäer früher nur äußerst spärlich besiedelt. Auf den Inseln lebten die **Chonos** und **Waitekas** vom Fischfang, die **Alacalufes** hatten weiter südlich auf dem Festland ihr Siedlungsgebiet, zogen sich jedoch auf die Inseln zurück, als im 19. Jh. sogenannte Erschließungsgesellschaften auf der Suche nach Nutzungsmöglichkeiten das Land erforschten. So weit ab von allem lag das chilenische

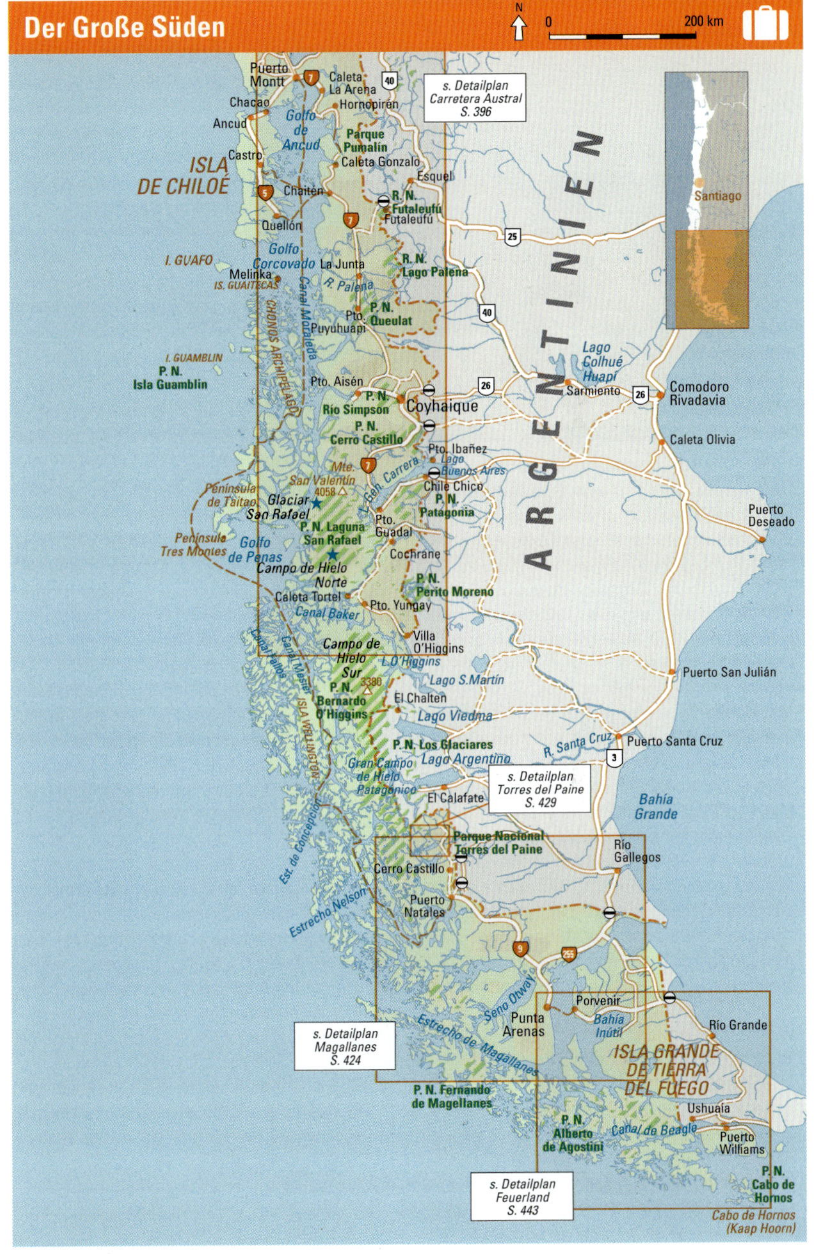

N
0
200 km
Puerto Montt
Caleta La Arena
Hornopirén
Chacao
Ancud
Golfo de Ancud
Parque Pumalín
Castro
ISLA DE CHILOÉ
Caleta Gonzalo
Esquel
Chaitén
R. N. Futaleufú
Futaleufú
Quellón
Golfo Corcovado
I. GUAFO
Melinka
IS. GUAITECAS
La Junta
R. N. Lago Palena
R. Palena
Canal Moraleda
CHONOS ARCHIPELAGO
Pto. Puyuhuapi
P. N. Queulat
I. GUAMBLIN
P. N. Isla Guamblin
Pto. Aisén
P. N. Río Simpson
Coyhaique
P. N. Cerro Castillo
Pto. Ibañez
Lago Buenos Aires
Mte. San Valentín 4058
L. Gen. Carrera
Chile Chico
Península de Taitao
Glaciar San Rafael
P. N. Patagonia
P. N. Laguna San Rafael
Pto. Guadal
Península Tres Montes
Golfo de Penas
Cochrane
Campo de Hielo Norte
P. N. Perito Moreno
Caleta Tortel
Pto. Yungay
Canal Baker
Villa O'Higgins
Campo de Hielo Sur
L. O'Higgins
Canal Fallos
Canal Messier
ISLA WELLINGTON
P. N. Bernardo O'Higgins
3380
Lago S. Martín
El Chalten
Lago Viedma
P. N. Los Glaciares
Gran Campo de Hielo Patagónico
Lago Argentino
El Calafate
Est. de Concepción
Parque Nacional Torres del Paine
Cerro Castillo
Puerto Natales
Estrecho Nelson
Seno Otway
Punta Arenas
Estrecho de Magallanes
P. N. Fernando de Magellanes
Porvenir
Bahía Inútil
ISLA GRANDE DE TIERRA DEL FUEGO
Ushuaia
Canal de Beagle
P. N. Alberto de Agostini
Puerto Williams
P. N. Cabo de Hornos
Cabo de Hornos (Kaap Hoorn)
Río Grande
Río Gallegos
Bahía Grande
Puerto Santa Cruz
R. Santa Cruz
Puerto San Julián
Puerto Deseado
Caleta Olivia
Comodoro Rivadavia
Sarmiento
Lago Colhué Huapí
ARGENTINIEN
Santiago
s. Detailplan Carretera Austral S. 396
s. Detailplan Torres del Paine S. 429
s. Detailplan Magallanes S. 424
s. Detailplan Feuerland S. 443
DER GROSSE SÜDEN

Tipps für die Carretera Austral

© UWE ELLGER

Du bist in einer der entlegensten Ecken unterwegs, die du auf der Erde finden kannst. Hier dominiert nur die Natur und nicht der Mensch. Das Wetter kann sich mehrmals täglich ändern und zwischen den Orten liegt oftmals einige Stunden lang die raue Carretera. Viele Einrichtungen, ob bei Übernachtungen, Essen oder Transport sind sehr klein und ändern Öffnungs- oder Abfahrtszeiten recht häufig. Sie haben meist auch keine eigenen Internetseiten. Und wenn doch, halten sie sie oft nicht aktuell. Viel Kommunikation über Dienstleistungen in den Orten läuft über Aushänge in den Gemeindezentren und/oder Touristeninformationen. Daher wird es unerlässlich bleiben, sich auch während der Reise immer wieder zu informieren. Lebensmittel sind teurer als im zentraleren Chile. Übernachtungen auch.

Entlang der Strecke gibt es in gebührendem Abstand Tankstellen, Kioske mit Imbiss, in denen man frisch gebackene Empanadas bekommt, und die Casa del Turista, in der neben touristischen Informationen und Karten heimisches Kunsthandwerk zu haben ist. Überhaupt sind die *supermercados* hier unten eine Sehenswürdigkeit für sich. Es riecht nach Holz und nach den vielen Blumen in den Gärten. Ein großer Teil der Strecke führt durch Nationalparks. Dort gibt es fantastische **Campingplätze**, z. T. mit überdachten Stellplätzen an den schönsten Stellen. Sie haben extrem saubere Sanitäreinrichtungen – ohne Gebühren!

Wer die Carretera **mit dem Auto** befahren will und genug Geld hat, dem sei ein Allradfahrzeug empfohlen. Es ist zwar möglich, sie mit einem normalen Pkw zu befahren, aber an vielen Stellen kann man dann nur langsam und besonders vorsichtig fahren. Spaß sieht anders aus. Auch das Sicherheitsgefühl ist ein anderes. Außerdem ist die Stabilität eines Allradfahrzeugs deutlich besser – bei den Straßenverhältnissen auf der Carretera nicht zu unterschätzen.

Trampen ist gang und gäbe. Von negativen Erfahrungen wird nirgendwo berichtet. Dennoch sollte man besser mindest zu zweit unterwegs sein. Ein größeres Problem als die Sicherheit könnten die Wartezeiten werden, denn es sind viele Tramper unterwegs, aber nur wenige Autos. Chilenische Touristen nehmen Trampende gern mit, wenn ihr Auto noch nicht voll ist. Oft werden dir auch die hilfsbereiten Anwohner Platz anbieten. Gegenseitige Hilfe ist normal in einer solch abgelegenen Gegend. Manchmal bleibt nur die Ladefläche eines Pickups. Nicht gemütlich, aber häufig fahren sie ohnehin nicht allzu weit. Tipp: Aus den erhöhten Führerhäuschen der Lkw heraus hast du den besten Blick auf die grandiosen Landschaften.

Wer sich **mit dem Fahrrad** ins Abenteuer stürzen möchte, sollte den Erfahrungsbericht von Uwe Ellger und seiner Frau Isabel lesen, s. Kasten S. 397

Patagonien, dass die chilenische Regierung ihre größten Schwerverbrecher in ein **Straflager** nahe bei Punta Arenas schaffte – so etwas wie das Sibirien Chiles. Man sagt, dass Bernhard Philippi (S. 164) hier 1852 ermordet worden sein soll.

Der äußerste Süden des chilenischen Festlands war der Lebensraum der groß gewachsenen **Tehuelche**, über die der Biograf des Fernando de Magallanes, Antonio Pigafetta, schrieb: „Diese Völker bekleiden sich mit der Haut eines Tieres. Mit derselben Haut bedecken sie auch ihre Hütten, die sie einmal hier und einmal dort aufstellen, denn diese Indianer sind nicht sesshaft. Ihre Hauptnahrungsmittel sind rohes Fleisch und süße Wurzeln, die sie Chapae nennen." (Antonio Pigafetta, *Die erste Reise um die Erde*, Erdmann Verlag).

Auf und um Feuerland lebten die **Selk'nam** (Ona), **Haush** und **Yaghan** (Yamana). Selk'nam und Haush jagten und verzehrten Guanakos. Die Yamana waren Wassernomaden und lebten in ihren Kanus. Ihre nie ausgehenden Feuer sah **Fernando de Magallanes** durch die dichten Sturmnebel schimmern und nannte dieses Stück Erde daher Tierra del Humo, „Land des Rauchs", das der spanische König Philipp II. später in Tierra del Fuego, „Feuerland", umtaufte. Magallanes hat Feuerland übrigens nie betreten.

Nur wenige westliche Zeugen dieser Kulturen gibt es. Innerhalb von gerade einmal zwei Jahrhunderten waren sie ausgelöscht. In den wissenschaftlichen Notizen Charles Darwins tauchten die „Feuerländer" als wenig menschliche Wesen auf, deren Sprache ein unartikuliertes Gefauche sei. Der Breslauer Priester und Anthropologe **Martin Gusinde** kam dann Anfang des 20. Jhs. nach Feuerland. Die Selk'nam und Haush vertrauten ihm und ließen ihn ihre Riten fotografieren. Reproduktionen dieser Fotos kann man heute in vielen Museen des Südens sehen. Mehr als diese Fotos gibt es nicht, weshalb sie von unschätzbarem Wert sind. Selk'nam und Haush gerieten ins Visier der **Schafbarone**, die ihr Land von den Nomaden „freigeräumt" haben wollten und Menschenjäger auf sie ansetzten.

Reisezeit

Im Winter ist der Fährverkehr teilweise eingestellt, Straßen sind unpassierbar. Im chilenischen Hochsommer von Mitte Januar bis Ende März klettert das Thermometer auch mal auf 30 °C, meist bleibt es aber angenehm kühl. Auch der April kann noch schöne Tage haben; es ist allerdings verstärkt mit Regen und Tagestemperaturen um 10 °C zu rechnen.

Die kleine Carretera Austral

Die kleine Carretera Austral ist sozusagen eine touristische Erfindung – als Trost für alle, die nicht auf der „richtigen" fahren können. Sie beginnt bei Puerto Montt und hat mit der eigentlichen Carretera Austral den Streckenverlauf bis Caleta Puelche gemein. Die richtige Carretera Austral verläuft dann in den Süden nach Hornopirén, die kleine nach Puelo. Für Reisende mit wenig Zeit ist das eine gute Alternative, denn die Fjord- und Gebirgslandschaften ähneln sich sehr und auch die Straßenverhältnisse sind vergleichbar.

Verschiedene Optionen bieten sich an: Besuch des Parque Nacional Alerce Andino, Wanderungen auf dem Sendero de Chile, Reiten von Cochamó und Puelo aus. Übernachten kann man in Puelo und Cochamó.

Hinter Puerto Montt kurvt die „kleine Carretera Austral" erst einmal 20 km asphaltiert um Felsvorsprünge an der Küste herum, immer mit dem Blick auf den Yate und den Corcovado. Der imposante Wald besteht aus Pino Oregon – sieht zwar gut aus, ist aber lediglich Ersatz für die gefällten Alercen, die in dieser Region tausendfach geschlagen wurden. Zweite Natursünde: *salmoneras* pflastern kilometerweit das Wasser, Käfige für die Lachszucht (S. 139, Wirtschaft).

Das winzige **Chamiza** wurde bereits 1900 von deutschen Einwanderern angelegt, wie das blauweiße evangelische Kirchlein bezeugt. Hinter Chamiza leben die Leute nicht vom Lachs, sondern von Muscheln, dazu werden Netze ins Meer gesenkt, in denen sich die *choritos* und *cholgas* festsetzen.

Bei **La Arena** zweigt der Zugang zum **Nationalpark Alerce Andino** (40 000 ha, bis 1600 m hoch) ab, der noch nicht stark erschlossen ist. Die angelegten und markierten Wege sind kurz (2–9 km), aber anspruchsvoll. Angeboten wer-

Übernachten im Märchenwald

Restaurant und Domos Tique, Río Puelo Alto, www.andespatagonia.cl. Victor und Coca haben sich etwas ganz Besonderes einfallen lassen: Unter Südbuchen, Farnen und Ulmen haben sie hölzerne Laufstege gezogen, die zu Zeltkuppeln, *domos*, mit Holzfußboden führen. Matten werden bereitgestellt, Schlafsäcke bringt man mit. Bolleröfen wärmen die Zelte, Farnblätter und Baumwipfel schauen zu den Fenstern hinein. Duschen und Toiletten sind in eigenen Zelten untergebracht und es gibt ein Hot Tub im Freien. Das Restaurant ist ebenfalls vom Feinsten, weil die Beiden nur Gemüse, Obst, Fleisch und Fisch verwenden, das sie von den Bauern aus der Gegend beziehen.

Ein Ausflugsprogramm mit lokalen Führern (Ausritte, Besteigungen des Vulkans Yate) und einen „normalen" Bungalow bieten sie außerdem an. Letzterer hat ein Dach aus Gras und Holz, ist aus Arrayan und Alerce. Nacht im Cabaña 50 000 CLP, das Domo kostet 45 000 CLP. ❸

den auch Reitausflüge. Der Kennenlernpfad der CONAF führt am Campingplatz vorbei den Río Chaica entlang zu zwei Lagunen. An ihn knüpft ein Weg zu den Saltos Chaica und zum Alerce Milenario. tgl. 9–17 Uhr, letzter Eintritt für viele Wanderwege um 15 Uhr, für manche sogar schon früher. Parkeintritt 6000 CLP. Ein Teil des Pfads durch den Nationalpark Alerce Andino gehört zum Sendero de Chile (S. 208), mit 5000 km der längste Wanderweg der Welt.

Mit Alerce forsten aber nicht nur die Nationalparks wieder auf, Landbesitzer pflanzen ebenfalls die heimischen Bäume – so verhindern sie, dass die Landstraßen verbreitert werden können. Viele engagieren sich in der Region in der Bewegung Patagonia sin Represas und kaufen Land auf. Wenn es mit heimischen Bäumen bepflanzt wird, steht es unter Naturschutz, und dieses Land kann dann nicht enteignet werden.

Beim KM 26 der Carretera Austral bei Quillaipe ist seit 2000 das **Hostal Mozart,** www.hostalmozart.wixsite.com, von Andrea und Esteban zu finden. Sie bieten drei schöne Zimmer mit Bad und drei Bungalows auf der gegenüberliegenden Straßenseite. DZ ❸, Bungalow ❺

Bei La Arena verkehrt die Fähre über den **Estuario Reloncaví** zur Caleta Puelche, was etwa eine halbe Stunde dauert. Auch hier: Lachs- und Muschelzucht. Zwei Autofähren verbinden die Orte rund um die Uhr alle 30–45 Min., nachts alle zwei Stunden. Personen fahren gratis, Pkw 10 950 CLP. Anmeldung nicht möglich. Wer zuerst kommt, fährt. Ticketverkauf nur auf dem Schiff. www.testuario.cl. Entlang des Estuario de Reloncaví recken sich mit Coigüe bewachsene, steile Felsen aus dem Wasser. Der dunkelgrüne Fjord ist mit Lachszuchtkäfigen übersät. Wasserfälle rauschen von den Bergen, wacklige Holzbrücken führen über Quellwasser. Auf den Inselchen im Fjord verstecken sich Datschas unter Bäumen. An den Ufern liegen vereinzelt Schäferhöfe zwischen Blumenwiesen. In **Yate** gibt es eine dunkelblaue Kirche deutscher Provenienz.

Davor liegt die **Andes Lodge** in einem weiten Apfelbaum- und Hortensiengarten direkt am Ufer – Luxus im teuren Cottage-Stil, wo jedes Detail stimmt, bis zu den Stickereien der Bettüberwürfe und das Billardzimmer (s. Übernachtung). **Puelo** ist ein typisches Viehzüchterörtchen mit 700 Einwohnern, das sich ganz flach am Gletscherfluss Río Puelo ausbreitet. Zwei Supermärkte wetteifern um die Gunst des Käufers, wobei der Erste fleißig Pluspunkte sammelt, denn er hat auch Brot. Die Kirche ist mit Schindeln aus kostbarem Alerceholz geschmückt. Von hier aus kann man eine Menge unternehmen.

Entlang des Río Puelo erreicht man den **Lago Tagua Tagua**, der komplett von verbrannter Erde eingeschlossen ist. Der Untergrund ist Sumpf, gesättigt vom *mallin*, dem typischen dicken Gras. Ein Feuer wütete hier wohl jahrelang, es hat einfach keinen gekümmert, was tief im Süden geschah.

Der 2013 gegründete Tagua Tagua Nationalpark ist ein schöner Privatpark, in dem es von Camping (15 000 CLP p. P.), Plätzen in Refugios (25 000 CLP) bis zum privaten Refugio (100 000 CLP) auch Übernachtungsmöglichkeiten gibt. www.parquetaguatagua.cl. Eintritt 25 000 CLP.

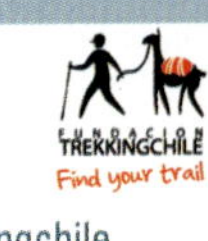

Trekkingchile Tagua Tagua

ÜBERNACHTUNG

Cabañas Puelo Siempreverde, Camino Internacional Río Puelo el Bolsón s/n, www. puelosiempreverde.cl. Das Holzhotel liegt 700 m vor dem Ortseingang am Fluss. Nette, großzügige Bungalows, Touren, Kajaks, Fahrradverleih, komplett eingerichtet. Mindestaufenthalt 2 Nächte. ❸

Andes Lodge, Camino Internacional s/n, www.andeslodge.cl. Sehr gepflegte und geräumige Luxuslodge, hauptsächlich auf nordamerikanische Fliegenfischer ausgerichtet. Frische landestypische Küche, viele Exkursionen. ❻

TRANSPORT

Buses Fierro, **Kemel Bus** und **Buses Los Lagos** fahren mehr als 20x tgl. von PUERTO MONTT nach CALETA LA ARENA (1700 CLP).

Puelo – Cochamó

In Richtung Cochamó wird es dann sehr ruppig. Nalcas, Farne und *chilcas* (Fuchsienbüsche) säumen die Straße, die Berge der Präkordillere erreichen leicht 900 m. Vor dem Viehzüchterdörfchen **Cochamó** fließt der Río Cochamó durch ein enges, von hohen Bergen gerahmtes Tal. Das erfreut die Kletterer: Sie finden zwischen Eichen, Südbuchen und Alercen über 1000 m natürliche Kletterfelsen vor. Die Umgebung von Cochamó mit ihren bizarren Granitformationen, die an den nordamerikanischen Yosemite-Nationalpark erinnern, dem unversehrten Nebelwald und den Hunderten von Wasserfällen bietet sich fürs Trekking und Reitwandern geradezu an.

ESSEN

La Ollita, Av. Cochamó, ☎ 9-8166-5225. Kleines, gemütliches Restaurant, spezialisiert auf Fisch und Meeresfrüchte, sehr leckeres Ceviche, freundlich, relativ günstig, auch Frühstück. ⌚ tgl. 10–21 Uhr.

14 HIGHLIGHT

Die Carretera Austral

Gleich hinter Puerto Montt fängt die nur teilweise asphaltierte Landstraße an, mit deren Bau 1986 unter Augusto Pinochet begonnen wurde. Bis heute wird an ihr gearbeitet. Sie hat sich schnell zu einem Höhepunkt einer Chile-Reise entwickelt. In dem nahezu unbewohnten Süden überwältigen Naturschauspiele und fasziniert die Kultur der einfachen Viehzüchter. Für diese *estancieros*, wie man sie im Süden Chiles nennt, entstanden Handelsstädtchen wie Chaitén, Villa Santa Lucía, La Junta, Mañihuales, Coyhaique und Cochrane. Es wurde geritten, nicht gefahren; von Villa O'Higgins bis nach Cochrane brauchte man sechs Tage. In diesen Handelsstädtchen gibt es Lebensmittel; es wird Brot gebacken, frisch geschlachtetes Fleisch verkauft und Benzin in Tanklastern angeliefert.

Kurz bevor der Vulkan Chaitén im Mai 2008 ausbrach und seine Asche bis nach Buenos Aires wehte, wurde ein Stück der Straße in den Süden zwischen Puerto Montt und Chaitén fertiggestellt. Mehrere Abschnitte müssen mit der Fähre zurückgelegt werden, die Straße wird ausgebaut, verbreitert und in Teilen asphaltiert. Die Bauarbeiten können teils zu längeren Wartezeiten zwingen.

Biegt man in Chile Chico von der Fähre kommend nach links ab, erreicht man nach wenigen Kilometern die Grenzstation nach Argentinien. Diese ist die letzte Möglichkeit für Motorfahrzeuge die Carretera zu verlassen. Fährt man die 450 km weiter bis zum Ende der Carretera in Villa O'Higgins, erreicht man eine

Sackgasse. Hier endet die Straße. Man müsste denselben Weg auch wieder zurückfahren.

Hornopirén

Das 3700-Seelen-Dorf in Sichtweite des gleichnamigen Vulkans (1600 m) liegt eingebettet zwischen Thermen und sieht genauso aus wie viele der kleinen Versorgungsörtchen entlang der Carretera: sauber, ordentlich, gepflegt, mit einer schönen Plaza, einer kleinen Holzkirche, einer Tankstelle und – das Wichtigste – dem Anleger der Fähre nach Caleta Gonzalo (S. 399). Hornopirén hat sich damit zu einem wichtigen Umsteigeplatz entwickelt, viele günstige Hosterias sind im Ort und in der Nähe des Anlegers zu finden.

In diesem Vorzimmer der Carretera Austral, 99 km südlich von Puerto Montt, liegen mit dem (nicht sehr gut erschlossenen) Parque Nacional Hornopirén, den Thermen und dem Comau-Fjord attraktive Ziele ganz in der Nähe.

ÜBERNACHTUNG UND ESSEN

Camping Doña Martina, Carretera Austral, Richtung Sector los Canelos, ✆ 65-2217-273. Einfaches Gelände mit einigen Einrichtungen am nördlichen Ortsrand.

€ **Hotel Hornopirén**, Carrera Pinto 388, ✆ 65-2217-256, 💻 www.hotelhornopiren.cl. Einfache, kleine Zimmer, teils mit eigenem, teils mit Gemeinschaftsbad, oben Terrasse mit tollem Blick, sehr freundlich, Frühstück inkl. ❶–❷

Hostería Catalina, Ingenieros Militares s/n, 💻 www.hosteriacatalina.cl. Gepflegte, schöne Holzvilla, die Zimmer sind im angrenzenden Trakt untergebracht. Ausflugsorganisation. Für die Gäste wird eigens gekocht. ❸–❹

Hotel und Restaurant Entre Montanas, an der Carretera Austral am nördlichen Ortseingang. Typisch chilenische Küche. Das Fleisch wird im Gastraum zubereitet. ❸

Cafetería Rincón Piedra Lobo, Bernardo O'Higgins s/n, halber Block von der Plaza, 💻 www.fb.com/cafeteria.rincon.piedra.lobo.

Die Carretera Austral mit dem Fahrrad

© UWE ELLGER

Uwe Ellger und seine Frau Isabel haben die Carretera Austral nicht nur einmal, sondern gleich zweimal mit dem Rad bereist. So begeistert waren die Weltumradler von der Abenteuerstraße. Sie raten: Das Wichtigste ist das Fahrrad. Das sollte vor allem sehr stabil sein, denn es muss auf solch einer Tour wirklich viel aushalten. Gute, stabile Räder wiegen schon 20–25 kg. Das Gepäck mit Bekleidung für jedes Wetter, den wichtigsten Werkzeugen und Ersatzteilen, Zelt, Schlafsäcke und Lebensmittel wiegt locker noch einmal das Gleiche pro Person. Das Gewicht spürt man besonders bei den vielen bösen Steigungen auf Schotterwegen.

Ebenso stabil wie das Rad muss aber auch das Zelt sein. Diese Tour ohne Zelt zu unternehmen, ist undenkbar, denn es gibt zwar immer wieder Unterkünfte, aber die Entfernungen zwischen diesen sind groß und häufig sind sie ausgebucht. Plötzlich auftretende Stürme und heftige Regenfälle verhindern mitunter die Weiterfahrt. Orkanartige Stürme sind eher die Regel als die Ausnahme. Bei der Bekleidung steht der Schutz vor Nässe und Kälte im Vordergrund. All diese Sachen lassen sich besser und meist auch günstiger daheim einkaufen als in Südamerika.

Eine Notration an Verpflegung für 2–3 Tage sollte mitgeführt werden, auch wenn man in jedem Ort das Nötigste einkaufen kann. Sauberes Wasser findet man praktisch überall.

Der Wind weht hauptsächlich von Nordwest nach Südost. Dies sollte man unbedingt bei der Streckenplanung bedenken. Radler, die von Ushuaia aus starten, werden nicht unbedingt glücklich.

Helfen lassen kann man sich in Coyhaique, wo es sogar Bikeshops und fähige Mechaniker gibt. Je weiter man nach Süden vorankommt, desto spektakulärer werden die Landschaft und die Natur. Große Abschnitte der Route sind dann aber Naturstraßen. Sehr schön, aber deutlich schwieriger und anstrengender zu befahren als Teerstraßen.

Wer es bis nach Villa O'HIggins schafft, trifft andere Radler, die man schon zuvor irgendwann, irgendwo in Südamerika oder auf der Carretera getroffen hat. Und jeder hat den großen Traum zu Ende gebracht. Vielleicht das Abenteuer seines Lebens. Es gibt viel zu feiern. Partytime! Weiter nach Argentinien geht es ab hier nur noch für Fußgänger, Reiter und Radler.

Einige Jahre später starteten Uwe und Isabel erst Mitte März ins Abenteuer: Regen, Kälte, Frostnächte im Zelt und heftige Stürme. In dieser Jahreszeit befährt man einfach nicht mehr freiwillig die Carretera Austral. S. Kasten S. 423 (Villa O'Higgins).

Nacherleben kann man ihre Weltreisen per Rad inklusive Tipps für das Abenteuer Carretera Austral unter 💻 www.rad-forum.de und 💻 www.velo-traumreisen.de.

Liebenswerter Laden mit feinen Kuchen, aber auch Sandwiches.

SONSTIGES

Einkaufen

Kunsthandwerker bieten ihre Erzeugnisse im **Mercado Típico de Hornopirén** hinter dem Centro Civico an.

Geld

Banco Estado, O'Higgins, an der Plaza. Mit Geldautomat.

Informationen

Información Turística, Av. 21 de Septiembre 450, an der Plaza. ⌚ Mo–Do 8–19, Fr 8–14, 15–19, Sa und So 10–14, 15–19 Uhr.

CONAF, O'Higgins s/n, Hualaihué, ✆ 65-2217-297,

NAHVERKEHR

Lokalbusse fahren tgl. 1–2x nach CHAQUEIHUA (20 Min.) und nach CHOLGO (30 Min.).

Mit den Fähren durch die patagonischen Fjorde

© UWE ELLGER

Um die Carretera Austral zu bereisen, kommt man nicht darum herum, eine oder mehrere Fähren zu nutzen. Wer in der Hochsaison zu Fuß oder mit dem Fahrrad unterwegs ist, wird kaum Probleme haben, einen Platz zu ergattern; mit Motorrad oder Auto ist das anders. Manche Fähren verkehren nur 2–3x die Woche und sind entsprechend schnell ausgebucht. Ratsam ist es, sich rechtzeitig um Hin- und Rückfahrtticket zu kümmern. Tickets kann man auf den Webseiten der Fährgesellschaften kaufen. Falls das nicht funktioniert, muss man eins der Büros der Linie aufsuchen. Man sollte bei den Fahrten mit Naviera Austral zwei Stunden vor dem Ablegen am Hafen sein.

Wichtig: Die angegebenen Daten zu den Fährfahrten können sich schnell ändern. Teils werden die genauen Abfahrtszeiten auch erst eine Woche vor der Fahrt veröffentlicht. Daher unbedingt vor Abfahrt noch einmal kontrollieren, am besten auf den Webseiten der Fährunternehmen. Sämtliche Fahrpläne sind wetterabhängig. Eine frühzeitige Reservierung für Fahrzeuge wird dringend empfohlen, vor allem für die Hochsaison (Jan/Feb). Prüfen, ob die Online-Reservierung mit den eigenen Kreditkarten überhaupt möglich ist.

Wer den nördlichen Teil der Carretera Austral auslassen möchte, kann schon **von Puerto Mont** aus direkt mit einem Schiff der Firma **Naviera Austral** über Ayacara nach **Chaitén** reisen (8 1/2–9 1/2 Std.). Es verkehrt ganzjährig mindestens dreimal pro Woche.

TRANSPORT

Busse

Busse fahren Mo–Fr 5–6x und Sa und So 3–4x nach PUERTO MONTT (4 Std.). Nach CHAITÈN 1–2 tgl. (6 1/2 Std.).

Fähren

Somarco, Ingenieros Militares 450, ✆ 65-2217-413, 💻 www.barcazas.cl (engl.). Zur Caleta Gonzalo tgl. um 10.30 Uhr mit der subventionierten Fähre (7400 CLP p. P., Pkw 44 300 CLP) und 18 Uhr mit einer nicht subventionierten Fähre (14 000 CLP p. P., Pkw 74 000 CLP). Und weiter per Bus nach CHAITÈN (3 1/2–5 1/2 Std.) In der HS fährt das Schiff häufiger.

Die Umgebung von Hornopirén

Termas Llancahué

Mit dem Boot erreicht man die ganzjährig geöffneten Termas Llancahué auf dem gleichnamigen Inselchen, wo das heiße Wasser unterm Pazifik emporsprudelt. Zu ihnen kommt man von Horno-

45 km südlich von Puerto Montt erreicht man die Meerenge **Estuario de Reloncaví**. Zwischen den beiden Fähranlegern **Caleta Arena** und **Caleta Puelche** pendeln mehrere Autofähren im Roll-on-roll-off-System, ganzjährig und täglich rund um die Uhr, bis Mitternacht alle 15–30 Min., danach im 90-Minuten-Takt. Ohne Reservierung, man wartet einfach aufs nächste Schiff. Die Überfahrt dauert rund 45 Min. (für Pkw 11 000 CLP), die anschließende 60 km lange Fahrt nach **Hornopirén** eine Stunde.
Dann gibt es zwei Möglichkeiten: Für die erste Möglichkeit kauft man ein Busticket nach **Chaitén**. Der Bus kommt mit auf die Fähre und verlässt sie nach der etwa viereinhalbstündigen Fahrt von Hornopirén direkt an der **Caleta Gonzalo**. Der Bus fährt dann weiter nach Chaitén. Im Sommer 2023 waren die Abfahrten für die direkte Fähre von Hornopirén zur Caleta Gonzalo tgl. um 10.30 Uhr mit einer subventionierten (und günstigeren) Fähre und tgl. um 18 Uhr mit einer nicht subventionierten Fähre.
Auf der anderen Route führt die erste Fähre durch den Comau-Fjord nach Leptepu (4 Std.). Dann geht es 10 km über Land nach **Fiordo Largo**, von wo dann ein weiteres Boot die Überfahrt über den Reñihue-Fjord nach **Caleta Gonzalo** übernimmt (45 Min.). Die letzten zwei Fähren gehören zusammen, nennen sich daher „Ruta Bimodal" und sind aufeinander abgestimmt. Man benötigt nur ein Ticket, das man sich rechtzeitig besorgen sollte. Die subventionierte Fähre kostet für Pkw 44 300 CLP, die nicht subventionierte 74 500 CLP. Reservierung erforderlich. Auch in der Gegenrichtung sind die Fähren aufeinander abgestimmt. Insgesamt sollte man für die Strecke etwa fünf Stunden einkalkulieren, plus Wartezeit vorab. Infos und aktuelle Abfahrtszeiten bei 💻 www.barcazas.cl.
Von Chaitén besteht die Möglichkeit, nach Westen zur **Isla Chiloé** überzusetzen. Schiffe von Naviera Austral, 💻 www.navieraustral.cl, nach Castro sonntags um 11 Uhr. Ankunft 17.15 Uhr.
Weiter südlich besteht noch zweimal die Möglichkeit mit Naviera Austral nach **Quellón** auf **Chiloé** überzusetzen. Das geht von Puerto Cisnes aus (mehrmals wöchentl., 12–20 Std.), und von Puerto Chacabuco bei Puerto Aisén (2x wöchentl., 15–30 Std.).
Ganz im Süden wird die Carretera Austral noch einmal unterbrochen. Von **Puerto Yungay** verkehrt dreimal täglich (10, 12 und 17 Uhr) eine Fähre über den Mitchell-Fjord nach **Río Bravo**, von wo der letzte Abschnitt der Carretera nach Villa O'Higgins führt. Dauer: 35 Minuten. Diese Fähre ist gratis und **kann nicht reserviert werden**. Das Schiff ist relativ klein, fährt aber evtl. noch einmal, wenn Autos nicht mitkommen.
In Puerto Yungay legt auch die Fähre von Transbordadora Austral Broom ab, die einmal wöchentlich über Caleta Tortel und Puerto Edén bis nach **Puerto Natales** verkehrt. Letzter Stand: samstags um 20 Uhr, Rückfahrt Do um 5 Uhr, 💻 www.tabsa.cl.
Weitere Infos: 💻 www.carretera-austral.cl

pirén mit dem Boot. Die Überfahrt dauert etwa 30 Minuten.

Übernachten kann man im **Hotel Termas de Llancahué**. Wer reserviert, wird in Hornopirén abgeholt. Das Hotel bietet gemütliche Zimmer, zwei Schwimmbäder über dem Fjord gelegen, heiße Badebecken mit unterschiedlichen Temperaturen, Bar und Restaurant. Auch Touren mit dem Boot zum Parque Pumalín mit den Fjorden von Quintupeu und Cahuelmó, zur Insel Lilihuapi und der Inselgruppe von Llanchid sind im Angebot. 💻 www.termasdellancahue.cl, ❹– ❺

Termas de Porcelana

Die wegen ihrer natürlichen Schönheit viel gerühmten Termas de Porcelana liegen am Ende des westlichen Ufers des Comau-Fjords. Dorthin ist es eine ziemlich weite Bootsfahrt, aber diese privaten Thermen sind ausschließlich auf dem Seeweg zu erreichen. Für Überfahrten kann man die verschiedenen Anbieter in Hornopirén kontaktieren.

Chaitén

Chaitén war im Mai 2008 das meistfotografierte Dorf Chiles, berühmt geworden durch die dramatischen Fotos der Eruptionen des Chaitén, der bis zum damaligen Zeitpunkt nicht einmal als **Vulkan** eingestuft war. Viele Einwohner verließen ihre Heimat, nachdem die Regierung Sofortprogramme zur Evakuierung eingeleitet hatte. Mit staatlicher Unterstützung bauen sie sich an anderen Orten neue Existenzen auf. Und doch harrten etwa 200 *chaiteninos* in ihrem geschundenen Dorf aus und haben die Stellung gehalten. Dank ihnen hat Chaitén die „Reconquista" (Wiedereroberung) eingeleitet und überlebt. Heute ist es ein lebendiger Ort mit 5000 Einwohnern und der Eingang zum südlichen Patagonien.

Trekkingchile
Vulkan Chaitén

Mittlerweile ist es auch wieder erlaubt, auf den Chaitén zu klettern. Die Strecke ist nur etwas über 2 km lang, aber sehr steil und aufregend.

ÜBERNACHTUNG UND ESSEN

Cabañas Pudú, Corcovado 668, ☎ 9-8227-9602, 9-7809-9480. Einfache und nette Cabañas, herzlich geführt. ❸

Schilling Hotel, Corcovado 243, ☎ 65-2731-295. Älteres Holzhaus direkt am Meer mit 9 Zimmern, Die sympathische Silvia Schilling betreibt das Hotel fast allein und kümmert sich um alles, auch um das Frühstück, das inklusive ist. ❸–❺

Hotel mi Casa, Diego Portales 206, ☎ 65-2731-285. Das größte Hotel im Ort, ein kleines Stück den Berg hinauf. Toller Blick. Sowohl das Haus als auch die Besitzer sind schon etwas älter. Freundlich, Frühstück inkl. ❺

El Flamenco, Corcovado 218, direkt neben dem Hotel Schilling. Große Speisekarte, aber nicht immer alle Gerichte vorhanden. Die Sandwiches sind gut. 🕒 tgl. 10–22 Uhr.

SONSTIGES

Aktivitäten

Chaitur Excursiones, O'Higgins 67, ☎ 9-7468-5608, 💻 www.chaitur.com. Bieten Touren und Transporte zu den meisten südlichen Zielen an.

Einkaufen

Chaitén gilt als Startpunkt zur Erkundung der 10. Region und man tut gut daran, sich noch hier mit Verpflegung einzudecken. Da ist z. B. der **Supermarkt Edón**, an der 7, kurz vor dem Ortsausgang in Richtung Süden. 🕒 9–13.30, 15–20 Uhr.

Geld

Banco Estado, Av. Libertad 299. Mit Geldautomat.

Informationen

Información Turística, O'Higgins 65, 🕒 Mo–Fr 9–21 Uhr.

Pumalín, weltgrößter privater Naturpark

Im Großen Süden bei Chaitén entsteht seit 1991 ein riesiger Naturpark. **Douglas Tompkins**, erfolgreicher US-Unternehmer (Gründer von North Face), Bergsteiger und Pilot, hatte ursprünglich 17 000 ha des Fundo Reñihue gekauft, um die vom Aussterben bedrohten Alerce-Bäume vorm Kahlschlag zu retten. Etwa 25 % der verbliebenen Baumbestände dieser Art wachsen im Park. Danach gingen weitere Kaufangebote angrenzender Fundos bei Tompkins ein, und so hat der Naturschützer in den 1990er-Jahren über seine Stiftung EDUCEC die restlichen Flächen des heutigen Parks dazugekauft.

Das Gelände umfasst mittlerweile 300 000 ha und enthält alles, was Patagonien so urwüchsig macht: Vulkane (u. a. den Vulkan Chaitén und den 2404 m hohen Michimahuida), reißende Flüsse und vor allem Urwald. Das Gebiet reicht von der Grenze zu Argentinien in den Anden bis zum Pazifik. Da es ein großes Stück aus Chile „herausschneidet" und ausgerechnet einem „Yankee" gehört, wurden die Landkäufe von vielen Konservativen und Forstmagnaten angefeindet. Gerüchte darüber, dass Tompkins den Trinkwasserreichtum ausnutzen wolle oder dass dort die mythische Stadt der Cäsaren – ganz aus Gold! –, die schon die Konquistadorenträume befeuert hatte, läge, begleiteten die öffentliche Diskussion.

Tompkins will aber keinen wirtschaftlichen Nutzen aus dem Park ziehen. Er ist Sympathisant der **Tiefenökologie** des Norwegers Arne Naes, der meint, dass die Erde vor dem Menschen geschützt und im Naturzustand erhalten werden sollte. Deswegen hat er auch ein 1994 erworbenes, 85 000 ha großes Gebiet als Schenkung dem chilenischen Staat versprochen, wenn dieser einen Nationalpark drumherum einrichtet – so geschehen im Jahr 2004: Tompkins stand bei der Einweihung des 280 000 ha großen, staatlichen Parks Corcovado Seite an Seite mit dem damaligen Präsidenten Lagos. Mittlerweile hat der Pumalín-Park mit in Argentinien angrenzenden Flächen etwa die Hälfte der Größe Mecklenburg-Vorpommerns – etwa 825 000 ha, davon 300 000 ha in Chile.

Im Pumalín gibt es nicht nur **Wanderwege**, die von Freiwilligen gepflegt werden, man hat auch eine Baumschule eingerichtet, die jährlich etwa 150 000 Setzlinge einheimischer Arten produziert. Auch gibt es an der **Fährstation Caleta Gonzalo** ein Café-Restaurant und einen Souvenirladen, den rund 10 000 Gäste im Jahr besuchen. Hier findet man nachhaltig Erzeugtes wie Honig, Marmeladen und Wollpullover. Tompkins verstarb im Jahr 2015 bei einem Unfall mit seinem Kayak auf dem Lago General Carrera.

TRANSPORT

Busse

Das **Terminal de Buses** befindet sich in der O'Higgins 298.

Kemelbus, 💻 www.kemelbus.cl, fährt Di, Do und Sa um 11 Uhr nach PUERTO MONTT (9–10 Std.).

Buses Becker, ☏ 9-8554-7774 und 67-2232-167, 💻 www.busesbecker.com, nach LA JUNTA–PUYUHUAPI und COYHAIQUE.

Je nach Witterungsbedingungen fährt tgl. ein Bus um 12.30 und 16.30 Uhr nach FUTALEUFÚ.

Schiffe

Naviera Austral, Almirante Riveros 188, ☏ 65-2731-011. Hier kann man sich seine Fährtickets besorgen. 🕒 Mo–Fr 9–13, 15–18, Sa 9–12, So 8–11, 20–23 Uhr.

Flüge

Die Fluglinie **Pewen** hat ihr Büro in der Av. Ignacio Carrera Pinto 362, ☏ 9-9403-4298 und 9-6831-7727, 💻 www.pewenchile.com.

Flüge nach PUERTO MONTT: Mo–Fr 10.30, 12.30 und 16.30, Sa und So 10.30 und 12.30 Uhr.

Futaleufú

Futaleufú („großer Fluss" auf Mapundungun) liegt abseits der Carretera Austral. Bei Villa Santa Lucia biegt eine Straße ab hinauf in die wilde

Thermalquellen von Amarillo und Wanderung Ranita de Darwin

Knapp 25 km südlich von Chaitén auf der Carretera Austral erreicht man den Eingang zum Parque Pumalín. Die Carretera 7 knickt in einem scharfen, rechten Winkel ab – in den Park fährt man geradeaus. Nach etwas über 4 km erreicht man einen Parkplatz, wo die leichte Wanderung beginnt. Die Wanderung zur Ranita de Darwin ist eine schöne Waldwanderung von knapp 2 Stunden, die auch an Regentagen gut zu gehen ist.
Nahe beim Parkeingang, 5 km auf der Schotterstraße, liegen die Termas del Río Amarillo. Hier gibt es tolle Wandermöglichkeiten, verschiedene großzügig angelegte Campingplätze, Flüsse und warme Quellen.

Landschaft der Anden mit einem der schönsten Rafting-Gebiete der Welt. Die zwei- bis dreistündige Fahrt ist staubig und etwas mühsahm, lohnt sich aber, denn das Gebiet ist wunderschön. Alternativ kann man auch von Puerto Montt und Osorno über die Grenzstation Paso Cardenal Samoré–Puyehue nach Argentinien, dann über Bariloche, Esquel, Trevelin und wieder hinüber nach Chile.

Der „große Fluss", der, wenn man es recht besieht, eher ein sehr wilder ist, erfreut sich bei Kajakfahrern und Raftern großer Beliebtheit. In vielen Abschnitten erfordert der an Stromschnellen reiche Futaleufú beim Durchfahren großes Können, Kondition und viel Übung. Zu beiden Seiten laden grüne Wiesen zum Camping ein. Die gebirgige Umgebung und die hellsandigen Strände des Großen Flusses machen aus der Region eine beliebte Feriengegend, auch für Argentinier. Das 2500-Einwohner-Dörfchen zu Füßen des Andensockels hat eine gute Infrastruktur.

Am Ortsrand breitet sich die wunderbare **Laguna Espejo** aus, in der sich die Andengipfel perfekt spiegeln. Ein Rundweg führt um sie herum.

ÜBERNACHTUNG

Antigua Casona, M. Rodríguez 215, ☏ 9-8476-4480, www.antiguacasona.cl. Das „alte Haus" ist ein wirklich schönes Haus und renoviert. ❷–❸

Hostería Río Grande, O'Higgins 397, ☏ 65-2721-320, www.pachile.com. Ein imponierendes Haus. Geräumige Zimmer, gutes Bar-Restaurant, eigenes Tourenangebot. ❹–❺

Hotel El Barranco, O'Higgins 172, ☏ 65-2721-314, www.elbarrancochile.cl. Ganz aus Holz, mit Pool, Standardzimmer, aber sehr gemütlich. Mit eigenem Ausflugsangebot. Parkplatz.

ESSEN

Martín Pescador, Balmaceda 603, ☏ 65-721279. Zentral, ein Block von der Plaza. Gemütliches Restaurant mit dem Wichtigsten: Rindersteaks, Lachs und guter Wein – abwechslungsreich zubereitet und gut präsentiert. tgl. 12.30–22 Uhr.
Auch das Essen in der **Hostería** Río Grande und im **Hotel El Barranco** ist sehr gut.

AKTIVITÄTEN

Es gibt zahlreiche Unternehmen, die sich auf **Rafting** und **Kajakfahren** eingestellt haben und Touren sowie Unterricht anbieten, z. B. Origenes Patagonia oder Bochinche Expediciones. Ebenfalls beliebt sind **Ausritte**, organisiert z. B. von der Hosteria Futaleufu.
Wandermöglichkeiten bestehen in der Reserva Nacional Futaleufú.

SONSTIGES

Geld

Banco Estado, an der Ruta 231. Mit Geldautomat.

Informationen

Oficina de Información Turística, in der Stadtverwaltung, O'Higgins 596. Dort gibt es auch die besten Informationen zu den aktuellen Fahrplänen der Busse.

TRANSPORT

Busse

Futaleufu liegt abseits der Carretera Austral. Es gibt nur sehr wenig öffentlichen Transport. Wenn ein Bus ausfällt, kann es mehrere Tage dauern, bis der nächste fährt. Nach CHAITÉN (3 Std.) sollen 2x tgl. Busse starten. Es lohnt sich auch, sich im Dorf – rund um die Plaza – nach Mitfahrgelegenheiten umzuhöhren.

Transaustral Bus, ✆ 65-2721-360, 💻 www.transaustralbus.com, soll Mi und So um 7 Uhr nach PUERTO MONTT fahren.

Flüge

Pewen, Bernardo O'Higgins s/n, gegenüber der Banco Estado, ✆ 9-8184-5629, 💻 www.pewenchile.com.

La Junta

La Junta besteht erst seit 1983 und liegt an einem wichtigen Verkehrsknotenpunkt, denn von hier führt eine Straße Richtung Argentinien, eine andere ans Meer zum Hafen Raúl Marin Balmaceda. Früher gab es hier nichts anderes als eine Hacienda in den weiten Tälern des Río Palena und des Río Rosselot. Dank seiner Lage an der Kreuzung ist ein bisschen Leben im Ort mit seinen bunten Holzhäusern und ihren typischen Rosengärten. Es gibt eine Copec-**Tankstelle**, Supermärkte, Restaurants sowie eine **Bank** mit einem Geldautomaten, die gleichzeitig als **Touristenauskunft** dient. In den *supermercados* werden Käse und Flechtarbeiten aus der Binsenart *junquilo Futa*verkauft.

Von La Junta aus kann man einiges unternehmen, z. B. auf einem markierten Weg, den die CONAF unterhält, in die **Reserva Nacional Rosselot** wandern. Eine der vielen Attraktionen der Region ist der tiefblaue **Lago Rosselot** (3400 ha, 9 km von La Junta entfernt), an dem man gut und gerne einen Tag verbringen kann. Nach 70 km Fahrt von La Junta durch eine Cañon- und Meseta-Landschaft erreicht die Straße Lago Verde, ein winziges Dörfchen, das mit allem ausgestattet ist, was die kleinen Viehbauern in der Umgebung brauchen (außer Benzin!): Lebensmittelgeschäfte, Post, Unterkünfte, Restaurants, Internet- und Telefonzentrum, Informationskiosk mit lokalem Kunsthandwerk.

ÜBERNACHTUNG UND ESSEN

Im Ort gibt es auch einige kleine günstige Hosterías (Pensionen).

Alto Melimoyu Hotel & Patagonia, Carretera Austral 375, direkt nördlich von Espacio y Tiempo auf derselben Seite, ✆ 67-2314-320, 💻 www.altomelimoyu.cl. Kompetent und freundlich, kleine, helle Zimmer, viel Holz. Restaurant mit ausgefallener Karte, gemütlicher Aufenthaltsraum mit Kamin, Sauna und ein heißer Außenpool, Frühstück inkl. ❹–❺

Espacio y Tiempo, Carretera Austral, ✆ 9-9222-9220, 💻 www.espacioytiempo.cl. Kamin, einladende Sofas und empfehlenswertes Restaurant, die Spezialität: *puye* (Mini-Aale). Die 9 Zimmer sind geräumig, die Bäder gepflegt. ❺

TRANSPORT

Busse

Nach COYHAIQUE (4–6 Std.) 6x wöchentl. mit **Buses Terraustral**, ✆ 67-2346-757, und 2x wöchentl. mit **Buses Becker**, ✆ 9-8554-7774, 💻 www.busesbecker.cl.

Nach PUYUHUAPI (1 Std.) und CHAITÉN (2–3 Std.) 1–2x tgl. mit Buses Terraustral (s. o.), **Buses Interlagos**, ✆ 67 223 1701, und Buses Becker (s. o.).

Haltestelle an den Büros der Busgesellschaften oder an der Carretera Austral, die direkt am Ort vorbeiführt.

Puerto Puyuhuapi

Nach einem kurvigen Streckenabschnitt durch Wälder und mannshohe Farne am **Lago Risopatrón** vorbei – einem der malerischsten der gesamten Carretera – erscheint das urige Dorf Puerto Puyuhuapi am Nordufer des lang gestreckten Puyuhuapi-Fjords. Puerto Puyuhuapi

DER GROSSE SÜDEN

ist aus einer Siedlungsinitiative von vier Deutschen entstanden, die 1936 nach Chile eingewandert waren. Das Dörfchen verfügt trotz aller Winzigkeit über eine richtige Sehenswürdigkeit, von der man sogar in Santiago spricht – eine Manufaktur, in der 14 Arbeiterinnen von Hand pflanzengefärbte Wolle zu Teppichen und Wandbehängen knüpfen. Sie wurde von den deutschen Einwanderern gegründet, deren Nachfahren sie auch heute noch führen. Die Fabrik kann besichtigt, die Erzeugnisse können bestellt werden. Aisén s/n, 💻 www.puyuhuapi.com.

Die fast verwunschene Lage im kalten Nebelwald, betagte Holzvillen und schöne Blumengärten, die auch die bescheidensten Häuschen rahmen, machen das Dörfchen zu einer Augenweide. Einige der alten Villen dienen als Hosterías. Ein guter Ausgangsort, um die Naturreservate und Nationalparks in unmittelbarer Umgebung zu erwandern. U. a. zum Aussichtspunkt des Ventisquero Colgante, dem hängenden Gletscher; eine weitere schöne Wanderung ist die zum Bosque Encantado.

Zwischen Schwarzhalsschwänen

Südlich von Puerto Puyuhuapi befindet sich ein wunderschönes Thermalhotel, das **Puyuhuapi Lodge & Spa**, Bahia Dorita, ✆ 67-2450-305, 💻 www.puyuhuapilodge.com. Der weitläufige, fein gegliederte Holzbau am gegenüberliegenden Ufer des Fjords liegt völlig abgeschieden in einem Waldstück. In einem vom Hotel getrennten Turm sind die Spa-Einrichtungen untergebracht, aber so richtig schön sind die Thermalbecken außerhalb, denn sie sind naturbelassen; Abkühlung verspricht ein Sprung in den Fjord. Das Hotel bietet verschiedene Ausflugsmöglichkeiten an, die häufigste Variante ist der Ausflug mit dem Katamaran zur Laguna und dem Glaciar San Rafael. Die Thermalanlagen kann man mittels einer Tageskarte nutzen. Ein Boot setzt zu festgelegten Tageszeiten über den Fjord. ❻

ÜBERNACHTUNG

Residencial Comuy-Huapi, Pedro Llautureo 143, ✆ 9-7766-1984, 💻 www.comuy-huapi.cl. Mit kleinem Café-Restaurant und 4 einfachen Zimmern mit Bad. Frühstück inkl. Zur Zeit der Recherche war nur das Restaurant geöffnet. 🕒 in der HS bis zum 15. April Di–So 13–21 Uhr. ❷–❸

Hostería Alemana, Av. Otto Uebel 450, ✆ 67-2325-118 und ✆ 9-9881-3164, 💻 www.hosteria alemana.cl. Ebenfalls eine gute Adresse in unübersehbar deutsch inspirierter Bauernarchitektur. ❸

Hostal y Cabañas El Pionero, Richtung Süden am See gelegen, ✆ 9-4297-5708. Klein und freundlich. ❹–❺

Cabanas Rosbach, Otto Uebel s/n, ✆ 9-6599-0317, 🖂 marisolpuyuhuapi@gmail.com. Schöne Ferienwohnung etwas am Dorfrand, schräg gegenüber der Tankstelle; Frühstück. ❹–❺

ESSEN

Cafe Calafate, Aysén s/n, ✆ 9-7533-6758. Sehr nette Besitzerin, gutes Frühstück, große Portionen. Das Cafe liegt nicht im Dorfkern, daher weniger Laufkundschaft. 🕒 tgl. 8–23.30 Uhr.

Restaurant Misur, Av. Otto Uebel 36, im Zentrum. Leckeres Essen. Es gibt auch Pisco Sour und weitere Cocktails, jüngeres Publikum. 🕒 Mi–Mo 12–23.30 Uhr.

GELD

Es gibt keine Möglichkeit, sich Geld zu beschaffen oder zu wechseln. In den Pensionen werden meist nur chilenische Pesos akzeptiert.

TRANSPORT

Busse

Busse von **Terraustral, Buses Becker** und **Buses Interlagos** fahren 1–2x tgl. nach LA JUNTA (1 Std.), 1–2x tgl. nach CHAITÉN (5 Std.) und 1x tgl. COYHAIQUE (3–4 Std.). Die meisten Busse fahren von der Hauptstraße im Ortskern ab.

Kontakte zu den Busunternehmen, siehe La Junta.

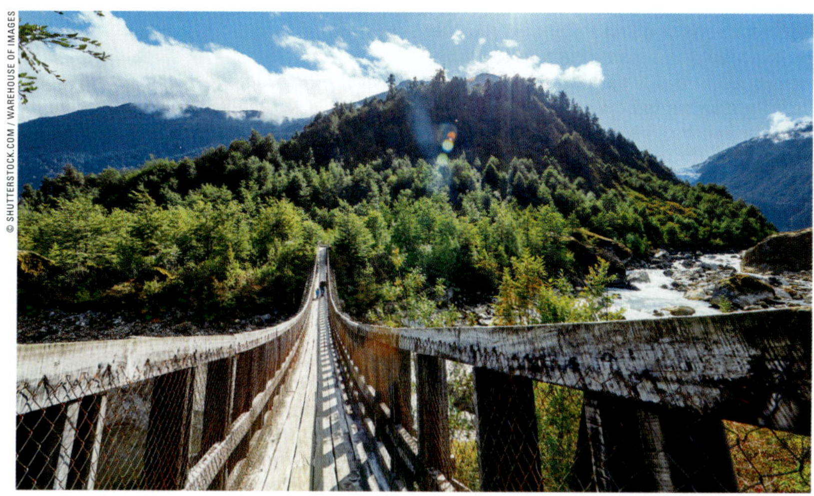

Mutige voraus: spannende Hängebrücke über den Río Ventisquero im Parque Nacional Queulat

Parque Nacional Queulat

Einer der Höhepunkte des nördlichen Abschnitts der Carretera Austral ist der 15 000 ha große Parque Nacional Queulat 20 km südlich von Puerto Puyuhuapi. Ein Kinderspiel, ihn zu erreichen: Es gibt zwar keine öffentlichen Verkehrsmittel zum Parkeingang, aber dieser liegt nur 2,5 km von der Carretera entfernt. Camping 5000 CLP p. P. ✆ 67-2314-128, ⏲ Di–So 9–16.30 Uhr. Letzter Einlass 14.30 Uhr. Eintritt 9000 CLP. Tickets bei 💻 www.aspticket.cl.

Das Innere ist gebirgig, dicht mit Dschungel, Farnen und Bambus bewachsen und von Lagunen und Flüssen durchsetzt. Zwei kurze und ausgeschilderte Wege führen – teilweise fotogen über Hängebrücken – zum Juwel des Parks, dem **Hängenden Gletscher** (Ventisquero Colgante), einem über einer Felsenmauer schwebenden gefrorenen Eisfluss, der in zwei Wasserfällen die **Laguna Témpanos** nährt. Weniger schön ist, in welchem Ausmaß die globale Gletscherschmelze auch den Ventisquero Colgante betrifft: Er hat sich schon um mehrere hundert Meter zurückgezogen. Ende 2022 brach ein riesiges Stück des Gletschers ab. Im Internet gibt's Videos davon.

Der **Sendero Padre García** ist ein schöner Minipfad: Über einen Holzsteig geht es ein kurzes Stück zwischen den Rhabarberpflanzen *(nalca)* und Farnen zu einem Wasserfall von immerhin 70 m Höhe. Der Jesuit Padre García gilt als Entdecker dieses Gletschers. Weitere ausgeschilderte Wanderwege liegen im Süden des Parks, der sich auch gut zur Vogelbeobachtung eignet.

ÜBERNACHTUNG

Posada Estuario Queulat, Ruta 7, direkt am Fjord, ✆ 9-3358-9711, 💻 www.posadaqueulat.cl. 5 wunderschöne Bungalows in verschiedenen Größen, nur mit Halbpension in sehr guter Qualität. Mit gutem Restaurant. Zudem werden viele Aktivitäten angeboten. ❻

Coyhaique

Die 1929 angelegte ehemalige Viehzüchterstadt liegt zu Füßen des basaltenen Cerro Mackay, fast exakt auf der Mitte der Carretera. Sie ist umgeben von einem weiten und recht trockenen Schichtstufenland und einigen sehenswerten

Naturreservaten und Parks. Die Hauptstadt der 11. Region zählt mittlerweile mehr als 60 000 Einwohner. Dreh- und Angelpunkt des attraktiven Coyhaique ist die fünfeckige **Plaza de Armas**, die einen schon mal aus dem Tritt bringt, wenn man sich an die rechteckigen Plazas gewöhnt hat. An einer der Ecken liegt das beliebte Café-Restaurant Chelenko, ein Kunsthandwerksmarkt schließt sich an. Diese Ecke ist Fußgängern vorbehalten und ein guter Orientierungspunkt.

Ein bekannter Treffpunkt ist das **Monumento al Ovejero** in der Avenida Baquedano, ein Denkmal zu Ehren der ersten Siedler. Ein bei den Bewohnern beliebter Ausflug ist ein Spaziergang zur **Piedra del Indio** gleich außerhalb der westlichen Stadtgrenze, einem Felsgestein, das entfernt an ein indianisches Profil erinnert. Zunächst läuft man am Río Simpson entlang, dann über eine Hängebrücke zurück auf die Avenida Norte Sur und zum Río Coyhaique.

ÜBERNACHTUNG

Hostal Las Salamandras, Camino Teniente Vidal KM 2, ✆ 67-2211-865, 💻 www.hostalsalamandras.com. Liegt im Wald etwas außerhalb von Coyhaique. Sieht von außen aus wie ein Pippi-Langstrumpf-Haus aus Holz, sehr rustikal. Nette Atmosphäre, Küchenbenutzung, Parkplatz und eine heiße Badewanne. ❷

El Reloj Hotel, Baquedano 828, ✆ 67-2231-108, 💻 www.elrelojhotel.cl. Kaminfeuer, Samtsessel, Sofas, angeschlossenes elegantes Restaurant. Die Zimmer sind schön und ruhig, große Bäder. Warmherzige Atmosphäre. Parkplatz. ❸–❹

Hotelera San Rafael, Moraleda 343, ✆ 67-2233-733, 💻 www.hotelerasanrafael.cl. Helle und recht geräumige Cabañas mit Kitchenette und gekachelten Bädern auf einem großen Rasengrundstück, Parkplatz. ❹

Hotel Boutique Nomades, Baquedano 84, Ortseingang von Norden kommend, ✆ 67-2237-777, 💻 www.hotelnomades.com. Zwischendurch benötigt man ja auch mal was Feines. Schön dekorierte, helle Zimmer mit Superausblick, gute Matratzen, 2 nette Restaurants, Top-Frühstück inkl. ❻

ESSEN

Amancay, 21 de Mayo 340. Echte patagonische Schokolade, Kuchen, Torten und noch mehr Süßes, Cafeteria. 🕒 Mo–Fr 10–13, 15.30–20 Uhr.

Ambar, im Hotel Nómades, Baquedano 84. Nettes Restaurant mit schöner Terrasse und am Abend Feuer aus der Tonne, gute Pizza, Tablas, Salate. 🕒 Di–Sa 19–2 Uhr.

Café Confluencia, 21 de Mayo 548, 💻 www.fb.com/cafeconfluencia. Jung und modisch im Bistro-Schick, aber mit patagonischen Akzenten und guten, preiswerten Mittagsmenüs. Abends empfehlenswert für einen Pisco Sour. Auch Veranstaltungen. 🕒 Mo–Sa 11–24 Uhr.

€ **Casino de Bomberos**, General Parra 365, ✆ 67-2231-437. Angestellten-Casinos (Kantinen) sind immer eine gute Wahl: prima Option zum Mittagessen. Deftige Menüs für alle zu akzeptablen Preisen. 🕒 tgl. 12.30–17, 19–23.30 Uhr.

La Casona, Baquedano 11, 💻 www.fb.com/CasonaCoyhaique. Empfehlenswerte Fleischgerichte in gutbürgerlichem Ambiente. Gute Weinauswahl. Nicht billig, aber es lohnt. 🕒 Mo–Sa 13.30–23.30, So 12.30–19 Uhr.

Restaurante Chelenko, Horn 48, ✆ 9-5149-3296. Den ganzen Tag über der Treffpunktin der Fußgängerzone. Offener Kamin, Kinderecke, Kuhfellstühle. Sandwiches, Kuchen, Eis und Kaffee. Im 1. Stock historisch möbliert, mit vielen Fotos aus der Gründerzeit Coyhaiques. Klassische Karte, viel Fisch. 🕒 tgl. 10–1.30 Uhr.

SONSTIGES

Bücher

Rincón El Poeta, Gral. Parra 99, 🕒 Mo–Fr 9.30–13.30, 15.30–20, Sa 10–14, 16–19.30 Uhr.

Feste

Im **Februar** findet in der Fußgängerzone, dem Paseo Peatonal Horn, die regionale Mapuche Feria statt.

Geld

Geldautomaten gibt's rund um die Plaza und entlang der Straße Condell.

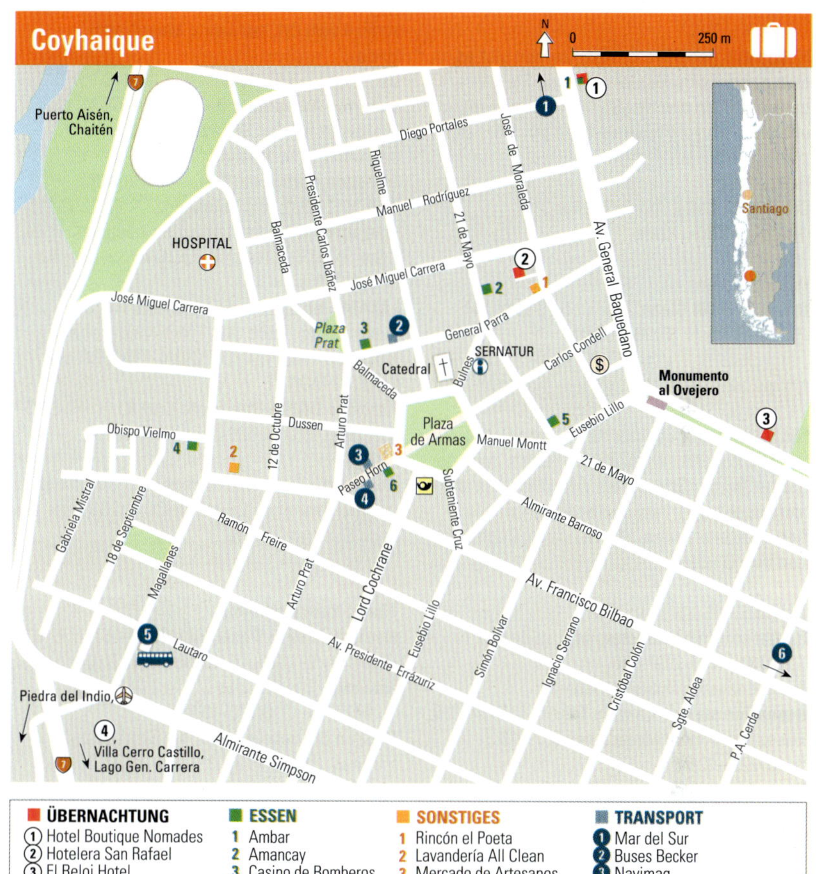

ÜBERNACHTUNG
① Hotel Boutique Nomades
② Hotelera San Rafael
③ El Reloj Hotel
④ Hostal Las Salamandras

ESSEN
1 Ambar
2 Amancay
3 Casino de Bomberos
4 La Casona
5 Café Confluencia
6 Restorante Chelenko

SONSTIGES
1 Rincón el Poeta
2 Lavandería All Clean
3 Mercado de Artesanos

TRANSPORT
❶ Mar del Sur
❷ Buses Becker
❸ Navimag
❹ Naviera Austral
❺ Buses Terraustral, Buses Sao Paulo, Trans Australbus
❻ Buses Carolina (600 m)

Grenzübergänge

Drei offizielle Grenzübergänge nach Argentinien sind von Coyhaique gut zu erreichen:

Paso Pampa Alta, Puesto viejo, 865 m hoch, über Ñirehuao zu erreichen, etwas über 100 km entfernt.

Coyhaique Alto, 795 m hoch, ist der wichtigste Grenzübergang der Umgebung und liegt 45 km östlich von Coyhaique.

Paso Huemules, Balmaceda, 523 m hoch, liegt 55 km südöstlich von Coyhaique, die Straße ist asphaltiert.

Infos auch für die Öffnungszeiten für alle Grenzübergänge bei 💻 www.pasosfronterizos.gov.cl.

Informationen

SERNATUR, Bulnes 35, ✆ 67-2240-298. Viele Broschüren und Infos. 🕒 9–13.30, 14.30–18.30, Sa 10–18 Uhr.

Mietwagen

Neben den gängigen Großkonzernen gibt es eine ganze Reihe lokaler Anbieter. Sie konzentrieren sich an den Straßen Parra, Baquedano und 21 de Mayo. Preise vergleichen lohnt sich!

Post

Correos de Chile, Anfión Muñoz 315. ⌚ Mo–Fr 9.30–17 Uhr.

Wäschereien

Lavandería All Clean, Francisco Bilbao 144. ⌚ Mo–Fr 10–12.30, 16–19 Uhr.

TRANSPORT

Für Selbstfahrer beginnt südlich von Coyhaique der abenteuerliche Teil der Carretera, denn der größte Teil der Strecke bis Villa O'Higgins ist nicht asphaltiert. Tankstellen finden sich in Cerro Castillo, Puerto Río Tranquilo, Cochrane und Villa O'Higgins.

Busse

Es gibt ein kleines **Busterminal** an der Av. Norte Sur 1280, ✆ 67-2237-596.
Die wichtigsten Busunternehmen:
Buses Terraustral, Lautaro 143, ✆ 67-2254-335,
Buses Sao Paulo, Magallanes 607-645, ✆ 67-2255-726,
Trans Australbus, Lautaro 109 Oficina G, ✆ 67-2232-067, 💻 www.transaustralbus.com. Nach PUERTO MONTT Fr um 14 Uhr, nach COMODORO RIVADAVIA in Argentinien Mo und Fr um 9 Uhr.
Buses Suray, ✆ 67-2336-230.
Buses Becker, General Parra 335, ✆ 67-2232-167, nach CHAITÉN, FUTALEUFÚ, PTO. MONTT und PTO. NATALES
Buses Sao Paulo, 💻 www.busessaopaulo.cl, ✆ 67-2255-726, u. a. tgl. um 8 Uhr nach COCHRANE (7 Std.,18 000 CLP).
Buses Carolina, Diego de Almagro 1633, ✆ 9-8952-1529. 5x wöchentl. nach PUERTO INGENIERO IBÁÑEZ.

Flüge

Wegen der Windverhältnisse dürfen auf dem **Stadtflughafen Teniente Vidal**, 3 km südlich vom Ort, nur kleine Maschinen landen.
Der Flughafen für Jets ist der etwa 80 km entfernte **Aeropuerto Balmaceda (BBA)**, ein Drehkreuz für den Süden. 💻 www.aeropuertodebalmaceda.cl.
Transport dorthin mit **T&T**, Cochrane 387, ✆ 9-9312-3939, und **Velasquez**, ✆ 67-2250-413. Platz im Minibus am Tag vorher bestellen. 1 Std., 9000 CLP. Nach PUERTO AYSÉN 14 000 CLP.
LATAM, **Jetsmart** und **Sky Airline** fliegen mehrmals tgl. nach SANTIAGO und mehrmals wöchentl. nach CONCEPCIÒN, TEMUCO und PUERTO MONTT.
Aerovías DAP, Subteniente Cruz 63, ✆ 61-2229-936, fliegt Di um 14.30 Uhr nach PUNTA ARENAS.
Aerocord, 💻 www.fb.com/aerocord.cl, fliegt 3x wöchentl. nach CHILE CHICO am Südufer des Lago General Carrera.

Schiffe

Ticket-Verkaufsbüros
Naviera Austral, Paseo Horn 40, ✆ 67-2210-638, ⌚ Mo–Fr 9–12.30, 15–18, Sa 10–12.30 Uhr.
Navimag, Eusebio Lillo 91, ✆ 2-2411-2650, ⌚ 9–13, 15–19, Sa 10–13 Uhr.
RVC, im Busterminal über die Straße Las Violetas. ⌚ Mo–Fr 8–13, 14.30–18.30, Sa 9–12, 14–17 Uhr, 💻 www.empresasrvc.cl. Für den Lago General Carrera Puerto Ibáñez–Chile Chico (2 1/4 Std.). Im Winter 1x tgl., im Sommer 2x tgl. Unbedingt reservieren, besonders wenn man mit dem Auto im Sommer unterwegs ist.

Entlang des Río Simpson

Die Landstraße zwischen Coyhaique und Puerto Aisén hält einen Rekord: Sie ist die älteste Straßenverbindung hier im Süden. Gebaut wurde sie 1904, als Puerto Aisén noch Hafen war und Coyhaique Versorgungszentrum für die Schafzüchter. Sie führt den Río Simpson entlang durch die chilenische Pampa und Tafelberglandschaft, um plötzlich zwischen Kuppelbergen, Nalca- und Bambushainen zu enden. Dieser dramatische

Landschaftswechsel auf knapp 100 km macht die Fahrt allein schon unterhaltsam.

15 km südlich von Coyhaique liegt der 1928 gegründete Ort Valle Simpson. Hier ist das bescheidene **Museo de la Colonización** mit Ausstellungen, alten Gebrauchsgegenständen und Fotos der Urbewohner zu finden. ⌚ Mo–Sa 10–13, 14.30–18.30 Uhr.

Nordöstlich von Coyhaique liegen mehrere kleine Naturreservate, die durch das Gebirgsmassiv Fraile begrenzt werden. Hier liegt die Wasserscheide, auf der anderen Seite Argentinien und jenseits davon Coyhaiques bescheidene Skigebiete. Zu beiden Seiten der Grenze breiten sich riesige Ländereien aus, besonders bei Ñirehuao und Baño Nuevo. Eine Abzweigung führt dorthin und weiter zum Grenzübergang Paso Pampa Alta. Weiter nördlich kultivieren Kleinbauern und Minilandbesitzer den Boden.

Das Viehzucht- und Weideland wechselt mit bunten Lupinenfeldern. Die Kulturlandschaft erinnerte mit ihren vielen Pappeln, den lichten Südbuchenwäldern und Zypressen beinahe an die Toskana, wenn die schneebedeckten Gletscherfelder im Hintergrund nicht wären. Die Schneeschmelze bringt sehr schöne Wasserfälle hervor, die beeindruckendsten heißen **Salto Virgen** und **Salto Vela de la Novia**.

Reserva Nacional Coyhaique

Dieses Naturreservat von 2676 ha in den Bergen von Coyhaique umschließt von Farnen und Bambushainen durchsetzte Südbuchenwälder. Mehrere Lagunen sprenkeln die Reserva, die schönste heißt **Laguna Venus**. Hier kann man campen oder in einfachen, toll gelegenen Bungalows übernachten, die die CONAF verwaltet. Ein Weg führt hinauf zum Gipfel des **Cerro Cinchao** (1361 m), ein Teil ist als Sendero de Chile ausgewiesen, 💻 www.senderodechile.cl. Die CONAF hat zusätzlich mehrere Wanderwege angelegt. ⌚ Di–So 9–14.30 Uhr. Schließt um 16 Uhr. Eintritt 7000 CLP.

Jenseits des Tunnels El Farellón beginnt die **Reserva Nacional** Río Simpson mit Wäldern aus Arrayanes. Ein interessantes Beispiel für den Alltag der ersten Siedler ist die **Casa de Piedra**, ein Steinhaus, das aus nicht mehr als einem Felsvorsprung besteht. Hier rollten sich die Reisenden in ihre Decken ein, wenn sie auf dem Viehtrieb nach Puerto Aisén übernachteten. Auf der anderen Seite des Flusses sieht man das Naturschauspiel der *pizzaras grandes*, große Schieferplatten, an denen das Wasser entlangläuft.

Naturpark Aiken del Sur

Der von Sümpfen durchsetzte Privatpark am Lago Riesco ist 250 ha groß und liegt ebenfalls an der Straße zwischen Coyhaique und Puerto Aisén. Der gepflegte Park steht voller Arrayanes, dem lorbeerblättrigen Maqui, Tineo, Ñirre (eine Südbuchenart) und Fuchsien und verfügt über drei einfache Wege zwischen einer Stunde und drei Stunden Dauer mit vielen Informationstafeln und schön angelegten Aussichtsplattformen. Eintritt frei.

ÜBERNACHTUNG

Entlang der Carretera Coyhaique–Puerto Aisén bieten sich verschiedene Übernachtungsmöglichkeiten, u. a.:

Los Torreones Lodge, KM 37, ✆ 9-9829-3263, 💻 www.flyfishpatagonia.com. Mit einem tollen Ausblick auf den Río Simpson liegt diese bei Fliegenfischern beliebte Lodge fantastisch. Angeboten werden Mehrtagespakete mit hervorragenden frischen Mahlzeiten. ❻

Puerto Aisén

Über den Flusshafen von Puerto Aisén am Río Simpson wurden früher der Weizen und andere landwirtschaftliche Güter verschifft, die die Pioniersiedler angebaut hatten, nachdem der Boden brandgerodet worden war. Noch heute sieht man die Brandspuren, die sie hinterließen, wenn man von Coyhaique kommt – ein Thema, das den gesamten Süden betrifft. Das 1904 gegründete Örtchen (28 000 Einw.) ist die ältere Schwester von Coyhaique, das ihm allerdings bald den Rang ablief, als der Flusshafen infolge der zahlreichen Abholzungen verlandete und damit die Verbindung zur Außenwelt gekappt war. In den 1960er-Jahren wurde es Opfer einer Flutkatastrophe, die viele Häuser mit sich fortriss. Tsunami-Straßenschilder weisen heute auf eine Evakuierungsroute hin.

Der Hafen liegt zwischen ellipsenförmig aufsteigenden, dicht bewaldeten Bergen. Knallbunt bemalte Fischerboote schaukeln auf den Wellen. Die **Calle Sargento Aldea** zieht sich als Hauptstraße durch den Ort. An ihr reihen sich Geschäfte, Fischläden, eine Einkaufsgalerie, Telefonzentralen und Cafés aneinander. Die **Plaza** wird von hochgewachsenen Kastanien geschmückt – hier steht das älteste Haus von Aisén, die Banco Estado. Puerto Aisén bietet nicht den Trubel und die Infrastruktur von Coyhaique, trotzdem kann man es sehr gut als Standort für Ausflüge nutzen, z. B. in die Reserva Nacional Coyhaique (S. 409). Zum wichtigen Fährhafen Puerto Chacabuco liegt es 70 km näher als die Provinzhauptstadt. Mit ihm ist es durch eine stählerne Brücke verbunden.

ÜBERNACHTUNG

Hospedaje Marclara, Carrera 970, ✆ 9-7970-3213. Einfache, kleine, ein bisschen dunkle Zimmer, untergebracht in einem Familienhaus. Die DZ sind besser als die EZ. Das dazugehörige Restaurant ist sehr familiär, mit Couch und Fernseher, und kann unabhängig von der Unterkunft aufgesucht werden. ❷

€ **Hostal Hudson**, Teniente Merino 1080, ✆ 9-9439-1571, 💻 www.hostalhudson.cl. Große helle Räume, schöner Aufenthaltsraum und Küchenbenutzung in dieser ordentlichen Unterkunft. Parkplatz, komplettes Frühstück inkl. Zimmer mit/ohne eigenem Bad ❷–❸

Hotel Aysén Patagonia, Sargento Aldea 560, nahe Plaza de Armas, ✆ 67-2330-928, 💻 www.hotel-aysenpatagonia.cl. Anständiges Hotel mit 14 sauberen Zimmern, Parkplatz, Frühstücksbüffet inkl. ❸–❹

Patagonia Green, Camino Lago Riesco, ✆ 9-8364-6120, 💻 www.patagoniagreen.cl. Eine weite Anlage mit Garten, sehr gut für Kinder geeignet – die Besitzer haben selbst Kinder. Hat ein Haupthaus mit gemütlich eingerichteten Zimmern und mehrere attraktive Luxus-Cabañas. Rosengarten. Ausflugsorganisation. ❹–❺

ESSEN UND UNTERHALTUNG

Casino de Bomberos, Teniente Merino 600, 💻 www.fb.com/dondelamanena. Direkt an der Plaza. Angestelltenkantinen sind immer eine gute Wahl, besonders zum Mittagessen. Deftige Menüs zu akzeptablen Preisen. ⌚ tgl. 12.30–16 Uhr.

Patagonia Green, im gleichnamigen Hotel, an der Straße zum Lago Riesco, ✆ 67-2336-796, 💻 www.patagoniagreen.cl. Recht ansehnliche Speisekarte, es werden hauptsächlich Produkte aus der Umgebung verwendet, lecker! ⌚ Mo–Fr 12.45–14.30, 19.45–22 Uhr.

Es gibt viele *boites* und *cantinas* in Puerto Aisén sowie kleine, bescheidene Nachtclubs.

SONSTIGES

Geld

Banco Estado an der Plaza, mit Geldautomat.

Informationen

Touristeninformation, Calle Carrera, 50 m östlich der Plaza de Armas, ✆ 67-2336-565. ⌚ Mo–Do 8.15–13.30, 14.15–17.30, Fr 8.15–16.30 Uhr.

TRANSPORT

Busse

Buses Saray, ✆ 67-2336-230, fährt alle drei Stunden und **Buses Ali**, ✆ 67-2232-350, 4x tgl. nach COYHAIQUE (1 1/4 Std.). Nach PUERTO CHACABUCO fahren Taxis.

Puerto Chacabuco

Am Fjord des Aisén liegt Puerto Chacabuco, umrahmt von kegelförmigen, mit Wald überzogenen Bergen, die typisch für diese Region sind. Puerto Chacabuco ist einer der wichtigsten Passagier- und Frachthäfen, aber klein und nicht schön. Alle **Routen** beginnen hier; besonders fleißig wird die Strecke Puerto Montt–Puerto Natales am Nationalpark Torres del Paine bedient. Und der **Hafen** ist Ausgangspunkt für Besuche der Laguna San Rafael (S. 411). Puerto Chacabuco liegt nur 15 km von Puerto Aisén und 85 km von Coyhaique entfernt. Die Busfahrpläne richten sich nach den Fähren. Wer nicht bleiben muss, ist in Puerto Aisén und Coyhaique viel besser aufgehoben. Es gibt eine **Tankstelle**.

ÜBERNACHTUNG

Hotel Loberías del Sur, José Miguel Carrera 50, 67-2351-112, www.loberiasdelsur.cl. Freundliches Hotel mit 60 sehr komfortablen Zimmern, Cafeteria, Restaurant und Bar. Bieten Touren zur Laguna San Rafael, Ensenada Pérez und zum Parque Nacional Queulat an. ❹–❺

TRANSPORT

Nach Puerto Aysén fahren Taxis, von dort Busse nach Coyhaique und weiter zum Flughafen Balmaceda.

Schiffe

Naviera Austral, Terminal de Transbordadores s/n, www.navieraustral.cl, 67-2351-493. Mo–Fr 9–13, 15–19 Uhr.

Parque Nacional Laguna San Rafael

Ewiges Eis, von Eisbergen besetzte Flüsse und vergletscherte Gipfel von über 4000 m Höhe machen diesen 1,74 Mio. ha umfassenden Nationalpark und Biosphärenreservat der Unesco zu einem kostbaren Solitär. Der größte Teil des Parks bedeckt die Halbinsel Taitao, und er umschließt auf dem Festland eine der herausragendsten Landschaften des (zugänglichen) Südens: die **Laguna San Rafael** vor der 60 m hohen und 3 km breiten Gletscherwand des **Ventisquero San Rafael**. Man kann sie lediglich mit dem Boot vom 82 km entfernten Puerto Chacabuco erreichen. Wer dorthin aufbricht, muss sein Ticket aber schon in der Tasche haben – die Reise ist teuer, doch sehr begehrt und in der Saison ohne Vorausbuchung nicht zu machen. Von **Puerto Tranquilo** aus gibt es eine Schotterpiste zur **Bahia de los Exploradores**, die letzten 2 km bis zum Landesteg fehlen noch und müssen mit einem Boot zurückgelegt werden. Vom Steg startet dann die Fahrt von etwa 4 Std. zur Laguna San Rafael (s. o.).

Diese Tour wird von **Destino Patagonia**, 9-8822-9491, www.destinopatagonia.cl, angeboten. Sie bieten die Tour als Full-Day (180 000 CLP), mit einer Übernachtung (330 000 CLP) oder mit zwei Übernachtungen (460 000 CLP). Mit dem Schiff erreicht man die nahezu kreisrunde Laguna San Rafael zunächst über Kanäle, an deren Ufern immer mal wieder ein Fischerboot zu sehen ist, dann über den flaschenhalsschmalen Río Tempano, um genau gegenüber dem Ventisquero San Rafael zu ankern. Bereits auf dem Weg durch den Fluss sind die unverwechselbaren Lautsignale der Gletscherwand zu vernehmen: In diesem blaugeäderten Eiswall knirscht es ständig und dauernd stürzt etwas herab oder bricht ein. Die Gäste der Katamarane und Schiffe werden mit Schlauchbooten in die von Eisbergen übersäte Lagune gebracht.

Was so unberührt aussieht, leidet trotzdem. Alle, die hier eine Führung leiten, beklagen in deutlichen Worten den Rückgang des Ventisquero San Rafael. Dass die Tierwelt (die sehr seltenen Zwerghirsche, Wölfe, Nutrias, Schwarzhalsschwäne und Kondore) unter den Charterflügen, die von Veranstaltern aus Coyhaique angeboten werden, zusätzlich leidet, versteht sich von selbst.

Dieser Ausflug gehört zu den aufregendsten, die man in der Region unternehmen kann, vorausgesetzt, das Wetter spielt mit. Bis zu 5000 mm Niederschläge im Jahr werden hier gemessen. Was so unberührt aussieht, leidet trotzdem. Jeder, der hier eine Führung leitet, beklagt in deutlichen Worten den Rückgang des Ventisquero San Rafael. Dass die Tierwelt (die sehr seltenen Zwerghirsche, Wölfe, Nutrias, Schwarzhalsschwäne und Kondore) unter den Charterflügen zusätzlich leidet, die von Veranstaltern aus Coyhaique angeboten werden, versteht sich von selbst.

VERANSTALTER

Hotel Loberías del Sur, in Puerto Chacabuco, José Miguel Carrera 50, 67-2351-112, www.loberiasdelsur.cl. Tagesausflug US$220–315 von Puerto Chacabuco aus.

Lago Elizalde und der Paseo de las Seis Lagunas

Sechs Seen und Lagunen ruhen zwischen Feldern und Hügeln rechts und links der Carretera Austral auf dem Weg in den Süden. Man kann sie auf einer eintägigen Rundfahrt besuchen. Guter Auftakt: das Museum in **Villa Simpson**, das ganz einfach vom Alltag seiner Bewohner erzählt – mit schönen Schwarz-Weiß-Porträts, Möbeln, einer kleinen naturkundlichen Schau (in der Schule, einfach reingehen).

Von dort geht es über eine Abzweigung hinunter zur von Binsen eingefassten **Laguna Espejo**, in der sich bei gutem Wetter die Mittelgebirgslandschaft spiegelt. Nach 28 km durch Viehzuchtgebiet, gesäumt von Pappelalleen, Kiefernhängen und felsigen Gebirgsflanken, die schon Teil der Reserva Nacional Cerro Castillo sind (S. 414), neigt sich die Straße zum tiefgrünen **Lago Elizalde**, auch er eine reine Idylle. Die Chilenen holen Regenbogenforellen aus seinem klaren Wasser. An verschiedenen Stellen kann man Bungalows und Boote mieten.

Die Fahrt kann fortgesetzt werden zum **Lago Borrosa**, **Lago Claro**, **Laguna Cea** und dem **Lago Atrevesado** (nach insgesamt 134 km). Damit eine Rundfahrt draus wird, fährt man die Strecke wieder zurück zum Lago Elizalde und am Stadtflughafen von Coyhaique vorbei in den Ortskern zurück.

Lago General Carrera

Für viele beginnt hier der schönste Abschnitt der Carretera Austral. Durch die Pampa südlich von Coyhaique gleitet sie asphaltiert in weiten Bögen über die **Cuesta del Diablo** und den **Paso Ibáñez** (mit Aussichtsterrasse) hinunter zu einem Kleinod des Südens, dem Lago General Carrera, mit sagenhaften 1671 km² der zweitgrößte See Südamerikas. Das breite Tal, in dem der See ruht, ist glazialen Ursprungs. Nur eine Hälfte des Sees befindet sich in Chile, die andere in Argentinien, wo der See Buenos Aires heißt. Die meisten Leute, die hier wohnen, züchten Vieh, denn was auf den Markt will, muss selbst dorthin gelangen können, sagen sie. Sie lieben wie die Argentinier den Mate-Tee, tragen die *boina* (die Gaucho-Baskenmütze), und pflegen dieselben Bräuche. In dieser Region siedelten (und siedeln) Pioniere. Der Verkehr wurde über kleine Häfen abgewickelt. Eine **Fähre** kreuzt heute zwischen Puerto Ingeniero Ibáñez und Chile Chico, ab und an werden in der Sommersaison für Touristen Kreuzfahrten veranstaltet. Wenn man die Fähre auf der Route in den Süden nutzen möchte, dann muss man im Sommer sehr rechtzeitig reservieren.

Der See schillert je nach Lichteinfall in den tiefsten Tuschkastenblaus und -grüns. Schluchtartige Kordillerentäler, das nördliche Eisfeld mit den Gletschern San Valentin und San Rafael und dem Valle de los Exploradores, Gipfel über 4000 m, Nebelwälder, Wasserfälle, Lagunen, knallgrüne stromschnellenreiche Gletscherflüsse und Zeugen einer Jahrtausende alten Kultur liegen an seine Ufer geschmiegt und bieten genügend Anreize, hier mehr als eine Woche kletternd, laufend, Kajak fahrend, reitend – und staunend – unterwegs zu sein. Durch die besondere Lage hat sich in manchen Bereichen ein eigenes Mikroklima herausgebildet; es ist milder und weniger windig. Großformatige Anzeigentafeln der Bewegung Patagonia Chilena sin Represas pflastern den Straßenrand und bitten darum, dass niemand die Natur schädigen möchte – absolut nachvollziehbar.

Von Coyhaique erschließen zwei gut ausgebaute Straßen den See. Die östliche führt hinunter nach **Puerto Ingeniero Ibáñez** (S. 414). Von dort kann man am Seeufer entlang nach Argentinien gelangen oder mit der Fähre ans südliche Seeufer nach **Chile Chico** (S. 417) fahren. Die andere Straße erschließt den Westen und verbindet die Häfen **Puerto Murta**, **Puerto Tranquilo** (S. 414) und **Puerto Guadal** (S. 416). Ans südliche Ufer ist eine spektakuläre und recht spannende Strecke nach Chile Chico gelegt worden.

Villa Cerro Castillo

Das Denkmal von Villa Cerro Castillo zeigt einen Vaquero im kurzen chilenischen Poncho mit seinem Hütehund an der Seite. Beide blicken in Richtung des 2675 m hohen Cerro Castillo, der dem stimmungsvollen Viehzüchterdörfchen zwischen Matten, Steppengras, Schafweiden, Bergen und Feldern seinen Namen gegeben hat. Das Dorf existiert erst seit 1996 und verfügt über alles Wichtige: eine Touristeninformation am Ortseingang, wenn man von Coyhaique herkommt, einige Unterkünfte und Restaurants. Hier endet der Asphaltbelag der Carretera.

ÜBERNACHTUNG UND ESSEN

Senderos Patagonia, Carr. Austral, KM 100, ✆ 9-6224-4725, 💻 www.aysensenderospatagonia.com. Am Ortsausgang in Richtung Süden. Das Hostel verfügt über zwei Schlafsäle mit Küche, Aufenthaltsraum und warmen Duschen. Der Campingplatz hat ein separates Waschhäuschen. Top-Ausflüge.

La Casona, Sector Bajada Ibañez, ✆ 9-9138-9084. 15 Autominuten außerhalb des Ortes an der X65 Richtung Puerto Ingeniero Ibáñez. Sehr schöner Blick vom Garten auf den Cerro Castillo, sehr nette Besitzerin, die morgens das Frühstück zubereitet ❺

Restaurant La Querencia, O'Higgins 522, 💻 www.restaurantlaquerencia.cl. Gepflegtes Restaurant mit ebensolchen Speisen: klein, aber fein. 🕒 tgl. 8.30–21 Uhr.

Auch im Restaurant **Villarrica**, O'Higgins 592, kann man gut essen. 🕒 Mo–Fr 10–21 Uhr, Sa und So ab 12 Uhr.

SONSTIGES

Villa Cerro Castillo verfügt über eine Tankstelle und Supermärkte.

Aktivitäten

Wer ausreiten, wandern oder einmal patagonisches Lamm am Spieß essen möchte, fragt in seiner Unterkunft und in den Supermärkten nach. Es wird gerne organisiert.

Feste

Alljährlich im **Februar** wird ein stets gut besuchtes **Regionalfest** mit zahlreichen Wettbewerben veranstaltet – Villa Cerro Castillo ist dann der Nabel der Welt. Unbedingt mitmachen!

Zu essen gibt es selbstgemachte Empanadas und Lamm am Spieß.

Kombinierte Reit- und Wandertour

Senderos Patagonia, Carretera Austral, KM 100, 💻 www.aysensenderospatagonia.com. Kombinierte Reit- und Wandertour zur Lagune des Cerro Castillo. Keine Reiterfahrung notwendig. Zunächst geht es ungefähr 1 1/2 bis 2 Stunden per Pferd in den Nationalpark Cerro Castillo. Man reitet durch schöne Südbuchenwälder und über Wiesen und hält an tollen Aussichtspunkten. Anschließend geht es ca. 1 bis 1 1/2 Stunden zu Fuß weiter zur Lagune am Fuß des Cerro Castillo. Senderos Patagonia betreibt auch ein Hostel und einen Campingplatz.

TRANSPORT

Busse

Buses Sao Paulo, ✆ 67-2255-726, und **Acuario 13**, ✆ 67-252-2143, fahren je 1x tgl. nach COYHAIQUE (1 1/2 Std.).

Buses Sao Paulo fährt auch 2x tgl. nach COCHRANE (6 Std.).

Die Umgebung von Villa Cerro Castillo

Monumento Nacional Cueva de las Manos

Die nomadisierenden Tehuelche besiedelten diese Gegend bereits in der Jungsteinzeit. Es ist allerdings noch nicht allzu lange her, dass Zeugnisse aus dieser Epoche entdeckt und dokumentiert worden sind. Eines davon ist die grandiose Cueva de las Manos („Höhle der Hände"), die sich nur 4 km südlich von Villa Cerro Castillo oberhalb des Río Ibáñez befindet. Der Weg ist ausgeschildert.

Der aus Santiago stammende Alexis hat ein kleines **Informationszentrum** eingerichtet und führt zu den Handmalereien und Abdrücken, die lediglich durch ein paar Seile gesichert sind. Es handelt sich um Positiv-Negativ-Abdrücke in verschiedenen Ocker-, Rot- und Brauntönen; die Farben gewannen die Tehuelche aus Eisenoxid. Die frühesten entstanden um 9000 v. Chr. Darunter findet man auch viele Abdrücke von Kinderhänden. Das „Wahrzeichen" der Region jedoch ist ein stilisiertes Guanakoweibchen. Die *cueva* ist eigentlich keine Höhle, sondern besteht aus tief herabhängenden Felsvorsprüngen, die als Unterschlupf gedient haben mögen. Auch auf argentinischer Seite hat man diese Handabdrücke gefunden. Sie befinden sich in Höhlen an der Schlucht des Río Pinturas.

Parque Nacional Cerro Castillo

Der Eingang befindet sich bei KM 57 auf der Carretera Austral von Coyhaique herkommend. Der Parque Nacional Cerro Castillo (134 000 ha) gilt vielen als das schönste Trekkinggebiet von ganz Chile. Es gibt kurze Wanderwege, die allerdings spärlich ausgeschildert sind. Der unbestreitbare Höhepunkt ist das Ersteigen des **Cerro Castillo**, eines dramatisch gezackten Basaltmassivs, dessen charakteristische Türme und Zinnen Produkt der glazialen Erosion sind. Den Gipfel sollte man am besten in einer geführten Wanderung erklimmen (in der Unterkunft danach fragen), denn man kann sich sehr leicht verlaufen. Ein Weg zum Aufstieg führt am Paradas-Fluss entlang, der andere beginnt bei Las Horquetas. Für die Besteigung braucht man sechs Tage.

Es gibt aber auch Programme, bei denen der Gipfelsturm ausgespart bleibt und man in der Reserva wandert, tgl. etwa 5–7 Std. Übernachtet wird in Zeltcamps. Um zu den verschiedenen Zielen im Park zu gelangen, gelten die folgenden Einlasszeiten: 🕒 7–16 Uhr zum Camping Porteadores, 7–12 Uhr für den Mirador Laguna Cerro Castillo, und von 7–13 Uhr für den Zugang Las Horquetas an der Ruta 7, um genug Zeit zu haben, zum Camping El Turbio zu gelangen. Eintritt 8200 CLP.

Puerto Ingeniero Ibáñez

Das 2000-Einwohner-Dörfchen am Río Ibáñez besteht seit 1925 und ist damit eins der ältesten der Region. Strategische Bedeutung erhielt es als Fährhafen nach Chile Chico am Südufer und durch die Straße hinüber nach Argentinien, die 1956 gebaut wurde. Der Verlauf der Carretera Austral lässt es buchstäblich links liegen, doch es empfiehlt sich als guter **Ausgangspunkt** für den Parque Nacional Cerro Castillo und die Cueva de las Manos. Ein Kiosk an der Plaza ist für touristische Auskünfte reserviert; in den anderen wird Kunsthandwerk verkauft. Die einheimischen Frauen sind für ihre guten **Marmeladen** aus lokalen Früchten bekannt, die man in den hiesigen Läden bekommt.

TRANSPORT

Busse

2 x tgl. mit **Buses Acuña**, ✆ 67-2251-579, und mit **Buses Carolina**, ✆ 9-8952-1529, von Puerto Ibáñez nach COYHAIQUE (2 Std.).

Schiffe

Mit der Fähre nach CHILE CHICO (3 Std., 2400 CLP p. P.), 1–2x tgl. Eine Stunde vor Abfahrt am Fähranleger sein, mit Pkw 2 Std. Dann auch besser weit im Voraus reservieren.

RVC, 💻 www.empresasrvc.cl. Büro im Busbahnhof in Coyhaique.

Puerto Río Tranquilo

Puerto (Río) Tranquilo ist einer der Häfen, über den früher der Personen- und Warenverkehr abgewickelt wurde. Heute liegt er einfach nur an der Carretera Austral, und viele Einwohner leben vom Tourismus. Die Lage ist gut, denn es lassen sich von hier aus verschiedene, wirklich grandiose Ausflüge unternehmen. Das winzige, flache Puerto Tranquilo besteht aus lediglich vier Häuserreihen entlang des verschilften Ufers und vielleicht sechs Querstraßen. Aber: Es liegt unterhalb des Campo de Hielo San Valentin und seinem Vorgebirge, und der Cerro Castillo ist auch nicht weit. Die Catedral de Mármol und die Capilla de Mármol, Meeresgrotten aus Marmor, sind von Puerto Tranquilo im Handumdrehen aus zu erreichen.

ÜBERNACHTUNG

Cabañas Valle Exploradores, Los Arrayanes, Ecke Pedro Lagos, ✆ 61-2614-681, 💻 www.explorandopatagonia.cl. 6 schön ausgestattete Bungalows mit je 2 Zimmern, jedes mit Bad, Küche und Terrasse. Viele Tourenangebote, z. B. zur Laguna de San Rafael. ❺

 **El Puesto**, Pedro Lagos 258, ✆ 9-6207-3794, 💻 www.elpuesto.cl. Das sehr anheimelnde Hotel hat 9 Zimmer, alle mit Bad. Das ganze Haus ist mit Naturmaterialien ausgestattet. Man sollte im Voraus buchen, gutes Tourenprogramm. ❺–❻

EINKAUFEN

Die **Souvenirs** der Gegend sind ein Schnaps aus Calafate-Beeren, dicke handgestrickte Wollsocken und -mützen. Den *licor de calafate* gibt es in den Supermärkten, die Wollsachen – und weitere Handarbeiten – in der Casa del Turista.

Supermärkte verkaufen frisch gebackenes Brot *(pan amasado)*, Kekse, Obst, Gemüse, Wein sowie Kleidung und Schuhe.

Kleine Rundfahrt

Folgt man ab Puerto Ibáñez dem **Río Ibáñez** 6 km weiter in den Westen, kommt man zu einem prachtvollen Wasserfall, der in drei Stufen in kleine Becken stürzt, und später zu einigen Felsüberhängen, in denen sich alte Felszeichnungen befinden sollen. Am Flussufer wird ein indianisches Bestattungsfeld vermutet. Diese Strecke lässt sich leicht erlaufen.

Wer mit dem Wagen unterwegs ist, folgt danach einer Abzweigung zur **Halbinsel Levican** (Strände und super Aussicht), später kommt man über eine Gabelung (linke Straße nehmen) zum tiefblauen **Lago Lapparent**. Durch Weide- und hügeliges Waldland führt die Schotterpiste zur **Laguna Verde**. Von dort gelangt man an den kurzen Fußweg zur **Cueva de las Manos** und nach **Villa Cerro Castillo**. Die Rückfahrt nach Puerto Ibáñez einkalkuliert, braucht man etwa sechs Stunden.

TRANSPORT

Busse

Busse nach:

COCHRANE (3 Std.), 1x tgl. mit **Buses Sao Paulo**, ✆ 67-2255-726 (12 000 CLP),

COYHAIQUE (4–5 Std.), ca. 3x tgl., mit **Buses Sao Paulo** (15 000 CLP).

Die Umgebung von Puerto Tranquilo

Catedral und Capilla de Marmól

Die beiden Marmorgrotten liefern ein schönes Naturschauspiel. Der stete Wellengang auf dem See erzeugt Aushöhlungen im Gestein, das je nach Algenkonzentration in den stärksten Blau-, Silbergrau- und Weißschattierungen schillert, die durch Lichteinfall noch intensiviert werden. Mit dem Boot kann man in die **Höhlen** hineinfahren, muss aber im Boot bleiben, denn die Höhlendecke ist nicht höher als 1 1/2 m. Im Sommer, wenn der Wasserstand niedrig ist, kann man darin herumlaufen. Der Ausflug wird vormittags unternommen, dann ist der Wellengang noch nicht so hoch und man kommt gut in die Höhlen hinein.

Etwa 8 km südlich von Puerto Tranquilo geht nach links eine recht steile Stichstraße ans Seeufer, von dem **Touren** zu den „Kapellen" angeboten werden. Wer In Hochsaison ohne Reservierung kommt, muss warten, evtl. bis zum kommenden Tag, da die Kapazitäten sehr beschränkt sind. Man kann auch ein Kanu mit Guide mieten und damit eine etwa 2-stündige Tour zu den Capillas starten. Unbedingt wasserdichte Kleidung anziehen. Schutzplanen bei allzu unruhigem Seegang gibt's in den Booten.

Ruta de los Ventisqueros

Ruta de los Ventisqueros, „Straße der Gletscher", ist als Beschreibung nicht zu hoch gegriffen. Hier dient die komplizierte Straßenführung – beginnend bei Puerto Tranquilo – der Erschließung landschaftlicher Schönheiten und weniger der entlegenen Ortschaften; der Weg endet nahe der Laguna San Rafael

(S. 411). Bereits nach 8 km am Lago Tranquilo rückt der erste Abgesandte des **Campo de Hielo San Valentin** in Sicht. Es folgen Wasserfälle und Felsvorsprünge, umrahmt von undurchdringlichem Urwald, und nach 38 km ein imposanter hängender Gletscher. Eine halbe Stunde Wandern, mehr ist es nicht zum Glanzlicht **Mirador Glaciar Exploradores** am Moränensaum des majestätischen San Valentin, dem mit 4058 m höchsten Massiv Patagoniens. Hier beginnt ein fünfstündiges Eistrekking (angeboten vom Hostal El Puesto in Puerto Tranquilo (S. 414).

Puerto Guadal

Bevor die Carretera Austral existierte, war das 1936 gegründete Puerto Guadal ein kleiner Vorposten, der die wichtigsten Dienstleistungen für Landbesitzer und Viehzüchter am Río Baker und in Richtung Cochrane versammelte. Jetzt wird es durch zwei wichtige Straßen mit dem Rest der Welt verbunden: Die eine führt hinunter nach Villa O'Higgins, die andere nach Chile Chico, Grenzstädtchen zu Argentinien. Von dort kann man nach Perito Moreno weiterreisen, einem Drehkreuz für das weite Estancia-Land Argentiniens. Die Strecke an sich ist schon spektakulär; sie führt durch Schluchten, an dramatischen Felsvorsprüngen vorbei, und man hat immer wieder berauschende Ausblicke auf den **Lago General Carrera**, an dessen Ufer bedeutungslos gewordene Häfen liegen. Eine solche Fahrt wird von Reiseveranstaltern angeboten, einfach in den normalen Linienbus setzen geht aber genauso gut.

An der **Plaza** liegen die Stadtverwaltung mit einem Gesundheitsposten, eine Telefonvermittlung und eine Eisenwarenhandlung, die auch Kleidung verkauft. Das Schreibwarengeschäft führt Schuhe und Gummistiefel im Sortiment. Wie überall in der Region sind die Leute in Puerto Guadal ausgesprochen hilfsbereit.

Von hier kann man einen schönen einen Tagesausflug zum **Nationalpark Patagonia** mit großen Guanaco-Herden und tollen Ausblicken machen. Auf dem Weg lohnt sich ein Stopp am Zusammenfluss des Río Baker und des Río Neff.

ÜBERNACHTUNG

Terra Luna Lodge, 2 km außerhalb auf dem Weg nach Chile Chico, ✆ 9-8449-1092 und 9-3456-5217, 💻 www.terraluna.cl. Direkt am See mit zwei Stränden (und Hot Tub: ein Holzfass-Jacuzzi mit heißem Wasser). Im Haupthaus mit einer breiten und schönen Holzterrasse sind kleine zweistöckige, gemütliche Apartments untergebracht, mehrere Bungalows liegen im Garten verstreut. Kinderspielplatz, Mountainbikeverleih. Jetboat zu den Gletschern Leones, Soler und Nef. Gletscherwandern, Reiten, Besuche der Nationalparks. Die Exkursionen sollte man vor dem Besuch anfragen und buchen. Camping-Hütten ❸, sonst ❺–❻

Mallin Colorado Ecolodge, Camino Austral Sur KM 273, in Santiago ✆ 9-7137-6242, 💻 www.mallincolorado.cl (engl.). Familiär und luxuriös, Holz-Cabañas im besten britischen Landhausstil in einem parkähnlichen Garten und 180 ha Gelände mit fantastischem Seeblick, top geführt. Viele selbst organisierte Ausflüge. Reiten, Exkursionen, Wanderwege auf dem eigenen Gelände. Sehr gutes und abwechslungsreiches Essen. ❺–❻

Mirador del Puerto Guadal, KM 2 Camino Chile Chico, ✆ 9-9234-9130, 💻 www.elmiradordeguadal.com. Verschiedene große, gut ausgestattete Cabañas aus Lenga- und Zypressenholz mit tollem Ausblick am Seeufer auf einem gepflegten Rasengrundstück. Dazu ein schönes Haupthaus als Restaurant und Aufenthaltsraum. Exkursionen und Reitausflüge. ❻

Hacienda Tres Lagos, Carretera Austral KM 274, ✆ 9-4208-7927, 💻 www.haciendatreslagos.com. Ausgeschilderte Abzweigung von der Carretera Austral. Luxus – wohl bedacht, großzügig. Ex-Estancia-Gelände, das an die Seen Negro, Bertrand und Carrera grenzt. Jede Menge Sportmöglichkeiten: Reiten, Wandern, Bergsteigen, Fliegenfischen, Ausflüge zur Marmorkathedrale, zum Valle Exploradores und zu den umliegenden Nationalparks. Auf dem Gelände befinden sich Strände, Sauna, Hot Tubs. Jedes Zimmer mit eigenem Kamin. Das Ganze hat seinen Preis. ❻

ESSEN UND SONSTIGES

Supermercado La Plaza, Las Camelias 147, ein Block vom Platz. Oberhalb des gut ausgestatteten Supermarkts (prima für Provianteinkäufe) liegt das **Restaurant Chelenko**, wo alles reichlich und frisch auf den Tisch kommt. Hübsch gemacht, nur tagsüber geöffnet.

TRANSPORT

Busse

Die Busse von **Bus Marfer**, **Transportes Costa Carrera** und **Buses Gardy** von Chile Chico nach COCHRANE und PUERTO RÍO TRANQUILO fahren durch Puerto Guadal. Siehe Chile Chico, Transport.

Transportes Chileno Acuña, ✆ 9-7972-5588, fährt 1x tgl. nach CHILE CHICO und 2x wöchentl. nach COCHRANE.

Chile Chico

Heroisches aus dem Tagebuch: 1917 fochten die ersten Siedler einen Rechtsstreit gegen Großgrundbesitzer aus, die das Land für sich reklamierten. Doch David siegte gegen Goliath – in der *Guerra de Chile Chico*. Deswegen ist das Museum der **Casa de la Cultura** (mit kleiner Kunsthandwerksschau), in der Lautaro/O'Higgins, in dem flachen 3500-Einwohner-Ort auch einen Besuch wert. Hier kann man das erste und ziemlich klapprig aussehende Dampfschiff betreten, das den See in der rekordverdächtigen Periode von 1922 bis 1976 kreuzte! Auf der windigen Plaza blühen Apfel- und Aprikosenbäume – ein ungewöhnlicher Anblick für den tiefen Süden und Beleg für das besondere Mikroklima der Umgebung, die einmal die Obst- und Gemüsekammer der Region war, bevor es überhaupt eine Straßenverbindung irgendwohin gab. Chile Chico gestattet auch einen bequemen Grenzübergang nach Argentinien in das Dorf Los Antiguos.

ÜBERNACHTUNG UND ESSEN

Hostería del la Patagonia, Camino Internacional s/n, ✆ 9-8159-2146, 💻 www.hosteriadelapatagonia.cl. Belgische Immigranten entdeckten die Eignung des Klimas für den Obstanbau. Veronica, Nachfahrin dieser Immigranten, bietet mit ihrer Familie nun etwas

Chile Chico vom Wasser aus. Die Fahrt entlang dem Südufer des Sees nach Puerto Guadal ist spektakulär.

außerhalb von Chile Chico das original eingerichtete Familienhaus als ausgesprochen gelungene Herberge an. Man kann auch zelten. Reichliches Frühstück inkl. ❹

Taberna Tehuelche, O'Higgins 366. Restaurant-Café mit guten, etwas überladenen Pizzen, Sandwichs, Café und Eiscreme. 🕒 Mo und Di 11–22, Mi–Sa 12–22.30, So 12.30–20 Uhr.

SONSTIGES

Feste

Letzte Januarwoche: Fest zur Gründung von Chile Chico mit originellem Sängerwettstreit.

Geld

Banco Estado, González 112. Mit Geldautomat.

Informationen

Oficina de Turismo, Bernardo O' Higgins 333. 🕒 Mo–Fr 8–18, Sa 10–14 Uhr.

TRANSPORT

Flüge

Seit 2023 besteht eine Flugverbindung nach COYHAIQUE mit **Aerocord**, 💻 www.fb.com/aerocord.cl. Zur Zeit der Recherche fanden die Flüge Di, Mi und Fr um 10.30 Uhr statt.

Busse

Transportes Chileno Acuña, 📞 9-7972-5588, fährt 2x wöchentl. nach COCHRANE.

Bus Marfer, 📞 9-7756-8234, 1x tgl. nach PUERTO GUADAL und COCHRANE (3 1/2 Std.).

Transportes Costa Carrera, 📞 9-8738-8886. 2x wöchentl. nach PUERTO RÍO TRANQUILO.

Buses Gardy, 📞 9-9350-8156. 6x wöchentl. nach COYHAIQUE.

Schiffe

Mit der Fähre nach PUERTO INGENIERO IBÁÑEZ (3 Std., 2400 CLP p. P.), 1–2x tgl. 1 Std. vor Abfahrt am Fähranleger sein, mit Pkw 2 Std. Dann auch besser weit im Voraus reservieren.

RVC, 💻 www.empresasrvc.cl, Büro im Busbahnhof in Coyhaique.

Puerto Bertrand / Río Baker

Der stromschnellenreiche, türkisblaue Río Baker entspringt dem gleichnamigen See. 2011 wurde der Bau von mehreren Wasserkraftwerken geplant, das Projekt konnte aber Dank der ONG *Patagonia sin Represas* („Patagonien ohne Staudämme") im Jahr 2014 gekippt werden. Der Fluss ist ein Dorado für die reichlich aus den USA und Kanada anreisenden Fliegenfischer und Kajakfahrer. An der Kreuzung **El Maitén** zweigt eine Straße von der Carretera ostwärts nach Puerto Guadal und Chile Chico ab. Weiter im Süden ist eine wunderbare, erdbeerrote Hängebrücke über den Seeabfluss zu überqueren. Die Carretera Austral ist hier Panoramastraße pur, sofern das Wetter mitspielt, denn gleich zu Beginn hat man einen Blick auf den dunkelblauen **Lago Bertrand** vor der Bergkette Cordón Contreras.

Anschließend begleitet ein Seitenarm des Lago Bertrand die Carretera Austral auf dem Weg in das idyllische Örtchen **Puerto Bertrand**, dem die Fliegenfischer ihre ganz besondere Aufmerksamkeit schenken. Die Infrastruktur ist gut, der Ortskern liegt obendrein schön: Unter dem Blätterdach von Lenga und Coigüe versammeln sich Paraden von Holzhäusern mit Cafés, Restaurants und kleinen Geschäften. Von hier aus sprudelt der **Río Baker** los, wasserreichster Fluss des Landes (1100 Kubikmeter pro Sekunde) durch saftig grüne Wiesen mit Campingplätzen

Patagonien für Entdecker

Patagonia Adventure Expeditions, 💻 www.adventurepatagonia.com. Konditionell anspruchsvolle Programme, die sich neben dem Privaten auch dem Politischen widmen. Monitoring nennt der Veranstalter die Überwachung der Natur, denn die Teilnehmer beobachten Gletscher und Veränderungen in der Natur und geben sie weiter, z. B. an Wetterstationen und an die CONAF. Seine Trekking- und Kajaktouren auf dem Cerro Castillo, dem Glaciar San Lorenzo, dem Aisén Glaciar Trail und auf dem Río Baker verlaufen nach umweltschonenden Prinzipien. Absolut empfehlenswert, sehr sicher und hervorragend organisiert.

und einigen Fishing Lodges, die sich primär an Fliegenfischer wenden und deftige Preise verlangen. Der Fluss begleitet den östlichen Rand des Campo Hielo Norte und mündet bei Caleta Tortel in den Pazifik. Nachdem die Carretera eine Zeit lang den Fluss begleitet hat, erklimmt sie ein Plateau mit einer grandiosen Aussicht auf den Zusammenfluss des Río Nef mit dem Río Baker in einem weit geschwungenen Becken, mit Glück sieht man dahinter die Spitzen des Gletschers San Lorenzo aufblitzen. Westlich erhascht man einen Blick auf die Reserva Nacional Tamango (s. u., Cochrane).

ÜBERNACHTUNG

Green Lodge Baker, 3 km südlich von Puerto Bertrand, ✆ 9-9159-7757, 💻 www.greenlodgbaker.com. Schickes traditionelles Haupthaus, sehr schöne Bungalows mit Terrassen. Für Fliegenfischerklientel. ❺–❻

Patagonia Baker Lodge, 1 km südlich von Puerto Bertrand, 2022 neu gebaut und Ende 2023 eröffnet, wunderbar im Wald und am Fluss gelegen. Nur als Paket mit VP oder HP zu buchen. ❻

Cochrane

Das 3000-Einwohner-Dorf mit den bunten Wellblechdächern ist sozusagen der **letzte Außenposten** vor der zunehmend wilderen Carretera Austral. Insofern ist es mit allem ausgestattet, was man so braucht: Apotheken, einem kleinen Hospital, zwei Tankstellen, Restaurants, Geschäften, Lebensmittelläden, Hotels, Optiker, Drogerie. Auch seine Anlage ist ordentlich: drei Straßen hoch und drei Straßen breit und in der Mitte die Plaza mit Kirche, CONAF-Station und Auskunftsbüro in einem Holzpavillon. Tolle Stimmung abends in der **Cervecería Tehuelche**, wenn Traveller aus aller Welt sich zum Abend einige der hervorragenden Cervezas Artesanales gönnen.

ÜBERNACHTUNG UND ESSEN

Hostal Central, Teniente Merino 347, ✆ 9-9492-9444. Trudy hat in liebevoller Kleinarbeit über viele Jahre ein wunderbares kleines Hostal zwei Blocks von der Plaza geschaffen. Schöner Garten. ❶–❷

Hostería Último Paraíso, Lago Brown 455, ✆ 67-2522-361, 💻 www.hotelultimoparaiso.cl. Bequeme, empfehlenswerte Unterkunft mit 6 großzügigen Zimmern, eigenen Touren, Restaurant, Bar. Großes, sehr leckeres Frühstück inkl. ❻

Ada's Café, Teniente Merino 374, 💻 https://adas-restaurant.ueniweb.com. Freundliches Restaurant mit recht großem Angebot. Der Lachs ist super! 🕒 tgl. 13–15.15, 19.30–23 Uhr.

Cervecería Tehuelche, Teniente Merino 372, 💻 www.fb.com/tabernatehuelche. Der Treffpunkt am späten Nachmittag für Traveller aus aller Welt. Die Pizzen sind eine Augenweide. Guten Appetit. 🕒 tgl. 17–22.30 Uhr.

SONSTIGES

Geld

Banco Estado, Esmeralda 460. Mit Geldautomat (auf den man sich nicht zu 100 % verlassen sollte).

Feste

Erstes Januarwochenende: Zweitägige Wanderung auf der Ruta de Huemul zwischen Cochrane und dem Valle Chacabuco, am Schluss Fest mit Essen und Tänzen.

Letztes Januarwochenende: Fiesta Costumbrista, Brauchtumsfest mit Viehmarkt, Essen, Wettbewerben, Landwirtschaftsschau.

Informationen

Informationskiosk an der Plaza, im Sommer 🕒 Di–Sa 10–13, 15–18 Uhr.

TRANSPORT

Busse

Der moderne **Busbahnhof** liegt drei Blocks nördlich der Plaza.

Buses Terraustral, ✆ 9-9918-9193, 💻 https://buses-terraustral.negocio.site, fährt 1x tgl. nach COYHAIQUE (6–8 Std.) und **Transportes Costa Carrera**, ✆ 9-8738-8886, sowie **Buses Don Carlos**, ✆ 67-2214-507, jeweils 3x pro Woche.

Parque Nacional Patagonia

Der mehr als 300 000 ha große Parque Nacional Patagonia wurde erst 2018 geschaffen. Er besteht aus der Zusammenführung der Reserva Nacional Lago Jeinimeni und der ehemaligen Reserva Nacional Tamango und beinhaltet auch den Sector Valle Chacabuco, ein Gebiet, das von der Stiftung Douglas Tompkins gespendet wurde. Es sind nur 6 km von Cochrane zum Sector Tamango, in der der **Andenhirsch** (Huemul) geschützt wird. Das Naturreservat liegt zwischen dem Río und dem Lago Cochrane und schützt dichte Südbuchenwälder, die von **Calafate**sträuchern und vielen Farnarten durchsetzt sind. Es gibt einen schönen, 8 km langen **Wanderweg**, der am See endet – von dort kann man die Parkerkundung per Boot fortsetzen. Andere Spazierwege sind kürzer und gut markiert.

Die Huemules beobachtet man am besten mit einem CONAF-Führer, außerdem kann man **Kondore** sehen. Im Park bestehen mehrere Übernachtungsmöglichkeiten auf Zeltplätzen und in Cabañas; sie werden von der CONAF verwaltet. ⌚ tgl. 8.30–13, 14–17.30 Uhr. Eintritt 9000 CLP. Tickets bei 💻 www.aspticket.cl.

15 HIGHLIGHT

Caleta Tortel

Die teilweise recht abenteuerliche Abzweigung von der Carretera Austral nach Caleta Tortel ist 23 km lang. Das 500-Seelen-Dörfchen ist eine Zona Típica Chiles. Es liegt unglaublich schön rund um eine Bucht, deren Wasser kurios grün schimmert. Bunt angemalte Holzhäuser, wegen ihrer steilen Lage über Plattformen und auf Stelzen gebaut, purzeln sozusagen einen Hügel hinunter. Treppen und Stiegen ersetzen die Straßen, das ganze Dorf verteilt sich so über mehrere Stockwerke übereinander getürmt und zieht sich hinunter zum Ufer des Fjords. Unterbrochen wird die Struktur von einem Holzpavillon, der als **Plaza** dient. An einer flacheren Seite haben die *tortelinos* einen Steg ins Wasser gebaut, der zu einem breiten Strand führt.

Caleta Tortel besteht zwar schon mehr als 100 Jahre, war aber ursprünglich nur mit dem Boot und später über spärlich angesetzte Flüge zu erreichen. In dieser Bucht siedelten sich im Jahr 1905 Holzfäller im Gefolge des „Zypressenkönigs" **Ciriaco Álvarez** an, der hier sein Vermögen machte. Aus dem eisenharten Holz ließen sich Eisenbahnschwellen herstellen, die sogar nach Europa und Nordamerika verkauft wurden. Der Zypressenschlag war neben der Fischerei die einzige Erwerbsmöglichkeit der Bewohner, nur furchtbar reich wurden sie damit nicht. Eine kleine Insel in der Nähe der Bucht wurde sogar Isla de los Muertos („Insel der Toten") getauft, weil hier Arbeiter verscharrt worden sein sollen, die Ciriaco Álvarez wegen ihrer Lohnforderungen angeblich einfach umbringen ließ.

ÜBERNACHTUNG UND ESSEN

Wer in der Unterkunft essen möchte, sollte im Voraus Bescheid geben. Normalerweise wird nur abends serviert, auf Vorbestellung aber auch am Mittag.

€ **Hospedaje Costanera**, Padre Antonio Ronchi, Sector Centro, ☎ 9-9779-0187, 💻 www.costaneratortel.cl. Wie die meisten Unterkünfte ist auch diese in einem Familienhaus untergebracht. Die 2 Viererzimmer und das DZ der Pension sind sauber und klein, Gemeinschaftsbad, Frühstück und Heizung inkl. ❶–❷

Residencial Estilo, Sector Centro, ☎ 9-8255-8487. Schlichte, aber nett gemachte Unterkunft mit Zimmern verschiedener Kategorien. Mahlzeiten auf Anfrage. Meerblick. Sehr gutes Frühstück inkl. ❷–❸

Casa Baker Hotel, Sector Rincón Alto, 21 de Mayo 398, ☎ 67-2583-173, 💻 www.caleta-tortel.cl. 5 nett eingerichtete Zimmer, alle mit Bad und mit viel Holz eingerichtet, sehr aufmerksame Gastgeber. ❺

Entre Hielos Ecolodge, Sector Centro s/n, ☎ 9-9579-3779, 💻 www.entrehielos.cl. Klein, mit nur 5 schönen DZ, sehr gemütlich und luxuriös. Bibliothek, Restaurant, Ausflugsangebot, üppiges Frühstück inkl. ❻

SONSTIGES

Aktivitäten

Für Tages-Bootsausflüge zum Gletscher **Pedro Montt** oder zur **Isla de los Muertos**: Waeskar Expediciones, ✆ 9-9331-4949, 💻 www.waeskarexpediciones.com. 120 000 CLP p. P. bei mind. sechs Teilnehmern. Oder einfach im Hafen, bei der Stadtverwaltung oder in den Pensionen fragen. Hier kennt jeder jeden Kapitän. Die recht kurze Wanderung zur Mündung des Río Baker bietet eine unglaubliche Landschaft und spektakuläre Ausblicke.

Trekkingchile
Cerro Vijia

Informationen

Touristeninformation oben an der Bushaltestelle und in der Municipalidad.

TRANSPORT

Busse

Busse halten auf dem Parkplatz im oberen Teil des Ortes. Dort lässt auch jeder sein Auto stehen, man bekommt aktuelle Transportinfos und Tickets für die Rückfahrt.
Buses Aldea, ✆ 9-8180-1962, fährt 1x tgl. und **Buses Cordillera**, ✆ 9-8134-4990, 4x wöchentl. nach COCHRANE (3 Std.).
Buses Isabel, ✆ 97 752 8274, und Transfer Marcelo, ✆ 94 019 3976, fahren 1x tgl., und Vultur Patagonia, ✆ 9-9350-8156, 1x wöchentl. nach VILLA O'HIGGINS (4 1/2 Std.).

Weiter in den Süden

Von der Abzweigung nach Caleta Tortel an der Carretera Austral bis zu ihrem Ende in Villa O'Higgins sind es noch gut 130 km **Schotterpiste** und eine **Fährfahrt** über den Fjord Mitchell zwischen den Orten Puerto Yungay im Norden und Río Bravo im Süden. Die herrliche Überfahrt mit der Fähre dauert 45 Minuten und ist kostenlos. Im Sommer fährt die Fähre 4x tgl., im Winter nur 2–3x. Wer in der Saison mit dem **Auto** unterwegs ist, muss das bei der Planung berücksichtigen und sich rechtzeitig in die Warteschlange einreihen.

Treppen und Stege ersetzen die Straßen in Caleta Tortel.

Villa O'Higgins

Die Carretera Austral endet in einer weiten Moorebene, die der Río Mosco durchfließt, am Rande des gleichnamigen Gletschers, einem Boten des gigantischen Südlichen Eisfelds. Fischreiche Seen sprenkeln das Land. Villa O'Higgins scheint wie gestrandet zu sein in dieser großartigen Umgebung. Dafür gibt's aber jede Menge Pioniergeist, mit dem der Besucher aufs Herzlichste willkommen geheißen wird.

Die 600 Bewohner strengen sich richtig an, den hier Gelandeten (darunter viele Mountainbiker) den Aufenthalt angenehm zu machen. Die **Infrastruktur** ist gut, es gibt Hostales, in denen auch gekocht wird, gut markierte Wanderwege, Sportvereine, einen Bergsteigerclub, Lebensmittelgeschäfte mit einem vielfältigen Angebot. Zum Essen meldet man sich wie in Caleta Tortel an, am besten schon morgens. Früher, als das Dorf noch nicht existierte, brannten Pioniersiedler die Gegend ab, um den Boden bebauen zu können. Das muss um 1920 gewesen sein. Die Brände hielten drei Jahre an. Doch der Südbuchenwald erholte sich schnell. Oberhalb des Río Mayer haben Viehtreiber eine kleine Kapelle aus Holz errichtet.

ÜBERNACHTUNG UND ESSEN

Cabañas San Gabriel, Lago O'Higgins, am Ortseingang links, ✆ 67-431878. Hat 7 gepflegte Bungalows und ein Restaurant mit typisch patagonischer Küche und frischen Salaten. 2 weitere Bungalows bieten sie in einem großen Gartengrundstück am Río Mosco an, alle mit Bad und richtigen Küchen. ❷–❸

Entre Patagones, Carretera Austral, kurz vor dem Ort, ✆ 9-9498-0460, 💻 www.entrepatagones.cl. Hier gibt es Lamm am Spieß, Zeit mitbringen. Vermietet auch sehr nette Cabañas. ❷–❸

Hostería y Albergue Río Mosco, Carretera Austral 1240, ✆ 67-431821, 💻 www.patagoniaelmosco.com. Nette, freundliche Unterkunft mit einer Cabaña für bis zu 5 Pers. mit 2 Zimmern und Küche. Je 3 Zimmer mit/ohne Bad. Bett im Schlafsaal 14 000 CLP. Frühstück extra, Küchenbenutzung. Kleine Reisebibliothek. Man kann auch zelten (9000 CLP). ❸–❹

AKTIVITÄTEN

Die 8 km lange Wanderung vom Dorf zum **Lago Ciervo** ist ausgeschildert (mehrere Aussichtsplattformen).

Die **Senderos de Chile** führen zum Campo de Hielo Sur, dem Südlichen Eisfeld. Der Weg geht entlang des **Lago O'Higgins** von **Candelario Mansilla** zum **Ventisquero Chico**, ist 45 km lang und mit dem Fährbetrieb über den Fjordo Mitchell zu koordinieren. Die Wanderung ist von Nov–April möglich, doch muss man vorher unbedingt den Wetterbericht studieren.

Zuletzt waren alle Aktivitäten wie mehrtägige Wanderungen und Reitwanderungen von **Robinson Crusoe Deep Patagonia**, 💻 www.robinsoncrusoe.com, und **Villa O'Higgins Expediciones**, 💻 www.villaohiggins.com, wegen höherer Gewalt ausgesetzt.

SONSTIGES

Feste

Februar: Viehtrieb zwischen dem Lago O'Higgins und dem Lago Bahamondez und die Feria Costumbrista mit Wettkämpfen und Gastronomieschau.

September: Fiestas Patrias und Geburtstag von Villa O'Higgins fallen zusammen. Fest und Spießbraten für alle.

Informationen

Touristeninformation in der Stadtverwaltung an der Plaza, ✆ 9-7398-3470, 💻 www.turismovillaohiggins.cl (engl.). Informiert über Fahrpläne, vermittelt Trekking- und Angelführer und hat richtig gutes Kartenmaterial schon auf der Webseite zum Download. 🕒 Mo–Sa 8.30–19 Uhr.

TRANSPORT

Busse halten am nördlichen Ortseingang. wo man sich gleich ein Rückfahrticket kaufen sollte – die Plätze können schnell knapp werden.

Busse

Buses Gardy, ✆ 9-9350-8156, und **Buses** Aldea, ✆ 9-8180-1962, fahren angeblich beide 1x tgl. nach COCHRANE, wahrscheinlicher aber ist, dass sie sich die Tage aufteilen.

Zum Fitz Roy und Glaciar Perito Moreno in Argentinien

... gelangen nur Fußgänger, Reiter und Radler. Motorisierte Fahrzeuge müssen umdrehen und retour fahren. Mehrmals in der Woche fährt ein Boot über den stets windgepeitschten Lago O'Higgins. Allerdings nur, wenn der Wetterbericht grünes Licht dafür gibt. Manch einer wartete wegen den ewigen Stürmen lange auf seine Überfahrt. Ist man am anderen Ende des Sees angekommen, besteht die Möglichkeit, mit dem Boot den wirklich beeindruckenden Gletscher **Glaciar O'Higgins** zu besuchen. Es lohnt sich auf alle Fälle.

In Richtung **Lago del Desierto**, **El Chalten** und **El Calafate** in Argentinien geht vom See aus eine kleine, unbefestigte Straße, ein Schotterweg. Dieser führt erst einmal etwa 10 km lang mit mächtigen Steigungen bis zum Grenzschild von Argentinien.

Auf der anderen Seite der Grenze sind mehrere eiskalte, reißende Bäche zu durchqueren, Baumstämme versperren immer wieder den matschigen Pfad. Oft ist dieser so schmal und eingegraben, dass man zuerst die Räder und dann das Gepäck extra die steilen Wege herunterträgt. Für 5 km kann man schon mal 4 1/2 Stunden brauchen.

Wer nach EL CHALTÉN am Fuß des Fitz Roy in Argentinien weiter will, muss über Candelario Mansilla und Lago del Desierto. Diese außergewöhnliche Strecke von 130 km muss vorher genau gecheckt werden. Die Route ist nicht für Fahrzeuge geeignet. Mountainbiker, Reiter und Trekker können sie benutzen. Fähre nach Candelario Mansilla, dann mit dem Bus weiter. Auskunft: 💻 www.villaohiggins.com.

Flüge

Aerocord, 💻 www.fb.com/aerocord.cl, unterhält subventionierte Flüge nach COYHAIQUE (1 1/2 Std.) für die Bewohner von O'Higgins. Nur wenn ein Platz frei ist, können Touristen mitfliegen. Zur Zeit der Recherche waren die Abflugszeiten Mo und Do um 11 Uhr.

Magallanes

Die südliche Spitze des festländischen Chile hat man zu Ehren des berühmten Seefahrers und Entdeckers der Meerespassage zwischen den beiden Ozeanen Magallanes getauft. Auf ihrem von Gletschern und Fjorden geformtem Gelände liegt eine der größten Sehenswürdigkeiten des Landes, der **Parque Nacional Torres del Paine**.

Puerto Natales

Eine schönere Lage ist kaum denkbar: am wilden Fjord Última Esperanza, der bei Sonnenschein verführerisch glitzert, gegenüber den Gipfeln der Cordillera Riesco und den Eisfeldern.

Als Puerto Natales 1911 gegründet wurde, spielte die Schönheit der Umgebung aber so gut wie gar keine Rolle – die Beschaffenheit des steinigen, von Matten bedeckten Bodens war hinsichtlich seiner Verwertbarkeit untersucht worden und empfahl sich für die Schafzucht. Das Kühl- und Schlachthaus, das damals im Einsatz war, ist heute ein Industriedenkmal und Museum.

Mittlerweile ist das ehemalige Versorgungsdörfchen auf stattliche 19 000 Einwohner angewachsen und völlig umgekrempelt, sogar ein Kasino wurde eröffnet. Das liegt an der Nähe des Nationalparks **Torres del Paine**. Dessen Anziehungskraft ist so groß, dass Gäste mitunter lediglich für drei Tage in den Süden reisen. Von Puerto Natales kommt man gut dorthin, im Sommer landen sogar Direktflüge aus Santiago auf der Piste.

Außerhalb der Saison von September bis Ende April senkt sich allerdings der Schlaf über den Ort. Ansonsten ist alles vorhanden, was man als Gast so braucht. Die **Küstenpromenade** ist die größte Attraktion, dazu gibt's noch ein kleines **Stadtmuseum** zur Archäologie und Ge-

schichte, Bulnes 285, ✆ 61-2209-534, ⌚ Mo–Fr 8–17 Uhr, Eintritt 1000 CLP.

ÜBERNACHTUNG

In der Unterkunft nach einer Möglichkeit zur Gepäckaufbewahrung fragen: ggf. wichtig für Touren in den Parque Nacional Torres del Paine.

€ **Hostal Dos Lagunas**, Barros Arana 104, ✆ 9-8162-7755. Zimmer mit Gemeinschaftsbad. Herzhaftes Frühstück inkl. Gutes Preis-Leistungs-Verhältnis. Bett im Dorm US$20. ❷–❸

Hostal El Rincón, Pasaje Chiloé 355, ✆ 9-9542-1813. Sehr gemütlich. 10 kleine, sehr saubere Zimmer mit teils neuen Badezimmern. Touren, kleines Frühstück inkl. ❸–❹

Hostería Sir Francis Drake, Philippi 383, 💻 www.hostalfrancisdrake.com. Bequem-elegantes Hostal mit freundlichen Wirten, üppiges Frühstück inkl. ❹

Hotel Lady Florence Dixie, Bulnes 655, 💻 www.hotelflorencedixie.cl. Kleines, kuscheliges, schon etwas in die Jahre gekommenes Hotel mit nettem Service, Frühstücksbüffet inkl. ❹–❺

Hotel CostAustralis, Pedro Montt 262, 💻 www.hoteles-australis.com. Komplett saniertes Haus direkt an der Uferpromenade im Alpenschick, lichtdurchflutet, behagliche Zimmer. ❹–❺

Veranstalter und Infos zum Park

Für organisierte Touren und die für den Torres de Paine Nationalpark notwendigen **Camping-Reservierungen** sind folgende Adressen wichtig:

€ **CONAF**, Baquedano 857, ✆ 61-2238-581, www.parquetorresdelpaine.cl. ⌚ Mo–Fr 9–17 Uhr.

Vertice Patagonia, Bulnes 1202, ✆ 61 241 4500, www.verticepatagonia.com. Bieten den Río und Glaciar Balmaceda, den Río Serrano, Trekking am Lago Sarmiento und verschiedene Gletschertouren an. Sind außerdem im NP Torres de Paine mit eigenen Schutzhütten und Campingplätzen vertreten. ⌚ Mo–Fr 9–13, 14.30–19, Sa 9.30–12 Uhr.

Empfehlenswert für anspruchsvolle, gut organisierte Bergsteiger- und Trekkingtouren in den Torres del Paine und Gletscherüberquerungen, auch im Norden unterwegs (Ojos del Salado, Sajama): die deutschsprachigen Trekkingexperten **Moser active Patagonia**, Casilla 11, ✆ 9-6600-2724, www.moseractive.cl.

Noi Indigo Patagonia, Ladrilleros 105, www.indigopatagonia.com. Designhotel: puristisch eingerichtet und doch mit einem Maximum an Komfort. 29 Zimmer und Suiten, mit Naturmaterialien eingerichtet. Fantastischer Ausblick. Spa auf dem Dach. ❻

ESSEN

Afrigonia, Magallanes 247, https://afrigonianatales.wixsite.com. Sehr lecker und ausgefallen, es wird chilenisch-afrikanische Fusion genannt. Hier findet man die eine oder andere Seltenheit, unbedingt ausprobieren. ⌚ Di–Sa 13–23, Mo und So 18–23 Uhr.

€ **Base Camp**, Baquedano 731. www.fb.com/basecampatagonia. Travelcenter mit vielen Infos und Karten; günstiges Bier und Pizza. ⌚ tgl. 17.30–24 Uhr.

Brewery Restaurant Baguales, Carlos Bories 430, www.cervezabaguales.cl. Das von US-Amerikanern geführte Pub bietet selbstgebrautes Bier an. Typisch amerikanische Atmosphäre mit großer Theke. Regionale Zutaten für die Hamburger, Chicken Wings und Tortillas. ⌚ Mo–Sa 18–23.30 Uhr.

Chocolatería Patagonia Dulce, Barros Arana 233. Kleines Café ganz aus Holz, bietet hausgemachte Torten und verschiedene regionale Schokoladensorten. Sehr guter Cappuccino und heiße Schokoladen. ⌚ Mo–Sa 8.30–19 Uhr.

El Marítimo, Arturo Prat 379, ✆ 9-6830-8786. Empfiehlt sich für frische und leckere Fischgerichte. ⌚ Do–Di 12–22, So nur bis 17 Uhr.

Pizzeria Mesita Grande, Arturo Prat 196, www.mesitagrande.cl. Ausgezeichnete Pizzen werden im Steinofen vor den Augen der Gäste gebacken, Pasta und typische italienische Nachspeisen. Man sitzt zusammen an einem sehr langen, rustikalen Tisch – *mesita grande* (großer Tisch) eben! ⌚ Mo–Sa 12.30–21, So 13–20 Uhr.

Santolla, Magallanes 73, im Hotel Patagonia, zwischen Plaza und Costanera, ✆ 61-2413-493. Gutes Hotelrestaurant mit vielen Leckereien aus dem Meer. Aber auch gute Fleischgerichte. ⌚ Mo–Sa 13–15, 18–22 Uhr.

SONSTIGES

Feste

Februar: internationales Reiter- und Folklorefestival, zur Krönung gibt's Rodeo.

29. Juni: Prozession zu Ehren des Fischerheiligen San Pedro.

Geld

Banco Estado an der Plaza, und **Banco de Chile**, Manuel Bulnes 520, haben beide Geldautomaten.

Wäschereien

Für die Kleidung, die man in Torres del Paine getragen hat, bieten die meisten der gelisteten Unterkünfte einen (i. d. R. nicht wirklich günstigen) Wäscheservice an, sonst: Lavandería **Milodón**, Baquedano 689. ⌚ Mo–Sa 10–20 Uhr.

Puerto Natales ist das Tor zum Nationalpark Torres de Paine.

TRANSPORT

Busse

Der moderne Busbahnhof **Terminal Rodoviario** befindet sich etwas außerhalb vom Stadtzentrum, Av. España 1455, Ecke Santiago Bueras. Für die meisten Fahrten ist es günstiger, die Rückfahrkarten auch gleich zu kaufen.

Bus-Sur, im Busbahnhof, ✆ 61-2412-011, ⌚ tgl. 6.30–22.30 Uhr, und O'Higgins 544, ✆ 61-2411-377, 💻 www.bussur.com.

Tgl. um 7 und 12 Uhr nach TORRES DEL PAINE zur Laguna Amarga (2 Std., 12 000 CLP), und zum Sector und Hotel Grey (4 1/2 Std., 20 000 CLP). PUNTA ARENAS (3 1/4 Std.). 12x tgl. in der HS, in der NS 7x tgl. ab 7 Uhr (ab 10 000 CLP).

Nach Argentinien

EL CALAFATE (5 Std.), April–Aug Di, Do und Sa um 7.30 Uhr, ab Sep jeweils tgl. um 7.30 Uhr. Von Nov–März zusätzlich Di, Do und Sa um 15.30 Uhr (ab 38 000 CLP).

USHUAIA (14 Std.), nur von Sep–April am Mo, Mi und Fr um 7 Uhr (ab 45 000 CLP),

Turismo ZAAHJ, Arturo Prat 236, ✆ 61-2412-260, ⌚ tgl. 9–23 Uhr, und im Busterminal, ✆ 61-2411-597, ⌚ 8–22 Uhr, 💻 www.turismozaahj.co.cl. Ebenfalls in den Nationalpark und tgl. nach EL CALAFATE (15 000–28 000 CLP). Bieten auch Touren an, z. B. eine 5-tägige Tour bis COYHAIQUE mit Guide und Stopps an Gletschern und Übernachtungen.

Buses Fernández, Eleuterio Ramírez 399, ✆ 61-2411-111, 💻 www.busesfernandez.com. ⌚ tgl. 7–22 Uhr. Mind. 8x tgl. nach PUNTA ARENAS (3 Std., 9800 CLP), hält dort auch am Flughafen.

Monumento Natural Cueva del Milodón

Die 200 m lange Milodón-Höhle (Cueva del Milodón) 24 km nordwestlich von Puerto Natales ist über einen ausgeschilderten Abstecher auf dem Weg in den Nationalpark zu erreichen. Benannt ist sie nach dem prähistorischen Mylodon (Riesenfaultier), das der deutsche Abenteurer Hermann Eberhard hier im Jahr 1895 fand. Die Knochenreste eines Exemplars waren in einem derart guten Zustand, dass der Fund weltweit Beachtung fand und zur Spekulation Anlass gab, es möge noch lebende Exemplare dieses Tieres in Patagonien geben. Daraufhin wurden hastig mehrere Expeditionen zur Jagd auf das Urtier angesetzt.

Am Eingang der Höhle zeigt ein Denkmal ein Mylodon in seiner ursprünglichen Größe. Die 20 m hohe und 70 mal 200 m große Höhle ist eine von vielen anderen Höhlen, in denen man u. a. Steinwerkzeuge von Jägern und Sammlern gefunden hat, die bis zu 12 500 Jahre alt sein können. ⌚ 8–18 Uhr, Eintritt 9000 CLP. Tickets bei 💻. www.aspticket.cl.

Parque Nacional Torres del Paine

Der Nationalpark Torres del Paine ist unbestritten eins der Highlights von Chile. Er gilt als eines der schönsten Wandergebiete weltweit und wartet mit bester Infrastruktur auf. Die Landschaft ist sehr abwechslungsreich. Südbuchenwälder verweben sich mit Graslandschaften *(Pampa patagónica)*, Tundra, Felslandschaften, Hochgebirge, Gletschern und bunten Seen zu einem bunten Geflecht. Die Gletscherzungen entstammen dem **Südlichen Patagonischen Inlandeis**, das sich z. B. vom Gletscher Grey aus noch 200 km gen Norden erstreckt.

Umstritten ist, ob das **Paine-Massiv** zu den Anden gehört oder nicht. Als gesichert gilt, dass die Berge aus zwei Gesteinen bestehen: Der dunkle, fast schwarze Fels ist ein Sedimentgestein, das hell-beige Gestein hingegen besteht aus Granit. Die Sedimentgesteine stammen aus der Kreidezeit vor ungefähr 140–165 Mio. Jahren und wurden von einem Granit-Plutonit vor etwa 12 Mio. Jahren durchstoßen und teilweise aufgetrieben. Die seitlichen Druckkräfte sorgten im Parkgebiet für Verwerfungen, die man z. B. auf der Wanderung zum **Gletscher Pingo** gut sehen kann. In den anschließenden Jahrmillionen sind die aufgefalteten Berge, vor allem während der Eiszeiten, erodiert. Durch Eis- und Frostsprengung hat sich die heutige Formenvielfalt herausgebildet.

Paine bedeutet „bläulich". Die Aonikenk standen Pate bei der Namensgebung: Die Hängegletscher des Paine-Massivs scheinen besonders bei Bewölkung bläulich. Der Park wurde 1959 eingerichtet und umfasst eine Fläche von 242 000 ha. Höhenzüge von bis zu 3050 m, mehr als ein Dutzend Gletscher, zehn Seen und unzählige Teiche, skurrile Felsformationen und dazwischen reißende Bergflüsse, 105 Vogel-, 25 Säugetier- und etwa 200 Pflanzenarten waren Gründe genug, dem Park 1978 den Status eines **Unesco-Biosphärenreservats** zu verleihen.

Die etwa 160 000 Besucher jährlich wissen diese Vielfalt zu schätzen, und so bleiben manche zwei Wochen im Park. Wenige kommen wie die Kreuzfahrtgäste von Punta Arenas nur für einen Tag. Wer gerne wandert, sollte hier mindestens vier Tage einkalkulieren. Es gibt rund 100 km Straßen. Manche davon sind raue Pisten. Die Wanderwege sind markiert. In Tagesdistanzen stehen Übernachtungsmöglichkeiten bereit.

Von Puerto Natales erreicht man den Park über Straßen, die man problemlos auch mit einem normalen Wagen befahren kann. Mit Fotopausen und Eintrittsprozedur kann es auch schon mal drei bis vier Stunden dauern, bis man im Park ist. Essen und Trinken sollte man sich mitbringen.

Wer eine Chance auf Puma-Sichtung haben will: Den Park morgens so früh wie möglich über den Eingang Laguna Amarga betreten.

Cerro Castillo

Der 130-Seelen-Ort an der Grenze zu Argentinien ist ein Schafscherer-Nest, in dem der Wind an den Türen rüttelt. Auf der rechten Seite der Straße erheben sich 200 bis 400 m hohe Tafelberge, an deren Flanken morgens **Kondore** die Thermik zum Gleiten nutzen – ein wunderbares Schauspiel.

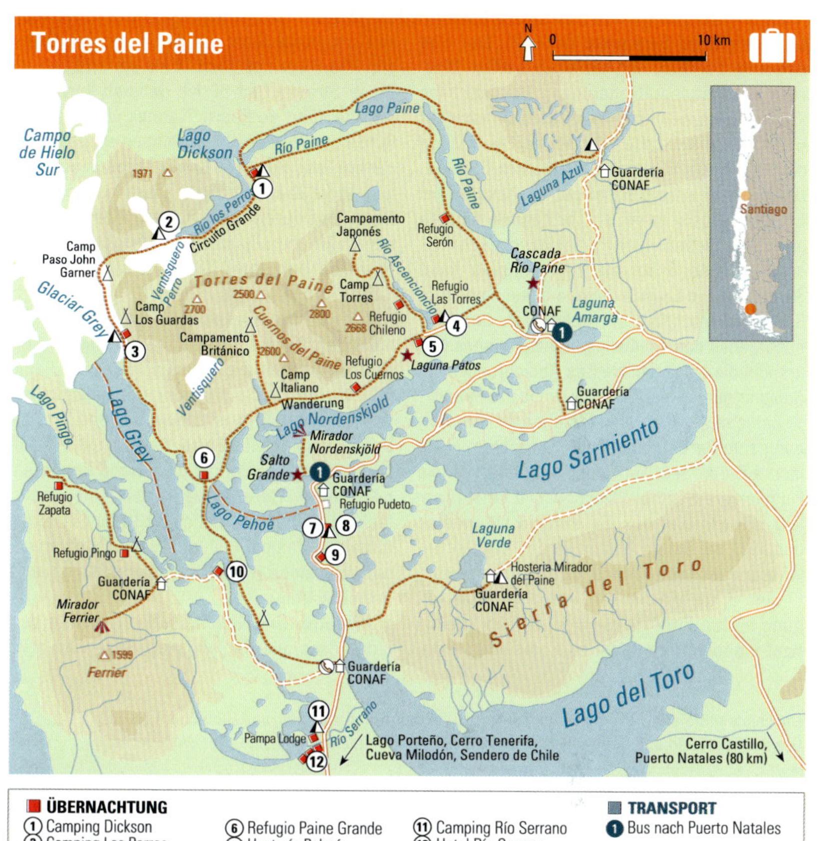

Cerro Castillo wurde 1906 von der Schafzuchtgesellschaft *Sociedad Explotadora Tierra del Fuego* gegründet. Typisch sind besonders die Holzgatter, die bei der Schur gebraucht werden, um Tausende von Schafen zu leiten. Die alten Holzhäuser gehören mittlerweile den ehemaligen Angestellten. Neben der Grenzkontrolle gibt es kleine Restaurants. und einen Minimarkt. Wer etwas vergessen hat, sollte hier noch einmal **einkaufen** gehen, da es im Park noch teurer wird und der einzige Laden im Zentrum des Parks liegt.

Wege in den Park

Bei Cerro Castillo zweigt eine Straße nach Argentinien ab. Nach weiteren 28 km führt eine Abzweigung zur Hostería Mirador del Paine, die am Südrand des Parks liegt (27 km von der Abzweigung nach links). Mit etwas Glück sieht man die ersten **Guanakos**. Bei KM 91 ab Natales führt eine Abzweigung nach rechts zum Cerro Guido.

13 km von dieser Abzweigung bzw. 104 km von Puerto Natales entfernt, kommt der erste Ausblick auf die Torres, die Granittürme, vom

Ufer des **Lago Sarmiento** (90 km²). Der See schimmert tiefblau und hat einen weißen Uferrand aus Karbonatablagerungen. Vorsicht beim Weiterfahren, denn ab hier kreuzen immer mehr Guanakos die Straße. Mit etwas Glück sieht man auch ein Stinktier oder Darwin-Strauße. Die nächste Kreuzung ist gut ausgeschildert: Rechts geht es vorbei an der **Laguna Amarga** und zum gleichnamigen Parkeingang, nach links sind es rund 6 km bis zum Eingang Lago Sarmiento. Die Laguna Amarga bietet einen größeren Tierreichtum; der hohe Salz- und Karbonatgehalt des ehemaligen Gletschersees verursacht die typischen weißen Ablagerungen. Im Sommer gibt es hier Chile-Flamingos zu sehen.

Entscheidet man sich für die linke Abzweigung zum **Parkeingang Lago Sarmiento**, blickt man auf den See. Ein Denkmal erinnert an die Flugpioniere Günther Plüschow und Ernst Dreblow, die von hier aus die Gegend erkundeten und 1931 bei einem Absturz in den eisigen Gewässern des Lago Argentino ums Leben kamen.

Eine dritte Möglichkeit, von dieser Abzweigung in den Park zu kommen, ist, zur **Laguna Azul** weiterzufahren, wo es Campingmöglichkeit und beste Sicht auf die Torres von Osten gibt (die allerdings noch 18 km entfernt liegen). Diese Strecke, mit 80 km deutlich kürzer als die alte, führt ab Puerto Natales über dieselbe Ruta 9 gen Norden, um dann nach ein paar Kilometern links Richtung **Cueva Milodón** abzubiegen (etwa 30 km nördlich). Diese letztgenannte Piste führt durch Wälder, an Tafelbergen, kleinen Seen und einsamen Estancias vorbei, die teilweise Unterkunft bieten, bis man an den **Lago Porteño** kommt.

Auf der linken Seite befinden sich der 1600 m hohe Berg Tenerifa, höchste Erhebung der Cordillera Prat, und die Estancia Torres del Paine (KM 45 von Puerto Natales). Die Aussicht auf den **Lago del Toro** ist beeindruckend. An der Brücke über den Río Serrano angelangt, verläuft die Grenze zum Park. Linker Hand liegen ein paar preiswertere Hotels. Busse fahren mehrfach tgl. ab Puerto Natales zur Laguna Amarga, dann zum Refugio Pudeto bis zur Hauptverwaltung. Rückfahrt ab der Hauptverwaltung um 14 und 17.30 Uhr.

Wichtig: Die Nationalparkverwaltung verlangt, dass alle Campingplatz-Reservierungen

Die Landschaften des Parque Nacional Torres del Paine sind vielfältig, von Gletschern bis zu Graslandschaften und farbintensiven Seen. Trekking-Freunde kommen aus aller Welt hierher.

im Voraus gemacht werden. Hilfe bekommt man dabei von den Veranstaltern in Puerto Natales, bzw. bei CONAF (S. 426) selbst.

Wetterbedingungen

Im Park herrscht ein besonderes Mikroklima. Mit 700 mm liegen die Niederschläge deutlich unter denen der patagonischen Westküste. Die pazifiknahen Berge der Andenkette schirmen das Gebiet vor den regenreichen Westwinden ab. Die **Temperaturen** sind deswegen nicht unbedingt milder, im Sommer bis zu 25 °C am Tag (in Ausnahmefällen 30 °C), in der Nacht 5–10 °C. Im Winter liegt die Durchschnittstemperatur bei 5 °C, es kann aber auch -5 °C bis -15 °C kalt werden. Der Wind ist generell stark, im Sommer kommen Böen von bis zu 120 km/h vor, im Winter blasen die Winde weniger heftig.

Durch das Relief und die Höhenunterschiede im Gebirge muss man bei Wanderungen auf alles vorbereitet sein: Selbst im Sommer, besonders unter El-Niño-Einfluss, kann es auch in den niederen Lagen zu Schneefall kommen. Temperaturstürze sind nicht selten. Daher ist es für **Tageswanderungen** dringend angeraten, eine wasser- und winddichte Jacke und Hose mitzunehmen, genauso wie genug Wasser, Mütze und Handschuhe. Das Zelt sollte windfest verankerbar sein und der Schlafsack bis -5 °C im Komfortbereich vertragen.

Fauna

Der Torres del Paine ist bekannt für seine reiche Tierwelt. Hier zeigen sich **Guanakos**, von denen es etwa 50 000 gibt, Füchse, Stinktiere, Gürteltiere, die seltenen **Huemules** (besonders in der Gegend Hostería Grey bis zum Pingo-Gletschersee) und Pumas. Einen **Puma** bekommen aber nur wenige Besucher zu sehen – sie bleiben meist im Dickicht und schauen sich die Touristen an. Im Winter, wenn die Hochlagen verschneit sind und die Tiere sich in geschützten tieferen Gebieten aufhalten, sind Pumaspuren an der Tagesordnung. In der Nähe der Hostería Grey werden aufgrund der Huemul-Rudel auch öfter Pumas gesichtet. Die seltenere **Geoffroy-Katze** hat die Größe einer Wildkatze, ist aber wegen des gefleckten Fells gut getarnt und wird praktisch nie erblickt. Häufig sieht man **Kaphasen** durch die Pampa hopsen; sie stammen allerdings aus Europa.

Die beste Gegend, um **Kondore** zu beobachten, ist die Hochebene bei der Guardería Laguna Amarga. Aber der Park hat noch mehr Raubvögel zu bieten, vor allem die **Karakaras** und **Chimangokarakaras**, die auch Aas nicht verschmähen. Seltener sind der schwarz-weiße Weißkehl-Karakara und der dunkelbraune Falklandkarakara. Der **Blaubussard** ist mit seiner Flügelspannweite von 140 bis 180 cm gut auszumachen. Im Übergang von der Gebüschzone (Matorral) zum Wald kann man auch **Falken** beobachten. Daneben gibt es einige **Eulenarten**, die man allerdings meist nur zur Dämmerung sieht.

Obwohl man es in der kalten Umgebung nicht erwartet, gibt es eine Papageienart, den lärmigen, 35 cm großen **Smaragdsittich** aus der Familie der Langschnabelsittiche. Er liebt Gesellschaft, kommt also in kleinen Gruppen vor und wird häufig bei der Halbinsel Grey gesehen. Dort kann man auch auf den rotköpfigen **Magellanspecht** treffen. Die meisten Vogelarten erblickt man an stehenden Gewässern, nämlich Enten, Schwäne und Gänse. In der Umgebung der Teiche gibt es häufig Feuchtwiesen, auf denen man die weißen **Kuhreiher** und den dunklen **Nachtreiher** sehen kann.

Flora

So, wie das Relief eine Vielzahl von Formen und Räumen hervorbringt, so vielfältig ist auch die Flora. Man unterscheidet die Vegetationszonen **Patagonische Steppe** (auch als Pampa bekannt), **präandine Gebüschzone** oder Matorral, **laubwerfender Magellanwald** und **andine Tundra**. Die Pampa oder Steppe ist in den Tiefebenen zu finden, vorwiegend trocken und mit sandigen Böden verbunden, kann aber auch in salzige Feuchtwiesen und sogar Moor übergehen. In den trockenen Bereichen findet man verschiedene Gräser, alle *festuca* genannt (z. B. *Festuca magellanica, gracillima, pyrogea*), im Volksmund auch *coirón*. Im Frühjahr sorgen Zwergsträucher für gelbe Farbtupfer, wie z. B. die **Berberitze** und der **Calafate-Strauch**. Außerdem gibt es eine Reihe von auffälligen Blütenpflanzen, z. B. die gelbliche *Anemone multifida*, Pantoffelblumen und Ackervergissmeinnicht.

Die Übergangszone zum Wald stellt der Matorral (Gebüschzone) dar, dessen typische und bunte Vertreter die **Mata barrosa** (gelbblühend) und **Mata guanaco** (rotblühend) sind. Beide können bis 70 cm hoch werden und bilden bis zu 3 m breite Kissen, die zwar flauschig aussehen, aber recht stachelig sind. Neben dem Calafate-Strauch können hier auch Krähenbeere und Johannisbeere auftauchen. Besonders schöne, feuerrote Blüten mit 10–15 cm großen Dolden bekommt der **Patagonische Feuerbusch** *(Embothrium coccineum)*. Durch die Sträucher vor dem Wind geschützt gedeihen **Greiskraut, Veilchen, Felsenblümchen** und überraschenderweise auch **Orchideen**. Nebenbei kann man auch Platterbsen, Hahnenfuß und Sauerampfer finden.

Drei Baumarten kommen hier vor, allesamt Südbuchen bzw. Nothofagus: **Lenga** und Ñirre werfen ihr Laub ab, die **Coigüe** dagegen ist immergrün. Die andine Tundra beginnt dort, wo die Baumgrenze liegt. Im Park variiert das je nach Windausrichtung der Hänge. Sie liegt zwischen 800 und 1000 m Höhe. Auffällig rot blitzen die Früchte der **Gunnera magellanica** zwischen den Felsen hervor.

Geschichte

Nach dem Ende der Eiszeit ab etwa 12 000 v. Chr. lebten im heutigen Parkgebiet Gruppen von Jägern und Sammlern. Auf der empfehlenswerten Wanderung zwischen Guardería Lago Sarmiento und Laguna Amarga kann man nach einer Stunde mehrere tausend Jahre alte **Felsmalereien** sehen. Ab 1870 kamen die ersten westlichen Abenteurer in das Gebiet. Zwischen 1877 und 1879 wurden im Auftrag der chilenischen Regierung mehrere Expeditionen durchgeführt. Die ersten Besucher trafen schon Ende des 19. Jhs. ein. Eine englische Reiseautorin und Feministin, **Lady Florence Dixie**, ritt 1879 mit lokalen Führern im Gebiet des Parks, noch bevor es kartografiert wurde. Ihr Reisebericht *Across Patagonia* ist ein Klassiker der Reiseliteratur.

Ende des 19. Jhs. waren der Deutsche **Hermann Eberhard** und der Schwede Otto Nordenskjöld im späteren Parkgebiet unterwegs, um es zu kartografieren und für Schaffarmen auszukundschaften, aber auch zu Forschungszwecken. Die ersten Estancias siedelten sich ab 1906 an. Die Schafzüchter haben, wie im übrigen Patagonien, die Wälder teilweise einfach abgebrannt. Nach dem Zerschlagen der großen Farmgesellschaften in den 1950er-Jahren bildeten sich kleine Estancias, die immer noch Enklaven mitten im Park halten, so z. B. beim Río Ascencio. Schon in den 1930er-Jahren versuchten sich Bergsteiger an der Erklimmung der Cuernos del Paine, in den 1950er-Jahren verstärkte sich der Run auf die scheinbar unbezwingbaren Torres.

Sehenswürdigkeiten

Wenige begnügen sich mit der Ansicht der Berge, die oft mit den Dolomiten verglichen werden: Das **Paine-Massiv** mit seinen zweifarbigen Hörnern und die Spitzen der **Torres** stoßen atemberaubend steil in den Himmel. Da das Wetter sehr wechselhaft ist, muss man schon Geduld haben, um sie überhaupt zu sehen. Unter den **Gletschern** ist der **Grey** (der seinen Namen vom gleichfarbigen See hat) der am meisten besuchte. Wer die Rundwanderung Circuito macht, kann ihn und das dahinterliegende südliche Eisfeld, das sich von dort noch etwa 200 km in den Norden erstreckt, auch aus der Höhe sehen. Attraktiv sind zudem der Wasserfall **Salto Grande** und die Stromschnellen **Cascada Paine**.

ÜBERNACHTUNG

Im Park selbst dürfen nur von CONAF zugelassene Hotels und Campingplätze betrieben werden, das Angebot ist daher beschränkt und **muss** im Voraus reserviert werden. Am Südufer des Río Serrano gibt es 5 Hotels.
In der Hauptsaison sind die Unterkünfte meist voll. Dasselbe gilt für die Hotelrestaurants. Vorsaison von Sep–Nov und Nachsaison ab Mitte März bis Mai sind daher als Reisezeit zu empfehlen. Auch sind dann die Wanderwege einsamer.
Bei Wanderungen mit vorgesehenem Verlauf ist es Pflicht, auch die Refugios vorher zu reservieren und zu bezahlen. Mit Zelt kann man abgesehen von den Campingplätzen auch bei den Refugios schlafen, auch nur mit Reservierung. Wichtig bei der Planung ist, die Öffnungsmonate zu beachten.

Die Massenunterkünfte **Torre Norte** und **Torre Central** eher meiden, **Refugio Paine Grande** ist besser und kommt besser mit den Besuchermengen klar. Das Refugio Vertice Grey macht einen ruhigeren Eindruck als andere. Im zentralen Abschnitt des W-Trails ist die Hütte Los Cuernos deutlich besser als z. B. die neuere El Francés. Generell gilt leider: Stimmung, Sauberkeit und Essensqualität wechseln so häufig wie die Belegschaft.

Zeltplätze

Es gibt bewirtschaftete Zeltplätze und unbewirtschaftete, die keine Duschen und nur ein Plumpsklo haben. In freier Wildbahn ist Zelten verboten! Platzreservierungen müssen beim jeweiligen Konzessionär vorgenommen werden. Hier die bewirtschafteten Plätze:

Camping Lago Pehoé, ✆ 9-7499-1958, 💻 www.campingpehoe.com (engl.). Am Lago Pehoé. Zugang über Hauptstraße von der Guarderia Laguna Amarga, 12 km von der Administración. Bietet 50 Zeltplätze, ordentliche sanitäre Einrichtungen und Strom, ein ganz gutes Restaurant sowie einen kleinen Laden.

Camping Río Serrano, in der Nähe des Lago Toro, 7 km von der Administración. Mit 48 Stellplätzen und anständigen Sanitäranlagen. Konzession: Caja los Andes, ✆ 2-1962-0448, 💻 www.cajalosandes.cl/turismo-y-recreacion/centros-turisticos/rio-serrano.

Die folgenden Campingplätze bzw. das Refugio sind über den Konzessionär **Vértice** zu reservieren: Esmeralda 671, Puerto Natales, ✆ 61-2412-742, 💻 www.vertice.travel.

Refugio & Camping Grey, in unmittelbarer Nähe zum Grey-Gletscher. Ausrüstungsverleih. ❷

Camping Dickson, am Lago Dickson, ein weiter Weg. Vermieten Ausrüstung. ❷

Camping Los Perros, am Circuito Grande. Konzession: 💻 www.verticepatagonia.com. ❶

Refugios (Schutzhütten)

Sie sind ordentlich, haben meist 6–8 Betten pro Zimmer, WC und Duschen auf dem Gang, Bettwäsche ist selten inbegriffen (kann aber geliehen werden; Schlafsack mitbringen!). Die Zimmer sind nicht nach Geschlechtern getrennt. Man sollte auf seine Wertsachen aufpassen. Beim Frühstück muss man sich in Geduld üben: Die Küche ist meist überfordert, weil alle Wanderer früh loswollen. Es gibt auch Vollpension. Einige Refugios verfügen über einen Zelt- und Schlafsackverleih sowie einen Minimarkt (aber alles eher teuer, besser vorher eindecken).

Die **Refugios** Central, Norte, Francés und Los Cuernos sind über **Fantástico Sur**, ✆ 9-8357-9064, 💻 www.fantasticosur.com, zu buchen.

Hotels

Ecocamp, 💻 www.ecocamp.travel. Iglu-Dorf mit Umweltmanagement-Zertifikat in der Nähe der Hostería Las Torres. Gemeinschaftsbad. Keine Elektrizität und keine Heizung in den Domos. Bieten Pakete mit Ausflügen an. ❺–❻

Cabañas Lago Tyndall, Sector Río Serrano, ✆ 9-4095-8332. Liegt 50 km von der Lagune Amarga und dem Hotel del Paine. ❺–❻

Hotel Lago Grey, ✆ 61-2712-142, 💻 www.lagogrey.cl. Hat einen wunderbaren Blick auf den Lago Grey und den 12 km entfernten Glaciar Grey, führt die Bootsfahrt zum Gletscher durch. Bar und Restaurant. ❻

Hostería Las Torres, unweit des Haupteingangs Laguna Amarga hinter einer abenteuerlichen Brücke, ✆ 9-8357-9064, 💻 www.lastorres.com. Bietet Ausflugsprogramme, Spa, hat auch Refugios und Camping. ❻

Hotel Río Serrano, nahe dem gleichnamigen Fluss, gerade eben außerhalb des Parks, ✆ 9-3255-3915, 💻 www.rioserrano.com. Etwas groß geraten mit 4 Stockwerken, bietet Ausflüge an. ❻

Hostería Pehoé, ✆ 9-3500-4262, 💻 www.hosteriapehoe.cl. Das älteste Hotel, auf der 5 ha großen Insel Notro unterhalb der Cuernos mit super Aussicht. ❻

Hotel del Paine, Lote Nr. 17, Sector Río Serrano, ✆ 9-7759-8573, 💻 www.hoteldelpaine.com. Gleich neben der Brücke, der kurzen Zufahrt zum Park. Bietet Pakete mit Ausflügen an. ❻

Konkashken Lodge, 💻 www.konkashkenlodge.com. Außerhalb des Parks gelegen, 5 Min. mit dem Auto vom Serrano Parkeingang, Direkt vor der Unterkunft fließt der Río Serrano mit tollem

Blick auf die Berge; Frühstück inklusive, Abendessen nur auf Nachfrage. Küchenmitbenutzung (einige Hütten haben auch eine eigene Küche). 4er-Dorm 70 000 CLP p. P. ❻

AKTIVITÄTEN

Angeln

Angeln ist im Río Serrano erlaubt. Informationen erteilt die Parkwacht.

Bootstouren

Turismo 21 de Mayo, Eberhard 560, in Puerto Natales, ✆ 61-2614 420, 💻 www.turismo21demayo.com. 🕒 HS 7.15–22, NS 9–12.30, 15–20 Uhr.

Eiswandern

Eine etwa dreistündige Wanderung auf dem Grey-Gletscher ist ein spannendes und faszinierendes Abenteuer. Die Anbieter haben die Ausrüstung und die nötige Erfahrung; unbedingt vorher in Puerto Natales organisieren, da es im Park bei den Guides nicht bezahlt werden kann. Es gibt zwei Touren: ab Grey-Halbinsel mit Bootsfahrt oder ab Refugio Grey.

Andes Mountain, ✆ 9-9799-7493, 💻 www.andesmountain.com.

Sicherheit

Jedes Jahr verirren sich Wanderer, obwohl die Wege gut markiert bzw. ausgetreten sind. Man sollte Karten und Gelände lesen können und für alle Unwirtlichkeiten ausgerüstet sein. Oft übernehmen Wanderer sich auch: Einige sind auf dem langen Weg zur Base Torres schon an Herzinfarkt gestorben. Man sollte nicht vergessen, dass die Rettung nur durch Träger bzw. mit Pferden erfolgt. Auch werden die starken Windböen unterschätzt, die so manchen zu Boden gezwungen haben. Besonders vorsichtig sollte man in der Nähe vom Wasser sein: Wer hineinfällt (oder hineingeblasen wird), hat nur ein paar Minuten, bevor er in dem eiskalten Gletscherwasser Muskelstarre bekommt und sinkt. Schutz für Augen und Haut gegen die starke UV-Strahlung ist ein Muss.

Bagualesgroup, Puerto Natales, ✆ 9-5168-8447, 💻 www.bagualesgroup.com.

Reiten

Ausritte (auch ohne Vorerfahrung) kann man bei verschiedenen Hotels buchen, z. B. bei der **Hostería Las Torres** oder der **Pampa Lodge**.

Wandern

Wer mit dem Mietwagen unterwegs ist, kann verschiedene kurze Wanderungen unternehmen, die unter „einfach" aufgeführt sind. Die mittelschwierigen sind anstrengendere Tageswanderungen von 5–8 Std. oder Wanderungen mit starken Steigungen. Für die schwierigen gilt, dass man einen großen Trekkingrucksack mit Ausrüstung tragen muss.
Hier eine Auswahl:

Einfach

Guardería Lago Sarmiento bis Guard. Laguna Amarga: 2–3 Std., leichter Anstieg von 50 m, wenn die Wanderung in umgekehrter Richtung durchgeführt wird. Der Weg führt am Parkrand über eine Anhöhe durch die Pampa und erlaubt guten Blick auf die Cuernos del Paine. Sehen kann man Guanakos, eventuell Darwin-Strauße und mit Sicherheit einige Kondore. Etwa auf der Hälfte befinden sich ein paar den Tafelbergen ähnliche Hügel aus Sandstein, wo man nach Felsmalereien schauen kann. Diese Piktoglyphen stammen von den Jägern und Sammlern, die die Gegend nach der letzten Eiszeit bevölkerten, und sollen etwa 4500 Jahre alt sein.

Vom Nordrand des Pehoé-Sees bzw. Refugio Pudeto zum Mirador Nordenskjöld: etwa 1 Std., mit ein wenig Muße beim Wasserfall Salto Grande insgesamt 2 Std.

Von der Hostería Las Torres Richtung Los Cuernos bis zur Laguna Los Patos: etwa 2 Std. Das Ziel ist ein ruhiger Teich mit Wasservögeln und guter Sicht auf den Paine-Fluss und die Cuernos.

Von der Guardería Lago Grey bis zur Halbinsel Grey: 1 1/2–2 Std., nur möglich, wenn es der Wasserstand an der Endmoräne zulässt. Vom Mirador selbst hat man Sicht auf den Gletscher, im Frühling sieht man farbenprächtige Eisberge.

Mittelschwer

Mirador Ferrier: je nach Kondition etwa 3 Std. Eine sehr empfehlenswerte Wanderung ab Guardería Lago Grey. Der Weg führt in Schleifen auf etwa 550 m Höhe, von wo man eine atemberaubende Sicht auf den Grey-Gletscher, das dahinterliegende Eisfeld und den Rest des Parks hat.

Valle del Francés: etwa 6 Std. Die Wanderung ist auch Teil des „W" (s. u.). Ausgangsort ist das Refugio Paine Grande oder Pehoé, der Weg nach Osten ist sehr gut markiert und führt durch den Matorral. Eine Stunde vor dem Tal *(valle)* gibt es eine Hängebrücke, anschließend folgt das Campamento Italiano (benannt nach der italienischen Expedition), dann der Aufstieg entlang einer Moräne. Vom Valle aus hat man einen wunderbaren Blick auf den Hängegletscher Francés und, wenn man weit genug kommt, zu den Granitspitzen Aleta Tiburon und Castillo.

Base Las Torres: 7–8 Std. Der Klassiker schlechthin! Die Wanderung beginnt neben der Hostería. Ein schweißtreibender Anstieg am Anfang wird mit Sicht auf ein tiefes Flusstal belohnt (500 m, 1 Std.). Der anschließende Abschnitt (1 Std.) bis zum Refugio Chileno weist Hangrutsche gleich neben dem Pfad auf, daher muss man sehr vorsichtig gehen. Ab dem Refugio Chileno geht es durch den Wald (1 Std.), bis man am Schluss die Endmoräne der Torres erklimmen muss (1 Std., ca. 400 m) und mit dem Blick auf die 1800 m höheren Granitspitzen belohnt wird.

Vom Refugio Paine Grande bzw. Pehoé nach Norden zum Grey-Gletscher: etwa 8 Std. Diese Strecke ist ebenfalls sehr beliebt. Nach einem kurzen Anstieg von 100 m führt der Pfad durch den Wald, bis man eine tolle Sicht auf den Grey-See bekommt. Wenn man allerdings einen guten Blick auf den Gletscher haben möchte, sollte man weiter bis kurz vor den Refugio Grey gehen.

Schwierig

W-Wanderung: Diese klassische Strecke in Form eines „W" verbindet die unter mittelschwer genannten Strecken am Südrand des Massivs. Einstieg ist bei der Hostería Las Torres oder umgekehrt beim Refugio Paine Grande. Dazu kommt nur die Strecke zwischen der Hostería und dem Valle Francés, die etwa 7 Std. durch Matorral und Wald führt. Insgesamt muss man 4–5 Tage rechnen. Manche legen die Übernachtungen so, dass sie vom Refugio Chileno oder besser noch, vom Campamento Torres, zeitig aufbrechen, um die Torres im Morgenlicht rötlich zu sehen. Wie auch immer, zur Planung sollte man die Karte anschauen und seine Wanderlust gut einschätzen können. Übrigens kann man die gesamte Wanderung ohne Zelt durchführen und die Schutzhütten nutzen (aber vorbuchen!).

Trekkingchile W-Wanderweg

Circuito: Diese Wanderung erfordert Stehvermögen, besonders für den Abschnitt hinter dem Refugio Grey. Insgesamt sollte man 5–8 Tage einplanen. Der Beginn ist am Refugio Paine Grande (Pehoé). Die erste Strecke führt zum Gletscher Grey bzw. zum Refugio Grey (4–5 Std.). Darauf folgt ein Tag voller Ausblicke auf den Gletscher bis zum Campamento Paso (ca. 6 Std.). Am nächsten Tag geht es über den Pass John Garner in 5–6 Std. bis zum Camping Los Perros. Der folgende Abschnitt ist etwas leichter, mit weniger Steigung bis zum Refugio Dickson (4 Std.), dazwischen gute Sicht auf die Berge. Die nächste Strecke (6 Std.) führt entlang dem Paine-Fluss und dem gleichnamigen See bis zum Camping Serón, von dem aus man am folgenden Tag bis zur Hostería Las Torres gehen kann.

Von der Guardería Grey zum Mirador Zapata: Diese Strecke für 2 Tage ist weitaus weniger besucht als die anderen. Die Wege haben wenig Steigung, aber man muss Verpflegung und Zelt mitnehmen. Ab der Guardería Grey geht es Richtung Pingo, vorbei an dem Refugio Zapata, bis man nach etwa 6 Std. zum Aussichtspunkt kommt. Zurück zum Refugio, wo man zelten kann, sind es noch etwa 1 1/2 Std. Am nächsten Tag führt dieselbe Strecke zurück zur Guardería.

SONSTIGES

Informationen

Für Ausländer bis drei Tage US$35, mehr als drei Tage US$49. Infos unter 🖳 www.parquetorresdelpaine.cl und 🖳 www.torresdelpaine.com. Tickets unter 🖳 www.aspticket.cl. 🕒 für alle drei Eingänge (Río Serrano, Lago Sarmiento und Laguna Amarga) 7–21 Uhr.

Telefon und Internet

Im Park erfolgt die Kommunikation zwischen den Hotels und den meisten Bussen per Funk. Telefon- und Internet-Empfang gibt es kaum und natürlich längst nicht flächendeckend. Die Ostseite ist besser abgedeckt. Bei den Hotels und Refugios kann man Zugang kaufen.

TRANSPORT IM PARK

Autos und Busse

Die Hotels haben Fahrzeuge für den Transport zu bestimmten Gegenden. Der Preis ist verhandelbar, meistens aber nicht niedrig. Evtl. kann man sich mit anderen Wanderern zusammenschließen und einen guten Preis aushandeln. Per Anhalter geht es auch relativ gut.

Schiffe

Von der Halbinsel Mirador Grey aus kann man einen faszinierenden **Bootsausflug** machen, der über den graugrünen Gletschersee des GLACIAR GREY bis zu den 15 m hohen Eiswänden des Gletschers führt. Der Ausflug dauert etwa 3 Std., zwischendrin wird etwas Eis aus dem See gefischt, um damit einen Whiskey zu servieren. Dasselbe Schiff legt auch beim Refugio Grey an, sodass müde Wanderer von dort eine Strecke einsparen können. Abfahrtszeiten: Sep–April 9, 12, 15 und 18 Uhr. Man sollte vorbestellen und 1 Std. vorher zum Check-in vor Ort sein. 🖳 www.lagogrey.cl. Warm anziehen! Preis: Einfache Fahrt 90 000 CLP, hin und zurück 100 000 CLP.

Punta Arenas

Den Ruf als südlichste Stadt der Welt hat Punta Arenas zwar an Puerto Williams und/oder das argentinische Ushuaia verloren, dafür wird es aber immer eleganter. Die Hauptstadt der 12. Region (Magallanes) auf der Brunswick-Halbinsel ist mit 120 000 Einwohnern in jedem Fall die größte; und auch wenn Ushuaia wunderbar liegt, sieht es doch nur aus wie ein Schweizer Retortendorf. Punta Arenas bezieht seine Schönheit aus einer ganz eigenen Quelle: aus den Wohnpalästen der Schafbarone, die am Ende des 19. und Beginn des 20. Jhs. mit ihren Farmen die Steppen des südlichen Patagoniens und Feuerlands beherrschten. Sie liegen eng um die zentrale Plaza Muñoz Gamero geschart. Punta Arenas war überdies wichtiger Marinestützpunkt und Sprungbrett für Expeditionen in die Antarktis. Heute machen hier viele Kreuzfahrtschiffe Station oder beenden ihre Fahrt, was bedeutet, dass die Anzahl der schickeren Hotels und Restaurants gestiegen ist.

Punta Arenas verstand man oft nur als obligate Zwischenstation auf dem Weg nach Puerto Natales und zum Parque Nacional Torres del Paine. Zu Unrecht: Die Magellanstraße und die vielen Gletscherinseln mit ihren Tierreservaten liegen direkt vor der Haustür, und auf dem Land besteht die Möglichkeit, Estancias zu besuchen.

Geschichte

Die chilenische Regierung schickte ab Mitte des 19. Jhs. Schwerverbrecher in diese unwirtliche, absolut isolierte Region. Sandy Point, wie es die britischen Seefahrer nannten, war gleichfalls Versorgungsstützpunkt für das etwa 70 km entfernte **Fuerte Bulnes**, eine aus dem Jahr 1843 stammende Befestigungsanlage, die unter dem Präsidenten Manuel Bulnes als Manifestation des chilenischen Gebietsanspruchs an der Magellanstraße gebaut worden war.

In Punta Arenas lebte es sich anfangs nicht ungefährlich. Entflohene Häftlinge brannten es 1852 völlig nieder. Damals bestand der Ort aus nicht viel mehr als ein paar Hütten. Bernard Eunom Philippi folgte dem bei dem Aufstand umgekommenen Gouverneur im Amt, fiel aber selbst einem indianischen Überfall zum Opfer.

In den letzten beiden Jahrzehnten des 19. Jhs. änderte sich die Isolation schlagartig. Erschließungsgesellschaften hatten die Eignung des Bodens zur **Schafzucht** erkannt, der Staat war froh, dass dieses schwer kontrollierbare, schwer erreichbare und auch unwirtliche Gebiet „kolonialisiert" werden konnte. Das zog in der Folge viele ausländische Entrepreneure an, vor allem Kroaten, besonders aus Dalmatien, und Briten. Das Land wurde ihnen überlassen, und sie ließen die nomadisierenden indianischen Verbände verfolgen und töten. Das Museum der Salesianer-Missionare dokumentiert das sehr plakativ.

In Punta Arenas wurden in den 1890er-Jahren die palastartigen Villen der Reichen geschaffen, ein beeindruckender Abklatsch europäischer Hofarchitektur. Bald folgten die ersten

©ISTOCK.COM / BENKRUT

Auf dem Cementerio Municipal von Punta Arenas

Wellen von Einwanderern. Die Nachricht von **Goldfunden** in Magallanes, später auch auf Feuerland, verbreitete sich wie ein Lauffeuer. Punta Arenas, nun groß und prächtig, diente in der Folge auch als Basishafen für Walfangschiffe. Später brachte die Entdeckung des Erdöls neuen Reichtum.

Plaza Muñoz Gamero

Um die stattliche Plaza mit einem wuchtigen Bronzedenkmal zu Ehren Fernando de Magallanes und einem hübschen Kiosk aus Zypressenholz gruppieren sich prächtige Häuser, darunter an der Nordseite der **Palacio Sara Braun**, heute das Luxushotel José Nogueira (das während der Recherche allerdings vorübergehend geschlossen war). Hier werden Führungen durch Salons und Vestibüle veranstaltet. Der Palast wurde im neoklassizistisch-gründerzeitlichen Stil gebaut und ist mit seiner starken Gliederung, den Erkern und Aufsätzen das eindrucksvollste Bauwerk am Platz.

Der französische Architekt Beaulier zeichnete auch für die weiteren Entwürfe der Stadtpaläste verantwortlich, so im Fall des **Palasts José Menéndez**, der aber der Öffentlichkeit nicht zugänglich ist. Schräg gegenüber an der Straße Hernán de Magallanes liegt der **Palacio Braun Menéndez**. Die Namensballungen sind nicht zufällig: Die Schafbaronfamilien Braun, Menéndez und Nogueira bauten in bester Monarchiemanier ihre Vormachtstellung in der Oberschicht durch Eheschließungen aus. Im Palacio Braun Menéndez ist nun das **Museo Regional de Magallanes** untergebracht, das viele Dokumente zur Siedlungsgeschichte ausstellt – Fotos, Kleidung, Gegenstände aus dem Alltagsleben. ⏲ Mo, Mi–Fr 10.30–14 Uhr. Zur Zeit der Recherche vorübergehend geschlossen, Eintritt frei.

Um die Plaza herum gibt es außerdem zu sehen: das **Wohnhaus von Alejandro Menéndez Behety**, das **Haus von José Montes** an der Südseite des Platzes, in dem heute die Stadtverwaltung untergebracht ist, das Geschäftshaus der **Sociedad Braun y Blanchard** und die **Casa España** in einem leuchtendweißen Gebäude.

Museo Regional Salesiano Maggiorino Borgatello

Ein paar *cuadras* von der Plaza Muñoz Gamero entfernt liegt an der Av. Bulnes dieses hochinteressante Museum mit dem Namen des ersten Museumsleiters. Es beruht auf den ethnologischen und naturkundlichen Sammlungen der Padres Alberto Agostini und José Fagnano, wurde 1893 eingerichtet und ist somit das drittälteste Museum Chiles. Die Vitrinen sind randvoll mit Fundstücken und Sakralgegenständen angefüllt. Im ersten Stockwerk gibt es eine ausführliche Bilderschau zum grausamen Schicksal der vertriebenen Selk'nam und Yaghan zu sehen. 💻 www.museomaggiorinoborgatello.cl. 🕒 Di–Sa 10–12.30, 15–17.30 Uhr, Eintritt 4000 CLP.

Cementerio Municipal Sara Braun und Instituto de la Patagonia

In der von hohen Bäumen bestandenen Av. Bulnes wurde das naturalistische Denkmal eines Schafhirten errichtet. Schräg gegenüber befindet sich der **Friedhof** – einen luxuriöseren wird man kaum finden. Hinter riesigen, zu Säulen gestutzten Koniferen verbergen sich die kostbaren Marmorgrabstätten und aufwendig verzierten Mausoleen der reichsten Familien: José Menendez, Kusovic, Braun, Nogueira. Sara Braun hat das voluminöse Eingangsportal aus Marmor gestiftet. Einzig ein kleiner Bronzeindianer erinnert an die Selk'nam, die so grausam vernichtet wurden. 🕒 tgl. 9–18 Uhr.

Im Park des Instituto de la Patagonia in der Nähe des Friedhofs wurde ein sogenanntes **Museo del Recuerdo** eingerichtet, in dem Exponate aus der Zeit der Kolonisation zu sehen sind, darunter landwirtschaftliche Maschinen, Gerätschaften, eine ehemalige Tischlerei, alte Wohnhäuser. Sie sind teilweise rekonstruiert, teilweise an Ort und Stelle abgebaut und hier wiedererrichtet worden. 🕒 Mo–Fr 9–11.30, Sa 9.30–11.30 Uhr, in der HS Mo–Fr 8.30–12.30, 14.30–17, Sa und So 9–12.30, 14.30–17 Uhr, Eintritt 3000 CLP.

ÜBERNACHTUNG

Hotel Condor del Plata, Av. Colón 556, 💻 www.condordeplata.cl. Traditionelles, mit Teppichböden ausgelegtes Stadthotel, benannt nach dem legendären Flugzeug Silberkondor, mit dem Günther von Plüschow die Antarktis überflog. Die Zimmer haben eigene Bäder und richtige Schränke – sonst eher Mangelware. ❸

Hotel Entre Vientos, Montt 690, 💻 www.hostelentrevientos.cl. Sehr gemütlich – Aufenthalts- und Frühstücksraum im 1. OG mit Blick zum Meer. Sehr reichhaltiges Frühstück. DZ sind recht klein, dafür günstig. Man kann Fahrräder mieten und auf dem Radweg am Meer entlang in die Stadt fahren. ❸–❹

Hostal Art Nouveau, Lautaro Navarro 762, 💻 www.fb.com/hostalartnouveau. Gepflegt, einladend und gemütlich, gute Reiseinfos, aber keine überragenden Zimmer. Superzentrale Lage, überraschendes Frühstücksbuffet inkl. ❹

Hotel Plaza, José Nogueira 1116, 💻 www.hotelplaza.cl. Das Haus zeigt Grandezza; historische Fotos an den Wänden, großzügig geschnitten. Die Zimmer altmodisch-plüschig, ein bisschen abgewohnt, aber gut. Sehr freundliche Rezeption, relativ teuer. ❺

Hotel Cabo de Hornos, Plaza Muñoz Gamero 1039, direkt an der Plaza de Armas, 💻 www.hotelcabodehornos.com. Feines Businesshotel direkt an der Plaza, gehört zum CostaAustralis in Puerto Natales, 110 große, saubere Zimmer, freundliches Restaurant, Frühstücksbuffet inkl. ❺

ESSEN

€ **Kiosko Roca**, Roca 875, 💻 www.kioskoroca.cl. Schnellimbiss auf Chilenisch, *choripan* und *choriqueso*, zu trinken gibt es Milch mit Kochbananen und andere gewagte Kreationen. Hat lange Tradition, nur Stehtische, füllt sich sehr schnell. 🕒 Mo–Sa 7–19 Uhr.

La Chocolatta, Bories 852, 📞 61-2248-150. Pralinen und Torten in der Auslage weisen den Weg in dieses hübsche Café, das ein wenig den Wiener Salonstil imitiert. Alles hausgemacht und kalorienlastig. Es gibt auch eine Tee-Auswahl. Nicht billig. 🕒 tgl. 10–19.30 Uhr.

La Luna, O'Higgins 1017, 💻 www.laluna.cl. Heimeliges, gepflegtes Restaurant im moderaten Hippiestil, gute und nicht billige Meeresfrüchte. Menu 9000 CLP. 🕒 tgl. 12–23.30 Uhr.

Lomito's, José Menéndez 722. Großes Fastfood-Restaurant mit Café auf Chilenisch mit einer richtig gemütlichen Einrichtung. Hat Treffpunkt-

charakter, liegt zentral, Sandwiches in allen Varianten. ◷ Mo–Sa 9–23 Uhr.
Pub & Restaurant Jekus, O'Higgins 1021, 💻 www.fb.com/Jekus.Restobar. Beliebt bei chilenischen Angestellten nach der Arbeit, gutes Essen, riesige Portionen, hat auch eine Bar und eine originelle Einrichtung. Am Wochenende sehr laut. ◷ tgl. 11–24 Uhr.
Sotitos, O'Higgins 1138. Eine kostspielige Adresse, gerühmt für Königskrabben und Jakobsmuscheln, aber auch gutes Fleisch. Großes Weinangebot. ◷ Mo, Mi–Sa 12–15, 18.30–23 Uhr.

TOUREN

Cruceros Australis, 💻 www.australis.com. Veranstalten sehr bequeme, trotzdem aufregende und lohnende, 4- (US$3095) bzw. 8-tägige (US$7701). Fahrten von Punta Arenas nach Ushuaia über zwei verschiedene Routen. Gehobenes Ambiente. Meist sind die Reisen ausgebucht, aber in der Nebensaison sind manchmal noch Kabinen frei.
Turismo COMAPA, Magallanes 990E, ✆ 61-2200-206, 💻 www.comapa.com. Bietet ein umfassendes Ausflugsprogramm in die Umgebung, u. a. zu den Torres del Paine. Stadtrundfahrt (3 Std.) US$42.

SONSTIGES

Einkaufen

Die **Calle Carlos Bories** ist die Einkaufsstraße, hier gibt's auch Sport- und Trekkingausstatter. Der **Mercado de Artesanos** liegt in der Calle 21 de Mayo, direkt neben dem Mercado Municipal. ◷ Mo–Sa 10–19 Uhr.
Die Freihandelszone **Zona Franca**, 💻 www.zonaustral.cl, bietet vornehmlich Elektrogeräte, aber auch Parfüm und Spirituosen. Sie liegt ein wenig außerhalb an der Av. Bulnes, KM 3,5. ◷ tgl. 10–21 Uhr.

Feste

21. Juni: Carneval de Invierno zur Wintersonnenwende mit geschmückten Karossen, Umzügen und Festen.
Ende Juli: Patagonisches Folklorefest.

Geld

Banco Estado, an der Plaza mit Geldautomat.

Informationen

SERNATUR, Jose Fagnano 643, ✆ 61-2284-790. ◷ Mo–Fr 9–12.30, 14.30–17.30, Fr bis 16.30 Uhr.

Honorarkonsulate

Deutschland, Benjamin Dibasson 775, ✆ 9-8790-2367, ✉ punta-arenas@hk-diplo.de, ◷ nach Vereinbarung.
Schweiz, Maipú 868, ✆ 61-2223-162, ✉ puertonatales@honrep.ch.

Mietwagen

Die großen internationalen Autovermietungen sind am Flughafen vertreten.

Post

Correos de Chile, Bories 911, 100 m nördlich der Plaza. ◷ Mo–Fr 9.30–17.30 Uhr.

NAHVERKEHR

In Punta Arenas verkehren Colectivos und Stadtbusse. Die Zielorte sind auf den Windschutzscheiben aufgeschrieben.

TRANSPORT

Busse

Es gibt keinen zentralen Busbahnhof, aber die meisten Haltestellen liegen an der Av. Colón und der Straße Sanhueza nahe beieinander. So wie das von Bus-Sur.
Bus-Sur, Av. Colón 842, ✆ 61-2614-224, 💻 www.bussur.com. Hochsaison 11x tgl., Nebensaison 7x tgl. ab 7 Uhr nach PUERTO NATALES (3 1/4 Std.), Di, Do und So um 8 Uhr nach RÍO GRANDE (Argentinien, 7 Std., 28 000 CLP), und USHUAIA in Argentinien am Mo, Mi und Fr um 8.30 Uhr (11–12 Std., 45 000 CLP).
Buses Fernández, Armando Sanhueza 745, ✆ 9-9438-5125, 💻 www.busesfernandez.com. 8–9x tgl. nach PUERTO NATALES (3 Std., 9800 CLP). ◷ 7.45–22 Uhr.

Flüge

Der internationale **Aeropuerto Presidente Carlos Ibáñez del Campo (PUQ)** befindet sich 21 km nördlich der Stadt. 💻 www.aeropuertos australes.cl.

Mehrmals tgl. mit LATAM und Sky Airline nach SANTIAGO (3 Std.).

Mit **Aerovias DAP**, Carrera Pinto 1015, ☏ 61-2229-936, 💻 www.dapairline.com. Mo–Fr 2–3x tgl. nach PORVENIR (15 Min., um 50 000 CLP), Mo–Sa nach PUERTO WILLIAMS (40 Min., 106 000–169 000 CLP) und dienstags nach BALMACEDA / COYHAIQUE (1 1/2 Std., 67 800 CLP).

Flughafentransfer

Mehrere Busgesellschaften halten auf dem Weg nach Puerto Natales am Flughafen; es gibt Shuttles, die Gäste zum Hostal bringen und abholen.

Die Fahrt mit einem der Minibusse, die vor dem Flughafen warten, dauert nach Punta Arenas eine knappe halbe Stunde. Taxis kosten mit 13 000 CLP etwa das Doppelte.

Schiffe

Die Reederei **Transbordadora Austral Broom**, ☏ 61-2728-100, 💻 www.tabsa.cl, bietet ab dem Hafen Tres Puentes (knapp 5 km nördlich des Stadtzentrums) regelmäßige Autofährverbindungen zu folgenden Zielen:

Punta Arenas–Porvenir, tgl. 1–2x (2 Std., 7800 CLP). Der Ankunftshafen ist BAHIA CHILOTA. Pkw 51 000 CLP.

Punta Arenas–Puerto Williams auf der Insel Navarino. Diese Überfahrt in den antarktischen Süden ist fast 490 km lang, dauert 32 Std. und findet laut Fahrplan 3x wöchentl. statt. Das Schiff nimmt Ladung und Passagiere in 2 verschiedenen Großraumklassen auf. Es gibt normale **Sitzplätze** (wie im Bus), die sich ein wenig verstellen lassen, für etwa 143 000 CLP, und **Liegesitze**, die sich ganz flach ausfahren lassen und mehr Platz und Komfort bieten, für knapp 195 000 CLP. Kinder bis 10 J. die Hälfte. Im Preis sind alle Mahlzeiten in regulärer Qualität enthalten.

Punta Arenas–Isla Magdalena: Diese Strecke wurde mit der Pandemie ausgesetzt, soll, wird ab 2024 ggf. aber wieder befahren werden.

Die Umgebung von Punta Arenas

Reserva Nacional Magallanes

Etwa 7 km von der Stadt entfernt wurde 1932 um den Cerro Fenton herum ein Naturschutzgebiet eingerichtet. Dazu gehören auch eine Skistation mit Sessellift (Blick auf die Magellanstraße, an guten Tagen bis nach Feuerland!) und mehrere bequem angelegte und ziemlich kurze Wanderwege durch die typischen Südbuchenwälder und die Steppenlandschaft. In der Reserva Nacional Magallanes beginnt auch eine markierte Route durch die gesamte Brunswick-Halbinsel. Sie schafft man in 4–5 Tagen. Bei der Administration liegt ein Café-Restaurant, in dem man auch Reitausflüge buchen kann. 🕒 tgl. 9–17 Uhr. Eintritt 6000 CLP. Tickets bei 💻 www. aspticket.cl.

Isla Magdalena

Genau 36 km nordöstlich von Punta Arenas liegt diese karge Insel. Sie steht unter Naturschutz und ist weithin für ihre riesigen Pinguinkolonien bekannt. Es wurden schon bis zu 60 000 Paare von **Magellan-Pinguinen** gezählt, die 70 bis 90 cm groß werden. Sie unterscheiden sich von anderen Pinguinarten durch das Fehlen jeglicher Scheu vor dem Menschen: Sie lassen Besucher ganz eng an sich herankommen, ohne zu flüchten oder aggressiv zu werden. Man muss direkt aufpassen, dass man ihnen nicht auf die Füße tritt, so zutraulich sind sie.

Auf der Insel steht ein einsamer Leuchtturm von 1901, der einen tollen Rundumblick bietet. Erreichen lässt sich die Insel am besten mit der Fähre von Austral Broom ab Punta Arenas. Veranstalter wie 💻 www.denomades.com verlangen für die fünfstündige Exkursion inkl. Hin- und Rückfahrt mit einem etwa einstündigen Aufenthalt auf der Insel um die 95 000 CLP.

Puerto del Hambre, Fuerte Bulnes und Cabo San Isidro

Der Tagesausflug (etwa 130 km auf geschotterter Straße) wird von vielen Reiseagenturen angeboten. Gemüse- und Viehfarmen breiten sich entlang der Magellanstraße auf steppenartigem Boden aus. Auf den Feldern der Fundos gedeihen Bohnen, Salat, Petersilie, Mangold und Möhren. Einer davon ist der **Fundo San Fernando** am KM 42, ✆ 9-9764-0520, 💻 www.fundo sanfernando.cl, den man auf der Strecke besuchen kann. Geführte Touren 15 000 CLP. Ausritte ab 20 000 CLP. Eine Nacht auf dem Zeltplatz 15 000 CLP p. P. 🕒 tgl. 9–18 Uhr.

Nach 53 km Weg von Punta Arenas aus kommt eine Abzweigung nach **Puerto del Hambre**. Wenn die 103 armen Seelen, die hier im März 1584 im Auftrag des spanischen Königs Philipp II. von Bord gingen, gewusst hätten, dass auf dem kargen Boden Gemüse gedeiht, wären sie sicher nicht verhungert. Doch ihnen war ein klägliches Schicksal beschieden, als Philipp sie hier aussetzen ließ – aus den glühend heißen Mesetas Zentralspaniens hinein in die Gletscherwelt kurz vorm Südpol, in der neun Monate im Jahr Winter herrscht. Im wahrsten Sinne des Wortes ein Bauernopfer, denn die spanische Kolonialmacht wollte die Magellanstraße als die ihrige kennzeichnen – vor allem gegen die Engländer, die Sir Francis Drake diesen epochalen Wasserweg durchstürmen ließen. Drei Jahre später entdeckte der britische Pirat Thomas Cavendish einen einzigen Überlebenden – und einen Gehängten. Er taufte den Platz, der ursprünglich zur Ciudad Rey Don Felipe („Stadt des Königs Philipp") aufblühen sollte, den Tatsachen entsprechend „Hungerhafen", Puerto del Hambre. Eine Plakette erinnert an die Toten.

Nach weiteren 7 km ist das **Fuerte Bulnes** erreicht. Es wurde 1843 als erster australer Militärstützpunkt auf dem Santa-Ana-Felsen angelegt. 25 Mann Besatzung brachen von der Isla de Chiloé mit der *Goleta Ancud* (deren Replik den Hof des Museums von Ancud ziert) auf gen Süden, mit an Bord: Bernhard Eunom Philippi (S. 164). Als später Punta Arenas aufblühte, erledigte sich die Mission der Fuerte Bulnes von selbst. Hundert Jahre nach ihrem Bau wurde die Festung rekonstruiert.

Die weitere Strecke zum **Leuchtturm San Isidro** verwandelt sich oft in eine schlammige Piste. Der Leuchtturm befindet sich im Süden der Peninsula Brunswick unterhalb des Monte Tarno (830 m). Die vielen Buchten entlang der Strecke waren einst Refugien von Walfängern.

Weiter südlich auf dem Kontinent geht es nicht bzw. nur noch ein Stück zum **Cabo Forward**. Festes Steppengras rahmt die blassbraune Kieselbucht. Aus dichten Streifen immergrünen subantarktischen Waldes leuchten knallrote Fuchsien: Klein-Feuerland. Vom Faro San Isidro aus kann man auch den Monte Tarno besteigen und auf der Magellanstraße Kajak fahren.

Feuerland

Feuerland liegt am **Ende der Welt**. Es sieht schlichtweg einzigartig aus, wenn man sich in die Vogelperspektive versetzen könnte. Weite Steppen mit hellbraunem, zähem Coiróngras, in das der Wind stetige Wellen schlägt, beherrschen etwa zwei Drittel des nördlichen Feuerlands. Die Verwaltungssitze der Schaf-Estancias schwimmen darin wie Inseln in einem Meer aus Weideland. Fast ausnahmslos alle sind aus Zinkplatten gebaut, in einem hellbeigen Ton gestrichen und haben knallrote Wellblechdächer, was sie bei Sonnenschein unglaublich hübsch aussehen lässt.

Die Steppen werden im Süden von verschneiten Gebirgsketten begrenzt, zu deren Füßen sich eine Kette dunkelgrüner Gletscherseen ausbreitet. Hinter dem Seno Almirantazgo zerbricht Feuerland in tausend Gletscher, Inseln und Kanäle bis hinunter zum **Kap Hoorn**. Der beeindruckende Naturraum Feuerlands war und ist bis heute nur sehr spärlich besiedelt. Die kleinen Ortschaften, die man vorfindet, entstanden bis auf die Hauptstadt **Porvenir** aus den riesigen Estancias früherer Zeiten, die gleichzeitig auch Schulen, Krankenhäuser und Einkaufsläden für die *peones, vaqueanos* und *capatazes* und deren Familien waren.

Heute verspricht eine Reise nach Feuerland pure Natur, Besuche von Estancias, Gelegenheiten zum Wandern und Angeln, Gletschertrekking und Bergsteigen, Schiffsausflüge in die unzähligen Fjorde und natürlich die Segelpassage um Kap Hoorn. Öffentliche Verkehrsmittel gibt es kaum. Die gängigste Verbindung ist die 445 km lange Strecke Porvenir–San Sebastian–Río Grande–Ushuaia. Sie verbindet den chileni-

schen mit dem argentinischen Teil Feuerlands. Mit eigenem Pkw ist es nicht kompliziert, die Tierra del Fuego zu bereisen, wenn man sich daran gewöhnt hat, dass es kaum Straßenschilder gibt. Also die Karte immer dabeihaben!

Wer von Chile aus nur den argentinischen Teil von Tierra del Fuego besuchen möchte, fährt von Punta Arenas über San Sebastian und Río Grande nach Ushuaia (635 km, 10–12 Std.) Die Fähre quert regelmäßig in nur einer halben Stunde die Magellanstraße an der Cruce Bahia Azul.

Geschichte

Feuerland teilt das Schicksal vieler südamerikanischer Kolonien: von europäischen Expeditionen erforscht, vermessen, bewertet, ausgeraubt. Das geschah später als in anderen Regionen, war aber nicht minder grausam. Im südlichen Archipel um Feuerland waren einst die Wassernomaden **Yaghan** unterwegs, die von der Muschelsuche und dem Fischfang lebten. Sie sind die eigentlichen Taufpaten der Insel, denn in ihren Kanus führten sie stets Feuer mit sich. Als **Fernando de Magallanes** auf der Suche nach einer Passage zwischen den Meeren 1520 diese Inseln umsteuerte, sah er die Feuer und nannte die Insel Tierra del Humo („Insel des Rauchs"). Der spanische König Philipp II. taufte sie um in Tierra del Fuego.

Nahezu 100 Jahre später, 1616, durchsegelten **Willem C. van Shouten** und **Jacob Le Maire** die Meerstraße um Kap Hoorn. Ein drittes Datum rückte die „Feuerländer" in das europäische Interessenzentrum. Kapitän Fitz Roy und der Naturforscher **Charles Darwin** befuhren 1830 die

Magellanstraße und die südlichen Wasserstraßen mit dem Schiff *Beagle*. Charles Darwin entsetzte sich in seinen *Ansichten der Natur*, die er nach seiner Forschungsreise auf der *Beagle* 1834 schrieb, über feuerländische Indianer, die seiner Auffassung nach wie Tiere lebten. Wissenschaftliches Interesse mag ihn dann dazu bewogen haben, zwei „Feuerländer" einfach zu rauben und mit nach England zu nehmen. Er taufte sie Jemmy Button und Fuegina Basket. Diese Entführung in die „Zivilisation" brachte nur Unglück – zunächst den beiden selbst, später dann, wenn man so will, der gesamten indigenen Bevölkerung Feuerlands. Die Konfrontation mit den neuen Landesherren überlebte sie nicht.

Um die Mitte des 19. Jhs. kamen staatliche, aber auch private Erschließungsgesellschaften zu dem Ergebnis, dass der feuerländische Boden, der zuvor indianisch war, für die **Schafzucht** geeignet sei. So entstanden die größten Schaffarmen im Süden (mehr als 300 000 ha). Sie bedeckten faktisch die gesamte Insel. Wie die Eigner zu ihren Besitztiteln kamen, ist nie ganz geklärt worden. Erst ein Gesetz unter Eduardo Frei in den 1960er-Jahren enteignete Großgrundbesitzer, deren Estancias eine bestimmte Größe überschritten. Nachdem der Wollpreis Mitte der 1930er-Jahre verfiel, lohnten die Farmen nicht mehr.

Die indigenen Gemeinden wurden in der zweiten Hälfte des 19. Jhs. bedroht, verfolgt, ermordet. Die Schaffarmer duldeten sie nicht auf ihrem Land. Wer sich in Missionsstationen retten konnte, blieb verschont, musste aber sein angestammtes Leben aufgeben. Viele starben unter diesen Bedingungen. 1873 erfolgte eine erste Expedition ins Landesinnere Feuerlands. Bei der zweiten unter dem chilenischen Marineoffizier **Ramón Serrano Montañer** wurde Gold im Cordón Boquerón gefunden. 1882 kamen die ersten **Goldsucher**, nachdem der Boom auf dem Festland beendet war. Besonders die Ona bei Boquerón hatten unter dieser Präsenz zu leiden. Feuerland erzählt aber auch von Emigranten und Abenteurern, die um die Jahrhundertwende aus Kroatien, Dalmatien, Portugal und Rumänien auf die Insel kamen, um hier ihr Glück zu versuchen.

Reisezeit

Beste Reisebedingungen herrschen von November bis April, wenn auch die Fähren häufiger verkehren. Wer außerhalb der Saison reisen möchte, muss sich genauer nach Öffnungszeiten etc. erkundigen. Manche Touren können wegen der rauen Wetterbedingungen, die das gesamte Jahr über herrschen, gar nicht realisiert werden, z. B. Bergbesteigungen.

Porvenir

Wenn ein Ort „Zukunft" heißt, wie sieht er dann aus? Das 1884 gebaute Porvenir wuchs sehr schnell, um den Archipel zu versorgen und zu verwalten. Doch die „Zukunft" der Schaffarmen und Goldräusche geriet rasch zur Vergangenheit. Dann wurde der Panamakanal gebaut, der die Magellanstraße obsolet machte – und damit war das bisschen Zukunft aufgebraucht. Knapp über 6000 Einwohner hat die Hauptstadt des chilenischen Feuerlands heute, der überwiegende Teil ist im Dienstleistungssektor beschäftigt. Halb pionierhaft, halb altmodisch – Porvenir ist reizvoll schlicht. Der scharfe Wind fegt durch die geraden Straßen mit ihren meist zweistöckigen Holzhäusern und zerzaust die Pflanzen auf der gepflegten Plaza.

Das historische **Museo de Tierra del Fuego Fernando Cordero Rusque** ist eine obligatorische Station für alle Touren durch das chilenische Feuerland. Das Holzhaus aus der Pionierzeit mit Bolleröfchen könnte selbst Ausstellungsstück sein. Hier ist auch das kleinste Detail der Besiedlung aufgeführt: Haftpulver für falsche Gebisse anno 1919, Hafersäcke, alte Telefone und die Rindenmasken der Ona, eine weibliche Mumie, ein Kanu der Alacalufes, Fotos der Goldwaschanlagen, von Schafsherden, eine Porträtgalerie mit den ersten *estancieros* – die meisten tragen kroatische Namen (Covacevich, Uresevich) – und ein Exemplar der ersten Zeitung: *Boletin Oficial de la Minería de Tierra de Fuego* von 1939. Hier ist auch die Touristeninformation untergebracht. Jorge Schythe 71, ⌚ Mo–Do 9–17, Sa und So 10.30–16.30 Uhr, Eintritt 3000 CLP.

Königspinguine sind wohl die schönsten Pinguine. Sie werden fast einen Meter groß. ▶

ÜBERNACHTUNG

Es gibt eine Menge einfacher und günstiger Residenciales (Pensionen).

€ **Hotel Central**, Philippi 298, 📞 61-2581-884. Familienpension mit einer tadellosen Einrichtung, die in die 1950er-Jahre entführt. Zimmer mit eigenen Bädern, Restaurant. Reichhaltiges Frühstück inkl. ❶–❷

Hotel España, Croacia 698, 📞 61-2580-160, 💻 www.hotelespana.cl. 48 einfache, aber saubere und große Zimmer mit Bad, Restaurant mit Mittagmenü. Kleines Frühstück inkl. ❷–❸

ESSEN

Club Social Croata, Señoret 542, 💻 www.club croata.cl. Familiär, feuerländisch, empfehlenswerter Lammeintopf, abends Kneipe. 🕒 Di–So 10–1 Uhr.

Restaurante Ancla Mar, Manuel Señoret 448, 📞 9-5849-7031. Exzellentes Restaurant am Ende der Welt, leckerer Lachs und frische Meeresfrüchte, guter, aber etwas gemütlicher Service. 🕒 Mo–Sa 12–14.30, 19–22.30 Uhr.

Restaurante España, Croacia 698, 📞 61-2580-160. Im Hotel España, siehe oben. Große Portionen zu fairen Preisen, tgl. wechselndes Mittagsmenü. 🕒 Mo–Sa 10–23, So bis 20 Uhr.

SONSTIGES

Feste

Januar: Festival Costumbrista. Das größte Asado von Feuerland und ganz Patagonien.

Geld

Banco Estado, Bernardo Phillippi 265. Mit Geldautomat.

Informationen

Información Turística, Jorge Schythe 71. Im Provinzmuseum.

TRANSPORT

Auto

Es gibt eine COPEC-**Tankstelle** – die nächste kommt erst in San Sebastian.

Flüge

Aerovias DAP, 💻 www.aeroviasdap.cl, fliegt Mo–Fr 2x tgl. nach PUNTA ARENAS (15 Min., 43 400–53 500 CLP). IATA-Code: WPR. Auch Charterflüge für bis zu 8 Passagiere.

Schiffe

Austral Broom, Calle Señoret, Sector Costero, 📞 61-2728-100, 💻 www.tabsa.cl. 1–2x tgl. nach PUNTA ARENAS (2 Std.). Die Abfahrtszeiten variieren. Die Fähre legt am Hafen BAHIA CHILOTA ab.

Goldroute

Einen richtigen Goldrausch hat Feuerland nur sehr kurz erlebt: Die glorreichen Zeiten, als ein Mann allein täglich 1500 g goldhaltigen Flussgries zutage förderte, dauerten etwa von 1888 bis 1908. Damals bescherte der Goldsegen Feuerland das erste Straßennetz, denn die Maschinen und Anlagen mussten ja transportiert werden. Die *estancieros*, die bereits auf Feuerland lebten, verschifften ihre Wolle und waren daher nicht auf Straßen angewiesen.

Die Waldlandschaft, die gleich hinter Porvenirs Steppen und Llanos beginnt, heißt **Cordón Baquedano**. 14 Gesellschaften gruben einst in den Flüssen, besonders prädestiniert dafür war der **Río de Oro**, dem man gleich den passenden Namen verliehen hatte – „Goldfluss". Zu sehen sind noch die Goldwaschanlagen Mina Nueva, die Goldschürfbagger Draga Río Progreso, Draga Río Oscar und später die Draga Discordia an der Bahía Inútil. Am Río de Oro suchen immer noch ein paar Unentwegte; man erkennt das an den mit dicken Plastikplanen bedeckten Unterständen und den Räumen, die sie in die Erde gegraben haben. Heute ist der Goldfluss auch ein gutes Revier für Lachsfischer. Falken und Feuerlandgänse *(caiquenes)* scheinen die einzigen Bewohner dieses kargen Landstrichs zu sein.

Weiter zum Lago Fagnano

Etwa 29 km hinter Porvenir führt ein 3 km langer Pfad hinauf zu Wäldern aus dem heiligen Baum der Mapuche, dem *canelo*. Weiter südlich kommt er nur noch beim Marinelli-Gletscher vor. **Puerto Nuevo** an der Bahía Inútil ist heute weder Hafen noch Ortschaft. Der „neue Hafen" gehörte einst zur Estancia Josefina, die 1893 gebaut wurde und vermutlich die erste auf Feuerland war. Die Bahía Inútil ist eine tiefe breite Bucht, die Magellan selbst auf diesen Namen getauft haben soll, als er auf der Suche nach der Meeresverbindung zwischen Atlantik und Pazifik in sie hineinfuhr und sie sich als „unnütze Bucht" entpuppte.

Einen ersten Stopp hat der einsame Friedhof der ersten Einwanderer, der **Cementerio Inglés**, verdient, der 1976 zum Nationaldenkmal erklärt wurde. Vorwiegend englische Arbeiter der Estancia Josefina wurden auf ihm begraben. Der älteste Grabstein datiert von 1889 und ehrt einen John Wallace, der vermutlich betrunken in der Bucht ertrank. Dieser Friedhof ist an sich eine traurige Angelegenheit, ziemlich verwahrlost, Grabsteine fehlen, für verstorbene Kinder wurden Bettgestelle aufgebaut.

Etwa 10 km südöstlich von Onaisin liegt der **Sitio Arqueológico Marazzi**, ein heller und bearbeiteter Felsen, der Spuren der vermutlich frühesten menschlichen Besiedlung auf Feuerland dokumentiert. Man datiert ihn auf etwa 7500 v. Chr. Die Straße quert anschließend flaches Schafzuchtgelände mit dem typischen festen Coiróngras und führt um die Bahia herum nach **Camerón**, das ebenfalls aus den Häusern einer Estancia entstand.

Hinter Camerón ändert Feuerland sein Gesicht. Die Straße gabelt sich, ein Zweig führt weiter die Bucht entlang nach Río Condor, die andere Strecke schlägt sich landeinwärts in Richtung Osten. Die berühmten feuerländischen Wälder aus Lenga und Ñirre setzen ein. Auf dem Weg rückt ein riesiger, exzellent restaurierter Goldschürfbagger, die **Draga Russfin**, ins Blickfeld, der als Nationaldenkmal geehrt wird. Nach weiteren 16 km durchquert der Río Grande Feuerland und mündet im argentinischen Teil in den Atlantik.

Die Gegend ist nun bestes Landschaftsprogramm: schwarze Erde, wassergetränkte Moore, Urwald, Calafatesträucher zwischen Südbuchenwald, der mit den weißen Gespinsten des *barba vieja*, der Parasitenpflanze, behängt ist. Darüber erheben sich die weiß glänzenden Spitzen der Bergketten, darin verborgen sind tiefe dunkelblaue Seen – wunderbar. Die silbrigen Flussläufe zeigen Spuren der Dammbauten der Biber. Einer der schönsten Seen dürfte der langgliedrige **Lago Blanco** nach 246 km (ab Porvenir) sein, mit seiner **Isla Victoria** in der Mitte (Straßenabzweigung nehmen). Die Berge erreichen hier eine Höhe von fast 900 m. Der See ist ein Paradies für Sportfischer. Der **Club Pesca y Caza** bietet an seinem Südufer ein Clubhaus und Cabañas mit Stockbettenzimmern, Campingplatz und Gemeinschaftsbädern. Freundliche Aufnahme ist garantiert. Küchenbenutzung. ❷

Zurück auf der Hauptstrecke folgt eine Abzweigung zum **Lago Deseado**. Diese Straße ist nur streckenweise in gutem Zustand, aber ungemein malerisch. Viele Guanakos kreuzen den Weg. Immer wieder blitzen die Zacken der Darwinkordillere über dem sumpfigen Wald auf. Esquiladoras, die Schafschurhallen, Sägewerke, Estancias und *vaqueanos* sind die spärlichen Zeugen von Besiedlung.

Bei KM 315 endet die Straße. Zum **Lago Fagnano** kann man jetzt nur noch laufen, was nicht lange dauert. Dort ist die Estancia Lago Fagnano, ✆ 9-8216-8388, direkt an das Seeufer gebaut. Im Haupthaus werden drei Zimmer mit jeweils zwei Betten vermietet, für Gäste stehen Zimmer und eine Cabaña bereit. Über den **Río Chico** führt die Straße zurück durch grüne Berge und sumpfige Flecken. Auf Estancias, häufig auch auf verlassene, weisen Schilder hin. Der Zustand der Schotterstraße verbessert sich zusehends; sie stößt schließlich auf die Gabelung nach **San Sebastián**, der kleinen, zweigeteilten Grenzstadt zu Argentinien. Man kann jetzt entweder nach Onaisin an der Bahía Inútil und weiter nach Porvenir zurückkehren oder seine Reise nach Argentinien fortsetzen. In San Sebastián gibt es eine Tankstelle.

Der Süden (Isla Navarino)

Das südliche Feuerland erstreckt sich vom buchstäblich letzten Andenausläufer, der stets eis- und schneebedeckten Cordillera Darwin, über den Beagle-Kanal bis zur Isla Navarino. Dieser Teil Feuerlands lässt sich am besten von der Insel-Hauptstadt **Puerto Williams** aus erkunden. In der Wulaiabucht ließen sich 1851 anglikanische Missionare nieder, 1888 zogen sie auf eine Insel im Archipel von Kap Hoorn um. Offenbar hatte es eine Art von Massaker an ihnen gegeben, und der aus England zurückgebrachte Jemmy Button wurde als Schuldiger ausgemacht.

Die gesamte Region ist von einem nahezu urweltlichen Zauber. Viele Plätze stehen unter Naturschutz, auch die vergletscherte Gebirgskette **Dientes de Navarino**. Es gibt über 150 km angelegte **Wanderwege** auf der Insel und die dringende Bitte, diese auf keinen Fall zu verlassen. Zodiacs (Schlauchboote) können sich dem **Marinelli-Gletscher** nähern. Das gesamte Waldgelände gegenüber ist als Naturpark geschützt. Hier erteilt die Natur Unterricht in sämtlichen Entwicklungsstufen der feuerländischen Vegetation: hellgrüne Flechten *(liquenes)*, überziehen Felsen, eine kleine rote Beere, die giftige *frutilla del diablo*, düngt den Boden, auf dem der Canelo neben Südbuchen und dem Calafate-Strauch am besten gedeiht. Parasitenpflanzen wie der *farol chino* und der *barbo del viejo* umschlingen die Äste. Der Spaziergang über Coiróngras, Sümpfe und zu Wasserfällen ist eine Offenbarung für Vogelbeobachter: Allein 17 Arten von Pinguinen paradieren die Küsten entlang, dazu gibt es viele Kormoranarten, Bekassine und Kondore. Die Buchten sind von Seerobben und Seeelefanten bevölkert.

Wulaiabucht

Die sanfte Wulaiabucht ist eine der malerischsten Buchten der schönen Navarino-Insel mit vielen vorgelagerten Klippen und Flechten, die in den kräftigsten Rot- und Gelbtönen leuchten. Das Wasser ist seicht und relativ warm und durch den Klippenwall recht ruhig. Entlang der sandigen Strände kann man viele Muscheln finden, das Meer ist reich an Fischen, also alles ideale Voraussetzungen, um sich hier niederzulassen. Die **Yaghan** taten dies, was sich an bestimmten Stellen der Bucht nachweisen lässt, und später die Missionare. In dieser glazialen Region bedeckt lediglich eine dünne Humusschicht den

Noch südlicher als Feuerland: die Isla Navarino

Boden. Subpolare immergrüne Feuchtwälder ziehen sich sanfte Abhänge hinauf, darunter breiten sich Flechten- und Wiesenteppiche aus – Miniwälder, sagen die Biologen.

Kroatische Einwanderer ließen sich Ende des 19. Jhs. in der Bucht nieder und bewirtschafteten den Boden. Es heißt, sie hätten für die Besatzung des berühmt-berüchtigten Zuchthauses für Schwerverbrecher Presidio im argentinischen Ushuaia Gemüse und Obst angebaut, und als es 1949 schloss, wären sie fortgezogen.

Puerto Williams

Puerto Williams ist ein guter Standort für einige außergewöhnliche Exkursionen und ansonsten einfach eine Sensation, weil man im südlichsten Ort der Welt angekommen ist. Einen der tollsten Ausflüge kann man sich gleich bei der Ankunft vorstellen: Der am Ufer des Beagle-Kanals im Norden der Insel Navarino gelegene 3000-Einwohner-Ort Puerto Williams liegt zu Füßen der **Dientes de Navarino**, eines wild gezackten Gebirgsmassivs, das vom ewigen Schnee bedeckt ist. Das Klima ist das ganze Jahr über rau und stürmisch; auch wenn kalendarisch gerade Sommer ist, kann Schnee aus dem Wolkenhimmel stieben. Puerto Williams steht der Kommune Cabo de Hornos vor und ist Hauptstadt der Provinz Antártida Chilena sowie Militärstützpunkt. Besucher kommen gut unter und finden auch eine lustige Bar vor.

Das **Museo Martin Gusinde** ist eines jener sympathischen Sammelsurien- Museen des Südens mit ethnologischen Fotos, Dokumenten zur Missionsgeschichte, Zeugnissen der Yaghan-Kultur, Aufnahmen der Gründung von Puerto Williams. 💻 www.museomartingusinde.gob.cl, 🕒 Di–Fr 9.30–13, 14.30–17.30, Sa 14.30–18.30 Uhr. Eintritt frei.

Die **Casa Stirling** gilt als ältestes Haus in ganz Patagonien (1869), ein Modell aus zerlegbaren Eisenteilen, das die Missionare herbeigeschafft haben sollen.

ÜBERNACHTUNG

Hostal Akainij, Austral 22, ✆ 61-2621-173 und 9-4018-6869, 💻 www.turismoakainij.cl. Gemütliche Unterkunft, gutes Essen und Organisation von Wanderungen, Trekking, Reittouren und Bootsauflügen. Haben auch eine kleine Reiseagentur. Wäscherei. Frühstück inkl. ❷–❸

Hotel Lakutaia, Seno Lauta s/n, ✆ 61-2621-721, 💻 www.lakutaia.com. Das geräumige, helle Holzhotel mit gut ausgestatteten und bequemen Zimmern und umfangreichem Ausflugsangebot ist ein Hingucker. Es werden mehrtägige Touren angeboten, auch Fliegenfischen. ❻

ESSEN

Club de Yates Micalvi, am Hafen, Camino Micalvi. Wirklich klasse: eine Bar in einem Boot – dem einzigen, das früher die Verbindungen zu den Estancias, den Häfen, dem Festland und den Inselchen herstellte.

El Resto del Sur, Ricardo Maragano 146, ✆ 61-621849. Ordentlich belegte Pizzen. 🕒 12–15, 19–22 Uhr.

AKTIVITÄTEN

Die Unterkünfte im Ort vermitteln Wandern und Reiten. Eine Wanderstrecke verläuft am nördlichen Ufer des Beagle-Kanals zum **Parque Etnobotanico Omora**, Projekt der Universität Magallanes in Punta Arenas, in dem feuerländische Waldbestände erforscht und konserviert werden. Wer mit dem Geländewagen unterwegs ist, erreicht auf demselben Weg **Friedhöfe der Yámana**.

Im winzigen **Ukika**, 2 km östlich von Puerto Williams, leben Nachkommen der Yámana und bieten im **Centro de Artesanía Yámana Kipa-Akar** Körbe und anderes Kunsthandwerk an.

SONSTIGES

Informationen

Oficina Municipal de Turismo, Centro Comercial s/n. 🕒 Mo–Fr 9–13, 14–18 Uhr.

TRANSPORT

Flüge

Charterflüge gibt es regelmäßig und verbindlich nur in den Sommermonaten von **Aerovías DAP**, 💻 www.aeroviasdap.cl, Mo–Sa 1x tgl. nach PUNTA ARENAS (99 500–169 900 CLP), IATA-Code: WPU.

Schiffe

Die Überfahrt nach **Punta Arenas** ist fast 490 km lang, dauert 32 Std., findet laut Fahrplan etwa 3x wöchentl. statt und wird von **Transbordadora Austral Broom**, ✆ 61-2728-100, 💻 www.tabsa.cl, durchgeführt. Das Schiff nimmt Passagiere in 2 verschiedenen Klassen mit, Einzelkabinen gibt es keine. Es gibt normale **Sitzplätze** (wie im Bus), die sich ein wenig verstellen lassen für 108 000 CLP, und **Liegesitze**, die sich ganz flach ausfahren lassen und mehr Platz und Komfort bieten, für knapp 151 000 CLP. Kinder bis 10 Jahre zahlen die Hälfte. Im Preis sind alle Mahlzeiten in regulärer Qualität enthalten.

MOAI-STATUEN, RANU RARAKU; © SHUTTERSTOCK.COM / JESS KRAFT

Osterinsel (Rapa Nui)

Iorana – Herzlich Willkommen am „Nabel der Welt"! Ohne Zweifel gehört die Osterinsel (fälschlicherweise oft im Plural verwendet) zu den entlegensten und eigenartigsten Reisezielen der Welt. Fernab von der nächstgelegenen Zivilisation konnte so eine Mischung aus polynesischen Einflüssen und chilenischer Kultur gepaart mit den Charakteristika der Rapa Nui bewahrt bleiben, die Besucher:innen schnell in ihren Bann zieht.

Stefan Loose Traveltipps

Tauchen vor Hanga Roa Abtauchen in eine andere Welt – Traum-Sichtweiten in der Bucht von Hanga Roa: Ein Tauchausflug zum versunkenen Moai. S. 469

17 **Orongo** Geheimnisvolle Dorfruine am Rano-Kau-Krater mit Vogelheiligtum und tollem Blick über die Insel. S. 477

18 **Ranu Raraku und Ahu Tongariki** Den Sonnenaufgang beim größten Ahu der Osterinsel mit 15 imposanten Moai-Statuen aus der Moai-Werkstatt am Rano Raraku genießen. S. 478

Maunga Terevaka Auf den höchsten Berg der Insel reiten und mit etwas Glück ein 360-Grad-Panorama bestaunen. S. 469

Moai-Steinbruch am Rano Raraku Eine kleine Wanderung zu einem grünen Kratersee, der von Dutzenden Moai-Statuen in unterschiedlichen Entwicklungsstadien umgeben ist. S. 478

Anakena Palmen, weißer Strand und Moais. S. 479

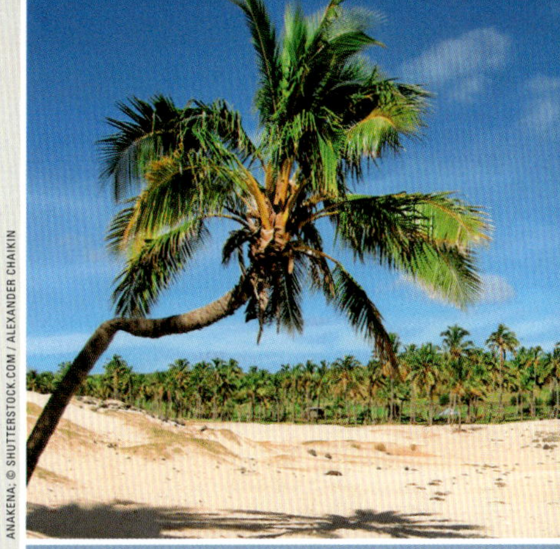

ANAKENA; © SHUTTERSTOCK.COM / ALEXANDER CHAIKIN

TAPATI RAPA NUI; © SHUTTERSTOCK.COM / T PHOTOGRAPHY

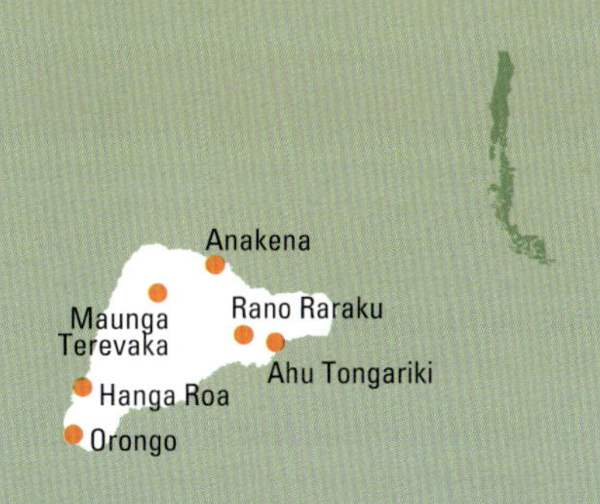

Wann fahren? Im Juli/August ist es ruhig, in der Hauptsaison kann es eng werden.

Wie lange? 5–7 Tage

Bekannt für einzigartige Lage, kolossale Steinfiguren, polynesische Tänze, Südseestrände

Beste Feste Tapati Rapa Nui Ende Januar/Anfang Februar

Schöner Tagesausflug Mit einem Guide die Poike-Halbinsel erwandern oder mit einem Leihfahrrad die Inselrunde abfahren

Unbedingt probieren Thunfisch-Empanadas

Osterinsel

Die neben Hawaii am weitesten von einem Festland entfernte bewohnte Insel ist ein mythischer Platz, für seine Bewohner der „Nabel der Welt“. Über seine Besiedlung führen Archäologen immer noch Dispute. Vermutlich wurde sie von Polynesien aus in zwei Wellen im 5. und 12. Jh. bevölkert. Erst seit einigen Jahrzehnten wird die verlorene und zerstörte Kultur der Rapa Nui Stück für Stück rekapituliert. Bis in die 1960er-Jahre lebten die Einheimischen weitgehend isoliert. Seit den frühen 1990er-Jahren blüht der Tourismus, der sich im Wesentlichen auf die Kultur der Osterinsel stützt. Die Moai, riesenhafte, Ahnen repräsentierende Steinskulpturen, und der Kult um den Vogelmann am Orongokrater haben eine große Strahlkraft. Von den etwa 8000 Einwohnern der Insel lebt ein Großteil in der Stadt **Hanga Roa** oder deren unmittelbarer Umgebung, der Rest betreibt Landwirtschaft auf kleinen, über die Insel verstreuten Höfen. Übrigens leben weitere 2300 Rapa Nui auf dem Kontinent.

Alles ist anders auf der Osterinsel. Es beginnt schon mit dem Flug: Ein paar Passagiere sind auffällig groß, besonders Jugendliche, und etwas lauter als die sonst eher zurückhaltenden Chilenen. Auch sind sie bunter gekleidet, und

Buschfeuer!

Im Oktober 2022 wurden zahlreiche Moai durch ein Buschfeuer stark beschädigt, das mutmaßlich von Pferde- und Rinderzüchtern verursacht worden war. Nach Angaben des Bürgermeisters Pedro Edmunds Paoa erlitten etwa 20 % aller Moai irreparable Schäden. Das Feuer habe Risse im Stein verursacht, die dafür sorgen, dass die Statuen mit der Zeit zerbröckeln werden.

die Männer tragen meist langes Haar. Es sind Insulaner, die sich auf der Rückreise vom Festland befinden. Bei der Ankunft am Flughafen von Rapa Nui werden den Besuchern zur Begrüßung polynesische Blumenkränze umgehängt. Warm-feuchte Luft und eine Brise, die nach exotischen Früchten riecht, umwallen die Reisenden. Schon beim Anflug kann man mit Fensterplatz einige Moai ausmachen und natürlich ein paar Vulkane sehen, denn die Insel ist aus unterseeischen Vulkanen entstanden.

Seit 1935 gibt es den **Nationalpark Rapa Nui** und 71 km² – etwa 40 % der Inselfläche – stehen heute unter Schutz. Da es sich bei den archäologischen Stätten um weltweit einzigartige Denkmäler handelt, wurde Rapa Nui 1995 zum Unesco-Weltkulturerbe ernannt. Der bunte Einwohner-Mix besteht aus Polynesiern oder Rapa Nui, die mehr als die Hälfte der Bewohner ausmachen, den „Contis" (Kontinentalchilenen), die eingeheiratet haben oder auf der Insel in der Verwaltung, bei der Marine oder auf dem Bau arbeiten, und den wenigen (meist europäischen) Ausländern, die auf der Insel hängengeblieben sind.

Die polynesischen Einwohner haben kakaobraune Haut und sind auffällig groß und kräftig (auch die Frauen). Einige tragen Tätowierungen, die weniger ausgeprägt sind als bei ihren Verwandten, den Maori in Neuseeland. Ob Mann oder Frau, praktisch alle haben langes Haar, meist rabenschwarz. Und alle tragen gerne Schmuck mit Muscheln oder aus Silber. Einige Frauen sind in lange bunte Tücher gehüllt, eine Mode, die aus Tahiti stammt. Untereinander sprechen die Einheimischen Rapa Nui (s. Kasten S. 460), und alle sprechen natürlich Spanisch, aber auch Französisch ist verbreitet durch die kulturelle Verbindung mit Tahiti.

Bis Corona war der **Tourismus** die Haupeinnahmequelle. Etwa 160 000 Besucher zählte die Insel jährlich. 80 Prozent der Wirtschaft hing vom Tourismus ab. Es gab 14 Flüge pro Woche und unzählige Kreuzfahrtschiffe legten hier an. In den zweieinhalb Jahren Coronapandemie-Lockdown durften aber nur gesundheitliche Notfälle ausgeflogen werden. Die Besucherzahl sank auf null. Erst im August 2022 öffnete sich die Insel wieder. Doch statt den üblichen 7000 Besuchern waren zunächst nur gerade einmal um die 100 gleichzeitig auf der Insel.

Ansonsten gibt es nur ein wenig Langusten-Export, Fischfang und Landwirtschaft. Den geringen Grad an Selbstversorgung kann man an dem kleinen Markt absehen, wo Yamswurzel, Süßkartoffeln, Blattsalat und der allgegenwärtige Thunfisch angeboten werden. Die Versorgung mit Lebensmitteln, Benzin und Baumaterialien geschieht vom Hafen Valparaíso aus. Es gibt drei Transportschiffe, die etwa zwei Wochen für die Reise über den Pazifik benötigen. Dabei entstehen, gerade zur Hochsaison im Sommer, immer wieder Engpässe. Manche geben vereinfachenderweise dem Tourismus oder der „Überbevölkerung" die Schuld, vor

Nabel der Welt im Pazifik

Te Pito o Te Henua, „Nabel der Welt", nennen die Einheimischen ihre Insel, die geografisch zu Polynesien gehört und 3700 km vom chilenischen Festland entfernt ist. Die nächsten Inseln sind die nach dem spanischen Entdecker benannte Sala y Gómez, 420 km entfernt, von Meeresvögeln zur Rast genutzt und bei hohem Seegang eher unter Wasser. Die nächste bewohnte Insel heißt Pitcairn und beherbergt Nachkommen der Meuterei auf der *Bounty*, in etwa 2100 km Entfernung.

Manche Insulaner lebten vor 20 Jahren noch auf Tahiti, zu dem sich auch heute noch die meisten kulturell zugehörig fühlen, obwohl es mit gut 4050 km weiter entfernt liegt als Chile. Der heute gebräuchliche Name Rapa Nui wurde wahrscheinlich dort geprägt. Der Name Osterinsel stammt von der Entdeckung durch den holländischen Seefahrer Jakob Roggeveen 1722, der sie an einem Ostersonntag entdeckte.

Die Osterinsel liegt auf der Höhe von Chañaral bei 109°22' westlicher Länge und 27°07' südlicher Breite, auf dem Festland die Grenze zwischen dem Kleinen und dem Großen Norden. Mit 24 km Länge und max. 12 km Breite hat sie eine Oberfläche von etwa 170 km² und beschreibt die Form eines Dreiecks mit den Seitenlängen 16, 17 und 24 km.

allem, wenn es zu Stromausfällen und Wasserknappheit kommt.

Besonders kritisch ist die Müllentsorgung, da es immer noch kein funktionierendes Recyclingsystem gibt.

Praktische Informationen

Anreise

LATAM, 💻 www.latam.com, nahm nach zwei Jahren Pandemie-Pause den Flugverkehr im August 2022 wieder auf, flog aber zuletzt nur unregelmäßig zwei- bis fünfmal wöchentlich nach Hango Roa (5 Std. 40 Min.). Manchmal hat LATAM preislich interessante Flug-/Hotelpakete im Angebot. Zum Beispiel Flug und sieben Nächte für 979 000–1 800 000 CLP, je nach Art des Hotels. Der **Flug** kostet im Angebot und in der Nebensaison (Mai–Nov) ab etwa 400–500 €, in der Hauptsaison (Dez–Feb) können es bis zu 1000 € werden.

Der Flug wird von der Fluggesellschaft LATAM, die praktisch das Monopol auf diese Strecke hat, als international behandelt. Achtung, man sollte wirklich mindestens eine Stunde vorher am Schalter sein, da der Flugschalter 45 Minuten vorher geschlossen wird. Anschlussflüge gibt es von der Osterinsel nach Papeete/Tahiti, die allerdings sehr teuer sind. Vom Flughafen zur Unterkunft zu gelangen ist einfach: Am Flughafen stehen Taxis, aber die meisten Unterkünfte haben einen Transferservice für die überschaubare Fahrt zur Herberge.

Kreuzfahrtschiffe haben die Osterinsel immer häufiger im Programm. Allerdings können sie hier nur sehr schlecht anlegen – Passagiere müssen mangels Anlegestelle ausgebootet werden, was aufgrund der häufig rauen See recht unangenehm sein kann. Manchmal müssen sie nach Tahiti/Papeete weiterfahren, weil es der Seegang nicht anders zulässt.

Osterinsel für wenig Geld

Ein paar Tipps und Unternehmungen, die den Geldbeutel schonen:

- Übernachten auf dem Campingplatz Mihinoa (S. 466)
- Auto für einen Tag mieten, um zum Sonnenaufgang zum Tongariki zu fahren und einen Überblick über die Insel zu bekommen
- (E-)Bike für einen Tag mieten, Fahrt nach Orongo und Anakena/Ovahe mit Picknick
- Die Höhlen zu Fuß abwandern und den Terevaka auf eigene Faust hochwandern
- Selbst kochen oder Mittagsmenüs in Restaurants bestellen

Fünf Tage Osterinsel: ein Vorschlag

Tag 1: Ankunft / Hanga Roa erkunden / Orongo / Ranu Kao

Tag 2: Tongariki zum Sonnenaufgang (am besten im eigenen Mietauto); Roadtrip für den ersten Eindruck der Insel; evtl. Pferdewanderung auf den höchsten Vulkan der Insel

Tag 3: Rano Raraku mit kleiner Wanderung

Tag 4: Anakena/Ovahe: Fahrradtour mit Picknick

Tag 5: Te Pita Kura (Der Nabel der Welt) und evtl. einen Abstecher auf die Poike-Halbinsel unternehmen (S. 478)

Essen

Das Preisniveau für **Lebensmittel** ist aufgrund der Transportwege recht hoch – fast alles muss vom Festland per Schiff oder Flugzeug herangeschafft werden: Wer etwas sparsamer mit der Urlaubskasse umgehen will, sollte daher eine Pension mit Küchennutzung wählen und sich ein paar Lebensmittel vom Festland mitbringen (bis auf Gemüse). Auch frisches Obst ist eher Mangelware: Bananen, Kokosnüsse, Ananas und Guaven werden angebaut, alles andere wird eingeführt. Nichtsdestotrotz kann man die wenigen Tage, die man auf der Insel verweilt, auch verhältnismäßig preisgünstig verbringen.

Geld

Die Insel ist nicht gerade preiswert, denn alles muss vom Kontinent herangeschafft werden. Neben ein paar preiswerten Restaurants gibt es aber auch billige Unterkünfte (s. Hanga Roa, S. 466), und ein Auto oder gar ein Motorrad oder Fahrrad zu mieten, ist sogar preiswerter als auf dem Festland. Viel Benzin kann man sowieso nicht verfahren. Die Geldautomaten sind, gerade zur Hauptsaison, oft leer; es empfiehlt sich daher, ein bisschen mehr Bargeld vom Kontinent mitzubringen. Die meisten Hotels und Restaurants akzeptieren Kreditkarten, Souvenirläden eher nicht.

Klima und Reisezeit

Das Klima ist subtropisch mit stark ozeanischem Einfluss. Die Durchschnittstemperatur beträgt 21 °C. Die Temperaturen schwanken zwischen 15 °C und 30 °C. In den kältesten Monaten (Juli, August) liegt der Durchschnitt bei 18 °C. Die Niederschläge betragen um 1130 mm, der regenreichste Monat ist der Mai, obwohl Schauer während des ganzen Jahres an der Tagesordnung sind.

Die Luftfeuchtigkeit beträgt um 80 % und sorgt für relativ geringe Temperaturschwankungen über Nacht. Hauptwindrichtung ist von Oktober bis April der Südosten. Die Insel kann das ganze Jahr über besucht werden. Im Winter ist es frischer und es kommen weniger Touristen. Die Wassertemperatur des Pazifiks geht aufgrund der Tiefe und des Einflusses durch den Humboldtstrom nicht wesentlich über 20 °C hinaus.

Zeitzone

Aufgrund der Entfernung von fast 4000 km vom Festland hat Rapa Nui die Zeitzone UTC -6; d. h. es gibt einen Unterschied von -2 Stunden (bei Ankunft also die Uhr um zwei Stunden zurückstellen).

Geologie

Gebildet wurde die Insel vor ca. 3,5 Mio. Jahren, als der **Vulkan Poike** im Nordosten sich mit Eruptionen aus dem Pazifik erhob, gefolgt vom **Rano Kau** an der Südspitze, der etwa 2,5 Mio. Jahre alt ist, und dem **Maunga Terevaka** im Nordwesten. So wurde die Grundlage des Inseldreiecks gelegt. Der Rano Kau hatte seinen letzten Ausbruch vor 180 000 Jahren und legte dabei einen großen Krater frei. Nördlich von Hanga Roa waren die jüngsten Vulkanaktivitäten vor 2000 Jahren. Überhaupt ist Rapa Nui sehr vulkanisch: Nebenher haben sich noch etwa 70 weitere Krater herausgebildet. Schuld daran ist die plattentektonische Situation, nämlich die Lage auf der als Pascua-Rücken benannten unterseeischen Vulkankette, die als Folge des Driftens der zugehörigen Nazca-Platte hin zum Festland entsteht. Auch die Juan-Fernández-Inseln (S. 214, Zentralchile) befinden sich darauf. Die Nazca-Platte entfernt sich etwa 10–15 cm im Jahr von der Pazifischen Platte, und somit entfernt sich die Osterinsel mit der Oster-Mikroplatte etwa 10 cm pro Jahr von ihren polynesischen Nachbarn und rutscht gen Chile.

Die porösen Vulkangesteine nehmen die Feuchtigkeit des Regens auf, sodass der Boden recht trocken ist und die Humusschicht relativ dünn ist. Hinzu kommt, dass die Insel praktisch keinen Baumbestand mehr aufweist (S. 457) und an einigen Stellen Bodenerosion eingesetzt hat. Die staatliche Forstbehörde CONAF versucht, die Erosion durch Anpflanzungen zu stoppen. Die erkaltete Lava hat eine Unzahl von Höhlen gebildet, die als Unterschlupf oder Versteck genutzt wurden. In einigen kann man deswegen auch rätselhafte Höhlenmalereien bewundern. Das Vulkangestein wurde je nach Farbe und Härte für Waffen (z. B. Obsidian) oder als Baumaterial (Tuff) genutzt. Auch die berühmten Moai entstammen Steinbrüchen in bestimmten Kratern. Trotz der großen Anzahl an Vulkanen ist keine Aktivität sichtbar bzw. gelten alle als ruhend. Nicht einmal in Sagen und Mythen ist die Rede von vulkanischer Aktivität.

Geografie

Durch die vielen Vulkane ist die Insel hügelig, die Küste meist felsig. Allein an drei Stellen gibt es ein wenig weißen **Strand**, der durch zerriebene Korallen entstanden ist: **Anakena** (im Inselnorden) ist am bekanntesten, dann der benachbarte **Ovahe**. Der ansonsten im Pazifikraum häufige Korallengürtel war nur sehr gering ausgebildet und wurde beim Bau der Moai zerstört:

Das weiße Korallenmaterial wurde genutzt, um die Augen herzustellen. Die Felsküste weist im Süden mit 300 m Höhe die höchsten Klippen auf. Ein paar Felsinseln sind vorgelagert: Sie werden **Motu** genannt. Am bekanntesten und für den Vogelmann-Kult am wichtigsten waren die Klippen vor der Südspitze (Orongo): Motu Kau Kau, Motu Iti und Motu Nui, die größte, auf der die Eier von Zugvögeln gesucht wurden. Vor der Halbinsel Poike im Nordosten gibt es eine weitere Klippe namens Motu Marotiri.

Die **Küste** fällt gleich nach 5–10 m steil ab, der vulkanische Kegel der Insel steigt nämlich aus 3000 m Tiefe auf! Daher tummeln sich nicht selten Wale nur 100 m vor der Küste. Von den Vulkanen aus hat man die beste Sicht über die Osterinsel und die nicht enden wollenden Wassermassen des Pazifiks. Der höchste **Vulkan** ist der **Maunga Terevaka** (511 m) im Nordwesten, gefolgt vom daneben liegenden **Maunga Kuma** (507 m), dann im Nordosten auf der Halbinsel Poike dem Puakatiki (410 m) und dem Rano Kau (324 m) im Süden, der auch einen Blick auf Hanga Roa ermöglicht und mit dem Auto oder Fahrrad leicht erklommen werden kann. Einen Fluss hat die Insel nicht, in zwei Kratern gibt es Tümpel. Das in Vulkankratern eingefangene Regenwasser bildet die einzige Süßwasserquelle.

Fauna

Vor Ankunft der westlichen Entdecker lebten auf der Insel praktisch keine Säugetiere, d. h. Haus- und Nutztiere (Katzen, Hunde, Pferde, Schafe, Schweine, Hasen) wurden allesamt eingeführt. Allein die Polynesische Ratte kam bei der Besiedelung mit auf die Insel und tat sich dank fehlender Widersacher an den Vogeleiern der Seevögel gütlich. Später wurde sie dann ausgerottet bzw. durch die von Seefahrern eingeschleppten Norwegen-Ratten verdrängt. Wegen der Ratten und aufgrund des Eiersammelns durch Menschen ist die ursprüngliche **Vogelwelt**, die etwa 30 Arten verschiedener Seevögel umfasste, heute arg dezimiert. Häufig zu sehen sind **Geckos**.

Im Pazifik tummeln sich etwa 130 **Fischarten**, davon sind 25 % endemisch. Bekannt ist der Gelbflossen-Thunfisch, der auch nirgends auf der Speisekarte fehlt. Neben Pottwalen leben Haie und Meeresschildkröten im Meer. Durch den fehlenden Korallenring gilt die Unterwasserwelt aber als vergleichsweise artenarm. Erwähnenswert und für Taucher interessant sind der Osterinsel-Falterfisch *(Chaetodon litus)* und ein 30 cm großer Fliegender Fisch *(Cheilopogonrapanouiensis)*. Außerdem gibt es ein paar **Krabbenarten**, darunter zwei scherenlose, langustenartige Bärenkrebse (*Parribacus perlatus* und der nach dem Entdecker der Osterinsel benannte *Scyllarides roggeveeni*) sowie eine Langustenart *(Panuliruspascuensis)*. Ein paar kleine Schnecken werden gerne von den Einheimischen gesammelt, genauso wie die Krabbenart Rape-Rape. Eine endemische Kaurischneckenart wurde nach dem Pater Sebastian Englert (S. 459) *Cypraea englerti* getauft.

Wie in einigen südlichen Regionen Chiles kommt auch hier die **Schwarze Witwe** vor, also Vorsicht beim Nesteln an Pflanzen. Auch verstecken sich unter den Steinen gerne **Skorpione**, deren Stich aber weit weniger gefährlich ist als der Biss der erwähnten Spinne. Durch die sogenannte Tigermücke ist es in den letzten Jahren zu einigen seltenen Fällen von Denguefieber gekommen (S. 493).

Überhaupt lässt sich an der Artenarmut die geografische Isolierung ablesen: Während Indonesien mehr als tausend Vogelarten hat, haben einige polynesische Inseln immerhin noch mehr als hundert – Rapa Nui dagegen gerade einmal ein gutes Dutzend.

Flora

Auch der Pflanzenbestand der Osterinsel ist recht artenarm. Ohne je Landbrücken gehabt zu haben und aufgrund der Entfernung zum Festland, die Sameneintrag durch Vögel etc. schwierig macht, scheint der geringe Pflanzenstand eine natürliche Folge der widrigen Bedingungen zu sein. Aber nicht nur die isolierte Lage der Insel ist schuld daran: Laut Forschungen in Torfsedimenten der Vulkankrater gab es zu Urzeiten weitgehend Baumbestand. Doch schon die Berichte der ersten Besucher der Insel weisen den auffälligen Baummangel aus. Was war

Wildpferde grasen vor den Moai des Ahu Tongariki.

passiert? Seit der Besiedelung, wahrscheinlich durch Polynesier im 5. Jh., wurde nach und nach der heimische Wald gefällt. Das Holz diente zum Kochen, für Werkzeuge und Schnitzereien, aber auch zum Verbrennen der Verstorbenen. Es wurde nie nachgeforstet, so starben die heimischen Bäume langsam aus. Neben einigen Sträuchern gab es 14 Baumarten, darunter die endemische Palmenart *Paschalococosdisperta*, die mit der Chile-Honigpalme verwandt war.

Ein anderer Fall ist der **Toromiro-Baum** *(Sophora toromiro)*, ein Schmetterlingsblütler, der noch vereinzelt auf der Insel vorkommt, allerdings ohne sich zu verbreiten. CONAF hat schon Versuche unternommen, den Baum, von dem es weltweit nur noch wenige Exemplare gibt, wieder anzusiedeln. Bei einem Versuch wurden Samen eines Baums aus dem Botanischen Garten Bonn genutzt, die zu Setzlingen hochgepäppelt wurden. In der darauffolgenden Phase sollten die kleinen Bäume dann in den Gärten der Insulaner gedeihen, wurden aber vernachlässigt und fielen der Hühner- und Viehhaltung zum Opfer. Als **Nutzpflanzen** sollen nach Berichten von Seefahrern Süßkartoffeln, Yams-Wurzeln, Papiermaulbeerbäume und Taro (eine stärkehaltige Wurzel, auch Wasserbrotwurzel genannt) auf der Insel bestanden haben. Ihre Knollen kann man auch heute noch auf dem Markt sehen.

Insgesamt gelten noch 30 Blumenpflanzen und 16 Farne als Insulaner, der Rest ist eingeführt. Von den einheimischen Pflanzen kann man wenig sehen, ein Großteil ist „unter Verschluss" im Rano Kau-Krater (Zutritt verboten!). Dort wächst z. B. das **Schilfgras Totora**, das zum Bau der Dächer genutzt wurde. Dieselbe Schilart kommt auch am Titicaca-See in Peru vor, was den Forscher Thor Heyerdahl zu der Theorie veranlasste, dass die Bewohner der Insel vom südamerikanischen Festland stammen. In der Mitte der Insel ist eine große, etwa 40 Jahre alte Eukalyptus-Anpflanzung der CONAF, die die Insel teilweise mit Brenn- und Bauholz versorgt. Der Rest der Insel weist eine steppenartige Vegetation auf.

Geschichte

Die Insel wurde am Ostersonntag 1722 von dem Holländer Jakob Roggeveen entdeckt und deswegen Osterinsel getauft, obwohl die eigentlichen Entdecker aus Polynesien ihre Insel Te Pito o Te Henua („Nabel der Welt") nennen. Der weit verbreitete Name *Rapa Nui* stammt wahrscheinlich von Tahiti und wird in Chile gleichrangig mit *Isla de Pascua* benutzt.

Frühgeschichte

Die Siedlungsgeschichte und Kulturepochen der Insel sind bis heute ein Rätsel, aufgrund fehlender schriftlicher Quellen gibt es keine einheitliche Theorie. Was auch immer von den Guides vor Ort erzählt wird, fundiertes, gesichertes Wissen gibt es nicht. Aber vielleicht macht das Mysterium ihrer Frühgeschichte gerade einen Teil des Reizes der Osterinsel aus. Man unterscheidet die Besiedlungstheorien in Mono- und Multitheorien. Die Monobesiedlungstheorien gehen von einer einzigen Einwanderungswelle aus, die von den polynesischen Inseln Marquesas, Mangareva, Samoa, Tuamotus, den Austral-Inseln oder von Tonga ausging. Diese ersten Siedler seien polynesische Seefahrer gewesen, die mit seetüchtigen Doppelkanus, ähnlich Katamaranen, im 3.–5. Jh. mit ein paar Ackerpflanzen nach Rapa Nui vorgedrungen seien. Die Multibesiedelungstheorien dagegen gehen von mindestens zwei Migrationswellen aus, die erste ab dem 5. Jh. und die zweite im 14. Jh., beide aus Polynesien. Gestützt wird die Theorie durch Legenden über den Häuptling oder König **Akiri Hotu Matua** und Erzählungen über die Lang- und Kurzohren (S. 479). Die Langohren seien demnach die herrschende Kaste gewesen (da die Moai verlängerte Ohren haben) und die Kurzohren die Sklavenkaste.

Thor Heyerdahl hat seine These einer Besiedelung auch von Südamerika aus mit Sprachverwandtschaften einzelner Wörter und der Präsenz der aus dem Andenraum stammenden Süßkartoffel *(batate)* in Polynesien und auf der Osterinsel begründet. Auch hat er mit seiner berühmten und halsbrecherischen Kontiki-Expedition gezeigt, dass es möglich gewesen wäre, mit Totora-Schilfbooten, wie auf dem Titicaca-See üblich, und dem Humboldtstrom folgend, von Peru aus den Pazifik bis zu den Atollen zu überqueren. Heyerdahl leitete dann in den 1950er-Jahren mehr als ein Jahr Ausgrabungen auf der Insel, wobei ein paar Karbon-Datierungen für Aufsehen sorgten: Sie ergaben an zwei Stellen Zeitangaben von 300 v. Chr. Unklar blieb aber, ob es sich um menschliche Feuerstellen oder um Brände von Blitzen handelte. Auch die Besiedelung von Südamerika aus ist umstritten, und genetische Studien haben eindeutig die Verwandtschaft mit den Polynesiern untermauert. Von den Insulanern werden die Theorien einer Frühbesiedelung vor Christus aber gerne erwähnt.

Als gesichert gilt die menschliche Präsenz mit der **Megalithkultur** (Ahu-Moai-Phase genannt) seit dem 1. Jahrtausend: Ab dieser Zeit findet man die ersten **Ahu** (Ahnenstätten) und **Moai** (Ahnenstatuen), daneben entstanden Zisternen und kleine Beobachtungstürme. Man nimmt an, dass die Gesellschaft sich wie in Polynesien üblich in Sippen ordnete und dass die Insel streifenartig aufgeteilt wurde: Etwa zehn Sippen sollen vom Landesinneren (Landwirtschaft) bis zur Küste (Fischfang) Land besessen haben, sodass die Sippenmitglieder eine gesicherte Ernährungsgrundlage hatten.

Die Sippen hielten sich bei langen Zeremonien in kleinen Häusern auf; restaurierte Reste sind z. B. beim Ahu Tahai zu sehen. Ihre Führer wurden in den Moai verewigt und die Ahnen in den Krematorien der Ahu eingeäschert. Die Geister der Verstorbenen werden **Tupuna** genannt und spielen noch heute eine Rolle in den Vorstellungen der Einheimischen. Die Landwirtschaft entwickelte sich in dieser Zeit des ersten Jahrtausends recht gut: In den **Manavais** (von einer Steinmauer umgebenen Tiefbeeten) gediehen Yams, Süßkartoffeln und Taro.

Ab dem 15. Jh. erscheinen zunehmend Kurzspeere mit scharfen Basaltspitzen (Mata), die auf **Sippenkriege** hindeuten. Aufgrund der zunehmenden Bevölkerung gab es anscheinend zu wenig Nahrung und es kam zu Ressourcenkämpfen, angeblich auch zu Fällen von Kannibalismus. Besonders Frauen und Kinder scheinen den Kannibalen zum Opfer gefallen zu sein, weshalb von einigen Besuchern der Insel das auffällig ungleiche Zahlenverhältnis von Männern zu Frauen bemerkt wurde. Eine andere Erklärung dafür wäre der mögliche Rückzug der Frauen und Kinder in die vielen Höhlen, die es auf der Insel gibt, um sich vor den Verfolgern zu schützen. Ab dem 13 Jh. ist die übermäßige, mit Bodenerosion einhergehende Rodung des Baumbestands erwiesen, und ab dem 17. Jh. reduziert sich die Zahl der Vogelarten, die auf Rapa Nui nisten, gemessen an den Skelettresten der Abfallhaufen.

Man glaubt, dass ab dieser Zeit die Krieger (Matatoa) die herrschende Klasse der Insel waren. Die Krieger bestimmten ab dem 15. Jh. den religiös-politischen Führer über das bekannte **Vogelmann-Ritual** (Tangata Manu). Gut trainierte junge Männer (Hopu) sollten bei einer atemberaubend gefährlichen Art von Triathlon die ersten Eier der Rußseeschwalbe, hier Manutara genannt, von den vorgelagerten Klippen (Motu Nui) holen. Dafür mussten sie erst die 300 m hohen Klippen vor dem Vulkan Ranu Kao herunterklettern, dann etwa 1 km schwimmen, die vorgelagerten Riffinseln (Motus) erklimmen, ein Ei holen und damit zurückkehren. Einige stürzten wohl beim Klettern ab, andere fielen den Haien zum Opfer oder ertranken. Wie immer bei solchen an Initiationsriten erinnernden Veranstaltungen: The Winner takes it all – der Sieger wurde der spirituelle Führer. Der Überlieferung nach blieb er unantastbar für ein Jahr (auch für die Frauen). Etwa 150 Petroglyphen-Darstellungen an Felsen bei der Kultstadt Orongo zeugen von dem Ritual, das zum letzten Mal 1876 statt-

Sebastian Englert: drei Jahrzehnte auf der Osterinsel

Wie in Patagonien der Italiener Alberto de Agostini und in der Atacama-Wüste der Belgier Gustavo Le Paige hat auch auf der Osterinsel ein Geistlicher die Archäologie und mehrere Jahrzehnte das Inselleben mitbestimmt: Pater Sebastian Englert. Nach ihm sind eine Straße in Hanga Roa und das Museum benannt worden. 1888 im bayrischen Dillingen als eines von 12 Kindern geboren, verlebte der auf den Namen Anton Franz getaufte Sohn eines angesehenen Rektors seine Schulzeit in Burghausen. Ab 1907 studierte er Theologie, Philosophie und Altsprachen bei den Kapuzinern. Schon 1912 empfing er die **Priesterweihe** und den Namen Sebastian. Im Ersten Weltkrieg war Englert Feldgeistlicher in Frankreich und Belgien, danach Kaplan in München.

1922 reiste er auf eigenen Wunsch nach Chile, um bei den Mapuche-Indianern im Seengebiet als **Missionar** tätig zu werden. Dort lernte er die Sprache der Indianer, das Mapundungun, das er daraufhin an der Universidad de Chile lehrte. Bis 1934 war er Priester in den kleinen Dörfern Villarica und Pucón. 1935 hatte er die Gelegenheit, zur Osterinsel zu reisen, die ihn wegen der Sprache interessierte. Statt aber wie geplant mit dem nächsten Schiff zum Kontinent zurückzukehren, wurde er um die Vertretung des Insel-Geistlichen gebeten – für zwei Monate. Der Aufenthalt sollte sich aber verlängern, denn das Transportschiff, das den ablösenden Priester nach Rapa Nui bringen sollte, fiel aus. So blieb Englert als Dorfpriester bis zum nächsten Schiff, das 1937 anlegte, mit der Nachricht, dass die Insel dem Vikariat der Seenregion zugeschlagen worden sei, somit Englert nunmehr der **Inselpriester** sei. Dem Pater machte dies aber nicht viel aus, im Gegenteil, er kümmerte sich nicht nur um das Seelenwohl, sondern auch um soziale Belange. Thor Heyerdahl nannte ihn später die uneingeschränkte Autorität der Insel. Daneben erforschte Englert die Sprache der Rapa Nui und veröffentlichte 1938 ein Wörterbuch. Auch die **Archäologie** interessierte ihn, sodass er die erste Gesamtstudie der Ausgrabungsstätten vorlegte. Es folgten Veröffentlichungen über Traditionen und Mythologie. Sein Hauptwerk *Das Land des Hotu Matu'a* erschien 1948 auf Spanisch.

Nebenher setzte Englert sich für den Schutz der Ethnie und der Archäologie ein und führte die Restaurierung des Vogelmann-Dorfs Orongo durch. 1967 reiste er erstmals nach New York, wo er vor dem International Fund for Monuments **Vorträge** hielt, um Gelder für den Erhalt der Kulturdenkmäler der Osterinsel zu sammeln. Auf seiner zweiten Reise in die USA 1969 verstarb er, aber seine Asche wurde auf dem Friedhof von Rapa Nui beigesetzt, gleich neben dem französischen Missionar Eugène Eyraud.

Rapa Nui, eine wiederbelebte Sprache

Das Rapa Nui wird nur noch von etwa 2300 Menschen gesprochen, von denen 300 auf dem Festland leben. Damit die Sprache nicht ausstirbt und um die Traditionen zu schützen, wird sie seit den 90er-Jahren in der Schule gelehrt – sozusagen als Fremdsprache. Die Unesco unterstützt diesen Schulversuch des bilingualen Unterrichts in beiden Sprachen. Problematisch dabei ist, dass die Insel über keine Druckerei verfügt und somit alle gedruckten Texte kostenintensiv auf dem Festland produziert werden müssen. Die Kinder sprechen es aber z. T. auch mit der Familie, und man hört Insulaner häufig auf der Straße Rapa Nui sprechen. Das Rapa Nui gehört zur Gruppe der austronesischen Sprachen, speziell zu den ostpolynesischen, und ist eng verwandt mit dem Tahitianischen und der Maori-Sprache. Das Wort Tabu stammt übrigens aus dem Polynesischen (*tapu* = Verbot). Besonders der Gruß „Iorana" ist ein guter Einstieg, um eine Brücke zu schlagen.

ahu	**zeremonielle Plattform**
akuaku	**Geist, Seele der Sippe**
ana	**Höhle**
anahangakoe	**bitte**
ariki	**Häuptling**
ee	**ja**
e hia	**wie viel?**
hanaeepe	**Langohr, kräftiger Mensch**
hanga	**Bucht, Lagune**
ha rateha-rekomo	**wo ist die Toilette?**
hare	**Haus**
henua	**Erde, Welt**
hetu'u	**Stern**
ika	**Fisch**
iorana	**willkommen**
ina	**nein**
iti	**klein**
kai	**essen**
kainga	**Land**
ko ai youingoa	**wie heißt du?**
koro	**Fest, zeremonieller Gesang, von großer Gruppe vorgetragen**
kumara	**Süßkartoffel**
makemake	**Schöpfergott**
mahina	**Mond**

gefunden hat, als schon Schafzüchter auf der Insel lebten.

Die letzten Moai und Ahu entstanden im 17. Jh. Ein Besuch des Steinbruchs am Rano Raraku zeigt eindrucksvoll, dass etwas geschehen sein musste: Die Statuen liegen, meist fertig behauen, über die Krater-Kulisse und in der Umgebung verstreut. Wahrscheinlich wurden die Moai-Statuen etwa Ende des 17. Jhs. aufgrund von Stammesfehden umgestürzt. Diese dritte Phase (nach der Besiedelung und der Ahu-Moai-Phase) wird auch **Huri Moai** genannt und dauerte bis zur Christianisierung ab 1864.

Erste Besucher

Schon vor der Entdeckung durch Roggeveen 1722 gab es eine zweifelhafte Sichtung der Insel durch den englischen Piraten **Edward Davis** im Jahr 1687. **Jakob Roggeveen** selbst war kein Pirat, sondern im Auftrag der niederländischen Westindienkompanie auf Erkundungsreise. Statt der erhofften Terra Incognita Australis entdeckte er die sagenhafte Osterinsel, die er Paasch Eyland (Osterinsel) taufte. An Bord war auch der nur 21 Jahre alte **Carl Friedrich Behrens** aus Rostock, der als erster Europäer die Insel betrat. Sein ein paar Jahre später erschienener Reisebericht wurde ein Bestseller und auch ins Französische übersetzt.

1770 landete der Spanier **Don Felipe Gonzales de Haedo** mit zwei Schiffen auf Rapa Nui, um die Insel für die spanische Krone in Besitz zu nehmen: Er ließ ein paar Kreuze auf Hügeln errichten und taufte die Insel auf den Namen San Carlos. Die Spanier hatten aber danach andere Sorgen und verloren den Herrschaftsanspruch

maika	**Banane**
mana	**übernatürliche Kraft**
manavai	**kleine Pflanzung, von kreisförmiger Steinmauer geschützt**
maori, maohi	**Weiser, Meister**
mata	**Auge, Stamm**
matatoa	**Krieger**
maunga	**Berg, Hügel**
maururu	**danke**
miro	**Holz**
moai	**monolithische Statue**
niu	**Kokosnuss**
ori	**tanzen**
pehekoe	**wie geht's dir?**
pehekorua	**wie geht's euch?**
perronamaikoe	**Entschuldigung**
pito	**Nabel, Zentrum**
poe	**Kuchen, Brei**
ra'a	**Sonne**
rangi	**Himmel**
rano	**Krater**
riu	**alter ritueller Gesang**
rivariva	**gut**
rongo-rongo	**Rapa-Nui-Schriftzeichen**
tangata	**Mensch, Mann**
tangata manu	**Vogelmensch**
tapu	**heilig, verboten, tabu**
tire	**Blume**
tokerau	**Wind**
totora	**Binsen**
umu	**Erdofen**
vaikava	**Meer**

Zahlen

1, 2	*katáhi, karúa*
3, 4	*katóru, kahá*
5, 6	*karíma, kaóno*
7, 8	*kahítu, kabáu*
9, 10	*kaíba, kaangahúru*
20	*kapitiahúru*
100	*kahoehanére*
1000	*kahoetauatíni*
1 000 000	*katáhimillón*

aus den Augen. Die Europäer beschrieben die Insulaner als hochgewachsen, bärtig, tätowiert und mit Ohrverlängerung, und es fiel ihnen auf, dass nur wenige Frauen anwesend waren.

Vier Jahre später, 1774, erreichte der Engländer **James Cook** die Osterinsel. Er berichtete, dass nur wenige, ausgezehrt wirkende Bewohner (ca. 600) zu sehen waren und vermutete, dass ein Stammeskrieg stattgefunden habe. Auch fiel ihm auf, dass die meisten Moai-Statuen umgestürzt waren. **Georg Forster**, deutscher Forscher und Besatzungsmitglied, bemerkte, dass die Bewohner die einst verehrten Ahu (Ahnenplätze) nicht mehr betraten. Auch das Fehlen von Bäumen auf der Insel wurde vermerkt. Forster fertigte einige Kupferstiche der Moai an und sammelte Informationen über Bewohner, Fauna und Inselgeologie.

1786 landete der Franzose **Comte de La Pérouse** und stellte fest, dass die Bevölkerung etwa 2000 Menschen zählte. Bei Besuchen der Höhlen bestätigte er eine Vermutung Cooks, dass die Frauen und Kinder in Höhlen versteckt lebten, während die männliche Bevölkerung in an umgekippte Boote erinnernden, schilfbedeckten Hütten wohnte. Ein erstes Sklavenschiff suchte Rapa Nui 1806 heim; 12 Männer soll ein amerikanisches Schiff entführt haben.

Zwischen 1859 und 1862 kam es zu einer ziemlich tragischen Episode: Mehrere Sklavenhändler suchten die Insel heim und transportierten hunderte von Insulanern zu den peruanischen Chincha-Inseln, um sie dort Guano abbauen zu lassen. Die Bevölkerung war schon zu dieser Zeit von Grippe und Syphilis geschwächt. Die Sklavenhändler verschleppten etwa 1500 Rapa Nui, von denen erst nach Eingreifen des Bischofs von Tahiti und Protesten aus Frankreich ungefähr 100 die Rückreise antraten. Von den Rückkehrern sollen nur 15 auf der Osterinsel angekommen sein, die anderen verstarben an Pocken. Auf diese Weise durch Krankheiten und Sklaverei dezimiert, soll die Bevölkerung der Insel 1877 nur noch 111 Polynesier betragen haben. Im Jahr 1864 kam der erste Missionar auf die Insel, der Franzose **Eugène Eyraud**. Die Insulaner wollten nicht viel von ihm wissen, und er verließ die Osterinsel gezwungenermaßen nach neun Monaten.

Doch die Missionierung ging weiter, 1868 waren alle Insulaner getauft, 1867 starb der letzte König der Insel, getauft auf den Namen Gregorio.

Ein Jahr zuvor war der Franzose **Jean Dutroux-Bornier** hier gelandet und hatte Abkommen mit den Häuptlingen über die Nutzung der Insel getroffen. Seine Schafzucht beanspruchte einen Großteil des Geländes, und es war den Bewohnern unter Todesstrafe verboten, die Weidegebiete zu betreten. Das sehr eingeschränkte Gebiet für die Insulaner lag im Westen, etwa dort, wo sich später die Stadt Hanga Roa herausbildete. Der als Tyrann empfundene Bornier wurde nach zehn Jahren von den Insulanern ermordet.

1870 erfolgte ein erster chilenischer Besuch der Korvette *O'Higgins* unter Kapitän **Ignacio Blest Gana**, dessen Bordbuch von Tanzriten bei den Moai berichtete. 1872 erreichte das französische Schiff *La Flora* die Insel, dessen Leutnant **Julien Viaud** (alias Pierre Loti) ein paar Zeichnungen anfertigte. 1877 kam der Schafzüchter **Alexander P. Salmon**, der ein besseres Verhältnis zur Bevölkerung hatte als sein Vorgänger Dutroux-Bornier. Salmon sicherte sich Besitzrechte über die Hälfte der Insel durch Tauschgeschäfte mit der Bevölkerung.

1882 traf das deutsche Kanonenboot *Hyäne* ein. Der Kapitän **Hubert Geisler** verbrachte im Auftrag der kaiserlichen Marine fünf Tage auf Rapa Nui, um Aufzeichnungen für die königlich-preußischen Museen in Berlin vorzunehmen. Erste Fotos der Insel existieren seit dem Besuch durch das US-amerikanische Schiff *Mohican* 1886.

Seit der Annexion durch Chile

Am 9. September 1888 wurde zwischen dem chilenischen Kapitän **Policarpo Toro** und 20 Stammeshäuptlingen auf dem Schiff *Angamos* ein Abkommen unterzeichnet, das in Spanisch und Polynesisch verfasst war. Dieses Abkommen war praktisch eine Annektierung durch Chile und ist bis heute gültig. Die geschwächte Bevölkerung sah damals darin aber eine Chance, weiteren Übergriffen zu entgehen, versprach man sich unter der Regierung Chiles doch Schutz. Die chilenische Regierung hatte sich ihrerseits von Policarpo Toro von der strategischen Bedeutung der Insel im Pazifik überzeugen lassen und die Einwilligung zu den Verhandlungen gegeben, aber nicht das Geld für den Ankauf der Ländereien, die zum damaligen Zeitpunkt den Schafzüchtern und der katholischen Kirche gehörten: Die Landkäufe finanzierte Policarpo Toro selbst.

Für die Bevölkerung sollte dies aber noch nicht das Ende der Erniedrigung bedeuten, im Gegenteil: Ab 1895 wurde die Insel an Enrique Merlet verpachtet, der seine Rechte 1903 an das englische Geschäftshaus Williamson-Balfour verkaufte. Daraufhin wurden etwa 60 000 **Schafe** auf die Insel geschafft und die Insulaner aus Angst vor Viehdiebstahl in abgegrenzte Siedlungen verfrachtet. Unliebsame sollen manchmal auch in die Leprastation abgeschoben worden sein. Dabei war bei dem Abkommen zwischen den Häuptlingen und Chile von den Insulanern klargemacht worden, dass sie ihre Insel behalten wollten, mehr noch, Grund und Boden sollte in den Händen der Insulaner bleiben. Deswegen brachte der Anführer **Atamu Tekena** bei der Zeremonie zur Besiegelung des Abkommens dem Verhandelnden Toro ein Grasbüschel mit Wurzeln mit: Er überreichte Toro das Büschel, nahm die Erde aber symbolisch ab. Die Geste bedeutete: Ihr könnt die Insel nutzen, sie gehört aber den Insulanern.

Die chilenische Regierung sah die Vereinbarung aber anders: Statt dem Modell eines Protektorats zu folgen, verblieb die Insel in Händen von Pächtern und die Insulaner ohne Bürgerrechte, bis die christdemokratische Regierung den Insulanern schließlich 1966 das Wahlrecht gab.

Anfang des 20. Jhs. kam es zu Lepra-Ausbrüchen unter den Rapa Nui, weshalb eine isolierende Leprastation eingerichtet wurde. Auch wurden mehrere wissenschaftliche Expeditionen durchgeführt: Der Chilene **Walter Knoche** richtete 1911 eine seismologische Station ein, betrieb aber auch meteorologische, biologische und archäologische Studien. Die erste rein archäologische Expedition unternahm die Britin **Katherine Routledge** 1914, zu einer Zeit, als nur zwei Europäer auf der Insel lebten. Ihre Aufzeichnungen sind in Buchform (auf Englisch) auf Rapa Nui zu finden. Im selben Jahr kam es zu einem Aufstand, der durch die chilenische Marine unterbunden wurde. Im **Ersten Weltkrieg** landeten die deutschen Panzerkreuzer *Scharnhorst*, *Gneisenau* und *Leipzig* an, um von Transportschiffen Lebensmittel und Treibstoff zu übernehmen. Die Schiffe ankerten vom 12.–19. Oktober 1914 vor der Insel, wobei die Mannschaft einen Moai aushöhlte, um einen Ofen daraus zu bauen – ein trauriger Zwischenfall.

Thor Heyerdahl verbrachte 1955/56 ein Jahr mit seinen Expeditionsmitgliedern auf der Osterinsel. Neben Ausgrabungen machte er Entdeckungen von ein paar neuen Moai und Petroglyphen. Außerdem transportierte seine Mannschaft mit primitiven Mitteln einen 28 Tonnen schweren Moai über einige Kilometer vom Steinbruch bis zum Strand von Anakena und richtete den Moai auf. Heyerdahl entwickelte ein sehr gutes Verhältnis zur Inselbevölkerung, erhielt viele Figuren und Holztafeln geschenkt und bekam auch Einblicke in die Familienhöhlen. Etwa 900 Seelen bevölkerten zu dieser Zeit die Insel, das gesamte Land wurde weiterhin von den Schafzüchtern verwaltet.

1957 untersuchte der Ethnologe **Thomas Barthel** die rätselhaften Schrifttafeln (Rongo-Rongo), allerdings ohne sie entschlüsseln zu können, was auch bis heute noch niemandem gelang. Am 21. Mai 1960 riss ein Tsunami, der bei einem starken Erdbeben bei Concepción vor Kontinentalchile ausgelöst worden war, die letzten Moai an der Ostküste um. Seit 1966 gehört Rapa Nui zur Region Valparaíso, 1967 wurde mit US-amerikanischer Hilfe der Flughafen gebaut. Die Amerikaner richteten auch eine Abhörstation ein, die unter Allende abgeschafft wurde. Seit 1972 gibt es zivilen Luftverkehr, der das Leben auf der abgeschiedenen Insel nachhaltig verändert hat. 1974 besuchte der Diktator Pinochet die Insel und bestimmte Mittel zur Entwicklung der Infrastruktur. Er setzte 1984 auch den ersten Intendenten (Verwalter) der Insel ein, einen Rapa Nui.

Während des Falklandkriegs wurde den Engländern die Nutzung des Flughafens gestattet. 1984 verlängerte man die Landebahn des Flughafens, um sie als Notlandepiste für den Spaceshuttle einsetzen zu können. Mit der Rückkehr zur Demokratie gab es 1992 eine erste Flughafenbesetzung durch die Insulaner: Streitpunkt waren die zu hohen Flugpreise der damaligen LAN-Chile. Ab 1993 wurde Rapa Nui durch die Verfilmung des Vogelmann-Kults weltweit berühmt (Regisseur des Films *Rapa Nui – Rebellion im Paradies* war Kevin Costner). Bei den Dreharbeiten spielte fast die gesamte Inselbevölkerung mit. Im März 2023 wurde auf dem Grund eines jüngst ausgetrockneten Sees ein bislang selbst bei den Ureinwohnern unbekannter Moai entdeckt.

Hanga Roa

Hanga Roa heißt die einzige Stadt der Osterinsel, die damit natürlich auch als Inselhauptstadt fungiert. Hier leben etwa 90 % der rund 8000 Einwohner. Da Hanga Roa erst im 20. Jh. gegründet wurde, gibt es hier keine alte Bausubstanz. Die Häuser sind alle ebenerdig, die Strohhütten sind modernen Bauten gewichen. Eine der alten Hütten kann man als Nachbau im Garten des Hotels Llorana sehen. Die üppigen Gärten riechen nach exotischen Früchten. Da der Strom durch störanfällige Dieselgeneratoren gewonnen wird, kommt es immer mal wieder zu kompletten Stromausfällen. Nur wenige Hotels sind nicht vom öffentlichen Stromnetz abhängig und haben eigene Generatoren. Eine Taschenlampe im Reisegepäck könnte also durchaus hilfreich sein!

Um sich die einzigartige Abgeschiedenheit vor Augen zu führen, muss man wissen, dass es auf der Insel erst seit 1967 ein zentrales Wasserleitungssystem mit Tiefbrunnen gibt; zuvor war

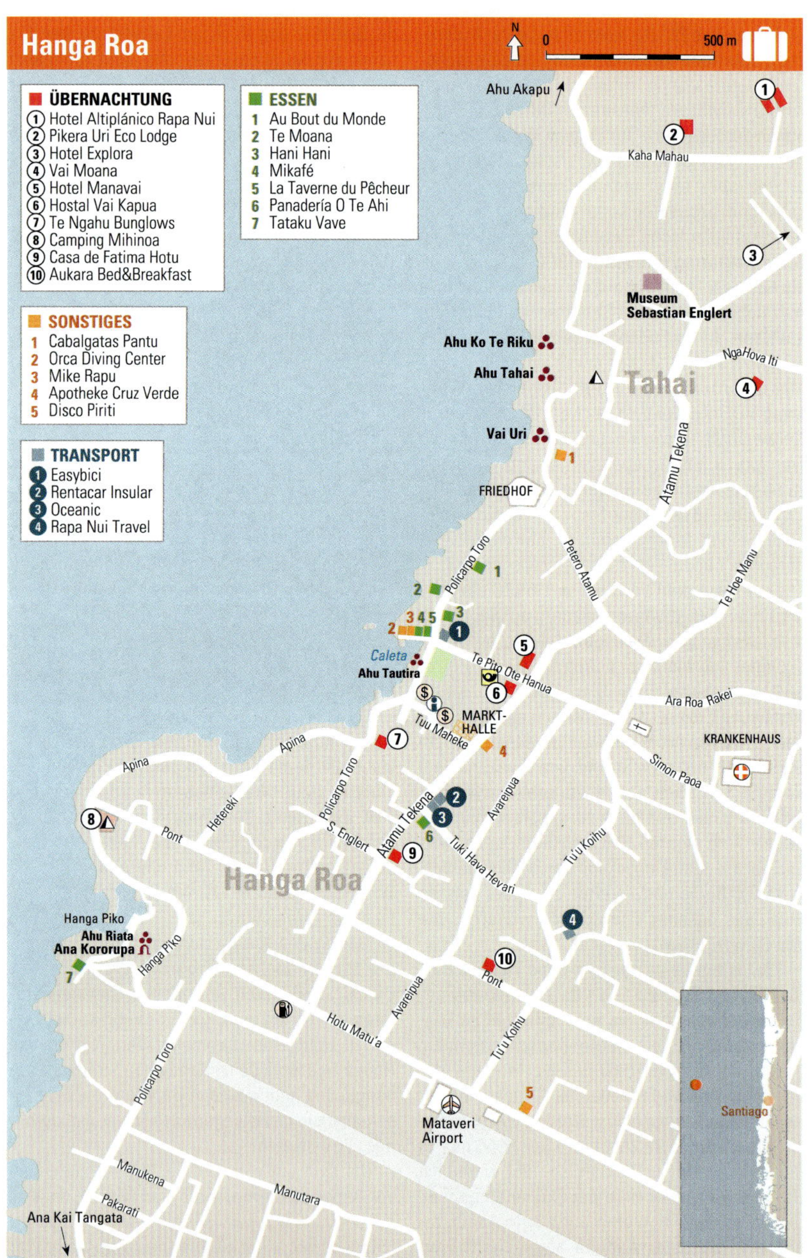

Hanga Roa
N
0
500 m
ÜBERNACHTUNG
1 Hotel Altiplánico Rapa Nui
2 Pikera Uri Eco Lodge
3 Hotel Explora
4 Vai Moana
5 Hotel Manavai
6 Hostal Vai Kapua
7 Te Ngahu Bunglows
8 Camping Mihinoa
9 Casa de Fatima Hotu
10 Aukara Bed&Breakfast
ESSEN
1 Au Bout du Monde
2 Te Moana
3 Hani Hani
4 Mikafé
5 La Taverne du Pêcheur
6 Panadería O Te Ahi
7 Tataku Vave
SONSTIGES
1 Cabalgatas Pantu
2 Orca Diving Center
3 Mike Rapu
4 Apotheke Cruz Verde
5 Disco Piriti
TRANSPORT
1 Easybici
2 Rentacar Insular
3 Oceanic
4 Rapa Nui Travel
Ahu Akapu
Kaha Mahau
Museum Sebastian Englert
Ahu Ko Te Riku
Ahu Tahai
Tahai
NgaHova Iti
Vai Uri
Atamu Tekena
FRIEDHOF
Policarpo Toro
Petero Atamu
Te Hoe Manu
Caleta
Ahu Tautira
Te Pito Ote Hanua
MARKT-HALLE
Tuu Maheke
Ara Roa Rakei
KRANKENHAUS
Simon Paoa
Apina
Hetereki
Pont
S. Englert
Avareipua
Tuki Hava Hevari
Tu'u Koihu
Hanga Roa
Hanga Piko
Ahu Riata
Ana Kororupa
Hotu Matu'a
Mataveri Airport
Santiago
Manukena
Pakarati
Manutara
Ana Kai Tangata

die Bevölkerung hauptsächlich auf die Vorräte in den Kraterseen angewiesen. Die wichtigste Straße heißt **Atamu Tekena**, nach dem Anführer, der den Protektoratsvertrag mit Chile unterschrieb. In ihr befinden sich ein Dutzend Unterkünfte, Restaurants, kleine Supermärkte und die meisten Auto- und Motorradvermieter.

Auch ein paar Agenturen für Ausflüge gibt es, außerdem das Büro von LATAM, die Markthalle und die einzige Apotheke sowie die Stadtverwaltung. Insgesamt geht es im Alltag sehr gemächlich zu: Viele grüne Gärten säumen den Weg und Palmenrauschen übertönt meistens den Verkehr der Hauptstraße. Am Ende der Atamu Tekena zweigt die **Te Pito o Te Henua** ab und führt hoch zur Kirche bzw. runter zum Hafen. An der Straßenkreuzung befinden sich ein paar Fastfood-Stände und das Hotel Manavai, das anlässlich der Filmarbeiten zu „Rapa Nui" von Kevin Costner gebaut wurde.

Geschichte

Die Stadt entwickelte sich seit den 70er-Jahren rasant: Ab 1900 wurden die Insulaner in die Bucht um das heutige Hanga Roa gedrängt, damit sie die Schafzucht nicht störten. Die Häuser waren zu der Zeit noch aus Stroh, erst später wurden modernere Baumaterialien auf der Insel verfügbar. Die Zunahme der Bevölkerung machte es notwendig, in den 60er-Jahren die Strom- und Wasserversorgung zu modernisieren. Bis dahin wurde das Trinkwasser aus den Kraterseen geholt oder bei Ebbe austretendes Grundwasser vom Strand gesammelt. Seit 1964 gibt es ein Leitungswassersystem. 1980 wurden die Schule und das Krankenhaus gebaut, das für chilenische Verhältnisse ordentlich ausgestattet ist (u. a. für Operationen wie z. B. Kaiserschnitte), aber für Spezialisten muss man aufs Festland fliegen, ähnlich der Situation auf der Insel Chiloé.

Mit der Entwicklung des Tourismus seit den 90er-Jahren entstanden die Markthalle, ein Supermarkt und die Zweigstellen von staatlichen Einrichtungen (CONAF, die Landwirtschaftsbehörde SAG etc.). Polizei ist seit 1966 im Dienst, ein Gefängnis gibt es seit 1968, Die ersten Straßen wurden 1994 asphaltiert, im selben Jahr hat man dem Dorf ein Abwassersystem gebaut. Der öffentliche Arbeitgeber ist wichtig für die Osterinsel, denn etwa die Hälfte aller Staatsbediensteten sind Insulaner.

Sehenswürdigkeiten

In der **Markthalle** in der Hauptstraße Atamu Tekena werden neben Fisch, Obst und Gemüse verschiedene Andenken angeboten: bunte Tücher, Schmuck und Moai in diversen Größen und aus verschiedenen Materialien. Auch ein Besuch im **Gefängnis** in der Av. Pont lohnt sich: Es gibt einen Ausstellungsraum mit Kunsthandwerk, dessen Verkauf den einsitzenden Künstlern zugutekommt. Am Ende der Atamu Tekena zweigt die Te Pito o Te Henua rechts zur **Kirche** aus den 50er-Jahren ab. Sie zeigt im Inneren Statuen mit einer interessanten Mischung aus polynesischen und katholischen Elementen. Bei der Sonntagsmesse, die um 12 Uhr stattfindet, kann man polynesischen Gesang hören.

Am anderen Ende der Te Pito o Te Henua liegt der kleine Fischereihafen **Caleta Hanga Roa O tai**, wo Agenturen Tauchgänge anbieten und hübsche Restaurants mit Blick auf den Sonnenuntergang locken. Nebenan steht ein einsamer **Moai**, der 1938 vom Arzt Tejeda hierhergeschafft wurde, um sich in einem Akt der Selbstüberhöhung zum König der Insel ausrufen zu lassen. Die meisten Häuser sind recht einfach gebaut, aus Holz oder Backstein, Wärmeisolierung braucht man ja nicht. Der schönste Spaziergang führt von der Caleta Hanga Roa an der Strandpromenade entlang, die neben ein paar Restaurants nach Norden auch den **Ahu Tahai** und den **Friedhof** passiert. Mit etwas Glück kann man dabei ein paar Wale oder Meeresschildkröten sehen.

€ Sehenswert ist auch das 1973 gebaute **Museum Sebastian Englert**, das man hinter dem Ahu Tahai über einen Pfad auf eine Anhöhe erreicht (10 Min. hinter dem Ahu nach Norden). Ein anderer Weg zum Museum führt über ein paar Windungen in der Verlängerung der Hauptstraße Atamu Tekena (Richtung Norden). Auch wenn die Ausstellung sich auf einen Saal beschränkt, gibt sie einen guten Überblick über die Geschichte der Insel seit der Besiedlung (Infotafeln auf Englisch). Ihr Herzstück sind zwei der seltenen und mysteriösen Rongo-Rongo-Tafeln. www.museorapanui.gob.cl.

🕒 Di–Fr 9.30–17.30, Sa und So 9.30-12.30 Uhr. Eintritt frei. Außerdem hat das Museum eine Bibliothek mit Fachpublikationen zu vielen Themen der Insel.

Nachhaltigkeit im Hotel Explora

Hotel Explora, im Inselinneren, 💻 www.explora.com. Die exklusive Lodge arbeitet mit lokalen Führern zusammen, die die im Preis enthaltenen Ausflüge leiten. Geschmackvoll eingerichtete Zimmer mit Erlebnisbadewanne und Panoramafenstern. Man kann auch VP mit sämtlichen Ausflügen buchen; ab und zu Angebote. Mind. 3 Nächte. ❻

Das Explora liegt recht versteckt außerhalb von Hanga Roa im Nichts, und kein Schild verrät dem Besucher den Weg, was allerdings nicht schlimm ist, da Gäste am Flughafen abgeholt werden. Sie erwartet eine offene, moderne Anlage mit niedrigem Energieverbrauch, die mit natürlichen Materialien und viel hellem Holz gebaut wurde. Die vier Anlagen mit unglaublich schönen Zimmern haben das Ziel, die Gäste durch die aktive Erkundung der Umgebung und mit dem Luxus des Bodenständigen willkommen zu heißen. Kein Fernseher und kein WLAN auf den Zimmern bedeutet, dass sich der Gast komplett auf die ihn umgebende wilde Natur einlassen kann.

Doch nicht nur der auswärtige Tourist soll verwöhnt werden. Es gehört auch zum Hotelkonzept, dass einheimische Jugendliche durch entsprechende Camps für das Thema Nachhaltigkeit sensibilisiert werden sollen. Die lokale Kultur findet sich auch in für die Gäste zelebrierten Essen wieder: So werden regelmäßig Curantos (in einem Erdloch über mehrere Stunden hinweg zubereitete traditionelle Mahlzeiten) geköchelt, um den Gaumen der Besucher zu verwöhnen. Außerdem sind mindestens 30 % der Hotelmitarbeiter Einheimische. Das Essen lässt sich am besten als kreative Hausmannskost charakterisieren, aber auch vegane Menüs werden auf Nachfrage angeboten. Wer das nötige Kleingeld hat, wird hier sicherlich unvergessliche Tage ganz im Sinne der Nachhaltigkeit verbringen können.

ÜBERNACHTUNG

Typisch für die Insel sind kleine Familienunterkünfte, alle in Hanga Roa gelegen. Die einzige auswärtige Unterkunft ist das exklusive Hotel Explora, 15 km außerhalb Richtung Ostküste.

€ **Camping Mihinoa**, Av. Pont s/n, ✆ 32-2551-593. Bietet eine saubere und gut ausgestattete Gemeinschaftsküche und herrlichen unmittelbaren Meerblick. Für wenige Pesos kann man Zelt, Isomatte und Schlafsack tageweise leihen. Es stehen auch unterschiedliche Schlafsäle und etwas schlecht belüftbare DZ zur Verfügung. ❶–❷

Casa de Fatima Hotu, Reimiro s/n, ✆ 9-5676-6333. Kleines, gemütliches Hostal mit Selbstverpflegungsmöglichkeit, 4-Bettzimmer mit Stockbetten und Gemeinschaftsbad. ❶–❷

Hostal Vai Kapua, Tepito o te Henua s/n, 1 Block von der Kirche entfernt, 💻 www.hostalvaikapua.com. Gemütliches, familiäres Ambiente, herrlicher Garten, Küche kann mitbenutzt werden. Kontinentales Frühstück inkl. ❹

Aukara Bed&Breakfast, Calle Pont s/n, ✆ 32-2100-539. Tolle Unterkunft mit einem traumhaften Garten und hilfsbereiten Gastgebern. Kontinentales Frühstück inkl. Ordentliches Preis-Leistungs-Verhältnis. ❹

Hotel Altiplánico Rapa Nui, Sector Hinere (Verlängerung der Policarpo Toro), Ahu Tahai, 💻 www.altiplanico.com. Das Haus der erfolgreichen Kette ist etwas abgelegen, bietet aber stilsichere Zimmer mit traumhafter Aussicht und einen Pool. ❻

Te Ngahu Bungalows, Policarpo Toro s/n, 💻 www.ngahu.com. Bungalows mit unterschiedlicher Ausstattung und Größe, teilweise mit Meerblick, gute Option für Selbstversorger. Je nach Bungalowart und -größe. ❻

Vai Moana, Policarpo Toro, 💻 www.vai-moana.cl. 23 Cabañas unterschiedlicher Größe, die in einem wunderbar angelegten Garten mit Meerblick verteilt sind. Haben eine Auszeichnung als „umweltfreundlich“ bekommen, die für Mülltrennung und Solarthermie-Nutzung vergeben wurde. Unterschiedliche Touren im Angebot! ❻

 Die Skulptur stellt Rei Miro dar, einen Brustschmuck aus Holz, der auch die Flagge von Rapa Nui ziert.

Pikera Uri Eco Lodge, Sector Tahai, Tekerera s/n, 💻 www.pikerauri.com (engl.). Sehr ansprechende Anlage mit geräumigen Zimmern, wenn auch etwas außerhalb gelegen, dafür werden Ausritte angeboten und Autos vermietet (45 000–70 000 CLP/24 Std.). ❻

Hotel Manavai, Avenida Te Pito Ote Henua 1945, 💻 www.hotelmanavai.cl. Hat einen schönen Garten, geräumige Zimmer, zentral gelegen. ❻

ESSEN

Es gibt ein Gerücht, das besagt, man könne auf der Insel nur Thunfisch bekommen. Das ist nicht völlig falsch: Um eine **Thunfisch-Empanada** kommt man auf keinen Fall herum: **Tía Berta** ist ein Klassiker in der Hauptstraße: es ist etwas eng und auch meist voll besetzt, aber man wird günstig satt. Probieren sollte man aber auch den köstlichen **Umu-Erdeintopf**: Dieses Gericht besteht, ähnlich dem Curanto der Insel Chiloé, aus mehreren Schichten von Fleisch, Fisch und Gemüse (meist Süßkartoffeln, Yams und Taro), die über Stunden auf heißen Steinen im Erdloch gegart werden. Warum im Erdloch? Bei großen Festen, z. B. Hochzeiten, muss die halbe Insel eingeladen werden, da alle eng miteinander verwandt sind. So fehlten immer Töpfe, um genug Essen für alle Eingeladenen zuzubereiten. Ein anderes typisches Gericht ist der **Poe Poe**, ein in Blättern gebackener Bananenkuchen aus geriebenen Taro-Wurzeln statt Weizenmehl.

Wie auch im kontinentalen Chile üblich, schlagen Restaurants 10 % Servicegebühren auf die Rechnung auf. Man wird als Gast dann gefragt, ob man „con o sin propina" bezahlen möchte.

Au Bout du Monde, Policarpo Toro, ✆ 32-2552-060. Das „Ende der Welt" (auf Französisch), unweit vom Ahu Tahai ist ein schönes belgisch-polynesisches Restaurant mit empfehlenswertem Thunfischfilet in tahitianischer Vanillesauce und belgischer Mousse au Chocolat (zu zweit teilen! Sehr mächtig, aber ausgesprochen schmackhaft), außerdem gibt es hausgemachte Pastagerichte. Ausgesprochen netter Service. 🕒 Grundsätzlich Mi–Mo 12.30–15 und 18.30–22.30 Uhr, aber oft auch nach Bedarf.

Hani Hani, Policarpo Toro s/n auf dem Weg Richtung Ahu Tahai vor dem Friedhof. Wunderschön hergerichtetes Restaurant schräg gegenüber vom Te Moana mit einer überdachten Terrasse und polynesischem Dekor, dessen Name „roter Stein" bedeutet. Fleischgerichte vom Grill. Unterschiedliche Ceviche-Interpretationen, Carpaccios und leckere Salate. 🕒 Mo–Sa 12.30–22, So 12.30–16, 17.30–22 Uhr.

La Taverne du Pêcheur, direkt an der Caleta. ✆ 32-100619. Lauschiges Fischrestaurant, in dem kreative Fusionsgerichte (Rapa Nui-Französisch) serviert werden. Das Thunfisch-Ceviche ist lecker. Es gibt aber auch frischen Hummer. 🕒 Mo–Sa 12–23, So 12–17 Uhr.

Mikafé, Caleta Hanga Roa. Neben den Tauchläden direkt am Hafen. Kleines Café mit richtigem Kaffee, Eis, Kuchen, Sandwiches aus unterschiedlichen Brotsorten. Ordentliche Frühstücksoptionen. Extra Teekarte. 🕒 Mo–Sa 10–21, So 12–15 Uhr.

Panadería O Te Ahi, Atamu Tekena s/n, ✆ 9-7562-2166. Die Empanadas werden nicht frittiert und sind mit frischem Thunfisch, Hühnchen, Käse gefüllt. 🕒 Mo–Sa 9–21 Uhr.

Tataku Vave, Muelle Hanga Piko, ✆ 32-2551-544. Es ist ein Fischrestaurant, das direkt am Meer liegt. Sehr schöne Terrasse mit guter Möglichkeit, den Sonnenuntergang zu beobachten. Außerdem lernt man beim Besuch des Lokals auch den 2. Hafen des Ortes Hanga Roa kennen. 🕒 Mo–Sa 12–22 Uhr.

Te Moana, Policarpo Toro s/n. Der Name bedeutet „das Blau", und es ist tatsächlich direkt am Meer gelegen, wo es eine sensationelle Aussicht zum Sonnenuntergang bietet. Einige Tische stehen draußen auf der Wiese in romantischem Ambiente. Recht teuer und nicht ganz so lecker wie in den anderen Restaurants, aber das Ambiente ist unschlagbar. 🕒 Mo-Sa 17–24 Uhr.

UNTERHALTUNG

Musikshows

Die Bevölkerung ist sehr musikalisch: Etwa 30 Musikgruppen gibt es auf der Insel, einige haben opernähnliche Werke geschrieben, die

die Besiedelung und das Inselleben beschreiben. Die sog. polynesische Ballettgruppe Kari Kari hat über 30 Jahre Erfahrung, eigene Shows und ist auf Tourneen um die Welt gereist. Leider kann man sie nur bei besonderen Konzerten bewundern. Zu sehen sind die bunten Shows von anderen Tanzgruppen in den **Tanzrestaurants**: Im Hotel Taha Tai tritt z. B. die Gruppe „Varua Ora" („lebendiger Geist") in einem polynesisch geschmückten Veranstaltungsraum auf.

Pubs und Discos

Piriti, in Flughafennähe. Bar und Disco. Es geht erst gegen Mitternacht so richtig los, dann aber bis in die frühen Morgenstunden! ⌚ Fr und Sa 22–5 Uhr.

TOUREN

Bei Ausflügen auf der Insel ist Folgendes zu beachten:
Die **Eintrittsgebühr** (Stand Mitte 2023) für den Nationalpark beträgt für einen nichtchilenischen Erwachsenen US$80 (63 600 CLP) und gilt für 10 Tage. Am besten direkt nach Ankunft im Flughafengebäude am CONAF-Stand das Ticket lösen. Die Eintrittskarte ist unbedingt aufzuheben, da sie zwischendurch bzw. bei einer der beiden Kontrollstellen (Orongo-Dorf am Ran Kau und bei der Moai- „Fabrik" am Rano Raraku) vorgezeigt werden muss. Öffentliche Toiletten gibt es nur an 3 Stellen außerhalb von Hanga Roa: bei den CONAF-Kontrollstellen Orongo und Rano Raraku sowie am Strand von Anekena.

Wer mit dem Mietwagen die Insel auf eigene Faust erkundet (was sehr gut machbar ist), sollte bei KM 15 den Motor ausschalten, den Gang herausnehmen und merken, dass durch ein Magnetfeld das Auto quasi von allein den Berg hinauffährt!

Bustouren

€ Die Agenturen bieten private oder Sammelausflüge mit englisch-, teils auch deutschsprachigen Guides an. Preise der Sammeltouren: ab US$35 für Halbtagstouren, ab US$50 für den ganzen Tag (8 Std.).

Private Touren: Halber Tag US$132, ganzer Tag US$260, z. B. bei Rapa Nui Travel, 💻 www.rapanuitravel.com (deutsch).

Geführte Touren und Ausflüge

Rapa Nui Travel, Av. Tu'u Koihu s/n, 💻 www.rapanuitravel.com (deutsch). Altein-gesessene und erfahrene Agentur mit unterschiedlichen Paketvorschlägen. Bietet auch die Bustouren an, siehe oben.
Mahinatur, 💻 www.mahinatur.cl. Ein internationales Guide-Team geht auf fast alle Wünsche der Gäste ein: Ob per pedes, im Auto oder auf dem Fahrradsattel kann die Insel begleitet erkundet werden. Auch Autovermietung, siehe unten. ⌚ tgl. 9–20.30 Uhr.

Reiten

Eine sehr angenehme Art, die Insel zu erkunden und bis zum höchsten Vulkan Maunga Terevaka zu kommen, ist ein Ausritt (halber Tag US$60, ganzer Tag US$125). Mit etwas Glück kann man vom Gipfel eine wunderbare Rundumsicht auf den Pazifik genießen und sogar die Erdkrümmung sehen!
Halbtagesausflüge sind auch für absolute Anfänger machbar – für Könner gibt es auch zweitägige Touren mit Übernachtung und leckerer, traditioneller Curanto-Verpflegung.
Cabalgatas Pantu, Pikera Uri Lodge, Sector Tahai, Tekerera s/n, 💻 www.pikerauri.com. Gepflegte Pferde und gutes Equipment. Insgesamt eine ansprechende Anlage, die großartige Touren im Angebot hat. Auf Nachfrage gibt es auch individuelle Touren.

Tauchen

Die von einem Korallenriff umgebene Insel hat mit einigen endemischen Arten, Unterwasserhöhlen und -bögen sowie einem Unterwasser-Moai etwas außerhalb des Hafenbeckens und Traumsichtweiten dank Planktonarmut mit bis zu 60 m Tauchern einiges zu bieten. Der Wellengang lässt Tauchausflüge insbesondere von Sep–Nov (Nebensaison) und von Dez–März (Hochsaison) zu. Wale ziehen zeitweise an der Insel vorüber. Die Gewässer rund um die Osterinsel gehören sicherlich zu den spektakulärsten Tauchgebieten weltweit.

Moai und Ahu: Zur Archäologie der Osterinsel

Neben der attraktiven vulkanischen Landschaft und der endemischen Unterwasserwelt ist die Osterinsel vor allem wegen ihrer Archäologie einzigartig und geheimnisvoll. Es gibt sechs permanent anwesende Archäologen und zusätzlich immer wieder ausländische Teams. Daher hier eine Übersicht über die verschiedenen Statuen, Ruinen und Bräuche:

Moai

Die Osterinsel zählt etwa 1000 Moai, davon sind etwa 400 unfertig (nicht transportiert oder nur halb fertig gemeißelt) und 600, die es bis zu ihrem Bestimmungsort, einem Ahu, geschafft haben. Nicht alle können besichtigt werden, da einige von Gräsern und Büschen überwuchert sind. Alle Moai sind zwischen dem 8. und 17. Jh. entstanden, wiegen bis zu 135 Tonnen und stammen aus dem Krater des Vulkans **Rano Raraku** im Nordosten der Insel.

Die Steinriesen hatten zu Beginn der Megalithkultur eine Größe von gerade einmal zwei Metern (zum Beispiel Moai Escoria Roja in Tahai), entwickelten sich dann zu weniger bauchigen Exemplaren mit bis zu sechs Metern Höhe und Pukao (Bsp. Moai Ko Te Riku, Tahai), der aussieht aus wie ein Hut, aber das zusammengebundene Haar darstellt. Dieser Haarschopf allein konnte bis zu zwanzig Tonnen wiegen, hatte aber im Allgemeinen ein Gewicht von rund vier Tonnen. Die letzten Moai erreichen Größen von bis zu zehn Metern. Das Material ist Basalt, in einer grobkörnigen Version. Zum Herausmeißeln hatten die Rapa Nui nur Steinwerkzeuge zur Verfügung (z. B. aus härterem Basalt). Am Krater kann man sehr gut nachvollziehen, wie die Moai waagerecht aus der Felswand herausgehauen wurden. Dabei musste ein Rückenkiel gelassen werden, auf dem der Moai bis zu seiner Fertigstellung auflag und der dann mit einem starken Tau durchtrennt wurde, um ihn abzutransportieren.

Die Transportwege wurden so stark beansprucht, dass man noch heute die Spuren sieht (Camino de los Moai). Vom Vulkan Rano Raraku wurden die Steinriesen wahrscheinlich mit Baumrollen über die Insel transportiert (bis zu 20 km!), bis sie mit Baumhebeln und Steinaufhäufungen aufgerichtet wurden. Thor Heyerdahl hat mit 12 Männern versucht, die Moai stehend zu bewegen, indem sie mit Seilen vom Kopf ein Stück nach vorn gekippt und dann auf einem Punkt nach vorn geschaukelt wurden (so, wie wenn man allein einen Kühlschrank bewegt). Dabei haben sie mehr als zwei Wochen gebraucht, bis der Moai auf dem Ahu stand (am Strand von Anakena). Heyerdahl hatte mit dem schweißtreibenden Unternehmen zeigen wollen, dass die Moai statt auf Baumstammrollen auch ausschließlich mit Tauen bewegt worden sein könnten.

Beinahe alle Moai blicken von der Küste zum Inselinneren, als ob sie dem Meer entstiegen seien (Ausnahme: Ahu Akivi). Ein paar Archäologen interpretieren dies als Blick zu dem Landstreifen, der dem Clan gehört, also als eine Art Besitzwacht. Die Statuen hatten Augen aus weißem Korall, die den meisten fehlen. Nur beim restaurierten **Ahu Tahai** ist ein Moai mit Augen zu sehen. Das dunkle Vulkangestein wird kontrastiert von dem roten Haarschopf (Pukao), der vom Krater Puna Pao stammt und wohl nach dem Errichten der Steinriesen aufgesetzt wurde. Die Augen der Moai sollen aus Korallen bestanden haben, die an der Küste selten sind. Die Moai sehen sich alle sehr ähnlich, zeigen einen Mann mit Bauch und langen Ohren, die einen Ring im Ohrläppchen haben (zu sehen bei den im Innern des Rano Raraku liegenden Riesen). Man geht davon aus, dass die Moai die Sippenführer verkörperten und Teil eines komplizierten Ahnenkults waren, der von einigen Seefahrern als **Ritual** mit Feuern und Tänzen beschrieben wurde. Er soll bis zum Ende der Moai-Fertigung im ausgehenden 17. Jh. stattgefunden haben, andere sprechen sogar vom 19. Jh.

Da man befürchtete, dass Touristen (vor der Pandamie kamen ca. 160 000 Besucher pro Jahr) Schäden an den Moai anrichten könnten, hat die Unesco mit der chilenischen Regierung 2009 ein Kooperationsprogramm für Ökotourismus auf der Insel gestartet. Im Oktober 2022 wurden zahlreiche Moai

© SHUTTERSTOCK.COM / LOVELYPEACE

Die Form erinnert an einen umgedrehten Bootskörper: Paenga-Haus

durch ein Buschfeuer stark beschädigt. Die entstandenen Risse im Stein werden dafür sorgen, dass die Statuen mit der Zeit zerbröckeln werden.

Ahu

Die Plattformen, auf denen die Moai stehen, werden Ahu genannt und waren die heiligen Orte der Ahnen. Sie liegen fast ausnahmslos an der Küste und umfassten nicht nur die steinerne Plattform, sondern auch ein Krematorium und Hohlräume für die Bestattung der Asche. Davor entstanden bootsförmige Häuser (**Hare Paenga** genannt) und kleine Häuser aus Steinplatten mit sehr niedrigen Eingängen, die wohl der Bevölkerung während der Riten als Unterschlupf dienten. Es gibt etwa 400 dieser Ahu, wovon der längste mit 170 m und 4 m Höhe der **Ahu Tongariki** ist. Allerdings gab es einen anderen Ahu-Typ noch vor der Erschaffung der Moai, die sogenannten **Ahu Moroki**, die zwischen 400 und 1000 n. Chr. entstanden. Diese ersten Plattformen ohne Moai sind weitaus kleiner, nicht ausgeschildert und schwierig zu finden. Nachdem die Moai zwischen Ende des 17. und Anfang des 19. Jhs. umgestürzt wurden, hat man die Ahu teilweise verändert.

Ana

Die Höhlen oder Ana sind zahlreich über die Insel verstreut, die meisten sind vulkanischen Ursprungs, entstanden durch Erkalten der oberen Lavaschichten, während die Lava darunter weiterfloss und so Hohlräume ausbildete. Die meisten Höhlen wurden als Verstecke für die schwachen Familienangehörigen, zu rituellen Zwecken für Jungfrauen und als sogenannte Familienhöhlen genutzt: Hier wurden Skulpturen, als wertvoll erachtete geschnitzte Köpfe, Schrifttafeln (Rongo-Rongo) und der Familienschatz aufbewahrt. In einigen hat man Kohle- und Essensreste gefunden. Diese Familienhöhlen waren nur den Familienmitgliedern zugänglich und wurden für andere mit einem Tabu (Betretungsverbot) belegt. Größere Höhlen waren öffentlich, so z. B. die **Ana Kai Tangata**: Diese größere Höhle mit Blick zum Meer (etwas südlich der Landepiste des Flughafens) zeigt an den Deckenwänden rote Zeichnungen (Piktoglyphen) der Seeschwalbe, deren Eier die jungen Männer beim Vogelmann-Wettkampf holen sollten. Von der Höhle wanderten die Teilneh-

Fortsetzung auf S. 472

Fortsetzung von S. 471

mer zum Orongo-Dorf am Krater Rano Kau, anschließend begann der gefährliche Wettkampf. Eine andere bekannte Höhle ist die **Ana O Keke**, auch Jungfrauenhöhle genannt. Dort sollen der Überlieferung zufolge bis zu zehn Mädchen ausgeharrt haben, bis sie Ausgang bekamen. Ein Schutz oder Teil eines Rituals? Darüber sind keine Einzelheiten bekannt. Da die Höhle einen sehr engen Eingang hat und auf der wegen Erosion zurzeit geschlossenen Halbinsel Poike liegt, kann sie nicht ohne ortskundigen Führer besucht werden.

Rongo-Rongo

Die Schrifttafeln Rongo-Rongo sind etwa 60 mal 40 cm große Holztafeln mit Zeichnungen, die an Bilder von Keith Haring erinnern: menschliche Wesen, Tiere, geometrische Gebilde. Das Alter der Tafeln wurde auf etwa 250 Jahre bestimmt. Die Schreiber oder Zeichner haben vermutlich die Tafeln umgedreht, wenn eine Zeile beschriftet war. Trotz vieler Versuche konnte die Schrift bis heute nicht entziffert werden, was u. a. an der geringen Anzahl der Tafeln liegt, denn es gibt nur ca. 20 weltweit. Man vermutet, dass die hieroglyphenartigen Zeichen Lieder sind oder Legenden enthalten. Einige Rongo-Rongos sind den „Säuberungen" durch Missionare zum Opfer gefallen. Man vermutet auch noch Tafeln in versteckten Familienhöhlen. Im Museum Sebastian Englert sind ein paar Tafeln ausgestellt (S. 465).

Felsmalereien und -ritzungen

Die Petroglyphen (Felsritzungen) und Pictoglyphen (Felsmalereien) befinden sich an verschiedenen Stellen auf der Insel: Die besten Felsritzungen sind die bei der Kultstadt **Orongo**, die insgesamt 200 Zeichnungen zeigen, u. a. die Sieger des Vogelmann-Wettkampfs, aber auch Tiere. Unterhalb des Vulkans Rano Raraku (auf dessen Südseite) liegt die Stätte **Vai Atare**, die man allerdings nur mit Führer findet. Auf der Nordseite von Rapa Nui gibt es auch ein paar Steinplatten, die Kanus und Fische zeigen, z. B. Papa Vaka. Das Alter ist sehr schwer zu ermitteln, beträgt in Orongo aber nicht mehr als 300 Jahre. In den Höhlen haben sich die weitaus anfälligeren Pictoglyphen gehalten.

Die Agenturen in der Caleta Hanga Roa haben Erfahrung und die komplette Ausrüstung. Sie bieten von Schnorcheln über Schnupperkurse bis zu Bootsfahrten zu den Motus alles an. Keine Tauchbasis der Insel hat Nitrox im Angebot!
Die beiden Tauchbasen liegen nebeneinander am Hafen und bieten Bootstauchgänge zu den 16 unterschiedlich schwierigen Tauchplätzen. Eine Tauchgruppe besteht aus max. 4 Tauchern und einem Guide. Man kann auch nur zum Schnorcheln mit rausfahren. Das Wasser hat ganzjährig 20–24 °C, worauf sich die Tauchbasen mit ihrer Leihausrüstung eingestellt haben: 3-mm-/5-mm-Anzüge mit Kapuze.
Orca Diving Center, Caleta Hanga Roa, www.orcadivingcenter.cl. Faire Paketpreise für mehrere Tauchgänge.
Mike Rapu, Caleta Hanga Roa, www.mikerapu.cl. Perfekt organisierte Tauchschule des Insel-Rekordhalters im Tieftauchen.

SONSTIGES

Apotheke

Cruz Verde, Atamu Tekena. Mo–Sa 8.30–22, So 9.30–21 Uhr.

Fahrradverleih

Easybici, an der Caleta gegenüber vom Sportplatz, 9-8283-4496.
Der Verleih ist ein kleiner Verschlag mit modernen E-Bikes und äußerst hilfsbereiten Mitarbeitern, die bei individuellen Inselerkundungen gern beraten und sich zudem sehr für nachhaltigen Tourismus auf der Insel einsetzen. In Anbetracht der Vielzahl neuer Autos, die auf die Insel kommen, ein wichtiges Engagement!
Mit einer voll geladenen Batterie lässt sich die doch recht hügelige Insel bequem abfahren.

Rei Miro

Daneben waren auf der Insel Kultobjekte verschiedener Art weit verbreitet, z. B. aus Stein geschnitzte Figuren und Köpfe, die in den Familienhöhlen aufbewahrt wurden. Ein bekanntes Schmuckstück war das sogenannte Rei Miro, ein 20–45 cm breites, sichelförmiges Element, das wie ein Anhänger als Brustschmuck zu hohen Anlässen getragen wurde und im Museum Sebastian Englert ausgestellt ist. Es sieht aus wie zwei aneinander geklebte Mondsicheln, deren oberes Ende jeweils ein kleines Gesicht zeigt. Daraus ist später die Inselflagge entstanden, die das Rei Miro als Zeichnung Rot auf Weiß wiedergibt.

Wichtig: Die Erhaltung der Moai

Die meisten archäologischen Stätten sind frei zugänglich. Besucher sollten aber zum Schutz der Ruinen die überall vorhandene Ausschilderung beachten: Das Betreten der Steinplatten der Ahu ist untersagt, genauso wie das Anfassen der Petroglyphen und der Moai. Die Pictoglyphen (Felsmalereien) sollte man nur ohne Blitzlicht fotografieren, um die Farben nicht zu zerstören. Die Moai wirken zwar sehr solide, sind aber, da aus Tuffgestein, recht anfällig für Erosion. So wirken sich das Salz der Seeluft, aber auch Flechten sehr schadhaft für die Oberflächen aus. Als Folge davon sieht man bei den meisten Moai nicht mehr die feinen Schmuck-Meißelungen auf der Brust oder die Löcher in den Ohren.

Eine traurige Rolle spielen dabei auch die Pferde, die auf der Insel frei herumlaufen und sich an den Statuen reiben. Auch kam es schon zu mehreren mutwilligen Schändungen. Neben der Besatzung des deutschen Kriegsschiffs *Gneisenau*, die aus einem Moai einen Backofen baute, hat z. B. ein Finne im Jahr 2007 im halbklaren Zustand einem Moai ein Ohr abgehauen, um eine Wette einzulösen. Kurz darauf hat ein Japaner seinen Namen und seine Passnummer in einen Moai geritzt. Derlei Verhalten hat die Bevölkerung alarmiert, und die Parkwächter sind dementsprechend streng bei der Überwachung.

Medizinische Hilfe

Hospital Hanga Roa, Simon Paoa s/n, ✆ 32-2578-36. 🕒 24 Std.

Mietwagen

Die meisten Firmen sind in der Av. Atamu Tekna vertreten und bieten neben meist kleinen Jeep-Modellen auch Quads und Motorräder an. **Achtung**! Die Höchstgeschwindigkeit liegt bei 60 km/h außerhalb von Hanga Roa und im Stadtgebiet bei 30 km/h. Die Polizei führt gelegentlich Kontrollen durch. Die Straßen sind allgemein in gutem Zustand.

Rentacar Insular, Av. Atamu Tekena s/n, ✆ 32-2100-480, 💻 www.rentainsular.com. 🕒 tgl. 9–20 Uhr.

Oceanic, Av. Atamu Tekena s/n, 💻 www.rentacaroceanic.com. Ein kleiner Jeep (Suzuki Alto) kostet für 24 Std. US$80–90, ein Fahrrad für den gleichen Zeitraum US$30. Empfehlenswerte, freundliche Agentur. 🕒 tgl. 9–20 Uhr.

Mahinatur, am Flughafen und im Zentrum von Hango Roa, 💻 www.mahinatur.cl. Land Rover 250 000 CLP pro Tag.

Feste

Ende Januar/Anfang Februar: Besonders attraktiv sind die einwöchigen Inselfeierlichkeiten, die auch **Tapati Rapa Nui** genannt werden. Die Insulaner tragen stolz die alten Trachten, d. h. Bemalung und Tanga für die Männer, weißer Rock und Kokos-BH für die Frauen. Zu Beginn gibt es einen Plakatwettbewerb: Wer das schönste Werbeplakat für die Woche kreiert, wird vom Bürgermeister geehrt. Danach gibt es neben Tanz, Gesang und gutem Essen die Wettkämpfe. Spektakulär ist das Bananenschlittenrennen, ein halsbrecherischer Downhill-Ritt auf einem zusammengeschnürten

Bananenbaumstamm-Schlitten am Hang des Vulkans Maunga Pui (218 m). Bei dem Ritt über die Grasbüschel sind Schürfwunden an der Tagesordnung und Brüche nicht selten. Auch der Vogelmann-Kult wird am Rano Raraku nachgeahmt, mit einem Dreikampf aus Schwimmen, Rennen und Paddeln im Kratersee. Der Kratersee ist mit 200 m Durchmesser recht klein, aber das Paddeln mit einem Bastkajak ist trotzdem eine schweißtreibende Angelegenheit. Übrigens sind die Insulaner stolz darauf, südamerikanische Meister im polynesischen **Kanuwettbewerb** zu sein: Es handelt sich dabei um Hochseekanus, die mittlerweile aus Karbonfasern bestehen und von sechs Paddlern angetrieben werden. Daneben gibt es auch Einzel-Kanus mit Ausleger. Die Distanzen betragen zwischen 800 m und 32 km; manchmal kann man Insulaner an der Küste trainieren sehen.
September: Beim Gesangswettbewerb **Tangi Te Ako** („auf dass die Leute weinen") finden drei Tage lang Gesang und Tänze in verschiedenen Kategorien mit Prämierungen statt. Auch Touristen können dabei mitmachen.
18. September: Obwohl die Insulaner sich erst in zweiter Linie als Chilenen verstehen, wird die **Nationale Unabhängigkeit** gefeiert.

Das ganze Jahr über werden auch **Kirchenfeste** kräftig gefeiert. Die polynesische Musik gibt ihnen einen exotischen Touch.

Geld

Zwei Banken mit Automaten sind vorhanden:
Banco Estado, Tu'u Maheke.
Santander, Av. Policarpo Toro, an der Strandpromenade.

Informationen

SERNATUR, Policarpo Toro s/n, 💻 www.sernatur.cl. Viele praktische Tipps in verschiedenen Sprachen und Kartenmaterial. 🕒 Mo–Do 8.30–17.30, Fr 8.30–17 Uhr.

Internet und Telefon

Fast alle Unterkünfte und auch viele Restaurants haben WLAN (WiFi) für ihre Gäste eingerichtet. Solange es Strom gibt, ist darauf auch Verlass!

Post

Oberhalb des Sportplatzes liegt das kleine Postamt der Insel. Dort kann man nicht nur besonders schöne **Osterinselbriefmarken** und

Traditionelle Tanzdarbietung am Ahu Tahai

Sondereditionen erstehen, sondern sich auch einen exotischen Osterinselstempel für den Reisepass abholen. Gegen ein kleines Trinkgeld, versteht sich. Durchschnittlich benötigt eine Karte 3–5 Wochen bis nach Mitteleuropa. ⌚ Mo–Fr 8.30–13, 14.30–17.30 Uhr.

Tanken

Zwei Tankstellen liegen in der Av. Hotu Matu'a, die zum Flughafen führt. Man kann sie nicht verfehlen.

Wäschereien

Einige Unterkünfte haben einen Wäscheservice, der ein kleines Loch in die Reisekasse reißt. Günstiger kommt man im Waschsalon in der Av. Pont weg:

NAHVERKEHR

Selbst in Hanga Roa sieht man häufig Leute reiten – das Pferd ist für die Einheimischen neben dem Motorrad das Haupttransportmittel. Taxis sind auch nachts immer verfügbar und über die Unterkunft reservierbar. Öffentliche Nahverkehrsmittel gibt es grundsätzlich keine auf der Insel. Dafür ist Trampen weit verbreitet.

TRANSPORT

LATAM, Av. Atamu Tekena, Ecke Av. Pont s/n, 💻 www.latam.com. ⌚ Mo–Fr 9–16 Uhr.

Entlang der Westküste mit Abstechern ins Inselinnere

Die Strandpromenade von Hanga Roa, die Policarpo Toro, ist nur bis zum **Ahu Tahai** befahrbar. Kurz davor befindet sich der Friedhof mit dem Grab des Paters Sebastian Englert (S. 459). Auf dem Weg nach Norden (10 Min. zu Fuß) erscheint der erste Ahu, **Vai Uri** genannt, dessen fünf kleinere Moai 1968 unter dem amerikanischen Archäologen Wiliam Mulloy errichtet wurden. **Tahai** selbst hat den einzigen Moai mit Augen. Im darauffolgenden **Ahu Ko Te Riku** gibt es zwei Ahu mit je einem Moai. Ein Pfad führt hinauf zum archäologischen Museum Sebastian Englert und weiter an der felsigen Küste entlang zum **Ahu Akapu** mit einem stehenden Moai.

Drei Kilometer nördlich von Tahai sieht man eine Felsinsel namens **Motu Tautara**. Wenn man weiterwandert oder sein Fahrrad schiebt, gelangt man zu der wunderschönen Zweifensterhöhle **Ana Kakenga**, von der man besonders zum Sonnenuntergang einen sagenhaften Ausblick zum Meer hat. Sie wurde früher von den Ureinwohnern als Wohnhöhle benutzt und die Rapa Nui haben sich hier 1862/63 vor den Sklaventreibern versteckt. Der Eingang ist etwas eng und auch festes Schuhwerk ist empfehlenswert, da es rutschig sein kann! Man kann sich nicht verlaufen, allerdings sollte man für den Ausstieg aus der Höhle und den Rückweg eine Taschenlampe dabeihaben.

Nächster Ahu ist der **Ahu Tepeu**, ohne Moai, am Ende des Wegs. Ab hier kann man ca. 10 km querfeldein weiterwandern bis zum Strand Anakena (S. 479). Unterwegs sind noch ein paar Petroglyphen zu sehen (Omohi und Ana Hanga Heu).

Vom Ahu Tepeu gibt es eine Abzweigung zur lohnenden und wohl bekanntesten Touristenhöhle **Ana Te Pahu** bzw. **Bananenhöhle**. Nach Regenfällen muss man eventuell durch knöcheltiefes Wasser waten, um den Lavatunnel zu einem unterirdischen Baum zu durchqueren. Den Namen erhielt die Höhle aufgrund von im kollabierten Eingangsbereich angepflanzten Bananenstauden, die mittlerweile eine beträchtliche Höhe erreicht haben. Mit Glück kann man sich also direkt vom Baum stärken. Auch hier empfiehlt sich die Mitnahme einer Taschenlampe!

Von dort geht es weiter Richtung Inselinneres, zum mysteriösen **Ahu Akivi**, dessen sieben Moai landeinwärts schauen. Vom Ahu kann man weiter gehen oder trampen. Es kommt der kleine Vulkan **Puna Pau**, dessen rotes Tuffgestein für die ersten Moai und ab dem 12.–13. Jh. für die Haarschöpfe der Moai genutzt wurde. Etwa 60 wurden von hier entnommen, 25 liegen halb fertig herum, einige haben noch Petroglyphen.

Ersatzbatterien für die Taschenlampe und/oder Powerbank fürs Handy nicht vergessen.

Die Südwestküste

Südlich von Hanga Roa befinden sich einige der eindrucksvollsten Sehenswürdigkeiten. Sie können auch noch zu Fuß über den **Wanderweg Te Ara o Rapa Nui** erreicht werden. Hier eine Zusammenfassung des etwa 6 km langen Wanderwegs, der von Hanga Roa bis zum Ritualdorf Orongo führt und 270 m Höhenunterschied überwindet: Ab der Caleta Hanga Roa geht es die Strandpromenade (Policarpo Toro) entlang bis zum **Ahu Tautira**, dessen Moai schon 1774 von

Der Rapa-Nui-Konflikt: Das ist unsere Insel!

An der Atamu Tekena in Hanga Roa stehen ein paar Banner, die Forderungen der Rapa Nui ausdrücken. Das Haus dahinter wird vom sogenannten Parlament Rapa Nui genutzt. Der Unwillen der Bevölkerung entlud sich in friedlichen **Besetzungen des Flughafens**, zuletzt im August 2009. 70 Personen besetzten die Landebahn und provozierten Flugausfälle sowie -verspätungen. Was war passiert? Viele Insulaner waren sich einig darüber, dass die Insel „überbevölkert" sei, obwohl eine Studie besagt, dass dort 10 000 Menschen leben könnten, und die Bevölkerungsdichte zehnmal geringer ist als in Mitteleuropa. Der Protest richtete sich gegen die „Kontis", die **Kontinentalchilenen**, die in wachsender Zahl zum Arbeiten auf die Insel kommen. Die Kontis seien an einer Zunahme der Kriminalität schuld, was aber von der Polizei dementiert wurde. Es komme zu Wasser- und Stromknappheit, besonders zur Hochsaison, wenn sich auf der Osterinsel auch noch hunderte Touristen aufhalten. Auch das Müllproblem sei ungelöst, die Müllhalde unzureichend. Einige forderten eine Vergasungsanlage (zur Abfallverbrennung ohne Sauerstoff – eine Methode zur alternativen Energiegewinnung), neben Mülltrennung und Transport der Wertstoffe mit den Versorgungsschiffen zum Kontinent. Verbesserungen wurden auch für die Schule und die Infrastruktur des Hospitals gefordert.

Richtig ist, dass die **Infrastruktur** auf der Insel am Rande der Belastung ist und ausgebaut werden muss. Hinter dem Konflikt stehen aber auch Überfremdungsängste gepaart mit neu erwachtem Stolz und Neid: Die Kontis werden, da sie für geringeren Lohn arbeiten, gerne beschäftigt, während die Rapa Nui ohne eigenen Familienbetrieb leer ausgehen. Dabei beschäftigen mitunter selbst die Protestanhänger Kontinentalchilenen. Die Widersprüche gehen weiter: Ein Teil der Bevölkerung belächelt die Proteste, andere sind der Auffassung, dass dahinter ein Macht- und Generationenwechsel stehe.

Die Regierung schickte den Innenminister, um die **Verhandlungen** zu leiten. Daraufhin ist eine Art Immigrationskarte für die Inselbesucher erfunden worden, die den Besuch auf eine bestimmte Zeit beschränken und die Ansiedlung auf der Insel verhindern sollte. Einen Monat später wurde diese Maßnahme, wie vorher abzusehen war, vom Corte Suprema, dem Obersten Gerichtshof, als verfassungswidrig abgelehnt. Begründung: Innerhalb des Staatsgebietes haben alle Chilenen Siedlungsfreiheit. Um die Verfassung zu ändern und die Osterinsel und den Juan-Fernández-Archipel als sogenanntes Territorio Especial zu behandeln, hatte die Regierung im Jahr 2009 eine Befragung für die Ureinwohner vorbereitet. 2012 wurde die Osterinsel in der chilenischen Verfassung dann als Territorio Especial verankert. Dies wiederum erlaubt nun besondere Aufenthaltsbestimmungen und ist ein wichtiges Signal der Anerkennung der Bedürfnisse der Rapa Nui.

Um die besorgten Rapa Nui besser zu verstehen, sollte man einen Blick auf die Zahlen der letzten zehn Jahre werfen: Seit 2012 ist es nämlich so, dass mehr Kontinentalchilenen als Rapa Nui auf der Insel wohnen. Noch deutlicher sieht man die Veränderungen in der Bevölkerungsstruktur auf der Insel, wenn man die Zunahme in Prozent betrachtet: Die Zahl der Kontinentalchilenen nahm um mehr als 50 % zu – was kleinere Auseinandersetzungen im täglichen Leben nachvollziehbarer macht, wenn aus Sicht der Rapa Nui sich die „Kontis" nur am Tourismus bereichern wollen.

Cook beschrieben, aber zwischen 1806 und 1815 umgestürzt wurden. Die Steine dieses Ahu wurden von den ersten Missionaren zum Bau der Kirche und der Häuser der Konvertiten benutzt. Ab 1932 dienten weitere Steine für den Bau des Bootsanlegers. 1979 wurde der Ahu restauriert.

Der nächste Ahu heißt **Ahu Apina**. Über die gleichnamige Straße kommt man zum Gebäude der Marine, in deren Garten ein fotogener Wegweiser die Distanzen zum Rest der Welt anzeigt. An der Punta Roa befinden sich ein paar Felsen, zwischen denen die Insulaner häufig fischen. Ein Anleger für Fischerboote, **Hanga Piko**, genannt, wurde ursprünglich von den Schafzüchtern gebaut und hat einen kleinen Ahu, Riata genannt, der einen 1998 wiedererrichteten Moai zeigt. Nahebei ist eine Höhle, **Ana Kororupa**,in der sich viele Menschenknochen fanden.

Nach der Landepiste kommt an der Küste die Höhle **Ana Kai Tangata**, deren Deckenwände mit Felsmalereien von Seevögeln überraschen. Es handelt sich um die Höhle, in der der Sieger des Vogelmann-Wettkampfs auf den Häuptlingsmarsch Te Ara o Te Ao vorbereitet wurde; danach kam der Aufstieg mit dem Stab Ao in der Hand zur Stadt Orongo. Weiter geht es zum letzten Ahu, **Rei Inge Peta**, bevor der Pfad zu den Gebäuden der **Parkverwaltung CONAF** führt. CONAF hat zwei Dutzend Manavai (Tiefbeete) angelegt und zeigt einheimische Pflanzen (u. a. den Toromiro-Baum). Der Weg führt weiter aufwärts durch einen Eukalyptushain, der sich dann auf der Flanke des Vulkans **Rano Kau** zu Grasland öffnet.

Von hier bietet sich eine wunderbare Aussicht aufs Dorf Hanga Roa und die Küste. Nach etwa einer halben Stunde kommt man zum **Aussichtspunkt** am 270 m hohen Kraterrand, gleichzeitig Kreuzungspunkt mit der herauffführenden Straße. Ein paar Petroglyphen auf Steinen zeigen, dass bald das Dorf Orongo erreicht ist. Der enorme Krater mit seinem 1,6 km messenden Durchmesser wurde in der Frühzeit landwirtschaftlich genutzt. Seine Fruchtbarkeit und sein Süßwasservorrat zogen Menschen an, sodass einschließlich des Orongo-Zeremonialdorfs etwa 500 Häuser im Kraterbereich gefunden wurden.

17 HIGHLIGHT

Orongo

Nach dem Aussichtspunkt kommt die Kontrolle von CONAF, das eine Inselkarte als Informationsmaterial vergibt. Das Dorf **Orongo** stammt aus dem 16. Jh., als bei wachsender Bevölkerung und sinkendem Baumbestand der Schöpfergott Make-Make und die Kriegerkaste an Einfluss gewannen. Zur gleichen Zeit kam es zu Konflikten auf der Insel, es gab Hunger und kam zu Kannibalismus. Vor diesem Hintergrund war der Vogelmann-Kult eine zivilisierte Form der Auseinandersetzung und der Bestimmung des Machthabers. Davon erzählen auch die vielen **Petroglyphen** im Dorf: Vogelmann, Vögel, Masken (Make-Make) und Vulvas als Fruchtbarkeitssymbol.

Der Amerikaner Wiliam Mulloy hat etwa 50 Häuser restauriert, die auffällig flach sind und Grasdächer haben. Gegenüber der Felsküste liegen nach Süden die drei Motus Kau Kau, Iti und Nui, von denen Nui die Seevogelpopulationen aufnahm, deren Eier von den Insulanern geholt wurden. Um die Petroglyphen Vai Atare zu sehen, die am Ostrand des Kraters liegen, sollte man sich besser einen lokalen Führer nehmen (vorher bei CONAF fragen, ob der Weg geöffnet ist). Am Südrand gibt es einen steilen Pfad, der vom Krater zur Küste führt (nach Kari Kari).

Die Ostküste

Vom Dorf Hanga Roa aus führt die Straße Hotu Matua am Flughafen entlang zur Ostküste. Kurz davor ist ein kleiner Vulkan, der **Maunga Orito** genannt wird. Er war für das Vorkommen von Obsidian bekannt, aus dem Speerspitzen und Werkzeuge hergestellt wurden. Am Ende der Landebahn nach rechts abbiegend (hinter den Kerosintanks) kommt man zum **Ahu Vinapu**, wo man die mannsgroßen Steinblöcke bewundern kann, die perfekt zusammenpassen. Thor Heyerdahl hatte daher Parallelen zu südamerikanischer Steinmetzkunst gezogen (Tiwanaku, Inka), sich aber geirrt. Weiter nach Norden

Die magnetischen Steine von Te Pito Kura

führt die Piste entlang verschiedener Ahu, die meist in keinem guten Zustand sind (Ahu Vaihu, Akahanga). Beim **Ahu Hanga Tetenga** liegen ein paar Moai auf dem Gelände verstreut, wovon einer wahrscheinlich der größte ist, der je transportiert wurde.

18 HIGHLIGHT

Ranu Raraku und Ahu Tongariki

Nach links führt der Weg zur wohl eindrucksvollsten Sehenswürdigkeit: dem Moai-Steinbruch **Rano Raraku**. Genau wie zum Orongo ist der Eintritt nur einmal im 10-Tages-Ticket enthalten! Im Umfeld liegen einige Dutzend Statuen; am Kraterrand gibt es um die 50 Moai in verschiedenen Stufen der Bearbeitung, im Krater selbst noch mal 40. Insgesamt wird die Zahl mit rund 300 angegeben. CONAF hat eine Station, an der man Information, öffentliche Toiletten und einen kleinen Kiosk findet.

Es gibt zwei Wege vom Parkplatz aus, die jeweils eine Stunde in Anspruch nehmen können. Ein Pfad führt zum Kraterrand, der andere in den Krater. Vom Rand aus kann man den **Camino de los Moai** sehen, eine Furche, die sich zur Küste zieht. Außerdem sieht man von oben den **Ahu Tongariki**: 15 Moai stehen dort aufgerichtet. Bei einem Erdbeben 1960 wurden alle von der folgenden Flutwelle umgestürzt und der Ahu zerstört. Die japanische Regierung unterstützte in den 1990er-Jahren die Restaurierung (Tipp: Foto zum Sonnenaufgang!).

Weiter nach Norden kommt die **Poike-Halbinsel**, die der Legende nach die letzte Zuflucht der Langohren war (s. Kasten S. 479). Sie sollen einen Graben ausgehoben haben, den sogenannten Iko-Graben, was allerdings von Archäologen bestritten wird. Es gibt hier keine ausgewiesenen Wanderwege, sodass eine geführte Tour sehr zu empfehlen ist! Man findet Höhlen mit Inschriften und kann die einzigartige Natur und Ruhe in Einsamkeit genießen. Informationen dazu erhält man bei der Touristeninformation oder bei Pablo von Easybici (S. 472). Die Straße führt sowieso an den mysteriösen östlichen Landzungen von Rapa Nui vorbei Richtung Nordwesten.

Lang- und Kurzohren

Eine gern erzählte Legende ist jene von dem Konflikt zwischen den sogenannten Kurz- und Langohren: Die **Langohren** (Hanau Epe) sollen die Herrscherklasse gewesen sein; ihr Markenzeichen waren die durchbohrten und verlängerten Ohrläppchen. Demnach waren die **Kurzohren** (Hanau Mimoko) eine Art Unterschicht, wenn nicht sogar Sklaven. In einigen Überlieferungen wird berichtet, dass der mythische **König Hotu Matua**, der im 13. Jh. mit einigen Booten die Insel besiedelt habe, der Urvater der Langohren gewesen sei.

Den Erzählungen nach kam es am Ende des 17. Jhs. zu einem Aufstand der unterdrückten Kurzohren, wobei sich die Langohren auf der nördlichen Poike-Halbinsel verschanzt hätten. Sie sollen versucht haben, dem Aufstand mit einem eigens angelegten Graben zu entgehen. Mehr noch, sie sollen den Graben mit Feuerholz gefüllt haben, obwohl die Insel wohl schon zu dieser Zeit nicht mehr viele Bäume hatte.

Der Legende nach sind die Kurzohren durch Verrat aber doch auf die Poike-Halbinsel vorgedrungen, haben die Langohren in ihre eigene Grabenfalle geworfen und so praktisch alle Langohren getötet. Nur drei hätten überlebt, und seien dann als Sklaven gehalten worden. Die Moai seien anschließend von den Kurzohren umgestürzt worden.

Thor Heyerdahl reichten diese Legenden, um seine Besiedlungstheorie von Südamerika aus zu untermauern: Hatten doch die Inka und verwandte Stämme auch durchbohrte Ohrläppchen. Obwohl die Geschichte von Kevin Costner in seinem Film über die Insel gut in Szene gesetzt wurde, ist sie nicht bewiesen.

Die Nordküste

Der Straße von der Ostküste folgend, kann man eine Rundtour komplett machen, deren Länge ca. 50 km von und bis Hanga Roa beträgt. Auf der Nordseite der Insel befinden sich einige Petroglyphen, **Papa Vaka** genannt. Auf den flachen Steinen sind die Felsritzungen gut sichtbar, Hinweistafeln helfen beim Entschlüsseln. Beinahe gegenüber liegt der **Ahu Ra'ai**, wo es weitere Petroglyphen gibt. Nach einer Kurve und einem kleinen Anstieg kommt der **Ahu Te Pito Kura**, der ohne Hinweisschild am linken, dem westlichen Ende einen etwa 4 m großen Steinkreis mit Eingang aufweist. In der Mitte liegt ein 60 cm großer, runder Stein, der als der Nabel der Welt verehrt wurde. Der Legende nach soll der polynesische König Hotu Matua den Stein hierhergebracht haben. Der Ahu ist auch bekannt für den 10-Meter-Riesen, Moai Paro genannt, der umgestürzt neben seinem Haarschopf liegt.

Weiter westlich kommen die Strände von **Ovahe** und der weiße Strand von **Anakena**, wo sich eine dritte CONAF-Station befindet. Ein Palmenhain ist in den 1960er-Jahren angepflanzt worden und verleiht dem Strand mit seinem weißen Sand und den Moai des Ahu Nau Nau ein besonderes Flair. Man sollte früh hier sein, um die Ruhe und die Stimmung zu genießen. Sieben Moai stehen auf dem **Ahu Nau Nau**, daneben gibt es auf einem Hügel den **Ahu Ature Huki**, dessen Moai von Thor Heyerdahl und Insulanern errichtet wurde. Der Strand von Ovahe ist weniger besucht und hat in den Klippen oberhalb ein paar Höhlen. Baden ist in Ovahe verboten und es besteht Abbruchgefahr. Insgesamt sind die Strände ausgezeichnete Orte zum Entspannen und Picknicken. In Anakena gibt es kleine Buden, die inseltypische Gerichte und Erfrischungsgetränke verkaufen.

€ Unmittelbar hinter dem Strand findet man einen sehr einfachen Campingplatz, um den sich der Parkwächter der CONAF kümmert. Es ist auch denkbar, von Hanga Roa nach Anakena an der Küste entlangzuwandern, wofür rund sechs Stunden zu veranschlagen sind. Allerdings muss man wissen, dass die Wege nicht ausgeschildert sind. Die asphaltierte Straße führt südlich zurück nach Hanga Roa. Man fährt dabei durch einen fremd wirkenden Eukalyptus-Wald.

Anhang

Sprachführer

Chilenisches Spanisch oder besser: Castellano gilt nicht gerade als leicht verständlich. Bei der Aussprache verschlucken die Chilenen Endungen (besonders das „s"), und es gibt eine Reihe von Wörtern, die Südamerikaner in den Nachbarländern nicht verstehen. Wer ein Praktikum machen möchte, sollte es eventuell mit einem Crash-Kurs versuchen, am besten in Santiago.

ANHANG

Sprachführer Spanisch

Aussprache

Aussprache der Vokale wie im Deutschen.

c vor **e**, **i** mit stimmlosem „s" wie in Bus: *centro, cinco*; vor **a**, **o**, **u** wie „k" in Kind: *cola, casa*
ch stimmlos wie in Qua**tsch**: *cheque, cucaracha*
g vor **a**, **o**, **u**, wie deutsches „g" in Gans: *ganso, golpe, gusano*;
vor **e**, **i** wie deutsches „ch" in Fach: *genio, gigante*
gu wie „g", vor **a** wird das **u** ausgesprochen: *Guardia.*
h ist immer stumm
j wie „ch" in Fach: *junta, Japón*
ll Einheitslaut von „l" und „j" wie in Familie: *llamada, pollo*
n am Wortende wie „n" in Mann: *solución, revolución*
ñ wird „nj" gesprochen wie in Cham-pa**gn**er: *campaña, mañana*
qu vor den Vokalen **e** und **i** wird **qu** wie in **K**eil (ohne „u") ausgesprochen: *quema, quien*, ansonsten wie im Deutschen
r gerolltes Zungenspitzen-r: *tigre, tragar*
rr gerolltes r wie in Knarre: *carro, perro*
s besonders zwischen den Vokalen scharf wie in „besser": *grasa*; weiche Aussprache wie in Sonne vor den Konsonanten **b**, **d**, **g**, **l**, **m**, **n**, **r** und **v**: *asma, osmosis*
ü wird nach **g** wie u ausgesprochen: *cigüeña*
v wie ein schwaches „b": *vaya, venado*
x vor Vokalen meist wie „gs": *exacto*; vor Konsonanten meist wie scharfes „s": *experto*
y am Wortende wie „i": *hay*; sonst wie „j": *coyote*
z stimmloses „s" wie „ß": *Plaza.*

Betonung

- Im Spanischen wird die vorletzte Silbe betont, wenn das Wort auf einen **Vokal** sowie auf **n** oder **s** endet: *vaso, joven, mayas*
- Alle anderen mehrsilbigen Wörter werden auf der letzten Silbe betont: *cantar, comer*
- .Ein **Akzent** kennzeichnet die zu betonende Silbe aller Ausnahmen der beiden o. g. Regeln: *día, revolución.*
- Zur Unterscheidung von gleichen Wörtern werden einige Wörter mit Akzent geschrieben: *está (er, sie ist) – esta (diese), sí (ja) – si (wenn), tú (du) – tu (dein).*
  Fragewörter schreibt man mit Akzent: *quíen? cuándo? cómo?*

Satzzeichen

Frage- und Ausrufesätze werden im Spanischen mit einem umgekehrten Frage- bzw. Ausrufezeichen begonnen: *¿Dónde estás?*

Rechtschreibung

Im Spanischen werden grundsätzlich alle Wörter klein geschrieben. Ausnahmen: Der Satzanfang, Eigennamen und Titel, Namen von öffentlichen Gebäuden, Plätzen etc. Außerdem Bezeichnungen für Gott und verwandte Begriffe sowie Haupt- und Eigenschaftswörter in Überschriften und Buchtiteln.

Besonderheiten

In Lateinamerika wird die 2. Person Plural (ihr, euch) – im spanischen Spanisch: *vosotros, voz* – nicht verwendet. Stattdessen benutzt man die 3. Person Plural *(ustedes)*.

Das Allerwichtigste

sí/no	**ja/nein**
por favor/gracias	**bitte/danke**
Perdón.	**Verzeihung**
Disculpe.	**Entschuldigen Sie bitte!**
(Con) permiso!	**Darf ich?**
Lo siento.	**Tut mir leid.**
Bienvenido (zu einer weibl. Person: *bienvenida*, zu mehreren: *bienvenidos*)	**Willkommen**
Hola	**Hallo**
Buenos días	**Guten Tag (bis mittags)**
Buenas tardes	**Guten Tag (bis zur Dunkelheit)**
Buenas noches	**Guten Abend**
Cómo está (s)/estaí (chil.)	**Wie geht es Ihnen / geht's?**
Que tal?/ Como va	**Wie geht es Ihnen / geht's?**
bien/muy bien	**gut/sehr gut**
regular/mal	**mäßig/schlecht**
Hasta luego.	**Bis später.**
Hasta mañana.	**Bis morgen.**
Hasta la próxima.	**Bis dann! Auf Wiedersehen.**
No hablo español.	**Ich spreche kein Spanisch.**
Me llamo …	**Ich heiße …**
Soy alemán/alemana	**Ich bin Deutscher, Deutsche**
… austriaco/a	**… Österreicher/in**
… suizo/a	**… Schweizer/in**
con/sin	**mit/ohne**
dónde	**wo**
cuándo	**wann**
hay/no hay	**es gibt/es gibt nicht**

Orientierung und Transport

Dónde está el terminal de buses?	**Wo ist der Busbahnhof?**
A qué distancia se encuentra el hotel?	**Wie weit ist das Hotel entfernt?**
Cuanto tarda hasta el mercado?	**Wie weit ist es bis zum Markt?**
a la izquierda/a la derecha/derecho (recto)	**links/rechts/ geradeaus**
El restaurante está a dos cuadras de aqui.	**Das Restaurant ist zwei Blocks von hier entfernt.**
Está lejos/cerca.	**Es ist weit/nah.**
a la vuelta/atrás	**um die Ecke/zurück**
aqui/allí	**hier/dort**
parada, paradero	**Haltestelle**
Quiero bajar.	**Ich möchte aussteigen.**
centro	**Stadtzentrum**
piso	**Stockwerk**
edificio	**Gebäude**
semáforo	**Ampel**
cruce	**Kreuzung**
abierto/cerrado	**geöffnet/geschlossen**
calle	**Straße**
avenida	**(Pracht-)Straße, Allee**

Im Hotel

Hay cuartos? Tiene habitaciones?	**Haben Sie ein Zimmer frei?**
habitación single	**Einzelzimmer**
habitación doble twin	**Doppelzimmer mit zwei Betten**
habitación doble con una cama matrimonial	**Doppelzimmer mit breitem Doppelbett**
con baño privado/ compartido	**mit Privatbad/ Gemeinschaftsbad**
Todo ocupado, todo lleno.	**Alles belegt, alles voll.**
Sí, hay espacio.	**Ja, es gibt noch Platz.**
... para una noche	**... für eine Nacht**
Cuanto cuesta por noche?	**Wie teuer ist die Übernachtung?**
Puedo ver la habitación?	**Kann ich das Zimmer sehen?**
Me podría mostrar otra habitación?	**Könnten Sie mir ein anderes Zimmer zeigen?**
La habitación no está lista.	**Das Zimmer ist noch nicht fertig**
El inodoro/la ducha no funciona.	**Die Toilette/die Dusche funktioniert nicht.**
No hay agua caliente.	**Es gibt kein warmes Wasser.**
Déme otra frazada (cobertor/manta), por favor.	**Geben Sie mir bitte noch eine Decke.**
No hay jabón.	**Es gibt keine Seife.**
Tiene otro rollo de papel higiénico para el baño?	**Haben Sie noch eine Rolle Toilettenpapier?**
Mayúsculas/Minúsculas	**Großbuchstaben/ Kleinbuchstaben (für das WLAN-Passwort)**
jabón	**Seife**
toalla	**Handtuch**
factura	**Rechnung**

Im Restaurant

La carta, por favor.	**Die Speisekarte, bitte.**
Hay un menú del día?	**Gibt es ein Tagesgericht?**
Una mesa para dos personas, por favor.	**Einen Tisch für zwei Personen, bitte.**
Quiero tomar una cerveza.	**Ich möchte ein Bier trinken.**
No como carne.	**Ich esse kein Fleisch.**
Una porción de arroz solamente, por favor.	**Nur eine Portion Reis, bitte.**
Eso es todo?	**Ist das alles?**
Otro jugo de piña sin hielo, por favor.	**Noch einen Ananassaft ohne Eis, bitte.**
Hay postre?	**Gibt es Nachtisch?**
Dónde está el baño, por favor?	**Wo ist die Toilette, bitte?**
Salud!	**Prost!**
Buen provecho!	**Guten Appetit!**
La cuenta, por favor.	**Die Rechnung, bitte.**
propina (servicio)	**Trinkgeld**
cubiertos	**Besteck**
cuchillo	**Messer**
tenedor	**Gabel**
cuchara	**Löffel**

Beim Einkaufen

comprar/vender	**kaufen/verkaufen**
barato/caro	**billig/teuer**
Cuanto vale ...	**Wie viel kostet ...?**
Es demasiado caro.	**Das ist zu teuer.**
hecho a mano	**handgemacht**
calidad	**Qualität**
cantidad	**Menge**
cambiar	**tauschen, wechseln**
Puedo probar esta camisa?	**Kann ich dieses Hemd anprobieren?**

Polizei, Bank, Post, Telefon und Behörden

Me asaltaron.	**Man hat mich überfallen.**
Me han robado el dinero y el equipaje.	**Man hat mir mein Geld und mein Gepäck gestohlen.**

ANHANG

Perdí mi pasaporte.	**Ich habe meinen Reisepass verloren.**
Necesito una constancia para mi seguro.	**Ich brauche eine Bescheinigung für meine Versicherung.**
ladrón	**Dieb**
policía	**Polizei**
violación	**Vergewaltigung**
banco	**Bank**
dinero	**Geld**
(dinero en) efectivo	**Bargeld**
tasa de cambio	**Wechselkurs**
casa de cambio	**Wechselstube**
cuenta corriente	**Konto**
transferencia	**Überweisung**
ventanilla	**Schalter**
moneda	**Münze**
billete	**Schein**
correos	**Post**
carta/tarjeta postal	**Brief/Postkarte**
paquete	**Paket**
peso	**Gewicht**
estampilla/sello	**Briefmarke**
timbre/stampa	**Stempel**
llamada telefónica	**Telefonanruf**
llamada por cobro-revertido	**R-Gespräch**
crédito	**Guthaben (auf dem Handy)**
recargar	**(wieder) aufladen**
Cuánto cuesta una llamada de tres minutos a Suiza?	**Wie viel kostet ein dreiminütiger Anruf**
oficina	**Büro**
documento	**Dokument**
visa	**Visum**
pasaporte	**Reisepass**
cédula de identidad	**Personalausweis**
nombre/apellido	**Name/Nachname**
fecha de nacimiento	**Geburtsdatum**
firma	**Unterschrift**
embajada	**Botschaft**
fotos biométricas	**Biometrische Fotos**
horario de atención	**Öffnungszeiten**
denuncia	**Anzeige**

Beim Arzt

Me siento mal.	**Ich fühle mich schlecht.**
Tuve un accidente.	**Ich hatte einen Unfall.**
Aquí me duele mucho.	**Hier tut es mir sehr weh.**
Necesito un medicamento.	**Ich brauche ein Medikament.**
Necesito un médico (doctor).	**Ich brauche einen Arzt.**
Dónde está el hospital (la clinica)?	**Wo ist das Krankenhaus?**
Hay una clínica privada por aquí?	**Gibt es hier eine Privatklinik?**
Dónde hay una farmacia?	**Wo gibt es eine Apotheke?**
Necesito un informe médico para el seguro.	**Ich benötige eine ärztliche Bescheinigung für die Versicherung.**
fiebre, temperatura	**Fieber**
diarrea	**Durchfall**
dolor de cabeza	**Kopfschmerzen**
dolor de estómago	**Bauchschmerzen**
infección	**Infektion**
embarazo	**Schwangerschaft**
resfrio	**Erkältung, Schnupfen**
tos	**Husten**
vomitar	**sich übergeben**

Wandern in den Bergen

paso	**Bergpass**
aguas calientes	**heiße Quellen**
arrendar	**mieten**
altiplano	**Hochebene, Hochland der Anden**

arriero	**Maultiertreiber**
burro	**Esel**
saco de dormir	**Schlafsack**
bosque	**Wald**
botas	**feste Schuhe, auch: Gummistiefel**
caballo	**Pferd**
camino	**Weg**
carpa	**Zelt**
cartucho de gas	**Gaspatrone**
cascada, salto	**Wasserfall**
cerro	**Berg**
colina	**Hügel**
chacra	**Feld**
cordillera	**Bergkette (allg.), verweist aber meist auf die Anden**
colchoneta	**Isomatte**
cueva	**Höhle**
estufa a gas	**Gaskocher**
guía	**Führer**
laguna, lago	**See**
pueblo	**Dorf, Ortschaft**
montaña	**Berg**
mula	**Maultier**
nevado	**Berg mit Dauerschnee**
oasis	**Oase**
pampa	**Ebene**
portador	**Träger**
propina	**Trinkgeld**
río	**Fluss**
sierra	**Gebirge**
soroche	**Höhenkrankheit**
puna	**Name des argentinschen Teil des Altiplano**
valle	**Tal**
volcán	**Vulkan**

ANHANG

Ordnungszahlen

1. *primero*	**2.** *segundo*
3. *tercero*	**4.** *cuarto*
5. *quinto*	**6.** *sexto*
7. *séptimo*	**8.** *octavo*
9. *noveno*	**10.** *décimo*

Wochentage, Monate, Zeit, Datum

lunes	**Montag**
martes	**Dienstag**
miércoles	**Mittwoch**
jueves	**Donnerstag**
viernes	**Freitag**
sábado	**Samstag**
domingo	**Sonntag**

enero	**Januar**
febrero	**Februar**
marzo	**März**
abril	**April**
mayo	**Mai**
junio	**Juni**
julio	**Juli**
agosto	**August**
septiembre	**September**
octubre	**Oktober**
noviembre	**November**
diciembre	**Dezember**

Qué hora es?	**Wie spät ist es?**
Es la una.	**Es ist ein Uhr.**
Son las cuatro.	**Es ist vier Uhr.**
Son las tres y cuarto.	**Es ist viertel nach drei.**
Son las cinco y media.	**Es ist halb sechs.**
Son las seis menos cuarto.	**Es ist viertel vor sechs.**
hoy / mañana	**heute / morgen**
pasado mañana	**übermorgen**

Zahlen

1	**uno, una**	*30*	**treinta**
2	**dos**	*31*	**treintayuno**
3	**tres**	*40*	**cuarenta**
4	**cuatro**	*50*	**cincuenta**
5	**cinco**	*60*	**sesenta**
6	**seis**	*70*	**setenta**
7	**siete**	*80*	**ochenta**
8	**ocho**	*90*	**noventa**
9	**nueve**	*100*	**cien**
10	**diez**	*101*	**cientouno**
11	**once**	*200*	**doscientos**
12	**doce**	*300*	**trescientos**
13	**trece**	*400*	**cuatrocientos**
14	**catorce**	*500*	**quinientos**
15	**quince**	*600*	**seiscientos**
16	**dieciséis**	*700*	**setecientos**
17	**diecisiete**	*800*	**ochocientos**
18	**dieciocho**	*900*	**novecientos**
19	**diecinueve**	*1000*	**mil**
20	**veinte**	*1001*	**miluno**
21	**veintiuno**	*2000*	**dos mil**
22	**veintidos**	*10 000*	**diez mil**

ayer/anteayer	**gestern/vorgestern**
ahora/más tarde	**jetzt/später**
temprano/tarde	**früh/spät**
inmediato/al tiro	**sofort/gleich**
fecha	**Datum**
Que fecha tenemos hoy?	**Was für ein Datum haben wir heute?**

Kulinarisches Wörterbuch

Allgemeines

almuerzo	**Mittagessen**
bodega, viña	**Weingut**
botillería	**Schnapsladen**
carnicería	**Fleischerei**
cevichería	**Fisch- und Meeresfrüchterestaurant**
cena	**Abendessen**
shoppería	**einfache Kneipe**
comida	**Essen**
desayuno	**Frühstück**
entrada	**Vorspeise**
carta	**Speisekarte**
garzón, garzona	**Bedienung, Kellner(in)**
palta	**Avocado-Creme**
panadería	**Bäckerei**
peña	**Folklorekneipe**
plato principal	**Hauptgericht**

postre	**Nachtisch**
queso (de cabra)	**(Ziegen-)Käse**
restaurant campestre	**Landgasthaus**

Eiergerichte

huevos	**Eier**
huevos con jamón	**Eier mit Schinken**
huevos con tocino	**Eier mit Frühstücks-speck**
huevos duros	**hart gekochte Eier**
huevos fritos	**Spiegeleier**
huevos revueltos	**Rühreier**
huevo a la copa	**weiches Ei**
tortilla (de huevo)	**Omelett**

Fisch / Meeresfrüchte (Pescados, Mariscos)

albacorilla	**Haifisch**
albacora	**Schwertfisch**
almeja	**Venusmuschel**
anchoas	**Sardellen**
anguila	**Aal**
atún	**Thunfisch**
calamares	**Tintenfisch**
camarones	**Garnelen**
camarones de río	**Flusskrebse**
centolla	**Königskrabbe**
choro (mejillones)	**Miesmuscheln**
concha	**Venusmuschel**
congrio	**Meeraal**
corvina	**Adlerfisch**
erizo	**Seeigel**
gambas	**Krabben**
jaiva	**Taschenkrebs**
langosta	**Languste**
lenguado	**Seezunge**
loco	**Abalone, Seeohr**
macha	**Klaffmuschel**
merluza	**Hechtdorsch**
ostra	**Auster**
ostión	**Jakobsmuschel**
paila marina	**Fischsuppe**
pejerrey	**Königsfisch**
pulpo	**Tintenfisch**
reineta	**Brachsenmakrele**
róbalo	**Wolfsbarsch**
salmón	**Lachs**
trucha	**Forelle**

Fleisch (Carnes)

anticuchos	**Fleischspieße vom Grill**
cabra	**Ziege**
carne	**Fleisch**
carne de res	**Rindfleisch**
carne molida, picada	**Hackfleisch**
charquí	**Dörrfleisch**
cerdo, chancho	**Schwein**
chorizo	**scharfe Wurst**
chuleta	**Kotelett**
churrasco	**Steakbrötchen**
ciervo	**Hirsch**
completo	**Hot Dog**
conejo	**Kaninchen**
cordero	**Lammfleisch**
costilla	**(Schweine)-Rippchen**
ganso	**Gans**
higado	**Leber**
jabalí	**Wildschwein**
jamón	**Schinken**
lengua	**Zunge**
lomo	**Steak**
lomito	**Geschnetzeltes vom Schwein**
milanesa	**Schnitzel**
pato	**Ente**
pavo	**Truthahn**
pechuga de pollo	**Hähnchenbrust**
pollo	**Hähnchen**

pollo a la brasa	**Grillhähnchen**
res	**Rindfleisch**
riñon	**Niere**
salchicha	**Würstchen**
ternera	**Kalb**

Gemüse (Verduras)

aceituna	**Olive**
alcachofa	**Artischocke**
apio	**Sellerie**
arveja	**Erbse**
betarraga	**Rote Bete**
callampa	**Pilzart**
cebolla	**Zwiebel**
champiñon	**Champignon**
choclo	**gekochter Maiskolben**
chuño	**gefriergetrocknete Kartoffeln**
coliflor	**Blumenkohl**
cebolla	**Zwiebel**
col/repollo	**Kohl**
col de Bruselas	**Rosenkohl**
elote	**Maiskolben**
ensalada	**Salat**
frijoles	**schwarze Bohnen**
garbanzo	**Kichererbse**
guisantes	**Erbsen**
haba	**Saubohne (wird u. a. auch geröstet verzehrt)**
hongos	**Pilze**
lechuga	**Kopfsalat**
lentejas	**Linsen**
maíz	**Mais**
palta	**Avocado**
palmitos	**Palmherzen**
papa	**Kartoffel**
papa morada	**lila-farbene Süßkartoffel**
papas fritas	**Pommes frites**
pepino	**Gurke**
pimentón	**Paprika**
porotos verdes	**grüne Bohnen**
quínoa	**Getreide, hirseartige Samen der Quinoa-Pflanze**
rábano	**Radieschen**
repollo	**Weißkohl**
tomate	**Tomate**
yuca	**Maniok**
zanahoria	**Möhre**
zapallo	**Kürbis**

Getränke (Bebidas)

agua	**Wasser**
agua mineral (con gas)	**Mineralwasser (mit Kohlensäure)**
aguardiente	**Schnaps**
leche con …	**Milchshake mit … (Frucht)**
café con leche	**Milch mit Nescafé**
café negro	**schwarzer Kaffee**
cerveza	**Bier**
(s)chopp	**gezapftes Bier**
chicha	**lokal gebrauter Alkohol aus vergärten Früchten; im Süden aus Äpfeln, im Norden aus Mais oder Johannisbrot**
chocolate caliente	**heißer Kakao (meist mit Wasser zubereitet)**
cortado	**Espresso mit etwas Milch**
Cuba libre	**Coca Cola mit Rum**
gaseosa, bebida	**Softdrink (Coca Cola, Pepsi etc.)**
hielo	**Eis(würfel)**
jugo	**Fruchtsaft**
leche	**Milch**

mojito	**Rum auf Eis und reichlich Pfefferminze**
mote con huesillo	**Erfrischungsgetränk aus gekochtem Weizen und Aprikose**
muday	**Saft aus Weizen und Obst, auch vergoren (Mapuche)**
pisco	**Trauben**
pisco sour	**chilenisches Nationalgetränk aus Pisco, Eiweiß und Limettensaft**
ron	**Rum**
chop/schop	**Bier vom Fass**
té de hierbas /aguita de hierba/infusión	**Tee/Kräutertee**
vino (tinto, blanco)	**Wein (rot, weiß)**

Gewürze, Kräuter, Essig, Öl

aceite	**Öl**
ají	**Chili (scharf)**
ajo	**Knoblauch**
albahaca	**Basilikum**
canela	**Zimt**
cilantro	**Koriander**
menta	**Pefferminze**
manzanilla	**Kamille**
perejil	**Petersilie**
pimienta	**Pfeffer**
pimienta española	**Paprikagewürz**
pimienta gorda	**Nelkenpfeffer**
sal	**Salz**
vinagre	**Essig**

Nachtisch / Süßigkeiten / Backwaren

alfajor	**Keks mit Manjar-Füllung**
arroz con leche	**Milchreis**
azúcar	**Zucker**
chicle	**Kaugummi**
chumbeque	**Butterkekse mit Marmeladen gefüllt, von chinesischen Einwanderern in Iquique verbreitet**
churros	**Schmalzkringel**
ensalada de frutas	**Obstsalat**
flan	**Pudding**
harina	**Mehl**
helado, cassata	**Speiseeis**
humitas	**süße Teilchen aus gekochtem Mais**
galletas	**Kekse**
leche asada	**Pudding aus Milch und Eiern**
manjar	**süße Krem aus eingedickter, karamellisierter Milch**
mantequilla	**Butter**
mermelada	**Marmelade**
miel	**Honig**
mil hojas	**Blätterteig**
pan (integral)	**(Vollkorn-)Brot**
pan de Pascua	**zu Weihnachten erhältliches Früchtebrot**
panqueque	**Pfannkuchen**
pastel	**Kuchen**
pie de manzana	**Apfelkuchen**
sopaipilla	**frittiertes Hefegebäck, muss nicht süß sein, isst man auch zum Grillfleisch**
tartaleta de manzana	**Apfeltörtchen**
torta	**Torte**

Obst (Frutas)

cacao, chocolate	**Kakao**
cereza	**Kirsche**
chirimoya	**Annone, Ochsenherzfrucht oder einfach Cherimoya**
ciruela	**Pflaume**

ANHANG

coco	**Kokosnuss**
durazno	**Pfirsich**
frambuesa	**Himbeere**
frutilla	**Erdbeere**
granadilla	**Passionsfrucht**
guayaba	**Guave**
higo	**Feige**
limón	**Limette**
lúcuma	**Frucht aus der Familie der Sapotengewächse**
mango	**Mango**
manzana	**Apfel**
melón	**Honigmelone**
membrillo	**Quitte**
mora	**Brombeere**
naranja	**Orange**
níspero	**Mispelfrucht**
papaya	**Papaya**
pera	**Birne**
piña	**Ananas**
plátano	**Banane**
sandía	**Wassermelone**
tuna	**Kaktusfrucht**
uva	**Weintraube**

Zubereitung

a la jardinera	**mit Gemüsefüllung**
a la reyna	**mit Hähnchenfüllung**
a la marinera	**mit Meeresfrüchtesoße**
al ajillo	**in Knoblauch gebraten**
al horno	**gebacken/aus dem Ofen**
al la carbón	**vom Holzkohlegrill**
a la parilla	**gegrillt**
a la plancha	**geröstet**
asado, frito	**gebraten**
bien cocido	**(Fleisch oder Lachs) gut durchgebraten**
medio	**halb, medium**
tres cuarto	**dreiviertel durch**
a la inglesa	**blutig**
cocido	**gekocht**
crudo	**roh**
empanizado	**paniert**
picante	**scharf**
rico, sabroso	**lecker, schmackhaft**
salado	**ge-, versalzen**

Zu chilenischen Spezialitäten s. S. 46.

Glossar

A

Adobe luftgetrockneter / ungebrannte Lehmziegel (arab. / span.)
Ají Chilepfeffer
Alameda Allee / Promenade (von *álamo*, Pappel)
Alpaka dem Lama verwandtes Kameltier, das Wolle liefert
Altiplano Andenhochebene im Norden des Landes, grenzt an Bolivien und Argentinien
Artesano/a Kunsthandwerker/in
Asado Braten oder Gegrilltes; auch Grillabend
Atacameños Indianer der Wüste des Nordens, die von Ackerbau und Lamazucht leben, die meisten sind assimiliert
Ayllo dörfliche indianische Gemeinde (der Atacameños)
Aymara Indianervolk der Zentralanden (etwa 2 Mio. in Bolivien), nur wenige leben in Chile (ca. 30 000); sie sprechen eine eigene Sprache (Aymara) und leben traditionell von Ackerbau und Lamazucht

B

Bahía Bucht
Balneario (Heil)bad, Badebecken im Freien
Barrio (bürgerliches) Stadtviertel, im Gegensatz zur *población*
Bencina Benzin
Bidón Kanister
Billete Geldschein, Banknote
Bodega Weinkeller
Bofedales Hochmoore, Feuchtgebiete im Altiplano (Anden)

C

Caballeros Herren (-Toilette)
Cabaña Bungalow, Ferienhütte
Cabildo Rathaus; der Rat, der dem kolonialen Statthalter zur Seite stand
Cacique Häuptling mancher Ureinwohnerstämme
Caleta kleiner Fischerort; Bucht
Cama Bett
Camanchaca Küstennnebel, der durch die Luftabkühlung über der Humboldt-Strömung verursacht wird
Campesino Landarbeiter, Bauer
Canelo heiliger Baum der Mapuche, der vor der *ruca* (Hütte) gepflanzt wurde; gehört zur Familie der Winteraceae
Capatáz Vorarbeiter, Verwalter auf einer Estancia, Hacienda (mit Festanstellung)
Chullpa Grabhaus oder Mausoleum, im Altiplano bei Arica zu sehen (S. 323)
Carabiñeros Polizei
Casa de Cambio Wechselstube
Cerro Hügel
Chilote Einwohner von Chiloé
Ciudad Stadt
Cocha artesischer Brunnen (See mit unterirdischem Zulauf)
Cocinería einfaches Stubenrestaurant, meist bei Märkten oder am Strand zu finden
CODELCO Corporación del Cobre, Chiles staatliches Kupferunternehmen
Coirón Büschel-Steppengras, kommt im Norden und in Patagonien sowie auf Feuerland vor
Colectivo Sammeltaxi, auch Bus, Microbus
Colihue Bambus
Comunidad Gemeinschaft, Gemeinde
CONAF Corporación Nacional Forestal, Nationale Forstbehörde, zuständig für die Verwaltung der Nationalparks
Conjunto histórico denkmalgeschütztes Gebäudeensemble
Conquista, Conquistador Eroberung Südamerikas durch meist aus Kastilien/Spanien stammende Eroberer ab 1492, Eroberer (Konquistador)
Copihue Nationalblume Chiles, eine Fuchsienart, kommt hauptsächlich in den südlichen Nebelwäldern vor
Cordillera Gebirge
Costanera Küstenstraße (auch am Fluss)
Criollo in Südamerika geborener Spanier
Cuadra Straßenblock
Cuesta Abhang, Schlucht

D/E

Desierto florido blühende Wüste
Empanada gefüllte Teigtasche
Estancia, auch *Hacienda*. Viehzuchtbetrieb

F

Feria Markt; meist bezogen auf Kunsthandwerk und Andenken
Feria Artesanal Kunsthandwerksmarkt
Fogón (Kamin-, Herd-) Feuer
Frontera Grenze; bezeichnete früher auch das Grenzgebiet zu den Siedlungsgebieten der Mapuche (heute spricht man stattdessen von *Araucanía)*
Fundación Stiftung

G

Gamba, una 100 Pesos
Garza Reiher, Ibis
Gasolina Benzin
Guanaco mit dem Lama verwandte Kamelart

H

Hospedaje preiswerte Unterkunft
Hostal günstiges Hotel
Hostería Pension
Huaso chilenischer Gaucho, Cowboy
Huemul vom Aussterben bedrohter Andenhirsch

I

IGM Instituto Geográfico Millitar
Intendencia Stadtverwaltung
IVA *(impuesto al valor agregado)* Mehrwertsteuer

L

Laguna See
Latifundista Großgrundbesitzer
Luca, una 1000 Pesos

M

Mapuche größtes Indianervolk Chiles, mit etwa 800 000 Angehörigen in Santiago und im Seengebiet; sprechen Mapudungún
Marisquería Restaurant für Meeresfrüchte und Fisch
Media Pensión Halbpension
Mestizo halb indianischer und halb spanischer Herkunft
Micro Minibus
Minifundista Kleinbauer
Mirador Aussichtspunkt
Moai Statue auf den Osterinseln
Monito del Monte *(Dromiciops gliroides)* „Bergäffchen"
Municipalidad Rathaus, Stadtverwaltung

N

Nevado Schneebedeckter Berg
Ñirre, Lenga, Roble, Raulí Buchen/Südbuchen (bot. *Nothofagus*).

O/P

Oferta Angebot
Parada Bushaltestelle
Pensión completa Vollpension (VP)
Peon Knecht, Landarbeiter
Pingüíno Pinguin
Pirquinero Goldsucher oder auch Kupfer-Minenarbeiter, der auf eigene Faust arbeitet
Población Siedlung, im Gegensatz zum Barrio von Arbeitern bewohnt
Promoción (Sonder-)Angebot
Pucará (auch Pukara) präinkaische Festung

Q

Quechua Indianervolk auf dem Altiplano
Quila eine einheimische Bambusart

R

Rapa Nui „Nabel der Welt"; polynesischer Name für die Osterinsel, ebenso für die Insulaner und deren Sprache
Río Fluss
Rodoviario Busbahnhof
Ruca die Hausform der Mapuche: einzimmrig, oval, strohgedeckt
Ruta Fernstraße

S

Salar Salzsee mit fester Oberfläche, entsteht in Trockengebieten durch Verdunstung
Santiguino Bewohner der Hauptstadt Santiago
Sendero de Chile Wanderstrecken-Projekt durchs gesamte Land
SERNATUR *(servicio nacional de turismo)* staatliches Tourismusbüro
Sierra Gebirge
Soroche Berg- oder Höhenkrankheit
s/n *(sin numero)* Abkürzung für: ohne (Haus-)Nummer

T

Tambo Inka-Karawanserei und Verwaltungssitz
Terminal Busbahnhof
Trapiche Erzmühle

V

Vaqueano wildniserfahrener, geländekundiger Reiter, Viehtreiber
Vicuña mit dem Lama verwandtes, südamerikanisches Kleinkamel
Vizcachas mit den Chinchillas verwandte Nager
Volcán Vulkan

Z

Zona Franca Freihandelszone
Zona Peatonal Fußgängerzone

Reisemedizin zum Nachschlagen

Die medizinische Versorgung in Chile ist in den größeren Städten in der Regel mit dem in Europa zu vergleichen, auf dem Lande jedoch vielfach problematisch. Ein weltweit gültiger Krankenversicherungsschutz, der eine Reiserückholversicherung beinhaltet, wird dringend empfohlen. Der Patient hat für alle Kosten und Gebühren im Zusammenhang mit dem von ihm selbst erteilten Behandlungsauftrag vor Ort aufzukommen. Eine individuelle Beratung durch einen Tropen- bzw. Reisemediziner kann nicht schaden.

Zuverlässige Informationsquellen

World Health Organisation: 💻 www.who.int
Robert Koch-Institut, 💻 www.rki.de
Die zentrale Einrichtung der Bundesregierung auf dem Gebiet der Krankheitsüberwachung und -prävention.
Tropeninstitut, 💻 www.tropeninstitut.de
Auch das Tropeninstitut gibt es wertvolle Tipps.

Besonderheiten auf der Osterinsel

Eine gültige Impfung gegen Gelbfieber wird bei Einreise aus einem Gelbfiebergebiet auf die Osterinsel für alle Reisenden ab dem vollendeten ersten Lebensjahr gefordert. Die letzten Ausbrüche von **Denguefieber** (DENV1) wurden 2019 und 2020 registriert. Darüberhinaus wurde zum ersten Mal ein importierter Dengue DENV2-Fall auf der Insel bestätigt. Auch auf anderen Pazifischen Inseln wurde eine steigende Zahl von Dengue-Fällen registriert. Aktuelle Fälle des **Zika-Virus** wurden nicht gemeldet, er war auf der Osterinsel aber schon präsent. Die Meldung neuer Fälle kann sich verzögern.

Ansonsten sind die allgemeinen Gesundheitsvorschriften wie auf dem chilenischen Festland zu beachten. Giftige Tiere gibt es so gut wie keine und auch nur wenig Oberflächengewässer. An Sonnenschutz denken, denn es gibt wenig Schatten bei Outdoor-Aktivitäten.

Ratschläge für die Reiseapotheke

Kleinere Erkrankungen und Befindlichkeitsstörungen sollte man selbst behandelt können und Medikamente, die regelmäßig eingenommen werden, sollten in ausreichender Menge mitgeführt werden. Eine Bestätigung (am besten in englischer oder spanischer Sprache) der Notwendigkeit diese Medikamente mitführen zu müssen, kann sinnvoll sein. Zur Grundausstattung sollte ein Mittel gegen Insektenstiche, Fieber und Schmerzen sowie Durchfall gehören, Desinfektionsmittel, Pflaster und Verbandsmaterial sowie Sonnenschutzmittel.

Impfschutz

Es bestehen keine Impfvorschriften. Das Auswärtige Amt empfiehlt weiterhin, die Standardimpfungen gemäß aktuellem Impfkalender des Robert-Koch-Institutes für Kinder und Erwachsene anlässlich einer Reise zu überprüfen zu lassen. Dazu zählen für Erwachsene die Impfungen gegen Tetanus, Diphtherie, ggf. auch gegen Pertussis, Mumps, Masern Röteln (MMR), Pneumokokken und Influenza sowie Covid. Zudem werden Hepatitis A und bei Langzeitaufenthalten, Reisen mit besonderen Risiken und besonderer Exposition auch Hepatitis B und Tollwut empfohlen, ggf. auch Typhus.

Hinweise zum Impfschutz gibt es bei der Deutschen **Gesellschaft für Tropenmedizin und Globale Gesundheit,** 💻 www.dtg.org.

Algenblüte (Marea roja)

Es gibt regelmäßige Tests, mit deren Hilfe das Vorkommen von Toxinen in Muscheln bei Algenblüte schnell festgestellt wird. Der Verkauf und Vertrieb der Muscheln wird dann verboten. Die Symptome können von Durchfall, Übelkeit und

Erbrechen über Muskelkrämpfe bis zu Parästhesien und Lähmungen reichen. Wenn solche Symptome nach Verzehr von Muscheln auftreten, ist sofort ein Arzt aufzusuchen.

Chagas-Krankheit

Die Chagas-Krankheit ist eine unangenehme Langzeit-Infektion, die durch Wanzen übertragen wird und im Norden Chiles auftrat. Nach konsequenter Bekämpfung gilt Chile aber inzwischen als Chagas-frei. In den ländlichen Gegenden Perus und Boliviens ist die Krankheit weitaus häufiger. Reisende sind aber nur extrem selten betroffen.

Bei der **akuten Chagas-Krankheit** tritt im Bereich der Eintrittspforte ein Ödem auf, z. B. ein Lid-Ödem (Romana-Zeichen). Es entwickelt sich für einige Wochen ein fieberhaftes Krankheitsbild mit einer generalisierten Lymphknotenschwellung und einer leichten Leber- und Milzvergrößerung, gelegentlich auch mit Muskelschmerzen, Übelkeit, Anorexie oder Diarrhö.

Cholera

Die Cholera wird vom Bakterium *Vibrio cholerae* verursacht und durch direkten Kontakt mit infizierten Personen, deren Ausscheidungen oder durch verunreinigte Nahrungsmittel oder Wasser übertragen. Die Symptome – wässrige Durchfälle und Erbrechen – treten nach ein bis fünf Tagen auf und können schnell zur Dehydrierung führen. Wer erkrankt, muss umgehend zum Arzt und die verlorene Flüssigkeit und Elektrolyte ersetzen. Die Impfung gegen Cholera wird nicht mehr empfohlen.

Denguefieber

Nach starken Regenfällen in Bolivien und Argentinien, meist im Sommer, kann es zu gelegentlichen Fällen von Denguefieber in Chile kommen, die aus den Nachbarländern eingeschleppt werden (auch auf der **Osterinsel**, s. dort). Die Mücke ist tagaktiv, sodass man sich mit Spray und langärmeliger Kleidung dagegen schützen sollte.

Nach der Inkubationszeit von bis zu einer Woche kommt es zu plötzlichen Fieberanfällen, Kopf- und Muskelschmerzen. Nach 3–5 Tagen kann sich ein Hautausschlag über den ganzen Körper verbreiten. Bei Stufe 1 klingen die Krankheitssymptome nach 1–2 Wochen ab. Ein zweiter Anfall (Stufe 2) kann zu Komplikationen (inneren und äußeren Blutungen) führen. Wie bei der Malaria sind ein Moskitonetz und der Schutz durch lange Hosen, langärmelige Hemden und Insektenschutzmittel die beste Vorsorge. Zudem sollte man sich dort am frühen Morgen und nach Regenfällen, wenn die Mücken am häufigsten auftreten, möglichst nicht im Freien aufhalten.

Gegen Denguefieber gibt es seit Anfang 2023 eine Impfung, jedoch keine spezielle Behandlung. Schmerztabletten, Fieber senkende Mittel und Wadenwickel lindern die Symptome. Keinesfalls sollten ASS, Aspirin oder ein anderes acetylsalicylsäurehaltiges Medikament eingenommen werden, da diese einen lebensgefährlichen hämorrhagischen Verlauf herausfordern.

Ein einfacher Test kann Denguefieber bestätigen: 5 Minuten den Oberarm abbinden, öffnen und in der Armbeuge nachsehen – falls rote Flecken erscheinen, ist es zu 90 % Denguefieber.

Durchfallerkrankungen

Der Verzehr roher Fleisch-, Geflügel-, Fisch- bzw. Eier-Speisen sollte vermieden werden, dann gibt es für Chile-Reisende i. d. R. keine Durchfälle (Diarrhö), die durch Infektionen hervorgerufen werden. Verdorbene Lebensmittel, ungeschältes Obst, Salate, kalte Getränke oder Speiseeis können auch Verursacher sein. Da auch Mikroorganismen im Wasser durchschlagende Wirkung zeigen können, sollte man unbedingt nur abgefülltes Wasser trinken. Wer ganz sicher gehen will, verzichtet zudem auf zerstoßenes Stangeneis.

Eine Elektrolyt-Lösung (Elotrans bzw. für Kinder Oralpädon), die verlorene Flüssigkeit und Salze ergänzt, reicht bei den meist harmlosen

Elektrolyt-Lösung selbst mischen

Bevor man zu Mitteln aus der Apotheke (z. B. Elotrans) greift, kann man sich eine Elektrolyt-Lösung, die verlorene Flüssigkeit und Salze ergänzt, selbst herstellen. Man mische 1 l Wasser oder Fruchtsaft, 4 Teelöffel Zucker und 1/2 Teelöffel Salz.

Durchfällen völlig aus. Man kann sich selbst eine Lösung herstellen (s. Kasten). Zur Not, z. B. vor langen Fahrten, kann auf Imodium, das die Darmtätigkeit ruhigstellt, zurückgegriffen werden (bei der Dosierung auf den Beipackzettel achten, da die Ausscheidung von Krankheitserregern verzögert wird!). Wer Durchfälle mit Fenchel, Kamille und anderen uns bekannten Kräutertees lindern möchte, sollte sich einen Vorrat mitnehmen. Zudem helfen eine Bananen- oder Reis-und-Tee-Diät sowie Cola in Maßen, denn es enthält Zucker, Spurenelemente, Elektrolyte und ersetzt das ausgeschiedene Wasser. Geriebener Apfel hilft, Magensäure und Giftstoffe zu neutralisieren. Generell sollte man viel trinken und die Zufuhr von Salz nicht vergessen.

Bei länger anhaltenden Erkrankungen empfiehlt es sich, einen Arzt aufzusuchen – es könnte auch eine bakterielle oder eine Amöben-**Ruhr** (Dysenterie) sein. Bei Durchfällen gilt zu bedenken, dass die Wirksamkeit anderer Medikamente, darunter die Anti-Baby-Pille, beeinträchtigt werden kann. **Verstopfungen** können durch eine große Portion geschälter Früchte, z. B. Ananas oder eine halbe Papaya (mit Kernen essen), verhindert werden.

Erkältungen

Verursacht meist durch plötzlichen Temperaturwechsel, Klimaanlagen, Zugluft und durch starke Höhenunterschiede. Empfehlung: Für sportliche Aktivitäten, auch Wanderungen, immer ein paar trockene Kleidungsstücke zum Wechseln dabeihaben, bei Wanderungen in Bergregionen und vor allem im windigen Patagonien unbedingt eine Windjacke. Auf vielen steilen Abschnitten wird man zwangsläufig ins Schwitzen kommen. Ein Windbreaker (Rompe Vientos) schützt die nasse Kleidung auf der Haut vor der kalten Windluft. Auch auf Nachtfahrten in Bussen sollte man etwas zum Überziehen parat haben, weil die Klimaanlagen oft sehr weit runtergedreht werden.

Gelbfieber

Gelbfieber ist eine tropische Viruserkrankung, die durch die sogenannte Gelbfieber-Mücke übertragen wird. Sie tritt nur in Afrika und Lateinamerika auf. In Chile gibt es kein Vorkommen, wohl aber in den Nachbarländern Bolivien und Peru. Nach einer Inkubationszeit von 3–8 Tagen kommt es meist zunächst zu Symptomen wie Fieber, Schüttelfrost, Kopf- und Gliederschmerzen sowie Erbrechen (Phase 1). Diese Symptome klingen in den meisten Fällen nach einigen Tagen wieder ab. In etwa 20 % der Fälle tritt jedoch eine zweite Phase ein, in der das Fieber auf über 40 °C steigt, es kommt zu Leberversagen sowie inneren und äußeren Blutungen. Eine Therapie für diese Phase steht bisher nicht zur Verfügung, sie verläuft in der Hälfte aller Fälle tödlich.

Gelbfieber tritt im Amazonas-Tiefland Perus und Boliviens auf. Sicheren Schutz bietet die Gelbfieberimpfung, sie ist dringend empfohlen, wenn man eine der genannten Regionen bereisen will. Bei Einreise aus Infektionsgebieten muss ein gültiger Gelbfieber-Impfschutz im internationalen Impfausweis dokumentiert sein. Die Impfung darf nur von besonderen Impfstellen verabreicht werden; zu ihnen zählen die meisten Tropeninstitute.

Geschlechtskrankheiten

Gonorrhöe und die gefährlichere **Syphilis** sind in Chile weit verbreitete Infektionskrankheiten, vor allem bei Prostituierten. Bei den ersten Anzeichen einer Erkrankung (Ausfluss/Geschwüre) unbedingt ein Krankenhaus zum Anlegen einer Kultur und zur Blutentnahme aufsuchen.

Hanta-Virus

In den Regionen Nuble, Los Ríos und Los Lagos kam es im Dezember 2022 zu gut zwei Dutzend Fällen des seltenen Hanta-Virus. Diese grippeähnliche Infektion kann tödlich ausgehen. Das Virus wird vom zerfallenen Kot der Wirtstiere (Mäuse) eingeatmet und bildet nach 12–21 Tagen die ersten Symptome aus: Fieber, Petechien (stecknadelkopfgroße Blutungen in der Haut), Proteinurie (Eiweißausscheidungen der Niere).

Vorbeugung: Die Gefahr des Einatmens besteht weder in der freien Natur noch in Unterkünften, die regelmäßig gesäubert werden, sondern, wenn über den Winter leerstehende Ferienhütten am Saisonanfang gereinigt werden. Camper sollten darauf achten, keine Essensreste rumliegen zu lassen, die Mäuse anziehen könnten.

Hauterkrankungen

Bereits vom Schwitzen kann man sich unangenehm juckende Hautpilze holen. Gegen zu starkes Schwitzen hilft Körperpuder, der kühlt und in Apotheken oder Supermärkten erhältlich ist. Für andere Erkrankungen sind häufig Kopf-, Kleider-, Filzläuse, Flöhe, Milben oder Wanzen verantwortlich. Die beste Vorbeugung ist eine ausreichende Hygiene.

Hepatitis

Hepatitis A wird durch infiziertes Wasser und Lebensmittel oral übertragen. Vor einer Ansteckung schützt der Impfstoff Havrix oder Vaqta (auch als Kombi-Impfung Twinrix für Hepatitis A und B erhältlich). Ob man gegen Hepatitis A immun ist oder die Impfung notwendig ist, zeigt ein Antikörpertest. Die Impfung wird von der Ständigen Impfkommission (STIKO) nur für gefährdete Personen empfohlen, dazu zählen u.a. Personen mit Lebererkrankungen,

Die schwere Lebererkrankung **Hepatitis B** wird vor allem durch Geschlechtsverkehr und durch Blut (ungenügend sterilisierte Injektionsnadeln, Bluttransfusionen, Tätowierung, Piercen, Akupunktur) übertragen. Eine rechtzeitige vorbeugende Impfung ist zu empfehlen.

Hepatitis C und D werden auf demselben Weg übertragen wie Hepatitis B und können ebenfalls zu gefährlichen Langzeitschäden führen.

HIV / Aids

Die Übertragungswege von HIV (Human Immunodeficiency Virus) sind ungeschützter Geschlechtsverkehr, verschmutzte Injektionsnadeln bei Drogenkonsum oder Bluttransfusionen, kurz gesagt alle Wege, auf denen infiziertes Blut oder andere Körperflüssigkeiten in den eigenen Blutkreislauf gelangen können.

Die Immunschwächekrankheit hat auch vor den Toren der religiös-konservativen Gesellschaft Chiles nicht Halt gemacht. Im Vergleich zu Afrika und Asien sind die Zahlen jedoch relativ niedrig. Nicht nur deswegen, sondern auch gerade wegen der viel häufigeren **Hepatitis C** sollte bei jeglichem Geschlechtsverkehr mit Präservativen vorgesorgt werden, insbesondere bei Gelegenheitsbekanntschaften.

Höhenkrankheit

Viele Reisende unterschätzen die Konsequenzen einer **unzureichenden Höhenanpassung**. Aus Zeitmangel und Unwissenheit, oder überredet von unverantwortlichen Veranstaltern vor Ort, riskieren sie lebensgefährdende Situationen. Erste Anzeichen von Höhenbeschwerden können bereits ab 3000 m auftreten: Kopfschmerzen, Schwindel, Atemnot, Übelkeit, Schlafstörungen, Orientierungslosigkeit etc. als Folge der Sauerstoffverarmung des Blutes. Bei anhaltenden Beschwerden oder gar Ödem-Bildung (Hirn-, Lungen-, Gesichtsödem) ist der sofortige Abstieg auf eine niedrigere Höhe unumgänglich (mind. 500 m). Weitere Tipps: Viel Flüssigkeit zu sich nehmen, Alkohol vermeiden (senkt nachts die Atemfrequenz und regt die Harnbildung an) und eventuell leichte Schmerzmittel (z. B. Aspirin, „Blutverdünner") schlucken.

Vorbeugung: Ganz wichtig ist eine ausreichende Akklimatisierung vor mehrtägigen Trekking- oder Bergtouren. Es empfiehlt sich, vor Beginn der Tour 2–3 Tage in Höhen um 2500 m zu verbringen (z. B. in San Pedro de Atacama), die man als Ausgangspunkt für Tageswanderungen zur nächsten Höhenstufe (um 3800 m) nutzen sollte. Danach sollte es möglich sein, ohne Probleme auf 3800 m zu übernachten. Das Prinzip ist „go high, sleep low" (gehe hoch, schlafe tief), zum Schlafen sollten die Höhenstufen 2500 m, 3800 m, 4600 m, 5300 m nicht überschritten werden.

Insektenstiche und -bisse

An einigen Sandstränden treten vor allem am späten Nachmittag und Abend **Sandfliegen** auf, deren gemeine Bisse sich erst einige Stunden später durch juckende, extreme Hautrötungen bemerkbar machen. Kratzen erhöht die Gefahr einer Entzündung, die mitunter erst nach einem Monat abklingt und hässliche Narben hinterlässt. Da sich die kleinen Plagegeister nur in begrenzten Bereichen aufhalten, sollte man sich von diesen Stränden fernhalten.

Flöhe und **Wanzen**, deren Bisse fürchterlich jucken können, verstecken sich bevorzugt in schmutzigem Bettzeug. Nicht kratzen, sondern ein Antihistaminikum (Salbe) gegen Entzündungen auftragen.

Auf dem Land sind viele Tiere mit **Zecken** infiziert, die sich in gesättigtem Zustand von ihrem Wirt fallen lassen und auf das nächste Opfer warten, dem sie ihre mit Haken besetzten Köpfe ins Fleisch bohren können, um Blut zu saugen. Es ist wichtig, sie vorsichtig zu entfernen, damit keine Haken stecken bleiben.

Blutegel kommen im Valdivianischen Regenwald vor und können beim Wandern durch dichte Vegetation in die Wanderstiefel gleiten. Sobald sie sich mit Blut vollgesogen haben, fallen sie ab, doch schon vorher kann man sie mit brennenden Zigaretten oder Salz vertreiben. Ein wenig schützen langärmelige Hemden und in die Socken gesteckte lange Hosenbeine. Die Blutegel übertragen normalerweise keine Krankheiten, der blutgerinnungshemmende Stoff Heparin, der von ihnen in die Bissstelle abgegeben wird, kann aber zum Nachbluten führen.

Kinderlähmung (Polio)

Der irreführende Name wiegt viele Erwachsene in einer trügerischen Sicherheit, denn auch als Erwachsener kann man sich mit Polio anstecken. Ähnlich wie bei Tetanus sollte die Immunisierung alle zehn Jahre aufgefrischt werden.

Malaria

Chile ist malariafrei.

Schlangen- oder Spinnenbisse und Skorpionstiche

Von den fünf **Schlangenarten** in Chile ist nur die *Culebra de cola larga peruana* giftig genug, um Menschen gefährlich werden zu können. Bei Touren im Valdivianischen Regenwald oder in hohem Schilfgras sollte hohes, festes Schuhwerk getragen werden. Ein Stock kann ebenfalls nützliche Dienste leisten.

Nur zwei **Spinnenarten** in Chile sind für Menschen giftig: Der Biss der Südlichen Schwarzen Witwe (bis zu 1 cm großer, schwarz-glänzender Hinterleib mit roter Zeichnung) kann für Kinder bis zu zehn Jahren tödlich sein. Die nach einer halben bis einer Stunde einsetzenden, durch das Nervengift ausgelösten, heftigen Leibschmerzen und Schweißausbrüche sind Leitsymptome. Es sollte sofort ein Arzt aufgesucht werden, um ggf. ein Antiserum zu bekommen.

Die nachtaktive und nicht aggressive braune Winkelspinnne *(Loxosceles laeta)* baut unregelmäßige Netze und kommt in jedem vierten Haus vor. Die Gefahr, gebissen zu werden, besteht bei Nesteln an Bilderrahmen, in dunklen Ecken und beim Anziehen. Trotz der Verbreitung der Spinne sind Bisse aber recht selten. Das Gift ist stark gewebezersetzend und kann zu Hämolyse und Nierenversagen führen. Es gibt kein 100 % wirksames Antidot. Im Falle eines Falles sollte möglichst sofort ein Arzt aufgesucht und die Bissstelle gekühlt bzw. ruhiggestellt werden, um die Verbreitung des Gifts in andere Organe zu verhindern.

Skorpione sind in Chile selten und ihre Stiche noch seltener. Sie sind auch nicht lebensbedrohlich, allerdings äußerst schmerzhaft.

Sonnenbrand und Hitze

Oftmals werden die Auswirkungen der Sonne unterschätzt. Wegen des steileren Strahleneinfalls und der geringeren atmosphärischen Filterung ist die Südsonne viel intensiver als in unseren Breitengraden. Wer ein paar einfache Maßnahmen beherzigt, kann jedoch mit gesunder Haut aus dem Urlaub zurückkehren. Dazu gehört es, sich langsam an die starke Sonne zu gewöhnen, sich möglichst im Schatten aufzuhalten und eine dem Hauttyp entsprechende Schutzcreme aufzutragen. Besonders stark ist die Strahlung im Hochland, am Wasser, an Gletschern und während der Mittagsstunden. Empfehlenswert sind langärmlige Kleidung, Hut, Sonnencreme mit hohem Lichtschutzfaktor und Sonnenbrille mit UV-Schutz.

Eine der Hauptursachen für Unwohlsein während einer Auslandsreise ist in den meisten Fällen Flüssigkeitsmangel. Durch die neuen Eindrücke abgelenkt, vergessen viele Reisende, genügend zu trinken. Hinzu kommt, dass man in heißen Wüstengegenden mehr schwitzt und daher mehr Flüssigkeit und Mineralien benötigt. Regelmäßiges Trinken ist deshalb unerlässlich.

Erschöpfungszustände bei Hitze äußern sich durch Kopfschmerzen, Übelkeit, Benommenheit und erhöhte Temperatur. Um die Symptome zu lindern, sollte man unbedingt Schatten aufsuchen und genügend Flüssigkeit zu sich nehmen. Erbrechen und Orientierungslosigkeit können auf einen Hitzschlag hinweisen, der potenziell lebensbedrohlich ist – deshalb muss man sich sofort in medizinische Behandlung begeben.

Thrombose

Bei längeren Flugreisen verringert sich durch den Bewegungsmangel der Blutfluss vor allem in den Beinen, wodurch es zur Bildung von Blutgerinnseln kommen kann, die, wenn sie sich von der Gefäßwand lösen und durch den Körper wandern, eine akute Gefahr darstellen (z. B. Lungenembolie). Gefährdet sind vor allem Personen mit Venenerkrankungen oder Übergewicht, aber auch Schwangere, Raucher oder Frauen, die die Pille nehmen.

Das Risiko verhindern Bewegung, viel trinken (aber keinen Alkohol) und notfalls Kompressionsstrümpfe der Klasse 1–2 sowie die Einnahme von Aspirin.

Tollwut

Wer von einem streunenden Hund oder einem wilden Tier (z. B. einer Vampirfledermaus) gebissen wird, sollte unverzüglich einen Arzt aufsuchen, um festzustellen, ob er sich mit Tollwut (Rabia) infiziert hat. Sollte dies der Fall sein, muss man sich sofort impfen lassen, da eine Infektion sonst tödlich endet. In den meisten Gegenden halten die Krankenhäuser Impfstoffe bereit. Eine vorbeugende Impfung benötigt drei Injektionen und ist nicht ganz billig.

Typhus

Typhus ist eine Salmonellenerkrankung, die durch den Verzehr infizierter Lebensmittel oder Getränke (ungereinigtes Wasser) verursacht wird. Typische Symptome: Über sieben Tage hohes Fieber, einhergehend mit einem eher langsamen Puls und Benommenheit. Empfehlenswert ist die gut verträgliche Schluckimpfung mit Typhoral L für alle Reisenden. Drei Jahre lang schützt eine Injektion des neuen Typhus-Impfstoffs Typhim VI oder Typherix, ehe er wieder aufgefrischt werden muss.

Wundinfektionen

Unter unhygienischen Bedingungen können sich schon aufgekratzte Moskitostiche zu beträchtlichen Infektionen auswachsen, wenn sie unbehandelt bleiben. Wichtig ist, dass jede noch so kleine Wunde sauber gehalten, desinfiziert und evtl. mit Pflaster oder einem Verband geschützt wird. In jeder Apotheke gibt es Antibiotika- oder jodhaltige Salben, die den Heilprozess unterstützen.

Wundstarrkrampf (Tetanus)

Wundstarrkrampf-Erreger finden sich überall auf der Erde. Verletzungen kann man nie ausschließen, und wer noch keine Tetanusimpfung hatte, sollte sich unbedingt zwei Impfungen im 4-Wochen-Abstand geben lassen, die nach einem Jahr aufgefrischt werden müssen. Danach genügt eine Impfung alle zehn Jahre. Am besten ist die Kombi-Impfung mit dem Polio-Tetanus-Diphtherie-(Td-)Impfstoff für Personen über fünf Jahren, mit der gleichzeitig ein Schutz vor Diphtherie und Polio einhergeht.

Wurmerkrankungen

Winzige oder größere Exemplare, die überall lauern können, setzen sich an verschiedenen Körperstellen bzw. -organen fest und sind oft erst Wochen nach der Rückkehr festzustellen. Die meisten sind harmlos und durch eine einmalige Wurmkur zu vernichten, andere sind gefährlich, z. B. Hakenwürmer. Sie bahnen sich den Weg durch die Fußsohlen, deshalb sollte man auf feuchten Böden unbedingt Sandalen tragen. Nach einer Reise in abgelegene Gebiete ist es empfehlenswert, den Stuhl auf Würmer untersuchen zu lassen. Notwendig ist das, wenn man über längere Zeiträume auch nur leichte Durchfälle hat.

Zika-Virus-Infektion

Bisher sind auf dem Festlandteil von Chile lediglich eingeschleppte Infektionen bekannt geworden. Da die Überträgermücken nicht vorkommen, wird keine Gefahr für die Bevölkerung gesehen. Auf den Osterinseln sind 2014 und 2015 Infektionen bekannt geworden, dort kommt auch die Überträgermücke vor. Auf eine ganztägige konsequente Anwendung persönlicher Schutzmaßnahmen zur Vermeidung von Mückenstichen sollte hier geachtet werden.

Bitte beachten: Eine Gewähr für die Richtigkeit und Vollständigkeit der medizinischen Informationen sowie eine Haftung für eventuell eintretende Schäden kann nicht übernommen werden.

Bücher

Belletristik

Isabel Allende: Die Nichte von Salvador Allende dürfte mittlerweile bekannter sein als der ehemalige Präsident der Unidad Popular selbst: So umfangreich ist ihr Werk, so süffig, so gern gelesen. Gleich ihr ins Deutsche übersetzter Erstling *Das Geisterhaus* traf den Publikumsgeschmack wie ein Paukenschlag. Isabel Allende fabuliert traumhaft sicher, lebhaft, immer nah an der Grenze zum Kitsch und politisch untadelig links. Nahezu alle ihre Romane sind in Übersetzungen erschienen, zuletzt 2019 *Largo pétalo de mar,* auf Deutsch: *Dieser weite Weg,* 2020 *Mujeres del alma mía – sobre el amor impaciente, la vida larga y las brujas buenas,* auf Deutsch *Was wir Frauen wollen,* und 2022 *Violeta.*

Roberto Bolaño gelang 2009 mit dem posthum erschienenen Roman *2666* (Hanser) der Sprung in die Kategorie Weltliteratur. Eigentlich gehörte er da schon viel früher hin, denn seine früheren Romane: *Die wilden Detektive* (dtv 2004), *Chilenisches Nachtstück* (Hanser 2007), *Amuleto* (Kunstmann 2002), *Stern in der Ferne* (Fischer 2010), *Der unerträgliche Gaucho* (Kunstmann 2006) sind allesamt sprachliche, philosophische Kleinodien. Bei allem Tiefgang schreibt er witzig. Nach seinem Tod sind zahlreiche Bücher über sein Werk veröffentlich worden.

Francisco Coloane, ein glänzender Erzähler, der nur von Gegenden, die er als Sohn eines Walfängers persönlich kennt, schreibt: Den aufgewühlten Südpazifik bis hinunter nach Feuerland. *Der letzte Schiffsjunge von Baquedano* (2000), *Kap Hoorn* (2002), *Feuerland* (2006) sind alle im Unionsverlag (Zürich) erschienen.

Ariel Dorfman ist mit seiner Erzählung *Der Tod und das Mädchen* (Fischer Verlag, zuletzt 2003), das die Pinochet-Ära reflektiert, weltberühmt geworden. *Das Gedächtnis der Wüste* (Frederking und Thaler, 2005) ist eine persönlich nuancierte, philosophische Erforschung des Nordens von Chile, seiner Menschen, Traditionen und Geschichten.

Gabriela Mistral (1889–1957), die 1945 den Literaturnobelpreis erhielt, war Lehrerin, Lyrikerin und Diplomatin. Auf Deutsch sind die meisten ihrer Bücher nur noch antiquarisch erhältlich – bis auf *Spürst du meine Zärtlichkeit* (Waage, 1988).

Pablo Neruda, der Literaturnobelpreisträger, der 1973 kurz nach dem Militärputsch starb, ist der chilenische Dichterfürst und Bohemien Nummer eins. Zumindest ein Buch von ihm muss man lesen, gelesen haben, wenn man nach Chile will: *Ich bekenne, ich habe gelebt* (zuletzt aufgelegt von Luchterhand, 2007), seine Lebensaufzeichnungen. *Aufenthalt auf Erden* (Luchterhand 2004) und *Canto General* zu kennen, wäre auch nicht schlecht. In dieser politischen Gedichtsammlung, erstmalig 1950 erschienen und später von Mikis Theodorakis vertont, entwirft er ein historisches Gemälde von der Eroberung und Ausbeutung des amerikanischen Subkontinents. Mehr zu Literatur s. S. 141.

Landeskunde

Chile in der Operation Cóndor 1973–1977 – Staatsterrorismus in Südamerika, Lennart Bohl, (Internationaler Verlag der Wissenschaften, 2016). Analyse von Aufbau und Funktionsweisen des Geheimdienstnetzwerkes und der Rolle des chilenischen Diktators Augusto Pinochet.

Mein erfundenes Land, Isabel Allende (Suhrkamp, 2008). Ein sehr persönliches Porträt ihrer Heimat, jenes langgestreckten Landes am Rand der Welt, das sie nach dem Militärputsch 1973 verlassen musste. Sie schreibt vom Stolz, von der Großzügigkeit und der Borniertheit ihrer Landsleute, von Machos und mutigen Frauen, von all dem, was ihr Chile liebenswert und unausstehlich macht.

Die Anden könnten kaum höher sein: Kleine Unterschiede zwischen Argentinien und Chile (Larimar-Verlag, 2012). Kleines Büchlein voller amüsanter Geschichten über eines der unterhaltsamsten Nachbarschaftsverhältnisse der Welt.

Zehnmal werden wir siegen, Olaf Kaltmeier (Institut für Theologie und Politik, Münster 2004), und **Utopie braucht Tradition**, Fernando Diaz (Matthias-Grünewald-Verlag, Ostfildern 2009). Beschäftigen sich mit den Mapuche, mit ihrer Gesell-

schaftsvision, ihrem Glauben, ihrer Geschichte und ihrem Kampf um ihr Land. Auch die **Gesellschaft für bedrohte Völker** druckt in ihrem „Pogrom" regelmäßig Informationen zu den Mapuche.
Revolte in Chile: Aufbruch im Musterland des Neoliberalismus (Unrast Verlag 2020). Die Journalistin Sophia Boddenberg, die seit 2014 in Chile lebt, begleitete den Aufstand, der am 18. Oktober 2019 begann, von Anfang an.

Bildbände

Reise durch Chile, Georg Schwikart, Fotos: Karl-Heinz Raach (Stürtz Verlag 2019). Preisgünstiger Bildband mit über 235 Bildern auf 140 Seiten und sachkundigen Texten.
Chile: Land der Gegensätze, Markus Thek. (Tecklenborg 2018). Ein Kaleidoskop majestätischer Landschaften voller Weite.
Patagonien und Feuerland, eine Reise in Bildern, Klaus Bednarz (Rowohlt Verlag, 2006). Vereint faszinierende Reportagen und Fotos.
Chile – das Land am Ende der Welt, Susanne Asal, Fotografien: Hubert Stadler (Bucher, 2004). Geschichten und Geschichte aus dem südlichsten Teil der Welt: über Charles Darwin, Ona und Selknam, versteinerte Wälder, Waliser und Gauchos, Rinder-Haciendas und ewiges Eis.

ANHANG

Index

ANHANG

C

D

ANHANG

N

ANHANG

O

P

Beste Reisezeit für Patagonien sind die Monate November bis März. Sie sind unterwegs mit Ihrem komfortablen Allradfahrzeug vom chilenischen Seengebiet bis zur Ruta Fin del Mundo, wo alle Straßen auf dem südamerikanischen Kontinent enden. Atemberaubend sind die legendäre Carretera Austral und die Ruta 40 in Argentinien. Spannend, pittoresk die Aussichten zum Fitz Roy, Cerro Torre und dem kalbenden Gletscher Perito Moreno, Höhepunkt ist der Nationalpark Torres del Paine.
Auch bei der Gruppenreise fahren Sie über Land von Puerto Montt bis Punta Arenas. Ein intensives und nachhaltiges Erlebnis dieser faszinierenden Landschaften.
Das I-Tüpfelchen: die Weiterreise auf der Stella Australis durch die Fjorde des Darwinschen Eisschildes bis Kap Hoorn.

Patagonien Allrad-Abenteuer

Puerto Montt bis Punta Arenas
21 Tage vom Seengebiet bis Südpatagonien ab € 4.390,– p. P.

Auf der Panamericana Süd

Chile und Argentinien: Von Valparaiso bis Torres del Paine
In kleiner Gruppe: 23 Tage ab/bis Frankfurt ab € 6.995,– p. P.

Kreuzfahrt rund um Kap Hoorn

Entdeckerkreuzfahrt auf einem Expeditionsschiff
5 Tage ab Punta Arenas/bis Ushuaia oder entgegengesetzt ab € 2.195,– p. P.

TAKE OFF REISEN GmbH · Tel: 040 422 22 88 · Mail: info@takeoffreisen.de
www.takeoffreisen.de

V

W

Y

Z

✓ Forum

✓ Updates

✓ Länderinfos

www.stefan-loose.de/updates/amerika/chile/

Bildnachweis

Umschlag

Titelfoto Huber-Images, Garmisch-Partenkirchen/Jordan Banks; Parque Nacional Torres del Paine
Umschlagklappe vorn Mauritius Images, Mittenwald/Christian Heinrich; Flamingos im Altiplano
Umschlagklappe hinten Lookphotos, München/Per-Andre Hoffmann; Plaza de Armas, Santiago de Chile

Highlights

S. 8 Shutterstock.com, Amsterdam (NL)/Marianna Ianovska
S. 9 Mauritius Images, Mittenwald/Ian Dagnall/Alamy/Alamy Stock Photos (oben)
Meik Unterkötter (unten)
S. 10 Meik Unterkötter (oben)
Shutterstock.com, Amsterdam (NL)/f11Photo (unten)
S. 11 Meik Unterkötter (2)
S. 12 Shutterstock, Amsterdam (NL)/Mandy2110 (oben)
Stefanie Hägele (unten)
S. 13 Shutterstock, Amsterdam (NL)/Ralf Liebhold (oben)
Shutterstock, Amsterdam (NL)/Olga Danylenko (unten)
S. 14 Mauritius Images, Mittenwald/imagebroker/Heiner Heine (oben)
Meik Unterkötter (unten)
S. 15 Meik Unterkötter (oben)
Shutterstock, Amsterdam (NL)/Giovanni Zacchini (unten)
S. 16 Shutterstock, Amsterdam (NL)/art of line (oben)
Shutterstock, Amsterdam (NL)/gg-foto (unten)
S. 17 Shutterstock, Amsterdam (NL)/Milosz Maslanka (oben)
Meik Unterkötter (unten)
S. 18 Shutterstock, Amsterdam (NL)/Pav-Pro Photography Ltd
S. 19 Uwe Ellger (oben)
Shutterstock, Amsterdam (NL)/Pav-Pro Photography (unten)
S. 20 Shutterstock, Amsterdam (NL)/Hugo Brizard - YouGoPhoto (oben)
Shutterstock, Amsterdam (NL)/Agami Photo Agency (unten)
S. 21 Shutterstock, Amsterdam (NL)/Thomas Lusth (oben)
Fotolia/robertharding (unten)
S. 22 Lookphotos, München/age fotostock

Regionalteil

Susanne Asal S. 163, 200
Uwe Ellger S. 58, 80, 367, 389 (2), 392, 397, 398
Stefanie Hägele S. 247
Meik Unterkötter S. 27, 77, 88, 103, 113, 147, 147, 153, 154, 157, 182, 218, 219 (2), 224, 252, 263, 265 (unten), 275, 280, 287, 298, 305, 313, 328, 329 (2), 40, 417, 421, 430, 67
Fotolia, New York (USA) Wemm S. 334, 378
iStock.com, Calgary (CA) assafce S. 350; benkrut S. 438; SQUAMISH S. 265 (oben); Gfed S. 310
Mauritius Images, Mittenwald imagebroker/Barbara Boensch S. 325
Shutterstock.com, Amsterdam (NL) abriendomundo S. 72, 134; Alexander Chaikin S. 451; Allen.G S. 423; Anderl S. 327; Andres Wolochow S. 467; Andy J Billington S. 192; Anton Ivanov S. 181; Bjwair S. 308; Cacio Murilo S. 285; cesu39 S. 385; Daboost S. 478; Dmitry Chulov S. 141; Dsaprin S. 388; Elisa Locci S. 260; Gubin Yury S. 358; helder geraldo ribeiro S. 264; JB Bieuville S. 317; JeremyRichards S. 209; Jess Kraft S. 146, 241, 450; JHVEPhoto S. 474; Joao Kermadec S. 237; Karol Kozlowski S. 99; kavram S. 38; kemdim S. 127; Ksenia Ragozina S. 427; Larisa Blinova S. 29; lovely-peace S. 471; Mark Green S. 216; MaxMaximovPhotography S. 48; Meunierd S. 445; Michal Knitl S. 448; NataliaCatalina.com S. 144; Nicku S. 93; Pav-Pro Photography Ltd S. 293; reisegraf.ch S. 138; Skreidzeleu S. 457; streetflash S. 86; T photography S. 451; tolobalaguer.com S. 53; Toniflap S. 45, 128; Warehouse of Images S. 230, 405

Impressum

Chile
Stefan Loose Travel Handbücher
3., vollständig überarbeitete Auflage **2024**

Die in diesem Buch enthaltenen Angaben wurden von den Autoren nach bestem Wissen erstellt und vom Lektorat im Verlag mit großer Sorgfalt auf ihre Richtigkeit überprüft. Trotzdem sind, wie der Verlag nach dem Produkthaftungsrecht betonen muss, inhaltliche und sachliche Fehler nicht vollständig auszuschließen.
Deshalb erfolgen alle Angaben ohne Garantie des Verlags oder der Autoren. Der Verlag und die Autoren übernehmen keinerlei Verantwortung und Haftung für inhaltliche und sachliche Fehler.
Alle Landkarten und Stadtpläne in diesem Buch sind von den Autoren erstellt worden und werden ständig überarbeitet.

Die erste Auflage des Stefan Loose Travel Handbuchs Chile wurde von Susanne Asal und Hilko Meine verfasst. Hilko Meine hat an diesem Buch bis zur 2. Auflage mitgewirkt.

Gesamtredaktion und -herstellung
Bintang Buchservice GmbH
Tempelhofer Ufer 1A, 10961 Berlin
www.bintang-berlin.de
Redaktion: Sabine Bösz
Lektorat: Silvia Mayer
Bildredaktion: Gritta Deutschmann
Satz: Gritta Deutschmann
Karten: Katharina Grimm, Klaus Schindler
Reiseatlas: © 2024 KOMPASS-Karten GmbH, A-6020 Innsbruck unter Verwendung von Kartendaten: © DuMont Reiseverlag, D-73751 Ostfildern

Printed in China

Kartenverzeichnis

PERU
BOLIVIEN
BRASILIEN
PARAGUAY
ARGENTINIEN
URUGUAY
Pazifischer Ozean
Atlantischer Ozean
522 / 523
Arica
Iquique
524 / 525
Calama
526 / 527
Antofagasta
528 / 529
Copiapó
530
La Serena
Ovalle
531
Valparaíso
Santiago
Rancagua
532 / 533
Talca
Concepción
534
Temuco
Osorno
535
Puerto Montt
Castro
Isla de Chiloé
Chaitén
536 / 537
Coihaique
538 / 539
Puerto Yungay
Isla Wellington
540 / 541
Puerto Natales
Punta Arenas
Feuerland
Puerto Williams
542 / 543
Kap Hoorn

PERU
CHILE
Pazifischer Ozean
TACNA
Arica
IQUIQUE
Putre
Parque Nacional Lauca
Reserva Nacional Las Vicuñas
Reserva Nacional Pampa del Tamarugal
R. N. Pampa del Tamarugal
Aeropuerto Int'l. Chacalluta
Aeropuerto Int'l. Diego Aracena
Geoglifos de Azapa
Geoglifos de Tiliviche
El Gigante de Atacama
Monumento al Marinero Desconocido
Pukara de Copaquilla
Pukara de Belén
Pukara de Saxamar
Pampa Colorada
Pampa de Chaca
Pampa de Camarones
Pampa de Suca
Pampa de Tana
Pampa Perdiz
Pampa Oxaya
ARICA y PARINACOTA
Tamarugal
Pampa de la Yarada
Caleta Vitor
Caleta Camarones
Caleta Pisagua Viejo
Caleta Mejillones del Norte
Bahia Chiquetana
Caleta Chucumata
Salar de Pintadas
Salar de Bellavista
Río Lluta
Río Camarones
Visviri
Paso Visviri
General Lagos
Tacora
Humapalca
Ancolacani
Nasahuento
Colpitas
Caquena
Chinocave
Río Blanco
Coronel Alcérreca
Co. Larancagua 5439 m
Vol. Parinacota 6330 m
Vol. Guallatiri 6063 m
Ican Tacora 5998 m
5741 m
El Ayro
Taipicahua
Parinacota
Chucuyo
Lago Chungara
Socoroma
Zapahuira
Chapiquiña
Belén
Lupica
Tignamar
Ancuta
Guallatiri
Timalchaca
Timar
Chitita
Codpa
Esquiña
Ulapata
Caritaya
Chuyuncallani
Mullure
Alpajares
Miñita
Miñimiñi
Nama
Altuza
Camiña
Calatambo
Chiapa
Aroma
Ariquilda
Mocha
Pachica
Tarapacá
Parca
Mamiña
Tambillo
Pica
Matilla
Puquio de
Colonia Pintados
La Huaica
La Tirana
Pozo Almonte
Oficina Humberstone
Oficina Santa Laura
Fuerte Baquedano
Huara
Negreiros
Curaña
Zapiga
Corza
Suca
Cuya
Caleta Camarones
Camarones
Taltape
Chaca
Caleta Vitor
Pta. Blanca
Pta. Argolla
Co. Punta Madrid 1188 m
Pta. Madrid
Co. Atajaña 1575 m
Pta. Gorda
Saya
Pisagua
Pta. Piojo
Pta. Peninsula
Co. Mejillones 1690 m
Pta. Ballena
Pta. Colorada
Alto Hospicio
Playa Blanca
Oficina Gloria
Oficina Victoria
Chanavayita
Patillos
San Miguel de Azapa
Livilcar
Sobraya
Ausipar
Poconchile
Bocanegra
Sora
Estación San Martín
Villa Frontera
Estación Puquios
Concordia
Hospicio
Palos
La Yarada
Boca del Río
Punta Colorada
Punta El Cura
Punta Picata
La Vituña
El Golpe
Ite
Las Yaras
Sama Grande
Puite
Camiara
Locumba
Río Locumba
1774 m
Quilla
Palca
Challata
Pachía
Calana
Pocollay
R. Achuta
TARAP
S. 524

Okoruro
Carahuara
de Carangaz
Crucero
Totora
Chiquichambi
Desaguadero
Oruro
Lago
Uru Uru
Challocollo
Machacamarquita
Toledo
Ojsani
Tomarapi
Choquecota
Huanuni
Vol. Sajama
6549 m
Cosapa
108
Turco
Pomata Ayte
Corque
Culluri
Pasto Grande
Poopó
Jankho Kala
1
Challahuiri
Ancaravi
Pazña
San Juan Dekala
Huancane
Sacabaya
Andamarca
BOLIVIEN
Lago Poopó
Kotasi
Bella Vista
Challapata
ORURO
Caracallo
Escara
Orinoca
Negrillos
Tunupa
Río Laca Jahuira
Santa Ana
de Chipaya
Huari
Todos Santos
La Rivera
Sabaya
Pampa Aullagas
Cerro Cibaray
6470 m
Vol. Isluga
5530 m
Lago
Coipasa
Concepción
Quillacas
Pisiga
Bolívar
Enquelga
Isluga
San Martin
Savaruyo
Colchane
Tambo
Tambillo
Salar de Coipasa
Puchuldiza
Pacoma
Tonavi
603
Panavinto
Quebe
Umiña
Cariquima
Sierra Intersalar
Salinas de
Garci-Mendoza
Río Mulatos
Ancuaque
Guaitani
Poqueroma
Villa Blanca
Parque Nacional
Llica
Cordillera de Llicatahua
Cerro Alto Toroni
5982 m
Volcán Co. Tunupa
5400 m
Cholca
Chacome
Lirima
Cancosa
Co. Paza
5122 m
Chita
Cueva
Colorado
Salar de Uyuni
Collacagua
Cerro Piga
5038 m
Gran Pampa Salada
Colchani
Salar de
Empexa
Salar de
Huasco
San Pablo
de Napa
Sinalaco
Empexa
Pampa Alona
A97B
Salar de
Coposa
Villa Martin
Colcha
Pircas
de Coposa
Río Grande
Co. Quitalo
4555 m
Pampa Caya
Salar de
la Laguna
Julica
POTOSÍ

S. 525

S. 522

Aeropuerto Int'l. Diego Aracena
Oficina Gloria
Salar de Pintadas
A755
Puquio de
Colonia Pintados
TARAPA
Chanavayita
Patillos
Puerto Patache
Pta. Patache
Oficina Victoria
Salar de Bellavista
Salar Sur Viejo
A855
Chanavaya
Río Seco
Estación Lagunas
Pta. Lobos
Salar Grande
Estación Ramaditas
San Marcos
Salar de Llamara
PAN AM
Guanillos
Co. Desamparado 1232 m
Pta. Chipana
Caleta Chipana
R. Loa
Caleta Loa
Pampa del Tam...
Co. de la Mico 1821 m
Pta. Arenas
Punta Arenas
Quillagua
Geoglifos
Geoglifos
Pazifischer Ozean
Playa Quebrada Honda
Caleta Urco
Sierra los Colorados
Tranque Sloman
Caleta La Cuchara
Estación Teresa
Las Tres Marias
Toco
Tocopilla
Barriles
Ojeda
Piedra de Los Guatones
Estación Tigre
Punta Blanca
Crucero
María Elena
Río San
Chacance
ANTOFAGASTA
José Francisco Vergara
R. L...
Caleta Buena
Caleta Cochinos
Gatico
Cobija
Oficina Pedro de Valdivia
Pampa del Indio
Michilla
Co de Vireira 2093 m
Algorta
Planta Aconcagua
Cordillera de la Costa
Hornitos
Rencoret
Bahía Mejillos de Sur
Pta. Angamos
Algorta Norte
Oficina Chacabuco
Mejillones
Carmen Alto
Caleta Herradura de Mejillones
Sierra de San Chris...
Península de Mejillones
Baquedano
Estación Cuevitas
Lomas Bajas
Aeropuerto Internacional Andrés Sabella
Mantos Blancos
La Torre
Cerro Moreno
Estación Prat
Cerro Moreno 1148 m
San Cristóbal
Juan López
Reserva Nacional La Chimba
Uribe
Monumento Natural La Portada
ANTOFAGASTA
Estación O'Higgins

S. 526

Pircas de Coposa
Salar de Coposa
Colcha
S. 523
Río Grande
POTOSÍ
Co. Quitalo 4555 m
Pampa Caya
Salar de la Laguna
Salar de la Laguani
Julica
San Juan
Las Conchas
Ujina
Collahuasi
Puqios
Chiguana
Vila Vila
Co. Amaculla 4380 m
Cosca
Estación Avaroa
Sierra Kheñwal
San Agustin
San Cristóbal
Gran Pampa Pelada
Amincha
Aucanquilcha
Ollagüe
701
Quehuita
Polán
Salar de Carcote
Villa Alota
Co. Yocus 4537 m
21
Galera
R. N. Alto Loa
Carcote
Salar de Ascotán
Río Grande o de Lípez
Q. Sotomayo
ILE
Araral
Co. Paloana 6023 m
Cebollar
Co. Araral 5680 m
Laguna Cañapa
Co. Sajasa 4334 m
R. Loa
Co. Polapi 5949 m
Todos Santos
Vila Mar
Ascotán
Polapi
Co. del Inca 5624 m
Soniquera
Negro
Co. Nuevo M
6020 m
Vol. San Pedro 6145 m
Vol. San Pablo 6092 m
Nov. Soniquera 5855 m
Moreno
Mina El Abra
Conchi Viejo
Río San Pedro
San Pedro
Conchi
Parque Nacional Santa de Ayes Laguna Colorada
Cerro Negro 4560 m
Queteña
Cupo
Lag. Colorada
Co. Uturunco 6010 m
Co. Aralar 3695 m
Mina Radomiro
Linzor
Baños de Turi
La Chita
Pukara de Lasana
Lasana
Aiquina
Vol. Tatio 5314 m
Chuquicamata
Caspana
Geiser El Tatio
Co. Sa 5790
Mina Sur
Chiu Chiu
Salar de Chalviri
Co. Negro 5026 m
Calama
Vol. Putana 5890 m
Laguna de Vilan
Dupont
Co. Tinte 5849 m
25
23
Machuca
Reserva Nacional Eduardo Avaroa
Tuina
Río Grande
Cerritos Bayos
Baños de Puritana
Co. Zapaleri 5654 m
Reserva Prov
San Bartolo
Paso Barros Arena 3432 m
Vol. Licancábur 5915 m
Co. Limón Verde 3611 m
Pukara de Quitor
San Pedro de Atacama
Portezuelo del Cajón 4480 m
Cerro Redondo 5698 m
Reserva Nacional Los Flamencos
Santuario de la Naturaleza Valle de Luna
Quitor
Salar de Quisquiro
Valle de la Luna
Seguitor
Co. Redondo 5698 m
27
Nev. de Poquisi 5745 m
Gorda
Aldea de Tulor
ALMA Observatory
Salar de Tara
Mellizos
Cordón Barros Arana
Tambillo
Zapar
Altoan
de Caracoles
San Juan
Cordillera de la Sal
Toconao
Salar de Pujsa
Paso de Jama 4200 m
Reserva Nacional Los Flamencos
Co. de Pili 6046 m
Tumbre
Vol. Lascar 5154 m
Salar de Quisquiro
Parque Laguna Chaxa
Talabre
Desierto
Co. Cascado 3373 m
Vol. Aguas Calientes 5924 m
Camar
52
Salar de Atacama
Salar Aguas Calientes
de la Chinc
Cerro Miscanti 5622 m
Socaire
Paso de Huaytiquina 4293 m
Cordillera de Domeyko
Santa Rosa
Reserva Nacional Los Flamencos
Huaytiquina
Peine
Laguna Miñiques
Vol. Puntas Negras 5852 m
37
B355
S. 527
Cerro Miñiques 5910 m
Paso de la Laguna Sico 4092 m
Tilopozo
Tilomonte
Campamento

S. 524
Mejillones
Caleta Herraduras de Mejillones
Península de Mejillones
Aeropuerto Internacional Andrés Sabella
Cerro Moreno
Cerro Moreno 1148 m
Juan López
Monumento Natural La Portada
Mantos Blancos
Reserva Nacional La Chimba
ANTOFAGASTA
Estación O'Higgins
Uribe
Estación Prat
Cordillera
Baquedano
Estación Cuevitas
Carmen Alto
Sierra de San Cristóbal
San Cristóbal
Lomas Bajas
Quebrada del Buey
Caleta Coloso
Coloso
La Negra
Llanos
Palestina
Cerro Negro
Minera El Way
Co. Púa 1527 m
Blanca Rosa
Estación Yungay
Aguas Blancas
Barazarte
Co. Cristales 2135 m
Pazifischer Ozean
Caleta Agua Dulce
Oficina Valparaíso
Agua Buena
Rosario
Caleta El Cobre
Blanco Encalada
Co. Ventarrones 2622 m
Co. Vicuña Mackenna 3114 m
Lacalle
Miguel Diaz
Pta. Dos Reyes
Co. Aramzones 3064 m
Co. Paranal 2664 m
Paranal
Observatorio Co. Armazones
Observatorio Co. Paranal
Estación Los Vientos
La Colorada
La Greda
ANTOFAGASTA
Punta Los Madanos
Co. Cometa 1866 m
Pampa Anita
La Rinconada
Pta. Posallaves
Los Morrales
Desierto de Atacama
Paposo
Reserva Nacional Paposo
Santo Domingo
Pta. Grande
Oficina Alemania
Oficina Chile
Catalina
Bahía de Nuestra Señora
Britania
Oficina Esperanza
Pta. Cascaveles
Agua Verde
Canchas
San Juan
Taltal
Pta. Taltal
Bahía Isla Blanca
Pta. San Pedro
R. Cifuncho
Mina Yaquie
Cifuncho
Bahía Ballenita
Pta. Ballenita
Posada de los Hidalgos
Altamira
Francke
Placilla de Esmeralda
Mina Rosario
Pampa de Indio Muerto
Parque Nacional Pan de Azúcar
Las Bombas
S. 528
Caleta Pan de Azúcar
Pedro Montt
El Salvado

Los Flamencos
Parque
Laguna Chaxa
Tumbre
Talabre
Vol. Lascar
5154 m
6046 m
Salar de
Quisquiro
S. 525
Camar
Vol. Aguas Calientes
5924 m
Salar Aguas
Calientes
52
de la Chinc
Co. Cascado
3373 m
Cordón
Cordillera
Salar de
Atacama
Cerro Miscanti
5622 m
Socaire
Santa Rosa
Reserva Nacional
Los Flamencos
Paso de
Huaytiquina
4293 m
Huaytiquina
Peine
Laguna
Miñiques
Vol. Puntas Negras
5852 m
37
B355
Cerro Miñiques
5910 m
Paso de la Laguna Sico
4092 m
Catua
Tilopozo
Tilomonte
Campamento
El Laco
23
Laguna
Tuyajto
51
Cordillera de Domeyko
CHILE
Co. Cerillos
3594 m
Cráter Monturaqui
Salar Talar
Cerro del Rincón
5606 m
Salar del
Rincón
Cerro Incahuasi
5689 m
Estación
Pan de Azúcar
Co. Pular
6225 m
Salar de
Incahuasi
Victoria
B55
Neurara
Estación
Imilac
Co. Aracar
6086 m
Reserva Natural
de Los Andes
Salar
de Pocitos
Mina Escondida
Monturaqui
Vol. Socompa
6051 m
Socompa
Paso Socompa
3858 m
Quebrada
del Agua
27
Tolar
Grande
Vol. Llullaillaco
6740 m
163
Caipe
Salar
de Arizaro
Salar
Pocitos
Chuculaqui
Salar
Punta Negra
Parque
Nacional
Llullaillaco
Salar de
Llullaillaco
Atacama
ARGENTINIEN
Salar
Pajonales
Salar de
Río Grande
Mina La
Casualidad
Vol. Archibarca
5624 m
Salar
Tolillar
Vol. Lastarria
5700 m
Salar
Hombre
Co. del Azufre
5480 m
Salar de Gorbea
5500 m
Vol. Antofalla
6409 m
Antofalla
Incahuasi
44
43
Salar de
Agua Amarga
Co. Dos Conos
5000 m
Sierra Antofalla
Sierra de Calalaste
Co. Aguas Blancas
Salar la Isla
5780 m
Salar de
Aguilar
Salar de
Antofalla
Puna de Atacama
Nuevo Juncal
Los Nacimientos
Exploradora
Las Quinuas
Paycuqui
Valles Calchaquies
Co. Doña Inés
5075 m
Salar
Grande
Antofagasta
de la Sierra
R. Colorado
Cos. Colorados
6373 m
Sierra
Inés Chica
Salar de
Pedernales
S. 529
del Inca
El Peñ

S. 526
Pazifischer
Ozean
Parque Nacional
Pan de Azúcar
Las Bombas
Caleta Pan de Azúcar
Playa Amarilla
Portezuelo Blanc
Chañaral
Barquito
El Caleuche
El Salad
C13
Co. Tronador
632 m
Pta. Flamenco
Playa Portofino
Playa
Villa Alegre
Flamenco
Punta Salinas
Cordillera Claudio Gay
Caleta
Zenteno
Majada
Los Mellizas
Pta. Totoralillo
Caleta Los Patos
Co. del Algarrobo
1299 m
Rodillo
Caldera
Galleguillos
Bahía Inglesa
Pta. Morro
Piedra
Colgada
Bahía Copiopó
Caserón
Hacienda
Margarita
Puerto Viejo
Barranquillas
C10
Estación
Barros Luco
C411
Bahía Salada
Pta. Cachos
Caleta Pajonal
Caleta Matamoros
Totoral
Castilla
C10
837 m
Punta del Díaz
Carrizal Bajo
Canto
del Agua
Pta. Los Pozos
Parque Nacional
Llanos de Challe
El Donkey
Pta. Lobos
Astillas
Los Toyos
C10
Huasco
R. Huasco
Maitencillo
Freirina
C46
Vallenar
Pta. Alcalde
Chañar
Blanco
Caleta Tontado
La Fragüita
Labrar
Caleta Peña Blanca
Mina Algarrobo
San Félix
Agua Dulce
Domeyko
S. 530
I. Chañaral
Caleta Chañaral
Carrizarillo
Observatori
La Campana

S. 527
Inés Chica
Salar de Pedernales
El Salvador
Portal del Inca
C13
Llanta
Diego de Almagro
Potrerillos
Montandón
Pedernales
La Ola
Mina La Guanaca
CHILE
C17
Co. Serrano 1430 m
La Finca de Chañaral
Pinguito
Inca de Oro
Portezuelo Chimbero
Cordillera Domeyko
Mina la Coipa
Complejo Fronterizo San Francisco
Salar de Maricunga
Corrales del Juncalito
Sierra Laguna Blanca
Cumbre del Laudo 6400 m
Laguna Wheelwright
Co. Ermitaño 6187 m
Laguna Verde
Salar de la Mina
Co. El Cóndor 6300 m
Cordillera de
Paso de San Francisco 4748 m
Las Grutas
Las Peladas
60
31
Portezuelo Piedra Pomez 4552 m
Salar de San Francisco
Cerro Tres Cruces 6356 m
Ojos del Salado 6893 m
Co. Incahuasi 6020 m
Parque Nacional Tres Cruces
Carrera Pinto
La Puerta
Payote
La Cebolla
El Volcán
Estación Llampos
Puquios
Co. Copiapó 6052 m
Punta de Agua
Cazadero Grande
Tamberia
Cortaderas
Laguna del Negro Francisco
Salina de la Laguna Verde
Co. Palca 5262 m
Pastos Largos
Sierra de Gato
Los Marayes
Angostura
Minera Maricunga
Cordillera de
Cordón Varillar
R. Chaschuil
Rumi Rayán
Chaschuil
Mte. Pissis 6882 m
La Guardia
Las Juntas
Elisa de Bordos
Los Loros
San Antonio
Cuevitas
Ciénaga Grande
Termas
Co. Bonete Chico 6759 m
Centro Metalúrgico Incaico
Amolanas
Pastos Largos
Iglesia Colorada
Co. Veladero 5357 m
Paso de Pircas Negras 4166 m
Ref. Barrancas Blancas
Ref. Mulas Muerta
76
R. Saldo
Laguna Brava
R. Bonete
Sierra del Toro Negro
R. Grande de Valle Hermoso
El Durazno
Co. Fandango 5581 m
Co. Azúl 5070 m
Reserva Biológica Laguna Brava
R. Mantas
Reserva Provincial San Guillermo
R. Jagüé
Alto Jagüé
El Horno
Estrella de Vinchina
San José de Vinchina
Co. Los Mogotes 5380 m
Co. Tronquitos 5740 m
Paso del Inca
Sierra de la Brea
Cord. de Sta. Rosa
ARGENTINIEN
Laguna Grande
El Tránsito
Junta Valeriano
R. Conay
Conay
Chollay
Reserva
Cordillera de
Rivadavia
Villa Castelli
R. Vinchina
Sierra de Umango
Sierra de la Punilla
Parque Nacional San Guillermo
Co. del Toro 6380 m
Cord. de Santa Rosa
R. Blanco
R. la Troya
Corral
Cerro El Cepo
Las Juntas
Villa Unión
Los Palacina

Observatorio La Campanas
Observatorio La Silla
S. 528
I. Chañaral
Caleta Chañaral
Bahía Carrizal
Carrizalillo
Punta Choros
I. Damas
I. Choros
I. Gaviota
Choros Bajos
Reserva Nacional Pingüino de Humboldt
Los Cristales
Incahuasi
Tres Cruces
Los Morros
La Tortola
Trapiche
Chungungo
El Tofo
La Higuera
Co. Tilgo 1122 m
Islotes Pájaros
Los Hornos
El Romeral
Almirante Latorre
La Ola
Condoriaco
Chacay Alto
COQUIMBO
Cordillera de la Punilla
El Corral
El Colorado
Reserva Provincial San Guillermo
Campamento El Veladero
Los Llanos
Cancha de Esqui
Aguas Negras
Co. Las Tórtolas 6382 m
Nueva Elqui
Paso del Agua Negra 4765 m
Arrequintín
Co. Los Olivares 6250 m
Lambert
Viñita Baja
Chapilca
Huanta
Balala
Varillar
Rivadavia
Paihuano
Monte Grande
Cochiguaz
El Colorado
Horcón
Alcohuaz
Pisco Elqui
Pta. Teatinos
Islón
Altovalsol
Las Rojas
Marquesa
Observatorio Mamalluca
La Serena
Coquimbo
La Herradura
Algarrobito
Pan de Azúcar
Gualliguaica
Vicuña
Elqui
Observatorio Co. Tololo
Las Tacas
Bahía Guanaqueros
Morrillos
Guanaqueros
Bahía Tongoy
Tongoy
El Peñón
Maintencillo
Barrancas
Andacollo
Hacienda Los Andes
Hurtado
Chañar
Las Breas
Pabellón
Santuario de la Naturaleza Estero Derecho
Monumento Natural Pichasca
Pichasca
Samo Alto
Puerto Aldea
Pejerreyes
Guampulla
Pachingo
Pta. Lengua de Vaca
Quebrada Seca
Recoleta
Algarrobo
Cordillera Doña
Co. del Volcán 3510 m
Paso del Portillo
R. Castaño
Cerillos de Tamaya
Huamalata
Ovalle
Monte Patria
Parque Nacional Bosque de Fray Jorge
R. Limarí
Nueva Aurora
Rapel
Central Los Molles
Juntas
El Palqui
Mon. Nacional Valle del Encanto
CHILE
Co. de los Patos 4855 m
Caleta El Toro
Punitaqui
Guatulame
Chañaral Alto
Las Varillas
Co. Acerillos 3770 m
R. Atutia
Peña Blanca
Pta. Talca
La Placilla
Tulahuén
San Marcos
La Ligua de Cogotí
El Teniente
San Pedro de Quiles
El Soruco
Cogotí
El Durazno
Mantos de Hornillos
Litipampa
Combarbalá
Caleta Sierra
Espiritu Santu
Los Rulos
Pama
Caleta Derrumbe
Las Palmas
COQUIMBO
Estación Alcaparrosa
Pirca Las Juntas
Co. de la Totora 5983 m
Canela Alta
Matancilla
Co. Fredes 3803 m
Puerto Oscuro
Canela Baja
Reserva Nacional Las Chinchillas
Agua Dulce
Huentelauquén Norte
Huentelauquén Sur
Cuz Cuz
Huintil
Illapel
Los Erizos
Caleta Huentelauquén
Doña Juana
R. Choapa
Zappalar
Choapa
Salamanca
R. Blanco
Valle
Chigualoco
Limáhuida
Limpo
Pta. Loberia
Tahuinco
Chellepin
Paso de las Ojotas
Co. Mercedario 6769 m
Santuario de la Naturaleza Laguna Conchalí
Cavilolén
Pupio
El Socavón
Dos
Cucumén
Tranquilla
Conchali
Los Vilos
Caimanes
Santuario de la Naturaleza Palma Chilena de Monte Aranda
Mauro
Ensenada Totoralillo
Totoralillo
S. 531
El Pedernal
Tilama
Guangualí
Chincolco
Co. Jorquera
Pichidanguí
Co. Las Tórtolas

S. 530

Pazifischer Ozean
VALPARAÍSO
METROPOLITANA
CHILE
O'HIGGINS
SANTIAGO
PUENTE ALTO
SAN BERNARDO
VALPARAÍSO
Viña del Mar
RANCAGUA
Ensenada Totoralillo
Totoralillo
Palma Chilena de Monte Aranda
Guanguali
Tilama
El Pedernal
Co. Jorquera 3743 m
Co. Tam 5631
Pichidanguí
Chincolco
Petorca
Los Molles
Pta. Molles
Palquico
El Trapiche
Santa Marta
Pedegua
Alicahue
Caleta La Ligua
Artificio
Cabildo
Las Parcelas de Longotoma
La Ligua
Las Puertas
Los Patos
Papudo
Zapallar
Cachagua
Catapilco
Guayacán
Monumento Natural Isla Chachagua
Putaendo
Co. Aconcagua 6962 m
Plaza de Mulas
Parque Provincial Aconcagua
San Felipe
Santa María
Las Cuevas
Polvared
Puchuncaví
Horcón
Nogales
Catemu
Los Andes
Portillo
La Yesera
Puente del Inca
Los Peniten
Quintero
La Calera
Hijuelas
Llaillay
Calle Larga
Río Blanco
Co. Penite 4356 m
Quillota
Parque Nacional La Campana
El Saladillo
Parque Provincial Volcán Tupungato
Concón
San Francisco de Limache
Olmué
Chacabuco
El Plomo 6050 m
Quilpué
Villa Alemana
Tiltil
Polpaico
Santuario de la Naturaleza Yerba Loca
Proyecto Parque Río Olivares
La Laguna
Reserva Nacional y Natural Lago Peñuelas
Colina
Batuco
Chicureo
Quintay
El Carpintero
Lampa
La Parva
Valle Nevado
Co. Tupungato 6800 m
Farellones
Casablanca
Aeropuerto Int'l. A.M. Benitez
Algarrobo
El Quisco
El Tabo
Curacaví
El Alfafal
Los Maitenes
Termas del Plomo
Portillo los Piuq
María Pinto
Maipú
Cartagena
San Antonio
Talagante
San José de Maipó
Monumento Natur. El Morado
Rocas de Santo Domingo
Melipilla
Buin
Alto Jahuel
San Gabriel
Baños Morales
Vol. S 5856
Cuncumén
Isla de Maipo
Res. Nal. Río Clarillo
Reserva Nacional El Yali
Mandinga
Rangue
Paine
Huelquén
La Turbina
Bucalemu
San Pedro
San Francisco de Mostazal
Las Arañas
Chapa Verde
Sewell
Navidad
La Manga
Chacon
Villa Alhué
Codegua
Caletones
La Vega de Pupuya
Rapel
Graneros
Pta. Barranca
Puertecillo
Parque Nacional Roblería del Cobre de Loncha
Machalí
Coya
Pangal
Mina La Juanita
Topocalma
Litueche
Santa Inés
La Miranda
Doñihue
Nogales
Termas de Cauquenes
Vol. Ove 4619
Hidango
El Manzano
La Estrella
Olivar Bajo
Las Damas
Embalse Rapel
Coltauco
Requínoa
Las Cabras
Quinta de Tilcoco
Rosario
Los Ranchones
La Rosa
Pichidegua
Rengo
Reserva Nacional Río de los Cipreses
Pichilemu
Alcones
Marchihue
Peumo
El Rincón
San Vicente de Tagua Tagua
Popeta
Pelequén
Pta. de Lobos
Larraín Alcalde
Población
Peralillo
Cahuil
San Fernando
Termas El Sosneа
Roma
Placilla
Pta. Sirena
Pumanque
Nancagua
Puente Negro
Valle de Colchagua
Co. Sosnea 5189 m
Santa Cruz
Bucalemu
Paredones
Nerquihue
Chimbarongo
Vol. Tinguiririca 4300 m
Portillo de las Damas 3050 m
La Rufina
Reserva Nacional Laguna Torca
La Valdivia
Lolol
Chépica
Codegua
Llico
L. Vichuquén
Morza
Termas del Flaco
Co. Parag 4539
Teno
Comalle
Ranguil
Lipimávida
Rauco
Romeral
Vichuquén
Pichibudi
Termas Valle Herm
Hualañé
Tricao
R. Teno
Iloca
Licantén
Curicó
Los Queñes
Las Leñas
Valle Hermoso
Palquibudi
Sagrada Familia
Los Niches
La Lora
Portillo del Planchón 2850 m
El Planchón
Upeo
La Huerta
Villa Prat
Potrero Grande
Los Rabanos
Itahue

S. 532

Pazifischer Ozean
Iloca
La Lora
Los Rabanos
Putú
Junquillar
Quivolgo
Constitución
R. Maule
Santa Olga
M50
Las Cañas
Pellines
M30L
Empedrado
Reloca
M40
Reserva Nacional Federico Albert
Molco
B. de Chanco
Chanco
Pelluhue
M50
Curanipe
Cauquenes
Tregualemu
Coronel de Maule
Buchupureo
Tiquel
Cobquecura
Taucu
N40
126
Co. Colguén 907 m
Quirihue
Chañihue
Ninhue
N50
Vegas de Itata
Trehuaco
Perales
Portezuelo
Coelemu
126
Dichato
Ñipas
Menque
Tomé
Rafael
Bulnes
150
152
Quillón
TALCAHUANO
Penco
Huachipato
Florida
Santa Clara
N480
Liucura
CONCEPCIÓN
San Pedro
O60
146
Palco Chico
Chiguayante
Hualqui
Tomeco
Monte Aguila
Coronel
Yumbel
I. Santa María
Lota
156
Q630
Rere
Golfo del Arauco
Talcamávida
Pta. Lavapié
Santa Juana
160
San Rosendo
Laja
Llico
P20
Arauco
Carampangue
Chacay
Diuquin
Raqui
Melirupu
Ramadillas
Millantú
P40
Quidico
Cordillera de Nahuelbuta
San José
Pta. Carneros
Dunas de Yani
156
180
Quiapo
Nacimiento
Curanilahue
Coihue
Ranquil
Rihue
Los Alamos
Renaico
Lebú
Tres Pinos
Pehuén
Antiguala
San Alfonso
Tijeral
R22
Parque Nacional Nahuelbuta
180
Dunas de Lebú
Curaco
Angol
Pta. Morguilla
Huillinco
Sara de Lebú
Cañete
R86
Lolenco
Trinte
Peleco
Dunas de Cañete
Rinconada
Guadaba
R60R
R60P
L. Lanalhue
Los Sauces
Contulmo
Purén
P72S
R42
R86

S. 534

CHILE
ARGENTINIEN
MAULE
ÑUBLE
BIOBÍO
TALCA
San Clemente
Linares
Parral
San Javier
Molina
Malargüe
Chos-Malal
Reserva Nacional Radal 7 Tazas
Reserva Nacional Altos del Lircay
Reserva Nacional Los Bellotos
Santuario de la Naturalezo Cajon del Río Achibueno
Reserva Nacional Los Huemules de Niblinto
Reserva Nacional Nuble
Parque Nacional Laguna del Laja
Reserva Nacional Copahue
Reserva Nacional Ralco
Reserva Nacional Malleco
Castillos de Pincheira
Cueva de las Brujas
Claro Blanco
Vol. Peteroa 4090 m
Vol. Descabezado 3830 m
Paso Maule 2553 m
Vol. Domuyo 4709 m
Vol. Chillán 3212 m
Paso Pichachén 2062 m
Vol. Copahue 2953
Co. Butahuao 2578 m
Cordillera del Viento
Sierra de Cochicó
Cordillera del Salado
Río Neuquén
Lag. del Maule
Lagunas de Epulauquen
Lago Caviahue
Lag. del Laja
S. 531

S. 532

S. 535

Dantu
Bahía San Pedro
C. Quedal
Hueyusca
Colegual
Corte Alto
Octay
Puerto Fonck
Klocker
Vol. Osorno 2652 m
L. Todos Los Santos
Peulla
Mte. Tronador 3554 m
Nahuel Hu
Pampa Linda
Co. Catedral
S. 534
Tegualda
Los Bajos
Las Cascadas
Frutillar
L. Llanquihue
Petrohué
Termas de Río Blanco
Ensenada San Luis
LOS LAGOS
Paraguay
Río Blanco
Cayutué
Lago Mascar
Puerto Los Reyes
Pta. Capitanes
Maichihue
Fresia
Los Pelines
Totoral
Colegual
Ensenada
Lago Fonck
Lago Hess
CHILE
Llanquihué
Los Riscos
Lago Roca
Rada Parga
Parga
V30
Nueva Braunau
Molino de Agua
V69
Los Alerces
La Poza
Ralún
El Arco
Pampa Toro
Las Cañitas
Monumento Natural Lahuen Nadi
Puerto Varas
Reserva Nacional Llanquihue
Lago Martin
Ensenada Llico
Puerto Montt
V65
Rollizo
Lago Steffen
Los Muermos
V60
Las Quemas
Cochamó
El Manso
Caleta Estaquilla
V46
V86
Chamiza
L. Chapo
Canutillar
Co. Cap 1723 m
Huantrunes
Trapén
Quillaipe
Parque Nacional Alerce Andino
V69
R. Puelo
Lenca
El Barranco
Misquihue
I. Mallén
Seno de Reloncaví
L. Tagua Tagua
Río F
Quenuir
Caleta La Arena
Puelo
Punta Maldonado
Lago Escor
Loicura
Huelmo
Pta. Quillagua
V69
Maullín
I. Guar
Chaparano
Santo Domingo
V90
Huallún
San Agustín
Caleta Puelche
Vol. Yate 2111 m
Vol. Hornopirén 1572 m
Llanada Grande
Carelmapu
San Rafael
Calbuco
Contao
Parque Nacional Hornopirén
El Bolsó
Parqua
Aguantao
Vol. Apagado 1210 m
Canal Chacao
Abtao
Aulén
Faro Corona
Punta Corona
Caulín
Chacao
I. Puluqui
Chaquelhua
Paso Río Puelo
Guabún
Rolecha
Hornopirén
Segunda Corral
Quetalmahue
Ancud
Reserva Ecológica Puquelinhue
Chauchil
Cordon del Pico Alto
Puñihuil
Lechagua
Huillinco
Puerto Hualaihué
Pta. Almanao
Linao
Termas Llancahue
Cholgo
W15
Parque Nacional Pumalín
L. Puelo
Monumento Natural Islotes del Puñihuil
Lliuco
Golfo de Ancud
Belbén
I. Llancahue
Pichanco
Chepu
Palomar
Quemchí
Parque Nacional Lago Puelo
Degán
I. Caucaque
Poyo
Baños Cahuelmó
Parque Nacional Chiloé
W35
Puntra Estación
Aucar
Choén
Vol. Hualiaque 1670 m
Colo
Ayacara
Huinay
Pta. Esperanza
Puchaurán
Mechuque
Islas Chauques
Co. Dos Picos 2515 m
Co. Cap. Maldonado
Pico Buill 1435 m
Quetalco
Tenaún
Buill
Vodudahue
Pta. Saliente
820 m
Dalcahue
Leptepu
Lago Rivad
Mocopulli
Curaco de Vélez
Pta. Chumildén
Abtao
Llaullao
Achao
Fiordo Largo
L. Cisne
Parque Nacional Chiloé
Chumildén
Castro
Caleta Gonzalo
Lago Menéndez
Nercón
Rilán
Matao
Apiao
I. Chulín
Huentemo
Curahue
Alao
Chulín
Parque Nacional
Puerto Chucao
Pta. Cuevas
Canal Apiao
Puqueldón
R. Negro
Vol. Minchinmávida 2404 m
Co. Alto El Dedal 1916 m
Chonchi
Cahuilnec
Chaquín
Talcán
Pumalín
L. Reñihue
Bahía Cucao
Teupa
I. Lemuy
Parque Nacional Los Alerces
Cucao
W80
Huillinco
I. Talcán
Caleta Santa Bárbara
Co. Pirámide 2010 m
W853
Pta. Bonita
Chaitén
Parco Tepuhueico
Bahía Santa Bárbara
Termas El Amarillo
L. Tepuhueico
Queilén
Emba Amutui Quir
Compu
Paillad
Pta. Checo
I. Tranqui
El Amarillo
Paso Futaleufú
Pta. Tablaruca
Chadmo Central
Futaleufú
Mapue
Isla Grande
Puerto Cárdenas
Reserva Nacional Futaleufú
Pta. Chaiguaco
Auchad
Coinco
Santa Rosa
Vol. Corcovado
Quellón Viejo
Quellón
Pta. Mirador
de Chiloé
2300 m
L. Yelcho
Trincao
231
Pta. Barranco
I. Caldita
I. Cailín
LOS LAGOS
Portezuelo Moraga 650 m
Pta. Zorra
I. Laitec
La Cabaña
Parque Nacional Corcovado
Villa Santa Lucía
Puerto Piedra
Parque Tantauco
Pta. Roble
Vol. Nevado
Puerto Ramírez
I. de San Pedro
2042 m
Pal
I. Quilán
Pta. Olleta
Puerto Escondido
Villa Vanguardia
Parque Na Lago P
Golfo Corcovado
I. Guafo
Puerto Raúl Balmaceda
Co. Barros Arana 2289 m
X12
La Junta
I. Refugio
Puerto Santo Domingo
Melinka
Reserva Naciona Lago Rosselot
Is. Guaitecas
Villa Melimoyu
Co. Melimoyu 2400 m
Puerto Bonito
L. Rosselot
S. 535
I. Leucayec
Parque Nacional

S. 535
Pazifischer
Ozean
Archipiélago de los Chonos
Villa Melimoyu
Co. Melimoyu 2400 m
Puerto Bonito
Parque Nacional Melimoyu
Cordon Marchant
I. Mukchen
I. Concoto
Puerto Gala
Puyuhuapi
I. Chaffers
I. García
I. Atilio
Termas de Puyuhuapi
I. Valverde
I. Forsyth
I. Garrao
Hotel Termas de Puyuhuapi
I. Rojas
I. Level
I. Tahuenahuec
I. Izazo
Canal Moraleda
I. Magdalena
Parque Nacional Isla Magdalena
I. Cuptana
I. Benjamín
I. Ipun
I. Stokes
I. Tránsito
Canal Puyuguapi
I. Jorge
I. Rowlett
I. Guamblin
I. Teresa
Co. Macá 2960 m
L. Yulton
Parque Nacional Isla Guamblin
I. James
I. Paz
Puerto Aguirre
I. Melchor
Monumento Nacional Cinco Hermanas
I. Kent
Termas de Chiconal
I. Lemu
Santa María del Mar
I. Dring
I. Victoria
Puerto Aisé
Islas Vallenar
I. Isquiliac
I. Quemada
Bahía Darwin
Parque Nacional Quitralco
Canal Darwin
I. Luz
I. Traiguen
I. Garrido
Termas Quitralco
I. Rivero
I. Humos
Cordillera Huemules
I. Tenquehuén
I. Clemente
I. Salas
I. Fitz Roy
Vol. Hud
Reserva Nacional Las Guaitecas
Bahía Anna Pink
I. Simpson
Puerto Bonito
Pta. Gallegos
I. Huemules
Península Skyring
Parque Nacional Los Huemules
I. Nalcayec
Fiordo Burns
Península Duende
Co. Fonck 967 m
Peninsula Sisquelan
Bahía Exploradores
Seno Cornish
Seno Alejandro
Co. Oscuro 645 m
Península de Taitao
Pta. Rescue
E. Elefante
Mte. San Valentín 4058 m
Laguna Presidente Rios
Bahía Stewart
Pta. Pringle
Laguna Elena
L. Pres. Rios
Laguna San Rafael
Parque Nacional
Bahía San Andres
Co. Elena 744 m
Glaciar San Rafael
Co. Nyad 3078 m
Campo de Hielo de San Valentín
I. Hereford
Pta. Diego
Península Tres Montes
I. Crosslet
Laguna San Rafael
Golfo San Esteban
S. 538
I. Javier
Cabo Tres Montes

ARGENTINIEN
Estancia Lago Verde
Las Pampas
Co. Steffen 2108 m
Estancia Río Cisnes
Paso Río Frías
Río Frías
Co. Cacares 1680 m
Reserva Nacional Lago Carlota
Aldea Apeleg
Estancia Shaman
Estancia Don Guillermo
Nueva Lubecka
Cañadón Grande
Sierra Nevada
Pampa Apeleg
La Tapera
Cisnes Medio
Huente-Co
Lago Fontana
L. La Plata
L. Las Torres
Reserva Nacional Lago Las Torres
Ciervo Rojo
La Katterfeld
Lago Fontana
Alto Río Senguer
Paso Moreno
Los Tamariscos
Matasiete
Co. El Pedrero 755 m
Sierra de San Bernardo
A. Verde
Mina El Toqui
El Gato
Mañihuales
Nirehuao
El Coyte
Estancia Lag. del Zorro
Pastos Blancos
Facundo
Reserva Trapananda
Villa Ortega
Parque Nacional Río Simpson
Coihaique Alto
R. Chalia
R. Mayo
Reserva Nacional Coihaique
Paso Coihaique 795 m
Coihaique
Alto Río Mayo
Dr. R. Rojas
Río Mayo
Monumento Natural Dos Lagunas
Pampa de Chalía
R. Senguer
El Blanco
Villa Frei
Simpson
Elizalde
Lago Blanco
Estancia La Constancia
Paso Huemules
Lago Blanco
Río Guenguel
Co. Piedra 713 m
Balmaceda
Estancia Valle Huemules
Parque Nacional Cerro Castillo
El Portezuelo
Estancia Victoria
Loma Kensel 821 m
Campana 2194 m
Villa Cerro Castillo
Estancia El Cerrito
Pampa Verdún
Co. Sin Nombre 2250 m
Puerto (Ingeniero) Ibáñez
Ingeniero Pallavicini
R. Fénix Grande
El Pluma
Levicán
Lago Buenos Aires
R. Pinturas
R. Deseado
Puerto Avellanos
Bahía Jara
Los Antiguos
Perito Moreno
Puerto Cristal
Chile Chico
Paso Jeinemeni 231 m
Estancia La Ascensión
Meseta del Lago Buenos Aires
Meseta del la Horqueta
Puerto Sánchez
Puerto Fachinal
L. General Carrera
Mallín Grande
Estancia El Alamo
Estancia Telken
Parque Nacional Patagonia
Lago del Sello
Co. Jeinimeni 2726 m
Puerto Guadal
El Maitén
Co. Baker 2230 m
Co. Zeballos 2743 m
Río Ecker
Estancia Casa de Piedra
Cueva de las Manos
Estancia Laguna Grande
Estancia Los Mellizos
Valle Chacabuco
Paso Rodolfo Roballos 733 m
Estancia El Ghio
Puerto Herradura
L. Cochrane
L. Ghio
Estancia La Argentina
Cochrane
Reserva Nacional Lago Cochrane
Lago Pueyrredón
Bajo Caracoles

S. 539

Cabo Tres Montes
S. 536
I. Javier
Pta. Anita
Pta. Delirio
Pta. Pocha
Pta. Cuchillo
Campo de Hielo Norte
Golfo de Penas
Glaciar Steffens
Puerto Montt - Puerto Natales
Bahía de Canales
Pta. Saliente
Península Larenas
I. Wager
I. Byron
Caleta Tortel
I. Merino Jarpa
I. Alberto Vargas
Canal Baker
Fiordo Calén
I. Stuven
Península Swett
Pazifischer Ozean
Pt. Dora
Cabo Dyer
Reserva Nacional Katalalixar
I. Van der Meulen
Glaciar J. Montt
Pt. Roth
I. Prat
Península Negra
I. Campana
Canal Fallos
I. Caldcleugh
I. Offhidro
Canal Messier
I. Farquar
Pt. Roquerio
Pta. Baja
I. Little Wellington
I. Serrano
CHIL
I. Patricio Lynch
I. Aldea
Bahía Dingley
Angostura Inglesa
I. Esmeralda
Puerto Eden
Cabo Covadonga
I. Angamos
I. Strosch
Canal Ladrillero
Isla Wellington
Península Exmouth
F. Eyre
Golfo Ladrillero
Península Wharton
Canal Miramar
I. Mornington
Estrecho Ancho
Cabo Primero
Golfo Trinidad
Canal Trinidad
S. 540

S. 537
Cochrane
Puerto Herradura
Reserva Nacional Lago Cochrane
L. Ghio
Lago Pueyrredón
Lago Pueyrredón
Lago Posadas
L. Salitroso o Sucio
Estancia La Argentina
Bajo Caracoles
Estancia El Frigorífico
Río Blanco
Hipólito Yrigoyen (Lago Posadas)
Río Olnie
Río Olnie / Olin
Mte. San Lorenzo 3706 m
Estancia La Oriental
Cerro Negro 1428 m
Pampa del Asador
Estancia La Peninsular
Estancia El Delfín
Cerro Manola 958 m
AYSÉN
L. Belgrano
Parque Nacional Perito Moreno
R. Belgrano
Gran
Tamel Aike
Las Horquetas
Campamento
Estancia Los Faldeos
L. Strobel
Estancia La Verde
Estancia La Lucha
R. Pascua
L. Quiroga
Meseta del Strobel
Tucu Tucu
L. Quiroga Chico
Co. Esperanza 1320 m
Villa O'Higgins
Co. Hatcher 1895 m
Bahía Bahamóndez
Estancia La Angostura
Gobernador Gregores
Cerro Mesa 1150 m
Meseta de la Muerte
Estancia Las Tunas
Co. Peine 2390 m
ARGENTINIEN
L. O'Higgins
Lago Cardiel
Co. Alesna 2480 m
Lago Cardiel
Candelario Mancilla
Estancia Hevía
Estancia La Siberia
Los Vascos
Estancia La Rosinda
Lago San Martín
Meseta la Siberia
L. del Desierto
Estancia La Federica
SANTA CRUZ
Estancia Lago del Desierto
Estancia Maipú
Brazo Chacabuco
Lago Tar
Estancia El Castillo
Meseta del Viento
Lago Tar
Mte. Fitz Roy 3375 m
Co. Cangrejo 2028 m
El Chaltén
Estancia Los Cerros
R. Shehuen
Cerro Torre 3128 m
Estancia San José
Estancia Santa Margarita
Estancia Punta del Lago
Tres Lagos
Mata Amarilla
Parque
Glaciar Viedma
Campo
Lago Viedma
Co. Campana 2570 m
Punta del Lago
Estancia Pari Aike
Estancia Helsingfors
Lago Viedma (La Leona)
Estancia La Betty
Hielo
Co. Norte 2730 m
Co. Murallón 2931 m
Estancia La Herradura
Patagónico
Nacional
R. Leona
Co. Colorado 1235 m
Glaciar Upsala
Estancia Cristina
Co. Pintado 2347 m
Paso Biggieri o Leona Chica
Estancia La Leona
Estancia Co. Fortaleza
Estancia Cóndor Cliff
Estancia La Australasia
Co. Bolados 2800 m
Estancia La Argentina
Charles Fuhr
Gendarme Barreto
Estancia La Fortaleza
L. Onelli
Estancia San Ernesto
Lago Argentino
Río Bote
Estancia M. Elisa
Los Glaciares
Glaciar Spegazzini
Punta Bandera
El Calafate
Co. La Criolla 1074 m
S. 541

S. 538
Magallanes y Antártica Chilena
Lago Argentino
Punta Bandera
Glaciar Spegazzini
Rio Mitre
Estancia
Puerto Bajo Las Sombras
Brazo Rico
Co. Darwin 2956 m
Glaciar Perito Moreno
Estancia Nibepo Aike
Estancia Las Cumbres
arros Luco
C. Notch
I. Madre de Dios
Est. de Concepción
I. Figueroa
Mina Guarello
nal Oeste
I. Robert
Península Wilcock
I. Inocentes
I. Chatham
I. Duque de York
I. Doña
I. Farrel
Co. del Paine Grande 3248 m
L. Nordenskjöld
L. Grey
Pehoé
Cerro Guido
Bahía Salvación
I. Hanover
CHILE
Parque Nacional Torres del Paine
L. del Toro
I. Solar
I. Esperanza
Sección Lazo Balseo
I. Velenzuela
I. Evans
Co. Balmaceda 2035 m
Puerto Toro
Tres Pasos
Pt. Huemul
I. Montt
I. Vancouver
L. Sofía
Monumento Nacional Cueva del Milodón
I. Diego de Almagro
Canal Smyth
Pen. Staines
Puerto Bories
Península Antonio Varas
Ensenada San Blas
I. Virtudes
Estrecho Nelson
I. Plazzi
Península Roca
I. Ramírez
I. Vidal Gormaz
Islas Rennell
Seno Unión
Parque Nacional Alacalufes
I. Contreras
Archipiélago Reina Adelaida
I. Pedro Montt
Mte. Burney 1750 m
Península Múñoz Gamero
I. Pacheco
Puerto Arturo
I. Rodriguez
Mte. Muelo 1189 m
Puerto Cascada
Estrecho de Magallanes
1585 m
Cabo Deseado
Puerto Misericordia
I. Tamar
I. Figueroa
Pazifischer Ozean
Punta Félix
I. Providencia
Puerto Churruca
I. Desolación
I. Sara
I. Jaques
I. Recalada
Bahía Otway

S. 539
ARGENTINIEN
CHILE
MAGALLANES y ANTÁRCTICA CHILENA
Río Gallegos
Punta Arenas
Porvenir
Esperanza
Gobernador Mayer
Estrecho
Seno Otway
Seno Skyring
Bahía Inútil
Península
Cordillera Chilena
Cordón Alto
Meseta Vizcachas
Puerto Natales
El Turbio
28 de Noviembre
Rospentek Aike
Río Rubens
Morro Chico
Villa Tehuelches
Río Verde
Laguna Blanca
Punta Delgada
Monte Aymond
Cueva Fell
Cueva Pali Aike
Parque Nacional Pali-Aike
Monumento Natural Los Pingüinos
Reserva Nacional Laguna de los Cisnes
Reserva Forestal Magallanes
Reserva Forestal Laguna Parrillar
Fuerte Bulnes
S. 542
S. 543

S. 541
S. 540
Seno Skyring
Seno Otway
CHILE
MAGALLANES y ANTÁRCTICA CHILENA
Península Brunswick
Punta Arenas
Porvenir
Estrecho de Magallanes
Canal Whiteside
Canal Cockburn
I. Riesco
I. Santa Inés
I. Clarence
I. Dawson
I. Capitán Aracena
Parque Nacional Fernando de Magallanes
Reserva Forestal Isla Riesco
Reserva Forestal Magallanes
Reserva Forestal Laguna Parrillar
Monumento Natural Los Pingüinos
Fuerte Bulnes
Río Verde
Cabo Negro
Estancia Río Grande
Río Amarillo
Cta. Carrera
Punta San Juan
Cabo San Isidro
Cabo Froward
Puerto Hope
Mte. Sarmiento 2235 m
Glaciar Günter Plushow
Península Brecknock
Co. Pirámide 830 m
I. Carlos III
I. Guardián Brito
I. Magill
I. Noir
I. London
I. Stewart
I. Gilbert
I. Londonderry
I. O'Brien
Bahía Stokes
Mte. Ladrillero 1665 m
Mte. Wyndham 1220 m
Co. Moraine 1327 m
Mte. Muelo 1189 m
Península Córdova
I. Jaques
I. Carlos
Pazifischer Ozean

Atlantischer Ozean
ARGENTINIEN
Isla Grande de Tierra del Fuego
CHILE
TIERRA DEL FUEGO
Bahía San Sebastián
Península El Páramo
Cabo Espíritu Santo
Puerto Beta
Estancia Cullen
Puerto Páramo Chico
Punta de Arenas
Cabo San Sebastián
Cruz del Sur
San Sebastián
Estancia Sara
Estancia Violeta
Misión Salesiana de Sto. Domingo
Río Grande
Cabo Peñas
Estancia José Menéndez
Estancia Viamonte
Estancia Inés
Cabo Santa Inés
Estancia Santa Ana
Estancia La Criolla
Estancia Río Ewan
Estancia El Rolito
Estancia María Cristina
Estancia San Pablo
Tolhuin
Estancia La Porfiada
L. Fagnano
Parque Nacional Tierra del Fuego
Ushuaia
Lapataia
Glaciar Martial
Monte Olivia
Sierra Alvear
Co. Cornú 1490 m
Termas Río Valdez
Sierra Lucio López
Estancia Harberton
Puerto Almanza
El Remolino
Estancia Moat
Ea. Puerto Rancho
Cabo San Pío
Canal Beagle
Puerto Williams
Puerto Eugenia
Puerto Navarino
I. Navarino
I. Picton
Puerto Toro
I. Nueva
I. Lennox
Paso Goree
Paso Richmond
Bahía Nassau
Drake Passage
Islas Evout
Islas Wollaston
I. Grevy
I. Wollaston
Parque Nacional Cabo de Hornos
I. Barnevelt
I. Hornos
I. Deceit
Cabo de Hornos
I. l'Hermite
Falso Cabo de Hornos
I. Ildefonso
I. Jauréguiberry
I. Henderson
I. Morton
I. Carolina
I. Tomas
Península Rous
Reserva Forestal Holanda
Cerro Aguja 1204 m
Península Cloué
I. Hoste
I. Gordon
Península Dumas
Península Pasteur
Península Hardy
I. Berrand
Canal Murray
Caleta Wulaia
Glaciar Holanda
Glaciar Romanche
Glaciar Pía
Mte. Darwin 2488 m
Glaciar Marinelli
Bahía Ainsworth
Seno del Almirantazgo
Estancia Almirantazgo
Yendegaia
Darwin
Canal de Beagle
L. Navarino
L. Windhond
Bahía Windhond
Kemoa
Bahía Lomas
Springhill
Cerro Sombrero
Primavera
Cullén
Bateria Lynch
Yacimiento Chillán
Puerto Boñas
Estancia China Creek
Estancia San Martín
San Sebastián
Puerto Nuevo
Onaisin
Estancia Las Largas
Estancia San Julio
Estancia Las Flores
Estancia El Salvador
Estancia María Behety
Camerón
Sección Russfín
Río Grande
R. Grande
Pampa Guanaco
Estancia Radman
Estancia Herminita
L. Lynch
L. Blanco
Estancia Vicana
Estancia Marina
Puerto Río Alpen
R. Fuego
R. Claro
Estancia Carmen
Lago Yehuin
L. Chepelmut
Aserradero Isla Grande
R. San Pablo
Río Irigoyen
L. Escondido
Lago Escondido
R. Lasifashaj
257
3
32

Legende

1 : 2.000.000
1 cm = 20 km

0 25 50 75 100 km

PAN AM	Autobahn mit Anschlussstelle		Bebaute Fläche
	Schnellstraße mit Anschlussstelle		Gewässer
5	Fernstraße mit Nummer; ungeteert		Sumpfgebiet
	Hauptstraße; ungeteert		Internationaler Flughafen
	Nebenstraße		Regionaler Flughafen, Flugplatz
	Nebenstraße ungeteert		Hafen
	Piste		Sehenswürdigkeit, Berghütte
	Straße in Bau		Leuchtturm, Windkraftanlage
	Straße in Planung		Badestrand, Wasserfall
	Tunnel		Höhle, Bergwerk
	Eisenbahn	*Co. Tupungato* ▲ *6800 m*	Berggipfel
	Fähre, Schiffsverbindung	)(	Pass
	Staatsgrenze mit Grenzübergang		Skigebiet
	Provinzgrenze		Aussichtspunkt
	Nationalpark, Naturpark		Gletscher
	Sperrgebiet	S. 533	Seitenverweis